Dietz

Die SPD
unter Kurt Schumacher und Erich Ollenhauer 1946 bis 1963

Sitzungsprotokolle der Spitzengremien

Band 1: 1946 bis 1948

Herausgegeben und bearbeitet
von Willy Albrecht

Verlag J. H. W. Dietz Nachfolger

Die Deutsche Bibliothek – CIP-Einheitsaufnahme

Die SPD unter Kurt Schumacher und Erich Ollenhauer 1946 bis 1963
Sitzungsprotokolle der Spitzengremien / hrsg. und bearb.
von Willy Albrecht. – Bonn : Dietz
Bd. 1. 1946 bis 1948. – 1999
ISBN 3-8012-4101-7

Copyright © 2000 by
Verlag J.H.W. Dietz Nachf. GmbH
In der Raste 2, 53129 Bonn
Lektorat: Prof. Dr. Dieter Dowe
Umschlaggestaltung: Manfred Waller, Reinbek
Umschlagfoto: AP/DER SPIEGEL/XXP
Druck und Verarbeitung: Koninklijke Wöhrmann B.V.
Alle Rechte vorbehalten
Printed in the Netherlands 2000

Fritz Heine

Die Friedrich-Ebert-Stiftung widmet diesen Band
Ihrem Freund, Förderer und langjährigen Vorstandsmitglied
Fritz Heine zum 95. Geburtstag am 6. Dezember 1999.

Vorwort

Mit dem vorliegenden Band beginnt eine Edition der Protokolle der Sitzungen des Parteivorstandes und der obersten Parteigremien der SPD in der Zeit vom Mai 1946 bis Anfang 1964, d. h. in der Zeit der beiden ersten Nachkriegsvorsitzenden Kurt Schumacher und Erich Ollenhauer, deren Amtszeit jeweils mit ihrem Tod im August 1952 bzw. Dezember 1963 endete.

Jeder Band der Edition soll etwa zwei Jahre umfassen, d. h. die jeweilige Amtsperiode eines Parteivorstandes. Nur der vorliegende Band macht davon insofern eine Ausnahme, als der zweite ordentliche Parteitag mit der Neuwahl des Parteivorstandes bereits im Juni 1947 stattfand. Bei dieser Neuwahl fanden einige Veränderungen der Zusammensetzung des Parteivorstandes statt, die zu Beginn der Einleitung näher erörtert werden.

Die Gesamtedition, die auf 9 Bände angelegt ist, umfaßt die Zeit des Wiederaufbaus der SPD, der Gründung der Bundesrepublik und die Zeit der radikalen Opposition der SPD auf Bundesebene. Diese Opposition war in erster Linie gegen die wirtschaftliche und militärische Westbindung gerichtet, weil diese nach Ansicht der Parteiführung der SPD eine Wiedervereinigung Deutschlands in absehbarer Zeit unmöglich machen würde. Diese radikale Opposition begann bereits 1947/48, d. h. im Berichtszeitraum des ersten Protokollbandes, als die Parteiführung in der sozialdemokratischen Fraktion des Wirtschaftsrates der amerikanischen und britischen Besatzungszone eine Nichtbeteiligung an den Wahlen der Direktoren, d. h. der bizonalen Fachminister durchsetzen konnte. Diese Oppositionshaltung konnte sich unterschiedlich auswirken: Als nach Bekanntwerden der sog. „Londoner Empfehlungen", die dann die Grundlage für die Beratungen des Parlamentarischen Rates bildeten, im Frühsommer 1948 Konrad *Adenauer* im Namen der CDU-Führung an den Geschäftsführenden Parteivorstand der SPD herantrat, um ihn zu einer Art „nationaler Opposition" gegen die angeblichen Zumutungen für alle Deutschen zu gewinnen, da lehnte dies Erich *Ollenhauer*, der zu dieser Zeit den schwer erkrankten Parteivorsitzenden Kurt *Schumacher* vertrat, entschieden ab: In einer Zeit, in der es darum gehe, das Vertrauen der anderen Staaten in ein demokratisches Deutschland wieder zu gewinnen, sei kein Platz für starke Worte und eine nationalistische Haltung.

In diesem ersten Band, der die Zeit vom Mai 1946 bis zum September 1948 umfaßt, werden die Probleme des Wiederaufbaus der SPD nach 12 Jahren der Illegalität unter der Nazi-Diktatur in den drei westlichen Besatzungszonen, die Bemühungen um die Aufrechterhaltung der Kontakte mit den Sozialdemokraten in der Sowjetischen Besatzungszone nach ihrer dortigen Zwangsvereinigung mit der KPD zur SED und schließlich die Versuche zur Wiederanknüpfung der Verbindungen mit den sozialdemokratischen Parteien des Auslandes dokumentiert. Weiter geht es um den Neubau einer demokratischen und sozialen deutschen Republik. Zuerst, d. h. bis etwa Mitte 1947, war dabei an die Wiederherstellung eines gesamtdeutschen Staates in den Grenzen von 1937 gedacht. Nach dem

Scheitern der Konferenzen der vier Siegermächte über eine gesamtdeutsche Lösung im Jahre 1947 war die SPD-Führung bereit, den „vorläufigen" Zusammenschluß der drei westlichen Besatzungszonen zu einer „Art Weststaat" zu akzeptieren. Die Edition endet mit der Neuwahl der Mitglieder des PV auf dem Parteitag vom September 1948, der mit dem Beginn der Verhandlungen des Parlamentarischen Rates zusammenfiel

Viele Personen haben dankenswerter Weise mitgeholfen, daß diese Edition zustande kommen konnte. Mein besonderer Dank gilt meinen Kolleginnen und Kollegen der Abteilung Sozial- und Zeitgeschichte für mannigfaltige Anregungen, vor allem Dieter Dowe für die sorgfältige Durchsicht des Manuskripts. Vom Archiv der sozialen Demokratie der Friedrich Ebert-Stiftung seien stellvertretend Mario Bungert und Wolfgang Stärcke genannt. Für die Übertragung der Dokumentenvorlagen in maschinenlesbare Texte danke ich Frau Marlies Hirt. Bei einigen zusätzlichen Übertragungen und bei der Schlußkorrektur half mir die Kollegin Heike Spanier. Bei dem Vergleich der von mir bearbeiteten Texte mit den ursprünglichen Vorlagen waren mir unsere Praktikantinnen Kelly Borberg (USA), Eva Oberloskamp (Bonn) und Elke Seefried (Augsburg) sowie unser Praktikant Marc Bomhoff (Bremerhaven) sehr behilflich.

Bonn, im April 1999   Willy Albrecht

Inhalt

Einleitung

I. Die Führungsgremien der SPD von 1946 bis 1948

1. Die Wiedergründung der SPD für die drei Westzonen und die Funktionen des Parteivorstandes XIII
   a) Die erste Vorstandswahl vom Mai 1946 XV
   b) Die Neuwahl des Parteivorstandes auf dem Parteitag Ende Juni 1947 XX

2. Die zentralen Institutionen der SPD XXVI
   a) Das „Büro" des Parteivorstandes in Hannover XXVI
   b) Der Parteiausschuß (PA) der SPD XXVII
   c) Die Kontrollkommission (KK) der SPD XXIX
   d) Besprechungen der obersten Parteigremien mit sozialdemokratischen Landespolitikern XXX

II. Themenschwerpunkte der Vorstandssitzungen und der gemeinsamen Sitzungen der obersten Parteigremien

1. Innerorganisatorische Probleme der SPD XXXIV
   a) Auf- und Ausbau der Parteizentrale in Hannover, Bildung zentraler Fachausschüsse XXXIV
   b) Das Verhältnis der Zentrale zu den regionalen Organisationen – Probleme mit dem bayerischen Landesverband XXXVIII
   c) Gegen separatistische Bestrebungen in der Sozialdemokratie (Flensburger Ortsverein und Bezirksverband Saar) XL
   d) Bemühungen um die Rückkehr von Emigranten und Errichtung von Auslandsvertretungen der SPD XLIII
   e) Aufrechterhaltung der Verbindung zu den Sozialdemokraten in der Sowjetischen Besatzungszone durch Einrichtung eines „Ostbüros" XLIV
   f) Vor- und Nachbereitung der Parteitage sowie wichtiger Fachtagungen XLVI
   g) Erste Versuche zur Schaffung eines neuen Parteiprogramms XLVIII
   h) Verhältnis zu parteinahen Institutionen L
   i) Parteipresse LI

2. Beziehungen der SPD zu den sozialdemokratischen Parteien des Auslandes
   a) Erste Versuche zur Wiedererrichtung der Sozialistischen Internationale und die Wiederaufnahme der SPD in die internationale Gemeinschaft der sozialistischen Parteien.. LIV
   b) Beziehungen zu anderen sozialdemokratischen Parteien Europas............... LV
   c) Die Ruhrfrage... LIX

3. Die Schaffung eines „neuen" deutschen Staates
   a) Kampf um den Erhalt der deutschen Einheit und die Errichtung einer gesamtdeutschen demokratischen Republik während der Besatzungsherrschaft (1946-1947).. LX
   b) Die Länder der westlichen Besatzungszonen und die Versuche zur Einflußnahme auf die Politik der Landesregierungen... LXV
   c) Befürwortung zonaler Zusammenschlüsse (Zonenbeirat der Britischen Zone, Länderrat der US-Zone, Deutsches Büro für Friedensfragen)................LXXXIII
   d) Auseinandersetzungen um die Sozialisierung der Großbanken und Großindustrie, Bejahung des Marshallplanes und USA-Reise Schumachers im Herbst 1947.. LXXXV
   e) Der Wirtschaftsrat für das Vereinigte Wirtschaftsgebiet der amerikanischen und der britischen Besatzungszone...LXXXIX
   f) Der Kampf gegen die Umwandlung der „Ostzone" in einen „Oststaat" nach sowjetischem Muster und die Bejahung des zeitweiligen Zusammenschlusses der drei westlichen Besatzungszonen zu einer Art „Weststaat"...... XCIV
   g) Die Währungsreform in den drei westlichen Besatzungszonen und die Blockade Berlins im Juni 1948... XCVII
   h) Einflußnahme auf die Zusammensetzung des Parlamentarischen Rates und Vorbereitung auf seine Beratungen.. XCIX
   i) Das neue Deutschland als gleichberechtigter Teil der Vereinigten Staaten von Europa und der Vereinten Nationen... CII

4. Auseinandersetzungen mit anderen Parteien
   a) KPD/SED und ihr nahestehenden Organisationen, vor allem die VVN...... CIII
   b) CDU/CSU.. CVII
   c) Die kleineren liberalen und konservativen Parteien.................................... CVIII
   d) Rechtsradikale und neonazistische Organisationen..................................... CIX

5. Beziehungen zu gesellschaftlich relevanten überparteilichen Gruppen der westlichen Besatzungszonen
   a) Gewerkschaften.. CXI
   b) Kirchen... CXVIII
   c) Künstler und Intellektuelle.. CXX
   d) Die Juden und die Wiedergutmachungsfrage.. CXXII

III. Zur Edition CXXVI

IV. Verzeichnis der abgedruckten Dokumente CXXX

Dokumente 1-496

Anhang

1. Teilnehmer/Teilnehmerinnen an den Sitzungen des PV, Mai 1946 - Juni 1947 498
2. Teilnehmer/Teilnehmerinnen an den Sitzungen des PV August 1947 - September 1948 500
3. Teilnehmer/Teilnehmerinnen an den gemeinsamen Sitzungen des PV mit dem PA und der KK sowie mit sozialdemokratischen Landespolitikern, August 1946 bis Juni 1947 502
4. Teilnehmer/Teilnehmerinnen an den gemeinsamen Sitzungen des PV mit dem PA und der KK sowie mit sozialdemokratischen Landespolitikern und Mitgliedern der sozialdemokratischen Fraktion des Wirtschaftsrates, November 1947 bis September 1948 507
5. Kurzbiographien der Mitglieder des Parteivorstandes 1946-1948 511
6. Abkürzungen 517
7. Gedruckte Quellen und Literatur 522

Personenregister 529
Sachregister 539
Der Autor 555

Einleitung

I. Die Führungsgremien der SPD von 1946 bis 1948

1. Die Wiedergründung der SPD für die drei Westzonen und die Funktionen des Parteivorstandes

Anfang Mai 1946 wurde für den Bereich der westlichen Besatzungszonen die Sozialdemokratische Partei Deutschlands neu- bzw. wiedergegründet und ein erster Parteivorstand der Nachkriegs-SPD gewählt. Es ist hier nicht der Platz, diesen Neu- bzw. Wiedergründungsprozeß genau zu schildern oder gar zu analysieren.[1] Nur so viel sei gesagt: Die auf dem ersten Nachkriegsparteitag in Hannover neu konstituierte SPD war nicht identisch mit der im Juni 1933 durch die Nationalsozialisten aufgelösten SPD. Sie umfaßte sowohl die Reste der alten SPD wie auch Teile der sozialistischen Gruppen, die sich während der Weimarer Republik oder während der Emigrationszeit von der SPD getrennt hatten, so der Sozialistischen Arbeiterpartei (SAP), des Internationalen Sozialistischen Kampfbundes (ISK) und der Gruppe Neu Beginnen (NB). Von vornherein ausgeschlossen von dieser Sammlungspartei war dagegen die KPD wegen ihrer Abhängigkeit von der KPdSU und der Sowjetunion sowie wegen ihrer undemokratischen Strukturen. Vorbild der neuen SPD war die 1941 in London gegründete Union deutscher sozialistischer Organisationen in Großbritannien".[2]

Die Entwicklung in der Sowjetischen Besatzungszone (SBZ) führte dort (mit Ausnahme Berlins) dazu, daß im Frühjahr 1946 die SPD durch die Zwangsvereinigung mit der KPD zur SED als selbständige politische Kraft ausgeschaltet wurde.[3] Dies beschleunigte die Neugründung einer überzonalen SPD in den drei westlichen Besatzungszonen und Berlin.

In Hannover hatte sich bereits im Frühsommer 1945 um den früheren Reichstagsabgeordneten Dr. Kurt Schumacher ein Büro gebildet, das von Anfang an die Gründung einer überregionalen, ja überzonalen SPD vorbereitete.[4] Sehr schnell wurde deutlich, daß der Einfluß des „Büros Dr. Schumacher" auf die drei Westzonen beschränkt bleiben mußte, da

---

1 Zur Problematik der Neu- bzw. Wiedergründung vgl. Kurt Klotzbach, Der Weg zur Staatspartei. Programmatik, praktische Politik und Organisation der deutschen Sozialdemokratie 1945-1965, Bonn 1982, Unveränderter Nachdruck 1996, S. 54 ff.
2 Vgl. dazu die Einleitung von Ludwig Eiber zu seiner Dokumentation über die „Union" und die in ihr zusammengeschlossenen Organisationen: Die Sozialdemokratie in der Emigration, Bonn 1998, insbes. S. LXIX-LXXI u. CXI-CXVII.
3 Dazu vgl. Beatrix Bouvier, Ausgeschaltet. Sozialdemokraten in der Sowjetischen Besatzungszone und in der DDR 1945 - 1953, Bonn 1996, S. 28-61.
4 Zur Bildung des „Büros Dr. Schumacher", das sich ab Ende Januar 1946 „Büro der Westzonen" nannte, vgl. Willy Albrecht, Einleitung zu Kurt Schumacher: Reden – Schriften – Korrespondenzen, Berlin-Bonn 1985, S. 92-96.

Einleitung

fast gleichzeitig in Berlin mit Hilfe der Sowjetischen Besatzungsmacht ein „Zentralausschuß" der SPD gegründet wurde, der ebenfalls einen überzonalen, gesamtdeutschen Anspruch erhob.

Auf einer Parteikonferenz im Oktober 1945 für die drei Westlichen Besatzungszonen, an der auch die führenden Repräsentanten des Zentralausschusses Otto *Grotewohl*[5], Max *Fechner*[6] und Gustav *Dahrendorf*[7], teilnahmen, kam es zu einer Vereinbarung über die zonalen Beschränkungen beider Gründungszentren: Büro Dr. Schumacher für die drei westlichen Besatzungszonen, Zentralausschuß für die Ostzone.[8] Diese Absprache hielt nicht lange, vor allem weil der Zentralausschuß immer mehr unter Druck geriet, für den Bereich der SBZ die SPD mit der KPD zu einer Sozialistischen Einheitspartei, zur SED, zu verschmelzen.

An der Konferenz in Wennigsen nahmen auch drei Vertreter des Exilvorstandes in London teil: *Ollenhauer, Heine* und Erwin *Schoettle*[9], die durch die Annahme der Einladung bereits sehr eindeutig für das westdeutsche Gründungszentrum einer überregionalen SPD Stellung nahmen.

In den hier dokumentierten ersten zwei Jahren der Nachkriegs-SPD fanden ausnahmsweise zwei ordentliche Parteitage mit Vorstandswahlen statt. Danach wurde der Abstand zwischen den ordentlichen Parteitagen auf zwei Jahre festgelegt. Auf dem ersten Nachkriegsparteitag, der vom 9. bis 11. Mai 1946 in Hannover stattfand, wurde die SPD als überzonale Partei wiedergegründet. Das in Hannover verabschiedete Organisationsstatut entsprach nicht nur in seiner Gliederung dem früheren von vor 1933, sondern übernahm die meisten seiner Paragraphen im Wortlaut.[10]

---

5   Otto *Grotewohl* (1894-1964), geboren in Braunschweig, Buchdruckerlehre, vor 1914 SPD, 1918 Krankenkassenangestellter, 1920-33 MdL (Braunschweig), 1921-25 Landesminister, 1925-33 Präs. d. Landesversicherungsanstalt, 1925-33 MdR; 1937 Übersiedlung nach Berlin; 1945/46 Vors. des ZA der SPD, 1946-54 Vors. der SED, 1949-64 MinPräs. der DDR.

6   Max *Fechner* (1892-1973), vor 1918 SPD, 1924-33 MdL (Preußen), 1945/46 Mitvors. d. ZA d. SPD, 1946 Mitvors. d. SED, 1949-53 Justizmin. der DDR, Juli 1953 abgesetzt und aus der SED ausgeschlossen, 1958 wieder in die SED aufgenommen.

7   Gustav *Dahrendorf* (1901-54), geboren in Hamburg als Sohn eines Arbeiters, Kaufmännische Lehre, Journalist, 1918 SPD, 1924-33 Red. „Hamburger Echo", 1927 MdBü, 1932/33 MdR, 1944 wegen Beteiligung am Attentat vom 20. Juli zu 7 Jahren Zuchthaus verurteilt, Juni 1945 - Febr. 1946 Mitgl. d. ZA der SPD in Berlin, 1946 Rückkehr nach Hamburg, 1949 Vors. d. Geschäftsleitung d. GEG, 1946 MdBü, 1947-49 MdWR.

8   Zu dieser Konferenz, die am 5. und 6. Oktober 1945 in Wennigsen bei Hannover bzw. in Hannover selbst stattfand, vgl. W.Albrecht, a.a.O., S. 98-103.

9   Erwin *Schoettle* (1899-1976), 1919 SPD, 1928-31 Red. „Esslinger Volkszeitung", 1931-33 PSekr. in Stuttgart, 1933 MdL; Sommer 1933 Emigration (Schweiz, GB), 1946 Rückkehr nach Stuttgart, 1947-62 LVors. d. SPD, 1947-49 MdWR (Fraktionsvors.), 1948-68 PV, 1958-68 PP, 1949-72 MdB. Zu Schoettle vgl. auch PV-Protokolle Bd. 2, Kurzbiographien der Vorstandsmitglieder.

10 Für einen Abdruck des Statuts in der Fassung von 1925, die bis 1933 nur unwesentlich geändert wurde, vgl. Prot. SPD-PT 1925, S. 11-17; für einen Abdruck der Fassung von 1946 – mit den Änderungen von 1947 – vgl. Prot. SPD-PT 1947, S. 3-9.

I. Die Führungsgremien der SPD von 1946 bis 1948

Dem Parteivorstand wurde erneut die „Leitung" der Partei übertragen.[11] Dies wurde so erläutert: „Der Parteivorstand führt die Geschäfte der Partei und kontrolliert die grundsätzliche Haltung der Parteiorgane".[12] Er wurde zum „Eigentümer" des gesamten Parteivermögens eingesetzt, gleichzeitig wurde betont, daß der einzelne Parteigenosse für Entscheidungen des Parteivorstandes oder der Kontrollkommission nicht haftbar gemacht werden könne.[13] Weiter wurde dem Parteivorstand ein Kontrollrecht über alle anderen Parteiorganisationen eingeräumt, ebenso ein Schlichtungsrecht, falls es in diesen Organisationen zu Streitigkeiten bei der Aufstellung von Kandidaten kommen sollte.[14] Schließlich wurde noch festgeschrieben, daß dem einzelnen Parteigenossen „ohne Einwilligung des Parteitages nicht das Recht zustehe, die Geschäftsbücher oder Papiere des Parteivorstandes, der Kontrollkommission oder der Partei einzusehen."[15] Bei der Aufzählung der Aufgaben des Parteitages im Statut wurde nicht nur die „Wahl des Parteivorstandes und der Kontrollkommission" genannt, sondern gleich als erste Aufgabe die „Entgegennahme der Berichte über die Geschäftstätigkeit des Parteivorstandes und der Kontrollkommission sowie über die Tätigkeit der Parlamentsfraktionen".[16] Das beinhaltete natürlich auch ein Kontrollrecht über diese Tätigkeiten.

Der Parteivorstand setzte sich – vor 1933 wie nach 1946 – aus zwei Gruppen von Mitgliedern zusammen, aus der Gruppe der besoldeten Parteivorstandsmitglieder und aus den unbesoldeten Beisitzern, deren Gesamtzahl der jeweilige Parteitag festlegen konnte. Von den besoldeten Vorstandsmitgliedern wurden im Statut von 1946 noch besonders der Vorsitzende (ab 1947 der Vorsitzende und der stellvertretende Vorsitzende) genannt.[17] Die besoldeten Mitglieder des PV bildeten in Hannover, dem Sitz des Parteivorstandes, den geschäftsführenden Parteivorstand, meist „Büro" genannt.[18]

a) Die erste Vorstandswahl vom Mai 1946

Auf dem Parteitag von 1946 wurde die Gesamtzahl der Mitglieder des Parteivorstandes auf 25 festgelegt: der besoldete Parteivorsitzende, 4 weitere besoldete und 20 unbesoldete Mitgliedern.[19] Alle Mitglieder wurden in einem Wahlgang gewählt. Dem gewählten Parteivorstand von 1946 wurde das Recht eingeräumt, bis zu drei Mitglieder zu kooptieren,

---

11 Im Organisationsstatut von 1925 wie von 1946 betrafen die Paragraphen 17 - 21 den Parteivorstand: Prot. SPD-PT 1925, S. 14 f. u. Prot. SPD-PT 1947, S. 6.
12 § 18 des Organisationsstatuts, ebd.
13 § 19 des Organisationsstatuts, ebd.
14 § 20 des Organisationsstatuts, ebd.
15 § 21 des Organisationsstatuts, ebd.
16 § 14 des Organisationsstatuts in der Fassung von 1946 (a.a.O., S. 5), vor 1933 statt „Tätigkeit der Parlamentsfraktionen" „parlamentarische Tätigkeit der Reichstagsfraktion" (a.a.O., S. 13).
17 1925 wurden von den besoldeten Mitgliedern die „drei Vorsitzenden" und die „zwei Kassierer" besonders genannt, Prot. SPD-PT 1925, S. 14.
18 Über die Funktionen des „Büros" und sein Verhältnis zum Gesamtvorstand vgl. Einl. Kap. I 2 a.
19 Prot. SPD-PT 1946, S. 168 u. 179 f.

Einleitung

um „fachliche und regionale Erweiterungen" des Vorstandes zu ermöglichen.[20] Die gedruckten Stimmzettel waren getrennt nach dem Kandidaten für den Vorsitzenden, den Kandidaten für die besoldeten Mitglieder und den Kandidaten für die unbesoldeten Mitglieder.[21] Nur für den Kreis der 20 unbesoldeten Mitglieder gab es mehr Kandidaten als vorgesehene Mitglieder – insgesamt 30. Hier mußten die Parteitagsdelegierten auswählen, und es fielen bei der Wahl bekannte Landespolitiker der SPD durch: so der damalige bayerische Landesvorsitzende und Ministerpräsident Wilhelm *Hoegner*, was sicherlich ganz im Sinne des „Büros der Westzonen" und seines Leiters Schumacher war.[22] Dabei war Hoegner von den bayerischen Delegierten ausdrücklich zu ihrem Spitzenkandidaten für den „Reichsparteivorstand" erklärt worden.[23] Hoegner, der selbst nicht am Parteitag teilnahm, hatte telefonisch seine Zustimmung zur Kandidatur gegeben.[24] Ein Teil der bayerischen Delegierten „rächte" sich für den Durchfall ihres Spitzenkandidaten, indem sie den Vorschlag der konstituierenden Sitzung des Parteivorstandes, Erich *Ollenhauer* und Wilhelm *Knothe*[25] mit den Ämtern eines ersten und eines zweiten stellvertretenden Parteivorsitzenden zu betrauen, nicht akzeptierte.[26]

---

20 Ohne Aussprache wurde dieser Antrag angenommen, Prot. SPD-PT 1946, S. 192 f.
21 Für einen der gedruckten Stimmzettel mit den handschriftlichen Stimmergebnissen aller Kandidaten vgl. AdsD d. FES: SPD-LO Hamburg 53.
22 Der letzte der gewählten Mitglieder (Hermann *Veit*) erhielt 151 Stimmen. Wilhelm *Hoegner* erhielt 146 Stimmen – nur eine Stimme weniger als Günter *Markscheffel*, der von den durchgefallenen Kandidaten die meisten Stimmen erhielt. Wilhelm *Hoegner* (1887-1980), geboren in München, Jurastudium, Dr. jur., schon vor 1914 SPD, 1924-33 MdL, 1930-33 MdR; 1933 Emigration (Österreich/Schweiz); 1945 Rückkehr nach München, 1945/46 u. 1954-57 Bayer. MinPräs., 1946-70 MdL, 1947 Justizminister, 1950-54 Innenminister, 1946/47 LVors. d. SPD. Zu Hoegner vgl. seine Erinnerungen: Der schwierige Außenseiter. Erinnerungen eines Abgeordneten, Emigranten und Ministerpräsidenten, München 1959 und Peter Kritzer, Wilhelm Hoegner. Politische Biographie eines bayerischen Sozialdemokraten, München 1979.
23 Vgl die von Arno *Behrisch* aus Hof im Namen der bayerischen Delegierten abgegebene und kurz kommentierte Erklärung, in der u.a. die vorbehaltlose Loyalität der bayerischen Sozialdemokraten zur „Reichspartei" betont wurde, Prot. SPD-PT 1946, S. 127 f. Zu den Auseinandersetzungen zwischen dem Hannoveraner Büro der Westzonen und dem bayerischen Landesverband, insbesondere dem bayerischen Landesvorsitzenden Hoegner, vgl. Einleitung Kap. II 1 b.
24 Emil Werner, Im Dienste der Demokratie. Die bayerische Sozialdemokratie nach der Wiedergründung 1945, München 1982, S. 43.
25 Wegen der für die Parteienentwicklung folgenschweren Zonenaufteilung Westdeutschlands wurde der zum unbesoldeten Vorstandsmitglied gewählte *Knothe* aus Frankfurt mit den Funktionen eines stellvertretenden Parteivorsitzenden betraut. Nach der Bildung der Bizone 1947 konnte dieses Amt wegfallen, obwohl Knothe erneut in den PV gewählt wurde. Ollenhauer wurde nunmehr alleiniger stellvertretender Parteivorsitzender, Prot. SPD-PT 1947, S. 173. Vgl a. Einl. Kap. I 1 b.
26 Insgesamt stimmten trotz der Bitte Schumachers, diesen Vorschlag möglichst einstimmig zu bestätigen, 7 Delegierte gegen ihn, was mit dem Zuruf „Bayern" kommentiert wurde, vgl. die Bekanntgabe des Ergebnisses der konstituierenden Sitzung durch Schumacher, Prot. SPD-PT 1946, S. 181 (=Dok. 1). Von den stimmberechtigten Delegierten kamen 7 aus dem Bezirk Oberbayern, 8 aus dem Bezirk Oberpfalz - Niederbayern, 18 aus dem Bezirk Ober- und Mittelfranken, zwei aus dem Bezirk Unterfranken (nach den Angaben von Werner kamen drei Delegierte aus dem Bezirk Unterfranken) und fünf aus dem Bezirk Schwaben, vgl. die gedruckte „vorläufige Liste der Delegierten", AdsD: SPD-LO Hamburg 53; E. Werner, Im Dienste der Demokratie, S. 41-43.

I. Die Führungsgremien der SPD von 1946 bis 1948

Dagegen war es wohl nicht im Sinne des Büros der Westzonen, daß Günther *Markscheffel*, der Verbindungsmann zur französischen Besatzungszone und zur SFIO mit Sitz in Mainz, durchfiel.[27] Markscheffel nahm jedoch nicht nur regelmäßig an den gemeinsamen Sitzungen der obersten Parteigremien in seiner Funktion als Verbindungsmann zur französischen Besatzungsmacht bzw. als Vertreter des Parteibezirks Rheinhessen teil, sondern wurde als Experte gelegentlich zu den Beratungen des PV herangezogen, wenn es um Probleme der französischen Besatzungszone oder des Verhältnisses zu Frankreich ging.[28]

Zu den durchgefallenen Kandidaten gehörten auch mehrere sozialdemokratische Landespolitiker aus Hamburg – Paula *Karpinski* (134 Stimmen)[29], Paul *Nevermann* (132)[30], Karl *Meitmann* (124) und Heinz Joachim *Heydorn* (113)[31]. Auf den dortigen Landesvorsitzenden Meitmann glaubte Schumacher nicht verzichten zu können, deshalb stellte er in der ersten Arbeitssitzung des PV am 4. Juni 1946 den Antrag, das dem PV gewährte Kooptationsrecht zu nutzen und Meitmann in den PV zu kooptieren.[32] Es wurden zwar in der Vorstandssitzung gewisse Bedenken geäußert, durch eine solche Kooptierung den Willen des Parteitages zu „berichtigen" (*Gayk*), doch wurde der Antrag Schumachers einstimmig angenommen. Dagegen wurde der Antrag des Nürnberger Vorstandsmitgliedes *Loßmann*, auch *Hoegner* zu kooptieren, mit dem formalen Argument zurückgestellt, man müsse zuerst überprüfen, ob Hoegner als Ministerpräsident eines in der amerikanischen Besatzungszone gelegenen Landes überhaupt in den Vorstand einer überzonalen Partei gewählt werden könne. Der Antrag wurde deshalb vertagt[33], kam aber, soweit die überlieferten Protokolle ein Urteil erlauben, nie mehr auf die Tagesordnung einer Vorstandssitzung. Die formalen Bedenken waren wohl nur vorgeschoben, denn *Kaisen*, der Regierungschef des zur US-

---

27 *Markscheffel* erhielt mit 147 Stimmen von den durchgefallenen Kandidaten die höchste Stimmenzahl, gedr. Stimmzettel, a.a.O. Günter *Markscheffel* (1908-1990), Journalist, vor 1933 SPD, 1933 Emigration (Saargebiet, Frankreich); Ende 1945 Rückkehr nach Deutschland, Aufbau eines Verbindungsbüros der SPD für die Frz. Besatzungszone in Mainz, 1947-57 Chefredakteur der „Freiheit" in Mainz, 1950-57 MdL (Rheinl.-Pfalz), 1957-70 Chefredakteur des „Sozialdemokratischen Pressedienstes", 1970-74 Persönlicher Referent bei Bundespräsident Heinemann.
28 Vgl. z. B. Dok. 9 A (Sitzung vom 22./23.4.1947), S. 190; vgl. auch Anhang 1-4.
29 Paula *Karpinski*, geb. 1897 in Hamburg als P. Thees, Kaufm. Angestellte, Wohlfahrtspflegerin, 1913 SPD, 1928-33 u. 1946-66 MdBü, 1946-53 u. 1957-61 Senatorin für Jugendfragen. Zu P. Karpinski vgl. ein Gespräch mit ihr, in: Lebensbilder von Frauen in Hamburg nach 1945 (1989), S. 102-113.
30 Paul *Nevermann* (1902-1979), geboren in Hamburg als Sohn eines ungelernten Brauereiarbeiters, Maschinenbaulehre, 1918 SAJ u. DMV, 1926 Abitur nach Arbeiter-Abiturientenkurs, Jurastudium, 1930 Dr. jur., vor 1933 Vorstand der Altonaer SPD; nach 1945 Vorstand der Hamburger SPD, 1950-53 und 1957-60 Bausenator u. Zweiter Bürgermeister, 1960-65 Erster Bürgermeister, danach bis 1970 LVors. d. SPD, 1967-79 Präsident des Deutschen Mieterbundes.
31 Heinz Joachim *Heydorn* (1916-1974), Studium der Philosophie, Sinologie und Anglistik, 1939-44 Wehrmacht, 1944 Desertion; 1946-52 MdBü (HH), 1946/47 BVors. d. SDS, 1952 Hochschulprofessor am Pädagogischen Institut in Jugenheim (Hessen). 1961 Ausschluß aus der SPD wegen Mitgliedschaft in der „Sozialistischen Förderergesellschaft". Zu Heydorn vgl. Willy Albrecht, Der Sozialistische Deutsche Studentenbund (SDS), Bonn 1994, S. 47-52.
32 Als Begründung wies Schumacher darauf hin, daß Meitmann als sein Vertreter im Zonenbeirat eine Legitimation benötige, vgl. Dok 2, Punkt 3, S. 19.
33 Der entsprechende Antrag, der vom Vorstandsmitglied Fritz Henßler stammte, wurde einstimmig angenommen, a.a.O.

Einleitung

Zone gehörenden Stadtstaates Bremen, war von Anfang an Mitglied des PV. Im Berichtszeitraum blieb Meitmann die einzige Person, die durch Kooptierung in den Parteivorstand gelangte.[34]

Betrachten wir die 26 Vorstandsmitglieder der ersten Amtsperiode insgesamt, so fällt das regionale Übergewicht der aus Nord- und Westdeutschland stammenden Vorstandsmitglieder auf.[35] Nicht nur, daß die 5 besoldeten Mitglieder in Hannover ansässig waren, auch zwei der unbesoldeten Mitglieder (Adolf *Grimme* und Ernst *Nölting*) kamen aus Hannover – beide Minister der dortigen Provinzialregierung.[36] Aus dem Bezirk Schleswig-Holstein kam der Kieler Oberbürgermeister Andreas *Gayk*, aus dem Bezirk Bremen-Nordwest der Bremer Senatspräsident Wilhelm *Kaisen* und aus Hamburg der in den PV kooptierte Karl *Meitmann*.[37] Weiter wurden je ein Delegierter der Bezirke Östliches Westfalen (Emil *Gross*), und Westliches Westfalen (Fritz *Henßler*) gewählt. Walter *Menzel* war bei seiner Wahl in den Parteivorstand „Generalreferent" für Inneres beim Oberpräsidenten der Provinz Westfalen in Münster, später wurde er Innenminister von Nordrhein-Westfalen in Düsseldorf. Viktor *Agartz* war zur Zeit seiner Wahl Leiter des Zentralamts für Wirtschaft der Britischen Zone, das in Minden seinen Sitz hatte. Aus Düsseldorf kam Ernst *Gnoß*, aus Köln kamen Willi *Eichler* und Robert *Görlinger*. Insgesamt 16 der 26 Mitglieder des PV lebten und arbeiteten in Ländern der Britischen Besatzungszone und in der zur Amerikanischen Zone gehörenden Hansestadt Bremen.

In Hessen hatten ihren Wohnsitz Anna *Beyer* und Willi *Knothe* (Frankfurt) sowie Elisabeth *Selbert* (Kassel) und Ludwig *Metzger* (Darmstadt), aus der Pfalz kam Franz *Bögler* (Speyer), aus dem Bezirk Württemberg-Baden Fritz *Helmstädter* (Stuttgart) und Hermann *Veit* (Karlsruhe, später Stuttgart). Von den bayerischen Delegierten wurden Valentin *Baur* (Schwaben/ Augsburg) und Julius *Loßmann* (Franken/ Nürnberg) gewählt.

Die 21 „unbesoldeten" Mitglieder des PV wurden zwar nicht von der Parteizentrale in Hannover bezahlt, waren aber in ihrer großen Mehrheit direkt oder indirekt beruflich und finanziell von der SPD abhängig. Direkt von ihren Bezirks- bzw. Landesorganisationen wurden besoldet: Baur (Vorsitzender des Bezirks Schwaben, Augsburg), Bögler (Vors.d. Bez. Pfalz, Speyer), Gnoß (Sekretär des Bezirks Niederrhein, Düsseldorf), Görlinger (Vors. d. Bez. Oberrhein, Köln), Knothe (Hessischer Landesvorsitzender, Frankfurt a. M), Loßmann (Parteisekretär, Nürnberg), Meitmann (Vorsitzender der Hamburger SPD).

Besoldete Ämter, die außer vom Vertrauen der jeweiligen Besatzungsbehörden auch vom Vertrauen ihrer Partei abhängig waren, übten aus: Gayk (OB in Kiel), Görlinger (Bürgermeister in Köln), Grimme (Kultusminister in Hannover), Henßler (OB in Dortmund), Kaisen (Senatspräsident in Bremen), Menzel (Innenminister in Münster/ Düssel-

---

34 Bei der Neuwahl von 1947 lag Meitmann mit 324 Stimmen im oberen Drittel der gewählten Kandidaten: Prot. SPD-PT 1947, S. 173 f.
35 Für die folgenden Angaben vgl. auch die Kurzbiographien der Mitglieder des Parteivorstandes am Schluß dieses Bandes (=Anhang 5).
36 Nölting nahm am Gründungsparteitag als Delegierter des Bezirks Hannover teil, vgl. die „vorläufige Liste" der Delegierten, AdsD: SPD - LO Hamburg 53, S. 1.
37 Alle drei waren auf dem Gründungsparteitag auch Delegierte ihres Bezirks, vgl. die „vorläufige Liste" a.a.O.

I. Die Führungsgremien der SPD von 1946 bis 1948

dorf), Metzger (OB in Darmstadt), Nölting (Wirtschaftsminister in Hannover), Veit (OB in Karlsruhe/ Wirtschaftsminister in Stuttgart).

Eine dritte Gruppe der „unbesoldeten" Vorstandsmitglieder, die indirekt von der Partei abhängig waren, bildeten die Verleger und Chefredakteure sozialdemokratischer Zeitungen: Eichler (Rheinische Zeitung, Köln) und Gross (Freie Presse, Bielefeld).

Eine leitende Stelle in der Zonenverwaltung der Britischen Zone bekleidete Agartz. Beyer war zur Zeit ihrer Wahl in verschiedenen Ehrenämtern der Partei, u.a. als Stadtverordnete in Frankfurt, tätig. Finanziell wurde sie zunächst von einer Schweizer Hilfsorganisation unterstützt, Ende 1946 bekam sie eine feste Stellung in der hessischen Staatskanzlei.

Die einzigen wirklich von der Partei wirtschaftlich Unabhängigen waren im Kreise der Vorstandsmitglieder Helmstädter (Steuerberater in Stuttgart) und Selbert (Rechtsanwältin in Kassel).

Das Durchschnittsalter der Mitglieder des Parteivorstandes betrug bei der Wahl im Mai 1946 fast 49 Jahre: Das älteste Mitglied war Julius Loßmann mit 64 Jahren, das jüngste Anna Beyer mit 36 Jahren. Die Gruppe der fünf besoldeten Vorstandsmitglieder hatte mit 43 1/2 Jahren ein geringeres Durchschnittsalter: Hier war der Parteivorsitzende Schumacher mit 50 der älteste, der Schatzmeister Nau mit 39 der jüngste.

Von den 26 im Mai/Juni 1946 in den Parteivorstand gelangten Mitgliedern amtierten im Frühjahr 1947 nur noch 25. Anfang 1947 legte Ernst *Nölting* sein Mandat als Mitglied des Parteivorstandes nieder.[38] Nölting hatte bereits am 21. September 1946 sein erst im August übernommenes Amt als Minister für Verkehr und Wirtschaft der Provinz Hannover niedergelegt, als schwere Vorwürfe wegen angeblicher Wirtschaftsvergehen, die er als Besatzungsoffizier in Italien begangen haben sollte und deretwegen er zu 5 Jahren Zuchthaus verurteilt worden war, gegen ihn erhoben worden waren.[39] Der von Ministerpräsident *Kopf*[40] eingesetzte Untersuchungsausschuß, dem je ein Vertreter der fünf im Landtag vertretenen Parteien (CDU, FDP, KPD, NLP – Niedersächsische Landespartei, SPD) sowie ein Hamburger Generalstaatsanwalt als Vorsitzender angehörten, kam zu der Auffassung, daß zwar einige der gegen Nölting erhobenen Anklagen gegenstandslos seien. Nölting müsse aber der Vorwurf gemacht werden, daß er nicht von sich aus eine völlige Klärung durch den Antrag auf eine Wiederaufnahme des Kriegsgerichtsverfahrens betrieben habe.[41] Der Ausschuß kam deshalb „einmütig" zu der Auffassung, daß es richtig erscheine, bis zu einer solchen Klärung „von der Verwendung Dr. Nöltings auf politisch

---

38 An den Münchener Sitzungen am 10. und 11. 1. 1947 nahm er noch als Vorstandsmitglied teil, vgl. Dok. 7 A und B.
39 Vgl. „Die Welt" v. 24.9.1946.
40 Hinrich Wilhelm *Kopf* (1893-1961), Studium d. Rechts- u. Staatswiss., vor 1918 SPD, 1928-33 Preuß. Staatsdienst (Landrat in Hadeln), 1945/46 Oberprä./ MinPräs. von Hannover, 1946-55 u. 1959-61 MinPräs. von Niedersachsen. Zu Kopf vgl. Ulrich *Schneider*. Hinrich Wilhelm Kopf, in: Walter *Mühlhausen*/ Cornelia *Regin* (Hrsg.), Treuhänder des deutschen Volkes, Melsungen 1991, S. 229-254.
41 Vgl. die „abschließende Stellungnahme" des Untersuchungsausschusses v. 28.11.1946 (von allen 6 Mitgliedern unterschriebene Durchschrift, 3 S.), AdsD: Pers./ Ernst Nölting. Vgl auch Zeitungsnotiz, „Die Welt" v. 14. 12. 1948.

Einleitung

exponierten Posten Abstand zu nehmen". Anscheinend schloß sich der Parteivorstand nach einigem Zögern dieser Auffassung an und veranlaßte Nölting Ende Januar/Anfang Februar 1947, auch aus dem Parteivorstand auszuscheiden.[42]

b) Die Neuwahl des Parteivorstandes auf dem Parteitag Ende Juni 1947

Die Neuwahl des Parteivorstandes auf dem Parteitag von 1947, der Ende Juni/ Anfang Juli in Nürnberg stattfand, brachte mehrere Veränderungen in der Zusammensetzung des obersten Parteigremiums.[43] Die Zahl der besoldeten Mitglieder wurde auf Antrag des „Büros" wegen der vermehrten Aufgaben der Zentrale erhöht.[44] Mit Herta *Gotthelf* wurde die seit dem 1. Juli 1946 amtierende Frauenreferentin, die bereits seit August 1946 regelmäßig an den Vorstandssitzungen teilgenommen hatte, in den Kreis der besoldeten Vorstandsmitglieder gewählt. Damit gehörte nach 1945 erstmals eine Frau dem geschäftsführenden Parteivorstand an.

Weiter wurde, ebenfalls auf Antrag des „Büros", der bisherige Sekretär des Bezirks Hannover, Egon *Franke*, als besoldetes Mitglied in den Parteivorstand gewählt, Er sollte für die „organisatorischen Arbeiten in der Partei" zuständig werden. Während Gotthelf bei der dieses Mal getrennt vorgenommenen Wahl der besoldeten Mitglieder ein sehr gutes Ergebnis erzielte, konnte Franke nur eine mäßige Stimmenzahl auf sich vereinigen, eine Zahl, mit der er bei der anschließenden Wahl der „unbesoldeten" Mitglieder durchgefallen wäre.[45]

Der Parteitag akzeptierte zwar den weitergehenden Antrag des Parteivorstandes, die Zahl der besoldeten Mitglieder noch weiter auf acht zu erhöhen und die personelle Auswahl dem PV – zusammen mit dem PA – zu überlassen, doch die 61 Gegenstimmen wiesen auf eine nicht geringe Opposition gegen die Gewährung eines solchen Kooptationsrechtes an den PV hin.[46] Der Vorschlag *Schumachers*, mit diesem Amt Fritz *Henßler* zu betrauen, war schon in der Sitzung des Parteivorstandes vom 28. Juni am Widerstand Henßlers gescheitert.[47] Henßler lehnte einen Wechsel von Dortmund, wo er die Ämter des Oberbürgermeisters und des Vorsitzenden des SPD-Bezirks Westliches Westfalen

---

42 Noch kurz vor dem Abschluß der Arbeiten des Untersuchungsausschusses tauchten in der Presse Gerüchte auf, Nölting werde nach seinem Ausscheiden aus dem Ministeramt als „Reichsreferent für Wirtschaftspolitik" in die Zentrale der SPD berufen werden, vgl. Notiz im „Telegraf" v. 23.11.1946.
43 Zum folgenden vgl. Prot. SPD-PT 1947, S. 154-157 u. 173 f.; vgl. auch die Vorbereitung des Parteitags in den Vorstandssitzungen vom 22.-24. April, vom 1.-2. Juni und am 28. Juni 1947 = Dok. 9, 10 u. 11, jeweils Punkt 1.
44 Zum folgenden vgl. d. Begründung der Anträge des PV nach einer Erhöhung der Zahl der Besoldeten Mitglieder des PV auf dem Parteitag durch Ollenhauer, Prot. SPD-PT 1947, S. 154.
45 Gotthelf konnte 332 Stimmen erringen. Franke erhielt nur 220 Stimmen, während Marta Fuchs und Anna Beyer mit 236 bzw. 225 Stimmen bei der Wahl der Beisitzer durchfielen, Prot. SPD-PT 1947, S. 173 f. Gegen die Wahl Frankes waren schon in der Vorstandssitzung am 2. Juni Bedenken laut geworden, vgl. Dok. 10, Punkt 1, S. 224.
46 Prot. SPD-PT 1947, S. 157.
47 Vgl. Dok. 11 A, S. 237.

I. Die Führungsgremien der SPD von 1946 bis 1948

ausübte, nach Hannover ab. Er wollte, gerade weil er einer der wenigen Mitglieder des Gesamtvorstandes war, zu dem der Parteivorsitzende Schumacher sein vollstes Vertrauen hatte, seine regionale Machtbasis nicht aufgeben. Sie war für ihn eine Voraussetzung dafür, daß er im Gesamtvorstand dem „Büro", ja auch dem Parteivorsitzenden Schumacher selbst, bei wichtigen Sachfragen widersprechen konnte, ja auch widersprach.[48]

Das ihm für die zusätzliche Wahl eines besoldeten Vorstandsmitgliedes gewährte Kooptationsrecht nahm der Parteivorstand nicht in Anspruch. Auf dem Parteitag von 1948 wurde eine Erhöhung der Zahl der besoldeten Mitglieder nicht diskutiert, lediglich die Zahl der unbesoldeten wurde geringfügig von 22 auf 23 erhöht, um die bereits 1947 festgelegte Gesamtzahl von 30 Vorstandsmitgliedern zu erreichen.[49] Eine eventuelle Wahl des im Herbst 1948 endlich gefundenen Betriebsgruppensekretärs Siggi *Neumann*[50] in den geschäftsführenden Parteivorstand wurde im PV nicht diskutiert.

Die Zahl der unbesoldeten Mitglieder stieg 1947 ebenfalls um zwei. Das erklärt sich vor allem daraus, daß der Berliner Landesverband sich auf dem Parteitag von 1947 formell der Gesamtorganisation anschloß.[51] Deshalb konnten erst auf diesem Parteitag zwei Berliner Delegierte (Louise *Schroeder* und Franz *Neumann*) als formelle Mitglieder in den Parteivorstand gewählt werden.[52] Wegen der besonderen Lage Berlins durften sich diese – als einzige Mitglieder des Parteivorstandes – bei Bedarf vertreten lassen, zu ständigen Vertretern wurden auf Antrag der Berliner Ida *Wolff* und Otto *Suhr* bestimmt.[53] In der Praxis hatten die Berliner Sozialdemokraten schon seit August 1946 regelmäßig Vertreter zu den Sitzungen der obersten Parteigremien geschickt.[54] Schon vorher kümmerte sich der Gesamtvorstand um die Berliner Sozialdemokraten, als in der dortigen Führung personelle Streitigkeiten die Effektivität der Landesorganisation beeinträchtigten.[55]

Bei der Vorbereitung der Neuwahl der Mitglieder des PV wies *Ollenhauer* in der Sitzung des PV am 28.6.1947 darauf hin, daß bei diesen Neuwahlen drei Frauen zu unbesoldeten Mitgliedern gewählt werden sollten und die französische Zone besser vertreten sein solle. Da die Gesamtzahl der Mitglieder nicht noch weiter erhöht wurde, konnte dies nur

---

48 Vgl. Dok. 15 A, S. 280 f.
49 Prot. SPD-PT 1948, S. 116; zur Vorbereitung der Neuwahl des PV vgl. Dok. 25 (Sitzung des PV vom 27./28.8.1948), Punkt 1 d.
50 Siegmund (Siggi, Sigi) *Neumann* (1907-1960), Abitur, Kaufm. Angestellter, 1926 KPD, 1933 Emigration nach Frankreich, 1934 Ausschluß aus der KPD, 1946 Rückkehr nach Deutschland, SPD, 1947 kurze Zeit Leiter des Ostbüros der SPD, 1948-54 Leiter des Betriebsgruppenreferats, 1954 Referent beim Hauptvorstand der IGM.
51 Nach einer kurzen Begründung durch den Landesvorsitzenden Franz Neumann wurde der Antrag der Berliner, den Landesverband Groß-Berlin als Bezirksorganisation in die SPD aufzunehmen, einstimmig angenommen, Prot. SPD-PT 1947, S. 65.
52 Diese erzielten mit 332 und 331 Stimmen bei der Wahl der unbesoldeten Mitglieder sehr gute Ergebnisse, Prot. SPD-PT 1947, S.174.
53 Vgl. die Vorbereitung der Vorstandswahl in der Vorstandssitzung am 28. 6. 1947 (Dok. 11 A), S. 239. Ob die „Vertreterbenennung" durch den Parteitag formell bestätigt wurde, konnte nicht festgestellt werden. Für Kurzbiographien von I. *Wolff* und O. *Suhr* vgl. Anhang 5.
54 Vgl. Dok. 4 A und B (Sitzungen vom 21. und 22. 8. 1946).
55 Vgl. Dok. 3 (Sitzung vom 12. 7. 1946), Punkt 9, S. 42.

Einleitung

durch eine Auswechslung von Mitgliedern geschehen. Nicht wieder kandidierte Ludwig *Metzger* (Hessen), neu in den PV gewählt wurde Carlo *Schmid*, der zu dieser Zeit in Tübingen, d.h. in der Französischen Besatzungszone, lebte und arbeitete.[56] Außer der durch die Wahl Schmids erfolgten regionalen Ausweitung muß erwähnt werden, daß mit ihm erstmals ein Seiteneinsteiger", der sich erst nach 1945 der SPD angeschlossen hatte, in den PV gelangte.

Für die drei bei der Wahl der unbesoldeten Mitglieder vorgesehenen Frauenplätze gab es gleich fünf Kandidatinnen. Wiedergewählt wurde Elisabeth *Selbert*, während das bisherige Mitglied Anna *Beyer* sowie die Kandidatin Martha *Fuchs*, die frühere Kultusministerin des Landes Braunschweig und spätere Oberbürgermeisterin der Stadt Braunschweig, durchfielen.[57] Neu gewählt wurden Lisa *Albrecht*, die stellvertretende bayerische Landesvorsitzende aus München[58], und, wie schon erwähnt, Louise *Schroeder* aus Berlin.

Insgesamt entsprach der Anteil der Frauen im Parteivorstand nach der Neuwahl von 1947 (4 von 29) nur knapp dem Anteil der weiblichen Mitglieder an der Gesamtmitgliedschaft. Gehörten Ende 1946 etwa 110 000 Frauen zur SPD, was einem Prozentsatz von 15,4 entsprach, so stieg die Zahl der weiblichen Mitglieder bis Ende 1947 absolut und prozentual – auf mehr als 160000 und mehr als 18 %.[59] Dieser positiven Entwicklung hätte sicher die Wahl von fünf oder sechs weiblichen Mitgliedern in den Vorstand der Partei mehr entsprochen. Der Durchfall von zwei kompetenten Frauen bei den Vorstandswahlen zeigt, daß genügend geeignete Kandidatinnen vorhanden waren, ihnen aber keine Chancen gegeben wurden.

Nach der Neuwahl 1947 stieg das Durchschnittsalter aller Vorstandsmitglieder auf über 50 Jahre. Ältestes Mitglied war weiterhin Julius *Loßmann* mit nunmehr 65 Jahren, jüngstes Mitglied nunmehr Egon *Franke* mit 34 Jahren.

Durch die neu in den Parteivorstand gelangten Mitglieder vergrößerte sich – absolut und relativ – die Zahl der von der SPD direkt und indirekt Abhängigen im PV. Nicht nur die zwei neuen „besoldeten" Mitglieder (Franke und Gotthelf), auch die vier neuen „unbesoldeten" Mitglieder Albrecht (stellvertretende Landesvorsitzende), Neumann (Landesvorsitzender), Schroeder (Bürgermeisterin) und Schmid (stellvertretender Regierungschef) mußten zu dieser Gruppe gerechnet werden. Dagegen wurde die hessische Ministe-

---

56 Carlo *Schmid* erhielt bei seiner ersten Wahl in den Parteivorstand 335 Stimmen, d. h. er lag zusammen mit Fritz *Henßler* an der Spitze der unbesoldeten Vorstandsmitglieder. Nur der Parteivorsitzende *Schumacher* und sein Stellvertreter *Ollenhauer* erzielten mit 340 bzw. 337 Stimmen ein noch besseres Ergebnis, vgl. Prot. SPD-PT 1947, S. 173 f.

57 Sie erhielten mit 236 und 225 Stimmen deutlich weniger Stimmen als Elisabeth Selbert, die mit 253 Stimmen noch in den Vorstand gelangte, a.a.O. Martha *Fuchs* (1892-1966), geb. in der Nähe von Bautzen als Tochter eines Gastwirts, Buchhalterin, 1923 Braunschweig, SPD, 1925 Stadtverordnete, 1927-33 MdL (Braunschweig), 1930-33 Gewerbeaufseherin, 1944/45 KZ Ravensbrück; 1945 MdL u. Stadtverordn. (Braunschweig), Mai - Nov. 1946 Kultusministerin des Landes Braunschweig, 1947-51 MdL (Niedersachsen), 1947/48 Staatskommissarin f. d. Flüchtlingswesen (Nieders.), 1959-64 OB der Stadt Braunschweig.

58 Sie errang mit 304 Stimmen einen Platz im unteren Mittelfeld, a.a.O.

59 Für die genauen Zahlen vgl. den Bericht über die Frauenbewegung im Jahrbuch für 1947, Jb. SPD 1947, S. 53.

rialbeamtin Beyer nicht wieder gewählt, so daß die Zahl der von der Partei nicht direkt abhängigen Mitglieder des PV von drei auf zwei sank.

In den Parteitagsprotokollen von 1947 und 1948 wurde weiterhin zwischen „besoldeten" und „unbesoldeten" Mitgliedern des Parteivorstandes unterschieden, wobei aus der Gruppe der besoldeten Mitglieder der Parteivorsitzende und sein Stellvertreter besonders hervorgehoben wurden.[60] In den Jahrbüchern der SPD für 1947 und für 1948/1949 wurden dagegen die unbesoldeten Vorstandsmitglieder – wie auch im Organisationsstatut – als „Beisitzer" bezeichnet.[61]

Auch die 29 Mitglieder, die im Juni 1947 zu Vorstandsmitgliedern gewählt worden waren, amtierten nicht alle bis zur Neuwahl im September 1948. Am 22. August 1948 legte Viktor *Agartz* sein Mandat als Mitglied des PV nieder.[62] In der Sitzung des Parteivorstandes am 27. August wurde aber lediglich – bei der Besprechung des kommenden Parteitages – bekanntgegeben, daß Agartz auf eigenen Wunsch neben zwei weiteren Mitgliedern (*Helmstädter* und *Loßmann*) aus dem PV ausscheiden wolle.[63] Agartz hatte zunächst zu den bekanntesten Wirtschaftsexperten der SPD gehört. Auf dem Gründungsparteitag im Mai 1946 hielt er das mit viel Beifall aufgenommene Grundsatzreferat über die sozialistische Wirtschaftspolitik".[64] Bei seiner ersten Wahl in den Parteivorstand am Ende des Parteitages lag er mit 242 Stimmen klar an der Spitze der unbesoldeten Vorstandsmitglieder, nur Schumacher bekam bei seiner Wahl zum Parteivorsitzenden noch zwei Stimmen mehr.[65] Bei seiner Wiederwahl auf dem Parteitag von 1947 lag er mit 321 Stimmen in der oberen Hälfte der unbesoldeten Vorstandsmitglieder. Doch sein Stern in der Parteiführung der SPD verblaßte allmählich. Über die wirtschaftspolitischen Forderungen der SPD referierte auf dem Parteitag von 1947 der nordrhein-westfälische Wirtschaftsminister Erik *Nölting*[66]. Für den Parteitag von 1948 wurde gar der sozialdemokratische bayerische Wirtschaftsminister der Jahre 1945 und 1946 Rudolf *Zorn*[67] als Referent zum Thema „Soziale Neuordnung als sozialistische Gegenwartsaufgabe" eingeladen. Seine Berufung zum

---

60 Prot. SPD-PT 1947, S. 173 f. u. Prot. SPD-PT 1948, S. 129.
61 Jb. SPD 1947, S. 32 u. Jb. SPD 1948/49, S. 52.
62 Vgl. sein kurzes Schreiben an den PV am 22.8.1948 und ein längeres, mehr persönliches Schreiben an Fritz *Heine* vom gleichen Tage, SAPMO - BArch: NY 4104, Nr. 30, Bl. 34-36. In seinem Antwortschreiben vom 31. August bestätigte Fritz Heine den Eingang dieser Schreiben Er habe beide Schreiben den Mitgliedern des PV zur Kenntnis gebracht und bedaure persönlich den Schritt von Agartz, a.a.O., Bl. 37.
63 Dok. 25, Punkt 1 d, S. 475.
64 Prot. SPD-PT 1946, S. 57-86.
65 Prot. SPD-PT 1946, S.180.
66 Prot. SPD-PT 1947, S. 158-163. Erik *Nölting* (1892-1953), älterer Bruder des Parteivorstandsmitgliedes Ernst N., Studium der Rechts- u. Staatswiss., Soziologie, 1910 Demokratische Vereinigung, 1921 SPD, 1923-1933 Professor an der Akademie der Arbeit in Frankfurt am Main, 1928-1933 MdL (Preußen); 1945/46 Generalreferent f. Wirtschaft d. westf. Provinzialregierung in Münster, 1946-1950 Wirtschaftsminister u. MdL (Nordrh.-Westf.), 1949-1953 MdB. Zu Erik Nölting vgl. Claudia Nölting, Erik Nölting. Wirtschaftsminister und Theoretiker der SPD, Essen 1989.
67 Rudolf *Zorn* (1893-1966), Dr. jur., vor 1933 SPD; 1946/47 bayerischer Wirtschaftsminister, 1950/51 bayerischer Finanzminister, 1949/50 und 1951-58 Präsident des bayerischen Sparkassen- und Giroverbandes. Zur Bedeutung Zorns vgl. Hildegard Kronawitter, Rudolf Zorn und sein Beitrag zum marktwirtschaftlichen Denken in der SPD, in: Von der Klassenbewegung zur Volkspartei, München 1992, S. 248-260.

Einleitung

Referenten, die auch bei einigen anderen Vorstandsmitgliedern auf Kritik stieß, mußte von Agartz geradezu als Affront angesehen werden.[68] Dazu kam, daß der Gesundheitszustand von Viktor Agartz in diesen Jahren nicht der beste war, daß er oftmals Monate aussetzen mußte, um sich zu kurieren.[69]

***

Zu Beginn dieser einleitenden Bemerkungen wurde darauf hingewiesen, daß die 1946 neu gegründete SPD keine bloße Fortsetzung der 1933 verbotenen Sozialdemokratischen Partei war, sondern eine sozialdemokratische Sammlungspartei, zu der sich auch große Teile der SAP, des ISK und der Gruppe „Neu Beginnen" (NB) bekannten. Was nun deren Repräsentanten im Parteivorstand betraf, so muß erwähnt werden, daß der ISK dort mit seinem früheren Leiter Willi *Eichler* von Anfang an vertreten war. Im Parteivorstand von 1946/47 kam noch ein weiteres Mitglied, nämlich Anna *Beyer*, aus dem ISK.

Die SAP war im PV während der Jahre 1946 bis 1948 nicht direkt repräsentiert. Ihr früheres führendes Mitglied Willy *Brandt* spielte jedoch als Vertreter des PV in Berlin 1948/49 auch bei den Sitzungen des Parteivorstandes eine wichtige Rolle.[70] Er nahm wie sein Vorgänger Erich *Brost*[71] regelmäßig an den Sitzungen teil, berichtete dort über die Lage in Berlin und beteiligte sich – anders als Brost – auch aktiv an den Diskussionen.[72]

Auch die Gruppe „Neu Beginnen" war in den Jahren 1946 bis 1948 im Parteivorstand direkt noch nicht repräsentiert. Waldemar von *Knoeringen*[73] und Erwin Schoettle gelangten erst 1948 in das Leitungsgremium der Partei. Beide spielten jedoch schon direkt nach ihrer Rückkehr aus der Emigration nach München bzw. Stuttgart im Frühsommer 1946 eine bedeutende Rolle auch an der Spitze der Gesamtpartei. Knoeringen widmete sich nach seiner Rückkehr nach Bayern im Frühjahr 1946 intensiv der Landespolitik und nahm im Berichtszeitraum an einer zentralen Konferenz der Führungsgremien, nämlich an der am

---

68 Vgl. die kurze Notiz im Protokoll der Vorstandssitzung vom 27.8.1948, zu deren Beginn das vorgesehene Referat Zorns in dessen Beisein ausführlich diskutiert wurde. Dok. 25, Punkt 1 A. Zu den Diskussionen in dieser Sitzung über den kommenden Parteitag vgl. auch Einl. Kap. II 1 f.
69 Vgl. Hans-Georg Hermann, Verraten und verkauft [Biographie Agartz'], Fulda 1958, S. 73.
70 Willy *Brandt* (1913-1992), Abitur, Journalist, 1932 SAP, 1933 Emigration (Norwegen, Schweden), 1944 SPD, 1948-49 Vertreter d. PV in Berlin, 1949-57, 1969-90 MdB, 1951-66 MdAbgH, 1955-57 Präs. d. Abgeordnetenhauses ,1957-66 Reg. Bürgermeister von Berlin, 1966-69 Außenminister und Vizekanzler, 1969-74 Bundeskanzler, 1958 PV, 1962 PP, 1964-87 PVors. d. SPD, 1976-92 Vors. der SI.
71 Erich *Brost* (1903-1995), geb. in Westpreußen, 1925-36 Red. d. „Danziger Volksstimme", 1934-36 Vorstand der Danziger Sozialdemokratischen Partei. 1936 Emigration (Polen, Schweden, GB); 1946/47 Chefredakteur d. „Neuen Ruhr-Zeitung" in Essen, 1947/48 Vertreter des PV in Berlin. 1948 Verleger und Herausgeber der „Westdeutschen Allgemeinen Zeitung" (zuerst in Bochum - ab 1953 in Essen). Zu Brost vgl. Marek Andrzejewski u. Hubert Rinklake, „Man muß doch informiert sein, um leben zu können". Erich Brost. Danziger Redakteur, Mann des Widerstandes, Verleger und Chefredakteur der „Westdeutschen Allgemeinen Zeitung", Bonn 1997.
72 Vgl. Dok. 18 A (Sitzung vom 17.2.1948) u. 20 (Sitzung vom 6.5.1948).
73 Waldemar von *Knoeringen* (1906-1971), vor 1933 SPD, 1933 Emigration (Österr., CSR, F, GB), 1946 Rückkehr nach Bayern, 1946-70 MdL, 1947-63 LVors, 1948-62 PV, 1958-62 PP u. Stellv. Vors., 1949-52 MdB. Zu Knoeringen vgl. Hartmut Mehringer, Waldemar von Knoeringen. Eine politische Biographie. Der Weg vom revolutionären Sozialismus zur sozialen Demokratie, München 1989.

31. Mai/1. Juni 1947 in Frankfurt am Main teil.[74] Das persönliche Verhältnis Knoeringens zum „Büro" in Hannover und insbesondere zum Parteivorsitzenden Schumacher war von Anfang an sehr eng.[75] Knoeringen wurde geradezu zur Vertrauensperson Schumachers in München, was sicher entscheidend dazu beitrug, daß die bayerische Sozialdemokratie im Laufe des Jahres 1947 den politischen Kurs der Gesamtpartei im großen und ganzen übernahm.[76]

Noch engere persönliche, ja freundschaftliche Beziehungen bestanden zwischen Schumacher und *Schoettle*, die schon vor 1933 in Stuttgart zusammengearbeitet hatten. Nach Schoettles endgültiger Rückkehr im Sommer 1947 bot ihm Schumacher noch einmal an, in Hannover als besoldetes Parteivorstandsmitglied die Verantwortung für die gesamte amerikanische Besatzungszone zu übernehmen.[77] Das tue er, so schrieb er an Schoettle, obwohl er den Stuttgarter Genossen versprochen habe, Schoettle, der bereits das Amt des Stuttgarter Vorsitzenden der SPD übernommen hatte, nicht nach Hannover wegzulocken. Schoettle ging zwar, wie Schumacher schon vermutet hatte, auf dieses Angebot nicht ein, übernahm aber in der Folgezeit auch wichtige Ämter und Funktionen, die eine große Verantwortung für die Gesamtpartei mit sich brachten. So nahm er bereits ab August 1946 als führender Landespolitiker an den gemeinsamen Sitzungen von Parteivorstand und Parteiausschuß teil.[78] Bei der Neuwahl von 1947 gelangte er zwar noch nicht in den Parteivorstand, doch an den Sitzungen des Parteivorstandes nahm er danach regelmäßig in seiner Funktion als Vorsitzender der sozialdemokratischen Fraktion des Frankfurter Wirtschaftsrates teil.[79]

Bei den genannten Persönlichkeiten, die bis Anfang der 40er Jahre sozialistischen Splittergruppen angehörten und nach 1945/46 in der neuen SPD Leitungsfunktionen übernahmen, handelte es sich um Emigranten, die nach der Machtübernahme durch die Nationalsozialisten Deutschland wegen ihrer politischen Tätigkeit vor 1933 verlassen mußten.

Wie war nun das zahlenmäßige Verhältnis zwischen Emigranten und den in Deutschland Verbliebenen im Parteivorstand während der Jahre 1946 bis 1948? Von den fünf 1946 in das „Büro", d.h. den Geschäftsführenden Parteivorstand, gewählten Mitgliedern waren zwei (*Ollenhauer* und *Heine*) die ganze Zeit Emigranten.[80] Einer (*Kriedemann*) wurde bei der deutschen Besetzung der Niederlande festgenommen und dann zu einer relativ geringe Strafe verurteilt. Wegen dieser geringen Strafe tauchten nach 1945 Gerüchte auf, Kriede-

---

74 Vgl. Dok. 10 A.
75 Vgl. H. Mehringer, S. 298-300. Dazu vgl. auch Einl. Kap. II 1 b.
76 Vgl. H. Mehringer, S. 317-320.
77 Schreiben Schumachers an Schoettle am 25.7.1946, abgedr.: K. Schumacher, Reden – Schriften – Korrespondenzen, S. 353 f. Das Angebot einer leitenden Stelle im Büro des PV war Schoettle lange vor seiner endgültigen Rückkehr nach Deutschland gemacht worden, vgl. Dok. 3, Anlage 2, S. 62.
78 Vgl. Dok. 4 B und Anhang 3.
79 Vgl. Dok. 12 und Anhang 2.
80 Für genauere biographische Angaben vgl. die Kurzbiographien der Vorstandsmitglieder im Anhang.

Einleitung

mann sei ein Spitzel der Gestapo gewesen.[81] Die anderen beiden Mitglieder des „Büros", Schumacher und Nau, waren zwar in Deutschland geblieben, gehörten aber zu den wegen ihrer politischen Tätigkeit vor 1933 bzw. ihrer Widerstandstätigkeit schwer Verfolgten. Von den übrigen 21 Mitgliedern waren vier Emigranten während der gesamten NS-Zeit: *Baur, Beyer, Bögler* und *Eichler.* Zwei (*Görlinger* und *Gross*) wurden nach der Besetzung ihrer Zufluchtsländer festgenommen und zu Zuchthausstrafen verurteilt. Von den übrigen 15 muß man drei (*Gnoß, Grimme* und *Henßler*) zu den besonders schwer Verfolgten der NS-Zeit rechnen.

Von den 1947 neu gewählten Mitgliedern des geschäftsführenden Parteivorstandes hatte *Gotthelf* die Jahre 1934 bis 1946 in Großbritannien verbracht, *Franke* war zwar in Deutschland geblieben, wurde jedoch 1935 wegen illegaler Parteiarbeit zu mehreren Jahren Zuchthaus verurteilt. Von den übrigen neu gewählten Mitgliedern war niemand Emigrant. Da ja *Beyer* nicht wiedergewählt wurde, blieb die Gesamtzahl der Emigranten mit neun gleich. Gegensätze zwischen ihnen und den anderen Vorstandsmitgliedern, die vornehmlich durch ihre erzwungene Emigration während der NS-Zeit bedingt waren, ließen sich im Berichtszeitraum nicht feststellen.

2. Die zentralen Institutionen der SPD

a) Das „Büro" des Parteivorstandes in Hannover

Die besoldeten Mitglieder des Parteivorstandes bildeten das „Büro" des PV in Hannover, gelegentlich auch „Geschäftsführender" oder „Engerer" Parteivorstand genannt. Sie trafen sich regelmäßig, mindestens einmal die Woche in Schumachers Arbeitszimmer. Protokolle über diese Sitzungen des Büros wurden, soweit bekannt, nicht angefertigt, zum mindesten sind sie nicht erhalten geblieben. Personell entsprach das „Büro" des Parteivorstandes zunächst dem früheren Büro der Westzonen".[82] Im Statut wurden keine besonderen Rechte und Pflichten des „Büros" bzw. der Gruppe der besoldeten Mitglieder festgeschrieben.

In der Regel waren die Beziehungen zwischen dem „Büro" und dem Gesamtvorstand, soweit die offiziellen Protokolle darüber Auskunft geben, ungetrübt. Das „Büro" holte sich in den Vorstandssitzungen die notwendigen Vollmachten, um selbständig für den Vorstand handeln zu können.[83] Zu Kontroversen kam es schon frühzeitig über die Personalpo-

---

81 Zum „Fall Kriedemann", d.h. zu den gegen Kriedemann erhobenen Vorwürfen und ihre Zurückweisung durch den PV, vgl. Einleitung Kap. I 2 c, S. XXX.
82 Den fünf Mitgliedern des „Westzonenbüros" (*Schumacher, Heine, Kriedemann, Nau* und *Ollenhauer*) wurden auf dem Gründungsparteitag – wie auf späteren Parteitagen den Mitgliedern des Parteivorstandes – die gleichen Rechte eingeräumt wie den von den Bezirken entsandten Delegierten, vgl. den Bericht der Mandatsprüfungskommission, Prot. SPD-PT 1946, S. 151; vgl. auch die gedr. „vorläufige Liste der Delegierten", AdsD: SPD - LO Hamburg 53.
83 Vgl. die erste Arbeitssitzung des PV am 4.6.1946, Dok. 2, Punkt 1.

litik des „Büros". So wehrten sich öfter die Vertreter der betroffenen Bezirke, wenn „Hannover" mal wieder tüchtige Funktionäre in die Zentrale holen wollte.[84]

Am 2. Juni 1947 wurde während der Debatte über die Vorbereitung des Parteitages auch ausführlich die „Personalpolitik" des „Büros" diskutiert.[85] Die Kritiker im Gesamtvorstand konnten die Einsetzung einer Kommission zur Überprüfung der „Angestelltenverhältnisse im Büro" durchsetzen.[86] Im Anschluß an die Entscheidung stellte jedoch der stellvertretende Parteivorsitzende Ollenhauer als das für Organisations- und Personalfragen zuständige Mitglied des „Büros" klar, daß die Kommission lediglich den „gegenwärtigen Personalstand zu überprüfen" habe, daß aber künftige Anstellungen „grundsätzlich" dem „Büro" vorbehalten blieben.

Schon vorher, im März 1947, hatte das Vorstandsmitglied Andreas *Gayk* mehrere Anträge schriftlich vorgelegt, mit denen die Beziehungen des Geschäftsführenden Vorstandes zum Gesamtvorstand klarer gefaßt werden sollten.[87] Zunächst forderte er, daß die durch das „Büro" vorbereiteten Entschließungen zum Kurs der Partei zunächst dem Gesamtvorstand vorgelegt werden sollten, ehe sie in den gemeinsamen Sitzungen von PV und PA diskutiert würden. Mehrere Punkte betrafen die rechtzeitige Übermittlung der Entwürfe an die Mitglieder des PV. Schließlich wurden regelmäßige schriftliche Berichte über den Stand der Organisation angemahnt. Die Anträge von Gayk wurden in der Sitzung des Parteivorstandes am 12./13. März 1947 „eingehend" diskutiert. Zu einer förmlichen Abstimmung kam es anscheinend nicht.[88] Abschließend zu diesem Tagesordnungspunkt stellte *Ollenhauer* fest, daß den „Wünschen" Gayks weitgehend Rechnung getragen werden könne, daß jedoch in bezug auf die rechtzeitige Übermittlung von Verhandlungsmaterial nach wie vor große Schwierigkeiten vorhanden seien, da die Post immer noch sehr langsam und unzuverlässig sei. Auch könne man wegen der Unsicherheit und wegen der Militärzensur der Post nicht alles anvertrauen. Über die Einrichtung eines Kurierdienstes solle nachgedacht werden.

b) Der Parteiausschuß (PA) der SPD

Als zweite zentrale Institution wurde – entsprechend der früheren Regelung – auf dem Parteitag von 1946 ein „Parteiausschuß" eingesetzt.[89] Er bestand aus je einem Vertreter der Bezirksvorstände sowie zusätzlichen Vertreterinnen für die weiblichen Mitglieder, falls

---

84 Vgl. den Protest von Ernst *Gnoß* gegen die „Abberufung" von Erich *Brost* (bislang Redakteur der Parteizeitung in Essen) zum Berliner Vertreter des PV in der Sitzung vom 11.1.1947, Dok. 7 A, S. 138.
85 Vgl. Dok. 10 B, Punkt 1, S. 224.
86 In die Kommission wurden die Vorstandsmitglieder Gnoß, Görlinger, Knothe und Meitmann sowie der Vorsitzende der KK, Schönfelder, gewählt, ebd.
87 Vgl. Dok. 8 (Sitzung vom 13./14.3.1947), Anlage 7, S. 189.
88 Dok. 8, Punkt 6, S. 176 f. Im veröffentlichten Kommuniqué befindet sich kein Hinweis auf die Anträge von Gayk und ihre Beratung im Parteivorstand, vgl. Dok. 8, Anlage 1, S. 180 f.
89 Die Paragraphen 22 - 24 über den Parteiausschuß (Prot. SPD-PT 1947, S. 6 f.) wurden fast wörtlich dem Organisationsstatut von 1925 entnommen (Prot. SPD-PT 1925, S. 15).

Einleitung

deren Zahl in den einzelnen Bezirken eine festgelegte Summe überschritten hatte.[90] Er sollte – wie bisher – gemeinsam mit dem Parteivorstand über „wichtige, die Gesamtpartei berührende Fragen, über die Einrichtung zentraler Parteiinstitutionen, die die Partei finanziell dauernd erheblich belasten", und über die „Bestellung der Referenten" beraten und dazu ein Gutachten abgeben. Lediglich das frühere Recht des Parteiausschusses, „nach Anhörung des Parteivorstandes" Ersatzwahlen für aus dem Parteivorstand bzw. aus der Kontrollkommission ausgeschiedene Mitglieder vorzunehmen, wurde nicht ins neue Statut übernommen. In der Regel sollten Parteivorstand und Parteiausschuß gemeinsam alle drei Monate tagen, die Einberufung sollte durch den PV, d. h. das „Büro", erfolgen.[91] Ein Drittel der Bezirksvorstände war berechtigt, eine außerordentliche Sitzung zu beantragen. War der PV nicht bereit, eine solche einzuberufen, dann konnten dies die Antragsteller von sich aus tun. Solche außerordentlichen Sitzungen fanden im Berichtszeitraum allerdings nicht statt.

Während des Berichtszeitraums gab es noch keine festen Mitglieder des Parteiausschusses.[92] Sie wurden von Fall zu Fall von den Bezirksvorständen ausgewählt. Allerdings bildete sich schon bald ein fester Personenkreis von führenden Funktionären der Bezirksorganisationen heraus, die an den Sitzungen des Parteiausschusses teilnahmen.[93]

1946/47 fanden folgende gemeinsame Sitzungen des PV und des PA statt: 22. August 1946 in Frankfurt am Main; 25. September 1946 in Köln; 11. Januar 1947 in München; 23./24. April 1947 in Bad Meinberg und 28. Juni 1947 in Nürnberg. Zu einigen dieser Sitzungen wurden auch die sozialdemokratischen Ministerpräsidenten sowie andere führende sozialdemokratische Landespolitiker und Vertreter der zonalen Institutionen eingeladen.[94]

1947/48 fanden folgende gemeinsame Sitzungen von PV und PA statt: 15. November 1947 in Bremen, 18. Februar 1948 in Kassel, 29./30. Juni 1948 in Hamburg, 11. September 1948 in Düsseldorf. Auch zu diesen Sitzungen wurden teilweise wieder sozialdemokratische Landespolitiker eingeladen.[95] Dazu kamen nunmehr sozialdemokratische Vertreter der bizonalen Institutionen, vor allem des Wirtschaftsrats und des Exekutiv- bzw. Länderrats des Vereinigten Wirtschaftsgebietes.

Soweit die Protokolle darüber Auskunft geben, kam es im Berichtszeitraum zu keinen Auseinandersetzungen zwischen dem Parteivorstand und dem Parteiausschuß. Die bereits

---

90 Im alten Statut wurde die Mindestzahl auf 7500 festgesetzt, 1947 wurde sie auf 5000 vermindert und den Bezirken eine zusätzliche weibliche Delegierte eingeräumt, sobald der Anteil der weiblichen Mitglieder im Bezirk den „Reichsdurchschnitt" erreicht hatte, vgl. § 22 des alten und des neuen Organisationsstatuts, a.a.O.
91 Vgl. § 24 des alten und des neuen Organisationsstatuts, a.a.O., S. 7 u. S. 24.
92 Weder im Jahrbuch für 1946 noch in dem für 1947 werden die Mitglieder des PA genannt. Für die jeweiligen Teilnehmer an den Sitzungen vgl. Anhang 3 und 4. Für Kurzbiographien der Mitglieder des PA vgl. die in den folgenden Anmerkungen genannten einzelnen Sitzungen.
93 Vgl. die Verzeichnisse der Teilnehmer, nach Funktionen gegliedert, zu Beginn der gemeinsamen Sitzungen: Dok. 4 B, 5 B, 7 B, 9 B, 11 B, 15 B, 18 B, 22 B, 26 B.
94 Vgl. Anhang 3.
95 Vgl. Anhang 4.

im vorigen Unterabschnitt behandelten Anträge des Parteivorstandsmitgliedes *Gayk* vom März 1947 betrafen mit ihrer ersten Forderung nach einer primären Behandlung aller vom „Büro" vorbereiteten Entschließungen über den Kurs der Partei im Parteivorstand auch den Parteiausschuß, indem dessen nachgeordnete Stellung in der Parteihierarchie dadurch hervorgehoben wurde.[96]

c) Die Kontrollkommission (KK) der SPD

Schließlich wurde im Organisationsstatut „zur Kontrollierung des Parteivorstandes sowie als Berufungsinstanz für Beschwerden über den Parteivorstand" noch eine Kontrollkommission von neun Mitgliedern eingesetzt.[97] Die Bestimmungen über die Kontrollkommission wurden wörtlich aus dem Statut von 1925 übernommen.[98] Gewählt wurden auf dem Parteitag von 1946 die vorgeschlagenen neun Kandidaten, bekannte Parteifunktionäre aus verschiedenen westdeutschen Parteibezirken[99]: Gustav *Bratke*, Hannover[100], Walter *Damm*, Elmshorn[101], Heinrich *Höcker*, Herford[102], Georg *Richter*, Düsseldorf[103], Adolf *Schönfelder*, Hamburg[104], Karl *Seeser*, Bayreuth[105], Jacob *Steffan*, Mainz[106], Fritz *Ulrich*, Stuttgart[107], Christian *Wittrock*, Kassel[108]. Sie wurden alle 1947 wiedergewählt.[109]

Die Kontrollkommission wählte auf ihrer konstituierenden Sitzung während des Parteitages von 1946 *Schönfelder* zu ihrem Vorsitzenden und *Wittrock* zu ihrem Schriftführer.[110] Schönfelder wurde in der Folgezeit zu allen Sitzungen des Parteivorstandes eingeladen.[111]

---

96 Vgl. Dok. 8 (Sitzung vom 13./14.3.1947), Anlage 7, S. 189.
97 § 25, Prot. SPD-PT 1947, S. 7.
98 § 25, Prot. SPD-PT 1925, S,15.
99 Prot. SPD-PT 1946, S. 169.
100 Gustav *Bratke* (1878-1952), vor 1919 SPD, vor 1933 Bürgermeister von Misburg bei Hannover; 1945 OB, 1946-49 Oberstadtdirektor von Hannover, 1946-52 KK.
101 Walter *Damm* (1904-1981), Feinmechaniker, vor 1933 SAJ und SPD; 1946 Landrat des Kreises Pinneberg, 1946-76 KK, 1947-68 MdL (Schlesw.-Holst.), 1947-50 Flüchtlingsminister, 1950-68 Funktionär der „Neuen Heimat", 1955-65 Landesvors. d. SPD.
102 Heinrich *Höcker* (1886-1962), vor 1914 SPD, 1932/33 MdL (Preußen); 1946-61 OB von Herford, 1946-60 KK, 1947-51 MdL (NRW), 1949-61 MdB.
103 Georg *Richter* (1891-1967), vor 1933 SPD, 1926-33 Parteisekretär in Düsseldorf; 1946-54 MdL (NRW), 1946-52 KK.
104 Adolf *Schönfelder* (1876-1966), Zimmermann, vor 1918 SPD, Gewerkschaftssekretär, 1919-1933 MdBü (HH), 1925-33 Senator; 1945/46 Senator u. Stellv. Bürgermeister, 1946-60 Mitgl. u. Präs. d. Bürgerschaft, 1948/49 MdParlR.; 1946-1964 KK, 1946-60 Vorsitzender der KK.
105 Karl *Seeser* (1906-1981), Kaufm. Angestellter, vor 1933 SPD Bayreuth; 1946-49 KK.
106 Jacob *Steffan* (1888-1957), vor 1918 SPD, 1932 MdR; 1946-49 MdL und Innenminister (Rheinl.-Pfalz), 1946-57 KK.
107 Fritz *Ulrich* (1888-1969), Buchdrucker, vor 1918 SPD, 1919-33 MdL (Württ.), 1930-32 MdR; 1946-68 MdL, 1946-56 Innenminister (Württ.-Bad./ Bad.-Württ.), 1946-62 KK.
108 Christian *Wittrock* (1882-1967), Angestellter der Stadt Kassel, vor 1918 SPD, 1919-33 Stadtverordneter; 1939-45 KZ Oranienburg; 1946-56 Stadtverordnetenvorsteher in Kassel, 1946-54 u. 1958 MdL (Hessen); 1946-58 KK.
109 Prot. SPD-PT 1947, S. 158.
110 Prot. SPD-PT 1946, S. 182.
111 Vgl. Dok. 2 (Sitzung vom 4.6.1946), S. 12.

Einleitung

Er nahm regelmäßig an den Sitzungen teil und beteiligte sich an den Diskussionen.[112] Zu den Vorstandssitzungen und gemeinsamen Sitzungen von Parteivorstand und Parteiausschuß direkt vor den Parteitagen wurden alle Mitglieder der Kontrollkommission eingeladen.[113]

Während des Berichtszeitraums tagte die Kontrollkommission alle zwei bis drei Monate, um die Kassenrevision durchzuführen.[114] Sie wurde jedoch gelegentlich vom PV mit Sonderaufgaben betraut. Eine besonders heikle Aufgabe erhielt sie, als sie vom PV beauftragt wurde, die von kommunistischer Seite, vor allem vom Vorsitzenden der niedersächsischen KPD, Kurt *Müller*[115], gegen das besoldete Mitglied des Parteivorstandes *Kriedemann* erhobenen Vorwürfe, dieser habe als Gestapoagent Genossen verraten, als Untersuchungskommission erneut zu überprüfen. Sie kam nach eingehender Beratung zu dem Schluß, daß diese Vorwürfe haltlos seien.[116] Der Parteivorstand schloß sich in seiner Sitzung vom 17. Februar 1848 diesem Votum an und sprach Kriedemann das Vertrauen aus.[117] Diese Entscheidung wurde nach dem Protokoll und dem Kommuniqué[118] vom Parteivorstand einstimmig getroffen. Aus dem Protokoll geht jedoch hervor, daß die Vorstandsmitglieder *Gnoß*, *Gross* und *Veit* in dieser Sitzung ernste Bedenken gegen Kriedemann äußerten, da dieser in Holland große Geldsummen angenommen habe.[119]

d) Besprechungen der obersten Parteigremien mit sozialdemokratischen Landespolitikern

Zu den meisten gemeinsamen Sitzungen der obersten Parteigremien wurden auch die führenden sozialdemokratischen Landespolitiker sowie Spitzenfunktionäre der Gewerkschaften eingeladen.[120] Zweimal wurden die Landespolitiker ausdrücklich als gleichberechtigte Teilnehmer eingeladen.

An der ersten gemeinsamen Sitzung des Parteivorstandes mit den führenden sozialdemokratischen Landespolitikern, die am 31. Mai und 1. Juni 1947 in Frankfurt stattfand,

---

112 Vgl. Anhang 1 und 2; Dok. 7 A (Sitzung v. 10.1.1947), S. 134.
113 Vgl. Dok. 11 A und B (Sitzungen v. 28.6.1947).
114 Jb. SPD 1946, S. 42, Jb. SPD 1947, S. 69 u. Jb. SPD 1948/49, S. 79.
115 Kurt *Müller* (1903-1990), geb. in Berlin, 1919 KJVD u. KPD; 1934-45 Zuchthaus u. KZ; 1945 Wiederaufbau der KPD in Hannover, 1946-48 MdL (Niedersachsen), 1949-53 MdB, 3/1950 in Ostberlin verhaftet und aller Parteiämter enthoben, 1955 Freilassung aus dem sowjetischen Gefängnis Wladimir und Rückkehr in die Bundesrepublik, 1957 SPD, 1960-85 Mitarbeiter des Forschungsinstituts der Friedrich-Ebert-Stiftung.
116 Vgl. Jb. SPD 1947, S. 69. Bereits in der Sitzung vom 26. 9. 1946 waren die Angriffe gegen Kriedemann besprochen worden, und es war eine erste Untersuchungskommission eingesetzt worden, die sich aus den Vorstandsmitgliedern Bögler, Eichler und Gross, dem Vorsitzenden der Kontrollkommission Schönfelder sowie Paul Apel – einem Frankfurter Funktionär der SPD, der während der NS-Zeit 8 Jahre im Zuchthaus gesessen hatte – zusammensetzte, vgl. Dok. 5 C, Punkt 1, S. 88. Zu den Ergebnissen vgl. Dok. 7 A (Sitzung v. 10.1.1947), Punkt 1, S. 133 f. und Dok. 7, Anlage 6 (Bericht der Untersuchungskommission), S. 165-168.
117 Vgl. Dok. 18 A, Punkt 8, S. 333.
118 Vgl. Dok. 18, Anlage 1 A, S. 341.
119 Vgl. Dok. 18 A, S. 333.
120 Zum folgenden vgl. a. Einleitung Kap. II 3 b - d und Anhang 3 und 4.

I. Die Führungsgremien der SPD von 1946 bis 1948

nahmen u.a. teil[121]: Max *Brauer* (Erster Bürgermeister, Hamburg)[122], Wilhelm *Hoegner* (Stellv. MinPräs., Bayern), Wilhelm *Kaisen* (Senatspräsident. Bremen, auch PV), Hinrich Wilhelm *Kopf* (MinPräs., Niedersachsen), Hermann *Lüdemann* (MinPräs., Schlesw.-Holst.)[123], Walter *Menzel* (Stellv. MinPräs., Nordrh.-Westf., auch PV) und Ernst *Reuter* (Stadtrat für Verkehr, Berlin)[124].

In dieser Sitzung sollten die sozialdemokratischen Ministerpräsidenten und Landesminister auf den rigorosen Kurs des Parteivorstandes hinsichtlich der bevorstehenden gesamtdeutschen Ministerpräsidentenkonferenz festgelegt werden: eine unbedingte Beschränkung der Tagesordnung auf die momentane wirtschaftliche Notlage in allen deutschen Ländern, was auch gelang.[125] Der Parteivorstand konnte sich, wie noch näher ausgeführt werden soll, weitgehend durchsetzen. Er mußte jedoch den sozialdemokratischen „Landesfürsten" auch gewisse Zugeständnisse machen. Nach dem Kommuniqué, das als einziges offizielles Dokument erhalten geblieben ist, richtete die Konferenz zur „Koordination der parlamentarischen Arbeit der deutschen Länder" einen Ausschuß ein, in dem je zwei Mitglieder der SPD-Fraktion jedes Parlaments und die sozialdemokratischen Regierungschefs bzw. stellvertretenden Regierungschefs mitarbeiten sollten.[126] Die Bildung eines solchen „Koordinierungsausschusses" der Landtagsfraktionen hatte bereits in der gemeinsamen Sitzung von PV und PA am 23./24. April 1947 der kommunalpolitische Referent des PV, Georg *Diederichs*[127], der selbst dem Landtag von Hannover bzw. Niedersachsen angehörte, gefordert.[128] *Kriedemann* hatte ihm für das „Büro" geantwortet, daß eine solche Institution sicherlich erstrebenswert sei, daß jedoch bislang nicht einmal die notwendigen Adressen beschafft werden könnten.

---

121 Für ein vollständiges Verzeichnis der Teilnehmer, geordnet nach Ländern und Stadtstaaten, vgl. Dok. 10 A, Teilnehmerverzeichnis, S. 218-220.

122 Max *Brauer* (1887-1973), vor 1918 SPD, 1924-33 OB von Altona; 1933-45 Emigration (USA); 1946-53 u. 1957-61 Erster Bürgermeister Hamburgs, 1954-64 PV, 1961-65 MdB. Zu Brauer vgl. Arnold Sywottek, Max Brauer, in: W. Mühlhausen/ C. Regin (Hrsg.), Treuhänder des deutschen Volkes, S.181-205.

123 Hermann *Lüdemann* (1880-1959), Techn. Hochschule, Ingenieur, 1905-12 GF d. Bundes der techn. Angestellten, vor 1918 SPD, 1915-22 Stadtverordn. in Berlin, 1920-29 MdL (Preußen), 1920/21 Preuß. Finanzmin., 1928-32 Oberpräs. von Schlesien; 1933-35 u. 1944/45 KZ; Aug.- Dez. 1945 GF d. SPD in Mecklenburg; 1946 Innenminister von Schleswig-Holstein, 1947 MdL, 1947-49 MinPräs. Zu Lüdemann vgl. Frank Lubowitz, Hermann Lüdemann, in: W. Mühlhausen/ C. Regin (Hrsg.), Treuhänder des deutschen Volkes, S. 295-310.

124 Ernst *Reuter* (1889-1953), bis 1922 KPD, 1926 Besold. Stadtrat in Berlin (SPD), 1931-33 OB von Magdeburg; 1935 Emigration (Türkei); 1946 Rückkehr nach Deutschland, Stadtrat für Verkehr in Berlin, Juni 1947 Wahl zum OB von der Alliierten Kommandantur Berlin auf Veranlassung der SMAD nicht bestätigt, 1948-53 PV, 1949-53 Reg. Bürgermeister von Westberlin. Zu Reuter vgl. Daniel Koerfer, Ernst Reuter, in: Stadtoberhäupter. Biographien Berliner Bürgermeister im 19. und 20. Jahrhundert, Berlin 1992, S. 419-442.

125 Zu dieser Frankfurter Konferenz vgl. auch Einl. Kap. II 3 a.

126 Sopade Informationsdienst Nr.188 vom 4.6.1947 (Dok. 10 A, S. 221).

127 In der Sitzung vom 19.11.1946 wurde Diederichs als Leiter der kommunalpolitischen Zentralstelle vom Gesamtvorstand bestätigt, vgl. Dok. 6, Punkt 6, S. 119. Georg *Diederichs* (1900-1983), Dr. rer.pol., 1926 DDP, 1930 SPD, 1945/46 Bürgermeister seiner Heimatstadt Northeim (Provinz Hannover), 1946-1970 MdL (Niedersachsen), 1948/49 MdParlR, 1961-70 MinPräs. (Nieders.).

128 Dok. 9 B, Punkt 2, S. 206.

Einleitung

In der Folgezeit tagte dieser Koordinierungsausschuß mehrere Male.[129] Auf einer Sitzung am 2.11.1947 in Kassel befaßte er sich mit mehreren sehr verschiedenartigen Themen: mit den Problemen der Bodenreform, des Wiederaufbaues, der Entnazifizierung, der Hilfe für die OdF sowie mit Flüchtlingsfragen.[130]

Von der Sitzung am 31. Januar 1948 ist im Aktenbestand „Sitzungen des Parteivorstandes" eine Anwesenheitsliste erhalten geblieben.[131] Außer den Mitgliedern des „Büros" (*Schumacher, Ollenhauer, Franke, Gotthelf, Heine, Kriedemann* und *Nau*) waren als regionale Vertreter anwesend: *Albert* (MdL, Bayern)[132], *Bergsträsser* (MdL, Hessen[133], *Borowski* (MdL u. Innenminister, Nieders.)[134], H. *Fischer* (MdL, Schlesw.-Holst.)[135], *Gnoß* (MdL, NRW, auch PV), *Hagedorn* (LTPräs, Bremen)[136], R. *Hansen* (MdL/Schlesw.-Holst.)[137], *Heißwolf* (MdL, Hessen)[138], *Klabunde* (MdBü, HH)[139], *Knoeringen* (MdL u. LVors., Bayern) *Knothe* (MdL u. Lvors., Hessen, auch PV), *Kopf* (MinPräs., Nieders.), *Meitmann* (MdL u. LVors., HH, auch PV), *Passarge* (MdL/Schlesw.-Holst.)[140], *Reitzner* (MdL, Bayern)[141], K. *Schulze* (MdL/Schlesw.-Holst.)[142], *Zinn* (MdL, Hessen)[143].

---

129 Vgl. Notiz im Sozialdemokratischen Pressedienst vom 15.12.1947 über eine Sitzung am 13. Dezember.
130 Vgl. den Kurzbericht über die Sitzung, Sopade/ Querschnitt v. Nov. 1947, S. 44.
131 AdsD: SPD-Parteivorstand, 2/ PVAS 0000667.
132 Martin *Albert*, geb. 1909 in Neumarkt/Oberpfalz, Schlosser in Nürnberg, vor 1933 SPD, 1946/47 Landessekretär der bayerischen SPD, 1946-58 MdL (Bayern).
133 Ludwig *Bergsträsser* (1883-1960), Studium der Geschichte, Dr. phil., Mitarbeiter des Reichsarchivs, vor 1930 DDP, 1924-28 MdR, 1930 SPD, 1946-48 RegPräs. in Darmstadt, 1946-49 MdL (Hessen), 1948/49 MdParlR, 1949-53 MdB, Honorarprofessor für Politische Wissenschaft in Frankfurt am Main.
134 Richard *Borowski* (1894-1956), geb. in Hettstedt (Kreis Mansfeld), Bergarbeiter, 1925-33 Parteisekretär der SPD in Göttingen, 1946 Vors. des Bezirks Hannover der SPD und MdL (Hannover/ Niedersachsen), 1948-55 Innenminister, 1948 bei der Wahl der Mitglieder des Parteivorstandes auf dem Parteitag durchgefallen, vgl. Prot. SPD-PT 1948, S. 130.
135 Heinrich *Fischer* (1909-83), Koffermacher, vor 1933 SPD, 1945-53 Bez. Vorst. Schlesw.-Holst., 1947/48 BezVors, 1945-73 GF d. UBez. Kiel
136 August *Hagedorn* (1882-1969), Angestellter der Bremer AOK, vor 1933 SPD - USPD - SPD, 1919-33 u. 1946-66 MdBü (Bremen), 1946 - 1966 Landtagspräsident.
137 Richard *Hansen*, (1887-1976), geb. in Kiel, Werftarbeiter, 1907 SPD, 1925-33 Stadtverordn., 1933-47 Emigration (Dänemark, Schweden, USA), 1947 Rückkehr nach Kiel, 1947-58 MdL (Schlesw.-Holst., Fraktionssekretär).
138 Leonhard *Heißwolf* (1880-1957), geboren in Württemberg, 1904 Bäcker in Frankfurt am Main, 1905 SPD, 1912-33 Stadtverordn. in Frankfurt, 1921-24 Fraktionsvors., 1924-33 Stadtverordnetenvorsteher, 1946-50 u. 1953/54 MdL (Hessen).
139 Erich *Klabunde* (1907-50), Journalist, vor 1933 SPD, 1946 MdBü (HH), 1949/50 MdB.
140 Otto *Passarge* (1891-1976), geb. in Lübeck, Maurerlehre, 1908 Mitbegr. d. SAJ in Lübeck, 1910 SPD, 1921-33 MdBü, 1931-33 Fraktionsvors. d. SPD, nach 1923 Hauptamtl. Funktionär d. SPD, Mitarb. d. Stadtverw.; nach 1933 Verhaftungen u. KZ-Aufenthalte, 1945/46 Polizeipräsident von Lübeck, 1946-1956 hauptamtl. Bürgermeister, 1946 MdL.
141 Richard *Reitzner* (1893-1962) geboren in Einsiedel bei Marienbad (Böhmen), Lehrer, nach 1919 Spitzenfunktionär der DSAP, 1938 Emigration (GB), 1946 Übersiedlung nach Bayern, 1948/49 stellv. LVors. d. SPD, 1949-62 MdB.
142 Karl *Schulze* (1900-75), Selbst. Glasermeister, vor 1933 SPD, 1946-55 Lübecker Bürgerschaft, 1948/49 MdWR, 1948-54 Leiter d. Sozialverwaltung d. Stadt Lübeck.
143 Georg-August *Zinn* (1901-71), 1945-49 Justizminister in Hessen, 1949-51 MdB, 1951-1969 Hessischer Ministerpräsident, 1952-70 PV. Vgl. PV-Protokolle 1952-54, Kurzbiographien der Vorstandsmitglieder.

I. Die Führungsgremien der SPD von 1946 bis 1948

Gelegentlich wurden ihm vom Parteivorstand bestimmte Aufgaben übertragen.[144] Auch bei der Auswahl der Kandidaten für den Parlamentarischen Rat wurde der Koordinierungsausschuß eingeschaltet.[145] Doch wurde er kein den noch näher zu behandelnden Fachausschüssen vergleichbarer kontinuierlicher Ausschuß des PV.[146] Er blieb ein Ad-hoc-Ausschuß, der in den Jahrbüchern der Partei von 1947 und von 1948/49 nicht erwähnt wird.

Gut ein Jahr später fand anläßlich der Übergabe der sog. Frankfurter Dokumente durch die Militärgouverneure der westlichen Besatzungsmächte an die Ministerpräsidenten – sie bildeten die Grundlage für die Beratungen des Parlamentarischen Rates – am 7. Juli 1948 in Rüdesheim eine zweite offizielle Konferenz des Parteivorstandes mit den sozialdemokratischen Ministerpräsidenten statt.[147] Von den oben genannten anwesenden „Landesfürsten" der Konferenz von 1947 fehlten dieses Mal *Hoegner*, der ja nicht mehr Regierungsmitglied in Bayern war, und *Reuter*. Anwesend waren nun der hessische Ministerpräsident *Stock*[148] und die Berliner amtierende Oberbürgermeisterin *Schroeder* (auch PV), deren Anwesenheit im Kommuniqué besonders vermerkt wurde.[149] Eine wichtige Rolle spielte in dieser Sitzung Carlo *Schmid*, der Leiter des Justizressorts und stellvertretende „Staatspräsident" des Landes Württemberg-Hohenzollern, der über die drei Londoner Dokumente referierte. Über die Diskussionen dieser Sitzung wird noch in einem anderen Zusammenhang ausführlich berichtet werden.[150] Nur sei hier schon darauf hingewiesen, daß es in der Diskussion über das Besatzungsstatut zu einem Zusammenspiel der beiden Regierungschefs von Hamburg und Bremen kam. Als *Brauer* zur Ergänzung der von Schmid vorgetragenen Gegenvorschläge zum Besatzungsstatut die „Klarstellung der Außenhandelskompetenzen" und die „Einrichtung des Konsulardienstes" wünschte, da schloß sich *Kaisen* sogleich diesen für die Hafenstädte Hamburg und Bremen wichtigen Forderungen an. Einwände wurden dagegen nicht erhoben und Kaisen wurde in die Redaktionskommission zur endgültigen Formulierung der Vorschläge gewählt.[151]

---

144 Vgl. den Vorschlag von Ollenhauer in der Sitzung vom 14./15. 11. 1947, der Ausschuß solle das dringende Flüchtlingsproblem „schnellstens" behandeln, Dok. 15 B, Punkt 2, S. 287.
145 Dok. 24 (Sitzung vom 2./3. 8. 1948), Punkt 2, S. 459 f.
146 Zu den Fachausschüssen vgl. Einleitung Kap. II 1 a.
147 Vgl. Dok. 23, S. 448-453.
148 Christian *Stock* (1884-1967), Zigarrenmacher, vor 1914 Tabakarbeiterverband und SPD, 1910 Gewerkschaftsfunktionär, 1919/20 MNatVers., 1922-26 Dir. d. AOK Heidelberg, 1926-33 Dir. d. AOK Frankfurt a.M.; 1945 Präs. d. Hess. Landesversicherungsanstalt, 1946-54 MdL, Dez. 1946-1950 MinPräs. Zu Stock vgl. Walter Mühlhausen, Christian Stock. Vom Heidelberger Arbeitersekretär zum hessischen Ministerpräsidenten, Heidelberg 1996.
149 Vgl. Dok. 23, Anlage 1 A.
150 Vgl. Einleitung Kap. II 3 g.
151 Dok. 23, S. 451.

Einleitung

II. Themenschwerpunkte der Vorstandssitzungen und der gemeinsamen Sitzungen der obersten Parteigremien

1. Innerorganisatorische Probleme der SPD

a) Auf- und Ausbau der Parteizentrale in Hannover, Bildung zentraler Fachausschüsse

Naturgemäß spielte der Auf- und Ausbau der Institutionen des Parteivorstandes in Hannover in der Anfangsphase eine sehr große Rolle. Die personelle Identität des „Büros" des Parteivorstandes mit dem „Büro der Westzonen" erleichterte natürlich den Aufbau eines zentralen Parteiapparates. So billigte der Gesamtvorstand auf seiner ersten Arbeitssitzung am 6. Juni 1946 einige Maßnahmen, die bereits das „Büro der Westzonen" getroffen hatte:[152] so die Berufung eines vorläufigen Leiters für die Arbeitsgemeinschaft der Verlagsanstalten der Partei (Carl *Storbeck*[153]), die Bestellung einer Geschäftsführerin für den Hauptausschuß der Arbeiterwohlfahrt (Lotte *Lemke*[154]) sowie die Einrichtung eines „Ostsekretariats" (Rudi *Dux*[155]). Weiter wurde die Einrichtung eines zentralen Frauensekretariats, eines wirtschaftspolitischen Referats, eines jugendpolitischen Referats und eines kommunalpolitischen Referats beschlossen.[156]

In der nächsten Sitzung am 12. Juli 1946 wurden auf Antrag des Büros die Errichtung einer Sozialistischen „Kulturzentrale" sowie die Schaffung eines zentralen „Betriebssekretariats" beschlossen.[157] Auch der Vorschlag des Vorstandsmitgliedes *Baur*, ein besonderes „Internationales Sekretariat" einzurichten, wurde angenommen. Es wurde jedoch allgemein die Ansicht vertreten, daß bei der Auswahl des Referatsleiters höchste Sorgfalt geboten sei. Es sollte bis zum September 1947 dauern, ehe mit Gerhard *Lütkens* ein erster Sekretär für außenpolitische Fragen gefunden werden konnte.[158]

Bis Ende 1946/ Anfang 1947 konnten nach dem Jahrbuch für 1946 noch weitere Sekretariate errichtet und mit Leitern besetzt werden:[159]
Frauensekretariat: Herta *Gotthelf*[160]

---

152 Vgl. Dok. 2, Punkt 1 a - c, S. 12-14.
153 Zur Wiedergründung der „Konzentration" vgl. Einleitung, Kap. II 1 i. Carl *Storbeck* (1880-1967), gelernter Schriftsetzer, 1925-32 Revisor bei der „Konzentration AG" in Berlin, 1932/33 Geschäftsführer des Karlsruher SPD-Verlages, 1946-58 Geschäftsführer der „Konzentration-GmbH".
154 Zur Übernahme der Geschäftsführung des Hauptausschusses der AWO durch Lotte Lemke vgl. auch Einleitung Kap. II 1 h. Lotte *Lemke* (1903-88), 1929-33 Geschäftsführerin der AWO in Berlin, 1946 geschäftsf. Vorstandsmitglied, 1953 stellv. Bundesvorsitzende, 1965-71 Bundesvorsitzende der AWO.
155 Zur Errichtung des „Ostbüros" vgl. Einleitung Kap. II 1 e. Rudi *Dux* (1908-79), Former, Journalist; vor 1933 SPD, 1945/46 Wiederaufbau der SPD in Magdeburg, 1946 Flucht nach Hannover, Aufbau und provisorische Leitung des „Ostbüros", nach 1947 Mitarbeit am Sozialdemokratischen Pressedienst.
156 Vgl. Dok. 2, Punkt 1 d - g, S. 14.
157 Vgl. Dok. 3, Punkt 6 a u. b, S. 41.
158 Vgl. Dok. 13 (Sitzung v. 16./17.9.1947), Punkt 8, S. 269. Gerhard *Lütkens* (1893-1955), Studium d. Rechts- u. Staatswiss., Dr. rer.pol., vor 1933 SPD, 1920 Diplom. Dienst; 1937 Emigration (GB); 1947-49 Außenpolit. Referent des PV der SPD in Hannover, 1949-55 MdB, 1954-55 Fraktionsvorstand.
159 Vgl. den organisatorischen Überblick, Jb. SPD 1946, S. 16.

II. Themenschwerpunkte der Vorstandssitzungen

Kommunalpolitisches Sekretariat: Dr. Georg *Diederichs*
Sozialistische Kulturzentrale: Arno *Hennig*[161]
Jungsozialistensekretariat: Hans *Hermsdorf*[162]
Flüchtlingsreferat: Ernst *Zimmer*[163]

Auf dem Parteitag von 1947 waren die genannten Referatsleiter außer Diederichs nach der offiziellen Anwesenheitsliste vertreten.[164] Außerdem waren als Vertreter von „Parteiinstitutionen" anwesend:

August *Albrecht* (J.H.W. Dietz-Verlag Nachfolger)[165]
Erich *Brost* (Berliner Sekretariat)
Rudolf *Dux* („Ostsekretariat")
Lotte *Lemke* („Hauptausschuß der Arbeiterwohlfahrt")
Erich *Lindstaedt* („Die Falken")[166]
Günter *Markscheffel* („Sekretariat für die französische Zone")
Siegfried *Ortloff* („Sekretariat beim Parteivorstand")[167]
Dr. Guntram *Prüfer* („Rundfunkbüro, Hamburg")[168]
Fritz *Sänger* („Sozialdemokratischer Pressedienst")[169]

---

160 Die Ernennung Herta *Gotthelfs* zur Leiterin des zentralen Frauensekretariats erfolgte bereits in der Sitzung vom 4. 6. 1946 (vgl. Dok. 2, Punkt 1 d), was darauf schließen läßt, daß auch in diesem Falle bereits das „Büro der Westzonen" die entscheidenden Vorbereitungen getroffen hatte. Zu Gotthelf, die 1947 zum besoldeten Mitglied des Parteivorstandes gewählt wurde, vgl. Anhang 5.

161 Die Einstellung Arno Hennigs wurde in der Sitzung vom 19. 11. 1946 beschlossen, Dok. 6, Punkt 6, S. 118. Arno *Hennig* (1897-1963), geb. in Sachsen, Lehrer, 1920 SPD, 1928-33 Sekr. der SPD in Sachsen für Arbeiterbildung. 1945 Beteiligung am Wiederaufbau der SPD in Sachsen, 1945/46 OB von Freital, 1946 Flucht nach Hannover, 1946-49 Kuturreferent beim PV d. SPD, 1949-1953 MdB, 1953-1959 Kultusminister in Hessen, 1954-1961 MdL (Hessen).

162 Hermsdorf wurde in der Vorstandssitzung vom 16./17. 9. 1947 als Sekretär der Jungsozialisten bestätigt, Dok. 13, S. 271. Hans *Hermsdorf*, geb. 1913 in (Berlin-)Spandau, vor 1933 SPD; 1945 Wiederaufbau der SPD in Sachsen, 1946 Flucht in den Westen; 1946-49 Zentralsekretär der Jungsozialisten, 1949-63 Persönl. Referent Erich Ollenhauers; 1953-74 MdB, 1964-73 PV, 1971-74 Parl. StSekr. im Bundesfinanzministerium; 1974-82 Präs. d. Landeszentralbank in Hamburg.

163 Die formelle Bestätigung Zimmers erfolgte erst in der Vorstandssitzung vom 10. 1. 1947, vgl. Dok. 7, S. 134, die Errichtung des Referats war aber bereits am 19. 11. 1946 beschlossen worden – zusammen mit der Bildung eines Beirats für Flüchtlingsfragen, Die genaue Personenauswahl war dem „Büro" überlassen worden, vgl. Dok. 6, S. 119. Ernst *Zimmer* (1884-1950), geb. in Breslau, Kunsttischler, vor 1914 SPD, 1919-33 Red. d. Breslauer „Volkswacht"; 1945/46 Bezirksbürgermeister in Breslau, 1946 aus Breslau ausgewiesen. 1947-50 Referent für Flüchtlingsfragen beim PV.

164 Prot. SPD-PT 1947, S. 240.

165 August *Albrecht* (1890-1982), vor 1933 Jugendsekretär des PV und Leiter der Buchgemeinschaft „Der Bücherkreis" in Berlin; nach 1933 Buchhandlung und Antiquariat in Berlin; 1946 Leiter des Dietz-Verlages in Hannover, 1951 Aufbau und Leitung des „Bund - Verlages" der Gewerkschaften in Köln.

166 Erich *Lindstaedt* (1906-52), geb.11/1906 in Berlin, Kaufm. Lehre, vor 1933 SPD, 1930-33 Sekr. d. SAJ-Bez. Nordwest in Hamburg; 1933 Emigration (CSR, Schweden); 1946 Rückkehr, 1947 Geschäftsf. Vors. d. „Sozialistischen Jugend Deutschlands – ‚Die Falken'".

167 Siegfried *Ortloff*, geb. 1915, 1946-80 Referent beim PV der SPD in Hannover bzw. Bonn.

168 Guntram *Prüfer* (geb. 1906 in Berlin), Dr. phil., Schriftsteller in Hamburg.

169 Fritz *Sänger* (1901-84), Sohn eines Kaufmanns, Ausbildung zum Volksschullehrer, Journalist. 1920 SPD, 1927 bis 1933 Red. d. „Preußischen Lehrerzeitung", 1935 Berliner Redaktion der „Frankfurter Zeitung". 1945/46 Chefredakteur der „Braunschweiger Zeitung", 1946/47 Herausgeber des „Sozialdemokratischen

Einleitung

Carl *Storbeck* („Konzentration G.m.b.H.")

Nach dem Jahrbuch für 1947 kamen bis Ende 1947/Anfang 1948 noch folgende Referate hinzu:[170]

Außenpolitisches Referat [Gerhard *Lütkens*][171]

Sozial- und Wirtschaftspolitisches Referat [Rudolf *Gerstung*][172]

Kriegsgefangenenreferat [Hans *Stephan*][173]

Auf dem Parteitag von 1948 war von den zentralen „Parteiinstitutionen" weiter noch das „Sekretariat für Propaganda" durch Herbert *Treichel* vertreten.[174] Als Leiter des Sozialdemokratischen Pressedienstes war Peter *Raunau*[175] auf dem Parteitag anwesend, der Ende 1947 Fritz *Sänger* abgelöst hatte, nachdem dieser in Hamburg die Leitung des Deutschen Pressedienstes übernommen hatte. Bereits in der Sitzung vom 6. Mai 1948 war der bisherige Oberbürgermeister von Iserlohn, Werner *Jacobi*, zum neuen kommunalpolitischen Referenten der Partei gewählt worden.[176] Er trat sein Amt jedoch erst am 1. Oktober 1948 an und nahm am Parteitag von 1948 noch als Delegierter des Bezirks Westliches Westfalen teil.[177]

Parallel zum Aufbau zentraler Fachreferate erfolgte die *Einrichtung zentraler Ausschüsse für verschiedene Politikbereiche*, denen außer Vorstandsmitgliedern und PV-Mitarbeitern auch Parteifunktionäre, Parteimitglieder und Sympathisanten aus allen Regionen der Westlichen Besatzungszonen sowie aus Berlin angehörten[178]. Die Berufung erfolgte durch den Gesamtvorstand, der meist den Vorschlägen des „Büros" folgte. Gelegentlich bat das „Büro" die Vorstandsmitglieder um Vorschläge.[179]

Bereits in der Vorstandssitzung vom 21. August 1946 berichtete Kriedemann über Tagungen der Ausschüsse für „Wirtschaftspolitik", für „Agrarreform" und für „Flüchtlings-

---

Pressedienstes", 1947-1959 Chefredakteur des „Deutschen Pressedienstes"(dpd) bzw. der „Deutschen Presseagentur" (dpa), 1959 Mitarbeiter des PV, 1961-69 MdB, (Fraktionsvorstand).

170 Die Namen der Referenten werden im Jahrbuch für 1947 nicht genannt, Jb. SPD 1947, S.33.
171 Auf Vorschlag des Büros wurde am 16./17. 9. 1947 Gerhard Lütkens zum Sekretär für außenpolitische Fragen gewählt, Dok. 13, Punkt 8.
172 In der Vorstandssitzung vom 19./20. Dezember 1947 wurde die Anstellung Dr. Rudolf *Gerstungs* einstimmig beschlossen, Dok. 16, S. 299.
173 Das Kriegsgefangenenreferat wird zum ersten Mal in der Vorstandssitzung am 13./14 März 1947 erwähnt, vgl. Dok. 8, Punkt 10. Als Vertreter des Sekretariats für Kriegsgefangenenhilfe nahm Hans *Stephan* am Parteitag von 1948 teil, Prot. PT SPD 1948, S. 235. Hans *Stephan* (1906-91), geb. in Breslau, Kaufm. Lehre, SAJ u. SPD, vor 1933 Bezirksjugendsekretär d. SPD in Breslau, nach 1933 Widerstand und Verfolgung, mehrere Jahre Zuchthaus, 1943-45 Strafbataillon „999"; 1947 nach der Rückkehr aus der Kriegsgefangenschaft beim PV in Hannover zuständig für Kriegsgefangenenhilfe, später Referent für Flüchtlingsfragen in Hannover und Bonn.
174 Prot. SPD-PT 1948, S. 235.
175 Peter *Raunau* (1902-82), Abitur, Journalist, 1946 SPD, Red. d. „Braunschweiger Zeitung", 1947-56 Chefred. d. „Sozialdemokratischen Pressedienstes", 1959-68 Chefred. d. „Hannoverschen Presse".
176 Dok. 20, Punkt 5. Werner *Jacobi* (1907-70), 1946-48 OB von Iserlohn, 1946-50 MdL (NRW), 1949-70 MdB, 1956-70 Hauptgeschäftsführer des Verbandes kommunaler Unternehmen.
177 Prot. SPD-PT 1948, S. 232.
178 Die jeweiligen Mitglieder der Ausschüsse werden in den einzelnen Jahrbüchern der SPD genannt: Jb. SPD 1946, S. 17; Jb. SPD 1947, S. 33-35; Jb. SPD 1948-49, S. 54-58.
179 Vgl. Dok. 6 (Sitzung vom 19.11.1946), Punkt 5, S. 118.

fragen"[180]. Es handelte sich dabei aber noch nicht um die späteren kontinuierlichen Fachausschüsse mit einem festen Mitgliederkreis. Als erster fester Ausschuß wurde im Herbst 1946 der „Ausschuß für Verfassungs- und Verwaltungsreform" gebildet, der sich später „Ausschuß für verfassungspolitische Fragen" nannte.[181] Als nächstes wurde im November 1946 die Bildung eines Außenpolitischen Ausschusses beschlossen, dessen Mitglieder im Januar 1947 ernannt wurden.[182] In den folgenden Monaten wurden noch weitere Ausschüsse für Wirtschaftspolitik, Sozialpolitik, Kommunalpolitik sowie für Fragen der Entnazifizierung gebildet.[183]

In der Sitzung des Parteivorstandes vom 22./23. April 1947 wurde die Bildung eines „Reichsausschusses für sozialistische Kulturarbeit" beschlossen.[184] Die Auswahl der Mitglieder sollte einer im Vorfeld des nächsten Parteitages geplanten Kulturtagung der SPD überlassen werden, doch stellte die „Kulturzentrale" für die nächste Sitzung eine Liste von insgesamt 35 Kandidaten zusammen, die dann zu dieser Tagung eingeladen wurden.[185] Am 16./17. September 1947 wurden erstmals ein „Frauenausschuß", ein Ausschuß für „Gewerkschafts- und Betriebsarbeit" und ein „Organisationsausschuß" gewählt.[186]

Über die Zusammensetzung der Ausschüsse gab es selten Diskussionen in den Sitzungen des Parteivorstandes. Am 14./15. November 1947 kam es jedoch über die Forderung des „Büros" nach einem Ausschluß des bekannten Berliner Sozialdemokraten Paul *Löbe*[187] aus dem Außenpolitischen Ausschuß zu einer heftigen Diskussion in der Sitzung des Parteivorstandes.[188] Der frühere Reichstagspräsident gehörte dem Außenpolitischen Ausschuß seit seiner Bildung im Januar 1947 an. Im Herbst 1947 unterstützte er Bemühungen des Berliner CDU-Bürgermeisters Ferdinand *Friedensburg*[189], mit einem Kreis von Vertretern der verschiedenen Parteien, die in ihren Organisationen keine leitenden Funktionen ausübten, und von parteilich nicht gebundenen Persönlichkeiten des Öffentlichen Lebens die im Frühjahr gescheiterten Bemühungen um die Bildung einer „nationalen Repräsentation" wiederzubeleben. Als der Parteivorsitzende *Schumacher* von der Absicht Löbes, in diesem Kreis aktiv mitzuwirken, erfuhr, versuchte er, ihn mündlich und schriftlich davon

---

180 Vgl. Dok. 4 A, S. 65 f.
181 Vgl. Dok. 5 C (Sitzung vom 26.9.1946), Punkt 1, S. 88. Vgl. auch Jb. SPD 1946, S. 17.
182 Vgl. Dok. 6 (Sitzung vom 19.11.1946), Punkt 5, S. 118 und Dok. 7 A (Sitzung vom 10.1.1947), Punkt 3, S. 137. Vgl auch Jb. SPD 1946, S. 17.
183 Vgl. Jb. SPD 1946, S. 17, und, für die Mitglieder: Jb. SPD 1947, S.33-35. Für die in den Jahrbüchern nicht genannten sieben Mitglieder der „Kommission für Fragen der Entnazifizierung" vgl. Dok. 6 (Sitzung vom 19.11.1946), Punkt 4, S. 117 f.
184 Dok. 9 A, Punkt 7, S. 196. Zur Bildung und zur Arbeit dieses Ausschusses vgl. Einleitung Kap. II 5 c.
185 Dok. 10 B, Punkt 6, S. 225 und Dok. 10, Anlage 6, S. 233-235. Für die endgültige Zusammensetzung des Kulturpolitischen Ausschusses vgl. Jb. SPD 1947, S. 35.
186 Dok. 13, Punkt 5; vgl. auch Jb. SPD 1947, S. 34 f.
187 Paul *Löbe* (1875-1967), 1900-20 Chefred. d. „Breslauer Volkswacht", 1919-33 MdNatVers./ MdR, 1920-32 Reichstagspräsident; 1946 Mitherausgeber d. „Telegraf" in Berlin, 1948/49 MdParlR (Vorstand d. SPD-Fraktion), 1949-53 MdB (Alterspräsident).
188 Vgl. Dok. 15 A (Sitzung vom 14.11.1947), Punkt „Der Fall Löbe", S. 279-281.
189 Ferdinand *Friedensburg* (1886-1972), Bergassessor, Dr.phil., vor 1933 DDP, 1945 Mitbegründer der CDU in Berlin, 1946-51 Bürgermeister, 1948 Stellv. OB in Berlin, 1952-65 MdB.

abzubringen.[190] Aber Löbe fügte sich nicht und nahm an der geplanten Zusammenkunft aktiv teil. Schumacher selbst stellte in der nächsten Sitzung des Parteivorstandes den Antrag, Löbe wegen seiner Beteiligung am Friedensburg-Kreis die Mißbilligung auszusprechen und ihn aus dem Außenpolitischen Ausschuß auszuschließen. Gegen beide Anträge wandte sich in der Diskussion *Kaisen*, der jedoch bei der Abstimmung nicht anwesend war. Der Antrag auf Mißbilligung wurde am Schluß der Debatte einstimmig angenommen, gegen einen Ausschluß aus dem Auswärtigen Ausschuß stimmten die anwesenden Vorstandsmitglieder *Gross* und *Henßler*. In der anschließenden gemeinsamen Sitzung wurde zwar nicht über die Anträge gegen Löbe abgestimmt, doch in der allgemeinen Aussprache übte das Berliner Mitglied des PA *Suhr* sehr deutliche Kritik an den Entscheidungen des Vorstandes, wenn er diesem vorwarf, keine „elegantere Lösung" im „Falle Löbe" gefunden zu haben.[191]

b) Das Verhältnis der Zentrale zu den regionalen Organisationen – Probleme mit dem bayerischen Landesverband

Über die Auseinandersetzungen zwischen dem „Büro der Westzonen" und den bayerischen Delegierten auf dem Gründungsparteitag im Mai 1946 wegen der Kandidatur *Hoegners* für den Parteivorstand wurde bereits berichtet.[192] Die Differenzen zwischen „Hannover" und „München" verschärften sich noch, als der bayerische Landesvorstand in seiner Sitzung vom 1./2. Juni 1946 beschloß, eine unmittelbare Unterstellung der bayerischen Parteibezirke unter den „Reichsparteivorstand" in Hannover abzulehnen und selbst als Mittelinstanz zwischen den Bezirksorganisationen und dem Parteivorstand zu fungieren.[193]

Daraufhin beschloß der Parteivorstand auf seiner nächsten Sitzung am 12. Juli 1946 „einstimmig", an den Bezirksorganisationen als Grundlage der Parteiorganisation festzuhalten.[194] Auf Vorschlag von *Baur* und *Loßmann*, die beide auch dem bayerischen Landesvorstand angehörten, wurde jedoch zusätzlich beschlossen, mit diesem weiter zu diskutieren, um doch noch zu einer Übereinkunft zu gelangen. *Ollenhauer* und *Nau* fuhren Ende

---

190 Vgl. das Schreiben Schumachers an Löbe v. 3.11.1947, abgedr.: K. Schumacher, Reden – Schriften – Korrespondenzen, S. 528-532.
191 Vgl. Dok. 15 B, S. 286 f. Anfang 1949 wurde Löbe auf Antrag Schumachers wieder in den Außenpolitischen Ausschuß aufgenommen, vgl. PV-Protokolle 1948-50, Dok 4 A, Punkt 5 c. Vgl. dazu W. Albrecht, Einleitung zu K. Schumacher Reden – Schriften – Korrespondenzen, S. 134, Anm. 63.
192 Vgl. Einleitung Kap. I 1 a, S. XVI.
193 E. Werner, Im Dienst der Demokratie, S. 44. Diese Entscheidung wurde am Schluß des TOP 5 („Bericht vom Parteitag in Hannover") getroffen. Den Bericht gab der Landessekretär Martin *Albert*, der als Delegierter am Parteitag teilgenommen hatte. Es folgte eine eingehende Diskussion, an der sich fast alle Mitglieder des Landesvorstandes, u.a. die Mitglieder des PV *Baur* und *Loßmann*, beteiligten, vgl. die maschinenschriftliche Einladung und die stenografischen Notizen Hoegners über diese Sitzung, IfZ: ED 120 (NL Hoegner), Bd. 120.
194 Dok. 3 (Sitzung vom 12.7.1946), Punkt 7, S. 130.

Juli nach München und verhandelten dort mit dem Landesvorstand.[195] Bei dieser Besprechung wurde vereinbart, daß die Organisationsbeschlüsse des Parteitages von 1946 auch für die Beziehungen zwischen dem Parteivorstand und den bayerischen Bezirksorganisationen Gültigkeit besäßen und daß der bayerische Landesvorstand in gleicher Weise wie die bayerischen Bezirksvorstände über alle wichtigen Parteiangelegenheiten vom Parteivorstand informiert werde. Den bayerischen Genossen wurde es freigestellt, auf dem nächsten Parteitag eine Änderung des Organisationsstatuts zu beantragen.

Eine weitere Verbesserung der Beziehungen zwischen „Hannover" und „München" konnte Anfang 1947 erreicht werden. Am 10. und 11. Januar tagten die Führungsgremien der Partei in München, an der gemeinsamen Tagung von Parteivorstand und Parteiausschuß nahm auch der Landesvorsitzende *Hoegner* teil.[196] Bereits an der vorangehenden Sitzung des Parteivorstandes nahmen die stellvertretende Landesvorsitzende Lisa *Albrecht* aus München und Arno *Behrisch*[197] aus Hof als Gäste teil.[198] Die gemeinsame Tagung am 11. Januar nahm eine Einladung von *Loßmann* an, den Parteitag von 1947 in Nürnberg abzuhalten.[199] Die nächste Sitzung des Parteivorstandes bestätigte diesen Beschluß, obwohl inzwischen auch eine Einladung des Bezirks Niederrhein in eine Stadt des Ruhrgebiets vorlag.[200]

Von noch größerer Bedeutung war, daß *Hoegner* Ende Januar vom Amt des Landesvorsitzenden zurücktrat und im Februar Waldemar von *Knoeringen* zu seinem Nachfolger gewählt wurde. Auf seine Rolle bei der Normalisierung der Beziehungen zwischen Hannover" und München" wurde bereits hingewiesen.[201] Schließlich gab der bayerische Landesvorstand seinen Plan, auf dem Parteitag Ende Juni/Anfang Juli 1947 eine Revision des Parteistatuts zu fordern, auf.[202]

Der einzige Mißklang in den Beziehungen der bayerischen Sozialdemokraten zur Gesamtpartei war im Frühjahr und Sommer 1947 das weitere Verbleiben der bayerischen Sozialdemokraten in der Landesregierung, obwohl die CSU bei den ersten Landtagswahlen im Dezember 1946 eine klare absolute Mehrheit erringen konnte. *Hoegner* legte daraufhin zwar sein Amt als Ministerpräsident nieder, wurde aber in der neuen Regierung

---

195 Vgl. die Aktennotiz über die Besprechung von Ollenhauer und Nau mit den Mitgliedern des Landesvorstandes am 30. Juli 1946, Dok. 4 (Sitzungen vom 21./22. 8.1946), Anlage 5, S. 80 f.
196 Vgl. Dok. 7 B, Anwesenheitsliste, S. 141.
197 Arno *Behrisch* (1913-1989), Schriftsetzer, vor 1933 SAJ/SPD/SAP, 1934 Emigration (CSR, Schweden), 1946 Rückkehr nach Deutschland, bis 1961 Chefred. d. Oberfränkischen Volkszeitung in Hof, 1946-49 MdL, 1949-61 MdB, 1961 Austritt aus der SPD nach Einleitung eines Parteiverfahrens gegen ihn; Anschluß an die DFU, Vorstand der DFU.
198 Vgl. Dok. 7 A, Anwesenheitsliste, S. 130.
199 Dok. 7 B, S. 162.
200 Dok. 8 (Sitzung vom 13./14.3.1947), Punkt 7, S. 177.
201 Vgl. Einleitung Kap. I 1 b, S. XXIV f.
202 In der gedruckten „Vorlage Nr. 4", in der die Anträge an den Parteitag zusammengestellt wurden, befindet sich kein entsprechender Antrag. Diese „Vorlage Nr. 4" befindet sich als „Anl. 3" in den Beilagen zum Protokoll der den Parteitag vorbereitenden Sitzung des PV vom 28. 6.1947, vgl. Dok. 11 A.

Einleitung

Ehard (CSU)²⁰³ Justizminister und stellvertretender Ministerpräsident.²⁰⁴ Hatte sich anfänglich der Landesvorstand noch mehrheitlich für ein Verbleiben in der Regierung ausgesprochen, so gewannen die Befürworter eines Austritts im Lauf des Sommers 1947 die Majorität. Im September verließen die Sozialdemokraten das bayerische Kabinett – zum großen Ärger von Hoegner, der diesen Austritt auch in späteren Jahren als großen Fehler betrachtete.²⁰⁵

Obwohl Hoegner 1948 keine führende Funktion an der Spitze des Landesverbandes und kein Ministeramt in Bayern mehr ausübte, blieb er für den Parteivorstand, vor allem das „Büro" in Hannover, der Buhmann. Als es im Sommer 1948 darum ging, daß die Abgeordneten für den Parlamentarischen Rat ausgewählt werden sollten, machte das „Büro" den dafür zuständigen Landtagsfraktionen mehrere positive Vorschläge, die vom Gesamtvorstand ohne Diskussion übernommen wurden.²⁰⁶ Die einzige negative Empfehlung war an die bayerische Landtagsfraktion gerichtet, sie möchte von einer Wahl Hoegners „Abstand nehmen". Diese Empfehlung stieß zwar im Gesamtvorstand auf Kritik (*Kaisen* und *Gnoß*), das Recht eines solchen Negativvotums des PV wurde aber von *Ollenhauer* für das „Büro" bzw. den Gesamtvorstand weiterhin in Anspruch genommen.²⁰⁷

c) *Gegen separatistische Bestrebungen in der Sozialdemokratie (Flensburger Ortsverein und Bezirksverband Saar)*

Mit noch größerer Schärfe als gegen die Wünsche nach größerer Selbständigkeit für die einzelnen Landesverbände wandte sich das „Büro Dr. Schumacher" bzw. das „Büro der Westzonen" und später das „Büro" des Parteivorstandes gegen Bestrebungen in den sozialdemokratischen Grenzbezirken, die man als separatistisch" bezeichnen konnte. So unterstützte Schumacher selbst bereits im Herbst 1945 aktiv den Kampf des Bezirksvorstandes in Kiel und dessen „Beauftragten" Richard *Schenck* gegen Bestrebungen in der **Flensburger Sozialdemokratie**, die künftige nationale Option – ob Anschluß an eine deutsche Republik oder an Dänemark – offen zu lassen.²⁰⁸

Schumachers Bemühungen blieben jedoch ohne Erfolg, da der Sozialdemokratische Verein Flensburg in einer Versammlung am 5. Juli 1946 beschloß, die Frage der nationa-

---

203 Hans *Ehard* (1887-1980), Dr. jur., Justiz- u. Verwaltungsdienst, vor 1933 BVP, 1945 Mitbegründer d. CSU, 1946-66 MdL, 1946-54 u.1960-62 Bayer. MinPräs., 1954-60 Landtagspräsident.
204 Der ersten Regierung Ehard gehörten weiter noch die Sozialdemokraten Josef *Seifried* (Innenminister), Rudolf *Zorn* (Wirtschaftsminister) und Albert *Roßhaupter* (Arbeitsminister) an, vgl. Einl. Kap. II 3 b.
205 Vgl. P. Kritzer, a.a.O., S. 265 f.
206 Dok. 24, Punkt 2, S. 459-461; vgl. auch Einl. Kap. II 3 h.
207 Dok. 24, S. 460.
208 Vgl. das Schreiben von Schumacher an Richard Schenck vom 11.9.1945, abgedr.: K. Schumacher, Reden – Schriften – Korrespondenzen, S. 429 f. Richard *Schenck* (1900 79), geb. in Flensburg, vor 1933 SPD, Studium d. Staatswiss., Dr., 1926-33 Sekr. d. Verb. d. Schiffsingenieure in HH, 1934/35 KZ, nach 1945 Bevollm. d. Bez. Schlesw.Holst. d. SPD f. Flensburg u. Umgebung, 1947-49 Finanzminister von Schlesw.-Holst., 1949 Vors. d. Schleswig-Holsteinischen Heimatbundes, 1950 Austritt aus der SPD.

len Zugehörigkeit vorläufig offen zu halten.[209] Der Parteivorsitzende beantwortete diesen Schritt mit einer spektakulären und statutenmäßig nicht ganz korrekten Aktion: Auf einer öffentlichen Versammlung in Husum gab er am 7. Juli „im Einverständnis mit dem Bezirksvorstand der Sozialdemokratischen Partei Schleswig-Holsteins" bekannt: „Der Sozialdemokratische Verein Flensburg ist hiermit aufgelöst und wird neu gegründet." Das eigenmächtige Vorgehen Schumachers wurde zwar vom Parteivorstand in seiner nächsten Sitzung einstimmig gebilligt.[210] Es führte jedoch zu einer Spaltung der Flensburger Sozialdemokratie, die erst 1954, d.h. nach Schumachers Tod, beendet werden konnte.[211]

Von größerer Bedeutung für die künftige Entwicklung war die **Abspaltung der Sozialdemokratischen/Sozialistischen Partei des Saarlandes von der SPD** im Jahre 1947.[212] Im Januar 1946 wurde die Sozialdemokratische Partei im Saargebiet als „Sozialdemokratische Partei, Bezirk Saar" wiedergegründet.[213] Auf dem Gründungsparteitag der SPD im Mai 1946 vertraten vier Delegierte den Parteibezirk Saar.[214] In den Parteivorstand wurde kein Funktionär aus dem Saarland gewählt, jedoch dem Parteiausschuß gehörte ein Vertreter des Bezirks an. Sein Fehlen wurde zu Beginn des Protokolls der ersten gemeinsamen Sitzung am 22. August 1946 ausdrücklich vermerkt.[215] Im Protokoll der nächsten gemeinsamen Sitzung am 25. September werden die fehlenden Parteibezirke nicht genannt, in die erhalten gebliebenen Anwesenheitslisten trugen sich keine Vertreter des Bezirks Saar ein.[216] Das gilt auch für die gemeinsamen Sitzungen vom 11. Januar und 23./24. April 1947.[217]

In der Sitzung des Parteivorstandes vom 10. Januar kritisierte der Parteivorsitzende Schumacher die Sozialdemokraten an der Saar, weil sie sich nicht gegen die französischen Annexionsabsichten wenden würden.[218] Die PV-Sitzung vom 22./23. April 1947 beschäf-

---

209 Zum folgenden vgl. W. Albrecht, Einleitung zu K. Schumacher, Reden – Schriften – Korrespondenzen, S. 114.
210 Vgl. Dok. 3 (Sitzung vom 12. 7. 1946), Punkt 1, S. 40.
211 Vgl. Wilhelm Ludwig Christiansen, Meine Geschichte der Sozialdemokratischen Partei Flensburg, Flensburg 1993; Karl Friedrich Nonnenbroich, Der Nationalismus Kurt Schumachers und die Spaltung der Flensburger Arbeiterbewegung 1945-1954, in: Arbeiterbewegung in Nord- und Mitteleuropa zwischen nationaler Orientierung und Internationalismus, Schriftenreihe der Akademie Sankelmark, N.F., H. 30/31 (1976), S. 78-91; Claus Olsen, Die Flensburger Sozialdemokratie in den Jahren der Spaltung 1946-1954, in: 125 Jahre SPD in Flensburg, Flensburg 1993, S. 223-242.
212 Zur Entstehung und Entwicklung dieser autonomen sozialdemokratischen Partei, die von 1947 bis 1957 bestand, vgl. Frank Dingel, Die Sozialdemokratische Partei des Saarlandes, in: Richard Stöss (Hrsg.), Parteien-Handbuch II (1984), S. 2217-2240.
213 F. Dingel, S. 2222.
214 Darunter Ernst *Roth* aus Saarbrücken, vgl. d. „vorläufige Liste der Delegierten", AdsD: SPD/ LO Hamburg 53.
215 Dok. 4 B, S. 67. Allerdings fehlten in dieser Sitzung auch Vertreter der Parteibezirke Oberbayern und Franken, was wohl mit dem bereits geschilderten Streit zwischen dem Parteivorstand in Hannover und dem Landesvorstand in München zusammenhing, vgl. Einleitung Kap. I 1 b.
216 Vgl. Dok. 5 B, S. 84.
217 Vgl. Dok. 7 B, S. 141 und 9 B, S. 200.
218 Vgl. Dok 7 A, Punkt 3, S. 135.

Einleitung

tigte sich eingehend mit der Sozialdemokratie an der Saar.[219] In einer besonderen Resolution wurde die Beteiligung von Sozialdemokraten an separatistischen Organisationen mißbilligt und die Mitgliedschaft in solchen Organisationen, insbesondere im MRS („Mouvement pour le Rattachement de la Sarre à la France") als unvereinbar mit einer Mitgliedschaft in der SPD erklärt.[220]

Dieser Unvereinbarkeitsbeschluß verschlechterte die Beziehungen zwischen der Parteizentrale und dem Bezirk Saar noch weiter.[221] Die Sozialdemokratische Partei des Saargebietes beschloß auf ihrem Parteitag am 15. Juni 1947 ihre organisatorische Selbständigkeit.[222] Ihr offizieller Name lautete nun „Sozialistische Partei Saar", die offizielle Abkürzung lautete „SPS"[223]. Sie sandte zwar vier Gastdelegierte zum Nürnberger Parteitag der SPD Ende Juni 1947. Doch der Parteivorstand der SPD beschloß auf seiner den Parteitag vorbereitenden Sitzung am 28. Juni, daß diese als Gastdelegierte nur anerkannt werden sollten, wenn sie nicht dem MRS angehörten.[224] Daraufhin verzichteten anscheinend alle vier Vertreter auf eine Teilnahme, denn in der offiziellen Anwesenheitsliste werden gar keine „Gastdelegierte" oder „Gäste" aus dem Saargebiet genannt.[225]

Auf der Sitzung des Parteivorstandes in Bremen am 14. November 1947 bildete die „Lage im Saargebiet" einen eigenen Punkt der Tagesordnung.[226] Nach einer längeren Debatte wurde eine kleine Kommission, der außer den Vorstandsmitgliedern *Schmid* und *Görlinger* auch die als Gäste an der Vorstandssitzung teilnehmenden *Markscheffel* und Ernst *Roth* aus Saarbrücken angehörten, zur Ausarbeitung einer Resolution gewählt.[227] Die von diesen ausgearbeitete Resolution wurde dann von der anschließenden gemeinsamen Sitzung von Parteivorstand und Parteiausschuß verabschiedet und als „Entschließung des Parteivorstandes zur Saarfrage" veröffentlicht.[228]

Wahrscheinlich um die Lage der anderen sozialdemokratischen Bezirksorganisationen in der Französischen Besatzungszone nicht weiter zu erschweren, war die Resolution relativ gemäßigt. So wurde zu Beginn betont, daß das Saargebiet ein Teil Deutschlands

---

219 Vgl. Dok. 9 A, Punkt 8, S. 197 f.
220 Abgedr.: Dok 9, Anl. 4, S. 215. Diese Resolution bezog sich ausdrücklich auf einen Beschluß der vorangegangenen Vorstandssitzung vom 13. 3. 1947 zum Thema „Die Sozialdemokratie und der Frieden", in dem die Verpflichtung des deutschen Volkes zur Wiedergutmachung der Kriegsschäden anerkannt, jedoch Annexionen als keine geeigneten Mittel zur Wiedergutmachung und Friedenssicherung bezeichnet wurden, vgl. Dok. 8, Anlage 2, S. 181. Der MRS verstand sich als überparteiliche Bewegung, wurde jedoch von einem ehemaligen Sozialdemokraten geleitet, vgl. F. Dingel, S. 2226 f.
221 Vgl. den Bericht von Markscheffel in der Sitzung vom 1./2.6.1947, Dok. 10 B, Punkt 4, S. 222.
222 Zu diesem Beschluß vgl. die kurze Notiz, Jb. SPD 1947, S. 24.
223 In dieser Edition wird allerdings in der Regel die Abkürzung „SPSaar" verwandt, um Verwechslungen mit der „Sozialistischen Partei der Schweiz", die ebenfalls die Abkürzung „SPS" benutzte, zu vermeiden.
224 Vgl. die einleitenden Worte von Ollenhauer und die kurze Debatte am Beginn der Sitzung des Parteivorstandes am 28. 6. 1947, Dok. 11 A, Punkt 1, S. 236.
225 Prot. SPD-PT 1947, S. 236-240.
226 Vgl. Dok. 15 A, Punkt 4, S. 283 f.
227 A. a. O. Ernst *Roth* (1901-51), Lehrerseminar, Journalist, vor 1933 SPD, 1933 Emigration (Saargebiet, Frankreich), 1945 Rückkehr ins Saargebiet, 1946 Mitbegründer der SPSaar, Gegner einer Trennung von der SPD, 1948 Ausweisung aus dem Saargebiet, 1948-49 Landrat in Frankenthal/ Pfalz, 1949-51 MdB.
228 Vgl. Dok. 15 B, Punkt 3, S. 287. Für einen Abdruck der Entschließung vgl. Dok. 15, Anlage 3, S. 290 f.

sei, daß die SPD aber die besonderen Interessen Frankreichs an den wirtschaftlichen Erzeugnissen des Saargebiets, insbesondere an den dortigen Kohlevorräten, anerkenne. Diese könnten einen gewichtigen Beitrag zur Erfüllung der „ganz Deutschland" Frankreich gegenüber „obliegenden Reparationsverpflichtung und damit zu einer echten Verständigung beider Länder" leisten. Der Trennungsbeschluß der saarländischen Sozialdemokratie wurde bedauert, noch mehr, daß sie sich durch eine Beteiligung an den saarländischen Landtagswahlen für das Ziel eines autonomen Saargebietes habe instrumentalisieren lassen.[229]

d) Bemühungen um die Rückkehr von Emigranten und Errichtung von Auslandsvertretungen der SPD

Mit der Rückkehr Ollenhauers und Heines nach Deutschland und ihrem Anschluß an das „Büro Dr. Schumacher" in Hannover Anfang Februar 1946 optierten die noch aktiven Mitglieder des Exilvorstandes der SPD eindeutig für dieses westdeutsche Wiedergründungszentrum der SPD, das sich danach „Büro der Westzonen" nannte.[230]

Die Bemühungen des „Büros der Westzonen", später des „Büros" des Parteivorstandes, gingen nun darum, weitere für den Aufbau der Parteiorganisation geeignete Sozialdemokraten aus der Emigration für eine Rückkehr nach Deutschland zu gewinnen.[231] Die angesprochenen Emigranten waren meist bereit, doch machte die Beschaffung der notwendigen Papiere oft große Schwierigkeiten. Manche der sozialdemokratischen Emigranten hatten in ihren Zufluchtsländern wirklich Fuß gefaßt, so daß sie nicht willens waren, nach Deutschland zurückzukehren, z. B. Toni *Sender*.[232] Nicht allen heimkehrwilligen Emigranten gegenüber zeigte sich das „Büro" allerdings entgegenkommend, wenn es um eine eventuelle Unterstützung der Rückkehrabsicht ging. Einigen Emigranten nahm die neue Parteiführung, insbesondere der Parteivorsitzende Schumacher, das frühzeitige Verlassen Deutschlands angesichts der nationalsozialistischen Bedrohung übel. So verzieh Schumacher dem langjährigen preußischen Ministerpräsidenten Otto Braun nicht, daß dieser unmittelbar vor der letzten noch einigermaßen freien Reichstagswahl vom 5. März 1933 in

---

229 Bei den Landtagswahlen am 5. 10. 1947, an denen nur für eine politische Autonomie der Saar eintretende Parteien teilnehmen durften erhielt die Christliche Volkspartei (CVP) 51,2 %, die SPSaar 32,8%, die Kommunistische Partei Saar (KPS) 8,4 % und die Demokratische Partei Saar (DPS) 7,6 % der abgegebenen Stimmen, vgl. F. Dingel, S. 2231.
230 Vgl. Willy Albrecht, Die drei überregionalen Führungszentren der SPD in der Wiederaufbauphase der Partei nach der Befreiung von der Nazi - Diktatur, in: Schriftenreihe der Kurt-Schumacher-Gesellschaft, Bd.1 (1986), S. 59-74; L. Eiber, S. CXI - CXVII.
231 Zum folgenden vgl. besonders den schriftlichen Bericht Ollenhauers über seine Besprechungen in London im Juni 1946 mit Spitzenpolitikern der Labour Party und deutschen Emigranten, Dok. 3, Anlage 2, S. 43-63.
232 Vgl. dazu das Schreiben Schumachers an Toni Sender in New York am 27.3.1947, abgedr.: K. Schumacher, Reden – Schriften – Korrespondenzen, S.482 f. Toni *Sender* (1888-1964), 1920-33 MdR (USPD/SPD), 1933 Emigration (CSR, Belgien, USA), Mitarbeiterin der AFL, später der UNO. Vgl. Toni *Sender*, Autobiographie einer deutschen Rebellin, Frankfurt a. M. 1981.

Einleitung

die Schweiz emigriert war, was die Nationalsozialisten propagandistisch als Flucht eines „Bonzen" hatten ausnützen können.[233]

Da so zahlreiche sozialdemokratische Emigranten Monate, ja Jahre in ihren ausländischen Zufluchtsorten blieben, ergab sich für die deutsche Parteiführung das Problem, auch diese an die neu erstandene SPD zu binden. Das geschah durch die Bildung von sogenannten „Auslandsgruppen" bzw. „Auslandsvertretungen" in den wichtigsten Zentren der sozialdemokratischen Emigration.[234] In Paris, London, Washington und Stockholm wurden solche Auslandsvertretungen eingerichtet. Möglichst prominente Emigranten sollten für die Leitung gewonnen werden, die jedoch nicht sofort zusagten oder wegen der vergangenen Streitereien unter den Emigranten nicht unumstritten waren, so Max *Cohen-Reuss*[235] für Paris und Friedrich *Stampfer*[236] für Washington. Leiter der Londoner Gruppe war schon seit dem Weggang Ollenhauers Wilhelm *Sander*[237]. Die für alle skandinavischen Staaten zuständige Auslandsvertretung in Stockholm leitete Kurt *Heinig*[238].

e) Aufrechterhaltung der Verbindung mit den Sozialdemokraten in der Sowjetischen Besatzungszone durch Einrichtung eines „Ostbüros"

Bereits in der ersten Arbeitssitzung des Parteivorstandes am 4. Juni 1946 wurde bei der Behandlung des Tagesordnungspunktes „Ausbau des Parteivorstandsbüros" über die Einrichtung eines „Ostsekretariats" als „Hilfsstelle für Ostflüchtlinge" berichtet.[239] Bei dem Ostsekretariat handelt es sich um eine besser unter dem Namen „Ostbüro" bekannte

---

233 Schumacher lehnte ein Treffen mit Braun öfter ab. Otto Braun war als Gast erstmals am Parteitag von 1948 zugegen, an dem Schumacher wegen seiner schweren Erkrankung nicht teilnehmen konnte, Prot. SPD-PT 1948, S. 4 u. 262. Vgl. a. H. G. Ritzel, Kurt Schumacher, S. 45 u. 138; Hagen Schulze, Otto Braun, Frankfurt/M u.a. 1977, S. 841. Otto *Braun* (1872-1955), Stein- u. Buchdruckerlehre, 1893 Hrsg. u. Red. d. sozialdemokratischen „Königsberger Volkszeitung", 1902 Stadtverordn., 1913-33 MdL (Preußen), 1919-33 MdR, 1918-20 Preuß. Landwirtschaftsminister, 1920-33 Preuß. MinPräs.; 1933 Emigration in die Schweiz.
234 Zum folgenden sei auf die Beratung dieses Themas in der Vorstandssitzung vom 12. 7. 1946 hingewiesen, Dok. 3, Punkt 5, S. 40 f. Für einen Überblick vgl. Jb. SPD 1946, S. 68-73 und Jb. SPD 1947, S. 121-126. Im Jahrbuch 1948/1949 fiel die Rubrik „Auslandsgruppen der SPD" weg.
235 Max *Cohen-Reuss* (1876-1963), Sohn eines jüdischen Kaufmanns, 1903 SPD, 1908-14 Stadtverordneter in Frankfurt am Main, 1912-18 MdR, 1918/19 Mitvors. des Zentralrats der Deutschen Republik, nach 1920 Mitgl. d. Vorläufigen Reichswirtschaftsrates. 1934 Emigration nach Frankreich, nach 1945 Korrespondent für deutsche sozialdemokratische Zeitungen, 1947-51 Vertreter des PV in Paris.
236 Friedrich *Stampfer* (1874-1957), geb. in Brünn als Sohn eines jüdischen Rechtsanwalts, Studium d. Volkswirtsch. u. Staatswiss. in Wien u. Leipzig, vor 1918 SPD, 1916-33 Chefredakteur des „Vorwärts", 1920-33 MdR, 1925-33 PV der SPD, 1933 Emigration nach Prag, 1938 nach Paris, 1940 in die USA. 1948 Rückkehr auf Dauer nach Deutschland, Dozent an der Akademie der Arbeit in Frankfurt am Main.
237 Wilhelm *Sander* (1895-1978), Schlosser, vor 1914 SPD, nach 1918 Gewerkschaftssekretär (DMV) bzw. Parteisekretär (USPD/SPD) in Dresden, 1933 MdL (Sachsen); 1933 Emigration (CSR, Schweden, GB), 1946-49 Vors. d. „Vereinigung dt. Sozialdemokraten in Großbritannien", 1949 Rückkehr nach Deutschland, Sekr. d. SPD-Bundestagsfraktion.
238 Kurt *Heinig* (1886-1956), Lithograph, Funktionär der SPD, 1927-33 MdR, 1933 Emigration (Dänemark, Schweden), 1946/47 Vertreter des PV in Schweden, Korrespondent sozialdemokratischer Zeitungen, gest. in Stockholm.
239 Vgl. Dok. 2, Punkt 1 c, S. 13 f.

zentrale Institution der SPD.[240] Diese war Anfang 1946 vom „Büro der Westzonen" für Flüchtlinge aus der Sowjetischen Besatzungszone ins Leben gerufen worden. Daß sich das Wirken des Ostsekretariats nicht auf die karitative Hilfe für diese Flüchtlinge, die sich bei der SPD meldeten, beschränken sollte, geht aus dem relativ ausführlichen Protokoll über die erste Erörterung des Themas im Parteivorstand klar hervor.[241] Danach sollte das Ostbüro die Flüchtlinge aus der SBZ daraufhin überprüfen, ob es sich um wirkliche Sozialdemokraten handelte oder um „Beauftragte der Gegenseite", die die SPD ausspionieren und unterwandern sollten. Dazu war es nach Ansicht des PV notwendig, daß das Ostbüro in der Sowjetischen Besatzungszone selbst Vertrauensleute in allen Bezirken zu seiner Arbeit hinzuzog.

Für die Leitung des Ostbüros wurden zunächst zwei aus der SBZ stammende Parteifunktionäre ausgewählt: *Dux* aus Magdeburg und *Siegmund*[242] aus Chemnitz, von denen allerdings Siegmund nur in dieser einen Sitzung erwähnt wird. Im September 1947 wechselte Dux in die Redaktion des Sozialdemokratischen Pressedienstes, neuer Leiter des nunmehr „Ostzonenbüro" genannten Ostsekretariats wurde Siggi *Neumann*. Neumann blieb bis zum Herbst 1948 an der Spitze des Ostbüros, ehe er die Leitung des Betriebsgruppenreferats übernahm. Sein langjähriger Nachfolger wurde Stephan *Thomas*, der bereits ab 1947 in der Leitung des Ostbüros eine maßgebliche Rolle spielte.[243]

Insgesamt wurden die Probleme des Ostbüros in den Sitzungen des Parteivorstandes, soweit die Protokolle darüber Auskunft geben, selten behandelt. Nur über die Diskussion in der ersten Arbeitssitzung wurde im Protokoll relativ ausführlich berichtet – im sehr kurzen veröffentlichten Kommuniqué wurde die Einrichtung eines „Ostsekretariats" nicht erwähnt.[244] Über den Wechsel in der Leitung des Büros von Dux zu Neumann im Herbst 1947 sowie den von Neumann zu Thomas wird in den jeweiligen Protokollen nur sehr kurz berichtet – in den betreffenden Kommuniqués gar nicht.[245]

Das soll aber nicht heißen, daß die Lage in der „Sowjetischen Besatzungszone" („SBZ") bzw. „Ostzone" – die Begriffe wechselten – nicht öfter in den Sitzungen des Parteivorstandes besprochen wurde. Darüber wird in einem anderen Zusammenhang näher zu berichten sein.[246]

---

240 Zur Gründung und zum anfänglichen Wirken des Ostbüros vgl. Wolfgang Buschfort, Das Ostbüro der SPD. Von der Gründung bis zur Berlin-Krise, München 1991, S. 17-54; B. Bouvier, Ausgeschaltet!, S. 261-291.
241 Dok. 2, ebd.
242 Kurt *Siegmund* (geb. 1915 in Chemnitz), 1946 kurze Zeit Mitarbeiter des PV, 1946/47 als Angestellter des Bezirks Hannover Kreiswahlleiter in Rinteln.
243 Vgl. W. Buschfort, S. 23 f. Stephan *Thomas* (1910-87), geb. in Berlin als Sohn des Arbeiters Thomas Grzeskowiak, Metallarbeiter, Karl-Marx-Schule in Berlin-Neukölln, 1932 Abitur, Studium (Staatswiss., Slawistik); 1939-42 Soldat, Kriegsgefangenschaft in England; 1947-66 Leiter des Ostbüros beim PV in Hannover/ Bonn, 1966-68 Leiter der Intern. Abt. d. FES, 1968-75 Stellv. Intendant d. Deutschlandfunks.
244 Vgl. Dok. 2, Punkt 1, S. 13 f. u. Anlage 1, S. 27 f.
245 Vgl. Dok. 13 (Sitzung v. 16./17.9.1947), Punkt 9, S. 270 u. Anlage 1, S. 271; PV-Protokolle 1948-50, Dok. 3 (Sitzung v. 10./11.12. 1948), Punkt 11 u. Anlage 1.
246 Vgl. Einleitung Kap. II 3 a.

Einleitung

f) Vor- und Nachbereitung der Parteitage sowie wichtiger Fachtagungen

Die Vorbereitung des Parteitages von 1946 war durch das „Büro der Westzonen" erfolgt.[247] Dieser räumte dem Parteivorstand, wie bereits ausgeführt, das Recht ein, bis zu drei Personen zu kooptieren. Der Parteivorstand machte in seiner ersten Sitzung davon teilweise Gebrauch und kooptierte den Hamburger Landesvorsitzenden *Meitmann*.[248] Einige Anträge, die an den Parteitag gerichtet waren, wurden dem Parteivorstand zur Erledigung überwiesen.[249] Eine gemeinsame Beratung dieser Anträge in einer der ersten Sitzungen des Parteivorstandes, wie später üblich, fand jedoch, soweit aus den Protokollen dieser Sitzungen hervorgeht, nicht statt.

Bereits Anfang des Jahres 1947 beschloß die gemeinsame Sitzung von PV und PA auf Antrag des Nürnberger Vorstandsmitglieds *Loßmann*, den nächsten Parteitag in der zweiten Hälfte des Monats Juni in Nürnberg abzuhalten.[250] Bei der Vorbereitung des Parteitages wurde im Gesamtvorstand der Vorschlag des „Büros" kritisiert, die Zahl der besoldeten Vorstandsmitglieder gleich um drei auf acht zu erhöhen.[251] In der dem Parteitag unmittelbar vorausgehenden Sitzung am 28. Juni wurde vor allem, wie schon erwähnt, über eine eventuelle Teilnahme der Vertreter der „Sozialdemokratischen Partei Saar" diskutiert.[252]

Auch dieses Mal überwies der Parteitag einige Anträge dem Parteivorstand „zur Erledigung".[253] Diese erfolgte in der Sitzung vom 16./17. September 1947.[254] Zu den Anträgen, die die Errichtung von Parteischulen und die Herausgabe eines Zentralorgans forderten, wurde das prinzipielle Einverständnis erklärt, aber wegen der vorhandenen Schwierigkeiten um Geduld gebeten. Den Antrag des Unterbezirks Wuppertal, den Beschluß der gemeinsamen Sitzung von PV und PA vom 25. April, Sozialdemokraten sollten sich nicht an der Arbeit der Vereinigung der Verfolgten des Naziregimes (VVN) beteiligen, „einer Revision zu unterziehen", war schon auf dem Parteitag selbst dadurch entschärft worden, daß Vertreter des „Büros" die Antragsteller hatten überreden können, mit der Überweisung dieses Antrags an den Parteivorstand einverstanden zu sein, um eine öffentliche Diskussion auf dem Parteitag zu vermeiden.[255] Für diese Bereitschaft wurde ihnen die Teilnahme an einer internen Konferenz zum Thema VVN versprochen. Diese Konferenz fand am 3. September 1947 in Springe statt, ihre Ergebnisse bestärkten das „Büro" und den Gesamtvorstand in seiner ablehnenden Haltung gegenüber der VVN. Darüber wird noch

---

247 Vgl. die hektogr. Einladung vom 28.3.1946 zum Parteitag, unterschrieben im Namen des „Büros der Westzonen" von Erich Ollenhauer, AdsD: SPD-LO Hamburg 53.
248 Vgl. Dok. 2, Punkt 3, S. 19 u. Einleitung Kap. I 1 a.
249 Prot. SPD-PT 1946, S. 185 u. 189.
250 Vgl. Dok. 7 B (Sitzung v. 11.1.1947), Punkt 4, S. 162. Vgl. auch Einleitung Kap. II 1 b.
251 Vgl. Dok. 10 B (Sitzung v. 1./2.6.1947), S. 224.
252 Vgl. Dok. 11 A, S. 236 f. Vgl. auch Einleitung Kap. II 1 c.
253 Vgl. Prot. SPD-PT 1947, S. 120.
254 Vgl. Dok. 13, Punkt 2, S. 265.
255 Prot. SPD-PT 1947, S. 212. Für den Wortlaut des Antrags vgl. die gedruckte Vorlage 4 zum Parteitag (Exemplar in den Beilagen zur Sitzung des PV vom 28.6.2947), S. 10.

II. Themenschwerpunkte der Vorstandssitzungen

genauer zu berichten sein.[256] Für diesen Zusammenhang ist wichtig, daß die Erledigung von Anträgen durch den Parteivorstand auch den Grund haben konnte, eine öffentliche Debatte umstrittener Themen auf einem Parteitag zu verhindern.

Bei der Vorbereitung des Parteitages von 1948 kam es zu heftigen Auseinandersetzungen.[257] Der vom „Büro" für das Grundsatzreferat „Soziale Neuordnung als sozialistische Gegenwartsaufgabe" ausgewählte frühere sozialdemokratische bayerische Wirtschaftsminister Rudolf *Zorn* konnte die Parteivorstandsmitglieder nicht völlig von seinen Ideen überzeugen, als er die Grundzüge seines Referats in der Vorstandssitzung vom 27./28. August 1948 vortrug.[258] Dieses Referat von Zorn kann als ein erster Schritt auf dem Wege der SPD-Führung von der Hoffnung, allein durch eine Sozialisierung der Produktionsmittel, d.h eine Änderung der Eigentumsverhältnisse, könne eine gerechtere Wirtschaftsordnung erreicht werden, zur Überzeugung, daß dazu vor allem wirkungsvolle Planungs- und Lenkungsinstrumentarien notwendig seien, betrachtet werden.[259]

Die Behandlung der Frage des Lastenausgleichs auf dem Parteitag wurde ebenfalls kontrovers diskutiert.[260] Ollenhauer, d. h. das „Büro", war zwar dafür, die bislang erarbeiteten Grundsätze dem Parteitag vorzulegen, doch sollte dieser bei gegensätzlichen Auffassungen keine Mehrheitsentscheidung treffen, sondern die ganze Vorlage an den PV bzw. den sozialpolitischen Ausschuß zur Erledigung überweisen. So geschah es dann auch.[261]

Bei der Vorbereitung der neuen Vorstandswahlen gab es zwar keinen Widerspruch gegen die Vorschläge des „Büros", doch äußerte *Gayk* Bedenken, daß die neuen Mitglieder nach den Vorschlägen des „Büros" genau aus den gleichen Regionen stammen sollten wie die ausscheidenden.[262]

Auch die *Vorbereitung wichtiger Fachtagungen* oblag dem Parteivorstand. Meist akzeptierte der Gesamtvorstand die Vorschläge des Büros ohne Diskussion. Bei der Festlegung des Termins des nächsten Parteitages beschloß der Parteivorstand Mitte März 1947, „im Zusammenhang mit dem Parteitag noch eine Frauenkonferenz und eine Kulturpolitische Tagung" durchzuführen.[263] Später kamen noch eine „Konferenz der Flüchtlingsreferenten der SPD", eine „Tagung des Kommunalpolitischen Ausschusses", eine „Wirtschaftspolitische Tagung" und eine „Agrarpolitische Tagung" hinzu, die vor dem Parteitag stattfanden und als „Sondertagungen zum Parteitag" zusammengefaßt wurden.[264] Die Einberufung solcher Fachtagungen hatte auch den Zweck, den Parteitag selbst zu entlasten. Denn als

---

256 Vgl. dazu Einleitung Kap. II 4 a.
257 Vgl. Dok. 25 (Sitzung v. 27./28.8.1948), Punkt 1, S. 473-475.
258 Leider nur kurzer Hinweis im Protokoll, daß Zorns Bezeichnung des Sozialismus als „dritten Weg" in der Diskussion „allgemein" kritisiert worden sei, ebd.
259 Vgl. K. Klotzbach, Der Weg zur Staatspartei, S.153 f. Für einen Abdruck des Referats von Zorn vgl. Prot. SPD-PT 1948, S. 138-160.
260 Dok. 25, Punkt 1 b, S. 473.
261 Prot. SPD-PT 1948, S. 186.
262 Dok 25, Punkt 1 d, S. 475.
263 Dok. 8 (Sitzung v. 13./14. März 1947), Punkt 7, S. 177.
264 Vgl. Anlage 5 zu Dok. 10 (Sitzung v.1./2.6.1947), S. 232 f.

Einleitung

bei der Vorbereitung des Parteitages von mehreren Vorstandsmitgliedern die Behandlung der wirtschaftlichen Lage als eigener Tagesordnungspunkt gefordert wurde, da wies Ollenhauer auf das Grundsatzreferat Schumachers, das auch diesen Punkt mit umfassen werde.[265] Als dies die Hauptkritiker (Eichler und Gayk) noch nicht zufriedenstellte, machte Heine auf die geplante wirtschaftspolitische Konferenz aufmerksam.

Gelegentlich wurden den Vorstandsmitgliedern von den Fachreferenten schriftliche Berichte über Fachtagungen zur Vorbereitung auf bestimmte Tagesordnungspunkte übermittelt. Für die Beratungen und/oder die Entwicklung der SPD relevante Berichte werden als Anlagen zu den Protokollen abgedruckt.[266]

Bei der Vorbereitung des Parteitages von 1948 wünschte Adolf Grimme (Kultusminister von Niedersachsen), auch die Kulturpolitik auf dem Parteitag zu behandeln. Ollenhauer lehnte dies mit dem Hinweis auf die zeitliche Beschränkung der Beratungen des Parteitages ab, wies jedoch auf die in Lübeck geplante kulturpolitische Tagung hin, über die auf dem Parteitag ein Kurzbericht gegeben werden könne.[267] Dies geschah dann auch durch den kulturpolitischen Referenten des PV, Arno Hennig.[268]

g) Erste Versuche zur Schaffung eines neuen Parteiprogramms

Der Parteiführung war sicherlich klar, daß das immer noch gültige Parteiprogramm von 1925 nicht mehr der Wirklichkeit der Jahre nach 1945 entsprach.[269] Der Parteivorsitzende *Schumacher* war jedoch der Ansicht, daß man zunächst die weitere Entwicklung abwarten müsse, ehe die Ausarbeitung eines neuen Grundsatzprogrammes möglich sei. Ja zu Beginn seines Parteitagsreferats von 1946 hielt er sogar die Ausarbeitung eines Aktionsprogramms, das die „Gesamtheit der Fragen" lösen wolle, für wenig sinnvoll, dagegen „konkrete Programme der Hilfeleistung im täglichen Leben" für notwendig.[270]

Diese Ansicht Schumachers blieb nicht unwidersprochen. Der Kölner Delegierte Willi *Eichler*, der als Nachfolger des Philosophen und ethischen Sozialisten Leonard *Nelson*[271] während der letzten Jahre der Weimarer Republik und während der Emigrationszeit den ISK geleitet und diesen in die neue SPD integriert hatte, versuchte in seinem Diskussi-

---

265 Dok. 9 A (Sitzung v.22/23.4.1947), Punkt 1, S. 191.
266 Vgl. Anlage 5 zu Dok. 21 (Sitzung v. 28./29.5.1948): „Bericht über die erste Sitzung des Kulturpolitischen Ausschusses am 5. und 6. April 1948 in Köln und über die Tagung der Sozialistischen Schriftsteller am 4. und 5. Mai 1948 in Heidelberg" (S. 388-391).
267 Dok. 22 A (Sitzung v. 28.6.1948), Punkt 2. Ende Juli 1948 fand in Lübeck zunächst eine kulturpolitische Woche zum Thema „Sozialismus und Wissenschaft" und dann die kulturpolitische Jahreskonferenz mit mehreren Themenschwerpunkten statt, vgl. Jb. SPD 1948/49, S. 168 f.
268 Hennig gab auf dem Parteitag einen längeren „Kurzbericht" über die Tätigkeit des Kulturpolitischen Ausschusses seit dem Parteitag von 1947, in dem er auch die Lübecker Tagungen erwähnte, Prot. SPD-PT 1948, S. 188 f. (ganzer Bericht: S. 187-190).
269 Zum folgenden vgl. K. Klotzbach, Der Weg zur Staatspartei, S. 123 f.
270 Prot. SPD-PT 1946, S. 23.
271 Leonard *Nelson* (1882-1927), Privatdozent und Professor für Philosophie in Göttingen, Begründer des Internationalen Jugendbundes (IJB) im Jahre 1915 und des Internationalen Sozialistischen Kampfbundes (ISK) im Jahre 1925.

onsbeitrag die Notwendigkeit eines baldigen neuen Grundsatzprogramms darzulegen.[272] Er begründete sie u. a. mit den bevorstehenden Wahlkämpfen, vor allem mit den Auseinandersetzungen mit den Kommunisten und mit der CDU, die beide stark programmatisch geprägt seien. Ein Aktionsprogramm forderte der fränkische Delegierte Arno *Behrisch*.[273] Schließlich wurde der Antrag, der den Parteivorstand beauftragte, eine Programmkommission einzusetzen, diesem selbst zu Erledigung überwiesen.[274] Das bedeutete, daß die Entscheidung über diese Einsetzung dem Parteivorstand selbst überlassen wurde. Aus den Protokollen geht nicht hervor, ob über diesen Auftrag überhaupt einmal in einer Vorstandssitzung gesprochen wurde.

Es muß allerdings die Frage gestellt werden, ob die vom Parteitag im Mai 1946 verabschiedete längere „Kundgebung" nicht den Charakter eines Aktionsprogrammes hatte, auch wenn Schumacher dies zu Beginn seines Grundsatzreferats bestritt und die Kundgebung lediglich als „Manifestation" der „Trends unserer Politik" bezeichnete.[275]

Gelegentlich wurde in den Vorstandssitzungen auf das Fehlen eines neuen den wirtschaftlichen, gesellschaftlichen und politischen Verhältnissen entsprechenden Parteiprogrammes hingewiesen. Bereits in der Sitzung vom 21. August 1946 wurde auf die Notwendigkeit verwiesen, bis zu Verabschiedung eines solchen Programms „vorläufige programmatische Richtlinien" für verschiedene Politikfelder, insbesondere die Wirtschaftspolitik, zu verabschieden.[276] Mit der Ausarbeitung von Entwürfen wurden die entsprechenden Fachausschüsse beauftragt. Als nun der Wirtschaftspolitische Ausschuß zur nächsten Sitzung einen solchen Entwurf vorlegte, wurde dieser an den Ausschuß zur nochmaligen Überarbeitung zurückverwiesen und diesem das Recht zugesprochen, den nochmals überarbeiteten Entwurf als „Wirtschaftspolitische Richtlinien des Parteivorstandes" zu publizieren.[277] Bei der Publizierung sollte die Kommission jedoch betonen, daß es sich bei diesen „Richtlinien" noch nicht um einen Teil des künftigen Parteiprogrammes handele, sondern um „Richtlinien für die Programmdiskussion in der Partei". Die Notwendigkeit eines neuen Parteiprogramms wurde also nicht völlig aus dem Auge verloren.

In den folgenden zwei Jahren wurde in den Parteivorstandssitzungen das Problem eines neuen Parteiprogramms nicht erörtert. Nur einmal wurde das „Parteiprogramm" noch erwähnt: Als Ende Mai 1948 im Vorstand das künftige Wahlrecht für ein überzonales

---

272 Prot. SPD-PT 1946, S. 104-109.
273 Prot. SPD-PT 1946, S. 129.
274 Diese Überweisung erfolgte einstimmig. Prot. SPD-PT 1946, S. 185. Der Antragsentwurf stammte vom „Büro der Westzonen" („Westbüro"), vgl. gedr. Vorlage Nr. 6, zu Punkt 1 der Tagesordnung, AdsD: SPD - LO Hamburg 53.
275 Prot. SPD-PT 1946, S. 23. Diese „Kundgebung" wurde als Anhang zur ersten gesonderten Veröffentlichung des Parteitagsreferats Schumachers publiziert: K. Schumacher, Grundsätze sozialistischer Politik, Hamburg 1946, S. 41-47. Sie wurde aber nicht wie das Referat Schumachers im erst 1947 publiziertem offiziellen Protokoll des Parteitages wieder abgedruckt. Sie wird in dieser Dokumentation als Anhang zu Dokument 1 abgedruckt, vgl. S. 4-10. Zu dieser „Kundgebung" vgl. a. K. Klotzbach, Der Weg zur Staatspartei, S. 80 f.
276 Dok.4 A (Sitzung des PV vom 21. 8.1946), Punkt 2, S. 65 f.
277 Dok. 5 C (Sitzung des PV vom 26.9.1946), Punkt 2, S. 89.

Einleitung

Parlament erörtert wurde, betonte *Menzel* als Berichterstatter, es bestehe im Verfassungspolitischen Ausschuß der Partei darüber Einigkeit, daß die Form des Wahlrechts nicht im Parteiprogramm festgelegt werden solle.[278]

h) Verhältnis zu parteinahen Institutionen

Schon in den ersten Arbeitssitzungen wurden auch die Probleme der parteinahen Institutionen ausführlich diskutiert. So wurde bereits am 6. Juni 1946 die Übernahme der Geschäftsführung der Arbeiterwohlfahrt durch Lotte *Lemke* bestätigt.[279] In der Debatte forderte Schumacher, bei den Besatzungsmächten sollte darauf gedrungen werden, daß die Arbeiterwohlfahrt neben den kirchlichen Wohlfahrtsorganisationen und dem Deutschen Roten Kreuz als vierte gleichberechtigte Hilfsorganisation anerkannt werde.

Auch die sozialdemokratischen Jugendorganisationen sollten wenigstens teilweise nicht direkt als Parteigliederungen organisiert werden, um attraktiver auf die Jugend zu wirken.[280] Für die neu gegründete Organisation „Sozialistische Jugend Deutschlands ‚Die Falken'" behielt sich der Parteivorstand das Bestätigungsrecht für den jeweiligen Vorsitzenden vor: Gegen den ersten von der Organisation vorgeschlagenen Vorsitzenden *Weinberger*[281] wurden im PV wegen dessen Verhalten während der NS-Zeit Bedenken geäußert.[282] Diese konnten nicht völlig geklärt werden. Daher entschied sich die Jugendorganisation für einen anderen Bundesvorsitzenden (Erich *Lindstaedt*), der im Sommer 1947 einstimmig bestätigt wurde.[283]

Dagegen wurden die „Jungsozialisten" viel stärker in den Parteiapparat integriert. Für die „Jugendarbeit" und für die „Jungsozialistenarbeit" wurde Hans *Hermsdorf* vom Gesamtvorstand als Referent eingesetzt.[284]

Als in einer Diskussion über die Jugendarbeit im September 1947 *Gross* den Vorschlag machte, auch die Studentenarbeit stärker zu beachten, wies *Ollenhauer* darauf hin, daß ein sozialistischer Studentenverband vom PV „gefördert und unterhalten" werde.[285] Das wußte natürlich Gross, der am Gründungskongreß des SDS im September 1946 selbst teilgenommen hatte. Zwischen diesem organisatorisch von der Partei unabhängigen „Sozialistischen Deutschen Studentenverband" („SDS") und der Parteispitze in Hannover kam es aber bereits im ersten Jahr des Bestehens zu schweren Auseinandersetzungen. Sie betrafen die Mitgliedschaft von Nichtmitgliedern der SPD im Studentenverband, insbesondere von

---

278 Dok. 21 (Sitzung vom 28./29.5.1948), S. 372.
279 Vgl. Dok. 2, S. 12.
280 Ebd., S. 14.
281 Hans *Weinberger* (1898-1976), geb. in Weiden/Oberpfalz, vor 1933 SPD u. GF der Reichsarbeitsgemeinschaft der Kinderfreunde in Berlin; 1946-48 Bayer. Landesvors. der „Falken" in München, 1948 Bayer. Landesvors. der Arbeiterwohlfahrt.
282 Dok. 5 C (Sitzung v. 26. 9. 1946), S. 90.
283 Dok. 13 (Sitzung v. 16./17.9.1947), Punkt 11, S. 271.
284 Vgl. Einl. Kap. II 1 A, S. XXXIV.
285 Dok. 13, a. a. O. Zu den Auseinandersetzungen zwischen dem SDS und der Parteiführung der SPD vgl. W. Albrecht, Der Sozialistische Deutsche Studentenbund (SDS), Bonn 1994, S. 59-67.

II. Themenschwerpunkte der Vorstandssitzungen

einigen Mitgliedern und Sympathisanten der KPD. Der Parteivorstand konnte durchsetzen, daß dem SDS nur Mitglieder der SPD und parteilose Sympathisanten des Demokratischen Sozialismus angehören durften. Maßgeblich beteiligt an der Durchsetzung dieses Grundsatzes im Studentenverband war Helmut *Schmidt,* zu dieser Zeit Vorsitzender des SDS für die Britische Besatzungszone.[286] Anscheinend genügte dies noch nicht allen Mitgliedern des PV, wollten einige eine noch engere Anbindung an den Parteivorstand bzw. das Referat für die Jungsozialistenarbeit erreichen.

Sonst hinterließen diese Auseinandersetzungen in den offiziellen Protokollen der Vorstandssitzungen keine Spuren. Der SDS wurde lediglich noch einmal in einem Bericht des Kulturpolitischen Ausschusses über eine Tagung des Ausschusses am 5. und 6. April 1948 in Köln erwähnt, in dem dem Parteivorstand u. a. empfohlen wurde, dem „Genossen *Berger*[287] die Mißbilligung über sein Verhalten bei der Eschweger Studententagung" des SDS Anfang Februar 1948 auszusprechen.[288] Zu dieser Forderung nach einer Mißbilligung der Angriffe von Berger gegen den religiösen Sozialismus im allgemeinen und gegen den niedersächsischen Kultusminister *Grimme* als dessen prominentesten Repräsentanten in den westlichen Besatzungszonen im besonderen auf der Studententagung findet sich im Bericht des Ausschusses die handschriftliche Bemerkung: „wird das Büro bearbeiten".[289]

Auch die finanzielle Förderung von sozialistischen Studenten wurde mehrere Male besprochen. In der Vorstandssitzung vom 10. Januar 1947 machte Alfred *Nau* den Vorschlag, einen „Fonds für die Studienförderung junger Sozialisten ähnlich dem damaligen Friedrich-Ebert-Fonds" zu schaffen.[290] Das „Büro" wurde mit der Ausarbeitung einer entsprechenden Vorlage beauftragt. Bis zum Herbst 1947 zogen sich die weiteren Vorarbeiten für die Gründung der „Friedrich-Ebert-Stiftung zur Förderung demokratischer Volkserziehung" hin – zunächst noch nicht als selbständiger Verein, sondern als „Sondervermögen des PV", zum Wintersemester 1947/48 konnten die ersten Stipendien verteilt werden.[291]

i) Parteipresse

Die sozialdemokratische Presse war ebenfalls von Anfang an ein Dauerthema der Vorstandssitzungen. Bereits die erste Arbeitssitzung am 6. Juni 1946 beschäftigte sich eingehend damit. Der frühere Mitarbeiter der „Konzentration AG" Carl *Storbeck* wurde mit der

---

286 Helmut *Schmidt*, geb. 1918 in Hamburg, 1937-45 Wehr- und Kriegsdienst, 1945 Studium d. Volkswirtschaft, 1949 Dipl. Volkswirt, 1946 SPD u. SDS, 1947/48 Vors. d. SDS; 1953-62 u. 1965-87 MdB, 1958-84 PV Stellv. Pvors., Dez. 1961 - 65 Innensenator in HH, 1967-69 Fraktionsvors. in Bonn, 1969-72 Verteidigungsminister, 1972-74 Finanz- u. Wirtschaftsminister, 1974-82 Bundeskanzler.
287 Paul-Friedrich *Berger* (1890-1971), Dr. phil., Höherer Schuldienst, vor 1933 SPD, 1947 Schulleiter in Krefeld, 1946-50 u. 1954 MdL (NRW).
288 Dok. 21 (Sitzung vom 28./ 29.5.1948), Anlage 5 S. 391.
289 Dok. 21, a.a.O. Zu den Aufsehen erregenden und auch im SDS umstrittenen Angriffen Paul *Bergers* vgl. W. Albrecht, SDS, S.126.
290 Dok. 7 A, Punkt 1, S. 133. Im Kommuniqué wurde berichtet, daß in der Sitzung die „Wiedererrichtung der Friedrich-Ebert-Stiftung zur Nachwuchsförderung" beschlossen wurde, Anlage 1 a, S. 162.
291 Vgl. W. Albrecht, SDS, S. 111 f.

Einleitung

vorläufigen Leitung der neuen „Arbeitsgemeinschaft der Verlagsanstalten der Partei" beauftragt. Sie sollte als Nachfolgerin der alten „Konzentration AG" die Presseverlage und andere Wirtschaftsbetriebe der SPD zusammenfassen.[292] In seinem Bericht über den Stand der Organisation in der ersten gemeinsamen Sitzung von PV und PA am 22. August 1946 wies Ollenhauer auf die geplante Gründung einer Dachorganisation zur zentralen Verwaltung und Kontrolle des Parteivermögens nach dem Vorbild der alten „Konzentration" hin.[293] Diese Dachorganisation wurde Ende Oktober 1946 auf einer „Geschäftsführerkonferenz" der sozialdemokratischen Zeitungsverleger unter dem Namen „Konzentration GmbH" als „Interessengemeinschaft sozialistischer Wirtschaftsunternehmen" offiziell konstituiert.

In seinem Überblick über die Situation in den westlichen Besatzungszonen und Berlin gab der für Pressefragen verantwortliche *Heine* in der ersten Arbeitssitzung des Parteivorstandes am 6. Juni 1946 zu verstehen, daß allein in der Britischen Besatzungszone, in der 11 sozialdemokratische Zeitungen lizenziert seien, die bisherige Bilanz relativ gut sei.[294] Aber auch dort herrschten „außerordentliche Papierschwierigkeiten" wie auch in Berlin, wo demnächst der „Sozialdemokrat" publiziert werden könne. In der amerikanischen Zone, in der nur „Gemeinschaftszeitungen" erscheinen dürften, sei allgemein ein „ungenügender Einfluß" der Sozialdemokraten festzustellen. Das gleiche sei für die französische Zone wie für die Nachrichtenagenturen zu berichten. Der „Sozialdemokratische Pressedienst" unter der Leitung von Fritz *Sänger* erscheine zur Zeit wöchentlich, solle auf Dauer aber täglich publiziert werden. Ein Zentralorgan für alle drei westlichen Zonen solle ab August/September 1946 erscheinen, weiter sei die Lizenz für ein parteinahes Diskussionsorgan „Wissenschaftlicher Sozialismus" beantragt worden. In der Diskussion wurden vor allem zwei sozialdemokratische Zeitungsverleger in Köln und Aachen kritisiert, weil sie ohne Absprache mit dem Büro selbständig Zeitungslizenzen beantragt hatten.

Erneut beschäftigte sich der Parteivorstand am 10. Januar 1947 ausführlich mit der Lage der sozialdemokratischen Presse und verabschiedete auf Antrag von *Eichler* – zu dieser Zeit selbst Herausgeber und Chefredakteur der „Rheinischen Zeitung", der sozialdemokratischen Parteizeitung in Köln – eine Protestresolution gegen die Benachteiligung der sozialdemokratischen Presse in den westlichen Besatzungszonen.[295]

In der Resolution wurde zunächst beklagt, daß die SPD in „allen Zonen" gegenüber anderen Parteien „aufs stärkste" benachteiligt werde.[296] Nach der kurzen Darlegung der Verhältnisse in den verschiedenen Zonen endete die Resolution mit der Forderung nach einem Anteil an einer „lebendigen und leistungsfähigen Parteipresse" der SPD in den verschiedenen Regionen entsprechend ihrer Stärke. Diese solle ihre erste Aufgabe in einer „umfassenden und sachverständigen Berichterstattung und Aufklärung", nicht in der

---

292 Zu dieser Neugründung vgl. Detlev Brunner, 50 Jahre Konzentration GmbH, Berlin 1996, S. 32-34 u.132-139 (Abdruck des Protokolls der Gründungsversammlung am 29. 10. 1946).
293 Dok. 4 B, Punkt 2.
294 Dok. 2, Punkt 2 („Presse und Propaganda").
295 Dok. 7 A, Punkt 1 und Dok. 7, Anlage 2 (Abdruck der Resolution).
296 Dok. 7, Anlage 2, S. 163.

II. Themenschwerpunkte der Vorstandssitzungen

Publikation „trockener Parteinachrichten" oder in „eiliger Sensationshascherei" sehen. In der Debatte war dazu vom *Heine* ausgeführt worden, daß die „Parteinachrichten" durch „Mitteilungsblätter" an die Mitglieder gebracht werden sollten, für die relativ leicht eine Lizenz der Besatzungsmächte zu erreichen sei.[297] Angesichts der Schwierigkeiten, für ein „zentrales Parteiorgan" die Lizenz zu bekommen, wurde in der Diskussion von *Gnoß* der Vorschlag gemacht, ein solches ohne Genehmigung zu publizieren. Das wurde von *Gross* als „unwürdig" bezeichnet und von *Heine* in seinem Schlußwort abgelehnt.

Auf dem Parteitag von 1947 beantragte die Sozialdemokratische Partei Südbadens zur Klärung grundsätzlicher sozialistischer Probleme und Schaffung eines weltpolitischen Überblicks die Gründung einer „Reichszeitung der SPD", d. h. die baldige Schaffung eines Zentralorgans.[298] Der Antrag wurde dem Parteivorstand zur Erledigung überwiesen.[299] Bei dieser Erledigung in der Sitzung vom 16./17.9.1947 erklärte *Heine*, daß eine solche Gründung „selbstverständlich" geplant sei, doch sei eine Lizenz bislang nicht erteilt worden.[300] Auch gebe es praktische Schwierigkeiten wegen der Standortfrage, da Hannover ja nur Provisorischer Sitz des Parteivorstandes sei.

In der PV-Sitzung vom 2./3. August 1948 konnte Heine berichten, daß das neue Zentralorgan unter dem Namen „Neuer Vorwärts" ab September des Jahres erscheinen solle.[301] Es solle als Wochenblatt herauskommen, da das „Fehlen einer lokalen Basis" das Erscheinen als Tageszeitung nicht zulasse. Der Parteivorstand billigte die Herausgabe des Zentralorgans als Wochenblatt sowie die Einsetzung von Gerhard *Gleissberg* zum „Stellvertretenden Chefredakteur".[302] Nach dem Protokoll ließ sich Heine vom Vorstand die Einsetzung Gleissbergs nur zum stellvertretenden Chefredakteur bestätigen, anscheinend hoffte er zu dieser Zeit noch, einen anderen bekannten Journalisten für das Amt des Chefredakteurs gewinnen zu können. Doch sollte Gleissberg bis 1955 als Chefredakteur des Neuen Vorwärts fungieren, ehe unüberwindliche Gegensätze zwischen ihm und der Parteiführung auf wichtigen Politikfeldern zu seiner Ablösung führten.

---

297 Dok. 7 A, S. 132, dazu vgl. a. Jb. SPD 1947, S. 59.
298 Vgl. d. gedr. „Vorlage Nr. 4, Anträge Nr. 1-42 an den Parteitag" = Anl. 3. z. Prot. der PV-Sitzung v. 28.6.1947, S. 4 (Antrag Nr. 11).
299 Prot. SPD-PT 1947, S. 120.
300 Dok. 13, S. 265. Zu diesen Schwierigkeiten vgl. a. Jb. SPD 1947, S. 59.
301 Dok. 24, Punkt 9, S. 464 f.
302 Gerhard *Gleissberg* (1905-73), Studium d. Germanistik u. Anglistik in Breslau u. Berlin, Dr. phil., vor 1933 Journalist, SPD, Mai 1933 Emigration nach Prag, 1939 nach London, 1947 Rückkehr nach Deutschl., Red. des Sopade Informationsdienstes in Hannover, 1948-55 Chefred. d. NVorw, 1955 Mitbegr. u. Mitherausgeber der „Anderen Zeitung", 1956 Ausschluß aus der SPD, Ende 1960 Gründung d. „Vereinigung unabhängiger Sozialisten" (VUS), Mitbegr. u. Vorstandsmitglied der „Deutschen Friedens-Union" (DFU).

Einleitung

2. Beziehungen der SPD zu den sozialdemokratischen Parteien des Auslandes

a) Erste Versuche zur Wiedererrichtung der Sozialistischen Internationale und die Wiederaufnahme der SPD in die internationale Gemeinschaft der sozialistischen Parteien

Die ersten Versuche zur Wiedererrichtung einer internationalen Gemeinschaft der sich zum demokratischen Sozialismus bekennenden nationalen Parteien geschahen ohne Mitwirkung der Sozialdemokratischen Partei Deutschlands.[303] Der Parteitag der SPD vom Mai 1946 verabschiedete einstimmig eine Grußadresse an die bevorstehende „internationale Konferenz", in der die Hoffnung auf eine „baldige Wiedereingliederung der deutschen Sozialdemokratie in die internationale Zusammenarbeit" artikuliert wurde.[304] Die Parteiführung verfolgte die Bemühungen der anderen europäischen sozialistischen Parteien mit großem Interesse, die im Mai 1946 in Clacton bei London zur Gründung eines „Socialist Information and Liaison Office" (SILO) führten.[305] Im Herbst 1946 wurde auf einer weiteren Konferenz in Bournemouth beschlossen, Vertreter der SPD zur nächsten Sitzung in der Schweiz einzuladen, um dort über die Aufnahme der deutschen Partei zu entscheiden.[306] Die Parteiführung reagierte etwas zögerlich. Auch als die offizielle Einladung an Schumacher und zwei andere Vertreter der SPD im März 1947 erfolgte, reagierte der Parteivorstand nicht sogleich, da ihm eine wirklich gleichberechtigte Teilnahme nicht gewährleistet schien.[307] Erst in der Sitzung am 1. Juni beschloß er, die offizielle Einladung zu dieser Konferenz in Zürich, die am 6. Juni beginnen sollte, anzunehmen.[308]

Die zögerliche Haltung der Parteiführung wird verständlich, wenn man das für die deutschen Sozialdemokraten negative Ergebnis der Züricher Konferenz betrachtet: Die SPD wurde nicht in die internationale Gemeinschaft aufgenommen.[309] Entscheidend für das Nichtzustandekommen der notwendigen Zweidrittelmehrheit war die betont antikommunistische Haltung der Führung der SPD, die Schumacher auch bei seiner Vorstellung der neuen SPD während der Konferenz deutlich artikulierte. Sie bestärkte nicht nur die mit den kommunistischen Parteien ihrer Länder eng verbundenen sozialistischen

---

303 Zum folgenden vgl. Rolf Steininger, Deutschland und die Sozialistische Internationale nach dem Zweiten Weltkrieg, Bonn 1979.

304 Für einen Abdruck der verabschiedeten Grußadresse vgl. „Kundgebungen und Beschlüsse des Sozialdemokratischen Parteitages Hannover Mai 1946, Sozialdemokratische Politik", hrsg. von der Sozialdemokratischen Partei, Hamburg (AdsD: SPD - LO Hamburg 53). Für den fast unverändert übernommenen Entwurf, der vom „Büro der Westzonen" stammte, vgl. die gedr. „Vorlage Nr. 7" (Exemplar, ebda.).

305 Vgl. Dok. 2 (Sitzung v. 4. 6. 1946), Punkt 6, S. 21 f. Zur Einrichtung des Verbindungsbüros SILO beim Internationalen Sekretariat der Labour Party vgl. R. Steininger, S. 44-48.

306 Vgl. Dok. 6 (Sitzung v. 19. 11. 1946), Punkt 7, S. 119. Zu dieser Konferenz vgl. R. Steininger, S. 51 f. u. 71-74.

307 Auf seiner Sitzung am 22./23. April 1947 beriet der Parteivorstand über diese Einladung, machte aber seine Entscheidung von weiteren Informationen zum Status der SPD-Delegation abhängig, vgl. Dok. 9 A, Punkt 2, S. 191 f.

308 Vgl. Dok. 10 B, Punkt 3, S. 222.

309 Zu den Beratungen am 6. Juni in Zürich vgl. R. Steininger, S. 74-83 u. 223-266 (Protokoll der Diskussionen über eine Aufnahme der SPD). Vgl. a. Willy Albrecht, Einleitung zu K. Schumacher, Reden – Schriften – Korrespondenzen, S. 130.

Parteien Osteuropas, die damals noch im SILO mitarbeiteten, in ihrer ablehnenden Haltung. Sie veranlaßte auch einige andere Parteien (u.a. die Sozialistische Partei der Schweiz), sich der Stimme zu enthalten, um diese Zusammenarbeit mit den sozialistischen Parteien Osteuropas nicht zu gefährden.

Die Enttäuschung der SPD-Führung war sehr groß, auch wenn in Zürich eine kleine Kommission gewählt wurde, die den Kontakt mit der Führung der SPD aufrecht erhalten sollte.[310] Diese Kommission besuchte u.a. den Nürnberger Parteitag der SPD und schlug der nächsten internationalen Konferenz die Aufnahme der deutschen Partei in die internationale Gemeinschaft der Sozialistischen Parteien vor, was dann auf der Ende November/Anfang Dezember 1947 in Antwerpen stattfindenden internationalen Konferenz geschah.[311] Auf der gleichen Konferenz wurde die Zusammenarbeit der nationalen sozialdemokratischen Parteien enger gestaltet, indem das bisherige „Socialist Information and Liaison Office" (SILO) in das „Committee of the International Conference" (COMISCO) umgewandelt wurde.[312]

Die Parteiführung der SPD, die auf dieser Konferenz nicht vertreten war, erfuhr telegrafisch von dieser Entscheidung und ernannte als Delegierten für die erste Sitzung des „internationalen Komitees" im Januar 1948 den Parteivorsitzenden Kurt Schumacher.[313] Schumacher berichtete über diese Sitzung im Parteivorstand am 26. Januar 1948.[314] Anscheinend hatte er dazu beitragen können, daß sich die deutschen Sozialdemokraten an der geplanten Sozialistenkonferenz der am Marshallplan beteiligten Länder beteiligen konnten. Er selbst wurde zu dieser Konferenz, die Ende März in London stattfinden sollte, vom Parteivorstand als einer der Delegierten der SPD ausgewählt.[315]

Die Beteiligung an dieser Konferenz sollte für mehr als ein Jahr das letzte Auftreten Schumachers in der Öffentlichkeit werden, denn während der Konferenz erkrankte er so schwer, daß er in London in ein Krankenhaus gebracht werden mußte und erst nach zwei Wochen zur Weiterbehandlung nach Hannover geflogen werden konnte.[316]

b) Beziehungen zu anderen sozialdemokratischen Parteien Europas

Die Beziehungen zur **britischen Labour Party** hatten für die Hannoveraner Führung der Sozialdemokraten noch vor der formellen Gründung der überzonalen SPD eine besondere Qualität.[317] Schließlich war die Labour Party in Großbritannien, einer der Besatzungs-

---

310 R. Steininger, S. 82. Zur Enttäuschung der SPD vgl. den Artikel von Fritz Sänger im Sozialdemokratischen Pressedienst vom 10. Juni: „Internationale Sozialdemokratie", Nr. 41, S. 1 f.
311 Vgl. R. Steininger, S. 87 f. u. 282-284 (Protokoll der abschließenden Debatte am 1.12.1947).
312 Ebda, S. 57-59.
313 Dok. 16 (Sitz. v. 19./20.12.1947), Punkt 6 a, S. 296 und Anlage 1 B, Nr. 2 (Glückwunschtelegramm des Generalsekretärs der Labour Party Morgan Philipps an den Vorsitzenden der SPD, Schumacher), S. 303 f.
314 Dok. 17 B, Punkt 5, S. 321.
315 Weitere Delegierte wurden *Ollenhauer* und der Wirtschaftsexperte Franz *Seume*, Dok. 18 A (Sitzung vom 17. 2. 1948), Punkt 3, S. 329.
316 Vgl. Peter Merseburger, Der schwierige Deutsche. Kurt Schumacher, Stuttgart 1995, S. 411 f.
317 Zum folgenden vgl. R. Steininger, S. 62 f.

Einleitung

mächte, alleinige Regierungspartei. Bevor die führenden Repräsentanten des Emigrationsvorstandes *Ollenhauer* und *Heine* London auf Dauer verließen, um in Hannover das der Wiedergründung einer überzonalen SPD dienende „Büro Dr. Schumacher" zu verstärken, hatten sie ein offizielles Gespräch mit dem Generalsekretär der Labour Party, Morgan *Phillips*[318], und dem internationalen Sekretär der Partei, Denis *Healey*[319]. Dieses Gespräch diente nicht nur dem Austausch von Höflichkeiten, sondern auch der Übergabe einer schriftlichen Botschaft an das „Büro" in Hannover, in der die Führung der Labour Party im innerdeutschen Streit der beiden überregionalen sozialdemokratischen Zentren Berlin und Hannover – zwar in diplomatischer Sprache, jedoch deutlich erkennbar – für die Konzeption der Hannoveraner, d.h. eine selbständige Sozialdemokratische Partei, Stellung nahm.[320] Ende März beschloß der Vorstand der Labour Party, *Schumacher* als Sprecher der SPD im Juni 1946 nach England einzuladen.[321] War die Führung der Labour Party so einigermaßen entgegenkommend gegenüber der SPD, so war das bei der Labour-Regierung, auf die die SPD große Hoffnung setzte, ganz anders. Premierminister war seit Sommer 1945 Clement R. *Attlee*, der eine reine Labour-Regierung gebildet hatte.[322] Vor allem Außenminister *Bevin* war kein Freund der Deutschen im allgemeinen und kein Freund der deutschen Sozialdemokraten im besonderen, denen er immer noch die Zustimmung zu den Kriegskrediten am 4. August 1914 zum Vorwurf machte.[323] Bevin war es, der die Parteiführung der Labour Party bewog, die Einladung an Schumacher vorerst zurückzunehmen, was bei der Parteiführung der SPD zu einer ersten großen Enttäuschung über die Labour Party führte.[324] Die Labour Party schickte zwar eine Grußbotschaft an den Parteitag der SPD im Mai, sandte aber weder eine Gastdelegation, noch eine Einladung zum eigenen Jahreskongreß Mitte Juni.[325] Am Parteitag nahm lediglich ein Vertreter der kleinen englischen „Unabhängigen" Labour Party, Fenner *Brockway*, teil, der auch einige freundliche Worte an die Delegierten richtete.[326]

---

318 Morgan *Phillips* (1902-61), 1944-61 GenSekr. der Labour Party, 1951-57 Präsident der SI.
319 Denis W. *Healey* (geb.1917), 1945-50 Intern. Sekretär der Labour Party, 1964-70 britischer Verteidigungsminister.
320 Bei Steininger sind die wichtigsten Sätze des Schreibens, in denen es u. a. hieß, daß die Labour Party eine „strong democratic socialist party in Germany" für unbedingt notwendig erachte, im Wortlaut zitiert, R. Steininger, S. 62.
321 R. Steininger, S. 64.
322 Clement Richard *Attlee* (1883-1967), Rechtsanwalt, vor 1914 Sozialist, 1922 MP (LP) 1935 Oppositionsführer, 1940-45 Stellv. d. Premierministers., 1945-51 Premierminister, 1951-55 Oppositionsführer im Unterhaus, 1955 Erhebung in den Adelsstand u. Mitgl. d. Oberhauses.
323 Ebd. Ernest *Bevin* (1881-1960), Labour Party, Gründer u. GenSekr. d. brit. Transportarbeitergewerkschaft, 1940-45 Arbeitsminister, 1945-51 Außenminister.
324 R. Steininger, S. 65-67.
325 Zudem erreichte die Grußbotschaft die SPD nicht rechtzeitig zum Parteitag, vgl. W. Albrecht, Einleitung zu K. Schumacher, Reden – Schriften – Korrespondenzen, S. 113; R. Steininger, S. 67.
326 Prot. SPD-PT 1946, S. 93-95. Fenner *Brockway* (1888-1988), 1922 Sekr., 1931-33 Präs. d. British Independent Labour Party (ILP), 1929-35 Mitgl. d. Unterhauses (MP), 1946 Labour Party, 1950-64 MP, nach 1964 House of Lords.

II. Themenschwerpunkte der Vorstandssitzungen

Kam es so auch nicht zu einem offiziellen Besuch der Parteiführung der SPD in Großbritannien, so besuchte der stellvertretende Parteivorsitzende *Ollenhauer* im Juni fast zwei Wochen London und führte dabei ausführliche Gespräche mit Vertretern der Regierung, der Labour Party und mit deutschen Emigranten, worüber er dem Parteivorstand ausführlich schriftlich und mündlich berichtete.[327] Vor alle führte er Gespräche mit dem für die britische Besatzungspolitik in Deutschland und Österreich zuständigen Minister *Hynd*.[328] Fast gleichzeitig besuchte eine Delegation der Labour Party unter der Leitung des Generalsekretärs *Phillips* während ihres längeren Aufenthalts in der Britischen Besatzungszone auch die Parteiführung in Hannover.[329] Dabei wurde vereinbart, den geplanten Besuch Schumachers in England bis nach den für Oktober vorgesehenen ersten Kommunalwahlen in der Britischen Zone zu verschieben.

Diese offizielle Reise einer SPD-Delegation fand Ende November/Anfang Dezember 1946 statt und wurde im Parteivorstand sorgfältig vorbereitet.[330] In ihren Berichten vor dem Parteivorstand versuchten *Heine* und *Schumacher*, diesen Besuch als großen Erfolg darzustellen.[331] Ähnliche Erfolgsmeldungen finden sich in der vom PV herausgegebenen Broschüre über die Reise mit dem Titel „Der erste Schritt in die Welt".[332] Sicher muß man von diesen positiven Bewertungen einige Abstriche machen, aber auf jeden Fall gingen die Bemühungen der Labour Party, die SPD wieder in den internationalen Kreis der sozialistischen Parteien zu integrieren, weiter, die dann ein Jahr später, wie schon berichtet, von Erfolg gekrönt waren.

Weiterhin blieb die Labour Party für die SPD so etwas wie die Sprecherin der europäischen sozialdemokratischen Parteien. Als es z. B. im Frühjahr 1948 darum ging, auf die Einladung zu einer Europäischen Parlamentarischen Konferenz zu reagieren, wartete das „Büro" erst die positive Reaktion der Labour Party ab, ehe es die Einladung an die sozialdemokratischen Landtagsfraktionen weitergab.[333]

Gespannter waren die Beziehungen der SPD zu den **französischen Sozialisten,** zur SFIO. Die SFIO gehörte den meisten Nachkriegsregierungen in Frankreich an und stellte öfter den Ministerpräsidenten, war aber immer nur einer der kleineren Koalitionspartner. Vor der Wiedergründung der SPD als überzonaler Partei war das Verhältnis der beiden über-

---

327 Dok. 3, Punkt 2, S. 40 u. Anlage 2, S. 43-53.
328 John B. *Hynd* (1902-71), Labour Party, 1945-47 als Kabinettsminister Leiter des British Control Office for Germany and Austria.
329 Dok. 3, S. 40. Zu diesem Besuch vgl. a. R. Steininger, S. 70.
330 Insgesamt sollte die Delegation unter der Leitung von Schumacher aus sechs Personen bestehen: Sch., Agartz, Heine (Brit. Zone), Knothe (US-Zone), Neumann (Berlin) und Bögler (Frz. Zone). Bögler konnte jedoch nicht mitfahren, da er kein Ausreisevisum erhielt, Dok. 6 (Sitzung vom 19.11.1946), Punkt 1 S. 117. Zu dieser Reise vgl. Kurt T. Schmitz, Deutsche Einheit und Europäische Integration, Bonn 1978, S. 55 f. u. R. Steininger, S. 74 f.
331 Dok. 7 A (Sitzung vom 10. 1. 1947), Punkt 2, S. 134 f.
332 Der erste Schritt in die Welt. Die Englandreise der SPD-Delegation. Bericht und Kritik, zusammengestellt von den Mitgliedern der Delegation, Offenbach 1947.
333 Der Gesamtvorstand billigte dieses Vorgehen, vgl. Dok. 25 (Sitzung v. 27./28.8.1948), Punkt 4, S. 476.

Einleitung

regionalen zonalen Gründungszentren in Berlin und Hannover zur französischen Schwesterpartei gar nicht so schlecht. So dokumentierte ein gemeinsam von *Schumacher* und *Grotewohl* nach der erwähnten überzonalen Konferenz der SPD vom Oktober 1945 unterschriebenes Dankschreiben an die SFIO für die gewährte Unterstützung die auf der Konferenz in Wennigsen bzw. Hannover erzielte zeitweilige Einigung der beiden überregionalen Gründungszentren der SPD.[334]

Auch in seiner Grundsatzrede auf dem Parteitag vom Mai 1946 erwähnte Schumacher die SFIO mehrere Male zusammen mit der Labour Party als enge Verbündete der SPD, die in ihren Ländern verhinderten, daß die „Verhältnisse im Westen einfach kapitalistisch sind".[335] Am Schluß seiner Rede warnte er allerdings davor, diese beiden Parteien als Vorbilder zu betrachten, die die SPD „sklavisch nachahmen" sollte.[336]

In den Vorstandssitzungen wurde öfter über vertrauliche Kontakte mit Spitzenpolitikern der SFIO berichtet.[337] Einer der wichtigsten Gesprächspartner war dabei Salomon *Grumbach*[338]. Später überwog zwar die Kritik an der Politik der Führung der SFIO wegen ihrer Unterstützung der französischen Haltung in der Ruhrfrage, doch zeigte die Parteispitze der SPD auch ein gewisses Verständnis für die Haltung der SFIO: So wies *Ollenhauer* in seinem Grundsatzreferat vor dem PV und dem PA am 29. Juni 1948 auf die schwierige Lage der französischen Sozialisten hin, die einer starken Einheitsfront der Nationalisten „von den Kommunisten bis zu de Gaulle"[339] gegenüberständen.[340]

Als Freunde der deutschen Sozialdemokraten wurden von Anfang an auch die **sozialdemokratischen Parteien der drei skandinavischen Länder** bezeichnet.[341] Bereits Ende 1946 erfolgte eine Einladung zu einer Reise nach Schweden an das Büro.[342] Diese fand vom 17. bis 24. November 1947 statt und führte die deutsche Delegation, die aus dem Parteivorsitzenden Schumacher, seinem Stellvertreter Ollenhauer und dem Berliner Landesvorsitzenden Neumann bestand, nach Schweden und Norwegen.[343] Nach einem Bericht von Ollenhauer über diese Reise im „Sozialdemokratischen Pressedienst" wurde der

---

334 Schumacher unterschrieb diesen Brief „für die Westzonen", Grotewohl „für die Ostzone", vgl. W. Albrecht, Einleitung zu K. Schumacher, Reden – Schriften – Korrespondenzen, S. 103. Zur Konferenz von Wennigsen bzw. Hannover vgl. Einleitung. Kap. I 1.
335 Abgedr.: K. Schumacher, Reden – Schriften – Korrespondenzen, S. 399.
336 Ebd., S. 418.
337 Vgl. Dok. 8 (Sitzung vom 13./14.3.1947), Punkt 8, S. 178.
338 Salomon *Grumbach* (1884-1952), geboren im Elsaß, vor 1914 SPD u. Korrespondent des „Vorwärts" in Paris, 1914 Emigration in die Schweiz, nach 1918 SFIO, nach 1942 Widerstandsbewegung, 1944-48 Außenpolit. Redakteur d. frz. Parteizeitung „Le Populaire", Vorstand d. SFIO.
339 Charles de *Gaulle* (1890-1970), 1945/46 Frz. MinPräs., 1947-53 Vors. d. „Rassemblement du Peuple Francaise" (RPF), 1958 Frz. MinPräs.,1958-1968 Frz. Staatspräsident.
340 Vgl. Dok. 22 B, Punkt 1, S. 409.
341 Vgl. den Hinweis von Ollenhauer in der Sitzung vom 4. Juni 1946, daß diese eine Hinzuziehung der SPD zu den internationalen Konferenzen befürworteten, Dok. 2, S. 21.
342 Vgl. Dok. 6 (Sitzung v. 19.11.1946), S. 119.
343 Vgl. Dok. 15 A (Sitzung d. PV v. 14. 11. 1946), S. 282; Dok. 16 (Sitzung v. 19./20. 12. 1948, S. 296. Vgl. a. d. Bericht von Ollenhauer über die Reise im Sozialdemokratischen Pressedienst v. 26. 11. 1948, der hier als Anlage 2 zum Protokoll der Sitzung vom 19./20. 12. 1947 abgedruckt wird, Dok. 16, S. 305 f.

Zweck dieser Reise, „die alten freundschaftlichen Beziehungen zwischen der sozialdemokratischen Bewegung in Skandinavien und der deutschen Sozialdemokratie zu festigen", voll erfüllt.[344]

Eine Einladung der **niederländischen sozialistischen Partei** an die Parteiführung der SPD erfolgte bereits im Frühjahr 1947.[345] Der Besuch konnte aber wegen beiderseitiger Terminschwierigkeiten erst im Herbst des Jahres 1947 durchgeführt werden.[346]

Schließlich sei noch erwähnt, daß fast zur gleichen Zeit eine größere Delegation der deutschen Sozialdemokraten *(Gotthelf, von Knoeringen, Schroeder)* den **Parteitag der Österreichischen Sozialisten** besuchte, der vom 23. bis 26. Oktober in Wien stattfand.[347] Auf Druck der ebenfalls anwesenden Delegation der polnischen Sozialisten sollte der deutschen Delegation zunächst kein Rederecht eingeräumt werden. Doch die Mehrheit der Parteitagsdelegierten revidierte diesen Beschluß der Tagungsleitung und Louise Schroeder konnte ein mit großer Begeisterung aufgenommenes Grußwort der deutschen Sozialdemokraten vortragen. Hier wird deutlich, daß der negative Beschluß von Zürich zwar noch gewisse Folgen für ein vorsichtiges Taktieren von Parteiführungen und Tagungsleitungen hatte, daß jedoch der internationale Konsens der sozialistischen und sozialdemokratischen Parteien immer größer wurde.[348]

c) Die Ruhrfrage

Die SPD gehörte noch nicht ein Jahr zum COMISCO, da begann ein Streit zwischen ihr und den französischen Sozialisten über die Zukunft des Ruhrgebiets.[349] In der Vorstandssitzung vom 6. Mai 1948 gab Carlo *Schmid* einen sehr negativen Bericht über die Pariser COMISCO-Konferenz vom 24./25. April, die sich mit der Ruhrfrage befaßt hatte.[350] Dort drohte der französische Standpunkt, der eine Internationalisierung der Ruhrindustrie vorsah, die Zustimmung der Mehrheit der beteiligten sozialistischen Parteien zu gewinnen. Die SPD konnte aber wenigstens die Verschiebung der Entscheidung auf eine Konferenz Anfang Juni in Wien erreichen und bereitete sich auf diese Konferenz sorgfältig vor. Schumacher entwarf trotz seiner schweren Erkrankung ein Memorandum „Die Sozialdemokratische Partei Deutschlands und die Ruhr", in dem er die Haltung der SPD-Führung zusammenfaßte und das vom „Büro" im Namen des Parteivorstandes am 15. Mai den anderen sozialistischen Parteien übersandt wurde.[351] Der Gesamtvorstand billigte dies

---

344 Ebd., S. 306.
345 Dok. 9 A (Sitzung d. PV v. 22. 4. 1947), S. 192.
346 An dem Hollandbesuch nahmen *Ollenhauer, Grimme* und Lotte *Lemke* teil – Schumacher und Heine waren zur gleichen Zeit in den USA, Dok. 15 A (Sitzung d. PV v. 14.11.1947), S. 282.
347 Dok. 15 A, ebd. Vgl a. den Bericht im Sozialdemokratischen Pressedienst II/ 87 v. 29. 10. 1947.
348 Nach dem Ende der Rede Schroeders sangen die Delegierten gemeinsam die „Internationale", Bericht im Sozialdemokratischen Pressedienst, ebd. In Zürich hatte der Vertreter der SPÖ für eine sofortige Aufnahme der SPD gestimmt, R. Steininger, S. 80.
349 Zum folgenden vgl. R. Steininger, S. 98-123.
350 Dok. 20, Punkt 2, S. 365 f. Zu dieser Konferenz vgl. R. Steininger, S. 100-106.
351 Vgl. R. Steininger, S. 107. Das Memorandum wird hier abgedruckt als Anlage 4 zum Dok. 21 (S. 385-388).

Einleitung

in seiner nächsten Sitzung.³⁵² In dieser Denkschrift wurde der Standpunkt der Parteiführung der SPD, den besonders Schumacher bereits seit 1946 immer wieder artikuliert hatte, klar formuliert: für eine Sozialisierung und internationale Kontrolle aller Industriegebiete Westeuropas – nicht nur des deutschen Ruhrgebiets. Mit dieser Sozialisierung konnte, ja sollte in Deutschland begonnen werden.

Die Beratung der Ruhrfrage auf der Wiener Konferenz endete für die SPD erfolgreich: In der einstimmig verabschiedeten Resolution bekannten sich die Sozialistischen Parteien zur Forderung nach einer Sozialisierung der Schlüsselindustrien an der Ruhr, die Forderung nach einer Internationalisierung der deutschen Ruhrindustrie wurde nicht mehr erwähnt.³⁵³ Ausdrücklich bekannte sich die Resolution zum Ziel der SPD, „die Schlüsselpositionen der wirtschaftlichen Macht in Europa unter internationale Kontrolle zu stellen". Einzelheiten dazu sollte eine besondere Kommission ausarbeiten.

In der gemeinsamen Sitzung von PV und PA am 29./30.6.1948 gab Fritz *Henßler*, der zur deutschen Delegation gehört hatte, einen Bericht über die Wiener Konferenz.³⁵⁴ So schien im Sommer 1948 das Verhältnis der SPD zu den sozialdemokratischen Parteien der Nachbarstaaten wieder ungetrübt. Doch schon im Herbst 1948 sollte sich das Verhältnis zur Labour Party sehr verschlechtern, als die Labour-Regierung einem Beschluß des Landtags von Nordrhein-Westfalen, die dortige Kohleindustrie zu sozialisieren, die Genehmigung versagte, weil die Lösung einer so wichtigen Frage einem künftigen gesamtdeutschen Parlament und einer gesamtdeutschen Regierung vorbehalten bleiben solle.³⁵⁵

3. Die Schaffung eines „neuen" deutschen Staates

a) *Kampf um den Erhalt der deutschen Einheit und die Errichtung einer gesamtdeutschen demokratischen Republik während der Besatzungsherrschaft (1946 - 1947)*

Die SPD wurde im Mai 1946 als überzonale Partei für die drei westlichen Besatzungszonen und Berlin wiedergegründet. Von Anfang an betrachtete sich der auf dem Gründungsparteitag gewählte Parteivorstand auch als Sprecher für die „stumm gemachten" Sozialdemokraten in der Sowjetischen Besatzungszone.³⁵⁶ Die schon in einem anderen Zusammenhang erwähnte Einrichtung eines „Ostsekretariats" bzw. „Ostbüros" kann man als Versuch ansehen, dieses gesamtdeutsche Mandat in die Praxis umzusetzen.³⁵⁷ Von

---

352 Vgl. Dok. 21 (Sitzung vom 28./29. Mai), Punkt 3, S. 375.
353 Die Resolution ist abgedruckt bei R. Steininger, S. 348. Zu dieser Konferenz und zum Erfolg der SPD: ebd., S. 112 f.
354 Vgl. Dok. 22 B, S. 437.
355 Vgl. R. Steininger, S. 114 f. Zur Sozialisierungsfrage vgl. auch Einleitung Kap. II 3 c.
356 Vgl. dazu die Ausführungen Schumachers in seinem Grundsatzreferat auf dem Parteitag der SPD von 1946, abgedr. K. Schumacher, Reden – Schriften – Korrespondenzen, S. 398; vgl. auch B. Bouvier, Ausgeschaltet, S. 262 f.
357 Vgl. oben Kap. II 1 e; vgl. auch W. Buschfort, Das Ostbüro, S. 15.

II. Themenschwerpunkte der Vorstandssitzungen

Anfang an kämpfte die neu gegründete SPD um den Erhalt der deutschen Einheit. In der vom Gründungsparteitag verabschiedeten „Kundgebung" der SPD hieß es wörtlich: „Die deutsche Sozialdemokratie erhebt den Anspruch auf die Erhaltung Deutschlands als eines nationalen, staatlichen und wirtschaftlichen Ganzen."[358]

Wenn in der SPD-Führung von „Deutschland" gesprochen wurde, dann war immer das Deutsche Reich in den Grenzen von 1937 gemeint, die Oder-Neiße-Linie wurde nicht anerkannt.[359] Über die Frage, ob das „Deutsche Reich" überhaupt noch existiere, kam es in der ersten gemeinsamen Sitzung der obersten Parteigremien im August 1946 zu einer Kontroverse.[360] Der Karlsruher Oberbürgermeister *Veit*, Mitglied des Parteivorstandes, warnte davor, von einer Nichtexistenz des Deutschen Reiches auszugehen. Es sei staatsrechtlich in der Souveränität der Länder vorhanden. In seiner Antwort beharrte jedoch der Parteivorsitzende *Schumacher* auf dieser Nichtexistenz, da kein souveränes „Reichsvolk" vorhanden sei.

Seit der bedingungslosen Kapitulation der deutschen Wehrmacht am 8. Mai 1945 war Deutschland in vier Besatzungszonen geteilt.[361] Für die gemeinsamen Belange aller vier Besatzungszonen war der Alliierte Kontrollrat in Berlin zuständig, der sich aus den Militärkommandeuren der vier Besatzungsmächte zusammensetzte.[362] Die Aufteilung des besiegten Deutschland war auf den alliierten Gipfelkonferenzen während des Krieges vereinbart worden. Zunächst waren es drei Besatzungszonen: Die Amerikanische (US-Zone) sollte den Süden, die Britische den Westen und die Sowjetische Besatzungszone (SBZ) den Osten des Deutschen Reiches umfassen. Auf der Konferenz in Jalta im Februar 1945 wurden auch Frankreich eine Besatzungszone und ein Sitz im Kontrollrat eingeräumt.

Nach dem Ende der Kampfhandlungen in Europa wurde auf der Konferenz in Potsdam im August 1945 festgelegt, daß der Aufbau einer demokratischen deutschen Republik von unten nach oben erfolgen sollte, daß jedoch dem Alliierten Kontrollrat in Berlin von Anfang an deutsche Verwaltungsabteilungen für die Gebiete Finanzwesen, Transportwesen, Verkehrswesen, Außenhandel und Industrie mit deutschen Staatssekretären an der Spitze zur Seite gestellt werden sollten.[363] Vor allem am Widerstand Frankreichs scheiterte die Errichtung solcher gesamtdeutscher Staatssekretariate.

Die Aufteilung Deutschlands in vier Besatzungszonen war eine Tatsache, von der die SPD ausgehen mußte. Auch zwischen den drei westlichen Besatzungszonen gab es in den ersten Nachkriegsjahren Zonengrenzen, die für die deutschen Bewohner nur schwer zu überwinden waren. Zwischen der Amerikanischen und der Britischen Zone wurde Ende

---

358 Vgl. Dok. 1, Anlage, S. 9.
359 Vgl. Dok. 4 A, S. 65, u. Dok. 4, Anlage 2, S. 78.
360 Vgl. Dok. 4 B, S. 73.
361 Zum folgenden vgl. Wolfgang Benz, Von der Besatzungsherrschaft zur Bundesrepublik, Frankfurt am Main 1984, S. 11-27.
362 Zur Geschichte des Kontrollrates vgl. Gunther Mai, Der Alliierte Kontrollrat 1945-1948. Alliierte Einheit – deutsche Teilung? München 1995.
363 W. Benz, a.a.O., S. 27-29; für einen Abdruck des Potsdamer Abkommens vgl. u. a. Ernst Deuerlein (Hrsg.), Potsdam 1945, München 1963, S. 350-370.

Einleitung

1946/Anfang 1947 mit der Bildung des „Vereinigten Wirtschaftsgebietes", d.h. der Bizone, diese Grenze weitgehend abgebaut.[364] Zwischen der Bizone und der Französischen Besatzungszone blieb aber bis zum Sommer 1948, d. h. bis zur Währungsreform und zur Bildung des Parlamentarischen Rates als erster trizonaler Repräsentation des Deutschen Volkes, die Grenze bestehen.[365] Diese konnte von Deutschen nur mit einem Visum legal überschritten oder überfahren werden. Die französischen Militärbehörden gingen bei der Ausstellung der Visen sehr willkürlich vor. So verhinderten sie noch im April 1947 die legale Beteiligung von Vertretern der in ihrer Besatzungszone gelegenen Parteibezirke an einer Sitzung der obersten Parteigremien in Bad Meinberg.[366] Bis zum Ende des Berichtszeitraums, d.h. bis zum September 1948 wurde gar nicht der Versuch gemacht, in einem Ort der Französischen Besatzungszone eine Sitzung des Parteivorstandes oder der obersten Parteigremien abzuhalten, erst am 29./30. Oktober 1948 fand eine erste Sitzung des Parteivorstandes in Speyer statt.[367]

Auch die inneren Strukturen waren in den drei westlichen Besatzungszonen sehr unterschiedlich. Gemeinsam war allen drei Besatzungsmächten der Wille, die Deutschen für eine demokratische Ordnung und den Aufbau einer parlamentarischen ‚Demokratie von unten nach oben, d. h. von der kommunalen Ebene über die Länderebene zu einer überzonalen Ebene, zu gewinnen. Was einen künftigen gesamtdeutschen Staat betraf, so traten Amerikaner und Franzosen für stark föderalistische Strukturen ein. Die Amerikaner waren dabei geprägt von der eigenen Tradition, die Franzosen von der nach den zwei Angriffskriegen des Deutschen Reiches sehr verständlichen Angst vor einem deutschen Einheitsstaat.

Mit Berufung auf das Potsdamer Abkommen mahnte der Parteivorstand von Anfang an die Besatzungsmächte, die gesamtdeutsche Perspektive nicht aus den Augen zu lassen.[368] Zu Beginn des Jahres 1947 schien die Möglichkeit der Schaffung einer gesamtdeutschen Republik noch nicht völlig ausgeschlossen. Der Vorstand der „Arbeitsgemeinschaft der Christlich Demokratischen und Christlich-Sozialen Union Deutschlands" nahm Mitte März Anregungen der SED auf und ergriff die Initiative zur Bildung einer „gesamtdeutschen Vertretung des Volkes" durch die maßgeblichen überregionalen deutschen Parteien, um den deutschen Standpunkt den alliierten Siegermächten angesichts der bevorstehenden Viermächteverhandlungen in Moskau vorzutragen.[369]

Der Parteivorstand der SPD stand zwar diesen Plänen sehr skeptisch gegenüber. ging aber auf die Einladung zu einer Vorbesprechung mit Vertretern der CDU/CSU am 19.

---

364 Vgl. Einl. II 3 e.
365 Vgl. Einl. II 3 g u. h.
366 Vgl. Dok. 9 B, S. 210.
367 Vgl. PV-Protokolle, Bd. 2, Dok. 2.
368 Vgl. den Bericht Ollenhauers über seine Besprechungen mit dem britischen Minister Hynd im Juni 1946, Dok. 3, Anl. 2, S. 46 f.
369 Zu den gesamtdeutschen Initiativen der CDU/CSU, der SED und der LDP vgl. Hans Peter Schwarz, Vom Reich zur Bundesrepublik, 2. erw. Aufl., Stuttgart 1980, S. 331-335. Die Einladung des Vorstandes der „Arbeitsgemeinschaft" an die Vorstände der SPD, SED und LDP vom 15. 3. 1947, die u. a. von Ernst Lemmer, Jakob Kaiser und Josef Müller unterschrieben wurde, ist abgedruckt bei Brigitte Kaff (Hrsg.), Die Unionsparteien 1946-1950, Düsseldorf 1991, S.79 f.

März in Berlin ein. Noch vor dieser Besprechung nahm Schumacher öffentlich am 18. März in einer Berliner Versammlung zu diesen Plänen Stellung.[370] Er begrüßte es, daß die CDU/CSU ausschließlich die überregionalen Parteien zu Trägern der Verhandlungen machen wollte, nicht auch Gewerkschaften und andere „Massenorganisationen", wie es die SED vorher bei ihren Initiativen versucht hatte. Er hielt jedoch ernsthafte Verhandlungen dieser Parteien so lange nicht für möglich, als eine der eingeladenen Parteien, nämlich die SPD, in einer Besatzungszone, nämlich der SBZ, nicht zugelassen sei. Eine bloß formelle Zulassung genügte nach seiner Ansicht nicht. Es müßten zudem die völlig freie Wahl der Parteiführer und die gleiche Freizügigkeit wie in den westlichen Besatzungszonen gewährleistet sein. Der Parteivorstand billigte in seiner nächsten Sitzung am 22./23. April diese Vorbedingungen.[371] Bei der Vorbesprechung am 19. März war schon deutlich erkennbar geworden, daß die CDU/CSU von der SED zwar das leere Versprechen erhalten konnte, daß alle Parteien in allen Zonen eine völlige Freiheit der Bewegung erhalten sollten, daß sie dafür aber keinerlei Garantien geben konnte. Deshalb endete eine zweite Vorbesprechung zwischen CDU/CSU und SPD Ende Mai 1947 in Hannover völlig ergebnislos.[372]

Bei der Forderung nach einer Wiederzulassung der SPD in der SBZ wurde die Vorbedingung einer echten und „völlig freien" Sozialdemokratischen Partei oft wiederholt.[373] Denn seit Anfang 1947 schien eine formelle Zulassung möglich. Bereits in der ersten Vorstandssitzung des Jahres am 10. Januar 1947 berichtete *Ollenhauer* von Gerüchten über eine eventuelle baldige Wiederzulassung der SPD in der Ostzone.[374] Leider wird durch den unklaren Wortlaut des Protokolls die Stellungnahme des Parteivorstandes zu diesen Gerüchten nicht deutlich erkennbar. Gleichzeitig berichtete Ollenhauer von aus größeren Städten der Ostzone an den Parteivorstand, d. h. an das „Büro", gelangten Bitten, die Zustimmung zu geben, daß in diesen Städten bei den zuständigen Behörden Anträge auf eine Wiederzulassung der SPD gestellt würden. Davon mußte jedoch, so betonte Ollenhauer, in allen Fällen abgeraten werden, um die Antragsteller nicht zu gefährden.

Parallel zu den gesamtdeutschen Initiativen von SED und CDU/CSU liefen auch Bemühungen der Länderchefs, den gesamtdeutschen Dialog nicht völlig abreißen zu lassen.[375] Sie gipfelten in der Einladung des bayerischen Ministerpräsidenten *Ehard* (CSU) zu einer gesamtdeutschen Ministerpräsidentenkonferenz, die vom 5. bis 7. Juni 1947 in München

---

370 Diese Stellungnahme ist abgedruckt bei K. Schumacher, Reden – Schriften – Korrespondenzen, S. 518-522.
371 Vgl. Dok. 9 A, Punkt 4, S. 192 f.
372 Diese zweite Vorbesprechung zwischen Schumacher, Ollenhauer und Heine sowie Kaiser, Lemmer, Müller und Holzapfel fand am 28. Mai statt und endete mit dem Abbruch dieser Vorverhandlungen, vgl. B. Kaff (Hrsg.), Die Unionsparteien 1946-1950, S. 111, Anm. 5.
373 Vgl. das Kommuniqué der Sitzung vom 22./23. 4. 1947, Dok. 9, Anlage 1 A.
374 Vgl. Dok. 7 A, Punkt 1. Diskussionen über eine Wiederzulassung der SPD fanden zur gleichen Zeit auch im Parteivorstand der SED statt, vgl. B. Bouvier, Ausgeschaltet, S. 89-93.
375 Zu diesen Bemühungen vgl. Wilhard Grünewald, Die Münchener Ministerpräsidentenkonferenz 1947, Meisenheim a. Glan 1971; Marie Elise Foelz-Schroeter, Föderalistische Politik und nationale Repräsentation 1945-1947, Stuttgart 1974; Rolf Steininger, Zur Geschichte der Münchener Ministerpräsidentenkonferenz 1947, VfZ 23 (1975), S. 375-453.

Einleitung

stattfinden sollte. Zur Vorbereitung dieser Konferenz lud das „Büro" des Parteivorstandes die Mitglieder des PV, die sozialdemokratischen Ministerpräsidenten bzw. die sozialdemokratischen stellvertretenden Regierungschefs und andere führende sozialdemokratische Landespolitiker zu einer Besprechung am 31. Mai 1947 nach Frankfurt ein.[376] Das „Büro" konnte die Eingeladenen auf seine politische Linie festlegen, daß sich eine gesamtdeutsche Ministerpräsidentenkonferenz auf die Besprechung der aktuellen wirtschaftlichen Notlage beschränken müsse. Da auch die Ministerpräsidenten der SBZ nicht von ihrer Forderung nach einer Besprechung der zukünftigen politischen Gestaltung der gesamtdeutschen Republik abweichen wollten, war die Münchener Ministerpräsidentenkonferenz als gesamtdeutsche Konferenz zum Scheitern verurteilt. Die ostzonalen Ministerpräsidenten verließen noch vor dem Beginn der eigentlichen Verhandlungen München.

Diese Forderung der Ministerpräsidenten der Ostzone widersprach in zweifacher Weise der politischen Linie des „Büros", die gerade in dieser Frage ganz vom Parteivorsitzenden *Schumacher* geprägt war[377]: Einmal besaßen die ostzonalen Regierungschefs nicht die gleiche politische Legitimation wie ihre frei gewählten westdeutschen Kollegen, da die SPD in den Ländern der SBZ nicht zugelassen war. Zum anderen sollte nach der Ansicht der Spitze der SPD der Aufbau der künftigen deutschen Republik nicht von den Ländern aus erfolgen, sondern von den überregionalen politischen Parteien ausgehen.

Von Anfang an beschäftigte sich der Parteivorstand auch mit den Strukturen einer künftigen „Deutschen Republik". In seiner Sitzung vom 13. März 1947 verabschiedete er zunächst eine „grundsätzliche Erklärung" zur Frage der staatlichen Neugestaltung Deutschlands".[378] Die vom verfassungsrechtlichen Ausschuß ausgearbeitete Erklärung bekannte sich zur „politischen und staatsrechtlichen Einheit Deutschlands" sowie zur parlamentarischen Demokratie. Ergänzend dazu wurden ebenfalls vom Verfassungspolitischen Ausschuß ausgearbeitete „Richtlinien für den Aufbau der Deutschen Republik" mit einigen kleineren Änderungen angenommen.[379] Die SPD lehnte darin die Konstituierung der Deutschen Republik als Staatenbund ab, vor allem weil ein solcher Staatenbund eine „Zersplitterung der zur Gesundung und zum Aufbau erforderlichen Kräfte" zur Folge hätte. Gegen die Betonung, daß die Deutsche Republik ein Bundesstaat sein müsse, wandte sich in der Diskussion *Agartz*, weil nach seiner Ansicht in einem Bundesstaat eine sozialistische Politik nicht möglich war.[380]

---

376 Vgl. Dok. 10 A, S. 218-221.
377 Zur Haltung Schumachers vgl. vor allem seine gleichzeitige Rundfunkrede, die hier als Anlage 2 zum Dokument 10 (S. 225-230) abgedruckt wird.
378 Vgl. Dok. 8, Anlage 3. S. 182.
379 Vgl. Dok. 8, Punkt 3, S. 173 f. u. Dok. 8, Anlage 4 (Wortlaut der Richtlinien), S. 182-186.
380 Dok. 8, S. 174.

II. Themenschwerpunkte der Vorstandssitzungen

b) Die Länder der westlichen Besatzungszonen und die Versuche zur Einflußnahme auf die Politik der Landesregierungen

Zur Zeit der Neugründung der SPD als überzonaler Partei war die SPD an den meisten Regierungen der Flächen- und Stadtstaaten der westlichen Besatzungszonen und Berlins beteiligt, ja sie stellte in den zwei Stadtstaaten Bremen und Hamburg sowie in mehreren Flächenstaaten den Regierungschef.

Im Mai 1946 waren in den westlichen Besatzungszonen nicht alle Länder für längere Zeit geordnet: Noch waren in der britischen Besatzungszone die früheren Länder Braunschweig, Lippe, Schaumburg-Lippe und Oldenburg sowie die preußischen Provinzen Hannover, Westfalen und die zur britischen Zone gehörenden Teile der Rheinprovinz als selbständige Länder organisiert.[381]

Komplizierter waren die Verhältnisse in der amerikanischen und der französischen Besatzungszone, wo die Zonengrenzen in einem noch größeren Maße frühere politische Einheiten zerschnitten, so vor allem in Baden und Württemberg. Hier waren die nördlichen, zur amerikanischen Zone gehörenden Teile Württembergs und Badens zum Land Württemberg-Baden mit der Landeshauptstadt Stuttgart zusammengefaßt worden.[382] Die südlichen Landesteile von Württemberg, die zur französischen Zone gehörten, bildeten das Land Württemberg-Hohenzollern mit der Landeshauptstadt Tübingen, die südlichen Landesteile Badens, die ebenfalls zur französischen Zone gehörten, das Land Südbaden bzw. Baden mit der Hauptstadt Freiburg.[383] Das Land Bayern verlor seinen Regierungsbezirk Pfalz an das zur französischen Besatzungszone gehörende neue Bundesland Rheinland-Pfalz. Das bis heute fast unveränderte Land „Hessen" mit seiner Hauptstadt Wiesbaden wurde im Oktober 1945 von der zuständigen amerikanischen Militärregierung als „Großhessen" konstituiert und umfaßte die ehemaligen preußischen Provinzen Kurhessen und Nassau sowie die rechtsrheinischen Gebiete des früheren „Volksstaates Hessen".[384] Die linksrheinischen Gebiete der drei Regionen, die zur französischen Besatzungszone gehörten, wurden von der französischen Militärregierung mit den früher zu Bayern gehörenden pfälzischen Kreisen und den südlichen Bezirken der früheren Rheinprovinz im

---

381 Hierzu vgl. den Überblick im Handbuch politischer Institutionen und Organisationen, Düsseldorf 1983, S. 62-68.
382 Ebd., S. 55-57, 74-76, 80 f. Vgl. auch Paul Sauer, Demokratischer Neubeginn in Not und Elend. Das Land Württemberg-Baden von 1945-1952, Ulm 1978 und Josef Weik, MdL und Landtagsgeschichte von Baden-Württemberg 1945-1984, 3. erg. Aufl., Stuttgart 1984, S. 17-33.
383 Ebd., S. 74-76 u. 80 f. Vgl. auch Edgar Wolfrum, Französische Besatzungspolitik und deutsche Sozialdemokratie. Politische Neuansätze in der „vergessenen Zone" bis zur Bildung des Südweststaates 1945 1952, Düsseldorf 1991.
384 Hb. politischer Institutionen, S. 53 f. Zur Gründung und Entwicklung Hessens in den Anfangsjahren vgl. Walter Mühlhausen, Hessen 1945-1950. Zur politischen Geschichte eines Landes in der Besatzungszeit, Frankfurt am Main 1985.

Einleitung

Sommer 1946 zum Land Rheinland-Pfalz zusammengelegt, dessen Verwaltungszentrum bis 1950 Koblenz war.[385]

Nur wenige Wochen nach der Neugründung der SPD als überzonaler Partei wurden im August 1946 durch die Britische Militärregierung die Provinz Westfalen und die in der britischen Zone gelegenen Teile der früheren Rheinprovinz zum neuen Land Nordrhein-Westfalen zusammengefügt.[386] Später, im Januar 1947, schloß sich der Kleinstaat Lippe diesem an.[387] Schumacher und der Führung der SPD war dieses neue Land zu groß, sie befürchteten das Wiedererstehen eines neuen „Preußen".[388] In der Vorstandssitzung vom 21. August 1946 sowie in der anschließenden gemeinsamen Sitzung von PV und PA wurde die Bildung des Landes Nordrhein-Westfalen von *Schumacher* und einigen Diskussionsrednern scharf kritisiert.[389] Eine vorbereitete Resolution wurde jedoch nicht verabschiedet, zum mindestens nicht publiziert – wahrscheinlich aus Sorge vor eventuellen Zensurmaßnahmen der Militärregierung.[390] Der Parteivorstand billigte die von Schumacher nunmehr vertretene Linie, daß nach der Bildung des Mammutlandes Nordrhein-Westfalen alle übrigen Gebiete der britischen Besatzungszone in einem Land zusammengefaßt werden müßten.[391] Auch diese Forderung scheiterte, aber nicht am Willen der britischen Besatzungsmacht, sondern in erster Linie am Willen des damaligen sozialdemokratischen Regierungschefs der Provinz Hannover, Hinrich Wilhelm *Kopf*.[392] Dieser konnte in einem Ausschuß und dann auch im Plenum des Zonenbeirats seine Konzeption durchsetzen, die Länder Hannover, Braunschweig, Oldenburg und Schaumburg-Lippe zum neuen Land Niedersachsen zusammenzuschließen, Schleswig-Holstein und Hamburg aber selbständig zu lassen.[393] Zum 1. Dezember 1946 erfolgte der Zusammenschluß der bisherigen Provinz

---

385 Mainz wurde erst 1950 Landeshauptstadt und Verwaltungszentrum, Hb. politischer Institutionen, S. 76-79. Zur Entwicklung des Landes Rheinland-Pfalz und der dortigen SPD vgl. auch Doris Maria Peckhaus, Gründungsgeschichte des Landes Rheinland-Pfalz, in: Abgeordnete in Rheinland-Pfalz 1946-1987, Mainz 1991, S. 15-27; Katrin Kusch, Die Wiedergründung der SPD in Rheinland-Pfalz nach dem Zweiten Weltkrieg, Mainz 1989.

386 Zur Bildung des Landes Nordrhein-Westfalen vgl. Nordrhein-Westfalen – deutsche Quellen zur Entstehungsgeschichte des Landes 1945/46. Eingeleitet und bearbeitet von Wolfgang Hölscher, Düsseldorf 1998; Walter Först, Geschichte Nordrhein-Westfalens, Bd. 1, 1945-1949, Köln-Berlin 1970, S. 140-165; Peter Hüttenberger, Nordrhein-Westfalen und die Entstehung seiner parlamentarischen Demokratie, Siegburg 1973, S. 196-220.

387 Für die genauen Daten und die Regierungen der vorläufigen Länder und Provinzen vgl. Hb. politischer Institutionen, S. 66-68.

388 Zur Haltung Schumachers vgl. W. Albrecht, Einleitung zu K. Schumacher, Reden – Schriften – Korrespondenzen, S. 117.

389 Vgl. Dok. 4 A, S. 66 u. Dok. 4 B, S. 72 f.

390 In seiner Rede in der gemeinsamen Sitzung erwähnte Schumacher, daß eine Diskussion über die Bildung von Nordrhein-Westfalen zunächst generell verboten war, Dok. 4 B, S. 70.

391 Vgl. Dok. 4 A, S. 66.

392 Zum folgenden vgl. W. Albrecht, Einleitung zu K. Schumacher, Reden – Schriften – Korrespondenzen, S. 117 f.

393 Vgl. Akten z. Vorgeschichte d. Bundesrepublik Deutschland, Bd. 1, Sept. 1945-Dez. 1946, bearb. v. Walter Vogel u. Christoph Weisz, München-Wien 1976 S. 828 f. (Gutachten Kopf), 847 (Abstimmungsergebnis im Ausschuß) u. 848 (Beschluß des Zonenbeirats, alle Gutachten mit den Abstimmungsergebnissen im Ausschuß an die Militärregierung weiterzugeben).

II. Themenschwerpunkte der Vorstandssitzungen

Hannover und der Länder Braunschweig und Oldenburg zum neuen Land Niedersachsen – der Kleinstaat Schaumburg-Lippe hatte sich bereits im Mai 1946 der Provinz Hannover angeschlossen.[394]

Noch einmal wurde während des Berichtszeitraums das Problem der „Ländergrenzen" im Parteivorstand intensiv diskutiert, nämlich nach der Übergabe der sog. Frankfurter Dokumente durch die Militärgouverneure an die westdeutschen Ministerpräsidenten im Sommer 1948, von denen eines die künftigen Grenzen der westdeutschen Länder betraf und um Vorschläge der Ministerpräsidenten bat.[395] *Ollenhauer* führte bei der Beratung dieses Dokuments in der gemeinsamen Sitzung des Parteivorstandes mit den sozialdemokratischen Ministerpräsidenten am 7. Juli 1948 aus, daß die Frage der Neuordnung der Länder nicht vorrangig sei, da eine endgültige Lösung erst nach der Überwindung der deutschen Spaltung möglich sei.[396] Lediglich ein praktisches Problem sei möglichst bald nach der Einbeziehung der französischen Zone zu lösen, der Zusammenschluß der drei Länder Württemberg-Baden, Württemberg-Hohenzollern und Süd-Baden. Zwar wurden von einigen Landespolitikern zusätzliche Forderungen erhoben, so vom hessischen Ministerpräsidenten *Stock* die nach einem Anschluß Rheinhessens, d.h. großer Teile des Landes Rheinland-Pfalz, an Hessen. Doch konnte sich Ollenhauer, d.h. das „Büro", mit der Forderung der Beschränkung der Diskussion auf einen eventuellen Zusammenschluß der drei genannten südwestdeutschen Länder durchsetzen.[397] Allerdings sollte es noch bis 1952 dauern, ehe der Zusammenschluß der drei Länder zum heutigen Land Baden-Württemberg gelang.[398]

Betrachten wir nun kurz die einzelnen Länder sowie ihre Regierungen bzw. Parlamente und die sozialdemokratische Beteiligung an den Landesregierungen in den Jahren 1946 bis 1948: Zur **Britischen Besatzungszone** gehörten Ende 1946, d. h. nach der oben geschilderten Neuordnung, die Länder *Nordrhein-Westfalen, Niedersachsen* und *Schleswig-Holstein* sowie der Stadtstaat *Hamburg*.

Der ersten, Ende August 1946 vom Britischen Militärgouverneur ernannten Regierung von **Nordrhein-Westfalen** unter dem Ministerpräsidenten Rudolf *Amelunxen*[399] (vorher Chef der westfälischen Provinzialregierung in Münster) gehörten Vertreter der SPD, FDP,

---

394 Für die genauen Daten und die „Vorläufer" des späteren Landes Niedersachsen vgl. Hb. politischer Institutionen, S. 62-64.
395 Für einen Abdruck der drei Dokumente, von denen das zweite die Ländergrenzen betraf, vgl. Dok. 23, Anlage 2, S. 452-454.
396 Vgl. Dok. 23, Punkt 3, S. 452
397 Ebd.
398 Vgl. J. Weik, MdL, S. 17-66.
399 Rudolf *Amelunxen* (1888-1969), Dr. jur., Höherer Verwaltungsdienst, Zentrum, 1926-32 RegPräs. in Münster; 1945/46 Oberpräs. der Provinz Westfalen; 1946-58 MdL (Zentrum), 1946/47 MinPräs., 1947-50 Sozialminister, 1950-58 Justizminister.

Einleitung

KPD und des Zentrums an.[400] Im Dezember 1946 wurde sie durch zwei Vertreter der CDU zu einer Allparteien-Regierung erweitert. Ministerpräsident blieb Amelunxen.

Bei den ersten Wahlen zum Landtag von Nordrhein-Westfalen im April 1947 erhielt die CDU 37,4 % der Stimmen und 92 Mandate, die SPD 32 % und 64 Mandate, die KPD 14 % und 28 Mandate, die Deutsche Zentrumspartei 9,8 % und 20 Mandate, die FDP 6 % und 12 Mandate.[401] Nach diesen ersten Landtagswahlen bildete Karl *Arnold* von der CDU die erste gewählte Regierung von Nordrhein-Westfalen, die bis 1950 amtierte.[402]

Allen drei Regierungen gehörten die Sozialdemokraten Walter *Menzel* (Innenminister, vorher Leiter des Innenressorts der Provinzialregierung in Münster), August *Halbfell* (Arbeitsminister)[403] und Erik *Nölting* (Wirtschaftsminister, vorher Leiter des Wirtschaftsressorts der Provinzialregierung in Münster) an. In der ersten Regierung Amelunxen und in der Regierung Arnold bekleidete Menzel auch das Amt des stellvertretenden Regierungschefs. Der Regierung Arnold gehörten auch Vertreter der FDP und des Zentrums an, bis Februar 1948 auch zwei Minister der KPD.[404] Eines der bisherigen von der KPD geleiteten Ministerien, das Wiederaufbauministerium, übernahm im April 1948 der Sozialdemokrat Ernst *Gnoß*, so daß für kurze Zeit, d. h. bis zu seinem frühen Tod im März 1949, ein weiterer Landesminister Mitglied des PV war.

In *Niedersachsen* wurde nach der Bildung des Landes im Dezember 1946 der bisherige Ministerpräsident der Provinz Hannover, Hinrich Wilhelm *Kopf*, von der Britischen Militärregierung mit der Bildung einer Landesregierung für das neue Land Niedersachsen beauftragt.[405] Der im August 1946 gebildeten Provinzialregierung Hannover gehörten außer Kopf noch zwei weitere Sozialdemokraten an: Adolf *Grimme* (Erziehung, auch PV) und Ernst *Nölting* (Wirtschaft, auch PV).[406]

Seit Anfang Mai 1946 amtierte Alfred *Kubel* als Ministerpräsident des Landes Braunschweig.[407] Sein Vorgänger war der Sozialdemokrat Hubert *Schlebusch*.[408] Der ernannten

---

400 Für die folgenden Angaben zu den ersten Regierungen von Nordrhein-Westfalen vgl. Hb. politischer Institutionen, S. 68-70. Amelunxen selbst wird in dieser Aufstellung als „parteilos" bezeichnet, als Landtagsabgeordneter gehörte er jedoch ab 1946 zum Zentrum.

401 Vgl. Hb. politischer Institutionen, S. 121 f. Für die genauen Wahlergebnisse aller Landtagswahlen von 1947 bis 1990 vgl. Datenhandbuch zur Geschichte der SPD-Landtagsfraktion NRW (1946-1992), Düsseldorf 1993, S. 5-9.

402 Karl *Arnold* (1901-58), 1945/46 Mitbegründer der CDU im Rheinland, 1946 OB von Düsseldorf, 1946 MdL, 1947-56 MinPräs. (NRW), 1957-58 MdB.

403 August *Halbfell* (1889-1965), gelernter Bergmann, 1918 SPD, 1928-33 Arbeitsamtsdirektor in Gelsenkirchen, 1946-54 MdL (NRW), 1946-50 Arbeitsminister (NRW).

404 Für die genaue Zusammensetzung der Landesregierungen vgl. Datenhandbuch SPD-Landtagsfraktion, S. 49 f.

405 Für die folgenden Angaben zu den ersten Regierungen von Niedersachsen vgl. Hb. politischer Institutionen, S. 64-66.

406 Bereits im Mai 1945 wurde *Kopf* von der Britischen Militärregierung als Oberpräsident der Provinz Hannover eingesetzt, im August 1946 wurde der Provinz der Status eines Landes verliehen, vgl. Hb. politischer Institutionen, S. 62 f.

407 Zu den ernannten Regierungen des Landes Braunschweig vgl. Hb. politischer Institutionen, S. 62. Alfred *Kubel*, (1909-99), geb. in Braunschweig, 1946 MinPräs. (Braunschw.), 1947-55 u. 1957-70 Niedersächs. Landesminister (Wirtschafts-, Finanz-, Landwirtschafts- und wiederum Finanzminister), 1970-1976 MinPräs.

II. Themenschwerpunkte der Vorstandssitzungen

Regierung Kubel gehörten außer Ministern der CDU und der KPD noch die Sozialdemokraten Otto *Arnholz* (Inneres)[409] und Martha *Fuchs* (Wissenschaft und Volksbildung) an.

Im Mai 1945 setzte die Britische Militärregierung auch für Oldenburg eine Regierung ein.[410] Ministerpräsident wurde der Liberale Theodor *Tantzen*[411], seiner Regierung gehörten außer Mitgliedern der CDU und der FDP die Sozialdemokraten Fritz *Kaestner* (Kirchen und Schulen) und Harald *Koch* (Wirtschaft und Finanzen)[412] an.

Bei den ersten niedersächsischen Landtagswahlen im April 1947 erhielt die SPD 43,4% der Stimmen und 65 Mandate, die CDU 19,9 % und 30 Mandate, die aus der Niedersächsischen Landespartei (NLP) hervorgegangene Deutsche Partei (DP) 17,9 % und 27 Mandate, die FDP 8,8 % und 13 Mandate, die KPD 5, 6 % und 6 Mandate, die Deutsche Zentrumspartei 4,1 % und 6 Mandate.[413] Nach den ersten Landtagswahlen im April 1947 bildete *Kopf* die erste gewählte Regierung von Niedersachsen, die zunächst – wie die ernannte vom Dezember 1946 – eine Allparteienkoalition war. Im Juni 1948 wurde sie umgebildet in eine Koalitionsregierung SPD, CDU und Zentrum.

Von den Sozialdemokraten gehörte Wilhelm *Ellinghaus*[414] lediglich der ernannten Regierung Kopf an. Der bisherige Ministerpräsident des Landes Braunschweig, Alfred *Kubel*, leitete in beiden Regierungen das Wirtschaftsministerium. Adolf *Grimme* (auch PV) übernahm bis November 1948, wie schon vorher in der Regierung von Hannover, das Amt des Kultusministers. Nach der Umbildung im Juni 1948 kamen noch Richard *Borowski* als

---

Zu Kubel vgl. Wolfgang Renzsch, Alfred Kubel. 30 Jahre Politik für Niedersachsen. Eine politische Biographie, Bonn 1985.

408 Bereits Ende April 1945 wurde Schlebusch zum ersten Ministerpräsidenten des Landes Braunschweig ernannt. Hubert *Schlebusch* (1893-1955), Volksschullehrer, vor 1933 SPD, 1919-33 Stadtverordneter in Mönchengladbach, März - Juni 1933 MdR, 1945/46 MinPräs. d. Landes Braunschweig, Dez. 1946 - 1955 Präs. d. Bezirks Braunschweig.

409 Otto *Arnholz* (1894-1988), Verwaltungsausbildung, Höherer Beamter des Landes Braunschweig, SPD, 1933 entlassen, 1946 MdL u. Innenminister von Braunschweig, 1949-57 MdB.

410 Für die folgenden Angaben zur eingesetzten Regierung von Oldenburg vgl. Hb. politischer Institutionen, S. 63.

411 Theodor *Tantzen* (1877-1947), Landwirt, vor 1918 Freisinn, nach 1918 DDP, 1911-19 u. 1923-28 MdL (Oldenburg), 1919-23 MinPräs. d. Freistaates Oldenburg, 1919 MdNatVers., 1928-30 MdR, nach 1945 FDP, 1945/46 MinPräs. d. Landes Oldenburg, 1946/47 Stellv. MinPräs. u. Verkehrsminister in Niedersachsen.

412 Harald *Koch* (1907-92), Jurastudium, Dr. jur., 1934 Entlassung aus dem Verwaltungsdienst, 1946 Finanzminister in Oldenburg, 1947-50 Minister für Wirtschaft und Verkehr in Hessen, 1949-53 MdB, 1952 Arbeitsdirektor bei Hoesch in Dortmund, 1964-69 Mitgl. d. Sachverständigenrates z. Begutachtung d. gesamtwirtschaftlichen Entwicklung

413 Zu den Landtagswahlen am 20.4.1947 in Niedersachsen vgl. Hb. politischer Institutionen, S.113 f.; für die genauen Zahlen vgl. Porträt eines Parlaments. Der Niedersächsische Landtag 1947-1967, Hannover 1967, S. 90 f.

414 Wilhelm *Ellinghaus* (1888-1961), geb. in Coesfeld/Westf., Jurastudium, Rechtsanwalt, vor 1933 SPD, 1928-33 Preuß. Staatsdienst – zuletzt RegPräs. in Gumbinnen, 1933-45 Rechtsanwalt in Hannover, 1945 RegPräs. in Hannover, 1946/47 Justizminister (Niedersachsen), 1947-51 MdL, 1951-55 Richter am BVerfGer. in Karlsruhe.

Einleitung

stellvertretender Ministerpräsident und Innenminister sowie Heinrich *Albertz*[415] als Minister für Flüchtlingsangelegenheiten hinzu.

Bereits im Frühjahr 1946 wurde die frühere preußische Provinz **Schleswig-Holstein** in ein Land umgewandelt, und der bisherige „Oberpräsident" Theodor *Steltzer* erhielt im August 1946 die Amtsbezeichnung Ministerpräsident.[416] Dieser ersten ernannten Regierung von Schleswig-Holstein gehörten die Sozialdemokraten Wilhelm *Kuklinski* (Volksbildungsminister und stellvertretender Ministerpräsident)[417], Bruno *Diekmann* (Wirtschaftsminister)[418] und Kurt *Pohle* (Minister für Volkswohlfahrt)[419] an. Diese waren auch Mitglieder der zweiten ernannten Regierung Steltzer, die vom November 1946 bis zum April 1947 amtierte. Zusätzlich gehörten dieser Regierung Hermann *Lüdemann* als Innenminister und stellvertretender Ministerpräsident sowie Erich *Arp*[420] als Arbeitsminister an.

Von 1947 bis 1949 regierte die SPD nach den erfolgreichen ersten Landtagswahlen allein in Schleswig-Holstein. Bei den Landtagswahlen am 20. April 1947 konnte die SPD zwar nur 44,4 % der Stimmen, aber wegen des bei dieser Wahl gültigen kombinierten Wahlrechts, bei dem die meisten Abgeordneten direkt gewählt wurden, 43 der 70 Mandate gewinnen. Die CDU konnte mit 34,5 % nur 21 Sitze gewinnen und der SSW (Südschleswigscher Wählerverein) 7,9 % und 6 Sitze.[421] Zum Ministerpräsidenten wurde *Lüdemann* gewählt, sein Stellvertreter wurde *Diekmann*, der ihn im August 1949 ablöste. Diekmann blieb zunächst Wirtschafts- und Verkehrsminister, *Arp* blieb Ernährungs- und Landwirtschaftsminister. Neu traten in die Regierung Rudolf *Katz*[422] als Justizminister und Walter *Damm* als Minister für Umsiedlung und Aufbau. Im August 1948 übernahm Ludwig

---

415 Heinrich *Albertz* (1915-1993), MdL (Niedersachsen, SPD), Studium d. Theologie in Breslau, Halle und Berlin, SPD, Pfarrer, Bekennende Kirche, 1948 bis 1955 niedersächsischer Flüchtlings- bzw. Sozialminister, 1950-60 PV, 1961-66 Innensenator, 1966/67 Reg. Bürgermeister von Berlin (West).

416 Zu den Regierungen von Schleswig-Holstein in den Jahren 1946 bis 1948 vgl. Hb. politischer Institutionen, S. 71-73. Theodor *Steltzer* (1885-1967), 1920-33 Landrat d. Kreises Rendsburg, 1945/46 Mitbegr. d. CDU in Schlesw.-Holst., Oberpräs. d. Provinz, 1946/47 MinPräs. von Schlesw.-Holst.

417 Wilhelm *Kuklinski* (1892-1963), Schriftsetzer, vor 1933 Funktionär der SAJ/SPD, 1945-47 BezVors. der SPD in Schlesw.-Holst., 1946-50 MdL, 1946-49 Volksbildungsminister.

418 Bruno *Diekmann* (1897-1982), Elektrikerlehre, 1918 SPD; 1946-53 MdL (Schlesw.-Holst.), 1946-48 Minister f. Wirtschaft und Verkehr, 1948/49 Landwirtschaftsminister, 1949/50 Ministerpräsident; 1953-69 MdB.

419 Kurt *Pohle* (1899-1961), 1930-33 MdR (SPD), 1946-50 MdL (Schlesw.-Holst.), 1946-49 Minister f. Volkswohlfahrt bzw. Arbeit, Volkswohlfahrt und Gesundheit, 1949-61 MdB, 1958-1961 PV.

420 Erich *Arp*, geb. 12/1909 in Horneburg bei Hamburg, Studium der Rechtswissenschaften und Volkswirtschaft in Berlin, Anschluß an die „Sozialistische Studentenschaft" und die SPD; Beteiligung am Widerstand; 1946-48 Vorstand des Bezirks Schleswig-Holstein der SPD, 1946-50 MdL, 1946-48 Landesminister, 1949 Austritt aus der SPD, um einem Parteiausschluß wegen Kontakten zur SED zuvorzukommen, 1957 Wiedereintritt in die SPD in Hamburg, 1961-74 MdBü.

421 Zu den Landtagswahlen am 20.4.1947 in Schleswig-Holstein vgl. Hb. politischer Institutionen, S. 125 f., Jb. SPD 1947, S.162-164.

422 Rudolf *Katz* (1895-1961), Sohn eines jüdischen Lehrers, Jurastudium, Dr. jur., Rechtsanwalt, vor 1933 SPD, 1933 Emigration (China/USA), 1946 Rückkehr nach Deutschland, 1947-50 Justizminister in Schlesw.-Holst., 1948/49 MdParlR, 1951 Vizepräs. d. BVerfGer.

Preller[423] von Diekmann das Ministerium für Wirtschaft und Verkehr, während Diekmann an Stelle des zurückgetretenen Arp Minister für Ernährung, Landwirtschaft und Forsten wurde.

Im Stadtstaat **Hamburg** gehörten dem ernannten Senat, der vom Mai 1945 bis November 1946 von dem zunächst parteilosen Rudolf *Petersen* geleitet wurde, folgende Sozialdemokraten an[424]: Adolf *Schönfelder* (Stellv. Bürgermeister), Walter *Dudek* (ab Febr. 1946 Finanzsenator)[425], Heinrich *Eisenbarth* (zunächst Senator für Jugend und Gesundheit, ab 1946 für Arbeit und Soziales)[426], Heinrich *Landahl* (Schulsenator)[427], Max *Leuteritz* (Juli 1945 - Febr. 1946 Senator für Wirtschaft und Ernährung)[428] und Paul *Nevermann* (Nov. 1945 - Nov. 1946 Senator für Soziales, ab Nov. 1946 Senator für Bau und Justiz).

Nach der ersten Wahl zur Bürgerschaft im Oktober 1946 bildete der aus der Emigration zurückgekehrte Max *Brauer* (SPD) den Senat. Bei diesen Wahlen errang die SPD 43 % der abgegebenen Stimmen und 83 von 110 Mandaten, die CDU 27,3 % der Stimmen und 16 Mandate, die FDP 18,3 % der Stimmen und 7 Mandate, die KPD 10,3 % der Stimmen und 4 Mandate.[429] Die überprozentualen Mandatsgewinne der SPD erklären sich auch hier aus dem von der Britischen Besatzungsmacht eingeführten Wahlsystem, einem kombinierten Mehrheits- und Verhältniswahlsystem, bei dem die meisten Abgeordneten direkt gewählt wurden.[430] Obwohl die SPD eine klare absolute Mehrheit im Senat besaß, bildete Brauer eine Koalitionsregierung und nahm Vertreter von FDP und KPD in seine Regierung auf.[431] *Schönfelder* wurde als stellvertretenden Bürgermeister von einem FDP-Vertreter abgelöst, übernahm aber das wichtige Amt des Präsidenten der Bürgerschaft. Neu in den Senat kamen die Sozialdemokraten Otto *Borgner* (Senator für Wirtschaft und

---

423 Ludwig *Preller* (1897-1974), Studium der Volkswirtschaft, Dr. phil., vor 1933 Höherer Verwaltungsdienst, SPD, 1946 Leiter der Abteilung Sozial- und Kulturpolitik im Süddeutschen Länderrat, 1948-50 Minister für Arbeit, Wirtschaft und Verkehr in Schleswig-Holstein, 1951-57 MdB; 1948 Mitgl., 1952-57 Vors. des Sozialpolitischen Ausschusses des PV.
424 Zu den Regierungen Hamburgs in den Jahren 1945-48 vgl. Hb. politischer Institutionen, S. 59-61. Zur Geschichte der SPD als Regierungspartei in dieser Zeit vgl. auch Walter Tormin, Die Geschichte der SPD in Hamburg 1945 bis 1950, Hamburg 1994, S. 143-209. Rudolf H. *Petersen* (1878-1962), Großkaufmann in Hamburg, 1945/46 Erster Bürgermeister, 1946 CDU.
425 Walter *Dudek* (1890-1976), Jurastudium, Kommunalbeamter, 1918 SPD, 1925-33 OB von Harburg, 1945 Leiter der Kreisverwaltung Harburg, 1946-53 Finanzsenator (HH), 1946-54 MdBü.
426 Heinrich *Eisenbarth* (1884-1950), Tischler, Angestellter des Arbeitsamtes, vor 1914 SPD, 1919-33 Stellv. Vors. d. SPD in HH, 1919-33 MdBü, 1933 Senator f. Jugend u. Gesundheit, 1933 u. 1944/45 Haft u. KZ, 1946-50 MdBü, 1945/46 Senator f. Jugend u. Gesundheit, 1946-50 Senator f. Soziales u. Arbeit.
427 Heinrich *Landahl* (1895-1971), Gymnasiallehrer, 1926-33 Leiter der Lichtwark-Schule, vor 1933 DDP/DStP, 1924-33 MdBü, nach 1945 SPD, 1945-53 u. 1957-61 Schulsenator, 1946 u.1949-66 MdBü.
428 Max *Leuteritz* (1884-1949), Maurer, Gewerkschaftssekretär, SPD, 1908/09 Vors. d. SPD in Bochum, 1918-29 Vors d. SPD in HH, 1919-33 MdBü, 1928-32 Präs. d. Bürgerschaft, 1945/46 Bausenator, 1946-49 Direktor d. Wiederaufbaukasse.
429 Zu den Ergebnissen der Bürgerschaftswahlen am 13. 10. 1946 in Hamburg vgl. Hb. politischer Institutionen, S. 106 f. u. Jb. SPD 1946, S. 121.
430 Vgl. dazu W. Tormin, Die Geschichte der SPD in Hamburg, S. 119 f.
431 Die KPD schied im Juli 1948 aus der Regierung aus, Hb. politischer Institutionen, S. 61.

Einleitung

Verkehr sowie für Bezirksverwaltung)[432], Friedrich *Frank* (Senator für Ernährung und Landwirtschaft)[433], Paula *Karpinski* (Senatorin für Jugend und Sport) und Walter *Schmedemann* (ab Juli 1948 Senator für Gesundheitswesen)[434].

Zur **amerikanischen Besatzungszone** gehörten 1946 bis 1948 die Länder *Bayern*, „*Großhessen*" (ab *Jan.* 1947 „*Hessen*"), *Württemberg-Baden* und der Stadtstaat *Bremen*.[435] In den drei Flächenländern wurden einheitlich Ende Juni 1946 Wahlen für eine Verfassunggebende Landesversammlung und Ende November bzw. Anfang Dezember Wahlen für einen Landtag, der eine Landesregierung wählen sollte, abgehalten. Bereits direkt nach der Besetzung waren im Frühjahr 1945 von der amerikanischen Besatzungsmacht Landesregierungen eingesetzt worden.

Für **Bayern** wurde Ende Mai 1945 der frühere Vorsitzende der Bayerischen Volkspartei Fritz *Schäffer* von der amerikanischen Militärregierung zum Ministerpräsidenten ernannt.[436] Der Regierung Schäffer gehörten vor allem Vertreter der sich in dieser Zeit herausbildenden CSU und parteilose Fachminister an. Nur ein Minister kam aus der SPD, Albert *Roßhaupter*, der ab Juni 1945 das neu gebildete Arbeitsministerium leitete.[437] Ende September 1945 wurde Schäffer entlassen und der aus der Emigration zurückgekehrte Sozialdemokrat Wilhelm *Hoegner* zum neuen Ministerpräsidenten ernannt. Der Regierung Hoegner gehörten mehrere Sozialdemokraten als Fachminister an: Hoegner selbst übernahm das Justizministerium, Roßhaupter blieb Arbeitsminister und übernahm das Amt des Stellvertretenden Ministerpräsidenten. Neuer Innenminister wurde Josef *Seifried*[438], neuer Kultusminister Franz *Fendt*[439]. Hoegners Regierung gehörten außerdem Minister der CSU

---

432 Otto *Borgner* (1892-1953), Bankkaufmann, vor 1933 SPD, 1931-33 u. 1946-53 MdBü, 1946-Mai 1948 Wirtschaftssenator.

433 Friedrich *Frank* (1884-1960), Klempner, Redakteur, vor 1914 SPD, 1918-31 Ratsmann in Bergedorf, 1931.33 Bürgermeister in B., 1926-33 MdBü (HH), 1946-53 Senator f. Ernährung u. Landwirtschaft sowie für die Bezirksverwaltung, 1949-57 MdBü.

434 Walter *Schmedemann* (1901-76), geb. in Hamburg, Kaufm. Angestellter, vor 1933 SPD, 1933 MdBü; nach 1933 illegale Tätigkeit, 1934-39 Zuchthaus u. KZ; 1945-62 Stellv. Vors. d. Hamb. SPD, 1949-70 MdBü, 1948-53 u. 1957-67 Senator für Gesundheitswesen.

435 Für einen kurzen Überblick vgl. Hb. politischer Institutionen, S. 47-58 u. 87-103,.

436 Zur Entwicklung Bayerns in den Jahren 1945-49 vgl. den Sammelband Neuanfang in Bayern 1945-1949. Politik und Gesellschaft in der Nachkriegszeit, hrsg. von Wolfgang Benz, München 1988. Darin vor allem der Beitrag des Herausgebers: Parteigründungen und erste Wahlen. Der Wiederbeginn des politischen Lebens, S. 9-35, 205-207. Fritz *Schäffer* (1888-1967), Verwaltungsjurist, vor 1933 BVP, 1920-33 MdL, 1929-33 Vors d. BVP, 1931 Staatsrat u. Leiter d. Bayer. Finanzministeriums, 1945 MinPräs. u. Mitbegründer d. CSU, 1949-61 MdB, 1949-57 Bundesfinanzminister, 1957-61 Bundesjustizminister.

437 Albert *Roßhaupter* (1878-1949), Lackierer, vor 1914 SPD, 1907-33 MdL (Bayern), 1918/19 Bayer. Militärminister, 1945/46 Bayer. Arbeitsminister, 1948/49 MdParlR.

438 Josef *Seifried* (1892-1962), vor 1933 SPD, 1928-33, 1946-50 MdL Bayern, 1946/47 Bayer. Innenminister, Sept.-Okt.1948 MdParlR.

439 Franz *Fendt* (1892-1982), Dr. oec. publ., SPD, 1945/46 Bayer. Kultusminister, 1950-54 Rektor d. Hochschule f. Polit. Wiss. in München.

II. Themenschwerpunkte der Vorstandssitzungen

und der KPD an, weiter parteilose Fachminister, darunter der damals noch „parteilose" Ludwig *Erhard* als Wirtschaftsminister[440].

Bei den ersten Landtagswahlen im Dezember 1946 verlor zwar die CSU gegenüber den Wahlen zur Verfassunggebenden Landesversammlung Ende Juni 1946 geringfügig.[441] Ihr prozentualer Stimmenanteil ging von 58,3 % auf 52,3 % zurück, doch konnte sie mit 104 von 180 Mandaten (Ende Juni hatte sie 109 von 180 Mandaten gewonnen) erneut eine klare absolute Mehrheit gewinnen. Auch die SPD verlor prozentual geringfügig (sie ging von 28,8 auf 28,6 zurück), konnte aber ihre Mandatszahl von 51 auf 54 steigern. Die FDP konnte ihren Stimmenanteil mehr als verdoppeln (5,6 % statt 2,5 %) und ihre Mandatszahl von 3 auf 9 erhöhen, die Wirtschaftliche Aufbau-Vereinigung (WAV)[442] ihren Stimmenanteil von 5,1 % auf 7,4 % und ihre Mandatszahl von 7 auf 13 erhöhen. Die KPD konnte zwar ihren Stimmenanteil geringfügig von 5,3 % auf 6,1 % erhöhen, wegen der hohen Sperrklausel (10 % der Stimmen in einem Regierungsbezirk) aber kein Mandat mehr gewinnen – bei der Wahl Ende Juni, bei der diese Sperrklausel noch nicht gegolten hatte, hatte sie 8 Mandate gewinnen können.

Nach dem Wahlsieg der CSU bei den ersten Landtagswahlen wurde Hans *Ehard* (CSU) im Dezember 1946 erster gewählter Ministerpräsident Bayerns nach dem Kriege. Trotz der klaren absoluten Mehrheit der CSU blieb die SPD in der Regierung. *Hoegner* behielt das Justizministerium und wurde nunmehr stellvertretender Ministerpräsident. *Roßhaupter* und *Seifried* leiteten ebenfalls weiterhin ihre Fachministerien, lediglich *Fendt* verlor das Kultusministerium. Dafür stellte die SPD nunmehr mit Rudolf *Zorn* den Wirtschaftsminister. Bis Mitte des Jahres 1947 wurde der Widerstand in der Landespartei und auch in der Spitze der Gesamtpartei gegen ein weiteres Verbleiben der SPD in der bayerischen Regierung so stark, daß die bayerischen Sozialdemokraten die Landesregierung verließen. Darüber wurde bereits berichtet.[443]

In *Großhessen* wurde im Oktober 1945 von der amerikanischen Militärregierung die vorläufige Regierung des parteilosen Karl *Geiler* ernannt.[444] Ihr gehörte von Oktober 1945

---

440 Ludwig *Erhard* (1897-1977), Dr. rer. pol., 1945/46 Bayer. Wirtschaftsminister (parteilos), 1948/49 Direktor d. bizonalen Verwaltung f. Wirtsch., 1948 CDU, 1949-77 MdB (CDU), 1949-63 Bundeswirtschaftsminister, 1963-66 Bundeskanzler.

441 Für die genauen Wahlergebnisse der Juliwahl und der Dezemberwahl sowie der vorangegangenen Kommunal- und Kreiswahlen vgl. die Tabelle bei W. Benz, Parteigründungen und erste Wahlen, a.a.O., S. 35.

442 Die „Wirtschaftliche Aufbau-Vereinigung (WAV)" war eine auf Bayern beschränkte regionale Partei, die Ende 1945 von dem Münchener Rechtsanwalt Alfred *Loritz* (1902-79) gegründet worden war. Sein demagogisches Talent, das nicht vor populistischen und antiparlamentarischen Schlagworten zurückschreckte, führte die Partei zeitweilig in verschiedenen Regionen Bayerns zu einer beachtlichen Stärke. Da er ein Nazigegner gewesen war und von 1939-45 im Schweizer Exil hatte eben müssen, lizenzierten die Amerikaner seine Partei im März 1946 für ganz Bayern. Vgl. dazu Hans Woller, Die Loritz-Partei. Geschichte, Struktur und Politik der Wirtschaftlichen Aufbau-Vereinigung (WAV), Stuttgart 1982, u. ders., Die Wirtschaftliche Aufbau-Vereinigung in: R. Stöss (Hrsg.), Parteien-Handbuch, Bd. 2, Opladen 1984, S. 2458-2481.

443 Vgl. Einl. Kap. II 1 b, S. XXXIX f.

444 Zu den Regierungen in Groß-Hessen bzw. Hessen 1945-48 vgl. Hb. politischer Institutionen, S. 53-55. Vgl. auch W. Mühlhausen, Hessen 1945-1950. Karl *Geiler* (1878-1953), Jurist, 1921-39 Honorarprof. f. Handels-,

Einleitung

bis Juli 1946 der Sozialdemokrat Hans Venedey als Innenminister an.[445] Nach seinem Ausschluß aus der SPD[446] legte er im Juli 1946 sein Ministeramt nieder, sein Nachfolger wurde der Sozialdemokrat Heinrich *Zinnkann*.[447] Justizminister wurde im November 1945 Georg August *Zinn*, Minister für Wiederaufbau und Politische Befreiung Gottlob *Binder*[448] und Minister für Ernährung und Landwirtschaft Georg *Häring*[449].

Bei den Wahlen zur Verfassunggebenden Landesversammlung am 30. Juni 1946 erhielt die SPD 44,3 % der abgegebenen gültigen Stimmen und 42 der 90 Mandate.[450] Die CDU erhielt 37,3 % und 35 Sitze, die KPD 9,7 % und 7 Sitze, die LDP 8,1 % und 6 Sitze. Bei den ersten Landtagswahlen verlor die SPD geringfügig.[451] Sie konnte nur noch 42,7 % der Wählerstimmen und 38 Mandate gewinnen, die CDU erreichte nur noch 30,9 % der Stimmen und 28 Mandate. Gewinner der Wahl war die LDP, die ihren Wähleranteil auf 15,7 % und ihre Mandatszahl auf 14 steigern konnte. Die KPD konnte ihren Stimmenanteil auf 10,7 % und ihre Mandatszahl auf 10 erhöhen.

Nach den ersten Landtagswahlen wurde Anfang Dezember der Sozialdemokrat Christian *Stock* zum Ministerpräsidenten des Landes Hessen gewählt. Seiner Koalitionsregierung (SPD/CDU) gehörten von den genannten Fachministern der SPD alle außer dem Ernährungsminister Häring weiter an. Neuer Wirtschaftsminister wurde der Sozialdemokrat Harald *Koch* – 1945/46 Finanzminister im Lande Oldenburg.

Im Land **Württemberg-Baden** wurde im August 1945 der liberale Politiker Reinhold *Maier* (Deutsche Volkspartei – DVP) mit der Regierungsbildung beauftragt.[452] Seiner Allparteienregierung (DVP, CDU, SPD, KPD) gehörten die Sozialdemokraten Fritz *Ulrich*

Wirtschafts- u. Steuerrecht an der Univ. Heidelberg, 1945-49 Ord. Prof in Heidelberg, 1945/46 Hessischer Ministerpräsident (parteilos).
445 Hans *Venedey* (1902-69), Rechtsanwalt, 1926 SPD, 1933 Emigration nach Frankreich, 1942 in die Schweiz. 1945/46 hessischer Innenminister, Mai 1946 Ausschluß aus der SPD.
446 Zum Ausschluß von Venedey aus der SPD vgl. Dok. 2, Punkt 13, S. 25 f. u. Einl. Kap. II 4 a.
447 Heinrich *Zinnkann* (1885-1973), gelernter Schlosser, 1903 DMV, 1906 SPD, nach 1919 Gewerkschaftssekretär, 1924-33 MdL (Hessen), 1931-33 Fraktionsvors., 1928-33 Regierungsrat im hessischen Arbeits- und Wirtschaftsministerium. 1946-65 wiederum MdL, 1946-1954 Innenminister, 1954-62 Fraktionsvorsitzender.
448 Gottlob *Binder* (1885-1961), Tapezierer, 1909-33 Gewerkschaftsangestellter, 1945-49 Hessischer Staatsminister für Wiederaufbau u. Politische Befreiung.
449 Georg *Häring* (1885-1973), geb. in Augsburg, seit 1913 in Kassel, vor 1918 SPD, 1920-33 Stadtrat in Kassel, 1945-47 Hess. Minister für Ernährung, Landwirtschaft und Forsten.
450 Für die Ergebnisse der Wahlen zur Verfassunggebenden Landesversammlung vgl. Jochen Lengemann, Das Hessen- Parlament 1946-1986, Frankfurt a. M. 1986, S. 79. Vgl. auch W. Mühlhausen, Hessen 1945-1950, S. 248.
451 Für die Ergebnisse der Landtagswahlen, die in Hessen am 1. 12. 1967 stattfanden, vgl. J. Lengemann, S. 88, vgl. auch W. Mühlhausen, S. 275 u. 278.
452 Zu den Regierungen in Württemberg - Baden 1945 bis 1948 vgl. Hb. politischer Institutionen, S. 57 f. u. J. Weik, MdL, S. 249 f. Reinhold *Maier* (1889-1971), Dr.jur., DDP, 1924-33 MdL (Württ.), 1930 Württ.Wirtschaftsmin., 1932/33 MdR (DStP); 1945-53 MinPräs. (Württ.-Bad./Baden-Württ.). 1953-59 MdB (FDP), 1957-60 Vors. d. FDP. Zu Reinhold *Maier* vgl. P. Sauer, Reinhold Maier, in: Treuhänder des deutschen Volkes (1991), S.53-77; K. J. Matz, Reinhold Maier (1889-1971). Eine politische Biographie, Düsseldorf 1990.

(Innenminister), Otto *Steinmayer* (Verkehrsminister)[453], Dr. Fritz *Cahn-Garnier* (ab Jan. 1946 Finanzminister)[454] und Gottlob *Kamm* (Minister für Politische Befreiung)[455] an.

Bei den ersten Landtagswahlen im November 1946 konnte die CDU 38,4 % der Stimmen und 39 Mandate, die SPD 31,9 % und 32 Mandate, die DVP 19,5 % und 19 Mandate und die KPD 10,2 % und 10 Mandate gewinnen.[456] Bei den Wahlen zur Verfassunggebenden Landesversammlung am 30. Juni 1946 hatte die CDU prozentual mit 44,9 % der Stimmen und 41 Mandaten etwas besser abgeschnitten. Die SPD hatte im Juni mit 32,2 % ein etwas besseres Wahlergebnis erzielt, hatte aber damals auch nur 32 Mandate gewinnen können. DVP und KPD gewannen Ende November gegenüber Ende Juni hinzu: Die Liberalen konnten ihren prozentualen Stimmenanteil von 16,8 auf 19,5 und ihre Mandatszahl von 17 auf 19 steigern, die Kommunisten ihren Stimmenanteil von 10 auf 10,2 % steigern und ihre Mandatszahl (10) halten. Reinhold *Maier*, der zum Ministerpräsidenten gewählt wurde, bildete erneut eine Koalitionsregierung aller im Landtag vertretenen Parteien. Von den genannten sozialdemokratischen Ministern blieben alle bis auf *Cahn-Garnier*, neuer Wirtschaftsminister wurde der bisherige OB von Karlsruhe, Hermann *Veit*, der auch dem PV angehörte.

Zur amerikanischen Besatzungszone gehörte auch der Stadtstaat **Bremen**.[457] Nach dem zweimonatigen Zwischenspiel eines parteilosen „Regierenden Bürgermeisters" wurde am 1. August 1945 der Sozialdemokrat Wilhelm *Kaisen*, der wie vor 1933 zunächst Senator für Wohlfahrtsfragen gewesen war, zum Regierungschef des Stadtstaates mit dem traditionellen Titel „Präsident des Senats" eingesetzt.[458] Dem ernannten Senat, der sich aus Vertretern der SPD, der liberalen Bremer Demokratischen Volkspartei (BDV) und der KPD zusammensetzte, gehörten die sozialdemokratischen Senatoren Emil *Theil* (Bauwesen)[459] und Christian *Paulmann* (Schule und Erziehung)[460] an. Zwei Mitglieder des Senats wurden aus den Reihen der KPD berufen, traten jedoch im Mai 1946 zur SPD über: der Senator für

---

453 Otto *Steinmayer* (1876-1960), Klempner, vor 1918 SPD, Gewerkschafts- u. Parteisekretär, 1920-33 MdL (Württ.), 1920-24 Landesvors., 1946-50 MdL (Württ.-Bad.), 1946-51 Verkehrsminister.
454 Fritz *Cahn-Garnier* (1889-1949), Jurastudium, Dr. jur., 1922-33 Kommunaldienst d. Stadt Mannheim, 1938-45 KZ, 1946 Finanzminister von Württ.-Baden, 1946/47 MdL, 1947 Präs. d. Landeszentralbank Württ.-Bad., 1947-49 MdWR, 1948 OB von Mannheim.
455 Gottlob *Kamm* (1897-1973), Mechanikerlehre, Mechaniker, selbst. Kaufmann, Zeitungsredakteur, SPD-Funktionär, nach 1945 Bürgermeister von Schondorf, 1946-50 MdL, 1946-48 Minister f. Polit. Befreiung.
456 Für die genauen Ergebnisse der Wahlen vom 30. Juni und 24. November 1946 vgl. J. Weik, MdL, S. 264.
457 Zu den Regierungen Bremens 1945 bis 1948 vgl. Hb. politischer Institutionen, S. 51-53. Zur Geschichte der Bremer SPD nach 1949 vgl. Renate Meyer-Braun, Die Bremer SPD 1949 - 1959. Eine lokal- und parteigeschichtliche Studie, Frankfurt/New York 1982.
458 Dem anfänglichen Senat des parteilosen Erich *Vagts* gehörte Kaisen wiederum als Senator für Wohlfahrtsfragen an.
459 Emil *Theil* (1882-1968), geb. in Leipzig, Eisendreher, ab 1911 in Kiel, vor 1914 SPD, 1920 Gewerkschaftssekr. in Bremen, 1921-33 MdBü, Fraktionsvors. (USP/ SPD), nach 1933 insgesamt 36 Monate Gefängnis/ KZ, 1945-55 Senator für Bauwesen, 1955-63 MdBü, 1960/61 MdB.
460 Christian *Paulmann* (1897-1970), 1920-33 Lehrer in Bremen, SPD, 1931-33 MdBü, 1933-45 Kohlenhändler, 1945-51 Senator f. Schule u. Erziehung.

Einleitung

Wohlfahrtsfragen, Adolf *Ehlers*[461] und der Senator für Arbeit und Ernährung, Hermann *Wolters*[462].

Am 13. Oktober 1946 fanden erstmals Bürgerschaftswahlen in Bremen statt.[463] Die SPD konnte 47,6 % der abgegebenen Stimmen und 51 der zunächst 80 Mandate gewinnen. nach der Erhöhung der Mandatszahl um 20 für Bremerhaven im Februar 1947 gehörten insgesamt 65 Abgeordnete zur SPD. Zur CDU gehörten 15, zur BDV 12, zur KPD 4 und zur FDP 4 Abgeordnete.

Kaisen bildete eine Koalitionsregierung aus Vertretern der SPD, der BDV und der KPD. Ihr gehörten außer den genannten Sozialdemokraten noch als Vertreter der SPD Willy *Ewert* (Senator für Wohnungswesen)[464] und Hermann *Mester* (Senator für Ernährung und Landwirtschaft)[465] an.

Die Neuwahl der Bürgerschaft im Oktober 1947 bescherte der SPD Verluste: Sie erhielt nur noch 41,7 % der abgegebenen Stimmen und von den 100 Mandaten nur noch 46.[466] CDU und BDV konnten ihre Mandatszahlen auf 24 bzw. 15, die KPD auf 10 erhöhen. Die FDP erhielt dieses Mal nur 2 und die erstmals bei den Wahlen antretende Deutsche Partei (DP) 3 Mandate. Kaisen mußte den Senat, da sich nunmehr nur noch die BDV als Koalitionspartner zur Verfügung stellte, umbilden. *Ewert* wurde nunmehr Senator für Arbeit, ehe er im April 1948 ganz aus dem Senat ausschied. Sein Nachfolger wurde Gerhard *von Heukelum* als „Senator für Arbeit und Wohlfahrt", der dem Senat schon seit Februar 1947 als Vertreter für Bremerhaven angehört hatte.[467] *Ehlers* übernahm das Ressort „Innere Verwaltung".

---

461 Ehlers hatte im August 1945 den zum Senatspräsidenten berufenen Kaisen als Ressortleiter abgelöst. Adolf *Ehlers* (1898-1978), Kaufm. Angestellter, KPD, 1923-27 MdBü (Bremen), 1945 Senator für Wohlfahrt, Arbeit und Gesundheit, Mai 1946 Übertritt zur SPD, 1948 Senator für Inneres, 1948/49 MdParlR, 1959-63 Zweiter Bürgermeister der Stadt Bremen.

462 Hermann *Wolters* (1910-74), 1929 KJVD, 1930 KPD, 1933 zu 7 Jahren Zuchthaus verurteilt, Juni 1945 Senator für Ernährung und Arbeit (KPD), Mai 1946 Übertritt zur SPD, 1945/46 Senator für Arbeit und Ernährung, 1946-59 Senator für Wirtschaft und Arbeit, MdBü (Bremen).

463 Für Bremerhaven wurden im Februar 1947 von der dortigen Stadtverordnetenversammlung 20 Abgeordnete hinzu gewählt, vgl. Hb. Politische Institutionen, S.93 f. Zu den ersten Wahlen in Bremen und Bremerhaven vgl. auch Reinhold Roth, Die Bremer SPD in den Bürgerschaftswahlkämpfen 1899 - 1979, in: Klaus Wedemeier (Hrsg.), Gewollt und durchgesetzt, Leverkusen 1983, S. 38 f.

464 Willy *Ewert*, geb. 1894 in Berlin, Techn. Angestellter, 1917 SPD, 1926 Gewerkschaftssekr. d. AfA - Bundes in Bremen, 1945 Mitbegr. d. DAG in Bremen, 1946 MdBü, 1947 Senator f. Wohnungsbau und Wohnungswesen, April 1948 Senator für Arbeit, Juni 1949 aus der SPD ausgeschlossen wegen zu unkritischer Betrachtungen der Zustände in der SBZ.

465 Hermann *Mester* (1888-1973), geb. in Bremen, Staatsarbeiter beim Wasserstraßenamt, vor 1914 SPD, 1919-33 MdBü, 1925-33 Hauptkassier d. Bremer SPD, 1946/47 MdBü, Fraktionsvors., 1946-48 Senator für Ernährung u. Landwirtschaft, 1948/49 Senator f. Wohnungswesen u. Landeskultur, 1950-56 Leiter der Straßenreinigung in Bremen.

466 Für die Wahlergebnisse in Bremen vom 12. 10. 1947 vgl. Hb. politischer Institutionen, S. 96; Jb. SPD 1947, S. 167; . R. Roth, Die Bremer SPD in den Bürgerschaftswahlkämpfen, S. 44.

467 Gerhard von *Heukelum* (1890-1969), Werftarbeiter, vor 1918 DMV u. SPD, 1920 GF d. DMV in Wesermünde/Bremerhaven, 1924-33 Verleger u. Redakteur d. dortigen Parteizeitung, 1919-33 Stadtverordn., 1945-47 Stadtverordn. in Bremerhaven, 1947 MdBü in Bremen, Febr. - Juni 1948 MdWR, 1947 Vertreter Bremerhavens im Senat, 1948-51 Senator f. Arbeit u. Wohlfahrt, 1951-59 Senator f. Arbeit.

Zur *Französischen Besatzungszone* gehörten die Länder Süd-Baden/Baden, Württemberg-Hohenzollern und Rheinland-Pfalz.

Im Oktober 1945 erhielt der Distrikt Baden von der Französischen Militärregierung die Stellung eines Landes, zunächst mit dem Namen *„Südbaden"* und der Hauptstadt Karlsruhe (ab 1.12. 1945 Freiburg i. Br.).[468] Für die verschiedenen „Verwaltungen" wurden 7 deutsche Ressortleiter im Range von Ministerialdirektoren eingesetzt, darunter zwei Sozialdemokraten: Leiter der Verwaltung für Wirtschaft wurde ab Januar 1946 Friedrich *Leibbrandt*[469], Leiter der Verwaltung für Arbeit ab Februar 1946 Philipp *Martzloff*[470]. Im Dezember 1946 wurde dieses „Direktorium" abgelöst durch ein „Staatssekretariat" mit Leo *Wohleb* als „Präsidenten" an der Spitze[471]. Dem „Staatssekretariat" gehörte von den Sozialdemokraten weiterhin *Leibbrandt* an, während Martzloff ausschied. Der Sozialdemokrat Marcell *Nordmann* übernahm nunmehr die Leitung des Innenressorts.[472]

Bei den Landtagswahlen am 27. Mai 1947 gewann die BCSV (Badisch Christlich-Soziale Volkspartei, ab November 1947 CDU), 55,9 % der Stimmen und 34 Mandate, die „SP" (ab Juli 1948 SPD) 22,4 % und 13 Mandate, die „Demokratische Partei" (ab März 1949 FDP) 14,3 % und 9 Mandate, die „KP" 7,4% und 4 Mandate.[473] Trotz der klaren absoluten Mehrheit bildete Leo *Wohleb* zunächst eine Koalitionsregierung BCVS (CDU)/ SP (SPD), der weiterhin die beiden Sozialdemokraten *Leibbrandt* und *Nordmann* angehörten. Nordmann übernahm nunmehr das Justizressort. Ende Dezember schieden sie aus der Regierung aus.[474] Nach Bayern war Baden das zweite Land, in dem die SPD in die Opposition ging.

Der französisch besetzte Teil des früheren Landes Württemberg wurde zum Lande *„Württemberg-Hohenzollern"* mit der Landeshauptstadt Tübingen.[475] Im Oktober 1945 wurde unter Leitung von Carlo *Schmid* als „Präsidenten" ein „Staatssekretariat" gebildet, dem fünf „Landesdirektoren" als Leiter der Ressorts angehörten. Das Landesdirektorium für Justiz sowie das Landesdirektorium für Kultus, Erziehung und Kunst übernahm Schmid, außerdem gehörte der provisorischen Regierung noch der Sozialdemokrat Lothar *Roßmann* als Landesdirektor für Inneres an.[476] Im Dezember 1946 wurde das Staatssekreta-

---

468 Zur Geschichte des Landes Südbaden/ Baden in den Jahren 1945 bis 1952 vgl. J. Weik, MdL, S. 47-53.
469 Friedrich *Leibbrandt* (1894-1960), Studium der Naturwissenschaften, nach 1945 Leiter der Industrie- und Handelskammer Freiburg und Mitbegründer der Sozialistischen Partei Badens, 1946-51 MdL, 1946-48 badischer Wirtschaftsminister.
470 Philipp *Martzloff* (1880-1962), 1919-21, 1925-33 MdL (Baden), 1946-52 MdL (Baden), Febr.-Dez. 1946 Ministerialdirektor für Arbeit im Direktorium Badens in Freiburg i. Br.
471 Leo *Wohleb* (1888-1955), Gymnasiallehrer und führender Repräsentant der Badischen Christlichen Volkspartei, 1946-52 Vors. d. Badischen „Staatssekretariats" bzw. MinPräs.
472 Marcel *Nordmann* (1890-1948), geb. in Lörrach, Jurastudium, Dr. jur., Staatsdienst, 1927-33 Regierungsrat beim Bezirksamt Karlsruhe, 1938 Emigration (Frankreich, Schweiz), 1945 Rückkehr nach Baden, Landeskommissar f. d. Bez. Konstanz, 1946/47 Staatssekr. f. Inneres, 1947/48 MdL (Baden) u. Justizminister.
473 Vgl. J. Weik, MdL, S. 264.
474 Hb. politischer Institutionen, S. 75.
475 Zur Geschichte des Landes Württemberg-Hohenzollern 1945-52 vgl. J. Weik, MdL, S. 38-42.
476 Lothar *Roßmann*, Sohn von Erich R., 1945/46 „Landesdirektor für Inneres" in Württ.-Hoh.

Einleitung

riat umgebildet und die einzelnen Ressorts von Staatssekretären geleitet.[477] Schmid blieb Präsident und leitete weiterhin das Justizressort, das Innenressort übernahm jetzt der Sozialdemokrat Viktor *Renner*.[478]

Bei den Landtagswahlen vom 18. Mai 1947 erhielt die CDU 54,2 % der Stimmen und 32 Mandate, die SPD 20,8 % und 12 Mandate, die liberale DVP (Deutsche Volkspartei) 17,7 % und 11 Mandate und die KPD 7,3 % und 5 Mandate.[479] Zum Staatspräsidenten wurde der CDU-Politiker Lorenz *Bock* gewählt.[480] Das Justizressort leitete weiter Carlo *Schmid*, der auch stellvertretender „Staatspräsident" wurde, das Innenressort weiter Viktor *Renner*.

Die Geschichte des Bundeslandes **Rheinland-Pfalz** begann mit der Bildung einer „Gemischten Kommission" für die von den Franzosen besetzten Gebiete „Rheinland-Hessen-Nassau" und „Hessen-Pfalz" durch die Französische Militärregierung im August 1946.[481] Vorsitzender dieser Kommission und erster Vizepräsident wurden zwei höhere Beamte, die sich zur Christlich-Demokratischen Partei bekannten, zweiter Vizepräsident wurde der Sozialdemokrat Jakob *Steffan*, der auch der Kontrollkommission der SPD angehörte. Im Dezember 1946 wurde dann die erste Regierung des Landes unter der Leitung des Ministerpräsidenten Wilhelm *Boden* (CDU) eingesetzt.[482] Seiner Koalitionsregierung (CDU, SPD, KPD) gehörten die Sozialdemokraten Steffan (Innenminister) und Paul *Röhle* (Arbeitsminister) an.[483]

Bei den Landtagswahlen am 18. Mai 1947 erhielt die CDU 47,2 % der Stimmen und 48 Mandate, die SPD 34,4 % und 34 Mandate, die KPD 8,4 % und 8 Mandate, die beiden liberalen Parteien Liberale Partei und Sozialer Volksbund zusammen 9,7 % und 11 Mandate.[484] Peter *Altmeier* (CDU) wurde zum Ministerpräsidenten gewählt.[485] Er bildete eine Koalitionsregierung aus Vertretern der CDU, SPD, der liberalen Parteien und der KPD.

---

477 Vgl. J. Weik, MdL, S. 250.
478 „Staatssekretär" für Kultus und Erziehung wurde nunmehr ein Vertreter der CDU. Viktor *Renner* (1899-1969), Rechtsanwalt, bereits vor 1933 SPD, 1947-64 MdL (Württ.-Hoh./Baden-Württ.), 1947-52 Innenminister, 1952-59 Justizminister.
479 Vgl. J. Weik, MdL, S. 264.
480 Bock übernahm auch das Finanzministerium, vgl. J. Weik, MdL, S. 250 f. Lorenz *Bock* (1883-1948), Rechtsanwalt in Rottweil, 1919-33 MdL (Württ., Zentrum), 1946-48 MdL (Württ.-Hoh., CDU), 1947/48 Staatspräsident und Finanzminister.
481 Für die Vorgeschichte und die Entwicklung von Rheinland-Pfalz von 1945-49 vgl. Hb. politischer Institutionen, S. 76-79; vgl. auch Doris Maria Peckhaus, Gründungsgeschichte des Landes Rheinland-Pfalz, in: Abgeordnete in Rheinland-Pfalz 1946-1987, Mainz 1991, S. 15-27.
482 Hb. politischer Institutionen, S. 78; Abgeordnete in Rheinland-Pfalz , S. 156 f. Wilhelm *Boden* (1890-1961), Studium d. Rechts. u. Staatswiss., Dr. jur., Staatsdienst, 1919-33 Landrat d. Kreises Altenkirchen, 1932-33 MdL (Preußen), April - Mai 1945 wieder Landrat d. Kreises Altenkirchen, Juni - Dez. 1945 RegPräs. in Koblenz, 1946 Oberpräs. von Rheinland-Hessen-Nassau, 1946-61 MdL (Rheinl.-Pfalz), 12/46 - 7/47 MinPräs., 1947-59 Präs. d. Landeszentralbank.
483 Paul *Röhle* (1885-1958), Dekorationsmaler, Gewerkschaftssekretär, vor 1914 SPD, 1919-33 Parteisekr. f. d. Bez. Hessen-Nassau, 1919-33 MdR u. MdL (Preußen), 1946 Präs. d. Landesarbeitsamtes in Koblenz, Dez. 46 - Juni 47 Minister f. Arbeit (Rheinl.-Pf.), 1947-52 MdL (Vizepräs.).
484 Hb. politischer Institutionen, S. 130 u. Abgeordnete in Rheinland-Pfalz , S. 24 f.
485 Peter *Altmeier* (1899-1977), Kaufmann, 1929-33 Stadtverordn. in Koblenz (Zentrum), 1946-71 MdL (Rheinl.-Pfalz, CDU), 1947-69 MinPräs., 1947-66 Landesvors. d. CDU.

II. Themenschwerpunkte der Vorstandssitzungen

Zu seiner Regierung gehörten die Sozialdemokraten Wilhelm *Bökenkrüger* (Arbeitsminister)[486], Hans *Hoffmann* (Finanzminister)[487] und Jakob *Steffan* (Innenminister).

Über den besonderen Status **Berlins** wurde bereits berichtet.[488] Die Stadtregierungen in den Jahren 1946 bis 1948 müssen aber in diesem Zusammenhang näher betrachtet werden, da nicht nur die Oberbürgermeister, sondern auch mehrere der Ressortleiter, die in Berlin Stadträte hießen und zusammen mit dem OB und den Bürgermeistern den Magistrat bildeten, in dieser Zeit Sozialdemokraten waren. Am 20. Oktober 1946 fanden in Berlin Wahlen zur Stadtverordnetenversammlung statt, bei denen die SPD 48,7 % der Stimmen und 64 Abgeordnete, die CDU 22,1 % und 29 Mandate, die SED 13,8 % und 27 Mandate sowie die LDP 9,4 % und 12 Mandate gewinnen konnten.[489] Erster gewählter Oberbürgermeister wurde der Sozialdemokrat Otto *Ostrowski* – bislang Bezirksbürgermeister in Berlin-Wilmersdorf[490]. Zu Bürgermeistern, d. h. Stellvertretern des OB wurden Louise *Schroeder* (SPD), Ferdinand *Friedensburg* (CDU) und Heinrich *Acker* (SED)[491] gewählt. Folgende sozialdemokratische Stadträte gehörten dem Magistrat an : Karl *Bonatz* (Bau- und Wohnungswesen)[492], Paul *Fuellsack* (Ernährung)[493], Gustav *Klingelhöfer* (Wirtschaft, Handel und Handwerk)[494], Erna Maraun (Jugend)[495], Siegfried Nestriepke (Volksbildung)[496], Ernst

---

486 Wilhelm *Bökenkrüger* (1890-1966), vor 1933 SPD, 1923-33 Leiter der Arbeitsverwaltung in Wuppertal, 1945-47 Leiter der Arbeitsverwaltung im Oberregierungspräsidium Neustadt an der Weinstraße, 1946/47 MdL (Rheinl.-Pfalz), 1947-49 Arbeitsminister.

487 Hans *Hoffmann* (1893-1952), geboren in der Pfalz als Sohn des späteren bayerischen Ministerpräsidenten Johannes H. (SPD), Jurastudium, Höherer Verwaltungsdienst, vor 1933 SPD, 1927-33 Kulturdezernent der Stadt Kiel, 1930-33 Mitgl. d. Provinziallandtags von Schleswig-Holstein. 1945 Notar in Wachenheim/Pfalz, 1946-52 MdL, 1947-51 Finanzminister (Rheinl.-Pfalz).

488 Vgl. Kap. II 3 1. Für einen Überblick vgl. auch Hb. politischer Institutionen, S. 82-85.

489 Hb. politischer Institutionen, S. 135 u. Jb. SPD 1946, S. 124.

490 Otto *Ostrowski* (1883-1963), Dr. phil., Gymnasiallehrer, 1918 SPD, ehrenamtlicher Kommunalpolitiker, 1923-26 Hauptamtl. Bürgermeister in Finsterwalde, 1926-33 Bezirksbürgermeister in Berlin-Prenzlauer Berg, 1945 Bezirksbürgermeister in Berlin-Wilmersdorf, 1946 SPD, 1946/47 OB von Berlin, 1947 Rücktritt nach Mißtrauensvotum aller Parteien mit Ausnahme der SED, 1946-50 Präsident des Berliner Rechnungshofes. Zu Ostrowski vgl. Wolfgang Ribbe, Otto Ostrowski, in: Stadtoberhäupter. Biographien Berliner Bürgermeister im 19. und 20. Jahrhundert, Berlin 1992, S. 357-371.

491 Heinrich *Acker* (1896-1954), Studium d. Rechts- u. Staatswiss., Dr. rer.pol., Staatsdienst, vor 1933 SPD, 1946 SED, 1946-48 Bürgermeister von Berlin.

492 Karl *Bonatz* (1882-1951), Architekt, vor 1933 SPD, 1946-48 Stadtrat für Bauwesen in Berlin, 1949/50 Stadtbaudirektor von Berlin (West).

493 Paul *Fuellsack* (1883-1957), geb. in Erfurt, 1919-33 Verwaltungsbeamter in Berlin, SPD, 1946-50 Stadtrat für Ernährung, 1948-50 Stadtverordn., 1951-57 Leiter des Amtes f. Ernährung in d. Senatsverw. f. Wirtschaft.

494 Gustav *Klingelhöfer* (1888-1961), vor 1933 SPD, Wirtschaftsredakteur beim „Vorwärts", 1945 Leiter d. Polit. Abt. d. Berliner SPD, 1946-53 Mitgl. d. Stadtverordnetenvers. / MdAbgH, 1953-57 MdB.

495 Erna *Maraun* (1900-59), geb. in Berlin, Sozialfürsorgerin, vor 1933 SPD, 1946-49 Stadträtin (Leiter des Hauptjugendamtes Berlin), 1949-51 Bez. - Stadträtin f. Jugend u. Sport in B. - Kreuzberg.

496 Siegfried *Nestriepke* (1895-1963), Schriftsteller, Intendant, 1920-33 GenSekr. d. Volksbühne Berlin, 1946/47 Leiter der Abteilung Volksbildung des Magistrats von Groß-Berlin, danach Geschäftsf. Vors. d. Freien Volksbühne Berlin, 1949 Intendant des Theaters am Kurfürstenplatz.

Einleitung

Reuter (Verkehrs- und Versorgungsbetriebe), Otto *Theuner* (Personal und Verwaltung)[497].

Der Berliner Oberbürgermeister *Ostrowski* amtierte nur bis April 1947. Als er ohne Wissen der Führung der Landes-SPD mit der SED verhandelte, um diese in der Streitfrage des Rücktritts einiger Mitglieder der SED, die noch vom vergangenen Magistrat des von der Sowjetischen Besatzungsmacht eingesetzten parteilosen Oberbürgermeisters *Werner*[498] in Spitzenämtern der Stadt verblieben waren, zu einem Kompromiß zu bewegen, brachte die sozialdemokratische Fraktion der Stadtverordnetenversammlung einen Mißtrauensantrag gegen ihn ein, der von allen anderen Parteien mit Ausnahme der SED unterstützt wurde. Zu seinem Nachfolger wurde von der Stadtverordnetenversammlung Ernst *Reuter* gewählt, der jedoch wegen des sowjetischen Vetos von der Alliierten Kommandantur nicht bestätigt wurde. Deswegen fungierte bis zur Teilung der Stadt im Sommer 1948 Louise *Schroeder* als amtierende Oberbürgermeisterin. Diese gelangte bereits beim formellen Anschluß der Berliner Sozialdemokraten – zusammen mit dem Landesvorsitzenden Franz *Neumann* – in den Parteivorstand[499], während Ernst *Reuter* ein Jahr später als dritter Spitzenfunktionär der Berliner Sozialdemokraten in den Parteivorstand gewählt wurde.[500] Anfang 1949 konnte Reuter nach den Neuwahlen der Stadtverordnetenversammlung vom Dezember 1948 das Amt des Oberbürgermeisters übernehmen.[501] Nach der Teilung der Stadt, die mehr als 40 Jahre andauern sollte, erstreckten sich allerdings die Machtbefugnisse der neu gewählten Stadtverordnetenversammlung wie auch des neu gewählten Magistrats nur noch auf die Westsektoren Berlins.[502]

In den Parteivorstand wurden regelmäßig mehrere der maßgeblichen Landespolitiker der SPD gewählt: Dem ersten Parteivorstand von 1946 gehörten zunächst ein „Landesfürst" und drei Landesminister an: *Kaisen* (Bremen), *Grimme* (Kultusminister der Provinzialregierung von Hannover, später der Landesregierung von Niedersachsen), *Menzel* (Westfälische Provinzialregierung, später Landesregierung von Nordrhein-Westfalen), Ernst *Nölting* (Provinzialregierung von Hannover). Im Dezember 1946 wurde *Veit* Wirtschaftsminister von Württemberg-Baden in Stuttgart, Anfang 1947 trat jedoch Ernst Nölting von seinen Parteiämtern zurück, so daß die Gesamtzahl der Landesminister im höchsten Parteigremium gleich blieb.

---

497 Otto *Theuner* (1900-80), geb. in Görlitz an der Oder, Verwaltungsbeamter, 1920-33 Stadtverwaltung Berlin, vor 1933 SPD, 1946-51 Stadtrat f. Personal u. Verwaltung, 1951 Senatsdirektor bei der Senatsverwaltung f. Finanzen, 1955-67 Senator f. Verkehr und Betriebe, 1963-67 Innensenator.
498 Arthur *Werner* (1877-1967), geb. in Berlin, Architekturstudium an der TH, Diplom-Ingenieur, Dr. Ing., im 1. WK schwer verwundet, Inhaber u. Leiter einer privaten techn. Lehranstalt in Berlin, 1945/46 OB von Berlin.
499 Zum formellen Anschluß des Berliner Landesverbandes und zur Wahl von Neumann und Schroeder auf dem Parteitag von 1947 vgl. Einl. Kap. I 1 b.
500 Zur Wahl Reuters in den Parteivorstand auf dem Parteitag 1948 vgl. PV-Protokolle, Bd. 2, Einl. Kap. I 1.
501 Vgl. Hb. politischer Institutionen, S. 84.
502 Zu den Berliner Wahlen vom Dezember 1948 und zur Wahl eines neuen Magistrats vgl. PV - Protokolle, Bd. 2, Einl. Kap. II 3 b.

II. Themenschwerpunkte der Vorstandssitzungen

Neu wurden im Juni 1947 die Landespolitiker *Schroeder* (Berlin) und *Schmid* (Württemberg-Hohenzollern) in den Parteivorstand gewählt. Nach dem Ausscheiden der Kommunisten aus der Landesregierung von Nordrhein-Westfalen im April 1948 wurde das Vorstandsmitglied *Gnoß* Wiederaufbauminister – allerdings nur für knapp ein Jahr, da der frühe Tod von Gnoß im März 1949 seinem politischen Wirken ein jähes Ende setzte.

Von den genannten Vorstandsmitgliedern war *Kaisen* von Anfang an strikter Gegner einer Einflußnahme des Parteivorstandes auf die Politik der einzelnen Landesregierungen und ein Befürworter größerer Kompetenzen der Landesregierungen bzw. der Landespolitiker der SPD. So setzte er sich im April 1947 im Parteivorstand dafür ein, auch in der Britischen Zone einen Länderrat zu schaffen, damit dieser dann seine Politik mit der des Länderrats der amerikanischen Zone „koordiniere".[503] *Ollenhauer* antwortete darauf, daß er Anregungen auf diesem Gebiet zwar begrüße, daß er diesen Vorschlag jedoch nicht für „glücklich" halte. Bereits in der ersten Sitzung des Parteivorstandes, in der dessen Beziehungen zur sozialdemokratischen Fraktion des Wirtschaftsrates zur Sprache kamen, nämlich in der vom 7. August 1947, wandte sich Kaisen mit Entschiedenheit gegen eine Fernlenkung der Fraktion durch „Hannover".[504] In der gemeinsamen Sitzung des PV und PA mit der sozialdemokratischen Fraktion des Wirtschaftsrates Mitte Februar 1948 stimmte er als einziges Mitglied des Parteivorstandes gegen die Resolution, mit der die Politik der Wirtschaftsratsfraktion festgelegt werden sollte.[505] In der vorangehenden PV-Sitzung forderte Kaisen, daß den Ländern bei einem künftigen Zusammenschluß zu einem deutschen Bundesstaat die Finanzhoheit erhalten bleiben müsse.[506] Der Parteivorsitzende *Schumacher* widersprach ihm sogleich mit einem Bekenntnis zur „Erzbergerschen Steuerreform", die auch das „traditionelle Prinzip der Sozialdemokratie" sei. Und schließlich wandte sich Kaisen Anfang August 1948 dagegen, daß der Parteivorstand den einzelnen Landtagsfraktionen bindende Vorschläge für die Auswahl der Vertreter für den Parlamentarischen Rat mache.[507] Nur kurz sei hier erwähnt, daß Kaisen auch nach Gründung der Bundesrepublik seine rigorose Oppositionspolitik gegen die Linie des „Büros" fortsetzte und nicht davor zurückschreckte, öffentlich den Schumacher-Kurs anzugreifen, und daß deshalb Schumacher sich selbst 1950 erfolgreich gegen eine Wiederwahl Kaisens in den Parteivorstand einsetzte.[508]

Wenn auch zum Parteivorstand anfänglich nur ein sozialdemokratischer „Landesfürst" und wenige Landesminister gehörten, so wurden zu den wichtigeren gemeinsamen Sit-

---

503 Dok. 9 A (Sitz. d. PV v. 22./23. April), Punkt 5, S. 194 f.
504 Dok. 12, Punkt 2, S. 249. Zu den Auseinandersetzungen zwischen dem „Büro" des PV und der sozialdemokratischen Fraktion des Wirtschaftsrates vgl. Einleitung Kap. II e.
505 Dok. 18 B, Punkt 2, S. 339.
506 Dok. 18 A, S. 334.
507 *Gotthelf* hatte vorher in der Diskussion geäußert, daß für zentrale Körperschaften „in erster Linie" der PV das Vorschlagsrecht haben müsse. Auch *Gnoß*, selbst MdL in Nordrhein-Westfalen, äußerte Bedenken gegen die Ansicht Gotthelfs, Dok. 24, Punkt 2, S. 460.
508 Vgl. PV-Protokolle, Bd. 3, Einleitung Kap. I 1.

Einleitung

zungen von PV und PA jedoch meist auch die anderen sozialdemokratischen Regierungschefs bzw. stellvertretenden Regierungschefs und sozialdemokratische Landesminister eingeladen. So nahmen an der Vorbesprechung am 24. November und an der Sitzung vom 25. November 1946 außer *Kaisen, Menzel* und *Ernst Nölting* noch teil[509]: *Arnholz* (Braunschweig), *Koch* (Oldenburg), *Kubel* (Braunschweig), *Kuklinski* (Schleswig-Holstein), *Erik Nölting* (Nordrhein-Westfalen), *Roser* (Württemberg-Hohenzollern, Vertreter von Carlo Schmid)[510], Lothar *Roßmann* (Württemberg-Hohenzollern), *Steffan* (Rheinland-Pfalz), *Zinn* (Hessen), *Zinnkann* (Hessen). Außerdem nahmen die höchsten Beamten der zonalen Länderzusammenschlüsse an diesen Sitzungen teil: Erich *Roßmann* (Generalsekretär des Länderrats der US-Zone)[511] und Gerhard *Weisser* (Generalsekretär des Zonenbeirats der Britischen Zone)[512]. Diese beteiligten sich zwar teilweise an den Diskussionen der Vorbesprechung und der gemeinsamen Sitzung, doch geht aus den sehr dürftigen Protokollen leider nicht hervor, ob sie dabei von der Mehrheit des Parteivorstandes abweichende Ansichten vertraten.[513]

An der nächsten gemeinsamen Sitzung, die am 11. Januar 1947 in München stattfand, nahmen fast alle sozialdemokratischen Länderchefs teil:[514] *Kaisen* (Bremen), *Kopf* (Niedersachsen), *Schmid* (Württemberg-Hohenzollern) und *Stock* (Hessen) sowie die Landesminister *Hoegner* (Bayern), *Karpinski* (Hamburg), *Lüdemann* (Schleswig-Holstein), *Menzel* (Nordrhein-Westfalen) und *Ulrich* (Württemberg-Baden).

Von den bekannten „Landesfürsten" der SPD fehlte lediglich der Hamburger Erste Bürgermeister *Brauer*, der erstmals an der Konferenz des Parteivorstandes mit sozialdemokratischen Landespolitikern am 31. Mai und 1. Juni 1947 teilnahm.[515] Der hessische Ministerpräsident Christian *Stock* ließ sich dieses Mal durch seinen Staatssekretär Hermann *Brill*[516] vertreten. In der gemeinsamen Sitzung des Parteivorstandes mit den sozialdemo-

---

509 Die folgenden Angaben nach den Anwesenheitslisten in den Beiakten zum Kurzbericht über die Vorbesprechung am 24. September und zum Protokoll der gemeinsamen Sitzung vom 25. September, vgl. Dok. 5 A und 5 B, S. 82-84.
510 Dieter *Roser* (1911-75), geboren in Esslingen, Gymn., Kaufm. Lehre, Univ. Tübingen (Dr.phil.); nach 1945 SPD, 1946-49 MdL (Württ.-Hoh.), 1946/47 Vertreter von Carlo Schmid in der Landesverwaltung von Württ.-Hoh., 1948-66 OB von Esslingen.
511 Erich *Roßmann* (1884-1953), Kaufm. Angestellter, Redakteur der Schwäbischen Tagwacht in Stuttgart, vor 1918 SPD, 1918 Mitbegründer des Reichsbundes der Kriegsbeschädigten, 1920-33 Direktor des Hauptversorgungsamtes Stuttgart, 1924-33 Landesvors. d. SPD in Württemberg u. MdR; 1945-48 Generalsekr. d. Länderrats d. US-Zone.
512 Gerhard *Weisser* (1898-1989), Studium der Staatswiss., SPD, Städt. Beamter in Magdeburg und Hagen, nach 1933 Verleger von Fachbüchern; 1946-48 GenSekr. d. Zonenbeirats d. Brit. Besatzungszone, 1948-50 StSekr. im Finanzministerium von NRW, 1950 Univ.Prof. in Köln, 1954-70 Vors. d. FES.
513 Zur Diskussion in der Vorbesprechung am 24.9. wird lediglich erwähnt, daß sich daran u. a. *Kubel, Erik Nölting, Erich Roßmann, Weisser, Zinn, Menzel, Roser* und *Schönfelder* beteiligten, Dok. 5 A, S. 82. Im „Protokoll" der gemeinsamen Sitzung am 25.9. wird nur darauf verwiesen, daß dem Referat von *Schumacher* und den Berichten von *Agartz* und *Bögler* eine „ausführliche Aussprache" folgte, Dok. 5 B, S. 87.
514 Für die folgenden Angaben vgl. Dok. 7 B, Liste der Teilnehmer (geordnet nach Ländern), S. 140 f.
515 Vgl. Dok. 10 A, S. 218. Zu dieser Konferenz vgl. auch Einleitung Kap. I 2 d.
516 Hermann J. *Brill* (1895-1959), vor 1933 USPD/ SPD, 1919-33 MdL (Thüringen), 1932/33 MdR; 1939-45 KZ Buchenwald; 1945 MinPräs. von Thüringen, 1946-49 Chef d. hessischen Staatskanzlei, 1949-53 MdB.

II. Themenschwerpunkte der Vorstandssitzungen

kratischen Ministerpräsidenten und Landespolitikern am 7. Juli 1948, die der Erörterung der sog. „Frankfurter Dokumente" diente, waren alle sozialdemokratischen Regierungschefs bzw. stellvertretenden Regierungschefs anwesend.[517] Manche brachten ihre wichtigsten Mitarbeiter und Berater für das Politikfeld „gesamtdeutsche Fragen" mit, so der Hamburger Erste Bürgermeister *Brauer* seinen Leiter des Rechtsamts *Drexelius*[518], der hessische Ministerpräsident *Stock* seinen Staatssekretär *Brill* und der schleswig-holsteinische Ministerpräsident *Lüdemann* seinen Innenminister *Katz*.

c) Befürwortung zonaler Zusammenschlüsse (Zonenbeirat der Britischen Zone, Länderrat der US-Zone, Deutsches Büro für Friedensfragen)

Zur Zeit der Wiedergründung der SPD als überzonaler Partei im Mai 1946 gab es bereits zwei zonale deutsche Beratungsinstitutionen, den Länderrat der US-Zone seit Oktober 1945 und den Zonenbeirat der Britischen Zone seit März 1946.[519] *Schumacher* gehörte dem Zonenbeirat seit seiner Gründung als von der Besatzungsmacht berufener Parteienvertreter für die SPD an.[520] Anfang Juli wurde er für drei Monate einstimmig zum Vorsitzenden dieses Beratungsorgans gewählt.[521] Es wurde schon erwähnt, daß Schumacher in der ersten Arbeitssitzung des Parteivorstandes seinen Wunsch nach einer Kooptierung des Hamburger Landesvorsitzenden *Meitmann* in den PV u. a. mit dessen Funktion als sein ständiger Vertreter im Zonenbeirat begründete, für die dieser eine Legitimation benötige.[522] Der Zonenbeirat tagte in Hamburg, und Vertretungen waren möglich. In der Vorstandssitzung vom Juli 1946 berichtete Schumacher über die Verhandlungen im Zonenbeirat.[523] Bei den Gesprächen, die *Ollenhauer* in London mit Minister *Hynd* führte, spielten auch die Absichten von Hynd, die Kompetenzen des Zonenbeirats zu erweitern, eine große Rolle.[524]

In seiner ersten Rede in einer gemeinsamen Sitzung von Parteivorstand und Parteiausschuß am 22. August 1946 verglich Schumacher die beiden zonalen Institutionen „Länderrat" und „Zonenbeirat".[525] Dabei gab er, soweit das kurze Protokoll ein Urteil erlaubt, beiden Institutionen bei aller Kritik insgesamt gute Noten. Beim Länderrat kritisierte er,

---

Zu Brills Tätigkeit in Thüringen vgl. Manfred Overesch, Hermann Brill in Thüringen 1895-1946, Bonn 1992.

517 Für die Teilnehmer vgl. Dok. 23, S. 448 f. Zu diesen Beratungen vgl. auch Einl. Kap. II 3 g.
518 Wilhelm *Drexelius* (1906-74), Dr. jur., Rechtsanwalt, nach 1945 Leiter des Rechtsamts des Hamburger Senats, SPD, 1951 Leiter d. Hamburger Senatskanzlei, 1961-70 Schulsenator, 1966-70 Zweiter Bürgermeister von Hamburg.
519 Zur Gründung und zum anfänglichen Wirken des Länderrats und des Zonenbeirats vgl. die Dokumentation Akten zur Vorgeschichte der Bundesrepublik Deutschland 1945-1949, Bd.1: Sept. 1945-Dez. 1946, bearbeitet von Walter Vogel und Christoph Weisz, München-Wien 1976.
520 Zu Schumachers Wirken im Zonenbeirat vgl. W. Albrecht, Einleitung zu K. Schumacher, Reden – Schriften – Korrespondenzen, S. 116-118.
521 Akten zur Vorgeschichte, Bd. 1, S. 587 f.
522 Dok. 2 (Sitzung vom 4. 6. 1946), Punkt 3, S. 19. Vgl. auch oben Einleitung Kap. I 1 a.
523 Dok. 3 (Sitzung vom 12. 7. 1946), Punkt 1, S. 40.
524 Dok. 3, Anlage 2 A (Bericht Ollenhauers über seine Gespräche mit Hynd), S. 47.
525 Dok. 4 B, Punkt 1.

Einleitung

daß alle Länder der US-Zone darin in gleicher Weise vertreten seien und man diesen als „Institut der Ministerpräsidenten" betrachten müsse. Dagegen gehörten dem Zonenbeirat nicht nur Vertreter der Landesbehörden, sondern auch Vertreter der politischen Parteien, der Wirtschaft und der Gewerkschaften an. Bei dieser Institution sei allerdings zu kritisieren, daß sie „staatsrechtlich gesehen fast undefinierbar" sei.

Bereits in einem anderen Zusammenhang wurde darauf hingewiesen, daß ab September 1946 die sozialdemokratischen Generalsekretäre beider zonaler Institutionen, Erich *Roßmann* und Gerhard *Weisser*, zu den gemeinsamen Sitzungen, zu denen die führenden sozialdemokratischen Landespolitiker hinzugezogen wurden, auch eingeladen, d. h. diesen gleichgestellt wurden.[526]

Fast alle zonalen „deutschen" Institutionen hatten primär wirtschaftliche Ziele: die Überwindung der wirtschaftlichen Not, den Wiederaufbau der Industrie, die Wiederherstellung der Verkehrsverbindungen usw. Es wurde aber bereits 1947 eine Institution errichtet, die man als Vorläufer eines späteren Auswärtigen Amtes bezeichnen kann, das „Deutsche Büro für Friedensfragen".[527] Zunächst beschlossen die Ministerpräsidenten der Amerikanischen und der Britischen Zone auf ihrer gemeinsamen Sitzung vom 25.1.1947 die Errichtung eines Büros für Friedensfragen als bizonale Institution zur Vorbereitung eines Friedensvertrages. Als die Durchführung des Beschlusses durch das Veto des amerikanischen Militärgouverneurs Lucius D. *Clay*[528] vom 11. März verhindert wurde, errichteten die Ministerpräsidenten der amerikanischen Besatzungszone eine solche Institution am 15.4.1947 allein für die amerikanische Zone. Diese bestand bis 1949 und wurde in Stuttgart von dem sozialdemokratischen württemberg-badischen Staatssekretär Fritz *Eberhard*[529] geleitet.

Noch vor der formellen Errichtung des „Deutschen Büros für Friedensfragen" als Institution für die amerikanische Zone beschäftigte sich der Parteivorstand in seiner Sitzung vom 13./14. März 1947 mit diesem.[530] Dabei betonte *Ollenhauer*, daß die angestrebte Zusammenarbeit mit dieser zonalen Institution vom PV aus erfolgen müsse, da dieser allein für außenpolitische Fragen zuständig sei. Bedauert wurde, daß die Amerikaner mit Rücksicht auf die Russen eine bizonale Institution verhindert hätten, gehofft wurde auf die baldige Errichtung einer ähnlichen Institution für die Britische Zone.

---

526 Vgl. Einleitung Kap. II 3 b.
527 Zur Gründung und zur Funktion des „Büros für Friedensfragen" vgl. H. Piontkowitz, Anfänge westdeutscher Außenpolitik 1946-1949. Das Deutsche Büro für Friedensfragen, Stuttgart 1978, u. Hb. politischer Institutionen 1945-1949, S. 153 f.
528 Lucius D. *Clay* (1897-1978), Amerikanischer General, 1945 Stellv. Militärgouverneur, 1947-49 Militärgouverneur der Amerikanischen Besatzungszone.
529 Fritz *Eberhard* (1896-1982), geboren in Dresden als Hellmut von Rauschenplat, Studium der Staatswissenschaften, Angestellter, IJB/ISK, Lehrer an einem Landeserziehungsheim des IJB, Redakteur des Organs des ISK „Der Funke". 1937 Emigration nach GB. Frühjahr 1945 Rückkehr nach Deutschland, SPD, Programmberater bei Radio Stuttgart, 1946-49 MdL (Württ.-Bad.), 1947-49 StSekr. u. Leiter des Büros für Friedensfragen, 1948/49 MdParlR, 1949-58 Intendant des Süddeutschen Rundfunks, 1961-68 Direktor des Instituts für Publizistik der Freien Universität Berlin.
530 Vgl. Dok. 8, S. 177 f.

II. Themenschwerpunkte der Vorstandssitzungen

In seiner Sitzung am 16. und 17. September 1947 befaßte sich der PV erneut mit dem „Deutschen Büro für Friedensfragen".[531] Dieses Mal ging es um die Forderung der Sozialdemokraten, das „Büro" in eine von Vertretern der Parteien und der Länder kontrollierte bizonale Sammelstelle für alles relevante Material umzuwandeln. Angeblich hatten die Besatzungsmächte keine Bedenken gegen eine solche Umwandlung. Carlo *Schmid* warnte in der kurzen Debatte vor Tendenzen, daß sich in Stuttgart bei *Eberhard* das alte Auswärtige Amt neu konstituiere und mahnte den PV, dies stärker zu beachten.

Doch zurück zu den primär auf Zonenebene beratenen Wirtschaftsfragen. Nach der Vergrößerung des Wirtschaftsrates des Vereinigten Wirtschaftsgebietes und der Erweiterung seiner Kompetenzen Anfang 1948 wurde von der Britischen Militärregierung daran gedacht, den Zonenbeirat als überflüssig aufzulösen.[532] Dagegen äußerte zunächst das ständige sozialdemokratische Mitglied im Zonenbeirat, Fritz *Henßler*, Bedenken, da es weiterhin wichtige Probleme gebe, die nur auf Zonenebene gelöst werden könnten. Diesen Bedenken schloß sich das „Büro" des PV an, das aber die Angelegenheit für so wichtig erachtete, daß es sie dem Gesamtvorstand vorlegte. Dieser stimmte der Ansicht des „Büros" zu, daß durch die Erweiterung der Kompetenzen des bizonalen Wirtschaftsrates diejenigen des Zonenbeirats „zwar beschränkt, aber doch nicht gänzlich hinfällig geworden seien, zumal eine ganze Reihe von Aufgaben nach wie vor nur im Zonenrahmen erledigt werden können".[533] Hier spielte sicherlich die Sorge mit, daß in den Institutionen des Vereinigten Wirtschaftsrates die US-Behörden, denen die SPD-Führung mit großer Skepsis gegenüberstand, eine dominierende Rolle spielten.

d) *Auseinandersetzungen um die Sozialisierung der Großbanken und Großindustrie, Bejahung des Marshallplanes und USA-Reise Schumachers im Herbst 1947*

Von Anfang an glaubte die sozialdemokratische Parteiführung, daß nur durch eine Sozialisierung der Produktionsmittel eine Stabilisierung der Demokratie erreicht und eine erneute Zerstörung der Demokratie in Deutschland verhindert werden könne. Die führenden Sozialdemokraten waren in ihrer Mehrheit geprägt durch die Erfahrungen von 1933, als das Bündnis von Nationalsozialisten und Großindustrie wesentlich zum Fall der Weimarer Republik beigetragen hatte. Bereits in seiner ersten Arbeitssitzung am 6. Juni 1946 befaßte sich der Gesamtvorstand mit einem Brief, den der Parteivorsitzende im Namen des PV am 20. Mai an die Britische Kontrollkommission gesandt hatte.[534] In diesem wies Schumacher darauf hin, daß die wesentlichen Forderungen des Parteitages in Hannover die nach einer Sozialisierung und nach einer Bodenreform seien.[535] Dem Thema „Entmachtung des Großbesitzes – Entfaltung des Klein- und Mittelbesitzes" war einer der

---

531 Vgl. Dok. 13, S. 266.
532 Vgl. Dok. 18 B (Sitzung des PV vom 17. 2. 1948), Punkt 10, S. 334.
533 Dok. 18, Anl. 1 A (Kommuniqué der Sitzung), S. 341.
534 Dok. 2, Punkt 5, S. 21 und Anlage 4 (Briefentwurf), S. 29-38.
535 Briefentwurf, S. 30.

Einleitung

Hauptabschnitte der auf dem Parteitag verabschiedeten „Kundgebung" gewidmet.[536] Die Lösung dieser Probleme, betonte Schumacher in seinem Schreiben an die Kontrollkommission, sei so dringend, daß sie nicht bis zu einer eventuellen zentralen Entscheidung durch ein künftiges deutsches Parlament aufgeschoben werden könne. Der Anfang müsse in den Ländern und Provinzen gemacht werden. Als zweiter Schritt sei eine Lösung auf der Ebene der britischen Besatzungszone notwendig.

Immer wieder wiesen Schumacher und andere Spitzenpolitiker der SPD auf die große Bedeutung hin, die eine baldige Sozialisierung für die Stabilisierung der demokratischen Ordnung nicht nur in Deutschland, sondern auch in Europa besitze.[537]

Als im Herbst 1946 deutlich erkennbar wurde, daß in den westlichen Besatzungszonen eine Restituierung des kapitalistischen Wirtschaftssystems bevorstand, versuchte die SPD-Führung die westlichen Besatzungsmächte durch die sog. *Kölner Resolution* unter Druck zu setzen.[538] In dieser Resolution stellten die Führungsgremien mit Bedauern fest, daß in Politik, Wirtschaft und Verwaltung wieder die gleichen Kräfte herrschen würden, die Deutschland in die Katastrophe geführt hätten. Die Sozialdemokraten seien nur dann bereit, weiter durch die Beteiligung an den Landesregierungen Mitverantwortung zu tragen, wenn verbindliche Zusagen auf verschiedenen Gebieten erfolgten. U.a. forderten sie einen gerechten Lastenausgleich, der Sach- und Geldwerte in gleicher Weise betreffe, sowie die „Sozialisierung der Grundstoff-Industrien, der Energiewirtschaft, der Verkehrsunternehmen, der Banken und der Versicherungsgesellschaften".

Anfang 1947 schien sich die Möglichkeit zu eröffnen, daß im größten Land der Britischen Besatzungszone, Nordrhein-Westfalen, mit der Sozialisierung der Grundstoffindustrien begonnen werden konnte. Die erste gemeinsame Sitzung von PV und PA im Jahre 1947, die am 11. Januar in München stattfand, revidierte deshalb teilweise die „Kölner Resolution" vom September 1946 und beschloß aus mehreren Gründen, sich nicht, wie damals angedroht, aus allen Landesregierungen zurückzuziehen.[539] Als konkrete Gründe wurden der Zusammenschluß der amerikanischen und britischen Zone zum Vereinigten Wirtschaftsgebiet und die bevorstehenden Viermächteverhandlungen über die Zukunft Deutschlands genannt. Aus der Begründungsrede Schumachers und aus der gesamten Diskussion geht jedoch hervor, daß auch die Hoffnung auf eine baldige wenigstens teilweise Verwirklichung der Sozialisierung zu dieser Entscheidung in einem nicht geringen Maße beitrug.[540]

---

536 Vgl. Dok. 1, Anlage, S. 5-6. Zur Frage der Bodenreform in den westlichen Besatzungszonen vgl. Günter J. Trittel, Die Bodenreform in der Britischen Zone 1945-1949, Stuttgart 1975; Ulrich Enders, Die Bodenreform in der amerikanischen Besatzungszone 1945-1949 unter besonderer Berücksichtigung Bayerns, Ostfildern 1982.
537 Vgl. Schumacher in seinem Schlußwort zur Debatte über die Diskussion seines Grundsatzreferats in der ersten gemeinsamen Sitzung von PV und PA am 22. August 1946, Dok. 4 B, Punkt 1.
538 Dok. 5 (Sitzungen vom 24.-26. 9. 1946), Anlage 2 (S. 91-93). Zu dieser Kölner Resolution vgl. auch K. Klotzbach, Der Weg zur Staatspartei, S. 101 f.
539 Dok. 7, Anlage 3 (Entschließung zur Lage), S. 163 f.
540 Dok. 7 B, Punkt 1, Referat Schumachers, S. 144 f.

II. Themenschwerpunkte der Vorstandssitzungen

Im April 1947 fanden in der Britischen Besatzungszone erstmalig Landtagswahlen statt, die zu Umbildungen der bisherigen ernannten Regierungen führten. In diesen Ländern sollte nun die Zustimmung zur Sozialisierung und zu einer grundlegenden Agrarreform für die Sozialdemokraten zur Vorbedingung einer Regierungsbeteiligung werden.[541] Auch der Anspruch der Sozialdemokraten auf das Amt des Wirtschaftsministers in den Landesregierungen hing vor allem mit der Forderung nach einer Sozialisierung der Produktionsmittel zusammen. Und schließlich forderte Schumacher auch das Amt des Direktors an der Spitze der Verwaltung für Wirtschaft der Bizone „im Interesse der Sozialisierung".[542]

Am 5. Juni 1947 verkündete der amerikanische Außenminister George *Marshall*[543] vor Studenten der Harvard-Universität ein „European Recovery Program", das dann als *Marshallplan* in die Geschichte eingegangen ist.[544] In seiner Parteitagsrede am 29. Juni nahm der Parteivorsitzende Schumacher ausführlich zu diesem Plan Stellung.[545] Er begrüßte das von Marshall entwickelte Programm als notwendigen Beitrag zum Wiederaufbau Europas und als Ansporn zu der von der SPD immer wieder geforderten engeren Zusammenarbeit der europäischen Staaten. Er sah zwar die Gefahr, daß die Amerikaner den Europäern mit ihrer Wirtschaftshilfe ihr ökonomisches und gesellschaftliches System, das zum mindesten für Deutschland völlig ungeeignet sei, aufzuzwingen versuchten. Er hegte jedoch die Hoffnung und wollte diese sogar aus einigen Sätzen von Marshall herauslesen, die Amerikaner könnten noch zu der Einsicht gelangen, daß nur eine Deutsche Republik, die ihren eigenen Weg zur Demokratie gehe, ein verläßlicher Partner der USA werden könne.

In der ersten Sitzung des neuen PV am 7. und 8. August 1947 lautete der Tagesordnungspunkt 1: „Der Marshallplan und seine Auswirkungen auf Deutschland".[546] In seinen einleitenden Worten war Schumacher nicht mehr so optimistisch wie in seiner Parteitagsrede. Er wies auf die amerikanischen Eigeninteressen hin und bezeichnete es als besonders verwerflich, daß nach der Verkündung des Planes noch weiter demontiert werden solle. Die weitere Diskussion betraf vor allem die Demontagen. Nur das Vorstandsmitglied *Gayk* äußerte grundsätzliche Bedenken gegen den Marshallplan, weil er die „Ost/West-Trennung stabilisiere".[547]

Bei den vorhandenen Meinungsverschiedenheiten zwischen der Führung der SPD und den maßgeblichen Führungskräften in den USA über die künftige wirtschaftliche und soziale Ordnung einer gesamtdeutschen Republik war es verständlich, daß sich der geschäftsführende Vorstand der SPD schon bald nach seiner Wahl im Frühjahr 1946 um eine

---

541 Dok. 9 A (Sitzung v. 22./23. 4. 1947), Punkt 5, S. 194.
542 Dok. 12 (Sitzung v. 7./8. 8. 1947), S. 250.
543 Georges *Marshall* (1880-1959), 1939-45 Generalstabschef d. US-Armee, 1945-47 Sonderbotschafter in China, 1947-50 Außenminister, 1950-51 Verteidigungsminister der USA, 1953 Friedensnobelpreis.
544 Zum Marshallplan vgl. W. Benz, Von der Besatzungsherrschaft zur Bundesrepublik, S. 127-132; Werner Abelshauser, Hilfe und Selbsthilfe. Zur Funktion des Marshall-Plans beim westdeutschen Wiederaufbau, VfZ 37 (1989), S. 85-113.
545 Abgedr. K. Schumacher, Reden – Schriften – Korrespondenzen, S. 488-491, ganze Rede: ebd.: S. 486-517.
546 Dok. 12, Punkt 1.
547 Ebd., S. 251.

Einleitung

Einladung in die USA bemühte. Bereits in der ersten Arbeitssitzung des Parteivorstandes im Juni 1946 konnte *Schumacher* mitteilen, daß er für Oktober eine Einladung der American Federation of Labor (AFL), d. h. des Dachverbandes der amerikanischen Gewerkschaften, in die USA erhalten habe.[548] Es sollte jedoch noch ein Jahr dauern, ehe er im Oktober 1947 zusammen mit Fritz *Heine* dieser Einladung Folge leisten konnte.[549] In seinem Kurzbericht in der Vorstandssitzung am 24. November 1947 wies Heine vor allem auf die Gespräche hin, die sie mit Regierungsmitgliedern in Washington geführt hätten.[550] In der anschließenden gemeinsamen Sitzung machte *Ollenhauer* am Schluß der allgemeinen Debatte den Vorschlag, Schumacher im Kommuniqué über die Sitzung den Dank für seine Arbeit in Amerika zum Ausdruck zu bringen, was einstimmig beschlossen wurde.[551]

Es war wohl kein Zufall, daß Heine in seinem Kurzbericht im Parteivorstand vor allem die Gespräche mit führenden Politikern als positives Ergebnis herausstellte. Zu diesen bekannten amerikanischen Regierungsmitgliedern gehörten Handelsminister *Harriman*[552], Verteidigungsminister *Forrestal*[553], Armeeminister *Royall*[554] und Arbeitsminister *Schwellenbach*[555]. Heine ging jedoch kaum, soweit das Protokoll Auskunft gibt, auf das eigentliche Hauptereignis der Reise, Schumachers Rede vor dem Jahreskongreß der AFL in San Francisco am 14. Oktober 1947 ein.[556] Darin hatte er u. a. versucht, seinen amerikanischen Zuhörern klar zu machen, daß in Deutschland zur Stabilisierung der demokratischen politischen Ordnung eine Sozialisierung der Großindustrie notwendig sei, daß eine solche „Sozialisierung" aber nicht mit einer „Verstaatlichung" und der Bildung von staatlichen Mammutkonzernen gleichzusetzen sei. Ob er allerdings seine Zuhörer hatte überzeugen können, muß angesichts der weiteren Entwicklung sehr fraglich erscheinen.

Als es zu Beginn des Jahres 1948 um die Erweiterung der Kompetenzen des Wirtschaftsrates ging, betonte Schumacher in der gemeinsamen Sitzung von PV, PA und der sozialdemokratischen Fraktion des Wirtschaftsrates am 18. Februar 1948, ein wichtiger Gesichtspunkt für die sozialdemokratische Politik im Wirtschaftsrat müsse sein, daß

---

548 Dok. 2, S. 251.
549 Zu dieser USA-Reise Schumachers und Heines, die vom 21. September bis 30. Oktober 1947 dauerte, vgl. d. Bericht Heines im Sozialdemokratischen Pressedienst „ In groben Strichen. Rückblick auf eine politische Reise", Nr. 89 v. 4.11.1947, S. 1-3. Vgl. auch W. Albrecht, Einleitung zu K. Schumacher, Reden – Schriften – Korrespondenzen, S. 130-132.
550 Dok. 15 A, S. 281 f.
551 Vorher hatte Heine noch einmal einen Kurzbericht über die Reise erstattet, über den aber im Protokoll nichts Näheres ausgeführt wird, Dok. 15 B, S. 286. Im Kommuniqué über die gemeinsame Sitzung wurde dann dieser Dank von PV und PA erwähnt: Dok. 15, Anlage 1 B, S. 289.
552 William Averell *Harriman* (1891-1986), Unternehmer, Diplomat, Politiker; 1943-46 Botschafter in Moskau, 1946-48 Handelsminister, 1955-59 Gouverneur d. Staates New York, später Sondergesandter der USA.
553 James *Forrestal* (1892-1949), Politiker (Demokratische Partei), 1944-46 Marinestaatssekretär d. US-Regierung, 1947-49 Verteidigungsminister.
554 Kenneth Clairborne *Royall* (1894-1971), Jurist u. Politiker (Demokratische Partei), 1945 Berater im Pentagon, 1947-49 Staatssekretär für die Armee im Pentagon.
555 Lewis Baxter *Schwellenbach* (1894-1948), Demokratische Partei, 1945-48 Arbeitsminister der USA.
556 Für einen Abdruck der Rede vgl. K. Schumacher, a.a.O., S. 562-569.

„Westdeutschland" das „17. Marshallplan - Land" werde.[557] Westdeutschland sei allein nicht lebensfähig, eine Kooperation nur mit den westeuropäischen Ländern genüge nicht. Die sehr wünschenswerte enge Zusammenarbeit mit den 16 europäischen Marshallplan - Ländern, die alle sehr zentralistisch strukturiert seien, setze jedoch voraus, daß sich Westdeutschland „keinen übertriebenen Föderalismus" leiste.

e) Der Wirtschaftsrat für das Vereinigte Wirtschaftsgebiet der amerikanischen und der britischen Besatzungszone

Bereits seit September/Oktober 1946 gab es fünf gemeinsame deutsche Verwaltungsräte für die amerikanische und die britische Besatzungszone, denen zum 1. Januar 1947 Verwaltungsämter angeschlossen wurden[558]: Die Verwaltung für Wirtschaft hatte zunächst in Minden, die Verwaltung für Ernährung und Landwirtschaft in Stuttgart, die Verwaltung für das Post- und Fernmeldewesen in Frankfurt a. M., die Verwaltung für Verkehr in Bielefeld und die für Finanzen in Frankfurt a. M ihren Sitz. Nach der Reform des Vereinigten Wirtschaftsgebietes zu Beginn des Jahres 1948 wurden alle Verwaltungen nach Frankfurt am Main verlegt, so daß die hessische Metropole für gut ein Jahr Hauptstadt der Bizone wurde.

Am 29. Mai 1947 unterzeichneten die Militärgouverneure der USA und Großbritanniens, *Clay* und *Robertson*[559], ein „Abkommen über die Neugestaltung der zweizonalen Wirtschaftsstellen", das durch die Einsetzung eines deutschen gesetzgebenden und kontrollierenden Organs, des „Wirtschaftsrates", sowie eines „Exekutivrates" als Vertretung der Landesregierungen die Schaffung der bizonalen Verwaltungsorganisation vollendete.[560]

Der Wirtschaftsrat setzte sich zusammen aus 53 von den Landtagen gewählten Mitgliedern entsprechend der Stärke der Parteien bei den Landtagswahlen. Von diesen gehörten je 20 der CDU/CSU und der SPD an; nach der Verdoppelung der Mitgliederzahl Anfang 1948 waren es je 40.[561] Die FDP entsandte 4 bzw. 8, die KPD 3 bzw. 6, Zentrum sowie Deutsche Partei je 2 bzw. 4 und die auf Bayern beschränkte Wirtschaftliche Aufbau-Vereinigung (WAV) 1 bzw. 2 Vertreter.

Gleich nach Bekanntgabe des Abkommens der beiden Militärgouverneure nahm *Schumacher* am 31. Mai 1947 auf der erwähnten Konferenz des Parteivorstandes mit führenden

---

557 Vgl. dazu die Notizen von Kreyssig über diese Sitzung, in denen ausführlicher, als im Protokoll, zum Referat Schumachers Stellung genommen wird: Dok. 18, Anlage 4 A, S. 349-351.
558 Zum folgenden vgl. Hb. politischer Institutionen, S.181-187; vgl. auch W. Benz, Von der Besatzungsherrschaft zur Bundesrepublik, S. 40-53.
559 Brian *Robertson* (1896-1974), Brit. Offizier, 1945-47 Stellv. Militärgouverneur, 1947-49 Militärgouverneur, 1949/50 Hoher Kommissar.
560 Für die Vorgeschichte und Einsetzung des Wirtschaftsrates vgl. Christoph Stamm, Einleitung zu seiner Edition: Die SPD-Fraktion im Frankfurter Wirtschaftsrat, Bonn 1993, S. XI-XIX. Vgl. auch W. Benz, Von der Besatzungsherrschaft zur Bundesrepublik, S. 58 f.
561 C. Stamm, S. XX. Für Kurzbiographien der sozialdemokratischen Mitglieder vgl. C. Stamm, S. 334-356. Für die Fraktion der CDU/CSU vgl. die Edition: Die CDU/CSU im Frankfurter Wirtschaftsrat. Protokolle der Unionsfraktion 1947-1949. Bearb. von Rainer Salzmann, Düsseldorf 1988.

sozialdemokratischen Landespolitikern und in einer Rundfunkrede dazu Stellung.[562] In der Wahl der Vertreter für den Wirtschaftsrat durch die Landtage und durch die Schaffung eines Exekutivrates als Vertretung der Landesregierungen zeige sich zwar, so kritisierte er, eine zu starke „ländermäßige Fundierung" des Wirtschaftsrates. Auf der anderen Seite sei die direkte Wahl eines Westparlaments nicht möglich, um die gesamtdeutsche Perspektive nicht zu gefährden. Doch sei der Wirtschaftsrat nicht den Landtagen verantwortlich, ja Landtagsabgeordnete dürften nicht einmal dem Wirtschaftsrat angehören. Damit setze sich in der Praxis der Grundsatz „Reichsrecht bricht Landesrecht" durch, den die Sozialdemokraten als „Reichspartei" schon immer vertreten hätten.

An der konstituierenden Sitzung der sozialdemokratischen Fraktion des Wirtschaftsrates am 24. Juni 1947 nahm der Parteivorsitzende Schumacher als Gast teil.[563] Der in dieser Sitzung zum Fraktionsvorsitzenden gewählte Erwin *Schoettle* wurde künftig zu den Parteivorstandssitzungen eingeladen.[564] Stellvertretender Vorsitzender und Geschäftsführer der Fraktion wurde Herbert *Kriedemann*, der ja auch dem Geschäftsführenden Parteivorstand in Hannover angehörte.[565] Weiter wurde *Eichler*, Beisitzer im PV, in der Vorstand der Fraktion gewählt. Damit war eine gewisse Verzahnung zwischen dem „Büro" des Parteivorstandes in Hannover und dem Gesamtvorstand mit dem Fraktionsvorstand in Frankfurt am Main geschaffen.

Bereits in der ersten Sitzung des Parteivorstandes nach der Konstituierung des Wirtschaftsrates am 7. und 8. August 1947 wurde über diesen im Beisein von Erich *Schoettle* und Ludwig *Metzger* (Vorsitzender des Exekutivrates) eingehend diskutiert.[566] Zu Beginn wies *Schumacher* darauf hin, daß die momentane klare sozialdemokratische Mehrheit im achtköpfigen Exekutivrat nicht dazu verführen dürfe, diesem mehr Kompetenzen einzuräumen. Der Exekutivrat sei keine überzonale Regierung und solle auch keine werden. Die SPD betreibe im Wirtschaftsrat eine Politik der Opposition, nicht der Obstruktion. Gegen Schumacher trat in der Diskussion *Kaisen* auf, der am Schluß als einziger gegen eine Resolution des PV stimmte, mit der der Beschluß der Wirtschaftsratsfraktion gebilligt wurde, „sich an der Übernahme von Direktorenämtern nur unter der Voraussetzung zu beteiligen, daß die Position des Direktors für Wirtschaft mit einem Sozialdemokraten besetzt wird".

Nach der Verdoppelung der Mitglieder des Wirtschaftsrates und der Erweiterung seiner Kompetenzen im Januar 1948 wuchs der Druck des „Büros" in Hannover auf die sozialdemokratische Fraktion des ersten überzonalen Parlaments. Am 25. Januar 1948 fand eine gemeinsame Sitzung des Parteivorstandes, der sozialdemokratischen Wirtschaftsrats-

---

562 Dok. 10 A, S. 221 und Dok. 10, Anlage 2, S. 230.
563 C. Stamm, S. 1 (Dok.1).
564 Dok. 12 (Sitzung v. 7./8.8.1947). Vgl. auch oben Einleitung Kap. I 1 b.
565 C. Stamm, S. 1 (Dok. 1).
566 Dok. 12, Punkt 2 (S. 249 f.) und Anlage 1 (Kommuniqué, S. 253). Metzger, der hessische Vertreter im Exekutivrat, vertrat diesen in der Vorstandssitzung, vgl. die Begrüßung Schumachers zu Beginn der Sitzung. Zur Entscheidung des Parteivorstandes für die Oppositionsrolle der Wirtschaftsratsfraktion vgl. K. Klotzbach, Der Weg zur Staatspartei, S. 134 f.; M. E. Foelz-Schroeter, Föderalistische Politik, S. 139 f.

fraktion, der sozialdemokratischen Mitglieder des Länderrates und der sozialdemokratischen Ministerpräsidenten in Hannover statt.[567] Schumacher begann sein längeres Referat mit scharfen Angriffen gegen die sozialdemokratische Fraktion: Diese habe sich zu wenig um ein Besatzungsstatut gekümmert, habe die Einbeziehung Berlins in den Wirtschaftsrat nicht nachdrücklich genug gefordert und habe schließlich der Möglichkeit der Zurückweisung von Einsprüchen des Länderrats, der den früheren Exekutivrat abgelöst hatte, durch den Wirtschaftsrat nur mit einer Zweidrittelmehrheit zugestimmt, obwohl eine Konferenz des geschäftsführenden Vorstandes mit dem Vorstand der Wirtschaftsratsfraktion sich am 6. Januar für die einfache Mehrheit ausgesprochen habe.[568] Ihm widersprachen die Länderchefs *Brauer* und *Lüdemann*, der Vizepräsident des Wirtschaftsrates *Dahrendorf* und das Vorstandsmitglied *Henßler*. Die beiden letzteren gaben dem geschäftsführenden Vorstand den Rat, nicht weiter zu versuchen, die Fraktion von Hannover aus fernzulenken, sondern in der Wirtschaftsratsfraktion aktiver mitzuarbeiten.

Der Parteivorstand stimmte am Schluß der gemeinsamen Sitzung den von Schumacher vorgelegten „Sechs Punkten" zu, die als „Richtlinie der Sozialdemokratischen Politik im Wirtschafts- und Länderrat" veröffentlicht wurden.[569] U. a. wurde darin betont, daß die SPD die Wahl eines Oberdirektors ablehne und daß die Wahl der Direktoren allein Aufgabe des Wirtschaftsrates, d. h. nicht auch des Länderrats, sei. Weiter sollten die Direktoren der bizonalen Ämter allein dem Wirtschaftsrat verantwortlich sein.

Die Zustimmung des Gesamtvorstandes genügte dem „Büro" offensichtlich nicht. Die „Richtlinie" wurde auch der nächsten gemeinsamen Sitzung von PV und PA, zu der wiederum die Mitglieder der Wirtschaftsratsfraktion sowie führende Landespolitiker eingeladen wurden, am 18. Februar in Kassel zur endgültigen Verabschiedung vorgelegt.[570] An dieser Sitzung nahmen mehr Fraktionsmitglieder teil als an der Januarsitzung.[571] Von diesen sprachen sich Georg *Berger*[572] und Irmgard *Enderle*[573] gegen den von „Hannover" angeordneten politischen Kurs aus. Dagegen verteidigten ihn *Schoettle* (Fraktionsvorsitzen-

---

567 Vgl. Dok. 17 A.
568 Zu dieser Konferenz konnte nur das nicht sehr aussagekräftige Kommuniqué entdeckt werden, das hier als Anlage 2 zum Dokument 17 abgedruckt wird (S. 325).
569 Die „Sechs Punkte", die im Protokoll wörtlich zitiert werden, wurden im Kommuniqué der Sitzung veröffentlicht, vgl. Dok. 17 A, S. 317 u. Anlage 1 A, S. 323.
570 Dok. 18 B, Punkt 1 und 2.
571 Dok. 18 B, Teilnehmerliste.
572 Georg *Berger* (1897-1967), Studium d. Rechts- u. Staatswiss., Dr. rer. pol., vor 1933 u.a. Leiter d. volkswirtschaftlichen Abt. d. Bergarbeiterverbandes, 1943-46 Lehrbeauftragter f. Handelsbetriebslehre, nach 1946 Berater f. volkswirtschaftliche Fragen bei d. IG Bergbau u. Energie, 1947-49 MdWR f. NRW, 1949 selbst. Wirtschaftsprüfer u. Steuerberater.
573 Irmgard *Enderle* (1895-1985), geb. in Frankfurt am Main als Tochter eines Gymnasiallehrers. Studium in Berlin, 1918 USPD, 1919 KPD, 1929 KPO, 1932 SAP; 1933 Emigration (Niederlande, Belgien, Schweden); 1945 Rückkehr nach Deutschland, SPD, Mitbegr. d. „Weserkuriers" in Bremen, 1946 MdBü (Bremen), 1947 Redakteurin der Gewerkschaftszeitung „Der Bund" in Köln, 1949-51 Red. d. „Welt der Arbeit", 1948/49 MdWR, 1950-55 Vorstand der IG Druck und Papier, 1951-65 freie Journalistin.

Einleitung

der) und *Kreyssig* (Mitglied des Fraktionsvorstandes)[574]. Von den Mitgliedern des PV wandte sich erneut *Henßler* gegen die von Schumacher verordnete „Parteilinie", von den Mitgliedern des Parteiausschusses plädierte Otto *Suhr* (Berlin) für eine engere Zusammenarbeit mit der CDU. Gegen Schluß der Debatte betonte Schumacher noch einmal, daß die letzte Entscheidung nicht bei der Fraktion des Wirtschaftsrates liege, sondern bei den „Körperschaften der Partei".

Am Schluß der langen Diskussion wurde die Resolution von den anwesenden 24 Mitgliedern des PV mit 20 gegen eine Stimme (*Kaisen*) bei drei Enthaltungen (*Gnoß, Henßler* und *Menzel*) angenommen.[575] Von den 23 anwesenden Mitgliedern des Parteiausschusses stimmten 17 für die Resolution, die Vertreter von Hessen-Frankfurt und Hessen-Kassel stimmten gegen sie, die Vertreter der Bezirke Westliches Westfalen, Niederrhein und Berlin (insgesamt 4) enthielten sich der Stimme.

Bereits in der nächsten Vorstandssitzung übte die Mehrheit der Mitglieder erneut schwere Kritik am Verhalten der Mehrheit der Fraktion.[576] Dieses Mal ging es um den sog. „Reimann-Zwischenfall"[577]. Auf einer Pressekonferenz Ende Februar hatte der kommunistische Abgeordnete im Wirtschaftsrat Max Reimann[578] erklärt, daß durch die Neuordnung der bizonalen Verwaltung ein westdeutscher Staat geschaffen worden sei. Alle deutschen Politiker, die diese Entwicklung unterstützten, seien Landesverräter. Als sich Reimann weigerte, dazu im Plenum des Wirtschaftsrates Stellung zu nehmen, beantragte der Ältestenrat, Reimann für zwei Monate von den Plenar- und Ausschußberatungen auszuschließen. Der Vorstand der sozialdemokratischen Fraktion stand zwar geschlossen hinter diesem Antrag, die Fraktion stimmte jedoch im Plenum mit großer Mehrheit einem Ausschluß Reimanns nicht zu.[579]

In der nächsten Fraktionssitzung am 16. März kam es darüber zum großen Krach.[580] *Schoettle* wollte im ersten Zorn als Fraktionsvorsitzender zurücktreten. Für die „einfachen" Fraktionsmitglieder betonte Valentin *Baur* (auch Mitglied des PV), daß das Abstimmungs-

---

574 Gerhard *Kreyssig* (1899-1982), Studium d. Volkswirtsch., Dr. rer.pol., 1928-31 Wirtschaftspolit. Sekr. d. AfA in Berlin, 1931-33 Leiter der wirtschaftspolit. Abteilung des IGB in Berlin, 1933 Übersiedlung mit der IGB-Zentrale nach Paris, 1941 nach London, 1946 Rückkehr nach Deutschland, Wirtschaftsredakteur der SZ in München, 1947-49 MdWR, 1951-65 MdB.
575 Vgl. d. maschinenschriftliche Aktennotiz über das genaue Abstimmungsverhalten in den Beilagen zum Protokoll der Sitzung.
576 Dok. 19, Punkt 2, der als erster behandelt wurde.
577 Dazu vgl. C. Stamm, S. 112, Anm. 2.
578 Max *Reimann* (1898-1977), Werftarbeiter in Elbing (Ostpreußen), 1919 KPD, Bergarbeiter im Ruhrgebiet, 1926 Mitglied der RGO-Leitung des Bergarbeiterverbandes, 1933 Emigration ins Saargebiet, 1935 in die Sowjetunion, 1939 bei illegalem Einreiseversuch nach Deutschl. verhaftet, 1939-45 Gestapo-Haft/ KZ. 1945/46 Wiederaufbau d. KPD im Ruhrgebiet, 1948-55 Vors. d. KPD in den drei Westzonen/BRD, 1946 MdL (NRW), 1947/48 MdWR, 1948/49 MdParlR, 1949-53 MdB, 1954 Übersiedlung in die DDR, 1968 Rückkehr in die BRD, Ehrenvors. der DKP.
579 Nach dem Bericht Kriedemanns in der Sitzung des PV stimmte nur der Fraktionsvorstand (*Schoettle, Kriedemann, Dahrendorf, Eichler* und *Kreyssig*) für den Ausschluß, etwa zwei Drittel der übrigen Fraktionsmitglieder enthielten sich der Stimme, ein Drittel stimmte sogar dagegen, vgl. Dok. 19, Punkt 2, S. 337. Zu den am 23. Februar 1948 in den Fraktionsvorstand gewählten Mitgliedern vgl. C. Stamm, S. 97.
580 C. Stamm, S. 112-118 (Dok. 47).

verhalten der Mehrheit der Fraktionsmitglieder kein Zeichen für eine prokommunistische Haltung sei, sondern als Mahnung an den Fraktionsvorstand zu verstehen sei, künftig die Fraktionsmitglieder besser zu informieren.

In der Sitzung des Parteivorstandes am 9. April wurde die Diskussion fortgesetzt. Als Berichterstatter für den Fraktionsvorstand forderte *Kriedemann,* daß sich alle Fraktionsmitglieder schriftlich für einen Ausschluß Reimanns erklären müßten. Dagegen wandten sich die PV-Mitglieder *Baur, Gnoß, Henßler, Menzel* und *Selbert.* Bei so vielen kritischen Stimmen verzichtete das „Büro" auf eine förmliche Abstimmung. *Ollenhauer* gab in seinem Schlußwort die Angelegenheit an die Fraktion zurück, von der erwartet werden müsse, daß sie in ihrer „antikommunistischen Haltung" mit dem PV übereinstimme.

In der nächsten Sitzung der Wirtschaftsratsfraktion am 12. April konnte die Angelegenheit dadurch bereinigt werden, daß die Fraktion auf Vorschlag Ollenhauers, der selbst als Gast an dieser Sitzung teilnahm, ihre „völlige Übereinstimmung" mit der Entschließung des PV vom 9. April zum Thema Kommunismus erklärte.[581] Gemeint war die Resolution „An alle Freunde der Freiheit", in der sich der Parteivorstand gegen alle Versuche der Kommunisten wandte, mit dem Schlagwort „Volksdemokratie" die demokratische Ordnung zu zerstören.[582]

Vier Wochen später beschäftigte sich der Parteivorstand erneut mit der Wirtschaftsratsfraktion.[583] Kritisiert wurde dieses Mal, daß die Fraktion ohne Absprache mit dem PV einer Kartoffelpreiserhöhung zugestimmt habe. Walter *Menzel,* der sich sachlich dieser Kritik anschloß, gab zu bedenken, ob es nicht angesichts der mangelhaften Zusammenarbeit zwischen PV und Fraktion ratsam sei, den Sitz des PV nach Frankfurt zu verlegen. *Ollenhauer* gab daraufhin zu verstehen, daß nach einer weiteren „Stabilisierung der westdeutschen Verhältnisse", d. h. nach einer weiteren Entwicklung Frankfurts zum westdeutschen politischen und wirtschaftlichen Zentrum, wirklich daran gedacht werden müsse, den Sitz des Parteivorstandes dorthin zu verlegen.

Nach der Währungsreform gab es viele Probleme, die am besten gemeinsam von PV und Wirtschaftsratsfraktion gelöst werden konnten. Beim Tagesordnungspunkt „Wirtschaftspolitik" beschloß deswegen der PV in seiner Sitzung am 2./3. August 1948, eine gemeinsame „Notkonferenz" des PV, der Wirtschaftsratsfraktion, der Landesminister und der Gewerkschafter zur Beratung der wirtschaftlichen Probleme einzuberufen.[584] Eine solche Konferenz kam jedoch anscheinend nicht zustande. Dagegen wies *Ollenhauer* in der nächsten Sitzung des Parteivorstandes Ende August darauf hin, daß die Lösung des dringendsten mit der Währungsreform zusammenhängenden Problems eines Lastenausgleichs durch den Wirtschaftsrat verhindert werden müsse, da die Chancen für eine gerechte Lösung im Sinne der sozialdemokratischen Forderungen im „neuen Parlament" größer

---

581 C. Stamm S. 120 f. (Dok. 49).
582 Abdruck der Resolution: Dok. 19, Anlage 2, S. 359 f. Vgl. auch Einleitung Kap. II 4 a.
583 Dok 20 (Sitzung vom 6.5.1948), Punkt 1 B, S. 364 f.
584 Dok. 24, Punkt 5, S. 464.

Einleitung

sein dürften.[585] Die Hoffnungen auf ein solches aus direkten Wahlen hervorgehendes westdeutsches Parlament, mit dessen Zustandekommen in dieser Zeit bereits für Ende 1948 gerechnet wurde, werden noch näher behandelt werden.[586]

f) Der Kampf gegen die Umwandlung der „Ostzone" in einen „Oststaat" nach sowjetischem Muster und die Bejahung eines zeitweiligen Zusammenschlusses der drei westlichen Besatzungszonen zu einer Art „Weststaat"

Auch nachdem im Laufe des Jahres 1947 immer deutlicher geworden war, daß an eine baldige Wiederherstellung der deutschen Einheit nicht zu denken war, beschäftigte sich der Parteivorstand weiter mit der Lage in der Ostzone. Am Parteitag von 1947 sollten 10 Gastdelegierte aus der Ostzone teilnehmen.[587] Daß die Namen dieser Gastdelegierten nicht veröffentlicht wurden, war verständlich. Außerdem sollte ein schriftlicher Gruß der „Genossen in der Ostzone" zur Verlesung kommen, was auch geschah.[588] In der kurzen Erklärung, die Franz *Neumann* im Auftrage der Genossinnen und Genossen der Ostzone, die nicht am Parteitage teilnehmen konnten, abgab, wurde betont, daß sie trotz aller Verfolgungen dem „Kampf um Freiheit und wahren Sozialismus" treu bleiben würden.

In der zweiten Sitzung des auf dem Parteitag von 1947 neu gewählten Parteivorstandes, die am 16. und 17. September 1947 in Berlin stattfand, wurde der „Lage in der Ostzone" ein eigener Tagesordnungspunkt gewidmet.[589] Diese Beratung sollte nicht nur der Berufung von Siggi *Neumann* zum neuen Leiters des „Ostbüros" dienen.[590] In seinem einleitenden Bericht wies *Heine* drauf hin, daß sich zwar der Prozeß der „Loslösung der Ostzone vom Reich" immer mehr fortsetze, daß jedoch der Raubbau an der Industrie und die Demontagen die „SEP" in eine große Krise gebracht hätten. Noch bestand also an der Parteispitze die Hoffnung, daß die Entwicklung der „Ostzone" zu einem „Oststaat" nicht endgültig sei.

Dies wurde anders nach dem Scheitern der Moskauer und der Londoner Viermächteverhandlungen über eine eventuelle gesamtdeutsche Lösung der deutschen Frage im Dezember 1947.[591] In seinem Bericht zur politischen Lage am 9. April 1948 wies *Ollenhauer* darauf hin, die „Vorbereitung des Ost-Staates" sei so weit fortgeschritten, daß die „Trennung" Deutschlands „unvermeidlich" erscheine.[592] Der baldige Anschluß der französischen Zone an die Bizone sei nunmehr sicher, ebenfalls eine „Währungsreform auf bi- oder

---

585 Dok. 25 (Sitzung v. 27./28.8.1948), Punkt 1 B, S. 474.
586 Vgl. Einleitung Kap. II 3 g.
587 Dok. 11 A, Punkt 1.
588 Prot. SPD-PT 1947, S. 64 f.
589 Dok. 13, Punkt 9.
590 Vgl. Einleitung Kap. II 1 e.
591 Zum Scheitern der Londoner Außenministerkonferenz Mitte Dezember 1947 und dessen Folgen für den wirtschaftlichen und politischen Zusammenschluß der drei westlichen Besatzungszonen zur Bundesrepublik Deutschland vgl. W. Benz, Von der Besatzungsherrschaft zur Bundesrepublik, S. 256 f. u. K. Klotzbach, Der Weg zur Staatspartei, S. 158 f.
592 Dok. 19, S. 354 f.

trizonaler Basis im Laufe des II. Quartals". Lag er mit diesen Vermutungen richtig, so nicht mit der weitergehenden, daß eventuell bereits im August 1948 „allgemeine Wahlen" in den drei Westzonen abgehalten würden. Auf jedem Fall müsse darauf gedrungen werden, daß vor diesen „Wahlen für ein westdeutsches Parlament" von den Besatzungsmächten keine „provisorische Regierung" eingesetzt werde. In der Debatte wurde ein von *Heine* gefordertes eventuelles Verbot der Kommunistischen Partei für die allgemeinen Wahlen von der Mehrheit der Vorstandsmitglieder abgelehnt.[593]

Diese Fragen wurden in der nächsten Sitzung des Parteivorstandes am 6. Mai 1948 weiter erörtert.[594] *Ollenhauer* betonte in seinem Bericht zur Lage, daß die erste Voraussetzung eines Zusammenschlusses der drei Westzonen der Erlaß eines Besatzungsstatuts durch die Besatzungsmächte sei. Die geplante verfassunggebende Versammlung dürfe auf keinen Fall durch eine indirekte Wahl der Länderparlamente zustande kommen. Die von verschiedenen Seiten – u.a. auch vom Mitglied des PV *Eichler*[595] – gestellte Forderung, ein „westdeutsches Parlament" und eine „westdeutsche Regierung" sollten mit dem Anspruch auftreten, ein „gesamtdeutsches Parlament" und eine „gesamtdeutsche Regierung" zu sein, lehnte er ab. Durch die Betonung des „provisorischen Charakters" könne der „Anspruch auf den deutschen Osten" am besten dokumentiert werden.

Die von Ollenhauer entwickelten Grundsätze wurden in einer „Entschließung" der Vorstandssitzung „zur politischen Lage" sogleich publiziert.[596] Besonders betont wurde in der Entschließung die Notwendigkeit einer Einbeziehung Berlins in die „wirtschaftliche und politische Neuordnung". Vor allem *Brandt* hatte in der Diskussion die Herausstellung dieser Notwendigkeit wegen der zögerlichen und schwächlichen Haltung der Westalliierten gefordert.[597] Dieser Forderung hatte sich *Ollenhauer* in seinem Schlußwort angeschlossen.

Nach Bekanntwerden von Einzelheiten der Londoner Vereinbarungen befaßten sich die obersten Parteigremien auf ihren Hamburger Sitzungen vom 28., 29. und 30. Juni mit den Fragen der Neuordnung Westdeutschlands.[598] *Ollenhauer* und das „Büro" hatten schon vorher die Fundamentalopposition gegen die Londoner Vereinbarungen sowie die Bildung einer „nationalen Einheitsfront" gegen das Londoner Abkommen, wie sie *Adenauer*[599] und die Führung der CDU forderten, abgelehnt. Darauf wird noch in einem anderen

---

593 Vgl. Einleitung Kap. II 4 a.
594 Dok. 20, Punkt 1 a, S. 362 f.
595 Eichler stellt diese Forderung bereits in der Vorstandssitzung am 9. April 1948. Das geht aus dem Schlußwort Ollenhauers hervor, der nach dem Protokoll aber in dieser Sitzung noch nicht dazu Stellung nahm, Dok. 19, S. 356.
596 Dok. 20, Anlage 2, S. 368 f. Der von C. *Schmid*, F. *Heine* und E. *Schoettle* ausgearbeitete Entwurf wurde am Schluß der Sitzung einstimmig angenommen, Dok. 20, S. 367.
597 Dok. 20, S. 363.
598 Dok. 22 A (Sitzung des PV vom 28. u. 29. 6.), Punkt 1; u. Dok. 22 B (Sitzung d. PV, d. PA, d. KK u. führender Landespolitiker am 29. u. 30. 6.), Punkt 1.
599 Konrad *Adenauer* (1876-1967), 1917-33, 1945 OB von Köln (Zentrum), 1946-50 Vors. d. CDU in d. Brit. Besatzungszone, 1949-63 Bundeskanzler, 1950-66 Vors. d. CDU der Bundesrepublik.

Einleitung

Zusammenhang näher einzugehen sein.[600] Nur *Gayk* übte an dieser Haltung, in der er eine zu positive Haltung gegenüber dem Londoner Abkommen sah, Kritik.[601] Dagegen betonte Ollenhauer in seinem Schlußwort, daß die SPD unter „gewissen Vorbehalten", d. h. einer Kritik an Einzelheiten, zu einer insgesamt positiven Beurteilung der „Londoner Empfehlungen" kommen müsse.

Das „Büro" blieb, wie Ollenhauer schon bei seinen einleitenden Ausführungen klar gemacht hatte, bei den bisherigen Grundsätzen, daß jede westdeutsche Regelung ein „Provisorium" sei, daß sich in Westdeutschland „keine gesamtdeutsche Regierung etablieren" könne und daß ein Besatzungsstatut die Vorbedingung für eine solche Regelung sei.[602] Nur in einem Punkt gab es eine Veränderung der bisherigen Haltung: Da für das kommende westdeutsche „Provisorium" nur ein „Verwaltungsstatut" ausgearbeitet werden sollte, genügte für dessen Ausarbeitung eine indirekt gewählte „Kommission". Das eigentliche „Westparlament" müsse in direkten Wahlen noch Ende 1948 gewählt werden. Dieses müsse dann eine westdeutsche Regierung bestimmen. Eine eventuelle provisorische „Vertretung der Trizonen - Belange durch die Ministerpräsidenten-Konferenz" müsse entschieden abgelehnt werden.

In einer am Schluß der Vorstandssitzung wie auch am Schluß der gemeinsamen Sitzung einstimmig angenommenen und sogleich publizierten Resolution wurden diese Grundsätze festgeschrieben.[603] Dieser Beschluß begann mit dem Hinweis, daß die „Londoner Abmachungen über die einheitliche wirtschaftliche und politische Verwaltung der drei Westzonen" eine Folge davon seien, daß alle bisherigen Versuche, „Deutschland auf dem Wege der Verständigung aller vier Besatzungsmächte" wieder zu einer wirtschaftlichen und politischen Einheit zusammenzufügen, „wesentlich" am Verhalten der Sowjetregierung gescheitert seien. Für die SPD bleibe die Wiederherstellung der Einheit Deutschlands das Ziel ihrer Politik. Durch die Londoner Abmachungen werde die Souveränität des Deutschen Volkes nicht wiederhergestellt, sondern nur ein neues, den veränderten Verhältnissen angepaßtes „Provisorium" geschaffen. Die SPD bejahe die Schaffung einer solchen einheitlichen und effektiven Verwaltung in den drei Westzonen. Diese müsse so geschaffen werden, daß Berlin „in geeigneter Form" einbezogen werden könne.

In der Resolution wurde hervorgehoben, daß das „Gelingen der Neuregelung im Westen" in hohem Maße davon abhänge, daß „Berlin als Vorposten der Demokratie und der deutschen Einheit" erhalten bleibe. Hier wird deutlich, in welchem Maße die Ereignisse in Berlin, d. h. die beginnende Blockade und endgültige Spaltung der Verwaltung der Stadt die Debatten über die Londoner Abmachungen beeinflußten. Das soll im nächsten Unterabschnitt näher ausgeführt werden.

---

600 Vgl. Einleitung Kap. II 4 b.
601 Dok. 22 A, S. 394.
602 Ebd.
603 Dok. 22, Anlage 2, S. 442 f. Zur einstimmigen Annahme vgl. Dok. 22 A, S. 395 u. Dok. 22 B, S. 422. In die Redaktionskommission wurden gewählt: *Schmid, Henßler* und *Brandt* sowie *Eichler* und *Gayk*, d.h. auch Kritiker einiger wichtiger Punkte des Entwurfs, der vom „Büro" stammte, Dok. 22 A, S. 394 f.

II. Themenschwerpunkte der Vorstandssitzungen

Die in dieser Einleitung bereits erwähnte gemeinsame Sitzung des Parteivorstandes mit den sozialdemokratischen Ministerpräsidenten und anderen führenden sozialdemokratischen Landespolitikern am 7. Juli 1948, auf der die sog. Frankfurter Dokumente, d. h. die den westdeutschen Ministerpräsidenten am 1. Juli in Frankfurt übergebenen konkretisierten Londoner Vereinbarungen, beraten wurden, bekannte sich zu den Hamburger Grundsätzen.[604] Zu einer Kontroverse kam es nur über die Frage, ob zur Ausarbeitung des Verwaltungsstatuts eine indirekt durch die Landesparlamente gewählte „Kommission" genüge, oder ob dazu eine direkt gewählte parlamentarische Versammlung notwendig sei. Während sich Ollenhauer erneut für eine „Kommission" aussprach, wünschte der Hamburger Bürgermeister *Brauer* die direkte Wahl für die „statutgebende Versammlung", da dieses „vorbereitende Gremium für lange Zeit geltende Grundgesetze [sic!]" auszuarbeiten habe.[605]

Der von den westdeutschen Ministerpräsidenten und den Westalliierten dann ausgehandelte, indirekt durch die Landtage zu wählende „Parlamentarische Rat" und auch der Name „Grundgesetz" für das von diesem auszuarbeitende Statut fanden die Billigung der nächsten Vorstandssitzung am 2. und 3. August 1948 in Springe.[606] Die Forderung der Amerikaner nach einer Annahme des Grundgesetzes durch Volksentscheid wurde jedoch weiterhin abgelehnt, da ein solches Plebiszit mit dem Charakter des „Provisoriums" für das Grundgesetz und für den Zusammenschluß der drei Westzonen nach Ansicht der Führung der SPD nicht vereinbar war.

g) Die Währungsreform in den drei westlichen Besatzungszonen und die Blockade Berlins im Juni 1948

Eine baldige Währungsreform verbunden mit einem Lastenausgleich für alle Bevölkerungsschichten war von Anfang an eine Hauptforderung der SPD.[607] Bereits in der vom Parteitag im Mai 1946 verabschiedeten grundlegenden Resolution war diese Forderung erhoben worden.[608] Natürlich war dabei an Gesamtdeutschland, d. h. an alle vier Besatzungszonen gedacht. Auch bei einer besonderen Besprechung der Mitglieder des Büros mit führenden Landespolitikern im Januar 1948 wurde an der Forderung nach einer „gesamtdeutschen Währungsreform" festgehalten.[609] Erst ab April 1948 wurde von der Wahrscheinlichkeit einer Währungsreform auf bizonaler oder trizonaler Ebene als Folge der Abtrennung eines „Oststaates" ausgegangen.[610] Im Kommuniqué und in der verabschiede-

---

604 Vgl. Dok. 23, vgl. auch Einleitung Kap. A 3 c. Die Frankfurter Dokumente werden hier als Anlage 2 zu Dok. 23 abgedruckt (S. 454-456).
605 Vgl. Dok. 23, S. 452.
606 Vgl. Dok. 24 (Sitzung vom 2./3. 8. 1948), Punkt 1, S. 459.
607 Vgl. dazu K. Klotzbach, Der Weg zur Staatspartei, S.152 f.
608 Vgl. Dok. 1, Anhang, S. 6.
609 Vgl. Dok. 17, Anlage 2 (Kommuniqué der Besprechung am 6.1.1948), S. 326.
610 Vgl. Ollenhauer in seinem Bericht zur Lage in der PV-Sitzung am 9.4.1948, Dok. 19, S. 355.

Einleitung

ten Resolution der Sitzung vom 9. April 1948 wurde die bevorstehende Währungsreform nicht erwähnt.[611]

Ende Mai konnte *Ollenhauer* im Parteivorstand berichten, daß auf der Londoner Sechsmächtekonferenz eine Währungsreform auf trizonaler Basis beschlossen worden sei.[612] Diese wurde am Sonntag den 20. Juni 1948 durchgeführt, nachdem der Termin erst am 18. Juni bekannt gegeben worden war.[613] Am Tag der Währungsreform erhielt jeder Bewohner der drei Westzonen für 40 alte RM 40 neue DM, 20 Mark „Kopfgeld" sollten später folgen. Es war aber nur eine scheinbare Gleichheit aller Einwohner, da der Sachbesitz des Einzelnen in seinem Wert erhalten blieb, Spargelder aber nur im Verhältnis 10:1 umgetauscht wurden. Hier eine gerechtere Regelung durch einen Lastenausgleich zu schaffen, wie es die SPD seit Jahren forderte, wurde nicht versucht.

Als Reaktion auf die Währungsreform in den drei Westzonen sperrten die sowjetischen Besatzungsbehörden sogleich alle Verkehrswege zwischen ihrer Besatzungszone und den Westzonen.[614]. Für ihre Zone führten sie drei Tage später eine eigene Währungsreform durch, bei der Sparguthaben bis zu 100 Mark im Verhältnis 1:1, weitere 900 Mark im Verhältnis 5:1 und erst der Rest von Sparguthaben im gleichen Verhältnis wie im Westen (10:1) umgetauscht wurde.

Weiter versuchten die sowjetischen Behörden, die Berliner Westsektoren durch eine Blockade zu Lande und zu Wasser, die vom 24. Juni 1948 bis zum 12. Mai 1949 dauerte, von den westlichen Besatzungszonen abzuschneiden.[615] Die Blockade hatte große Not der Bevölkerung Westberlins zur Folge und führte zur Errichtung der Luftbrücke, mit der die Bevölkerung ein Jahr lang aus der Luft mit dem Lebensnotwendigen versorgt wurde. Ende 1948 kam es dann auch zur jahrzehntelangen Teilung der Verwaltung Berlins.

Der Parteivorstand und die obersten Parteigremien trafen sich zum ersten Male nach der Währungsreform und den geschilderten Ereignissen in der Zeit vom 28. bis 30. Juni 1948 in Hamburg. Sowohl in der Sitzung des Parteivorstandes wie in der gemeinsamen Sitzung wurde das Berlin-Problem ausführlich diskutiert.[616] In einer einstimmig angenommenen Resolution „Rettet Berlin" verpflichtete sich der Parteivorstand, vor aller Welt den Ernst der gegenwärtigen Lage klar herauszustellen.[617] Gleichzeitig wurden die Bezirksorganisationen aufgefordert, Solidaritätskundgebungen für Berlin durchzuführen. Die Entschließung endet mit einem Appell an die UNO, sich einer Stellungnahme zu der aktuellen Bedrohung des Friedens und der Humanität nicht zu entziehen.

---

611 Vgl. Dok. 19, Anlage 1 u. 2, S. 359-361.
612 Vgl. Dok. 21 (Sitzung vom 28./29. 5. 1948), S. 374. Im Kommuniqué wird auch dieses Mal das Thema Währungsreform nicht erwähnt.
613 Zur Währungsreform in den drei Westzonen vgl. W. Benz, Von der Besatzungsherrschaft zur Bundesrepublik, S. 141-143.
614 Vgl. W. Benz, ebenda S. 143-145.
615 Zur Blockade Berlins vgl. Keiderling, Gerhard: „Rosinenbomber" über Berlin. Währungsreform, Blockade, Luftbrücke, Teilung, Berlin 1998; Koop, Walter: Kein Kampf um Berlin? Deutsche Politik zur Zeit der Berlin-Blockade 1948/49, Bonn 1998.
616 Dok. 22 A, TOP „Berlin", S. 393 f., u. Dok. 22 B, TOP „Die Lage in Berlin", S. 422-437.
617 Dok. 22 Anlage 4 S. 444.

h) Einflußnahme auf die Zusammensetzung des Parlamentarischen Rates und Vorbereitung auf seine Beratungen

In der Sitzung des Parteivorstands vom 2./3. August 1948, in der die Grundzüge für ein Grundgesetz gebilligt wurden, berieten die Vorstandsmitglieder erstmals über die Zusammensetzung des Parlamentarischen Rates.[618] Die endgültigen Vorschläge an die Landtagsfraktionen, denen die Auswahl der den Sozialdemokraten zustehenden Abgeordneten oblag, sollte der Koordinationsausschuß machen, der telegrafisch für den 14. August nach Hannover einberufen wurde. Bestimmte Vorschläge machte aber für das „Büro" bereits *Ollenhauer* in seinem Einleitungsreferat: die PV-Mitglieder *Eichler, Menzel, Schmid* und *Selbert* sowie die Landespolitiker *Katz, von Knoeringen, Fritz Löwenthal*[619] und *Zinn*. Die Vorschläge des „Büros" wurden ohne Diskussion akzeptiert. Weitere Vorschläge wurden von Vorstandsmitgliedern gemacht, darunter die späteren wichtigen Mitglieder des Parlamentarischen Rates, *Bergsträsser* (Hessen), *Ehlers* (Bremen) *Schönfelder* (Hamburg) und *Suhr* (Berlin). Die vom „Büro" Genannten wurden – mit Ausnahme Eichlers und Knoeringens – von den jeweiligen Landtagen in den Parlamentarisch Rat delegiert, ebenfalls die meisten der von den Vorstandsmitgliedern Vorgeschlagenen.

Der bayerischen sozialdemokratischen Landtagsfraktion sollte dann noch auf Vorschlag des „Büros" die dringende Bitte übermittelt werden, von einer eventuellen Wahl *Hoegners* Abstand zu nehmen.[620] Diesem Vorschlag folgte eine längere Diskussion über die Frage, ob solche Negativvoten der Parteispitze gegenüber den regionalen Körperschaften angebracht seien, *Kaisen* sowie *Gnoß* hielten solche Voten nicht für richtig, das „Büro" blieb jedoch bei seinem Vorschlag. Ob es zu einer förmlichen Abstimmung darüber kam, geht aus dem Protokoll nicht hervor, auf jeden Fall wurde Hoegner – neben Menzel, Schmid und Katz sicherlich der kompetenteste sozialdemokratische Verfassungsjurist – nicht in den Parlamentarischen Rat gewählt.

Zu einer heftigen Diskussion kam es über die eventuelle Entsendung von zwei kommunistischen Abgeordneten durch den Landtag von Nordrhein-Westfalen. Das Vorstandsmitglied *Gnoß* aus Düsseldorf, selbst Mitglied der dortigen Landtagsfraktion und Landesminister, stellte den Antrag, die Kommunisten von einer Beteiligung am Parlamentarischen Rat auszuschließen.[621] Die Mehrzahl der Redner in der Debatte (*Heine, Gayk* und *Schmid*) unterstützten ihn. Nur *Henßler* (Vorsitzender der Landtagsfraktion in Nordrhein-Westfalen) und *Menzel* (MdL und Innenminister in Nordrhein-Westfalen) lehnten einen solchen Ausschluß ab, da sie in Nordrhein-Westfalen die Kommunisten zur Verab-

---

618 Dok. 24, Punkt 2, S 459-461.
619 Fritz *Löwenthal* (1888-1956), Studium d. Rechts- u. Staatswiss., Rechtsanwalt in Nürnberg, Stuttgart u. (ab 1927) Berlin, 1928 KPD, 1930-32 MdR, 1933 Emigration in die UdSSR, 1946 Rückkehr nach Berlin, Zentralverw. f. Justiz SBZ, 1947 Flucht nach Westdeutschland, SPD, 1948/49 MdParlR, Mai 1949 Ausschluß aus der SPD-Fraktion.
620 Dok. 24, S. 460.
621 Gnoß gehörte bereits in den Jahren 1945 bis 1947 zu den strikten Gegnern einer Zusammenarbeit mit den Kommunisten, vgl. W. Köhler, Ernst Gnoss, Geschichte im Westen 13 (1998), H. 2, S. 223 f.

Einleitung

schiedung des Sozialisierungsgesetzes benötigten. Ollenhauer stellte wegen des Widerstandes Henßlers den Antrag nicht förmlich zur Abstimmung, vereinbarte aber mit Henßler, daß dieser der Fraktion vor ihrer endgültigen Entscheidung die offensichtliche Mehrheitsmeinung der Mitglieder des Parteivorstandes zur Kenntnis bringen werde. Die Wahl von zwei Kommunisten (Max *Reimann* und Hugo *Paul,* der bereits im Oktober 1948 durch Heinz *Renner* abgelöst wurde,) in den Parlamentarischen Rat zeigt, daß die nordrheinwestfälische Landtagsfraktion in dieser Frage mehr ihren landespolitischen Interessen als den Grundsätzen der Gesamtpartei folgte.[622]

Der Parlamentarische Rat setzte sich aus 65 von den Landtagen gewählten Abgeordneten zusammen (CDU/CSU: 27, SPD: 27, FDP: 5, DP: 2, KPD: 2, Zentrum: 2).[623] Dazu kamen 5 Berliner Abgeordnete ohne Stimmrecht (SPD: 3, CDU: 1, FDP: 1). Entsprechend der Zusammensetzung des Wirtschaftsrates richtete sich die Zahl der den einzelnen Parteien zugesprochenen Abgeordneten nach den bei den Landtagswahlen gewonnenen Mandaten sowie der Zahl der Wahlberechtigten in den 11 Ländern. Anders als in den Wirtschaftsrat durften jedoch in den Parlamentarischen Rat auch Landtagsabgeordnete und Landesminister gewählt werden. Zwei Drittel der Ratsmitglieder waren Landtagsabgeordnete, mehr als 10 % Landesminister oder Staatssekretäre. Zur sozialdemokratischen Fraktion gehörten mehrere Landesminister bzw. Staatssekretäre: *Eberhard* (Württ.-Bad.), *Ehlers* (Bremen), *Menzel* (Nordrh.-Westf.), *Reuter* (Berlin), *Schmid* (Württ.-Hoh.), und *Zinn* (Hessen). Als weitere führende sozialdemokratische Landespolitiker müssen genannt werden: *Schönfelder* (Präsident der Hamburger Bürgerschaft) und *Suhr* (Vorsteher der Berliner Stadtverordnetenversammlung). Von den Mitgliedern des Parteivorstandes waren *Gayk, Menzel, Schmid* und *Selbert* Mitglieder des Parlamentarischen Rates. Nach dem Parteitag vom September 1948 kam noch *Reuter* hinzu. Am 20. Mai 1949 ließ sich *Ollenhauer* für ein ausgeschiedenes Fraktionsmitglied in den Parlamentarischen Rat delegieren.

Außer *Selbert* gehörte noch eine Frau der sozialdemokratischen Fraktion an: Friederike *Nadig,* Sekretärin der Arbeiterwohlfahrt im Bezirk Ostwestfalen.[624] Nur zwei Frauen in einer Fraktion von 27 Mitgliedern, das war sicherlich auch für das Jahr 1948 eine völlig ungenügende Repräsentation der Frauen. Doch in der ebenfalls 27 Mitglieder umfassenden Fraktion der CDU/CSU war nur eine Frau, die frühere Studienrätin und Ministerialbeamtin Dr. Helene *Weber.*[625] Unter den fünf Abgeordneten der FDP befand sich keine Frau, ebenfalls nicht unter den je zwei Abgeordneten der Deutschen Partei und der KPD.

---

622 Gayk beklagte in der Debatte, daß „Nordrhein-Westfalen niemals Rücksichten auf die Gesamtinteressen der Partei" nehme, Dok. 24, S. 461.
623 Zur Zusammensetzung des Parlamentarischen Rates vgl. Der Parlamentarische Rat. Akten und Protokolle, Bd. 1, Boppard 1975, S. 429-437; Hb. politischer Institutionen, S. 239-241; W. Benz, Von der Besatzungsherrschaft zur Bundesrepublik, S. 194-197.
624 Friederike *Nadig* (1897-1970), geb. in Herford, 1913 SAJ, 1916 SPD, Ausbildung als Wohlfahrtspflegerin, Tätigkeit bei der AWO, 1930-33 Md Provinziallandtag Westfalen, nach dem Kriege Bezirkssekretärin der AWO für den Bezirk Ostwestfalen, 1947-50 MdL (NRW), 1948/49 MdParlR, 1949-61 MdB.
625 Helene *Weber* (1881-1962), Dr. phil., Studienrätin, Ministerialrätin im preuß. Wohlfahrtsministerium, 1919/20 u. 1924-33 MdNatVers/MdR (Zentrum), 1920-24 MdL (Preußen), nach 1945 CDU, 1946-50 MdL (NRW), 1948/49 MdParlR, 1949-62 MdB.

II. Themenschwerpunkte der Vorstandssitzungen

Nur von den beiden Vertretern des Zentrums, die beide aus Nordrhein-Westfalen kamen, war einer eine Frau: Helene *Wessel* aus Bonn.[626]

In seiner vorletzten Sitzung am 27. und 28. August 1948 beschäftigte sich der Parteivorstand mit der Eröffnung des Parlamentarischen Rates und der Konstituierung der Sozialdemokratischen Fraktion am 1. September 1949.[627] Für das Amt des Präsidenten schlug er Adolf *Schönfelder* vor, der dann, weil *Adenauer* (CDU) dieses Amt bekam, erster „Stellvertreter" des Präsidenten wurde. Für den Fraktionsvorstand schlug der Parteivorstand als Fraktionsvorsitzenden Carlo *Schmid*, und als weitere Mitglieder *Menzel*, *Gayk*, *Zimmermann* und *Zinn* vor. Die Fraktion wählte von den Vorgeschlagenen Schmid zum Fraktionsvorsitzenden, weiter Gayk, Menzel und Zimmermann in den Fraktionsvorstand – außerdem von den Berliner Abgeordneten Paul *Löbe*.[628]

In den Berichtszeitraum fällt nur der Beginn der Beratungen des Parlamentarischen Rates.[629] Doch über die Grundzüge des künftigen „Grundgesetzes" bzw. „Verwaltungsstatuts" wurde im Sommer 1948 öfter beraten. In der vorletzten Sitzung des Parteivorstandes am 27. und 28. August 1948 wurde auch ausführlich über den Verfassungskonvent in Herrenchiemsee diskutiert.[630] Berichterstatter war Carlo *Schmid*, der als einziges Vorstandsmitglied an dem Verfassungskonvent als Vertreter für Württemberg - Hohenzollern teilgenommen hatte.[631] Wohl um die bereits im Vorfeld gegen ihn erhobenen Vorwürfe, er habe sich bei den Beratungen nicht an die Beschlüsse des Parteivorstandes gehalten, zu entkräften, relativierte er die Bedeutung der Ergebnisse des Verfassungskonvents als „Vorschläge" an den Parlamentarischen Rat, wie es viele andere auch gebe. Der amtierende Parteivorsitzende *Ollenhauer* versuchte zu vermitteln: Den Ministerpräsidenten sei sicherlich ein zu großer Spielraum eingeräumt worden. Er verwies auf die Erfüllung der sozialdemokratischen Forderung hin, daß keine verfassunggebende Versammlung gewählt werden dürfte, und auch mit der Ablehnung eines Volksentscheids über das vom Parlamentarischen Rat ausgearbeitete Grundgesetz könnten sie sich vielleicht noch durchsetzen.

---

626 Helene *Wessel* (1898-1969), geb. in Dortmund, Ausbildung als Wohlfahrtspflegerin, vor 1933 Zentrum, 1928-33 MdR; 1946-50 MdL (NRW, Zentrum), 1948/49 MdParlR, 1949-69 MdB (bis 1952 Zentrum, 1952-57 Gesamtdeutsche Volkspartei, 1957-69 SPD).
627 Vgl. Dok. 25, Punkt 3, S. 479.
628 Vgl. Hb. politischer Institutionen, S. 241.
629 Zu den Beratungen des Parlamentarischen Rates vgl. ausführlich die Einleitung zu Band 2 der Edition und die dortigen entsprechenden Dokumente.
630 Dok. 25, Punkt 2. Zum Verfassungskonvent vgl. die Dokumentation: „Der Parlamentarische Rat 1948-1949. Akten und Protokolle. Bd. 2: Der Verfassungskonvent auf Herrenchiemsee. Bearbeitet von Peter Bucher, Boppard am Rhein 1981.
631 Dok. 25, S. 478. Vgl. a. Dok. 25, Anlage 4 (Artikel von C. Schmid im Sozialdemokratischen Pressedienst: „Der Vorschlag aus Herrenchiemsee"), S. 489 f. Zu den Beratungen in Herrenchiemsee vgl. auch W. Benz, Von der Besatzungsherrschaft zur Bundesrepublik, S. 184-191.

Einleitung

i) *Das neue Deutschland als gleichberechtigter Teil der Vereinigten Staaten von Europa und der Vereinten Nationen*

Von Anfang an war die Errichtung einer gesamtdeutschen demokratischen und sozialistischen Republik nicht das außenpolitische Endziel der deutschen Sozialdemokraten nach 1945. Sie war nur ein Etappenziel auf dem Wege zu den Vereinigten Staaten von Europa, die demokratisch und sozialistisch strukturiert sein sollten.

In der vom Parteitag im Mai 1946 verabschiedeten „Kundgebung" lauteten die entsprechenden Sätze, die wörtlich aus dem vom „Büro der Westzonen" ausgearbeiteten Entwurf übernommen wurden: „Die deutsche Sozialdemokratie erstrebt die *Vereinigten Staaten von Europa*, eine demokratische und föderalistische Föderation europäischer Staaten. Sie will ein sozialistisches Deutschland in einem sozialistischen Europa. Nur so kann Europa zur Solidarität mit den Völkern aller Kontinente gelangen."[632]

Die Entschließung des Parteitages von 1947 zum Thema „Deutschland und Europa", die vom Parteivorstand ausgearbeitet worden war, begann mit folgendem Satz: „Die Sozialdemokratische Partei Deutschlands bekennt sich zum demokratischen, die Freiheit der Persönlichkeit bejahenden Sozialismus als der Gesellschaftsform des neuen Europa."[633]

Im November 1947 endete eine gemeinsame Resolution von PV und PA mit folgenden Sätzen: „Die Sozialdemokratische Partei tritt ein für ein demokratisches Deutschland des Friedens und der Freiheit in einem Vereinigten Europa. Sie bekennt sich zum demokratischen Sozialismus!"[634]

Auch bei der Beratung der Strukturen einer künftigen Deutschen Republik spielte der europäische Aspekt eine große Rolle. So begannen die im März 1947 vom Parteivorstand verabschiedeten „Richtlinien für den Aufbau der Deutschen Republik" mit der Forderung, daß die „Verfassung der Deutschen Republik die Möglichkeit einer künftigen Zugehörigkeit Deutschlands zu einem Europäischen Staatenbund" berücksichtigen müsse.[635] Weiter wurde darin ein „Bund deutscher Länder" auch deshalb abgelehnt, weil er die „Entwicklung zu einer europäischen Einheit" hemmen würde.

Immer wieder wandte sich die Parteiführung der SPD gegen jegliche Form eines wieder erwachenden Nationalismus. Der Parteivorsitzende Kurt *Schumacher* beendete seine Rede vor den obersten Parteigremien am 11. Januar 1947 in München mit folgenden Sätzen, die zeigen, wie absurd der Vorwurf ist, Schumacher sei ein Nationalist gewesen:

„Der Nationalismus ist die heutige Form des Nihilismus in der Welt, der Boden, auf dem die Schwindler und Scharlatane der modernen Menschheit gedeihen. Hier entsteht der orgiastische Rausch der Umwertung aller Werte, hier verlieren die Menschen ihr Gewissen und damit auch die Möglichkeit zur Selbsterkenntnis und Selbstkritik. Nationalismus führt zu Totalitarismus,

---

632 Dok. 1, Anhang, S. 10. Für den Entwurf vgl. die gedruckte Vorlage 4 für die Parteitagsdelegierten, AdsD: SPD-LO Hamburg 53.
633 Prot. SPD-PT 1947, S. 91 = Dok. 11, Anlage, S. 246.
634 Dok. 15, Anlage 2, S. 290.
635 Abgedr.: Dok. 8, Anlage 4, S. 182. Zu diesen Richtlinien vgl. a. Einl. Kap. B 1 a.

der aber ist unvereinbar mit der Humanität und der Vernunft, den großen Richtungsweisern für Fortschritt und Frieden der menschlichen Gesellschaft."[636]
Als es im Sommer 1948 um die politische und wirtschaftliche Neuordnung der westlichen Besatzungszonen ging, da betonte der Parteivorstand nicht nur immer wieder den provisorischen Charakter der zu treffenden Ordnungen, um die gesamtdeutsche Perspektive nicht aus dem Auge zu verlieren. Gleichzeitig wurde zur Überwindung des Provisoriums ein Friedensvertrag mit dem zukünftigen „Gesamtdeutschland" gefordert. Dieser Friedensvertrag könne aber nur dann eine befriedigende Lösung bieten, „wenn er den Geist der Atlantik-Charta respektiert und die gleichberechtigte Mitarbeit eines demokratischen Deutschlands in den europäischen und internationalen Körperschaften ermöglicht"[637].

4. Auseinandersetzungen mit anderen Parteien

a) KPD/SED und ihr nahestehenden Organisationen, vor allem die VVN

Von Anfang an beschäftigte sich der Parteivorstand intensiv mit der KPD bzw. SED. Bereits in der ersten Arbeitssitzung bildeten „Informationen über SED und KP" einen eigenen Tagesordnungspunkt.[638] Dabei wurde vor allem vom Übertritt einiger prominenter westdeutscher Funktionäre der KPD zur SPD berichtet, u. a. der Senatoren Adolf *Ehlers* und Hermann *Wolters* aus Bremen, die später als sozialdemokratische Landespolitiker eine bedeutende Rolle spielten. Weiter bestätigte der Parteivorstand in der gleichen Sitzung den Ausschluß des hessischen Innenministers Hans *Venedey* aus der SPD, weil dieser ein Befürworter der Vereinigung von SPD und KPD war.[639]

Im Zusammenhang der nicht wenigen früheren Kommunisten, die sich in den westlichen Besatzungszonen der SPD anschlossen, muß auch Herbert *Wehner* genannt werden, auch wenn er im Berichtszeitraum vor allem als Redakteur am Parteiblatt der SPD und als Landespolitiker in Hamburg eine Rolle spielte und seine überregionale Karriere in der SPD erst mit der Wahl zum Bundestagsabgeordneten 1949 begann.[640]

In der ersten gemeinsamen Sitzung von PV und PA im August 1946 berichtete *Schumacher* von einer Anfrage der Führung der KPD wegen der Durchführung gemeinsamer

---

636 Dok. 7 B, S. 158. Zur Frage, ob Schumacher ein nationalistischer Politiker gewesen sei, vgl. auch den Tagungsband: Kurt Schumacher als deutscher und europäischer Sozialist. Dokumentation einer internationalen Fachtagung im Kurt-Schumacher-Bildungszentrum der Friedrich-Ebert-Stiftung in Bad Münstereifel vom 6.-8. März 1987. Hrsg. v. d. Abteilung Politische Bildung der Friedrich-Ebert-Stiftung, bearb. u. eingel. von Willy Albrecht, Bonn 1988.
637 Dok. 22, Anlage 2, S. 442.
638 Dok. 2 (Sitzung v. 4. 6. 1946), Punkt 12, S. 25.
639 Dok. 2, Punkt 13, S. 25 f.
640 Zu Wehners Bedeutung als sozialdemokratischer Landespolitiker in Hamburg nach seiner Rückkehr nach Deutschland 1946 vgl. W. Tormin, Die Geschichte der SPD in Hamburg 1945 bis 1950, passim. Herbert *Wehner* (1906-90), geb. in Dresden, 1927 KPD, 1930/31 MdL (Sachsen), nach 1945 SPD, 1949-83 MdB, 1966-69 Bundesminister f. Gesamtdt. Fragen, 1969-83 Fraktionsvors., 1952-73 PV, 1958-73 PP u. Stellv. PVors.

Einleitung

Veranstaltungen.[641] Einstimmig lehnten PV und PA diese Anfrage ab. Als es jedoch um die Bildung der Landesregierungen ging, hatte die Führung der SPD keine Bedenken gegen Regierungskoalitionen mit den Kommunisten. In einer Resolution der gemeinsamen Sitzung vom 22. August 1946 verurteilte sie die CDU, weil sie sich in Nordrhein-Westfalen der Regierungsverantwortung entzog, während Zentrum, KP und FDP in gleicher Weise gelobt wurden, weil sie mit der SPD zusammen die Regierungsbürde tragen wollten.[642]

Im November 1946 wurde beim Tagesordnungspunkt „Berichte" erstmals ein Thema angesprochen, das den PV in den folgenden Jahren noch öfter beschäftigen sollte, die Bildung besonderer Vereinigungen für politisch Verfolgte des NS-Regimes.[643] Einstimmig beschloß der Parteivorstand, den Parteiorganisationen dringend zu empfehlen, sich an solchen Gründungen nicht zu beteiligen und die Mitarbeit an derartigen Vereinigungen zu verweigern. In allen bekannt gewordenen Fällen handele es sich um Versuche der Kommunisten, eine „Propagandaorganisation für ihre Zwecke" zu schaffen. Diese Empfehlung wurde den Bezirksvorständen durch ein Rundschreiben vom 4. Dezember 1946 unter dem Titel „SPD und VVN" übermittelt.[644]

Unmittelbar vor der formellen Gründung der gesamtdeutschen „Vereinigung der Verfolgten des Naziregimes" (VVN) befaßte sich der Parteivorstand in seiner Sitzung am 13./14. März 1947 beim Tagesordnungspunkt „Organisationsfragen" erneut mit der VVN.[645] *Heine* wies in seinem Bericht darauf hin, daß die bereits gegründeten örtlichen und regionalen Ausschüsse überwiegend von den Kommunisten beherrscht würden, daß jedoch entgegen dem Vorstandsbeschluß überall auch Sozialdemokraten mitarbeiteten. Nachdem jedoch von mehreren Vorstandsmitgliedern Bedenken gegen eine Verschärfung des bisherigen Kurses gegen die VVN geäußert worden waren, faßte *Ollenhauer* die Diskussion dahingehend zusammen, daß an dem Beschluß vom November 1946 festgehalten werden solle. Im Kommuniqué wurde erwähnt, daß der Beschluß, „besondere KZ-Opfer-Vereinigungen (VVN)" abzulehnen, bestätigt worden sei.[646] Die nächste gemeinsame Sitzung von PV und PA bestätigte im April die ablehnende Haltung des Parteivorstandes gegenüber einer Mitarbeit in der VVN.[647]

---

641 Dok. 4 B (Sitzung v. 22. 8. 1946), Punkt 1, S. 69.
642 Dok. 4, Anlage 3, S. 79. Vgl. dazu auch das nächste Unterkapitel der Einleitung.
643 Dok. 6 (Sitzung v. 19. 11. 1946), Punkt 8, S. 120 und Anlage 4 (Abdruck des Rundschreibens des Büros), S. 124 f. Zur Geschichte der Vereinigung der Verfolgten des Naziregimes vgl. den Jubiläumsband von Ulrich Schneider, Zukunftsentwurf Antifaschismus. 50 Jahre Wirken der VVN für eine „neue Welt des Friedens und der Freiheit", Bonn 1997; für einen kurzen Überblick vgl. Max Oppenheimer, Der Weg der VVN – Vom Häftlingskomitee zum Bund der Antifaschisten, in: Ders. (Hrsg.): Antifaschismus – Tradition. Politik. Perspektive, Frankfurt am Main 1978, 9-118.
644 Abgedr.: Jb. SPD 1946, S. 80 f.
645 Dok. 8, Punkt 10, S. 179. Vom 15. bis 17. März 1947 fand in Frankfurt am Main die „1. Interzonale Länderkonferenz der VVN" statt, vgl. M. Oppenheimer, S. 11.
646 Dok. 8, Anlage 1, S. 181.
647 Dok. 9 B (Sitzung v. 23./24. 4. 1947), S. 208.

Erwähnt wurde schon, daß ein Antrag an den Parteitag von 1947, die ablehnende Haltung zu revidieren, dem Parteivorstand zur Erledigung überwiesen wurde, um eine öffentliche Diskussion zu vermeiden.[648] Diese Erledigung erfolgte in der Vorstandssitzung vom 16./17.9.1947.[649] Egon *Franke* berichtete zunächst über eine Konferenz in Springe Anfang September zum Thema VVN, die nach seiner Ansicht die großen Bedenken gegen eine Mitarbeit in dieser Organisation bestätigt hatte.[650] Nachdem jedoch *Meitmann, Kaisen, Neumann, Görlinger* und *Schroeder* große Bedenken gegen einen zu dieser Zeit bereits drohenden Unvereinbarkeitsbeschluß zwischen einer Mitgliedschaft in der VVN und einer in der SPD geäußert hatten, versicherte Ollenhauer, daß an einen solchen nicht gedacht sei.

Der Widerstand im Gesamtvorstand konnte hier nur scheinbar das „Büro" zum Rückzug bewegen. Am 6. Mai 1948 konnte sich das „Büro" durchsetzen: Nach einem Bericht von Franke wurde einstimmig ein Unvereinbarkeitsbeschluß zwischen der Mitgliedschaft in der VVN und einer solchen in der SPD verabschiedet.[651] Da jedoch gegen diesen Beschluß zahlreiche Proteste in Hannover einliefen, befaßte sich der Vorstand auf seiner Sitzung am 28./29. Juni erneut mit der VVN.[652] Der Parteivorstand bestätigte den Beschluß, wollte aber zunächst keinen Termin für das Inkrafttreten festlegen.

Auf dem Parteitag von 1948 kam es dann zu heftigen Auseinandersetzungen über diesen Unvereinbarkeitsbeschluß, der jedoch am Schluß der Debatte bei 21 Gegenstimmen bestätigt wurde.[653]

Noch vor der VVN wurden andere von Kommunisten beherrschte Bewegungen und Organisationen als unvereinbar mit der Mitgliedschaft in der SPD erklärt. Als Ende 1947 bekannt wurde, daß die von der SED in der SBZ initiierte Volkskongreßbewegung von der KPD auf die westlichen Besatzungszonen ausgedehnt werden sollte, verabschiedete der Parteivorstand auf Antrag des Büros einstimmig den Beschluß, daß die Teilnahme an „sogenannten Volkskongressen" unvereinbar mit der Mitgliedschaft in der SPD sei.[654] Nach dem Protokoll bezog sich dieser Unvereinbarkeitsbeschluß nur auf einen geplanten „Volkskongreß" Mitte Januar 1948 in Bremen, nach dem Kommuniqué jedoch auf alle „Volkskongresse".

Im Januar 1948 wurde der im März 1947 gegründete „Demokratische Frauenbund Deutschlands" (DFD) vom Parteivorstand zur kommunistischen Tarnorganisation und eine Mitgliedschaft in diesem Bund für unvereinbar mit einer Mitgliedschaft in der SPD

---

648 Vgl. oben Kap. II 1 f.
649 Dok. 13, Punkt 2, S. 265.
650 Vgl. auch Dok. 13, Anlage 2 A und B, S. 272-274.
651 Dok. 20, Punkt 9, S. 367 und Anlage 3; S. 369 f. Was die Einstimmigkeit der Entscheidung betrifft, so ist zu bedenken, daß in dieser Sitzung mehrere Vorstandsmitglieder fehlten, Dok. 20, S. 362.
652 Dok. 22 A, Punkt 5, S. 396 f.
653 Prot. SPD-PT 1948, S. 113 (Debatte: ebd., S. 99-112).
654 Dok. 16 (Sitzung v. 19./20. 12. 1947), Sonderpunkt „Beschluß Volkskongreß", S. 301 und Anlage 1 A (Kommuniqué), S. 302.

Einleitung

erklärt.[655] Einstimmig wurde der von Herta *Gotthelf* begründete Vorschlag des „Büros" vom Gesamtvorstand verabschiedet. In der veröffentlichten Begründung wurde u. a. darauf hingewiesen, daß der DFD dem „Internationalen Demokratischen Frauenbund" angeschlossen sei, der von bekannten Kommunistinnen geleitet werde.

Am 9. April 1948 nahm der Parteivorstand anläßlich des kommunistischen Staatsstreichs in Prag allgemein zum Kommunismus Stellung.[656] Mit der Resolution „An alle Freunde der Freiheit" wandte er sich in scharfer Form gegen alle Versuche der Kommunisten, mit dem Schlagwort „Volksdemokratie" die demokratische Ordnung zu zerstören.[657]

In dieser Sitzung wurde auch ein eventuelles Verbot der Kommunistischen Partei in den westlichen Besatzungszonen erörtert. Nachdem *Ollenhauer* ein solches in seinem Referat als „nicht zweckmäßig" bezeichnet hatte, widersprach ihm sogleich *Heine*. Als Gründe für die Notwendigkeit eines Verbots bezeichnete er die immer noch vorhandene Bereitschaft vieler Parteifunktionäre, mit Kommunisten zusammenzuarbeiten, sowie die allgemein „sich ausbreitende Furcht vor dem nicht aufzuhaltenden Vormarsch des Bolschewismus". Alle anderen Diskussionsredner, die zu dieser Frage Stellung nahmen, waren gegen ein Verbot der KP: *Schmid, Bögler, Henßler, Neumann, Eichler, Meitmann* und *Gnoß*. In der Schlußabstimmung fand Heine Unterstützung nur bei *Gotthelf*.[658]

Daß die Haltung der Mehrheit des Parteivorstandes nicht als Abkehr von der antikommunistischen Grundhaltung gedeutet werden darf, zeigte die vorangegangene Diskussion über das Verhalten der sozialdemokratischen Fraktion des Wirtschaftsrates beim „Reimann-Zwischenfall".[659] Diese Diskussion wurde bereits ausführlich im Zusammenhang mit der Darstellung des Verhältnisses des Parteivorstandes, vor allem des „Büros" zur sozialdemokratischen Fraktion des Wirtschaftsrates behandelt.[660] Es sei hier noch einmal darauf hingewiesen, daß bei aller Kritik am formalen Vorgehen des „Büros" bzw. des Fraktionsvorstandes alle Diskussionsredner betonten, daß sie in ihrer antikommunistischen Gesinnung mit „Hannover" voll übereinstimmten.

Bei der Beratung der Zusammensetzung des Parlamentarischen Rates Anfang August 1948 wurde nicht nur über die Wahl der sozialdemokratischen Vertreter gesprochen, sondern auch darüber, ob überhaupt Kommunisten in den Parlamentarischen Rat dele-

---

655 Dok. 17 B (Sitzung v. 26.1.1948), Sonderpunkt „Demokratischer Frauenbund", S. 322, und Anlage 3 (Abdruck des Unvereinbarkeitsbeschlusses), S. 326 f. Zur Gründung des Demokratischen Frauenbundes Deutschlands im März 1947 und dessen frühen Entwicklung vgl. I. Nödinger, Frauen gegen Wiederaufrüstung. Der Demokratische Frauenbund Deutschlands im antimilitaristischen Widerstand, Frankfurt am Main 1983, S. 38-44.
656 Dok. 19, Punkt 1, S. 354 f.
657 Abdruck der Resolution: Dok. 19, Anlage 2, S. 359 f.
658 Beide stimmten in der Schlußabstimmung gegen die Resolution wegen der Abänderung eines Absatzes, der in seiner ursprünglichen Fassung als Verbotsforderung interpretiert werden konnte: Dok. 19, Schlußabstimmung über die geänderte Resolution, S. 358.
659 Dok. 19, Punkt 2 (zuerst behandelt), S. 357.
660 Vgl. Einleitung Kap. II 3 e.

giert werden dürften.⁶⁶¹ Darüber wurde bereits berichtet.⁶⁶² Die Entscheidung wurde der betroffenen Landtagsfraktion von Nordrhein-Westfalen überlassen, da diese die Zustimmung der kommunistischen Landtagsabgeordneten zu ihrem Entwurf eines Sozialisierungsgesetzes benötigte.

Hier wird deutlich, daß der Parteivorstand bzw. das „Büro" trotz des grundsätzlichen Antikommunismus auch taktisch flexibel handeln konnte, wenn es um die Verwirklichung wichtiger politischer Zielsetzungen ging. Doch war das nicht immer der Fall, wie sich in der gleichen Sitzung bei der Behandlung des Tagesordnungspunktes „Kriegsdienstverweigerung" zeigte.⁶⁶³ *Ollenhauer* stellte bei dieser Beratung die Frage, ob es ratsam sei, einen Beschluß zu Gunsten der Kriegsdienstverweigerer zu fassen, da zu den Anhängern dieser Bewegung nicht nur die von „ethischen Motiven bewegten Menschen", sondern auch aus „politischen Gründen" die Kommunisten gehörten. Hier wird deutlich, daß der Kampf gegen die KP dazu führte, daß die Parteiführung der SPD eigene ethische Grundsätze zurückstellte, wenn sie die Sorge hatte, die Kommunisten könnten diese und damit die SPD für ihre politischen Ziele instrumentalisieren – sicherlich eine berechtigte Sorge, wenn man bedenkt, daß die Kommunisten zur gleichen Zeit versuchten, Berlin durch eine Blockade zu Land und zu Wasser vom Westen abzuschneiden.

b) CDU/CSU

In der ersten gemeinsamen Sitzung von PV und PA im August 1946 warf *Schumacher* der CDU und speziell *Adenauer* in Nordrhein-Westfalen vor, daß sie die Landesregierung verlassen habe.⁶⁶⁴ Er warf ihr angesichts des bevorstehenden „schwersten Winters seit dem 30jährigen Krieg" Drückebergerei vor. Die gemeinsame Sitzung verabschiedete eine Resolution, in der Schumachers Anklagen festgeschrieben wurden und die später unter dem Titel „SPD gegen CDU" veröffentlicht wurde.⁶⁶⁵ Das war etwas paradox, da doch die Führungsgremien der SPD einen Monat später in ihrer „Kölner Resolution" selbst drohten, aus allen Landesregierungen auszuscheiden, falls die westlichen Besatzungsmächte nicht grundlegende Zugeständnisse machten und die allgemeine Lage sich entscheidend verbessere.⁶⁶⁶

Bei der Behandlung vieler Sachthemen wurden natürlich auch die Auffassungen der CDU/CSU diskutiert, die meist von den eigenen abwichen. Bei der Erörterung des Verhältnisses des Parteivorstandes zur sozialdemokratischen Fraktion des Wirtschaftsrates wurde schon darauf hingewiesen, daß der PV zusammen mit dem Vorstand der Fraktion einen strikten Oppositionskurs der Fraktion durchsetzte.⁶⁶⁷

---

661 Dok. 24 (2./3. 8. 1948), S. 461.
662 Vgl. Einleitung Kap. B 3 g.
663 Dok. 25, Punkt 15, S. 467.
664 Dok. 4 B (Sitzung vom 22.8.1946), Punkt 1, S. 70.
665 Jb. SPD 1946, S. 76 = Dok. 4, Anlage 3 (S. 79).
666 Dok. 5 B (Sitzung vom 25.9.1946), S. 87 und Dok. 5, Anlage 2 (Abdruck der Resolution), S. 91-93.
667 Vgl. Einleitung Kap. II 3 e.

Einleitung

Dieser Oppositionskurs war auch gegen die alliierten Militärregierungen und ihre Vorgaben für die Tätigkeit der deutschen Institutionen gerichtet. Doch als Anfang Juni 1948 nach Publizierung der Londoner Vereinbarungen *Adenauer* im Namen der Führung der CDU in einem Zeitungsartikel öffentlich dagegen Stellung nahm und mit dem Rückzug aller Vertreter der CDU aus den Landesregierungen, den Zonenvertretungen und den bizonalen Institutionen drohte, da wartete der amtierende Parteivorsitzende *Ollenhauer* gar nicht die nächste Sitzung des PV ab, sondern antwortete sogleich an gleicher Stelle.[668] Zwar äußerte er – auch mit Hinweis auf eine kurze Erklärung des geschäftsführenden Vorstandes direkt nach der Veröffentlichung der Londoner Empfehlungen – erneut Bedenken gegen das Abkommen, wandte sich aber mit großer Entschiedenheit gegen die Ansichten von Adenauer, ohne ihn direkt anzusprechen. Vor allem wandte er sich gegen Adenauers starke Worte von der „Ehre des Deutschen Volkes", die auf dem Spiele stehe. Wörtlich führte er dazu aus:

> „Wir stehen als die Erben der unglückseligen Hinterlassenschaft des Dritten Reiches vor der fast übermenschlichen Aufgabe, das Vertrauen der demokratischen Kräfte in der Welt zu den freiheitlichen und friedlichen Teilen des deutschen Volkes durch unsere Taten zurückzugewinnen. Starke Worte sind das unpassendste und schlechteste Mittel jeder ernsthaften und sachlichen deutschen Politik."

Adenauer gab aber seine Fundamentalopposition gegen die Londoner Vereinbarungen nicht sogleich auf. Ja er trat Mitte des Monats an den Vorstand der SPD heran, um ihn zu einer gemeinsamen Aktion dagegen zu gewinnen. Das „Büro" in Hannover winkte jedoch ab. *Ollenhauer* empfing zwar Adenauer zu einem gewünschten Gespräch, doch dieses endete mit der Wiederholung der gegensätzlichen Standpunkte.[669] In der verabschiedeten Resolution der Sitzung der obersten Parteigremien Ende Juni 1948 zu den Londoner Vereinbarungen wurde mit keinem Wort auf die Kontroverse mit Adenauer bzw. der Führung der CDU eingegangen.[670] Es wurde zu Beginn der Resolution bedauert, daß die Vereinbarungen ohne Anhörung und Mitwirkung deutscher Vertreter zustande gekommen seien. Doch wurde der darin vorgeschlagene Zusammenschluß der drei westlichen Besatzungszonen zu einer Verwaltungseinheit ausdrücklich begrüßt.

c) Die kleineren liberalen und konservativen Parteien

Die kleineren liberalen und konservativen Parteien werden in den Vorstandssitzungen sehr selten erwähnt. Die FDP wurde gelegentlich wegen ihrer Unterstützung der CDU-Politik kritisiert. Als es nach den Landtagswahlen im Frühjahr 1947 um die Bildung der Landesregierung in Nordrhein-Westfalen ging, legte *Ollenhauer* im Parteivorstand dar, daß

---

668 Vgl. den Artikel Adenauers „Die Empfehlungen von London", Die Welt Nr. 67 v. 10. 6. 1948, S. 2, und die Antwort Ollenhauers „Die Ehre auf dem Spiel?", Die Welt Nr. 68 v. 12. 6. 1948, S. 2. Die im folgenden erwähnte erste Stellungnahme des „Büros" vom 7. Juni ist abgedruckt in: Sopade/Querschnitt v. Juni 1948, S. 61. Zu diesen Auseinandersetzungen über das „Londoner Abkommen" vgl. auch Einleitung Kap. II 3 f.
669 Vgl. d. Bericht Ollenhauers in der gemeinsamen Sitzung am 29. Juni 1948, Dok. 22 B, S. 412-415.
670 Dok. 22, Anlage 2, S. 442 f.

II. Themenschwerpunkte der Vorstandssitzungen

entscheidend für eine Koalition die Haltung der anderen Parteien zur Sozialisierungsfrage sei.[671] Die Befürworter (SPD, KPD und Zentrum) besäßen im Landtag mit 112 Stimmen eine Mehrheit gegenüber CDU und FDP. *Henßler*, der Fraktionsvorsitzende der SPD im Düsseldorfer Landtag, zog daraus in der Diskussion den Schluß, daß für Nordrhein-Westfalen entweder eine Allparteien-Regierung oder eine Koalition SPD-KPD-Zentrum in Frage komme. Gut ein Jahr später verabschiedete der Parteivorstand eine Resolution zur Wirtschafts- und Preispolitik, in der die durch die CDU-FDP Mehrheit getragene Politik im Wirtschaftsrat, die zum Abbau zahlreicher Preisbindungen geführt habe, scharf als „Preiswucher" kritisiert wurde.[672]

d) Rechtsradikale und neonazistische Organisationen

In den ersten Jahren nach dem Kriege wurden rechtsradikale oder gar neonazistische Parteien von den Besatzungsmächten nicht zugelassen.[673] Es gab aber natürlich rechtsradikale und neonazistische Strömungen und Bewegungen. Diese sammelten sich zunächst in „unpolitischen" Vereinen und „Bünden". Auf der Ebene der Länder versuchten diese rechtsradikalen Organisationen, kleinere bürgerliche Landesparteien zu unterwandern, z. B. die Niedersächsische Landespartei (NLP) in Niedersachsen, aus der später die Deutsche Partei hervorging[674], und die Wirtschaftliche Aufbau-Vereinigung (WAV), die auf Bayern beschränkt blieb.[675]

Schon frühzeitig wurden Bestrebungen erkennbar, diese antidemokratischen Parteien auf Zonenebene zu vereinigen. Diese Bestrebungen wurden von der Parteiführung der SPD in ihrer Bedeutung und Gefährlichkeit für die demokratische Entwicklung durchaus erkannt.[676] Um so erstaunlicher ist es, daß, soweit die offiziellen Protokolle ein Urteil erlauben, diese Tendenzen bei den Beratungen des Parteivorstandes und der obersten Parteigremien keine Rolle spielten, ja nicht einmal erwähnt wurden.[677]

Das soll aber nicht bedeuten, daß Ereignisse und Tendenzen, die man als Fortwirken nationalsozialistischer Bestrebungen bezeichnen konnte, in den Sitzungen der obersten Parteigremien völlig unbeachtet blieben. So befaßte sich gleich die erste Arbeitssitzung mit dem „Fall Hermsen", d.h. mit dem Fall des Präsidenten des Hammer Oberlandesge-

---

671 Dok. 9 A (Sitzung des PV vom 22./23.4.1947), S. 193-195.
672 Dok. 24 (Sitz. v. 2./3. 8. 1948), Anlage 2, S. 469 f.
673 Zur Entwicklung der rechtsradikalen Parteien in den ersten Jahren nach 1945 vgl. Richard Stöss, Einleitung zu R. Stöss (Hrsg.), Parteien-Handbuch Bd. 1, Opladen 1983, S. 239-253.
674 Zur NLP vgl. Horst W. Schmollinger, Die Deutsche Partei, in: R. Stöss (Hrsg.), Parteien-Handbuch Bd. 1, Opladen 1983, S. 1025-1111 (insbes. S. 1025-1029, 1058-1060, 1090 u. 1100).
675 Zur WAV vgl. Einl. Kap. II 3 b, S. LXXIII.
676 Vgl. den Artikel im Sozialdemokratischen Pressedienst vom 14. März 1947: „Was will die NLP ?", Nr. 22, S. 3-4, und den Artikel im Sopade Informationsdienst vom 19. März 1947 „Die Deutsche Rechtspartei – Konservative Vereinigung", Sopade/Querschnitt durch Politik und Wirtschaft, März 1947, Bl. 60.
677 Die NLP wird in den Protokollen ein einziges Mal erwähnt, bei der Beratung der eventuellen Zusammensetzung des Parlamentarischen Rates, für den ihr 2 Sitze zugesprochen werden sollten, Dok. 23, S. 450. Unter ihrem neuen Namen „Deutsche Partei" entsandte die Partei dann zwei Vertreter in den Parlamentarischen Rat, Hb. Politische Institutionen 1945-1949, S. 242.

Einleitung

richtspräsidenten Ernst *Hermsen*.[678] Der „Fall Hermsen" führte im Frühjahr 1946 zu großem Aufsehen. Der im preußischen Justizdienst stehende Landesgerichtspräsident Dr. Hermsen war im Sommer 1933 von Koblenz nach Hamm versetzt worden, da er Mitglied der Zentrumspartei gewesen war. Am Oberlandesgericht Hamm hatte er als Vorsitzender einer Strafkammer viele Gegner des Nationalsozialismus, vor allem Mitglieder sozialistischer Widerstandsgruppen, zu hohen Zuchthausstrafen verurteilt. Da er jedoch nie formell Mitglied der NSDAP war, wurde er im Herbst 1945 von der zuständigen Britischen Besatzungsbehörde als Oberlandesgerichtspräsident zur Reorganisation des Oberlandesgerichts Hamm eingesetzt. Als nun die Beschuldigungen gegen ihn immer lauter wurden, wurde gegen ihn vor dem Oberlandesgericht Hannover im Februar/März 1946 ein Untersuchungsverfahren durchgeführt. Vor diesem traten zwar auch verschiedene Entlastungszeugen auf, doch insgesamt war das Ergebnis so negativ für ihn, daß er „aus Gesundheitsgründen" in den Ruhestand trat, jedoch mit allen Ehren verabschiedet wurde. Diese Art der Verabschiedung führte zu neuen Angriffen gegen ihn, u. a. zu einer kritischen Stellungnahme des „Büros", die vom Gesamtvorstand gebilligt wurde.[679]

Ende Juni 1946 führte eine zunächst friedliche Protestkundgebung von Bewohnern beschlagnahmter Wohnungen auf dem Hamburger Rathausplatz zu Krawallen gegen den Bürgermeister und die Britische Besatzungsmacht, die nur mit Hilfe deutscher Polizisten und britischer Militärpolizisten beendet werden konnten.[680] In seiner nächsten Sitzung am 12. Juli 1946 verurteilte der Parteivorstand diese Ereignisse auf das schärfste als „Mißbrauch der großen sozialen und nationalen Notlage unseres Volkes durch nationalistische Bestrebungen", bei dem „reaktionäre und nationalsozialistische Elemente" zusammengewirkt hätten.[681]

---

678 Vgl. Dok. 2, Punkt 14, S. 26. Ernst *Hermsen* (geb. 1883), Jurist, Dr. jur., preuß. Justizdienst, vor 1933 Landgerichtspräsident in Koblenz, Zentrum, Sommer 1933 Versetzung an das OLG Hamm: Vors. d. II., später d. III. Strafsenats, Dez. 1945-Mai 1946 Leiter des OLG.

679 Vgl. Dok. 2, Anlage 3, S. 29. Zum „Fall Hermsen" vgl. auch verschiedene Zeitungsausschnitte, AdsD: Pers./ Hermsen. Zu den Prozessen gegen mehr als 200 Mitglieder der Widerstandsgruppe „Sozialistische Front", die im Jahre 1937 unter dem Vorsitz Hermsens stattfanden, vgl. Bernd Rabe, Die „Sozialistische Front", Hannover 1984, S. 104 f.; zu seiner Prozeßführung vgl. auch Hans-Eckard Niermann: Die Durchsetzung politischer und politisierter Strafjustiz im Dritten Reich. Ihre Entwicklung aufgezeigt am Beispiel des OLG-Bezirks Hamm, Düsseldorf 1995, passim, insbes. S. 208-213, 227-233.

680 Am 27. Juni 1946 wollte eine Abordnung von Bewohnern eines Hamburger Stadtbezirks beim Hamburger Bürgermeister gegen die Beschlagnahme ihrer Häuser durch die Militärregierung protestieren. Sie wurde von Bürgermeister Petersen und von Vertretern der Militärregierung zu Unterredungen empfangen. Am Rande dieser friedlich verlaufenden Aktionen kam es auf dem Rathausplatz zu einer lautstarken Demonstration, bei der u.a. das Deutschlandlied gesungen wurde und Rufe „Wir sind keine Inder und Kulis" ertönten. Da es dem Bürgermeister nicht gelang, die Menge zum friedlichen Auseinandergehen zu bewegen, griffen deutsche Polizisten und britische Militärpolizisten ein. Mehrere Personen wurden verhaftet. Gegen elf Demonstranten wurde Anklage erhoben, acht von ihnen wurden wegen „Zusammenrottung und öffentlicher Ruhestörung" von einem britischen Militärgericht Anfang Juli zu Gefängnisstrafen zwischen zwei und fünf Jahren verurteilt. Vgl. die Berichte über die Demonstration und die Gerichtsverhandlung, Hamb. Echo v. 29. 6. 1946 u. 6. 7. 1946, jeweils S. 3.

681 Vgl. Dok. 3, Anlage 1, S. 42 f.

II. Themenschwerpunkte der Vorstandssitzungen

5. Beziehungen zu gesellschaftlich relevanten überparteilichen Gruppen der westlichen Besatzungszonen

a) Gewerkschaften

Von Anfang an schenkte der Parteivorstand der Entwicklung der Gewerkschaften große Aufmerksamkeit.[682] Gerade die Neubildung der Gewerkschaften als parteiunabhängige Einheitsgewerkschaften brachte für die SPD Probleme mit sich.[683] Zu wichtigen gemeinsamen Sitzungen der obersten Parteigremien wurden auch sozialdemokratische Spitzenfunktionäre der Gewerkschaften eingeladen, die die Einladung in der Regel auch annahmen. So nahmen an der gemeinsamen Sitzung vom 25. September 1946 in Köln Werner *Hansen*[684] und Karl *Vollmerhaus*[685] als Vertreter der Führung der Gewerkschaften in der Britischen Besatzungszone teil.[686] Als weiterer führender Gewerkschafter nahm Erich *Potthoff*[687] an dieser Sitzung teil. Leider wird im Protokoll nur die Tatsache einer ausführlichen Diskussion erwähnt, nicht aber, ob und wie sich die Gewerkschaftsvertreter daran beteiligten.

In der anschließenden Sitzung des Parteivorstandes berichtete *Ollenhauer* beim Tagesordnungspunkt „Organisationsangelegenheiten" über ein Gespräch, das er mit dem britischen Zonensekretär *Hansen* über die anstehenden Probleme geführt hatte.[688] Hauptergebnis dieses Gesprächs sei die Vereinbarung einer künftigen engeren Zusammenarbeit gewesen, was zur Einladung an Hans *Böckler*[689] und Werner *Hansen* zur gemeinsamen

---

682 Vgl. Dok. 4 A (Sitzung vom 21.8.1946), Punkt 2.
683 Zum Neuaufbau und zur Entwicklung der Gewerkschaften in den westlichen Besatzungszonen nach 1945 vgl. die Edition: Quellen zur Geschichte der deutschen Gewerkschaftsbewegung im 20. Jahrhundert, Bd. 6: Organisatorischer Aufbau der Gewerkschaften 1945-1949. Bearb. von Siegfried Mielke unter Mitarbeit von Peter Rütters, Michael Becker und Michael Fichter, Köln 1987; Bd. 7: Gewerkschaften in Politik, Wirtschaft und Gesellschaft 1945-1949. Bearb. von Siegfried Mielke und Peter Rütters unter Mitarbeit von Michael Becker, Köln 1991. Vgl. auch Michael Schneider, Kleine Geschichte der Gewerkschaften, Bonn 1989,
684 Werner *Hansen* (1905-72), kaufm. Angestellter, ab Mitte der 20er Jahre aktives Mitglied des ZdA und des ISK., 1937 Emigration (F, GB); 1945 Rückkehr nach Deutschl., 1946 Sekr. d. Zonensekr. d. Gew. f. d. Brit. Zone, 1947-56 Vors. d. Landesbez. NRW des DGB, 1956-69 Hauptamtl. Mitgl. d. DGB-BVorst., 1953-1957 MdB.
685 Karl *Vollmerhaus* (1883-1979), Schuhmacher, SPD, Funktionär der Gewerkschaft der Schuhmacher, 1922-33 BezSekr. d. ADGB f. Brandenburg u. die Grenzmark Posen-Westpreußen; nach 1933 Widerstandstätigkeit, 6 Jahre KZ; 1945/46 Bezirksbürgermeister von Berlin-Karlshorst, später Arbeitsrichter in Koblenz.
686 Dok. 5 B, Anwesenheitsliste und Begrüßung durch Ollenhauer (S. 84 f.).
687 Vgl. Anwesenheitsliste a.a.O. Erich *Potthoff*, geb. 1914 in Köln, Kaufm. Angest., Studium d. Betriebs- u. Wirtschaftswiss., Dr. rer.pol., 1946 SPD, 1946-49 u. 1952-56 Leiter d. Wirtschaftswiss. Inst. d. Gew. (WWI), 1946/47 MdL (NRW), 1947/48 MdWR, 1949-52 Mitgl. d. Stahltreuhändervereinigung, 1957-62 Vorstandsmitgl. d. Zentralverb. Dt. Konsumgenossenschaften in Hamburg, 1963-79 Vors. d. Vorstandes d. Wirtschaftsberatung AG in Düsseldorf, 1963-80 Honorarprof. an d. Univ. Köln.
688 Dok. 5 C, Punkt 4 , S. 90, und Dok. 5, Anlage 6 (Aktennotiz über die Ergebnisse dieses Gesprächs), S. 114 f.
689 Böckler nahm zum ersten Male im November 1947 an einer gemeinsamen Sitzung der obersten Parteigremien teil, vgl. Dok. 15 B, S. 286. Hans *Böckler* (1875-1951), gelernter Metallschläger, 1894 DMV und SPD, seit 1903 Gewerkschaftssekretär, 1927-33 Vors. d. Bez. Rheinland-Westfalen und Lippe des ADGB,

Einleitung

Sitzung geführt habe, von denen Böckler leider wegen Krankheit nicht kommen konnte. Aus der in den Beilagen zum Protokoll erhalten gebliebenen Aktennotiz zu den Ergebnissen dieser Besprechung geht hervor, daß es vor allem die Sorge der Parteiführung der SPD vor einer „Fraktionsarbeit" der Kommunisten war, die zu diesem Gespräch geführt hatte.[690]

In der nächsten gemeinsamen Sitzung der obersten Parteigremien am 11. Januar 1947 in München, an der Ludwig *Rosenberg*[691] als Vertreter der Gewerkschaftsspitze teilnahm, widmete *Schumacher* den Gewerkschaften einen längeren Abschnitt seines Grundsatzreferats.[692] Er wies ihnen eine wichtige Rolle bei der wirtschaftlichen Neuordnung, insbesondere bei der Sozialisierung, zu. Er bejahte zwar das Prinzip der Einheitsgewerkschaften, warnte aber die sozialdemokratischen Gewerkschaftsführer davor, das Machtstreben der sich zu den Kommunisten bzw. zur CDU bekennenden Gewerkschaftsführer zu unterschätzen.

Rosenberg hob in seiner Antwort zu Beginn der Diskussion ebenfalls die Bedeutung der wirtschaftspolitischen Probleme hervor.[693] Die Zusammenarbeit zwischen der Gewerkschaftsführung und der Parteiführung der SPD war auch nach seiner Meinung sehr schlecht. Die Neutralität der Gewerkschaften beinhalte kein Verbot einer Zusammenarbeit mit den Parteien. Er bat darum, daß dort, wo die Gewerkschaften versagten, die SPD die Initiative zur Zusammenarbeit ergreifen müsse. Dies war wohl eine Antwort auf den Vorwurf von Schumacher, daß die Gewerkschaftsführung sich in der Frage des Verhältnisses zum kommunistisch beherrschten Weltgewerkschaftsbund nicht mit der Führung der SPD abgestimmt habe.

An der nächsten gemeinsamen Sitzung in Bad Meinberg am 23. und 24. April 1947 nahm erstmals ein Vertreter der Gewerkschaften der US-Zone, nämlich deren Sekretär Fritz *Tarnow*, teil.[694] Daß die Gewerkschaften der Britischen Zone dieses Mal nicht durch Spitzenfunktionäre vertreten waren, erklärt sich aus dem gleichzeitig stattfindenden ersten Gewerkschaftskongreß der britischen Zone in Bielefeld, auf dem der „Deutsche Gewerk-

---

1928-33 MdR; 1947-49 Vors. d. Deutschen Gewerkschaftsbundes in der britischen Zone, 1949 bis zu seinem Tode Erster Vorsitzender des DGB.
690 Abgedruckt: Dok. 5, Anlage 6.
691 Ludwig *Rosenberg* (1903-77), Sohn eines Berliner jüdischen Kaufmanns, Gymnasium, Kaufmannslehre, 1923 SPD, 1925 Gewerkschaftsbund der Angestellten (GdA), 1928-33 hauptamtlicher Funktionär der GdA; 1933 Emigration (GB); 1946 Rückkehr nach Deutschland, 1946/47 Sekretär des Gewerkschaftsbundes der brit. Zone in Bielefeld, 1948/49 Sekretär des Gewerkschaftsrates der Bizone in Frankfurt am Main, 1949 Mitgl. des geschäftsf. Vorstandes des DGB in Düsseldorf, 1959 stellv. Vors., 1962-69 Vorsitzender des DGB.
692 Dok. 7 B, S. 153 f.
693 Dok. 7 B, S. 158.
694 Dok. 9 B, S. 201. Fritz *Tarnow* (1880-1951), gelernter Tischler, ab 1906 Gewerkschaftsfunktionär, SPD, 1920-33 Vorsitzender des Deutschen Holzarbeiterverbandes, 1928-33 MdR. 1933 Emigration (Niederlande, 1936 Dänemark, 1940 Schweden); 1946 Rückkehr nach Deutschland, Sekretär der Gewerkschaften der amerikanische Zone, 1947-49 Generalsekretär des Gewerkschaftsrates der Bizone.

schaftsbund für die britische Besatzungszone" gegründet wurde.[695] Als Vertreter der Parteiführung der SPD hatte die vorangehende Vorstandssitzung *Kriedemann* und *Henßler* zu diesem Kongreß entsandt.[696]

In der den Parteitag von 1947 vorbereitenden Sitzung des Parteivorstandes am 28. Juni 1947 machte Schumacher, wie schon berichtet, den Vorschlag, Fritz *Henßler* als besoldetes Mitglied des Parteivorstandes, der für die Betriebs- und Gewerkschaftsarbeit zuständig werden sollte, zu nominieren.[697] Daß dessen Absage kein Desinteresse an der Betriebs- und Gewerkschaftsarbeit war, zeigte sich im Herbst 1947, als Henßler das Amt des Vorsitzenden des neu gebildeten Ausschusses für Betriebs- und Gewerkschaftsarbeit übernahm, das vor allem im ersten Jahr mit sehr viel Arbeit verbunden war, als noch kein Referent des PV für diese Fragen gefunden war.

Auf dem Parteitag selbst nahm der Parteivorsitzende *Schumacher* in seinem Grundsatzreferat auch zum Verhältnis SPD – Gewerkschaften Stellung.[698] Er warnte vor allem die Führung der Gewerkschaften vor dem Versuch der Kommunisten, die Gewerkschaften des Westens parteipolitisch zu erobern, und beendete seine Ausführungen mit dem dringenden Appell:

„Und ich sage den guten Gewerkschaftlern und den sozialdemokratischen Funktionären in den Gewerkschaften: Ihr könnt das Ziel der politischen Neutralität der Gewerkschaften, das wir bejahen, nicht dadurch erreichen, daß Ihr den Gegnern der Sozialdemokratie innerhalb der Gewerkschaften Narrenfreiheit gebt. Jetzt müßt Ihr als Sozialdemokraten in den Gewerkschaften und in den Betrieben die Genossen um die Fahne der Sozialdemokratie sammeln."

Ende Juli 1947 kam es zu einer Besprechung zwischen der Parteiführung und der Führung des Gewerkschaftsbundes sowohl der Britischen wie der US-Zone in Bielefeld.[699] Von der Parteiführung nahmen der Vorsitzende *Schumacher*, sein Stellvertreter *Ollenhauer* sowie die Vorstandsmitglieder *Franke, Gross, Henßler* und *Kriedemann*, von Gewerkschaftsseite Hans *Böckler*, Lorenz *Hagen*[700], Hans *vom Hoff*[701], Albin *Karl*[702], [Heinrich] *Meier*[703], Willi *Richter*[704], Ludwig *Rosenberg*, Markus *Schleicher*[705] und Fritz *Tarnow* daran teil.

---

695 Zur Entwicklung des zunächst auf das Gebiet der Britischen Besatzungszone und Bremens beschränkten DGB, zu dessen Vorsitzendem *Böckler* gewählt wurde, vgl. den Geschäftsbericht des Deutschen Gewerkschafts-Bundes (britische Besatzungszone) für die Jahre 1947 bis 1949, den dieser bei der Gründung des überzonalen DGB im Sommer 1949 vorlegte: „Die Gewerkschaftsbewegung in der britischen Besatzungszone", Köln 1949. Vgl. auch M. Schneider, Kleine Geschichte der Gewerkschaften, S. 240.
696 Dok. 9 A, S. 195.
697 Dok. 11 A. Zu den Personalvorschlägen für die Neuwahl des PV vgl. auch Einleitung Kap. I 1 b.
698 Prot. SPD-PT 1947, S. 48 = K. Schumacher, S. 504-f. Im Einzeldruck der Rede Schumachers (K. Schumacher, Deutschland und Europa, Frankfurt a.M. 1947) wurde dieser Abschnitt der Rede mit der Zwischenüberschrift „Warnung an die Gewerkschaften" versehen.
699 Dok. 12 (Sitzung des PV vom 7./8.8.1947), Punkt 3, S. 252 f., und Anlage 3 (Protokoll der Besprechung vom 30. 7. 1947), S. 254-261. Das Protokoll der Besprechung ist teilweise auch abgedruckt in: Quellen zur Geschichte der deutschen Gewerkschaftsbewegung, Bd. 7 (1991), S. 438-444.
700 Lorenz *Hagen* (1865-1965), gelernter Maschinenschlosser, vor 1933 SPD, 1928-33 Vors. des Ortsausschusses des ADGB in Nürnberg, 1938-40 KZ (Dachau u. Buchenwald), nach 1945 Aufbau der Einheitsgewerkschaft in Bayern, 1947-49 Präsident des Bayerischen Gewerkschaftsbundes, 1950-55 Vorsitzender des Landesbezirks Bayern des DGB, 1946-54 MdL (Bayern, SPD).

Einleitung

Zu Beginn dieser Besprechung wies Schumacher erneut auf die Versuche der Anhänger der KPD und der CDU hin, die Gewerkschaften wieder in Richtungsgewerkschaften aufzuspalten. Dagegen warnten die Gewerkschaftsführer vor einer besonderen Betriebs- und Gewerkschaftsarbeit der SPD. Neben *Böckler* sprach sich nur Willi *Richter* für die Bildung von sozialdemokratischen Betriebsgruppen aus, soweit ein Bedürfnis vorhanden sei. Alle Sprecher forderten von den zur SPD gehörenden Gewerkschaftsfunktionären eine größere Aktivität, um vor allem den Einfluß der Kommunisten in der Gewerkschaftsbewegung zu beschränken.

Im September 1947 wurde vom Parteivorstand der bei der Gewerkschaftsführung umstrittene „Ausschuß für Gewerkschafts- und Betriebsarbeit" gewählt.[706] Vorsitzender des Ausschusses wurde Fritz *Henßler*, von der Gewerkschaftsführung der Britischen Zone ließ sich Ludwig *Rosenberg* in den Ausschuß wählen. Weiter gehörten ihm mehrere regionale bzw. lokale Gewerkschaftsführer an: Karl *Bergmann* (IG Bergbau, Essen)[707], Irmgard *Enderle* (Köln), Erwin *Essl* (Schweinfurt)[708], Liesel *Kipp-Kaule* (Bielefeld)[709], Ernst *Lorenz* (Ludwigshafen)[710] und Adolf *Ludwig* (Neustadt a. d. Haardt, Gew. d. Frz. Zone)[711].

Auch anderen wichtigen Ausschüssen des Parteivorstandes gehörten hauptamtliche Funktionäre der Gewerkschaftsbewegung an, so dem Wirtschaftspolitischen Ausschuß

---

701 Hans *vom Hoff* (1899-1969), 1919-33 Gewerkschaftsfunktionär (ZdA), 1946 Landrat in Nienburg, 1947-49 Vertreter der britischen Zone im Gewerkschaftsrat der Bizone in Frankfurt, 1949-52 Geschäftsf. Vorst. d. DGB in Düsseldorf, 1953-56 Sonderberater der Montanunion in Luxemburg, 1957-63 Sozialreferent bei der Deutschen Botschaft in Wien.

702 Albin *Karl* (1889-1976), gelernter Porzellanmaler, vor 1918 Gewerkschaftssekr., 1928-33 Zweiter Vorsitzender d. Dt. Fabrikarbeiterverbandes. Nach 1945 in Hannover und in Niedersachsen führend am Aufbau der Einheitsgewerkschaft beteiligt, 1949-56 Mitglied des Geschäftsf. Vorst. d. DGB in Düsseldorf.

703 Heinrich *Meier*, geb. 1896 in Dortmund, 1926-33 Gewerkschaftssekr. d. ADGB für den Bez. Rheinland-Westfalen-Lippe, während der NS-Zeit selbständiger Kaufmann, nach 1945 beim Neuaufbau der Einheitsgewerkschaften beteiligt, 1946/47 Leiter des Landesjugendamtes der Rheinprovinz in Düsseldorf.

704 Willi *Richter* (1894-1972), geb. in Frankfurt am Main, Feinmechanikerlehre, vor 1918 DMV u. SPD, nach dem Ersten Weltkrieg Angestellter der Frankfurter Stadtverwaltung, 1926-33 Bezirkssekr. d. ADGB in Darmstadt. Nach 1945 führende Beteiligung am Aufbau der Einheitsgewerkschaft in Hessen, 1946-49 Vors. d. Freien Gewerkschaftsbundes Hessen, 1949-56 Mitgl. d. Geschäftsf. Vorstandes d. DGB in Düsseldorf, 1956-62 Vors. d. DGB, 1947-49 MdWR, 1949-57 MdB.

705 Markus *Schleicher* (1884-1951), gelernter Tischler, vor 1918 Gewerkschaftssekretär und SPD, 1920-33 GenSekr. d. Dt. Holzarbeiterverbandes. 1946 Vors. d. Gewerkschaftsbundes Württ.-Baden, 1949 Vors. d. IG Holz, 1950/51 Vors. d. LV Bad.-Württ. d. DGB.

706 Dok. 13 (Sitzung v. 17.9.1947), Punkt 5 A, S. 266.

707 Karl *Bergmann* (1907-79), Bergmann, vor 1933 SPD, 1946 Leiter der Geschäftsstelle Essen der IG Bergbau, 1946-50 MdL, 1949-72 MdB.

708 Erwin *Essl*, geb. 1910, Maschinenschlosser, 1933 DMV, 1946-48 GewSekr. d. IGM in Schweinfurt, 1950-75 Bezirksleiter in München, 1954-74 MdL.

709 Liesel *Kipp-Kaule* (1906-92), Kaufm. Angestellte, Gewerkschaftssekretärin in Bielefeld, 1949-65 MdB.

710 Ernst *Lorenz* (1901-80), Schlosser bei der BASF in Ludwigshafen, vor 1933 DMV und SPD, 1928-33 Stadtverordn. (Ludwigshafen), nach 1945 Betriebsratsvors. bei der BASF, 1946-67 MdL (Rheinl.-Pf.).

711 Adolf *Ludwig* (1892-1962), vor 1918 SPD, Gewerkschaftssekretär, Emigration (Frankreich), 1947-62 Vors. d. Allg. Gewerkschaftsbundes Rheinland-Pfalz u. d. Gewerkschaften d. Frz. Zone, Landesvors. d. DGB, 1949-62 MdB.

neben *Agartz* Erich *Potthoff* und Heinz *Potthoff*.[712] In den Sozialpolitischen Ausschuß wurden Walter *Auerbach*[713], Albin *Karl* und Ludwig *Selpien*[714] berufen.[715]

Eine weitere Besprechung zwischen der Parteispitze und führenden Vertretern der Gewerkschaften fand am 13. Februar 1948 in Bad Meinberg statt.[716] An dieser Besprechung nahmen für die SPD *Schumacher*, *Ollenhauer*, *Henßler* und *Gross* sowie für die Gewerkschaften *Agartz*, *Böckler*, *Hagen*, vom *Hoff*, Heinz *Potthoff*, *Richter* und *Rosenberg* teil. Besonders hervorzuheben ist die Teilnahme von Viktor *Agartz* als Vertreter der Gewerkschaften. Dieser war nach der Übernahme der Leitung des Wirtschaftswissenschaftlichen Instituts der Gewerkschaften für mehrere Monate als hauptamtlicher Funktionär der Gewerkschaften Mitglied des Parteivorstandes der SPD.[717]

Anlaß für diese Besprechung war wiederum die Sorge der Parteiführung wegen der unklaren Haltung der westdeutschen Gewerkschaften zu den völlig gleichgeschalteten Gewerkschaften der Ostzone, insbesondere ihre Teilnahme an einer gesamtdeutschen Gewerkschaftskonferenz in Dresden, und zum kommunistisch beherrschten Weltgewerkschaftsbund.[718] Die Vertreter der Gewerkschaften versuchten zu beruhigen[719]: Den Vorschlag, einen gesamtdeutschen Gewerkschaftskongreß einzuberufen, hätten sie abgelehnt. Den Vorschlag der Bildung eines Zentralrates aus Vertretern der Gewerkschaftsbünde aller vier Zonen hätten sie zwar akzeptiert, doch nicht den Wunsch der Ostzonenvertreter nach einer Zusammensetzung entsprechend der Zahl der Gewerkschaftsmitglieder in den verschiedenen Zonen und nach einem schnellen Zustandekommen dieses Rates. Nach den – allerdings nur kurzen – Ausführungen in den Protokollen der Besprechung und der Vorstandssitzung konnten die Gewerkschaftsvertreter die Vertreter des Parteivorstandes in dieser Frage beruhigen.

In dieser Vorstandssitzung am 17. Februar 1948 kam noch ein Problem zur Sprache, das den Parteivorstand noch öfter beschäftigen sollte: die **Bildung einer besonderen Gewerkschaft für Angestellte, d. h. der „Deutschen Angestelltengewerkschaft" (DAG)**, und ihre Trennung vom Deutschen Gewerkschaftsbund (DGB). Das Problem für die Parteiführung

---

712 Heinz *Potthoff* (1904-74), geb. in Bielefeld, Metallarbeiter, Studium d. Wirtschaftswiss., Dr. rer. pol., 1946 Ministerialdir. im Wirtschaftsmin. von Nordrh.-Westf., 1946 u. 1966-70 MdL, 1947 Vorl. Vertreter von NRW im Exekutivrat d. Verein. Wirtschaftsgeb., 1953-62 Dt. Vertreter (als Vertrauensmann d. Gew.) bei der Hohen Behörde d. Montanunion in Luxemburg.

713 Walter *Auerbach* (1905-75), Sohn eines jüdischen Kaufmanns in Hamburg, Studium, Dr. phil., 1930-33 Sekretär des Vorstandes des Gesamtverbandes der Arbeitnehmer der öffentlichen Betriebe, 1933 Emigration in die Niederlande, 1939 nach Großbritannien. 1946 Rückkehr nach Deutschland, 1948-55 u. 1957-69 StSekr. im niedersächs. ArbMin., 1969-71 (Pensionierung) StSekr. im Bundesarbeitsministerium.

714 Ludwig *Selpien* (1882-1951), gelernter Zigarrensortierer, Gewerkschaftsfunktionär in Hamburg, 1903 SPD, nach 1945 Wiederaufbau d. Gew. in HH, Leiter d. Abt. Arbeitsrecht u. Sozialpolitik d. Bez. Nordmark d. DGB, 1946-49 MdBü (SPD).

715 Dok. 17 (Sitzung vom 25./26.1.1948), Punkt 3 e.

716 Dok. 18 A (Sitzung des PV am 17.2.1948 (Punkt 4) und Dok. 18, Anlage 2 (Protokoll der Besprechung).

717 Zum Ausscheiden von Agartz aus dem PV im August 1948 vgl. Einl. Kap. I 1 b, S. XXIII.

718 Vgl. die Ausführungen Schumachers zu Beginn der Besprechung, Dok. 18, Anlage 2, S. 342.

719 Vgl. den Bericht von Richter in der Besprechung, ebd. S. 344, und die Informationen von Henßler und Ollenhauer in der Vorstandssitzung Dok. 18 A, Punkt 4, S. 329 f.

Einleitung

lag darin, daß in beiden Gewerkschaften Sozialdemokraten als haupt- und ehrenamtliche Funktionäre mitwirkten und sich als Gewerkschafter bekämpften.[720] Für das „Büro" wies *Ollenhauer* darauf hin, daß der „Konflikt" DGB – DAG nicht von der Partei beeinflußt werden könne.

Am 20. Juli 1948 stellte der Vorstand des DGB der Britischen Zone fest, daß sich die DAG durch die dauernde Mißachtung des Prinzips der Industriegewerkschaften „ein Betrieb – eine Gewerkschaft" außerhalb des DGB gestellt habe.[721] Durch die gleichzeitige Gründung einer „Gewerkschaft Handel, Banken und Versicherungen" (HBV) wurde innerhalb des DGB eine neue Berufsorganisation geschaffen, die diesem Prinzip verpflichtet war. Die Führung des DGB versuchte nun, die Parteiführung zur Einflußnahme auf die sozialdemokratischen Gewerkschaftsmitglieder zu bewegen, die DAG zu verlassen und sich der entsprechenden DGB-Gewerkschaft anzuschließen. Doch der Parteivorstand beschloß auf seiner Sitzung am 2./3. August 1948, sich in diesem Konflikt neutral zu verhalten und keine Empfehlung zu geben.[722] Dieser Beschluß sollte zwar nicht veröffentlicht, aber den Bezirksorganisationen durch ein Rundschreiben mitgeteilt werden.[723]

Eine regionale Sonderentwicklung der Gewerkschaften muß hier noch behandelt werden, da sie auch in den Vorstandssitzungen gelegentlich eine Rolle spielte, die *Entwicklung der Gewerkschaften in Berlin*.[724] Wie in der gesamten Sowjetischen Besatzungszone waren in Berlin die Gewerkschaften als Einheitsgewerkschaften mit dem „Freien Deutschen Gewerkschaftsbund" („FDGB") als Dachverband bereits im Sommer 1945 wieder gegründet worden. Dem im Februar 1946 gewählten ersten Vorstand des „FDGB – Groß-Berlin" gehörten 14 Vertreter der KPD, 13 Vertreter der SPD und drei Vertreter der CDU an.[725] Im Mai 1946 schlossen sich 10 der 13 Vertreter der SPD der SED an. Erster Vorsitzender des Berliner FDGB wurde Roman *Chwalek* (KPD-SED)[726], zweiter Vorsitzender Hermann *Schlimme* (SPD-SED)[727] und dritter Vorsitzender Ernst *Lemmer* (CDU)[728]. Weiter gehörten

---

720 Ebd., zu diesen Auseinandersetzungen vgl. die Edition: Quellen zur Geschichte der deutschen Gewerkschaftsbewegung im 20. Jahrhundert, Bd. 8: Die Gewerkschaften und die Angestelltenfrage 1945-1949. Bearb. von Siegfried Mielke, Köln 1989.

721 Die Gewerkschaften und die Angestelltenfrage 1945-1949, S. 315 (Dok. Nr. 96). Zu diesem Beschluß vgl. auch die Einleitung zu dieser Edition von S. Mielke, S. 32-40.

722 Dok. 24, S. 463.

723 Vgl. das Rundschreiben 60/48 vom 6.8.1948 an die Bezirksvorstände, abgedr. als Anlage 3 zu Dok. 24 (S. 470 f.). Das Rundschreiben ist auch abgedruckt in der Dokumentation „Die Gewerkschaften und die Angestelltenfrage 1945-1949", S. 323 f.

724 Zur Geschichte der Gewerkschaften in Berlin in den ersten Nachkriegsjahren vgl. die vom Landesbezirk Berlin des DGB herausgegebene „Berliner Gewerkschaftsgeschichte von 1945 bis 1950. FDGB UGO DGB", Berlin 1971.

725 Für die Namen der Mitglieder des Gesamtvorstandes und des Geschäftsführenden Vorstandes vgl. Berliner Gewerkschaftsgeschichte, S. 55.

726 Roman *Chwalek* (1898-1974), gelernter Schlosser, vor 1933 KPD, 1930-33 MdR, 1933-37 Zuchthaus/KZ, 1946 SED, 1946-49 Vors. d. Landesverbandes Groß-Berlin des FDGB, 1950-53 Arbeitsminister der DDR, 1954-68 Vorstand des Verb. Dt. Konsumgenossenschaften in der DDR.

727 Hermann Ernst *Schlimme* (1882-1955), Drechsler, Gewerkschaftsfunktionär, SPD - USPD - SPD, 1931-33 Sekr. d. Bundesvorstandes d. ADGB in Berlin, 1945/46 ZA d. SPD, 1946-55 PV bzw. ZK d. SED, 1946-55 Vorstand d. FDGB, 1949-55 MdVK.

dem Geschäftsführenden Vorstand drei Vertreter der KPD, zwei Vertreter der SPD, von denen sich einer später der SED anschloß, sowie als zusätzliches „beratendes" Vorstandsmitglied Jakob *Kaiser* (CDU)[729] an.

Auch in den folgenden zwei Jahren blieben Vertreter der CDU und der SPD im Vorstand des Berliner FDGB. Nach den Neuwahlen im Frühjahr 1947 setzte sich der Berliner Gesamtvorstand aus 38 Mitgliedern der SED, 5 der SPD und 2 der CDU zusammen.[730] Die fünf Nichtmitglieder der SED im Gesamtvorstand und die drei im Geschäftsführenden Vorstand entsprachen aber keineswegs der zahlenmäßigen Stärke der Nichtmitglieder der SED in der Mitgliedschaft des FDGB, und bei den Gewerkschaftswahlen wurde auf allen Ebenen nach kommunistischer Art sehr stark manipuliert. Deshalb bildete sich vor allem in den Westsektoren der Stadt bereits 1947 eine „Unabhängige Gewerkschaftsopposition" heraus. Diese zunächst mehr informelle „Arbeitsgemeinschaft" bildete Anfang Mai 1948 einen formellen „Aktionsausschuß", der sich aus je einem Vertreter der 10 Bezirksausschüsse und der 7 Gewerkschaftsverbände, in denen die UGO bei den vergangenen Gewerkschaftswahlen die Mehrheit hatte erringen können, zusammensetzte.[731]

Am 21. Mai 1948 verließen die sich zur UGO bekennenden Delegierten die dritte Stadtkonferenz des Berliner FDGB, als sie keine Wiederholung der Wahlen in den umstrittenen Wahlbezirken durchsetzen konnten. Sie setzten, da es zu keiner Verständigung mit der Leitung des Berliner FDGB kam, am 28. Mai eine „Kommissarische Leitung des FDGB (UGO)" ein. In ihrem ersten Rechenschaftsbericht datierte die „Unabhängige Gewerkschaftsorganisation (UGO)" ihre Tätigkeit vom 1. Juni 1948 an.[732] Am 14. August 1948 beschloß die „Vorständekonferenz" der Unabhängigen Gewerkschafts-Organisation Groß-Berlins eine „Prinzipienerklärung", die von der „Unabhängigkeit der Gewerkschaften von privaten und öffentlichen Unternehmen, vom Staate, von den Besatzungsmächten, den Parteien und anderen Organisationen" ausging.[733] Gleichzeitig wurde eine „vorläufige Bundesleitung" von 47 Personen sowie eine „engere und geschäftsführende Bundesleitung" von 9 Personen gewählt.[734] Ein für den Herbst geplanter erster „Bundestag" der UGO konnte wegen der Blockade erst am 25. April 1949 stattfinden.[735]

---

728 Ernst *Lemmer* (1898-1970), vor 1933 Gewerkschaftsfunktionär (Hirsch-Dunckersche Gewerkvereine), DDP/DStP, 1924-32 u. 1933 MdR; 1945 Mitbegr. d. CDU in Berlin/SBZ, 1952-70 MdB, 1957-62 Minister f. Gesamtdt. Fragen.

729 Jakob *Kaiser* (1888-1961), vor 1933 Spitzenfunktionär der Christl. Gewerkschaften und des Zentrums, 1933-45 Widerstandstätigkeit, 1945-47 Mitbegr. u. Vors. d. CDU in Berlin/SBZ, 1949-57 MdB u. Minister f. Gesamtdt. Fragen.

730 Vgl. Berliner Gewerkschaftsgeschichte, S. 74 f.

731 Vgl. Berliner Gewerkschaftsgeschichte, S. 104 f.

732 Vgl. „Erster Geschäftsbericht der Unabhängigen Gewerkschafts- Organisation Groß-Berlin für die Zeit vom 1. Juni 1948 bis zum 1. März 1949", Berlin 1949. Es folgte noch ein „Zweiter Geschäftsbericht" für die Zeit vom 1. März 1949 bis 30. Juni 1950, ehe sich die UGO als Landesbezirk Berlin dem DGB anschließen konnte. Auf dem Gründungskongreß des überzonalen DGB im Oktober 1949 war dies wegen des Einspruchs der Westalliierten noch nicht möglich.

733 Abgedr.: Erster Geschäftsbericht, S. 10-13.

734 Verzeichnis der gewählten Personen, ebenda S. 13.

735 Vgl. Zweiter Geschäftsbericht, S. 14.

Einleitung

Die Spaltung der Berliner Gewerkschaftsbewegung erfolgte so noch vor der Spaltung der Verwaltung der Stadt. Ihr folgte bald die jahrzehntelange Spaltung der deutschen Gewerkschaftsbewegung. Die 9. Interzonen-Konferenz, die am 17. und 18. August 1948 in Lindau am Bodensee stattfand, wurde u. a. deshalb ergebnislos abgebrochen, weil eine Einigung über ein eventuelles Vertretungsrecht der Delegierten der UGO zwischen den Vertretern der Gewerkschaften der Westzonen und den Vertretern des FDGB nicht möglich war.[736]

In einem Lagebericht über Berlin Ende Mai 1948 erwähnte Franz *Neumann* auch die dortige Gewerkschaftsbewegung und die UGO.[737] Er beklagte es, daß die Gewerkschafter im Westen bislang nicht verstanden hätten, um was es bei den Auseinandersetzungen der UGO mit dem FDGB gehe. Die Westgewerkschafter verhandelten weiterhin allein mit dem Berliner FDGB. In der kurzen Debatte ging nur *Heine* darauf ein und forderte, den Westgewerkschaftern klar zu machen, daß ihr Verhalten „unverantwortlich" sei.

b) Kirchen

Die Kirchen als wichtige gesellschaftliche Institutionen wurden in den Vorstandssitzungen öfter erwähnt. In seinem Referat zu Beginn der ersten gemeinsamen Sitzung von PV und PA am 22. August 1946 nahm *Schumacher* auch zum Problem des Verhältnisses der Sozialdemokraten zu den kirchlichen Institutionen Stellung.[738] Diesen wollten sie, so betonte er, den „notwendigen Respekt erweisen, soweit sie sich nicht in das politische Leben einmischen" würden. Das entsprach voll und ganz der bisherigen Linie der SPD, wie sie auch der Parteivorsitzende bislang schon öfter aufgezeigt hatte. In seiner Grundsatzrede auf dem Parteitag in Hannover am 9. Mai 1946 hatte er ausgeführt: „Wir sind bereit, sämtliche Religionen und Weltanschauungen zu respektieren, auch ihre kirchlichen und sonstigen Organisationen mit vollem Respekt zu behandeln. Wir sind aber nicht bereit, uns von irgend jemand von unserem nationalen und klassenmäßigen politischen Weg abdrängen zu lassen."[739]

Zur evangelischen Kirche waren die Beziehungen von Anfang an besser, vor allem zur Bekennenden Kirche wegen des gemeinsamen Kampfes gegen den Nationalsozialismus.[740] Auch gehörten zur Parteispitze einige Repräsentanten des Christlichen Sozialismus – die prominentesten waren die Vorstandsmitglieder *Grimme* und *Metzger* – sowie einige Pfarrer

---

736 Für einen Abdruck der Pressemitteilung und der beiden Erklärungen der „Delegation der Gewerkschaften der drei Westzonen" sowie der „Vertreter des FDGB der sowjetische besetzten Zone und Groß-Berlin", vgl. „Die Gewerkschaftsbewegung in der britischen Besatzungszone", S. 745 f., vgl. auch M. Schneider, Kleine Geschichte der Gewerkschaften, S. 243.
737 Dok. 21 (Sitzung v. 28./29.5.1948), Punkt 4, S. 376.
738 Dok. 4 B, Punkt 1, S. 69.
739 Prot. SPD-PT 1946, S. 55 = K. Schumacher, Reden – Schriften – Korrespondenzen, S. 417.
740 Vgl. dazu Martin Möller, Evangelische Kirche und Sozialdemokratische Partei in den Jahren 1945-1950, Göttingen 1984; Frédéric Hartweg, Kurt Schumacher, die SPD und die protestantisch orientierte Opposition gegen Adenauers Deutschland- und Europapolitik, in: Kurt Schumacher als deutscher und europäischer Sozialist, Bonn 1988, S. 188-212.

II. Themenschwerpunkte der Vorstandssitzungen

der evangelischen Kirche – der prominenteste war Heinrich *Albertz*, der 1950 in den Parteivorstand gewählt wurde.

Vom 16. bis 18. Juli 1947 fand in Detmold ein Treffen von Vertretern des PV mit Vertretern der Bekennenden Kirche statt.[741] An diesem nahmen nach dem Bericht von Hennig in der Vorstandssitzung am 7./8. August von der SPD-Führung u. a. *Schumacher, Albertz, Grimme, Hennig, Metzger* und *Schmid*[742] teil. Die evangelische Kirche war u. a. durch die Landesbischöfe *Lilje*[743] und *Wurm*[744], Professor *Iwand*[745], Oberkirchenrat *Held*[746] und Pastor *Niemöller*[747] vertreten. Nicht nur Spitzenfunktionäre der SPD und Theologen der Evangelischen Kirche waren unter den 36 Teilnehmern. Auch der Direktor eines Industrieunternehmens, ein Dr. *Krueger*[748] aus Dortmund, nahm aktiv an den Gesprächen teil.

Nach dem Bericht *Hennigs* wollten die Kirchenvertreter die Hauptforderungen der Sozialdemokraten, u. a. nach einer Sozialisierung, nach einer Bodenreform und nach einem „Lastenausgleich auf Sachwertbasis" unterstützen. Auch das Prinzip der Gemeinschaftsschule hätten sie bejaht. *Grimme* faßte seinen Eindruck von dem Gespräch dahin gehend zusammen, es sei deutlich geworden, daß man „in einer Front gegen den Kollektivismus und in einer Front für die Freiheit der Person" stehe. In seinem Schlußwort machte dann Hennig darauf aufmerksam, daß die Parteibasis leider noch nicht so aufgeschlossen gegenüber solchen Gesprächen sei wie die Parteiführung.

Gegenüber der Katholischen Kirche, vor allem dem Katholischen Klerus, war das Verhältnis der Parteiführung in den ersten Jahren nach 1945 sehr gespannt. Nur sehr selten wurde sie in den Vorstandssitzungen erwähnt und dann meist wegen ihrer Unterstützung der CDU/CSU kritisiert. Dabei scheute der Parteivorsitzende *Schumacher* vor gewagten, ja

---

741 Vgl. den Bericht des Kulturreferenten Hennig, der daran teilgenommen hatte, über dieses Treffen: Dok. 12, Punkt 4, S. 252. Zu diesem Treffen vgl. M. Möller, Evangelische Kirche und Sozialdemokratische Partei, S.141-147; K. Klotzbach, Der Weg zur Staatspartei, S. 183 f.

742 Nach der Darstellung Möllers, der die in kirchlichen Archiven vorhandenen Akten benutzt hat, nahm nicht Carlo *Schmid*, sondern Erich *Ollenhauer* an dieser Besprechung teil, a.a.O., S. 146.

743 Hanns *Lilje* (1899-1977), nach seinem Theologiestudium in Göttingen und Leipzig zunächst Studentenpfarrer in Hannover, 1944 vier Jahre Gefängnis. 1947-71 Landesbischof der Ev.-Luth. Landeskirche Hannover, 1952-57 Präsident des Luth. Weltbundes.

744 Theophil *Wurm* (1868-1953), 1929 Kirchenpräsident, 1933 Landesbischof der Württembergischen Landeskirche, 1945-49 Vorsitzender des Rates der EKD.

745 Hans-Joachim *Iwand* (1899-1960), geboren in Schlesien, Theologiestudium, Universitätslaufbahn, 1946 Professor für Systematische Theologie in Göttingen, 1952 in Bonn.

746 Heinrich Karl *Held* (1897-1957), Theologiestudium in Bonn und Tübingen, Pfarrer in Essen, während der NS-Zeit einer der führenden Repräsentanten der Bekennenden Kirche, 1948 Präses der Evangelischen Kirche im Rheinland.

747 Martin *Niemöller* (1892-1984), geb. in Westfalen, U-Boot-Kommandant im I. Weltkrieg, Studium der evgl. Theologie, 1928 Pfarrer in Berlin-Dahlem, nach 1933 zunehmende Konflikte mit den Nationalsozialisten wegen seiner führenden Tätigkeit in der Bekennenden Kirche, 1937-45 KZ Sachsenhausen u. Dachau. 1946 Leiter des Kirchlichen Außenamtes der EKD, 1947-64 Präsident der Evangelischen Kirche von Hessen und Nassau in Darmstadt. Zu Niemöller vgl. D. Schmidt, Martin Niemöller. Eine Biographie, Stuttgart 1983.

748 Vgl. M. Möller, S.146. Im Protokoll der Sitzung des PV wird ein „*Dr. Krüger*" genannt. Wahrscheinlich handelt es sich um den Bergwerksdirektor Dr. ing. Hugo *Krueger* (geb. 1887 in Magdeburg), dem Vorstandsmitglied bei der Harpener Bergbau-AG in Dortmund, Vgl. Wer ist wer? XII (1955), S. 655.

Einleitung

überzogenen Vergleichen nicht zurück, so wenn er in der gemeinsamen Sitzung der obersten Parteigremien vom 18. Februar 1948 nach den Tagebuchnotizen eines Teilnehmers ausführte: „Die CDU hat die Kirche hinter sich, die KPD die russische Diktatur".[749]

c) Künstler und Intellektuelle

Es wurde schon bei der Erörterung der Bildung der Fachausschüsse erwähnt, daß gelegentlich auch Nichtmitglieder der SPD in diese berufen wurden.[750] Vor allem war eine solche breite Mitgliedschaft für den im Frühsommer 1947 gebildeten Kulturpolitischen Ausschuß notwendig, wenn die SPD dem vom Leiter der sozialistischen Kulturzentrale, Arno *Hennig*, in dieser Zeit öfter verkündeten Anspruch, eine „geistige Großmacht" zu werden, gerecht werden wollte.[751]

Hennig war als Leiter der Kulturzentrale sehr aktiv. Er veranstaltete in den Jahren 1947 und 1948 mehrere kulturpolitische Tagungen.[752] Auf dem Parteitag von 1947 berichtete er über die bisherigen Aktivitäten, vor allem über eine zweitägige, dem Parteitag vorangehende kulturpolitische Tagung in Erlangen, die vor allem den Problemen „Totalitarismus" (Referent: Carlo *Schmid*) und „Erziehungsreform" (Referent: Adolf *Grimme*) gewidmet war.[753] Hennig wies auf dem Parteitag darauf hin, daß diese Konferenz wegen der Kürze der Zeit die vielen vorliegenden Anträge noch nicht alle habe durcharbeiten und deshalb noch nicht zu Ergebnissen kommen können. Sie müsse deshalb fortgesetzt werden.

Diese Fortsetzung der Bemühungen um ein kulturpolitisches Programm der SPD fand Ende August 1947 in Ziegenhain statt und kam hier zu einem vorläufigen Abschluß mit der einstimmigen Verabschiedung einer „Entschließung der Kulturpolitischen Tagung der Sozialdemokratischen Partei Deutschlands".[754] Unter den 80 Teilnehmern befand sich auch der stellvertretende Parteivorsitzende *Ollenhauer*. Referenten waren Willi *Eichler* („Die Geschichte als Lehrmeisterin"), Gerhard *Weisser* („Soziologie und Politik"), Arno *Hennig* („Die naturwissenschaftlichen Forschungsergebnisse des letzten halben Jahrhunderts") und Guntram *Prüfer* („Wie sehen wir heute den Menschen?").

Keiner der Referenten war Anhänger des sog. wissenschaftlichen Sozialismus. Deshalb war es nicht verwunderlich, daß in der „Ziegenhainer Erklärung" zwar mehrere Male auf Karl *Marx* und seine immer noch weiterwirkenden Erkenntnisse verwiesen wurde, daß

---

749 Dok. 18, Anlage 4 B (Ausführliche Notizen Heinrich *Troegers* über diese Sitzung), S. 352. Im Protokoll nur kurzes Regest über die Rede Schumachers.
750 Vgl. Kap. II 1 a.
751 Zu diesem Anspruch vgl. Dok. 12 (Sitzung vom 7./8. August 1947), Punkt 4, S. 252.
752 Vgl. dazu die Übersichten über die Kulturpolitik der Partei, Jb. SPD 1947, S. 112-114, u. Jb. SPD 1948/49, S. 168-170.
753 Prot. SPD-PT 1947, S.167-179. Zum Referat Hennigs und zur kurzen Aussprache auf dem Parteitag vgl. auch K. Klotzbach, Der Weg zur Staatspartei, S.127-129.
754 Abdruck der Entschließung: Jb. SPD 1947, S.113 f. u. Programmatische Dokumente der deutschen Sozialdemokratie, hrsg. u. eingel. von Dieter Dowe u. Kurt Klotzbach (+), 3. Aufl., Bonn 1990, S. 283-285. Zur Tagung in Ziegenhain vom 21. bis 23. August vgl. K. Klotzbach, Der Weg zur Staatspartei, S. 181-183.

aber diese Erkenntnisse gleichzeitig als Ergebnisse einer bestimmten historischen Epoche relativiert wurden. Der Schlußabsatz sei hier wörtlich zitiert als Beispiel für den an der Parteispitze bereits zu dieser Zeit vorherrschenden Pluralismus der ethischen Begründung für einen Anschluß an die Sozialdemokratie:

> „Kämpferisches Bewußtsein der unterdrückten Klassen, Wille zur Menschlichkeit, religiöse und sittliche Verpflichtung vereinigen sich in der Sozialdemokratie zu einer gemeinsamen Kraft, die Welt zu verändern, zu einem gemeinsamen Willen, der Idee des Menschen in der politischen und ökonomischen Wirklichkeit des ganzen Menschengeschlechtes Gestalt zu verleihen. In der Sozialdemokratischen Partei sollen alle ihre politische Heimat finden, die von der Notwendigkeit einer sozialistischen Gesellschaftsordnung überzeugt sind."

Mehrere Mitglieder des Parteivorstandes waren bei der Verabschiedung der Ziegenhainer Erklärung anwesend, Carlo *Schmid* war an der Ausarbeitung der endgültigen Fassung maßgeblich beteiligt. Trotzdem wurde sie in den nächsten Sitzungen des Parteivorstandes nicht einmal erwähnt. Selbst im Zusammenhang mit der endgültigen Wahl der Mitglieder des Kulturpolitischen Ausschusses, die in der Vorstandssitzung am 19./20. Dezember 1947 stattfand, wurden diese Aktivitäten, soweit das Protokoll und die veröffentlichten „zusätzlichen" Informationen ein Urteil erlauben, nicht angesprochen.[755] Hier wird deutlich, daß die Kulturpolitik für die Parteispitze trotz aller Beteuerung von minderer Bedeutung war als andere Politikfelder. Dazu paßt, daß, als bei der Vorbereitung der Neuwahlen der Mitglieder des Parteivorstandes im Juni 1947 Carlo Schmid den Vorschlag machte, einen Kulturpolitiker zum achten Mitglied des „Büros" zu wählen, ihm *Ollenhauer* antwortete, daß „zur Zeit die Gewerkschaftspolitik primär sei".[756]

Hennig beklagte sich zwar, daß seine Kurzberichte über die Kulturpolitik der Partei auf den Parteitagen von 1947 und 1948 an den Rand geschoben wurden, versuchte jedoch, die wenige ihm verbliebene Zeit gut zu nutzen, um wenigstens einen Überblick über die wichtigen stattgefundenen Konferenzen geben zu können.[757] Seinen Kurzbericht von 1948 konnte er mit dem Hinweis auf ein Versprechen von *Ollenhauer* beginnen, die Kulturpolitik auf einem künftigen Parteitag ausführlich zu diskutieren. Das sollte bereits auf dem nächsten Parteitag 1950 der Fall sein: Carlo *Schmid* hielt ein Grundsatzreferat zum Thema „Die SPD vor der geistigen Situation dieser Zeit"[758], an die sich eine längere Diskussion anschloß.

In seinem Kurzbericht auf dem Parteitag von 1948 erwähnte Hennig auch die Ziegenhainer Konferenz und die dort verabschiedete Entschließung, die er als „Diskussionsbasis für eine künftige programmatische Festlegung" bezeichnete.[759] Er bedauerte es, daß die Parteipresse diese Bemühungen nicht im notwendigen Maße unterstützt, ja die Parteimitglieder nicht einmal genügend informiert habe. Wenn man das erwähnte geringe Echo an

---

755 Dok. 16, Punkt 4 und Anlage 1 B (Zusätzliche Informationen: Mitglieder des Kulturpolitischen Ausschusses).
756 Dok. 11 B, S. 245.
757 Prot. SPD-PT 1947, S. 167-169, u. Prot. SPD-PT 1948, S. 187-190.
758 Prot. SPD-PT 1950, S. 225-242.
759 Prot. SPD-PT 1948, S. 188.

Einleitung

der Parteispitze miteinbezieht, so muß man diese Kritik auch auf den Parteivorstand und die anderen Spitzengremien ausdehnen.

d) Die Juden und die Wiedergutmachungsfrage

Der Parteivorstand der SPD nahm sich nicht nur der politisch Verfolgten des NS-Regimes an, sondern betrachtete es auch als Aufgabe der SPD, für eine Wiedergutmachung an die vom Rassenwahn der Nationalsozialisten und von ihrem Vernichtungswillen besonders betroffenen Juden einzutreten, soweit das überhaupt möglich war.[760]

Vor allem der Parteivorsitzende Kurt *Schumacher* war von der moralischen Verpflichtung dazu überzeugt und artikulierte dies immer wieder.[761] Er selbst war bereits als Gymnasiast mit jüdischen Mitschülern zusammengewesen, später zählten einige Parteigenossen jüdischer Herkunft zu den engsten politischen Freunden des sozialdemokratischen Politikers. Genannt sei hier Schumachers Reichstagskollege Ludwig *Marum* aus Karlsruhe, den die Nazis 1934 ermordeten.[762] Weiter sei hier Toni *Sender* erwähnt, die dem Naziterror durch rechtzeitige Flucht entgehen konnte.[763]

Während seiner mehrjährigen KZ-Haft begegnete er natürlich vielen jüdischen Mitgefangenen. Wie er in einem Interview mit einer jüdischen Wochenzeitung im Jahre 1947 betonte, wunderte ihn bei seinen zahlreichen Gesprächen mit diesen sehr, daß sie ihm nicht glauben wollten, wenn er ihnen sagte, es werde für sie als Gefangene noch viel schlimmer kommen als für die nichtjüdischen Mitgefangenen.[764]

Auf dem ersten Nachkriegsparteitag im Mai 1946 gedachte Schumacher in seiner Eröffnungsrede nicht nur allgemein der Opfer des Faschismus, der „Toten des Freiheitskampfes der unterdrückten Völker" und der Millionen „Kriegsopfer aller Nationen", ausdrücklich erwähnte er auch die „Juden, die dem bestialischen Rassenwahn der Hitler-

---

760 Die wichtigste Monographie zu diesem Thema ist bislang nur in hebräischer Sprache veröffentlicht worden: Shlomo Shafir, Eine ausgestreckte Hand. Deutsche Sozialdemokraten, Juden und Israel, Tel-Aviv 1986. Für eine kurze Zusammenfassung der wichtigsten Kapitel in deutscher Sprache vgl. Shlomo Shafir, Die SPD und die Wiedergutmachung gegenüber Israel, in: Wiedergutmachung in der Bundesrepublik Deutschland. Hrsg. v. L. Herbst und C. Goschler, München 1989, S. 191-203.

761 Vgl. Shlomo Shafir, Das Verhältnis Kurt Schumachers zu den Juden und zur Frage der Wiedergutmachung, in: Kurt Schumacher als deutscher und europäischer Sozialist (1988), S.168-187; die wichtigsten Stellungnahmen Schumachers zu diesem Politikfeld sind abgedruckt bei: Kurt Schumacher, Reden – Schriften – Korrespondenzen 1945-1952, Berlin-Bonn 1985.

762 Zu den freundschaftlichen Beziehungen zwischen Marum und Schumacher vgl. Ludwig *Marum*, Briefe aus dem Konzentrationslager Kislau, ausgew. u. bearb. v. E. Marum-Lunau u. J. Schadt, Karlsruhe 1984, S. 102. Ludwig *Marum* (1882-1934), Rechtsanwalt jüdischer Herkunft in Karlsruhe, vor 1919 SPD, 1914-24 MdL (Baden), 1928-33 MdR, 1933/34 KZ Kislau, März 1934 ermordet.

763 Zu den engeren Beziehungen zwischen Sender und Schumacher vgl. L. Marum a.a.O. u. das Schreiben Schumachers an Toni Sender in New York am 27.3.1947, abgedr.: K. Schumacher: Reden – Schriften – Korrespondenzen, S. 482 f. Zu T. Sender vgl. auch Einl. Kap. II 1 d, S. XLIII.

764 Vgl die Ausführungen Schumachers in einem Interview mit der Wochenzeitung „Aufbau" anläßlich seines Aufenthalts in New York im Oktober 1947, wieder abgedr.: K. Schumacher, Reden – Schriften – Korrespondenzen, S. 989.

diktatur zum Opfer fielen".⁷⁶⁵ In der vom Parteitag verabschiedeten „Kundgebung" wurden die Pflicht zur „Wiedergutmachung im Rahmen der wirtschaftlichen Möglichkeiten des deutschen Volkes" sowie die Forderung nach einer „Bestrafung der Schuldigen und der Kriegsverbrecher" festgeschrieben.⁷⁶⁶

Schumacher und seine Kollegen im „Büro" versuchten auch mit großem Eifer, sozialdemokratische Emigranten jüdischer Herkunft zu bewegen, nach Deutschland zurückzukehren und in der Parteizentrale mitzuarbeiten. Zwei dieser Rückkehrer seien hier genannt: einmal Herta *Gotthelf*, die im Frühjahr 1946 nach Deutschland zurückkehrte, ab Juli 1946 das Frauensekretariat des PV leitete und auf dem Parteitag von 1947 in den PV gewählt wurde; weiter Heinz *Putzrath*, der im Herbst 1946 nach Deutschland zurückkehrte und in der Parteizentrale ebenfalls eine leitende Funktion übernahm.⁷⁶⁷

Nicht alle Vorstandsmitglieder ließen ein Gespür für die besondere Stellung der Überlebenden des Holocaust erkennen. So äußerte in der ersten Arbeitssitzung des Parteivorstandes bei der Behandlung von Problemen der „Arbeiterwohlfahrt" das Vorstandsmitglied *Görlinger* die Ansicht, für die wenigen noch in Deutschland lebenden Juden kämen zu viele Gaben aus dem Ausland.⁷⁶⁸ Die „überschüssigen Gaben" müßten für „andere Bedürftige" verwendet werden.

In seinem Hauptreferat auf dem Parteitag von 1947 widmete Schumacher einen längeren Abschnitt der „Judenfrage", d. h. dem Versuch des Dritten Reiches, die „Judenheit in Europa auszurotten" und der Verpflichtung des deutschen Volkes zur „Wiedergutmachung und Entschädigung".⁷⁶⁹

Schumachers USA-Reise im Herbst 1947 diente nicht nur der Kontaktaufnahme mit amerikanischen Gewerkschaftern und amerikanischen Spitzenpolitikern, viel Zeit widmete er auch seinen Gesprächen mit Repräsentanten der amerikanischen Juden, insbesondere der dortigen jüdischen Gewerkschaftsbewegung.⁷⁷⁰ In seinen öffentlichen Ansprachen in den USA wies er immer wieder auf die Verpflichtung des deutschen Volkes zur „Wiedergutmachung und Entschädigung an die Juden" hin.⁷⁷¹ Die Sozialdemokratie, so ver-

---

765 Prot. PT SPD 1946, S. 6, abgedr. K. Schumacher, a.a.O., S. 386.
766 Dok. 1, Anlage, S. 6.
767 Heinz *Putzrath* (1916-96), Sohn e. jüd. Kaufmanns in Breslau, 1928-32 dt. - jüd. Wanderbund, 1932/33 Sozialist. Schülerbund, 1933 Kaufm. Lehre in Berlin, KPO, 1934 Emigration (Niederl., CSR, GB), 1940-45 NB, Sept. 1946 Rückkehr nach Deutschland (Hannover), Mitarbeiter des PV, 1949-60 Auslandsreferent des PV in Hannover/Bonn, 1961-68 Geschäftsführer der Organisation „Weltweite Partnerschaft", 1969-81 Leiter der Abteilung „Gesellschaftspolitische Informationen" d. FES, 1983-96 Vors. d. AvS (Arbeitsgemeinschaft verfolgter Sozialdemokraten). Zu Putzrath vgl. Johannes Rau u. Bernd Faulenbach (Hrsg.), Heinz Putzrath. Gegen Nationalsozialismus. Für soziale Demokratie, Essen 1997.
768 Dok. 2, S. 12.
769 Prot. PT SPD 1947, S. 50 f., abgedr. W. Albrecht (Hrsg.), Kurt Schumacher, S. 508 f.
770 Zu seinen Kontakten mit dem Jewish Labor Committee, die er bereits vor seiner Reise aufgenommen hatte, vgl. W. Albrecht, Einleitung zu Kurt Schumacher, Reden – Schriften – Korrespondenzen, S. 131 f.
771 Vgl. seine Rede auf dem Jahreskongreß der AFL am 14. Oktober 1947 in San Francisco, abgedr. a.a.O., S. 565 (ganze Rede: S. 562-569).

Einleitung

sprach er seinen Zuhörern, trete dem „Rassen-Antisemitismus mit der gleichen Härte und Unerbittlichkeit gegenüber wie dem Totalitarismus".[772]

In seinem Parteitagsreferat von 1948, das wegen seiner schweren Erkrankung vom Vorstandsmitglied *Gayk* verlesen werden mußte, beklagte Schumacher die große „Mattigkeit", mit der die Frage der „Wiedergutmachung an den beraubten Juden" behandelt werde.[773] Das „Fehlen eines deutschen Intiativwillens" müsse auf „mitfühlende Menschen beschämend wirken" und könne „dem deutschen Volk in der Weltöffentlichkeit Schaden bringen".

Wie später bei Adenauers Bemühungen um eine Wiedergutmachung spielte auch bei Schumacher und dem geschäftsführenden Vorstand der Wunsch einer Steigerung des Vertrauens der „Weltöffentlichkeit" gegenüber dem neuen demokratischen Deutschland eine Rolle, aber vorherrschend war eindeutig das ethische Moment. In einer Versammlung am Ende seines USA-Aufenthaltes am 26. Oktober 1947 drückte er das so aus: Jeder Deutsche, das hieß, auch jeder von den Nazis verfolgte nichtjüdische Deutsche, müsse dazu beitragen, die den Juden zugefügten Schäden nach Möglichkeit wieder gutzumachen, um dadurch den „Druck loszuwerden, der auf dem Gewissen jedes Deutschen lastet".[774]

Erwähnt werden muß in diesem Zusammenhang, daß der Staat Israel, der im Berichtszeitraum gegründet wurde, in den Vorstandsprotokollen nicht erwähnt wurde. Shafir ist aufgefallen, daß der neu gegründete Staat von der SPD „anfangs ziemlich kühl begrüßt" wurde.[775] Er erklärt dies einmal mit der traditionell antizionistischen Haltung der deutschen Sozialdemokratie, weiter mit der eine Zusammenarbeit mit der SPD völlig ablehnenden Haltung der Delegation der sozialistischen Arbeiterpartei Palästinas unter der Leitung der späteren israelischen Ministerpräsidentin Golda *Meirs* auf dem internationalen Sozialistenkongreß im Sommer 1947[776], und schließlich mit den guten Beziehungen, die die SPD zum antizionistischen jüdischen „Bund" und seinen wenigen in der Emigration überlebenden Funktionären unterhielt[777]. Dessen Vertreter hätten es später der SPD-

---

772 Ebd.
773 Prot. PT SPD 1948, S. 33, abgedr. Kurt Schumacher, Reden – Schriften – Korrespondenzen, S. 600.
774 Zitiert bei P. Merseburger, Der schwierige Deutsche, S. 368.
775 Shafir bezieht sich u. a. auf einen Artikel im „Sozialdemokratischen Pressedienst" vom 10. 3. 1948, S. Shafir, Die SPD und die Wiedergutmachung, S. 196.
776 Dazu vgl. Einl. Kap. II 2 a. Golda Meir (1898-1978), geboren in Kiew, 1906 Auswanderung mit ihrer Familie in die USA, Anschluß an die sozialistisch-zionistische Bewegung, 1921 Übersiedlung nach Palästina, 1948/49 Gesandte Israels in Moskau, 1949-74 Mitglied der Knesset, Leiterin verschiedener Fachressorts, 1966-68 Generalsekretärin der Mapai, 1968-74 Ministerpräsidentin.
777 Ende des 19. Jahrhunderts wurde der „Allgemeine jüdische Arbeiterbund in Rußland, Litauen und Polen", besser bekannt unter dem abgekürzten Namen „Bund", für das Zarenreich gegründet. Nach 1918 konnte er legal nur in Polen weiter existieren. Dem Holocaust entgingen nur wenige Funktionäre, die rechtzeitig emigrieren konnten. vgl. Julius Braunthal, Geschichte der Internationale, Band 3, Hannover 1971, S. 408 f.; John Bunzl, Klassenkampf in der Diaspora. Zur Geschichte der jüdischen Arbeiterbewegung, Wien 1975, passim, insbes. S. 61-63, 150-152. Zur Entwicklung des „Bundes" nach 1918 in Polen, wo er zur stärksten jüdischen Partei werden konnte, zum illegalem Kampf gegen die deutschen Besatzer und zum Aufstand im Warschauer Ghetto, an dem Funktionäre des „Bundes" maßgeblich beteiligt waren, vgl. die Erinnerungen seines Spitzenfunktionärs Bernhard Goldstein, „Die Sterne sind Zeugen" (Hamburg 1950, amerikanische Originalausgabe: New York 1949).

Führung sehr übel genommen, daß sie sich ab 1949 dem Staat Israel näherte und 1951 diesen in einem Bundestagsantrag als „Rechtsnachfolger" für das von den im Holocaust ermordeten Juden ohne Erben hinterlassene Vermögen bezeichnete.[778]

---

[778] S. Shafir, Die SPD und die Wiedergutmachung, S. 196 f. Dazu auch die Einleitung zu Band 3 dieser Edition.

Einleitung

III. Zur Edition

Bei der folgenden Edition handelt es sich in erster Linie um die Herausgabe der Protokolle der Sitzungen des Parteivorstandes sowie der gemeinsamen Sitzungen des Parteivorstandes und des Parteiausschusses, die im Archiv der sozialen Demokratie (AdsD) der Friedrich-Ebert-Stiftung gesammelt vorliegen und der Forschung schon seit langem zur Verfügung stehen. Gelegentlich wurden auch die Mitglieder der Kontrollkommission sowie sozialdemokratische Vertreter der Landesregierungen, der Landesparlamente und des ersten überzonalen Parlaments, des Wirtschaftsrates des Vereinigten Wirtschaftsgebietes der amerikanischen und britischen Besatzungszone eingeladen. Die bei den Sitzungen Anwesenden werden zu Beginn des jeweiligen Protokolls – meist nach den vorhandenen Anwesenheitslisten – genannt. Für die Teilnehmer und Teilnehmerinnen an allen Vorstandssitzungen sei auf zwei Tabellen im Anhang verwiesen.

Die folgende Edition gibt die erhalten gebliebenen Verlaufsprotokolle, die im AdsD gesammelt vorliegen, im Wortlaut wieder.[779] Nur zur ersten Arbeitssitzung des PV, die am 4. Juni 1946 in Hannover stattfand, sind zwei Protokolle erhalten geblieben.[780] Hier wird das kürzere, aber vollständigere Protokoll abgedruckt, dazu Ergänzungen aus dem längeren Protokoll.

Bei den Protokollen handelt es sich in der Regel um kurze Verlaufsprotokolle. Deren Publizierung scheint nur dann sinnvoll, wenn sie durch Parallelüberlieferungen, vor allem schriftliche und mündliche Äußerungen der Beteiligten, ergänzt werden. Das konnte für den Berichtszeitraum des ersten Bandes, die Jahre 1946 bis 1948, mit Erfolg durchgeführt werden. Für fast alle Sitzungen konnte das direkt nach der Sitzung publizierte Kommuniqué entdeckt werden. Da es von großer Bedeutung ist, was damals direkt über den Sitzungsverlauf veröffentlicht wurde, wird dieses in der Regel als Anlage 1 zum Sitzungsprotokoll abgedruckt. Verabschiedete Beschlüsse und Resolutionen werden ebenfalls als Anlagen wieder abgedruckt, ebenfalls wichtige Vorlagen. Andere, weniger wichtige werden in den Anmerkungen in Regestenform wiedergegeben. Es ergeben sich deshalb öfter Abweichungen von den Hinweisen auf Nummern der Anlagen in den Protokollen. Die Hinweise auf Nummern der Anlagen in der Edition werden deshalb öfter in eckige Klammern gesetzt und durch Anmerkungen erläutert. Gelegentlich sind Beilagen, auf die in den Protokollen hingewiesen wird, in den Anlagen zum Protokoll nicht mehr vorhanden. Falls sie in anderen Akten des AdsD gefunden werden konnten, wird dies erwähnt.

Die Parteivorstandssitzungen fanden in der Regel alle vier Wochen statt. Nur einmal wurde eine Sitzung als „außerordentliche" bezeichnet, die Sitzung vom 28. Oktober 1947 zum Thema „Demontage".[781] Im allgemeinen konnten sich die Vorstandsmitglieder nicht

---

779 Die in diesem Band abgedruckten Protokolle sind im AdsD unter den Aktennummern „*SPD-Parteivorstand, 2/ PVAS 0000650-2/ PVAS 0000676*" gesammelt. Die einzelnen Nummern werden am Kopf des jeweiligen Dokuments angegeben. Die früheren Aktennummern lauteten: AdsD, Bestand SPD-PV/ Sitzungen PV-PA/ 4. 6. 1947 – 10. 9. 1948.
780 Vgl. Dok. 2, Kopfregest u. Anm. 1.
781 Vgl. Dok. 14.

III. Zur Edition

vertreten lassen. Nur für die erstmals 1947 gewählten zwei Vorstandsmitglieder aus Berlin (Franz *Neumann* und Louise *Schroeder*) wurden wegen der besonderen Lage Berlins zwei Ersatzleute bestimmt: Otto *Suhr* und Ida *Wolff*.[782]

Die Vorstandssitzungen und auch die gemeinsamen Sitzungen leitete in den ersten Monaten der Parteivorsitzende selbst, später übertrug er diese Funktion offensichtlich an seinen Stellvertreter *Ollenhauer*, der auch regelmäßig die Einladungen zu den Sitzungen unterschrieb.[783] Als Ollenhauer selbst in der ersten Arbeitssitzung des neu gewählten Parteivorstandes am 7. und 8. August 1947 nicht anwesend sein konnte, übernahm *Henßler* die Funktion des Sitzungsleiters.[784] Während der längeren krankheitsbedingten Abwesenheit Schumachers 1948/49 leitete regelmäßig sein Stellvertreter Ollenhauer die Sitzungen.

Abgedruckt werden hier auch die Protokolle der gemeinsamen Sitzungen des Parteivorstandes und des Parteiausschusses, die in der Regel alle zwei bis drei Monate stattfanden und deren Protokolle im gleichen Aktenbestand gesammelt wurden. Die gemeinsamen Sitzungen fanden meistens im Anschluß an Sitzungen des Parteivorstandes statt, die der Vorbereitung dieser Sitzungen dienten, in denen aber auch andere Tagesordnungspunkte behandelt wurden. Sie werden deshalb hier zusammen unter einer Dokumentennummer veröffentlicht, die Protokolle jeweils mit verschiedenen Unternummern (A, B) bezeichnet.

Bei besonderen Anlässen lud jedoch das „Büro" im Namen des Parteivorstandes alle sozialdemokratischen Regierungschefs bzw. stellvertretenden Regierungschefs zu Konferenzen ein. Die offiziellen Protokolle dieser Besprechungen wurden in der Art der Protokolle der Vorstandssitzungen bzw. der gemeinsamen Sitzungen von PV und PA geführt und mit diesen zusammen abgelegt. Sie werden deshalb in diese Edition mit aufgenommen.[785] Ebenfalls werden die gemeinsamen Sitzungen der Parteigremien mit der sozialdemokratischen Fraktion des Wirtschaftsrates mit aufgenommen.[786]

Auch bei diesen gemeinsamen Sitzungen werden zu Beginn die Anwesenden, gegliedert nach Funktionen, abgedruckt. Auch hier bilden die erhalten gebliebenen Anwesenheitslisten, die allerdings nicht immer vollständig sind, die Grundlage der Verzeichnisse. Für die Teilnehmer und Teilnehmerinnen an allen Sitzungen in alphabetischer Reihenfolge sei auf zwei Tabellen im Anhang verwiesen.

Auch bei den Protokollen der gemeinsamen Sitzung handelt es sich meist um kurze Verlaufsprotokolle. Zur gemeinsamen Sitzung des PV und des PA vom 11. Januar 1947 in

---

782 Vgl. Einl. Kap. I 1 b.
783 Vgl. Dok. 7 ff. In den Sitzungsprotokollen der ersten Monate bzw. in den Kommuniqués der ersten Sitzungen werden die Namen der Sitzungsleiter nicht immer genannt, doch kann davon ausgegangen werden, daß bis Ende 1946 der Parteivorsitzende selbst diese Funktion übernahm, vgl. Dok. 6.
784 Vgl. Dok. 12.
785 Vgl. Dok 10 A (31. 5./1. 6. 1947) und 23 (7. 7. 1948).
786 Vgl. Dok. 17 A (Sitzung des PV mit der Fraktion des Wirtschaftsrates) und 18 B (Sitzung des PV, des PA und der KK mit der Fraktion des Wirtschaftsrates). Zu diesen gemeinsamen Sitzungen vgl. Einleitung Kap. II 3 e.

Einleitung

München ist das Referat Schumachers in einer Langfassung erhalten geblieben, die wohl auf eine stenographische Mitschrift zurückgeht und hier im Protokoll, das mit Hinweis auf diese Langfassung nichts Näheres über das Referat wiedergibt, abgedruckt wird.[787] Ein offizieller Stenograph, der Hamburger „Verhandlungsstenograph" Rudolf *Krogmann*, wurde für die gemeinsame Sitzung vom 29. und 30. Juni 1948 in Hamburg, die der Stellungnahme zu den Londoner Vereinbarungen und zur Blockade Berlins diente, mit der Aufnahme eines stenographischen Protokolls beauftragt.[788] Hier wird die vom Stenographen erarbeitete Langfassung mit dem ebenfalls vorhandenen kurzen Verlaufsprotokoll kombiniert.

Im allgemeinen sind die maschinenschriftlichen Protokolle mit gelegentlichen handschriftlichen Ergänzungen gut lesbar. Die Orthographie wurde dem heutigen Gebrauch (Stand 1997 vor der Rechtschreibreform) angepaßt, die Schreibweise von Namen, die gelegentlich in den Vorlagen differiert, wird der heute üblichen angeglichen. In Zweifelsfällen wird der gewählte Wortlaut in eckige Klammern gesetzt und der Wortlaut der Vorlage als Anmerkung hinzugefügt. Ebenfalls werden die seltenen Auslassungen von unleserlichen oder unverständlichen Worten sowie Hinweise auf nicht mehr vorhandene Beilagen zu den Protokollen in eckige Klammern mit Auslassungszeichen „[...]" gesetzt und durch Anmerkungen erläutert. Hervorhebungen in den Vorlagen werden nicht alle übernommen und angeglichen. So werden die Sprecher in den Sitzungen generell fett gesetzt, die übrigen Personen bei der ersten Erwähnung in einem Absatz kursiv.

Häufig verwendete Abkürzungen werden im Abkürzungsverzeichnis aufgelöst, selten verwendete und heute ungewohnte im Text selbst, der Volltext wird dann in eckige Klammern gesetzt.

Wichtige Sachverhalte, die in den Protokollen erwähnt werden, werden kurz in der Einleitung erörtert, in den Protokollen wird in Anmerkungen auf diese Erörterungen verwiesen. Ebenfalls wurden möglichst zu allen erwähnten Personen die Lebensdaten in Anmerkungen hinzugefügt. In der Regel geschieht dies bei der ersten Erwähnung in der Einleitung oder in den Protokollen. Lediglich die Mitglieder und stellvertretenden Mitglieder des Parteivorstandes während der Jahre 1946 bis 1948 werden als „Anhang 5" am Schluß des Bandes zusammengefaßt.[789]

Benutzt wurden für die Edition zahlreiche Dokumentationen und Editionen zur Vor- und Frühgeschichte der Bundesrepublik sowie zur Entwicklung der überregionalen Parteien. Hier seien zunächst die von Barbara Fait und Alf Mintzel unter Mitarbeit von Thomas Schlemmer über die „CSU 1945-1948" (1993), die von Brigitte Kaff über die „Unionsparteien 1946-1950" (1991), die von Rainer Salzmann über die „CDU/CSU im Parlamentarischen Rat" (1981) und die „CDU/CSU im Frankfurter Wirtschaftsrat" (1988), sowie die von Christoph Stamm über die „SPD-Fraktion im Frankfurter Wirtschaftsrat" (1993), genannt. Weiter müssen die Dokumentation von Marlis Buchholz und Bernd

---

787 Vgl. Dok. 7 B, S. 141-158.
788 Vgl. Dok. 22 B, S. 397-439.
789 Vgl. S. 511-516.

III. Zur Edition

Rother über den „Parteivorstand der SPD im Exil 1933-1940" (1995) und die von Ludwig Eiber über die „Sozialdemokratie in der Emigration 1941-1946" (1998), der von Petra Weber herausgegebene Band der Edition „Die SPD-Fraktion im Deutschen Bundestag" (1993) sowie die schon etwas ältere Dokumentation „ Akten zur Vorgeschichte der Bundesrepublik Deutschland 1945-1949" (1976-1982) erwähnt werden. Für die genauen bibliographischen Angaben und für die übrigen wichtigen Dokumentationen und Editionen sei auf das Literaturverzeichnis hingewiesen.

Einleitung

IV. Verzeichnis der abgedruckten Dokumente

1) Konstituierende Sitzung des PV am 11.5.1946 während des Parteitages in Hannover
 Kurzbericht 3
 Anlage: Kundgebung des Parteitages 4

2) Sitzung des PV am 4.6.1946 in Hannover
 Protokoll 11
 Anl. 1: Kommuniqué 27
 Anl. 2: Entschließung zur internationalen Lage: „Gebt Lebensmöglichkeiten für das deutsche Volk. Eine Warnung der Sozialdemokratie" 28
 Anl. 3: Entschließung: „Der sozialdemokratische Parteivorstand zum Fall Hermsen" 29
 Anl. 4: Entwurf eines Briefes des PV an Austen Albu von Control Commission for Germany (British Element 29

3) Sitzung des PV am 12.7.1946 in Hannover
 Protokoll 39
 Anl. 1: Kommuniqué und Resolution „SPD gegen Nationalismus" 42
 Anl. 2: Berichte Ollenhauers über seine Besprechungen in London mit Minister Hynd sowie Repräsentanten der Labour Party, Journalisten und Emigranten im Juni 1946 43

4) Sitzungen der obersten Parteigremien am 21. und 22.8.1946 in Frankfurt am Main
 [A] Protokoll der Sitzung des Parteivorstandes am 21.8.1946 64
 [B] Protokoll der Sitzung des PV und PA am 22.8.1946 67
 Anl. 1: Kommuniqué über beide Sitzungen 77
 Anl. 2: Entschließung zur Grenzfrage: „SPD und deutsche Ostgrenzen" 78
 Anl. 3: Entschließung zur Regierungsbildung in Nordrhein-Westfalen „SPD gegen CDU" 79
 Anl. 4: Entschließung zur Frauenfrage 79
 Anl. 5: Aktennotiz über die Besprechung von Ollenhauer und Nau mit d. bayer. Landesvorstand der SPD am 30.7.1946 80

5) Sitzungen der obersten Parteigremien mit sozialdemokratischen Landespolitikern vom 24. bis 26.9.1946 in Köln
 [A] Vorbesprechung einiger Mitglieder des PV mit einigen sozialdemokratischen Landespolitikern am 24.9.1946 82
 [B] Protokoll der Sitzung des Parteivorstandes, des Parteiausschusses und sozialdemokratischer Vertreter der Landesregierungen am 25.9.1946 83

IV. Verzeichnis der abgedruckten Dokumente

[C] Protokoll der Sitzung des Parteivorstandes am 26.9.1946 87
Anl. 1: Einleitung und Schluß eines Berichts des „Sozialdemokrat" (Berlin) 91
Anl. 2: Resolution: „Grundsätzliche Stellungnahme der SPD zur gegenwärtigen Lage" (Kölner Resolution) 91
Anl. 3 A: Stellungnahme Kriedemanns zu den Anschuldigungen der Kommunisten 93
Anl. 3 B: Parteiintern veröffentlichter Teil der Rechtfertigungsschrift 98
Anl. 4: Material zu den Agrarpolitischen Richtlinien 1945 99
Anl. 5: Zwei Rundschreiben *Kriedemanns* zum Thema „Das zukünftige Schicksal des Großgrundbesitzes" 111
Anl. 6: Aktennotiz über eine Besprechung Ollenhauers mit Werner Hansen vom Zonensekretariat der Gewerkschaften der Britischen Zone 114

6) Sitzung des PV am 19.11.1946 in Frankfurt am Main
Protokoll 116
Anl. 1: Bericht des „Sozialdemokrat" (Berlin) über die Sitzung 121
Anl. 2: Telegramm an den Kontrollrat 122
Anl. 3: Aufruf des PV an die Funktionäre der Partei: „Gegen den inneren Feind" 123
Anl. 4: Rundschreiben des PV an die Bezirksvorstände vom 4.12.1946 zur Bildung überparteilicher Organisationen für die politisch Verfolgten des Nazi-Regimes 124
Anl. 5: Mitglieder des Flüchtlingsausschusses des PV 125
Anl. 6: Ausarbeitung des Verfassungspolitischen Ausschusses vom 11.11.1946: „Aufbau des Reiches und der Länder" 126

7) Sitzungen der obersten Parteigremien am 10. und 11.1.1947 in München
[A] Protokoll der Sitzung des PV am 10.1.1947 130
[B] Protokoll der Sitzung des PV, des PA und sozialdemokratischer Mitglieder der Landesregierungen am 11.1.1947 139
Anl. 1 A u. B: Kommuniqués über beide Sitzungen 162
Anl. 2: Entschließung des PV zum Pressewesen 163
Anl. 3: Entschließung der gemeinsamen Sitzung „zur Lage" 163
Anl. 4: Entschließung zum Separatismus 164
Anl. 5: Entschließung zum Zwei-Zonen-Abkommen 164
Anl. 6: Stellungnahme der Kommission zur Prüfung der von den Kommunisten gegen Herbert *Kriedemann* erhobenen Anschuldigungen 165

8) Sitzung des PV am 13. und 14. 3. 1947 in Hannover
Protokoll 169
Anl. 1: Kommuniqué 180
Anl. 2: Resolution „Die Sozialdemokratie und der Frieden" 181

Einleitung

    Anl. 3: Grundsätzliche Erklärung des PV der SPD zur Frage der staatlichen Neugestaltung Deutschlands 182
    Anl. 4: „Richtlinien für den Aufbau der Deutschen Republik"........................... 182
    Anl. 5: „Sozialdemokratische Richtlinien zur Entnazifizierung" 186
    Anl. 6: Ausarbeitung des Büros vom 12.März 1947: „Betr.: Zusammenarbeit der Partei über die Ländergrenzen hinaus." 188
    Anl. 7: „Anträge des Genossen Andreas Gayk" 189

9) **Sitzungen der obersten Parteigremien vom 22. bis 24.4.1947** in Bad Meinberg
    [A]   Protokoll der Sitzung des PV... 190
    [B]   Protokoll der Sitzung des PV und des PA... 199
    Anl. 1: A u. B: Kommuniqués über beide Sitzungen... 209
    Anl. 2: Ausführungen Böglers in der Sitzung des PV zur Lage in Rheinland-Pfalz 211
    Anl. 3: Erklärung der gemeinsamen Sitzung „Französische Zone und SPD"...... 215
    Anl. 4: Erklärung der gemeinsamen Sitzung: „Sozialdemokratie und Saarfrage"...... 215
    Anl. 5: Erklärung des „Büros" von Anfang April 1947 zur Ernährungskrise 215
    Anl. 6: Ollenhauers Referat in der gemeinsamen Sitzung nach einem Zeitungsbericht 216

10) **Sitzungen des PV und führender sozialdemokratischer Landespolitiker** vom **31. 5. bis 2. 6. 1947** in Frankfurt am Main
    [A]   Bericht über die Konferenz des PV mit sozialdemokratischen Landespolitikern am 31.5. und 1.6. 1947.. 218
    [B]   Protokoll der Sitzung des PV am 1. und 2.6. 1947 221
    Anl. 1: Kommuniqué der Sitzung des PV.. 225
    Anl. 2: Stellungnahme Schumachers zur bevorstehenden gesamtdeutschen Ministerpräsidentenkonferenz in einer Rundfunkrede am 31.5.1947 226
    Anl. 3: Auszug aus der Stellungnahme Schumachers in der PV-Sitzung zur Frauenfrage 231
    Anl. 4: Vorschlag für den Arbeitsplan des Parteitags 232
    Anl. 5: Sondertagungen zum Parteitag.. 232
    Anl. 6: Vorschläge der Sozialistischen Kulturzentrale für den zentralen kulturpolitischen Ausschuß.. 233

11) **Sitzungen der obersten Parteigremien am 28.6.1947** in Nürnberg
    [A]   Protokoll der Sitzung des PV und der KK 236
    [B]   Protokoll der Sitzung des PV, des PA und der KK 243
    Anl.:   Vorschlag für eine Entschließung zu Punkt 2 der Tagesordnung des Parteitages.. 246

IV. Verzeichnis der abgedruckten Dokumente

12) **Sitzung des PV am 7. und 8.8.1947** in Hannover
 Protokoll 248
 Anl. 1: Kommuniqué 253
 Anl. 2: Protokoll der Besprechung mit sozialdemokratischen Gewerkschaftsvertretern in Bielefeld am 30. Juli 1947 254

13) **Sitzung des PV am 16. und 17.9.1947** in Berlin
 Protokoll 262
 Anl. 1: Kommuniqué 271
 Anl. 2 A: Rundschreiben des „Büros" vom 8.9.1947 zum Thema VVN 272
 Anl. 2 B: Bericht Heines über die Tagung der SPD zum Thema „Sozialdemokraten und VVN" 273

14) **Außerordentliche Sitzung des PV am 28.10.1947** in Frankfurt am Main
 Protokoll 275
 Anl.: Kommuniqué und Beschluß „SPD und Demontage" 277

15) **Sitzungen der obersten Parteigremien vom 14. bis 16.11.1947** in Bremen
 [A] Protokoll der Sitzung des PV am 14.11.1947 279
 [B] Protokoll der Sitzung des PV, des PA, der KK und sozialdemokratischer Landespolitiker am 15. und 16.11.1947 285
 Anl. 1 A und B: Kommuniqués über beide Sitzungen 288
 Anl. 2: Resolution des PV und des PA „zur Lage" 289
 Anl. 3: Entschließung des PV zur Saarfrage 290
 Anl. 4: Stichworte zum Referat Ollenhauers in der gemeinsamen Sitzung „Politische Lage vor London-Konferenz" 291

16) **Sitzung des PV am 19. und 20.12.1947** in Hannover
 Protokoll 295
 Anl. 1 A u. B: Kommuniqué und ergänzende Informationen über die Sitzung 302
 Anl. 2: Ollenhauer über den Besuch in Schweden und Norwegen im „Sozialdemokratischen Pressedienst" 305
 Anl. 3: Richtlinien für ein Besatzungsstatut 307

17) **Sitzungen des PV und der sozialdemokratischen Fraktion des WR am 25. und 26.1.1948** in Hannover
 [A] Protokoll der gemeinsamen Sitzung am 25.1.1948 314
 [B] Protokoll der Sitzung des PV am 26.1.1948 318
 Anl. 1 A-C: Kommuniqués und Kommentar Peter Raunaus über beide Sitzungen 322
 Anl. 2: Kommuniqué über die Besprechung der Mitglieder des „Büros" mit führenden sozialdemokratischen Landespolitikern am 6.1.1948 325

Einleitung

    Anl. 3: Unvereinbarkeitsbeschluß einer Mitgliedschaft im Demokratischen Frauenbund Deutschlands mit einer solchen in der SPD 326

18) Sitzungen der obersten Parteigremien und der sozialdemokratischen Fraktion des WR am 17. und 18.2.1948 in Kassel
    [A]   Protokoll der Sitzung des PV am 17.2.1948 328
    [B]   Protokoll der gemeinsamen Sitzung von PV, PA, KK, Fraktion des WR und sozialdemokratischen Landespolitikern am 18.2.1948 336
    Anl. 1 A u. B: Kommuniqués der Sitzungen 340
    Anl. 2: Prot. der Besprechung mit führenden Gewerkschaftern am 13.2.1948 342
    Anl. 3: Ollenhauer in der Sitzung des PV am 18.2.1948 über die Stellung der SPD zum neuen Wirtschaftsrat 345
    Anl. 4 A: Aktennotiz Gerhard Kreyssigs über die gemeinsame Sitzung der WR-Fraktion mit dem PV und dem PA am 18.2.1948 349
    Anl. 4 B: Heinrich Troeger in seinem Tagebuch über die Sitzung am 18.2.1948 351

19) Sitzung des PV am 9.4.1948 in Hannover
    Protokoll 354
    Anl. 1: Kommuniqué 359
    Anl. 2: Resolution: „An alle Freunde der Freiheit" 360

20) Sitzung des PV am 6.5.1948 in Springe
    Protokoll 362
    Anl. 1: Kommuniqué 368
    Anl. 2: Entschließung zur politischen Lage 368
    Anl. 3: Beschluß zur Errichtung einer Zentralstelle für politisch verfolgte Sozialdemokraten und über die Unvereinbarkeit einer Mitgliedschaft in der SPD und der Zugehörigkeit zum VVN 369

21) Sitzung des PV am 28. und 29.5.1948 in Springe
    Protokoll 371
    Anl. 1: Kommuniqué 379
    Anl. 2: Beschluß zur Frage des Wahlrechts 381
    Anl. 3: Grundsätze der SPD zur Gemeindeverfassung 382
    Anl. 4: Denkschrift des „Büros" für die der „Internationale" angeschlossenen Parteien: „Die SPD und die Ruhr" 385
    Anl. 5: Bericht über die erste Sitzung des Kulturpolitischen Ausschusses am 5. und 6. April 1948 in Köln und über die Tagung der sozialistischen Schriftsteller am 4. und 5.5.1948 in Heidelberg 388

22) Sitzungen der obersten Parteigremien vom 28. bis 30. 6. 1948 in Hamburg

[A]   Protokoll der Sitzung des PV am 28. und 29.6.1948 392
[B]   Protokoll der gemeinsamen Sitzung am 29. und 30.6.1948 397
Anl. 1: Kommuniqué 439
Anl. 2: Beschluß „Die SPD und die Londoner Abmachungen" 442
Anl. 3: Beschluß „Gegen Demontage der Friedensindustrie" 443
Anl. 4: Resolution „Rettet Berlin!" 444
Anl. 5: Einladung zum Parteitag 445
Anl. 6: Vorlage Kriedemanns „Zwei Arten des Lastenausgleichs" 446

23) Sitzung des PV und der sozialdemokratischen Ministerpräsidenten, am 7.7.1948 in Assmannshausen bei Rüdesheim

Protokoll 448
Anl. 1 A u. B: Kommuniqué und zusätzliche Informationen 453
Anl. 2: „Frankfurter Dokumente" 454

24) Sitzung des PV am 2. und 3.8.1948 in Springe

Protokoll 457
Anl. 1 A u. B: Kommuniqué und Kurzbericht über die Berlin-Beratungen ... 468
Anl. 2: Resolution zur Wirtschafts- und Preispolitik 469
Anl. 3: Rundschreiben des PV an die Bezirksvorstände vom 6.8.1948: DGB und DAG für Sozialdemokraten akzeptabel 470
Anl. 4: Rundschreiben des PV an die Bezirksvorstände vom 7.8.1948: Als Folge der Währungsreform auch Entlassungen von Beamten möglich 471

25) Sitzung des PV am 27. und 28.8.1948 in Springe

Protokoll 472
Anl. 1: Kommuniqué 481
Anl. 2: Vorlage „Sozialdemokratischer Vorschlag zum Lastenausgleich" ... 482
Anl. 3: „Arbeitsplan des Parteitages" 488
Anl. 4: C. Schmid: „Der Vorschlag aus Herrenchiemsee" 489

26) Sitzungen der obersten Parteigremien am 10 und 11.9.1948 in Düsseldorf

[A]   Protokoll der Sitzung des PV am 10.9.1948 491
[B]   Protokoll der gemeinsamen Sitzung von PV, PA und KK am 11.9.1948 ... 494
Anl.:   Kommuniqué über beide Sitzungen 495

Dokumente

Nr. 1
Konstituierende Sitzung des Parteivorstandes am 11. Mai 1946 während des Parteitages in Hannover

Prot. SPD 1946, S. 181 (Mitteilung des Parteivorsitzenden Schumacher auf dem Parteitag über die Konstituierung des PV).[1]

Anwesend[2]: Alle neu gewählten Mitglieder außer *Beyer, Grimme* und *Menzel*
Geschäftsführender Parteivorstand („Büro"): *Schumacher, Heine, Kriedemann, Nau, Ollenhauer*
Beisitzer: *Agartz* (Referent auf dem PT), *Baur* (Bez. Schwaben), *Bögler* (Bez. Pfalz), *Eichler* (Bez. Oberrhein), *Gayk* (Bez. Schlesw.-Holst.), *Gnoß* (Bez. Niederrhein), *Görlinger* (Bez. Oberrhein), *Gross* (Bez. Östl. Westfalen), *Helmstädter* (Bez. Württ.-Baden), *Henßler* (Bez. Westl. Westfalen), *Kaisen* (Bez. Bremen-Nordwest), *Knothe* (Bez. Hessen-Frankfurt), *Loßmann* (Bez. Ober- und Mittelfranken), *Metzger* (Bez. Hessen-Frankfurt), *Nölting* (Bez. Hannover), *Selbert* (Bez. Hessen-Kassel), *Veit* (Bez. Württ.-Baden)

[**Tagesordnung**: Konstituierung des Parteivorstandes]

K. Schumacher:

„Ich habe Ihnen in diesem Augenblick nur die geschäftliche Mitteilung über die Konstituierung des neuen Parteivorstandes der Sozialdemokratischen Partei Deutschlands zu machen. Wir hatten bei der Vorbereitung des Parteitages uns entschlossen, dem neu zu wählenden Parteivorstand das Recht zu geben, nach der Wahl des Vorsitzenden durch einen Vorschlag einen Stellvertreter des Vorsitzenden und evtl. einen zweiten Stellvertreter zu benennen. Wir sind einstimmig zu der Meinung gekommen, daß Stellvertreter des Vorsitzenden der Genosse *Erich Ollenhauer* sein soll. (Bravo.) Wir haben, um die Verbundenheit der Zonen untereinander zu dokumentieren, [beschlossen], als zweiten Stellvertreter den Genossen *Willi Knothe* Ihnen vorzuschlagen. Genosse Knothe ist Ihnen ja bekannt als Führer der hessischen Sozialdemokratie in Frankfurt (Main). Ich habe Sie jetzt

---
1 In der offiziellen Sammlung der Protokolle wird diese Sitzung nicht dokumentiert, ja wird die Sitzung vom 4.6.1946 (vgl. Dok. 2) als „erste ordentliche" Sitzung des PV bezeichnet, vgl. den Vorspann zur Entschließung zur internationalen Lage = Anlage 2 zum Protokoll vom 4.6.1946. In den Berichten über den Parteitag wird zu dieser konstituierenden Sitzung erwähnt: „In einer Pause, die am Vormittag des dritten Verhandlungstages eingelegt wurde, trat der neu gewählte Parteivorstand zu einer ersten Sitzung zusammen. Er wählte, wie Schumacher mitteilte, zwei Stellvertreter des Vorsitzenden und zwar Erich Ollenhauer zum ersten und Willi Knothe aus Frankfurt am Main zum zweiten Stellvertreter. Der Parteitag billigte diese Wahl." (Sozialdemokrat. Pressedienst, Parteitag - Sonderdienst v. 11. 5. 1946, 2. Ausgabe, Bl. 1 f.).
2 Die folgenden Angaben wurden der „vorläufigen Liste der Delegierten" (= gedr. Vorlage Nr. 21 für die Delegierten des Parteitages, AdsD: SPD - LO Hamburg 53), sowie dem Protokoll des Parteitages entnommen; für die Teilnehmer an allen Vorstandssitzungen 1946/47 vgl. Anhang 1, S. 498 f.

Dokument 1, 11. Mai 1946

im Namen des gesamten Parteivorstandes nur noch zu bitten, diese Vorschläge möglichst einstimmig zu billigen."[3]

Anlage
Kundgebung der Sozialdemokratischen Partei Deutschlands. Beschlossen auf dem Parteitag in Hannover am 11. Mai 1946
K. Schumacher, Grundsätze sozialistischer Politik, Hamburg 1946, S.41-47.[4]

I.

In der Periode zwischen zwei Weltkriegen haben überall die Kräfte des Hochkapitalismus und der Reaktion versucht, *den sozialistischen Konsequenzen* der Demokratie zu entgehen. In Deutschland ist ihnen dies auf Grund der ökonomischen, historischen und geistesgeschichtlichen Bedingungen gelungen.

Mit dem Dritten Reich war durch die Zerschlagung der politischen Kraft der arbeitenden Klasse die Demokratie außer Kurs gesetzt und durch das Fehlen demokratischer Willensbildung und Kontrolle die entscheidende Voraussetzung für die europäische Katastrophe gegeben.

Das Versagen des deutschen Bürgertums und jenes Teils der Arbeiterbewegung, der den klassenpolitischen Wert der Demokratie nicht erkannt hatte, bildet den historischen Schuldanteil des deutschen Volkes.

Mit denselben Methoden, mit denen das Dritte Reich die Austragung der Klassengegensätze im Innern gewaltsam unterdrückt hatte, förderte es den Gegensatz der Nationen untereinander. Die unvermeidliche Folge der Diktatur war der Krieg und damit der totale militärische und politische Zusammenbruch und die Zerstörung der bisherigen Grundlagen des wirtschaftlichen, staatlichen und kulturellen Lebens. Sie sind damit unbrauchbar für den Aufbau eines neuen Deutschlands geworden. Ökonomisch ist die ungeheure Konzentrierung der einst kolossalen Produktivkräfte in Lähmung und Auflösung umgeschlagen. Zustände sind heraufgezogen, unter denen keine Klasse, kein Volk und keine Wirtschaftsform existieren können.

Das deutsche Volk ist in der Welt isoliert und hat die Folgen des nationalsozialistischen Eroberungskrieges und der im Krieg verübten Verbrechen an den unterdrückten Völkern zu tragen.

---

3 Trotz der Bitte Schumachers erfolgte die Annahme der Vorschläge des Parteivorstandes nicht einstimmig, sondern „gegen 7 Stimmen": Prot. SPD-PT 1946, S. 181, vgl. Einleitung Kap. I 1 a, S. XVI.
4 Die „Kundgebung" wurde nur als Anhang zur ersten Veröffentlichung der Parteitagsrede Kurt Schumachers im Jahre 1946 publiziert, sie wurde nicht wie die Rede Schumachers im offiziellen Parteitagsprotokoll, das erst 1947 veröffentlicht wurde, erneut abgedruckt. Der Entwurf des Büros der Westzonen wurde den Delegierten mit der hier gewählten Überschrift als gedruckte „Vorlage Nr. 4" überreicht, AdsD: SPD-LO Hamburg 53. Er wurde durch eine Redaktionskommission stilistisch überarbeitet.

Demgegenüber sieht die Sozialdemokratische Partei ihre Aufgabe darin, alle demokratischen Kräfte Deutschlands im Zeichen des Sozialismus zu sammeln.

Nicht nur die politischen Machtverhältnisse, sondern auch ihre ökonomischen Grundlagen müssen geändert werden. Nur eine *völlige Umgestaltung* gibt dem deutschen Volk die wirtschaftlichen und sozialen Lebensmöglichkeiten und sichert die Freiheit und den Frieden.

Sozialismus ist Mannigfaltigkeit[5]

Das heutige Deutschland ist nicht mehr in der Lage, eine privatkapitalistische Profitwirtschaft zu ertragen und Ausbeutungsgewinne, Kapitaldividenden und Grundrenten zu zahlen. Die jetzt noch herrschenden Eigentumsverhältnisse entsprechen nicht mehr den sonstigen gesellschaftlichen Zuständen und Bedürfnissen. Sie sind zu dem *schwersten Hemmnis der Erholung und des Fortschritts* geworden.

Der vorhandene private *Großbesitz* an Produktionsmitteln und das mögliche Sozialprodukt der deutschen Volkswirtschaft müssen den Bedürfnissen aller zugänglich gemacht werden. Der heutige Zustand, bei dem die große Mehrheit alles verloren hat, eine Minderheit aber reicher geworden ist, muß durch eine gerechte Gesellschaftsordnung überwunden werden.

Die Sozialdemokratie erstrebt eine sozialistische Wirtschaft durch planmäßige Lenkung und gemeinwirtschaftliche Gestaltung. Entscheidend für Umfang, Richtung und Verteilung der Produktion darf nur das Interesse der Allgemeinheit sein. Die Vermehrung der Produktionsmittel und Verbrauchsgüter ist die Voraussetzung für die lebensnotwendige Eingliederung Deutschlands in die internationalen Wirtschaftsbeziehungen.

Die Vergesellschaftung der Produktionsmittel erfolgt auf verschiedene Weise und in verschiedenen Formen. Es gibt für den Sozialismus keine Einförmigkeit und keine Unfreiheit, keinen kommandierten Kasernensozialismus, keine Uniformität. Es gibt keine sozialistische Gesellschaft ohne die mannigfaltigsten Betriebsarten und Formen der Produktion. Der Sozialismus will so viel wirtschaftliche Selbstverwaltung wie möglich, unter stärkster Beteiligung der Arbeiter und Verbraucher.

II.

Entmachtung des Großbesitzes – Entfaltung des Klein- und Mittelbesitzes

Die Sozialisierung hat zu beginnen bei den *Bodenschätzen* und den *Grundstoffindustrien*. Alle Betriebe des Bergbaues, der Eisen- und Stahlerzeugung und -bearbeitung bis zum Halbzeug, der größte Teil der chemischen Industrie und die synthetischen Industrien, die Großbetriebe überhaupt, jede Form der Versorgungswirtschaft und alle Teile der verarbeitenden Industrie, die zur Großunternehmung drängen, sind in das Eigentum der Allgemeinheit zu überführen.

---

5 Diese und die folgenden Zwischenüberschriften nur im publizierten Text, nicht im Entwurf.

Dokument 1, 11. Mai 1946

Die Förderung des *Genossenschaftsgedankens*, die Lösung betrieblicher *Gemeinschaftsaufgaben* in Handwerk, Handel und Landwirtschaft, stärkste Unterstützung der Verbrauchergenossenschaften sind nötig.

Der gesamte Verkehr, die neu zu gestaltende Geld- und Kreditversorgung und das Versicherungswesen sind Gegenstand sozialistischer Planung.

Eine grundlegende Agrar- und Bodenreform ist unter Enteignung der Großgrundbesitzer sofort einzuleiten. Die Neuübereignung des Großgrundbesitzes, seine Bewirtschaftung in bäuerlichem, gärtnerischem und siedlerischem Einzelbesitz oder teilweise in genossenschaftlichem bäuerlichen Gemeinbesitz ohne eine die Wirtschaftlichkeit gefährdende Zerstückelung sind notwendig. Das ist die Voraussetzung der sozialen Gerechtigkeit auf dem Lande, der endgültigen Unterbringung von mehr Menschen, einer ersten Lösung der Flüchtlingsnot, der Förderung der Erzeugung und der Verbreiterung der Ernährungsgrundlage des deutschen Volkes.

Der Klein- und Mittelbetrieb in Landwirtschaft, Handwerk, Gewerbe und Handel hat in der von der Sozialdemokratie angestrebten Wirtschaftsordnung wichtige Aufgaben zu erfüllen und soll sich innerhalb dieser Grenzen entfalten.

Die deutsche *Wohnungswirtschaft* bedarf straffster öffentlicher Lenkung. Sie ist mit den Mitteln der Gesamtheit und nicht nur von den von der Zerstörung betroffenen Gemeinden zu betreiben. Die Wohnraumbeschaffung gehört zu den vordringlichsten Aufgaben. In der Periode der Wohnungsnot ist der Gedanke der genügenden Unterbringung aller und nicht die Erhaltung der Bequemlichkeit einzelner entscheidend.

Der *Lastenausgleich* fordert eine grundlegende, alles umfassende *Finanz- und Währungsreform.*

Ein soziales Existenzminimum muß gesichert und der Massenverbrauch geschont werden. Der Lastenausgleich zwischen den Besitzenden und den Nichtbesitzenden ist so vorzunehmen, daß ein soziales Niveau ohne Privilegierte und ohne Benachteiligte entsteht.

Die deutsche Sozialdemokratie erstrebt mit ihrer Wirtschaftspolitik die ökonomische *Befreiung der menschlichen Persönlichkeit.* Darum ist für sie der Sozialismus das Programm der Arbeiter, Angestellten und Beamten, der geistigen Berufe und des Mittelstandes, der Bauern und aller Menschen überhaupt, die vom Ertrag ihrer eigenen Arbeit und nicht durch das Mittel der kapitalistischen Ausbeutung leben. Erst die Überwindung jeder Form der Ausbeutung wird den Menschen in den vollen Besitz seiner Rechte und zur Entfaltung seiner persönlichen Werte bringen.

III.

Kein Rückfall in totalitäres Denken und Handeln
Die politische Aufgabe der Sozialdemokratie

Die deutsche Sozialdemokratie sieht ihre politische Aufgabe darin, die umstürzenden Veränderungen des gesellschaftlichen Seins, die unvermeidlich und notwendig sind, in das politische Bewußtsein der Massen zu übertragen und die Mehrheit des Volkes für den Sozialismus zu gewinnen.

Der Weg zu diesem Ziel kann nur eine starke und *kampfbereite Demokratie* sein. Es gibt nur *eine Demokratie*. Es gibt keine bürgerliche und keine proletarische Demokratie, ebensowenig wie es für die heutige Sozialdemokratie einen reformistischen oder einen revolutionären Sozialismus gibt. Jeder Sozialismus ist revolutionär, wenn er vorwärtsdrängend und neugestaltend ist.

Die Demokratie ist für alle Schaffenden die beste Form des politischen Kampfes. Sie ist für uns Sozialisten ebenso eine *sittliche* wie eine *machtpolitische Notwendigkeit*. Die Sozialdemokratie will die freiwillige Eingliederung aus eigener Erkenntnis mit dem Recht der Kritik ihrer Anhänger.

Es gibt keinen Sozialismus ohne Demokratie, ohne die Freiheit des Erkennens und die Freiheit der Kritik. Es gibt aber auch keinen Sozialismus ohne Menschlichkeit und ohne Achtung vor der menschlichen Persönlichkeit.

Wie der Sozialismus ohne Demokratie nicht möglich ist, so ist umgekehrt die Demokratie im Kapitalismus in steter Gefahr. Auf Grund der besonderen geschichtlichen Gegebenheiten und Eigenarten der geistigen Entwicklung in Deutschland braucht die deutsche Demokratie den Sozialismus. Die deutsche Demokratie muß sozialistisch sein, oder die gegenrevolutionären Kräfte werden sie wieder zerstören.

Der Charakter der deutsche Sozialdemokratie besteht in ihrem *kompromißlosen Willen zu Freiheit und Sozialismus*. Die deutsche Sozialdemokratie ist stolz darauf, daß sie die einzige Partei in Deutschland war, die unter den größten Opfern für die Ideen der Demokratie, des Friedens und der Freiheit eingetreten ist. Sie ist auch heute die Partei der Demokratie und des Sozialismus in Deutschland.

Die deutsche Sozialdemokratie lehnt jeden Rückfall in totalitäres Denken und Handeln entschlossen ab. Im Geiste dieser Grundeinstellung wird sie eine Politik der Unabhängigkeit und der Selbständigkeit gegenüber allen Kräften des In- und Auslandes treiben und ihr Verhältnis zu anderen politischen Parteien regeln.

Alle Bürger müssen vor dem Gesetze gleich sein. Niemand darf seinem gesetzlichen Richter entzogen werden. Es darf keine Ausnahmegerichte geben.

Die Sozialdemokratie begnügt sich nicht mit der historischen Legitimität, die in der großen Geschichte ihres Freiheitskampfes gegeben ist. Sie will ihren Anspruch als führende politische Kraft in der deutschen Politik durch ihre positiven Leistungen für Staat und Volk und durch die Ehrlichkeit, Aufrichtigkeit und Sachlichkeit ihrer Politik immer von neuem rechtfertigen.

Dokument 1, 11. Mai 1946

IV.

Die deutsche Republik der Zukunft

Auf dem Gebiete der Staats- und Verwaltungspolitik erstrebt die Sozialdemokratie die Demokratie, die getragen ist von der Mitbestimmung und Mitverantwortung aller Bürger. Sie will eine Republik mit weitgehender Dezentralisierung und Selbstverwaltung.

Die deutsche Republik der Zukunft soll sich aufbauen auf Länder, die nicht in ihrer eigenen Existenz ihren höchsten Zweck sehen, sondern die sich nur als Bausteine einer höheren nationalen Ordnung betrachten. Der Träger der Staatsgewalt soll das ganze deutsche Volk sein.

Keins der heutigen Länder und keine der heutigen Provinzen dürfen sich in ihrer Existenz und in ihrem Umfang als garantiert ansehen. Es gibt keine ausreichende geschichtliche Legitimation gegenüber den *Notwendigkeiten der Gegenwart*.

Die *Verwaltung* muß von unten her reformiert werden, und die unteren Träger des kommunalen Zusammenlebens müssen möglichst große Kompetenzen haben. Das Volk, repräsentiert durch seine Parteien, bestimmt die Aufgaben und Ziele der Verwaltung. Die *Beamten, Arbeiter und Angestellten der öffentlichen Körperschaften* sind durch ein einheitliches Dienstrecht und durch Erhaltung ihrer Staatsbürgerrechte zu schützen.

Alle Staatsbürger sind ohne Ansehen des Herkommens, des Glaubens, der Rasse oder des Geschlechts nach Maßgabe der Gesetze und entsprechend ihrer Befähigung und Leistung zu den öffentlichen Ämtern zugelassen.

Glaubens- und Gewissensfreiheit für alle, Trennung von Kirche und Staat. Damit wird den Kirchen und allen Weltanschauungsgemeinschaften die Möglichkeit gegeben, in Freiheit die ihnen eigenen Aufgaben zu erfüllen. Niemand soll verpflichtet sein, seine religiöse Überzeugung zu offenbaren.

Die *Kunst, die Wissenschaft und ihre Lehre* sollen wieder frei sein, um das zerstörte Kultur- und Geistesleben neu zu gestalten. Ihre Leistungen sollen dem deutschen Volk die Achtung und das Vertrauen der Welt wiedergewinnen.

Das *allgemeine Schulwesen* ist öffentlich. Die Schulen sollen die Jugend frei von totalitären und intoleranten Anschauungen erziehen im Geist der Humanität, der Demokratie, der sozialen Verantwortung und der Völkerverständigung. Allen Deutschen stehen die Bildungsmöglichkeiten allein entsprechend ihrer Befähigung offen. Sie sind unabhängig von Bekenntnis, Staat und Besitz.

Die Freiheit der Meinungsäußerung und der Kritik muß auch in der *Freiheit der Presse* ihren Ausdruck finden.

Es ist ein *einheitliches Arbeitsrecht* zu schaffen. Jedem Bürger soll die Möglichkeit gegeben werden, durch Arbeit seinen Lebensunterhalt zu erwerben. Soweit ihm angemessene Arbeitsgelegenheit nicht nachgewiesen werden kann, hat er einen Anspruch auf Lebensunterhalt. Jedem wird die gleiche Möglichkeit für seine Berufswahl und Berufsausbildung gegeben. Jedermann hat das Recht und die Pflicht, seinen Lebensunterhalt durch Arbeit zu erwerben.

Die *Vereinigungsfreiheit* zur Wahrung und Förderung der Arbeits- und Wirtschaftsbedingungen ist für jeden und für alle Berufe zu gewährleisten. Zur Vertretung der Interessen der Arbeitenden in den Betrieben sind *Betriebsräte* mit weitgehenden Rechten zu bilden.

Das *Fürsorge- und Gesundheitswesen* ist eine öffentliche Angelegenheit. Zur Erhaltung der Gesundheit, zum Schutz der Mutterschaft, zur Vorsorge gegen wirtschaftliche Folgen von Alter und Unfällen soll eine *einheitliche Sozialversicherung* geschaffen werden, bei der die Versicherten maßgebend mitzuwirken haben. Jugendfürsorge und Jugendwohlfahrt sind öffentliche Aufgaben. Die Opfer des Krieges und der Diktatur haben Anspruch auf ausreichende Hilfe.

V.

Deutschland und die Welt

Die deutsche Sozialdemokratie anerkennt die Pflicht zur Wiedergutmachung im Rahmen der wirtschaftlichen Möglichkeiten des deutschen Volkes. Sie ist für die *Bestrafung der Schuldigen und der Kriegsverbrecher.*

Die Sozialdemokratie erstrebt die Eingliederung des neuen Deutschlands in die *neue internationale Organisation der Völker.* Deutschland braucht die wirtschaftliche, soziale und politische Hilfe der demokratischen Nationen.

Das neue Deutschland leidet heute nicht nur unter der Erbschaft des Dritten Reiches, sondern auch unter der Tatsache, daß es keine gemeinsame Politik der Besatzungsmächte gegenüber Deutschland gibt. Die deutsche Sozialdemokratie hofft auf den Tag, an dem eine *Klärung der Probleme* in Deutschland und der Welt eine *einheitliche Politik der Besatzungsmächte* gegenüber Deutschland ermöglichen und die Politik der Besatzungszonen beenden wird.

Die Politik der Wirtschaftsverstümmelung, der Menschenversklavung und der Massenausrottung, die die Politik der nationalsozialistischen Diktatur war, darf im Zeitalter der Demokratie keine Geltung haben.

Wie die Demokratie nicht gesichert ist ohne die ökonomische Befreiung der Menschen, so ist sie ebenso unmöglich ohne die nationale Freiheit des Volkes.

Die deutsche Sozialdemokratie erhebt den Anspruch auf die Erhaltung Deutschlands als eines nationalen, staatlichen und wirtschaftlichen Ganzen.

Nur wenn es uns gelingt, Deutschland als eine Einheit zu erhalten, werden vor allem die jungen Menschen die Ideen des Friedens, der Demokratie und des Sozialismus nicht als Ergebnis des Zusammenbruchs des Dritten Reiches, sondern als selbst gewollte, höhere Notwendigkeit begreifen lernen. Nur dann wird die Sozialdemokratie den Kampf gegen jeden neu erwachenden Nationalismus mit Erfolg führen können.

So wie die Sozialisten aller Länder für die Unabhängigkeit ihres Landes eintreten, so tut es auch die deutsche Sozialdemokratie. Aber sie weiß, daß die *Periode der uneinge-*

schränkten Souveränität der Einzelstaaten vorüber ist. Nicht Teile von Deutschland dürfen internationalisiert werden, sondern ganz Europa muß internationalisiert werden.

Die deutsche Sozialdemokratie erstrebt die *Vereinigten Staaten von Europa,* eine demokratische und sozialistische Föderation europäischer Staaten. Sie will ein sozialistisches Deutschland in einem sozialistischen Europa. Nur so kann Europa zur Solidarität mit den Völkern aller Kontinente gelangen.

Die Sozialdemokratie sieht in dem gemeinsamen Kampf der Sozialisten aller Länder gegen jede Form der Ausbeutung, des Imperialismus und des Faschismus, der Reaktion und des hegemonialen Nationalismus die große geschichtsbildende Kraft, die Frieden und Freiheit für alle Völker sichern kann.

VI.

Sozialismus ist nicht mehr ein fernes Ziel. Er ist die Aufgabe des Tages

Die deutsche Sozialdemokratie ruft zur sofortigen sozialistischen Initiative gegenüber allen praktischen Problemen in Staat und Wirtschaft auf.

Die deutsche Sozialdemokratie ist sich der Größe ihrer Aufgabe bewußt. Sie will nichts sein als eine Partei unter anderen Parteien. Sie will sich aber auszeichnen durch die *Richtigkeit ihrer Erkenntnisse,* durch die *Klarheit ihrer Politik* und durch die *Wirksamkeit ihrer Maßnahmen.* Sie schöpft das Vertrauen zu einer erfolgreichen Durchführung ihrer Politik daraus, daß heute das Klasseninteresse der deutschen Arbeitenden mit den Notwendigkeiten des ganzen deutschen Volkes und der Einsicht und dem Willen aller fortschrittlichen und freiheitlichen Menschen in der ganzen Welt zusammenfällt.

Dokument 2, 4. Juni 1946

Nr. 2
Sitzung des Parteivorstandes am 4. Juni 1946 in Hannover

AdsD: SPD-Parteivorstand, 2/ PVAS 0000650, Sitz. v. 4. 6. 1946 (A: Maschinenschriftl. Prot., 6 S., Überschrift: „Protokoll der Sitzung des Parteivorstandes am 4. Juni 1946 in Hannover"; B: Maschinenschriftl. Prot., 11 S., Überschrift: „Protokoll der Vorstandssitzung am 4. Juni 1946 in Hannover")[1]

[**Leitung**: Dr. Kurt *Schumacher*][2]
Anwesend:
Siehe Anwesenheitsliste. Entschuldigt gefehlt: Genosse *Grimme*.

[**Teilnehmer/Teilnehmerinnen, nach Funktionen geordnet**[3]:
PV: *Schumacher, Heine, Kriedemann, Nau, Ollenhauer, Agartz, Baur, Beyer, Bögler, Eichler, Gayk, Gnoß, Görlinger, Gross, Helmstädter, Henßler, Kaisen, Knothe, Loßmann, Menzel, Metzger, Nölting, Selbert, Veit*
KK: Adolf *Schönfelder*]

Tagesordnung:[4]
   1) Mitteilungen über den Ausbau des Parteivorstandsbüros
   2) Presse und Propaganda
   3) Beschlußfassung über eine Kooptierung in den PV
   4) Vorbereitung der Wahlen in der britischen Zone
   5) Verhandlungen mit der Kontrollkommission Lübbecke
   6) Internationale Sozialistenkonferenz in London
   7) Vorbereitung einer Jugendkonferenz
   8) Vorschlag für eine Entschließung zur internationalen Situation
   9) Zonenangelegenheiten (Berlin, Französische Zone, Amerikanische Zone)
  10) Entlassungen von Kriegsgefangenen aus englischer Kriegsgefangenschaft
  11) Internationales Komitee zur Wiederherstellung des Karl-Marx-Hauses in Trier
  12) Informationen über SED und KPD
  13) Ausschlußantrag gegen Venedey
  14) Stellungnahme zum Fall Hermsen
  15) Finanzfragen
  16) Antrag Sonderregelung für Bergarbeiter
  17) Festlegung des Termins für die nächsten Sitzungen des PV und PA

---

1 Der folgenden Veröffentlichung des Protokolls wird das kürzere Protokoll „A" zugrunde gelegt, da es einen nach der Tagesordnung gegliederten genaueren Verlauf der Sitzung vermittelt. Ergänzungen aus dem längeren, aber unvollständigen Protokoll „B" werden besonders angemerkt. Über die Sitzung wurde auch ein kurzes Kommuniqué veröffentlicht, das hier als Anlage 1 zum Protokoll abgedruckt wird.
2 Name des Sitzungsleiters aus dem Kommuniqué.
3 Die folgenden Angaben wurden der Anwesenheitsliste in den Beiakten zum Protokoll entnommen; für die Teilnehmer an allen Vorstandssitzungen 1946/47 vgl. Anhang 1.
4 Wortlaut der Tagesordnung zu Beginn des Protokolls A.

Beginn der Sitzung 10.20 Uhr. Es wird vereinbart, daß die Verhandlungen des Parteivorstandes vertraulich sind. Soweit Berichte über die Sitzungen des Parteivorstandes veröffentlicht werden, erfolgt die Ausgabe der Berichte durch das Büro des Parteivorstandes.

Zu der ersten Sitzung des Parteivorstandes ist der Genosse Adolf *Schönfelder* als Vorsitzender der Kontrollkommission eingeladen worden und auch erschienen.[5]

Zu **Punkt 1** (Mitteilungen über den Ausbau des Parteivorstandsbüros)
a) Der Parteivorstand billigt die bisherigen Maßnahmen für den Ausbau des Parteivorstandsbüros, und zwar die vorläufige Leitung der neuen Arbeitsgemeinschaft der Verlagsanstalten der Partei als Nachfolgerin der Konzentrations AG durch den Genossen Carl *Storbeck*.[6]

b) Die Übernahme der Geschäftsführung des Hauptausschusses der Arbeiterwohlfahrt durch die Genossin Lotte *Lemke*.[7]

Arbeiterwohlfahrt:[8]
Besprechung zwischen dem Genossen Görlinger und der Genossin Lemke angesetzt.

Schumacher: Auf der letzten britischen Zonenkonferenz in Hamburg wurde irgendeine internationale Hilfsaktion bekanntgegeben, die von drei Vereinen unterschrieben war, aber nicht von der Arbeiterwohlfahrt. Die Zustimmung zur finanziellen Hilfsleistung durch die Länder haben wir davon abhängig gemacht, daß die Arbeiterwohlfahrt als vierter Verein gleichberechtigt und anerkannt ist.

Görlinger: Für die Juden kommt eine unendliche Fülle von Gaben, die sie nicht verwenden können, da soviel Juden gar nicht in Deutschland leben. Die überschüssigen Gaben müssen für andere Bedürftige verwendet werden.

Die Kommunisten haben bisher noch keine eigene funktionierende Organisation aufgezogen. Sie strömen in die Arbeiterwohlfahrt ein. Jetzt beginnen sie eine eigene Organisation aufzubauen als „Deutsche Volkshilfe". In Köln wollten sie z.B. auf unseren Plakaten mit Propaganda machen, was wir selbstverständlich verhindert haben.

Gnoß: Vorschlag, die Arbeiterwohlfahrt aufzuteilen in eine Mitglieder- und in eine Förderorganisation. Mitglieder können nur Parteigenossen werden, Förderer alle übrigen.

---

5 Das Protokoll B beginnt mit folgenden Sätzen: „Eröffnung 10.20 Uhr durch den Gen. Schumacher. Gen. Ollenhauer: Technische Mitteilungen bezüglich der Adressen. Alle Mitteilungen sind vertraulich zu behandeln. Vor jeder Konferenz wird gebeten, daß sich die Genossen wegen der Unterkunftsbeschaffung telegrafisch anmelden." (S. 1).

6 In Protokoll B lauten die entsprechenden Sätze: „Kurze Übersicht über eine Reihe von sachlichen und personellen Maßnahmen. Einrichtung einer Konzentrationsgesellschaft. Leitung: Gen. Storbeck" (S. 1). Zur Wiedergründung der „Konzentration" als GmbH vgl. Einleitung Kap. II 1 i.

7 In Protokoll B lauten die entsprechenden Sätze: „Regelung hinsichtlich des Hauptausschusses der Arbeiterwohlfahrt. Interimistische Leitung Gen. Görlinger, Köln. Jetzige Geschäftsführerin Genossin Lemke. Im nächsten Winter muß eine gut funktionierende Hilfsorganisation vorhanden sein, und die Arbeiterwohlfahrt muß viel mehr in Erscheinung treten." (S. 1).

8 Bei der folgenden Wiedergabe der Diskussion über die Arbeiterwohlfahrt handelt es sich um eine Ergänzung aus dem Protokoll B (S. 2).

Dokument 2, 4. Juni 1946

Vorschlag, in jedem Monat einen Sonntag für die Sammlung der Arbeiterwohlfahrt festzulegen, da diese Daten der Militärregierung gemeldet werden müssen.

Antwort: Das muß provinzmäßig gemacht werden, da es verschieden ist.

Görlinger: Mitglieder in der Arbeiterwohlfahrt dürfen auch Nichtmitglieder der Partei sein, nur dürfen sie keiner anderen politischen Organisation angehören.

c) Die **Einrichtung eines Ostsekretariats** (Hilfsstelle für Ostflüchtinge), das die Aufgabe der Prüfung der aus der russischen Zone kommenden Flüchtlinge und die Aufrechterhaltung mit den in der russischen Zone lebenden Sozialdemokraten haben soll.[9] Das Büro wird nicht in räumlicher Verbindung mit dem Parteivorstandsbüro arbeiten. Die vorläufige Leitung dieses Sekretariats erfolgt durch den Genossen *Dux* (früher Magdeburg) und den Genossen *Siegmund* (früher Chemnitz).

[**Frage des Ostsekretariats**]:[10]

Gnoß: Ist es erlaubt, Genossen, die zwangsweise in der Ostzone in die SED hineingehen mußten und jetzt in die britische Zone kommen, wieder als Mitglieder der SPD aufzunehmen?

Ollenhauer: Es ist unsere Absicht, durch Verbindungen über die Zonengrenzen hinweg Vertrauensleute in einzelnen Bezirken der Ostzone hinzuzuziehen, die solche Anträge von wirklichen Sozialdemokraten prüfen [lassen] können. Sobald wir uns über die Organisation dieser Angelegenheit im klaren sind, teilen wir es den Bezirken mit.

Ferner wird Berlin versuchen, einen direkten Kontakt mit den Genossen in der Ostzone zu behalten, die zwangsweise SED-Mitglieder geworden sind. Dafür wird in Berlin eine besondere Stelle geschaffen. Der Standpunkt, der auch in unserem Organisationsstatut enthalten ist, daß man nicht Mitglied zweier Parteien sein kann, ist hier nicht zu vertreten.

Gayk: Es ist außerordentliche Vorsicht geboten, daß nicht bei der Aufnahme der Leute aus der Ostzone Menschen in unsere Partei hineinkommen, die Beauftragte der Gegenseite sind. Wir müssen in der Ostzone eine illegale Organisation aufziehen.

Schumacher: Wir können die Menschen in der Ostzone durch eine illegale Organisation nicht gefährden. Die Anglo-Amerikaner haben aber den Standpunkt begriffen, daß sie sich als Besatzungsmacht nicht halten können, wenn wir als Partei nicht standhalten.

---

9 Bei dem „Ostsekretariat" handelt es sich um die besser unter dem Namen „Ostbüro" bekannte zentrale Institution der SPD, die bis 1966 bestand. Zum Ostbüro vgl. Einleitung Kap. II 1 e. Im Protokoll B wird allgemein zur Errichtung des „Ostsekretariats" ausgeführt: „Für unsere Genossen in der Ostzone, die zwangsweise in die SED gehen mußten, haben wir hier eine Zentrale geschaffen. Keine Koordinierung mit dem PV. Die Flüchtlinge aus der Ostzone, die sich zum großen Teil als politische Flüchtlinge ausgeben, müssen auch von dieser Stelle erfaßt werden. In den letzten Tagen sind stärkere Verhaftungen erfolgt, und zwar meistens von Sozialdemokraten. Diese Genossen müssen versorgt und betreut werden. Hierfür haben wir ein besonderes Sekretariat eingerichtet ‚Hilfe für Ostflüchtinge'. Dort werden dann die Genossen geprüft. Das Sekretariat bleibt in der Jacobsstr. Mit der Leitung sind beauftragt die Genossen Dux und Siegmund. (Dux früherer Bildungssekretär in Magdeburg-Anhalt, Siegmund früher Chemnitz.) Diese Stelle soll nicht bekannt gemacht werden." (S. 1).

10 Bei der Wiedergabe der folgenden Diskussion zum Tagesordnungspunkt „Ostsekretariat" handelt es sich um eine Ergänzung aus Protokoll B (S. 2 f.).

Heine: Von Hannover aus wird diese Sache mit allen Finessen der illegalen Organisation betrieben.

Eichler: Eine Registrierung der Menschen in der Ostzone, die sich zu uns bekennen, darf nicht vorgenommen werden. Es dürfen nur Vertrauensleute hinzugezogen werden, die Nachrichten usw. mündlich überbringen.

Gnoß: Welche Auswirkungen hat der Beschluß der Alliierten, daß für alle vier Zonen Berlins die SPD zugelassen wird?

Ollenhauer: Die Sozialdemokratische Partei ist praktisch nur auf dem Papier zugelassen.

d) Die **Leitung des zentralen Frauensekretariats** übernimmt ab 1. Juli 46 die Genossin Herta *Gotthelf*.[11]

e) Es wird beschlossen, sobald wie möglich ein **wirtschaftspolitisches Referat** einzurichten, und die Mitglieder des Parteivorstandes werden gebeten, Vorschläge für die personelle Besetzung dieses Sekretariats zu machen.[12]

f) Es besteht Übereinstimmung über die Schaffung eines zentralen **Jugendsekretariats** für die Aufgaben der eigentlichen Jugenderziehung[13] und über die Schaffung eines besonderen Sekretariats für die Arbeit unter den jungen Sozialdemokraten (Jungsozialisten oder junge Sozialdemokraten).[14]

Das Jugendsekretariat soll ähnlich wie die Arbeiterwohlfahrt in räumlicher Trennung vom Parteibüro arbeiten, während das Sekretariat für die Jugendarbeit der Partei ein Bestandteil des Parteivorstandsbüros werden soll.

Über die personelle Besetzung dieser beiden Sekretariate soll entschieden werden, wenn nach der in Aussicht genommenen Jugendkonferenz im Juli d.J. Vorschläge dieser Konferenz vorliegen.

g) Der Parteivorstand ist der Auffassung, daß auch die Schaffung eines **kommunalpolitischen Sekretariats** so schnell wie möglich erforderlich ist.

---

11 Aus dem Protokoll A. Im Protokoll B heißt es: „Im Zusammenhang mit dem Parteitag haben wir die Zentralisierung unserer Frauenarbeit besprochen. Mit der vorläufigen Leitung ist Herta Gotthelf betraut worden, die vor 1933 Frauensekretärin in Berlin war." (S. 1). Zu Herta *Gotthelf*, die 1947 in den PV gewählt wurde, vgl. die Kurzbiographien der Vorstandsmitglieder, Anhang 5.

12 Aus dem Protokoll A. Im Protokoll B heißt es: „Zum wirtschaftspolitischen Referat sind noch keine Vorschläge gemacht worden. Die Vorstandsmitglieder geben ihr Einverständnis, daß die agrarpolitischen und wirtschaftspolitischen Ausschüsse Gesetzesvorlagen bei den zuständigen Stellen machen. Vorschlag Görlinger, den Genossen Dr. Fritz Schmidt, Berlin-Reichsbank, für die Wirtschaftspolitik hinzuzuziehen."(S. 3).

13 Aus dem Protokoll B geht hervor, daß diese Organisation sich um die „14 bis 18 jährigen" kümmern sollte. Weitere Ergänzung aus Protokoll B: „Diese Stelle soll nicht direkt mit der Partei verbunden sein, sondern von dort nur grundsätzliche Anweisungen bekommen." (S. 1).

14 Im Protokoll B (S.2) wird auch hier eine genaue Altersangabe („18-35") erwähnt.

Dokument 2, 4. Juni 1946

Zu **Punkt 2** (Presse und Propaganda)[15]
In der britischen Zone haben wir bisher die Lizenz für 11 sozialdemokratische Zeitungen, in Berlin haben wir jetzt die Lizenz für unser Parteiblatt, „Sozialdemokrat", erhalten. In Hannover erscheint am 20. und 21. 6. unsere Parteizeitung mit einer Auflage von 250.000 Exemplaren. Dieses offizielle Parteiorgan hat als Lizenzträger vier Sozialdemokraten und einen Bürgerlichen als Geschäftsführer. Chefredakteure *Spengemann*[16] und *Korspeter*[17]. In Essen erscheint in Kürze eine weitere sozialdemokratische Zeitung, Chefredakteur *Brost* (früher Danzig)[18].

In der britischen Zone haben wir außerordentliche Papierschwierigkeiten. Fall „Telegraf", Berlin. Wir haben entschieden abgelehnt, daß auf unsere Kosten der „Telegraf" erhöht wird.

Wir haben eine Denkschrift über die Bevorzugung der Kommunisten in der Papierfrage verfaßt.

In der amerikanischen Zone erscheinen 34 Zeitungen als Gemeinschaftszeitungen. Ungenügender Einfluß der Sozialdemokraten.

Die Verhältnisse in der französischen Zone sind völlig unübersichtlich. In bezug auf das Pressewesen ist sie im Umbau. Es hat eine Rücksprache mit dem französischen Informationsminister stattgefunden, der seine Unterstützung zugesagt hat.

DPD [Deutscher Pressedienst, Brit. Zone]
Der Pressedienst in der britischen Zone hat einen riesigen Apparat mit 300 deutschen Angestellten und 30-35 deutschen Redakteuren. Diese deutschen Redakteure sind zum größten Teil frühere Angehörige der Chiffrierabteilung des OKM [Oberkommando der Marine]. Kein Sozialdemokrat ist in der Leitung des DPD. Wir haben jetzt die Auflage bekommen, drei Redakteure zu benennen und bitten um Vorschläge.

DANA [Deutsche Allgemeine Nachrichtenagentur, US-Zone]
In der DANA sind ebenfalls in führenden Positionen keine Sozialdemokraten. 2. Geschäftsführer ist lediglich unser Genosse W. *Müller*[19]. Willy *Brandt* (jetzt Norwegen) hat sich mit unserem Einverständnis um die Stellung des Chefredakteurs beworben. In der DANA herrscht starker kommunistischer Einfluß. Keine Gegenmaßnahmen der Amerikaner.

---

15 Die Beratungen über den Tagesordnungspunkt 2 werden insgesamt nach dem ausführlicheren Protokoll B wiedergegeben. (S. 3-7) Den Bericht gab Heine.
16 Walter *Spengemann* (1904-1969), Studium der Ethnologie, Journalist, 1937 zu 10 Jahren Zuchthaus verurteilt, 1945 Chefredakteur des „Neuen Hannoverschen Kuriers", 1946 der „Hannoverschen Presse" und 1947 der „Norddeutschen Zeitung" in Hannover.
17 Wilhelm *Korspeter* (1897-1967), Studium der Volkswirtschaft, Journalist, vor 1933 SPD; 1946-1955 Chefredakteur der „Hannoverschen Presse", 1947-1952 MdL (Niedersachsen).
18 Erich *Brost*, zu dieser Zeit noch Redakteur bei „Radio Hamburg" (einer der Vorläufer des NWDR) übernahm im Juli 1946 die Chefredaktion der neuen Tageszeitung „Die Neue Ruhr/ Neue Rheinzeitung" (NRZ) in Essen, vgl. Marek Andrzejewski u. Hubert Rinklake: „Man muß doch informiert sein, um leben zu können". Erich Brost. Danziger Redakteur, Mann des Widerstandes, Verleger und Chefredakteur der „Westdeutschen Allgemeinen Zeitung", Bonn 1997, S. 133.
19 Gemeint wahrscheinlich Wilhelm *Müller* aus Stuttgart. Wilhelm *Müller* (1889-1955), 1949/50 MdL.

Es ist möglich, daß ein einheitliches Nachrichtenbüro für die drei westlichen Besatzungszonen geschaffen wird.

Sozialdemokratischer Pressedienst[20]

Leitung *Fritz Sänger*. Erscheint bisher wöchentlich einmal, nach Möglichkeit demnächst zweimal, später täglich. Lizenzanträge wurden bisher abgelehnt. In mündlicher Rücksprache mit Major *Riddle* haben wir erreicht, daß vorläufig die Nachrichten stillschweigend herausgegeben werden, allerdings nur für den Bereich des 30. Corps. Wir haben diese Erlaubnis stillschweigend erweitert. Die Übersiedlung Sängers nach Hannover ist geplant.

Zentralorgan der Partei

Schaffung einer Wochenzeitung für alle drei westlichen Zonen. Sänger Chefredakteur. Herausgabe nicht vor August/September.[21]

Ferner haben wir Lizenz beantragt für eine parteinahe Zeitung „*Wissenschaftlicher Sozialismus*". Das soll ein unabhängiges Organ sein, das auch Mitarbeiter aus anderen Schichten haben soll. Diskussionsorgan.[22] Ferner ist die Herausgabe einer „*Sozialdemokratischen Partei-Korrespondenz*" zu erwägen. Das soll eine Monatsschrift sein, die über die Geschehnisse in Politik, Wirtschaft, Kultur und über das In- und Ausland berichtet.[23]

Fall Reifferscheidt[24]

Vor etwa 8 Wochen hat sich R. eine Ablehnung geholt, die Rheinische Zeitung[25] als Zonenzeitung erscheinen zu lassen. Deswegen hat er aber doch bei seiner Militärregierung um Genehmigung gebeten, im Auftrage der Parteileitung diese Zeitung als Zonenzeitung erscheinen lassen zu dürfen. Dafür hat er von den anderen Parteizeitungen Papier von 1 1/2 bis 2 to erbeten. Wir haben zwei Telegramme mit unserer Ablehnung geschickt,

---

20 Protokoll A: „a) Die Einrichtung des ‚Sozialdemokratischen Pressedienstes' unter der Leitung des Genossen Fritz Sänger wird gebilligt. Der ‚Pressedienst' soll so schnell wie möglich von Braunschweig nach Hannover verlegt werden und zu einem umfassenden Nachrichtendienst ausgebaut werden." (S. 2).

21 Protokoll A: „b) Der Parteivorstand ist einverstanden mit der Vorbereitung zur Herausgabe einer Wochenzeitung als Zentralorgan der Partei" (S. 3).

22 Protokoll A: „c) Der Parteivorstand nimmt davon Kenntnis, daß ein Lizenzantrag der Genossen Schumacher, Ernst Nölting und Kriedemann für eine wissenschaftliche Zeitschrift läuft." (S. 3).

23 Protokoll A: „d) Der Parteivorstand billigt die Vorbereitungen für die Herausgabe einer Veröffentlichung in der Form der früheren Partei-Korrespondenz." (S. 3).

24 Protokoll A: „e) Der Parteivorstand mißbilligt das Vorgehen des Genossen *Reifferscheidt* in seinen Verhandlungen mit der Militärregierung und mit unseren westdeutschen Verlegern über die Herausgabe einer Zonenausgabe der ‚Rheinischen Zeitung'. Der Parteivorstand ist der Auffassung, daß die jetzt bewilligte Lizenz für diese Zonenausgabe in Anspruch genommen werden soll, daß aber die geplante Zeitung als Wirtschaftszeitung unter der Mitarbeit und Verantwortung des Parteivorstandes erscheinen soll. Der Parteivorstand muß auf die personelle Zusammensetzung der Redaktionen und auf das Redaktionsprogramm maßgebenden Einfluß haben. Es wird beschlossen, Reifferscheidt telegrafisch zu ersuchen, die Verhandlungen über die Herausgabe des Blattes zu stoppen. Die Genossen Heine und Storbeck werden beauftragt, Verhandlungen über eine befriedigende Regelung im Sinne der Beschlüsse des Parteivorstandes mit den beteiligten Genossen in Köln zu führen" (S. 3). Johannes (Hans) *Reifferscheidt*, geb. 1896 in Köln, 1926-33 Parteisekretär der SPD in Trier, nach 1945 Verleger der Rheinischen Zeitung in Köln.

25 Zu den Versuchen die „Rheinischen Zeitung" zu einem zonalen Zentralorgan der SPD auszubauen vgl. die Erinnerungen von Heinz *Kühn*, der zu dieser Zeit stellvertretender Chefredakteur der Rheinischen Zeitung war: H. Kühn, Aufbau und Bewährung, Hamburg 1981, S. 27-29.

Dokument 2, 4. Juni 1946

sowohl in der Papierfrage als in der Angelegenheit überhaupt. Darauf war R. am 2.6. in Hannover und hat mitgeteilt, daß er das Papier nicht mehr benötigt, sondern daß er von den Engländern eine Zuteilung für 5000 Exemplare bekommen habe. Am 1. Juli soll die erste Ausgabe dieser Zonenzeitung erscheinen. Zu diesem Zweck werden drei neue Redakteure eingestellt, u.a. evtl. *Häcker* (früher Stuttgart) und ein Redakteur von der Frankfurter Rundschau. Die Zeitung soll zunächst einmal wöchentlich mit 8 Seiten Umfang erscheinen.

Fall der Aachener Zeitung
Der Verleger *Hollands*[26] ist aus der Partei ausgetreten, weil der Unterbezirk ihm mit Ausschluß gedroht hat. Hollands soll sich geweigert haben, die Aachener Zeitung in eine GmbH umzuwandeln. Der Grund für Hollands Weigerung soll seine Annahme sein, daß ihn die anderen Mitarbeiter aus dem Verlag hinaus haben möchten, wenn er erst die GmbH akzeptiert hat. – Der Unterbezirk hat andererseits das Mißtrauen, daß Hollands den Verlag für seine privaten finanziellen Vorteile mißbraucht.

Genosse *Heine* wurde beauftragt, den Fall Hollands an Ort und Stelle zu prüfen[27].

Zu dem *Fall Reifferscheidt* erklärt **Görlinger**, daß diese Angelegenheit von dem Genossen Heine nicht ganz richtig dargestellt worden wäre. In Wennigsen[28] wäre bereits darüber gesprochen worden, in Köln eine Zonenzeitung erscheinen zu lassen, da dort noch die Verlagsgebäude und Druckerei erhalten geblieben wären. Dagegen wäre von Hannover aus nichts eingewendet worden, so daß schon vor Monaten der Lizenzantrag von Reifferscheidt gestellt worden wäre. Görlinger wendet sich in diesem Zusammenhang gegen die zentralistischen Bestrebungen Hannovers.

Gnoß vertritt die Auffassung, die Zonenzeitung sei grundsätzlich dem PV vorbehalten. Überhaupt ist das Vorgehen Reifferscheidts zu verwerfen, denn er hätte vorher eine konkrete Zustimmung von Hannover haben müssen. Köln hat überhaupt kein Vorrecht zur Herausgabe einer Zonenzeitung.

Kaisen spricht für die Bedeutung des Rhein- und Ruhrgebietes und würde es begrüßen, wenn eine Wochenzeitung gerade in diesem Bezirk erscheinen würde.

Gross spricht dafür, daß die Pressefragen grundsätzlich nur von Hannover aus geregelt und entschieden werden dürfen. Das Verhalten Reifferscheidts wird streng verworfen, da die Lizenz nun aber erteilt worden ist, wäre es wohl vernünftig, sie für uns auszunutzen.

---

26 Heinrich *Hollands* (1877-1953), 1946-53 Verleger der Aachener Zeitung bzw. der Aachener Nachrichten.
27 Protokoll A: „f) Der Parteivorstand beschließt, die Genossen Heine und Storbeck mit den persönlichen Verhandlungen zur Beilegung des in Aachen entstandenen Konfliktes zwischen der dortigen Parteiorganisation und dem Verleger Hollands zu beauftragen." (S. 3).
28 Zur Konferenz in Wennigsen im Oktober 1945 vgl. Einleitung Kap. I 1 a.

Agartz wünscht ein ähnliches Handelsblatt zu schaffen, wie das bereits erscheinende in Düsseldorf. Das Handelsblatt beabsichtigt z.B., einen ständigen Korrespondenten nach Minden[29] zu setzen.

Gayk spricht dagegen, die grundsätzlichen Wirtschaftsfragen in einer Zeitung erscheinen zu lassen, sondern dafür muß eine besondere Zeitschrift geschaffen werden.

Nölting: Übereinstimmung mit Gen. Gayk und Zustimmung zu den Argumenten von Kaisen in bezug auf das Erscheinen einer Zonenzeitung im Ruhr- und Rheingebiet. In dieser Zeitung soll aber besonderer Nachdruck auf den Wirtschaftsteil gelegt werden. Das Vorgehen Reifferscheidts ist unbedingt falsch, aber bei Lage der Dinge sollte die Lizenz doch angenommen werden.

Schumacher: Frage, warum sich die neue Zonenzeitung gerade Wochenzeitung der „Rheinischen Zeitung" nennen soll?

Eichler: Ursprünglich wurde bei der Zonenausgabe der „Rheinischen Zeitung" nur an das französische Gebiet gedacht. Man bekommt die Zeitung nur unter dem Titel „Rheinische Zeitung", Zonenausgabe, weil das nach den Vorschriften der Militärregierung keine wirkliche neue Lizenzerteilung ist.- Eichler spricht auch dafür, doch diese Zonenzeitung nun nach Erteilung der Lizenz herauszubringen. Das Vorgehen von Reifferscheidt wird von ihm ebenfalls gerügt.

Heine: Das Vorgehen Reifferscheidts wird streng mißbilligt. Die Lizenz soll aber ausgenutzt werden, und zwar mit Betonung des Charakters der Zeitung als Wirtschaftsorgan. Engste Verbindung mit dem Gen. Agartz ist erforderlich.

Gnoß bittet um den Versuch, wenigstens den Titel der Zeitung zu ändern.

Görlinger weist auf die Tradition der „Rheinischen Zeitung" hin, die jetzt als 98. Jahrgang erscheint.

Baur: Vorschlag, die Rheinische Zonenzeitung als Beilage zu der neuen Hannoverschen Ausgabe erscheinen zu lassen.

Schumacher: Nochmalige Betonung, daß die grundsätzlichen Entscheidungen nur von Hannover aus getroffen werden dürfen, auch in der Besetzung der Redaktionen.

Henßler: Die Parteipresse muß mit grundsätzlichen wirtschaftspolitischen und Fachartikeln von Hannover aus versorgt werden. Die Zonenausgabe der „Rheinischen Zeitung" ist unter Umständen ein Hemmnis für ein zentrales Organ.

Kriedemann: Wir wollen in *Lübbecke*[30] versuchen, die Lizenz zu übertragen. Wir wollen diese Gelegenheit benutzen, um zu einer sozialdemokratischen Wirtschaftszeitung zu kommen. Reifferscheidt muß unbedingt gestoppt werden.

Nau: Die Eigenwilligkeit Reifferscheidts hat unmögliche Formen angenommen. Erwähnt den Fall der Einladung an die Kommunisten anläßlich des Parteitages u.a.

---

29 In Minden hatte das Zentralamt für Wirtschaft der Britischen Zone, das vom Februar 1946 bis zum Januar 1947 von Viktor *Agartz* geleitet wurde, seinen Sitz, vgl. Hb. Politischer Institutionen und Organisationen, S. 162.

30 Lübbecke, eine Kleinstadt in der Nähe von Minden (Ostwestfalen) war Sitz des Hauptquartiers der Britischen Besatzungstruppen.

Dokument 2, 4. Juni 1946

Gayk spricht nochmals dafür, die Lizenz anzunehmen. Heine soll aber die Angelegenheit in Köln und Aachen regeln.

Zu **Punkt 3** (Beschlußfassung über eine Kooptierung in den PV)[31]
Schumacher spricht für die *Kooptierung Meitmanns* in den PV mit der Begründung, daß Meitmann als sein Vertreter im Zonenbeirat und als Vertreter bei der Militärregierung in Hamburg überhaupt eine Legitimation braucht.

Loßmann wünscht ebenfalls die *Kooptierung von Hoegner*. Hoegner hat erklärt, daß er in allen Punkten den gleichen Standpunkt der Partei vertritt wie in Hannover. Die einzige Differenz zwischen der Parteiführung und ihm liegt in der organisatorischen Frage. Hoegner wünscht, daß die Bezirke nicht direkt mit dem PV, sondern über den Landesvorstand verkehren.

Schumacher: Der direkte Verkehr zwischen der Parteizentrale und den Bezirken ist unbedingt erforderlich.

Einverständnis **Loßmanns**.

Gayk zieht in Erwägung, daß die Autorität von Meitmann anders gegeben werden sollte als durch die Kooptierung. Zweifel, ob diese Kooptierung nicht eine Berichtigung der Wahl des Parteivorstandes ist.[32]

Nölting erklärt, daß wir uns mit dieser Kooptierung in keinen Gegensatz zu dem Parteitagsbeschluß stellen. Der Fall Hoegner liegt anders, denn es ist nicht zweckmäßig, ein Staatsoberhaupt in den Parteivorstand zu wählen.

Eichler: Wir wollen ja gerade den Eindruck vermeiden, nachträglich eine Korrektur der Wahl durchzuführen. Hoegner kann nicht gewählt werden, weil jede Legitimation fehlt, die bei Meitmann gegeben ist. Es handelt sich ja nicht um die Kooptierung Hamburgs, sondern um die Person Meitmanns als Vertreter von Schumacher.

Einstimmige Annahme der Kooptierung Meitmanns.

Baur wendet sich dagegen, daß es Schwierigkeiten geben könnte, wenn ein Staatsoberhaupt gleichzeitig Vorstandsmitglied einer Partei ist.

Gayk: Vertagung der Frage der Kooptierung Hoegners in bezug auf die Frage, ob ein Staatsoberhaupt gleichzeitig Mitglied des Parteivorstandes sein kann.

Henßler stellt Antrag, den Fall Hoegner zurückzustellen.

Einstimmige Annahme.[33]

---

31 Die Beratungen über den Tagesordnungspunkt 3 werden hier nach dem ausführlicheren Protokoll B abgedruckt (S. 7) Zu den Vorstandswahlen auf den Parteitag von 1946 und zur Kooptierung von Meitmann vgl. auch Einleitung Kap. I 1 a.

32 *Meitmann* hatte bei der Wahl der Vorstandsmitglieder auf dem Parteitag nur 124 Stimmen erhalten, weit weniger als der letzte gewählte Kandidat *Veit* (151 Stimmen) und die ersten der durchgefallenen Kandidaten *Markscheffel* (147 Stimmen) und *Hoegner* (146 Stimmen), vgl. den hektogr. Wahlvorschlag mit handschriftl. Angaben der auf die Kandidaten entfallenen Stimmen, AdsD: SPD-LO Hamburg 53.

33 Im Protokoll A wurde diesem Beschluß noch hinzugefügt: „Es wird in Aussicht genommen, in einer der nächsten Sitzungen des Parteivorstandes die Frage der Mitgliedschaft von parteigenössischen Ministerpräsidenten oder Ministern im Parteivorstand prinzipiell zu klären." (S. 3) Ein solche Klärung fand jedoch, so-

Zu **Punkt 4** (Vorbereitung der Wahlen in der britischen Zone)[34]

Ollenhauer: Am 15. September finden die Gemeindewahlen und am 13. Oktober die Kreistagswahlen statt. Wir haben ein einheitliches Wahlrecht, das eine Mischung von englischem [Mehrheitswahlrecht] mit unserem Verhältniswahlrecht darstellt. Wir können uns dabei weder nach unserem früheren Wahlrecht noch nach den Erfahrungen in der amerikanischen Zone richten. Auf den amtlichen Stimmzetteln werden z.B. die Namen der Kandidaten dem Alphabet nach aufgestellt, ohne Angabe der Parteizugehörigkeit. Es ist den einzelnen Parteien überlassen, ihre Wähler auf ihre Kandidaten aufmerksam zu machen.

Wir haben einen Genossen damit beauftragt, die Wahlvorbereitungen zu treffen. Ferner stehen wir in ständiger Verbindung mit dem zuständigen britischen Wahlfachmann.

In jedem Bezirk ist ein Genosse nur für die Vorbereitungen und die Durchführung der Wahlen anzustellen.[35] Zur Anleitung dieser Genossen ist eine Konferenz einzuberufen, die am 16. Juli in Bielefeld stattfinden wird.[36]

Kaisen bittet um Überlassung von Material aus England für die Wahlen.

Gayk: Nach den Vorschriften der Militärregierung dürfen keine städtischen Angestellten und Beamten als Kandidaten aufgestellt werden. Es dürfen sich auch nur Kandidaten aufstellen lassen, die bereits 18 Monate ihre Lebensmittelkarten an dem betreffenden Ort empfangen haben[37]. Außerdem können Kandidaten nur einmal kandidieren. Entweder auf den Wahlbezirkslisten oder auf der Ergänzungsliste. Gen. Gayk bittet um sofortige zentrale Stellungnahme und Auskämpfung dieser Fragen von Hannover aus bei der Militärregierung.[38]

---

    weit die offiziellen Protokolle Auskunft geben, nicht statt. Auch wurde eine eventuelle Kooptierung Hoegners nicht erneut beraten.

34 Die Beratungen über den TOP 4 werden hier nach dem Protokoll B wiedergegeben (S. 7 f.) Im Protokoll A dazu zunächst folgender Satz: „Der Parteivorstand nimmt Kenntnis von der Errichtung eines besonderen Referates im Büro des Parteivorstandes zur Vorbereitung der Wahlen in der britischen Zone." (S. 3).

35 Nach dem weiteren Wortlaut im Protokoll A „beschließt" der PV, „die Bezirksvorstände in der britischen Zone aufzufordern, einen ihrer Bezirkssekretäre oder einen neu einzustellenden Genossen mit den technischen und Propagandavorbereitungen für die Wahlen zu beauftragen." (S. 3).

36 Etwas ausführlicher Protokoll A: „Der Parteivorstand beschließt, eine Konferenz zur Vorbereitung des Wahlkampfes am Dienstag, dem 16. Juli in Bielefeld abzuhalten. An der Konferenz soll der Wahlsekretär jedes Bezirks teilnehmen. Die Bezirke sollen jedoch berechtigt sein, bis zu drei Genossen zu dieser Konferenz zu entsenden." (S. 4).

37 Gegen diese lange Sperrfrist für das passive Wahlrecht kämpfte die SPD vor allem deshalb, weil sie zurückgekehrte Emigranten und KZ'ler sowie Flüchtlinge von der Wählbarkeit ausschloß, vgl. d. Art. „Sperrfristen bei den Kommunalwahlen", spd Nr. 9 v. 26.6.1946, Bl. 3.

38 Nach Protokoll A beauftragte der PV das „Büro", im Sinne der Anregungen von Gayk zu handeln: „Das Büro des Parteivorstandes wird beauftragt, den Versuch zu unternehmen, die von der Militärregierung vorgesehene Bestimmung, daß Kandidaten für die Gemeindewahlen ununterbrochen 18 Monate in ihrem Wahlkreis gewohnt haben müssen, um kandidieren zu können, aufzuheben. Ebenso soll erneut der Versuch gemacht werden, die Beschränkungen des passiven Wahlrechtes für die Beamten, Angestellten und Arbeiter der kommunalen Verwaltung aufzuheben." (S. 4).

Dokument 2, 4. Juni 1946

Zu Punkt 5: (Verhandlungen mit der Kontrollkommission Lübbecke)[39]
Der Bericht über die Eingabe des Büros des Parteivorstandes an Mr. *Albu* von der Control Commission, die Vorschläge, Anregungen und Kritiken im Hinblick auf die Politik in der britischen Zone enthält, wird zur Kenntnis genommen. (Brief vom 20. Mai an Mr. Albu)[40].

Zu Punkt 6 (Internationale Sozialistenkonferenz in London)[41]
Ollenhauer: Diese Konferenz ist nicht zur Wiedererrichtung der II. Internationale einberufen. Es besteht aber eine starke Übereinstimmung hinsichtlich der Notwendigkeit einer internationalen Organisation der Sozialdemokratie. Durch Antrag der kanadischen Sozialisten ist die Frage aufgeworfen worden, die deutschen Sozialdemokraten ebenfalls zu diesen Konferenzen einzuladen. Unterstützt wurde der Antrag von der dänischen, skandinavischen und französischen sozialistischen Partei. Dagegen stimmten die Polen und Tschechen. Die Labour Party als Veranstalterin dieser Konferenz hat keinen positiven Beschluß in bezug auf die Hinzuziehung der deutschen Sozialdemokraten gefaßt, aber sich auch nicht dagegen gewendet.[42]

Es ist beschlossen worden, Anfang November eine neue Konferenz einzuberufen. Wir wollen von uns aus den Versuch machen, auf die anderen sozialistischen Parteien einzuwirken, daß wir zu dieser Konferenz eingeladen werden. [Larock], Belgien[43] ist ebenfalls für unsere Hinzuziehung.

Nochmaliger Hinweis, daß es überhaupt fraglich ist, ob eine II. Internationale überhaupt zustande kommt. Die Widerstände sind in der Labour Party selbst sehr groß. Die

---

39 Wortlaut nach Protokoll A (S. 4). Nach Protokoll B (S. 8) gab Schumacher einen Bericht über den im folgenden erwähnten Brief an Albu.
40 Der Brief an Albu konnte in der endgültigen Fassung nicht gefunden werden. Im Jahre 1977 schickte Fritz *Sänger* ein in seinen Unterlagen gefundenes, von ihm selbst stammendes längeres Stenogramm und eine maschinenschriftliche neunseitige Übertragung für ein Schreiben Schumachers an Albu vom 20.Mai 1946 über Fritz Heine dem AdsD. Dort wurden das Stenogramm und die Übertragung sowie Beibriefe von Sänger und Heine, die sich beide nicht mehr an die genaueren Umstände erinnerten, im *Bestand Kurt Schumacher* (Neue Signatur: 2/ KSAA 000002) eingeordnet. Der Briefentwurf wird hier als Anlage 4 zum Protokoll abgedruckt. Austen *Albu*, geb. 1903, Manager, Labour Party, 1945-47 Brit. Mitglied der alliierten Kontrollkommission in Berlin, 1948 Mitglied des brit. Unterhauses.
41 Die Beratungen zu Punkt 6 nach Protokoll B (S. 8). Zur Wiederanknüpfung der Beziehungen der SPD zu den sozialistischen Parteien des Auslands vgl. Einleitung Kap. II 2 a u. b.
42 Protokoll A: „Der Parteivorstand nimmt Kenntnis von vertraulichen Informationen der London- Vertretung der SPD über den Verlauf der Verhandlungen der Konferenz europäischer Sozialisten in England Mitte Mai d. J., aus denen hervorgeht, daß die Frage der Zulassung der deutschen Sozialdemokraten zu späteren Konferenzen lebhaft diskutiert wurde. In der Aussprache war die Mehrheit der auf der Konferenz anwesenden Vertreter der sozialistischen Parteien für die Zulassung. Die Vertreter der Labour Party enthielten sich einer Stellungnahme. Die Diskussion wurde ohne formellen Beschluß in dieser Frage abgebrochen. Es steht darum noch nicht fest, ob die deutschen Sozialdemokraten zu der für November 1946 in Aussicht genommenen Konferenz eingeladen werden." (S. 4) Steiniger, der die offiziellen Dokumente über diese Konferenz benutzt hat, erwähnt nicht die Diskussion über die Frage einer eventuellen Hinzuziehung der deutschen Sozialdemokraten, R. Steiniger, Deutschland und die Sozialistische Internationale nach dem Zweiten Weltkrieg, Bonn 1979, S. 47.
43 In der Vorlage „Laroque". Victor *Larock* (geb.1904), Herausgeber der Parteizeitung der belgischen Sozialisten „Le Peuple" und Mitglied der Parteileitung der Belgischen Sozialistischen Partei.

Russen wünschen selbstverständlich kein Wiedererstehen der II. Internationale. Überall spielen eben die außenpolitischen Interessen der einzelnen Länder eine Rolle.

Schumacher gibt bekannt, daß er im Oktober von der American Federation of Labor nach Amerika eingeladen ist.[44]

Görlinger wünscht eine viel stärkere internationale Verbindung.

Zu **Punkt 7** (Vorbereitung einer Jugendkonferenz)[45]
Ollenhauer: Im Juli findet eine Konferenz der Vertrauensleute der Jugend statt. Die Bezirksverbände werden aufgefordert, aus jedem Bezirk einen Genossen zu delegieren für die Jugendarbeit und einen Genossen für die Arbeit der jungen Sozialdemokraten. Wo eine Trennung zwischen der Jugend und den Kinderfreunden in den einzelnen Bezirken besteht, sind zwei Vertreter zu entsenden. Die Konferenz findet am 17., 18. und 19.7. statt. Es sind Arbeitsausschüsse für die Jugendarbeit und die Arbeit der jungen Sozialdemokraten zu wählen. Dann weiterer Aufbau zentraler Einrichtungen.

Zu **Punkt 8** (Vorschlag für eine Entschließung zur internationalen Situation)[46]
Der Entwurf einer Entschließung, die sich mit der Demontage, ferner mit der Förderung annektionistischer und separatistischer Bestrebungen beschäftigt, wird nach einigen Abänderungen einstimmig beschlossen. Die endgültige Fassung der Entschließung ist dem Protokoll beigefügt.[47]

Bögler[48]: Die Demontage in der französischen Zone ist ganz außerordentlich und vernichtet die wirtschaftliche Existenz der deutschen Bevölkerung. Es wird nicht nur die Kriegsindustrie abgebaut, sondern die gesamte Industrie überhaupt. Die Arbeitslosigkeit wird hundertprozentig sein. Die Kommissionen für die Demontage bestehen in der französischen Zone zum größten Teil aus Luftfahrtoffizieren. Sie werden von Kommunisten beraten, die im Auftrag Rußlands die Demontage durchführen. Die Kommunisten haben z.B. die Offiziere noch auf Möglichkeiten der Demontage aufmerksam gemacht, die diese gar nicht vornehmen wollten. Die „Humanité" tritt dagegen auf, die Demontage abzustoppen. Jeder politische Neubau wird mit diesen Methoden unmöglich gemacht, da wir nicht

---

44 Im Protokoll A kein Hinweis auf diese Bekanntgabe, aber kurzer Hinweis auf eine Erwähnung des geplanten Besuches in London: „Hinsichtlich des Zeitpunktes des Besuches von Kurt Schumacher in London liegt noch keine definitive Mitteilung der Labour Party vor. Es ist damit zu rechnen, daß eine endgültige Festsetzung des Termins nicht vor dem Abschluß der am 15 Juni wieder beginnenden Außenministerkonferenz erfolgt." (S. 4) Zum USA-Besuch Schumachers und Heine, der erst ein Jahr später im September/Oktober 1947 stattfand, vgl. Einleitung Kap. II 3 d; zum Englandbesuch einer größeren Delegation des Parteivorstandes Ende 1946 vgl. Einleitung Kap. II 2 b.
45 Punkt 7 ebenfalls nach Protokoll B (S. 9). Im Protokoll A wird lediglich erwähnt, daß „der Plan, vom 17.-19. Juli im ‚Bunten Haus' bei Bielefeld eine dreitägige Konferenz zur Beratung von organisatorischen und pädagogischen Fragen der Jugendarbeit und der Arbeit der Jungsozialisten abzuhalten", gebilligt wurde (S. 4). Die geplante Konferenz fand dann allerdings erst eine Woche später – vom 26. bis 28.Juli 1946 – in Nürnberg statt, vgl. Jb. SPD 1946, S. 32 f.
46 Im folgenden zunächst das Ergebnis der Beratungen aus dem Protokoll A (S. 4).
47 Die Entschließung wurde sogleich veröffentlicht und wird hier als Anlage 2 zum Protokoll abgedruckt.
48 Die folgenden Stellungnahmen von Bögler, Gayk und Schumacher aus Protokoll B (S. 9).

Dokument 2, 4. Juni 1946

mehr wissen, was wir der Bevölkerung sagen sollen. Wenn wir z.B. von der Verständigung der Völker reden, dann werden wir einfach ausgelacht.

Gayk: Wir können keine Verantwortung über die derzeitige Wirtschaftpolitik in Deutschland übernehmen. Wir müssen unbedingt und nachdrücklich darauf hinweisen, daß eine völlige Abrüstung auch ohne die sinnlose Zerstörung von Werten vorgenommen werden kann. Es ist völlig sinnlos, die Aufbrennung eines Öllagers vorzunehmen, das so dringend gebraucht wird. Wir als Partei müssen ganz entschieden dagegen auftreten.

Schumacher: Wir verlangen eine politische Kontrolle der Militärregierungsoffiziere in Deutschland.

Zu **Punkt 9** (Zonenangelegenheiten)[49]
Die Organisation in der französischen Zone ist sehr schlecht. Es ist jetzt ein Zonenausschuß und ein Sekretariat geschaffen worden. Auch mit Südbaden sind die Verhandlungen aufgenommen worden. Dort nennt sich die Partei „Sozialistische Partei Deutschlands"[50]. Es bestehen Bestrebungen, nicht den Anschluß an die SPD vorzunehmen. Diese Tendenz kommt hauptsächlich daher, weil deutsche Kommunisten, die nach Frankreich emigrierten, jetzt als französische Offiziere Politik machen. Es sind aber trotzdem einige Kräfte vorhanden, die den Anschluß an uns suchen. Am 23. Juni wird dort ein Bezirksparteitag stattfinden. – In Südbaden hat sich ein gewisser [*Leibbrandt*][51] geäußert, daß die Badische Republik nur noch eine Frage von Wochen ist. Also auch dort separatistische Bestrebungen.

In der Pfalz haben die Separatisten ihren ersten Vorstoß unternommen. In Kaiserslautern fand eine Kundgebung statt unter dem Titel „Eigenstaatlichkeit des Rheinlandes". Der Vorsitzende der Rheinischen Volkspartei war der Referent. Es wurden z.B. von französischen Stellen Flugblätter verteilt. Unsere Partei bekam dagegen nicht die Erlaubnis, auch nur die kleinsten Plakate zu drucken.

Unsere Regierung setzt sich zusammen aus zwei Sozialdemokraten, die keine politische Bindung haben. Diese Leute sind von den Franzosen eingesetzt wie die meisten Katholiken, die eine ganz und gar reaktionäre Politik machen.

Auf der Kundgebung in Kaiserslautern sprach ebenfalls der als Separatist seit 1923 bekannte Dr. *Koch*[52]. Wir haben die Bevölkerung aufgefordert, der Versammlung fernzubleiben. Die französische Zensur hat diese Mitteilung unterdrückt. Anläßlich einer Vorladung

---

49   Die Beratungen über den Tagesordnungspunkt 9 nach Protokoll B (S. 9-11). Protokoll A: „Berichte über die Entwicklung der Berliner Parteiorganisation und über Vorgänge in der französischen Zone, vor allem über die Ablehnung separatistischer Propaganda durch die Bevölkerung in der Pfalz werden zur Kenntnis genommen."(S. 5) Über die „Entwicklung der Berliner Parteiorganisation" wird im Protokoll B nichts erwähnt.
50   Der offizielle Name dieser im Februar 1946 gegründeten Partei lautete: „Sozialistische Partei Land Baden". Die regionale Begrenzung des Namens der Partei erfolgte auf Druck der Französischen Besatzungsmacht. Zur Gründung dieser auf das französisch besetzte Südbaden beschränkten Partei und zu den anfänglich in der Freiburger Führung sehr starken Tendenzen zur Schaffung einer Einheitspartei vgl. E. Wolfrum, Französische Besatzungspolitik und Deutsche Sozialdemokratie, Düsseldorf 1991, S. 83-109.
51   In der Vorlage „Leitbrand" (S. 10).
52   Carl-Felix *Koch*, Dr., 1946/47 Stellvertreter des Regierungspräsidenten der Pfalz in Neustadt.

der Parteien bei dem Kommandeur gab dieser eine Erklärung ab. Unmittelbar im Anschluß daran stand der Präsident[53] unserer Regierung auf und sagte, ein Herr Soundso möchte jetzt noch eine Erklärung wegen der Wildschweinplage abgeben. Bei einer Erklärung des Gen. *Bögler* wurde er mindestens zehnmal unterbrochen. Die Kommunisten haben zu dieser Erklärung gesagt, daß sie sich dieser anschließen. – Ein Bürgerlicher hat bei dieser Gelegenheit noch den wundervollen Ausspruch getan, daß wir Deutschen uns ohne Widerspruch den Vorschriften der Militärregierung zu fügen hätten und der Herr Kommandeur wäre ja auch wie ein Vater zu seinen Kindern zu uns. Das war sogar dem Kommandanten zuviel.

Der General[54] hat sich anscheinend jetzt überhaupt von den Veranstaltern der Versammlung in Kaiserslautern abgewandt. *Opitz* hat auch nicht gesprochen, da ihm das Auftreten verboten war. Zu der Versammlung waren etwa 1200 Menschen erschienen, von denen 600 Gegner waren. Der ganze Spaß dauerte 47 Minuten. Das öffentliche Auftreten der Separatisten ist absolut gescheitert.

Wir haben jetzt drei sozialdemokratische Zeitungen bewilligt bekommen, die möglichst am 1. Juli herauskommen sollen, und zwar in Saarbrücken[55], Freiburg[56] und wahrscheinlich in Worms[57].

Ollenhauer: Herr Graton, Beauftragter der S.F.I.O. für deutsche Angelegenheiten, hat uns mitgeteilt, daß sie keinerlei separatistische Tendenzen unterstützt.

Bögler: In Freiburg erscheinen regelmäßig zwei russische Offiziere, die sich junge Studenten (vor allem ehemalige Nazis) in das KP-Sekretariat kommen lassen und sie auffordern, mit in die russische Zone zu gehen.

Görlinger: In Koblenz soll eine Gemeinschaftszeitung erscheinen mit einer Auflage von 260.000 Exemplaren. Wir sollen den leitenden Redakteur stellen. Die Zeitung soll die Gebiete Trier, Koblenz und Westerwald beliefern. Opitz-Versammlungen im Rheinland sind jedesmal gesprengt worden.

Zu **Punkt 10** (Entlassungen von Kriegsgefangenen aus englischer Kriegsgefangenschaft)[58]
Der Bericht über einen Plan der englischen Regierung, antifaschistische Kriegsgefangene, die sich in Kriegsgefangenenlagern in England befinden, bevorzugt zu entlassen, wird zur Kenntnis genommen.

Das Büro des Parteivorstandes wird beauftragt, die französischen Genossen zu bitten, auf eine menschenwürdige Behandlung der in Südfrankreich beschäftigten deutschen Kriegsgefangenen hinzuwirken.

---

53 „Oberregierungspräsident" der noch selbständigen Verwaltungseinheit „Hessen-Pfalz" mit Sitz in Neustadt war zu dieser Zeit Otto *Eichenlaub*, ein sich zur Christlich Demokratischen Partei bekennender hoher Verwaltungsbeamter, vgl. Hb. Politischer Institutionen, S. 77.
54 Gemeint General Pierre-Marie *Koenig*, der Militärgouverneur der Französischen Besatzungszone.
55 Für Saarbrücken wird in den Jahrbüchern von 1946 und 1947 die „Volksstimme" als Parteizeitung genannt, Jb. SPD 1946, S. 127; Jb. SPD 1947, S. 171.
56 Für Freiburg wird „Das Volk" genannt, ebd.
57 Für Worms wird keine Parteizeitung genannt, ebd.
58 Über die Beratungen der Tagesordnungspunkte 10-12 wird nur im Protokoll A berichtet (S. 12).

Dokument 2, 4. Juni 1946

Bei der englischen Regierung sollen Vorstellungen erhoben werden [wegen der][59] Zustände in deutschen Kriegsgefangenenlagern in Italien, die unter englischer Kontrolle stehen und in denen heute noch SS-Offiziere die Leitung und die Disziplinargewalt in Händen haben.

Zu **Punkt 11** (Internationales Komitee zur Wiederherstellung des Karl-Marx-Hauses in Trier)[60]
Der Parteivorstand billigt die durch den Genossen *Schulz*[61], Paris eingeleiteten Vorbesprechungen über die Schaffung eines internationalen Hilfskomitees zur Wiederherstellung des Karl-Marx-Hauses und des Karl-Marx-Museums in Trier. Der Parteivorstand unterstützt die Auffassung des Büros, daß Entscheidungen über Art und Umfang der Wiederherstellungsarbeiten oder etwaiger Ausbaupläne nur im Einvernehmen mit dem Parteivorstand gefällt werden dürfen. Die Verhandlungen mit den Trierer Genossen sollen unter Hinzuziehung des Genossen *Görlinger* geführt werden.

Zu **Punkt 12** (Informationen über SED und KP)[62]
Der Parteivorstand nimmt davon Kenntnis, daß der bisherige Vertrauensmann der SED für die britische Zone, Erich *Albrecht*, im Parteivorstandsbüro die Erklärung abgegeben hat, daß er seine Tätigkeit für die SED einstellt. Er hat in Aussicht gestellt, das ihm zur Verfügung stehende Material über die Tätigkeit der SED dem Parteivorstandsbüro zu übergeben, sobald er seine persönlichen Verpflichtungen in der russischen Zone gelöst habe.
Dem Übertritt von *Wolters* und *Ehlers*, Bremen von der KP zur SPD sind andere Übertritte alter KP-Funktionäre in Hannover gefolgt.[63]
Kaisen berichtet, daß in Bremen eine Gruppe von 140 KP-Mitgliedern um Aufnahme in die SPD nachgesucht habe. Die Bremer Parteileitung wird über die Aufnahme individuell nach Prüfung des Einzelfalles entscheiden.

Zu **Punkt 13** (Ausschlußantrag gegen Venedey)[64]
Knothe: Die Haltung V. während der Emigration war sehr schlecht, er sympathisierte mit den Kommunisten. Auch soll er für Spezialdienste ein Entgelt bekommen haben. In Deutschland meldete er sich weder bei uns in Frankfurt noch anderswo in der Partei.

---

59 In der Vorlage „auf die" (S. 5).
60 Zur Wiederherstellung des Geburtshauses von Karl Marx in Trier vgl. Jürgen Herres, Das Karl-Marx-Haus in Trier 1727 bis heute, Trier 1993, S. 60-65.
61 Hans *Schulz* (geb. 1904), Bankangestellter, vor 1933 KPD, 1933 Emigration nach Frankreich, Lösung von der KP, 1944 SFIO und Landesgruppe deutscher Sozialdemokraten in Frankreich, 1947 Rückkehr nach Deutschland, Journalist in Mainz.
62 Dazu vgl. auch Einleitung Kap. II 4 a.
63 Zum Übertritt von Wolters und Ehlers vgl. Einleitung, S. LXXV f.
64 Die folgenden Beratungen über den Tagesordnungspunkt 13 nach Protokoll B (S. 11). Protokoll A: „Der Parteivorstand nimmt Kenntnis von dem Ausschluß Venedeys aus der Sozialdemokratischen Partei und von einer Erklärung Venedeys, daß er nicht die Absicht habe, gegen seinen Ausschluß Einspruch zu erheben. Mit Rücksicht auf die Bestimmungen der amerikanischen Militärregierung wird jedoch Venedey die Möglichkeit gegeben werden, sich vor einem Schiedsgericht der Partei zu verantworten." (S. 5).

Seine Amtseinsetzung ist durch die Amerikaner erfolgt. V. war strikter Befürworter der Fusion. Innerhalb der Partei hat er sich sehr stark für die Vereinigung gemacht. V. hatte auch die Absicht, am Vereinigungsparteitag in Berlin teilzunehmen, ist aber durch Krankheit seiner Mutter daran gehindert worden. Später ist er aber nach Berlin gefahren und hat auch dort gesprochen. Die Russen haben für seine Beförderung gesorgt.

Dann fand in Großhessen ein Besuch des Landespräsidenten von Thüringen, Dr. *Paul*[65], statt. Venedey sagte u.a.: „Ich begrüße nachdrücklich die Vereinigung der Arbeiterparteien in der Ostzone und bitte Sie, Herr Dr. Paul, um eine Bestätigung, daß sie nicht unter dem Druck der Besatzungsmacht zustandegekommen ist."

Bei einer Besprechung mit dem Ministerpräsidenten *Geiler* sagte dieser ebenfalls, daß V. die Absicht hat, nach Berlin zu fahren. Der Bezirksparteivorstand hat daraufhin den Beschluß gefaßt, V. aus der Partei auszuschließen. Venedey hat auf den Ausschluß hin geäußert, wir hätten das Tischtuch zerschnitten. Er habe zu uns keine persönlichen und sachlichen Bindungen mehr.

Bei dem Ausschluß von V. haben wir nicht den Vorschriften der amerikanischen Militärregierung nach gehandelt. Für jeden Ausschluß muß erst ein Schiedsgericht einberufen werden.

Durch den Beschluß der Militärregierung können wir vorläufig die uns bekannten 11 Mitglieder nicht aus der Partei ausschließen, die ebenfalls den Vereinigungsparteitag in Berlin besucht haben.

Sgt. *Wahrhaftig* drohte dem Genossen *Knothe* mit Verhaftung, wenn er sich nicht an diese Vorschriften der Militärregierung halte.

Schumacher: Durch den vorliegenden Brief von Venedey hat er sich mit dem Ausschluß aus der Partei einverstanden erklärt.

Bögler: Bei einem Besuch V. in Neustadt hat dieser geäußert, daß er gegen den Parteiausschluß keinen Einspruch einlegen wolle.

Schumacher: Wir teilen dem General *Clay* mit, daß V. nach dem Organisationsstatut der Partei ausgeschlossen worden ist, daß ihm aber nach den Vorschriften der Militärregierung Gelegenheit gegeben wird, sich vor einem Schiedsgericht zu verantworten.

Zu **Punkt 14** (Fall Hermsen)[66]
Der Parteivorstand erklärt sich mit der dem Protokoll angefügten Stellungnahme des [geschäftsführenden] Parteivorstandes zu dem Fall *Hermsen* einverstanden.[67]

---

65 Rudolf *Paul* (1893-1978), Dr. jur., Rechtsanwalt, 1925-33 Landesvorsitzender der DDP in Thüringen, 1933 Berufsverbot, Landwirt, 1945 OB von Gera, 1946/47 MinPräs. von Thüringen, 1947 Übersiedlung nach Westberlin, 1948 Rechtsanwalt und Notar in Frankfurt am Main.
66 Die Ergebnisse der Beratungen über die Tagesordnungspunkte 14-17 werden nach Protokoll A wiedergegeben (S. 6), im Protokoll B werden sie nicht erwähnt.
67 Die Stellungnahme zum „Fall Hermsen" wird als Anlage 3 zum Protokoll abgedruckt.

Dokument 2, 4. Juni 1946

Zu **Punkt 15** (Finanzfragen)
Der Parteivorstand stimmt den Richtlinien für die Höhe der Sonderbeiträge von Parteimitgliedern mit höherem Einkommen zu. Ein Exemplar dieser Richtlinien ist dem Protokoll beigefügt.[68]

Der Parteivorstand beschließt, daß die Organe der Partei verpflichtet sind, den Parteivorstand über finanzielle Zuwendungen durch befreundete ausländische Organisationen oder Personengruppen zu informieren.

Zu **Punkt 16** (Antrag Sonderregelung für Bergarbeiter)
Der Genosse *Henßler* wird mit der Leitung des Bergarbeiterverbandes über den Antrag verhandeln, der bestimmte Sonderregelungen für Bergarbeiter vorsieht und der dem Parteivorstand zur Bearbeitung überwiesen wurde.

Zu **Punkt 17** (Festlegung des Termins für die nächsten Sitzungen des PV und PA):
Die nächste Sitzung des Parteivorstandes wird für Freitag, den 12.7., in Hannover in Aussicht genommen. Diese Sitzung soll mit einer Sitzung des Parteiausschusses verbunden sein für den Fall, daß zu diesem Zeitpunkt bereits ein Bericht über die Reise des Genossen Schumacher nach London erstattet werden kann.[69]

Den Parteivorstandsmitgliedern soll möglichst rechtzeitig vor jeder Sitzung eine vorläufige Tagesordnung der Sitzung mitgeteilt werden.
Schluß der Sitzung um 18 Uhr.

Anlage 1
Kommuniqué der Sitzung
Hektogr. Ex. in den Beiakten zum Protokoll[70]

Der Vorstand der Sozialdemokratischen Partei Deutschlands hielt am 4.Juni unter dem Vorsitz von Dr. Kurt *Schumacher* seine erste Sitzung ab. Der Parteivorstand beschloß eine Reihe von Maßnahmen für den organisatorischen Ausbau der Parteizentrale und des Presse- und Propagandawesens der Partei. Unter den aktuellen politischen Fragen, die zur Diskussion standen, befanden sich die Wahlen in der britischen Besatzungszone, die Lage der deutschen Kriegsgefangenen, Fragen der Jugenderziehung, Fragen der internationalen Zusammenarbeit mit anderen sozialistischen Parteien und Angelegenheiten der Partei in

---

68 In einem Rundschreiben an die Bezirksvorstände vom 8.Juni 1946 wies Alfred *Nau* im Namen des PV darauf hin, daß die im Organisationsstatut festgelegten Monatsbeiträge (1 Mark für männliche Mitglieder, 0,50 Mark für weibliche Mitglieder ohne eigenes Einkommen) Mindestbeiträge seien, daß es den Bezirken freigestellt sei, für die Besserverdienenden höhere Beiträge festzusetzen. Er empfahl je nach dem Brutto-Arbeitsverdienst eine Staffelung von 1 bis 20 Mark und teilte den Bezirken eine Tabelle für die einzelnen Gehaltsstufen mit, die der Parteivorstand in seiner Sitzung vom 4. Juni als „Richtlinien für die Bezirke" beschlossen habe, Hektogr. Rundschreiben Nr. 150/46 in den Beiakten zum Protokoll vom 4.Juni 1946.
69 Die erste gemeinsame Sitzung des Parteivorstandes und des Parteiausschusses fand erst am 22.August 1946 in Frankfurt am Main statt, vgl. Dok. 4 [B].
70 Überschrift: „Sozialdemokratische Parteileitung tagt", abgedr.: Hamburger Echo Nr. 20 v. 8. 6. 1946, S. 1.

den einzelnen Besatzungszonen. In der politischen Aussprache beschäftigte sich die Sitzung vor allem mit den neuesten Berichten über die Demontage, über Zerstörungen industrieller Einrichtungen und über die separatistischen Bestrebungen in den verschiedenen Randgebieten Deutschlands. Der Parteivorstand legte seine Auffassung in einer einstimmig angenommenen Entschließung fest.

Anlage 2
Entschließung zur internationalen Lage: „Gebt Lebensmöglichkeiten für das deutsche Volk. Eine Warnung der Sozialdemokratie."
Hektogr. Exemplar in den Beiakten zum Protokoll[71]

Der Vorstand der Sozialdemokratischen Partei Deutschlands, versammelt zu seiner ersten ordentlichen Sitzung, bringt seine tiefe Besorgnis über das Fehlen einer einheitlichen und konstruktiven Politik der Alliierten gegenüber Deutschland zum Ausdruck.

An Stelle der auf der Potsdamer Konferenz beschlossenen einheitlichen Verwaltung Deutschlands geht die sinnlose Zerstörung volkswirtschaftlicher Werte und industrieller Einrichtungen weiter. Diese Politik in Verbindung mit einer verfehlten Lohn-, Preis- und Steuerpolitik läßt den Lebensstandard der arbeitenden Menschen immer weiter absinken. Das bedeutet die Katastrophe für die deutsche Wirtschaft und die schwerste Gefahr für die Ideen der Völkerverständigung.

Das Fehlen eines gemeinsamen Plans der Alliierten fördert die Tendenz, Sicherung gegen zukünftige deutsche Angriffe durch Annexionen und separatistische Lösungen zu suchen. In vielen Randgebieten des Reiches wird die Propaganda für die Loslösung deutscher Gebiete verstärkt.

Die Sozialdemokratie hat als einzige deutsche Partei alle Annexionen der Hitlerdiktatur, angefangen mit dem Überfall auf Österreich und dem Raub der Sudetengebiete, eindeutig und öffentlich abgelehnt. Sie hat als die Partei des Friedens die Politik der Hitlerdiktatur bekämpft, auch als dieses System auf der Höhe seiner Erfolge stand.

Aus dem gleichen Geist des Friedens und im Interesse einer gesunden Entwicklung eines neuen Deutschlands wendet sich die Sozialdemokratie gegen eine Politik, die durch die Zerstörung der wirtschaftlichen Lebensgrundlagen, durch Bevölkerungsaustreibung und Annexionen oder durch die Schaffung separatistischer Bestrebungen die Voraussetzungen für eine dauerhafte friedliche Entwicklung in Europa vernichten muß. Die Sozialdemokratie unterstützt den Abbau der Kriegs- und Rüstungsindustrie. Sie wendet sich gegen eine sinnlose Vernichtung von Werten. Sie fordert ihre Verwendung für den Aufbau einer sozialistisch geformten und demokratisch kontrollierten Friedensindustrie.

Die Sozialdemokratie ist bereit, jede Politik der Friedenssicherung zu unterstützen, die die Lebensmöglichkeiten des deutschen Volkes erhält und die freie Selbstbestimmung der Bevölkerung respektiert.

---

71 Abgedr.: Jb. SPD 1946, S. 74.

Dokument 2, 4. Juni 1946

Anlage 3
Entschließung: „Der sozialdemokratische Parteivorstand zum Fall Hermsen"
Hektogr. Exemplar in den Beiakten zum Protokoll[72]

Der Vorstand der Sozialdemokratischen Partei Deutschlands hat mit stärkstem Befremden Kenntnis genommen von einem in der Presse veröffentlichten Bericht über den Ausgang des Untersuchungsverfahrens gegen den Oberlandesgerichtspräsidenten Dr. Hermsen - Hamm.

Dieser Bericht gibt nur Feststellungen wieder, die für Dr. Hermsen sprechen, er enthält kein Wort über das Untersuchungsergebnis, das sich aus der Vernehmung der etwa 80 von Hermsen verurteilten Zeugen ergeben hat. Die Vernehmung dieser Zeugen hat ein wesentlich anderes Bild ergeben, als in dem Bericht zum Ausdruck kommt. Die Öffentlichkeit hat ein Recht darauf, den vollen Wortlaut des Berichts des Untersuchungsausschusses zu erfahren.

Dr. Hermsen ist lediglich von seinen persönlichen Bekannten als Antinazi bezeichnet worden. Die Vernehmung der Mehrzahl der vom Untersuchungsausschuß vernommenen Zeugen hat Dr. Hermsen als einen der willigsten juristischen Handlanger des nationalsozialistischen Regimes charakterisiert.

Der Parteivorstand erkennt die im Bericht angeführten Rehabilitierungsgründe nicht als stichhaltig an. Die Mitteilung, daß Dr. Hermsen sein Amt nur aus Gesundheitsgründen niederlegt, verletzt das Rechtsempfinden der antinazistisch eingestellten Bevölkerung.

Der sozialdemokratische Parteivorstand betrachtet Dr. Hermsen wegen seines Verhaltens als Vorsitzender eines nationalsozialistischen Sondergerichts als außerhalb des neuen deutschen Justizlebens stehend.

Anlage 4
Entwurf eines Briefes des Büros des Parteivorstandes an Austen Albu von der Control Commission for Germany (British Element), Mai 1946
AdsD: 2/ KSAA 000002 (Frühere Signatur: PV/ Bestand K.Schumacher 2)[73]

Lieber Mr. Albu!
Während eines kürzlichen Besuches in Berlin versprach ich Herrn Oberst [Annan][74], daß ich, sobald die Parteikonferenz in Hannover[75] [vorüber] sei, Ihnen ein Memorandum

---

72 Abgedr.: Jb. SPD 1946, S. 74 f.
73 Zum Entwurf dieses Briefes, der in der abgeschickten Fassung nicht auffindbar ist, vgl. oben S. 21. Einige Sätze im Entwurf deuten darauf hin, daß der Brief als persönliches Schreiben des Parteivorsitzenden Schumacher konzipiert war.
74 Im Text „Allan". Noel *Annan* (geb. 1916), Brit. Historiker, 1945/46 Besatzungsoffizier, Polit. Abt. d. Control Commmission for Germany (British Element), 1948-66 Lektor an der Univ. Cambridge, 1966-78 Lektor an d. Univ. London, 1978-81 Vizekanzler d. Univ. London.
75 Gemeint ist der Parteitag der SPD, der vom 9. bis 11. Mai 1946 in Hannover stattfand.

schicken würde über die Hauptprobleme, wie auch über die scheinbar weniger bedeutenden Fragen betreffs der Erhaltung und Unterstützung der Demokratie. Im folgenden will ich versuchen, einige dieser Probleme aufzuzählen:

1. Die SPD-Konferenz in Hannover war in erster Linie ein Aufruf zur Sozialisierung und Bodenreform. Diese dringenden Probleme können nicht aufgeschoben werden, bis eine zentrale Entschließung darüber erreicht ist. Der Anfang muß in den Ländern und Provinzen gemacht werden, und aus diesen Anfängen muß eine Zonengleichstellung entwickelt werden. Es ist nahezu unmöglich, rein kapitalistische Länder, wie z.B. die Vereinigten Staaten, davon zu überzeugen, daß die Erhaltung Europas von der Sozialisierung und der Bodenreform in den drei westlichen Zonen Deutschlands abhängt. Trotzdem würden wir Ihnen für Ihren Beistand dankbar sein, in den Bestrebungen Verständnis für diese Probleme in den USA zu erreichen.

2. Das Gefühl der hoffnungslosen Isolation ist unter der Masse des deutschen Volkes viel zu stark, als daß sie fähig sind, von sich aus eine völlige Änderung ihres Wirtschaftslebens zu versuchen.

Sie brauchen Feststellungen des Auslandes, besonders von Großbritannien, die betonen, daß Deutschland nie wieder auf kapitalistischer Basis aufgebaut werden kann und daß es nur möglich ist, es ganz neu von Grund auf auf einer sozialistischen Basis aufzubauen. Abgesehen von derartigen Feststellungen prominenter Leute würde es außerdem notwendig sein, solch eine sozialistische Politik innerhalb Deutschlands zu unterstützen.

3. Viel zu viel reaktionäre und anti-sozialistische Elemente sind noch in leitenden Stellungen des politischen und wirtschaftlichen Lebens Deutschlands. Sie werden dort nie etwas anderes tun, als zu versuchen, jeglichen wirklichen Fortschritt zu sabotieren und unmöglich zu machen. Aus diesem Grunde müßten die britischen Besatzungsbehörden kurz[e] und bündige Anweisungen herausgeben, die es obligatorisch für diese Leute [machen würden][76], ihre Verwaltungsarbeit im Geiste des Fortschrittes und des Sozialismus auszuführen.

4. Es ist nicht genug, die politische Verwaltung zu kontrollieren. So wie die Dinge im Moment liegen, haben es die Special Branch Officers in der Hand, die Wirtschaftsangelegenheiten nach ihrem Willen zu leiten oder [nur] ein blindes Auge auf gesetzwidriges Handeln zu richten. Es wäre notwendig, eine direkte politische Kontrolle über diese Leute und ihre Institutionen zu haben, und zwar durch die britische Zentralverwaltung. So, wie es jetzt gehandhabt wird, ist es ganz unmöglich, in Deutschland sozialisierende Maßnahmen oder die Bodenreform in irgendeiner Form durchzuführen.

5. Die Bodenreform kann nicht länger aufgeschoben werden, und die Sozialdemokraten in allen Landtagen der britischen Zone werden danach ebenso verlangen wie nach der Sozialisierung der Schlüsselindustrien etc.

Im Moment fühlen sich die Vertreter der Großgrundbesitzer, die Nazis und die Kreisbauernführer so unangreifbar, daß sie ja sogar zum Gegenangriff übergegangen sind. Durch diese Maßnahmen wird die aus dem Osten geflüchtete Landbevölkerung in un-

---

76 In der Vorlage „macht".

aussprechliches Elend getrieben, und gerade unter ihnen ließen sich so viele finden, die in der Lage wären, die Plätze der offenen oder versteckten Saboteure einzunehmen.

Was die führenden Leute der Landwirtschaft angeht, so muß sich ihr Wert auch erst durch Taten beweisen und nicht nur durch platonische Feststellungen zugunsten der Bodenreform. Dies wird dann in den Provinzen und auch in der Führung (Schlange-Schöningen[77]) offensichtlich werden, so bald der Aufbau eines neuen Deutschland mit ihrer Einstellung zur wahren Bodenreform steht und fällt.

6. Die Militärregierung und die Special Branch Officers haben noch nicht genug veranschaulicht, daß es eine Gleichheit (Gleichstellung) zwischen ihrer eigenen Politik und ihren Aktionen in Deutschland einerseits und der Politik der Arbeiterregierung andererseits sein wird. Das erklärt sich aus der Tatsache, daß viele dieser Leute sich nicht über die Größe der Gefahr im klaren sind, die sich aus einem Fehlschlag einer fortschrittlichen Politik in der britischen Zone ergibt, selbst wenn sie die besten Absichten haben.

Außerdem ergeben in vielen Fällen gesellschaftliche Verbindungen ein enges Band zwischen einigen dieser Beamten (Officers) und den nichtsnutzigen Vertretern der Schwerindustrie, großen Financiers und dem Landadel, deren Lebensstil in keinem Verhältnis mehr zu den gegenwärtigen Wirklichkeiten in Deutschland steht. Eine derartige Lage ist untragbar.[78]

7. Es gibt noch gewisse Rechtsungleichheiten in der Verwaltung der britischen Besatzungszone. Die gleichen politischen Prinzipien müßten für alle Länder gültig sein, und alle praktischen Methoden sollten die gleichen für die ganze Zone sein. Außer den fortschrittlichen und verständigen Männern in den Besatzungsbehörden gibt es andere, die ihre eigene Politik und eigenen Zwecke verfolgen.

8. Der Schwarzhandel hat auch in der englischen Zone ein solches Ausmaß angenommen, daß er ernsthaft die Versorgung bedroht. Obwohl ich Namen nicht nennen will und nicht kann, muß darauf hingewiesen werden, daß englische Offiziere und Soldaten lebhaft daran teilnehmen. Sie nutzen die Tatsache des Siegers aus für Maßnahmen, die nicht immer zum deutschen Nutzen sind. Das gilt für die gesamte Zone. Besondere Brennpunkte des Schwarzen Marktes haben sich in Hamburg und Köln entwickelt, wo der Schwarzhandel ein solches Ausmaß angenommen hat, daß er absolut untragbar ist.

9. Die Frage, ob Rheinland und Ruhr politisch einen besonderen Teil Deutschlands darstellen, wird nicht nur das Schicksal Deutschlands, sondern auch das von ganz Europa entscheiden. Wenn die französische Forderung Erfolg haben wird, wie es den Anschein hat, so wird das endgültige Ziel, die Sicherheit Frankreichs, auf keinen Fall erreicht werden. Ein Deutschland, das aller seiner Lebensquellen beraubt wäre, wird nur ein neuer Gefahrenherd werden. Solange kein vereinigtes Deutschland besteht, würde es auch nicht

---

77 Hans *Schlange-Schoeningen* (1886-1960), 1924-32 MdR (DNVP, Volkskonservative Vereinigung), 1946 CDU, 1946/47 Leiter des Zentralamts für Ernährung und Landwirtschaft der britischen Zone, 1947-49 Direktor f. Ernährung u. Landwirtschaft d. Vereinigten Wirtschaftsgebietes, 1949-50 MdB, 1950 Generalkonsul, 1953-55 Botschafter in London.

78 Hier folgt eine Klammeranmerkung Sängers: „(So weit die Abschrift aus zwei Seiten maschinengeschriebenen Textes. Von hier an folgt die Übertragung des Stenogramms:)".

ratsam sein, solche souveränen Rechte wie die bei der Schaffung des Rhein-Ruhr-Staates besprochenen, an verschiedene Staaten zu vergeben. Es ist nicht zu unterstützen, falls gewisse Grenzdistrikte besonders bevorzugte Behandlung bekämen; Vergleiche mit anderen deutschen Teilen [sind] zu unterlassen. Falls Rheinland und Ruhr als Ganzes von Deutschland abgetrennt würden, würde jede demokratische Politik in Deutschland Illusion sein, und die SPD könnte von der politischen Bühne abdanken.

10. Der englische Plan, der nach Zeitungsberichten sich für die Schaffung eines Staates Rhein-Ruhr mit Zunahme eines größeren Teiles von Westfalen einsetzt, hat noch nicht den Inhalt der Hälfte der Bevölkerung der britischen Zone. Die CDU, die vom bürokratischen und reaktionären Flügel geführt wird, käme dort an die Spitze der politischen Kräfte. Diese Kreise versuchen jetzt, ihre eigenen Anhänger in die führenden Stellen in Rheinland und Westfalen einzuschieben, die dadurch frei wurden, daß ihre Vorgänger verhaftet wurden.

11. Ein Weststaat von solcher Größe würde ein neues und weit schwierigeres Bayern innerhalb Deutschlands darstellen und die anderen kleineren Staaten in der britischen Zone könnten damit nicht konkurrieren und würden kaum gehört werden, wenn die Staaten in einem gemeinsamen Raum arbeiten und würden auch keine Sozialisierung möglich machen. Die Entwicklung der Schlüsselindustrie würde mehr als zweifelhaft sein.

12. Die allgemeine Meinung ist, daß eine wirtschaftliche Kontrolle der Rhein- und Ruhr-Industrie auf jeden Fall von einer verwaltungstechnischen Kontrolle verfolgt werden müsse. Das ist nicht ganz richtig. Es würde besser sein, wenn in dem Rahmenbereich Deutschland die Provinzen Rheinland und Westfalen für sich als ein neuer Staat geschaffen werden. Es könnte mit Sicherheit vorausgesagt werden, daß die absolute Mehrheit der CDU sich nicht auf den westfälischen Teil erstrecken würde. Die Entwicklung im Rheinland kann gegenwärtig noch nicht ganz überblickt werden.

13. Die Notwendigkeit einer sozialistischen Neukonstruktion in unserem Wirtschaftsleben verlangt, daß in allen Ländern die Wirtschaftsministerien in der Hand von Sozialdemokraten sind. Einige englische Behörden haben noch immer nicht die Wichtigkeit dieser Frage erkannt. Gerade letzthin hatten wir das folgende in der Provinz Hannover gesehen, die als ein unabhängiges Land eine Regierung von acht Ministern hat, von denen drei Sozialdemokraten sein dürfen. Dort wurde der Versuch gemacht, uns anstelle des Wirtschaftsministeriums das Landwirtschaftsministerium zu übergeben. Das würde einen der schwersten politischen Fehler darstellen, die man überhaupt machen kann; da die Bodenreform eine so wichtige Frage ist, kann sie schwerlich noch weiter aufgeschoben werden. Es ist notwendig, einen Nichtsozialisten als Minister für Landwirtschaft zu haben, der außerdem noch nicht ablehnend gegenüber der Landreform steht. Alle führenden sozialdemokratischen zivilen Beamten, die die notwendige Gesetzgebung vorbereiten, würden dafür ausreichend sein, Anweisungen zur Bodenreform zu geben. Wenn wir jedoch die Sache der Industriearbeiter in der Frage der Sozialisierung vernachlässigen, könnte die SPD einpacken.

14. Eine andere wichtige Angelegenheit ist die der Errichtung von neuen Industrien in den Staaten, die durch den Abbau von Industrien, wie in Essen und Wilhelmshaven, rui-

niert worden sind. Auf jeden Fall müßten die Öffentlichkeit und die Feinde der Nazis in eine Lage versetzt werden, einer gewissen Propaganda den Wind aus den Segeln zu nehmen. Es müßte ganz offen gesagt werden, in wessen Interesse und auf wessen Befehl diese Fabriken abgebaut wurden, wie etwa Krupp in Essen. Die SED-Propaganda sagt in diesem Falle, daß diese Industrien nicht abgebaut würden, wenn Rußland etwas zu sagen hätte. Jedes einzelne Objekt des Abbaus der Industrie muß Aufmerksamkeit erregen, ebenso wie es Sache der Industrie ist und der Öffentlichkeit selbst, wenn nur die Absicht davon zur Kenntnis käme.

15. Wir möchten keine Entscheidungen an die Parteien heranführen, ehe nicht die verantwortlichen deutschen Stellen gehört worden sind. Damit wollen wir die Reparationspolitik der Besatzungsmächte nicht torpedieren. Dies entspringt aus dem Wunsch, falsche Entscheidungen zu vermeiden. Sie haben sich bereits gezeigt, und zwar auf Grund von einseitiger Information aus Deutschland.

16. Die Lebensmittellage erfüllt uns mit großer Besorgnis. Gegenwärtig wird ein neuer Nationalismus oder Kommunismus noch kein wirkliches Gehör finden in der Masse. Aber dieses würde sich andererseits entwickeln, wenn die Lebensmittelversorgung nicht gesichert werden könnte. Heute ist die Frage des Brotes und des Mehles und der Kartoffeln eine Frage von erster politischer Wichtigkeit in Deutschland. Wir brauchen auch objektive Nachrichten, wie weit die Lebensmittellage in Deutschland gesichert werden kann und wie weit Importe nach Deutschland gebracht werden können. Es würde wichtig sein, Angaben und Vergleiche mit der Lage in England zu geben und Vergleiche mit anderen europäischen Ländern. Die Deutschen müssen sehen, wie es in anderen Ländern aussieht. Es müßte Unterstützung in der Wiederherstellung des Transportsystems gewährt werden. Es müßte möglich sein, daß die Lebensmittelimporte aus dem Ausland im Austausch gegen deutsche Industrieprodukte bezahlt würden. Zum Beispiel offerierte Schweden, Lebensmittel gegen Elektroartikel auszutauschen, die in Lüdenscheid fertig zum Transport bereitliegen. Der Austausch wurde zunichte gemacht durch Ablehnung der Militärregierung, die meint, daß Warenexporte nur gegen Zahlung von ausländischer Währung erlaubt werden könnten. Aus dem gleichen Grunde wurden Transaktionen mit der Schweiz zunichte gemacht. Wir erbitten Erlaubnis, daß Lebensmittelpakete aus Schweden und anderen Ländern nach Deutschland geschickt werden dürfen, und zwar

a) direkt an die Arbeiterwohlfahrt, und zwar nicht nur an das Rote Kreuz oder an konfessionelle Einrichtungen;
b) für die Opfer des Faschismus;
c) für Parteifunktionäre, deren intensive politische Arbeit besonders schwere Anforderungen an ihre Kräfte stellt.

Die Vorschläge für b) und c) kommen vor allem von Freunden aus Dänemark und Schweden.

d) Die Militärregierung müßte die schwachen und teilweise reaktionären deutschen Behörden zwingen, absolut strenge Bestrafung gegen solche Bauern vorzunehmen, die ihre Pflichtlieferungen nicht einhalten. Die wirksamste Maßnahme würde sein, solche Bauern von ihren Farmen zu vertreiben, ohne sie zu entschädigen oder ihnen ein Gut mitzugeben. An ihre Stelle müßten politisch zuverlässige und aktive Bauern, Flüchtlinge aus dem Osten, treten.

17. Reform und Ausweitung von sozialen Hilfsmaßnahmen und sozialen Versicherungen im allgemeinen ist nötig. Die Forderung bezieht sich auf den Plan, ein in Kürze herauskommendes Gesetz über das deutsche Sozialversicherungssystem zu verallgemeinern. Das muß einschließlich Krankenkassen und Pensionskassen geschehen. Solche Aufgaben gehen nicht die Kontrollkommission an, sondern dies ist eine Angelegenheit der deutschen Selbstverwaltung. Die Frage der Sozialversicherung fällt nicht unter die Überschrift soziale Sicherheitsmaßnahmen.

18. Nach meiner Information wird vorgesehen, einen Aufschlag von indirekten Steuern einzuführen, die auf Bier, Streichhölzer, Zigarren und Zigaretten erhoben werden sollen. Diese Waren sind in England mit hohen Steuern belegt. Aber es ist sehr wahrscheinlich, daß die Aufschläge nur darum vorgenommen werden, um den kapitalistischen Charakter der Politik der westlichen Mächte zu unterstreichen. Wenn die Aufschläge unvermeidbar sind, müssen alle Vorkehrungen getroffen werden, daß keine dieser Aufschläge in die Taschen von Privaten geht.

19. Das Verbot von politischer Betätigung für Beamte durch die Verfügung der Militärregierung Nr. 229, 2.2.46, hat sehr nachteilige Auswirkungen. Die linken Parteien, besonders die SPD, sind so ernsthaft behindert, da die Verfügung den besten politischen Kräften in der Beamtenschaft Mitarbeit verbietet. Dadurch ist die Situation für die SPD fast untragbar geworden. Wir brauchen mehr Aktionsfreiheit, vor allem auch für die Sozialdemokraten, die inzwischen Beamte geworden sind. Ganz katastrophal ist das Gesetz des Bürgermeisters von Hamburg, nach dem über zehntausend Beamten, Angestellten und Arbeitern ihre politische Tätigkeit untersagt wird. Solange die Verfügung vom 2.2.46 besteht, müßten alle Vorsichtsmaßregeln getroffen werden, daß sie nicht von unzuverlässigen deutschen Behörden für einseitige Umtriebe benutzt werden, die für die Sozialdemokraten nachteilig werden müssen.

20. Wir haben den dringenden Wunsch, daß die deutsche Politik wieder alle deutschen Behörden und Beamten einschließt. Wir sind davon überzeugt, daß der jetzige Stand der Dinge ein absoluter Fehlschlag ist. Wir erheben besonders Einwände gegen die Behandlung der Personalfrage in der Polizei. Ich möchte Ihre Aufmerksamkeit besonders auf den folgenden Fall lenken: Der Nazioberstleutnant Schulte in Hannover muß durch einen anderen Mann ersetzt werden, aber das ist nicht ausreichend. Auch Schultes Vertreter, Oberstleutnant Bek, muß gehen. Er war früher beim Sicherheits-Hauptamt in Berlin. Das bezieht sich auch auf Major Boltes, der aber sehr in der Achtung der gesamten englischen Offiziere steht, denn er ist in vier Monaten vom Oberfeldwebel der Reserve zum aktiven Major befördert worden. Solche Änderungen gehen aber insgesamt nicht auf Grund der Dinge.

Wie weit die Dinge schon gegangen sind, zeigt ein anderes Beispiel. Der englische Geheimdienst hat entschieden, daß ich von deutscher Polizei bewacht werde. Der Kriminalrat, der sich mit mir über die Methode unterhielt, die anzuwenden sei, war ein ehemaliger Hauptsturmführer der SS. Die erste Nachtwache bestand aus einem Kommissar, der früher SS-Hauptsturmführer war, und aus einem anderen Mann, über dessen politische Vergangenheit ich überhaupt nichts weiß. Natürlich ließ ich mir diesen Beamten gegenüber nichts anmerken und glaube fast, daß sie im Moment den guten Willen haben, alles das zu tun, was ihnen gesagt wird. Aber wenn solche Dinge in der Öffentlichkeit bekannt werden, würde das einen Skandal darstellen und eine Entblößung von Menschen, die dafür keine Verantwortung übernehmen können.

Am Sonnabend, 11.5.46, sprach der Kommunist *Benze* von Springe, den ich sehr gut kenne und über den ich nichts weiter als nur gute Dinge sagen kann, in einer Versammlung in Hartmühle im Kreise Springe. Er sagte nichts, was Leute von anderer politischer Meinung hätte erregen können, und jedenfalls kam er mit seiner Ansprache nicht klar, denn die Schüler der Polizeischule Hasferde (?)[79] störten die Versammlung während der ganzen Zeit mit Unterbrechungen, Gesängen und Tumulten, so daß die Versammlung nicht zu Ende geführt werden konnte. Am Sonntag, 12.5., hielt die SPD in Flaggenau (?)[80], Kreis Springe, eine Versammlung ab. Da sie erheblich besser besucht war und da die Mitglieder der SPD ihr Recht von Anfang an behaupteten, war in diesem Falle die organisierte Gruppe von Versammlungs-Stürmern erfolglos in ihren Bemühungen, auch diese Versammlung zu sprengen.

Der jetzige Chef der Polizei, Schulte in Hannover, [soll] durch den Oberstleutnant Engelmann, den Kommandeur der größten Polizeischule, [ersetzt werden][81]. Im Verlaufe der Dinge vor 1933 war Engelmann tatsächlich gegen die Nazis, und deshalb war er ein Opfer. Jedoch hat er keine Gewissensbisse gehabt, vor einem der gemeinsten und einflußreichsten .....[82] zu betteln, damit er auf seinem Posten belassen wurde. Es gelang ihm, mit voller Pension außer Dienst gesetzt zu werden. Engelmann ist durch und durch Militarist, und vor 1933 hatte er eine der Stellungen im Kampf gegen die Antimilitaristen der Hannoverschen Polizei. Kein aufrichtiger Demokrat in Hannover kann einem solchen Mann trauen. Schon 1935 versuchten gewisse Kreise, Engelmann zum Kommandeur der Schutzpolizei zu machen. Der Versuch schlug fehl. Jetzt soll er nun eine noch höhere Position haben. Es gibt aber wertvollere und gut ausgebildete Leute auf dem linken Flügel, wie etwa Major Meineke, der ohne Pension entlassen worden war und der in absolut vorbildlicher Weise gelebt hat. Ich führe diese Fälle als Illustration für die falsche Politik an, die in Bezug auf die deutsche Polizei getrieben wurde.

21. Betreffs der Pressepolitik mache ich folgende Vorschläge:
a) Es war bisher erfolglos, unsere Bemühungen durchzusetzen, ein sozialdemokratisches Blatt, das einen Sozialdemokraten als Lizenzträger hat, zu bekommen. In Hannover waren wir gezwungen, Kompromisse einzugehen nach langer und schwieriger Verhandlung mit Herrn Ridel (?). In Braunschweig ist der Lizenzinhaber des Blattes, das als sozialdemokratisch bezeichnet wird, ein Nichtsozialist. Alle unsere Anstrengungen,

---

79 Fragezeichen in der Vorlage.
80 Fragezeichen in der Vorlage.
81 Im Text: „ist... zu ersetzen". Eine solche Forderung ergibt jedoch nach den folgenden Ausführungen keinen Sinn.
82 Auslassungspunkte in der Vorlage.

Dokument 2, 4. Juni 1946

Leute des Vertrauens unserer Partei zu Inhabern der Lizenz zu machen, waren ohne Erfolg, und zwar auf Grund der Position der Militärregierung.

b) Wir brauchen dringend eine Erlaubnis, einen Sozialdemokratischen Pressedienst zu errichten, so daß wir unsere Zeitungen in den westlichen Zonen mit Informationen versehen können, besonders, da die CDU schon die Erlaubnis für die Führung eines solchen Dienstes seit einiger Zeit hat. Wir stießen bisher immer auf Ablehnung.

c) Wie wir erfahren, soll die Papierquote für unsere Zeitungen in der englischen Zone zugunsten einer Erhöhung der Quote für den „Telegraf" herabgesetzt werden.[83] Wir erkennen natürlich völlig die Notwendigkeit an für die große Verbreitung des „Telegraf", aber wir brauchen ebenso dringend unsere volle Quote für die Zeitungen in der englischen Zone, besonders im Blick auf die gegenwärtigen technischen Schwierigkeiten und die mechanische Verteilung auf die Parteien ohne Rücksicht auf ihre unterschiedliche Stärke. Wir brauchen Papier für unsere Zeitungen und für unsere Propaganda. Nur so können wir der Propaganda der Kommunisten aus der russischen Zone begegnen.

d) Wir beantragen eine Lizenz für unseren eigenen Parteiverlag, so daß wir unsere eigenen Parteiveröffentlichungen beginnen können.

e) Eine völlige Reform unter dem Personal des dpd[84] wird vorgeschlagen. Wir erkennen an, daß der dpd mehr als die [DANA][85] ist, aber das Personal ist absolut katastrophal, während DANA vor allem mit Kommunisten und ähnlichen Elementen ausgerüstet ist, besteht der dpd aus nichts anderem als einer Erweiterung des Informationsdienstes der deutschen Marine. Kein einziger Sozialdemokrat ist in einer führenden Position des dpd.

f) Mehr Sozialdemokraten und Demokraten sind im Nordwestdeutschen Rundfunk. Das Prinzip der Gleichheit, das überall herrscht, bringt es mit sich, daß gewisse Bevorzugungen von nichtsozialistischen Parteien vorkommen. Durch die gegenwärtige Monopolstellung des Rundfunks entsteht ein schiefes Bild bei der Bevölkerung.

22. Es wäre ausreichend, wenn öffentliche Versammlungen nur drei Tage vorher angemeldet werden.

23. Zulassung von Jugendorganisationen der Partei ist nötig. Damit ist Gleichberechtigung gegenüber der Kirche zu erreichen. Das jetzige Prinzip, keine politische Jugendorganisation zuzulassen, und die Praxis dieser Art bedeutet einen Vorteil für die konfessionelle Jugenderziehung. Neutrale Jugendgruppen können das Problem der Jugenderziehung nicht lösen. Wir wünschen im Prinzip eine positivere Einstellung der Militärregierung zu den Fragen der Jugend. Alle jungen Leute, die 1933 nicht älter als 16 Jahre waren, müßten ihr Leben von neuem beginnen können. Ausgeschlossen hiervon müßten nur die Aktivi-

---

83 Vgl. dazu auch die Ausführungen im Protokoll der Sitzung, S. 15.
84 Zur dpd, d. h. dem „Deutschen Pressedienst" der Britischen Besatzungszone vgl. die Ausführungen im Protokoll der Sitzung, a.a.O.
85 In der Vorlage „Dena". Zur DANA, d. h. der „Deutschen Allgemeinen Nachrichtenagentur" der Amerikanischen Besatzungszone vgl. die Ausführungen im Protokoll der Sitzung, a.a.O.

sten sein, Personen, die Verbrechen oder Grausamkeiten begingen oder die heute noch Umtriebe mitmachen.

24. Verbot jeglicher Aktivität des sogenannten Zentralkomitees[86] in Berlin in der [britischen][87] Zone. Das Zentralkomitee besteht nicht mehr. Darum müßte jede politische Propaganda aus diesem Lager unter dem Namen der KPD oder unter dem Namen der SED geführt werden.

25. Der Arbeiterwohlfahrt sind gleiche Rechte einzuräumen wie den konfessionellen Wohlfahrtsorganisationen. Die Arbeit der Arbeiterwohlfahrt wird behindert durch die Tatsache, daß Offiziere der Militärregierung verlangen, auch Nichtmitglieder der SPD in die Wohlfahrt aufzunehmen. Damit würden auch die Kommunisten eindringen können, und die wertvolle Arbeit dieser Organisation wäre dadurch behindert. Sie leistet aber sehr wertvolle Arbeit und bildet unsere eigenen Mitglieder für lokale und provinzielle Wohlfahrtsarbeit aus. Sozialismus als Weltanschauung muß die gleichen Rechte haben wie jede Konfession! Die Arbeiterwohlfahrt dient aber allen, die in Not sind, ohne Rücksicht auf ihre Parteizugehörigkeit.

26. Erleichterungen für die Rückkehr politischer Emigranten aus England und aus allen anderen Ländern. In gewissen Fällen, in denen Emigranten für besondere Aufgaben gebraucht werden, ist eine vorzugsweise Behandlung ihrer Anträge nötig. Diese Rückkehrer müßten auch die notwendigen Transporterleichterungen für die Rückführung ihrer Sachen erhalten.

27. Anerkennung der Forderung der SPD, das Parteieigentum zu erstatten, das 1933 und später gestohlen wurde. Die Forderung bezieht sich auf Parteieigentum und auf das Eigentum der Funktionäre der Partei und der Organisationen, die mit der Partei in engem Kontakt standen. Hierzu sind auch Ferienheime, Jugendheime, Volkshäuser, Volkshochschulen, Sportplätze usw. zu zählen. In Fällen, in denen dieses Eigentum nicht sofort zurückgegeben werden kann, muß das Recht festgestellt werden, und die Rückgabe muß erfolgen, sobald es möglich ist.

28. Die SPD braucht dringend bessere Verbindung mit der Außenwelt, besonders mit der Sozialistischen Internationale. Die Beschränkungen der Postverbindungen mit anderen Ländern sollten aufgehoben werden. Bisher sind nur private Nachrichten möglich. Wir brauchen aber echte internationale Beziehungen und müssen darum mit anderen internationalen Parteien Verbindung aufnehmen. Das muß auch den Austausch von Manuskripten einschließen, so daß unsere Zeitungen in der Lage sind, Originalberichte aus dem Ausland zu veröffentlichen. Den führenden Parteifunktionären ist Gelegenheit zu geben, Besuche in anderen Ländern zu machen, soweit das mit Genehmigung der Militärregierung geschieht. Andererseits sollten Besuche ausländischer Sozialisten in Deutschland gefördert und unterstützt werden im Interesse der gegenseitigen Information und Zusammenarbeit.

---

86 Gemeint wohl der frühere Berliner „Zentralausschuß der SPD" (ZA).
87 In der Vorlage „russischen".

29. Um in der Lage zu sein, ausreichend und befriedigend die Frage der Organisation und der politischen Arbeit zu behandeln, brauchen wir eine gute Parteiorganisation und Parteibüros. Dazu brauchen wir die Hilfe der Militärregierung in folgenden Angelegenheiten:

Die Mitglieder des Parteivorstandes und besonders namhaft gemachte Angestellte sind mit Interzonenpässen auszustatten. Sie sind von allen Einschränkungen für deutsche Zivilisten zu befreien, besonders von Nachtbeschränkungen und Transportbeschränkungen an Sonntagen. Diese Bewegungsfreiheit sollte auch auf Berlin übertragen werden. Der Parteivorstand braucht dringend die Erlaubnis für freie Telefonverbindung mit allen Orten in den drei westlichen Zonen und Berlin. Die gegenwärtigen Verfügungen, nach denen wir nur von einer Nummer aus telefonieren dürfen, sind unzureichend. Die Mitglieder des Parteivorstandes sollten außerdem Telefonapparate in ihren Wohnungen haben. Parteibüros müßten auch eine ausreichende Papierquote zur Verfügung haben. Falls eine allgemeine Sperre der Konten vorgenommen werden sollte, so müßten die Konten und das Fahrgeld genauso behandelt werden wie das der öffentlichen Behörden, dürften also nicht berührt werden. Um die Möglichkeit der Parteibüros zu fördern, beantragen wir einen Hell-Schreiber von dpd.

Die Unterstützung der Büros sollte auch durch Transportmittel geschehen. Nach und nach sollten Volkswagen zur Verfügung stehen, auch Ersatzteile und Betriebsstoffe. Die Militärbehörde würde im allgemeinen um Erlaubnis gefragt werden, wenn die Autos für das Wochenende benutzt werden.

Dies ist die Liste unserer Vorschläge. Sie können entscheiden, ob es möglich ist oder nicht, in diesem Zusammenhang etwas zu unternehmen. Ich würde sehr dankbar sein, wenn Sie diese Liste auch an Oberst Annan geben könnten und an die anderen Herren, die in Frage kommen.

Nr. 3

Sitzung des Parteivorstandes am 12. Juli 1946 in Hannover

AdsD: SPD-Parteivorstand, 2/PVAS 0000651, Sitz. v. 12.7.1946 (Maschinenschriftl. Prot. mit handschriftl. Ergänzungen, 4 S.)[1]

Anwesend: Siehe Anwesenheitsliste. Entschuldigt fehlen die Genossen *Agartz* und *Menzel*.

[**Teilnehmer/Teilnehmerinnen, nach Funktionen geordnet:**[2]
PV: *Schumacher, Heine, Kriedemann, Nau, Ollenhauer, Baur, Beyer, Bögler, Eichler, Gayk, Gnoß. Görlinger, Grimme, Gross, Henßler, Kaisen, Knothe, Loßmann, Meitmann, Metzger, Nölting, Selbert*]

Tagesordnung:
1) Politische Lage
2) Bericht über Englandreise
3) Besuch der Labour Delegation in Hannover
4) Presseangelegenheiten
5) Auslandsvertretungen der SPD (Paris, London, New York, Stockholm)
6) Ausbau des Parteisekretariats
   a) Sozialistische Kulturzentrale, b) Betriebssekretariat, c) Internationales Sekretariat
7) Die Lage in Bayern und Hessen
8) Die Lage in der französischen Zone
9) Die Lage in Berlin
10) Vorschlag Hamburg für ein sozialpolitisches Programm
11) Festsetzung der Termine für die nächste Sitzung des PV und für eine Sitzung des Parteiausschusses

Beginn der Sitzung: 10.30 Uhr vormittags.

Der Genosse **Baur** hatte den Wunsch geäußert, den Mitgliedern des Parteivorstandes vor jeder Sitzung eine kurze Übersicht über den Verlauf und die Beschlüsse der [letzten]

---

1 Ein gesondertes Kommuniqué über die Sitzung ist in den Anlagen zum Protokoll nicht erhalten geblieben, allerdings hatte der verabschiedete Beschluß (vgl. Anlage 1) auch den Charakter eines Kommuniqués. Der Bericht über die Sitzung im „Hamburger Echo" (Nr. 31 v. 17.7.1946, S. 1) entspricht in seinem ersten Teil fast wörtlich der Resolution – allerdings fehlt der direkte Bezug auf die Hamburger Rathausdemonstration. Es folgen in dem Zeitungsbericht kurze Hinweise auf Ollenhauers Bericht über seine Londonreise und seine Besprechungen mit den Ministern Hynd und Noel-Baker sowie dem Generalsekretär der Labour Party, Morgan Phillips. Abschließend werden noch die Gründung einer sozialistischen Kulturzentrale und die einstimmige Billigung der Auflösung des Ortsvereins Flensburg der SPD erwähnt.
2 Die folgenden Angaben wurden der Anwesenheitsliste in den Beiakten zum Protokoll entnommen; danach fehlten außer den im Protokoll genannten Vorstandsmitgliedern noch *Helmstädter* und *Veit*. Für die Teilnehmer an allen Vorstandssitzungen 1946/47 vgl. Anhang 1.

Dokument 3, 12. Juli 1946

Sitzung zuzustellen. Es wurde vereinbart, daß von der Versendung derartiger Protokolle Abstand genommen werden soll.

Es wurde beschlossen, zunächst den Punkt 2 der Tagesordnung zu verhandeln.

Zu **Punkt 2** (Bericht über Englandreise)
Genosse **Ollenhauer** berichtet über seine Besprechungen in London. Eine schriftliche Zusammenfassung des Inhalts dieser Besprechungen ist diesem Protokoll beigefügt.[3]

Zu **Punkt 3** (Besuch der Labour-Delegation in Hannover):
Der Bericht des Genossen **Heine** über den Besuch der Labour-Delegation in der britischen Zone wird zur Kenntnis genommen; ebenso die Vereinbarung, den Besuch Schumachers in London bis nach den Gemeindewahlen im Oktober dieses Jahres zu verschieben.

Zu **Punkt 1**: (Poltische Lage)
Schumacher berichtet über die politische Situation, wie sie sich aus den Verhandlungen der Außenminister in Paris ergibt, über Verhandlungen im Zonenbeirat und über die Vorgänge in Hamburg[4] und in Süd-Schleswig.[5]

Der Parteivorstand beschließt die in der Anlage beigefügte Kundgebung.[6]

Der Parteivorstand billigt einstimmig die Auflösung des Ortsvereins Flensburg, die der Genosse Schumacher auf der Kundgebung in Husum mitgeteilt hat.

Zu **Punkt 4** (Presseangelegenheiten):
Der Bericht des Genossen **Heine** über den gegenwärtigen Stand des Pressewesens wird zur Kenntnis genommen.

Auf Antrag des Genossen **Nau** beschließt der Parteivorstand die Gründung einer Dachgesellschaft für wirtschaftliche Unternehmungen. Mit den vorbereitenden Arbeiten wird der geschäftsführende Vorstand beauftragt.

Zu **Punkt 5** (Auslandsvertretungen der SPD)
Der Parteivorstand beschließt, die Frage der Neubesetzung der Auslandsvertretung der SPD in **Paris** noch offen zu lassen. Der Vorschlag *Cohen-Reuss* erscheint im Augenblick aus persönlichen und finanziellen Gründen nicht durchführbar. Bis auf weiteres soll daher der

---

3 Die maschinenschriftlichen Berichte Ollenhauers über seine Besprechungen mit dem für Deutschland zuständigen Minister John B. Hynd sowie über seine Begegnungen mit anderen Spitzenpolitikern der Labour Party, mit Journalisten und mit deutschen Emigranten werden hier als Anlage 2 (A-B) zum Protokoll abgedruckt.
4 Zu den Krawallen auf dem Hamburger Rathausplatz am 27. Juni 1946 vgl. Einl. Kap. II 4 d, S. CVIII. Vgl. auch Anlage 1.
5 Zur Spaltung der süd-schleswigschen, insbesondere der Flensburger Sozialdemokratie, vgl. Einleitung Kap. II 1 c, S. XL.
6 Der Beschluß des Parteivorstandes, der unter dem Titel „SPD gegen Nationalismus" veröffentlicht wurde, wird hier als Anlage 1 zum Protokoll abgedruckt.

Genosse *Markscheffel* als Vertrauensmann der Partei bei der SFIO gelten. Die Frage soll erneut im Herbst diskutiert werden.

Im Zusammenhang mit dem Bericht über die Tätigkeit der Auslandsvertretung der Partei in **London** durch den Genossen Ollenhauer wird der geschäftsführende Vorstand ermächtigt, der Londoner Auslandvertretung finanziell zu helfen, sobald die technischen Voraussetzungen dafür gegeben sind.

Die Frage einer Vertretung der Partei in **Washington** durch den Genossen Friedrich *Stampfer* wird zurückgestellt, bis die Rückäußerung des Genossen Stampfer auf einen entsprechenden Brief des Genossen Ollenhauer vorliegt und bis die persönliche Besprechung mit den Genossen *Brauer* und *Katz*, die zur Zeit in Deutschland sind, stattgefunden hat.

Der Parteivorstand ist im Prinzip damit einverstanden, daß der Genosse *Ernst Paul*[7], früher Sekretär der Deutschen Sozialdemokratischen Arbeiterpartei in der Tschechoslowakischen Republik, mit der Vertretung der Partei in den **skandinavischen Ländern** beauftragt wird, wenn die Neubesetzung dieser Vertretung durch die Rückkehr des Genossen *Heinig* nach Deutschland notwendig wird.

Zu **Punkt 6** (Ausbau des Parteisekretariats)[8]

a) Der Parteivorstand billigt den Vorschlag, beim Parteivorstand eine **Sozialistische Kulturzentrale** zu schaffen, die alle Bestrebungen der Partei auf kulturellem Gebiet zusammenfassen soll (Bildungsarbeit, allgemeine Kulturarbeit, Studenten, Sport usw.).

b) Der Parteivorstand billigt die Schaffung eines zentralen **Betriebssekretariats.**

c) Der Vorschlag des Genossen **Baur**, beim Parteivorstand ein besonderes **Internationales Sekretariat** einzurichten, wird im Prinzip angenommen. Es besteht jedoch Übereinstimmung darüber, daß die Einrichtung dieses Sekretariats im besonders hohen Maße von der Besetzung durch einen Genossen abhängt, der über gute internationale Beziehungen und Erfahrungen verfügt.

Zu **Punkt 7** (Die Lage in Bayern)[9]

Gegenüber dem Beschluß des Landesvorstandes der Partei in Bayern, die unmittelbare Unterstellung der Bezirke der Partei unter den Reichsparteivorstand abzulehnen, beschließt der Parteivorstand einstimmig, an dem in dem Parteistatut festgelegten Grundsatz, daß die Bezirksorganisationen die Grundlage der Parteiorganisation bilden, festzuhalten.

Der Parteivorstand akzeptiert den Vorschlag der bayrischen Genossen, in persönlichen Aussprachen zwischen dem Genossen Ollenhauer als Vertreter des Parteivorstandes und den leitenden bayrischen Genossen einen neuen Versuch zu machen, die bestehenden Differenzen zu klären.

---

7 Ernst *Paul* (1897-1978), geb. in Steinsdorf/Böhmen als Sohn eines Webers, Schriftsetzer, 1919 Funktionär der Deutschen Sozialdemokratischen Arbeiterpartei in der Tschechoslowakei (DSAP), 1939 Emigration nach Schweden, 1948 Übersiedlung nach Deutschland (US-Zone), 1949-69 MdB, 1952 Sudetendeutscher Rat.

8 Zum Ausbau des Parteisekretariats in Hannover vgl. auch Einl. Kap. II 1 a.

9 Zu den Streitigkeiten zwischen dem PV und dem bayerischen Landesvorstand vgl. auch Einl. Kap. II 1 b.

Dokument 3, 12. Juli 1946

[Zu **Punkt 8** (Die Lage in der französischen Zone):]
Der Parteivorstand nimmt die Berichte der Genossen **Ollenhauer, Kriedemann** und **Bögler** über die Entwicklung der Parteiarbeit in den Bezirken der französischen Zone, vor allem in Süd-Baden und im Saargebiet, zur Kenntnis.

[Zu **Punkt 7** (Forts.): Zur Lage in Hessen]
Er billigt die Zusammenlegung der bisherigen Bezirke Pfalz und Rhein - Hessen.

Zu **Punkt 9** (Die Lage in Berlin)
Der Bericht über die organisatorische Entwicklung der Berliner Parteiorganisation (25. Juni: 38.607 Mitglieder) und über die vorwiegend aus persönlichen Gründen entstandenen Schwierigkeiten in der Leitung der Berliner Organisation wird zur Kenntnis genommen. Es soll der Versuch gemacht werden, aus Anlaß der bevorstehenden Reise des Genossen Schumacher nach Berlin und durch die Entsendung des Genossen Ollenhauer zum Bezirksparteitag in Berlin am 17. und 18. August den Berliner Genossen zu helfen, die Schwierigkeiten zu überwinden.

Zu **Punkt 10** (Vorschlag Hamburg für ein sozialpolitisches Programm)
Der Parteivorstand beschließt, die Beratung über den Hamburger Vorschlag für ein sozialpolitisches Programm der Sozialdemokratischen Partei einem Unterausschuß des wirtschaftspolitischen Ausschusses zu übertragen.

Der Parteivorstand wünscht, daß Fachausschüse wie der wirtschaftspolitische Ausschuß und der agrarpolitische Ausschuß auch auf anderen Gebieten geschaffen werden, zum Beispiel für die Fragen der Verwaltungs- und Verfassungsreform, damit die Partei möglichst bald auf allen wichtigen Gebieten zu gewissen programmatischen Richtlinien kommt.

Zu **Punkt 11** (Festsetzung der Termine für die nächste Sitzung des PV und für eine Sitzung des Parteiausschusses):
Der Parteivorstand beschließt, die nächste Sitzung des Parteivorstandes am 20. August, 14 Uhr nachmittags in Frankfurt am Main abzuhalten und eine Sitzung des Parteiausschusses für Mittwoch, den 21. August, 9.30 Uhr morgens ebenfalls in Frankfurt am Main einzuberufen.

Schluß der Sitzung 18 Uhr

Anlage 1
Kommuniqué und Resolution „SPD gegen Nationalismus"
Hektogr. Ex. Mit e. handschriftlichen Korrektur in den Beiakten zum Protokoll[10]

Der Vorstand der Sozialdemokratischen Partei Deutschlands hat sich in seiner Sitzung am 12. Juli mit der Lage beschäftigt, die sich aus der anhaltenden wirtschaftlichen Lähmung,

---

10 Abgedruckt mit der im folgenden erwähnten Korrektur: Jb. SPD 1946, S. 75.

aus der Ernährungs- und Wohnungskrise und aus der andauernden Unsicherheit über das zukünftige staatliche und nationale Schicksal des deutschen Volkes ergibt.

Die Sozialdemokratische Partei Deutschlands wird ihre Bemühungen fortsetzen, in Zusammenarbeit mit den Besatzungsmächten eine Besserung der Lebensbedingungen und eine befriedigende Lösung der nationalen Lebensfragen des deutschen Volkes herbeizuführen.

Der Vorstand der Sozialdemokratischen Partei Deutschlands stellt mit Besorgnis fest, daß in der letzten Zeit wiederholt der Versuch gemacht worden ist, die verständliche Unruhe der Bevölkerung zu nationalistischen Kundgebungen zu mißbrauchen. Er besitzt Beweise dafür, daß zum Beispiel im Falle der Hamburger Rathaus-Kundgebung reaktionäre[11] und nationalsozialistische Elemente bei der Organisation und Durchführung dieser Kundgebung zusammengewirkt haben.

Er wendet sich auf das schärfste gegen einen Mißbrauch der großen sozialen und nationalen Notlage unseres Volkes durch nationalistische Bestrebungen. Jeder Versuch, von welcher Seite er auch kommen mag, das deutsche Volk von neuem in eine chauvinistische Politik zu drängen, wird den entschiedensten Widerstand der Sozialdemokratischen Partei finden, weil eine solche Politik nur zu neuen Katastrophen und zu neuem Elend führt und weil sie vor allem die Initiative des deutschen Volkes lähmt, durch eigene Anstrengungen der Notlage entgegenzuwirken.

Die Sozialdemokratische Partei weiß, daß sich hinter den nationalistischen Treibereien vorwiegend jene Kreise verbergen, die infolge ihrer Mitschuld an der gegenwärtigen Katastrophe allen Anlaß hätten, durch äußerste Anstrengungen selbst einen Beitrag zur Erleichterung der Notlage des deutschen Volkes zu leisten.

Die Sozialdemokratische Partei Deutschlands erstrebt ein lebensfähiges, demokratisches und sozialistisches Deutschland, das allen seinen Bürgern Arbeit, Brot und Wohnung gibt und auf dem Wege der Verständigung und der Freundschaft mit allen demokratischen Völkern der Welt zusammenwirkt.

Anlage 2
Berichte Ollenhauers über seine Besprechungen in London mit Minister John B. Hynd sowie Repräsentanten der Labour Party, Journalisten und Emigranten im Juni 1946
Maschinenschriftl. Beilagen zum Protokoll, 2 durchpaginierte Durchschläge, 9 u. 10 S.)

[A] **Besprechungen mit John B. Hynd am 15. und 29. Juni 1946**

Hynd kannte unseren Brief vom 20. Mai an Albu und Annan noch nicht[12]. In der zweistündigen Unterhaltung wurden folgende Fragen erörtert:

---
11 Handschriftl. Korrektur, im hektogr. Text „nationalistische".
12 Zu diesem Brief vgl. Dok. 2, Punkt 5, S. 21, und Anlage 3 (Entwurf des Briefes), S. 29-38.

Dokument 3, 12. Juli 1946

1. Die *Frage der Neugliederung* des Gebiets der britischen Zone
Der englische Vorschlag, der die Schaffung von drei Ländern vorsieht, ist noch kein endgültiger Plan. Ich habe zu diesem Punkt die auch in unserem Brief an Albu vertretene Auffassung begründet, aus Rheinland und Westfalen zwei Länder zu bilden. Hynd erklärte, daß ihn die vorgebrachten Argumente für diese Aufteilung veranlassen werden, die Vorschläge noch einmal zu überprüfen.

2. *Entpolitisierung der Beamten*
Diese Angelegenheit wurde von Hynd mit der Erklärung zur Sprache gebracht, daß ihn der jetzige Zustand der Meinungsverschiedenheiten zwischen ihm und uns in dieser Frage nicht befriedige und daß er nach einer Lösung suche, die unseren Wünschen gerecht wird. Ich habe noch einmal unterstrichen, daß besonders in diesem Fall die Übertragung der englischen Vorstellungen des unpolitischen Beamten auf deutsche Verhältnisse nicht möglich ist. Der englische Beamte wird gegenüber jeder Regierung loyal sein, auch wenn er politisch zur Opposition gehört. In Deutschland ist der Begriff des unpolitischen Beamten weitgehend identisch mit reaktionärer Einstellung, die bis zur Sabotage von amtlichen Anweisungen gehen kann. Die deutsche Beamtenschaft muß daher von Grund auf erneuert werden, und es müssen absolut loyale und überzeugte Demokraten in die Verwaltung gebracht werden. Unter den heutigen Vorschriften der Militärregierung steht die SPD ständig vor dem Konflikt, entweder ihre besten Leute in die Verwaltung zu delegieren und sie damit aus der politischen Arbeit auszuschalten oder aber sie in der Parteiarbeit zu halten und damit wertvolle Kräfte dem Neuaufbau der Verwaltung zu entziehen. Eine befriedigende Lösung kann nur gefunden werden, wenn den Beamten die volle Ausübung ihrer staatsbürgerlichen Rechte ermöglicht wird.

Hynd denkt an eine Abänderung der jetzt geltenden Bestimmungen in der Weise, daß den Beamten nicht nur die Mitgliedschaft in den politischen Parteien gestattet wird, sondern auch, daß sie die volle Freiheit der politischen Betätigung erhalten. Er will jedoch unter allen Umständen die Bestimmung aufrechterhalten, daß ein Beamter nicht für eine Funktion innerhalb seines Arbeitsbereiches kandidieren darf. Gegen diese Beschränkung habe ich keinen Einspruch erhoben, weil sie unseren eigenen Vorstellungen entspricht.

3. *Jugendorganisation*
Auf meine Bemerkung, daß wir nach wie vor denkbar unzufrieden seien über die Richtlinien, die die politischen Jugendorganisationen verbieten und damit die Schaffung einer sozialistischen Jugendorganisation unmöglich gemacht haben, erklärte Hynd, daß diese Angelegenheit jetzt entschieden sei. Die Militärregierung hat Anweisung, die Schaffung von politischen Jugendorganisationen zu gestatten. Die Militärregierung ist ferner angewiesen worden, den politischen Parteien ausdrücklich diese neue Entscheidung zur Kenntnis zu bringen. Die Gründung der „Sozialistischen Jugend" ist daher jetzt möglich geworden. Hynd wünscht allerdings, daß wir mit der öffentlichen Arbeit in dieser Richtung erst beginnen, wenn die amtliche Verlautbarung über diese Entscheidung veröffentlicht ist. Die einzige Beschränkung, die den Parteien in diesem Punkt gemacht wird, wird

darin bestehen, daß die Mitglieder der Jugendorganisationen und die Jugendorganisation als solche nicht in die unmittelbare parteipolitische Arbeit einbezogen werden dürfen.

4. Zerstörung von kriegswichtigen Anlagen in den Hafenstädten
Meine Schilderung der Vorgänge in den Hafenstädten in den letzten Wochen, vor allem die sinnlose Zerstörung von Einrichtungen und Material, das sofort für friedliche Zwecke benutzt werden kann (z.B. alle Arten von Möbeln und anderen ähnlichen Ausrüstungsgegenständen auf Schiffen und U-Booten) veranlaßte Hynd zu einer Anweisung an die Militärregierungen, alles derartige Material sicherzustellen und nicht zu zerstören.

In der zweiten Unterhaltung, die ich mit Hynd hatte, berichtete er, daß bereits im Sinne dieser neuen Anweisungen gehandelt würde, allerdings hätten sich die militärischen Fachleute z.B. in der Frage der Sicherung der Dieselmotoren für friedliche Produktionszwecke auf den Standpunkt gestellt, daß diese Motoren nicht ohne weiteres verwendet werden können. Man könnte Einzelteile als Ersatzteile verwenden, aber der Ausbau der Motoren sei so kompliziert, daß man davon absehen müsse.

5. Rücksichtnahme auf Anti-Nazi bei Wohnungsräumungen durch die Militärregierung
Ich berichtete Hynd über die starke Verstimmung, die durch die umfangreichen neuen Wohnungsbeschlagnahmen in verschiedenen Städten der britischen Zone entstanden ist und regte an, die britische Militärregierung möge die gleiche Regelung treffen, die kürzlich in der amerikanischen Besatzungszone durchgeführt wurde, nach der Anti-Nazi in ihren Wohnungen verbleiben können, auch wenn die übrigen Wohnungen des Wohnblocks oder der Straße von der Militärregierung mit Beschlag belegt werden.

Hynd erklärte, daß er diese Regelung nicht akzeptieren könne, weil die Vorteile für die Schaffung geschlossener Siedlungen englischer Familien, vor allem auch unter verwaltungstechnischen Gesichtspunkten, sehr groß sind. Er habe jedoch bereits angeordnet und erst kürzlich in persönlicher Unterhaltung mit General *Robertson* erneut darauf hingewiesen, daß Wohnraum erst dann von den Engländern in Anspruch genommen wird, wenn für die Betroffenen von den deutschen Ämtern ein annehmbarer Ersatz zur Verfügung gestellt worden ist. Er habe einige Einzelfälle, bei denen nicht entsprechend diesen Richtlinien verfahren wurde, zum Anlaß genommen, um erneut auf die Notwendigkeit einer strikten Beachtung dieser Regelung hinzuweisen.

Im Falle Hamburg habe z.B. der Bürgermeister *Petersen* nicht nur das Recht, sondern den direkten Auftrag, in all diesen Fragen mit der Militärregierung zu verhandeln, um unnötige Schwierigkeiten zu vermeiden. Das Ziel der britischen Politik in dieser Frage sei, durch Neubauten und durch die Beschaffung von neuem Wohnungsinventar dafür zu sorgen, daß die Ausweisung von deutschen Familien aus ihren Wohnungen eine vorübergehende Angelegenheit bleibt und daß so schnell als möglich neuer Wohnraum und Wohnungseinrichtungen geschaffen werden, damit die Familien ihre Wohnung und ihr Inventar zurückerhalten. Bei der Beschaffung des Ersatzwohnraums sollen in erster Linie Anti-Nazi berücksichtigt werden.

Dokument 3, 12. Juli 1946

6. Entlassung von Kriegsgefangenen
Die britische Regierung wird von jetzt ab die Anti-Nazi unter den Kriegsgefangenen, die sich in England befinden, aus der Gefangenschaft entlassen. Es soll zunächst die Gruppe der sogenannten „weißen" Kriegsgefangenen (etwa 21.000 Mann) entlassen werden. In erster Linie kommen Anti-Nazi zur Entlassung, die sich bereits jetzt in Sonder- oder Schulungslagern befinden, damit sie möglichst bald für den Wiederaufbau des demokratischen Lebens in Deutschland zur Verfügung stehen. Soweit Anti-Nazi in britischen Lagern noch nicht zur Gruppe der sogenannten „weißen" Kriegsgefangenen gehören, sollen sie ebenfalls entlassen werden, wenn ihre antinazistische Einstellung festgestellt ist. Es hat daher jetzt einen Sinn, Einzelfälle dieser Art dem Büro Hynd zuzuleiten. Nach den antinazistischen Kriegsgefangenen sollen bestimmte Berufsgruppen bevorzugt entlassen werden (Bergarbeiter, Landarbeiter, Bauarbeiter und andere Fachkräfte in Mangelberufen).

Es ist nicht beabsichtigt, eine öffentliche Erklärung über diese Entlassungen abzugeben, aber es ist damit zu rechnen, daß die oben erwähnten Gruppen von Antinazi-Kriegsge-fangenen in den nächsten Monaten zur Entlassung kommen.

Es ist möglich, daß in bestimmten Lagern eine kurzfristige Verzögerung eintritt, weil die Gefangenen zum Teil zu Erntearbeiten herangezogen werden. Aber auch in diesem Fall soll es sich nur um eine kurzfristige Hinausschiebung handeln.

Im Laufe der Unterhaltung über die *allgemeine Politik der Engländer in Deutschland,* in der ich die Notwendigkeit einer aktiveren Unterstützung vor allem der sozialdemokratischen Kräfte in Deutschland unterstrich, erklärte Hynd, daß es die Linie seiner Politik sei, die demokratischen Kräfte durch eine fortschrittliche Politik der britischen Militärregierung zu fördern. Es gäbe aber dabei auch für ihn politische Schwierigkeiten, sowohl in England wie in der Zusammenarbeit mit den anderen Hauptalliierten. Das sei besonders deutlich geworden, als er kürzlich die Absicht hatte, bei der Einweihung der neuen Kölner Brücke eine grundsätzliche Rede über die britische Politik in Deutschland zu halten. Der Grundgedanke dieser Rede, deren Manuskript mir Hynd zeigte, war, an dem Beispiel der Errichtung dieser Brücke als einem Gemeinschaftswerk englischer und deutscher Ingenieure und Arbeiter zu zeigen, wie durch eine konstruktive Zusammenarbeit das gegenseitige Verständnis gefördert und positive Leistungen geschaffen werden könnten. Diese Rede wurde von der Control Commission nicht gebilligt. Zwei der Mitglieder der Control Commission stellten sich auf den Standpunkt, daß es bisher keine Entscheidung der Alliierten gäbe, auf die die Rede von Hynd gestützt werden könnte. Hynd hat sich auf den Standpunkt gestellt, daß er entweder die Rede in ihrer von ihm ausgearbeiteten Fassung halte oder daß er nicht nach Köln gehen werde. Die Control Commission hielt an ihrer Entscheidung fest und Hynd ist nicht nach Köln gegangen. Er hat aber die Absicht, diese Entscheidung nicht auf sich beruhen zu lassen und eine Erklärung darüber zu verlangen, ob der Teil des Potsdamer Abkommens, in dem erklärt wird, daß man nicht die Absicht habe, das deutsche Volk zu vernichten, sondern daß man es ihm ermöglichen wolle, in friedlicher Arbeit wieder in die Gemeinschaft der Völker zurückzukehren, Gültigkeit habe oder nicht.[13] Dieser Teil der Informationen Hynds ist absolut vertraulich zu behandeln.

Hynd legt großen Wert auf den *Ausbau des Zonenbeirates* als einer aktiv mitberatenden deutschen Vertretung. Er würde es besonders begrüßen, wenn die Sozialdemokratie im Zonenbeirat von sich aus aktuelle Fragen anschneidet und eigene Vorschläge vorlegt. z.B. wird der Zonenbeirat sich mit der Durchführung der Landreform zu beschäftigen haben. Die erste Maßnahme der Engländer, Güter in der Größe von 500 ha und mehr zu enteignen, ist lediglich ein erster Schritt. Die Durchführung der Landreform soll unter aktiver Mitarbeit der Deutschen erfolgen. Hynd war sehr interessiert, unsere agrarpolitischen Richtlinien kennenzulernen.

Er hält es auch für nützlich, wenn die Sozialdemokratie örtlich oder bezirklich mit Wünschen und Anregungen an die Militärregierungen herantritt. Er habe z.B. auf seiner ersten Reise u.a. ein Heim für Bergarbeiter an der Ruhr besichtigt. Sein Eindruck war, daß die Leute dort zwar einigermaßen untergebracht sind, daß aber das ganze ziemlich primitiv ist, während auf der anderen Seite gewisse Verbesserungen des Heims ohne große Schwierigkeiten durchgeführt werden können. Er habe selbst eine solche Anregung nicht gegeben, weil er es für besser hält, wenn die Sozialdemokratie oder die Gewerkschaften einen Vorstoß in dieser Richtung machen, so daß, wenn die Vorschläge von der Militärregierung angenommen werden, sie als einen Erfolg der sozialdemokratischen Initiative angesehen werden.

7. Die Reinigung der Hannoverschen Polizei
Die Frage der Reinigung der Hannoverschen Polizei hat Hynd wiederholt beschäftigt. Die Verzögerung der Entlassung besonders belasteter Offiziere ist zweifellos auf Mängel in der Verwaltung der Militärregierung zurückzuführen. Die Militärregierung in Hannover war angewiesen, bestimmte Offiziere zu entlassen, aber der zuständige Referent fühlte sich verpflichtet, nach Bünde[14] oder Lübbecke zu berichten, daß die gleichzeitige Entlassung mehrerer hoher Offiziere den ordentlichen Dienstbetrieb der Polizei gefährden könne. Statt die Anweisung auf die Entlassung durchzuführen, wartete er auf eine Stellungnahme von Lübbecke zu seinen Einwendungen, während Lübbecke der Auffassung war, daß ungeachtet der Einwendung zunächst die Anweisung durchzuführen sei. Hynd hat jetzt die von uns vorgelegte Liste belasteter Offiziere mit der Auflage an die Militärregierung geschickt, in jedem Einzelfall mitzuteilen, ob die in unserer Liste genannten Offiziere inzwischen entlassen worden sind oder, falls sie im Amt belassen wurden, aus welchen Gründen sie rehabilitiert erscheinen. Er hat außerdem eine Stellungnahme zu unserer Behauptung angefordert, daß einwandfreie Antinazi-Offiziere der Polizei nicht befördert worden seien.

---

13 Zur Berufung der Parteiführung auf das Potsdamer Abkommen als eine der Grundlagen ihrer Politik vgl. Einl. Kap. II 3 a.
14 In Bünde (Kreis Herford, Ostwestfalen) hatte die Britische Militärregierung für die Provinz Westfalen ihren Sitz.

Dokument 3, 12. Juli 1946

Hynd bemüht sich, die Möglichkeiten der Postverbindungen zwischen Deutschland und dem Ausland, vor allem die Einfuhr von Druckschriften aller Art in Gang zu bringen.

Der Ausbau des **Pressewesens** in Deutschland hat sich aus technischen Gründen gegenüber dem ursprünglichen Plan verzögert. Hynd hofft aber, daß die Zeitungen in der britischen Zone vom Juli an viermal in der Woche erscheinen können, und es ist sein Ziel, sie sobald als möglich täglich herauszubringen.

Die Mitteilung, daß seine Anweisung, allen Parteizentralen und allen Redaktionen regelmäßig zwei englische Tageszeitungen und eine Anzahl von Wochenzeitungen zuzustellen, bisher nicht funktioniere, veranlaßten ihn zu einer sofortigen erneuten Nachprüfung dieser Angelegenheit.

Die **Rückkehr der politischen Emigration aus England** soll jetzt beschleunigt werden. Es ist die Absicht, die Frage der Eingliederung der politischen Flüchtlinge in deutsche Arbeitsgebiete ebenfalls in einer der nächsten Sitzungen des Zonenbeirates zu diskutieren. Hynd denkt daran, daß der Zonenbeirat einen besonderen Ausschuß, evtl. aus den Vertretern der wichtigsten Wohlfahrtsorganisationen einzusetzen, der sich besonders mit den Problemen der zurückkehrenden politischen Flüchtlinge beschäftigt.

***

In der **zweiten Unterhaltung mit Hynd**, die **am 29. Juni** stattfand, spielte zunächst die **Demonstration der Hamburger Frauen** eine Rolle.[15]

Die englischen Zeitungen hatten in sehr kurzen Notizen über die Demonstration berichtet und vor allen Dingen unterstrichen, daß bei dieser Gelegenheit das Deutschlandlied gesungen und andere nationalistische Kundgebungen veranstaltet wurden. Hynd hatte das Original einer in Paris herausgegebenen längeren Mitteilung über diese Vorgänge. Ich vermute, daß es eine Havas-Meldung war. In dieser Meldung wurde an die Tatsache der Demonstration eine Reihe von sehr aggressiven Bemerkungen geknüpft. Vor allen Dingen wurde die britische Regierung als die eigentlich schuldige angegriffen, denn sie habe durch ihre nachgiebige und schwache Politik in der britischen Zone das Anwachsen des Nationalismus gefördert. Es handele sich bei dieser Demonstration um einen neuen Ausbruch des Pan-Germanismus, der weite Kreise der deutschen Bevölkerung erfaßt habe und dessen Sprecher u.a. Dr. *Schumacher*, der Vorsitzende der deutschen Sozialdemokratie, sei. In diesem Zusammenhang wurde ein Satz aus einem Artikel Schumachers in einer württembergischen Zeitung zitiert, der Kritik an der Politik der Besatzungsmächte übt. Diese Meldung ist, soweit ich sehen konnte, in der englischen Presse nicht abgedruckt worden, aber Hynd war über Ton und Inhalt der Meldung beunruhigt. Seine Vermutung ist, daß es sich hier um einen Versuch handelt, die ganze Konzeption seiner Politik in der britischen Zone anzugreifen. Er rechnet damit, daß die Angelegenheit in einer nächsten

---

15 Zu dieser Demonstration vgl. Einleitung, S. CVIII.

Sitzung der Control Commission zur Sprache kommt, daß Frankreich und Rußland gegen ihn Stellung nehmen werden. Er vermutet, daß die Gegner seiner Politik in der englischen Öffentlichkeit und auch die kritisch eingestellten Mitglieder des Kabinetts die Vorgänge in Hamburg als einen Beweis für das Scheitern der von Hynd verfolgten Politik heranziehen werden.

Eine solche Aktion würde gleichermaßen die politische Linie, die Hynd verfolgt, wie die deutsche Sozialdemokratie treffen. Ich habe Hynd darauf aufmerksam gemacht, daß, falls es zu einer Anfrage im Unterhaus oder zur Diskussion über die Angelegenheit kommt, er zunächst darauf hinweisen könne, daß den 500 demonstrierenden Frauen in Hamburg mindestens 20.000 organisierte Sozialdemokraten gegenüberstehen, und daß Schumacher Mitte Mai auf einer Kundgebung von mehr als 80.000 Menschen in Hamburg gesprochen hat. Leider wird die britische Öffentlichkeit über solche Tatsachen überhaupt nicht informiert, weil sie den Zeitungen nicht sensationell genug erscheinen oder weil sie nicht in ihre Politik passen. Hynd würde es sehr begrüßen, wenn die Sozialdemokratie entweder durch Schumacher oder durch den Parteivorstand eine Erklärung veröffentlicht, in der sie sich gegen die nationalistische Tendenz dieser Kundgebung und gegen einen neuen deutschen Nationalismus ausspricht. Eine solche Erklärung würde die Stellung Hynds wesentlich erleichtern, denn er könne dann darauf hinweisen, daß sich seine Politik auf die Zusammenarbeit, vor allem mit den sozialdemokratischen Kräften, stützt. Ich habe Hynd darauf aufmerksam gemacht, daß in Schumachers Referat auf dem Parteitag eine so scharfe Abgrenzung gegen den deutschen Nationalismus erfolgt sei, daß ich aber trotzdem nach meiner Rückkehr sofort die Frage einer erneuten Stellungnahme im Zusammenhang mit den Hamburger Vorgängen diskutieren würde.

Hynd berichtete dann, daß er auf Grund unserer ersten Unterhaltung sowohl in der Frage der Demontierung in den Hafenstädten wie in der Frage der Beschlagnahme von Wohnraum neue Anweisungen in der Richtung der in der ersten Unterhaltung von ihm vertretenen Auffassung gegeben habe.

Der restliche Teil der zweiten Unterhaltung bestand darin, daß Hynd darlegte, daß eine Reihe von Sofortmaßnahmen notwendig sind, wenn die Politik der demokratischen Parteien, vor allem der Sozialdemokratie, Erfolg haben soll.

1. Es muß auf alle Fälle erreicht werden, daß im Herbst eine Verbesserung der Ernährungslage erfolgt. Ein zweiter Winter des Hungerns und der Kälte würde auch die Widerstandskraft der politisch vernünftigen und denkenden Menschen so zermürben, daß an eine positive Aufbauarbeit nicht mehr zu denken sei.

2. Der völlige Stillstand des Wirtschaftslebens muß zu Ende kommen. Wenn das Potsdamer Abkommen über die einheitliche Verwaltungs- und Wirtschaftspolitik in Deutschland nicht durchgeführt wird, muß in der britischen Zone die bisherige Politik des Abwartens und der Loyalität gegenüber dem Potsdamer Abkommen aufgegeben werden. Die Menschen müssen das Gefühl haben, daß wieder produktiv gearbeitet wird.

Die britische Wirtschaftspolitik in Deutschland muß weitgehend mit der Wirtschaftspolitik der britischen Arbeiterregierung übereinstimmen, d.h. in der Richtung der Nationalisierung gehen.

Dokument 3, 12. Juli 1946

3. Die Deutschen müssen zu einer echten Selbstverwaltung kommen. Man kann auf die Dauer ein gesundes demokratisches Leben nicht entwickeln, wenn nicht eine echte Selbstverwaltung besteht. Das heißt praktisch, daß auch die Wahlen zu den Länderparlamenten nicht mehr lange hinausgeschoben werden sollen. Sobald die Länderparlamente gewählt sind und aus ihrer Mitte die neuen Provinzial- und Länderregierungen hervorgehen, sollte sich die britische Militärregierung auf eine Kontrolle in den obersten Instanzen beschränken und im übrigen alle anderen Dinge der deutschen Selbstverwaltung überlassen.

4. Den demokratischen Kräften muß eine freie Verbindung mit dem Ausland und der Austausch von Informationen und Ideen mit der westeuropäischen Welt so schnell wie möglich gegeben werden. Wenn wir im Westen eine solche konstruktive Politik durchführen, werden wir auf die Dauer der russisch-kommunistischen Agitation mit Erfolg begegnen können.

Hynd sieht die Dringlichkeit der Ernährungslage genauso wie wir. Er ist für eine Erhöhung der Rationen sobald als möglich. Er vermag nicht zu übersehen, in welchem Ausmaß sie durchgeführt werden kann. Viel hängt von dem Ausgang der deutschen Ernte ab, aber seine persönliche Überzeugung ist, daß eine Erhöhung kommen muß und daß es ganz gleichgültig ist, woher die notwendigen Lebensmittel herangeschafft werden.

In bezug auf die Wirtschaftspolitik hat Hynd die Hoffnung auf eine Inkraftsetzung dieses Teils des Potsdamer Abkommens noch nicht aufgegeben, aber auf der anderen Seite hat die britische Militärregierung bereits in den letzten Wochen ihre eigene Wirtschaftspolitik aufgenommen. Die Enteignung der Kohlenbergwerke ist ein erster Schritt. Der Plan ist, die Stahlindustrie, die Maschinenindustrie und die chemische Industrie ebenfalls zu nationalisieren. Die Militärregierung wird zunächst Treuhänder der enteigneten Unternehmen. Die Frage der zukünftigen Bauregelung soll in gemeinsamer Beratung mit den deutschen Stellen erfolgen. Konstruktive Vorschläge der Sozialdemokratie für alle diese Fragen sind ihm sehr erwünscht.

Auch in der Frage der Agrarreform ist die jetzt erfolgte Enteignung der großen Güter nur ein erster Schritt. Man hat die 500 ha[Hektar]-Grenze gewählt, um sicher zu sein, daß man nicht zu weit geht. Die endgültigen Grenzen sollen später im Zusammenhang mit der Beratung über die Agrarreform durchgeführt werden. Die Prinzipien der zukünftigen Verwaltung des enteigneten Landes sollen im Zonenbeirat erörtert werden. Auch hier hofft er auf eine Initiative der Sozialdemokratie.

Die Militärregierung hat kürzlich vorgeschlagen, als Termin für die Länderwahlen den Sommer 1947 in Aussicht zu nehmen. Er [Hynd] hat diesen Vorschlag abgelehnt mit der Begründung, daß er eine solche weite Hinausschiebung des Termins nicht billigt. Er ist für Wahlen im März 1947, aber es sollen schon vorher die provisorischen Regierungen der neuen Provinzen bzw. Länder eingesetzt werden.

In bezug auf die Erhaltung des Kontaktes mit dem Ausland verwies Hynd auf seine Bemerkungen über diesen Punkt in der ersten Unterhaltung.

Hynd wird im Laufe dieser Woche im Unterhaus eine Erklärung abgeben, daß Familien, die den Wunsch haben, nach Deutschland zurückzukehren, jetzt zurückkehren können. Es ist ein besonderes Verfahren vorbereitet, um die Wünsche der Rückkehrer für Zeit und

Ort ihrer Rückkehr festzustellen. Die Rückkehr muß wegen der Transportschwierigkeiten nach einem besonderen Prioritätssystem erfolgen. Die erste Gruppe werden politische Antinazi-Flüchtlinge sein, dann sollen Familien bestimmter Spezialberufe, für die ein sehr starker Bedarf in Deutschland vorliegt, folgen. Der Transport von Hausgerät und Mobiliar kann zur Zeit noch nicht erfolgen. Auch der Transfer von Geld muß auf die für normale Reisende zugelassene Summe von 15 Pfund beschränkt werden.

Hynd hat sich auf Grund der Rede Schumachers in Bremen, in der er die Generalamnestie für die Jugend gefordert hat, auch für eine neue Untersuchung dieses Problems interessiert. Ich habe ihn auf den Beschluß des Parteitages verwiesen, in dem wir die Forderung erhoben haben, allen jungen Menschen, mit Ausnahme der Aktivisten und kriminell Belasteten, die Möglichkeit zu einer positiven Mitarbeit zu geben. Hynd wünscht, daß wir konkrete Vorschläge für eine Behandlung des Jugendproblems im Sinne unseres Beschlusses machen und die Angelegenheit auf Grund dieser Vorschläge ebenfalls durch unsere Initiative im Zonenbeirat zur Diskussion stellen.

B] Gespräche mit anderen Spitzenpolitikern der Labour Party, mit Journalisten und mit deutschen Emigranten

Noel-Baker (jetzt auch Vorsitzender der Labour Party)[16]
Die Unterhaltung drehte sich zunächst um die Ernährungssituation in der britischen Zone. Noel-Baker hofft, daß es nach der neuen Ernte möglich sein wird, die Ration zu erhöhen. Es ist außerdem wahrscheinlich, daß die Angleichung der Ration in den verschiedenen Zonen erfolgt.

Ich habe Noel-Baker ähnlich wie John Hynd dargelegt, daß eine aktive Wirtschaftspolitik und ein Ausbau der demokratischen Selbstverwaltung neben einer Verbesserung der Ernährungslage notwendig sind, wenn die Anstrengungen der demokratischen Kräfte in Deutschland Erfolg haben sollen.

Im Zusammenhang mit der Erörterung des Besuches von Schumacher in London erklärte Noel-Baker, daß alle führenden Mitglieder der Partei diesen Besuch für sehr erwünscht halten, daß aber vor allem *Bevin* die Meinung vertreten habe, daß ein Besuch Schumachers in der jetzigen schwierigen Situation die Position der Sozialdemokratie erschweren könnte, weil die Partei dann als eine Art Quisling[17] Partei der englischen Besatzungsregierung erscheinen könnte. Ich habe auch Noel-Baker gegenüber die Auffassung vertreten, daß wir diese Bedenken nicht teilen, und daß wir uns im Gegenteil von einer baldigen Durchführung des Besuches eine günstige Wirkung vor allem auf unsere

---
16 Philip *Noel Baker* (1889-1982), Labour Party, 1929-31, 1936-70 MP, 1945/46 Staatsminister im Foreign Office, später weitere Ministerämter, 1959 Friedensnobelpreis.
17 Bezeichnung für einen Kollaborateur nach dem norwegischen Politiker Vidkun *Quisling* (1887-1945), der 1933 in Norwegen eine wenig erfolgreiche faschistische Partei gründete und nach der Besetzung Norwegens durch deutsche Truppen als „Regierungschef" mit den Besatzungsbehörden eng zusammenarbeitete. Nach der Befreiung Norwegens wurde er verhaftet, zum Tode verurteilt und hingerichtet.

Dokument 3, 12. Juli 1946

Mitglieder versprechen, die in einem solchen Besuch einen Beweis dafür sehen würden, daß die Isolierung der deutschen Arbeiterbewegung allmählich abgebaut wird.

Morgan Phillips
Ich habe mit Morgan Phillips vor seiner Abreise nach Deutschland nur kurz telephonisch sprechen können, und ich habe ihn erst gesehen am Tage vor meiner Rückkehr nach Hannover. Morgan Phillips hat einen ausführlichen Bericht über die Eindrücke der Delegation auf ihrer Deutschlandreise ausgearbeitet. Der größte Teil des Berichtes enthält die Information über die Lage in der britischen Zone. Zum Schluß hat Morgan Phillips eine Reihe von Vorschlägen formuliert, die der Executive der Labour Party vorgelegt werden sollen. Alle diese Vorschläge sind positiv, sie fordern eine Verbesserung der Ernährung in den Industriegebieten und in den Großstädten, sie regen an die Gestellung eines besonderen Referenten in einer Position, ähnlich wie sie Albu innegehabt hat. Ferner wird die Verbesserung der Papierzuteilung und eine weitgehende Unterstützung der demokratischen politischen Parteien gefordert. Eine Abschrift des Berichts wird uns zugestellt, sobald er von der Executive beraten und gebilligt ist.

In seinen erläuternden Bemerkungen [unterstrich][18] Morgan Phillips seinen Eindruck, daß die CDU stark an Boden gewinne, und ihn interessierte besonders die Frage, inwieweit es der Sozialdemokratie gelingen kann, die links eingestellten Elemente der CDU für sich zu gewinnen. Er glaubt, daß es notwendig ist, daß die Partei eine [stärkere][19] Toleranz in den religiösen Fragen übt, als es bis jetzt der Fall gewesen ist. Ich habe auf das Referat von Schumacher auf dem Parteitag verwiesen, in dem Schumacher sehr eindeutig und positiv zu dieser Frage Stellung genommen hat. Die Meinung der Delegierten hat die Auffassung von Schumacher unterstrichen. Auf der anderen Seite darf nicht übersehen werden, daß die katholische Kirche in den Gebieten, in denen sie dominiert, nichts von ihrer früheren Intoleranz aufgegeben hat. Dort haben unsere Genossen einen sehr schweren Stand, und es ist verständlich, wenn in diesen Bezirken auch eine aggressive Haltung gegen die totalitären Ansprüche der Kirche eingenommen wird.

Morgan Phillips hat anscheinend auch den Eindruck, als wenn die Partei sich doch in sehr starkem Maße auf die ältere Generation stützt. Ich habe ihm einige Angaben über die altersmäßige Zusammensetzung der Parteitagsdelegierten und über die altersmäßige Zusammensetzung der wichtigsten Bezirksvorstände gemacht.

Morgan Phillips berichtete über die Vereinbarung, die er in seiner Unterhaltung in Hannover getroffen hat, die Reise Schumachers bis nach den Kommunalwahlen zu verschieben.

Morgan Phillips wird Ende Juli mit der Delegation der Labour Party nach Moskau gehen und auf der Hin- und Rückreise in Berlin Station machen. Wir haben verabredet, daß wir uns nach Möglichkeit in Hamburg treffen, ehe Morgan Phillips nach London zurückfliegt. Im Zusammenhang mit einer Diskussion über die verschiedenen Delegationsreisen

---

18 In der Vorlage „unterstreicht".
19 In der Vorlage „starke".

nach Deutschland machte er den Vorschlag, einzelne interessierte Genossen der Labour Party zu veranlassen, einen längeren Aufenthalt in Deutschland zu nehmen, damit sie einen stärkeren Eindruck von dem normalen Leben der Bevölkerung und dem Wirken der Partei erhalten. Wünschenswert sei auch die Teilnahme an Schulungskursen oder wichtigen organisatorischen Veranstaltungen, etwa in der Art wie die Ansprache, die Morgan Phillips auf dem Bezirksparteitag in Köln gehalten hat.

Denis Healey
In den beiden Unterhaltungen, die ich mit Healey hatte, diskutierten wir einige praktische Fragen wie den Besuch Schumachers in London, die Internationale Konferenz im November und die Möglichkeit der Verwendung britischer Erfahrung bei den kommenden Kommunalwahlen in der britischen Zone.

Hinsichtlich der Teilnahme der Deutschen an der Internationalen Konferenz war Healey optimistisch. Die gegenwärtige Situation ist die, daß auf der letzten Internationalen Konferenz eine formelle Beschlußfassung über die Zulassung der Deutschen nicht erfolgt ist. Die Polen und die Tschechen waren gegen die Herzuziehung der Deutschen. Die Entscheidung über die Einladung zur nächsten Konferenz liegt bei der britischen Labour Party. Dalton[20] als Vorsitzender des internationalen Subkomitées der Labour Party ist nach wie vor gegen die Zulassung der Deutschen, aber Healey hofft, daß bis zum Herbst auch Dalton seinen Standpunkt ändern wird oder daß eine Entscheidung gegen seine Stimme erfolgt. Vielleicht wird man zunächst die Herzuziehung der Deutschen als Experten beschließen, aber nach seiner Auffassung spielt die Form keine Rolle. Nach der Rückkehr von Morgan Phillips aus Deutschland war Healey hinsichtlich der Aussichten für eine positive Regelung dieser Frage wieder etwas skeptischer.

Healey vermittelte uns eine Unterhaltung mit dem für die Wahlarbeit der Labour Party verantwortlichen Sekretär, durch den wir sehr instruktives Material über die britische Wahlorganisation erhielten.

Auf seinen Wunsch gab ich Healey ein kurzes Statement über den organisatorischen Aufbau der Partei, die personelle Zusammensetzung des Parteivorstandes und ein Verzeichnis der leitenden Funktionäre der Bezirke in allen drei Westzonen. Healey will dieses Material für seinen Informationsdienst verwenden, der demnächst erscheinen soll. Es ist sicher möglich, in Zukunft derartige informatorische Mitteilungen an dieser Stelle unterzubringen und so authentische Aufklärung über die Entwicklung und Arbeit der Partei zu verbreiten. Healey ist absolut positiv in allen Fragen der internationalen Zusammenarbeit eingestellt und entschlossen, die deutsche Sozialdemokratie voll einzuschalten, so weit es in seinen Kräften steht. Ich habe ihn eingeladen, sobald als möglich nach Deutschland zu kommen, um auch den persönlichen Kontakt mit den führenden Sozialdemokraten aufzunehmen.

---
20 Hugh *Dalton* (1887-1962), Labour Party, 1940-42 Minister für Kriegswirtschaft, 1942-45 Handelsminister, 1946-47 Schatzkanzler, 1950-51 Minister für Städteplanung.

Dokument 3, 12. Juli 1946

Sir Walter Layton[21] (News Chronicle)
Die Unterhaltung kam durch Vermittlung von *Schleiter*[22] zustande. Sie beschränkte sich im wesentlichen auf die Diskussion allgemeiner Fragen, vor allem auf wirtschaftlichem Gebiet (Beschäftigung, Währungsprobleme, wirtschaftlicher Aufbau). Sir Walter Layton war besonders interessiert an dem Besuch Schumachers. Er hält diesen Besuch für notwendig und nützlich, aber er ist nicht dafür, daß er während der Monate August und September efolgt, da dann das Parlament nicht tagt, und die meisten wichtigen Leute nicht in London sein werden. Falls der Besuch nicht Ende Juli möglich ist, sollte man ihn bis Oktober verschieben. Dieser Vorschlag deckt sich mit der Vereinbarung, die in der Zwischenzeit mit Morgan Phillips in Hannover erzielt wurde.

Barbara Ward (Economist)
Barbara Ward, die vor einiger Zeit in Deutschland gewesen ist, und die sehr positiv über ihre Unterhaltung mit Egon Franke berichtet, ist an allen Fragen der deutschen Entwicklung sehr interessiert. Sie hat zweifellos maßgebend die in den letzten Monaten von „Economist" vertretene Auffassung, daß die britische Regierung zu einer positiven und konstruktiven Zusammenarbeit mit der Sozialdemokratie kommen müsse, beeinflußt. Da Barbara Ward auch Mitglied des Kontrollrates der BBC ist, habe ich mit ihr auch über die deutsche Sendung des Londoner Rundfunks gesprochen und die Auffassung vertreten, daß es notwendig sei, die redaktionelle Zusammensetzung der deutschen Sendung des BBC entsprechend den jetzt vorliegenden neuen Aufgaben umzugestalten. Es müssen Menschen herangezogen werden, die eine tatsächliche Kenntnis der deutschen Arbeiterbewegung besitzen. Berichte, wie die sogenannten kritischen Bemerkungen von *Beer* über den Hannoverschen Parteitag machen einen denkbar schlechten Eindruck, weil die Menschen in Deutschland das Gefühl haben, daß in London Menschen sprechen, die von den Dingen nichts verstehen.

Barbara Ward ist sehr interessiert an allen tatsächlichen Mitteilungen über die Lage in Deutschland, vor allem auch in der britischen Zone. Wir haben vereinbart, daß wir ihr jederzeit direkt schreiben können, falls wir sie auf bestimmte Fragen aufmerksam machen möchten, oder falls wir ihr besondere Informationen zuzustellen haben.

Denis Weaver
ist gegenwärtig Deutschlandkorrespondent des „News Chronicle". Er hat kürzlich eine Reise durch die britische Zone gemacht und über seine Eindrücke zwei sehr instruktive Artikel im „News Chronicle" veröffentlicht. Zweck dieser Reise war die Gewinnung von Informationen über die allgemeine Lage, und Weaver hat deshalb keinen besonderen Kontakt mit den Vertretern der politischen Parteien gehabt. Er hofft aber, daß er in Kürze

---

21 Lord Walther Thomas *Layton, Baron of Danehill* (1894-1966), Nationalökonom u. Zeitungsverleger, führender Vertreter d. Liberalen Partei, 1930-50 Aufsichtsratsvorsitzender des „News Chronicle", 1945-53 Direktor der Nachrichtenagentur „Reuter", 1949-57 Vizepräsident d. Beratenden Versammlung d. Europarats, 1952-55 Sprecher der Liberalen im Oberhaus.
22 Franz *Schleiter*, geb. 1899, Journalist, vor 1933 KPO, 1935 Emigration (GB).

längere Zeit nach Deutschland gehen wird, und er wird dann die persönliche Verbindung mit uns aufnehmen. Weaver ist nicht sehr mit den Problemen der deutschen politischen Bewegung vertraut, aber er ist interessiert und gutwillig. Er wird sich in Hannover melden, sobald er seine Reise antritt.

Der einzige Korrespondent von „News Chronicle", der sich zur Zeit in Deutschland befindet, ist Mr. *Forell,* der aber ständig in Berlin ist und daher nur auf indirekte Informationen aus den anderen Teilen des Reiches angewiesen ist.

Mr. Foigt und **Mr. Wolf** (Manchester Guardian)
Mr. Wolf ist der diplomatische Korrespondent des „Manchester Guardian".

Die Unterhaltung mit beiden kam durch Vermittlung von *Reitzner* zustande. Sie drehte sich im wesentlichen um Fragen der allgemeinen deutschen Politik, Austausch von Informationen usw. Besonders interessiert waren beide an tatsächlichen Informationen über die Lage in der russischen Zone. Foigt war besonders interessiert an der deutsch-polnischen Frage. Er glaubt, daß es eine Lebensfrage für Europa ist, daß das neue Deutschland ein echtes, freundschaftliches Verhältnis zu Frankreich im Westen und zu Polen im Osten schafft. Selbstverständlich kann dieses Ziel nicht auf der Basis der jetzigen Grenzregelung im Osten erreicht werden. Aber es gibt auch viele einsichtige Polen, die von der Unhaltbarkeit der jetzigen Regelung überzeugt sind. Er verwies besonders auf die noch in London lebenden polnischen Sozialisten Coiolkosz und Pragier. Wolf war bereit, eine Unterhaltung mit den beiden zu vermitteln, aber diese Unterredung ist nicht zustande gekommen.

Allan Flanders[23]
wird demnächst als Nachfolger von Albu nach Lübbecke gehen. Flanders ist einer der jungen Labour-Leute, die zur sog. Clarity-group gehören, sehr international eingestellt und mit vielem guten Willen, aber zunächst ohne Detail-Kenntnisse über Deutschland. Ich habe mit ihm nur telephonisch gesprochen, aber wir haben verabredet, daß er sich sofort bei uns meldet, wenn er in Deutschland eintrifft.

Mr. Thwaites
Jaksch[24] hatte u.a. Mr. Thwaites und einen jungen, sehr interessierten Labour-Mann, der zur Zeit im Hynd-Office arbeitet, zu einer Zusammenkunft bei sich eingeladen. Der Abend war sehr interessant, weil der Labour-Mann des Hynd-Office außerordentlich stark an allen praktischen Fragen der britischen Verwaltung in Deutschland interessiert war. Er

---

23 Allan *Flanders* (1910-73), vor 1933 Besuch einer Schule des ISK in Deutschland, 1943-46 Wissenschaftlicher Assistent beim TUC, 1946/47 Abteilungsleiter bei d. Brit. Control Commission for Germany, später Universitätslaufbahn.
24 Wenzel *Jaksch* (1896-1966), gelernter Maurer, vor 1938 Spitzenfunktionär der DSAP in der CSR, 1939-1949 Emigration (GB), 1944 Mitbegr. u. Vors. d. Nationalausschusses d. demokratischen Sudetendeutschen, 1950-56 PV, 1953-66 MdB, 1964 Präs. d. Bundes der Vertriebenen. Vgl. auch PV-Protokolle 1950-52, Kurzbiographien der Vorstandsmitglieder.

wird demnächst auch nach Lübbecke gehen, und wir haben verabredet, daß wir hier sofort die Verbindung miteinander aufnehmen.

Thwaites geht demnächst als britischer Konsulat-Vertreter nach München.

Da er ein sehr aktiver Labour-Mann ist und durch seine frühere Konsulatstätigkeit auf dem Kontinent viel von den kontinentalen Dingen weiß, kann er ein sehr nützlicher Verbindungsmann werden.

Louis *Lévy*[25] (Londoner Vertreter der französischen S.F.I.O.)
Louis Lévy ist mit der Entwicklung in Frankreich sehr unzufrieden. Er glaubt, daß das schlechte Wahlresultat für die französische Partei auch mit darauf zurückzuführen ist, daß die Partei sich nicht eindeutig genug von der De Gaulle-Politik distanziert hat. Er hält nach wie vor an seiner früheren, sehr kritischen Einstellung gegen De Gaulle fest. Louis Lévy ist nach wie vor sehr an den deutschen Dingen interessiert und ist sehr befriedigt über die Entwicklung der Partei. Ich habe ihn gebeten, mit seinen französischen Freunden noch einmal über die Frage der Hinzuziehung der deutschen Partei zur nächsten Internationalen Konferenz zu sprechen. Grumbach hat in der letzten Internationalen Konferenz schon für die Hinzuziehung der Deutschen gesprochen, aber er hat gewisse Bedenken geäußert, daß eine zu enge Liierung der deutschen Sozialdemokratie mit der britischen Labour-Party die Position der Partei in Deutschland erschweren könnte. Ich habe auch in diesem Falle Louis Lévy die Gründe auseinandergesetzt, die dafür sprechen, daß man den Kontakt mit der deutschen Partei so eng als möglich gestaltet.

Lucian *Blit*[26]
ist jetzt der offizielle Vertreter des „Bund" in Polen und Londoner Korrespondent des jüdischen „Vorwärts" in New York. Er hat sich in seiner internationalen Einstellung nicht geändert. Bis vor kurzem war er Londoner Korrespondent des „Robotnik", des Zentralorgans der P.P.S. (Polnische Sozialistische Partei). In seinen Artikeln hat er offen seine Meinung vertreten, und in der ersten Zeit sind diese Artikel auch im „Robotnik" erschienen. In der letzten Zeit wurden sie nur zum Teil veröffentlicht. Er rechnet damit, daß das Verhältnis demnächst von seiten des „Robotnik" unter dem Druck der Umstände gelöst wird.

Sudetendeutsche Sozialdemokraten
Ich habe in einer erweiterten Vorstandssitzung der sudetendeutschen Sozialdemokraten in England einen Bericht über die Lage in Deutschland gegeben, und ich habe eine ausführliche Unterhaltung mit den Genossen *Jaksch*, *Paul* und *Reitzner* über die besonderen sudetendeutschen Probleme gehabt. Unsere Entschließung auf dem Parteitag, in der wir die sudetendeutschen Sozialdemokraten als Freunde und Mitglieder unserer Partei begrüßt

---

25 Louis *Lévy* (1895-1952), führendes Mitglied der SFIO, Londoner Korrespondent des „Populaire", 1951 Vizepräsident der SI.
26 Lucian *Blit* (1904-78), vor 1939 Jugendfunktionär des Allgemeinen Jüdischen Arbeiterbundes („Bund") in Polen, 1939-42 Sowjetisches Arbeitslager, 1942 Übersiedlung nach GB, Repräsentant des „Bundes", 1945 Korrespondent u. Universitätslehrer.

haben, hat auf diese Genossen einen sehr starken Eindruck gemacht. Sie sind sich darüber klar, daß die Tage einer selbständigen Existenz einer Auslandsvertretung der sudetendeutschen Sozialdemokratie gezählt sind. Sie wünschen ohne Vorbehalt die Eingliederung der aus der Tschechoslowakei ausgewiesenen sudetendeutschen Sozialdemokraten in die deutsche Partei. Ich habe noch einmal ausdrücklich darauf aufmerksam gemacht, daß die Militärregierungen die Bildung von besonderen Vereinigungen oder Zusammenschlüssen der in die Westzonen kommenden Flüchtlinge aus den deutschen Ostgebieten und aus der Tschechoslowakei nicht dulden werden, und daß auch wir als Partei nicht wünschen, daß sich innerhalb der Partei Sondergruppen dieser Art bilden. Das wird von den sudetendeutschen Genossen anerkannt, obwohl es notwendig sein wird, besondere Einrichtungen zu schaffen, um fürsorgerische und soziale Fragen, die zum Teil noch mit Rechtsansprüchen an die tschechoslowakische Republik zusammenhängen, zu regeln. Da die sudetendeutschen Sozialdemokraten fast ausschließlich in der amerikanischen Zone untergebracht werden, wird diese Frage im einzelnen mit den Bezirksleitungen der Partei in der amerikanischen Zone verhandelt werden müssen. Es bestand auch Übereinstimmung darüber, daß trotz dieser Eingliederung der sudetendeutschen Sozialdemokraten in die deutsche Partei das politische Problem der Ausweisung von 3 Millionen Deutschen bestehen bleibt; und es wird die Aufgabe gemeinsamer Überlegungen sein müssen, die Diskussion dieser Frage in Übereinstimmung mit den Interessen und Notwendigkeiten der deutschen Partei zu führen.

Reitzner
hat jetzt die Bewilligung bekommen, eine Informationsreise durch die britische und amerikanische Zone zu unternehmen, so daß er an Ort und Stelle mit den Freunden seiner eigenen Partei und mit den verantwortlichen Genossen unserer Partei Rücksprache nehmen kann. Sein späteres Ziel ist seine Mitarbeit in Deutschland in seinem früheren Beruf als Schulfachmann.

Jaksch
hat die Absicht, wenn möglich im Herbst dieses Jahres nach Deutschland zu gehen[27]. Er ist sich darüber klar, daß sich aus seiner besonderen Stellung als Vorsitzender der sudetendeutschen Partei besondere Verpflichtungen ergeben. Er ist bereit, in jeder geeigneten Weise in der deutschen Partei mitzuarbeiten, aber falls eine politische Aktivität in der ersten Zeit nicht opportun erscheint, so würde er sich zunächst auf schriftstellerische Arbeit einschränken. Er denkt zum Beispiel an die Redaktion oder führende Mitarbeit an einer geistig-kulturellen Zeitschrift.

Ernst *Paul*
steht jederzeit für die Arbeit in Deutschland zur Verfügung. Auf der anderen Seite verfügt er über ausgezeichnete persönliche und sachliche Beziehungen zu unseren Parteien in den

---

27 Die Übersiedlung von Jaksch nach Deutschland gelang erst 1949.

drei skandinavischen Ländern. Es wäre daher zu überlegen, ob er nicht mindestens vorläufig als der offizielle Vertreter der deutschen Partei für die skandinavischen Länder die besten Dienste leisten könnte und zwar sowohl in der Richtung einer Förderung der fürsorgerischen Bemühungen der skandinavischen Arbeiterbewegung für die deutsche Arbeiterbewegung als auch in der Richtung der Wiederherstellung der engen persönlichen Beziehungen zwischen den skandinavischen und den deutschen Genossen. Die Frage einer Neubesetzung unserer Vertretung für Skandinavien wird akut, wenn *Heinig* nach Deutschland demnächst zurückkommt. Für den Fall, daß wir eine solche Regelung akzeptieren, wäre es notwendig, daß Ernst Paul im Laufe der nächsten Monate nach Deutschland kommt, um hier an Ort und Stelle mit uns über die Aufgaben zu sprechen, und um sich ein Bild von den Zuständen in Deutschland zu machen.

Ernst Paul wird auf seiner Rückreise nach Schweden über Kopenhagen reisen und die dänischen Genossen über die Lage in Deutschland informieren und vor allen Dingen mit ihnen auch über die Unterstützung unseres Wunsches, wieder in die internationale Zusammenarbeit eingeschaltet zu werden, zu sprechen. In der gleichen Richtung wird er bei einem Besuch in Oslo tätig sein.

Willi *Hocke*[28],
der jetzt in England provisorisch die Geschäfte der Sozialistischen Erziehungs-Internationale führt und der früher Geschäftsführer der Kinderfreunde-Organisation der deutschen Partei in der CSR war, ist bereit, auf dem Gebiete der Erziehungsarbeit in Deutschland zu arbeiten. Am liebsten wäre ihm eine Beschäftigung in einer amtlichen Funktion des Erziehungswesens irgendwo in der amerikanischen Zone.

Die sudetendeutschen Genossen haben mir eine kurze Liste ihrer Freunde mitgegeben, die bereit sind, nach Deutschland zurückzugehen und die die Voraussetzung mitbringen, um auf bestimmten Gebieten wertvolle Arbeit zu leisten.

London-Vertretung der SPD
Ich habe in einer ausgedehnten Sitzung der London-Vertretung der SPD mit den Genossen die Fragen unserer praktischen Zusammenarbeit eingehend erörtert. Ich habe den Genossen gedankt für die wertvolle Hilfe, die sie uns in den letzten Monaten geleistet haben, und in der Aussprache kam die größte Bereitwilligkeit zum Ausdruck, diese Arbeit nicht nur fortzusetzen, sondern auch auszubauen.

Die Genossen haben dabei vor allem zwei Wünsche geäußert. Erstens: Wir möchten ihnen in Zukunft noch konkreter als bisher sagen, welche Aufgaben wir von ihnen erfüllt sehen möchten, damit sie nicht das Gefühl haben, daß sie an den Notwendigkeiten unserer Arbeit vorbeigehen. Sie wünschen ferner, daß wir ihnen zur Kenntnisnahme all das Material zuschicken, das wir an die Bezirke herausgeben, damit sie eine bessere laufende Über-

---

28 Willibald (Willi) *Hocke* (1896-1962), geboren in Böhmen, Lehrer, nach 1919 Funktionär der DSAP, 1938 Emigration nach Belgien, 1940 GB, Spitzenfunktionen in der Sozialistischen Erziehungsgemeinschaft, 1946 Übersiedlung nach Frankfurt am Main.

sicht über unsere Arbeit erhalten. Der weitere Ausbau der Arbeit der London-Vertretung ist im wesentlichen eine Finanzfrage. Wir müssen eine Regelung finden, die es uns ermöglicht, der London-Vertretung einen Betrag zur Finanzierung ihrer Arbeit zur Verfügung zu stellen. Manches könnte besser und schneller erledigt werden, wenn die Mittel vorhanden wären, um gewisse technische Erleichterungen bei der Arbeit durchzuführen.

Kriegsgefangenen-Besprechung
Eine besondere Sitzung fand mit den Genossen statt, die jetzt in der Schulungsarbeit an den Kriegsgefangenen in England mitarbeiten. Die Aussprache über die Lage und die Wünsche der Kriegsgefangenen [war][29] sehr instruktiv. Der Aussprache lag ein Memorandum zugrunde, das von einigen der an dieser Arbeit beteiligten Genossen verfaßt worden war. Es enthält zum Schluß eine Reihe von Vorschlägen und Anregungen, die an die zuständigen britischen Stellen weitergeleitet wurden. Ich habe ein Exemplar dieses Memorandums mitgebracht, und ich habe in meiner Unterhaltung mit Hynd und Noel-Baker beide Genossen, die an dem Kriegsgefangenenproblem sehr interessiert sind, auf das Memorandum aufmerksam gemacht.

Ich habe selbst in einem Kriegsgefangenenlager gesprochen, und zwar handelt es sich um das Lager, in dem die Kriegsgefangenen zusammengefaßt sind, die an den deutschen Sendungen des BBC mitarbeiten. Die Gefangenen waren außerordentlich interessiert, und aus ihren Fragen ging das lebhafteste Interesse an der Entwicklung der deutschen Verhältnisse hervor. Selbst bei diesen Gefangenen, die sich durch ihre Arbeit und die Art ihrer Unterbringung in einer besseren Position befinden, als die große Mehrheit der Gefangenen es tut, war deutlich zu spüren, daß sie am stärksten bedrückt sind durch die Ungewißheit über die Dauer ihrer Kriegsgefangenschaft. Sie würden das Los der Kriegsgefangenschaft viel leichter ertragen, wenn sie wüßten, daß sie zu einem bestimmten Zeitpunkt, auch wenn er erst in einem Jahre wäre, nach Deutschland zurückkommen. Unter diesen Gefangenen befinden sich auch eine Anzahl von Parteigenossen und Gewerkschaftlern.

Richard *Löwenthal*[30]
arbeitet zur Zeit an einem Buch über die geistige Situation des demokratischen Sozialismus. Er hat das Manuskript auf Anforderung von *Naumann* geschrieben, der zur Zeit in Nürnberg mit der Einrichtung eines Verlages beschäftigt ist. Das Buch soll noch im Laufe des Jahres erscheinen. Loewenthal hat mir versprochen, daß er Mitte Juli nach Fertigstellung seines Manuskriptes die Auslandsrundschauen wieder aufnehmen wird und zwar in 14tägigen Abständen. Er wird uns außerdem selbstverständlich alle sonstigen wesentlichen internen Informationen geben.

---

29 In der Vorlage „waren".
30 Richard *Löwenthal* (1908-1991), geboren in Berlin als Sohn eines jüd. Handelsvertreters, Studium der Volkswirtsch. und Soziologie, Kostufra, KPD, 1929 Anschluß an die KPD-O, 1933 Neu Beginnen (Deckname: Paul Sering), 1935 Emigration (GB), 1947 „Jenseits des Kapitalismus", 1961-74 Professor für Politikwissenschaft an der FU in Berlin, 1975-88 Vorsitzender der Grundwertekommission der SPD.

Dokument 3, 12. Juli 1946

Walter *Fliess*[31]
ist jetzt britischer Staatsbürger, und er wartet auf seine Abberufung in die Kontrollkommission, wo er in der Wirtschaftsabteilung mit [E].F. *Schumacher*[32] arbeiten soll.

Hans *Gottfurcht*[33]
hat einen ausführlichen Bericht über seine Deutschlandreise verfaßt, von dem ich ein Exemplar mitgebracht habe. Seine weiteren Pläne sind noch unklar, da sie von dem Resultat der Besprechung in der Leitung des TUC abhängen. Es wird dort der Plan erörtert, einen Liaison-Officer zwischen TUC und deutschen Gewerkschaften zu bestellen. Es besteht Aussicht, daß Gottfurcht mit dieser Aufgabe betraut wird. In diesem Falle würde Hans Gottfurcht wahrscheinlich nach Bielefeld gehen, wo der Sitz der Zonenzentrale der Gewerkschaften sein wird. Die Entscheidung dürfte in der allernächsten Zukunft fallen. Die Londoner Gewerkschaftengruppe hat praktisch ihre Tätigkeit eingestellt. Sie befindet sich im Zustande der Liquidation.

Victor *Schiff*[34]
ist von einem 3monatigen Aufenthalt aus Rom zurückgekehrt. Er hat dort gute Verbindung mit den italienischen Sozialisten gehabt. Die Partei hat dort mit noch größeren Übergangsschwierigkeiten als wir in Deutschland zu kämpfen. Sie sind vor allem entstanden durch die längere Dauer der faschistischen Diktatur. Es gibt in allen Parteien, auch in der sozialistischen, heute führende Genossen, die bis Anfang der 40iger Jahre Mitglieder der faschistischen Organisation waren, die sozusagen ihre neue politische Laufbahn als politische Organisation innerhalb der faschistischen Partei begonnen haben. Jüngere Menschen, die einen eindeutigen sozialistischen Record haben, sind sehr gering (die Söhne von Matteotti oder Treves sind solche Ausnahmen). Die allgemeine Situation ist schwierig. Es besteht keine faschistische Gefahr im alten Sinne des Wortes, aber eine sehr starke reaktionäre, monarchistische Bewegung. Die Lage gleicht etwa der Situation Deutschlands im Jahre 1920. Schiff hat die Absicht, für 2 Jahre als ständiger Korrespondent des „Daily Herald" wieder nach Rom zu gehen.

---

31 Walter *Fliess* (1901-1985), Maschinenbauer, Ingenieur, Junsozialistische Vereinigung, IJB/ISK, 1933/34 Emigration über Holland nach GB, 1947-48 Leiter der Abteilung „German Organizations" bei der Brit. Mil. Verw. in Minden, 1948-50 Berater des Foreign Office beim Bipartite Economic Control Office in Frankfurt/M, 1963-70 Mitglied des Vorstandes der Labour Party.

32 In der Vorlage „K.". Ernst Friedrich *Schumacher* (1911-1977), geb. in Bonn, Studium in Oxford u. New York, Anfang 1937 Emigration nach GB, 1946-50 Wirtschaftsberater in der brit. Sektion d. Kontrollkommission, 1955-70 Wirtschaftsberater der National Coal Board.

33 Hans *Gottfurcht* (1896-1982), geb.2/1896 in Berlin als Sohn e. jüd. Kaufmanns, Gymn., Ausbildung zum Textilkaufmann, 1913 ZdA u. SPD, 1919-33 Gewerkschaftssekrär (ZdA), 1938 Emigration nach London, 1946-59 Verbindungsmann des TUC zu den deutschen Gewerkschaften, 1950-60 Leitungsfunktionen beim IBFG in Brüssel, 1960/61 Gastdozent bei der AdA in Frankfurt/M.

34 Victor *Schiff* (1895-1953), Journalist, 1917 SPD, 1920-33 Außenpolit. Redakteur des Vorwärts, 1933 Emigration nach Frankreich, Befürwortung einer Volksfrontpolitik, 1940 GB, 1946 Korrespondent des Daily Herald in Rom, gest. in Rom.

Sternfeld[35]

hat mir eine lange Geschichte über Konflikte in der Friedensgesellschaft erzählt. *Küster* muß sehr umstritten sein. Er hat u.a. 2 Artikel in der englischen Zeitschrift „Peace News" veröffentlicht, die sich sehr kritisch mit der Politik der Militärregierung beschäftigen. Die Folge soll gewesen sein, daß die ihm bereits erteilte Lizenz für die Herausgabe der Zeitschrift „Das andere Deutschland" wieder zurückgezogen wurde. Es gibt auch Differenzen zwischen Küster, *Hiller* und dem Hamburger *Zornig,* aber ich kann mich auf die Einzelheiten nicht mehr besinnen.

Sternfeld möchte wissen, ob der *Leonhardt,* der jetzt verantwortlich für die in der russischen Zone von Berlin erscheinende „Weltbühne" ist, identisch ist mit Rudolf *Leonhardt.*[36]

Sternfeld möchte weiter wissen, ob eine Möglichkeit besteht, das Manuskript über die Geschichte der deutschen Emigration, das er seinerzeit im Auftrage der tschechischen Regierung in London verfaßt hat, in Deutschland zu veröffentlichen. Die Verhandlungen mit den Tschechen über die Veröffentlichung haben sich zerschlagen, weil die tschechische Regierung es abgelehnt hat, einige einleitende Bemerkungen von Sternfeld zu akzeptieren, in der sich Sternfeld gegen die jetzige Politik der tschechischen Regierung abgrenzen wollte.

Sternfeld ist bereit, nach Deutschland zurückzugehen. Er ist in erster Linie daran interessiert, seine frühere Tätigkeit auf dem Gebiete sozialer Arbeit in der Verwaltung wieder aufzunehmen, hat aber noch Zweifel, ob es zweckmäßig ist, Juden in der Verwaltung zu beschäftigen.

Gerhard *Lütkens*

möchte nach Deutschland zurückgehen, aber nicht zur Übernahme einer amtlichen Funktion. Er ist in erster Linie interessiert an einer Arbeit auf dem Gebiete des Schulungswesens.

Fritz *Salomon*[37],

den wir angefordert hatten, um hier in Hannover die Leitung unseres Parteiarchives zu übernehmen, ist am 30. Juni in London plötzlich verstorben.

---

35 Wilhelm (Willy) *Sternfeld* (1888-1973). Journalist und Schriftsteller, 1933 Emigration (F, CSR, GB), gest. in London.
36 Bei dem von *Sternfeld* erwähnten „Leonhard" handelte es sich um Wolfgang *Leonhard* (geb. 1921), 1935 Emigration nach Moskau, dort Ausbildung zum Journalisten und Spitzenfunktionär der KP, Mai 1945 Rückkehr nach Deutschland mit der Gruppe Ulbricht, 1949 Trennung von der SED und Flucht nach Jugoslawien, 1950 Übersiedlung in die Bundesrepublik, 1955 Publikation seines wichtigsten - autobiographischen Werkes: „Die Revolution entläßt ihre Kinder". Rudolf Walther *Leonhardt* (geb. 1921), Dr. phil., Journalist und Schriftsteller, später Korrespondent und leitender Redakteur der Wochenzeitung „Die Zeit".
37 Fritz *Salomon* (1890-1946), vor 1933 Archivar u. Bibliothekar beim PV der SPD in Berlin, 1933 Emigration (Prag, London).

Dokument 3, 12. Juli 1946

Gerhard *Kreyssig*
soll am 1. August seine Tätigkeit als Wirtschaftsredakteur der „Süddeutsche Zeitung" übernehmen. Außerdem soll er die Leitung des gewerkschaftlichen Schulungswesens übernehmen.

Erwin *Schoettle*
hat große Schwierigkeiten gehabt, von den amerikanischen Behörden die notwendigen Bewilligungen für seine Reise nach Stuttgart und vor allem für die Beförderung seines Gepäckes zu erhalten. Er ist schließlich am 3. Juli nach Paris gefahren, um von dort aus nach Stuttgart zu gehen, ohne die Frage seiner Gepäckbeförderung in London endgültig klären zu können.

Ich habe mit ihm über seine Vermutung gesprochen, daß seine Reise nach hier durch Einwirkung von hier aus verzögert oder verhindert worden wäre. Er hatte einen Brief von Hynd, aus dem hervorging, daß seinerzeit [vom][38] Hynd-Office an Stelle der für ihn vorgesehenen Bewilligung die Bewilligung für Willi *Eichler* nach Köln gegeben worden sei, da im Hynd-Office der Eindruck entstanden wäre, daß Schoettle noch nicht bereit sei, zurückzugehen. Ich habe Erwin Schoettle erklärt, daß für uns der Vorschlag, den Kurt Schumacher Erwin Schoettle gemacht hat, im vollen Umfange weiterbesteht und daß er hier als Leiter der Schulungsarbeit und [als Referent][39] für die amerikanische Zone in Aussicht genommen war. Wenn er sich nicht entscheidet, in Stuttgart zu bleiben, so bestehe jederzeit die Möglichkeit, auf diesen Plan zurückzukommen. Erwin Schoettle hat mir keine definitive Antwort über seine weiteren Pläne gegeben, aber ich habe den Eindruck, daß er sich innerlich für Stuttgart bereits entschlossen hat. Es ist auch kein Zweifel, daß die lange Verzögerung seiner Abreise mit auf seine eigene Unentschlossenheit zu Beginn dieses Jahres zurückzuführen ist.

V. L. *Borin* (Bonchurch Road, London WC)
ist ein tschechischer Sozialdemokrat, der in London einen Informationsdienst über die Lage in den unter russischer Kontrolle stehenden osteuropäischen Ländern, vor allem der Tschechoslowakei, herausbringt. Er hat außerdem gute Verbindung mit amerikanischen fortschrittlichen Kreisen und ist Mitarbeiter des „New Leader" in New York. Borin ist interessiert an allen tatsächlichen Mitteilungen, die wir aus der russischen Einflußzone erhalten und über kommunistische bzw. russische Infiltrationsversuche in den deutschen Westzonen, speziell in der amerikanischen Zone. Wir haben vereinbart, daß er uns über Willi *Sander* seinen Informationsdienst zustellt, und daß wir ihm auf dem gleichen Wege Informationen in der von ihm gewünschten Richtung übermitteln.

---

38 In der Vorlage „das".
39 In der Vorlage „ des Referenten".

Dokument 3, 12. Juli 1946

Fenner *Brockway*
hat jetzt tatsächlich seine Funktion in der ILP niedergelegt. Über seine weiteren Pläne ist er sich noch nicht endgültig schlüssig. Gegenwärtig ist er dabei, in Form einer Broschüre einen Bericht über seine Deutschlandreise zu schreiben. Er möchte auch weiterhin in engstem Kontakt mit uns bleiben, und wir haben vereinbart, daß wir Material und Informationen über Willi Sander austauschen.

Ludwig *Rosenberg*
hat jetzt die Aufforderung bekommen, gemeinsam mit dem Genossen *Hansen* (Heidorn) das Sekretariat der Zonenleitung der Gewerkschaften in der britischen Zone zu übernehmen. Es ist anzunehmen, daß er spätestens zum 1. Oktober mit seiner Arbeit in Bielefeld beginnen kann.

Dokument 4, 21. und 22. August 1946

Nr. 4
Sitzungen der obersten Parteigremien am 21. und 22. August 1946 in Frankfurt am Main

[A] Sitzung des Parteivorstandes am 21.8.1946
AdsD: SPD-Parteivorstand, 2/ PVAS 0000652, Sitzungen PV u. d. PA v. 21./22.8.1946 (Maschinenschriftl. Prot. d. Sitz. d. PV, 2 S.)[1]

Anwesend: Siehe Anwesenheitsliste. Entschuldigt: Genosse *Agartz, Grimme, Menzel, Nölting* und *Veit*[2]

[Teilnehmer/Teilnehmerinnen, nach Funktionen geordnet:[3]
PV: *Schumacher, Heine, Kriedemann, Nau, Ollenhauer, Baur, Beyer, Bögler, Gayk, Gnoß, Görlinger, Gross, Helmstädter, Henßler, Kaisen, Knothe, Meitmann, Metzger, Selbert, Veit*
KK: *Schönfelder*
Vertreter des Landesverbandes Berlin: *F. Neumann, L. Schroeder*
Referentin des PV: *H. Gotthelf*]

Tagesordnung:
1) Vorschlag für eine Entschließung zu der Frage der Ostgrenzen
2) Bericht über die Tagung der Ausschüsse für Wirtschaftspolitik, Agrarreform, Flüchtlingsfragen
3) Einberufung einer Besprechung über Länderreform und Verfassungsfragen
4) Bericht über die Beschlüsse der Jugendkonferenz in Nürnberg
5) Bericht über Besprechungen mit dem Landesvorstand Bayern in München
6) Die Lage in der Ostzone und in Berlin
7) Die Lage in der französischen Zone
8) Die Frauenarbeit in der Partei
9) Gründung der Konzentration GmbH
10) Personalfragen
11) Festsetzung des Termins für die nächste PV-Sitzung

---

1 Die Einladung zu dieser Sitzung mit Bekanntgabe der „vorläufigen Tagesordnung", die identisch ist mit der zu Beginn des Protokolls abgedruckten „Tagesordnung", erfolgte durch das Rundschreiben Nr. 349/46 des Parteivorstandes, unterschrieben von E. Ollenhauer, vom 9.8.1946, das in den Beilagen zum Protokoll erhalten geblieben ist. Über beide Sitzungen wurde ein gemeinsames Kommuniqué veröffentlicht, das hier als Anlage 1 abgedruckt wird.
2 Veit trug sich sowohl in die Anwesenheitsliste der Vorstandssitzung wie auch in die der gemeinsamen Sitzung vom 22. August ein.
3 Die folgenden Angaben wurden der Anwesenheitsliste in den Beiakten zum Protokoll entnommen; für die Teilnehmer an allen Vorstandssitzungen 1946/47 vgl. Anhang 1.

Dokument 4, 21. und 22. August 1946

Zu **Punkt 1** (Vorschlag für eine Entschließung zu der Frage der Ostgrenzen)
Schumacher gibt einen einleitenden Bericht über die Grundgedanken der geplanten Entschließung über Grenzfragen, über die Vorgänge im Zusammenhang mit der Bildung der Regierung für das Land Rheinland-Westfalen und über einige aktuelle politische Fragen.

Der Parteivorstand billigt den Vorschlag, dem Parteiausschuß je eine Entschließung zur Frage der Grenzziehung[4] und zur Frage der Lohn- und Preispolitik vorzulegen.

Der Parteivorstand beschließt, einen Vorschlag des Kommunisten *Reimann*, am Todestage von *Thälmann*[5] und *Breitscheid*[6] am 28.8. gemeinsame Kundgebungen zu veranstalten, abzulehnen.

Der Parteivorstand mißbilligt den Artikel, den der Genosse *Kaisen* über seine Eindrücke auf seiner Reise nach Thüringen im Weserkurier veröffentlicht hat.[7]

Zu **Punkt 2** (Bericht über die Tagung der Ausschüsse für Wirtschaftspolitik[8], Agrarreform[9] und Flüchtlingsfragen[10])
Den Bericht gibt der Genosse **Kriedemann**.

Genosse **Gayk** regt an, die Meinungsverschiedenheiten zu klären, die zwischen der Mehrheit der Kommission für Agrarreform und dem Genossen *Arp* (Kiel) bestehen.

Genosse **Kriedemann** teilt mit, daß diese Klärung auf einer Sitzung des agrarpolitischen Ausschusses für den Bezirk Schleswig-Holstein erfolgen soll.

Es wird beschlossen, auf der nächsten Sitzung des Parteivorstandes die bisher ausgearbeiteten Richtlinien der Kommission für Wirtschaftspolitik und Agrarreform zu beraten

---

4 Die Entschließung zur Grenzfrage wurde mit der Überschrift „SPD und deutsche Ostgrenzen" veröffentlicht und wird hier als Anlage 2 zu den Protokollen abgedruckt.
5 Ernst *Thälmann* (1886-1944), Führer der KPD am Ende der Weimarer Republik, 1933 verhaftet, 1944 im KZ Buchenwald ermordet.
6 Rudolf *Breitscheid* (1874-1944), Studium der Volkswirtschaft, Dr.phil., Redakteur an verschiedenen linksliberalen Zeitungen, Mitarbeiter in verschiedenen linksliberalen Parteien, 1912 SPD, 1917 -1922 USPD, dann wieder SPD. 1920-1933 MdR, 1928-33 Mitvors. d. RT-Fraktion, 1931-33 PV; April 1933 Emigration über die Schweiz nach Frankreich, Ende 1941 von der Vichy-Regierung an Deutschland ausgeliefert, KZ-Haft, im August 1944 bei einem alliierten Luftangriff auf das KZ Buchenwald umgekommen.
7 Zu diesem Artikel von Kaisen, der im „Weser - Kurier" vom 7.8.1946 erschien und in dem er auch positive Entwicklungen in Thüringen würdigte, vgl. Renate Meyer-Braun, Wilhelm Kaisen, in: Walter Mühlhausen/ Cornelia Regin (Hrsg.), Treuhänder des deutschen Volkes, Melsungen 1991, S. 167 u. 177, Anm. 19.
8 Die Einsetzung eines „Wirtschaftspolitischen Ausschusses wird im Jahrbuch der SPD für 1946 (S.17) erwähnt, eine Mitgliederliste erst im Jahrbuch für 1947 (S. 34) publiziert. Diese wird hier, da sie der Zusammensetzung des Ausschusses nach der Neuwahl im Februar 1948 entspricht, im Protokoll der Sitzung vom 17. 2. 1948 abgedruckt (Dok. 18 A, S. 332).
9 Gemeint ist hier offensichtlich der Agrarpolitische Ausschuß, dessen Einsetzung durch den Parteivorstand auf einer seiner ersten Sitzungen im Jahrbuch für 1946 (S. 17) erwähnt wird. Eine Mitgliederliste wurde erst im Jahrbuch für 1947 (S.35) veröffentlicht. Diese wird hier, da sie der Zusammensetzung des Ausschusses nach der Neuwahl im Februar 1948 entspricht, gleichfalls im Protokoll der Sitzung vom 17. 2. 1948 abgedruckt, a.a.O.
10 Im Jahrbuch der SPD für 1946 wird dieser Ausschuß nicht erwähnt, im Jahrbuch für 1947 (S. 34) wird eine Mitgliederliste publiziert. Sie wird hier als Anlage 5 zur Sitzung vom 19. 11. 1946, in der formell die Bildung eines „Flüchtlingsbeirats" beschlossen wurde, abgedruckt (Dok. 6, S. 125 f.).

und zu beschließen, damit diese Richtlinien als vorläufige programmatische Richtlinien für unsere Politik auf diesen beiden Gebieten bis zur Schaffung eines neuen Parteiprogramms angewendet werden können.[11]

Zu **Punkt 3** (Einberufung einer Besprechung über Länderreform und Verfassungsfragen)
Im Zusammenhang mit einer Spezialdiskussion über die Bildung des Landes Rheinland-Westfalen und über die Stellung der Partei hinsichtlich der Gestaltung des [restlichen][12] Teiles der britischen Zone wird vereinbart, sobald als möglich eine Besprechung der führenden sozialdemokratischen Minister der in den Westzonen bestehenden Länderministerien einzuberufen, um Fragen des Verwaltungsaufbaues und der zukünftigen Zusammenarbeit der Länder zu beraten.[13]

Der Parteivorstand billigt die bisher vom Genossen *Schumacher* vertretene Auffassung, das Restgebiet der britischen Zone in einem zweiten Land zusammenzufassen. Der Parteivorstand hält es für notwendig, daß die entstehenden Zentralinstanzen der amerikanischen und britischen Zone und die Zentralverwaltungen in der britischen Zone durch demokratische Organe kontrolliert werden.

Es wird als notwendig erachtet, sobald als möglich auch Richtlinien für die Verfassungs- und Verwaltungspolitik der Partei aufzustellen, damit die Politik der Partei in den einzelnen Ländern nach diesen allgemeinen Richtlinien ausgerichtet wird. Der Parteivorstand ist einverstanden, daß dem Parteiausschuß eine Entschließung vorgelegt wird, die die Stellung der Partei zu der Regierungsbildung im Lande Rheinland-Westfalen festlegt.[14]

Es ist die einmütige Auffassung des Parteivorstandes, daß in all den Fällen, in denen sich in der Länderpolitk Fragen von allgemeiner Bedeutung ergeben, diese Fragen nur im Einverständnis mit der Leitung der Gesamtpartei entschieden werden.

Mit Rücksicht auf die vorgeschrittene Zeit wird beschlossen, über die Punkte **4** [Bericht über die Beschlüsse der Jugendkonferenz in Nürnberg], **5** [Bericht über Besprechungen mit dem Landesvorstand Bayern in München], **6** [Die Lage in der Ostzone und in Berlin], **7** [Die Lage in der französischen Zone], und **8** [Die Frauenarbeit in der Partei] im Parteiausschuß im Zusammenhang mit dem Bericht über den Stand der Parteiorganisation zu berichten.[15]

---

11 Vgl. Dok. 5 C (Sitzung d. PV v. 26.9.1946), S. 89 f.
12 In der Vorlage „westlichen".
13 Vgl. Dok. 5 A und B: Vorbesprechung bzw. Konferenz der obersten Parteigremien mit sozialdemokratischen Länderministern am 24. u. 25. 9. 1946.
14 Die Entschließung der gemeinsamen Sitzung vom Parteivorstand und Parteiausschuß wurde mit der Überschrift „SPD gegen CDU" veröffentlicht und wird hier als Anlage 3 zu den Protokollen abgedruckt.
15 Nach der „vorläufigen" und nach der zu Beginn des Protokolls abgedruckten Tagesordnung (s.o.) waren noch zwei weitere Punkte vorgesehen: „9. Gründung der Konzentration G.m.b.H." und „10. Personalfragen." Kurz ging Ollenhauer in seinem Organisationsbericht in der Parteiausschußsitzung auch auf die Absicht ein, zur „zentralen Verwaltung und Kontrolle des gesamten Parteivermögens" eine Dachorganisation nach dem Vorbild der früheren „Konzentration" zu schaffen, vgl. Prot.[B], S. 75.

Der Parteivorstand beschließt, die nächste Sitzung des Parteivorstandes am 25. und 26.9. in Köln abzuhalten.

[B] **Sitzung des Parteivorstandes und des Parteiausschusses am 22.8.1946**
AdsD: SPD-Parteivorstand, 2/ PVAS 0000652, Sitzungen PV u. PA, 21./22.8.1946 Maschinenschriftl. Prot. d. gemeinsamen Sitzung, 8 S., Überschrift: „Bericht von der gemeinsamen Sitzung des Parteivorstandes und Parteiausschusses am Donnerstag den 22.8.46 in Frankfurt a. M., Tagungslokal: ‚Tivoli', Darmstädter Landstraße")[16]

Anwesend: Sämtliche Parteibezirke außer München, Nürnberg und Saar
Gäste aus Berlin: Franz *Neumann*, Louise *Schroeder* und Kurt *Schmidt*[17]

[**Teilnehmer /Teilnehmerinnen, nach Funktionen geordnet**:[18]
PV[19]: *Schumacher, Heine, Kriedemann, Nau, Ollenhauer, Baur, Beyer, Bögler, Gayk, Gnoß. Görlinger, Gross, Helmstädter, Henßler, Kaisen, Knothe, Meitmann, Metzger, Selbert, Veit*
PA:
BRAUNSCHWEIG: *Arnholz*
BREMEN - NORDWEST: *Rother-Romberg*[20]
HAMBURG: *Karpinski, Wehn*[21]
HANNOVER: *Franke*
HESSEN- Frankfurt: G. *Buch*[22], *Zinnkann*
HESSEN- Kassel: *Freidhof*[23]
NIEDERRHEIN (Düsseldorf): *Runge*[24]

---

16 Die Einladung zu dieser Sitzung mit Bekanntgabe der „vorläufigen Tagesordnung", die identisch ist mit der zu Beginn des Protokolls abgedruckten „Tagesordnung", erfolgte durch das Rundschreiben Nr. 348/46 des Parteivorstandes, unterschrieben von E. Ollenhauer, vom 9. 8. 1946, das in den Beilagen zum Protokoll erhalten geblieben ist. Zu den kurzen Ausführungen über die gemeinsame Sitzung im Kommuniqué vgl. Anlage 1.
17 Schmidt trug sich nicht in die Anwesenheitsliste ein, er wird nur im Protokoll erwähnt. Kurt *Schmidt* (1913-47), 1928 SAJ, 1930 SPD, während der NS-Zeit aktiver Widerstand, 1938 Verurteilung zu 12 Jahren Zuchthaus. 1945 Berliner SPD, 1946 „politischer Sekretär" des Landesverbandes, 1947 Leiter des August-Bebel-Instituts in Berlin-Wannsee.
18 Die folgenden Angaben wurden der Anwesenheitsliste in den Beilagen zum Protokoll und Angaben im Protokoll entnommen; für die Teilnehmer an allen gemeinsamen Sitzungen 1946/47 in alphabetischer Reihenfolge vgl. Anhang 3.
19 Henßler trug sich nur in die Anwesenheitsliste der Sitzung des Parteivorstandes am 21. August ein, beteiligte sich aber auch aktiv an dieser Sitzung, vgl. das folgende Protokoll.
20 Walter *Rother-Romberg*, geb. 1906 in Breslau, gelernter Kaufmann, 1927 SPD; 1934 zwei Jahre Zuchthaus, 1936 Emigration nach Frankreich; 1945-47 Bezirkssekretär der SPD in Bremen.
21 Hans *Wehn* (1904-84), vor 1933 Kaufm. Angestellter, vor 1933 SPD, nach 1933 Widerstand, 1938 Hamburg, 1946-54 Leiter d. Abt. Kulturpolitik beim LV d. SPD in Hamburg.
22 Georg *Buch* (1903-95), Schriftsetzer, vor 1933 SPD,1942-45 Gefängnis, KZ; 1946-50 u. 1954-74 MdL (Hessen); 1954-60 Bürgermeister, 1960-68 OB von Wiesbaden; 1966-74 LT - Präsident.
23 Rudolf *Freidhof* (1888-1983), geboren in Gerlachsheim (Baden), 1906 SPD, 1921-28 MdL (Baden), 1928-33 Bez.Sekr. d. SPD in Kassel, 1946-49 MdL (Hessen), 1949-57 MdB, 1960-70 KK.

Dokument 4, 21. und 22. August 1946

OBERBAYERN (München): -
OBER- und MITTELFRANKEN (Nürnberg): -
OBERPFALZ-NIEDERBAYERN (Regensburg): *Höhne*[25]
OBERRHEIN (Köln): *Schirrmacher*[26]
ÖSTL. WESTFALEN (Bielefeld): *Gross*, (auch PV)
PFALZ (Neustadt/ Haardt): *Bögler*, (auch PV)
RHEINHESSEN (Mainz): *Krahn*[27]
RHEINLAND -KOBLENZ- TRIER (Koblenz): *Bettgenhäuser*[28]
SAAR: -
SCHLESWIG- HOLSTEIN (Kiel): *Kuklinski*
SCHWABEN (Augsburg): [Martha] *Eder*
SÜD-BADEN (Freiburg i. Br.): F. *Geiler*[29], *Gottstein*[30]
SÜD-WÜRTTEMBERG (Tübingen): *Roser*
UNTERFRANKEN (Würzburg): [Walter] *Sengebeck*
WESTL. WESTFALEN (Dortmund): *Henßler* (auch PV)
WÜRTTEMBERG-BADEN (Stuttgart): *Denker*[31], *Schoettle*
Verbindungsmann zur Frz. Zone: *Markscheffel*
KK: *Schönfelder*
LV Berlin: *Neumann, K. Schmidt, Schroeder*
Referenten/Mitarbeiter des PV: *Gotthelf* und *Storbeck*

Verhandlungsleiter: Gen. Erich *Ollenhauer*
Beginn: 9.30 Uhr.

---

24 Hermann *Runge* (1902-75), Schlosser, vor 1933 SPD,1946 Sekr. d. Bez. Niederrhein in Düsseldorf; 1946-47, 1958-62, 1965-66 MdL (NRW), 1948/49 MdParlR, 1949-57 MdB.
25 Franz *Höhne* (1904-80), geboren in Regensburg, gelernter Maschinenschlosser. 1922 SPD, 1932/33 Stadtrat von Regensburg. 1934 wegen illegaler politischer Tätigkeit zu 2 1/2 Jahren Gefängnis verurteilt, anschließend KZ Dachau; 1946-48 Stadtrat in Regensburg, 1949-69 MdB, 1955-68 Vors. d. Bez. Niederbayern/Oberpfalz der SPD.
26 Willi *Schirrmeister* (1906-92), Einzelhändler in Köln, SPD, 1962-70 MdL (NRW).
27 August *Krahn* (1910-50), vor 1933 Schreiner in Mainz, SPD; nach 1945 Versicherungsangestellter, Stadtrat in Mainz.
28 Emil *Bettgenhäuser* (1906-82), Bergmann, 1930-33 Funktionär d. SPD, 1946 Bez.Sekr. d. SPD in Koblenz, 1947-49 MdL (Rheinl.-Pfalz), 1949-61 MdB.
29 Franz *Geiler* (1879-1948), gelernter Schuhmacher, 1906 Arbeitersekretär, 1920-33 Geschäftsführer des Gemeinde- und Stadtarbeiterverbandes in Freiburg, 1922-33 Stadtrat in Freiburg, 1945-48 Bürgermeister in Freiburg, 1946-48 MdL (Baden).
30 Eugen *Gottstein* (1897-1978), nach 1945 Landessekretär der badischen Sozialdemokraten in Freiburg, 1946/47 MdL.
31 Max *Denker* (1893-1956), Mechaniker, vor 1914 SPD, 1924-33 Sekr. d. Bez. Württ.-Hohenzollern in Stuttgart, 1946-56 Landessekretär für Württemberg - Baden/ Baden - Württemberg, 1946 MdL.

Dokument 4, 21. und 22. August 1946

Tagesordnung:
1) Die politische Lage, Referent: Gen. Dr. Schumacher
2) Stand der Parteiorganisation
3) Mitteilungen

Gen. **Ollenhauer** eröffnet die Sitzung, begrüßt die Teilnehmer, besonders die Gäste aus Berlin.

Zu **Punkt 1** (Die politische Lage) referierte Gen. **Dr. Schumacher**.

Er führte folgendes aus:
Das Fehlen einer gemeinsamen Konzeption der Alliierten hat verhängnisvolle Folgen mit sich gebracht. Trotz einer gewissen politischen Bewegungsfreiheit und Besserung ist eine Verschlechterung der allgemeinen Situation festzustellen.

Die *KPD* ist durch ihren Beauftragten *Reimann* beim PV schriftlich vorstellig geworden, um Verhandlungen darüber zu führen, gemeinsame Kundgebungen und ähnliche Veranstaltungen durchzuführen. Diese Anfrage wurde einstimmig durch PV und PA abgelehnt. (Ein entsprechender Bescheid soll der KP zugestellt werden.)

Die Ablieferung von Sachwerten zur teilweisen Begleichung der Reparationskosten schwebt als ständige Gefahr noch über uns. *Demontage*[n] weiterer Industrieanlagen aus den gleichen Gründen bringen eine weitere Verschlechterung der wirtschaftlichen Situation mit sich. Die gesamte Bevölkerung kann durch dieses Ereignis am politischen Geschehen desinteressiert werden und somit zu verhängnisvollen politischen Entscheidungen bei Wahlen kommen.

Der unvermeidliche *Währungsschnitt* bedeutet eine weitere Gefahr der vollkommenen Verarmung der Armen, während die Klasse des Besitzes, die mit Realwerten sich [vollgesogen][32] hat, nicht so sehr betroffen wird.

Vor den *kirchlichen Institutionen* haben wir den notwendigen Respekt zu erweisen, soweit sie sich nicht in das politische Leben einmischen. Im anderen Falle müssen wir jedoch alle Mittel anwenden, um dafür zu sorgen, daß die kirchlichen Institutionen ihren tatsächlichen Aufgaben nachkommen.

Zur *Frage der Grenzen*: Im Herbst 1945 wurde Gen. Schumacher durch einen hohen politischen Offizier der Militärregierung verwarnt, anläßlich einer Rede, in der er die Grenzfrage behandelte. Das Grenzproblem ist jedoch so bedeutungsvoll, daß bei der Diskussion über diese Frage keine Trennung vorgenommen werden darf, sondern sie gleichmäßig für den Westen und den Osten, wie für den Norden und Süden, behandelt werden muß. Dieses Problem darf keinen Nationalismus erwecken. Wir bewußten internationalen Sozialisten können und wollen zu dieser Frage nicht schweigen. Wir müssen den Lebensraum des deutschen Volkes erhalten.

---

32 In der Vorlage: „vollgezogen".

Dokument 4, 21. und 22. August 1946

Wir leben jetzt in der Situation, daß wir vom kontrollierten Verwalten zum kontrollierten Regieren kommen. Die Regierungschefs der bisher geschaffenen Regierungen wollen zusammenarbeiten. Von den politischen Parteien sind wir die einzige gewesen, die als Gesamtpartei trotz der Zonengrenzen und der verschiedensten Besatzungstruppen die Reichseinheit betont herausgestrichen [hat].[33]

Trotzdem die Angelsachsen damit beginnen, die Zonengrenzen, wirtschaftlich gesehen, fallen zu lassen, ist für die nächste Zeit nicht damit zu rechnen, daß die Zonengrenzen zum Osten zu Fall kommen. Der eiserne Vorhang bleibt nach wie vor bestehen.

Für die angelsächsischen Besatzungszonen werden z.Zt. Zentralämter für die Fragen Wirtschaft, Außenhandel, Verkehr, Finanzen und Post geschaffen. Diese Zentralämter sind jedoch der Gefahr ausgesetzt, Befehlsempfänger zu sein.

Die Amerikaner haben durch die Schaffung des Länderrates prinzipiell eine gute Lösung gefunden. Der Fehler hierbei ist jedoch das Mißverhältnis in der Größe und Bevölkerungszahl der geschaffenen Länder zueinander. Dieser Länderrat ist ein Institut der Ministerpräsidenten.

Die Engländer haben ein kompliziertes Gremium geschaffen in dem Zonenbeirat. Diese Institution ist staatsrechtlich gesehen fast undefinierbar. Die Zusammensetzung ist in der Weise durchgeführt, daß Vertreter der Behörden, der politischen Parteien, der Wirtschaft und der Gewerkschaften den Zonenbeirat bilden.

Die Diskussion in der Länderreform über das Gebiet „Rheinland-Westfalen" war zunächst verboten[34]. Die erste Mitteilung über die Schaffung dieses Landes, innerhalb der britischen Besatzungszone, wurde als erste Mitteilung der SPD einerseits und der CDU andererseits in Berlin mitgeteilt [sic!]. Diese Tatsache zeigt, daß die Engländer die klassenpolitische Auseinandersetzung zwischen SPD und CDU klar erkannt haben.

Die Situation ist genau wie vor 1933. Jede Stimme, die nicht der SPD gegeben wird, trägt zur Stärkung der CDU bei.

Wir müssen gegen jede Form des Kapitalismus auftreten. Es ist kein Sozialismus, wenn enteignete Betriebe im Osten russischen Offizieren persönlich überlassen werden.

Die bisherigen politischen Entscheidungen zeigen deutlich, daß das deutsche Volk entschlossen ist, nichts gelernt haben zu wollen oder lernen zu wollen.

Es ist leichter, Konsequenzen aus der Nazizeit zu ziehen als aus der Zeit der Republik von Weimar. Wie es sich bei den jüngsten Ereignissen in der Gegenwart deutlich zeigt.

In dem bevorstehenden schwersten Winter seit dem 30jährigen Krieg versucht die CDU, sich aus der Verantwortung zu drücken und uns die alleinige oder doch zumindest die hauptsächliche Verantwortung für die [zu] fällenden Entscheidungen zu überlassen.

In allen Teilen des Reiches muß die SPD als Gesamtpartei entscheidend mitzusprechen haben. Keine Landesparteiinstanz kann das Recht haben, Entscheidungen zu treffen, die nicht die Billigung der politischen Führung der Gesamtpartei findet.

---

33 In der Vorlage „haben".
34 Zur Bildung des Landes Nordrhein-Westfalen vgl. Einleitung Kap. II 3 b.

Dokument 4, 21. und 22. August 1946

Eine sehr wichtige Aufgabe ist es, eine Form zu finden, auch mit den Russen in Verhandlungen treten zu können.

Unter starkem Beifall beendet der Gen. Schumacher hiermit seine einführenden Worte zur Eröffnung der Diskussion über die gegenwärtige politische Lage.

An der **Diskussion** beteiligten sich die Genossen Franz **Neumann** - Berlin[35], Günter **Markscheffel** - Französische Besatzungszone[36], Gen. **Zinnkann** - Frankfurt[37], Gen. **Henßler** - Dortmund[38], Gen. [**Geiler**][39] - Baden, Gen. **Rother-Romberg** - Bremen[40], Gen. **Höhne** - Regensburg[41], Gen. **Roser**-Tübingen[42], Gen. **Veit** - Karlsruhe[43].

[1] In der Diskussion wurde zum Ausdruck gebracht, daß die *Zulassung der SPD in allen Besatzungszonen* gefordert sei. Daß wir als SPD allen Besatzungsmächten gegenüber stark und unabhängig sein müssen. Im russischen Sektor, Berlin, gibt es z.Zt. keine Betätigungsmöglichkeit der SPD. Dieses gilt besonders für Gebiete, in denen starke politische Persönlichkeiten unsere Belange vertreten. Führende Genossen werden persönlich verunglimpft, um sie auf diese Art zu isolieren.

Die *SED* verhält sich in ihrer Personalpolitik sehr rücksichtslos. Eine große Mappe mit Berichten über Verhaftungen führender und einflußreicher Sozialdemokraten, als Folge einer bewußten Korrumpierung, demonstriert die verwerfliche Art des politischen Lebens im Osten.

[2] In der *französischen Zone* des Reiches sind noch sehr viele Schwierigkeiten der Betätigung in den Weg gestellt. So besteht ein Verbot der überbezirklichen Zusammenkünfte. Weiter haben die Redner in öffentlichen Versammlungen Schwierigkeiten, da die Fragen größerer politischer Bedeutung nicht behandelt werden dürfen.

Die Ernährungsfrage in der franz. Zone ist besonders schwierig, da die an Zahl nicht geringe Besatzungstruppe sich aus den Erträgnissen des Landes ernährt. Die neu eingezogenen Rekruten der franz. Armee werden in der Besatzungszone ausgebildet.

Der Name der Partei ist durch gewisse Umstände zunächst „Sozialistische Partei". Bei den führenden Genossen der franz. Besatzungszone ist das Gefühl aufgekommen, daß die Gestattung dieses Namens den Willen aller Landesteile, wieder eine einheitliche SPD

---

35 Neumann können die im folgenden Kurzbericht über die Diskussion mit [1] bezeichneten ersten beiden Absätze zugeordnet werden.
36 Markscheffel können die im folgenden Kurzbericht mit [2] bezeichneten Absätze zugeordnet werden.
37 Zinnkann können die im folgenden Kurzbericht mit [3] bezeichneten Absätze mit großer Wahrscheinlichkeit zugeordnet werden.
38 Henßler kann der im folgenden mit [4] bezeichnete Absatz zugeordnet werden.
39 In der Vorlage „Gailer". Geiler kann der im folgenden mit [5] bezeichnete Absatz zugeordnet werden.
40 Rother-Romberg kann mit großer Wahrscheinlichkeit der im folgenden mit [6] bezeichnete Satz zugeschrieben werden.
41 Höhne kann der im folgenden mit [7] bezeichnete Satz zugeschrieben werden.
42 Roser kann der im folgenden mit [8] bezeichnete Satz zugeschrieben werden.
43 Veit kann der im folgenden mit [9] bezeichnete Satz zugeschrieben werden.

erstehen zu lassen, stören sollte. Eine beachtliche Hilfe ist unseren Genossen in der franz. Zone dadurch entstanden, daß die franz. Sozialisten einen Brief an den Gen. Dr. Schumacher sandten, in welchem die Anerkennung der SPD als einzige Möglichkeit, einander näher zu kommen, zum Ausdruck gebracht wird.

Besondere Schwierigkeiten sind in der Zeitungsfrage noch festzustellen. Für die gesamte Zone gibt es nur drei der SPD nahestehende Zeitungen.

[3] In der weiteren Diskussion wurde betont, daß unsere Forderungen dadurch z.T. realisiert wurden, daß die Zonengrenzen der wirtschaftlichen Bewegungsmöglichkeit nicht mehr absolut hindernd im Wege stehen. Es wurden gewisse Stimmen laut, die bekundeten, daß in Thüringen eine sehr deprimierte Stimmung dadurch entstand, daß nicht auch die russische Zone bei der Vereinigung [mit] eingezogen werde. Notwendig sei es, daß der wirtschaftlichen Vereinigung auch die politische folgen müsse.

Sollten durch besondere politische Situationen bedingt Minister von ihren Posten durch die Partei abberufen werden, dürfte es nicht dabei bleiben, sondern auch Regierungspräsidenten, Oberbürgermeister u.ä. politische Funktionäre des öffentlichen Lebens müßten dann zurückgerufen werden.

Zwischenbemerkung **Dr. Schumacher**: „In solch einem Falle soll es sich nicht um die Flucht aus der Verantwortung handeln, sondern um die Abgrenzung der Kooperation."

[4] Im weiteren Verlauf der Diskussion wurde der Widerspruch zwischen der Auffassung Hannover einerseits und Westfalen andererseits in der Frage „Rheinland-Westfalen" zum Ausdruck gebracht[44]. Besonderer Wert wird darauf gelegt, daß durch die Annahme einer Resolution in der Frage „Rheinland-Westfalen" keine Lex „Rheinland-Westfalen" zum Ausdruck kommt, sondern daß dieser Beschluß Allgemeingültigkeit haben müsse für alle Teile der Partei in Deutschland.

[5] Weiter wurde betont, es dürfe keine südbadische oder nordbadische sozialistische Politik getrieben werden, denn so etwas gibt es nicht. Es gibt nur eine sozialistische Politik!

[6] Es wurde eine einheitliche Formulierung gewünscht, die sich gegen jede Gebietsforderung wendet.

[7] Die fehlerhafte und von Mißverständnissen beeinflußte Berichterstattung über das Verhältnis Gen. Dr. Hoegner zum Gen. Dr. Schumacher, bzw. Bayern zu Hannover, wurde durch den Vertreter Bayerns lebhaft bedauert und bemängelt.

---

44 Zum Einspruch von Henßler gegen die geplante Resolution zur Bildung des „Rheinland-Westfalen" genannten Landes Nordrhein-Westfalen, die er anscheinend im Namen der Genossen des Bezirks Westliches Westfalen vorbrachte, vgl. den Beginn des Schlußwortes von Schumacher.

[8] In Tübingen hat die CDU der SPD offiziell mitgeteilt, daß nichts dagegen einzuwenden wäre, wenn die SPD weiterhin in Südbaden die Verantwortung trägt, trotzdem die CDU zahlenmäßig stärker sei. (Allgemeine Heiterkeit.)

[9] Vom letzten Diskussionsredner [Veit] wurde zum Ausdruck gebracht, daß wir uns bei der Frage „*Deutsches Reich*" vorsichtiger ausdrücken müßten. Es sei grundverkehrt zu sagen, das Reich existiere nicht mehr, da es staatsrechtlich noch vorhanden sei und die Souveränität der Länder erhalten ist.

Gen. Dr. **Schumacher** zum Schlußsatz[45]: Es wurde volle Einmütigkeit festgestellt, auch mit der Zustimmung der Gen. aus Dortmund in der Formulierung der Resolution.

Zur Frage „*Deutsches Reich*" ist zu sagen, daß dieses nicht besteht, denn die Reichsgewalt geht z.Zt. nicht von einem Reichsvolk aus.

Die Frage der *Sozialisierung* ist keine Angelegenheit einer oder von vier Zonen. Das ist eine Frage, die ganz Europa angeht. Voraussetzung dazu ist der Wille zur tatsächlichen sozialistischen Planung.

Zur Zeit der *Weimarer Republik* fehlten starke Männer, um die politischen und wirtschaftlichen Fragen im sozialistischen Sinne zu lösen. Heute ist die Schwierigkeit nicht geringer. Trotzdem müssen wir eine sozialistische Gesamtformung der Wirtschaft und des Staates fordern und durchführen.

Die *Bedeutung eines Ministers* in der heutigen Zeit darf nicht überschätzt werden. Seine Zuständigkeit und Machtbefugnis ist sehr begrenzt.

Bei der *Kontrolle Rhein-Ruhr* müssen wir Deutschen mit dabei sein. Die Produktionsmittel sind Gesamteigentum des ganzen deutschen Volkes.

Die Schwierigkeiten, die aus der franz. Besatzungszone berichtet wurden, sind nicht nur dort, sondern ebenfalls in der amerikanischen und englischen Zone anzutreffen.

Gen. Dr. Schumacher hat einmal zu einem Engländer gesagt: „Die Kunst der Arbeiterregierung wäre es, einmal ihre eigene Militärregierung zu regieren!"

Zu **Punkt 2**: Stand der Parteiorganisation.[46]

Gen. **Ollenhauer**: Der Parteitag in Hannover hat einen großen und starken Eindruck bei allen hinterlassen. Der bisherige Aufbau war eine Sammlung der Kräfte. Diese Sammlung ist noch nicht zum Abschluß gebracht. Die Zahl der Mitglieder ist verhältnismäßig groß.

Ein nicht zufriedenstellender Zustand ist es, daß nicht alle, z.T. durch Sozialdemokraten geführte Stellen, die Partei als die über allen Dingen stehende Institution anerkennen.

Kritik verdient der Zustand der mangelhaften organisatorischen Eingliederung gewisser Gebiete in die Gesamtpartei. Ein besonders krasser Fall, Bayern! Der Landesvorstand

---

45 Gemeint wahrscheinlich der „Schlußsatz" der geplanten Resolution zur Bildung des Landes „Rheinland-Westfalen", die nicht verabschiedet – auf jedem Fall nicht veröffentlicht wurde, vgl. dazu Einl. Kap. II 3 b.

46 Zum Referat Ollenhauers über Fragen der Organisation ist in den Beilagen zum Protokoll eine Zusammenstellung von Stichworten (4 Seiten) erhalten geblieben, die im allgemeinen wenig aussagekräftig ist. Einzelne „Stichworte" werden in den folgenden Anmerkungen erwähnt.

hat den Bezirksverbänden in Bayern verboten, mit dem PV direkt zu verhandeln. Das sind unhaltbare Zustände. Von solchen Maßnahmen ist für das Organisationsleben keine Belebung zu erwarten.[47]

Zentralstellen für Spezialfragen konnten bisher vom PV nicht eingerichtet werden, da es an geeigneten Mitarbeitern fehlt.

Über die *Sozialistische Jugend* ist folgendes zu berichten: Erste Zusammenkunft der Vertreter aller Bezirke hat in Nürnberg stattgefunden[48]. Die erste Konferenz der Jugend ist für den Monat Mai 1947 vorgesehen. Die Jugendorganisation soll aus pädagogischen Gründen nicht als ein Teil der Partei betrachtet werden. Ein vorläufiger Arbeitsausschuß wird die organisatorischen Vorarbeiten leisten. Eine sozialistische Jugend- und Kinderzeitschrift soll geschaffen werden.

Jungsozialisten in der SPD sollen keine selbständige Organisation darstellen, sondern nur eine zweckmäßige Zusammenfassung der jungen Parteimitglieder. Der vorläufige Arbeitsausschuß arbeitet engstens mit dem PV zusammen.

Ein *Kulturreferat* beim PV scheitert daran, daß z.Zt. keine personelle Lösung möglich ist. Wichtige Aufgaben sind von dieser Stelle aus zu bearbeiten und bedürfen der Betreuung: Rundfunksendungen, Volksbühnen, Kulturvereinigungen u. Bünde.

Eine *Studententagung*, für die stärkstes Interesse vorliegt, wird Anfang September in Hamburg durchgeführt.[49]

Ein *Sportreferat* ist ebenfalls notwendig, um eine vernünftige, für alle Beteiligten gerechte Lösung zu finden.

Nachweislich antifaschistische Kriegsgefangene haben beste Aussichten auf Entlassung, während die Gefangenen in franz. Kriegsgefangenschaft schlechte Aussichten haben.

Ein Referat für Flüchtlinge und Fragen der Kriegsgefangenen muß umgehend eingerichtet werden.

Um eine *Verbindung mit dem Osten* aufrechtzuerhalten, werden alle erdenklichen Aufwendungen gemacht.

---

47 Ollenhauers Stellungnahme zum Problem „Bayern" wird hier wohl etwas verkürzt wiedergegeben. Nach den erwähnten Stichworten, die er sich für seinen Organisationsbericht zusammenstellte bzw. zusammenstellen ließ, erwähnte er nicht nur die „Differenzen mit bayerischem Landesvorstand", sondern auch die „Vereinbarung von München", d.h. den bei der Besprechung mit dem bayerischen Landesvorstand am 30. Juli erzielten Kompromiß. Die beiden Hauptpunkte der Vereinbarung, den direkten „Verkehr mit den Bezirken" und die „Heranziehung von Hoegner" durch die Parteizentrale wollte er besonders hervorheben. Diese „Vereinbarung" ist in einer kurzen maschinenschriftlichen Aktennotiz über die Besprechung am 30. Juli enthalten, die sich unter den Beilagen zur gemeinsamen Sitzung befindet. Sie wird hier als Anlage 5 abgedruckt.

48 Zu dieser Jugendkonferenz, die vom 26. bis 28. Juli in Nürnberg stattfand, und auf der die Bildung von „jungsozialistischen Arbeitsgemeinschaften" innerhalb der SPD beschlossen wurde, vgl. Dok. 2, Anm. 45 (S. 22).

49 Zu dieser überzonalen Sozialistischen Studententagung, die vom 3. - 6. September 1946 in Hamburg stattfand und auf der der Sozialistische Deutsche Studentenbund (SDS) gegründet wurde, vgl. W. Albrecht, Der Sozialistische Deutsche Studentenbund (SDS), Bonn 1994, S. 36-45. Vgl. a. Einleitung, Kap. II 1 h.

Keine Schriften zum Osten versenden! Kontrolle der Post schlimmer als zur Nazizeit. Eine illegale Organisation in der russ. Besatzungszone ist nicht möglich. Nur persönliche Verbindungen werden bestehen bleiben.

Zur Wahl in der russ. Besatzungszone wurde die Parole herausgegeben, den Stimmzettel ungültig zu machen. Ein Fernbleiben von der Wahl ist nicht möglich. Die Verfolgungen sind schlimmer als zur Nazizeit. Verhaftung bedeutet unkontrollierbares Verschwinden.

Ein *Betriebssekretär für das Reich* muß gefunden werden. Die Entwicklung innerhalb der Gewerkschaften verdienen besondere Beachtung.

Der *Arbeiterwohlfahrt* müssen im kommenden Winter für ihre schweren Aufgaben alle Mittel und Kräfte zur Verfügung gestellt werden.

Agrar- und Wirtschaftsausschüsse beim PV werden besondere Richtlinien für diese Fragen herausgeben.

Kommunalpolitisch muß ebenfalls eine einheitliche Aktivität gestaltet werden.

Ähnlich der vergangenen „Konzentration" soll wieder eine Dachorganisation geschaffen werden zur zentralen Verwaltung und Kontrolle des gesamten Parteivermögens. Aufgabe dieser Stelle wird es auch sein, die Wiedergutmachung der entwendeten Parteivermögen zu betreiben.

Der PV beabsichtigt, ein Wochenblatt herauszugeben, das für das gesamte Reich zur Verbreitung gelangen soll, desgleichen ein Diskussionsorgan.

Die Bezirkssekretariate sind nach den bisherigen Feststellungen allgemein unzureichend in ihrer personellen Besetzung. Junge Genossen sollen angespannt werden, um ihnen die Möglichkeit zu geben, in die Parteiarbeit zu kommen.

Schulungs- u. Bildungsarbeit ist in allen Bezirken als Sofortaufgabe in Angriff zu nehmen, um die furchtbaren Lücken zu überbrücken und bestens auszufüllen.

Nach den Wahlen soll vom PV ein Lehrgang für leitende Funktionäre der Bezirke durchgeführt werden. Dieser Lehrgang soll dazu beitragen, die fehlende persönliche Verbindung der führenden Funktionäre bezirksweise und darüberhinaus zu fördern.

Nach diesen Ausführungen wurden die *Entschließungen zur Grenzfrage*[50] und zur *[Regierungsbildung]*[51] *„Rheinland-Westfalen"* angenommen.

Gen. **Herta Gotthelf** spricht über die **Frauenarbeit**. In 4 Parteibezirken sind hauptamtliche Frauensekretariate eingerichtet. Diese Frage sollte in allen anderen Bezirken auch ernsthaft betrieben werden, da 2/3 aller Wähler Frauen sind.

---

50 Die Entschließung zur Grenzfrage wird hier als Anlage 2 abgedruckt.
51 In der Vorlage „Länderreform". Zu der geplanten spezielle Resolution zum Thema „Länderreform ‚Rheinland-Westfalen'" vgl. Einl. Kap. II 3 b. Gemeint ist hier wahrscheinlich die verabschiedete „Entschließung" zur Regierungsbildung in „Rheinland-Westfalen", die später im Jahrbuch mit dem Titel „SPD gegen CDU" veröffentlicht wurde. Sie wird hier als Anlage 3 abgedruckt.

Gen. **Heine** spricht zum **Pressewesen**. Zahlreiche Zeitungen sind zugelassen und ein großer Teil der Lizenzträger sind Genossen. Leider wirkt sich das kaum auf das Gesicht der Zeitung aus. Sonderbeilagen für die Jugend oder die Frauen sind noch nicht möglich, da die Papierfrage nicht geklärt ist.

Gen. Heine bemängelt die Tatsache, daß auf die Anfragen des PV an die Bezirke kaum Antworten eingehen. Das muß in Zukunft unbedingt durchgeführt werden, da die Angaben zu wichtigen Aktionen benötigt werden.

Zur Frage der Werbung für die Partei ist es notwendig, darauf hinzuweisen, daß wir nicht nur die indirekte Art (Plakate, Zeitungen u. Flugblätter) anwenden dürfen, sondern zur persönlichen Werbung mit der schwierigen, aber notwendigen persönlichen Werbung [sic!] kommen müssen.

Anschließend sprach Gen. **Nau** über die Fragen der Kassenverhältnisse und Abrechnungen. Leider ist hier kein befriedigender Zustand festzustellen.

Gen. **Schönfelder**-Hamburg, Vorsitzender der Kontrollkommission, meinte zu dieser Frage, daß die Unordnung in der Kasse Voraussetzung zur Korruption sei. Wir müßten unsere ganze Kraft anwenden, um eine tadellos saubere Organisation aufzubauen.

An der anschließenden *Aussprache* beteiligten sich Gen. **Selbert**-Kassel, Gen. **Gayk** - Kiel, Gen. **Rother-Romberg** - Bremen, Gen. **Schroeder** - Berlin, Gen. **Arnholz** - Braunschweig, Gen. **Karpinski** - Hamburg, Gen. **Görlinger** - Köln, Gen. **Markscheffel** - Franz. Zone, Gen. **Helmstädter** - Stuttgart, Gen. **Gnoß** - Düsseldorf, Gen. **Schoettle** - Stuttgart, Gen. **Kuklinski** - Kiel, Gen. **[Sengebeck]**[52] - Würzburg, Gen. **Nau** - Hannover.

In der Aussprache wurde betont, daß durch die enorme Überlastung aller aktiven Genossen ein fast unerträglicher Zustand eingetreten ist. Darüberhinaus darf aber die wichtige Arbeit der Organisation nicht vernachlässigt werden. Es wurde manches Wort zur Anregung gesprochen und durch positive Kritik versucht, die Parteiarbeit bestens voranzutragen.

In seinem Schlußwort antwortet der Gen. **Ollenhauer**, daß in der Diskussion kein Gegensatz festzustellen gewesen sei und daß der Parteivorstand durch Arbeitsteilung seinen Teil dazu beitragen will, Spezialfragen gut zu bearbeiten. Die Schulungsarbeit soll umgehend beginnen.

Bei der nächsten PA-Sitzung soll parallel eine Frauensitzung durchgeführt werden."[53]

---

52 In der Vorlage „Ladebeck". Ein „Ladebeck" nahm jedoch nach der Anwesenheitsliste nicht an der Sitzung teil. Gemeint wahrscheinlich der Würzburger Parteifunktionär Walter *Sengebeck*, der für den Bezirk Unterfranken an der Sitzung teilnahm.

53 Die erste „Reichsfrauenarbeitstagung" fand am 5. u. 6. Nov. 1946 in Frankfurt am Main statt, Jb. SPD 1946, S. 46.

Dokument 4, 21. und 22. August 1946

Zur sachlichen Durchführung der Jugendarbeit ist nichts Kritisches gesagt. Die personellen Bedenken werden Veranlassung einer Besprechung im PV sein.

In der Frage des Sportes werden wir versuchen, die Einheit zu erhalten.

Eine Resolution in der Frauenfrage wird prinzipiell gutgeheißen.[54]

Der Punkt 3 der Tagesordnung [„Mitteilungen"] ist im wesentlichen überholt durch die Ausführung, die zu Punkt 2 gemacht wurde.

Damit wurde die Sitzung gegen 20.00 Uhr geschlossen.

NB. Die Sitzung wurde während der Mittagszeit unterbrochen. Die Teilnehmer waren Gäste der Stadtverwaltung Frankfurt a./M., deren Oberbürgermeister, Gen. **Kolb**[55] Veranlassung nahm, in sehr temperamentvollen Worten die Teilnehmer zu begrüßen. Besonders herzlich wurde von ihm auch der Gen. *Vidal*[56], Mitglied der Sozialistischen Partei Frankreichs, begrüßt, der Bürgermeister von St. Germain (Frankreich) ist. Gen. **Vidal** benutzte die Gelegenheit, Worte der solidarischen Verbundenheit zum Ausdruck zu bringen.

Den 28. August 1946.

Anlage 1
Kommuniqué über beide Sitzungen vom 21./22. 8. 1946
Hektogr. Ex. in den Beilagen zum Protokoll der gemeinsamen Sitzung

Parteivorstand und Parteiausschuß der deutschen Sozialdemokratie traten am 21. und 22. August 1946 zu einer gemeinsamen Tagung in Frankfurt/M. zusammen.

In einer Sitzung des Parteivorstandes wurde Stellung genommen zur Länderreform und zu Problemen der SPD in den [verschiedenen] Zonen. Die wachsende Verelendung der arbeitenden Massen wird vom Parteivorstand mit größter Sorge beobachtet. Zu den furchtbaren Folgen des Nazikrieges kommt das fortdauernde Wirtschaftssterben und die Verhinderung eines gerechten Lastenausgleiches.

Millionen Arbeitender und Hilfsbedürftiger haben nicht genug Einkommen, auch nur die Hungerrationen zu bezahlen. Das heutige Elend kann nicht allein von denen getragen werden, die nichts haben. Besitzbürger und Neureiche müssen ihrem Vermögen entspre-

---

54 Die „Entschließung zur Frauenfrage" wird hier als Anlage 4 abgedruckt.
55 Walter *Kolb* (1902-56), geboren in Bonn, Studium der Rechts- u. Staatswissenschaften, 1920 SPD, Funktionär des Verbandes Sozialistischer Studentenschaften (VSSt), später des vom VSSt mitgetragenen Republikanischen Studentenbundes. Bis 1933 Preuß. Staatsdienst, nach 1933 Rechtsanwalt. 1945/46 OB von Düsseldorf, 1946-56 OB von Frankfurt am Main.
56 Raymond *Vidal*, geb. 1896 in Marseille, vor 1940 Mitgl. d. NatVers. u. Stellv. Bürgermeister von Marseille (SFIO), nach 1945 Bürgermeister von St. Germain und Generalsekretär der französischen Sozialisten.

chend herangezogen werden. Die sozialpolitischen Gesichtspunkte müssen insbesondere bei der kommenden Währungsreform voll berücksichtigt werden.

Die *gemeinsame Tagung* wurde eingeleitet durch ein Referat des 1. Vorsitzenden Dr. Kurt Schumacher über Gegenwartsprobleme der Sozialdemokratie. Das Ergebnis der eingehenden Diskussion wurde in 2 Beschlüssen niedergelegt, die sich mit der Verantwortungslosigkeit der von Dr. *Adenauer* geführten CDU und mit der Festsetzung der deutschen Grenzen, besonders im Osten, beschäftigen.

Die Konferenz wurde mit einer Aussprache über Organisationsaufgaben der SPD abgeschlossen. Der Oberbürgermeister von Frankfurt, Dr. Kolb, und der Bürgermeister von St. Germain, Vidal, begrüßten die Teilnehmer. Bürgermeister Vidal überbrachte Grüße der französischen Sozialisten.

Anlage 2
Entschließung zur Grenzfrage: „SPD und deutsche Ostgrenzen"
Hektogr. Ex. in den Beilagen zum Protokoll der gemeinsamen Sitzung[57]

Endgültige Reichsgrenzen aus der vorläufigen verwaltungsmäßigen Regelung im Osten entstehen zu lassen, widerspricht dem Geist und der Geschichte der sozialistischen Parteien aller Länder. Die Sozialdemokratische Partei Deutschlands kann keine Politik vollendeter Tatsachen anerkennen, um so mehr, als dadurch die Ernährungsschwierigkeiten in Europa unerträglich gesteigert worden sind.

Die Sozialdemokratie betrachtet die Diskussion der deutschen Grenzen als unteilbares Ganzes. Sie wendet sich deswegen gegen die leichtfertige Verzichtpolitik der kommunistischen SED gegenüber der vorläufigen deutschen Ostgrenze. Es ist nicht möglich, im Widerspruch zu den Interessen des gesamten Volkes, im Osten Verzichte auszusprechen und sich im Westen nationalistisch zu gebärden.

Die Sozialdemokratische Partei Deutschlands appelliert an die Vernunft aller fortschrittlichen und friedensliebenden Elemente der ganzen Welt, um dem deutschen Volke die ausreichende territoriale Lebensgrundlage zu gewährleisten.

Die Erfahrungen der Geschichte zeigen, daß die jetzt verfolgte Politik nur den Nationalismus zu neuem Leben erweckt und die internationale Atmosphäre vergiftet. Als internationale Sozialisten erheben wir darum erneut unsere Stimme, um die Gestaltung eines künftigen dauerhaften Friedens zu ermöglichen. Nur die Sozialdemokratische Partei kann ohne Belastung durch eine nationalistische Vergangenheit oder durch Abhängigkeit in dieser Stunde an das Gewissen der Welt appellieren.

---

57 Abgedr.: Jb. SPD 1946, S. 75 f.

Anlage 3
Entschließung zur Regierungsbildung in Nordhein-Westfalen: „SPD gegen CDU"
Hektogr. Ex. in den Beilagen zum Protokoll der gemeinsamen Sitzung[58]

In der schwersten Zeit, die das deutsche Volk seit dem 30jährigen Kriege zu überstehen hat, ist es bei der Regierungsbildung in Rheinland-Westfalen die von dem Besitzbürgertum beherrschte Christlich Demokratische Union, die sich aus parteiegoistischen Motiven von der Verantwortung drücken und auf Kosten der verantwortungsvolleren Elemente des Volkes ihre eigenen Geschäfte machen will.

Durch überspannte Forderungen, die von sämtlichen Parteien abgelehnt worden sind und die dem Geiste einer gemeinschaftlichen Hilfe für das schwer bedrückte Volk widersprechen, hat die CDU die bequeme Rolle einer Oppositionspartei übernehmen wollen. Sie erklärt die anderen Parteien, vor allem die Sozialdemokratie, zur Regierungspartei und macht sie für Verhältnisse verantwortlich, die aus dem sogenannten Dritten Reich entstanden sind und jetzt von der Besatzungsmacht maßgebend bestimmt werden. Sie spricht von „regieren" und weiß, daß es im eigentlichen Sinne des Wortes keine Regierung gibt, beteiligt sich selbst aber uneingeschränkt an der Verwaltung, auf die sie gerade in Rheinland-Westfalen überragenden Einfluß hat.

Die Sozialdemokratische Partei sieht in dieser Politik der Industriellen, zu deren Wortführer sich Dr. Adenauer gemacht hat, die Fortsetzung der schlechtesten Tradition aus den Zeiten der Republik. Genau wie damals versucht der Großbesitz, sich den sozialistischen Konsequenzen dadurch zu entziehen, daß er eine antisozialistische Massenbewegung politisch aufzieht, wie er einmal zum gleichen Zweck die Naziorganisation geschaffen hat.

Die Sozialdemokratische Partei ist sich ihren Verpflichtungen gegenüber dem eigenen Volk voll bewußt, wenn sie zusammen mit Zentrum, Kommunisten und Freien Demokraten jetzt die Regierungsbürde trägt. Sie wird sich aber nicht dazu hergeben, die Verantwortung für Dinge zu tragen, die von anderen Mächten, Männern und Ideen geschaffen worden sind. Wenn man den berechtigten Forderungen der Sozialdemokratie auf ausreichende materielle Hilfe und Ankurbelung der Wirtschaft nicht entsprechend Rechnung trägt, dann wird sie zu gegebener Zeit ihre Minister aus der Regierung zurückziehen.

Anlage 4
„Entschließung zur Frauenfrage"
Hektogr. Text in den Beilagen zum Protokoll der gemeinsamen Sitzung[59]

Die Sozialdemokratische Partei vertritt seit jeher die Interessen aller arbeitenden Männer und Frauen. Sie tritt ein für die Gleichberechtigung der Frauen auf politischem, wirt-

---
58 Abgedr.: Jb. SPD 1946, S. 76.
59 Abgedr.: Jb. SPD 1946, S. 77.

schaftlichem, sozialem und kulturellem Gebiet. Sie kämpft für die Interessen der Hausfrauen und Mütter, der berufstätigen Frauen und Mädchen, der Ostflüchtlinge und der Hinterbliebenen der im Kriege und im Kampf gegen den Nationalsozialismus Gefallenen, sowie all jener Frauen, die immer noch auf die Heimkehr ihrer Männer und Söhne aus der Gefangenschaft warten.

Dieser Kampf kann nur erfolgreich sein durch eine kameradschaftliche Zusammenarbeit von Männern und Frauen in einer starken sozialdemokratischen Partei. Deshalb lehnen die sozialdemokratischen Frauen jede Form einer Frauenpartei und sogenannter unpolitischer Frauenvereinigungen ab. Die Sozialdemokratische Partei will den Frauen eine Möglichkeit schaffen, sich Seite an Seite mit den Männern maßgeblich und verantwortlich in Staat und Gemeinde zu betätigen.

Die SPD fordert: Gleichen Lohn für die gleiche Arbeit, gleiche Ausbildungs- und Aufstiegsmöglichkeiten für Männer und Frauen, Anerkennung und Wertung der gesellschaftlichen Leistungen der Hausfrauen und Mütter, eine fortschrittliche Sozialgesetzgebung.

Die SPD kämpft für eine Ordnung, die die Frauen und Mütter der Zukunft vor dem furchtbaren Leid eines neuen Krieges bewahrt. Wir rufen die Frauen auf, diesen Forderungen Nachdruck zu verleihen durch ihren Beitritt und ihre Stimmabgabe für die SPD.

Anlage 5
Aktennotiz über die Besprechung der Mitglieder des geschäftsführenden Parteivorstandes Ollenhauer und Nau mit dem Landesvorstand der SPD in Bayern am 30. Juli 1946 in München
Maschinenschriftl. Text (1 S.) in den Beilagen zum Protokoll der gemeinsamen Sitzung

An der Sitzung nahmen die Mitglieder des Landesvorstandes und die Genossen Ollenhauer und Nau vom Parteivorstand teil.

Die Diskussion beschäftigte sich vor allem mit der Frage des organisatorischen Aufbaus der Partei und den Beziehungen zwischen dem Parteivorstand und den Bezirken und dem Landesvorstand Bayern.

Die Aussprache endete mit der Vereinbarung, daß das auf dem Parteitag in Hannover beschlossene Parteistatut auch die Grundlage für die organisatorischen Beziehungen zwischen dem Parteivorstand und den bayrischen Bezirken bildet. Der Parteivorstand und die Bezirke stehen in direkter Beziehung miteinander. Der Parteivorstand informiert das Landessekretariat Bayern in der gleichen Weise wie die Bezirksvorstände.

Der Landesvorstand bzw. die bayrischen Bezirksleitungen werden für den nächsten Parteitag einen Antrag vorbereiten, der ihre Vorschläge für eine Änderung des organisatorischen Aufbaus der Partei bzw. für die Eingliederung der Landesorganisationen in den organisatorischen Aufbau enthalten wird. Der Parteitag wird dann die Möglichkeit haben, über diese Vorschläge zu beraten und einen für die Gesamtpartei bindenden Beschluß zu fassen.

Die Mitglieder des Landesvorstandes wünschen, daß der Parteivorstand den Genossen Hoegner als Vorsitzenden der bayrischen Landesorganisation zu wichtigen politischen Beratungen oder zu Beratungen von Fachausschüssen, die sich mit den Fragen der Verfassungs- und Verwaltungsreform beschäftigen, heranzieht.

Der Genosse Schumacher wird gebeten, in der letzten Woche vor dem Volksentscheid über die bayrische Verfassung einige Versammlungen in Bayern abzuhalten.

Dokument 5, 24. bis 26. September 1946

Nr. 5

Sitzungen der obersten Parteigremien mit sozialdemokratischen Landespolitikern am 24., 25. und 26. September 1946 in Köln

[A] **Vorbesprechung einiger Mitglieder des PV mit einigen sozialdemokratischen Landespolitikern am 24. Sept. 1946**
AdsD: SPD-Parteivorstand, 2/ PVAS 0000653, Sitzungen d. PV u. PA, 24.-26.9.1946 (Maschinenschriftl. Prot. d. Vorbesprechung, 1 S., Überschrift: "Protokoll über die Vorbesprechung mit sozialdemokratischen Ministern am Dienstag, dem 24.Sept.1946 in Köln")[1]

Anwesend[2]
PV: *Schumacher, Ollenhauer, Heine, Kriedemann, Nau, Agartz, Baur, Eichler, Gayk, Gnoß, Kaisen, Meitmann, Menzel*

Länderregierungen, Landesparlamente und Zonenvertretungen:
Braunschweig: Otto *Arnholz*, Martha *Fuchs*, Alfred *Kubel*
Bremen: *Kaisen* (auch PV)
Hamburg: *Schönfelder* (Präs. d. Bürgerschaft, auch KK)
Hessen: Georg August *Zinn*
Nordrhein-Westfalen: *Menzel* (auch PV), Erik *Nölting*
Oldenburg: Harald *Koch*
Rheinland-Pfalz: Jakob *Steffan* (auch KK)
Schleswig-Holstein: Wilhelm *Kuklinski*
Württemberg-Hohenzollern: Dieter *Roser* (Vertreter von C. Schmid) u. Lothar *Roßmann*

Länderrat (US-Zone): Erich *Roßmann*
Zonenbeirat (Brit. Zone): Gerhard *Weisser*

Die Sitzung dient der Vorbesprechung der gemeinsamen Sitzung des Vorstandes und des Parteiausschusses am Mittwoch, dem 26.9.

Nach einleitenden Ausführungen der Genossen **Schumacher**, **Ollenhauer** und **Agartz** beteiligten sich an der Diskussion die Genossen **Kubel**-Braunschweig, [Erich] **Roßmann** - Stuttgart, Erik **Nölting**-Düsseldorf, Gerhard **Weisser**-Hamburg, Wilhelm **Kaisen**-Bremen, Fritz **Heine**-Hannover, Karl **Meitmann**-Hamburg, Valentin **Baur**-Augsburg, Dr. **Zinn**-Wiesbaden, Adolf **Schönfelder**-Hamburg, **Roser**-Tübingen, **Menzel**-Düsseldorf.

---
1 Nach einem in den Beiakten zum Protokoll erhalten gebliebenen Telegrammtext sollten an dieser Vorbesprechung außer den Mitgliedern des „engeren Parteivorstandes" noch je ein sozialdemokratischer Minister der Länderregierungen teilnehmen.
2 Die folgenden Angaben nach den beiden erhalten gebliebenen nicht vollständigen Anwesenheitslisten sowie den im kurzen Protokoll genannten Sprechern in der Diskussion.

Dokument 5, 24. bis 26. September 1946

[B] **Sitzung des Parteivorstandes, des Parteiausschusses und sozialdemokratischer Vertreter der Landesregierungen am 25. September 1946**
*AdsD: SPD-Parteivorstand, 2/ PVAS 0000653, Sitzungen d. PV u. PA 24.-26.9.1946 (Maschinenschriftl. Prot. d. gemeinsamen Sitzung, 1 S., Überschrift: „Sitzung des Parteiausschusses am Mittwoch, dem 25.9.46 in Köln")*³

Anwesend: Siehe Anwesenheitsliste.

[Teilnehmer/Teilnehmerinnen, nach Funktionen geordnet:⁴
PV: *Schumacher, Ollenhauer, Heine, Kriedemann, Nau, Agartz, Baur, Beyer, Bögler, Eichler, Gayk, Gnoß, Görlinger, Gross, Helmstädter, (Henßler)⁵, Kaisen, Knothe, Loßmann, Meitmann, Menzel, Nölting, Selbert, Veit*
PA
BRAUNSCHWEIG: *Arnholz, Fuchs*
BREMEN - NORDWEST: *Rother-Romberg*
HAMBURG: *Karpinski, Schmedemann*
HANNOVER: *Borowski, Helfers*⁶
HESSEN - Frankfurt: *G. Buch, Zinnkann*
HESSEN - Kassel: *Freidhof*
NIEDERRHEIN (Düsseldorf): *Runge, T. Wolff*
OBERBAYERN (München): -
OBER- und MITTELFRANKEN (Nürnberg): *A. Meier*⁷, *Strobel*⁸
OBERPFALZ- NIEDERBAYERN (Regensburg): *Höhne*
OBERRHEIN (Köln): *Härdle*⁹, *Schirrmacher*
ÖSTL. WESTFALEN (Bielefeld): *Gross* (auch PV)
PFALZ (Neustadt/Haardt): *Kuraner*¹⁰

---

3 Die Einladung an die Mitglieder des Parteiausschusses mit Bekanntgabe der vorläufigen Tagesordnung erfolgte durch das hektographierte Rundschreiben Nr. 438 des Parteivorstandes, unterschrieben von E. Ollenhauer, vom 9. 9. 1946. Ein besonderes Kommuniqué konnte nicht entdeckt werden, doch hat der Vorspann zur sogleich veröffentlichten Resolution den Charakter eines Kommuniqués, vgl. Anlage 1.
4 Die folgenden Angaben wurden der Anwesenheitsliste in den Beiakten zum Protokoll entnommen; für die Teilnehmer an allen gemeinsamen Sitzungen 1946/47 in alphabetischer Reihenfolge vgl. Anhang 3.
5 Henßler trug sich nur in die Anwesenheitsliste der Sitzung des Parteivorstandes am 26. September ein, vgl. Prot. 5 C u. Anhang 1.
6 Rosa *Helfers* (1885-1965), Ausbildung als Kindergärtnerin, vor 1918 SPD, 1919-28 Stadtverordn. in Hameln, 1921-33 MdL (Preußen), 1929-33 Direktorin d. Frauengefängnisses Berlin-Moabit, 1945 Volkspflegerin und Stadträtin in Hameln, 1946-48 PA, 1946-51 MdL (Niedersachsen).
7 August *Meier* (1885-1976), Zimmermann in Nürnberg, vor 1918 SPD, 1919-33 Stadtrat; Juni 1933 - Jan. 1934 KZ Dachau, 1945-55 Vors. d. Unterbezirks Nürnberg, 1946-66 Stadtrat.
8 Käte *Strobel* (1907-96), vor 1933 SPD, 1949-72 MdB (Fraktionsvorstand 1953-56 u.1961-72), 1958-66 MdEP, 1966-72 Bundesministerin, 1958-71 PV, 1966-71 PP, 1972-78 Stadträtin in Nürnberg.
9 Mine *Härdle* (1888-1967), geb. in Karlsruhe, Gewerbelehrerin, vor 1933 SPD, nach 1945 Kölner SPD, 1946 -54 MdL, 1947-50 Fraktionsvorstand.
10 Maxim *Kuraner* (1901-78), geboren in Metz, Kaufm. Lehre, 1919 KJVD, 1921 KPD, 1933 Emigration nach Frankreich, 1936-38 Spanischer Bürgerkrieg, 1939 Trennung von der KPD. Anfang 1946 Rückkehr nach

Dokument 5, 24. bis 26. September 1946

RHEINHESSEN (Mainz): *Steffan*
RHEINLAND -KOBLENZ- TRIER (Koblenz): *Bettgenhäuser, Füllenbach*[11]
SAAR -
SCHLESWIG- HOLSTEIN (Kiel): *Krahnstöver*[12], *Kuklinski*
SCHWABEN (Augsburg): *Eder*
SÜD - BADEN (Freiburg i. Br.): *Gottstein, Schieler*
SÜD - WÜRTTEMBERG (Tübingen): *Roser, L. Roßmann*
UNTERFRANKEN (Würzburg): *Maag*[13], *J. Stock*
WESTL. WESTFALEN (Dortmund): *Schaub*
WÜRTTEMBERG-BADEN (Stuttgart): *Helmstädter* (auch PV)
Verbindungsmann für die Französische Zone: *Markscheffel*
Landesverband Berlin: *F. Neumann, G. Schöpflin*[14], *I. Wolff*

Länderregierungen und **Zonenvertretungen**
Braunschweig: *Arnholz* (auch PA), *Fuchs* (auch PA), *Kubel*
Bremen: *Kaisen* (auch PV)
Hamburg: *Schönfelder* (auch KK)
Hannover: Ernst *Nölting* (auch PV)
Hessen: *Zinn, Zinnkann* (auch PA)
Nordrhein-Westfalen: *Halbfell, Menzel* (auch PV), Erik *Nölting*
Oldenburg: *H. Koch*
Rheinland-Pfalz: *Steffan*
Schleswig-Holstein: *Kuklinski* (auch PA)
Württemberg-Hohenzollern: *Roser* (auch PA) u. L. *Roßmann* (auch PA)
Länderrat der US-Zone: *E. Roßmann*
Zonenbeirat der Brit. Zone: *Weisser*
Vertreter der Gewerkschaften: W. *Hansen*, E. *Potthoff*, K. *Vollmerhaus*
Referenten und **Mitarbeiter** des PV: *Diederichs, Gotthelf, Lemke, Storbeck*

Deutschland, Anschluß an die SPD, 1947 Stadtrat und Fraktionsvors. in Neustadt an der Weinstraße, 1950-1959 MdL (Rheinl.-Pf.).
11 Josef *Füllenbach* (1899-1968), Kaufm. Lehre, vor 1933 SPD, 1925 Redakteur, 1933 Emigration nach Frankreich, Tätigkeit für Münzenberg, 1939 Internierung, 1940 Auslieferung an die Gestapo, Verurteilung zu 8 Jahren Zuchthaus, 1945 Mitbegr. d. DGB in Rheinhessen, Kreisvors. d. SPD in Neuwied, 1946 Direktor der Ortskrankenkasse in N.
12 Zu Anni *Krahnstöver*, geb. Leffler (1904-61) - vor 1933 Bezirkssekr. d. SPD in Oppeln/Oberschlesien, nach 1945 Frauensekretärin d. Bez. Schlesw.-Holst. in Kiel, 1948-54 PV, 1949-53 MdB; vgl. auch PV-Protokolle Bd. 2, Kurzbiographien der Vorstandsmitglieder.
13 Johann *Maag* (1898-1976), Eisendreher, vor 1933 SPD, aktiv auf kommunaler Ebene, 1946-66 MdL (Bayern), 1950-54 StSekr. im Bayer. Landwirtschaftsministerium.
14 Georg *Schöpflin* (1869-1954), geb. in Baden, Bürstenmacher, vor 1914 SPD, Zeitungsredakteur, 1919-32 Md NatVers/MdR.

Gäste: *Jacobi (*OB von Iserlohn), E. *Paul* (Stockholm), W. *Poller* (Chefredakteur, Dortmund)[15], C. *Severing* (Zeitungsverleger, Bielefeld)[16], O. *Zienau* (Zürich)[17]
Tagesordnung:
1.) Die deutsche Situation und ihre Konsequenzen für die Sozialdemokratie. Redner: Genosse Dr. Schumacher.
2.) Aussprache.

Genosse **Ollenhauer** eröffnet die Sitzung und begrüßt außer den Mitgliedern des Parteivorstandes, des Parteiausschusses die vom Parteivorstand geladenen sozialdemokratischen Minister der einzelnen Länderregierungen sowie die Genossen Werner *Hansen*-Bielefeld und Karl *Vollmerhaus* als Vertreter der Gewerkschaften, den Genossen Ernst *Paul*-Stockholm und den Genossen Oswald *Zienau*-Zürich.

Zu **Punkt 1** (Die deutsche Situation und ihre Konsequenzen für die Sozialdemokratie) Über die Hauptgedanken des Referats des Genossen **Schumacher** informiert die beigefügte Rededisposition[18]:

Den Tatsachen ins Gesicht sehen. Bolschewismus oder Anti-Bolschewismus ist die äußere Formel, die innere ist bezahlen oder nicht bezahlen.
 An dieser Formel scheitert die Einigung Deutschlands. Die chinesische Mauer ein Dauerzustand? Selbst wenn es so wäre, müßten wir dagegen ankämpfen.
 Das Resultat: Die Balkanisierung Deutschlands. Der Kampf um die Ländergrößen. Politische oder territoriale Lösung. Deutschland ein Spielball der inneren Klassenkräfte und der äußeren Mächte.
 Das Land Rheinland/Westfalen und der französische Gegenstoß durch Pfalz/Rheinland. Die furchtbare Konsequenz des Wortes, daß Hitler die Zerschlagung Deutschlands bedeutet.
 Der Anti-Bolschewismus auf konfessioneller Grundlage. Die MRP [Mouvement Répu-blicaine Populaire] in Frankreich. Die christlichen Kräfte in Amerika. Die Kompliziertheit und Unentschlossenheit der englischen Außenpolitik.

---

15 Walter *Poller* (1900-81), 1918 SPD, 1919-33 Redakteur in Hamm/Westf., 1934-40 Zuchthaus/ KZ (Buchenwald), 1945/46 Polit. Sekr. d. SPD in HH, 1946-62 Chefredakteur d. Westfälischen Rundschau in Dortmund.
16 Carl *Severing* (1875-1952), Schlosser, vor 1914 DMV u. SPD, 1905-24 Stadtverordn. in Bielefeld, 1907-12 u. 1919-33 MdR, 1919-33 MdL, 1920-26 u. 1930-32 Preuß. Innenminister, 1928-30 Reichsinnenminister, 1946-48 Chefred. d. „Freien Presse" in Bielefeld, 1946-49 Vors. d. Bez. Östliches Westfalen der SPD, 1947-52 MdL (NRW).
17 Oswald *Zienau* (1893-1956), nach dem Studium der Staatswissenschaften Journalist, 1934 wegen illegaler Tätigkeit für die SPD zu 2 1/2 Jahren Gefängnis verurteilt, 1937 Emigration nach Frankreich, 1943 in die Schweiz, nach 1945 Korrespondent für verschiedene Zeitungen in Zürich.
18 Die in den Beilagen zum Protokoll erhalten gebliebene „Rededisposition" Schumachers wird im folgenden abgedruckt, da sie für wichtige Themen seiner Rede, die im Wortlaut nicht überliefert ist, die Schwerpunkte seiner Gedankengänge vermittelt.

Dokument 5, 24. bis 26. September 1946

Dreifache Aufgabe für die SPD: Der Zusammenhalt Deutschlands, die gerechte Lastenverteilung und dabei die Unabhängigkeit.

Das Volk in der Stunde der Gefahr im Stich lassen. Bedeutet es ein Desertieren, wenn man nicht an den Zentralverwaltungen und den Regierungen beteiligt ist?

Bedeutet es ein Nationalistischwerden gegen die Besatzungsmächte, wenn man in Opposition geht. Opposition ist nicht Feigheit, sondern Verantwortung für die Zustände, die von anderen ausländischen und deutschen Kräften geschaffen worden sind. Um welche Probleme geht es?

[a] Die strukturellen, Währungsreform, Kriegslastenausgleich. Gleiche Behandlung von Sachwerten und Geld. Tragen nach dem Können. Eigentlich nur gleiche Chance für einen neuen Staat. Die Sozialisierung (Brief General Robertson). Die Haltung der Amerikaner.

[b] Die praktischen Aufgaben. Kohlenförderung. Sonderrolle der Bergarbeiter. Lebensmittelversorgung einschließlich der deutschen Getreideerfassung. Planwirtschaft. Bedarfsartikel oder Luxusartikel?

Einheitliche Lenkung dort, wo es nötig ist. Die neue Rolle der Länder, die spezielle Rolle des [...][19].

Verfassung[20]

Die Frage der Verantwortung in einem neuen Stadium. Wir brauchen die Hilfe vom Ausland und von den Deutschen.

Die Hilfe wird uns verweigert durch den Zonenpatriotismus und den Länderpatriotismus. Vorschlag Knothe, erster Schritt zum Westparlament. Demokratische Kontrolle der Einzelzweige.

Ist noch eine deutsche Politik möglich?

Ist eine sozialdemokratische Politik möglich?

Patriotismus und Separation (Dänemark, Holland, Bayern, Saarfrage).

Fraktionsdisziplin. Eigene Parteipolitik der Minister, Zerreißung der Partei.

Konsequenzen des Dabeibleibens: Verbrauch der Partei für Institutionen, die von anderen geschaffen werden.

Herausgehen bedeutet Stärkung der KPD und Stärkung der Rolle Rußlands. Vorwurf, das eigene Volk im Stich gelassen zu haben.

Abwägen der Momente gegeneinander. Die Tendenz zur Absentierung deutlich als notwendig sichtbar, aber noch nicht endgültig. Franzosen. Wahlen vom 27. Oktober. SFIO. Außenministerkonferenz.

Ungehorsam gegenüber den Parteibeschlüssen. Können Minister Parteipolitik treiben? Die Art, wie sich die bayrischen Minister der Partei entziehen. Minister außerhalb der Partei. Absplitterung.

Physiologische Vorbereitung keine Politik der Verzögerung und des Hinziehens. Man muß sich auf den kommenden Augenblick einstellen.

---

19 In der Vorlage ein unverständliches „Unterraum".
20 Handschriftlicher Zusatz zu den maschinenschriftlichen Stichworten.

Nach[21] dem Referat des Genossen Schumacher berichtet Genosse **Agartz** über die Verhandlungen über die Besetzung des bizonalen Wirtschaftsamtes, die mit der Wahl von Dr. *Mueller* (CDU)[22] als Leiter dieses Amtes endeten, nachdem die Kandidatur Agartz mit den 3 Stimmen der süddeutschen Wirtschaftsminister gegen 2 Stimmen der Vertreter aus der britischen Zone abgelehnt worden war.[23]

Genosse **Bögler** berichtete über die Zuspitzung der politischen Situation, die in der französisch besetzten Zone durch die Bildung des neuen Landes Rheinland-Pfalz durch die französische Militärregierung geschaffen ist.

Dem Referat und den Berichten folgte eine ausführliche **Aussprache**. Die Verhandlungen endeten mit der einstimmigen Annahme der beifolgenden Entschließung.[24]

[C] **Sitzung des Parteivorstandes am 26. September 1946**
AdsD: SPD-Parteivorstand, 2/ PVAS 0000653, Sitzungen d. PV u. d. PA, 24.-26.9.1946 (Maschinenschriftl. Prot. d. Sitz. d. PV, 3 S., Überschrift: „Sitzung des Parteivorstandes am Donnerstag, dem 26.9.1946 in Köln.")[25]

Anwesend: Siehe Anwesenheitsliste.

[**Teilnehmer /Teilnehmerinnen, nach Funktionen geordnet:**
PV[26] *Schumacher, Ollenhauer, Heine, Kriedemann, Nau, Agartz, Baur, Beyer, Bögler, Eichler, Gayk, Gnoß, Görlinger, Gross, (Helmstädter), Henßler, Kaisen, Knothe, Loßmann, Meitmann, Menzel, Nölting, Selbert, (Veit)*
KK: *Schönfelder*
Landesverband Berlin: *F. Neumann*
Referentin des PV: *Gotthelf*]

Tagesordnung:
1.) Erklärung des Genossen Kriedemann[27].
2.) Beratung und Beschlußfassung über die wirtschaftspolitischen Richtlinien.

---

21 Im folgenden Wortlaut wieder nach dem Protokoll.
22 Dr. Rudolf *Mueller* (1904-1964), Rechtsanwalt, 1945/46 hessischer Minister für Wirtschaft und Verkehr, 1946/47 Vorsitzender des Verwaltungsrates für Wirtschaft der Bizone.
23 Zur Einrichtung des bizonalen Wirtschaftsamtes im Spätsommer 1946 vgl. Einl. Kap. II 3 e.
24 Unter den Anlagen zum Protokoll befinden sich zwei hektographierte Fassungen der „Entschließung der gemeinsamen Sitzung des Vorstandes und des Parteiausschusses der Sozialdemokratischen Partei Deutschlands in Köln am 25. Sept. 1946", deren Wortlaut nur in unwesentlichen Punkten voneinander abweicht. Sie wurde sogleich veröffentlicht und wird hier als Anlage 2 abgedruckt.
25 Die Einladung mit Bekanntgabe der vorläufigen Tagesordnung erfolgte durch das hektographierte Rundschreiben Nr.437 des Parteivorstandes, unterschrieben von E.Ollenhauer, vom 9.9.1946. Ein spezielles Kommuniqué zu dieser Sitzung konnte nicht entdeckt werden.
26 Helmstädter und Veit trugen sich nur in die Anwesenheitsliste der gemeinsamen Sitzung vom 25. November ein, vgl. Protokoll B und Anhang 3.
27 In der „vorläufigen Tagesordnung", die am 9.September verschickt wurde, war der TOP 1 „Erklärung des Genossen Kriedemann" noch nicht enthalten.

3.) Beratung und Beschlußfassung über die agrarpolitischen Richtlinien.
4.) Organisationsangelegenheiten.

Zu **Punkt 1** (Erklärung des Genossen Kriedemann)[28]
Der Vorstand akzeptiert den Vorschlag des Genossen **Schumacher**, auf Wunsch des Genossen Kriedemann einen Feststellungsausschuß zur Untersuchung der in der kommunistischen Presse gegen den Genossen Kriedemann erhobenen Vorwürfe einzusetzen. Als Mitglieder des Ausschusses werden gewählt die Genossen *Schönfelder*, *Eichler*, *Gross*, *Bögler* und Paul *Apel*-Frankfurt[29]. Genosse *Schönfelder* übernimmt den Vorsitz des Ausschusses. Der Ausschuß wird dem Vorstand über das Resultat seiner Beratungen berichten.

Auf Vorschlag des Genossen **Schumacher** wird beschlossen, einen **Ausschuß für Verfassungs- und Verwaltungsreform** einzusetzen. Als Mitglieder des Ausschusses werden gewählt: Dr. *Menzel*, Dr. *Veit*, Dr. *Koch*-Oldenburg, Dr. *Zinn*-Wiesbaden, Dr. *Diederichs*-Hannover, Dr. *Agartz*, Dr. [Carlo] *Schmid*-Tübingen, Prof. *Laun*-Hamburg[30] und *Stock*-Aschaffenburg[31], Genosse Dr. Menzel wird mit der Geschäftsführung des Ausschusses beauftragt.

An den Sitzungen des Ausschusses sollen nach Möglichkeit Mitglieder des geschäftsführenden Vorstandes teilnehmen.

Der Ausschuß soll seine Beratungen nach Möglichkeit im Laufe des Monats Oktober abschließen.

Als politische Richtlinien für die Arbeit des Ausschusses werden festgelegt: Der Ausbau des Reichs auf bundesstaatlicher Grundlage ([nicht Staatenbund][32], Verstärkung der Selbstverwaltung in den unteren Einheiten und in den Ländern, keine erste Kammer und keinen Staatspräsidenten).

---

28 Unter den Beilagen zum Protokoll befinden sich der Durchschlag einer sechsseitigen maschinenschriftlichen Ausarbeitung von Kriedemann, bei der es sich aller Wahrscheinlichkeit um seine „Erklärung" für den Parteivorstand handelt, und ein Rundschreiben des geschäftsführenden Parteivorstandes an die Mitglieder des Parteivorstandes, der Kontrollkommission, an die Bezirkssekretariate und an die Redaktionen der Parteizeitungen vom 12. September 1946 mit größeren Auszügen aus der Ausarbeitung Kriedemanns. Diese werden hier als Anlagen 3 A und 3 B abgedruckt.

29 Paul *Apel* (1896-1965), gelernter Polsterer und Tapezierer, hauptamtlicher Funktionär der SPD und des Reichsbanners, 1929-33 Gausekretär des Reichsbanners für Hessen und Nassau in Frankfurt am Main, wegen illegaler Tätigkeit für die SPD 1937 zu acht Jahren Zuchthaus verurteilt. Nach der Befreiung Rückkehr nach Frankfurt, Höherer Beamter bei der Bundesbahn. 1950-1965 Vorsitzender der Gemeindevertretung in seinem Wohnort Oberhöchstadt.

30 Rudolf *Laun* (1882-1975), Jurastudium, 1919-50 Ord. Professor für Öffentliches Recht und Rechtsphilosophie an der Universität Hamburg.

31 Im Jahrbuch für 1946 werden außerdem noch Wilhelm *Hoegner*, Erich *Ollenhauer*, Kurt *Schumacher* und Gerhard *Weisser* als Mitglieder des Ausschusses genannt, Jb. SPD 1946, S. 17. Jean *Stock* (1893-1965), Buchdrucker, vor 1918 SPD, 1919-33 und 1946-62 MdL (Bayern), 1946-50 Vors., später stellv. Vors. d. sozialdem. Landtagsfraktion, 1945/46 Regierungspräsident von Unterfranken in Würzburg.

32 In der Vorlage „Nichtstaatenbund".

Zu **Punkt 2** (Beratung und Beschlußfassung über die wirtschaftspolitischen Richtlinien)
Genosse **Nölting** erläutert die dem Vorstand schriftlich vorliegenden wirtschaftspolitischen Richtlinien.[33] In einer ausführlichen Aussprache werden eine Reihe von kritischen und ergänzenden Vorschlägen gemacht. Der Vorstand beschließt, den Entwurf der Richtlinien an den wirtschaftspolitischen Ausschuß mit der Maßgabe zurückzugeben, bei einer nochmaligen Durchberatung die in der Diskussion gemachten Anregungen zu berücksichtigen. Dabei sind folgende Punkte in Betracht zu ziehen:

1.) Eine stärkere Unterstreichung des Gesichtspunktes, daß die Verstaatlichung von Betrieben nicht die entscheidende Form der Sozialisierung sein darf. Es sind konkrete andere Formen des öffentlichen Besitzes und der öffentlichen Kontrolle im einzelnen aufzuführen und es ist die Vielgestaltigkeit der sozialistischen Wirtschaftsformen deutlich zu machen.

[2.)] In einem besonderen neuen Abschnitt soll die Rolle der Gewerkschaften in einer sozialistisch geführten Wirtschaft ausdrücklich behandelt werden.

[3.)] Der Ausschuß soll noch einmal die Frage prüfen, ob die Aufnahme des Begriffes freiheitlicher Sozialismus zweckmäßig ist oder ob die mit diesem Begriff verbundenen Vorstellungen in anderer Weise zum Ausdruck gebracht werden können.

Der Ausschuß wird beauftragt, nach Abschluß der Beratungen über die programmatischen Richtlinien sofort mit der Ausarbeitung eines wirtschaftlichen Sofortprogramms, das nicht allein die unerläßlichen Sofortmaßnahmen auf wirtschaftlichem Gebiet enthalten soll, sondern das der Partei auch eine Richtlinie gibt für die Behandlung grundsätzlicher Fragen unter den gegenwärtigen Bedingungen, z.B. eine Stellungnahme zu der Frage, inwieweit die Forderung nach Sozialisierung im Ländermaßstab bei den Beratungen über die Länderverfassungen vertreten werden soll.

Der Vorstand beschließt, dem Ausschuß das Recht zu geben, nach der nochmaligen Überprüfung die wirtschaftspolitischen Richtlinien als Beschluß des Parteivorstandes zu veröffentlichen, bei der Veröffentlichung jedoch ausdrücklich zu unterstreichen, daß es sich bei den Richtlinien nicht um einen Teil eines neuen sozialdemokratischen Parteiprogramms handelt, sondern um Richtlinien für die Programmdiskussion in der Partei.

Zu **Punkt 3** (Beratung und Beschlußfassung über die agrarpolitischen Richtlinien)
Genosse **Kriedemann** erläutert einleitend das vorliegende Material zu agrarpolitischen Richtlinien[34].

---

33 Der Entwurf des wirtschaftspolitischen Ausschusses für „wirtschaftspolitische Richtlinien" ist in den Beilagen zum Protokoll nicht erhalten geblieben.
34 In den Beilagen zum Protokoll befindet sich ein hektographiertes maschinenschriftliches Papier (14 S.) mit dem Titel: „Material zu den Agrarpolitischen Richtlinien 1945". Es wird hier als Anlage 4 abgedruckt. Außerdem befinden sich in den Beilagen zwei Rundschreiben der Agrarpolitischen Abteilung des Parteivorstandes („gez. Herbert Kriedemann") vom 23. Juli und 15.9. 1946 zum Thema „Das zukünftige Schicksal des Großgrundbesitzes", die hier als Anlagen 5 A und 5 B abgedruckt werden.

Dokument 5, 24. bis 26. September 1946

Der Vorstand beschließt nach kurzer Aussprache, das Material an den agrarpolitischen Ausschuß zurückzuverweisen mit dem Auftrag, an Hand dieses Materials programmatische Richtlinien für die Agrarpolitik auszuarbeiten und sie dann dem Vorstand zur Beratung vorzulegen.

Zu **Punkt 4** (Organisationsangelegenheiten)
Genosse **Ollenhauer** berichtet, daß der Genosse Gayk inzwischen eine schriftliche Erläuterung seiner Bedenken gegen die Wahl des Genossen Hans *Weinberger* als Vorsitzender des Arbeitsausschusses der sozialistischen Jugendorganisation vorgelegt hat und daß auch vom Genossen Weinberger ein Brief vorliegt, in dem er seine Tätigkeit in den Jahren zwischen 1933 bis 1945 schildert.

Genosse Ollenhauer schlägt vor, nicht in eine Einzelberatung dieser Briefe einzutreten, sondern einen kleinen Ausschuß mit der Untersuchung der Angelegenheit zu betrauen und den Ausschuß zu beauftragen, dem Vorstand über das Resultat seiner Untersuchung zu berichten. Der Vorstand stimmt diesem Vorschlag zu.

Genosse Ollenhauer berichtet über eine *Unterhaltung mit dem Sekretär des Zonensekretariats der Gewerkschaften in der britischen Zone*, dem Genossen Werner *Hansen*-Bielefeld[35]. Die Unterhaltung führte zu dem Resultat, eine engere Verbindung und Zusammenarbeit zwischen dem Parteivorstand und den leitenden sozialdemokratischen Genossen in der Gewerkschaft herbeizuführen. Auf Grund dieser Vereinbarung sind die Genossen *Böckler*-Köln und Werner *Hansen* zu unserer Parteiausschußsitzung eingeladen worden, und der Genosse Hansen hat dieser Einladung Folge geleistet, während der Genosse Böckler durch Krankheit verhindert war.

Der Genosse **Heine** berichtet über das eigenmächtige Vorgehen des Genossen *Reifferscheidt*-Köln in bezug auf die Herausgabe der Westausgabe der Rheinischen Zeitung. Die Westausgabe ist in direktem Gegensatz zu der schriftlich getroffenen Vereinbarung zwischen dem Parteivorstand und dem Genossen Reifferscheidt erfolgt. Der Parteivorstand beschließt, dem Genossen Reifferscheidt schriftlich die Mißbilligung des Parteivorstandes über sein Vorgehen in dieser Angelegenheit zum Ausdruck zu bringen und diesen Brief auch zur Kenntnis des Bezirksvorstandes Oberrhein zu bringen.

Der geschäftsführende Vorstand wird ermächtigt, Ort und Termin der nächsten Vorstandssitzung zu bestimmen.

---

35 In den Beilagen zum Protokoll befindet sich eine zweiseitige maschinenschriftliche Aktennotiz mit handschriftlichen Ergänzungen und Korrekturen sowie der Überschrift „Besprechung mit Werner Hansen - Bielefeld", die hier als Anlage 6 abgedruckt wird.

Dokument 5, 24. bis 26. September 1946

Anlage 1
Einleitung und Schluß eines Berichts über die Sitzungen
Sozialdemokrat (Berlin) Nr. 69 v. 27.9.1946, S. 2.[36]

Köln 26. September. Eine grundsätzliche Stellungnahme der SPD zur gegenwärtigen Lage Deutschlands, in der die Partei die Verantwortung für die heute in Deutschland herrschenden Verhältnisse ablehnt, wurde am 26. September nach einer dreitägigen Sitzung des Parteivorstandes und Parteiausschusses in Köln bekanntgegeben.

In einer ausführlichen Entschließung der SPD - Führung wurde die Erklärung abgegeben, daß Deutschland in die furchtbarste Katastrophe zu versinken drohe.

Der Vorsitzende der Partei, Dr. Kurt *Schumacher* erklärte u. a., was in Deutschland geschehe, stehe im Zeichen der Außenpolitik. Das nationalsozialistische Regime und die Unmenschlichkeiten, die es anwandte, hätten den Deutschen den Haß der ganzen Welt eingebracht.
[...][37]
In einer längeren Aussprache wandten sich SPD-Vertreter aller Zonen gegen jeden Separatismus und gegen eine Behinderung der Demokratie in Deutschland durch obrigkeitliche Eingriffe in die Selbstverwaltung. Deutschland, so wurde erklärt, brauche so schnell wie möglich eine zentrale Reichsgewalt und müsse seine inneren Angelegenheiten selbst ordnen. Dazu gehöre insbesondere auch die sofortige Inangriffnahme des Neubaues und der Wiederinbetriebnahme der deutschen Wirtschaft. Nur so sei die Chance gegeben, die Katastrophe für Deutschland zu vermeiden.

Anlage 2
„Grundsätzliche Stellungnahme der SPD zur gegenwärtigen Lage"
Hamburger Echo Nr. 52 v. 28.9.1946, S. 1.[38]

Die Entschließung hat folgenden Wortlaut: „Deutschland droht in die furchtbarste Katastrophe zu versinken. Die Verantwortung für die heutigen Verhältnisse trägt das Naziregime, das durch seine Unmenschlichkeit und seine Ausraubung Europas den Deutschen den Haß der ganzen Welt eingebracht hat.

Die Macht in dem zertrümmerten Deutschland wird heute von den Militärregierungen ausgeübt. In keiner der Zonen gibt es eine echte Demokratie. In der östlichen Besatzungs-

---

36 Ein besonderes Kommuniqué über diese Sitzung konnte nicht entdeckt werden, doch hat ein Bericht, der im Berliner „Sozialdemokrat" veröffentlicht wurde, den Charakter eines kurzen Kommuniqués.
37 Es folgen – teilweise im Wortlaut – längere Passagen aus der „Grundsätzlichen Stellungnahme", vgl. Anlage 2.
38 Abgedr. mit der Überschrift „Umkehr oder Untergang?": Jb.SPD 1946, S. 77 f. In den Beilagen zum Protokoll der Sitzung vom 26.September befinden sich noch zwei bis auf den Schluß mit der Druckfassung identische hektographierte Fassungen.

zone fehlen sogar die staatsbürgerliche Gleichberechtigung und das Recht der freien Meinungsäußerung.

In der Politik, Wirtschaft und Verwaltung herrschen wieder die gleichen Kräfte, die uns zu den heutigen Zuständen geführt haben. So sind bei der Vereinigung der britischen und amerikanischen Besatzungszonen sämtliche Zentralbehörden Vertretern kapitalistischer Auffassungen übertragen worden.

Die deutsche Sozialdemokratie hat diese Entwicklung seit langem mit größter Sorge verfolgt. Ihre wiederholten Vorschläge und Mahnungen haben jedoch zu keiner entscheidenden Änderung dieser Politik geführt. Sie ist nicht willens, die politische Verantwortung für Zustände zu tragen, die ihr aufgezwungen werden. Sie macht daher ihre *politische* Mitarbeit von verbindlichen Zusagen abhängig,

daß ein gerechter Lastenausgleich erfolgt, der die Sachwerte im gleichen Umfange heranzieht wie den Geldbesitz;

daß die Sozialisierung der Grundstoff-Industrien, der Energiewirtschaft, der Verkehrsunternehmen, der Banken und der Versicherungsgesellschaften und eine durchgreifende und produktionsfördernde Agrarreform durchgeführt werden;

daß die deutsche Wirtschaftsverwaltung an der über die Kohlenwirtschaft und Eisenindustrie verhängten Kontrolle maßgebend beteiligt wird;

daß das Sozialprodukt gerechter verteilt wird, wozu es einer Neuordnung der Löhne und Preise bedarf;

daß den Sozialrentnern, Kriegsopfern und Opfern des Nationalsozialismus eine ausreichende Rente gesetzlich gesichert und das unsagbare Flüchtlingselend gemildert wird;

daß die Besatzungsmächte mit der Politik der Demontage und der Zerstörung von Material und Anlagen aufhören, aus denen eine Friedensindustrie aufgebaut werden könnte;

daß eine ausreichende Ernährung gesichert und ein Ausgleich der Ernährung zwischen Stadt und Land durchgesetzt wird, wobei anerkannt wird, daß die amerikanische und britische Regierung durch ihre Lebensmittelzufuhren Millionen Deutsche vor dem Hungertod gerettet haben;

daß über die bisherigen Ankündigungen hinaus das hungernde Volk vor der Kälte durch verstärkte Hausbrandversorgung geschützt wird;

daß alle zentralen Verwaltungen demokratisch kontrolliert werden.

Das deutsche Volk muß sich darüber klar sein, daß es bei den kommenden Wahlen diese Forderungen der Sozialdemokratischen Partei Deutschlands unterstützen muß, um ihnen den gehörigen Nachdruck zu verleihen.

Die Sozialdemokratie bekennt sich zur politischen und staatsrechtlichen Einheit Deutschlands. Dabei hält sie eine möglichst weitgehende Dezentralisierung der Verwaltung im Interesse einer echten Demokratisierung für notwendig.

Die Sozialdemokratische Partei Deutschlands ist gewillt, in jeder Form ihrer politischen Aktivität den Geist des Nationalismus zu bekämpfen. Sie verlangt von der Welt und dem deutschen Volk die Möglichkeit, die unverzichtbaren, großen Ideen des Friedens, der

Demokratie und des Sozialismus im Volk und vor allen Dingen in der Jugend lebendig zu machen. Sie sieht darin nicht nur eine nationale, sondern eine europäische und weltbürgerliche Aufgabe.[39]

Diese Forderungen sind *die* Voraussetzungen für eine Änderung unserer unerträglichen Lage. Wir fordern das deutsche Volk auf, sich zu entscheiden: Gegen einen neuen kapitalistischen Umweg, der zu neuen Krisen, Katastrophen und Kriegen führen wird – Für einen sozialistischen und demokratischen Neuaufbau Deutschlands."

Anlage 3 A
Stellungnahme Kriedemanns zu den Anschuldigungen der Kommunisten.
Maschinenschriftl. Papier (Durchschlag, 6 S.) in den Beiakten zum Protokoll

Als durch das „Nein" der Sozialdemokraten der kommunistische Versuch gescheitert war, die Sozialdemokratische Partei auf dem kalten Wege der „Vereinigung" zu erledigen, wußte jeder von uns, daß die KP nun mit anderen Mitteln versuchen würde, ihren historischen Auftrag zu erfüllen: Die Demokratie in Deutschland zugunsten einer neuen Nutznießerdiktatur unmöglich zu machen. Alle, die an diesem „Nein" beteiligt waren, wußten auch, mit welcher Sorte von politischen Argumenten nunmehr gearbeitet werden würde, denn sie kannten die KP und konnten sich denken, daß gewisse Methoden nicht zuletzt unter Verwendung der Technik der braunen Diktatur für die rotlackierte rücksichtslos eingesetzt werden würden.

Darum war es für die Sozialdemokraten keine Überraschung, als ihr erster Sprecher, Kurt Schumacher, das Ziel der unflätigsten Angriffe wurde. Es war uns klar, daß das nur der Anfang war und daß mit den gleichen und ähnlichen Mitteln versucht werden würde, gegen sozialdemokratische Funktionäre zu verdächtigen und zu [verleumden][40]. Darum sind die gegen mich erhobenen und großaufgemachten „Enthüllungen" ebenfalls keine Überraschung. Und für die kritischen Leser dürfte der Hinweis genügen, daß es von einem Kommunisten gegen einen Sozialdemokraten 5 Minuten vor der Wahl gesagt worden ist, um es als Verleumdung zu kennzeichnen. Für die anderen aber soll ausführlich auf die Wahlbombe eingegangen werden. Dabei wird es sich um die Darstellung eines Teils der illegalen politischen Arbeit der Sozialdemokratie handeln, jener Arbeit, auf der der moralische Kredit beruht, den Deutschland nach den Verbrechen des „Dritten Reiches" in der Welt hat, und ich bekenne mich zu einem Anteil an dieser Arbeit, der mir das Recht gibt, als Sozialdemokrat und Deutscher mich ebenbürtig denen zu fühlen, die gegen die Nazi-

---

39 Mit diesen Worten schließt der eine der vorhandenen hektographierten Texte. Im anderen hektographierten Text folgt noch ein Satz: „Die Sozialdemokratische Partei tritt für die Durchführung ihrer Forderung für [muß wohl heißen „als"] ein geschlossenes Ganzes ein, dem sich kein Angehöriger der Partei unter irgendwelchen Umständen entziehen darf." Die folgenden zwei Sätze nur in der Druckfassung.
40 In der Vorlage „verleugnen".

Dokument 5, 24. bis 26. September 1946

diktatur für die Demokratie – und nicht etwa für eine andere Diktatur – mit allen Mitteln gekämpft haben.

In dem Teil der Rede des Kommunisten Müller, der sich mit mir beschäftigt, werden 10 mehr oder weniger konkrete Behauptungen aufgestellt, auf die ich im einzelnen erwidern will:

1.) Mein Bruder sei SS-Mann.
Es ist mir bekannt, daß mein Bruder zur NSDAP gehörte. Davon, daß er SS-Mann war, weiß ich nichts und kann ich auch nichts wissen, da ich seit Jahren keine direkte Verbindung mit ihm hatte, zumal durch meine politische Einstellung die Beziehungen in unserer Familie außerordentlich lose waren.

2.) Dieser Bruder habe die Verbindung mit der Gestapo hergestellt.
Das stimmt nicht. Im Sommer 1936 besuchte mich in Holland, wo ich als Emigrant lebte, mich mit allen möglichen Gelegenheitsarbeiten vom Teppichklopfen bis zum Fahrradreparieren ernährte, Reinhold *Schwabe*[41], von dem bekannt war, daß er Gestapo-Spitzel war und mit dem ich eine persönliche Rechnung zu begleichen hatte, weil er die direkte Ursache für das Ende meiner illegalen Tätigkeit in Deutschland und für mehrere Verhaftungen war, nachdem er aus Prag zurückkam. Er hatte den Eindruck, daß ich mich von aller politischen Arbeit zurückgezogen hatte und auch in keiner Verbindung zu meinen früheren politischen Freunden mehr stand. Tatsächlich gab ich mir damals alle Mühe, diesen Eindruck zu erwecken, um den Rücken für illegale Tätigkeit von meiner neuen Basis aus freizuhaben. Er schlug mir vor, mich mit einem „Herren aus Berlin" zu treffen, und ich ging nach Rücksprache mit meinen Freunden auf dieses Angebot ein. Wir Illegalen wußten, daß die Gestapo auch im Ausland mit allen Mitteln arbeitete. Wir waren uns der Tatsache bewußt, daß zwischen uns und dem „Dritten Reich" ein Kampf auf Leben und Tod bestand und daß man in diesem Kampf nicht zimperlich sein dürfte.

3.) Meine Besprechung mit dem „Herrn aus Berlin", von dem ich auch heute noch nicht weiß, ob er Sattler hieß – bei mir nannte er sich jedenfalls Bahn.
Die Unterhaltung mit Sattler fand in einer Form statt, wie sie sich aus den Erfahrungen der konspirativen Arbeit ergab. Er wollte mit dem Abendzug ankommen und mich am Bahnhof treffen. Eine Berliner Zeitung sollte das Erkennungszeichen sein. Ich war am Bahnhof, um ihn mir erst einmal anzusehen und habe dann die Unterhaltung dadurch auf den nächsten Morgen verschoben, daß ich ihn nicht ansprach. Es war dafür gesorgt worden, daß auf den telefonischen Anruf des „Herrn" in meiner Wohnung eine entsprechende Erklärung abgegeben wurde. Er mußte also seine Telefonnummer hinterlassen und dort – im berühmten Gestapo-Hotel „Victoria" – rief ich ihn an, und wir verabredeten uns für

---
41 Reinhold *Schwabe*, bis 1933 Leiter der Zeitschrift „Der Volksfunk" des Arbeiterradiobundes, 1933 gelegentliche Teilnahme an Sitzungen der Sopade in Prag, 1935 Gründung einer Verlagsbuchhandlung in Berlin - Tempelhof, später vom Exilvorstand als Gestapospitzel verdächtigt, M. Buchholz/B. Rother, S. 29.

den folgenden Tag. Wir wanderten durch die Stadt auf der Suche nach einem geeigneten Lokal – hinter uns einer meiner Freunde. Wir fanden dann einen passenden Ort – in einem Gartenlokal. Auf dem Balkon über uns saß mein Freund. Zur Mittagszeit unterbrach ich das Rendezvous, denn ich wollte mit anständigen Menschen am Tisch sitzen. Am Nachmittag fand eine zweite Unterhaltung statt, und wenn der Mann in seinem Bericht dafür 10 Stunden auf die Spesenrechnung gesetzt hat, ist das seine Sache. Für mich hat er jedenfalls nur zweimal eine Tasse Kaffee bezahlt.

4.) Das Protokoll spricht von 3 Punkten.
Der Gestapo-Mann aus Berlin hatte tatsächlich versucht, von mir eine Reihe von Auskünften zu erhalten. Zu diesem Zweck war er ja auch nach Amsterdam gekommen. Ich hatte nicht das Bedürfnis, mich in seine Gesellschaft zu begeben, nur um ihm meine Meinung über die Gestapo oder das „Dritte Reich" zu sagen. Ich wußte, daß er mich für seine Zwecke mißbrauchen wollte, und ich wollte sehen, inwieweit er für unsere Zwecke zu gebrauchen war. Auf seine allgemeinen Fragen nach politischen Gegnern im In- und Auslande konnte ich [mich] mit dem Hinweis darauf, daß ich mich längst von diesem Personenkreis getrennt hatte, schon seit 2 Jahren keine Verbindung mehr in dieser Richtung unterhielt, aus der Affäre ziehen. Seine Fragen nach politischer Aktivität von Holland aus waren ebenso einfach zu beantworten. Interessant wurde die Sache für mich erst, als er auf die „Sozialistische Front" zu sprechen kam. Einen Tag vor der Unterredung hatte ich erfahren, daß einer der leitenden Funktionäre mit 2 seiner Mitarbeiterinnen nach Holland geflüchtet war, während in Hannover Verhaftungen großen Stiles im Gange waren. Mein „Berliner Herr" wollte wissen, ob ich den Hannoveraner kannte, was ich ihm verneinen mußte. Er erzählte mir dann, daß man eifrig nach einem Polizeibeamten suche, der die „Sozialistische Front" laufend informiert habe und der auch jetzt die Schuld daran trüge, daß die von langer Hand vorbereitete Aktion nicht zum vollen Erfolg geführt habe. Er sagte, daß es sehr wichtig wäre, diesen Polizeibeamten herauszufinden und daß es ein Beweis meines guten Willens sein würde, wenn ich dazu helfen würde. Am Abend des gleichen Tages fand eine berichtgebende Unterhaltung zwischen mir und einigen meiner Amsterdamer Freunde statt, wobei ich den Vorschlag machte, tatsächlich dem Herrn Bahn einmal einen Bericht zu geben. Dabei kam es mir darauf an, ihm 1. einzureden, daß die Herstellung der Zeitungen nicht in Hannover stattgefunden hatte (ich wollte der gefährlichen Sucherei ein Ende zu machen versuchen), und 2. wollte ich ihn hinsichtlich des Polizeibeamten auf eine falsche Spur lenken – natürlich um den Gesuchten zu schützen. Ich habe es damals sehr bedauert, daß einige in der Sache sehr beteiligte Genossen sich nicht entschließen konnten, auch dieses Mittel im Kampfe gegen die Gestapo einzusetzen, aber das ist eine Angelegenheit, die hier nicht zur Debatte steht. Dadurch entfiel die Voraussetzung für „Berichte", und nach meiner Erinnerung wurde nur der Brief wegen der Druckmaschinen nach Berlin abgesandt. Als ich mich dann nicht weiter rührte, unternahm die Gestapo einen zweiten Versuch, mit mir in Berührung zu kommen, sie schickte Schwabe noch einmal nach Holland, wo er prompt verhaftet und später nach Deutschland abgeschoben wurde.

Dokument 5, 24. bis 26. September 1946

Das ist alles, was ich zu der behaupteten Verbindung mit der Gestapo zu sagen habe. Wenn in der Rede des Kommunisten *Müller* behauptet wird, daß ich „viele sozialdemokratische Funktionäre im Lande und außerhalb verraten habe", so ist das ganz einfach eine Lüge, aber eine kommunistische Lüge. D. h., sie ist von einer solchen bewußten Gemeinheit, daß sie den, der sie gegen einen politischen Gegner ausspricht, ein für allemal aus den Reihen der anständigen Menschen ausschließt und in die Kategorie der „rotlackierten Nazis" einreiht. Es ist eigentlich unnötig, diesen Tatbestand noch durch ein ordentliches Gericht bestätigen zu lassen, soll aber trotzdem getan werden. Die sensationelle Aufmachung der „Enthüllung" mit den bei den Kommunisten beliebten Requisiten „S 9" und „V-Mann" soll natürlich der Geschichte einen sachlichen Anstrich geben. Ich kann nicht wissen, ob diese Bezeichnung der Phantasie der Gestapo entspringt oder aus den Köpfen derjenigen kommt, die jetzt in Berlin an Stelle der Gestapo dort sitzen, wo einmal die Gestapo saß, deren Spuren sie leider nicht nur beim Durchstöbern der Archive nachgehen. Wenn die Kommunisten mich zum Gestapo-Agenten ernennen, dann geschieht mir nicht mehr als zahlreichen meiner Genossen in der russischen Zone, die sich das ebenfalls gefallen lassen mußten, und aus dem gleichen Grunde: Weil wir nach 12 Jahren Nazidiktatur uns eine neue Diktatur der KP nicht gefallen lassen wollen, und weil wir uns gegen die Methoden des „Dritten Reiches" auch heute noch wehren, wo sie in anderer Couleur wieder angewendet werden sollen.

Mein politischer Kampf gegen das „Dritte Reich" hat mir 2 Prozesse vor dem Volksgerichtshof in Berlin eingetragen. Ich bin einmal wegen Hochverrat zu 2 und später wegen Landesverrat zu 3 Jahren verurteilt worden. Die kommunistischen [Verleumder][42] würden es natürlich lieber sehen, wenn ich als Opfer des „Dritten Reiches" von ihnen betrauert werden könnte, als daß ich heute noch als lebender Sozialdemokrat übriggeblieben bin. Ich habe es für meine Aufgabe gehalten, das „Dritte Reich" mit allen Mitteln zu bekämpfen. Darin unterscheide ich mich allerdings von den Kommunisten, die einmal ihre Parteiehre darin gesehen haben, zusammen mit dem „Dritten Reich" Krieg zu führen. Damals, als es bei der KP hieß: „Wer gegen Hitler ist, ist auch gegen Stalin, denn die beiden sind Verbündete". Als ich bald nach dem Überfall des „Dritten Reiches" auf Holland verhaftet wurde, habe ich mich gegen die Anklage des Hochverrats zu verteidigen gehabt. Ich hatte nicht das Bedürfnis, einen nutzlosen Märtyrertod zu erleiden und habe immer auf dem Standpunkt gestanden, daß ein illegaler Kämpfer der Gestapo und der Mordjustiz gegenüber jedes Mittel zu seiner Verteidigung anwenden darf außer einem. Er darf nicht versuchen, sich durch Preisgabe seiner Kameraden zu retten. Ich habe es aber nie für meine Aufgabe gehalten, den Herren die Wahrheit zu sagen und ihnen sozusagen den Strick selbst in die Hand zu drücken. So bin ich tatsächlich im ersten Prozeß glimpflich weggekommen und habe es außerdem noch fertiggebracht, beim Volksgericht den Eindruck eines „Verführten" zu machen. Als mein Pflichtverteidiger an das Gericht appellierte, mir die Gelegenheit zur Arbeit in meinem Beruf zu geben und mich nicht einzusperren, stimmte das Gericht zu, und ich konnte als landwirtschaftlicher Inspektor arbeiten. Ich

---

42 In der Vorlage „Verleugner".

habe natürlich von dieser Gelegenheit Gebrauch gemacht, denn es schien mir für die Fortführung unseres Kampfes gegen Hitler besser zu sein, wieder im deutschen Leben drinzustehen, als irgendwo im Gefängnis zu verfaulen. Damals war immerhin schon klar, daß es mit dem „Dritten Reich" sehr bald zu Ende gehen würde.

Die Untersuchungen gegen mich führte ein Herr Rikowski. Bei meiner Entlassung aus der Haft machte er mir recht unverblümt den Vorschlag, doch in Berlin zu bleiben, wo man viel verdienen könne. Ich mußte befürchten, daß man einmal versuchen würde, meine Erkenntlichkeit in den Dienst der Gestapo zu stellen, und hielt es deshalb für absolut notwendig, möglichst weit von Berlin und in möglichst übersichtliche Verhältnisse zu kommen. Ich berief mich u.a. darauf, daß ich mich gerade in der Landwirtschaft betätigen wolle, weil das eine schwere, wenig geschätzte Arbeit sei, von der doch sehr viel abhänge. Vielleicht hätte ich nach Meinung des Herrn Müller und seiner Zuhörer lieber die Wahrheit sagen sollen. Aber dann gäbe es heute einen Sozialdemokraten weniger, und davon kann es gar nicht genug geben. Kurz nach meiner Entlassung wurde ich von der Gestapo Magdeburg erneut verhört, und da ich nicht erkennen konnte, um was es sich dabei handelte, habe ich an Rikowski geschrieben. Herr Müller hätte diesen Brief sicher ganz anders abgefaßt und hätte ihn bestimmt nicht mit „Heil Hitler", sondern mit „Rotfront" unterzeichnet (was übrigens keinen großen Unterschied ausmacht). Noch bevor ich eine Antwort erhielt, wurde ich verhaftet und nach Wilhelmshaven gebracht, wo man von mir das Geständnis des Landesverrats erreichen wollte. Ich habe dort im Keller einer der alten Kasernen volle 7 Monate in Einzelhaft gesessen – ohne Arbeit, ohne Buch, ohne einen Spaziergang und habe mit meinem Verstand um meinen Kopf gekämpft. In endlosen Verhören auf Gestapo- und Kellermanier hat man versucht, mir Widersprüche nachzuweisen. Ich blieb aber bei meiner Darstellung durch die vollen 16 Monate Einzelhaft in Wilhelmshaven, Vechta und Berlin. Meine Verbindung mit einem Ausländer konnte ich nicht abstreiten; aber die andere Seite konnte mir nicht nachweisen, daß ich etwas anderes getan hätte, als auf eine Gelegenheit zu warten, Deutschland einen Dienst erweisen zu können. Ich bin stolz darauf, daß ich in diesem langen und mit sehr ungleichen Mitteln geführten Kampf Sieger geblieben und meinen Kopf behalten habe, ohne daß ich Mittel zur Hilfe nehmen mußte, die einem politischen Kämpfer nicht erlaubt sind. Es gibt keinen Menschen, der von mir sagen könnte, daß ich mich jemals auf seine Kosten zu retten versucht habe, und das genügt mir und meinen Freunden.

Ich weiß, für die Kommunisten ist nur ein toter ein guter Sozialdemokrat, ob er nun durch die Gestapo ermordet wird oder politischen Selbstmord durch seine Vereinigung mit den Kommunisten begeht. Ich bin froh, daß ich zu den lebenden Sozialdemokraten gehöre. Jeder anständige Mensch wird begreifen, daß es einem nach 12 Jahren Elend und Leid schwer wird, in eine Arena zu steigen, in der mit solchen Mitteln gekämpft wird wie mit den „Enthüllungen" der Kommunisten gegen mich. Wir Sozialdemokraten aber wissen, daß dieses Opfer notwendig ist – gerade weil es immer noch die KP von vor 1933 gibt. Unser Kampf gilt der Erneuerung des politischen Lebens in Deutschland und der Überwindung des Nazismus, wie er sich u.a. auch heute noch in der KP erhalten hat, wenn sie mit Nazimethoden kämpft.

Dokument 5, 24. bis 26. September 1946

Anlage 3 B
Parteiintern veröffentlichter Teil der Rechtfertigungsschrift Kriedemanns.
Hektogr. Rundschreiben Nr. 443/46 „an die Mitglieder des PV, der KK, an die Bezirks- und Sondersekretariate, die ‚Redaktionen' und ‚Mitteilungsblätter' vom 12.9.1946" (2 S., erhalten in den Beiakten zum Protokoll)

Werte Genossen!
Im Nachfolgenden senden wir Euch eine 1. Antwort Herbert Kriedemanns auf die Verleumdungen in der kommunistischen Presse.
　Mit Parteigruß! Unterschrift (Fr. Heine)

Herbert Kriedemanns Antwort an die Verleumder

Als Gestapo-Agent „S 9" bezeichnet die Kommunistische Presse Herbert Kriedemann, Mitglied des Vorstandes der Sozialdemokratischen Partei Deutschlands. Die Veröffentlichung, die am Vortage der Wahl in der britischen Zone in den kommunistischen Zeitungen erscheint, soll den Eindruck erwecken, daß Herbert Kriedemann als Gestapoagent gearbeitet, zahlreiche Sozialdemokraten verraten und der Gestapo ausgeliefert hat. Es wird behauptet, daß eine Reihe von Dokumenten vorliegen, von denen zunächst das Protokoll eines Gestapokommissars und 2 andere Dokumente angeblich im Wortlaut wiedergegeben werden.

In einer ausführlichen Stellungnahme von Herbert Kriedemann wird festgestellt:
　„1.) Mein politischer Kampf gegen das Dritte Reich hat mir zwei Prozesse vor dem Volksgericht in Berlin eingetragen. Ich bin einmal wegen Hochverrat zu 2 Jahren und später wegen Landesverrates zu 3 Jahren verurteilt worden. Ich habe es für meine Aufgabe gehalten, das Dritte Reich mit allen Mitteln zu bekämpfen. Darin unterscheide ich mich von vielen Kommunisten, die einmal ihre Parteiehre darin gesehen haben, zusammen mit dem Dritten Reich Krieg zu führen.
　2.) Bei meiner Entlassung aus der Haft versuchte die Gestapo, mich in ihren Dienst zu stellen. Ich habe mich davon freimachen können und habe in der Landwirtschaft gearbeitet. Der in der kommunistischen Presse zitierte Brief diente dieser Absicht. Ich habe keine Antwort darauf erhalten. Ich wurde verhaftet und nach Wilhelmshaven gebracht, wo man von mir das Geständnis des Landesverrats erreichen wollte. Ich habe dort im Keller einer der alten Kasernen volle 7 Monate in Einzelhaft gesessen – ohne Arbeit, ohne Buch, ohne einen Spaziergang und habe mit meinem Verstand um meinen Kopf gekämpft. In endlosen Verhören auf Gestapo- und Gestapokellermanier hat man versucht, mir Widersprüche nachzuweisen. Ich blieb aber bei meiner Darstellung durch die vollen 16 Monate Einzelhaft in Wilhelmshaven, Vechta und Berlin.
　Ich bin stolz darauf, daß ich in diesem langen und mit sehr ungleichen Mitteln geführten Kampf Sieger geblieben und meinen Kopf behalten habe, ohne daß ich Mittel zur Hilfe nehmen mußte, die einem politischen Kämpfer nicht erlaubt sind.

3.) Über die Unterhaltung mit dem Gestapoagenten aus Berlin, die ich in Holland hatte, waren meine illegalen Freunde in Holland unterrichtet. Das Gespräch wurde von ihnen überwacht. Meine Aufgabe war, die Gestapo, die gleichzeitig in Hannover Verhaftungen großen Stiles vornahm, auf eine falsche Fährte zu locken. Über die Einzelheiten dieses Vorgehens gegenüber der Gestapo sind meine holländischen Freunde unterrichtet. Ich habe sie mit ihrem Einverständnis durchgeführt.

4) Ein zweiter Versuch der Gestapo, mit mir in Berührung zu kommen, endete mit der Verhaftung und späteren Abschiebung des zweiten Gestapoagenten.

5.) Ich habe keinen einzigen illegalen Kämpfer verraten oder der Gestapo ausgeliefert. Keiner der von den kommunistischen Zeitungen erwähnten illegalen Sozialdemokraten ist nach meiner angeblichen Gestapotätigkeit oder nach meiner späteren Verhaftung und Verurteilung im Zusammenhang mit mir festgenommen oder verurteilt worden.

6.) Ob, wie die kommunistische Zeitung behauptet, mein Bruder SS-Mann war, weiß ich nicht und kann ich auch nicht wissen, da ich seit Jahren keine Verbindung mit ihm habe. Es stimmt auch nicht, daß dieser Bruder die Verbindung mit der Gestapo hergestellt hat.

7.) Ich weiß, für die Kommunisten ist nur ein toter ein guter Sozialdemokrat, ob er nun durch die Gestapo ermordet wird oder politischen Selbstmord durch seine Vereinigung mit den Kommunisten begeht. Ich bin froh, daß ich zu den lebenden Sozialdemokraten gehöre. Jeder anständige Mensch wird begreifen, daß es einem nach 12 Jahren Elend und Leid schwer wird, in eine Arena zu steigen, in der mit solchen Mitteln gekämpft wird, wie mit den „Enthüllungen" der Kommunisten gegen mich. Wir Sozialdemokraten aber wissen, daß dieses Opfer notwendig ist – gerade weil es immer noch die KP von vor 1933 gibt. Unser Kampf gilt der Erneuerung des politischen Lebens in Deutschland und der Überwindung des Nazismus, wie er sich u.a. auch heute noch in der KP erhalten hat, wenn sie mit Nazimethoden kämpft.

8.) Ich werde gegen die Verleumder Klage bei Gericht erheben."

Anlage 4
Material zu den Agrarpolitischen Richtlinien 1945
Hektogr. ungez. Papier, 14 S., in den Beiakten zum Protokoll

Nach dem Zusammenbruch der Nazi-Herrschaft ist Deutschland ein Trümmerfeld. Zerstört sind die meisten Industrieanlagen und viele Bauernhöfe. Wirtschaftsverbindungen im In- und Ausland sind zerrissen, die Wohnstätten seiner Menschen sind verwüstet und zerrüttet ist die seelische und leibliche Kraft des deutschen Volkes. Wie die äußeren Einwirkungen des Krieges dem Volke Ströme des besten Blutes entzogen haben, so haben 12 Jahre geistiger Knechtung und einer Lügenpropaganda die Überlebenden moralisch zerrüttet.

Für den Aufbau eines neuen Deutschlands des Friedens und der Wohlfahrt müssen nun alle Kräfte eingesetzt werden, die bei diesem Werke helfen können, aber es müssen auch alle Einflüsse rücksichtslos bekämpft und ausgeschaltet werden, die dem Neubau im Wege stehen. Dabei darf keine Zeit verlorengehen, darf keine falsche Rücksicht genommen werden, denn schon die ersten Notmaßnahmen entscheiden darüber, ob sich das deutsche Volk das zum einfachsten Leben Notwendige, nämlich ausreichendes Essen, genügende Kleidung und Wohnung, erarbeiten kann. Von der Planung auf längere Sicht hängt es dann ab, ob der Lebensstandard in Deutschland über die Deckung des primitivsten Bedarfes hinausgehoben werden kann bis zur Erreichung eines auf produktive Arbeit begründeten bescheidenen, aber gesicherten Wohlstandes. Die Grundlagen sowohl für die Sicherung des Existenzminimums wie für den Wiederaufbau auf längere Sicht ist neben der Arbeitskraft der Nation der Grund und Boden, auf dem sie lebt. Nach der Verwüstung der Städte und dem Verlust der meisten industriellen Erwerbsmöglichkeiten ist heute die Landwirtschaft zum entscheidenden Faktor im Leben des deutschen Volkes geworden.

In ihrem Kampf um den Aufbau eines freien und demokratischen Reiches wird deshalb die Sozialdemokratische Partei neben der Sorge für die arbeitenden Menschen der Förderung der Landwirtschaft ihre ganze Kraft widmen. Damit setzt sie die Politik fort, die sie in der ersten Republik begonnen hatte – unbeirrt durch die Gegnerschaft der Reaktion, die mit Lüge und Verleumdung diese Politik bekämpfte, um an ihre Stelle den Junker-Skandal der Osthilfe[43] und schließlich die völlige Knebelung der Landwirtschaft durch die Darré[44]-Backe[45]-Agrarpolitik zu setzen.

Die Sozialdemokratische Partei weiß, daß sie bei der Durchsetzung der Ziele ihres Agrarprogrammes wieder auf ihre alten Gegner stoßen wird, die reaktionären Feinde der Demokratie und eines freien gesunden Landvolkes. Einmal nannten sie sich Konservative, dann versuchten sie, unter dem Namen Deutschnationale die Vertretung ihrer Interessen auf Kosten des ganzen Volkes, bis sie schließlich bei den Nazis landeten. Niemand weiß, in welcher Maske sie wieder auftauchen werden, aber an ihrem Hunger nach den Früchten fremder Arbeit wird man sie erkennen. Die Sozialdemokratische Partei rechnet aber auch darauf, daß die Erfahrungen der letzten Jahre weiten Kreisen der arbeitenden Landbevölkerung die Augen darüber geöffnet haben, wie schamlos man sie im politischen Schachergeschäft zwischen den Schlotbaronen und den Junkern verraten hat. Durch die Vertretung der berechtigten Interessen des arbeitenden Landvolkes will die Sozialdemokratie der Landwirtschaft den Platz im neuen Deutschland sichern, der ihr nach ihrer Bedeutung gebührt, und dem Kampf zwischen Bauern und Industriearbeitern ein Ende machen, indem sie diesen beiden wichtigsten Gruppen des Volkes zeigt, daß sie nun gemeinsame Interessen haben. Die Sozialdemokratie hofft, daß das arbeitende Landvolk

---

43 Als „Osthilfe" wurden die 1926 getroffenen Maßnahmen der preußischen Regierung und der Reichsregierung zu Gunsten der ostpreußischen Landwirtschaft bezeichnet, die dann von der Regierung Brüning auf andere Gebiete Ostelbiens und Ostbayerns ausgedehnt wurden.
44 Walther *Darré* (1895-1953), Studium der Landwirtschaft, 1930 Leiter des agrarpolitischen Referats der NSDAP, 1933-42 Reichsminister für Ernährung und Landwirtschaft.
45 Herbert *Backe* (1896-1947), Studium der Landwirtschaft, Gutsverwalter, NSDAP, seit 1931 enger Mitarbeiter von Darré, 1933 Staatssekretär im Reichsministerium für Ernährung und Landwirtschaft, 1944/45 Reichsminister.

auf den Trümmern seiner in schwerer Arbeit aufgebauten und jetzt durch den Wahnsinn der Nationalsozialisten zerstörten Höfe erkennen möge, daß sie als die Sachwalterin der schaffenden Menschen auch für das Landvolk die zuverlässige Führerin in eine bessere Zukunft ist.

Wie die ganze deutsche Wirtschaft hat auch die Landwirtschaft in den Jahren der Naziherrschaft und vor allem durch den von den Nazis heraufbeschworenen Krieg schwer gelitten. Viele wertvolle Menschen hat sie dem Blutrausch und der Eroberungslust geopfert, die Überlebenden sind durch ein Übermaß von Arbeit unter den schwierigsten Umständen erschöpft. Zahlreiche Höfe und Äcker sind durch Kriegseinwirkungen zerstört, Betriebseinrichtungen, Maschinen, Vieh und Vorräte, die zur Weiterführung der Betriebe notwendig sind, wurden vernichtet. Zu den unmittelbaren Folgen des Krieges kommen die Verluste, die auch auf das Schuldkonto der Nazis kommen, wie die Enteignung tausender Morgen wertvollen Ackers zum Bau von Kasernen, Flug- und Exerzierplätzen, Schießplätzen, Rüstungsbetrieben, Befestigungsanlagen aller Art und ähnlichen sinnlosen Einrichtungen. Auf dieses Schuldkonto ist auch die erzwungene Vernachlässigung der Gebäude und Meliorationsanlagen, des Maschinenparks und der Viehhaltung zu setzen. Berücksichtigt man schließlich den Raubbau an der alten Bodenkraft, den die Nazis durch eine ohne Rücksicht auf vernünftige wirtschaftliche Grundsätze durchgeführte Anbaupolitik erzwungen haben, ohne die nötigen Düngermengen zur Verfügung zu stellen, so ergibt sich abschließend ein trostloses Bild vom Zustande der deutschen Landwirtschaft am Ende des Dritten Reiches.

Vier Milliarden Reichsmark haben die Nationalsozialisten der Landwirtschaft einmal versprochen als Entschädigung dafür, daß sie ihre Rüstungspolitik ausschließlich auf Kosten der Landwirtschaft betrieben hatten. Durch die sogenannte Marktordnung hatten sie die Landwirtschaft völlig gebunden und ihre Produkte zu Preisen abgenommen, die in keinem Verhältnis zu den Preisen für Industrieerzeugnisse standen. Diesen Wechsel auf die Zukunft woll[t]en sie mit der militaristischen Phrase „Aufrüstung des Dorfes" schmackhaft machen. Aber er blieb ebenso uneingelöst wie alle anderen Versprechungen. Der Schaden, den sie dem Dorf durch ihre gewissenlose Politik zugefügt haben, ist dabei ungleich viel höher und bringt zusammen mit den anderen Folgen des verlorenen Krieges die Landwirtschaft an den Rand des Bankrotts. Um die deutsche Landbevölkerung aus der Gefahr der Verelendung zu retten, in die sie durch die Nazi-Mißwirtschaft zusammen mit dem ganzen Volk gekommen ist, und um der deutschen Landwirtschaft zu helfen, ihre großen Aufgaben beim Neubau des demokratischen Reiches und der Sicherung der Existenz des deutschen Volkes erfüllen zu können, hat die Sozialdemokratische Partei die folgenden Programmforderungen aufgestellt.

Bodenbenutzung
Der land- und forstwirtschaftlich nutzbare Boden ist das Grundkapital des deutschen Volkes. Seine Lebensmöglichkeiten hängen in erster Linie von den Erträgen des Bodens ab. Erste Voraussetzung für die Erhaltung der Bodenkraft und für die Erzielung ausreichender Erträge ist die menschliche Arbeitskraft. Darum müssen der Landwirtschaft so

viel Arbeitskräfte zur Verfügung gestellt werden, wie sie zur Erzielung der höchsten Erträge braucht. Die Feststellung der Zahl der in der Landwirtschaft einzusetzenden Menschen ist die erste Aufgabe der Planung.

Alle an der Erzeugung landwirtschaftlicher Güter mitarbeitenden Männer und Frauen sollen einen gerechten Anteil an dem Ertrage ihrer Arbeit haben. Da bei zunehmender Größe des Betriebes die persönliche Leistung des Eigentümers im Verhältnis zu dem ihm zufallenden Gewinn immer kleiner wird, andererseits aber die Gesamtleistung der großen Betriebe für die Volkswirtschaft gemessen an der Leistung kleiner, vom Bauern selbst bewirtschafteter Betriebe, abnimmt, ist das Ziel der sozialdemokratischen Bodenpolitik die Vermehrung der gesunden, auf die Selbstverantwortung des Bauern aufgebauten Höfe auf Kosten der großen Betriebe. Zu diesem Zweck sollen alle Betriebe sofort vom Staat übernommen werden, in denen wegen ihrer Größe die Arbeitskraft des Bauern und seiner Familie nicht mehr der ausschlaggebende Faktor ist. Mit dieser Maßnahme wird neben der dringend notwendigen Bodenreform zugleich noch eine politische und soziale Notwendigkeit erfüllt: Die Brechung der politischen und sozialen Macht des Großgrundbesitzes. Dieser Stand hat in der Geschichte und der wirtschaftlichen Entwicklung des deutschen Volkes durch die Jahrhunderte eine verhängnisvolle Rolle gespielt. Bei der selbstsüchtigen Verfolgung seiner Standesinteressen hat er die berechtigten Ansprüche aller anderen Stände durch Ausnutzung seiner politischen und wirtschaftlichen Macht rücksichtslos unterdrückt – einschließlich der Belange der selbstarbeitenden Bauern. Seine hohen persönlichen Lebensansprüche, die in keinem Verhältnis zu seinen persönlichen Leistungen standen, hat er immer wieder auf dem Umwege über wirtschaftsschädigende Zölle, Staatskredite, einseitig für den Großbesitz betriebene Entschuldungsaktionen auf Kosten der Allgemeinheit und besonders der Bauern befriedigt. Durch seine reaktionäre Politik – besonders in Preußen und den anderen Gebieten mit vorwiegend Großgrundbesitz – hat er die Kluft zwischen Stadt und Land zum Schaden für die ganze Nation immer mehr erweitert. Durch die von ihm den Landarbeitern aufgezwungenen Arbeits-, Lohn- und Wohnungsverhältnisse ist er der Urheber der verderblichen Landflucht gewesen. Er ist mit seinem Anhang in den Kreisen der Berufsoffiziere und der hohen Staatsbeamten der Hort der politischen und sozialen Reaktion, die zusammen mit den eroberungssüchtigen Großverdienern in der Industrie das deutsche Volk auch jetzt wieder an den Abgrund gebracht hat, in den es nun zu versinken droht. Jeder Versuch zur Errichtung eines neuen Deutschlands ist von vornherein zum Scheitern verurteilt, wenn er nicht mit der Beseitigung dieses Krebsschadens beginnt. Das gilt auch besonders für alle Anstrengungen zum Wiederaufbau einer gesunden deutschen Landwirtschaft.

Das durch die Übernahme der Großbetriebe freiwerdende Land darf durch die Überführung in andere Betriebsformen in seiner augenblicklichen Ertragshöhe nicht beeinträchtigt werden. Zu diesem Zweck sind verschiedene Wege gangbar:
1. Genossenschaftliche Bewirtschaftung durch die bisher im Betriebe beschäftigten Personen zu gleichen Rechten und Pflichten unter der Kontrolle der landwirtschaftlichen Selbstverwaltung.

2. Genossenschaftliche Bewirtschaftung durch selbstarbeitende Bauern, deren Betriebe ohne ihre Schuld verlorengegangen sind.
3. Aufteilung in selbständige Höfe, wenn das unter den gegebenen Umständen ohne Schädigung der Erzeugung möglich ist. Bei der Aufteilung sind die früher im Betriebe beschäftigten Landarbeiter bevorzugt anzusetzen. Die neuen Höfe werden im Wege der Erbpacht oder in einer Form vergeben, die der Allgemeinheit die Bodenrechte sichert.
4. Bewirtschaftung auf Rechnung des Staates oder der landwirtschaftlichen Selbstverwaltung. In diesen Fällen ist neben einer beispielgebenden landwirtschaftlichen Betriebsführung besonderer Wert auf die mustergültige Regelung der sozialen Verhältnisse zu legen, um Vorbilder für eine neue soziale Gerechtigkeit auf dem Lande aufzubauen.

Das Eigentum der selbstwirtschaftenden Bauern an Grund, Boden und Betriebseinrichtungen bleibt unangetastet. Unbeschadet der Verpflichtung aller Bodenbenutzer, nach Kräften und unter Zurückstellung ihrer persönlichen Interessen die Betriebe sachgemäß zu führen und für die Sicherstellung der Volksernährung zu sorgen. Es ist die Aufgabe des Staates, den Bauern bei der Erfüllung ihrer Verpflichtung zu helfen durch:

1. Sorge für einen stetigen Ablauf der Beziehungen zwischen Erzeugern und Verbrauchern.
2. Preisregelung für landwirtschaftliche Erzeugnisse, die dem Erzeuger und allen, die an seiner Arbeit produktiv beteiligt sind, einen Lohn garantiert, der im Rahmen der allgemeinen Einkommensverhältnisse gerecht ist.
3. Maßnahmen, die eine Wirtschaftsführung auf lange Sicht ermöglichen, wie sie unter den besonderen Verhältnissen der Landwirtschaft nötig ist.
4. Maßnahmen, die dem Bauern bei seiner wichtigsten Aufgabe helfen, den Boden gesund zu erhalten und seine Leistungsfähigkeit zu steigern.

Da der landwirtschaftlich zu nutzende Boden heute der wichtigste Bestandteil des Volksvermögens darstellt, darf er nicht zum Spekulationsobjekt werden, weder im Wege des Verkaufes noch auf dem Umweg über Verpachtung. Der Staat hat darüber zu wachen, daß der Bodenpreis den realen Wert des Bodens nicht übersteigt, daß der Pachtpreis nicht höher ist, als die Verzinsung des Bodenwertes beträgt. Landwirtschaftliche Betriebe, die im Besitz von Nichtlandwirten sind und als Kapitalanlagen betrachtet werden, sollen so schnell wie möglich in den Besitz dessen überführt werden, der den Boden selbst bearbeitet, evtl. auf dem Umwege der Übernahme durch den Staat und anschließender Verpachtung.

Der landwirtschaftliche Besitz des Staates (Domänen) darf nicht länger dazu dienen, landwirtschaftlichen Großunternehmern ein hohes Einkommen zu sichern. Die laufenden Pachtverträge müssen im Zuge der Übernahme der Großbetriebe aufgelöst werden.

Bei der Übernahme der Großbetriebe muß gründlich mit der Halbheit gebrochen werden, an der alle früheren Siedlungsbestrebungen gescheitert sind, trotz z.T. ausreichender gesetzlicher Handhabe. Die Ablösung des Großgrundbesitzes darf nicht an den Entschädigungsforderungen der bisherigen Eigentümer scheitern. Weder der Staat noch die neuen

Dokument 5, 24. bis 26. September 1946

Betriebe dürfen finanziell zugunsten der früheren Besitzer fühlbar belastet werden. Bei der Festsetzung von Entschädigungen für die Wegnahme des Bodens müssen in erster Linie nicht die Privatinteressen der Grundherren, sondern das Volksinteresse berücksichtigt werden. Dann kommen die Gesichtspunkte der Notwendigkeit der gesellschaftlichen und wirtschaftlichen Entmachtung und der Heranziehung zur Wiedergutmachung des Schadens, den der Großgrundbesitz – zuletzt durch seine enge Verbindung mit dem Faschismus – dem Volksganzen politisch und sozial zugefügt hat.

Da in der Landwirtschaft unter bestimmten Bedingungen und für besondere Aufgaben neben Familienbetrieben auch Großbetriebe ihre Berechtigung haben (Versuchsgüter, Saatgutwirtschaften, genossenschaftliche Musterbetriebe, Betriebe, in denen verstärkter Einsatz großer Maschinen notwendig ist, etwa bei Urbarmachungen) widerspricht die Weiterführung großer Betriebe in ihrer bisherigen Form nicht der Forderung nach Schaffung von Bauernbetrieben. Das trifft besonders auf Staatsbetriebe zu, durch deren Weiterführung der Allgemeinheit ein ständiger Einfluß auf die Entwicklung gesichert werden soll (s.o. Punkt 4).

Dem Bodenbesitzer, der seinen Acker nicht sorgfältig bebaut, die zur Verfügung stehende Arbeitskraft und die übrigen Betriebsmittel nicht verantwortungsbewußt einsetzt und so seine Pflicht gegenüber der Allgemeinheit verletzt, muß das Eigentum zugunsten eines tüchtigeren Wirtes entzogen werden. Bei Unvermögen zur sachgemäßen Bewirtschaftung erfolgt der Übergang im Wege der Verpachtung. Bei festgestellter Böswilligkeit wird bei der Enteignung eine Entschädigung nicht gezahlt.

Landwirtschaftliche Erzeugung
Zur Sicherung der Volksernährung wird den Landwirten die Aufgabe gestellt, mit Fleiß und Sachkenntnis dem Boden einen möglichst hohen Ertrag abzugewinnen. Maßstab für den Ertrag ist die Leistung des Betriebes für die Volksernährung. Der landwirtschaftliche Aufbauplan ist ein Teil der Gesamtplanung der Volkswirtschaft. Von den Forderungen zur Versorgung der Verbraucher dürfen Sonderwünsche nur so weit berücksichtigt werden, wie sie sich ohne Schädigung des Bodens und ohne wesentliche Störungen des stetigen Ablaufes der bäuerlichen Wirtschaft erfüllen lassen. Selbstverständlich wird bei der Gesamtplanung das Streben maßgebend sein, die Lebenshaltung über das Existenzminimum so weit wie möglich heraufzuheben. Das darf aber nicht auf Kosten der dauernden Leistungsfähigkeit der Böden durch Raubbau oder auf Kosten der Arbeitskraft und Freizeit des Landvolkes geschehen.

Die Steigerung der Produktion liegt im Interesse der Erzeuger wie der Verbraucher, denn mit vermehrter Erzeugung steigt der Anteil, mit dem der Verbraucher versorgt werden kann, steigt aber auch der Anteil des Erzeugers am Gesamtertrag der Volkswirtschaft. Er kann dafür einen größeren Teil handwerklicher oder industrieller Erzeugnisse beziehen. Bei der heutigen Abhängigkeit der ganzen Existenz des deutschen Volkes von seiner eigenen landwirtschaftlichen Erzeugung sind alle Anstrengungen zur Hebung der Produktion lebenswichtig für alle. Hierin liegt die Interessengleichheit der Erzeuger und Verbraucher an allen Maßnahmen zur Steigerung der landwirtschaftlichen Erzeugung begründet.

Zur Unterstützung der Anstrengungen der Bauern auf Steigerung der Erzeugung:
1. Förderung aller Einrichtungen des landwirtschaftlichen Forschungs- und Schulwesens einschließlich der Dorfschulen.
2. Bereitstellung aller Betriebsmittel wie Kunstdünger, Maschinen und Geräte zu billigen Preisen. Einflußnahme auf die Erzeugung dieser Betriebsmittel (Verstaatlichung der Düngemittelfabrikation).
3. Bevorzugung des flachen Landes beim Wiederaufbau der Verkehrswege, der Elektrizitätsversorgung, der sozialen Einrichtungen zur Volksgesundheit.
4. Übernahme aller nur möglichen Meliorationsarbeiten zur Bodenverbesserung und Klimaverbesserung, – Flurbereinigung.
5. Anpassung aller Zweige der Verwaltung, soweit sie mit der Landwirtschaft zu tun haben, an die besonderen Umstände in der Landwirtschaft.

Sicherung der ländlichen Lebenshaltung
Die großzügige Lebenshaltung der Großgrundbesitzer und der behäbige Wohlstand vieler größerer Bauern darf nicht darüber hinwegtäuschen, daß die Lebenshaltung des überwiegenden Teiles der Landbevölkerung weit hinter der städtischen Bevölkerung zurückbleibt. Das wird umso deutlicher, je mehr man die zur Lebenshaltung außer der Ernährung gehörigen Ansprüche betrachtet. Ungenügende Abwechslung in der Ernährung, ungesunde Wohnungen, Fehlen hygienischer und sanitärer Einrichtungen, körperliche Überanstrengung – besonders der Frauen und Kinder –, fehlende Freizeit – kein Urlaub, keine durchgehende Arbeitsruhe am Wochenende –, keine befriedigende Entspannungs- und Unterhaltungsmöglichkeit, das sind noch nicht einmal alle Punkte, in denen das Land hinter der Stadt zurückbleibt. Es ist eine einfache Forderung der Gerechtigkeit in einem demokratischen Staat, daß diese Benachteiligung verschwinde. Das Unrecht ist umso größer, als es den Teil des arbeitenden Volkes betrifft, der viel mehr als irgendein anderer Teil die Voraussetzungen für das Leben der Gesamtheit schafft. Zur Überwindung dieses Zustandes ist es nötig, im Bewußtsein des ganzen Volkes die wirkliche Bedeutung der Landwirtschaft in den Vordergrund zu rücken und von dem Makel zu befreien, der ihre Unterbewertung – materiell und ideell – verschuldet hat. Es muß jedem, der in Deutschland ein Stück Brot bricht, klargemacht werden, daß unser ganzes nationales Leben von dem Brot abhängt, das auf unseren Äckern wächst. Wenn die Geringschätzung der Bauernarbeit früher nur eine Gedankenlosigkeit war, als die industrielle Erzeugung und der Verkehr mit dem Auslande scheinbar wichtiger war als die eigene landwirtschaftliche Erzeugung – heute, wo wir durch den Zusammenbruch der Politik des Größenwahns und Verbrechens ganz auf uns selber gestellt sind, können wir eine solche Oberflächlichkeit des Denkens nicht mehr dulden. Die Bedeutung der Landwirtschaft für die Existenz der Gesamtheit darf aber nicht wie bei den Nazis nur mit billigen Worten gefeiert werden, sie muß in erster Linie in der wirtschaftlichen Bewertung der Landarbeit zum Ausdruck kommen. Heute, nach dem Zusammenbruch des Wirtschaftssystems, in dem eine kleine Gruppe auf Kosten der Allgemeinheit hohe Gewinne zu erzielen versuchte, haben wir es beim Neubau leicht, das richtige Verhältnis innerhalb der Volkswirtschaft wiederherzustellen, wenn

wir den Willen und den Mut zur Ehrlichkeit haben. Die Festsetzung der Preise und Löhne muß heute in Deutschland von der Feststellung der Ernährungskosten ausgehen. Die Kosten für die Ernährung errechnen sich nach den Preisen, die der Landwirtschaft gezahlt werden müssen, damit sie ihre Betriebe ordnungsmäßig und erfolgreich führen und die in ihr eingesetzte Arbeitskraft entsprechend den gegenwärtigen Umständen entlohnen kann. Dabei wird zwischen dem Betrag, den der selbstarbeitende Bauer für seine persönlichen Bedürfnisse verwenden kann – Naturalentnahme aus der eigenen Wirtschaft eingerechnet – und [dem][46] Lohn eines vollwertigen landwirtschaftlichen Facharbeiters kein großer Unterschied sein.

Bei dieser Art der Berechnung wird die Lebenshaltung des Landvolkes in allen seinen Gliederungen Richtschnur für die Lebenshaltung aller arbeitenden Menschen in Deutschland sein. Daran muß umso mehr festgehalten werden, als jetzt – nach dem Wegfall vieler anderer Verdienstmöglichkeiten in Industrie und Handel und wegen der Notwendigkeit, früher eingesetzte ausländische Arbeitskräfte durch deutsche zu ersetzen – große Massen aus den Trümmerfeldern der Städte und Fabriken auf das Land überführt werden müssen. Da ihre Mitarbeit in der Landwirtschaft außerdem für die Steigerung der Erzeugung und die Sicherung der Ernährung unentbehrlich ist, darf ihre Umsetzung keine Deklassierung sein, es muß alles getan werden, um ihnen die Umstellung leichter zu machen.

Werden die hier angedeuteten Aufgaben richtig gelöst, dann wird damit zugleich der entscheidende Schritt zur Überwindung der Verstädterung getan, an der unser Volk an Leib und Seele erkrankt ist. Zum Neubau eines demokratischen Volksstaates gehört auch die Bekämpfung dieser Erscheinung, die unter der Naziherrschaft ihren Höhepunkt erreicht hatte.

Die Landarbeiterfrage

Die Sozialdemokratische Partei kämpft für die Besserung der Lage der Landarbeiter, wie sie die Interessen der Industriearbeiterschaft vertritt, weil beide Gruppen als Arbeitnehmer zusammengehören und ein gemeinsames Recht haben – das Recht auf den vollen Ertrag ihrer Arbeit und auf politische Gleichberechtigung. Der Weg zur Erkämpfung dieses Rechtes ist die solidarische Zusammenarbeit aller Arbeiter in der Partei und der Gewerkschaft. Gerade jetzt, wo es sich darum handelt, die Lasten des verlorenen Krieges richtig zu verteilen, darf auch die Kraft der Landarbeiter, deren Zahl noch zunehmen wird, in den Organisationen nicht fehlen.

Zur Überwindung des wirtschaftlichen und sozialen Rückstandes der Landarbeiter gegenüber den Arbeitern in der Industrie ist es nötig, die Lage der Landwirtschaft allgemein zu bessern, vor allem aber den antisozialen Einfluß des Großgrundbesitzes endgültig zu brechen. Auf diese Aufgaben konzentriert die Sozialdemokratie ihre Kraft, nicht nur im Interesse der Landarbeiter.

---

46 In der Vorlage „der".

Im einzelnen werden folgende Forderungen in den Vordergrund gestellt:
1. Völlige Gleichstellung des Landarbeiters mit allen anderen Arbeitern in den Fragen des Lohnes, der Arbeitszeit, der Arbeitsbedingungen, der sozialen Fürsorge. Die besonderen Umstände der Landarbeit – wie Arbeit im Freien und bei schlechtem Wetter, Sonntagsarbeit zur Viehpflege usw. – dürfen nicht länger zu Lasten der Landarbeiter gehen, sondern müssen ausgeglichen werden.
2. Zur Sicherung der Unabhängigkeit der Landarbeiter von ihren Arbeitgebern muß das System der Werkswohnungen sofort aufgegeben werden. Alle Arbeiterwohnungen sollen sofort in den Besitz der Gemeinden überführt werden, die aus den eingehenden Mietbeträgen die Unterhaltung und Amortisation vornehmen. In Anbetracht der schweren Schädigungen vieler Generationen von Landarbeiterfamilien durch das System der Werkswohnungen, das vielfach eine tatsächliche Versklavung darstellte, ist es zu verantworten, wenn bei der Übernahme nur eine minimale Entschädigung an den Vorbesitzer gezahlt wird. Die schnelle und radikale Durchführung dieser Maßnahme ist zugleich die Voraussetzung für das Wachsen eines freien politischen Lebens in den Landgemeinden und damit ein wesentlicher Beitrag zur Entstehung eines demokratischen Volksstaates.
3. Zur Sicherung der Durchführung aller Maßnahmen zum Schutze der Landarbeiter sind besondere Kontrollorgane aus den Kreisen der organisierten Arbeiter einzusetzen. Bei der bisherigen politischen Isolierung und [den][47] dadurch bedingten mangelnden Erfahrungen in allen Fragen des Arbeits- und Sozialrechtes ist eine solche zusätzliche Sicherung der Landarbeiter unumgänglich nötig.

Landwirtschaftliche Selbstverwaltung und landwirtschaftliches Genossenschaftswesen
Im Zuge der Dezentralisierung von Wirtschaft und Verwaltung und der Zerschlagung der Großindustrie, wie sie außer den bisher geschlossenen Maßnahmen noch verstärkt im Friedensvertrag gefordert werden, wird sich das gesamte deutsche Leben neu organisieren müssen. Es kommt nun darauf an, das Nötige mutig und entschlossen zu tun, nicht zu zögern, nicht am Alten zu kleben, wenn es doch nicht erhalten bleiben kann. Neue Wege muß auch die Landwirtschaft der selbstarbeitenden Bauern gehen, sowohl innerhalb ihrer Betriebe wie auch in ihrem Verhältnis zum Volksganzen.

Die landwirtschaftliche Selbstverwaltung soll auf breiter, demokratischer Grundlage aufgebaut sein. Sie darf keine Domäne der größeren Besitzer sein, kein Machtinstrument des Staates, wie es der Reichsnährstand mit seinen Renommierbauern war. Erste Aufgabe der Selbstverwaltung ist die Kontrolle und Beurteilung der Bauernarbeit durch Bauern nach den Grundsätzen fortschrittlicher Landwirtschaft. Dazu tritt gleich wichtig die Zusammenarbeit mit den Organen des Staates zur Festsetzung der Pflichten und der Ansprüche der Landwirtschaft gegenüber der Allgemeinheit im Rahmen der Gesamtwirtschaftsplanung. Oberstes Ziel der Selbstverwaltung muß sein, die deutschen Bauern, die Betreuer des wichtigsten materiellen Besitzes des Volkes, zur Erkenntnis ihrer großen Verantwor-

---
47 In der Vorlage „der".

tung gegenüber dem deutschen Volk zu bringen und dafür zu sorgen, daß das Landvolk seinen vollen Beitrag zum Neubau für Volk und Staat leisten kann. Dazu gehört auch die Vertretung der sachlichen und ideellen Forderungen der Landwirtschaft, die Kontrolle und Leitung der Einrichtungen zur Förderung der Betriebe. Die Selbstverwaltung soll aber keine engstirnige Interessenvertretung sein, sondern ein gleichberechtigter Teil der deutschen Wirtschaftsverwaltung und -planung.

In der deutschen Bauernlandwirtschaft – und dazu soll die Landwirtschaft sich mit Hilfe der Bodenreform entwickeln – haben die Genossenschaften eine besondere Bedeutung. Der Staat soll sie deshalb in jeder Hinsicht fördern durch Maßnahmen der Besteuerung wie der Verwaltung, ohne Rücksicht auf Sonderinteressen. Gut geleitete Genossenschaften sollen die Tätigkeit der landwirtschaftlichen Selbstverwaltung in den Beziehungen der Bauern mit anderen Bevölkerungsgruppen und Wirtschaftszweigen ergänzen. In den Genossenschaften soll die ganze wirtschaftliche Kraft der Bauernlandwirtschaft konzentriert werden. Eine solche Zusammenfassung ist nicht nur für die Bauern selbst von Bedeutung, sondern auch für die Gesamtplanung der deutschen Volkswirtschaft. Es muß zur Vermeidung verteuernder und unübersichtlicher Handelsumwege erreicht werden, daß die Genossenschaften der Erzeuger die Waren bis unmittelbar an den Verbraucher heranbringen, über größere Entfernungen mit Hilfe einer Genossenschaftszentrale und der Verbrauchergenossenschaften. Die Genossenschaften, die den Absatz versorgen, müssen zugleich die Qualitätskontrolle ausüben. Genossenschaften zur Versorgung der Landwirtschaft mit Betriebsmitteln müssen so zusammengefaßt werden, daß sie das ganze Gewicht des landwirtschaftlichen Bedarfes einsetzen können. Nur auf diese Weise können sie auch den nötigen Einfluß auf die Erzeugung von Maschinen, Geräten usw. ausüben, wie es für die Entwicklung der Technik in der Landwirtschaft nötig ist.

Besondere Aufmerksamkeit muß dem Ausbau von Betriebsgenossenschaften gewidmet werden. Sie werden gegen früher ein ausgedehnteres Arbeitsfeld haben, wenn Großbetriebe in genossenschaftliche Bewirtschaftung überführt werden. Außerdem wird sich bei den Bestrebungen zur Hebung der Leistungsfähigkeit kleiner und kleinster Betriebe zeigen, daß vielfach nur eine genossenschaftliche Bewirtschaftung die Arbeitskraft und die technischen Hilfsmittel erfolgreich zum Einsatz bringen kann. Die Betriebsgenossenschaften müssen durch Beispielwirtschaften mit genossenschaftlicher Betriebsführung das bestehende Mißtrauen und den ängstlichen Egoismus überwinden, durch die heute in den Zwergbetrieben trotz großer persönlicher Opfer der Betreffenden der Volkswirtschaft wertvolle Arbeitskraft und Bodenerträgnisse verlorengehen. [Der][48] Auswahl geeigneter Menschen, ihrer Erziehung zu genossenschaftlichem Denken und ihrer Ausbildung müssen alle beteiligten Stellen ihre volle Aufmerksamkeit zuwenden.

Landwirtschaftliche Finanz- und Steuerpolitik
Der Besitz selbstarbeitender Bauern soll nur in den oberen Größenklassen besteuert werden. Dabei sind die Besitzer stärker heranzuziehen, die durch günstige Verhältnisse, gute

---

48 In der Vorlage „Die".

Böden, Klimalage usw. von der Natur begünstigt sind. Vom Betriebsgewinn soll nur der Teil versteuert werden, der über den Lohn für seine persönliche Arbeit und die seiner Familie sowie über die geldliche Entschädigung für seine Verantwortung als Betriebsleiter hinausgeht. Auch in der landwirtschaftlichen Steuerpolitik muß der Grundsatz herrschen, daß zur gerechten Verteilung der Lasten des verlorenen Krieges und der Schuld, die das ganze Volk nach dem Hitlerverbrechen gemeinsam zu verantworten hat, das Arbeitseinkommen aller im Rahmen der Arbeitsplanung mitarbeitenden Menschen nur nach der ihnen obliegenden besonderen Verantwortung (z.B. als Betriebsführer) oder entsprechend der über das normale Maß hinausgehenden Arbeitszeit gestaffelt sein darf, nicht aber nach anderen Gesichtspunkten, wie etwa der gesellschaftlichen Stellung. Keinesfalls aber darf der Ertrag landwirtschaftlicher Arbeit auf dem Umwege über die Besteuerung geringer sein als der einer anderen Arbeit.

Bei dem Einsatz öffentlicher Mittel soll [der][49] in diesen Programmforderungen wiederholt erwähnte[n] Tatsache, daß die Landwirtschaft, besonders unter den Verhältnissen nach dem Kriege, der wesentlichste Faktor der Volkswirtschaft ist, voll Rechnung getragen werden. Alle hier aufgeführten Maßnahmen zur Förderung der Landwirtschaft sind wichtiger als alle aussichtslosen Versuche, die zerbrochene Form des früheren Lebens wieder zu leimen. Nur auf einem gesunden Fundament kann sich das deutsche Volk wieder aufbauen. Unter den uns bekannten Umständen und den Bedingungen, die wir zu erwarten haben, wird eine leistungsfähige Bauernlandwirtschaft dieses Fundament sein müssen.

Die Diktatur des Kapitalismus über das deutsche Volk ist zerbrochen. Der letzte Versuch, nicht nur das eigene Volk, sondern alle europäischen Völker dauernd zu unterjochen, ist von den Waffen der vereinigten Demokratie zerschlagen worden. Der Nationalsozialismus, die Schutzgarde der Unterdrücker, hat durch Terror und Lügen das arbeitende Volk gezwungen, den Weg zu gehen, der in den Abgrund führt. Das Spiel der Herren ist aus, und vor den Trümmern seiner einst so reichen Habe steht das arm gewordene Volk. Keiner von denen, die ihm dieses Schicksal bereitet haben, will nun die Verantwortung übernehmen, nur die, die hinter den Kulissen des Dritten Reiches an den Fäden gezogen haben und glauben, unerkannt geblieben zu sein, schicken sich an zu retten, was für sie noch zu retten ist – auf Kosten des Volkes, das nun für das Verbrechen büßen soll.

Die Sozialdemokratische Partei, das sind die Männer und Frauen, die für ihre Überzeugung und wegen ihres Kampfes gegen den Nationalsozialismus in die Zuchthäuser und Konzentrationslager gegangen sind und nun wieder vor die Front der arbeitenden Menschen treten, die vielen Tausende, die trotz Terror und Verleumdung auch unter dem Druck der Diktatur der Idee der Freiheit und des Menschenrechtes, wie der wahre Sozialismus sie verkündet, treugeblieben sind. In der Stunde, die darüber entscheidet, ob Deutschland in dem nationalsozialistischen Chaos untergehen soll oder ob es als ein neues Reich der Freiheit und Gleichberechtigung für alle arbeitenden Menschen wieder erstehen wird, ruft diese Sozialdemokratie alle, die an der Zukunft mitbauen wollen, in ihre

---

49 In der Vorlage „die".

Reihen. Alle, die in Stadt und Land von ihrer Arbeit leben, sind aufgerufen. Vom Grabe des Kapitalismus führt nur ein Weg hinweg: Der Weg in die sozialistische Gesellschaft.

Die Sozialdemokratische Partei hat in den Jahren ihres Bestehens einen unermüdlichen Feldzug für diese Erkenntnis geführt. Sie hat zuerst den Massen der Industriearbeiter gezeigt, wie sie sich gegen Ausbeutung und politische Unterdrückung durch Zusammenschluß in einer mächtigen Organisation schützen müssen. Trotz vieler Widerstände von den Gegnern der Freiheit und der Mehrheit ist damals die Organisation der Partei zu einer Vereinigung von Millionen geworden, von denen jeder freiwillig für die Ziele des Sozialismus seine Stimme abgegeben hat. Als der Kapitalismus sah, daß immer größere Kreise des Volkes erkannten, wo die Ursache ihres wirtschaftlichen Elends lag und die Gefahr immer näherrückte, daß die Sozialdemokratische Partei die Mehrheit des Volkes unter ihrem Programm der Befreiung der Arbeit von Elend und Ausbeutung zum entscheidenden Schlag gegen den Kapitalismus vereinigen würde, hetzte er die Hunde der Diktatur auf die Vorkämpfer für Recht und Freiheit. Viele Jahre hat der Kampf gedauert, der schon lange nur noch Mord an Wehrlosen war. Aber schließlich zerbrach die Gewalt und wieder kann die Sozialdemokratie die Massen aufrufen. Sie muß ihnen aber sagen, daß nach Hitlers Wahnsinnstaten alles viel schwerer geworden ist, daß nur äußerste Anspannung aller Kräfte nach einem Plan das Volk aus dem Abgrund retten kann, in den die Diktatur es gestürzt hat. Große Anstrengungen und große Opfer müssen von allen gefordert werden, wenn wir die Verpflichtungen erfüllen wollen, die uns nach dem verlorenen Kriege auferlegt werden und außerdem das eigene Volk ausreichend ernähren wollen. Wenn wir nicht guten Willen zeigen, unsere Verpflichtungen gegenüber der Welt zu erfüllen, wird man kein Erbarmen mit uns haben, uns keine Hilfe zuteil werden lassen. Wenn wir unserem Volk nicht Arbeit und Nahrung sichern, wird unter den führer- und richtungslos gewordenen Massen ein Kampf aller gegen alle ausbrechen, in dem ganz Deutschland – auch noch der letzte Hof, der bisher noch [von]⁵⁰ den Schrecken des Krieges verschont blieb – untergehen muß.

Aus der Feuerprobe des Faschismus ist die Sozialdemokratische Partei geläutert hervorgegangen. Schlacken sind abgefallen, die alte Kraft hat sich bewährt. Sie will die Verantwortung für die neue Zeit übernehmen, weil sie den Weg dahin weiß. Wenn jetzt auch das arbeitende Landvolk vertrauensvoll ihrer Führung folgt, wird das große Ziel erreicht werden.

Aus dem faschistischen Chaos in die freie sozialistische Gemeinschaft, in der das gesunde Fundament des Staates demokratische Dorfgemeinden sind, in denen der Bauer als freier Mann mit seiner fleißigen Arbeit das tägliche Brot für alle schafft und von allen arbeitenden Menschen Hilfe und Achtung empfängt.

---

50 In der Vorlage „vor".

Anlage 5
Zwei **Rundschreiben** *Kriedemanns* zum Thema „**Das zukünftige Schicksal des Großgrundbesitzes**"

[A] **Rundschreiben der Agrarpolitischen Abteilung des Parteivorstandes vom 23. Juli 1946**
Hektogr. Ex., Abschrift, 2 S., in den Beiakten zum Protokoll

Wunschgemäß wird nachstehend zu den ersten drei von der Kontrollkommission gestellten Fragen Stellung genommen, um die Fortführung der Diskussion im Ausschuß für Bodenreform zu erleichtern und zu beschleunigen.

a) Die Forderung nach Aufhebung des privaten Großgrundbesitzes ergibt sich als Konsequenz aus dem Zusammenbruch des privatkapitalistischen Wirtschaftssystems. Die weitgehende Zerstörung der deutschen Volkswirtschaft und der Verlust des größten Teiles des Volksvermögens bedingen zur Rettung der Existenz des deutschen Volkes einen weitgehenden Lastenausgleich. Er kann nur erreicht werden durch eine Neuverteilung des noch verbliebenen Besitzes nach den Gesichtspunkten sozialer Gerechtigkeit und volkswirtschaftlicher Notwendigkeit.

Unsere Stellungnahme gegen den privaten Großgrundbesitz bedeutet nicht im gleichen Umfang eine Stellungnahme gegen den Großbetrieb.

Wegen der Verschiedenheit der Bodenqualitäten und anderer wertbestimmender Faktoren müssen sowohl Flächengröße wie Kapitalwert berücksichtigt werden. Unsere Forderung geht dahin, daß in Zukunft kein Grundbesitz von mehr als 100 ha und im Werte von mehr als 130.000 RM in Privatbesitz verbleiben darf. Dabei sind alle Verschleierungen des tatsächlichen Besitzverhältnisses unmöglich zu machen.

b) Die Bodenbesitzreform darf sich keinesfalls in einer Verminderung der landwirtschaftlichen Produktion auswirken. Sie soll vielmehr durch Beseitigung des sozialen Unrechts und der Lähmung der Arbeitsfreude durch wirtschaftliche Abhängigkeit und Ausbeutung der Arbeitenden durch die Großbesitzer entscheidend zu der notwendigen Steigerung der landwirtschaftlichen Produktion auf deutschem Boden beitragen.

Bei der Zerschlagung natürlich gewachsener Betriebe würden sich mindestens für mehrere Übergangsjahre Produktionsausfälle nicht vermeiden lassen. Außerdem würden wegen der bekannten, an Unmöglichkeit grenzenden Schwierigkeiten neue Betriebe weder mit Gebäuden noch mit lebendem und totem Inventar so ausgerüstet werden können, daß sie voll leistungsfähig sind. So würde die uneingeschränkte Forderung nach Aufteilung der Großbetriebe auf absehbare Zeit die Bodenbesitzreform unmöglich machen. (Gegenüber verschiedenen Verfechtern dieser Forderung kann übrigens festgestellt werden, daß die Forderung gerade in der Absicht der Verhinderung einer vernünftigen und wirksamen Bodenreform erhoben wird.)

Abgesehen von den Fällen, in denen die Schaffung kleiner Höfe für selber arbeitende Bauern oder die Schaffung anderer selbständiger Betriebe wie etwa Gärtnereien und dgl. aus dem durch die Bodenbesitzreform freiwerdenden Land unter Beachtung der obengenannten Notwendigkeiten möglich ist, sollen die Güter als Betriebseinheit erhalten bleiben.

Dadurch wird
1. die sofortige Durchführung der Bodenbesitzreform als einer entscheidenden Voraussetzung für den inneren Frieden ermöglicht,
2. die weitestgehende Ausschöpfung der Erzeugungsfähigkeit der Betriebe, ohne Rücksicht auf Gesichtspunkte privatwirtschaftlichen Profitstrebens und unter ausschließlicher Beachtung volkswirtschaftlicher Notwendigkeiten, gesichert. Der Gemeinschaft der an der Leistung der einzelnen Betriebe tatsächlich beteiligten Personen fließt der volle Ertrag ihrer Arbeit ohne Ausbeutung durch den früheren Produktionsmittelbesitzer zu. Dabei ist die Sicherung einer stetigen und nur von sachlichen Gesichtspunkten ausgehenden Betriebsführung ebenso notwendig wie leicht durchführbar. Unbeschadet der erwünschten Initiative und der weitgehenden wirtschaftlichen Selbständigkeit der einzelnen Betriebsgemeinschaften ist auch die Sicherung der berechtigten Interessen der Allgemeinheit am Grund und Boden und an seinen Leistungen leicht zu verankern.

c) Um die Durchführung der Bodenbesitzreform sofort zu ermöglichen und die Stetigkeit der Betriebsführung und die volkswirtschaftliche Rentabilität zu sichern, erfolgt eine sofortige Überführung der entprivatisierten Betriebe und Betriebsmittel bis zur Regelung der neuen Besitzverhältnisse in die Treuhänderschaft der Allgemeinheit.

Grundsätzlich stehen wir auf dem Standpunkt, daß die nicht vermehrbaren Güter und Produktionsmittel wie Grund und Boden, Bodenschätze usw. im Obereigentum der Allgemeinheit stehen.

Die an der Bearbeitung des Bodens usw. unmittelbar beteiligten Menschen sollen aber in den von privaten Produktionsmittelbesitzern ungeschmälerten Genuß ihres Arbeitsertrages kommen, insbesondere soll ihnen die durch ihre Arbeit erzielte Wertsteigerung unmittelbar zufließen. Sie sollen während einer Übergangszeit den auf sie entfallenden Anteil am Volksvermögen durch ihre Arbeit erwerben und in jeder Weise denen gleichgestellt sein, die in ihrem gegenwärtigen Besitzstand ungeschmälert bleiben, weil er in den Grenzen liegt, in denen auch nach der Katastrophe und unter den Gesichtspunkten einer neuen – sozialistischen – Wirtschafts- und Gesellschaftsordnung Eigentum gerechtfertigt und als eine der Grundlagen der Persönlichkeitsbildung erwünscht ist.

Dokument 5, 24. bis 26. September 1946

[B] **Rundschreiben der Agrarpolitischen Abteilung des Parteivorstandes vom 15. 9. 1946**

Hektogr. Ex., 2 S., in den Beiakten zum Protokoll

Nachstehend ergänze ich mein Schreiben vom 23. Juli 1946 und bringe zu den restlichen Fragen der Kontrollkommission damit die Meinung meiner Partei zum Ausdruck, wie ich sie bereits in den Verhandlungen des Sonderausschusses vorgetragen habe.

d) 1. Neue Bauernstellen sollen aus dem durch die Bodenreform frei werdenden Land in der Größe geschaffen werden, daß der Umfang der Arbeit, die zur vollen Ausschöpfung der Erzeugungsmöglichkeiten erforderlich ist, der Arbeitskraft des Bauern und seiner Familie nach den bäuerlichen Lebensgewohnheiten entspricht. Die Betriebe können Privateigentum werden, soweit dadurch nicht eine Bevorzugung solcher Bewerber erfolgt, die noch Privatvermögen gerettet haben. Bei der Erwerbung neuer Bauernstellen ist grundsätzlich nur auf die persönliche und berufliche Eignung des Bewerbers Rücksicht zu nehmen. Unbemittelte, zum Beispiel Landarbeiter, müssen Eigentümer etwa auf dem Wege der Erbpacht werden.

2. Die Möglichkeit, neue, lebensfähige Bauernwirtschaften einzurichten, die zur Ausschöpfung aller Erzeugungsmöglichkeiten imstande sind, hängt von der Entwicklung der deutschen Gesamtwirtschaft ab. Da diese Entwicklung nach Umfang und Tempo jetzt nicht beurteilt werden kann, kann die Frage nicht beantwortet werden. Im übrigen muß noch bedacht werden, daß die Zahl der zu errichtenden kleinen Wirtschaften in Privateigentum oder Erbpacht nicht nur von den technischen Möglichkeiten, sondern auch von den agrarpolitischen Notwendigkeiten in Deutschland abhängt.

3. Ergibt sich aus der Antwort zu 2.

e) Abgesehen von den Fällen, in denen der bisherige Eigentümer aus politischen Gründen (Naziaktivist, Kriegsverbrecher usw.) entschädigungslos enteignet wird, soll nach unserer Meinung ein im Zuge der Bodenreform zu enteignender Besitzer für die ersten 100 Hektar seines Besitzes nach einem billigen Rentenverfahren entschädigt werden. Für die darüber hinausgehende Fläche soll er mit seinen Ansprüchen denen gleichgestellt sein, die ihr Eigentum als Folge des Nazismus oder des Krieges verloren haben (Vertriebene, Ausgebombte usw.)

f) Grund und Boden in öffentlichem Besitz ist grundsätzlich von der Neuverteilung im Wege der Bodenreform auszunehmen. Jede Überführung von öffentlichem Eigentum in Privatbesitz wird abgelehnt. Land- oder forstwirtschaftlicher Grundbesitz gemeinnütziger Körperschaften, Genossenschaften und Kirchen soll, soweit seine Verwendung nicht den Grundsätzen der Bodenreform, der Steigerung der landwirtschaftlichen Erzeugung, der gerechte[n] Entlohnung der landarbeitenden Bevölkerung, der Unterbringung von möglichst vielen Menschen unter sozial gerechten Verhältnissen widerspricht, ebenfalls von der Bodenreform ausgenommen werden.

Dokument 5, 24. bis 26. September 1946

Aus der Beantwortung der Fragen a) - f) ergeben sich die Forderungen der Sozialdemokratischen Partei für die Bodenreform, hier beschränkt auf den Großgrundbesitz entsprechend dem Auftrage der Britischen Kontrollkommission [Control Commission for Germany (British Element]. Die Sozialdemokratische Partei tritt ein für eine gründliche und schnell durchgeführte Bodenreform

1. zur Sicherung des inneren Friedens und der Demokratie in Deutschland,
2. zur Steigerung der landwirtschaftlichen Erzeugung,
3. zur Herstellung einer neuen, sozial gerechten Ordnung auf dem Lande,
4. als Beitrag zur Wiedergutmachung der Schäden, die durch den Nationalsozialismus und den von ihm verursachten Krieg an der Lebenskraft und der Wirtschaft des Volkes entstanden sind.

Sie fordert zu diesem Zweck die Wegnahme aller Betriebe von mehr als 100 Hektar Bodenfläche aus der Verfügungsgewalt der bisherigen Eigentümer gegen Entschädigung.

Sie tritt ein für die Errichtung neuer, selbständiger Bauernstellen im Umfange eines gesunden Familienbetriebes – verschieden in der Größe nach der Art des Betriebes als Landwirtschaft oder Gartenbau. In den Fällen, in denen eine Aufteilung bisheriger Großbetriebe nicht möglich ist, sollen sie im bisherigen Umfange erhalten bleiben, aber nicht unter Belassung oder Neuvergebung an einen einzelnen Besitzer oder Pächter. Vielmehr soll – unter Vermeidung der überholten Form der Produktivgenossenschaft – der Betrieb durch eine Gesellschaft bewirtschaftet werden, deren Anteile in hervorragendem Maße in den Händen derjenigen sind, die den Boden bearbeiten, den Betrieb leiten oder sonst durch ihre produktive Arbeit zur Betriebsleistung beitragen. Einzelheiten über die dadurch entstehende neue Form des Individualeigentums können im Rahmen dieser Stellungnahme nicht ausgeführt werden, stehen aber jederzeit zur Verfügung.

Ergänzend sei bemerkt, daß nach der Meinung der Sozialdemokratischen Partei über die Enteignung des Großgrundbesitzes hinaus weitere Maßnahmen zur Durchführung der Bodenreform nötig sind, zum Beispiel eine prozentuale Landabgabe von Betrieben unter 100 Hektar. Dadurch dürfen selbstverständlich die betroffenen Betriebe in ihrer Leistungsfähigkeit nicht beeinträchtigt werden, und grundsätzlich sind von ihr auszunehmen die Wirtschaften im Umfange eines Familienbetriebes.

Anlage 6
Aktennotiz über eine Besprechung Ollenhauers mit Werner Hansen vom Zonensekretariat der Gewerkschaften der Britischen Zone
Maschinenschriftl. Ex. mit handschriftl. Ergänzungen, 2 S., in den Beiakten zum Protokoll

1. Die Gewerkschaften sehen klar, daß von verschiedenen Seiten, besonders von den Kommunisten, Fraktionsarbeit versucht wird. *Böckler* und verschiedene andere führende Gewerkschaftler sind entschlossen, gegen die Fraktionsarbeit Stellung zu nehmen. In einer Sitzung in Köln hat *Böckler* in einer Rede keinen Zweifel darüber gelassen und schriftliche Zusagen von den Betreffenden dafür verlangt, daß sie die Fraktionsarbeit in den Gewerk-

schaften aufgeben. Auch andere sind entschlossen, notfalls Konsequenzen zu ziehen und diejenigen aus den Gewerkschaften herauszuwerfen, die Fraktionsarbeit leisten. Unter diesem Gesichtspunkt wird natürlich auch die Abwehrarbeit der Sozialdemokratie gegen die kommunistische Fraktionsbildung als Zellenarbeit betrachtet. Es ist wichtig, krasse Fälle kommunistischer Zellenarbeit zu melden.

2. Die Gewerkschaften werden anläßlich der Zonenbeiratssitzung vom 17. und 18. September an die Parteien herantreten und mit ihnen Rücksprache wegen der Zonenzentralämter nehmen. Sie legen Wert darauf, zentrale Institutionen auf dem Gebiet der Wirtschaft und der Arbeit zu erhalten und glauben, daß die Lösung von vor 1933 auf dem Gebiete der Arbeitsverwaltung durchaus glücklich war und im Prinzip wiedererstrebt werden sollte. Sie sind dagegen, daß Länderministerien dieser Art über zentrale Fragen entscheiden. Sie sind wie wir der Meinung, daß durch derartige Kompetenzverlagerungen der Staatenbundcharakter, den sie ablehnen, verstärkt wird.

3. Zur Frage der Löhne und Preise haben sie Vorstöße gemacht und wollen weitere unternehmen. Die Schwierigkeit ist, daß die Engländer durchaus bereit sind, Lohnerhöhungen für bestimmte Kategorien, zum Beispiel Bergarbeiter, zu gewähren, daß aber die Entscheidung des Kontrollrats zu dem Zweck herbeigeführt werden muß. Bis jetzt haben die Russen stets von ihrem Vetorecht Gebrauch gemacht und Lohnerhöhungen verhindert. In der Öffentlichkeit haben dann die Engländer die Schuld und der Eindruck wird noch verstärkt, da die Russen ihrerseits Lohnerhöhungen für Bergarbeiter in ihrem Gebiet durchführen. Die Schwierigkeiten größerer Aktivität der Gewerkschaften auf diesem Gebiet [liegen][51] nicht nur bei den Verboten, sondern auch bei der Inaktivität der Arbeiter. Die Gewerkschaften können schwer sagen, daß sie unter dem Druck der Arbeiter stehen, wenn in Wirklichkeit nicht die Rede davon sein kann. Die Situation ist ja nicht nur den Gewerkschaften, sondern auch den Engländern bekannt. Die Arbeiter sind nicht bereit zu streiken, statt dessen leisten sie weniger. Der Leistungsrückgang ist zum Teil 50 %.

4. Sie haben eine Entscheidung über die Frage der gewerkschaftlichen Hilfsorganisation noch nicht getroffen. Die Arbeiterwohlfahrt dafür auszuersehen, schien zunächst nicht akzeptabel, da ihnen mitgeteilt worden war, daß nur Sozialdemokraten Mitglieder der Arbeiterwohlfahrt sein dürften. Wir haben den Irrtum aufgeklärt und veranlaßt, daß eine Besprechung zwischen *Hansen* und *Lotte Lemke* stattfindet.

5. Es besteht Bereitwilligkeit, im Rahmen der Möglichkeiten eine engere Zusammenarbeit zwischen Partei und Gewerkschaft, auch in Bezug auf Materialaustausch usw., herbeizuführen, wie überhaupt die Gewerkschaftler nicht den Eindruck haben, daß sie den kommunistischen Überfremdungsversuchen erliegen oder sich als völlig neutrale Institution fühlen.

---

51 In der Vorlage „liegt".

Dokument 6, 19. November 1946

Nr. 6

Sitzung des Parteivorstandes am 19. November 1946 in Frankfurt am Main

AdsD: SPD-Parteivorstand, 2/ PVAS 0000654, Sitz. v. 19.11.1946 (Maschinenschriftl. Prot. mit handschriftl. Zusätzen, 4 S.)[1]

[**Leitung**: Dr. Kurt *Schumacher*][2]
Anwesend: siehe Anwesenheitsliste
[**Teilnehmer/Teilnehmerinnen, nach Funktionen geordnet**:[3]
PV: *Schumacher, Ollenhauer, Heine, Kriedemann, Nau, Agartz, Baur, Beyer, Bögler, Eichler, Gayk, Gnoß. Görlinger, Gross, Helmstädter, Henßler, Kaisen, Knothe, Loßmann, Meitmann, Menzel, Metzger, Nölting, Selbert, Veit*
KK: *Schönfelder*
Landesverband Berlin: *F. Neumann*
Gast des Landesvorstandes Hamburg: *W. Schmedemann*
Referentin des PV: *Gotthelf*]

Tagesordnung:[4]
   1) London-Delegation
   2) Vorschlag für einen Aufruf des PV
   3) Bericht über die Arbeiten des verfassungspolitischen Ausschusses
   4) Entnazifizierung
   5) Bildung eines außenpolitischen Ausschusses
   6) Personalfragen
   7) Internationale Fragen
   8) Berichte
   9) Wahlmodus für Landtagswahlen in der britischen Zone
   10) Ort und Zeit der nächsten Sitzung des PV und des Parteiausschusses

---

1 Die Einladung mit Bekanntgabe der „vorläufigen Tagesordnung" erfolgte durch ein hektographiertes Rundschreiben des geschäftsführenden Parteivorstandes vom 5.11.1946, das von Erich Ollenhauer unterzeichnet und in Beiakten zum Protokoll erhalten geblieben ist. Im Bericht des Berliner „Sozialdemokrat" (Nr. 115 v. 21. 11. 1947, S. 1) wird vor allem auf den Inhalt des Telegramms an den Kontrollrat (vgl. Anlage 2) hingewiesen, mit Bezug auf ein offizielles Kommuniqué werden aber auch andere Tagesordnungspunkte erwähnt. Dieser Bericht wird deshalb hier als Anlage 1 abgedruckt.
2 Angabe des Sitzungsleiters nach dem veröffentlichten Bericht über die Sitzung, vgl. Anlage 1.
3 Die folgenden Angaben wurden der Anwesenheitsliste in den Beilagen zum Protokoll entnommen; danach fehlte von den Vorstandsmitgliedern nur *Grimme*; für die Teilnehmer an allen Vorstandssitzungen 1946/47 vgl. Anhang 1.
4 Wortlaut nach der „vorläufigen Tagesordnung" in der Einladung.

Dokument 6, 19. November 1946

Zu **Punkt 1** (London-Delegation)
Der Genosse **Schumacher** berichtet über die Einladung der Labour Party, eine Delegation der Partei unter seiner Führung nach London für die Zeit vom 29.11. bis 6.12. zu entsenden.[5] Ursprünglich war eine Delegation von 4 Mitgliedern vorgesehen. Die Delegation wurde aber dann auf 6 erweitert. Hinsichtlich der Zusammensetzung der Delegation wurde der Wunsch geäußert, je einen Vertreter der Partei in Berlin, in der amerikanischen Zone und in der französischen Zone zu beteiligen. Unter Berücksichtigung dieser Wünsche schlagen wir vor, die Delegation wie folgt zusammenzusetzen: Dr. *Schumacher*, Dr. *Agartz*, Fritz *Heine*, Franz *Neumann*, Wilhelm *Knothe* und Franz *Bögler*[6]. Eine Erweiterung der Delegation über diesen Kreis hinaus ist unter den gegebenen Umständen nicht möglich.
Der Vorstand billigt die gemachten Vorschläge.

Zu **Punkt 3** (Bericht über die Arbeiten des verfassungspolitischen Ausschusses)
Genosse **Menzel** berichtet über die bisherigen Arbeiten des verfassungspolitischen Ausschusses und erläutert die dem Parteivorstand vorliegenden Richtlinien in der Fassung, wie sie in der zweiten Sitzung des Ausschusses beschlossen wurden. Eine Abschrift dieser Richtlinien liegt dem Protokoll bei.[7] In der Aussprache werden von verschiedenen Rednern noch Anregungen und Klarstellungen gewünscht, insbesondere hinsichtlich der Aufnahme einer Bestimmung, die einer verfassungsmäßigen Regierung ein begrenztes Notrecht gibt, ohne ihr die Vollmachten des früheren Artikels 48 zu erteilen. Es wird außerdem angeregt, die Frage zu untersuchen, ob nicht die Einrichtung eines besonderen Verfassungsgerichtshofes notwendig ist. Der Ausschuß wird beauftragt, diese und andere Anregungen in seinen weiteren Beratungen zu behandeln. Die Beschlußfassung über die Richtlinien wird bis zum Abschluß dieser Beratungen zurückgestellt. Der Parteivorstand billigt jedoch einmütig die in der Vorlage entwickelten Grundgedanken für den Aufbau des Reiches. Die Richtlinien sollen den Bezirksvorständen übermittelt werden, damit die Partei die Möglichkeit der Diskussion hat und damit zu Einzelfragen weitere Vorschläge gemacht werden können, soweit sie nicht die Grundgedanken des Entwurfs beeinträchtigen oder aufheben.

Zu **Punkt 4** (Entnazifizierung)
Genosse **Menzel** berichtet einleitend über die jetzt geltenden Grundlagen für die Entnazifizierung in der britischen und amerikanischen Zone und über den Stand der Entnazifizierung. Der Parteivorstand ist einmütig der Auffassung, daß die Partei versuchen soll, sobald als möglich eine selbständige und einheitliche Stellung der Partei in dieser Frage

---
5 Zu dieser Reise vgl. a. Einleitung Kap. II 2 b.
6 Franz *Bögler* konnte nicht mitfahren, da er von den französischen Besatzungsbehörden kein Ausreisevisum erhielt.
7 Die Ausarbeitung des Verfassungspolitischen Ausschusses vom 11.11.1946 wird hier als Anlage 6 zum Protokoll abgedruckt.

Dokument 6, 19. November 1946

zu erarbeiten und dabei Vorschläge zu machen, die einen baldigen Abschluß der Entnazifizierungsarbeiten ermöglichen.

Es wird beschlossen, eine Kommission zur Bearbeitung dieser Fragen unter der Leitung der Genossin *Selbert*-Kassel, einzusetzen. Als Mitglieder der Kommission werden in Aussicht genommen die Genossen *von Turegg*[8]- Köln, *Ellinghaus*- Hannover, *Remmele*[9]- Hamburg, *Höltermann*[10]- München, *Kuraner* - Neustadt/Pfalz und *Binder*- Wiesbaden.

Zu **Punkt 2** (Vorschlag für einen Aufruf des PV)
Zu diesem Punkt der Tagesordnung liegt ein Entwurf für einen Aufruf an die Funktionäre der Partei und für ein Telegramm an den Kontrollrat vor. Über beide Entwürfe entspinnt sich eine längere Debatte, die mit der Einsetzung einer Redaktionskommission abgeschlossen wird.

Das Telegramm an den Kontrollrat[11] und der Aufruf[12] werden in der in Abschrift beiliegenden Fassung einstimmig angenommen.

Zu **Punkt 5** (Bildung eines außenpolitischen Ausschusses)
Genosse **Ollenhauer** berichtet, daß der Parteivorstand in seinem Büro begonnen hat, wichtige außenpolitische Erklärungen alliierter Staatsmänner, soweit sie Deutschland betreffen, zu sammeln und zu bearbeiten, damit sie als Unterlagen für evtl. Besprechungen in den kommenden Friedensverhandlungen verwendet werden können. Darüber hinaus erscheint es dringend erforderlich, einen besonderen außenpolitischen Ausschuß beim Parteivorstand zu bilden, und die Parteivorstandsmitglieder werden gebeten, Vorschläge für die Mitglieder dieses Ausschusses zu machen. Vorschläge sind ferner erwünscht für die Besetzung dieses Referats im Parteivorstand. Der Ausschuß soll sobald als möglich seine Tätigkeit aufnehmen. Die Bildung dieses Ausschusses wird einstimmig beschlossen.

Zu **Punkt 6** (Personalfragen)
Der PV billigt die Einstellung des Genossen Arno *Hennig* als Sekretär der Sozialistischen Kulturzentrale. Er billigt ferner die mit dem Genossen Heinrich *Sorg*, Frankfurt[13], getrof-

---

8 Egon *von Turegg* (1904-56), geb. in Köln, Jurastudium, Dr. jur., Gerichtslaufbahn, 1953-1956 Bundesrichter am Bundesverwaltungsgericht in Berlin.
9 Adam *Remmele* (1877-1951), Müllergeselle, vor 1914 SPD, 1908-19 Redakteur der „Mannheimer Volksstimme", 1919-33 MdL (Baden), 1919-29 badischer Innenminister, 1929-31 Justizminister, 1928-33 MdR, 1932/33 Vorstandsmitglied d. Zentralverb. dt. Konsumvereine in Hamburg, 1934/35 KZ. Nach 1945 Beteiligung am Wiederaufbau des Zentralverb. d. Konsumvereine, 1948/49 MdWR.
10 Arthur Ernst *Höltermann*, (geb. 1906 in Pirmasens), jüngerer Bruder des Reichsbannervorsitzenden Karl Höltermann (1894-1955), Elektromonteur, 1924 SPD. Nach 1945 Beteiligung am Wiederaufbau der SPD in Nürnberg, 1946/47 StSekr. in München, danach leitender Angestellter in der Privatindustrie.
11 Das Telegramm an den Kontrollrat ist in den Anlagen zum Protokoll in hektographierter Form – mit einer kleinen maschinenschriftlichen Ergänzung – vorhanden. Obwohl als „Entwurf" bezeichnet, weicht diese hektographierte Fassung nur an einer Stelle von der später veröffentlichten Fassung ab. Das veröffentlichte Telegramm wird hier als Anlage 2 abgedruckt.
12 Der Aufruf des Parteivorstandes an die Funktionäre der Partei wird hier als Anlage 3 abgedruckt.

fene Vereinbarung, im Rahmen der Sozialistischen Kulturzentrale die besonderen Fragen des Sports zu bearbeiten, die bisher von dem Genossen Fritz *Wildung*[14] bearbeitet wurden.

Der PV billigt die Einstellung des Genossen *Dr. Diederichs* als Leiter der kommunalpolitischen Zentralstelle beim PV.

Der PV ist mit dem Vorschlag einverstanden, beim PV ein besonderes *Referat für Flüchtlingsfragen* einzurichten, das die Aufgabe haben soll, die Verbindung mit den aus den deutschen Ostgebieten und aus den Sudetengebieten nach Deutschland ausgewiesenen sozialdemokratischen Flüchtlingen aufzunehmen, sie zu beraten, allgemeine Flüchtlingsfragen zu behandeln und durch die Schaffung einer Personalkartei den Einsatz von geeigneten und zuverlässigen Sozialdemokraten unter den Flüchtlingen in der Organisation der Partei und in der allgemeinen Verwaltung zu fördern. Der geschäftsführende Vorstand wird ermächtigt, einen Referenten für diese Zentralstelle zu bestellen und einen Beirat aus den Kreisen der Flüchtlingsgenossen zu bilden. Der Beirat soll so zusammengesetzt sein, daß ihm je ein Vertreter der früheren drei schlesischen Bezirke, Ostpreußens, Danzigs und Pommerns und zwei Vertreter der sudetendeutschen Sozialdemokratie angehören.[15]

Zu **Punkt 7** (Internationale Fragen)
Die Berichte über die *Internationale Zusammenkunft in Bournemouth* werden zur Kenntnis genommen[16]. Die Entscheidung über die Teilnahme der Partei an der für Mai 1947 in der Schweiz in Aussicht genommenen internationalen Konferenz wird bis zum Vorliegen der offiziellen Einladung zurückgestellt. Der Parteivorstand wird beauftragt, in der Zwischenzeit die internationalen Kontakte mit den einzelnen Länderparteien, vor allem auch mit der Schweiz und mit Holland durch persönliche Besprechungen mit den führenden Genossen der Partei enger zu gestalten.

Genosse **Ollenhauer** teilt mit, daß die schwedische Sozialdemokratie eine Delegation, bestehend aus den Genossen *Schumacher*, *Ollenhauer* und *Heine*, eingeladen hat, nach Schweden zu kommen.[17] Wir haben diese Einladung angenommen und als Termin für die Reise die zweite Hälfte des Monats Januar vorgeschlagen. Es ist möglich, daß bei dieser Reise auch ein Kontakt mit den dänischen und norwegischen Genossen hergestellt werden kann.

---

13 Heinrich *Sorg* (1898-1963), geb. in Bischofsheim am Main, Angestellter, Sekretär des Kreises Hessen-Mittelrhein des Arbeiter-, Turn- und Sportbundes (ATSB) in Frankfurt am Main. 1933 Emigration in die CSR, 1939 nach England. 1946 Rückkehr nach Frankfurt, Sportreferent des PV.
14 Fritz *Wildung* (1872-1954), geb. in Tewel (Lüneburger Heide/Prov. Hannover), Tischlerlehre, 1909 Arbeiter-,Turn- und Sportbund Leipzig, 1912 GF der Zentralkommission für Arbeitersport und Körperpflege, 1924 Übersiedlung nach Berlin, nach 1945 Mitinitiator des Deutschen Sportbundes, Mai bis Ende 1946: Sportreferent des PV der SPD.
15 Die Zusammensetzung des Flüchtlingsausschusses wird hier nach der Liste im Jahrbuch für 1947 (S. 34) als Anlage 5 abgedruckt.
16 Zu den hier erwähnten internationalen Konferenzen vgl. Einleitung Kap. II 2 a.
17 Zur Schwedenreise vgl. Einleitung Kap. II 2 b.

Dokument 6, 19. November 1946

Genosse **Gayk** regt an, wenn möglich in diese Delegation auch einen Vertreter des Bezirks Schleswig-Holstein einzubeziehen, da anzunehmen ist, daß in den Besprechungen auch die dänisch-deutsche Grenzfrage eine Rolle spielen wird.

Genosse **Ollenhauer** teilt mit, daß die Möglichkeit besteht, daß aus Anlaß der für den 15.12. in Aussicht genommenen Einweihung des Karl-Marx-Hauses in Trier der Genosse Léon *Blum*[18] und andere führende Genossen der französischen Partei nach Trier kommen.[19] Wenn das der Fall ist, ist es dringend erwünscht, daß auch eine Anzahl unserer Vorstandsmitglieder an dieser Veranstaltung in Trier teilnimmt. Die Genossen werden noch informiert werden, sobald definitiv feststeht, ob und wann diese Veranstaltung stattfindet.

Zu **Punkt 8** (Berichte)

Der Genosse **Nau** berichtet über den Stand der Organisation am 30.6. bzw. 30.9.46. Auf Anregung des Genossen **Kaisen** wird beschlossen, in Zukunft in jeder Sitzung einen Bericht über den Stand der Organisation als ersten Punkt der Tagesordnung zu behandeln.

Der PV ist einstimmig der Meinung, daß die Mitglieder der Partei sich an den Bestrebungen, *besondere Vereinigungen der ehemals politisch Verfolgten* zu gründen, die vor allem von den Kommunisten gefördert werden, nicht [beteiligen sollten][20]. Der PV ist für eine besondere Fürsorge für diese Opfer des Faschismus, aber sie soll als öffentliche Aufgabe durch die zuständigen Behörden unter beratender Mitwirkung durch die ehemals politisch Verfolgten durchgeführt werden.[21]

Im Zusammenhang mit dem Bericht des Genossen Nau werden besonders die organisatorischen *Beziehungen zwischen der Gesamtpartei und der Berliner Organisation* erörtert.[22] Der PV stimmt dem Vorschlag des Genossen *Nau* zu, in einer gemeinsamen Besprechung zwischen dem Berliner Bezirksvorstand und den Genossen *Ollenhauer* und *Nau* die zukünftigen organisatorischen und finanziellen Beziehungen zwischen Berlin und dem Parteivorstand zu klären. Der PV ist der Auffassung, daß selbstverständlich auf die besondere politische und organisatorische Situation der Berliner Partei Rücksicht genommen werden muß, daß aber die Berliner Partei auch die Verpflichtungen übernehmen muß, die sich aus ihrer Zugehörigkeit zur Gesamtpartei ergeben.

Der PV erklärt sich damit einverstanden, daß die früheren Bezirke Pfalz und Rheinhessen, die kürzlich zu einem Bezirk vereinigt wurden, wieder als getrennte Bezirke ar-

---

18 Léon *Blum* (1872-1952), 1936-1938 und 1946/47 französischer Ministerpräsident, 1943-1945 eingesperrt in den KZ Buchenwald und Dachau.
19 Die Wiedereröffnung des Karl-Marx-Hauses fand erst im Mai 1947 statt, vgl. J. Herres, Das Karl-Marx-Haus in Trier, S. 65 f.
20 In der Vorlage: „zu beteiligen".
21 Vgl. dazu das Rundschreiben des Parteivorstandes an die Bezirksvorstände vom 4. 12. 1946, das auf diese Beratung im Parteivorstand Bezug nahm und im Jahrbuch der SPD für 1946 am Ende der Zusammenstellung der „Beschlüsse und Kundgebungen" mit dem Titel „SPD und VVN" veröffentlicht wurde, Jb. SPD 1946, S. 80 f. Es wird hier als Anlage 4 abgedruckt. Zum Verhältnis der SPD-Führung zur VVN vgl. Einleitung Kap. II 4 a.
22 Über die Beziehungen der Parteispitze der SPD zur Berliner Partei vgl. Einleitung Kap. II 1 b, S. XXI.

beiten, nachdem durch die Bildung des neuen Landes Rheinhessen[23] eine veränderte Situation entstanden ist.

Genosse **Ollenhauer** teilt mit, daß der Bezirk Südbaden auf seinem Landesparteitag in Freiburg einstimmig beschlossen hat, in Abänderung seines bisherigen Namens „Sozialistische Partei" wieder den Namen der Gesamtpartei „Sozialdemokratische Partei Deutschlands, Bezirk Südbaden" anzunehmen.

Zu **Punkt 9** (Wahlmodus für Landtagswahlen in der britischen Zone)
Nach einer Erörterung der in dem Rundschreiben des PV an die Bezirksvorstände in der britischen Zone vom 4.11. gemachten Vorschläge für das Wahlrecht für die kommenden Länderwahlen in der britischen Zone wird vereinbart, daß die Vorstandsmitglieder, die mit der Diskussion über diese Frage in den einzelnen Ländern besonders beschäftigt sind, in einer internen Besprechung ihr taktisches Vorgehen im einzelnen vereinbaren.

Zu **Punkt 10** (Ort und Zeit der nächsten Sitzung des PV und des PA)
Der PV beschließt, die Einladung des Genossen *Hoegner* anzunehmen und die nächste Sitzung des PV in München abzuhalten. Es wird in Aussicht genommen, die Sitzung wieder als eine gemeinsame Sitzung des PV und des PA durchzuführen.

Als Termin wird Anfang Januar vorgesehen, falls nicht außergewöhnliche Umstände eine frühere Einberufung notwendig machen. Dem geschäftsführenden Vorstand wird die endgültige Entscheidung über den Termin überlassen.
Schluß der Sitzung 19.00 Uhr.

Anlage 1
Bericht des „Sozialdemokrat" (Berlin) über die Sitzung
Sozialdemokrat Nr.115 v. 21.11.1946, S. 1 (Überschrift: „SPD-Telegramm an Kontrollrat")

Unter dem Vorsitz von Dr. Kurt Schumacher war am Dienstag in Frankfurt/Main der Vorstand der SPD zusammengetreten. In einem Telegramm unterbreitete der SPD-Vorstand dem Alliierten Kontrollrat die Bitte um Erweiterung der internationalen Ernährungshilfe für Deutschland.
[...][24]
In der außenpolitischen Aussprache wurde, wie aus einem Kommuniqué über die Tagung hervorgeht, zu den Beratungen der Außenminister zur Vorbereitung des Friedensvertrages mit Deutschland und der Wiederaufnahme internationaler sozialistischer Verbindungen Stellung genommen. Ein Ausschuß für außenpolitische Fragen wurde gebildet.

Der Vorstand der SPD befaßte sich ferner mit dem Entnazifizierungsverfahren, dessen bisherige Durchführung als völlig unbefriedigend bezeichnet wurde. Eine Änderung durch

---

23 Gemeint ist das Land Rheinland-Pfalz.
24 Es folgt der Wortlaut des Telegramms an den Kontrollrat, vgl. Anlage 2.

Dokument 6, 19. November 1946

entschlossene Abkehr von den bisherigen Entnazifizierungsmethoden wurde gefordert. Eine Kommission soll in Kürze neue Vorschläge ausarbeiten. An Hand eines Richtlinienentwurfs über den Aufbau von Reich und Ländern wurden die Arbeiten des verfassungspolitischen Ausschusses der SPD erörtert. Ein Appell des Parteivorstandes fordert die Sozialdemokraten auf, energisch gegen innere Feinde einzugreifen, die Deutschland ins Chaos treiben.

Anlage 2
Telegramm an den Kontrollrat
Jb.SPD 1946, S. 80.

Nur sofortige und durchgreifende Maßnahmen können Ernährungskatastrophe, vor allem im westdeutschen Industriegebiet, verhindern. Der Vorstand der SPD bittet den Kontrollrat als [die][25] für die Verwaltung Deutschlands verantwortliche höchste Instanz, sofort dort, wo erforderlich[26], weitgehende Vollmachten an Militärregierung und deutsche Behörden zur Erzwingung der Ablieferungspflicht zu geben. Jeder, der böswillig und egoistisch seine Ablieferungspflicht versäumt, muß schwer bestraft werden. In jedem nach Umfang und Motiven ernsten Fall des Verstoßes gegen die Ablieferungspflicht ist teilweise oder völlige sofortige entschädigungslose Enteignung durchzuführen. Alle Strafmaßnahmen sind sofort zu vollziehen. Berufung hat keine aufschiebende Wirkung. Gleiche Maßnahmen sind bei Verstößen gegen die Bewirtschaftungsvorschriften für industrielle Güter notwendig.

Alle pflichttreuen Bauern sind durch bevorzugte Lieferung von landwirtschaftlichen Geräten, Düngemitteln und Gebrauchsartikeln, die sofort freizugeben sind, zu ermutigen.

Der Vorstand der SPD bittet den Kontrollrat ferner, Maßnahmen zu treffen, damit durch Zonenausgleich die in der Ernährung am meisten gefährdeten Gebiete bevorzugt beliefert werden.

Da auch im Falle einer vollen Erfassung der deutschen Ernte und eines gerechten Ausgleiches zwischen allen Zonen eine ausreichende Ernährung des deutschen Volkes nicht möglich ist, und da das deutsche Volk immer noch nicht die Möglichkeit hat, durch Export die notwendigen Nahrungsmitteleinfuhren zu finanzieren, kann eine Katastrophe von unabsehbaren Folgen für Deutschland und Europa nur durch eine schnelle und verstärkte internationale Hilfsaktion verhindert werden.

Der Vorstand der Sozialdemokratischen Partei Deutschlands. Beschlossen am 19. November 1946.

---

25 In der Vorlage „der ... verantwortlichen höchsten Instanz".
26 Im ursprünglichen hektographierten Entwurf fehlte die Relativierung der Forderung an den Kontrollrat („wo erforderlich"). Maschinenschriftlich wurde in den Text eingefügt: „soweit erforderlich, sofort", Beilage zum Protokoll der Sitzung. Im veröffentlichten Text wurde dann die Relativierung unwesentlich in „dort, wo erforderlich" verändert.

Anlage 3
Aufruf des Parteivorstandes an die Funktionäre der Sozialdemokratie: „**Gegen den inneren Feind**".
Sozialdemokratischer Pressedienst Nr. 39 vom 22.11.1946[27]

Ein Alpdruck lähmt heute in Deutschland alle Kräfte. Millionen sind in Gefahr, vernichtet zu werden. Uns trennt nur noch eine kurze Spanne von dem alles vernichtenden Kampf aller gegen alle, wenn der allgemeinen Auflösung nicht sofort ein fester Damm entgegengesetzt wird.

Die Ernährung und die Versorgung der Bevölkerung mit den notwendigen Gebrauchsgütern steht vor dem Zusammenbruch. Schuld daran ist das kapitalistische System, das seinen letzten Ausweg im Nationalsozialismus sah.

Schuld daran sind aber auch diejenigen Elemente, die jetzt versuchen, den Aufbau und die Weiterentwicklung der Wirtschaft zu einer echten sozialistischen Planungswirtschaft zu sabotieren, um sich persönlich den Folgen des Zusammenbruchs zu entziehen. Mit dieser Sabotage versucht der zusammenbrechende Kapitalismus zugleich, die Idee der sozialistischen Planungswirtschaft in Mißkredit zu bringen, obwohl die jetzige Zwangswirtschaft nichts mit einer sozialistischen Planwirtschaft zu tun hat.

Wir sprechen es offen aus:

Die wirtschaftlich Stärkeren mißachten die Gesetze. Ein großer Teil des Verwaltungsapparates funktioniert nicht mehr, ein anderer Teil macht mit den Sachwertbesitzern gemeinsame Geschäfte. Korruption und die Ausnutzung von Beziehungen beherrschen das öffentliche Leben. Verbrecher gegen das Allgemeinwohl werden nicht mehr verfolgt. Saboteure gefährden die Volksernährung und verhindern den Einsatz der noch verbliebenen wirtschaftlichen Reserven. Hinter dem Rücken der Militärregierungen treiben es die am schlimmsten, die im völligen Zusammenbruch ihre Chance wittern. Der gewissenlose Schwarzhändler und seine Handlanger sind die Nachfolger der Nutznießer der Diktatur. Sie sind diejenigen, die heute gut leben. Ehrliche produktive Arbeit wird mit Hunger und Elend bestraft. Vom schlechten Beispiel der Großen werden täglich Tausende Kleiner zu den gleichen Handlungen verführt.

Millionen hilfloser Menschen aber sind auch heute noch bereit, für ein anständiges Leben eine anständige Arbeit zu leisten. Mit ihnen sucht die Jugend einen Ausweg aus der Not.

Gegen einen neuen Nationalismus und gegen die Schlammflut, in der das Dritte Reich untergegangen ist und die das ganze Volk zu verschlingen droht, gibt es nur einen Damm:

Den sozialistischen Neubau von Staat, Verwaltung und Wirtschaft.

Den moralischen Zusammenbruch der alten Ordnung überwindet nur eine Kraft:

Die sozialistische Idee, deren Träger die Sozialdemokratische Partei ist.

Die Kölner Resolution[28] hat klar nach innen und außen die Voraussetzungen genannt, von deren Erfüllung es abhängt, ob die Sozialdemokratie weiter an den von den Siegermächten

---

27 Abgedr.: Jb. SPD 1946, S. 78-80.
28 Abgedr.: Dok. 5, Anlage 2, S. 91 f. Zur Kölner Resolution vom September 1946 vgl. auch Einl. Kap. II 3 d.

kontrollierten Regierungen teilnehmen kann. Die nächste Zukunft entscheidet darüber, ob diese klare Sprache richtig verstanden wurde.

Sozialdemokraten! Männer und Frauen in Stadt und Land, die Ihr als Funktionäre im öffentlichen Leben steht! Auf uns liegt in diesem Zusammenhang eine große Verantwortung. Wir wissen, daß die Zukunft der arbeitenden Menschen, der Schwachen und Hilfsbedürftigen nur durch den Sozialismus menschenwürdig gestaltet werden kann. Dafür haben in glücklicheren Tagen Sozialdemokraten gelebt, dafür sind Tausende aus unseren Reihen in die Gefängnisse und aufs Schafott gegangen. Wir wollen ihre Leistungen nicht zuschanden werden lassen. Seid Euch Eurer Pflicht bewußt und stellt alle in Deutschland mitverantwortlichen Kräfte vor klare Entscheidungen!

Sprecht aus, was ist – überall und gegen jedermann. Ertragt nicht länger das Unrecht – schreit nach dem Recht! Greift ein, wo Menschenleben auf dem Spiel stehen. Sorgt dafür, daß von den Rechten und Pflichten der gewählten und ernannten Volksvertreter voller Gebrauch gemacht wird. Duldet nicht länger die Unfähigen und Saboteure. Prangert sie an, nennt sie beim Namen und zieht sie vor der Öffentlichkeit zur Rechenschaft.

Meldet alle zurückbehaltenen Vorräte Euren Stadtverordneten- und Landtagsfraktionen. Meldet alle Fälle von Korruption der Partei. Sie wird das Material gewissenhaft verwerten. Nehmt keine Rücksicht auf die Mächtigen und stoßt aus unseren Reihen aus, wer nicht wert ist, Sozialdemokrat zu sein. Steht bei denen, die ehrlich leben wollen, seid ihre Wortführer.

Duldet keine egoistische Selbstversorgerpolitik einzelner Bezirke und Länder. Auch sie ist Sabotage an den Lebensinteressen des ganzen Deutschland.

Für eine konsequente Politik der Sozialisierung, der Bodenreform, der Planungswirtschaft, der sozialen Gerechtigkeit, wollen wir alle gemeinsam und ohne Kompromisse kämpfen. Dem Schiebertum und der Unmoral einer zusammenbrechenden Welt wollen wir Pflichterfüllung und gesunden Lebenswillen entgegensetzen. Durch unser Vorbild wollen wir den Verzweifelnden Mut machen. Durch unsere Entschlossenheit wollen wir die Reaktion schlagen, wo sie heute schon wieder das Haupt zu erheben wagt.

In unseren Reihen wollen wir die jungen und lebenswilligen Kräfte unseres Volkes sammeln und mit ihnen gemeinsam den Kampf führen für das neue sozialistische Deutschland!

Anlage 4
Rundschreiben des Parteivorstandes an die Bezirksvorstände vom 4. 12. 1946 zur Bildung überparteilicher Organisationen für die politisch Verfolgten des Nazi-Regimes.
Jb.SPD 1946, S.80 f. (Überschrift: „SPD und VVN")

Aus der Presse und aus Informationen verschiedener Bezirksvorstände geht hervor, daß die Kommunisten jetzt überall den Versuch machen, besondere Vereinigungen ehemaliger politischer Häftlinge zu gründen. Auf einer Zusammenkunft, die kürzlich in Hannover stattfand, sprach [Hans]²⁹ Schwarz, Hamburg, der es als die Aufgabe einer solchen Vereinigung ehemaliger politischer Häftlinge bezeichnete, statistische Erhebungen über die Opfer des Naziregimes und über die Anzahl der Gefängnisse, Zuchthäuser und Konzentrationslager im Nazideutschland durchzuführen, die Entnazifizierung zu überwachen, die Erziehung des Volkes zu demokratischem Denken und Handeln zu fördern und auch die politischen Parteien daraufhin zu beobachten, daß nicht politisch belastete Leute an führenden Stellen in Erscheinung treten. Die Anregungen für die Gründung solcher Vereinigungen wurden in allen bisher von uns bekannten Fällen sehr lebhaft von den kommunistischen Teilnehmern der Zusammenkünfte unterstützt und es kann auch sonst kein Zweifel darüber bestehen, daß die Kommunisten hier den Versuch machen, eine neugetarnte Propagandaorganisation für ihre Zwecke zu starten.

Der Parteivorstand hat sich in seiner Sitzung vom 19. November 1946 in Frankfurt a.M. mit dieser Frage beschäftigt und einstimmig beschlossen, unseren Parteiorganisationen dringend zu empfehlen, die Anregung zur Gründung solcher Vereinigungen abzulehnen und da, wo ihre Gründung nicht verhindert werden kann, die Mitgliedschaft und die Mitarbeit in diesen Vereinigungen zu verweigern.

Der Parteivorstand erkennt nach wie vor die Notwendigkeit einer besonderen Betreuung der politisch Verfolgten aus der Zeit des Naziregimes an. Sie ist aber die Aufgabe der Behörden. Die wünschenswerte Mitarbeit der ehemals politisch Verfolgten auf diesem Gebiet kann dadurch sichergestellt werden, daß ehemals politisch Verfolgte, die in den bestehenden politischen Parteien als Mitglieder oder Funktionäre tätig sind, von den zuständigen Behörden beratend und kontrollierend herangezogen werden. Die den von den Kommunisten propagierten Vereinigungen darüber hinaus [zu]gedachten Aufgaben sind Teilaufgaben der politischen Parteien. Es besteht keine Notwendigkeit, für ihre Durchführung besondere Vereinigungen zu bilden.

Wir bitten alle Bezirksvorstände, von dieser Stellungnahme des Parteivorstandes Kenntnis zu nehmen und sie auch den Unterbezirken und Ortsvereinen der Partei zur Kenntnis zu bringen, damit die Einheitlichkeit der Haltung der Partei in dieser Frage von vornherein gesichert ist.

Anlage 5
Mitglieder des Flüchtlingsausschusses des PV
*Jb. SPD 1947, S.34*³⁰

Anni *Krahnstöver*, Kiel (früher Oppeln/Oberschlesien)
Fritz *Lahmer*, Hannover (früher Sudetendeutsche Sozialdemokratie)³¹

---

29 In der Vorlage „Hermann". Hans *Schwarz* (1904-70), geb. in Wien, 1934-44 KZ Dachau, Neuengamme, 1945 Hamburger SPD, Mitbegr. d. „Komitees ehemaliger politischer Gefangener" in Hamburg, 1946 Mitbegr. d. VVN.
30 Die jeweiligen Angaben über die Herkunft der einzelnen Mitglieder wurden der Liste hinzugefügt, um zu zeigen, daß es gelang, die geplante Gliederung des Ausschusses nach Landsmannschaften durchzuführen.
31 Fritz *Lahmer*, vor 1938 Sudetendeutsche Sozialdemokratie, 1947-48 Ausschuß für Flüchtlingsfragen.

Dokument 6, 19. November 1946

Bruno *Leddin*, Hannover (früher Pommern)[32]
Alfred *Metz*, Hamburg (früher Ostpreußen)[33]
Willy *Moritz*, Neumünster (früher Danzig)[34]
Fritz *Sporn*, Braunschweig (früher Breslau)[35]
Emil *Werner*, München (früher Sudetendeutsche Sozialdemokratie)[36]
Ernst *Zimmer*, Hannover (früher Breslau)

Anlage 6
Ausarbeitung des Verfassungspolitischen Ausschusses vom 11.11.1946: „Aufbau des Reiches und der Länder".
Hektogr. Papier, 4 S., in den Beiakten zum Protokoll

A:

1) Die Sozialdemokratische Partei Deutschlands fordert, daß jede Reichsverfassung die Möglichkeit einer künftigen Zugehörigkeit Deutschlands zu einem europäischen Staatenbund berücksichtigt. Die friedliche Entwicklung zu einem europäischen Bunde verlangt eine klare Absage an jede Politik eines nationalen Egoismus, der sich unter Ausnutzung der politischen Machtstellung durch den jeweils Mächtigen auf Kosten des jeweils Schwächeren insbesondere in Annexionen äußert. Annexionen können nicht die Grundlage friedlicher Entwicklungen bilden.

Die allgemein anerkannten Regeln des Völkerrechts sind bindende Bestandteile des Reichsrechts. Sie sind für den Staat und für den einzelnen Staatsbürger verbindlich.

2) Die deutsche Sozialdemokratie bekennt sich zur politischen und staatsrechtlichen Einheit Deutschlands. Sie lehnt unter Anerkennung stammesmäßiger Besonderheiten jeden offenen oder versteckten Separatismus und Partikularismus ab. Die Verfassungen der Länder dürfen nichts enthalten, was der Reichseinheit entgegenstehen kann. Daher haben die Länderverfassungen einen Vorbehalt aufzunehmen, daß Reichsrecht Länderrecht bricht.

Gesetzgebung, vollziehende Gewalt und Rechtsprechung müssen diesen Grundsätzen folgen.

3) Die deutsche Sozialdemokratie lehnt die Umwandlung des Deutschen Reichs in einen Staatenbund ab, weil ein Staatenbund nach außen die Entwicklung zu einer europäi-

---
32 Zu Bruno *Leddin* (1895-1951) - vor 1933 Gewerkschaftssekretär in Pommern, 1945/46 Ratsherr in Hannover, 1949 MdB, 1950 PV – vgl. PV-Protokolle Bd. 3, Kurzbiographien der Vorstandsmitglieder.
33 Alfred *Metz*, vor 1933 SPD/Ostpreußen, nach 1945 Hamburger SPD, 1947-59 Flüchtlingsausschuß der SPD, 1948/49 Sekr. d. SPD-Fraktion des Wirtschaftsrates.
34 Willy *Moritz* (1892-1960), Sozialdemokrat in Danzig, 1927-38 MdL (Danzig), nach 1945 Arbeitsrichter in Neumünster, 1947-52 Flüchtlingsausschuß d. PV.
35 Fritz *Sporn*, geb. 1887 in Schlesien, gelernter Buchdrucker, 1920-33 Sekr. d. Buchdruckerverbandes in Breslau, nach 1945 Braunschschweig, 1947-49 Mitglied des Flüchtlingsausschusses des PV.
36 Emil *Werner* (1913-96), geb. 1913 in Aussig (Sudetenland), Journalist, nach 1945 Funktionär der SPD in Bayern, Pressesprecher der Landtagsfraktion und des Landesvorstandes.

schen Einheit hemmen und nach innen eine unerwünschte Zersplitterung der zur Gesundung und zum Aufbau erforderlichen Kräfte bedeuten würde. Deutschland wäre bei einer Auflösung in selbständige Staaten nicht lebensfähig. Es liegt kein Grund vor, Deutschland auf längst überlebte Zustände zurückzubringen. Die Entwicklung zu größeren staatlichen Einheiten ist nicht nur eine deutsche oder europäische Erscheinung, sondern eine Tatsache, die in der allgemeinen Entwicklung zur Universalität und in der Natur der modernen Technik liegt und darum eine generelle Erscheinung des politischen und wirtschaftlichen Lebens aller Kontinente ist.

4) Das Deutsche Reich wird ein Bundesstaat sein müssen, in dem sowohl die Einheitlichkeit der Regierungsgewalt als auch die damit vereinbare Eigenständigkeit der Länder im Sinne einer gesunden Dezentralisation gewährleistet ist.

B:
1) Die Reichsgewalt geht von dem gesamten deutschen Volk aus, das seinen Willen durch einen Reichstag, gebildet auf Grund eines allgemeinen, gleichen, unmittelbaren und geheimen Wahlrechts aller wahlberechtigten Männer und Frauen kundgibt.

Die Reichsverfassung ist von einer nach den gleichen Grundsätzen gewählten Nationalversammlung zu beschließen.

2) Neben dem Reichstag besteht der Reichsrat. Seine Mitglieder werden von den Landtagen gewählt. Sie können nicht zugleich Mitglieder des Reichstages oder eines Landtages sein. Der Reichsrat ist an der Gesetzgebung und an der Aufstellung des Reichshaushaltes zu beteiligen. Ihm steht gegen die vom Reichstag beschlossenen Gesetze ein Vetorecht zu. Die Bildung weiterer, insbesondere ständischer Organe (z.B. der frühere Reichswirtschaftsrat), die an der gesetzgebenden Gewalt des Reiches zu beteiligen wären, wird abgelehnt, da sie in keinem Fall geeignet sind, das Gesamtinteresse des Volkes zu vertreten.

3) An der Spitze des Reiches steht ein Präsident, dessen Amtszeit mindestens zwischen der einfachen und doppelten Legislaturperiode des Reichstages liegen soll.

4) Die vollziehende Gewalt liegt bei der Reichsregierung. Diese bedarf des Vertrauens des Reichstags. Ein Mißtrauensvotum führt nur dann zu dem Rücktritt der Regierung, wenn binnen einer bestimmten Frist eine neue Regierung gebildet wird.

5) Die Verfassung darf keine Bestimmung über ein Notstandsrecht enthalten, die dem Parlament gestattet, sich der politischen Verantwortung zu entziehen.

C:
Die Reichsverfassung hat die Grundrechte und Grundpflichten eines jeden Deutschen zu enthalten. Die unveränderlichen Ideen der Menschenwürde, der Freiheit und der Gerechtigkeit, der Achtung vor der religiösen und der politischen Überzeugung des anderen, aber auch der Verpflichtung des einzelnen gegenüber der in einem Staat zusammengefaßten Lebensgemeinschaft müssen ein wesentlicher Bestandteil des staatlichen Lebens und der Verfassung sein.

Dokument 6, 19. November 1946

Der Mensch ist berufen, in der ihn umgebenden Gemeinschaft seine Gaben in der Freiheit und in der Erfüllung des Sittengesetzes zu seinem und der anderen Wohle zu entfalten. Es ist die Aufgabe des Staates, dem Menschen hierbei zu dienen.

D:
1) Gesetzgebende Gewalt
 a) Die Bestimmung der Zuständigkeit liegt beim Reich. Die Gesetzgebung verteilt sich nach Reichsgesesetzen auf Reich und Länder. Die Finanz- und Steuerhoheit, die Regelung des Finanz- und Lastenausgleichs ist Sache des Reiches. Die einheitliche Finanzpolitik ist notwendig, weil sie ein wesentliches Mittel zur Lenkung der Wirtschaft ist und weil der Neuaufbau eine gerechte Lastenverteilung verlangt. Innerhalb dieser Grenzen bleibt den Ländern und Selbstverwaltungskörperschaften das Recht, die ihnen überlassenen Einnahmequellen heranzuziehen.
 b) Das Recht, Reichsgesetze vorzuschlagen, liegt ausschließlich bei dem Reichstag oder bei der Reichsregierung. Die Gesetze werden vom Reichstag beschlossen. Ein Volksentscheid ist nur für bestimmte in der Verfassung festzulegende Fälle unter Wahrung bestimmter Verfahrensvorschriften möglich.

2) Vollziehende Gewalt
 a) Regierung: Regierungsfunktionen mit Souveränitätscharakter liegen ausschließlich beim Reich. Die Regierungsgewalt der Länder beruht auf ihrer Autonomie (vgl. A 4).
 b) Verwaltung: Reichseigene Verwaltungen sind nur ausnahmsweise zulässig. Die Verwaltung wird auf den Gebieten, die zur Zuständigkeit des Reiches gehören, in seinem Auftrag grundsätzlich von den Ländern ausgeübt. Der Auftrag kann sich auch auf die organisatorischen Formen der Durchführung erstrecken (dezentralisierte Verwaltung).

3) Richterliche Gewalt:
 Die Einheit des Rechts in Deutschland wird nur durch eine Einheit der Rechtsprechung gesichert. Diese kann nur durch oberste Gerichte des Reiches gewährleistet werden.

E: Aufbau der Länder
Die augenblicklichen Ländergrenzen können nur als vorläufige angesehen werden. Die endgültige Festlegung wird erst dann möglich sein, wenn die Reichsgrenzen feststehen und die einzelnen Besatzungszonen sich nicht mehr im Sinne einer Grenzgewalt auswirken.
 Die Aufgliederung des Reiches soll einen sinnvollen Ausgleich der Länder untereinander bewirken und die Hegemonie eines einzelnen Landes ausschließen. Die Länder sollten Gebiete umfassen, die kulturell, wirtschaftlich und verkehrstechnisch möglichst eine geschlossene Einheit bilden. Sie müssen genügend groß sein, um eine eigene innere Tragfähigkeit zu besitzen. Das entscheidende Charakteristikum für die Richtigkeit einer Grenzziehung ist, daß das auf eine eigene Verwaltung angewiesene Gebiet den ersten

Ausgleich in sich selbst vollziehen kann. Damit wird zugleich ein einfacher und übersichtlicher Verwaltungsaufbau ermöglicht und eine lebendige Anteilnahme der Bevölkerung auf allen Stufen der Verwaltung gewährleistet. Gebiete einseitiger Struktur oder Gebiete, denen wesentliche Lebensgrundlagen fehlen, eignen sich nicht zur Zusammenfassung, da sie in jeder Krise die nächsthöhere Instanz zur Hilfe heranholen müssen.

F: Die Landesgewalt
Die Landesgewalt wird durch den Landtag und die Landesregierung ausgeübt.

Der Landtag geht aus allgemeinen, gleichen, unmittelbaren und geheimen Wahlen aller wahlberechtigten Männer und Frauen hervor.

Für die Länder sind zweite Kammern abzulehnen.

Die Länder bedürfen keines besonderen Staatspräsidenten. Er würde den Weg zur Reichseinheit erschweren.

G: Aufbau der Landesverwaltung
Der Aufbau der Verwaltung in den Ländern ist Landesangelegenheit. Durch reichsgesetzliche Richtlinien kann gewährleistet werden, daß die den Ländern vom Reich übertragenen Auftragsangelegenheiten gleichmäßig und ohne Reibungen durchgeführt werden.

Erfüllt ein Land die ihm nach Reichsrecht obliegenden Pflichten nicht, so kann das Reich die zur Erfüllung des rechtmäßigen Zustandes erforderlichen Maßnahmen ergreifen.

H: Die gemeindliche Selbstverwaltung
Die Gemeinden haben in ihrem Gebiet unter eigener Verantwortung alle öffentlichen Aufgaben wahrzunehmen, soweit diese nicht nach gesetzlichen Vorschriften anderen Stellen ausdrücklich zugewiesen sind (Universalitätsprinzip).

Die Sozialdemokratie fordert daher eine Erweiterung des Wirkungsbereiches der gemeindlichen Selbstverwaltung. Die Größe der Gebietskörperschaften hat dem erweiterten Aufgabenkreis Rechnung zu tragen.

Dokument 7, 10. und 11. Januar 1947

Nr. 7

Sitzungen der obersten Parteigremien am 10. und 11. Januar 1947 in München

[A] **Sitzung des Parteivorstandes am 10. Januar 1947**
AdsD: SPD-Parteivorstand, 2/ PVAS 0000655, Sitzungen d. PV u. PA, 10./11. 1. 1947 (Maschinenschriftl. Prot. d. Sitz. d. PV, 9 S.)[1]

Leitung der Sitzung: Genosse Erich **Ollenhauer**
Anwesend: Siehe Anwesenheitsliste.
[**Teilnehmer/Teilnehmerinnen, nach Funktionen geordnet:**[2]
PV: *Schumacher, Ollenhauer, Heine, Kriedemann, Nau; Agartz, Baur, Beyer, Bögler, Eichler, Gayk, Gnoß, Görlinger, Grimme, Gross, Helmstädter, Henßler, Kaisen, Knothe, Loßmann, Meitmann, Menzel, Metzger, Nölting, Selbert, Veit*
KK: *Schönfelder*
Vertreter des Bayerischen Landesvorstandes: *Albrecht, Behrisch*
Referenten des PV: *Gotthelf, Brost*[3]]

Tagesordnung[4]:
1) Berichte über Organisationsfragen
2) Bericht über Englandreise
3) Außenpolitische Fragen
4) Sozialdemokratische Wirtschaftspolitik
5) Schaffung einer Berliner Vertretung des PV
6) Gewerkschafts- und Betriebsarbeit
7) Landtagswahlen in der britischen Zone
8) Vorbereitung der Parteiausschußsitzung
9) Ort und Termin der nächsten Sitzung des PV

Zu **Punkt 1** (Berichte über Organisationsfragen)[5]
Genosse **Nau** gibt den Organisationsbericht und stellt fest, daß am 30. Sept. 1946 in 7500 Ortsvereinen rund 633.000 Mitglieder in der SPD vereinigt sind. Nur 9 Bezirke haben den

---

1 Die Einladung zur Sitzung mit Bekanntgabe der „vorläufigen Tagesordnung" erfolgte durch ein Rundschreiben des geschäftsführenden Parteivorstandes vom 23. Dezember 1946, das von E. Ollenhauer unterzeichnet und in den Beiakten zum Protokoll erhalten geblieben ist. Das Kommuniqué (Sopade Informationsdienst Nr. 73 v. 14. 1. 1947, S. 1), wird hier als Anlage 1 A abgedruckt.
2 Die folgenden Angaben wurden der Anwesenheitsliste in den Beiakten zum Protokoll und Angaben im Protokoll entnommen; danach waren bei dieser Vorstandssitzung alle Mitglieder des PV anwesend; für die Teilnehmer an allen Vorstandssitzungen 1946/47 vgl. Anhang 1.
3 Brost trug sich als neu beauftragter Vertreter des PV in Berlin nur in die Anwesenheitsliste der gemeinsamen Sitzung ein, doch ist anzunehmen, daß er auch bei seiner Wahl in der Vorstandssitzung anwesend war.
4 Wortlaut nach der in der Einladung abgedruckten „provisorischen Tagesordnung".
5 Zu diesem Tagesordnungspunkt werden im Kommuniqué einige Angaben gemacht, vgl. Anlage 1 A.

Stand von 1931 noch nicht erreicht. Mit den Bremer Genossen sei eine Konferenz für Ende Januar vereinbart, die eine Neueinteilung des Bezirks zum Ziele habe. Die Berliner Organisation hat bei weitem nicht den Stand von 1931 erreicht und war am 31.10. mit 22.000 RM Kassenbestand sehr schwach fundiert. Die Organisation verfügt über einen Angestelltenstab von 175 Personen.

Genosse **Görlinger** protestiert dagegen, daß Koblenz-Trier vom Parteivorstand als selbständiger Bezirk anerkannt sei. Genosse **Nau** schlägt persönliche Besprechung dieser Frage im Januar vor. **Bögler** erklärt, daß die Situation in der französischen Zone schon ohnehin schwierig genug sei und befürchtet vollkommenen Abschluß durch die Besatzungsmacht.

Knothe erklärt, daß die amerikanische Militärregierung nur Landesorganisationen und keine Bezirke anerkenne.

Görlinger erwidert darauf, daß wir die Organisation aufziehen, wie wir es wollen, und keine Rücksichten auf die Besatzungsmächte nehmen sollten.

Ollenhauer schließt die Debatte ab und schlägt eine Regelung in nächster Zukunft vor.

Ollenhauer gibt bekannt, daß ein Vertreter der Militärregierung anwesend sei, was prinzipiell nicht geduldet werden könne. Er schlägt Unterbrechung der Sitzung vor.

Nachdem der Vertreter der Militärregierung den Sitzungssaal verlassen hatte, wurde die Sitzung weitergeführt. Genosse **Heine** spricht über *Pressefragen* und gibt bekannt, daß 5 Millionen Zeitungsexemplare neu verteilt seien, wobei die bürgerlichen Zeitungen bevorzugt wurden und die kommunistischen Blätter sämtlich erhalten blieben. Es sei bei der Militärregierung die Tendenz zu verzeichnen, der unabhängigen Presse im Frühjahr eine gewisse Förderung zuteil werden zu lassen. Eine Wochenzeitung am Sitze des Parteivorstandes sei von der Militärregierung abgelehnt worden mit der Begründung, daß Willi *Eichler*, Köln, bereits eine derartige Lizenz erhalten hätte.

Gayk fragt, welche Konsequenzen wir daraus zögen. Dieser Skandal sei öffentlich anzuprangern.

Eichler: Die Information-Control ist uns gegenüber sehr mißtrauisch. Wir sollten aber den Lizenzantrag für ein zentrales Parteiorgan nicht aufgeben.

Schumacher erklärt dazu, daß die Zeitschrift damals als Personenzeitschrift beantragt war, was heute nicht mehr gewünscht würde.

Gnoß regt an, eine Zeitschrift ohne Genehmigung herauszubringen.

Meitmann erklärt, daß Hamburg zwei weitere Mitteilungsblätter genehmigt bekommen hätte. Meitmann fordert ferner Protestkampagne in der Presse gegen die Entscheidung des Nordwestdeutschen Rundfunks, in der Verteilung der Sendezeiten für politische Parteien keine Unterschiede zu machen.

Gross: Das Problem der geringeren Zeitungsauflage für die SPD müsse unbedingt weiter verfolgt werden. Er hält den Vorschlag Gnoß für unwürdig.

Bögler erklärt, daß die französische Zone nur eine Parteizeitung besitze, ein Mitteilungsblatt sei verboten worden. Dagegen würden die Blätter der separatistischen Bewegung gefördert.

Eichler ist gegen die Schaffung einer illegalen PV-Zeitschrift. Heine solle seine Erfahrungen in den vier Zonen niederschreiben und veröffentlichen. E. schlägt die Verfassung einer Protestresolution vor.

Gayk bringt sein Verständnis für die Voreingenommenheit gegen die Parteipresse zum Ausdruck. Er fordert Umlegung unserer Pressepolitik und wünscht, daß auch gegnerische Mitteilungen in unserer Presse gebracht würden.

Heine stimmt Eichler zu, daß eine Entschließung gefaßt werden müsse, die alle vier Zonen betrifft. Er weist dann noch besonders auf die unhaltbaren Zustände in der französischen Zone hin. Er stimmt Gayk zu, daß wir nicht wieder Funktionärblätter aus unseren Zeitungen machen dürfen. Alle Parteinachrichten sollten durch Mitteilungsblätter an die Mitglieder gebracht werden. Die Militärregierung ist einverstanden, bewilligt jedoch kein Papier. Die Schaffung eines Zentralorgans bereite auch darum große Sorgen, weil es schwierig sei, Redakteure zu beschaffen. Er lehnt die illegale Herausgabe ab.

Ollenhauer schließt die Debatte ab. Es wird beschlossen, daß *Heine, Gnoß, Knothe, Eichler* und *Bögler* die beantragte Entschließung ausarbeiten sollen.[6]

Ollenhauer gibt bekannt, daß er mit dem Genossen *Nau* in *Berlin* die *Organisationsfragen* besprochen hätte. Die Kassenlage der Berliner sei sehr schwierig, da der Büroapparat 175 Personen umfaßt. Bisher hat der Telegraf mit Zuschüssen ausgeholfen. Wir wünschen, den Bezirksverband Berlin einzugliedern, da die politischen Gründe für die teilweise unabhängige Stellung inzwischen weggefallen sind. Die Sonderstellung müsse zum nächsten Parteitag aufhören.

Die *Ostzone* ist voll von Gerüchten, daß demnächst die *Wiederzulassung der SPD* aktuell würde.[7] Wir haben Veranlassung zu vermuten, daß einige Berliner Genossen eine Wiederzulassung unter ihrer Führung gern sehen würden. Wir haben betont, daß wir unter solchen Umständen den Sitz des PV sofort nach Berlin verlegen würden.

Der PV ist gebeten worden, seine Zustimmung zu geben, daß in den großen Städten der Ostzone die Wiederzulassung durch unsere Genossen gefordert werden dürfe. Der PV hat dringend abgeraten, um die unnötigen Gefährdungen auszuschließen. Es wird vor Beantwortung diesbezüglicher aus der Ostzone kommender Briefe gewarnt.

Ollenhauer gibt bekannt, daß die Militärregierung Bayerns soeben entschieden hat, daß kein Vertreter an der Sitzung teilnehmen solle.

Ollenhauer schlägt die Wahl einer Kommission vor, die die Abgrenzung der Bezirke und die Stellung der Landesorganisationen untersuchen soll. Es sei eine Statutenänderung zu erwägen, die festhält, daß die Grundlage der Partei weiterhin die Bezirksorganisationen sind, anderseits aber den Besonderheiten der Länder Rechnung trägt. Die Bildung der

---

6 Diese Entschließung des PV wird hier als Anlage 2 abgedruckt.
7 Die folgenden Ausführungen Ollenhauers sind nur kurz und wohl auch unvollständig wiedergegeben. Zu dieser Frage vgl. auch Einl. Kap. II 3 a.

Kommission wird beschlossen. Ihr gehören an: *Ollenhauer, Nau, Albert, Wenke*[8], *Keilhack*[9], *Knothe, Bögler.*[10]

Nau fordert die Schaffung eines *Fonds für die Studienförderung* junger Sozialisten, *ähnlich dem damaligen Friedrich-Ebert-Fonds*. Die Aufsichtsratsentschädigungen führender Sozialdemokraten sollten diesem Fonds die Mittel geben.

Henßler wünscht Beibehaltung des Namens Friedrich-Ebert-Fonds und Abschaffung des Systems der bezahlten Aufsichtsratsposten für Sozialdemokraten. Lediglich Tagegelder sollten zulässig sein.

Nau fordert Parteitagsbeschluß zu dieser Frage.

Nölting begrüßt Naus Vorschlag und regt an, daß die Regierungen die Mittel für den Fonds unmittelbar abführen.

Agartz: Die Aufsichtsratstantieme war bisher begründet, da das Aufsichtsrecht zivilrechtlich haftbar macht. Falls Henßlers Vorschlag akzeptiert wird, müsse dies beachtet werden.

Meitmann hält es für fraglich, daß diese Studenten für uns gewonnen werden. Parteischulen seien zu fördern.

Baur: Die katholischen Organisationen haben einen ähnlichen Fonds. Sie verpflichten die Studenten, später bei guter Beschäftigung den Zuschuß zurückzuzahlen. Schlägt dasselbe für unser Kuratorium vor.

Es wird beschlossen, daß der Vorschlag des Genossen *Nau* vom Vorstandsbüro ausgearbeitet werden soll.

Grimme regt an, daß die Studienstiftung des deutschen Volkes über den Städtetag neu gegründet wird. Auch über diese Stiftung könnten neben dem Friedrich-Ebert-Fonds Arbeiterjungen Studiengelder erhalten.

Herta Gotthelf berichtet über das Wirken der *Frauensekretariate*, die ebenfalls unter dem Papiermangel leiden. Es sei die Gründung einer zentralen Frauenzeitung geplant.

Schönfelder gibt einen *Bericht der Untersuchungskommission*, der die *Beschuldigungen der Kommunisten gegen Kriedemann* als unbegründet zurückweist.

Gross, ebenfalls Mitglied der Kommission, erklärt dazu, daß der Prozeß gegen den kommunistischen Abgeordneten *Müller* noch abgewartet werden müsse.

Der Bericht der Kommission wird zur Kenntnis genommen. Bericht der Kommission siehe Anlage[11].

---

8 Heinrich *Wenke* (1888-1961), geb. in Dortmund, Modelltischler, vor 1933 SPD, 1919-33 Redakteur der „Westfälischen Allgemeinen Volkszeitung" (Dortmund). 1945 Polit. Sekr. des Bez. Westl. Westfalen, 1946-58 MdL (NRW).

9 Adolf *Keilhack* (1907-74), Zimmerer, 1925 SPD, 1927-33 Angestellter der Landesorganisation Hamburg, nach 1945 Sekretär des Bezirksverbandes Hamburg-Nordwest, später Geschäftsführer einer Wohnungsbaugesellschaft, 1957-61 MdBü.

10 Die Namen der Kommissionsmitglieder werden im Kommuniqué nicht genannt.

11 In den Beilagen zum Protokoll befindet sich kein Bericht der Untersuchungskommission. Ein vierseitiges maschinenschriftl. Protokoll der Sitzung der Kommission am 19.11.1946 in Frankfurt a.M., überschrieben mit „Stellungnahme der vom Parteivorstand der SPD am 25. September 1946 eingesetzten Kommission zur

Ollenhauer schlägt die Einrichtung eines *Flüchtlingsreferates*, dem ein Beirat aller Landsmannschaften angeschlossen sein soll, vor.[12] Von den Schlesiern war der Genosse Ernst *Zimmer* als Sekretär vorgeschlagen worden.

Der Vorstand stimmt der Anstellung zu.

Agartz hält die *Anstellung eines Personalsachbearbeiters* beim PV für erforderlich. Dieser solle Zuweisungen an Behörden bearbeiten, was besonders im Hinblick auf die geplanten Sozialisierungen wichtig sei. Doch auch die Personalfragen in der Partei selbst könnten zweckmäßigerweise von ihm bearbeitet werden.

Ollenhauer erklärt dazu, daß in der nächsten Woche sachkundige Genossen zur Besprechung dieser Frage nach Hannover geladen seien. Dieses Referat solle nur eine beratende Funktion haben.

Gayk will den Vorschlag erweitern auf Beiräte in allen Ländern.

Schönfelder meint, daß der Personalreferent nur den Mangel organisieren könnte. Hat auch aus finanziellen Gründen Bedenken.

Nölting wünscht sofortigen Beschluß, daß der Personalreferent angestellt wird, und regt ferner an:

1.) Arbeitsgemeinschaft Sozialistischer Wirtschaftler
2.) Arbeitsgemeinschaft Sozialistischer Juristen
3.) Arbeitsgemeinschaft Sozialistischer Kommunalpolitiker

Eichler wünscht Durchmusterung unserer bereits tätigen Genossen.

Görlinger wünscht auch Überprüfung der tätigen Genossen in bezug auf ihren rationellen Einsatz.

Meitmann verlangt Aufbringung des Mutes, unseren jungen Kräften eine Chance zu geben, da sonst die Gefahr besteht, daß in einer kritischen Situation unsere Beamtenschaft uns abermals im Stiche läßt. Es sei mehr Gewicht auf die politische Zuverlässigkeit zu legen.

Der Parteivorstand stimmt der *Schaffung der Zentralstelle für Personalfragen* zu.

Zu **Punkt 2** (Bericht über Englandreise)[13]

Genosse **Heine** berichtet eingehend, mit welchen Stellen die Delegation in England Kontakt gehabt hat. Als Gesprächsthema stand immer wieder im Vordergrund die Versorgungslage wie auch die Fragen der Demontage, Sozialisierung, Zwei-Zonen-Abkommen[14].

Knothe berichtet, daß er nach seiner Rückkehr zur amerikanischen Militärregierung geladen wurde, um Bericht zu geben. Die Amerikaner legten Wert darauf, festzustellen,

---

Prüfung der von Kommunisten gegen Herbert Kriedemann erhobenen Anschuldigungen" ist im Bestand AdsD: 2/ PV EJ 000001 erhalten geblieben. Es wird hier als Anlage 6 zum Protokoll abgedruckt.
12 Für die Mitglieder des Flüchtlingsausschusses vgl. Dok. 6 (Prot. d. Sitzung v. 19.11.1946), Anlage 5, S. 125 f.
13 Im Kommuniqué werden dieser und der nächste Tagesordnungspunkt kurz zusammengefaßt, vgl. Anlage 1 A. Zur Englandreise vgl. auch Einleitung Kap. II 2 b.
14 Mit den „Zwei-Zonen-Abkommen" sind die Anordnungen der Militär - Gouverneure vom September und Oktober 1946 gemeint, die zur Bildung von fünf bizonalen Ämtern führte, vgl. Einleitung Kap. II 3 e.

daß das Zustandekommen des Zwei-Zonen-Abkommens nicht nur den Briten zu verdanken sei.

Schumacher erklärt auf die Anfrage **Gayks**, ob denn der Besuch sonst keine Ergebnisse gezeitigt habe, daß das Tempo der Sozialisierungsmaßnahmen ohne Zweifel durch den Besuch beschleunigt wurde.

Meitmann wünscht, daß die Konzeption unserer internationalen Politik vom PV formuliert würde.

Metzger bemängelt, daß die Unterredung mit dem Bischof von Chichester nicht verwertet wurde.

Schumacher gibt die Erklärung des Bischofs wieder, die lautet, daß es unrichtig sei, daß eine Partei das Christentum für sich monopolisiere.

Menzel sagt, daß hauptsächlich Rheinland-Westfalen von den Sozialisierungsmaßnahmen betroffen würde. Da die CDU hier vorherrschend sei, müsse ein Sozialisierungsträger geschaffen werden.

Schumacher: Treuhänder werden die Träger sein. Bei zerrissenem Reich müsse eine trizonale Regelung eintreten. Die negative Position der Treuhänder sei, daß nicht reprivatisiert würde, die positive, daß die Industrie dem deutschen Volk erhalten bleibt.

Gnoß: Im Landtag wird ein Dringlichkeitsantrag geplant, der die CDU zu einer klaren Stellungnahme zwingen muß. Er glaubt, daß mindestens die Hälfte der CDU dem Antrag zustimmen wird.

Zu **Punkt 3** (Außenpolitische Fragen)
Schumacher führt u.a. aus, daß die nordischen Staaten und die Angelsachsen nunmehr bereit seien, mit uns als Gleichberechtigte zu sprechen. Die Friedensverhandlungen in Moskau werden uns Gelegenheit geben, unsere Stimme im Kampf um den Frieden hören zu lassen. Friedensdiskussionen werden von deutscher Seite bereits intern geführt in der sogenannten *Forschungsgemeinschaft* und im *Amelunxen*- Kreis. Es gilt nicht nur der Kampf um die Ostgrenze, sondern auch [ein][15] Entgegentreten der französischen Saarannexion. Leider fehlen von der SPD der Saar entsprechende Erklärungen.

Zur holländischen Frage teilt Schuhmacher vertraulich mit, daß am 14. Januar ein Zusammentreffen mit Koos *Vorrink*[16] und einem weiteren Delegierten beabsichtigt sei. Die Einladung durch die nordischen Arbeiterorganisationen sei noch ungeklärt.

Knothe: Unter Leitung von Professor [Karl] *Geiler* arbeitet ein Kuratorium, das die Feststellung der Kriegs- und Nachkriegsschäden, Grenzfragen usw. betreibt.

Schumacher erklärt dazu, daß er eingeladen war, um das Tun dieses Kreises zu decken.

Agartz betont die Verknüpfung der europäischen Länder mit der deutschen Wirtschaft. Schon heute setze sich die Erkenntnis durch, daß die Lage dieser Länder infolge

---

15 In der Vorlage „dem".
16 Koos *Vorrink* (1891-1954), einer der führenden Repräsentanten der niederländischen Sozialdemokraten, die ihre Partei 1949 „Partij van de Arbeid" nannten.

des Ausfalles der deutschen Wirtschaft absinkt. Ein ausreichendes Potential der deutschen Wirtschaft wird besonders von den kleinen Ländern gefordert. Demontagefragen wurden vom Agartz-Amt[17] betrieben, doch später verboten. Es hätte sich auch ergeben, daß die statistischen Unterlagen der Militärregierung von falschen Voraussetzungen ausgingen und zudem fehlerhaft waren. Es sei z.Zt. unmöglich, korrekte Angaben über den Stand der deutschen Wirtschaft zu erhalten. Unmöglich sei auch, abzusehen, wie weit die Demontage in der Ostzone gediehen sei. Die Forschungsgesellschaften können daher nicht zufriedenstellend arbeiten. Es sei zu erwägen, ob der PV nicht eine Erklärung an die Vereinten Nationen senden solle mit der Bitte um Prüfung der Bedeutung der deutschen Wirtschaft für die Weltwirtschaft und, [um] dementsprechend eine Revision des Potsdamer Abkommens anzustreben.

Ollenhauer erinnert an die geplante Bildung eines außenpolitischen Ausschusses, der auch die Anregung des Genossen *Agartz* zu bearbeiten hätte.

Görlinger kritisiert, daß ausgerechnet die sozialistische Zwischenregierung in Frankreich[18] die Saaraktion durchführe und daß die Saarländische Sozialdemokratie versagte. *Markscheffel* sei der Aufgabe nicht gewachsen. Fordert, daß wir unsere saarländische Politik aktivieren. Er fordert ferner Stellungnahme des PV zu *Pünders* deutscher Gesellschaft zur Erforschung europäischer Fragen.[19]

Henßler: *Rheinbabens*[20] deutsche Gesellschaft für europäische Föderation empfiehlt Verwaltungs- und kapitalmäßige Beteiligung des Auslandes an der deutschen Wirtschaft. Es sei notwendig, daß unsere Genossen bezüglich solcher Gesellschaften immer mit dem PV Fühlung nehmen.

Menzel: Die 4 Alliierten haben sich Ratgeber für Friedensfragen geholt. Wir müssen zur Zusammenfassung diesbezüglicher Fragen ein gesamtdeutsches Gremium bilden.

Meitmann: Unsere Genossen im Ausland arbeiten den deutschen Interessen entgegen. Hat Bedenken, in Zusammenarbeit mit den anderen Parteien zu den Friedensfragen Stel-

---

17 Mit dem „Agartz-Amt" ist das im Oktober 1945 gegründete und bis Ende 1946 von Viktor Agartz geleitete „Zentralamt für Wirtschaft" der Britischen Besatzungszone in Minden gemeint. Es wurde im Januar 1947 abgelöst durch das bizonale „Verwaltungsamt für Wirtschaft", das weiterhin in Minden seinen Sitz hatte, aber zunächst von Dr. Richard Mueller geleitet wurde, ehe Ende Januar 1947 für ein halbes Jahr Viktor *Agartz* die Leitung übernahm, vgl. Hb. Politischer Institutionen und Organisationen, Düsseldorf 1983, S. 162 f. u. 181 f.
18 Gemeint ist die Regierung des Sozialisten Léon Blum, der von Dezember 1946 bis 1947 in Frankreich regierte.
19 Genannt nach dem früheren Zentrumspolitiker Pünder. Hermann *Pünder* (1888-1976), vor 1933 Zentrum, 1926-32 StSekr. u. Leiter der Reichskanzlei, 1932/33 RegPräs in Münster, 1945 Mitbegr. d. CDU, 1945-48 OB von Köln, 1948/49 Oberdirektor d. Verwaltungsrates des Vereinigten Wirtschaftsgebietes, 1949-57 MdB.
20 Mit dem Gedanken der Gründung einer „Liga für Europäische Union" hatte sich ein Dr. Wilhelm Freiherr von *Rheinbaben* im September 1946 an Konrad Adenauer gewandt. Dieser hatte ihm freundlich zustimmend, aber unverbindlich geantwortet, vgl. K. Adenauer, Briefe Bd. 1, S. 329. Der Herausgeber der Adenauer-Briefe, Hans-Peter Mensing, hat diesen Wilhelm von Rheinbaben nicht genau identifizieren können. Eine Identifizierung mit *Werner Freiherr von Rheinbaben*, wie sie in der Literatur vorgenommen wurde, erscheint ihm aus mehreren Gründen unwahrscheinlich.

lung zu nehmen. Wir müßten jetzt durch Ausschüsse unseren sozialdemokratischen Standpunkt herausstellen lassen. Der PV möge mit Vorbereitungen beauftragt werden.

Kaisen gibt bekannt, daß General *Clay* auf seine Frage, was er von der Schaffung einer Zentralstelle, die das Material für Beurteilung der Friedensvertragsfragen sammelt, halte, geantwortet, daß dies noch zu zeitig sei.

Gayk: Es gibt noch eine Schleswig-Frage. Die Flensburger Sozialdemokraten versuchen, mit Hilfe der Militärregierung eine schleswigsche Sozialdemokratie zu schaffen. Die Abtrennung von Holstein wird angestrebt. Es ist noch offen, ob eine solche Genehmigung von der Militärregierung gegeben wird. Er warnt vor Wahlbündnis mit den Flensburger Sozialdemokraten.

Eichler fordert, daß mit den internationalen Bruderparteien diskutiert wird, bevor man mit den anderen deutschen Parteien Fühlung nimmt. Er hält es nicht für richtig, daß sich die SPD allein an die UNO wendet.

Bögler: Die Saaraktion war schon vor Bildung der Blum-Regierung geplant. General *Koenig*[21] war von *Grumbach* informiert worden, daß lediglich in Übereinstimmung mit den Westalliierten gewisse Zollmaßnahmen durchgeführt werden dürften. Der Verfassungsausschuß sollte auf französisches Verlangen hin in zwei Tagen eine neue Verfassung verabschieden. Darin war die Sonderstellung der Pfalz vorgesehen. Der PV möge gegen den Separatismus in aller Schärfe Stellung nehmen. Die Haltung der Koblenzer Sozialdemokraten zwang zum Eintritt in die Regierung. Es sei aber durchaus möglich, daß die beiden sozialistischen Minister sich zurückziehen. Er bittet um Stellungnahme des PV, ob er einer Einladung der französischen Bruderpartei Folge leisten solle.

Schumacher: Die Frage nach der politischen Konzeption sei doch nicht strittig. Jede Besatzungsmacht hält sich politische Hausknechte, auch sozialdemokratische. Das Büro wünscht den Auftrag des PV, monopolistisch agieren zu dürfen. Die Parteien der alten 2. Internationale sind noch Gefangene ihrer nationalen Ideologien.

Ollenhauer erklärt, daß das Büro daran denkt, nur einen kleinen *[Außenpolitischen] Ausschuß* zu bilden. Das Sekretariat soll ermächtigt werden, Genossen mit Spezialkenntnissen heranzuziehen, jedoch solle man vermeiden, sich in Spezialdiskussionen zu verlieren. Vorgeschlagen werden: *Schumacher, Ollenhauer, Heine, Agartz, Eichler, Brauer, Löbe, Hoegner, Schoettle, Brost,* [Hans] *Hoffmann* (später optiert *Schmid*, Tübingen).[22]

Der Vorschlag wird angenommen und das Sekretariat ermächtigt, einen Sekretär anzustellen.

Ollenhauer hält Kontakt mit der Forschungsstelle *Spiecker*[23], die lediglich Material sammeln will, für richtig. Dieser Stelle solle ein Genosse von uns zur Seite gestellt wer-

---

21 Pierre Marie *Koenig* (1898-1970), Frz. General, 1945-49 Oberkommandierender der frz. Besatzungstruppen (Militärgouverneur d. Frz. Besatzungszone) in Baden-Baden, 1951-58 Abg. d. Nat.Vers.
22 Die bereits ernannten Mitglieder des Außenpolitischen Ausschusses wurden auch im Kommuniqué in alphabetischer Reihenfolge aufgezählt.
23 Forschungsstelle, genannt nach dem Zentrumspolitiker Karl Spiecker. Karl *Spiecker* (1888-1953), Dr. phil., vor 1918 Zentrum, 1919-33 Höherer Ministerialbeamter Preußen/Reich, Reichsbanner, 1933 Emigration, 1935/36 Aussch. z. Vorbereitung e. dt. Volksfront, 1936/37 Mitbegr. d. „Dt. Freiheitspartei", 1945 Rückkehr

den. Damit wäre ausgeschlossen, daß unsere Genossen mit anderen Stellen Verbindung aufnehmen.

Vorschlag wird angenommen.

Der Parteivorstand billigt *Böglers* Reise nach Paris.

Bögler wird aufgefordert, dem Parteiausschuß eine Entschließung zur Saar- und Pfalz-Frage vorzulegen.

Zu **Punkt 5** (Schaffung einer Berliner Vertretung des PV)
Ollenhauer: Das Provisorium vom Vorjahr mit der Genossin *Renger*[24] ist nicht mehr aufrechtzuerhalten. Die alliierten Stellen bedürfen eines Kontaktpunktes mit der SPD. Es wird vorgeschlagen, einen Genossen heranzuziehen, der nicht Mitglied des PV ist. Vorschlag: Erich *Brost*.

Gnoß kritisiert, daß in dieser wichtigen Frage der Bezirk nicht konsultiert wurde. Der Bezirksvorstand Niederrhein protestiert gegen die Abberufung *Brosts*.

Schumacher legt dar, daß wegen Mangel an qualifizierten Kräften auf Brost nicht verzichtet werden könne.

Meitmann protestiert dagegen, daß die Bezirke sich gegenseitig die Redakteure abhängen. Er verlangt ferner eine befriedigende Gehaltsregelung für Redakteure und Parteisekretäre, in der Form, daß die Überbezahlung der ersteren und die unzweckmäßige Staffelung der letzteren beseitigt würde.

Die Berufung *Brosts* wird gegen die Stimme [von] *Gnoß* angenommen.

Zu **Punkt 4** (Sozialdemokratische Wirtschaftspolitik)
Kriedemann berichtet, daß der sozialpolitische Ausschuß bisher nicht zusammentreten konnte, da nicht alle Bezirke reagiert hätten. Die 8 sozialdemokratischen Wirtschaftsminister werden vor ihrer nächsten Sitzung in Minden zunächst in Hannover beraten. Wir sind bestrebt, auch auf die anderen Zentralämter über unsere betreffenden Fachminister einzuwirken. Im Zentralamt für Verkehr wird angestrebt, daß einer der 5 Abteilungschefs von uns gestellt wird.

Gayk bemängelt, daß er als Fraktionsvorsitzender in Schleswig-Holstein über die Tätigkeit des Zonenbeirats nicht unterrichtet sei.

Kriedemann sagt Zusammenarbeit zu.

Gnoß fordert Ausrichtung der Politik in den sozialdemokratischen Länderfraktionen.

Kaisen begrüßt den Willen, sich in Zukunft auch überzonal zu verständigen.

Kriedemann erklärt, daß der Zonenbeirat kein Zonenparlament sei.

---

nach Deutschland, 1946 Neugründung des Zentrums, 1947 MdL (NRW), 1947/48 MdWR, 1949 Übertritt zur CDU, Landesminister (NRW).

24 Annemarie *Renger*, geboren 1919 in Leipzig als Tochter des führenden Repräsentanten der Arbeitersportbewegung Fritz *Wildung* (vgl. Dok. 6), 1945-52 Privatsekretärin und enge Mitarbeiterin Kurt Schumachers, 1953-1990 MdB, 1972-76 Bundestagspräsidentin, anschließend Vizepräsidentin; 1962-73 PV, 1970-73 PP, 1985 Mitbegr. der Kurt-Schumacher-Gesellschaft. Vgl. A. Renger, Ein politisches Leben. Erinnerungen, Stuttgart 1993.

Selbert schlägt vor, daß die Frage der Vertretung im Zonenbeirat auf die Tagesordnung der nächsten PV-Sitzung gesetzt wird.

Agartz erklärt, daß die Rechte der bizonalen Ämter verordnet sind. Der Zonenbeirat ist lediglich beratendes Organ. Daher Diskussion darüber hinfällig.

Ollenhauer stellt fest, daß das Bedürfnis nach einer Sonderberatung nicht vorliegt.

Punkt 6 der Tagesordnung wird abgesetzt.

Zu **Punkt 7** (Landtagswahlen in der britischen Zone)
Ollenhauer gibt bekannt, daß im Januar eine Konferenz zur Vorbereitung des Wahlkampfes einberufen wird.

Henßler erklärt, daß der Wahltermin von der Fraktion Nordrhein-Westfalen abgelehnt wird.

Ollenhauer: Die Militärregierung hat es auf Grund internationaler Abmachungen definitiv abgelehnt, den Wahltermin zu verschieben.

Heine schlägt Besprechung der Bezirksvertreter am morgigen Tage vor.

Zu **Punkt 8** (Vorbereitung der Parteiausschußsitzung)
Ollenhauer gibt bekannt, daß je ein sozialdemokratischer Minister der Länderregierungen zur Parteiausschußsitzung geladen sei. Die nächste Sitzung sei für Anfang April geplant. Es wird vorgeschlagen, den nächsten Parteitag im Juni in der amerikanischen Zone abzuhalten.

Selbert fordert Klarstellung unserer Haltung zur Saarfrage.

Ollenhauer schlägt vor, nicht über den Inhalt des Telegramms an die französischen Genossen hinauszugehen. Er empfiehlt Vorsicht mit Rücksicht auf die schwierige Situation der Regierung *Blum*.

Zu **Punkt 9** (Vorschlag nächste Sitzung des PV Ende Februar in Hannover)
Der Vorschlag wird angenommen.[25]

[B] **Sitzung des Parteivorstandes, des Parteiausschusses und sozialdemokratischer Mitglieder der Landesregierungen am 11. Januar 1947**
AdsD: SPD-Parteivorstand, 2/ PVAS 0000655, Sitzungen d. PV u. PA, 10./11. 1. 1947 (Maschinenschriftl. Prot. d. gemeinsamen Sitzung, 4 S., Überschrift: „Sitzung des Parteiausschusses am 11. Jan. in München");
AdsD: 2/ KSAA 000040 [alte Signatur: PV/ Bestand K. Schumacher 40] (Maschinenschriftl. Redetext Schumachers, 12 S., Überschrift: „Aus dem Referat von Dr. Kurt Schumacher, gehalten auf der Sitzung des Parteiausschusses am 11. Januar 1947")[26]

---

25 Die nächste Sitzung des PV fand am 13. und 14. März in Hannover statt, vgl. Dok. 8.
26 Die Einladung an die Mitglieder des Parteiausschusses erfolgte durch ein Rundschreiben des geschäftsführenden Parteivorstandes vom 23. Dezember 1946, unterschrieben von E. Ollenhauer, das in den Beilagen

Dokument 7, 10. und 11. Januar 1947

Verhandlungsleitung: Erich Ollenhauer.
Anwesend: siehe Anwesenheitsliste
[Teilnehmer/Teilnehmerinnen, nach Funktionen geordnet:[27]
PV[28]: *Schumacher, Ollenhauer, Heine, Kriedemann, Nau, Agartz, Baur, Beyer, Bögler, Eichler, Gayk, Gnoß. Görlinger, Grimme, Gross, Helmstädter, Henßler, (Kaisen), Knothe, Loßmann, Meitmann, Menzel, Metzger, Nölting, (Selbert), Veit*
PA
BRAUNSCHWEIG: *Bennemann*[29]
BREMEN-NORDWEST: *Rother-Romberg*
HAMBURG: *Damkowski*[30], *Schmedemann*
HANNOVER: *Borowski, Helfers*
HESSEN- Frankfurt: *Zinnkann*
HESSEN- Kassel: *Selbert* (auch PV)
NIEDERRHEIN (Düsseldorf): *Runge, T. Wolff*
OBERBAYERN (München): *Pfefferkorn*[31] (auch Bayer. Landesverband)
OBER- und MITTELFRANKEN (Nürnberg): *A. Meier, Strobel*
OBERPFALZ- NIEDERBAYERN (Regensburg): *Höhne*
OBERRHEIN (Köln): *H. Kühn*[32]
ÖSTL. WESTFALEN (Bielefeld): *Severing*
PFALZ (Neustadt/ Haardt): *Kuraner*
RHEINHESSEN (Mainz): *Hitter*[33], *Steffan*
RHEINLAND-KOBLENZ-TRIER (Koblenz): *Bettgenhäuser*
SAAR -

---

zum Protokoll der gemeinsamen Sitzung erhalten geblieben ist. Das Kommuniqué unter der Überschrift „Parteiausschußsitzung" (Sopade Informationsdienst Nr. 73 v. 14. 1. 1947, S. 1 f.), wird hier als Anlage 1 B abgedruckt.

27 Die folgenden Angaben wurden der Anwesenheitsliste in den Beilagen zum Protokoll und Angaben im Protokoll entnommen; für die Teilnehmer an allen gemeinsamen Sitzungen 1946/47 in alphabetischer Reihenfolge vgl. Anhang 3.

28 *Kaisen* und *Selbert* trugen sich nur in die Anwesenheitsliste der Vorstandssitzung vom 10. Januar ein.

29 Otto *Bennemann*, geb. 1903 in Braunschweig, Kaufm. Angestellter, 1922 SPD, 1926 ISK; nach 1933 illegale Tätigkeit; 1938 Emigration (Schweiz, GB); 1946 Rückkehr nach Braunschweig, 1946-74 MdL Braunschweig/Niedersachsen, 1948-52 u. 1954-59 OB Braunschweig, 1959-67 Niedersächs. Innenminister.

30 Marta *Damkowski* (1911-82), geboren in Stade als Tochter eines Maurers, Kaufm. Lehre; vor 1933 SAJ, ISK; nach 1933 illegale Tätigkeit, 1938/39 13 Monate Haft; 1946 SPD, Frauensekretärin der Hamburger SPD, 1947-53 MdBü, 1947-70 Bundesfrauenausschuß der SPD; bis 1958 Leiterin der Frauenstrafanstalt Hamburg-Fuhlsbüttel, 1958 Leiterin des neu geschaffenen Amtes „Frau und Familie" in der Hamburger Jugendbehörde.

31 Hannes *Pfefferkorn* (1914-56), Journalist, Pressereferent des Landesvorstandes der SPD, enger Vertrauter Waldemar von *Knoeringens*.

32 Heinz *Kühn* (1912-92), vor 1933 Studium d. Volkswirtsch., SPD, aktiv in d. Sozialistischen Studentenschaft, 1933 Emigration (Belgien), 1945 Rückkehr nach Köln, Redakteur an der Rheinischen Zeitung; 1948-54 u. 1962-78 MdL, 1953-63 MdB, 1966-78 MinPräs. von NRW; 1954-56 u.1962-79 PV, 1966-79 PP, 1973-75 Stellv.Vors. d. SPD; 1983-87 Vorsitzender der Friedrich Ebert Stiftung.

33 Willy *Hitter* (1905-66), Schlosserlehre in Mainz, vor 1933 SPD, 1945-47 BezVors. d. SPD in Rheinhessen, 1949 Bezirkssekretär bei der IGM, 1951-63 MdL (Rheinl.-Pfalz).

SCHLESWIG-HOLSTEIN (Kiel): *H. Fischer, Krahnstöver*
SCHWABEN (Augsburg): *Eder*
SÜD-BADEN (Freiburg i. Br.): *Gottstein, Jäckle*[34], *H. Schumacher*[35]
SÜD-WÜRTTEMBERG (Tübingen): *Roser, C. Schmid*
UNTERFRANKEN (Würzburg): *Maag, J. Stock*
WESTL. WESTFALEN (Dortmund): *Wenke*
WÜRTTEMBERG-BADEN (Stuttgart): *Denker, Schoettle*
Bayerischer Landesverband: *M. Albert* (Landessekretär), *L. Albrecht* (Stellv. Vors.), *A. Behrisch* (Stellv. Vors.), *W. Hoegner* (Vors.), *H. Pfefferkorn* (Pressereferent)
LV Berlin: *F. Neumann*
Verbindungsmann zur Frz. Zone: *Markscheffel*
KK: *Schönfelder, Ulrich*

Sozialdemokratische Ministerpräsidenten und Landespolitiker:
Bayern: *Hoegner* (Stellv. MinPräs., auch LVors.)
Bremen: *Kaisen* (auch PV)
Hamburg: *Karpinski* (Senatorin für Jugend und Sport)
Hessen: *Stock*
Niedersachsen: *Kopf*
Nordrhein-Westfalen: *Menzel* (Stellv. MinPräs., auch PV)
Schleswig-Holstein: *Lüdemann* (Stellv. MinPräs.)
Württemberg-Baden: *Ulrich* (Min., auch KK)
Württemberg - Hohenzollern: *C. Schmid*
Länderrat der US-Zone: *E. Roßmann* (GenSekr.)
Gewerkschaftliches Zonensekretariat der Britischen Zone: *L. Rosenberg*
Referenten/Mitarbeiter des PV: *A. Albrecht, Brost, Dux, Gotthelf, Storbeck.*]

Tagesordnung[36]:
  1) Die politische Lage. Referent Dr. Kurt Schumacher
  2) Aussprache
  3) Berichte
  4) Beschlußfassung über Ort und Termin der nächsten Sitzung des Parteiausschusses

Zu **Punkt 1** (Die politische Lage)
Referent: Genosse **Schumacher** Siehe Anlage[37]

---

34 Richard *Jäckle* (1912-1990), Schriftsetzer, vor 1933 SAJ u. SPD, nach 1945 Wiederaufbau der SPD in Singen, 1946 Landesvors. d. badischen Sozialdemokratie, 1947-52 MdL (Baden/Bad.-Württ.).
35 Hugo *Schumacher*, Freiburg.
36 Wortlaut nach der in der Einladung abgedruckten „vorläufigen Tagesordnung".
37 In den Anlagen zum Protokoll ist ein Redetext Schumachers nicht erhalten geblieben. Wahrscheinlich gemeint ist der jetzt nur noch im Bestand Kurt Schumacher vorhandene hektographierte Redetext, der hier im folgenden abgedruckt wird: AdsD, 2/ KSAA 000040 [alte Signatur, AdsD, PV/ Bestand K. Schumacher

Dokument 7, 10. und 11. Januar 1947

Die[38] *deutsche Frage* rückt mehr und mehr in den Vordergrund des Weltinteresses. Das rührt aber nicht daher, daß diese Frage eine deutsche Frage, sondern daß sie ein Problem Gesamteuropas und des Weltfriedens ist, ein wenn auch sehr wichtiges, so doch nur eins von einer Anzahl wichtiger Probleme.

In Anbetracht der Tatsache, daß von allen Ländern, die den Krieg gegen die Demokratien geführt haben, Deutschland das Land von entscheidender Bedeutung war, galten ihm und seiner Überwindung auch die größten Anstrengungen.

Die führende Rolle des Dritten Reiches im Kampf gegen die Menschlichkeit und die Vernunft und für eine hemmungslose Machtentfaltung muß Deutschland damit bezahlen, daß es der unterste Stein in der Völkerpyramide ist. Auf ihm ruht im Prinzip die ganze Last.

Angesichts dieser Umstände sind die eigentlichen Sieger in einer gewissen Verlegenheit. Ein totaler Sieg ist nur für einen totalitären Staat total zu realisieren. Ob das selbst für einen solchen auf die Dauer möglich ist, das wäre dann eine andere Frage.

Die Siegermächte, vor allem die Angelsachsen gehen nicht besonders gern an die Regelung des deutschen Problems, denn es gibt nur wenige Länder, die nicht etwas von Deutschland an Wiedergutmachung in irgendeiner Gestalt wollen. Man muß sich fast mit dem Gesamtkomplex des Sieges auf europäischem Boden auseinandersetzen, wenn man die deutsche Frage berührt. Von Monat zu Monat aber ändert diese ihr Gesicht und ihren Inhalt.

Wir in Deutschland sind über die Wichtigkeit unseres Landes nicht gerade glücklich. Uns ginge es besser, wenn wir weniger wichtig wären. Aber die zahlenmäßige Größe, die sachliche Leistungsfähigkeit des Volkes und seine zentrale Lage im Herzen Europas bringen uns eben in diese Situation. Die Machtansprüche des Dritten Reiches, seine Räuber- und Zerstörungswut haben das Ausmaß der Tragödie ins Unendliche gesteigert.

In diesem Sinne waren wir uns schon im September 1946 in Köln einig über das **Primat der Außenpolitik**.[39] Die eigenen Leistungen zur Überwindung der heutigen Lage müssen die Innenpolitik zur Außenpolitik in eine echte Wechselwirkung bringen, so daß sie nicht bloß eine Funktion der Außenpolitik bleibt.

Konzentration der sozialistischen und demokratischen Kräfte im Innern ist die erste Voraussetzung. Unter diesem Gesichtspunkt sind wir auch an den Neubau der Sozialdemokratischen Partei gegangen. Wir können uns als Demokraten und Sozialisten nicht in die Passivität der Anerkennung einer „Naturgesetzlichkeit" flüchten. Wir dürfen nicht in einen optimistischen Fatalismus gegenüber der Idee der Entwicklung verfallen, zu dem

---

40]. Er wurde mit dem Sperrvermerk: „Vertraulich. Nicht zur Veröffentlichung" versehen. Teile der Rede wurden damals im Sopade Informationsdienst (Nr.74 v. 15.1. 1947) veröffentlicht, große Teile des hektographierten Redetextes wurden in der Edition von 1985 abgedruckt (K.Schumacher, Reden – Schriften – Korrespondenzen, S.475-482). Die Zwischenüberschriften entstammen dem Teilabdruck von 1947.

38 Die ersten 15 Absätze nur im hektographierten, nicht im 1947 veröffentlichten Text.

39 Zu den Beratungen der Obersten Parteigremien am 25. September 1946 in Köln vgl. Dok. 5 B, S. 83-90.

eine unkämpferische und matte Haltung vieler Sozialisten auch den Marxismus gemacht hat.

In der Politik erfüllt sich eben nicht immer das Notwendige. Anderenfalls hätten wir ja keinen Faschismus, keinen Nazismus und keinen Totalitarismus. Auch das Notwendige muß erst erkämpft werden.

In Deutschland kompliziert sich das Problem durch die Tatsache, daß die Verworrenheit und Dumpfheit des Massendenkens stärker als in den meisten anderen Ländern geschichtliche Voraussetzungen hat. Jetzt tun noch die sozialen und nationalen Nöte und das Gefühl der Ausweglosigkeit das Ihre hinzu. Aber ein irrationaler und verantwortungsloser Patriotismus ohne positive Begründung ist stets ein Pseudopatriotismus, der politisch und seelisch taub und tot macht. – *Goethe* hat einmal gesagt: „Wie in Rom außer den Römern noch ein Volk von Statuen, so gibt es außer dieser realen Welt noch eine Welt des Wahns, viel mächtiger beinahe, in der die meisten Menschen leben." Eine solche Vorstellung ist vor allem der phantastische Irrglaube, revolutionären Ursprungs zu sein und gleichzeitig Europa in unvorstellbarem Umfang in jeder Hinsicht zurückwerfen, oder richtiger aus jeder Entwicklungsbahn hinauswerfen zu können.

In dieser Welt des Wahns leben auch noch sehr viele Deutsche. Das zeigt sich am besten daran, daß sie ihren historischen Schuldanteil einfach zu verdrängen suchen, und die Dinge, wie sie sind, nicht zu analysieren vermögen. Kein Deutscher und kein verantwortungsbewußter Mensch in der Welt aber sollte dieser Analyse für seinen eigenen Teil aus dem Wege gehen.

Man kann den Männern und Frauen, die keine Opfer im Kampf gegen den Nazismus gescheut haben, keinen moralischen Schuldanteil aufbürden. Aber es muß eindeutig ausgesprochen werden, daß Schuld und Sühne Realitäten sind und daß endlich die grundsätzliche Einkehr und Umkehr sichtbar werden müssen. Man denke nur an die grundsätzliche Stupidität, mit der man den ganzen jüdischen Komplex ignorieren möchte, und man wird wissen, wo wir stehen. Freilich dürfen dann die Alliierten nicht mit Worten von uns fordern, das zu tun sie mit ihren Taten unmöglich machen. Schließlich haben sie doch selbst die große Auseinandersetzung unmöglich gemacht.

Das gilt besonders für die **deutsche Jugend**. Wenn man mit ihr auch anders reden muß als mit den ganz bewußt und absichtlich Schuldigen, wenn man mit ihr auch die Sprache der Kameradschaft und der Freundschaft zu sprechen hat, so heißt das nicht, daß sie von vornherein die Absolution des Vergessens bekommen muß. Jung sein ist in ihrem Fall nicht völlige Schuldlosigkeit, sondern die Möglichkeit eines besseren Verstehens und Verzeihens. Kein junger Mensch kommt um die Auseinandersetzung mit sich selbst herum. Diejenigen, die sich die Schmerzen einer solchen Auseinandersetzung ersparen wollen, sind eine Gefährdung der Zukunft. Die billigen Lorbeeren einer nationalistischen Agitation müssen wir dankend ablehnen.

Erst die politische Überzeugung ist krisenfest, um die jeder in sich selbst gerungen hat. Jung im großen und zukunftsbejahenden Sinne sind nur diejenigen Menschen, die aktiv an einer Neuschöpfung mitarbeiten; alt, steril, morbide und unfruchtbar, die innerlich die Bejahung ihrer eigenen Persönlichkeit in der Vergangenheit sehen oder die mutlos oder indigniert beiseite stehen. Das Ringen um die neue Erkenntnis macht den jungen Menschen, anderenfalls kann man mit zwanzig Jahren schon überflüssig oder ein Schädling sein.

Und auch die schuldlos Verarmten, die Flüchtlinge und Ausgebombten dürfen nicht den subjektiven politischen Konsequenzen aus dem Wege gehen wollen, indem sie ihre neue objektive Klassenrealität dadurch krampfhaft übersehen wollen, daß sie auf die Rückkehr von Gewesenem hoffen.

Das[40] *Jahr 1946* war ein Jahr voller Enttäuschungen und doch ein Jahr, das entscheidende Klärungen brachte. Einmal hat es erwiesen, daß in einem sehr großen Teil des deutschen Volkes die Idee der Demokratie als unwegdenkbarer Bestandteil der Freiheit und des Humanismus die stärksten Chancen in der Entwicklung hat. Zum anderen ist die soziale Fragestellung von erheblichen, wenn auch längst nicht ausreichenden Teilen des deutschen Volkes begriffen worden. Ein Teil erkennt sogar die Wechselwirkung zwischen innerpolitischer Haltung und außenpolitischen Voraussetzungen, ohne in Defaitismus und Resignation zu versinken. Dieser Teil freilich ist noch klein.

Kampf um Sozialisierung
Die *Kölner Resolution* der Sozialdemokratischen Partei hat den Sinn gehabt, die ökonomischen und sozialen Voraussetzungen, unter denen allein die Demokratie leben und funktionieren kann, aufzuzeigen. Sie ist kein Katalog von auswechselbaren und vertauschbaren Wünschen, sondern sie ist ein unterstrichener Hinweis darauf, was real da sein muß und welche Entwicklung im Grunde die Dinge nehmen müssen, wenn Deutschland seinen europäischen Verpflichtungen nachkommen soll. Es ging in Köln nicht um Koalition und Opposition, es ging und geht um die letzten Möglichkeiten sozialdemokratischer Politik.

Ich[41] glaube nicht, daß ohne diese Kölner Entschließung gewisse Dinge so schnell und so nachhaltig in Fluß gekommen wären, wie es nachher tatsächlich der Fall war. Die Sozialdemokratische Partei, die auch in den Augen ihrer kritischen Beurteiler in der Welt draußen doch der einzige heute sichtbare Aktivposten in Deutschland ist, dem man Vertrauen zu geben bereit ist, hat hier gesagt, daß es mit einer Politik der bloßen Forderungen an das deutsche Volk allein nicht geht. Die Durchsetzbarkeit dieser Forderungen ist von den Notwendigkeiten des Lebens im eigenen Lande begrenzt.

Seit *Keynes*[42] weiß man, daß jede Art von Reparationsplänen niemals so und in dem Umfang verwirklicht wird, wie die Sieger es sich vorstellen. Da hilft auch das am scharfsinnigsten ausgegrübelte System nichts.

Zu diesen Notwendigkeiten gehört in erster Linie ein erfolgreicher Kampf gegen die Gefahren der Seuchen und des Verhungerns. Es mag gegen das *Zweizonenabkommen* noch so viel kritisch einzuwenden sein – ich persönlich stimme mit der Kritik des „Economist"

---

40 Mit dem folgenden Satz begann der 1947 veröffentlichte Teil der Schumacher-Rede.
41 Die nächsten fünf Absätze nicht im 1947 veröffentlichten Text.
42 John Maynard *Keynes* (1883-1946), Brit. Nationalökonom, 1912 Herausgeber d. „Economic Journal. 1924 Prof. am King's College in Cambridge.

in London überein –, dieses Zweizonenabkommen ist die einzige Möglichkeit, unser Volk vor dem Verhungern zu schützen. Daß es auch in dieser Hinsicht nur ein erster Schritt ist, wissen wir, aber es ist der erste Stein in dem deutschen Morast, auf den man einen Fuß stellen kann. Diese Kredite bedeuten eine bindende Interessierung der Kreditgeber am Schicksal der deutschen Wirtschaft und damit des Volkes.

Weil sonst nur das große Irren und Fehlgehen sichtbar ist, müssen wir dieses Abkommen eindeutig begrüßen. Was an ihm, z.B. in der Kalorienfrage und der Lenkung des Imports und des Exports unvollkommen ist, soll ausgesprochen werden. Aber dieses Zweizonenabkommen wird seine inneren Entwicklungsmöglichkeiten am ehesten dann zeigen, wenn sein Magnetismus auch auf die beiden anderen Zonen wirkt.

Die wirtschaftliche Schicksalsfrage ist für uns der Export. Nicht unverarbeitete Rohstoffe wie Kohle und Holz, sondern Waren, in denen möglichst viele und kostbare Arbeitsleistungen stecken, sollten ausgeführt werden.

Bei[43] der Untersuchung der Frage, was sich im Sinne unserer Kölner Entschlüsse an Positivem anbahnt, hebt sich vor allen Dingen die *Möglichkeit der Sozialisierung* heraus. Diese Sozialisierung war offensichtlich ein unabdingbarer Bestandteil des englischen Standpunktes bei den Verhandlungen in New York.[44] Die Amerikaner beziehen bei aller Abneigung gegen sozialistische Ideen eine abwartende Stellung und wünschen ihrerseits die Entscheidung des deutschen Volkes über seine ökonomische Zukunft.

Es ist nicht so, wie der deutsche Besitz meint, daß die Sozialisierung oder auch nur die geplante Wirtschaft das Ende der individuellen und damit der politischen Freiheit bedeuten würde. Die von Adam *Smith*[45] so gekennzeichnete „unsichtbare Hand" des anonymen, entpersönlichten und damit schwer kontrollierbaren Kapitalismus wird zur sichtbaren und kontrollierbaren Hand nur durch Planwirtschaft und Sozialismus. Das soll und darf nicht sein die Abdrängung oder Lähmung der privaten Initiative. Ihr Zweck ist, die Menschen ihre sozialen Bedürfnisse selbst bestimmen zu lassen.

In der britischen Zone ist die prinzipielle Sozialisierung von vier Grundindustrien angekündigt. Zuerst werden die beiden Gruppen Kohle und Eisen und Stahl auf der Tagesordnung stehen. Aus Mangel an anderen Gelegenheiten dürfte die erste Vorentscheidung in Rheinland-Westfalen fallen, wo diese Industrien größtenteils ihren Standort haben. Eine Prinzipienerklärung des nordrhein-westfälischen Landtages zu dieser Frage ist ein Stück echter und wichtiger Außen- und Innenpolitik. Die Treuhänder, die sich jeweils vermutlich unter der Voraussetzung des Mitmachens des linken Flügels der CDU aus je einem Vertreter der SPD, der CDU und der Gewerkschaft zusammensetzen dürften, haben nur eine prinzipielle Bedeutung. Das ausführende Organ muß noch seine grundsätzliche und personelle Gestaltung und Kompetenzabgrenzung finden. Es gilt nicht, Unternehmergewinne zu machen, sondern die Bevölkerung zu versorgen. Dabei wollen

---

43 Die nächsten drei Absätze auch im 1947 veröffentlichten Text.
44 Auf der New Yorker Außenministerkonferenz der vier Siegermächte (Nov. – Dez. 1946) wurden u. a. die Friedensverträge mit Italien und Österreich ausgehandelt, AdG 1946/1947, S. 949 f.
45 Adam *Smith* (1723-1790), Schottischer Universitätsprofessor, Begründer der modernen Nationalökonomie.

wir Planwirtschaft und Sozialisierung nicht zentralistisch handhaben, sondern soviel Bewegungsfreiheit wie nur möglich nach unten legen. Grundsätzlich von Wichtigkeit ist dabei, daß eine solche Treuhänderschaft ein Ziel hat, die deutschen Grundindustrien dem gesamten deutschen Volk und nicht einem einzelnen Land zu erhalten und zur Verfügung zu stellen. Das ist eine Tatsache von kaum zu überschätzender Bedeutung.

Diese[46] Möglichkeiten müssen positiv genutzt werden. In dem Augenblick, in dem wir uns jetzt durch zentralen Parteibeschluß aus allen Regierungen zurückziehen würden, wäre damit der Verzicht auf den Sozialismus als Tagesaufgabe ausgesprochen und das Feld dem morbiden und verantwortungslosen Restkapitalismus in Westdeutschland überlassen. Selbstverständlich können die besonderen Verhältnisse eines bestimmten Landes in der heutigen Situation eine durchaus andere Taktik als richtig erweisen. Nur darf man nicht übersehen, daß es sich jetzt nach den Ereignissen der letzten Vergangenheit nicht um eine taktische, sondern eine strategische Frage handelt und daß die Frage des Regierens und des Opponierens in jedem Lande auch unter diesem Gesichtspunkte behandelt werden muß.

Der[47] deutsche *Restkapitalismus*, seine politischen, geistigen und gesellschaftlichen Erscheinungsformen sind der Feind, der unter allen Umständen und in jeder Situation zu bekämpfen ist. Längst hat er seine Schreckmomente überstanden und versucht mit allen Mitteln, uns in die Defensive zu drängen. Mit[48] einer unabsehbaren Fülle von Einzelargumenten wird man von dieser Seite alles zu verzögern und damit zu verhindern suchen. Die alte „Ruhrlade", die etwa ein Dutzend Familien umfaßte, ist nur nach außen hin abgetreten. Die neuen Leute sind aus demselben Holz und durch ihren geringeren Wert nur Platzhalter. Aus Gründen der sozialen Tarnung gehört diese zweite Garnitur nicht zu den Liberaldemokraten, sondern zur CDU, bei der es auch die Gelegenheit gibt, Massen zu beeinflussen.

Volkswirtschaftlich wäre die Bindung der sozialisierten Industrien an ein Land nicht möglich, denn sie können nur durch die Finanzkräfte Gesamtdeutschlands finanziert werden. Würde der extreme Klassengegner aus den Händen der Sieger die Grundindustrien zurückerhalten, so wäre damit seine politische Übermacht bei dem seelischen und tatsächlichen Zustand des deutschen Volkes auf unabsehbare Zeit sichergestellt.

Eine Zerschlagung in einzelne Betriebe wäre volkswirtschaftlich bei der Unauflöslichkeit der westdeutschen Verbundwirtschaft nicht möglich. Die Finanzierung privater Syndikate aber würde nicht nur im Innern eine klassenpolitische Stärkung der antidemokratischen Kräfte bedeuten, sie würde auch den Weg zu dem Ziel freimachen, aus Deutschland wirtschaftlich gesehen ein Kolonialland zu machen. Auf diese Weise würden wir immer tiefer in die Gefahren einer unkontrollierten Herrschaft des nationalen und internationalen Kapitalismus hineinkommen. Dabei brauchen wir nicht auf eine Maximalkonzentration hinzusteuern, denn die Erfahrungen der letzten beiden Jahrzehnte zeigen, daß sie nicht

---

46 Der nächste Absatz nicht im 1947 veröffentlichten Text.
47 Die folgenden zwei Sätze auch im 1947 veröffentlichten Text.
48 Die nächsten vier Sätze und drei Absätze nicht im 1947 veröffentlichten Text.

immer das beste volkswirtschaftliche Ergebnis zeitigt. Vor allem aber sollten wir auf die Formen der Sozialisierung zusteuern, die auch eine Konkurrenz sozialisierter Betriebe untereinander möglich machen. Dabei dürfen wir nicht zu Sklaven der überkommenen juristischen Begriffe werden, sondern werden auch hier Neues schaffen müssen.

Grundsätzlich handelt es sich nicht um die Frage [der] Regierungskoalition. Was heute vorhanden ist, sind Notstandsverhältnisse, die mit den geschichtlich überkommenen Begriffen nicht erfaßt werden können. Sie werden durch klare politische Willensbildung der nächsten Zukunft, d.h. bei den Wahlen in der britischen Zone und bei kommenden gesamtdeutschen Wahlen überwunden und geklärt werden. Wer nicht positiv und erfolgreich regieren kann, kann auch nicht konstruktiv opponieren. Heute handelt es sich darum, entweder unter schweren Opfern den Versuch des Gestaltens zu machen oder in den Absentismus zu fliehen. Es handelt sich nicht um die Frage des Wollens, sondern des Könnens der Sozialdemokratischen Partei. Ihre Aufgabe ist nicht der parteipolitische Erfolg im überkommenen Sinne des Wortes, sondern die Erhaltung des deutschen Volkes und des europäischen Friedens. Die Erreichung dieser Ziele ist ohne die Rechtfertigung der Ziele und Ideen der sozialdemokratischen Politik überhaupt nicht möglich.

Die[49] heutigen Ansätze, wie sie sich seit den Tagen von Köln entwickelt haben, können im Prinzip nur durch eine vorwärtsdrängende und gestaltende Politik überwunden werden. In diesem Sinne haben die Sozialdemokraten auch bei der Regierungsbildung in allen Ländern der amerikanischen und britischen Zone darauf gedrängt, den Wirtschaftsminister zu bekommen. Ihre Einheitlichkeit in dem Gremium der Minister, das den Geschäftsführer des bizonalen Amtes trägt, ist gesichert. Jetzt geht der Kampf um die Schlüsselstellung in diesem Zweizonenamt. Damit entbrennt der Kampf um die Besetzung und Kontrolle der zonalen und bizonalen Ämter überhaupt.

Damit wollen wir den Fuß auf den festen Boden eines nicht mehr wegzudenkenden und aus der Welt zu schaffenden Prinzips setzen. Es ist die grundsätzliche Plattform für die Gestaltung der Zukunft. Hier allein ruht die politische Sicherung gegen das Zerbrechen der Demokratie in einer Zeit, in der einmal die Siegermächte nicht mehr anwesend sind. Nur, wenn hier Endgültiges geschaffen worden ist, können wir mit ruhigem Gewissen gegenüber der Menschheit und dem eigenen Volk eine Politik forcierter Räumung Deutschlands betreiben. Sozialisierung ändert entscheidend die parlamentarischen Mehrheitsverhältnisse, macht die Regierungen letzten Endes politisch krisenfest.

Freilich ist es mit diesem Kampf um die Sozialisierung, bei[50] dem es noch manches Auf und Ab geben wird, und der sich letzten Endes auf die Ausschaltung aller Monopolgewinne ausdehnen muß, allein noch nicht getan. Der gleiche Kampf spielt sich auch auf dem agrarischen Sektor mit dem Ziele der Verhinderung einer grundlegenden Agrarreform durch den Großgrundbesitz ab. So wie die Kommunisten die Sozialisierung als Strafmaßnahme gegen die [Nazis][51] anwenden, möchten jetzt die Kreise, die so reaktionär sind, daß

---

49 Die folgenden drei Absätze auch im 1947 veröffentlichten Text.
50 Die folgenden beiden Nebensätze („bei ... muß") nicht im 1947 veröffentlichten Text.
51 In der Vorlage hier wie auch im folgenden der damals übliche Plural „Nazi".

sie es gar nicht nötig hatten, formal Nazis zu sein, sich als Nazifeinde ihren Besitz ohne Rücksicht auf die jämmerliche Lage derjenigen, die alles verloren haben, sichern. Was man da besonders aus Württemberg und Bayern hört, ist eins der am meisten beschämenden Kapitel der deutschen Geschichte.

Jetzt[52] spricht die Welt bei den am 10. März in Moskau beginnenden Beratungen das entscheidende Wort.[53] Die Demontage, die Reparationen und die Grenzen des neuen Deutschlands sind die Voraussetzungen zur Klärung der Frage, ob es für die Deutschen einen Sinn hat, politisch aktiv zu werden. Dabei glaube ich noch nicht, daß diese Konferenz sachliche Resultate hervorbringen, sondern vielmehr, daß sie die Ansprüche erkennen und die Klärung der Modalitäten erkennen lassen wird. Hier wird sich dann zeigen, ob die Sozialdemokratie in einer eventuellen Zentralverwaltung oder Zentralregierung auch die Verantwortung für den Frieden als die Grundlage der deutschen und europäischen Politik übernehmen kann. Sie wird sich unter Berücksichtigung aller Konsequenzen volle Handlungsfreiheit nach jeder Richtung hin bewahren.

In der Politik des *Nachlassens der Demontage* ist ohne Zweifel gegenüber den angelsächsischen Mächten einiger Erfolg erzielt worden. Aber man darf nicht vergessen, daß es hier nicht nur gilt, eine fremde Staatspolitik zu beeinflussen, sondern auch, fremde kapitalistische Bemühungen zu eliminieren, die manchmal in den Personen maßgebender Offiziere, besonders der industriellen Branchen, ihren Ausdruck finden. Hier sind Eindeutigkeit und Erkennen der Grenzen einer solchen Politik von entscheidender Bedeutung. Dabei sollte man auch die Tendenz des deutschen Großbesitzes zur Sabotage nicht übersehen, die mit allen Mitteln operiert, auch solchen, die für ein politisches Laienpublikum gar nicht vorstellbar sind. Art und Umfang der Demontage bestimmen den Standort der Industrien. Der wieder bestimmt den Ort des neu zu erstellenden Wohnraums. Es gibt keinen Neubau in Deutschland und keine Wiederherstellung der zerstörten Wohnungen, wenn man nicht weiß, wo sich die Industrien ansiedeln werden. Dazu tritt der Umstand, daß die Demontage von falschen Voraussetzungen mit falschen Berechnungen und unter sich als falsch erweisenden vertraglichen Bindungen der Sieger untereinander vor sich geht.

Unverknüpfbar mit der Demontage ist das Kapitel der *Reparationen* verbunden. Sie scheint in der Phantasie der zu den siegreichen Ländern zählenden Nationen von einem unerschöpflichen Deutschland auszugehen. Wenn man alle Reparationsansprüche, wie sie jetzt laut werden, zusammenzählt und dazu noch die bereits vorweggenommenen Reparationen addiert, dann bleibt für die siebzig Millionen Deutsche nichts übrig, jedenfalls keine noch so bescheidene Grundlage einer Weiterexistenz.

Vorweg muß die Fortnahme der deutschen Patente und Leistungen der deutschen Wissenschaft und der Wissenschaftler, die man auf der einen Seite durch günstige Bedingungen, auf der anderen Seite durch mehr oder weniger starken Zwang fortgeführt hat, in Rechnung gestellt werden. Dann ist zu sehen, was aus den Gebieten fortgeführt worden

---

52 Die folgenden neun Absätze nicht im 1947 veröffentlichten Text.
53 Am 10. März 1947 begann die Moskauer Viermächtekonferenz, die sich bis Mai hinzog und ohne konkrete Ergebnisse endete.

ist, die man den Deutschen effektiv weggenommen hat. Schließlich muß man die tatsächlich geleisteten Reparationen einsetzen und das, was die Kriegsgefangenen bereits geschafft haben bzw. noch schaffen sollen. Endlich aber sollte man nicht in dieser Weise z.B. fortgenommene Betriebe bewußt unterbewerten, sonst wird die ganze Reparationspolitik zu einer Milchmädchenrechnung.

Die Frage, ob die Reparationen aus dem industriellen Fundus oder aus der laufenden Produktion geleistet werden sollen, kann nicht von den Deutschen allein beantwortet werden. Selbst wenn die russischen Andeutungen, daß sie jetzt für keinerlei Produktionsbeschränkungen mehr seien, sondern verlangen würden, daß man Deutschland zur Werkstätte für die Weiterverarbeitung von Rohstoffen machen solle, die von den Alliierten zu liefern seien, eine endgültige Umkehr der russischen Taktik bedeuten, erhebt sich dann die neue Frage, wer die Rohstoffe zu liefern hat und an wen die produzierten Waren zu gehen haben. In diesem Stadium der Dinge kann man nicht ohne weiteres unterstellen, daß mit Hilfe der deutschen Weiterverarbeitung die Angelsachsen an die Russen Reparationen zahlen werden.

Für die Deutschen kann die Frage der Reparationen aus laufender Produktion erst aktuell werden, wenn sie die Gewißheit haben, daß ihre Industrie auch gesichert angelaufen ist. Die Ostzone blutet indessen schon in Gestalt von Reparationen aus laufender Produktion aus. Dabei wird die Produktion sowjetisierter Betriebe, die den größten Teil der wichtigen Industrien umfaßt, gar nicht auf [das] Reparationskonto angerechnet.

Wenn man dann noch sieht, daß in Reparationsforderungen kleiner Länder nicht nur höchstmögliche Wiedergutmachung errechnet ist, sondern darüber hinaus noch manchmal die Absicht der Bereicherung besteht, dann kann man nur sagen, daß hier der Keim zu neuer Anarchie und neuem Zerfall gelegt wird.

Wiedereinsetzung in den vorherigen Stand ist in Deutschland die reaktionäre Formel der Besitzenden, die haben wollen, daß die Nichtbesitzenden für sie zahlen. International gesehen ist aber diese Formel nicht weniger reaktionär. Durch die Größe und den Umfang der Schäden gibt es keine Wiedereinsetzung in den vorherigen Stand, es sei denn für einzelne Mächte, die den anderen die Stücke der Beute aus den Händen reißen.

Grenzen in Ost und West
Die gefährlichste Politik wird aber in der *Frage der Grenzen* getrieben. Annexion ist die unsinnigste und gefährlichste Form der Reparation. Die Kette des Verschuldens und der Gefahren reißt auf diese Weise nie ab. Die Schaffung einer ganzen Anzahl von deutschen Irredenten ist für die betreffenden Länder und für Gesamteuropa voller Gefahren. Man läßt die klaffenden Wunden immer weiter eitern.

Die[54] deutsche Sozialdemokratie nimmt die tatsächliche Vorwegnahme möglicher Beschlüsse einer Friedenskonferenz nicht als endgültig an. Das gilt für die Grenzen im Osten ebenso wie für die Grenzen im Westen. Mit allen Mitteln aber haben wir dem hier leicht entflammbaren deutschen Nationalismus entgegenzutreten, der eine ruhige, sachliche

---
54 Die nächsten zwei Absätze auch im 1947 veröffentlichten Text.

Untersuchung und damit eine Verständigung über ernährungs- und nationalpolitische Notwendigkeiten [un]möglich macht. Die ohne jeden inneren Ernst hinausposaunten großen Töne führender rechter CDU-Leute sind nicht so national gemeint, als vielmehr von dem Willen getragen, durch eine Illusionspolitik über die Ostgrenzen den sehr realen Verpflichtungen gegenüber den Ostflüchtlingen zu entgehen.

Das Dritte Reich hat nicht nur materiell unsäglichen Schaden gestiftet. Es hat auch bei anderen Völkern auf Grund des Erlittenen die Quellen der Vernunft und der Humanität zerstört. Die Austreibungen der Deutschen aus vielen Ländern sind eine denkbar schwere Gefährdung der Menschlichkeit und des Menschheitsgedankens.

Man[55] scheint vielerorts in der Welt zu übersehen, daß die Katastrophe Deutschlands nicht zufällig, sondern die unabwendbare Folge seiner staatlichen Organisation und der aus ihr resultierenden Methoden gewesen ist. Jetzt werden diese Voraussetzungen ins Internationale übersetzt. Gewalt erzeugt nicht Ordnung, sondern Anarchie. Wie Hitler letzten Endes den Krieg gegen Deutschland geführt hat, so scheinen ihn jetzt viele Sieger gegen sich selbst führen zu wollen.

Das ist keine Drohung mit einer nationalistischen Revolution in Deutschland. Der Hunger- und Verelendungsnationalismus, der jetzt in Deutschland aufsteht, ist nicht aus sich selbst und durch deutsche Kräfte für die Welt gefährlich, sondern kann als Instrument in den Händen irgendeiner Siegermacht gegen andere Siegermächte einmal gefährlich werden.

Das Fehlen politischer Ideen und ihre Ersetzung durch rein militärische und gewaltmäßige Gedankengänge sind kennzeichnend für die Situation. Schutzgürtel, Sicherung, Garantien, Präventivkriege sind die Ausdrucksformen des Militärischen in der Politik, bei dem die Geltung der Macht den letzten und endgültigen Wert darstellt.

Eine solche Politik der substanzlosen Schlagworte des „Verhindern, daß Deutschland wieder einmal usw." und des „zuerst müssen alle unsere Schäden geheilt sein" ist rein negativ. Wenn sie realisiert würde, wären die 70 Millionen schon längst qualvoll gestorben. „Jede Nation wünscht das Ende aller Kriege durch ihren eigenen Sieg. Und von Sieg zu Sieg stürzt die Menschheit tiefer in ihre Niederlage hinab", hat Romain *Rolland* einmal gesagt.

Die Englandreise

Als die Labour Party die Sozialdemokratische Partei zu einem *Besuch nach London* einlud, hat sie als erste große politische Partei in der Welt erkannt, daß es sich hier nicht um eine deutsche Frage, sondern um das europäische Kardinalproblem handelt. Es geht tatsächlich darum, ob die Demokratie in Europa am Leben erhalten werden kann. Ohne eine deutsche funktionierende Demokratie hat ein solches Ziel wenig Aussicht. Das System einer demokratischen Menschenlenkung und Erziehung zu einer friedlichen Ordnung der Staaten untereinander, die ganze Entwicklung zum Internationalen und Übernationalen stehen auf dem Spiel.

---

55 Die nächsten sechs Absätze nicht im 1947 veröffentlichten Text.

Wenn kürzlich eine amerikanische Stelle den Besuch deutscher Sozialdemokraten in London mit der Reise des Pfarrers *Niemöller* nach den USA in einem Atemzug genannt hat, dann fassen wir das allerdings in keiner Beziehung als Schmeichelei auf.

Außerdem[56] hat dieser Besuch neben realen Dingen auch den Erfolg gezeigt, daß nicht nur die einer positiven Erfolgsordnung widerstrebenden Kräfte sichtbar wurden, sondern auch ihre Methoden. Und die sind dann ja auch danach. Was man dem Nazismus mit Recht vorgeworfen hat, wendet man jetzt gegen die sozialdemokratische Politik ein. Diese Methode, für eine nationalistische Machtpolitik die Ideen des Friedens und der Humanität zu verwenden, ist eine typisch nazistische und totalitäre Begriffsverfälschung. Es ist die ewige Unwahrhaftigkeit der Anwendung alter Begriffe und Formeln, denen man neuen Sinn und Inhalt gibt.

Nationalismus

Wenn es in der Welt offensichtlich Kräfte gibt, die jetzt meinen, daß die Deutschen keine Freiheit brauchen, dann zeigen sie damit, daß sie selbst keine vertragen. Keinerlei Denunziation, wir deutschen Sozialdemokraten seien Nationalisten, kann uns daran hindern, uns gegen den wirklichen, wenn auch geschichtlich zu erklärenden Nationalismus anderer Völker freimütig auszusprechen. Wir haben dabei die internationale und humanitäre Legitimation auf unserer Seite. Wir wissen, daß Deutschland in Europa keine Mission, sondern nur eine Funktion hat. Aber diese Funktion ist notwendig, denn man kann Europa nicht mit einer leeren Stelle in der Mitte formen, noch ein großes Volk ohne Konsequenzen zerstückeln und zerreißen. Eine Geschichte, die aus den Teilungen Polens in der Periode des Absolutismus in eine Teilung Deutschlands im Zeitalter der Demokratie kommt, hat ihren Sinn verloren.

Wir haben stets dagegen gekämpft, daß die Welt von der politischen Mission der Deutschen beglückt werde. Jetzt sollen uns aber auch die politischen Missionare der Welt vom Halse bleiben. Denn schließlich hat ja kein Volk eine Mission. Die Missionsidee in der Politik ist immer das Zeichen der nationalistischen Entartung der Politik.

Gegen Separatismus, Partikularismus und Zentralismus

In[57] der Welt und in Deutschland selbst setzt man sich mit dem Gedanken auseinander, wie der *Aufbau eines deutschen Staatswesens* zu erfolgen habe. Wenn uns von Osten her ein schroffer Zentralismus verkündet wird, so scheitert dieser an der einfachen Grundtatsache, daß die Künder des Zentralismus zu gleicher Zeit eine jede zentrale Regelung aufgebende Sonderstellung in ihrer eigenen Zone haben wollen.

Wenn in den letzten Wochen von einem „Süddeutschen Staatenbund" gesprochen worden ist, dann wären solche Pläne nicht nur ein Verrat an Deutschland, sondern ein Verrat an Europa. Hier wie an der willkürlich konstruierten österreichischen Grenzfrage,

---

56 Die folgenden drei Absätze mit dem etwas veränderten Beginn „Der Englandbesuch hat neben..." auch im 1947 veröffentlichten Text.
57 Die nächsten zwei Absätze nicht im 1947 veröffentlichten Text.

die in Wahrheit gar nicht vorhanden ist, zeigt sich eine geradezu nazistische Niedertracht beim Störungsfeuer gegen Deutschland und seine europäischen Möglichkeiten.

Die[58] Entwicklung geht über die deutschen Einzelländer zu einem Gesamtdeutschland. Der Separatismus ist die Äußerung der Verantwortungslosigkeit und Minderwertigkeit. Aber auch der Partikularismus lebt von verhängnisvollen, überalterten Ideen. So wenig, wie es ein auserwähltes Volk gibt, so wenig gibt es einen auserwählten deutschen Stamm gegenüber den anderen Stämmen. Das[59] gilt für die Rheinländer genauso wie für die Bayern und Niedersachsen oder wen man sonst gerade nennen mag. Darum können wir nicht in der provinziellen Autarkie mancher Duodezfürsten auch sozialdemokratischer Observanz leben. Wir wollen keinen Zentralismus, aber wir wollen auch kein Nest der Zaunkönige. Nicht die Summierung der Länderwillen, sondern der Wille des deutschen Gesamtvolkes ist für uns bestimmend.

Die Internationalisierung Europas

Wir sind politisch und wirtschaftlich willens, nicht beim Nationalstaat stehen zu bleiben. Aber die von uns gewollte Internationalisierung auf allen Gebieten kann nicht auf deutschem Verzicht gegenüber anderen nationalstaatlichen und nationalwirtschaftlichen Ansprüchen bestehen. Alle müssen unter gleichen Voraussetzungen das im Prinzip Gleiche einbringen, wenn die für Europa so absolut notwendige Internationalisierung entstehen soll, ohne die unser Kontinent keine erträgliche Zukunft haben dürfte.

Unverzichtbar ist für Deutschland aus seiner europäischen Situation heraus die Demokratie mit freien Wahlen zwischen verschiedenen Parteien. Ein Recht, die Spielregeln der Demokratie zu verletzen, kann nicht anerkannt werden. Seine Niederkämpfung ist die Voraussetzung der Existenz der Demokratie. Keine Partei darf glauben, dem Staate allein befehlen zu können. Man sollte in der Welt weniger Sorge um die Haltung der Sozialdemokratie in dieser Frage haben, als vielmehr die totalitäre Politik der CDU betrachten. Jeder Totalitarismus bedeutet in Zentral- und Westeuropa das Herausfallen aus moralischen und kulturellen Bindungen. Der Totalitarismus einer Partei führt dann auch zu Totalitätsansprüchen einer Nation. Diese Gefahr aber besteht heute in verhängnisvoller Größe auch für andere Nationen.

Für[60] Deutschland gibt es eine solche Ideologie heute nur aus seiner Verelendung und Aussichtslosigkeit heraus. Man kann keine Idee mit Waffen ausmerzen, man muß sie durch die tatsächlichen Voraussetzungen zersetzen und auflösen. Diese erste Voraussetzung aller Politik wird heute oft übersehen.

Um die sozialen Voraussetzungen des Lebens der arbeitenden Massen in Deutschland tragen auch die Regierungen der Arbeiter in der Welt wenig Sorge. Immer weiter klafft in Deutschland die Schere zwischen den Preisen und den Löhnen und anderen Formen fester Einkünfte. Man entzieht der Demokratie in Deutschland mit dieser Haltung ihre

---

58 Die nächsten drei Absätze, mit der hier vorgezogenen Zwischenüberschrift „Gegen Separatismus, Partikularismus und Zentralismus", auch im 1947 veröffentlichten Text.
59 Der folgende Satz „Das...mag" nicht im 1947 veröffentlichten Text.
60 Die nächsten 13 Absätze nicht im 1947 veröffentlichten Text.

soziale Fundierung. Die freiwilligen Arbeitslosen, die im Ergebnis ihres Lohnes keinen Ausgleich für ihre schwere Arbeit sehen, bilden den Stamm des Schwarzen Marktes, der letzten Endes nur die angebliche Sinnlosigkeit des Arbeitens unter heutigen Verhältnissen demonstriert. Dann kommt die flottierende Erwerbslosigkeit, wie sie sich aus Umlagerungen und Umstellungen der Produktion ergibt, und die unfreiwillige aus der organisatorischen Ungeschicklichkeit der Besatzungsmächte. Es geht hier um mehr als um die Bequemlichkeit der Besatzungsbehörden.

Die **Koalitionsfreiheit der deutschen Arbeiter** muß in ihrem Streikrecht seinen Ausdruck finden. Aber die Gewerkschaften sind nicht mehr ein sozialpolitischer Faktor alter Ordnung allein, und das Streiken kann auch von unseren Gegnern zu einer Waffe erster Ordnung gegen uns ausgenutzt werden. Kein Schwur auf die politische Neutralität kann darüber hinwegtäuschen, daß der Kampf um Gewerkschaften und Betriebe eine kardinale politische Frage für die Sozialdemokratie ist.

Von größter Bedeutung ist die Rolle der **Gewerkschaften** in wirtschaftspolitischer Hinsicht.[61] Sie bilden einen nicht wegzudenkenden Faktor bei der Betriebsführung und vor allem bei der Sozialisierung. Auswahl und Schulung von arbeitenden Menschen, die für Betriebs- und Wirtschaftsführung geeignet sind, ist von entscheidender Bedeutung. Hier wird eine schwere, aber beantwortbare Frage gestellt. Hier und bei der paritätischen Besetzung der Industrie- und Handelskammern, [der][62] Überwindung der wirtschaftlichen Autokratie überhaupt, zeigt sich die Wirtschaftsdemokratie, die heute notwendig ist. Es ist ein Überbleibsel der Denkweise von 1928, wenn man unter Wirtschaftsdemokratie auch die Herausnahme der Wirtschaft aus der Politik versteht, wie es leider einige Gewerkschaftler auch noch tun. Die politikfreie Wirtschaft ist ein reaktionärer Unsinn. Die alte Debatte um Ständestaat und autonome Wirtschaft wird zeit- und problemfremd wieder aufgewärmt, die sonst in der ganzen Welt nirgends zur Diskussion steht. Die Sozialdemokraten in den führenden Stellen der Gewerkschaft müssen sich darüber klar sein, daß die Kommunisten und die CDU sich nicht mit verstaubten Ideologien belasten, sondern von machtpolitischem Bestreben im Sinne ihrer Partei erfüllt sind. Dieser Mangel an Kontakt in einer so wichtigen politischen Frage wie der des Weltgewerkschaftsbundes ist ein Überbleibsel aus sozialdemokratischer Großväterzeit. Hier geht es nicht um Kompetenz, hier geht es um Politik. Wir werden als Partei alles daran setzen, um mit unseren Genossen in den Gewerkschaften zu engster Zusammenarbeit zu kommen.

Auf mancher gewerkschaftlichen Seite sollte man besser nicht meinen, etwa in die Rolle der amerikanischen oder der englischen Gewerkschaften oder auch der russischen Gewerkschaften aufrücken zu können. Die soziologische Fundierung der Tätigkeit amerikanischer Gewerkschaften ist u.a. nicht möglich ohne die Existenz der dauernden Einwanderung und der Neger. Die Rolle der englischen Gewerkschaften hat zur Labour Party

---

61 Zur Frage der Beziehungen der SPD zu den Gewerkschaften vgl. Einl. Kap. II 5 a.
62 In der Vorlage „die".

geführt. Ein analoger Versuch auf deutscher Seite würde die Gründung einer neuen Arbeiterpartei bedingen. Die Position der russischen Gewerkschaften aber kann für die deutschen Arbeiter keinerlei Anreiz zur Nachahmung bieten.

Die Sozialdemokratische Partei und die Gewerkschaften in Deutschland müssen erkennen, daß ihre eigentliche Aufgabe die Politik der Menschenökonomie ist. Nach einem sinnlosen Verbrauch der Menschen, nach ihrer Zerfetzung, Tötung und Entwürdigung ist jetzt Deutschland so weit, daß es eine starke Potenz nur noch in seinen Menschen hat. Dabei ist es gegenüber anderen Ländern im Nachteil durch die Größe seiner Opfer, durch das Zurückhalten seiner Kriegsgefangenen, die für Reparationen aktiviert werden, die dem deutschen Volk als seiner Gesamtheit allein aufliegen können. Reparationsschulden sind stets Kollektivschulden einer ganzen Nation, die niemals auf willkürlich oder zufällig von anderer Seite ausgesuchte Einzelpersonen aufgebürdet werden dürfen. Wir können uns keine Vergeudung von Leben leisten. Wir müssen die Nutzung der menschlichen Arbeitskraft wirtschaftlich unter dem Gesichtspunkt des größten Effekts und der geringsten Abnutzung betreiben.

Was es mit der menschlichen Qualität auf sich hat, erlebt eine Partei doppelt, die so große Opfer gebracht hat wie die Sozialdemokratie. Der Mangel an qualifizierten Menschen bringt nicht nur die deutsche Produktion, sondern auch die deutsche Politik und damit auch unsere Partei in eine Frage auf Leben und Tod. Eine Partei, die auf demokratischem Wege nicht mehr Eliten produzieren kann, ist verfallen, überaltert und lebensunfähig. Sie kann weder die eigentlichen politischen noch die verwaltungsmäßigen Aufgaben lösen.

Wenn wir zu einem konservativen und nicht zu einem neugestaltenden, d.h. in der Zielsetzung revolutionären Parteityp werden, haben wir keine geschichtliche Aufgabe mehr, sondern erschöpfen uns in der Praxis des Tages.

Die Partei wird sich daher auch nicht mehr den Luxus so vieler Fehlleistungen und Sonderaktionen leisten können wie in ihrer jüngsten Vergangenheit, wenn diese zum Teil auch aus den besonderen Verhältnissen zu erklären sind.

Es kann in der Sozialdemokratie nur eine einheitliche demokratisch bestimmte und geleitete **Außenpolitik** geben. Es gibt keine Außenpolitik von Bezirken oder von mehr oder weniger führenden Einzelpersönlichkeiten der Partei. Jede Meinung ist nur ein Beitrag für die Entwicklung des Wollens der Gesamtpartei. Wir können uns auch nicht den Luxus leisten, daß in dem wilden Durcheinander eines noch nicht geformten Staates die einzelnen Politiker sich persönliche Werturteile über Parteifreunde leisten, die sich in der Quintessenz schädigend auswirken müssen. Auch ist die Sozialdemokratie zu schade, um von außen- oder innenpolitischen Mächten als Waffe gegen einzelne Politiker anderer Parteien gebraucht zu werden. Die Sozialdemokratie kann nur allein als Partei bestimmen, wie sie sich gegenüber politischen Persönlichkeiten aus anderen Lagern verhalten soll.

Das Durcheinander erreicht schon einen solchen Grad, daß man z.B. erst aus dem Ausland darüber erfährt, daß Politiker der früheren II. Internationale mit einzelnen deutschen Genossen Fühlung genommen haben. Von den deutschen Genossen ist an ihren

Parteivorstand niemals ein Bericht über diese Tatsache gekommen. In einer solchen Atmosphäre kann die Politik fünfter Kolonnen besser gedeihen als erträglich ist.

Auch ist es unmöglich, daß sich in politischen Funktionen der Länder geschickte Verwaltungschefs in ihrer Praxis von der Partei weit loslösen. Auch sie dürfen nicht vergessen, daß keiner von ihnen ohne die Partei – sei es die Partei von früher oder die von heute – an seinem Platze säße. Die Ablösung zeigt sich insbesondere oft in der Auswahl ihrer Mitarbeiter. Es mag für Außenstehende überraschend sein, wenn sie gelegentlich feststellen können, daß ein ganzer Klüngel von abgewracktem Adel die Atmosphäre sozialdemokratischer Regierungsmänner mitbestimmt. Die Beteiligung der Sozialdemokratischen Partei an der Regierung hat nicht den Sinn, einzelne Persönlichkeiten zum Range von Ministerpräsidenten oder Ministern zu erheben. Der heutige Zustand, in dem die Potentaten manchmal sogar demokratische Grenzkriege im Sinne des Artikels 18 der Weimarer Verfassung[63] führen, ist unhaltbar und geht an den Problemen der Zeit vorbei.

Auch mit der guten Verwaltung allein ist es nicht getan. Die gute Verwaltung versteht sich von selbst. Es handelt sich für uns bei der Vertretung von Regierungen um ein unverzichtbares Stück kämpferischer Neugestaltung im Sinne des Sozialismus und der Demokratie.

Ausnahmerecht gegen SPD[64]

Die Sozialdemokratische Partei ist die einzige Partei, die in Deutschland unter dem Ausnahmerecht steht. Das heißt nicht, daß die CDU und LDP dasselbe Recht wie die SED in der Ostzone besitzen. Auch sie haben schwer zu leiden und sind tatsächlich benachteiligt. Aber in voller Schwere trifft es nur die SPD und bedeutet ihr völliges Verbot in der Ostzone. Praktisch atmet die Partei nur auf einem Lungenflügel. Der Osten Deutschlands, der uns das unzerstörbare Primat geben würde, ist uns verschlossen. Dieser Umstand erst ermöglicht die breite Restauration des bürgerlichen Parteiensystems.

SED und Demokratie

Es ist unsinnig, wenn die SED von einem einheitlichen Deutschland spricht und zugleich Nutznießer des Zustandes der verhinderten Demokratie ist. Die staatsbürgerliche Gleichheit aller Bewohner aller Zonen ist die Voraussetzung für das Zustandekommen eines geeinten Deutschland.

Selbst[65], wenn sich die Anzeichen mehren, daß man mit einer **Wiederzulassung der SPD in der sowjetischen Zone** zu rechnen hat, darf man sich nicht in Illusionen wiegen.

---

63 Der Artikel 18 der Weimarer Verfassung regelte eine eventuelle Änderung der Gebiete der Einzelländer. Seine entscheidenden einleitenden Sätze lauteten: „Die Gliederung des Reichs in Länder soll unter möglichster Berücksichtigung des Willens der beteiligten Bevölkerung der wirtschaftlichen und kulturellen Höchstleistung des Volkes dienen. Die Änderung des Gebiets von Ländern und die Neubildung von Ländern innerhalb des Reichs erfolgen durch verfassungsänderndes Reichsgesetz. Stimmen die unmittelbar beteiligten Länder zu, so bedarf es nur eines einfachen Reichsgesetzes." Dokumente zur deutschen Verfassungsgeschichte, hrsg. v. Ernst Rudolf Huber, Bd. 3, Dokumente der Novemberrevolution und der Weimarer Republik 1918-1933, Stuttgart-Berlin-Köln-Mainz 1966, S. 132.
64 Die nächsten beiden Absätze mit den Zwischenüberschriften im 1947 veröffentlichten Text.

Das ist in mehrfacher Hinsicht so. Die Deutschen neigen einmal dazu, das Problem unter dem engen und primitiven Blickfeld zu sehen, es nur als eine deutsche Frage zu betrachten. Weltpolitisch aber handelt es sich dabei um eine Angelegenheit zwischen den Angelsachsen und den Russen, die zwar auf deutschem Boden, aber nicht mit deutschen Zielen ausgetragen wird. Sowohl ein Einfrieren der Beziehungen wie auch ein Kompromiß bergen die Möglichkeiten für ein Lebendigmachen der Demokratie für Gesamtdeutschland wie auch einer längeren Aufspaltung unseres Landes in Ost und West in sich. Dieser zweite Zustand würde eine Fülle heute noch nicht überblickbarer Gefahren in sich bergen.

Es ist unmöglich, von einzelnen Bezirken aus so eine Art Neuorientierung in der Partei gegenüber Rußland vorzunehmen. Jede Orientierung gegenüber jeder Besatzungsmacht kann nur von der Gesamtpartei vorgenommen werden. Bezirkliche oder persönliche Versuche einer neuen Orientierung bedeuten nur die Möglichkeit einer regionalen Aufsplitterung der Sozialdemokratie und eine verspätete Erreichung der durch die SED gesetzten und damals gescheiterten Absichten. Was da eventuell mit kleinen konspirativen Schlauheiten zu machen versucht würde, wäre nur komisch, wenn es nicht so verhängnisvolle Folgen in sich bergen würde. Die Geschichte und die Einstellung zu den letzten Dingen lassen sich nicht überlisten.

Wir lassen uns die Sozialdemokratische Partei in der Ostzone nicht schenken unter Bedingungen für ihre Orientierung und [die][66] Auswahl ihrer lokalen und bezirklichen Führung. In der Sozialdemokratischen Partei können nur die Sozialdemokraten selbst ihre Haltung und die Personenauswahl bestimmen. Eine Partei und ihre äußere und innere Selbständigkeit sind heute der einzige Beginn einer neuen Freiheit.

Die SPD und Rußland[67]

Es ist auch nicht richtig, daß man nur von uns aus ein neues *Verhältnis zu Rußland* gewinnen müsse. Die Sozialdemokratische Partei war von vornherein entschlossen, den Russen keinerlei Schwierigkeiten zu machen. Voraussetzung dafür war ihre geistige und organisatorische Selbstbehauptung. Niemals hat es an der Sozialdemokratie, sondern stets an der Besatzungsmacht und ihren kommunistischen Beratern sowie den Illusionisten in den Reihen der früheren Sozialdemokratie in der Ostzone gelegen, wenn sich die Verhältnisse so ungut entwickelt haben. Es ist nicht die Sozialdemokratie gewesen, deren Politik bankrott gemacht hat, sondern die falsche Konzeption der anderen, die für Deutschland politisch, ökonomisch, kulturell und vor allem human nicht gepaßt hat. Unsere Generation weiß von dem russischen Anteil an der europäischen Kultur. Sie wäre z.B. ohne die russische Literatur und Musik in ihrem ganzen geistigen Habitus nicht denkbar.

---

65 Die nächsten drei Absätze nicht im 1947 veröffentlichten Text.
66 In der Vorlage „der".
67 Die nächsten beiden Absätze mit den Zwischenüberschriften im 1947 veröffentlichten Text.

Die „Hauptstadt" der CDU

Wie gefährlich die rein persönliche Akzentuierung der Politik ist, zeigt am besten der *Streit um die kommende „Reichshauptstadt"*. Uns scheint das Wort etwas zu pompös zu sein. Wenn der Führer der CDU in der britischen Zone[68] wieder einmal Gelegenheit nimmt, um die falsche Parole des Tages zu bringen und Frankfurt am Main zur Reichshauptstadt zu ernennen, dann ist das eine Befangenheit in einer partikularistischen Vorstellungswelt. Sie zeigt, wie wenig echt die sonst so betonte nationale Haltung der CDU bzw. der in ihr maßgebenden Kreise ist.

Peinlich[69] ist natürlich, wenn sich ein solcher Mann auf übereifrige Lokalpatrioten oder in Kulturkreisideologien befangene Sozialdemokraten berufen kann. Wir glauben nicht, daß der Sitz einer kommenden Regierung für Gesamtdeutschland zwischen Rebenhügeln und nicht zwischen Kartoffelackern liegen muß. Wir werden nämlich von Kartoffeln und nicht von Reben leben müssen.

Im übrigen ist die Entscheidung durch die Mächte gefallen, die auch in dieser Frage die tatsächliche Gewalt ausüben. Berlin ist der Sitz aller zentralen alliierten Stellen und damit auch selbstverständlich der Sitz einer zentralen deutschen Verwaltung. Unverzichtbare Voraussetzung dafür freilich ist die Bewegungsfreiheit für alle zugelassenen Parteien in allen Zonen.

Damit fällt auch automatisch die Entscheidung über den *Sitz des Parteivorstandes*. Schon in dem Augenblick, in dem die grundsätzliche Bewegungsfreiheit für die Sozialdemokratie in der Ostzone gegeben ist und man ungehindert von Berlin nach dem Westen reisen kann, wird die Sozialdemokratische Partei ihren Parteivorstand in Berlin etablieren.

Wir kommen jetzt in den politisch schwersten Teil eines geschichtlichen Ablaufs, den irgendeine Arbeiterbewegung in irgendeinem Lande der Welt jemals hat durchmachen müssen. Wir ringen jetzt mit vielen Rückschlägen langsam um das Stückchen Macht, ohne das auch die Ideen der Freiheit und der Menschlichkeit und des Rechts nicht leben können. Wir dürfen dabei die Massen sich nicht steuerlos selbst überlassen. Wir müssen bei ihnen und mit ihnen sein.

Der wahre Patriotismus[70]

Wir kennen keine Politik des blinden Hasses und der blinden Liebe. Keinerlei noch so ungerechte Verleumdung darf uns dazu veranlassen, auf das Niveau dieser Attacken herabzusteigen. Wir werden uns allerdings nicht scheuen, die Dinge beim richtigen Namen zu nennen. Wir gehen dabei von der Erkenntnis aus, daß der wahre Patriotismus in Europa heute der Patriotismus des Weltbürgertums ist.

---

68 Gemeint ist Konrad *Adenauer*, der seit dem 1. 3. 1946 Vorsitzender des Zonenausschusses der CDU-Landesverbände der britischen Zone war. In einer Rede in Frankfurt am Main hatte sich Adenauer am 10. 11. 1946 öffentlich für Frankfurt als Hauptstadt eines künftigen gesamtdeutschen Bundesstaates ausgesprochen. Diese Festlegung führte auch zu Auseinandersetzungen innerhalb der CDU. Vgl. Adenauer, Briefe 1945 - 1947, bearb. v. Hans Peter Mensing, Berlin 1983, S. 382 u. 706, Anm. 5.
69 Die nächsten vier Absätze nicht im 1947 veröffentlichten Text.
70 Der folgende Absatz mit der Zwischenüberschrift im 1947 veröffentlichten Text.

Dokument 7, 10. und 11. Januar 1947

Daß[71] wir gerade mit sozialistischen und demokratischen Ideen hierfür das Volk gewinnen können, wird am klarsten durch das hessische Wahlergebnis.[72]

Nationalismus oder Vernunft[73]
Der Nationalismus ist die heutige Form des Nihilismus in der Welt, der Boden, auf dem die Schwindler und Scharlatane der modernen Menschheit gedeihen. Hier entsteht der orgiastische Rausch der Umwertung aller Werte, hier verlieren die Menschen ihr Gewissen und damit auch die Möglichkeit zur Selbsterkenntnis und Selbstkritik. Nationalismus führt zu Totalitarismus, der aber ist unvereinbar mit der Humanität und der Vernunft, den großen Richtungsweisern für Fortschritt und Frieden der menschlichen Gesellschaft.

Zu **Punkt 2** (Aussprache)[74]
Görlinger: Zwar sei das Primat der Außenpolitik anerkannt, aber die Tagessorgen überschatten doch alles. Die Bevölkerung stiehlt, und selbst die Kirche hat ausgesprochen, daß hier die Bezeichnung Diebstahl nicht zutreffend sei.[75] Die Durchführung der Kölner Resolution sei eigentlich notwendig, aber die Verantwortung ist sehr groß.

Ebenso muß zur Saarfrage Stellung genommen werden. Der außenpolitische Ausschuß möge eine Entschließung ausarbeiten. Wir können keine Rücksicht nehmen auf die Regierung *Blums*.[76]

Wir kämpfen in Nordrhein-Westfalen unter ungünstigen Bedingungen und bedürfen der Hilfe der Gesamtpartei.

Rosenberg vom Zonensekretariat der Gewerkschaften unterstreicht die Bedeutung der wirtschaftlichen Probleme. Die Zusammenarbeit zwischen Gewerkschaften und Partei sei sehr mangelhaft und von Mißtrauen erfüllt.[77] Die Gewerkschaften fordern Mitwirkung in der bizonalen Wirtschaftsverwaltung. Die Neutralität der Gewerkschaften bedeutet nicht, daß nicht mit den Parteien zusammengearbeitet werden dürfe. Er bittet darum, daß dort, wo die Gewerkschaften versagen, die Partei den Anstoß zur Zusammenarbeit geben müsse.

---

71 Der folgende Satz nicht im 1947 veröffentlichten Text.
72 Bei den hessischen Landtagswahlen am 1.12.1946 konnte die SPD 42,7 % der abgegebenen Stimmen erreichen, es folgten die CDU mit 30,9, die Liberalen mit 15,7 und die KP mit 10,7 %. Zu den genauen Wahlergebnissen vgl. Jochen Lengemann, Das Hessen-Parlament 1946-1986, Frankfurt am Main 1986, S. 88.
73 Der Schlußabsatz mit der Zwischenüberschrift im 1947 veröffentlichten Text.
74 Die folgende Aussprache wird hier nach dem maschinenschriftlichen Protokoll (S.2-4) wiedergegeben. Im Kommuniqué nur Hinweis auf eine eingehende Debatte.
75 Josef Kardinal *Frings* (1887-1978), seit 1942 Erzbischof von Köln, hatte in seiner Silvesterpredigt 1946 den Diebstahl kleiner Mengen von Kohle oder Briketts als moralisch erlaubten „Mundraub" bezeichnet. Diese Art von Diebstahl ging dann als „Fringsen" in die Kölner Umgangssprache ein, vgl. Munzinger-Archiv/Internationales Biographisches Archiv - Personen aktuell 06/79.
76 Zur Regierung Blum in Frankreich vgl. S. 139.
77 Zur Zusammenarbeit zwischen den Gewerkschaften und der SPD vgl. auch die Ausführungen Schumachers, S. 153 f.

Eichler: Über die Kölner Resolution kann nicht einfach zur Tagesordnung übergegangen werden. Er fordert ein Bekenntnis zur Idee des Klassenkampfes. Es ist seit September nichts geschehen, was die Lage verbessert hätte. Im Gegenteil, zum Mangel ist noch der Irrsinn hinzugekommen. Er lehnt weitere Appelle an die Besatzungsmächte ab. Es müsse ein Beschluß gefaßt werden. Wir können unter keinen Umständen die jetzige Lage weiter ertragen. Wir müssen die Sozialisierung fordern.

Eine Partei in der Opposition, die nichts kann, wie Schumacher sagt, erfordert energische Schulungsmaßnahmen.

Es darf nicht wieder vorkommen, daß die Weltöffentlichkeit über die Zustände in Deutschland nicht orientiert ist.

Lüdemann: Abstinenzpolitik ist nicht ratsam. Rheinisch-Westfälische Sonderpolitik können wir uns nicht leisten. Auch dort sei eine politische Mehrheitspolitik zu betreiben. Er fordert die Genossen von Nordrhein-Westfalen auf, sich vom Verhältniswahlsystem loszusagen. Er habe den Eindruck, als ob Görlinger gegen die Aktivität der Partei gesprochen hätte. Er fordert für den Wahlkampf Sozialisierung und produktive Flüchtlingspolitik. Es müsse auch immer ein Wort zum Ostgrenzproblem gesagt werden. Rußland sei die Weltgefahr, die zurückgedrängt werden müsse.

Es könnten noch viele Parteigenossen eingesetzt werden, wenn nicht überall lokale Bedenken gegen diesen Einsatz bestünden.

Rother-Romberg: Wir müssen zugeben, daß die z.Zt. der Fassung der Kölner Resolution befürchtete katastrophale Lage schon längst eingetreten ist. Die Konsequenzen müßten jetzt gezogen werden. Es sei nicht einzusehen, warum man das jetzt auf die Länderregierungen [nicht] übertragen solle. Wir enttäuschen unsere Genossen schwer. Schumachers Auffassung, daß wir beim Rücktritt in den Zustand eines Kolonialvolkes versetzt würden, weckt die Frage, ob wir denn davon jetzt noch weit entfernt sind. Wir können hier nicht mit einer Verlegenheitslösung auseinandergehen. Die vorgelegte Entschließung wird von unseren Genossen nicht gebilligt werden.

Schon in Köln versprachen die Gewerkschaftsvertreter eine bessere Zusammenarbeit, doch die Resultate lassen immer noch auf sich warten.

Es sei zu erwägen, ob wir in den Ländern nicht überhaupt gegen jede Verfassung zu stimmen haben, die keine Sozialisierungsbestimmungen enthält.

Ollenhauer erwidert darauf, daß er es nicht für möglich hält, hier eine klare und einfache Entscheidung zu fällen. Die kritische Lage ist zugespitzt worden durch Naturereignisse. Er verweist auf den PV-Appell an die Militärregierung[78] und schlägt vor, nochmals vorstellig zu werden. Die Frage sei einfach die, sollen wir eine prinzipielle Entscheidung, wie die Kölner Resolution sie vorsieht, fällen, nur weil die derzeitigen Umstände es für opportun erscheinen lassen. Es sei doch abzuwarten, ob nicht das Zwei-Zonen-Abkommen Verbesserungen mit sich bringen werde. Zudem sei von der Militärregierung eine verbindliche Erklärung abgegeben worden, daß der Standard von 1550 Kalorien gehalten würde.

---

78 Vgl. Dok. 6, Anlage 2, S. 122.

Dokument 7, 10. und 11. Januar 1947

In der Sozialisierungsfrage hat sich seit September viel ereignet, die britische Regierung hat die Schwerindustrie enteignet, und die Treuhänder werden Vertreter des deutschen Volkes sein. Auch sei die internationale Diskussion über das Schicksal Deutschlands seit Köln in ein schärferes Tempo gekommen. Die Kölner Resolution solle in Kraft bleiben, doch hätten wir gleichzeitig zu untersuchen, inwieweit wir in den Ländern in dem Sinne wirken können.

Kriedemann erklärt, daß wir dem Sozialisierungsproblem nicht fassungslos gegenüberstehen. Das Bodenreformgesetz wird demnächst ausgearbeitet sein. Der Währungsreform-Vorschlag der SPD liegt der Kontrollkommission vor. Wir haben eine Mehrheit im Zentralamt für Wirtschaft, da alle 8 deutschen Wirtschaftsminister Sozialdemokraten seien. Die Gewerkschaften waren bisher bei den Verhandlungen des wirtschaftspolitischen Ausschusses der SPD vertreten.

Gayk: Wir gehen zuviel am Kern des Problems vorbei. Die Besatzungsmächte haben bisher eine sozialökonomische Revolution verhindert. Wir dürfen, auch nicht, wenn unsere Popularität gefährdet ist, von der Erreichung unserer Ziele abstehen. Die vorgelegte Entschließung zwingt uns nachzuprüfen, was denn in den Ländern zur Erreichung der Ziele der Kölner Resolution möglich ist. Er stellt fest, daß die Militärregierungen entsprechende Maßnahmen der Länderparlamente abbiegen würden. Die Demontagen gehen weiter. Die Ernährungs- und Hausbrandsorgen können von keiner Länderinstanz behoben werden. Wenn die Besatzungsmächte unsere Forderungen ablehnen, stehen wir doch wieder da, wo wir in Köln schon standen. Wir müssen doch erst mal eine Demokratie haben, bevor wir von einer Flucht aus der Demokratie reden können. Wo ist denn die verantwortungsbewußte und schöpferische Politik unserer Partei? Haben wir denn nicht die Katastrophe vorhergesagt?

Henßler sagt, er wäre glücklich, wenn er den Vorschlag Lüdemanns in der Wahlrechtsfrage akzeptieren könnte. Er fürchtet für die Durchführung der Sozialisierung.

Die vorgelegte Entschließung ist unmöglich. Sie bedeutet Rückschritt. Wir müssen die weitere Verantwortung ablehnen.

Die Gewerkschaften stören oft die sozialdemokratische Betriebsarbeit. Diese Arbeit ist notwendig, da sonst Kommunisten und CDU vorherrschend würden.

Agartz: Die wirtschaftspolitischen Probleme sind vorherrschend. Die Verwaltungsorganisation der Besatzungsmächte hat die Bewirtschaftung durchbrochen. Er teilt nicht die Auffassung Ollenhauers, daß der Winter die Hauptschuld trage. Er weiß aus Erfahrung, daß die Besatzungsmächte mit ihren Maßnahmen immer auf halbem Wege stehen bleiben. Die Konsumgüter mußten daher zwangsläufig auf den Schwarzen Markt gehen. Von deutscher Seite sind der MR [Militärregierung] die Dinge oft und rechtzeitig genug geschildert worden. Das Zentralamt in Minden hatte schon im Frühsommer Pläne für die Hausbrandversorgung der MR übergeben. Sicherlich ist die britische MR nicht allein verantwortlich, da auch der Kontrollrat mitbestimmend ist. Auch die Lage in der Stromversorgung brauchte nicht so katastrophal zu sein. Infolge der Auseinanderreißung der Energiequellen ist der Stromverbrauch in der britischen Zone heute größer als 1938.

Das bizonale Wirtschaftsamt hat die Konstruktion des ehemaligen Zonenamtes für die britische Zone übernommen. Die Forderung, daß das bizonale Amt wieder von einem Sozialdemokraten geleitet werden soll, ist an zwei Bedingungen zu knüpfen: Erstens, die 8 Minister müssen Sozialdemokraten sein, da der Leiter nicht stimmberechtigt, also von den Beschlüssen abhängig ist. Zudem kann auch nur so der gesamtdeutsche Standpunkt zur Geltung kommen. Zweitens, es ist nicht möglich, die Wirtschaft verantwortlich zu leiten, wenn über den Umfang der beabsichtigten Demontage nichts bekannt ist. Ferner bedarf die deutsche Verwaltung größerer Befugnis in Bezug auf Kohlenproduktion und Energieverteilung.

Er hält die Realisierung der Kölner Resolution durch die Länder für unmöglich. Der PV möge beauftragt werden, zu formulieren, daß in Konsequenz der Kölner Beschlüsse die berührten Fragen mit der Besatzungsmacht verhandelt werden müssen.

Roser: Wir müssen zunächst erkennen, ob es sich um strukturelle Schwierigkeiten handelt. Es sei zu prüfen, ob das Zwei-Zonen-Abkommen ein wesentlicher Fortschritt sei. Er schlägt die Annahme einer Entschließung vor, die Schwierigkeiten in der französischen Zone hervorhebt und Anschluß dieser Zone an das Zwei-Zonen-Abkommen fordert.

Hoegner stellt zu den Anschuldigungen [von] Agartz fest, daß die Süddeutschen in dem Sinne unterrichtet worden seien, daß Minden der Herd der reichsdeutschen Reaktion sei.

Agartz erwidert darauf, daß sich in seinem Amt nicht ein einziger PG befand.

Hoegner: Ich hoffe, daß wir uns in Zukunft besser verständigen können.

Schumacher erklärt, daß die Entschließung ja nicht publiziert werden solle, sondern parteiinterner Natur sei.[79] Den Mut zur letzten Konsequenz haben die Diskussionsredner in Anbetracht der tödlichen Gefahr, in der wir uns befinden, auch nicht aufgebracht. Die Kölner Resolution war eine Waffe, die bereits Erfolge gezeitigt hat. Hüten wir uns vor der Stimmung, daß es nicht mehr schlechter werden könne. Er unterstreicht noch Rosers Bedauern, daß die französische Zone nicht in das Zwei-Zonen-Abkommen eingeschlossen sei. Es gilt nicht, die Kölner Resolution zu verwerfen. Es gilt, ob wir jetzt zuschlagen sollen oder nicht. Wir dürfen jetzt nicht auf den Kampf um die Sozialisierung verzichten.

Ollenhauer verliest die neu formulierten Resolutionen.

Es kommt zu einer lebhaften Debatte, besonders in bezug auf den Hinweis, daß auf die Moskauer Verhandlungen Rücksichten zu nehmen seien.

Die Resolutionen (siehe Anlage[n]) werden angenommen.[80]

Punkt 3 (Berichte)[81]
Ollenhauer teilt die Beschlüsse der gestrigen PV-Sitzung mit (siehe Protokoll).

---

79 Die Entschließung „zur Lage" wurde im Sopade-Informationsdienst publiziert, vgl. Anlage 3.
80 Die Annahme der Resolutionen wird auch im Kommuniqué erwähnt. Die Beschlüsse der gemeinsamen Sitzung von PV und PA werden hier als Anlagen 3-5 abgedruckt.
81 Im Kommuniqué wird nur erwähnt, daß zum Abschluß der Beratungen „Berichte aus der Organisation" gegeben worden seien. Die Entschließung des Parteivorstandes zum Pressewesen wird hier als Anlage 2 abgedruckt.

Dokument 7, 10. und 11. Januar 1947

Punkt 4 (Nächste Sitzung des Parteiausschusses)
Beschluß: Anfang April in Bielefeld.[82]

Loßmann lädt ein, den nächsten Parteitag in Nürnberg abzuhalten.
Beschluß: Nächster Parteitag 2. Hälfte Juni in Nürnberg.[83]
Schluß der Sitzung 18.00 Uhr.

Anlage 1 A
Kommuniqué der Sitzung des Parteivorstandes
Sopade Informationsdienst Nr. 73 v. 14.1.1947, S. 1.

Zum ersten Mal seit Wiederaufnahme der politischen Tätigkeit tagte der Vorstand der SPD am 10. Januar 1947 in München. Die vom 2. Parteivorsitzenden E. *Ollenhauer* geleitete Sitzung beschäftigte sich vor allem mit der Entgegennahme und Diskussion von Berichten.

Aus dem Organisationsbericht ergibt sich, daß am 30.September 1946 in 7500 Ortsvereinen rund 633000 Mitglieder in der SPD vereinigt sind. In einer Entschließung wird gegen die Benachteiligung der SPD im Pressewesen aller Zonen protestiert. Beschlossen wurde die Schaffung eines Flüchtlingsbeirats, als dessen Sekretär E. *Zimmer*-Breslau bestimmt wurde; eines Berliner Büros des Parteivorstandes unter der Leitung von E. *Brost*-Essen und die *Wiedererrichtung der Friedrich-Ebert-Stiftung* zur Nachwuchsförderung.

Außenpolitische und grenzpolitische Fragen nahmen nach einem Referat von Dr. Schumacher und einem Bericht über die Englandreise einen breiten Raum in den Beratungen ein. Der Vorstand sprach sich gegen Versuche verflossener Diplomatenklubs aus, Einfluß auf politische Entscheidungen zu nehmen. Als Mitglieder eines engeren außenpolitischen Ausschusses wurden Agartz, Brauer, Brost, Eichler, Heine, Hoegner, H. Hoffmann, Löbe, Ollenhauer, Schoettle und Schumacher gewählt.

Anlage 1 B
Kommuniqué der gemeinsamen Sitzung
Sopade Informationsdienst Nr. 73 v. 14.1.1947, S. 1 f.

Am 11. Januar 1947 wurde in München eine gemeinsame Sitzung des sozialdemokratischen Parteivorstandes und Parteiausschusses durchgeführt. Die Teilnehmer wurden begrüßt vom Stellvertretenden bayerischen Ministerpräsidenten Dr. Wilhelm Hoegner.

Die Tagung beschäftigte sich eingehend mit der augenblicklichen politischen und wirtschaftlichen Situation Deutschlands. Nach einem umfassenden Referat Dr. Schuma-

---
82 Die nächste gemeinsame Sitzung von PV und PA fand am 23. und 24. April in Bad Meinberg statt, vgl. Dok. 9 B.
83 Dieser Beschluß wird auch im Kommuniqué erwähnt.

chers über die politische Lage und einer eingehenden Debatte über die Anwendung der Kölner Beschlüsse wurde eine Entschließung akzeptiert, die die Verantwortlichkeiten der Militärregierungen feststellt und die Durchführung der Kölner Resolution fordert. Die SPD ist nicht gewillt – das kam in Referat und Diskussion zum Ausdruck –, die Verantwortung für eine Situation mitzuübernehmen, an deren Gestaltung sie nicht beteiligt war. Vor allem die Rücksicht auf die gegenwärtigen internationalen Verhandlungen hat die Sozialdemokratische Partei abgehalten, zentral für alle deutschen Länder die letzten Konsequenzen zu ziehen.

Anlage 2
Entschließung des Parteivorstandes zum Pressewesen
Sopade Informationsdienst Nr. 73 v. 14.1.1947, S. 1[84]

Die SPD ist in allen Zonen im Presse- und Buchwesen gegenüber anderen Parteien zum Teil aufs stärkste benachteiligt.

In der russischen Besatzungszone ist die sozialdemokratische Presse im Gegensatz zu der bürgerlichen und der kommunistischen SED-Presse überhaupt verboten. In der französischen Zone ist nur eine einzige SPD-Zeitung zugelassen. Die ganze sozialdemokratische Publizistik dieser Zone arbeitet unter besonders erschwerten Bedingungen. In der US-Zone wirkt sich die Nichtzulassung der Parteizeitungen nachteilig für die Entwicklung der SPD aus, während in der britischen Zone durch Bevorzugung der CDU-Presse Ungleichheiten geschaffen werden.

Um die politische Willensbildung zu fördern, ist die Zulassung von Parteizeitungen in der amerikanischen Zone erforderlich.

Der Vorstand der SPD fordert einen ihrer Stärke entsprechenden Anteil an einer lebendigen und leistungsfähigen Parteipresse, die an Stelle trockener Parteinachrichten oder eiliger Sensationshascherei ihre erste Aufgabe in einer umfassenden und sachverständigen Berichterstattung und Aufklärung sieht.

Anlage 3
„Entschließung" der gemeinsamen Sitzung „zur Lage"
Sopade Informationsdienst Nr. 73 v. 14.1.1947, S. 2[85]

Angesichts der verheerenden Folgen der Ernährungs- und Kältekatastrophe erklärt die Sozialdemokratische Partei Deutschlands, daß sie auf die Gefahren gerade bezüglich des Kohlen- und Stromexports rechtzeitig öffentlich mit Nachdruck hingewiesen hat. Man habe aber ihre Warnungen in ungerechtfertigtem Optimismus in den Wind geschlagen.

---

84 Abgedr.: Jb. SPD 1947, S. 83.
85 Abgedr.: Jb. SPD 1947, S. 83 f.

Dokument 7, 10. und 11. Januar 1947

Die tatsächliche Macht und damit die tatsächliche Verantwortung ruht nach wie vor in den Händen der Militärregierungen. Die Sozialdemokratische Partei bekennt sich zu ihrer Kölner Resolution vom 26. September 1946, die eindeutig die letzten Möglichkeiten positiver sozialdemokratischer Politik umreißt.

Der Sozialismus ist die große Aufgabe, die heute schon aktuell ist und von deren Verwirklichung die Zukunft der arbeitenden Massen abhängt.

Die bisher auf deutschem Boden angewandten Methoden und die aus dem Kapitalismus resultierenden Zustände bringen das deutsche Volk und damit Europa in eine Gefahr auf Leben und Tod. Ihnen gilt der Kampf der Sozialdemokratie!

Die Rücksicht auf die Tatsachen, daß die Ergebnisse des Zwei-Zonen-Abkommens noch nicht übersehbar sind und daß die für das Schicksal Deutschlands und den Frieden Europas entscheidenden internationalen Verhandlungen vor der Tür stehen, hält die Sozialdemokratische Partei davon ab, zentral für alle deutschen Länder die letzten Konsequenzen aus der verhängnisvollen Situation zu ziehen.

Anlage 4
Entschließung der gemeinsamen Sitzung zum Separatismus
Sopade Informationsdienst Nr. 73 v.14.1.1947, S.2[86]

In der Pfalz fordert eine „Pfälzische Volksbewegung" unter Berufung auf die „Atlantik Charta" die Bewohner dieses Gebietes auf, für „die endgültige Loslösung von Preußen-Deutschland" einzutreten.

Dazu stellen wir fest, daß auf Grund offizieller französischer Erklärungen separatistische Bestrebungen in der französischen Zone abgelehnt werden.

Die SPD sieht aber in dem Versuch, eine neue separatistische Bewegung zu bilden, eine ernsthafte Bedrohung der Anbahnung normaler Beziehungen zwischen dem demokratischen Deutschland und Frankreich.

Aus grundsätzlichen Erwägungen und von der Erkenntnis ausgehend, daß separatistische Lösungen der europäischen Probleme Frankreich und Deutschland einer endlich notwendigen Verständigung nicht näherbringen, sagt die SPD den unverantwortlichen Friedensstörern den schärfsten Kampf an.

Anlage 5
Entschließung der gemeinsamen Sitzung zum Zwei-Zonen-Abkommen
Sopade Informationsdienst Nr.73 v. 14.1.1947, S.2[87].

Der Vorstand und [der] Parteiausschuß der SPD stellen fest, daß das Inkrafttreten des amerikanisch-britischen Zwei-Zonen-Abkommens einen wesentlichen Fortschritt im

---
86 Abgedr.: Jb. SPD 1947, S. 84.
87 Abgedr.: Jb. SPD 1947, S. 84.

Sinne der Überwindung der durch die Zonengrenzen getroffenen wirtschaftlichen Schwierigkeiten Deutschlands darstellt.

Die großen wirtschaftlichen Schwierigkeiten der Zonen, insbesondere auf dem Gebiet der Ernährung und Brennstoffversorgung, müssen nach Auffassung der Partei dadurch erleichtert werden, daß auch die anderen Zonen in dieses Abkommen einbezogen werden.

Anlage 6
Stellungnahme der Kommission zur Prüfung der von Kommunisten gegen *Herbert Kriedemann* erhobenen Anschuldigungen
Maschinenschriftl. von den Mitgliedern unterzeichnetes Papier, 4 S., AdsD: 2/ PV EJ 000001

Sitzung der Kommission am 19. November 1945, 20 Uhr, in Frankfurt am Main.
Teilnehmer: Schönfelder, Hamburg (Vorsitzender), *Eichler*, Köln (Schriftführer), *Bögler*, Neustadt/H., *Gross*, Bielefeld

Den Besprechungen wurde ein Aktenband zugrunde gelegt, den Herbert *Kriedemann* zusammengestellt hatte und der alle in Frage stehenden Anschuldigungen enthielt, außerdem die von H.K. dazu bereits veröffentlichten und einige weitere Kommentare sowie einen Briefwechsel, der teils mit der Erhebung der Anklage gegen die Kommunisten, teils mit Auslassungen von Zeugen zur Sache zu tun hatte.

Die Kommission legte sich im wesentlichen drei Fragen zur Prüfung vor:
1. Ist das Verhalten von H.K. im Ausland zu beanstanden?
2. Wie erklären sich die tatsächlich verhältnismäßig niedrigen Strafen, die H.K. erhielt und darüber hinaus seine außergewöhnlich zuvorkommende Behandlung durch die Gerichtsbehörden des Dritten Reiches?
3. Sind irgendwelche Namen bekanntgeworden von Genossen, die H.K. angeblich verraten hätte?

Was die *dritte Frage* betrifft, so haben selbst die Kommunisten keinen einzigen Fall namentlich erwähnt, in dem H.K. als Verräter oder auch nur als ein unter Druck stehender Angeklagter als Angeber aufgetreten sein soll. Auch unabhängig von den Kommunisten ist weder den Mitgliedern der Kommission noch ihrer Kenntnis nach irgend einem anderen Funktionär der SPD von irgend jemandem die Behauptung zugegangen, er fühle sich durch H.K. an die Behörden des Dritten Reiches verraten. Dies ist offenbar das stärkste Argument für Kriedemann.

Zur *Frage 1*: Kriedemann hat nach seiner Emigration nach Amsterdam, wohin er sich nach einem Aufenthalt in Prag begeben hatte, mit der Emigration in Holland wenig Beziehungen unterhalten, wohl aber mit einigen führenden holländischen Genossen. Der frühere SPD-Mann, dann Gestapo-Agent *Schwabe*, der versuchte, mit ihm in Verbindung zu kommen, erhielt diese Möglichkeit nur nach einer Rücksprache H.Ks. mit den holländischen Genossen, worunter sich auch *van Locis* befand, der frühere Korrespondent von „Het Volk". Schwabe verabredete sich mit K., daß ihn ein weiterer Herr aus Deutschland besuchen sollte; auch dies geschah im Einverständnis mit den holländischen Freunden. Dieser Herr erschien (wie später bekannt wurde, hieß er Sattler) und versuchte Aufklärungen über die illegale Arbeit der Emigration zu erhalten, die er nicht bekam.

Schließlich wurde H.K. von seinem *Bruder* besucht, der genau wie die beiden Vorerwähnten versuchte, H.K. zur Rückkehr nach Deutschland zu bewegen, und der offenbar gute Beziehungen mindestens zu einzelnen Leuten der Gestapo hatte.

H.K. hat von Anfang an versucht, sich ein Alibi zu verschaffen dahingehend, daß er, von der politischen Arbeit der damaligen Emigration enttäuscht, sich vollkommen aus dieser Arbeit zurückgezogen hätte und sich auf die übliche bürgerliche Weise seinen Lebensunterhalt verdiene.

Er hatte, wieder durch Vermittlung van Locis, auch Verbindung mit einzelnen Leuten des diplomatischen Dienstes, die ihm halfen, mit Leuten aus Deutschland in Verbindung zu kommen und Geld für Flüchtlinge und dergl. zu sammeln und an die richtigen Stellen zu überbringen. Diese Beziehungen waren später der Ausgangspunkt für eine Anklage wegen Landesverrats vor dem Nazigericht.

H.K. hat Deutschland verlassen nach Vereinbarung mit den in Berlin anwesenden Genossen, worunter sich auch Alfred *Nau* befand, und zwar, nachdem der bereits genannte Schwabe aus Prag nach Deutschland zurückgekehrt war und eine Suchaktion gegen H.K. in offenbarem Zusammenhang damit erfolgte. In dem später angestrengten Prozeß wurden die Mitglieder der sogenannten Zentrale sämtlich freigesprochen, wahrscheinlich deswegen, weil sie auf H.K. alle Verdachtsmomente abschieben konnten.

H.K. blieb dann in Holland, bis die deutschen Armeen dort einfielen und er verhaftet wurde.

Zwei Briefe von L. J. van Loci, und zwar vom 24. Sept. und 30. Sept. 1946, bestätigen die Angaben Kriedemanns, soweit sie sich auf seine Tätigkeit in Amsterdam beziehen. Van Loci ist heute Chefredakteur des Nachrichtendienstes beim „Radio Niederland" in Hilversum.

Zur *Frage 2*: Die niedrigen Strafen sind in der Tat bemerkenswert. Über die Einzelheiten bei den Verhaftungen und Verhandlungen, die hier nicht unmittelbar interessieren, gibt der Aktenband hinreichend Aufklärung, aber die Tatsache der relativ geringen Strafzumessung wird im wesentlichen erklärt durch zwei Dinge: einmal durch die von H.K. von Anfang an geplante Zurückziehung auf die Behauptung, er sei mit der Arbeit der Emigration unzufrieden und hätte seit einem sehr frühen Zeitpunkt nichts mehr mit illegaler Arbeit zu tun gehabt und hätte – obwohl er nicht einverstanden mit dem Nazisystem sei – jedenfalls nichts dagegen unternommen. Er hat, wie er sagt, mit seinem Verstand um seinen Kopf gespielt und hätte zu diesem Zweck auch relativ zuvorkommende Briefe an den Leiter der Untersuchungsabteilung für Sopadeangelegenheiten, den Gestapo-Beamten Rikowski, geschrieben. Man kann darüber streiten, ob die eine oder andere Stelle seiner Briefe hätte wegbleiben können oder nicht – die Kommission war sich einig darüber, daß H.K. in seiner Lage selbst dann die Zulässigkeit solcher Stellen zugebilligt werden muß, wenn sich nachher in ruhiger Überlegung herausstellt, daß sie auch anders, vielleicht mit der gleichen Wirkung, hätten geschrieben werden können.

Trotzdem wäre H.K. offenbar nicht so glimpflich davongekommen, wenn nicht etwas anderes noch hinzugekommen wäre, über das eine eidesstattliche Erklärung vorliegt, die der jetzige Angestellte Friedrich *Zepik* im November 1946 vor dem Notar Dr. Karl Gräfenkämper in Hannover abgab. Aus dessen Erklärung geht hervor, daß Z. im Jahre 1939 Kriminalbeamter des Polizeipräsidiums Berlin war, nämlich Kriminalinspektor in Lichtenberg. Er wurde später zur behelfsmäßigen Dienstleistung bei der Gestapo beordert und kam dort zur Dienststelle für sozialdemokratische Angelegenheiten, die die Bezeichnung IV A 1 führte. Z. schildert, daß er auf dieser Abteilung einen Herrn *Horst Kriedemann* kennenlernte, der mit dem Kriminalinspektor *Rikowski* bekannt war und ihn öfter besuchte. Als Herbert K. dann 1941 in Holland festgenommen wurde, ordnete Rikowski an, daß K. durch Z. vernommen werden sollte. Z. behauptet, Rikowski habe ihm gesagt, aus der Sache Herbert K. solle keine große Aktion gemacht werden, sie solle mit einem Freispruch enden. Z. hatte, immer nach seinen Angaben, die Akten von dem sachbearbeitenden Staatsanwalt bei der Reichsanwaltschaft zu holen und diesen zu informieren, daß aus der Sache K. möglichst wenig gemacht werden solle. Alle Vergünstigungen, die sich im Laufe der Vernehmungen und auch der daran anschließenden Prozesse zeigten, lassen sich erklären durch die Bereitwilligkeit des leitenden Gestapo-Beamten, „aus der Sache nichts zu machen". Zwar hat H.K. offenbar auch sonst Glück gehabt, neben seiner gut vorbereiteten und beharrlich durchgehaltenen Verteidigung. Er fand einen Arbeitgeber, der sich für ihn einsetzte und dessen Bitten verhältnismäßig viel Gehör fanden, weil er K. für einen wichtigen Posten in der Landwirtschaft reklamierte. K. fand einen sehr guten Rechtsanwalt, seine Frau offenbar politisch unverdächtige Leute, die aber gute Beziehungen zu einflußreichen Leuten hatten. Den größten Einfluß aber hat offenbar die Beziehung Rikowskis zu dem Bruder H.Ks. ausgeübt. Welcher Art diese Beziehungen gewesen sind, konnte Herbert K. weder sagen noch auch nur vermuten. Auch Zepik weiß darüber nichts anderes, als daß solche Beziehungen bestanden.

Nach den Erfahrungen der Mitglieder der Kommission in der illegalen Arbeit und aus den Prozessen gegen Illegale und beim Verhalten der Gestapo kann durchaus mit der Möglichkeit eines solchen Verhaltens von Rikowski gerechnet werden. Er mag sich gesagt haben, es werde später möglich sein, aus Herbert K. einen willfährigen Agenten zu machen. Er mag vielleicht sogar überzeugt gewesen sein, Herbert K. sei längst von seinen alten Idealen abgekommen und ein harmloser und schwer mitgenommener Emigrant, dem etwas Besonderes anzuhängen kein schwerwiegender Grund mehr vorlag. Er mag schließlich ohne alle solchen Überlegungen oder auch in Hinzufügung zu ihnen einfach dem mit ihm befreundeten Bruder von Herbert K. einen Gefallen habe tun wollen. Ob diese Vermutungen zutreffen oder nicht, kann diese Kommission nicht prüfen. Da die Kommunisten ihre Angaben in einigen Fällen ganz offenbar mindestens grob entstellen und keine ihrer wirklich schwerwiegenden Behauptungen konkret begründet wird, vor allem nicht die, er habe Genossen verraten, Herbert K. dagegen seine eigenen Angaben eindeutig und belegbar vorbringt, liegt kein Grund vor, die von Zepik abgegebene Erklärung für unglaubhaft zu halten, wenn auch zugegeben werden muß, daß ohne die von Zepik geschilderten Tatbestände die geringen Strafen und die relativ gute Behandlung von H.K. durch die Nazibehörden für Uneingeweihte überraschend sein mußten.

Wie weit aus diesem Bericht eine für die Presse bestimmte Erklärung herausgezogen werden kann oder ob sich der Parteivorstand mit der bloßen Abgabe einer Erklärung begnügt, daß die Kommission im Falle H.K. gefunden habe, sein Verhalten während der Nazizeit böte keinen Anlaß zu irgendwelchen Maßnahmen gegen ihn, muß dem Parteivorstand überlassen bleiben.

[gez.] Willi Eichler, Ad. Schönfelder, Emil Gross, Franz Bögler

Nr. 8

Sitzung des Parteivorstandes am 13. und 14. März 1947 in Hannover

AdsD: SPD-Parteivorstand, 2/ PVAS 0000656, Sitz. v. 13./14. 3. 1947 (Maschinenschriftl. Prot. mit handschriftl. Ergänzungen, 13 S.)[1]

Leitung der Sitzung: Genosse Erich Ollenhauer
Anwesend: Siehe Anwesenheitsliste[2]

[**Teilnehmer/Teilnehmerinnen, nach Funktionen geordnet:**[3]
PV: *Schumacher, Ollenhauer, Heine, Kriedemann, Nau, Agartz, Baur, Beyer, Bögler, Eichler, Gayk, Gnoß. Görlinger, Gross, Helmstädter, Henßler, Kaisen, Knothe, Loßmann, Meitmann, Menzel, Metzger, Selbert*
Vertreter des Landesverbandes Berlin: *F. Neumann*
Referenten des PV: *E. Brost* u. *H. Gotthelf*
Gast: H. *Wenke* (Bezirkssekretär Westl. Westfalen)

Tagesordnung[4]
1) Grundsätzliche Erklärung des PV zur Frage der zukünftigen deutschen Grenzen
2) Grundsätzliche Erklärung des PV zur Frage der staatlichen Neugestaltung Deutschlands
3) Koordinierung unserer Politik gegenüber den bizonalen Ämtern
4) Beschlußfassung über die Richtlinien für die Entnazifizierung
5) Beschlußfassung über die Richtlinien für Verfassung und Verwaltung
6) Anträge des Genossen Andreas Gayk
7) Parteitag 1947
8) Internationale und außenpolitische Fragen
9) Einrichtung eines Referats für soziale Politik, Gewerkschaftspolitik und Betriebsarbeit
10) Organisationsfragen
11) Stellungnahme zu einer Unterschriftensammlung unter den Ostflüchtlingen für die Rückgabe der deutschen Ostgebiete
12) Ort und Datum der nächsten Sitzung des PV

---

1 Die Einladung zur Sitzung mit Bekanntgabe der „vorläufigen Tagesordnung" erfolgte durch das Rundschreiben 4/47 des Referats Organisation/Kasse des Parteivorstandes, unterschrieben von E. Ollenhauer, vom 13. 2. 1947, das in den Beilagen zum Protokoll erhalten geblieben ist. Über die Sitzung wurde ein kurzes Kommuniqué veröffentlicht (Sopade Informationsdienst Nr. 126 v. 17. 3. 1947), das hier als Anlage 1 zum Protokoll abgedruckt wird.
2 Nach der Anwesenheitsliste fehlte von den Mitgliedern des Parteivorstandes *Veit*. Zum Ausscheiden von *Nölting* aus dem Parteivorstand vgl. Einl. Kap. I 1 a.
3 Die folgenden Angaben wurden der Anwesenheitsliste in den Beilagen zum Protokoll und Angaben im Protokoll entnommen; für die Teilnehmer an allen Vorstandssitzungen 1946/47 vgl. Anhang 1.
4 Wortlaut nach der in der Einladung abgedruckten „provisorischen Tagesordnung".

Dokument 8, 13. und 14. März 1947

Zu **Punkt 3** (Koordinierung unserer Politik gegenüber den bizonalen Ämtern)
Kriedemann erklärt dazu, daß die [5]⁵ bizonalen Ämter Reichsämter seien und daher nicht von den Ländern kontrolliert werden könnten. Unser Vorschlag, die Ämter parlamentarisch zu kontrollieren, wurde abgelehnt. Die Kontrolle liegt also bei den Länderministerien. Er führte weiterhin aus, daß die Personalfrage große Schwierigkeiten bereite und nur in Zusammenarbeit mit dem PV zentral geregelt werden könnte. Hierzu siehe Anlage [6]⁶.

Menzel teilt den Pessimismus *Kriedemanns*, daß die Zentralämter nicht zur Geltung kommen werden, nicht. Die Verordnung 57 besage genau, welche Grenzen der Ländergewalt gesetzt sind. Auch General *Clay* habe den süddeutschen Ministerpräsidenten erklärt, daß die Anordnungen der Zentralämter Gesetzeskraft erlangen würden. Zur Personalfrage führte er aus, daß in Frankfurt a.Main eine Stelle für Beamtenfragen (zunächst nur für die Zentralämter) geschaffen würde. Es wäre wünschenswert, daß in allen Ländern darauf geachtet würde, daß unsere Genossen in diese Stelle gesandt würden.

Agartz erklärt, daß die Ablehnung einer parlamentarischen Kontrolle der bizonalen Ämter durchaus berechtigt sei, denn die Souveränität des Reiches liege beim Kontrollrat in Berlin. Die Länderaufgaben seien in der Verordnung 57 umrissen und damit auch die Aufgaben der souveränen Gewalt. Der Minister im bizonalen Amt betätige sich also für Aufgaben, für die die Länder nicht zuständig seien. In der amerikanischen Zone gibt es eine Proklamation Nr. 2, die besagt, daß die Länder auch die Reichsaufgaben zu erledigen hätten. Deshalb sei der Länderrat, der ein Ansatz zum Staatenbund sei, gebildet worden.

Er gab weiter bekannt, daß sein Vorgänger im Zentralamt für Wirtschaft⁷ eine Preisrechtsverordnung und eine Bewirtschaftungsverordnung geschaffen habe. Dagegen habe jedoch Bayern ein Veto eingelegt. Gegen die Punktsystemverordnung legten Bayern und Württemberg ein Veto ein. Auf Anfrage habe der Wirtschaftsminister Genosse *Zorn* erklärt, daß er nur Briefträger sei, andernfalls käme er mit dem bayrischen Staatsgerichtshof in Konflikt. Inzwischen hätte nun die Sowjetunion erklärt, daß nur der Kontrollrat und die Oberbefehlshaber der Zonen Gesetzgeber sein könnten. Die bizonalen Ämter verstießen also gegen die Kontrollratsbestimmungen. Die Anglosachsen hätten sich gebeugt, und damit hätten die bizonalen Ämter die Exekutivgewalt verloren. Die bizonalen Ämter könnten also nur noch Vorschläge machen, die Zonenvereinigung sei damit illusorisch geworden, und es ergäbe sich die Frage, ob hier ein Sozialdemokrat noch weiter mitmachen solle.

---

5 In der Vorlage „6". Im März 1947 bestanden folgende fünf zentrale Ämter des „amerikanischen und britischen Besatzungsgebietes": Das „Verwaltungsamt für Wirtschaft" in Minden, das „Verwaltungsamt für Ernährung und Landwirtschaft" in Stuttgart, die „Hauptverwaltung für das Post- und Fernmeldewesen" in Frankfurt a.M. - Höchst, das „Verwaltungsamt für Verkehr" in Bielefeld und das „Verwaltungsamt für Finanzen" in Frankfurt a.M., vgl. Handbuch der politischen Institutionen und Organisationen 1945-1949, S. 181-187.
6 In der Vorlage „1". Die Ausarbeitung des „Parteivorstandes", d.h. des „Büros", vom 12. 3. 1947 „Betr.: Zusammenarbeit der Partei über die Ländergrenzen hinaus" wird hier als Anlage 6 abgedruckt.
7 Bis zum 27. 1. 1947 war Rudolf *Mueller* Direktor des bizonalen Verwaltungsamtes für Wirtschaft in Minden, Hb. politischer Institutionen 1945-1949, S. 182.

Eichler erklärt, daß die Militärregierung die Befugnisse eindeutig und ganz an deutsche Stellen übergeben müsse. Es dürfe nicht durch ein Vetorechtsystem alles umgeworfen werden können. Das Punktsystem scheine Schiffbruch zu erleiden, und der Prügelknabe würde wieder die durch ihre Wirtschaftsminister belastete SPD sein. Zur Personalfrage regte er an, daß man die SPD-Beamten zusammenfassen soll, ohne eine besondere Organisation zu bilden.

Agartz führt aus, daß zur Erfüllung des Punktsystems eine entsprechende Einfuhr notwendig sei. Er habe ein solches Einfuhrprogramm aufgestellt, jedoch hätten die Engländer abgelehnt mit dem Hinweis, daß das Punktsystem aus deutschen Quellen gespeist werden müsse. Im übrigen erklärten sich die Engländer nicht für verantwortlich. Es würde jetzt eine Denkschrift ausgearbeitet. A. weigere sich, die Rolle eines Quislings zu spielen.

Kriedemann entgegnet darauf, daß der wirtschaftspolitische Ausschuß den ganzen Komplex in der nächsten Woche behandeln wolle. Er sagt weiter, daß unsere Mittelstandspolitik ihre Grenzen habe, denn wir wollten keine Mittelstandspartei werden. (...)[8]

Meitmann hält es für unmöglich, noch weiter zu diskutieren. Wir sollten fordern, daß unsere zentralen Wirtschaftsämter die Exekutivgewalt erhalten. Bei Ablehnung seien die Konsequenzen aus der Kölner Resolution[9] zu ziehen.

Schumacher widerspricht der Auffassung, daß mit der Politik terminierter Bedingungen ein sachlicher Erfolg zu erringen sei. Der SED-Vorstoß, hier Kommunismus, dort CDU (als Verteidiger des Kapitalismus) könne uns als politischen Faktor ausschalten.

Gayk erwidert darauf, daß man vielleicht keine Termine setzen könne, aber auch die Passivität sei nicht länger erträglich. Noch vor den Wahlen müsse dies klar ausgesprochen werden.

Schumacher sagt dazu, daß er am Dienstag in Berlin, in einer öffentlichen Versammlung, dies deutlich zum Ausdruck bringen würde.[10]

Meitmann führt aus, daß in der Öffentlichkeit das bizonale Amt als verantwortlich angesehen würde. Die Passivität Agartz' wird als unsere Wirtschaftspolitik angesehen.

Heine erklärt, daß eines Tages doch der Termin kommen würde, wo wir die Konsequenzen ziehen müßten. Nur würde es uns dann nichts mehr nutzen können. Er verweist darauf, daß die Bodenreform nicht durchgeführt würde, daß die Treuhänder nicht ernannt wären und auch die Sozialisierung keine Chancen mehr hätte. Er ist der Auffassung, daß eine Erklärung des Genossen *Schumacher* in Berlin nicht ausreichen würde.

Görlinger sagt, daß wir uns nicht dauernd gegen die verzweifelte Stimmung draußen stellen könnten. Das Punktsystem würde zusammenbrechen und damit die letzte Hoffnung, irgendwo den Ring sprengen zu können. *Adenauer* stelle sich kalt und nüchtern auf Agitation ein, ohne staatspolitische Hemmungen. Wir müßten scharf formulieren. *Agartz* könne nicht weiter im Amt verbleiben.

---

8 Weggelassen wird hier ein Hinweis auf in den Beiakten nicht mehr vorhandene „Anlagen".
9 Für einen Abdruck der „Kölner Resolution" vgl. Dok. 5, Anlage 2, S. 91-93.
10 Gemeint ist Schumachers Rede in der Gedenkversammlung der Berliner SPD zum 18. März 1848, von der ein hektographierter Redetext erhalten geblieben ist (AdsD: 2/ KSAA 000040 [alte Signatur, AdsD: PV/ Bestand K. Schumacher 40]).

Dokument 8, 13. und 14. März 1947

Schumacher erwidert, daß das Problem der neue Nationalismus sei, gegen den wir uns stemmen müßten.

Eichler sagte, wir ständen in der Öffentlichkeit als die Agenten der Engländer da.

Neumann erklärt, daß die SED von den Schreibereien über die Zustände im Westen lebe. In Berlin wollen die Staatspolitiker unter den Genossen keinen Anstoß erregen.

Ollenhauer macht darauf aufmerksam, daß wir keine Aussprache über die allgemeine Politik zu führen hätten. Die Situation sei nach der Erklärung *Agartz'* neu, und wir sollten mit dem Genossen *Schumacher* darin einig sein, daß in Berlin unser Standpunkt energisch zum Ausdruck gebracht werden müßte. Die bizonalen Ämter seien keine Zentralpunkte der Sozialisierung, sie seien keine Einrichtung einer Demokratie, sondern Schöpfung der beiden Militärregierungen. Unsere Möglichkeiten seien in den bizonalen Ämtern auch vorher sehr beschränkt gewesen. Es sei von unserem sozialdemokratischen Standpunkt gesehen doch sehr glücklich, daß die Verordnung 57 ganz klar umreiße, welche Kompetenzen der zukünftigen Reichsgewalt zustehen. Es sei doch auch eine Konsequenz, daß nunmehr das Vetorecht der Länderministerien wegfällt, nachdem die Zonen-Militärregierungen die Verordnungen zu erlassen haben.

Schumacher erklärt, daß, wenn nach den Moskauer Verhandlungen die vier Zonen zusammengelegt würden, die Wirtschaft der westlichen Zonen den leeren Osten auszufüllen hätte. Würde es dagegen nicht zum Zusammenschluß kommen, würde sich die Politik der Westmächte um 180° verschieben, um eine Katastrophe bei sich selbst zu verhindern.

Henßler fordert die öffentliche Klarstellung der Verantwortlichkeit. Er gibt zu bedenken, daß es immer noch ein Unterschied sei, wer der Militärregierung Vorschläge mache. Daher sei er für den Verbleib des Genossen *Agartz* im Amte. Jedoch müsse dem Amt ein politischer Beirat gegeben werden.

Agartz erwidert darauf, daß wir nur ein verlängerter Arm der Militärregierung gewesen seien.

Henßler führt weiter aus, daß es natürlich gefährlich sei, die Reichsgewalt der Länderkontrolle zu unterstellen. Trotzdem müsse eine Form der demokratischen Kontrollen gefunden werden, damit nicht eine Bürokratie allein herrschend wäre.

Weiter erklärt er, daß sich die Lage in Nordrhein-Westfalen sehr bald zuspitzen werde. Der Kampf um den Wirtschaftsminister würde uns wahrscheinlich vor die Frage stellen, ob wir nicht die Konsequenzen zu ziehen hätten.

Gayk führt aus, daß die Entwicklung der CDU günstig sei. Sie zögere alle Entscheidungen hinaus. Im Lande herrsche Anarchie und die Hoffnung stände bei *Agartz*. Wenn Agartz sagt, er könne nichts erreichen, dann müsse eben gekämpft werden. Wir hätten unseren Kampf auch [innenpolitisch][11] zu führen. Wie auch das Versagen der deutschen Stellen in der Bewirtschaftung herausgestellt werden müsse.

Meitmann erklärt, daß unsere Partei keinerlei Verantwortung für die anarchischen Zustände tragen dürfe. In der Partei in Hamburg liefe bereits ein Zersetzungsprozeß an

---

11 In der Vorlage „innerpolitisch".

und die Forderung nach anderen Leuten an der Spitze würde immer lauter. Es müsse festgestellt werden, daß jeder Minister der Partei verantwortlich sei.

Gnoß sagt dazu, daß wir nicht daran denken könnten, die Kölner Beschlüsse anzuwenden. Für das bizonale Amt seien die 8 sozialdemokratischen Minister da, und eine Demonstration könne nur von diesen kommen.

Kriedemann erwähnt, daß wir uns seinerzeit erklärt hätten, den Versuch zu machen, ob unter den gegebenen Umständen sozialdemokratische Wirtschaftspolitik getrieben werden könne. Es sei nun an der Zeit, unseren Standpunkt zu überprüfen.

Ollenhauer faßt das Ergebnis der Aussprache wie folgt zusammen:
1.) *Schumacher* solle in Berlin unsere Auffassung vertreten, daß das bizonale Amt eine einheitliche Wirtschaftspolitik zu betreiben habe.
2.) Wir müssen der Öffentlichkeit klar machen, wie die Verantwortlichkeiten verteilt sind.
3.) Niemand hat den Antrag gestellt, daß die Wirtschaftsminister ihre Funktion zur Verfügung zu stellen hätten.
4.) Der wirtschaftspolitische Ausschuß solle die Koordinierung ausarbeiten.
5.) Die Personalpolitik solle von uns maßgeblich beeinflußt werden.

Zu **Punkt 1** (Grundsätzliche Erklärung des PV zur Frage der zukünftigen deutschen Grenzen) Siehe Anlage [2][12]
Schumacher begründet nach einer kurzen Diskussion die Notwendigkeit der [Erwähnung][13] unserer Verpflichtung zur Wiedergutmachung.

Gayk kritisiert den Passus in der Formulierung, die auf die Atlantik-Charta Bezug nimmt.

Nach kurzer Diskussion wird die Resolution mit der von Gayk angeregten Änderung beschlossen.

Zu **Punkt 2** (Grundsätzliche Erklärung des PV zur Frage der staatlichen Neugestaltung Deutschlands). Siehe Anlage [3][14]
Nachdem **Schumacher** den Partikularismus bei gewissen Genossen angeprangert hatte, wird der vom verfassungspolitischen Ausschuß einstimmig beschlossene Entwurf ohne Diskussion angenommen.

Zu **Punkt 5** (Beschlußfassung über die Richtlinien über Verfassung und Verwaltung) Siehe Anlage [4][15].

---

12 In der Vorlage „II". Die Resolution, die unter dem Titel „Die Sozialdemokratie und der Frieden" veröffentlicht wurde, wird hier als Anlage 2 abgedruckt. Im Kommuniqué werden die Beratungen zu diesem Tagesordnungspunkt nicht erwähnt.
13 In der Vorlage „Erwägung".
14 In der Vorlage „III". Die „Grundsätzliche Erklärung des PV der SPD zur Frage der staatlichen Neugestaltung Deutschlands" wird hier als Anlage 3 abgedruckt.
15 In der Vorlage „IV". Die verabschiedeten „Richtlinien für den Aufbau der Deutschen Republik" werden hier als Anlage 4 abgedruckt.

Nach der Erläuterung der Richtlinien durch **Menzel** erklärt zunächst **Meitmann:** Er warne vor der Machtübertragung auf einen Staatsgerichtshof.

Selbert teilt diese Bedenken nicht, aber schlägt vor, daß man dem Staatsgerichtshof, wie in Hessen, aus dem Parlament gewählte Personen beigeben solle.

Agartz bedauert den Ausdruck „Bundesstaat", da er eine sozialistische Wirtschaftspolitik in einem Bundesstaate nicht für möglich hält.

Ollenhauer erklärt dazu, daß wir doch bereits entschieden hätten, daß eine Aufteilung in Länder zu erfolgen habe.

Meitmann schlägt Aussetzung des Punktes vor.

Ollenhauer erwidert darauf, daß die Vorlage bereits seit September allen Vorstandsmitgliedern vorgelegen hätte.

Gayk beantragt 2. Lesung.

Ollenhauer stellt fest, daß der Wunsch nach einer 2. Lesung vorliegt, und es wird Vertagung dieses Punktes auf den nächsten Tag beschlossen.

Zu **Punkt 4** (Richtlinien für die Entnazifizierung) Siehe Anlage [5][16]

Die vom Ausschuß für Denazifizierungsfragen ausgearbeiteten Richtlinien werden von **Selbert** erläutert.

Meitmann gibt bekannt, daß für Hamburg eine neue Verordnung erlassen worden sei, die später in der ganzen Zone gelten solle.

Baur fordert, daß in Zukunft kein ehemaliger Pg.[17] einen Nicht-Pg. aus der Stellung drängen darf. Er betont die Notwendigkeit der Aufspaltung des Nazikorps durch konsequente Anwendung des Grundsatzes: „Die Großen hängt man, die Kleinen läßt man laufen."

Gayk fragt, wie denn diese Richtlinien nun einheitlich durchgeführt werden könnten.

Agartz erklärt, daß von den Engländern entlassene Wirtschaftsführer jetzt als Entlastete wieder auftauchten und Rechtsansprüche geltend machten. Wie sei nun die Rechtslage?

Menzel fordert, daß das Durcheinander geklärt werde. Die Entnazifizierung sei jetzt Ländersache. Er habe in einer Verfügung erklärt, daß entnazifizierte Beamte keinen Rechtsanspruch auf Wiedereinstellung hätten. Der Gouverneur in Nordrhein-Westfalen verlange nun aber die Rücknahme dieser Verfügung. Er habe sich geweigert und wünsche nun die Aufnahme einer entsprechenden Bestimmung in unseren Richtlinien, damit er Rückendeckung habe. Niedersachsen handele bereits so, aber [auch] Hamburg hätte dieser Forderung entsprochen.

Meitmann war sehr erstaunt, da ihm davon nichts bekannt war. Er versprach, sofort eine Untersuchung einzuleiten.

---

16 In der Vorlage „V". Die verabschiedeten „sozialdemokratischen Richtlinien zur Entnazifizierung" werden hier als Anlage 5 abgedruckt.

17 „Pg." übliche Abkürzung für „Parteigenosse" der NSDAP.

Es kommt zu einer angeregten Debatte über das Problem der Wiedereinstellung ehemaliger Pg.

Ollenhauer faßt das Ergebnis der Diskussion wie folgt zusammen:

I.) Die Altersgrenze für die grundsätzliche Entlastung sei mit dem 1. Januar 1913 anzusehen.

II.) Die Richtlinien seien zu ergänzen durch eine Bestimmung, daß entnazifizierte Pg. keinen Rechtsanspruch hätten. Diese Ergänzung solle von *Gayk*, *Menzel* und *Selbert* ausgearbeitet werden.

III.) *Selbert* solle wegen Durchführung der Richtlinien mit den Ländern Fühlung nehmen.

Es wird entsprechend beschlossen.

Zu **Punkt 10** (Organisationsfragen):

Knothe gibt bekannt, daß der Landesparteitag der KPD in Offenbach von SPD-Funktionären besucht wurde.[18] Es seien Arbeitsausschüsse mit sozialdemokratischen Mitgliedern gewählt worden. Es sei festgestellt worden, daß die beteiligten SPD-Mitglieder zumeist sehr neu in unserer Partei seien.

Helmstädter erklärt, daß auch in Württemberg einige Genossen die Zusammenarbeit mit der KPD eingeleitet hätten. Er erwähnt auch die Bedeutung der Zuwanderung sudetendeutscher Flüchtlinge, die uns schon vielfach zu sozialdemokratischen Mehrheiten verholfen hätten.

Schumacher wirft ein, daß 2000 Funktionäre der SED aus der Ostzone bei uns eingebürgert seien.

Knothe bemerkt noch, daß neben anderen Vorstandsmitgliedern auch Karl *Drott*[19] auf dem Parteitag der KPD anwesend war.

Ollenhauer sagt, daß die Ereignisse in Hessen nur das Vorspiel zu dem seien, was jetzt überall noch geschehen würde. Es sei dies die Offensive der SED in der Westzone. In allen Teilen unserer Organisation seien bereits Zellen vorhanden. Im NWDR würden systematisch von einigen Leuten Meldungen lanciert, die sich ausschließlich gegen die SPD richteten. Der KPD-Parteitag in Bielefeld wurde von Carl *Severing* besucht. Severing ging als Berichterstatter seiner Zeitung. Die KP-Presse mache die Sache jedoch groß auf und gebe ihr eine politische Bedeutung. Oberbürgermeister *Kolb* in Frankfurt lud *Pieck*[20] und *Grotewohl* offiziell ins Rathaus ein. Der PV müsse Kolb schwere Vorwürfe machen. Auf der

---

18 Zur Behandlung des Themas KPD/SED erwähnte das Kommuniqué: „Die erneuten Versuche der SED/KP, in den Westzonen unter einem neuen Namen Fuß zu fassen, veranlaßten den Parteivorstand, erneut auf den Parteitagsbeschluß hinzuweisen, wonach sich kein Sozialdemokrat an Bestrebungen dieser Art beteiligen darf."

19 Karl *Drott* (1906-1971), Werkzeugmacher, 1930-33 Jugend- u. Bildungssekr. der SPD in Darmstadt, nach 1945 Aufbau und Leitung des Bollwerk-Verlages in Offenbach, 1946-58 MdL, (Hessen), 1946 Vors. d.UBez. Offenbach/Main-Dieburg u. Mitgl. d. Bezirksvorstandes Hessen-Süd, 1956-68 Stadtverordn. in Offenbach.

20 Wilhelm *Pieck* (1876-1960), vor 1900 SPD, 1906 Parteisekr. in Bremen, 1910 Sekr. des Bildungsausschusses der SPD in Berlin, 1916 Spartakusbund, 1918 ZK der KPD, 1921-28 MdL (Preußen), 1928-33 MdR, 1933 Emigration (F, SU), 1935-46 Vors. d. KPD, 1946-54 Vors. d. SED, 1949-60 Präsident der DDR.

anderen Seite arbeiteten dann viele Genossen für den Partikularismus, wofür die letzte *Hoegner*-Rede an die Bauern wieder ein Beispiel sei.

Meitmann beantragt, daß die Teilnahme an der Veranstaltung einer anderen Partei den sofortigen Verlust der Funktionen nach sich ziehe. Er forderte weiter die Ausnutzung des Materials aus der Ostzone in unserer Presse.

Neumann erklärt, daß ihm der Severing-Bericht über den KP-Parteitag unverständlich sei. Er fügte hinzu, daß in Berlin Paul *Löbe* das schwache Glied der Kette sei und dieser daher von den Russen zu vielen Veranstaltungen eingeladen würde. Weiter beklagt er die ungenügende Zusammenarbeit *Ostrowskis* mit der Partei.

Görlinger erklärt, daß die Vorgänge in Frankfurt uns eine Mahnung sein sollten. Bezeichnend sei, daß die AWO überall in Ordnung sei, nur nicht in Frankfurt, Offenbach und Hanau. Es müsse dort aufgelöst und neu gegründet werden. Unser Organisationsstatut wirke in solchen Fällen sehr hemmend.

Heine sagt, daß im Falle *Kolb* gehandelt werden würde. Auch der Vorschlag *Meitmanns* sei eine Diskussion wert.

Ollenhauer führt aus, daß Kolb vom PV brieflich zurechtgewiesen würde. *Bergsträsser* würde vom Landesvorstand vorgeladen werden, während *Severing* vom Bezirk zur Rechenschaft gezogen würde. *Hoegner* müsse sich vor dem Landesvorstand erklären. *Heine* wird Material aus der Ostzone im Informationsdienst veröffentlichen.

Punkt 5 [Richtlinien für Verfassung und Verwaltung]: 2. Lesung.
Die einzelnen Abschnitte werden diskutiert, besonders der, der das Notstandsrecht behandelt. Auch über die Einrichtung eines Staatsgerichtshofes wird eingehend debattiert. Hinzugefügt wird ein Passus, der besagt, daß der Einspruch des Reichsrates lediglich aufschiebende Wirkung habe. Ferner wurden die Absätze 2 und 3 unter B 5 gestrichen. Gegen Punkt 6 stimmte *Meitmann*.

Ollenhauer stellt fest, daß die Richtlinien für den Aufbau der deutschen Republik mit den obengenannten Änderungen angenommen seien.[21]

Punkt 4 (Richtlinien für die Entnazifizierung) [2. Lesung]
Den Richtlinien (siehe Anlage [5][22]) wird ein Abschnitt IV hinzugefügt. Dieser Passus, der besagt, daß Entnazifizierte keinen Rechtsanspruch auf Wiedereinstellung hätten, wird einstimmig angenommen.

Zu **Punkt 6** (Anträge des Genossen Gayk). Siehe Anlage [7][23]

---

21 Um diesen „Richtlinien" noch mehr Gewicht zu geben, wurden sie dem Parteitag als Antrag des Vorstandes zur Verabschiedung vorgelegt, vgl. Dok. 11 A (Sitz. d. PV v. 28. 6. 1947). Der Parteitag stimmte diesen mit geringfügigen Veränderungen einstimmig zu, Prot. SPD-PT 1947, S. 153. Eine wichtige sachliche Veränderung durch den Parteitag wird zum Abdruck der Fassung des Parteivorstandes angemerkt, vgl. Anlage 3.
22 In der Vorlage „V". Die Richtlinien werden hier als Anlage 5 abgedruckt.
23 In der Vorlage „VI". Sie werden hier als „Anlage 7" zum Protokoll abgedruckt. Im Kommuniqué keinerlei Hinweis auf diese Anträge und ihre Beratung im Parteivorstand.

Nach eingehender Diskussion aller Punkte stellt **Ollenhauer** fest, daß den Wünschen Gayks Rechnung getragen werden könne, daß aber in Bezug auf die rechtzeitige Übermittlung von Verhandlungsmaterial nach wie vor große Schwierigkeiten bestünden, da die Post noch immer sehr langsam und auch unzuverlässig arbeite. Hinzu käme, daß viele Sachen nicht der Post anvertraut werden könnten, da neben der Unsicherheit auch noch die Militärzensur zu berücksichtigen sei. Ein Kurierdienst solle im Rahmen des Möglichen durchgeführt werden.

Zu **Punkt 7** (Parteitag 1947) -Anlage VII-[24]
Ollenhauer bringt die Auffassung des Büros zu dem Antrag des Bezirkes Niederrhein dahingehend zum Ausdruck, daß bei allem Verständnis für die Wünsche des Bezirkes es bei dem Beschluß bleiben müsse, den Parteitag in der amerikanischen Zone abzuhalten. Es sei jedoch beschlossen, daß die Jungsozialisten zu Pfingsten ein Reichstreffen in Gelsenkirchen durchführen.[25] Weiter schlägt das Büro vor, daß im Zusammenhang mit dem Parteitag noch eine Frauenkonferenz und eine Kulturpolitische Tagung durchgeführt werden.

Der Vorschlag des Büros, den Parteitag in der letzten Juniwoche in Nürnberg und im Zusammenhang damit die Frauenkonferenz und die Kulturpolitische Tagung abzuhalten, wird beschlossen.[26]

Zu **Punkt 8** (Internationale und außenpolitische Beziehungen):
Ollenhauer bringt in Erinnerung, daß außenpolitische Fragen beim PV zentralisiert werden sollen. Es wird daher eine Zusammenarbeit mit dem *Büro für Friedensfragen* in Frankfurt a./M., in dem Regierungen und Parteien vertreten sein sollen, angestrebt.[27]

Menzel gibt die Äußerung *Clay's* bekannt, daß keinerlei Bedenken gegen die Arbeit einer solchen Stelle bestünden. Auch dürfe das Material an ein ähnliches Büro in der britischen Zone abgegeben werden. Der Gouverneur von Nordrhein/Westf. habe jedoch schroff untersagt, daß eine solche Stelle finanziell unterstützt wird.

Kaisen erklärt, daß die Amerikaner nicht so schroff abgelehnt, aber auf die Schwierigkeiten hingewiesen hätten, die in Moskau entstehen würden, wenn wieder eine bizonale Stelle im Westen geschaffen wird. Es würde nun unter *Eberhard* eine zonale Stelle in Süddeutschland eingerichtet werden.

---

24 Der in den Beiakten als „Anl. VII" vorhandene „Antrag des Bezirksvorstandes Niederrhein" forderte, den kommenden Parteitag nicht in Nürnberg, sondern im Ruhrgebiet abzuhalten. Als Begründung wurde angeführt, daß im Jahre 1947 die „Frage der Sozialisierung im Vordergrund des politischen Kampfes" stehe und daß das „Schwergewicht dieser Sozialisierungsmaßnahmen" in Nordrhein-Westfalen liege.
25 In der Presse und in den Akten konnten keine Hinweise auf ein solches Pfingsttreffen der Jungsozialisten in Gelsenkirchen gefunden werden.
26 Im Kommuniqué wird der Ort und Termin des Parteitages erwähnt, ebenfalls der Plan, einige Sondertagungen abzuhalten.
27 Als bizonale Institution sollte das „Büro für Friedensfragen" seinen Sitz in Frankfurt bzw. in der Umgebung Frankfurts haben. Zur Errichtung des „Büros für Friedensfragen" für die US-Zone in Stuttgart und seine Funktionen vgl. Einl. Kap. II 3 c, S. LXXXII f.

Menzel schlägt die Einrichtung eines ähnlichen Büros für die britische Zone vor.

Schumacher erklärt, daß es natürlich unser Wunsch sei, die Kräfte zu konzentrieren. Wie aber stände es in der französischen Zone und Berlin?

Neumann antwortet, daß in Berlin eine parlamentarische Kommission zur Sammlung des Materials gebildet worden sei.

Bögler beantwortet die Frage dahingehend, daß in der französischen Zone auf dem Gebiete nichts getan würde und wohl auch nicht getan werden dürfte.

Heine schlägt als Tagesordnungspunkt vor, daß man das Verhalten sozialdemokratischer Regierungsbeamter berate.

Eichler äußert Bedenken gegen *Spiecker*.

Ollenhauer fordert, daß dem Büro für Friedensfragen ein zweiter Sozialdemokrat beigegeben würde, da Professor *Laun* offenbar nicht viel von Organisationsfragen verstände. Er gibt weiter bekannt, daß das Büro ein außenpolitisches Sekretariat einrichten wolle, denn die Auswertung des Materials sei Sache der Parteien.

Gayk äußert zur Personenfrage, daß Dr. *Freund*[28] wert wäre, daraufhin angesehen zu werden.

Eichler erklärt, daß er es für sicher halte, daß die staatlichen Forschungsstellen immer versuchen würden, die Außenpolitik bei sich zu konzentrieren. Daher sei eine politische Kontrolle unbedingt erforderlich.

Ollenhauer gibt bekannt, daß eine Einladung zur *internationalen Sozialistenkonferenz* noch nicht vorläge. Die Skandinavienreise sei auf Wunsch der dänischen Genossen verschoben worden, da sich die dänische Sozialdemokratie in einer schwierigen [innenpolitischen][29] Situation befindet. Mit der *SFIO* hätten wir Verbindung und eine vertrauliche Unterhaltung mit *Grumbach* sei geführt worden. Die Möglichkeit, daß Frankreich eine Rechtsregierung erhält, ist sehr groß, und die SFIO befindet sich ebenfalls in einer schwierigen Situation. Bezüglich unserer Beziehungen zu Belgien sei mitzuteilen, daß *de Brouckère*[30] zu Ostern nach Hannover kommen würde. Ferner würde eine belgische Delegation Deutschland besuchen. Die holländische Partei soll von uns zum Parteitag eingeladen werden. Von der Schweizer Partei müsse leider gesagt werden, daß sie uns sehr kritisch gegenüberstände.

Punkt 9 der Tagesordnung (Einrichtung eines Referats für soziale Politik, Gewerkschaftspolitik und Betriebsarbeit) wird abgesetzt, da [Georg] *Reuter* (München)[31] abgesagt hat.

Zu **Punkt 10** (Organisationsfragen)

---

28 Wahrscheinlich gemeint der Historiker und Politologe Michael *Freund* (1902-72), seit 1925 Mitglied der SPD, 1951 Lehrstuhl für Wissenschaft und Geschichte der Politik an der Univ. Kiel, 1959 Austritt aus der SPD wegen des „Deutschlandplans" der SPD.

29 In der Vorlage „innerpolitischen".

30 Louis de *Brouckère* (1870-1959), führender belgischer Sozialist, 1936-39 Präsident der SAI.

31 Georg *Reuter* (1902-69), Metallarbeiter, Gewerkschaftssekretär, vor 1933 SPD, 1946 GenSekr. d. Bayer. Gewerkschaftsbundes, 1947-49 MdWR, 1949-1959 Stellv. Vors. d. DGB.

Ollenhauer gibt den Wunsch der Gewerkschaften bekannt, daß die *Maifeiern* der Partei nachmittags durchgeführt werden sollen, damit die Gewerkschaften allein über den Vormittag disponieren können. Er äußert hierzu, daß die alte Form der Maifeier nicht möglich sei, solange die gegenwärtige Struktur der Gewerkschaften bestände.

Das *Kriegsgefangenenreferat* habe angeregt, an einem bestimmten Tage für die Freilassung der Kriegsgefangenen zu demonstrieren. Vorgeschlagen wäre der Tag der Kapitulation, der 8. Mai.

Das *Karl-Marx-Haus* in Trier würde jetzt durch internationale Hilfe wieder hergestellt. Das internationale Komitee in Paris will am 5. Mai feierlich einweihen.[32] Die deutsche Sozialdemokratie müsse dann in Trier repräsentativ vertreten sein.

Heine spricht dann über die **neugegründete VVN** und beweist anhand einer Umfrage -siehe Anlage VIII-[33], daß die Ausschüsse überwiegend von den Kommunisten beherrscht werden. In der neugebildeten VVN sind entgegen Parteibeschluß überall Sozialdemokraten vertreten. Er kommt zu dem Schluß, daß wir die VVN zu bekämpfen hätten bei gleichzeitigem Eintritt für die Belange der Opfer des Faschismus.

Meitmann erklärt dazu, daß man in Hamburg dabei sei, diese Institution zu erobern, da man befürchtet, sonst viele Genossen zu verlieren.

Eichler erklärt, daß man die Art der Ablehnung anders zum Ausdruck bringen müßte. Eine Ausschlußandrohung sei nicht klug. Wir müßten uns vielmehr der Opfer des Faschismus wirklich annehmen.

Gayk meint, daß genauso wie die Flüchtlinge auch die ODF [Opfer des Faschismus] von der Partei erfaßt werden müßten.

Görlinger regt an, daß man unseren in Frage kommenden Genossen die Möglichkeit geben solle, bei uns ihre Wünsche vorzutragen. Es sei also eine eigene Zusammenfassung in unseren Reihen anzustreben.

Ollenhauer schlägt vor, daß wir an unserem Beschluß in Frankfurt festhalten und auch nicht darüber hinausgehen.[34]

Nau behandelt dann das Problem der **Bezirksabgrenzungen**, das durch die Aufteilung in Besatzungsgebiete nicht allseitig zufriedenstellend gelöst sei. Besonders träfe das für den Bezirk Oberrhein zu. Die Koblenzer Genossen wollen nicht mehr Köln angegliedert sein. Man müsse jedoch grundsätzlich gegen die Bildung kleiner Bezirke Bedenken hegen.

Görlinger erklärt dazu, daß die Sache sehr kompliziert sei, da Trier bei Köln bleiben wolle, während Koblenz die Selbständigkeit wünsche. Er hält es aber politisch nicht für klug, den Koblenzer Wünschen nachzugeben.

Bögler sagt, daß die Franzosen versuchten, unsere Partei auch in der kleinen Zone nochmals aufzuspalten. Wir werden ungeheure Schwierigkeiten haben, wenn wir uns Köln

---

32 Zu dieser Einweihung vgl. J. Herres, Das Karl-Marx-Haus in Trier, S. 65 f.
33 Als „Anlage VIII" befindet sich in den Beiakten eine vierseitige hektographierte Ausarbeitung „Ergebnis der Rundfrage über die KZ-Ausschüsse", die hier nicht abgedruckt wird.
34 Im veröffentlichten Kommuniqué wird zu dieser Diskussion ausgeführt: „Der Parteivorstand fordert verstärkte Hilfe für die OdF, bestätigt jedoch gleichzeitig den am 19. November 1946 gefaßten Beschluß, daß besondere Kz-Opfer-Vereinigungen (VVN) abzulehnen sind."

anschließen und dann von dort Einfluß auf die Politik in der französischen Zone ausgeübt wird. Er gibt weiter bekannt, daß es in der sozialdemokratischen Fraktion einen französischen Spitzel gebe, der die Militärregierung über alles bestens unterrichte.

Ollenhauer erwähnt, daß der PV gemäß Parteistatut das Recht hat, die Bezirksabgrenzungen vorzunehmen.

Bögler schlägt vor, alles wie bisher weiterlaufen zu lassen, d.h. eine gewisse Selbständigkeit den Koblenzern zu belassen, die von Köln dann kontrolliert würde.

Zu **Punkt 11** (Unterschriftensammlung unter den Ostflüchtlingen)
Ollenhauer erklärt die Auffassung des „Büros", die dahin geht, daß gegen eine Unterschriftenaktion große politische Bedenken [be]ständen und daß die Partei keine Initiative ergreifen dürfe. Andererseits dürften wir uns nicht dagegen aussprechen, sondern müßten die Frage örtlich laufen lassen. Er schlägt vor, daß das „Büro" eine entsprechende Empfehlung den Bezirken zuleiten solle.

Der Vorschlag wird angenommen.

Zu **Punkt 12** (Nächste Sitzung des PV)
Das „Büro" schlägt vor, die PV- und Ausschußsitzung zusammenzulegen. PV-Sitzung 22.4.-23.4.1947 mittags. Ausschußsitzung 23.4. nachmittags bis 24.4.1947. Ort der Tagung: Bielefeld.

Der Vorschlag wird angenommen.

Weiter wird vorgeschlagen, als Punkt 1 der Tagesordnung für die Parteiausschußsitzung anzusetzen: Stand der Organisation. Der Vorschlag wird gegen die Stimme *Gayks* angenommen.

Schluß der Sitzung.

Anlage 1
Kommuniqué der Sitzung
Sopade Informationsdienst Nr. 126 v. 17.3.1947

Die Sitzung des sozialdemokratischen Parteivorstandes wurde eingeleitet mit einer ausführlichen Diskussion über die soeben von den Besatzungsmächten verfügte Beschränkung der Vollmachten der Zweizonenämter. Es war einmütige Auffassung aller Sprecher, daß die Verantwortung für die gegenwärtige Wirtschaftspolitik praktisch nicht bei den Deutschen, sondern bei den Besatzungsmächten liegt.

Zur Beratung stand ein vom Ausschuß für Denazifizierungsfragen vorgelegter Entwurf, der die Stellungnahme der SPD zum Pg.-Problem enthält. Der Entwurf wurde nach Vornahme einiger Änderungen gebilligt.

Der Verfassungspolitische Ausschuß hat in mehrmonatiger Beratung Richtlinien für den Aufbau der Deutschen Republik ausgearbeitet, die der Parteivorstandssitzung zur

Beratung und Beschlußfassung vorlagen. Nach eingehender Aussprache wurden die Richtlinien akzeptiert.

Als Termin für den in Nürnberg stattfindenden Parteitag der SPD wurde die letzte Juniwoche in Aussicht genommen. Es wurde beschlossen, in Verbindung mit dem Parteitag einige Sondertagungen durchzuführen; vorgesehen sind Tagungen der Frauen und der Kulturpolitiker.

Die erneuten Versuche der SED/KP, in den Westzonen unter einem neuen Namen Fuß zu fassen, veranlaßten den Parteivorstand, erneut auf den Parteitagsbeschluß hinzuweisen, wonach sich kein Sozialdemokrat an Bestrebungen dieser Art beteiligen darf.

Eigene sozialdemokratische Maifeiern sollen am Nachmittag und Abend des 1.Mai durchgeführt werden. Am 8.Mai, am Tage der Waffenniederlegung, veranstaltet die SPD große Kundgebungen zur Freilassung der Kriegsgefangenen.

Der Parteivorstand fordert verstärkte Hilfe für die OdF, bestätigt jedoch gleichzeitig den am 19. November 1946 gefaßten Beschluß, daß besondere KZ - Opfer - Vereinigungen (VVN) abzulehnen sind

Die Beratungen wurden mit der Entgegennahme von Berichten über außenpolitische, internationale und organisatorische Fragen abgeschlossen.

Anlage 2
Resolution „Die Sozialdemokratie und der Frieden"
Sopade Informationsdienst Nr. 126 v. 17.3.1947[35]

Die Sozialdemokratische Partei Deutschlands erkennt die Verpflichtung des deutschen Volkes zur Wiedergutmachung an. Das Dritte Reich hat für andere europäische Völker und für die Deutschen selbst die Katastrophe heraufbeschworen.

Die Sozialdemokratie ist davon überzeugt, daß die Probleme der Friedensgestaltung nicht mit den Mitteln nationaler Machtpolitik gelöst werden können.

Wenn Deutschland als bloßes Objekt der Annexionen und Reparationen behandelt wird, können Wirtschaft, Politik und Kultur in Europa nicht gesunden. Annexionen sind das am wenigsten geeignete Mittel der Wiedergutmachung und der Friedenssicherung.

Die Sozialdemokratische Partei hat stets in ihrer langen Geschichte für die Gedanken des Völkerfriedens und die Vermeidung jeder nationalen Ungerechtigkeit gekämpft. Nur wenn der Geist der Atlantikcharta die kommende Entwicklung bestimmt, kann ein Frieden geschaffen werden, den die demokratischen und friedliebenden Kräfte als gerecht empfinden.

---

35 Abgedr.: Jb. SPD 1947, S. 85.

Dokument 8, 13. und 14. März 1947

Anlage 3
Grundsätzliche Erklärung des PV der SPD zur Frage der staatlichen Neugestaltung Deutschlands
Sozialdemokratischer Pressedienst, Sonderausgabe nach Nr. II/22 v. 14. 3. 1947[36]

Die Sozialdemokratische Partei bekennt sich zur politischen und staatsrechtlichen Einheit Deutschlands. Die Staatsgewalt in der Deutschen Republik geht vom gesamten deutschen Volke aus, das seinen Willen durch einen Reichstag kundtut, der auf Grund des gleichen Wahlrechts und der gleichen politischen Freiheiten in allen Besatzungszonen gewählt wird. Dieser Reichstag hat die zentrale Regierung zu bilden, die ihm verantwortlich ist.

Die Deutsche Republik ist ein Bundesstaat, in dem sowohl die Einheitlichkeit der Regierungsgewalt als auch die damit vereinbare Eigenständigkeit der Länder gewährleistet sind.

Preußen ist als Idee und als Tatsache erledigt. Der Zwang zur Neugliederung in Länder ist gegeben, die immer nur Bausteine für die Republik des ganzen Volkes sein können.

Die Sozialdemokratische Partei Deutschlands warnt davor, dem deutschen Volke eine politische Entwicklung aufzuzwingen, die den elementaren nationalen und internationalen Notwendigkeiten von heute und morgen widerspricht. Sie wendet sich gegen den Versuch, aus Deutschland einen bloßen Staatenbund souveräner Länder zu machen. Mit der gleichen Entschiedenheit lehnt sie das Bestreben des neuen Nationalkommunismus ab, durch Überzentralismus wiederum den Weg zu einem totalitären Staate zu gehen und die deutsche Einheit zu gefährden.

Anlage 4:
Richtlinien für den Aufbau der Deutschen Republik
Sopade Informationsdienst Nr. 125 v. 15.3.1947[37]

A.

1. Die Sozialdemokratische Partei Deutschlands fordert, daß die Verfassung der Deutschen Republik die Möglichkeit einer künftigen Zugehörigkeit Deutschlands zu einem europäischen Staatenbund berücksichtigt. Die friedliche Entwicklung zu einem europäischen Bunde verlangt eine klare Absage an jede Politik eines nationalen Egoismus, der sich unter Ausnutzung der politischen Machtstellung durch den jeweils Mächtigen auf Kosten des jeweils Schwächeren insbesondere in Annexionen äußert. Annexionen können nicht die Grundlage friedlicher Entwicklungen bilden.

Die allgemein anerkannten Regeln des Völkerrechts sind bindende Bestandteile des Reichsrechts. Sie sind für den Staat und für den einzelnen Staatsbürger verbindlich.

---

36 Abgedr. Jb. SPD 1947, S. 85.
37 Abgedr. in der bis auf einen Satz übereinstimmenden Fassung des Parteitages von 1947: Jb. SPD 1947, S. 71-74. Die Abweichung wird angemerkt.

Die Verfassung soll Bestimmungen enthalten, die es ermöglichen, durch Reichsgesetz Hoheitsrechte im Rahmen internationaler Vereinbarungen an internationale Institutionen zu übertragen.

2. Die deutsche Sozialdemokratie bekennt sich zur politischen und staatsrechtlichen Einheit Deutschlands. Sie lehnt unter Anerkennung stammesmäßiger Besonderheiten jeden offenen oder versteckten Separatismus und Partikularismus ab. Die Verfassungen der Länder dürfen nichts enthalten, was der Reichseinheit entgegenstehen kann. Daher haben die Länderverfassungen einen Vorbehalt aufzunehmen, daß Reichsrecht Länderrecht bricht. Gesetzgebung, vollziehende Gewalt und Rechtsprechung müssen diesen Grundsätzen folgen.

3. Die deutsche Sozialdemokratie lehnt die Umwandlung der Deutschen Republik in einen Staatenbund ab, weil ein Staatenbund nach außen die Entwicklung zu einer europäischen Einheit hemmen und nach innen eine unerwünschte Zersplitterung der zur Gesundung und zum Aufbau erforderlichen Kräfte bedeuten würde. Deutschland wäre bei einer Auflösung in selbständige Staaten nicht lebensfähig. Es liegt kein Grund vor, Deutschland auf längst überlebte Zustände zurückzubringen. Die Entwicklung zu größeren staatlichen Einheiten ist nicht nur eine deutsche oder europäische Erscheinung, sondern eine Tatsache, die in der allgemeinen Entwicklung zur Universalität und in der Natur der modernen Technik liegt und darum eine generelle Erscheinung des politischen und wirtschaftlichen Lebens aller Kontinente ist.

4. Die Deutsche Republik wird ein Bundesstaat sein müssen, in dem sowohl die Einheitlichkeit der Regierungsgewalt als auch die damit vereinbarte Eigenständigkeit der Länder im Sinne einer gesunden Dezentralisation gewährleistet ist.

B.

1. Die Reichsgewalt geht von dem gesamten deutschen Volk aus, das seinen Willen durch einen Reichstag, gebildet auf Grund eines allgemeinen, gleichen, unmittelbaren und geheimen Wahlrechts aller wahlberechtigten Männer und Frauen, kundgibt.

Die Verfassung der Deutschen Republik ist von einer nach den gleichen Grundsätzen gewählten Nationalversammlung zu beschließen.

2. Neben dem Reichstag besteht der Reichsrat. Seine Mitglieder werden von den Landtagen gewählt. Sie können nicht zugleich Mitglieder des Reichstages oder eines Landtages sein. Der Reichsrat ist an der Gesetzgebung und an der Aufstellung des Reichshaushaltes zu beteiligen. Ihm steht gegen die vom Reichstag beschlossenen Gesetze ein Einspruchsrecht zu. Der Einspruch hat lediglich aufschiebende Wirkung. Zur erneuten Beschlußfassung des Reichstags bedarf es keiner qualifizierten Mehrheit. Die Bildung weiterer, insbesondere ständischer Organe oder Einrichtungen wie der frühere Reichswirtschaftsrat, die an der gesetzgebenden Gewalt des Reiches zu beteiligen wären, wird abgelehnt, da sie in keinem Falle geeignet sind, das Gesamtinteresse des Volkes zu vertreten.

3. An der Spitze der Deutschen Republik steht ein Präsident, dessen Amtszeit mindestens zwischen der einfachen und doppelten Legislaturperiode des Reichstages liegen soll.

4. Die vollziehende Gewalt liegt bei der Reichsregierung. Diese bedarf des Vertrauens des Reichstages. Ein Mißtrauensvotum führt nur dann zu dem Rücktritt der Regierung, wenn binnen einer bestimmten Frist eine neue Regierung gebildet wird.

5. Die Verfassung darf keine Bestimmung über ein Notstandsrecht enthalten, die dem Parlament gestattet, sich der politischen Verantwortung zu entziehen.

6. Für die Deutsche Republik ist ein Staatsgerichtshof einzurichten, der für Verfassungsstreitigkeiten und Ministeranklagen ausschließlich zuständig ist.

C.

1. Die Verfassung hat die Grundrechte und Grundpflichten eines jeden Deutschen zu enthalten. Die unveränderlichen Ideen der Menschenwürde, der Freiheit und Gerechtigkeit, der Achtung vor der religiösen und der politischen Überzeugung des anderen, aber auch der Verpflichtung des einzelnen gegenüber der in einem Staat zusammengefaßten Lebensgemeinschaft müssen ein wesentlicher Bestandteil des staatlichen Lebens und der Verfassung sein.

2. Der Mensch ist berufen, in der ihn umgebenden Gemeinschaft seine Gaben in der Freiheit und in der Erfüllung des Sittengesetzes zu seinem und der anderen Wohle zu entfalten. Es ist die Aufgabe des Staates, dem Menschen hierbei zu dienen.

3. Der Krieg darf kein Mittel der Politik sein. Er ist daher in der Verfassung zu ächten.

D.

1. Gesetzgebende Gewalt

a) Die Bestimmung der Zuständigkeiten wird reichsrechtlich geregelt. Die Finanz- und Steuerhoheit, die Regelung des Finanz- und Lastenausgleiches ist Sache der Reichsgewalt. Die einheitliche Finanzpolitik ist notwendig, weil sie ein wesentliches Mittel zur Lenkung der Wirtschaft ist und weil der Neuaufbau eine gerechte Lastenverteilung verlangt. Innerhalb dieser Grenzen bleibt den Ländern und Selbstverwaltungskörperschaften das Recht, die ihnen überlassenen Einnahmequellen heranzuziehen.

b) Das Recht, Gesetze vorzuschlagen, liegt ausschließlich bei dem Reichstag oder bei der Reichsregierung. Die Gesetze werden vom Reichstag beschlossen. Ein Volksentscheid ist nur für bestimmte, in der Verfassung festzulegende Fälle unter Wahrung bestimmter Verfahrensvorschriften möglich.

2. Vollziehende Gewalt

a) Regierung: Regierungsfunktionen mit Hoheitscharakter sind ausschließlich Sache der Reichsgewalt.

b) Verwaltung: Reichseigene Sonderverwaltungen sind nur ausnahmsweise zulässig. Die Verwaltung wird in der Regel auf den Gebieten, die der Reichsgewalt zustehen, in deren Auftrag von den Ländern ausgeübt. Der Auftrag kann sich auch auf die organisatorischen Formen der Durchführung erstrecken (Dezentralisierte Verwaltung).

3. Richterliche Gewalt

Die Einheit des Rechts in Deutschland wird nur durch eine Einheit der Rechtsprechung gesichert. Diese kann nur durch Reichsgerichte gewährleistet werden.

E.
Aufbau der Länder

Die augenblicklichen Ländergrenzen können nur als vorläufige angesehen werden. Die endgültige Festlegung wird erst dann möglich sein, wenn die deutschen Grenzen feststehen und die Zonengrenzen nicht mehr als politische Trennungslinien wirken.

Die Aufgliederung der Deutschen Republik soll einen sinnvollen Ausgleich der Länder untereinander herbeiführen und die Hegemonie eines einzelnen Landes ausschließen. Die Länder sollen Gebiete umfassen, die kulturell, wirtschaftlich und verkehrstechnisch möglichst eine geschlossene Einheit bilden. Sie müssen genügend groß sein, um eine eigene innere Tragfähigkeit zu besitzen und um den ersten Ausgleich in sich selbst vollziehen zu können. Damit wird zugleich ein einfacher und übersichtlicher Verwaltungsaufbau ermöglicht und eine lebendige Anteilnahme der Bevölkerung auf allen Stufen der Verwaltung gewährleistet. Gebiete einseitiger Struktur oder Gebiete, denen wesentliche Lebensgrundlagen fehlen, eignen sich nicht zur Zusammenfassung, da sie in jeder Krise die nächsthöhere Instanz zur Hilfe heranholen müssen.

F.
Die Landesgewalt

Die[38] Landesgewalt wird durch den Landtag und die Landesregierung ausgeübt.

Der Landtag geht aus allgemeinen, gleichen, unmittelbaren und geheimen Wahlen aller wahlberechtigten Männer und Frauen hervor.

Für die Länder sind zweite Kammern abzulehnen.

Die Länder bedürfen keines besonderen Staatspräsidenten.

G.
Aufbau der Landesverwaltung

Der Aufbau der Verwaltung in den Ländern ist Landesangelegenheit. Durch reichsgesetzliche Richtlinien kann gewährleistet werden, daß die den Ländern übertragenen Auftragsangelegenheiten gleichmäßig und ohne Reibungen durchgeführt werden.

Erfüllt ein Land die ihm nach Reichsrecht obliegenden Pflichten nicht, so wird es zur Erfüllung des rechtmäßigen Zustandes angehalten.

---

38 Der erste Satz dieses Abschnittes „Die Landesgewalt ... ausgeübt." wurde nicht in die vom Parteitag gebilligte Fassung übernommen, Jb. SPD 1947, S. 73.

Dokument 8, 13. und 14. März 1947

H.
Die gemeindliche Selbstverwaltung

Die Gemeinden haben in ihrem Gebiet unter eigener Verantwortung alle öffentlichen Aufgaben wahrzunehmen, soweit diese nicht nach gesetzlichen Vorschriften anderen Stellen ausdrücklich zugewiesen sind (Universalitätsprinzip).

Die Sozialdemokratie fordert daher eine Erweiterung des Wirkungsbereiches der gemeindlichen Selbstverwaltung. Die Größe der Gebietskörperschaften hat dem erweiterten Aufgabenkreis Rechnung zu tragen.

Anlage 5
Sozialdemokratische Richtlinien zur Entnazifizierung
Jb. SPD 1947, S. 85 f.

I. Zur Sühne von Verbrechen des nationalsozialistischen Regimes, zur innerdeutschen Wiedergutmachung und zur Sicherung der Demokratie ist eine individuelle Prüfung aller ehemaligen Nationalsozialisten und militaristischen und wirtschaftlichen Eroberungspolitiker als deutsche Aufgabe erforderlich.

Die Säuberung muß in allen deutschen Gebieten nach einheitlichen gesetzlichen Bestimmungen in gleicher Weise und gerecht durchgeführt werden.

Ziel dieser Säuberungsmaßnahmen ist die Entfernung aller derjenigen Personen, deren Handlungen, Haltung, mangelnde Standhaftigkeit und moralische Schwäche das Leid des deutschen Volkes herbeigeführt haben, aus dem öffentlichen, wirtschaftlichen und kulturellen Leben und Auferlegung von angemessenen Sühneleistungen. Nur so werden die Voraussetzungen für einen beständigen künftigen Frieden von deutscher Seite aus geschaffen.

Aus Gründen der baldigen Befriedung des Volkes ist für Mitläufer ein vereinfachtes und beschleunigtes Verfahren anzuwenden, von dem in weitherziger Weise Gebrauch gemacht werden muß.

Personen, die nach dem 1. Januar 1913 geboren sind, die also erst 1933 das wahlfähige Alter erreicht haben, sind grundsätzlich als Entlastete anzusehen, soweit sie nicht Naziübeltäter sind.

II. Die in der Kontrollratsverordnung 38 enthaltenen materiellen Bestimmungen sind im wesentlichen zu billigen, jedoch dürfen Todes-, Zuchthaus- und Gefängnisstrafen nur von den ordentlichen Gerichten ausgesprochen werden.

In der amerikanischen Zone ist alsbald die 6. Durchführungsverordnung zu beseitigen, da sie dem Artikel 18 des Befreiungsgesetzes vom 5. März 1946 widerspricht.

III. Das Säuberungsverfahren ist nach folgenden Grundsätzen zu gestalten:

1. Das Verfahren ist von Deutschen und in Verantwortung der deutschen öffentlichen Verwaltung gemäß einer für das ganze Reichsgebiet geltenden gesetzlich festzulegenden Verfahrensordnung durchzuführen.

2. Alle Personen, die mit der Durchführung des Verfahrens beauftragt werden, müssen als Gegner von Nationalsozialismus und Militarismus bekannt, persönlich unbescholten und gerecht denkend sein. Alle Bevölkerungsschichten sind heranzuziehen. Den Gewerkschaften und den zugelassenen politischen Parteien steht das Vorschlagsrecht zu. Die Ernennung erfolgt durch die Landesregierung (zuständiges Ministerium). Die Übernahme eines solchen Amtes ist staatsbürgerliche Pflicht, der sich niemand entziehen kann.

3. Das Verfahren zerfällt in ein nichtöffentliches Ermittlungs- und ein öffentliches Spruchverfahren. Alle Behörden haben Rechtshilfe zu leisten.

4. Das Ermittlungsverfahren wird durch einen öffentlichen Kläger geführt. Er stützt sich auf die Informationen der lokalen politischen Ausschüsse, der Betriebs- und Berufsvertretungen und sonstiger Stellen.

5. Aufgabe des öffentlichen Klägers ist
   a) Ingangsetzung des Verfahrens gegen jeden Betroffenen,
   b) Herbeischaffung und Prüfung sämtlichen Belastungs- und Entlastungsmaterials.

6. Das Ermittlungsverfahren endet
   a) mit Einstellung des Verfahrens durch den öffentlichen Kläger,
   b) mit dem Antrag auf Entscheidung im schriftlichen Verfahren,
   c) mit dem Antrag auf Spruch durch die Kammer.
Dem schriftlichen Verfahren ist weitgehend der Vorzug zu geben.

7. Das Spruchverfahren wird durch die Spruchkammer in jedem unteren Verwaltungsbezirk (Land- bzw. Stadtkreis) durchgeführt. Die Kammern sind paritätisch aus Vertretern der politischen Parteien und der Gewerkschaften zusammenzusetzen.

8. Die Mitglieder der Kammern sind unabhängig und nur dem Gesetz unterworfen.

9. Die Kammern entscheiden in allen Fällen, in denen durch den öffentlichen Kläger ein Antrag auf Spruch durch die Kammer gestellt ist, in öffentlicher Verhandlung unter Mitwirkung des Klägers. Sie können den Betroffenen, Zeugen und Sachverständigen vernehmen, den Augenschein einnehmen und Urkunden verwerten.

10. Der Betroffene darf sich in jeder Lage des Verfahrens eines Beistandes oder Verteidigers bedienen.

11. Gegen den Spruch der Kammer ist Berufung zulässig. Die Vorsitzenden der Berufungskammern sollen zum Richteramt oder höheren Verwaltungsdienst zugelassene Personen sein.

12. Das Verfahren ist gebührenpflichtig.

IV. Entnazifizierte können wiederbeschäftigt werden, haben jedoch keinen Rechtsanspruch auf Wiedereinstellung und Schadenersatz.

Kein Nazigegner darf wegen Wiedereinstellung Entnazifizierter aus seiner Stellung entfernt oder geschädigt werden.

Dokument 8, 13. und 14. März 1947

Anlage 6
Ausarbeitung des „Büros" vom 12. März 1947: „Betr.: Zusammenarbeit der Partei über die Ländergrenzen hinaus."
Hektogr. Ex. in den Beiakten zum Protokoll der Sitzung, 1 S.[39]

1.) Bizonale Ämter.
Zur besseren Durchsetzung unserer berechtigten Ansprüche ist in erster Linie Einfluß auf die Personalpolitik in den zonalen und bizonalen Ämtern notwendig.

Das politisch unkontrollierte Zustandekommen der Ämter hat zur Folge gehabt, daß dort reaktionäre Beamte in großer Zahl Unterschlupf gefunden haben. Eine Verbesserung dieser Verhältnisse ist nur dadurch möglich, daß die Partei von den verschiedensten Seiten aus gemeinsam handelt resp. daß der Parteivorstand alle sich bietenden Möglichkeiten in allen Ländern zusammenfaßt.

Zu diesem Zweck brauchen wir in erster Linie eine genaue Übersicht über die personellen Verhältnisse in allen Ländern und den zentralen Ämtern.

Wir haben mit einem Rundschreiben vom 7.12.1946 alle Landesvorstände und die Fraktionen um die Ausfüllung einer nicht einmal sehr umfangreichen Fragenliste gebeten. Bis heute haben dieser Aufforderung noch nicht entsprochen die Länder Bayern, Bremen, Nordrhein-Westfalen und Schleswig-Holstein. Wir bitten die zuständigen Parteivorstandsmitglieder, sich nachdrücklich für die Erledigung dieser Fragenliste einzusetzen, da wir andernfalls nicht in der Lage sind, unsere berechtigten Wünsche durchzusetzen.

Gleichzeitig werden die Mitglieder des Parteivorstandes gebeten, in ihren Fraktionen usw. darauf hinzuweisen, daß in allen Fällen, in denen die Partei nur als Ganzes etwas erreichen kann, regionale Gesichtspunkte zurücktreten müssen.

Es geht z.B. nicht an, daß, wenn wir uns darum bemühen, mit vereinten Kräften in einer bizonalen Verwaltung den ersten Sozialdemokraten an eine leitende Stelle zu bringen, man uns aus einer Fraktion antwortet, daß man für diese Stelle einen CDU-Mann vorschlagen wolle, da man ihn gern aus der Landespolitik loswerden möchte.

2.) Politik in den Ländern.
Durch eine Ausweitung unseres Büros sind wir in der Lage, sozialdemokratische Anträge von grundsätzlicher Bedeutung, die in den einzelnen Landesparlamenten eingebracht werden, an *alle* Fraktionen zu übermitteln und von der Zentrale aus Anregungen für gleichartige Anträge an alle Fraktionen zu geben. Dazu gehört, daß die Fraktionen verständniswillig mitarbeiten und ihr Material laufend an die Koordinierungsstelle einreichen.

Wir bitten die zuständigen Parteivorstandsmitglieder, auch in dieser Richtung ihren Einfluß in ihrer Fraktion geltend zu machen, damit wir der drohenden Atomisierung der deutschen Politik und damit unserer Partei entgegenarbeiten können.

(Kriedemann)

---
39 Die hektographierte Ausarbeitung mit dem Kopf „Der Parteivorstand" (+Hannoveraner Adresse des PV) ist von Kriedemann unterzeichnet. Am Kopf befindet sich außerdem die handschriftliche Angabe „Anlage 1" und die Zusatzbemerkung „Z E".

Anlage 7:
Anträge des Genossen Andreas Gayk
AdsD: Hektogr. „Anlage VI" zum Protokoll der Sitzung, 1 S.[40]

1. Entschließungen über den politischen Kurs der Partei, die der geschäftsführende Vorstand vorbereitet, sind vor ihrer Erörterung im Parteiausschuß dem Parteivorstand vorzulegen.
2. Alle Kundgebungen und Entschließungen der Partei sind möglichst so rechtzeitig zu formulieren, daß die Mitglieder des Parteivorstandes imstande sind, wohlüberlegte Abänderungsanträge einzureichen und sie zum Gegenstand der Beratung zu machen.
3. Alle Anträge der einzelnen Fachreferenten sind den Mitgliedern des Parteivorstandes vor jeder Sitzung mit einer kurzen Begründung schriftlich zuzustellen.
4. Berichte über den Stand der Organisation sind vierteljährlich schriftlich vorzulegen. Desgleichen Situationsberichte über den Stand der Bewegung in den einzelnen Zonen.
5. Alle Mitteilungen sind, wenn irgend möglich, vor der Sitzung den Mitgliedern des Parteivorstandes schriftlich zu unterbreiten.
6. In außergewöhnlichen Situationen ist der Parteivorstand zu zweitägigen Sitzungen nach Hannover zusammenzurufen, damit keine unausgereiften und übereilten Beschlüsse zustande kommen.

---

40 An der Spitze der „Anlage VI" wird der ursprünglich geplante Termin der Vorstandssitzung „7. März 1947" genannt.

Dokument 9, 22. bis 24. April 1947

Nr. 9

Sitzungen der obersten Parteigremien vom 22. bis 24. April 1947 in Bad Meinberg

[A] **Sitzung des Parteivorstandes am 22. und 23. April**
AdsD: SPD-Parteivorstand, 2/ PVAS 0000657, Sitzungen d. PV u. d. PA, 22.-24. 4. 1947 (Maschinenschriftl. Prot. d. Sitz. d. PV mit handschriftl. Berichtigungen, 7 S.)[1]

Leitung der Sitzung: Erich **Ollenhauer**
Anwesend: siehe Liste

[**Teilnehmer/Teilnehmerinnen, nach Funktionen geordnet:**[2]
PV[3]: *Ollenhauer, Heine, Kriedemann, Nau, Agartz, Beyer, Bögler, Eichler, Gayk, Gnoß. Görlinger, Helmstädter, Henßler, Kaisen, Knothe, Loßmann, Meitmann, Menzel, Nölting, Selbert, Veit*
KK: *Schönfelder*
Vertreter des Landesverbandes Berlin: *Schroeder* und Curt *Swolinzky*[4]
Referenten des PV/Experten zu bestimmten Punkten der TO: *Gotthelf, Markscheffel*]

Tagesordnung[5]:
1) Beschlußfassung über Termin und Tagesordnung des Parteitages 1947
2) Teilnahme an der internationalen Konferenz am 8. Juni in Zürich
3) Einladung der holländischen Partei zu einer gemeinsamen Besprechung
4) Stellungnahme zu dem Vorschlag der CDU für die Bildung einer Gesamtvertretung der deutschen Parteien
5) Vorbereitung der PA-Sitzung
6) Verschiebung der Gemeindewahlen
7) Bildung eines Reichsausschusses für sozialistische Kulturarbeit
8) Die Lage [in Rheinland-Pfalz und][6] an der Saar
9) Organisationsfragen

---

1 Die Einladung mit Bekanntgabe der vorläufigen Tagesordnung erfolgte durch Rundschreiben 14/47 des Referats Organisation/Kasse, unterschrieben von E. Ollenhauer, vom 9. April 1947. Über die Sitzung wurde ein Kommuniqué im Sopade Informationsdienst (Nr. 158 v. 26. 4. 1947) veröffentlicht, das hier als Anlage 1 A abgedruckt wird.
2 Die folgenden Angaben wurden der Anwesenheitsliste in den Beilagen zum Protokoll und Angaben im Protokoll entnommen; für die Teilnehmer an allen Vorstandssitzungen 1946/47 vgl. Anhang 1.
3 Von den Mitgliedern des PV fehlten Schumacher, Baur, Grimme und Gross. Zum Ausscheiden von Nölting aus dem PV Anfang 1947 vgl. Einl. Kap. I 1 a.
4 Curt *Swolinzky* (1887-1967), Kaufm. Lehre, vor 1933 Gewerkschaftssekretär, SPD, zuletzt in Breslau, 1933-45 Textilkaufmann in Berlin, 1945 Wiedergründung d. SPD in Berlin, 1946-1958 Mitglied der Stadtverordnetenvers./ AbgH, 1946-48 Fraktionsvors., 1948-55 stellv. Fraktionsvors., 1946/47 gelegentlicher Vertreter der Berliner SPD im PV, Ende 1955 Austritt aus der SPD, um e. Ausschluß zuvorzukommen, 1959 Anklage wg. Bestechung (Untersuchungshaft).
5 Wortlaut nach der vorläufigen Tagesordnung vom 9. 4. 1947.
6 Die Besprechung der Lage in Rheinland-Pfalz wurde dem ursprünglichen Tagesordnungspunkt hinzugefügt, vgl. TOP 8.

10) Ort und Termin der nächsten PV-Sitzung

Ollenhauer gibt zunächst bekannt, daß Gen. *Schumacher* wegen Erkrankung nicht erscheinen konnte.

Punkt 1 (Termin und Tagesordnung des Parteitages 1947)
Eichler bringt den Wunsch zum Ausdruck, daß die Diskussion der wirtschaftlichen Situation auf die Tagesordnung gesetzt werde.

Gayk, **Meitmann** und **Swolinzky** schließen sich dem an.

Ollenhauer hält es für wichtig, daß das aktuelle politische Referat von *Schumacher* gehalten wird, und schlägt vor, daß das Schumacher-Referat den vorgeschlagenen Punkt mit umfaßt.

Gayk und **Eichler** halten jedoch weiter daran fest, daß die Wirtschaftsfragen separat behandelt werden.

Heine macht darauf aufmerksam, daß vor dem Parteitag eine wirtschaftspolitische Tagung stattfindet.

Henßler schlägt vor, daß der wirtschaftspolitische Ausschuß evtl. Anträge an den Parteitag stellt.

Görlinger schließt sich dem an.

Gayk fordert dann, daß die Berichterstattung über die kultur- und wirtschaftspolitischen Anträge auf die Tagesordnung gesetzt wird.

Ollenhauer stellt fest, daß dies einstimmig beschlossen ist.

Weiter wird beschlossen, daß die **Kulturpolitische Tagung** folgende Tagesordnung erhält:
1) Referent Carlo *Schmid* über Totalitarismus
2) Referent Adolf *Grimme* über Schulprogramm
3) Übersicht über den Stand unserer Bildungs- und Kulturarbeit

Gotthelf gibt bekannt, daß die **Frauenkonferenz** am 26. und 27.6.1947 in Fürth stattfindet.

Ollenhauer macht auf die Begrenzung der Gästedelegierung aufmerksam. Das Büro wird die ausländischen Sozialistischen Parteien, die Presse und die Auslandsgruppen der SPD einladen.

Zu **Punkt 2** (Teilnahme an der internationalen Konferenz am 8. Juni in Zürich)
Ollenhauer gibt bekannt, daß die Einladung der Labour Party vorliegt (siehe Brief der Labour Party[7]). Schumacher hätte daraufhin die Labour Party brieflich um die Vermittlung konkreter Vorstellungen über die Rolle einer deutschen Delegation gebeten. (Siehe Briefabschrift[8]).

---

7 Gemeint ist hier das Schreiben von Denis *Healay* an Schumacher vom 13. 3. 1947, in dem er die Einladung von Schumacher und zwei weiteren Vertretern der SPD zur nächsten Internationalen Sozialistischen Konferenz Anfang Juni in Aussicht stellte, vgl. R. Steininger, Deutschland und die Sozialistische Internationale, S. 75.
8 Zum Antwortbrief Schumachers vom 7. 4. 1947 vgl. R. Steininger, a.a.O.

Dokument 9, 22. bis 24. April 1947

Skandinavien lege großen Wert auf unser Erscheinen. Ähnlich hätten sich die Holländer und *Oprecht*[9] aus der Schweiz geäußert. Ungewiß sei noch die Stellungnahme der polnischen und tschechischen Sozialisten. Sollte die Antwort der Labour Party positiv aussehen, bittet das Büro um die Vollmacht, erscheinen zu dürfen und schlägt vor, *Schumacher, Ollenhauer, Henßler* und evtl. als Begleiterin Herta *Gotthelf*, die, soweit möglich, eine inoffizielle Fühlungnahme mit der vorher tagenden internationalen Frauenkonferenz anstrebt.

Heine äußert sich sehr kritisch. Der Beschluß in Bournemouth lautete auf Einladung ohne Einschränkung. Er hält die Form für wenig begeisternd und möchte die Annahme abhängig machen von der Antwort der Labour Party.

Gayk wünscht, daß eine würdige Behandlung unserer Delegierten gesichert sei, wenn wir annehmen.

Veit beantragt, daß Ablehnung der Einladung vom Gesamtvorstand gebilligt werden müsse.

Ollenhauer stellt fest, daß dieser Antrag einstimmig angenommen wurde.

Zu **Punkt 3** (Hollandreise)
Ollenhauer gibt bekannt, daß die holländische Partei für die Zeit vom 8. bis 10.4.1947 eingeladen hatte. Zeitlich war die Annahme wegen des Wahlkampfes nicht möglich. Das „Büro" hatte als neuen Termin 20. bis 22.5.1947 vorgeschlagen. Eine Antwort liegt noch nicht vor. Außerdem waren in der Einladung die Delegierten namhaft gemacht worden. Es müsse jedoch prinzipiell daran festgehalten werden, daß Delegierte von uns benannt werden. Das „Büro" schlägt vor: *Schumacher, Ollenhauer, Grimme.*

Gnoß hält es für wünschenswert, daß Vertreter der Anliegerländer mit delegiert werden.

Ollenhauer stellt fest, daß beschlossen sei, daß Nordrhein-Westfalen noch einen 4. Delegierten benennt.

Zu **Punkt 4** (Stellungnahme zu dem Vorschlag der CDU)[10]
Ollenhauer berichtet, daß verabredet war, daß *Kaiser, Lemmer* und *Müller*[11] mit der SED verhandeln wollten, ob die Voraussetzungen für eine Zusammenarbeit gegeben seien. *Brost* hat mitgeteilt, daß (wie aus einem Brief der CDU an die SED hervorgeht) die SED bereit ist, eine Atmosphäre zu schaffen, die eine Reichszusammenarbeit gewährleistet. Die SED hat geantwortet, daß sie die Bewegungsfreiheit aller Parteien in allen Zonen wünsche. Die CDU lädt nun zu einer neuen Besprechung ein. Ollenhauer sieht keine Bedenken, ob-

---

9 Hans *Oprecht* (1894-1978), 1936-63 Präsident der Sozialistischen Partei der Schweiz.
10 Im Kommuniqué wird zu diesem Tagesordnungspunkt erwähnt: „In der Frage der Vier-Parteien-Besprechung fanden die vom geschäftsführenden Vorstand festgestellten Vorbedingungen (die u.a. auch das Vorhandensein einer echten, freien Sozialdemokratie in der Ostzone einschließen) volle Billigung.", vgl. Anlage 1. Zu diesen Verhandlungen vgl. auch Einl. Kap. II 3 a, S. LXII.
11 Josef *Müller* (1898-1979), Dr. jur., Rechtsanwalt, vor 1933 BVP; 1945 Mitbegr., 1946-49 Vors. der CSU; 1946-62 MdL, 1947-52 Bayer. Justizminister.

gleich festgestellt werden kann, daß die Bedingungen zur Zusammenarbeit in keiner Weise von der SED erfüllt werden, sondern im Gegenteil die Situation sich noch verschlechtert habe.

Meitmann wünscht Veröffentlichung unserer Bedingungen an die SED.

Ollenhauer erwidert darauf, daß *Schumachers* Erklärungen vor den Berliner Funktionären veröffentlicht werden könnten.

Zu **Punkt 5** (Vorbereitung der PA-Sitzung)
Ollenhauer erklärt zu Punkt 2 der Sitzung[12], daß die Wahlen in der britischen Zone ein Erfolg waren, trotz der Schwierigkeiten, die sich ergaben aus dem ungewöhnlich strengen Winter und dem Hängenbleiben in der Sozialisierungsfrage. In dieser Frage hätten die Engländer aus außenpolitischen Gründen kapituliert. Der kommunistische Erfolg sei zweifelsfrei, besonders in Nordrhein-Westfalen. Der kommunistische Einbruch in die Betriebe müsse zurückgeschlagen werden, und dazu müsse auch die Zentrale sofort ihre Hilfe geben. In Schleswig-Holstein sei die Lage klar. In Niedersachsen sei eine Regierungsbildung mit KPD und Zentrum möglich. Der PV hat den Niedersachsen die Sozialisierung und die Agrarreform als Regierungsprogramm vorgeschlagen. Fraglich sei noch, ob das Zentrum dafür zu gewinnen sei. Personell verlangen wir: Den Ministerpräsidenten und die Wirtschafts-, Innen- und Kultusminister.

In Nordrhein-Westfalen liegen die Dinge schwieriger. SPD, KPD und Zentrum stehen mit 112 Stimmen gegen 104 Stimmen der CDU und FDP. Auch hier muß eine Regierungsbildung angestrebt werden, die die Sozialisierungsfrage vorwärts treibt.

Die drei Länder der britischen Zone müssen politisch als Ganzes gesehen werden und in der Frage der Regierungsbildung müßten alle in der nächsten Zeit miteinander Fühlung halten. *Kopf* hat vom Zivilgouverneur die Mitteilung erhalten, daß auch nach der Landtagswahl der Ministerpräsident vom Zivilgouverneur ernannt würde.

Henßler führt aus, daß die Verluste im Ruhrgebiet groß seien und lediglich aufgewogen wurden durch den Gewinn im Sauerland. Die Kommunisten sind in den Betrieben zum Teil stärker verankert als wir. Die Betriebsarbeit wird im Bezirk Dortmund bereits durch neu eingestellte Betriebssekretäre geleistet. Wir müssen jetzt kommunalpolitisch etwas leisten. Wir müssen Neubauten aufweisen können, bevor wir zur nächsten Wahl schreiten. Eine Regierungsbildung mit KPD und Zentrum sei durchaus möglich, ebenso aber auch eine Allparteien-Regierung. Wir können im Moment praktisch nicht sozialisieren, weil uns die Objekte nicht gehören.

Gayk führt aus, daß die Wahlen auch ein Verlust für die Demokratie gewesen seien, das besage deutlich genug die Wahlmüdigkeit. Er hält das Wahlsystem in Schleswig-Holstein für vorbildlich, weil damit eine regierungsfähige Mehrheit ermöglicht [werde][13]. Die Partei muß Wirtschaftsforderungen proklamieren. Wenn *Agartz* sich zurückzieht, muß

---
12 TOP 2 der Sitzung des Parteiausschusses lautete „Die politische Lage", wozu ursprünglich Schumacher das Referat halten sollte, vgl. Einladung zur Parteiausschußsitzung vom 9. 4. 1947 (Rundschreiben Nr. 13/47).
13 Im Text „sei".

Dokument 9, 22. bis 24. April 1947

die Tür mit einem Knall zugeschlagen werden, damit eindeutig betont wird, daß unsere präsentierten Wechsel nicht eingelöst wurden. Wir müssen der Militär-Regierung ein gerades Kreuz zeigen. Er verweist auf das Durchsetzen der Polizei- und Wahlgesetze in Schleswig-Holstein gegen den Willen der Militär-Regierung. Wir sollten zum Streik aufrufen, wenn demontiert wird.

Gnoß unterstreicht ebenfalls, daß wir Forderungen nicht nur an die Parteien stellen sollen, sondern auch an die Militär-Regierung. Wir können z.B. eine Forderung, wie die des Zivilgouverneurs in Niedersachsen, der nach wie vor den Ministerpräsidenten ernennen will, nicht akzeptieren. Er hält es für möglich, daß sich das Zentrum in Nordrhein-Westfalen an der Regierung beteilige, wenn *Amelunxen* Ministerpräsident bleibt.

Veit beantragt zur Geschäftsordnung, daß sich die Diskussion auf evtl. Anträge an den PA beschränken solle.

Ollenhauer wünscht Herausschälung der Linie des PV, die er morgen im PA vorzutragen habe.

Heine erklärt, daß der Wahlerfolg genau gesehen ein Verlust sei und daß dieser Verlust größer gewesen wäre bei stärkerer Wahlbeteiligung. Tatsächlich gewonnen hätten nur die Kommunisten. Er zeigt Mängel auf, die uns noch teuer zu stehen kommen werden. Wie z.B. die Tatsache, daß in Niedersachsen ein Polizeigesetz geschluckt wurde, das einfach indiskutabel ist. Wie auch ein Beamtengesetz (Beamte dürfen sich politisch nicht betätigen), das geradezu unglaublich klingt. Die Sozialisierungskommission für Bergbau besteht aus 8 Personen, davon sind 5 gegen die Sozialisierung.

Eichler betont nochmals die Wichtigkeit der Betriebsarbeit und verweist in Bezug auf die Regierungsbildung auf die Kölner Resolution. Jetzt sei die Gelegenheit da, mit den Landtagen die Probe aufs Exempel zu machen. Wir müssen Sozialisierungsbeschluß fordern. Wenn dann die Militär-Regierung uns die Industrien nicht übergibt, ist das eine ganz andere Frage.

Kaisen wünscht, daß eine Konzeption gefunden werde, die einen Länderrat der britischen Zone mit dem Länderrat der amerikanischen koordiniere. Wir müssen die Währungsreform fordern, zur Not auch nur in den westlichen Zonen.

Kriedemann erklärt, daß in Niedersachsen ein Regierungsprogramm aufgestellt werden solle, bevor mit den Parteien verhandelt wird. Dieses Programm solle dann zunächst von der Militär-Regierung genehmigt werden. Er hält das nicht für richtig, daß wir uns so die Chance des Regierens schon im voraus gefährden.

Selbert hält es auch für gefährlich, die Regierungsbeteiligung von der Erfüllung von Mindestforderungen abhängig zu machen. Die 2000-Kalorien-Forderung sei eine Utopie. Sozialisierung und Planwirtschaft sollten unser Programm sein. Die Kontrollratsbestimmung spricht von Beschlagnahme und nicht von Enteignung. Daher bestehen keine rechtlichen Bedenken, die Sozialisierung zu beschließen. Ernährungsmäßig ständen wir jetzt vor einer Katastrophe, da wir den Anschluß an die Ernte nicht finden würden.

Swolinzky ist mit Heine der Auffassung, daß die Wahl eine Niederlage sei. In Berlin ständen die Dinge besser, weil sie gegen alle Besatzungsmächte scharf aufgetreten wären.

Zwischenruf Eichler: Glückwunschtelegramm an Stalin!!!

Görlinger fordert, daß eine zentrale Stelle für Betriebsarbeit sofort eingerichtet wird. Das Volk verlange von uns, wenn wir schon nicht helfen können, daß wir doch jedenfalls die Not herausschreien. Er schließt sich der Auffassung an, daß in Niedersachsen in der Frage der Ernennung des Ministerpräsidenten nicht nachgegeben werden dürfe.

Ollenhauer betont, daß wir in der PA-Sitzung die Diskussion nicht auf die Linie bringen dürften, als ob wir uns von der Politik der Militär-Regierung absetzen wollten. Das sei nie die Linie der Partei gewesen. Es sei unverändert unsere Linie, die bizonale Wirtschaftspolitik weiterzuführen. Das Büro sei einstimmig nicht der Auffassung, jetzt das bizonale Amt aufzugeben, auch wenn Agartz sich nicht mehr in der Lage sieht, diesem Amte weiter vorzustehen. Wir müssen nach dem Scheitern der Moskauer Verhandlungen unsere Positionen im Westen halten.[14] Die Regierungsbeteiligung in den Ländern muß angestrebt werden, aber nicht um jeden Preis. Eine Arbeitstagung der sozialdemokratischen Fraktionen sei notwendig. Die Betriebsarbeit müsse sofort angefangen werden. Der SED-Kampagne müsse in einem zeitigen Stadium, d.h. sofort begegnet werden.

Meitmann hält Ollenhauers Darstellung der Rücktrittsabsichten des *Agartz* für einseitig. Agartz müsse unbedingt bleiben.

Gayk ruft dazwischen: Wenn wir die Tür zumachen, kommen wir auch wieder rein.

Kaisen wiederholt seinen Vorschlag bezüglich Länderratsbildung in der brit. Zone.

Ollenhauer hält Erörterungen für lohnend, wenngleich er den Vorschlag *Kaisens* nicht für glücklich hält.

Schluß des ersten Verhandlungstages.

Sitzung am 23.4.1947 vormittags

Ollenhauer gibt bekannt, daß die Gewerkschaften der britischen Zone z.Z. in Bielefeld ihren ersten Bundeskongreß abhalten.[15] Es sei vereinbart worden, daß PV und Gewerkschaftskongreß sich gegenseitig Delegationen senden. Er schlägt als Vertreter des PV *Kriedemann* und *Henßler* vor.

Der Vorschlag wird angenommen.

Zu **Punkt 6** (Verschiebung der Gemeindewahlen)

Ollenhauer führt aus, daß zum Herbst 1/3 der Kommunalvertreter neu gewählt werden müßten. Er ist der Meinung, daß die Wahlkämpfe z.Zt. sehr zweischneidig sein könnten, und stellt fest, daß die Entscheidung über Gemeindewahlen, wie auch die Engländer ausdrücklich bestätigt hätten, bei den Landtagen liegen. Das Büro schlägt daher vor, daß unsere Fraktionen entsprechend handeln.

Görlinger erklärt, daß die Mandatsverteilung nach dem bisher geltenden Wahlsystem die CDU in Nordrhein-Westfalen sehr begünstigt hätte. Unsere Genossen hätten sich daher auf die Möglichkeit einer Korrektur sehr gefreut.

---

14 Zum Scheitern der Moskauer und Londoner Viermächteverhandlungen im Jahre 1947 vgl. Einl. Kap. II 3 f.
15 Zu diesem Kongreß, der vom 22.-25. 4. 1947 in Bielefeld stattfand und auf dem der „Deutsche Gewerkschaftsbund für die Britische Besatzungszone gegründet wurde, vgl. Einleitung Kap. II 5 a.

Dokument 9, 22. bis 24. April 1947

Henßler macht darauf aufmerksam, daß Zentrum und KP sicherlich auf neue Gemeindewahlen drängen werden, da sie bei den Landtagswahlen so gut abgeschnitten haben.

Gayk meint, daß wir zunächst auf eine neue Gemeindeordnung drängen sollten und erst dann Neuwahlen anstreben.

Ollenhauer stellt fest, daß der Vorschlag *Gayks* Zustimmung gefunden hat und ein entsprechender Antrag an die Landtagsfraktionen gestellt werden soll.

Zu **Punkt 7** (Bildung eines Reichsausschusses für sozialistische Kulturarbeit)
Ollenhauer begründet zunächst die Notwendigkeit der Aktivierung unserer Bildungsarbeit und schlägt vor, daß dem Kulturreferat ein Fachausschuß zur Seite gestellt wird. Vorschläge für die personelle Zusammensetzung werden zur nächsten PV-Sitzung gemacht werden.

Der PV stimmt der Bildung eines Reichsausschusses, der auf der Kulturtagung vor dem Parteitag gewählt werden soll, zu.[16]

Zu **Punkt 8** (Die Lage [in Rheinland-Pfalz und] an der Saar)[17]
Ollenhauer gibt bekannt, daß *Markscheffel* bei der Besprechung dieses Punktes hinzugezogen werden müsse.

Bögler erklärt, daß er den Auftrag habe, eine Entscheidung des Gesamtparteivorstandes einzuholen, da die Lage in Rheinland-Pfalz jetzt außerordentlich kritisch sei.

Ausführungen Böglers und die Zusammenfassung der Diskussion [durch Ollenhauer][18] siehe Anlage [2][19]

Metzger führt aus, daß wir nicht ohne weiteres die Verfassung für Rheinland-Pfalz ablehnen könnten, sondern vielmehr auf Sicherheitsbestimmungen drängen sollten, die den provisorischen Charakter der Verfassung herausstellen.

Selbert bestätigt die Richtigkeit der Mitteilung *Clays* bezüglich der Zusammenfassung der Westzone[n]. Sie begrüßt diese Entwicklung, da das kleine Land Hessen z.B. nicht lebensfähig sei. Sie hält es ebenfalls nicht für möglich, daß unsere Genossen die Verfassung in der Pfalz ablehnen.

Eichler sagt, daß wir zunächst einmal feststellen müssen, wogegen wir denn protestieren sollen. Gegen die Bildung eines Landes oder eine gute Verfassung dürften wir nicht stimmen. Die Verfassung müsse zum Ausdruck bringen, daß Rheinland-Pfalz ein Bestandteil Deutschlands ist, andernfalls sei sie abzulehnen.

Bögler wirft ein, daß die Sonderrechte der Verfassung auf Befehl hineingesetzt worden seien.

---

16 Im Kommuniqué wird lediglich erwähnt, daß die „Bildung eines Reichsausschusses für sozialistische Kultur" beschlossen wurde.
17 Offensichtlich war der ursprüngliche Tagesordnungspunkt „Lage an der Saar" (vgl. vorläufige Tagesordnung) noch um „Rheinland-Pfalz" erweitert worden (vgl. die gesondert vorhandene Stellungnahme Böglers). Im Kommuniqué wird dieser Tagesordnungspunkt nur kurz erwähnt, vgl. Anlage 1 A.
18 In der Vorlage „Ollenhauers".
19 In der Vorlage „1".

Ollenhauer stellt dazu fest, daß nach diesen Darstellungen die Verfassung wirklich nicht annehmbar sei, und die genannten Verbesserungen als unwesentlich dabei unter den Tisch fielen.

Kaisen hält ebenfalls die Ablehnung der Verfassung für richtig.

Görlinger glaubt, daß die französische Zone[20] bei einer Stabilisierung der politischen und wirtschaftlichen Verhältnisse in den beiden Westzonen den Anschluß erstreben wird.

Henßler stimmt ebenfalls der Ablehnung der Verfassung zu.

Louise Schroeder hat Bedenken, weil sich dadurch das Verhältnis zur französischen Besatzungsmacht in Berlin verschlechtern könnte.

Gayk beantragt einen Ausschuß, der eine Entschließung nicht nur nach verfassungsrechtlichen, sondern hauptsächlich nach politischen Gesichtspunkten ausarbeitet.

Ollenhauer erklärt, daß wir diese Angelegenheit nicht in Zusammenhang bringen dürften mit dem Scheitern der Moskauer Konferenz. Wir dürfen nicht aussprechen, daß uns die Westentwicklung genehm sei, denn das wäre ein tödlicher Schlag für die Ostzone. Er schlägt den Genossen aus der Pfalz vor, daß der PV die Ablehnung empfiehlt mit der Begründung:

1) Es fehle der Hinweis auf Zusammengehörigkeit mit dem Reiche.
2) Verfassungsberatungen hätten unter Druck stattgefunden.
3) Eine Verfassung könne nicht so kurzfristig durchgesetzt werden.

Im PA solle gegen die Tatsache, daß Vertreter aus der französischen Zone zu dieser Sitzung nicht erscheinen durften, protestiert werden.

Bögler akzeptiert die Empfehlung und ist auch damit einverstanden, daß diese nicht schriftlich formuliert wird. Er wünscht weiter den von Ollenhauer angeregten Protest des PA.

Ollenhauer schlägt vor, daß *Bögler* und *Markscheffel* die Entschließung ausarbeiten.[21] Das Büro solle dann nach der Parteitagsentschlußfassung in der Pfalz eine Erklärung abgeben, die die Stellungnahme der Pfälzer unterstreicht und billigt.

Zum Saarproblem[22]

Ollenhauer erklärt, daß das Telegramm der deutschen Parteien an die Moskauer Konferenz, das lediglich von den Kommunisten nicht unterschrieben war, von dem Vorsitzenden der Sozialdemokratie in der Saar [R. *Kirn*][23] eigenmächtig gezeichnet worden war. Ein Teil des Vorstandes sei auch davon abgerückt. Es solle jetzt ein Antrag eingebracht werden, der ausspricht, daß Anschlußtendenzen[24] mit der Mitgliedschaft in der Partei nicht vereinbar

---
20 In der Vorlage folgt noch „sich".
21 Die Erklärung der gemeinsamen Sitzung „Französische Zone und SPD" wird hier als Anlage 3 abgedruckt.
22 Zum „Saarproblem" vgl. Einl. Kap. II, 1, c, S. XLI f.
23 Richard *Kirn* (1902-79), Bergmann, 1924-35 Gewerkschaftssekretär, Sozialdemokratische Partei, 1935 Emigration nach Frankreich, 1942 Auslieferung an Deutschland, 8 Jahre Zuchthaus, 1945 Befreiung durch die Rote Armee, Rückkehr nach Saarbrücken, 1946 Gründungsmitglied/1.Vors d. SPSaar [Sozialistische Partei Saar], 1947-55 MdL/Min. f. Arbeit u. Wohlfahrt.
24 Gemeint „Anschlußtendenzen" an Frankreich.

seien. Es besteht nun die Gefahr, daß an der Saar die SED als die deutsche Partei dastehen wird. Der außenpolitische Ausschuß beim PV will den Wunsch der Saargenossen respektieren, bis zum Parteitag am 30.5.1947 zu warten, bevor Konsequenzen gezogen werden.

Heine glaubt, daß wir nicht so lange warten dürfen. Er hält es für ausgeschlossen, daß sich die Anschlußgegner auf dem Parteitag durchsetzen. Wie er auch die Haltung des Genossen *Roth* nicht für ganz sicher hält. Wir laufen Gefahr, besonders nach den Erklärungen des Bischofs, bald noch die einzige Partei zu sein, die den Separatismus beherbergt. Wir müssen uns gegen den wirtschaftlichen und politischen Anschluß aussprechen.

Markscheffel wirft ein, daß *Roth* der Auffassung sei, die Chancen für die Antiseparatisten seien jetzt größer.

Görlinger gibt bekannt, daß der Bischof vier Geistliche abgesetzt hätte, weil sie dem Befehl der Militär-Regierung, den Hirtenbrief nicht zu verlesen, nachgekommen waren. Jetzt müßten auch wir handeln.

Nau erklärt, daß die Gefahr durchaus bestände, daß sich der Parteitag für den Anschluß aussprüche. Er hält eine Empfehlung zur Stützung unserer treuen Saargenossen auch vor dem Parteitag für richtig.

Eichler hält sofortige organisatorische Maßnahmen für notwendig und regt Ausschluß diverser Genossen an.

Ollenhauer erklärt dazu, die Frage sei lediglich, ob wir heute oder nach dem Parteitag handeln wollten.

Bögler sagt dazu, wir sollten uns sofort von den Elementen trennen, denn die Mehrheit der Genossen stände nicht hinter dem Bezirksvorstand. Er fordert eine Entschließung, die den Ausschluß androht. Auch in der Pfalz gibt es eine französische Bewegung, (die sogenannte pfälzische Volksbewegung). Der Pfälzer Parteitag wird beschließen, daß die Mitgliedschaft in dieser Bewegung unvereinbar ist mit der Mitgliedschaft in unserer Partei.

Ollenhauer stellt fest, daß der PV für eine entsprechende Entschließung sei und schlägt vor, daß *Bögler*, *Görlinger* und *Markscheffel* diese ausarbeiten.[25]

Zu **Punkt 9** (Organisationsfragen)
Ollenhauer schlägt die Hinzuziehung des Genossen *Sänger* zu den Vorstandssitzungen vor, damit die Beschlüsse des PV von dem Leiter des Sozialdemokratischen Pressedienstes schnell kommentiert werden können.
Vorschlag wird einstimmig angenommen.

Nau führt aus, daß die Absicht bestand, das *Karl-Marx-Haus in Trier* durch Mittel der Internationale wieder einzurichten. Gegen die Abhaltung der geplanten Einweihungsfeier spricht jetzt, daß erstens erst am 22.4.1947 darüber entschieden wird, ob *Schumacher* überhaupt reden darf. Zweitens, [daß] eine große militärische Parade zur gleichen Zeit stattfinden soll. Drittens, [daß] Leon *Blum* nicht kommen werde. Ferner seien die Eigentums-

---

25 Die Erklärung der gemeinsamen Sitzung „Sozialdemokratie und Saarfrage" wird hier als Anlage 4 abgedruckt.

verhältnisse immer noch nicht geklärt. Er fordert den Beschluß, daß die Veranstaltung abgesagt wird.

Görlinger erwähnt den ungeheuren materiellen Aufwand, der auch bereits von der französischen Militär-Regierung bewilligt wurde, er hält aber trotzdem eine Absage für richtig.

Ollenhauer stellt fest, daß der PV unter den gegebenen Umständen die Feier absagen müsse.

Nau erwähnt noch, daß die Gefahr besteht, daß die Kommunisten sich in den Besitz des Hauses setzten.

Ollenhauer über *Pan-Europa-Union*: Es war anfragenden Genossen zuerst mitgeteilt worden, daß sie als Einzelmitglieder beitreten könnten. Jetzt sei festgestellt worden, daß ein Passus bezüglich Sowjetunion durchaus nicht akzeptabel sei und wir es ablehnen müßten, daß sich unsere Genossen weiter beteiligen.

Eichler fügt hinzu, daß die zur Federalunion gehörenden Organisationen durchaus gesund seien, wie auch die Baseler Organisation. Es müsse betont werden, daß wir lediglich die Mitgliedschaft in der Hamburger Pan-Europa-Union ablehnen.

Ollenhauer stellt fest, daß der PV die Ablehnung einstimmig beschlossen hat.

Ollenhauer bringt zur Kenntnis, daß Dr. Otto *Hartwig*[26], Detmold, gegen den Ausschluß aus der Funktionärstätigkeit für zwei Jahre Berufung eingelegt hat. Wir müßten der Berufung stattgeben und er schlägt den Genossen *Schönfelder* als Vorsitzenden für ein Schiedsgericht vor. (Beschlossen.)

Zu **Punkt 10**: Nächste Sitzung des PV in Hannover am 4. und 5.6.1947. (Beschlossen).[27]

[B] **Sitzung des Parteivorstandes und des Parteiausschusses am 23. und 24.April 1947**
AdsD: SPD-Parteivorstand, 2/ PVAS 0000657, Sitzungen d. PV u. d. PA, 22.-24. 4 1947 (Maschinenschriftl. Prot. d. gemeinsamen Sitzung, 7 S., Überschrift: „Sitzung des Parteiausschusses am 23. und 24.4.1947 in Bad Meinberg")[28]

Leitung der Sitzung: Erich **Ollenhauer**
Anwesend: siehe Liste

[**Teilnehmer/Teilnehmerinnen, nach Funktionen geordnet:**[29]

---

26 Otto *Hartwig* spielte in der Detmolder SPD vor 1933 eine große Rolle.
27 Die nächste Sitzung des PV fand zusammen mit der Konferenz des Parteivorstandes mit den sozialdemokratischen Ministerpräsidenten und Landesministern am 1. u. 2. 6. 1947 in Frankfurt statt, vgl. Dok. 10 B.
28 Die Einladung mit Bekanntgabe der vorläufigen Tagesordnung erfolgte durch das hektographierte Rundschreiben Nr. 13/47 des Referats „Organisation/Kasse", unterschrieben von E.Ollenhauer, vom 9.4.1947. Das Kommuniqué der gemeinsamen Sitzung (Sopade Informationsdienst Nr. 158 v. 28. 4. 1947) wird hier als Anlage 1 B abgedruckt.
29 Für die folgenden Angaben vgl. die Anwesenheitslisten in den Beiakten zum Protokoll und Angaben im Protokoll; vgl. auch Anhang 3.

Dokument 9, 22. bis 24. April 1947

PV:[30] *Ollenhauer, Heine, Kriedemann, Nau; Agartz, Beyer, Bögler, Eichler, Gayk, Gnoß, Görlinger, Helmstädter, Henßler, Kaisen, Knothe, Loßmann, Meitmann, Menzel, Nölting, Selbert, Veit*
PA:
BRAUNSCHWEIG: *Bennemann, Kubel*
BREMEN - NORDWEST: *Rother-Romberg, Stiegler*[31]
HAMBURG: *Karpinski, A. Keilhack, Schmedemann*
HANNOVER: *Franke, Helfers*
HESSEN- Frankfurt: *Beyer, Knothe* (beide auch PV)
HESSEN- Kassel: *Selbert* (auch PV)
NIEDERRHEIN (Düsseldorf): *Runge, T. Wolff*
OBERBAYERN (München): *Fleischer(?)*
OBER- und MITTELFRANKEN (Nürnberg): *Grässler*[32]*, Strobel*
OBERPFALZ- NIEDERBAYERN (Regensburg):-
OBERRHEIN (Köln): L. Ph. Kurz [?] (Aachen)
ÖSTL. WESTFALEN (Bielefeld):*Severing*
PFALZ (Neustadt/ Haardt): *Herklotz* und *Bögler* (auch PV)[33]
RHEINHESSEN (Mainz): *Krahn*
RHEINLAND-KOBLENZ-TRIER (Koblenz):-[34]
SAAR -
SCHLESWIG-HOLSTEIN (Kiel): *Krahnstöver, Kuklinski*
SCHWABEN (Augsburg): *Frenzel*[35]
SÜD-BADEN (Freiburg i. Br.): -
SÜD-WÜRTTEMBERG (Tübingen):-
UNTERFRANKEN (Würzburg): *Sengebeck*
WESTL. WESTFALEN (Dortmund): *Schaub, Wenke*
WÜRTTEMBERG-BADEN (Stuttgart): *Schoettle*
Bayerischer Landesverband: *L. Albrecht, A. Behrisch*
Vertreter Berlins: *P. Löbe, L. Schroeder, C. Swolinzky, I. Wolff*
Verbindungsmann zur Frz. Zone: *Markscheffel*

---

30 Von den Mitgliedern des PV fehlten *Schumacher, Baur, Grimme, Gross* und *Metzger*. Zum Ausscheiden von *Nölting* aus dem PV Anfang 1947 vgl. Einl. Kap. I 1 a.
31 Anna *Stiegler* (1881-1963), Tochter eines Landarbeiters aus Mecklenburg, seit 1905 SPD, 1919-33 MdL Bremen; 1933-45 aktiver Widerstand, Zuchthaus u. KZ; 1946-63 MdL (Bremen).
32 Fritz *Grässler* (1904-72), Angestellter in Fürth, SPD; 1946-72 MdL (Bayern).
33 *Herklotz* trug sich vor *Bögler* – beide mit Herkunftsbezeichnung „Pfalz" – in die Anwesenheitsliste ein. Luise *Herklotz*, geb. 1918 in Speyer, Journalistische Ausbildung; 1946 SPD, 1947 Vors. d. pfälz. SPD-Frauenorganisation, 1949-57 MdL (Rheinl.-Pfalz), 1956-72 MdB, 1958-1961 PV.
34 Aus den zur französischen Besatzungszone gehörenden Parteibezirken durften keine Vertreter zur gemeinsamen Sitzung reisen, vgl. die Protestresolution, abgedr. als Anlage 3.
35 Alfred *Frenzel* (1899-1968), geb. in Reichenberg/Böhmen, Glasschmelzer, vor 1938 Sudetendeutsche Sozialdemokratie, 1938 Emigration nach GB, im 2. WK Sanitätsoffizier in d. tschechoslow. Auslandsarmee, 1945 Rückkehr in die CSR, 1946 Übersiedlung nach Bayern, 1950-54 MdL, 1954-60 MdB, 1960/61 Verhaftung und Verurteilung zu 15 Jahren Zuchthaus wegen Landesverrats, 1966 begnadigt u. ausgetauscht, gest. in Reichenberg/CSSR.

Dokument 9, 22. bis 24. April 1947

KK: *Schönfelder*
Mitarbeiter des PV: *A. Albrecht, Brost, Diederichs, Dux, Gotthelf, Hennig, Hermsdorf, Lemke, Storbeck, H.-G. Weber*[36]
Vertreter der Gewerkschaften: *F. Tarnow* (Sekretariat der US-Zone)]
Gäste: *Flanders, Pope* (LP)

Tagesordnung:[37]
1) Stand der Parteiorganisation
2) Die politische Lage
3) Vorbereitung des Parteitags in Nürnberg
4) Berichte
5) Ort und Datum der nächsten Parteiausschußsitzung

Ollenhauer gibt zunächst bekannt, daß Genosse Schumacher wegen Erkrankung nicht an der Sitzung teilnehmen kann. Es wird beschlossen, Grüße an ihn zu übermitteln.

Zu **Punkt 1** (Stand der Parteiorganisation)

Nau berichtet über den Stand der Organisation wie folgt[38]:

Stand der Organisation:

Am 31.3.1946	394 711 Mitglieder
Mitgliederzunahme im II. Quartal:	133 000
III. Quartal:	105 000
IV. Quartal:	78 737
insgesamt 3/4 Jahr	316 737
Bestand am 31.12.1946	ca. 712 000
Bestand am 31.12.1931	ca. 602 000
Steigerung:	ca. 110 000

Keine gleichmäßige Entwicklung in den Bezirken. Folgende Bezirke haben den alten Stand noch nicht erreicht:
1. Berlin (Verlust von 1 Mill. Einwohner)   29 431
2. Hamburg und Bremen   6 104

---

36 Hans-Günther *Weber*, geb. 1916 in Merseburg, 1945 Beteiligung an der Wiedergründung der SPD in Leipzig, Anfang 1947 Flucht in den Westen, Mitarbeiter des PV in Hannover; 1952 Höherer Beamter in Hessen, 1954-60 Landrat in Wetzlar, 1960-80 Oberstadtdirektor in Braunschweig, 1976 Austritt aus der SPD wegen der Ostpolitik. Zu Weber vgl. seine Schrift „Abschied von Deutschland. Die Wandlung der SPD von Schumacher bis Lafontaine" (München 1996), die stark autobiographischen Charakter hat.
37 Wortlaut nach der vorläufigen Tagesordnung in der Einladung vom 9. April.
38 Bei der folgenden Aufstellung handelt es sich wahrscheinlich um die Übernahme einer schriftlichen Ausarbeitung Naus.

Dokument 9, 22. bis 24. April 1947

3. Württemberg-Baden	4 615
4. Oberbayern	2 146
[insges.]	42 296

Bezirke mit Mitgliedergewinn:

1. Westl. Westfalen (83 317)	49 127
2. Schleswig-Holstein	18 691
3. Köln, Koblenz und Saar	17 221
4. Niederrhein	16 413
5. Hannover	14 004
6. Oberpfalz u. Niederbayern	8 095
7. Frankfurt und Mainz	8 472
8. Kassel	7 692
9. Pfalz	5 281
10. Braunschweig	3 630
11. Östl. Westfalen	2 379
12. Nürnberg und Würzburg	871
[insges.]	151 876

Ermittlung der Beitragsleistungen
Unter Ausschluß der Bezirke Saar und Berlin betrug im 4. Quartal die durchschnittliche Beitragsleistung 81,5 %

Hier führen: Frankfurt mit 100 %, Koblenz mit 97 %, Kassel und Bremen mit 96 % sowie Hannover und Bielefeld mit 94 %;

schwächste Leistung: Nürnberg mit 81,8 % und Oberrhein 74,5 %

1931 Jahresdurchschnitt v. 52 Wochen (32,96 Beiträge): 63,38 %
1928 ca 80 %

Entwicklung der Ortsvereine
Am 31.12.1946: 8 058 (Steigerung um 2 826, d.h. um mehr als 50 Prozent gegenüber 1931)
An der Spitze Hannover mit einem Zuwachs von 487, Kiel mit 377, Dortmund mit 246, Frankfurt mit 230 und Oberbayern mit 200.

Einfluß von Flüchtlingen und Evakuierten, besonders in Bayern durch Sudeten

Frauenbewegung
Bei 712 000 Mitgliedern ca. 110 000 Frauen = 15,3 %
Hier führt Berlin mit: 25,5 %, gefolgt von Hamburg mit 25,1 % und Kiel mit 22,4 %.
Den kleinsten Anteil Frauen hat Koblenz mit 5,2 % nach Kassel mit 6,7 % und Frankfurt mit 7,7 %.

Dokument 9, 22. bis 24. April 1947

Prozentuales Verhältnis der SPD-Mitglieder zur Bevölkerung und zu SPD-Stimmen
Bei Organisationsbetrachtungen müssen *Bevölkerungsverschiebungen* beachtet werden:
Berlin gegenüber 1931   ca 850 000 weniger
Schleswig-Holstein jedoch   ca 1 Mill. Zuwachs
Hannover   1,2 Mill. Zuwachs
Hessen-Kassel   0,5 Mill. Zuwachs
Bremen   0,6 Mill. Zuwachs
Württemberg-Baden   0,5 Mill. Zuwachs
Oberpfalz   0,6 Mill. Zuwachs

Bemerkenswert: Pfalz über 20 000 Einwohner weniger, aber erhebl. Mitglieder mehr.

1928 waren im Durchschnitt 1,5 % der Bevölkerung SPD-Mitglieder
   1946 betrug der Durchschnitt 1,6 %; besonders gut Hamburg mit 3,1 %, Kiel mit 2,8 %, Braunschweig mit 2,6 %, Kassel mit 2,3 % und die Pfalz mit 2,2 %;
   den kleinsten Anteil weist der Bezirk Oberrhein mit 0,7 % nach München mit 0,8 % auf.

SPD-Mitglieder zu den SPD-Stimmen:
Nürnberg   14,3 %
Würzburg   11,7 %
Kassel   11,5 %
Pfalz   3,0 %
Britische Bezirke keine Vergleichsmöglichkeiten. Wahlen am 13. Oktober.

Wahlen 1946
Anteil SPD-Stimmen zum Teil weit über dem Durchschnitt von 1928 mit 29,7 % (152 Mandate).
   In der *britische Zone* führt Braunschweig mit 50,5 % vor Hannover mit 44,7 %,
   in der *amerikanische Zone* Kassel mit 50,8 %, Unterfranken nur 22,2 %.
   In der *französischen Zone* führt Pfalz mit 36,5 %, Südbaden [nur] 17,75 %.
   [in] *Berlin* 48,7 %.

Schlußbetrachtungen
Nau betont, daß man bei der Betrachtung der Ziffern die ungeheuren Bevölkerungsverschiebungen zu berücksichtigen habe, wie auch bei der Steigerung der Zahl der Ortsvereine, [und] z.B. in der amerikanischen Zone, die große Bedeutung der sudetendeutschen Flüchtlinge zu erwähnen sei.
   In den Bezirken seien die Grundreferate nicht immer ausreichend besetzt. Eine Schulungsstätte soll demnächst bei Hamburg geschaffen werden, doch solle man nicht solange warten, denn der Versuch des Bezirkes Hannover mit den Wahlsekretären sei ein großer Erfolg gewesen. Zu bemängeln sei, daß die Betriebsarbeit überall sehr vernachlässigt würde.

Dokument 9, 22. bis 24. April 1947

Ollenhauer begrüßt den Genossen Fritz *Tarnow*, der als Vertreter der Gewerkschaften der amerikanischen Zone soeben eingetroffen war.

Behrisch erklärt, daß die Kommunisten energisch daraufhin arbeiten, die Betriebe und Gewerkschaften zu erobern. Er begrüßt die Mitteilung *Naus*, daß die Betriebsarbeit jetzt aufgenommen werden soll.

Zu **Punkt 3** (Parteitag):
Swolinzky teilt mit, daß Groß-Berlin demnächst auch formell der SPD beitreten werde. Er fragt, ob die Berliner Organisation dann stimmberechtigt am Parteitag teilnehmen könne.

Ollenhauer bejaht diese Frage und stellt weiter fest, daß die Vorlage des PV betr. Datum, Ort und Tagesordnung des Parteitages einstimmig beschlossen ist. [...][39]

Zu **Punkt 2** (Die politische Lage):
Ollenhauer gibt in einem zweistündigen Referat, welches mit großem Beifall aufgenommen wurde, einen Überblick über die außen-, innen- und wirtschaftspolitische Situation, der wir uns nach dem Scheitern der Moskauer Konferenz heute gegenübersehen. Er verweist nachdrücklich auf die Gefahren, die sich daraus ergeben, daß die Tendenzen nach einer westdeutschen Staatsbildung jetzt überhand nehmen. (siehe Anlage [6][40])

Swolinzky erklärt, daß die KZ's in der russischen Zone nicht nur vorbereitet werden, sondern bereits existieren und gefüllt sind.[41] Die SED-Zentrale in Berlin beschäftige 2 000 Angestellte, die alle phantastische Vorteile genießen, während die SPD nur 120 Angestellte hat.

Bennemann bringt zum Ausdruck, daß die Regierungsverantwortung nur übernommen werden könne, wenn wir nicht mit einer Teilverantwortung ausgerüstet sind.

Henßler sagt mit Bezug auf die Erklärung der Partei über die Ernährungssituation nämlich, daß wir Zurückhaltung üben sollten in unserem Bestreben, die bizonalen Ämter stark zu machen, daß er dies für unmöglich hält. Wir würden in der Ernährungsfrage und in der Wirtschaft nicht aus dem Elend herauskommen. Die Verhandlungen zwischen den Genossen der süddeutschen und norddeutschen Länder hätten noch nie zu einem Resultat

---

39 Weggelassen wird hier ein Hinweis auf die in den Beiakten als Anlage 2 erhalten gebliebene hektographierte Vorlage des Parteivorstandes: „Vorschlag für die offizielle Einberufung des Parteitages" mit der vorläufigen Tagesordnung.

40 In der Vorlage „Anlagen 3 und 4". Als Anlage 3 sind in den Beiakten handschriftliche Notizen – zumeist Stichworte – Ollenhauers für sein Referat (7 Seiten) erhalten geblieben, die wenig aussagekräftig sind. Als Anlage 4 ist ein ausführlicher Bericht der „Hannoverschen Presse" über das Referat Ollenhauers, der im Sopade Informationsdienst (Nr. 161 vom 30. 4. 1947) abgedruckt wurde, erhalten geblieben. Er wird hier als Anlage 6 zu den Protokollen publiziert.

41 Mit den „KZs in der russischen Zone" sind die „Speziallager" gemeint, die in den letzten Jahren gut erforscht worden sind. Vgl. das Sammelwerk „Sowjetische Speziallager in Deutschland 1945 bis 1950", Hrsg. v. Sergej Mironenko, Lutz Niethammer, Alexander von Plato (Koordination), in Verbindung mit Volkhard Knigge und Günter Morsch, Bd. 1: Studien und Berichte, hrsg. u. eingel. v. Alexander von Plato, Berlin 1998.

geführt. Weiter fordert er, daß Material über die Verhältnisse in der östlichen Zone beschafft und veröffentlicht wird.

Weber-Leipzig erklärt, daß die Genossen in der Ostzone sicher dafür Verständnis haben würden, wenn der Westen von den Vorteilen einer evtl. Verselbständigung Gebrauch machte. Er schildert weiter, daß unsere Genossen im Osten gut zusammenhalten und daß ihnen fast nie eine illegale bzw. Fraktionsarbeit nachgewiesen werden könne. Er berichtet über die Einrichtung neuer Konzentrationslager in allen Ländern der russischen Zone. Die Verhafteten würden immer nach kurzer Zeit nach Rußland transportiert.

Zweiter Verhandlungstag
  Ollenhauer begrüßt die englischen Gäste *Flanders* und *Pope*.
  [Rother]-Romberg bringt die Auffassung des Landesausschusses Niedersachsen zur Regierungsbeteiligung dar. Er verweist auf die Herabsetzung der Hausbrandversorgung auf 800 000 Tonnen und schildert die katastrophale Ernährungssituation. Es sei zu fordern, daß die Flüchtlingstransporte abgestoppt werden, daß die deutschen Behörden mit Exekutivgewalt ausgerüstet werden und Anordnungen der deutschen Behörden nicht von der Militär-Regierung umgestoßen werden dürften. Die Kohlenexporte seien abzustoppen, die Ernährung auf einer Basis von 2 000 Kalorien zu sichern.
  Görlinger fordert, daß die Verordnung 57 wirklich durchgeführt werde, das sei dann eine Basis für Regierungsbeteiligung. Der Schwerpunkt unserer Arbeit müsse in die Betriebe gelegt werden und gegen die Kommunisten das Ostmaterial veröffentlicht werden. Die Kommunisten seien an der Regierungsverantwortung zu beteiligen. Zur Ernährungs- und Wirtschaftslage erklärt er weiter, daß die bizonalen Ämter Verordnungsbefugnis erhalten müßten. Die Kohlenversorgung müsse geregelt und das Punktsystem durch Importe gespeist werden.
  Meitmann will, daß den Freunden in der Gewerkschaft gesagt wird, daß unser Wille, die Betriebe zurückzuerobern, ihr ureigenes Interesse sei. Er betont ebenfalls die Wichtigkeit der Auswertung des Ostmaterials. Die 50 %ige Streichung der Papierzuteilung für unsere Presse sei unerträglich. Die Stellung des Rundfunks, den wir nicht beeinflussen und auch nicht rechtlich belangen können, müsse klargestellt werden. Zur Hausbrandversorgung erklärt er, daß die Regierungen gezwungen sein werden, die Bevölkerung illegal zu versorgen. Wir können nicht länger ertragen, daß unsere Freunde in England durch unrichtige Darstellungen in der Welt den Eindruck erwecken, als ob wir Deutschen selbst nicht den nötigen Schneid aufbringen könnten. Er führt weiter aus, daß die Darstellungen des Ministers *Hynd* im Unterhaus lediglich Milchmädchenrechnungen seien.
  Ollenhauer bittet zu beachten, daß unsere englischen Gäste nicht in der Diskussion angesprochen werden.
  Schoettle erklärt, daß die Abwehr des Vorstoßes aus dem Osten nicht nur aus der Verteidigung heraus geführt werden könne. Zur Regierungsbeteiligung sagt er, daß es in der amerikanischen Zone keine echte Demokratie gebe, sondern nur eine Sammlung demokratischer Fiktionen. Unsere Hauptopposition hätte sich nicht gegen deutsche Kräfte zu richten, sondern gegen äußere Machtkonstellationen. Es handele sich nicht nur darum,

ob wir drinnen oder draußen bleiben sollen, sondern darum, ob wir die Möglichkeit haben, sozialdemokratische Politik zu betreiben.

Diederichs wünscht, daß beschlossen wird, daß man einen Koordinierungsausschuß der Fraktionen bildet.

Kriedemann erwidert darauf, die Koordinierung sei bisher daran gescheitert, daß es nicht einmal möglich war, die notwendigen Adressen zu beschaffen. In der Frage der bizonalen Ämter müsse die Tatsache zur Geltung kommen, daß wir eine Reichspartei sind. Er hält es für falsch, daß wir die Regierungsbeteiligung von der Erfüllung von Forderungen an die Militär-Regierung abhängig machen. Wenn allerdings die Deutschen nicht mehr verantwortlich seien für die Kohlenversorgung, hätte es keinen Sinn, daß wir Wirtschaftsminister stellen. Wenn die Militär-Regierung uns den Ministerpräsidenten aufzwingen will, können wir ebenfalls nicht mitmachen. Er kommt zu dem Schluß, daß wir uns zunächst beteiligen sollten, um festzustellen, ob wir sozialdemokratische Politik betreiben können. Er unterstreicht noch die Forderung, daß die sozialdemokratischen Fraktionen zu regieren hätten.

Gayk ist der Überzeugung, daß wir auf deutscher wie auf alliierter Seite die Verwaltungsanarchie behalten werden. Die Wahl hätte die Krise der Demokratie gezeigt. Die Politik im luftleeren Raum läßt sich nicht mehr lange weiterführen. Wir können nur mit Hilfe der Besatzungsmächte über den Berg kommen. Anderseits können wir uns aber auch nicht mit der Forderung nach 2 000 Kalorien um die Verantwortung drücken. In Zukunft wird unser Kampfboden in den Betrieben liegen und weniger in den Parlamenten und Ministerzimmern. Er fordert: 1.) Exekutivgewalt der Zentralämter. 2.) Kampf dem Schwarzhandel. 3.) Einstellung der Demontagen. Kein deutscher Arbeiter dürfe eine Hand rühren, wenn demontiert werden soll. Wir sollen keine wehklagende Partei werden, sondern vorausdenken und kämpfen. Wenn wir z.B. in Schleswig-Holstein feststellen, daß wir nicht regieren können, schlagen wir die Tür mit einem Knall zu, daß der Wähler es begreift.

Eichler erklärt, daß die Fragen der Sozialisierung und Bodenreform für uns primär seien. Forderungen an die Militär-Regierungen, die über den § 57 hinausgehen, hält er für unzweckmäßig. Wir haben auf dem Parteitag beschlossen, einen Scherbenhaufen zu sozialisieren. Eine Grundfrage ist allerdings, ob wir die Kohlenversorgung zum nächsten Winter regeln können. Auch da, wo keine hindernden Besatzungsvorschriften bestanden, hat die Koordinierung nicht geklappt. Die Produktion von „Rückgrat" läßt viel zu wünschen übrig.

Ollenhauer beantragt Schluß der Diskussion zu diesem Punkt und führt weiter aus, daß wir Objekt der internationalen Politik sind. Es kann in einem Westdeutschland die Frage akut werden, wie die SPD sich politisch zu orientieren hat und dann kann es nur die Antwort geben, daß die Partei unabhängig bleibt. Die SPD kann als ihr politisches Ziel nicht die Bildung einer westdeutschen Regierung verkünden. Eine andere Frage ist, welche Konsequenzen wir zu ziehen haben, wenn ohne unser Zutun die Trennung Deutschlands eine Tatsache wird. Jeder Schritt, der zu einer Koordinierung der wirtschaftlichen Kräfte im Westen führen kann, muß von uns dann begrüßt werden. Die bizonalen Ämter müssen von uns gehalten und ausgebaut werden. Der Beschluß der Militär-Regierung in bezug auf die Hausbrandversorgung muß revidiert werden. Alles, was in Köln[42] gesagt wurde, bleibt absolut bestehen. Eine Konferenz der Fraktionen wird Ende Mai abgehalten werden. In Bezug auf die Ernährungssituation verweist er dann auf die vom „Büro" abgegebene 10-Punkte-Erklärung.[43]

Die Abwehr des kommunistischen Versuches, in den Westzonen einzubrechen, muß energisch geführt werden. In allen Unterbezirken sollen Konferenzen einberufen werden, die sich mit dieser dringlichen Frage beschäftigen. Die Zentrale wird Referenten vermitteln und Material stellen. Die Betriebsarbeit wird in der Zentrale aufgenommen werden. Notwendig sei jedoch auch die Aktivität der Bezirke selbst auf diesem Gebiete. In Bezug auf die Zulassung der SPD in der Ostzone hat die KP erklärt, daß sie weder für noch gegen eine Zulassung etwas unternehmen würde. Es sei jedoch von der SPD kein Antrag gestellt worden. Hierauf sei nur zu erwidern, daß die Zulassung der SPD kein Aktenvorgang, sondern eine politische Entscheidung ist. Die Zulassung einer tolerierten SPD würde lediglich die Vortäuschung demokratischer Verhältnisse in der Ostzone darstellen. Der CDU-Versuch, die SPD an einer Gesamtdeutschen Vertretung zu beteiligen, ist an Voraussetzungen gebunden, die in absehbarer Zeit sicherlich nicht erfüllt werden.

Zur Regierungsbeteiligung sei zu sagen, daß der Standpunkt des Landesausschusses Niedersachsen ein falscher Ausgangspunkt sei. Man könne die Beteiligung nicht von der Erfüllung der genannten Bedingungen an die Militär-Regierung abhängig machen. Der Wahlkampf sei nicht unter einer derartigen Parole geführt worden. Die Frage sei, ob es im Parlament eine Koalition gibt, die sozialdemokratische Politik gestattet. Es darf sich kein Teil der Partei um die Verantwortung herumdrücken.

Nicht alle sozialdemokratischen Funktionäre nehmen heute die Rechte wahr, die ihnen zustehen. [Untere][44] Instanzen der Militär-Regierung haben bei weitem nicht mehr die Befugnisse wie früher.

Selbstverständlich gehen wir nicht um jeden Preis in die Regierung. Die Koordinierung ist hier eine Voraussetzung. Wir sind auch nicht verpflichtet, in einer Regierung zu bleiben. Zum Abschluß betont er noch, daß es durchaus möglich sei, den Einfluß der Sozialdemokraten in der Verwaltung zu stärken.

Zu Punkt 4 (Berichte)
Ollenhauer gibt Kenntnis von den Beschlüssen des PV
    1.) Internationaler Sozialistenkongreß.
    2.) Hollanddelegation.
    3.) Verschiebung der Kommunalwahlen.

---

42 Gemeint ist die Sitzung der obersten Parteigremien am 25.9.1946 in Köln, vgl. Dok. 5 B.
43 Für einen Abdruck vgl. Anlage 5.
44 In der Vorlage „Unsere".

Dokument 9, 22. bis 24. April 1947

Hermsdorf erklärt, daß der Wahlrechtsausschuß seinerzeit vorgeschlagen hätte, daß auch die Kommunalwahlen nur alle 3 Jahre abgehalten werden.

Ollenhauer stellt dazu fest, daß diese Frage jetzt in die Länderkompetenz fällt und die Militär-Regierung daher nicht mehr gehört werden braucht.

Nau gibt den Beschluß des PV, die Karl-Marx-Feier abzusagen, bekannt. Der PA billigt diesen Beschluß.[45]

Ollenhauer gibt die Stellungnahme des PV zur Pan-Europa-Union bekannt und erinnert weiter an den Beschluß der Partei in Bezug auf die *VVN*.[46] Es sei immer wieder bestätigt worden, daß diese Organisation eine kommunistische[47] Hilfsorganisation ist. Er verliest ein Schreiben des PV an die VVN.

Schmedemann teilt die Auffassung Ollenhauers nicht. Wir sind in dieser Frage einmal wieder hinter den Verhältnissen hergelaufen. In der VVN habe inhaltlich und auch personell eine Umformung stattgefunden. Die Organisation sei international und sie sei auch notwendig, weil die Interessen der KZ'ler nicht von einer Bürokratie betreut werden können. Die Ärzte z.B., die den Opfern die Bescheinigungen ausstellen sollen, sind meist nazistisch eingestellt oder doch vorbelastet. Der Sitz der VVN für die Westzone[n] befinde sich in Hamburg und habe keine Bindungen mit Berlin. In Frankfurt seien die Vertreter aus der Ostzone abgewiesen worden.[48]

Hermsdorf erklärt dazu, daß wir nicht in den Gefängnissen gewesen sein, um wirtschaftliche Interessen zu organisieren.

Görlinger, Kubel, [Rother]-Romberg und **Franke** bestätigen den kommunistischen Charakter der VVN.

Meitmann erklärt dazu, daß wir an den Tatsachen vorbeigingen. Es gebe keine Einheitsmenschen, sondern jeder betätige sich seinen Interessen gemäß. Er fragt, wo denn die Gesetze für die KZ'ler seien.

Ollenhauer bringt den Frankfurter Beschluß des PV zur VVN-Frage zur Abstimmung. Der PA billigt den Beschluß von Frankfurt gegen 2 Stimmen. *(Meitmann, Karpinski)*[49]

---

45 Dazu wird im Kommuniqué erwähnt: „Der Parteiausschuß trat dem Beschluß des Parteivorstandes bei, die Karl-Marx-Feier in Trier abzusagen, da die ungehinderte Durchführung der Feier und die Ansprache durch den Vorsitzenden der SPD nicht gesichert ist." Vgl. a. Anlage 1 B. Zur feierlichen Einweihung des Karl-Marx-Hauses im Mai 1947 vgl. J. Herres, Das Karl-Marx-Haus in Trier, S. 65 f.
46 Zum Verhältnis der Führung der SPD zur VVN vgl. Einl. Kap. II 4 a.
47 „kommunistische" handschriftlicher Zusatz.
48 In Frankfurt am Main war auf einer Konferenz von Delegierten der vier Besatzungszonen und Berlins, die vom 15.-17.3.1947 stattgefunden hatte, ein „Gesamtdeutscher Rat der VVN" gebildet worden, vgl. Ulrich Schneider, Zukunftsentwurf Antifaschismus. 50 Jahre Wirken der VVN für eine „neue Welt des Friedens und der Freiheit", Bonn 1997, S. 21 f., u. Max Oppenheimer, Der Weg der VVN - Vom Häftlingskomitee zum Bund der Antifaschisten, in: Ders. (Hrsg.): Antifaschismus - Tradition. Politik. Perspektive. Frankfurt am Main 1978, S. 10 f.
49 Zum Beschluß der Sitzung des PV am 19.11.1946 in Frankfurt vgl. Dok. 6, Punkt 8 und Anlage 3. Zur Beratung in der gemeinsamen Sitzung von PV und PA wird im Kommuniqué erwähnt: „Die VVN wurde in eingehender Aussprache als Hilfsorganisation der Kommunisten bezeichnet, in der sozialdemokratische Funktionäre nicht mitwirken sollten."

Weiter beschließt der PA einstimmig:
Die Abgabe der Erklärung „Französische Zone und SPD" (vgl. Anlage [3])[50]
Die Abgabe der Erklärung „Sozialdemokratie und Saarfrage" (vgl. Anlage [4])[51]
Die Abgabe der Erklärung des Büros zur Ernährungskrise (vgl. Anlage [5])[52].
Nächste PA-Sitzung am 28.6.1947 um 15 Uhr in Nürnberg.

Anlage 1 A
Kommuniqué über die Sitzung des Parteivorstandes
Sopade Informationsdienst Nr. 158 v. 26.4.1947, S. 1

In Vertretung Dr. Schumachers eröffnete und leitete Erich Ollenhauer, der 1. Stellvertretende Vorsitzende der SPD, die Sitzung des Vorstandes der Partei am 22. und 23. April in Bad Meinberg.

Der Parteitag der SPD wurde auf die Zeit vom 29. Juni bis 2. Juli festgelegt und die Tagesordnung mit Hauptreferaten von Dr. Schumacher und Walter Menzel beschlossen. Tagungen für Wirtschaftspolitik, Kulturpolitik und eine Reichsfrauenkonferenz werden dem Parteitag vorangehen.

Die Einladung zur Internationalen Konferenz in Zürich wurde provisorisch akzeptiert; die endgültige Entscheidung wird nach der Klärung der Teilnahmebedingungen gefällt.

In der Frage der Vier-Parteien-Besprechung fanden die vom geschäftsführenden Vorstand festgestellten Vorbedingungen (die u.a. auch das Vorhandensein einer echten, freien Sozialdemokratie in der Ostzone einschließen) volle Billigung.

Zur Vorbereitung der gemeinsamen Sitzung mit dem Parteiausschuß wurde eine eingehende Aussprache über die politische Lage unter besonderer Berücksichtigung der durch den SPD-Wahlerfolg in der britischen Zone geschaffenen Lage durchgeführt.

Den sozialdemokratischen Parlamentsfraktionen in der britischen Zone wird empfohlen, neue Gemeindeordnungen vorzubereiten und Neuwahlen in den Kommunen mit der Beschlußfassung darüber zu verbinden. Die Bildung eines Reichsausschusses für sozialistische Kulturarbeit wurde beschlossen.

Die sehr schwierige Situation der Sozialdemokratie in der französischen Zone, besonders im Saargebiet, war Gegenstand einer eingehenden Aussprache, in der die Einschränkung der freien politischen Betätigung lebhaft kritisiert wurde.

[...][53]

---

50 In der Vorlage: „(siehe Anlage 5)".
51 In der Vorlage: „(siehe Anlage 6)".
52 In der Vorlage: „(siehe Anlage 7)".
53 Es folgt im Kommuniqué noch ein Hinweis auf die vorangegangene Sitzung des Außenpolitischen Ausschusses: „Der Tagung ging eine Sitzung des Außenpolitischen Ausschusses voraus, der sich mit dem Verlauf der Moskauer Außenministerkonferenz, der Einladung zur Internationalen Sozialistenkonferenz und der Saarfrage beschäftigte."

Dokument 9, 22. bis 24. April 1947

Anlage 1 B
Kommuniqué der gemeinsamen Sitzung von PV und PA
Sopade Informationsdienst Nr. 158 v. 28.4.1947, S. 1 f. (Überschrift: "Sitzung des Parteiausschusses der SPD")

In zweitägiger Arbeit nahm der Parteiausschuß der SPD am 23. und 24. April in Bad Meinberg zu der Lage Stellung, die nach der Konferenz der Außenminister in Moskau, nach den Wahlen in der britisch besetzten Zone und nach der Entwicklung der ernährungs- und wirtschaftspolitischen Verhältnisse in Deutschland entstanden sind. Der 1. Stellvertreter des Vorsitzenden der SPD, Erich Ollenhauer, Hannover, der die Verhandlungen leitete, gab einen umfassenden Bericht über die außen- und innenpolitische Situation und untersuchte die Voraussetzungen, unter denen die Fraktionen der sozialdemokratischen Abgeordneten in den Parlamenten der Länder über die Mitarbeit der SPD in den Länderparlamenten zu entscheiden haben dürften.

In einer ausgedehnten Aussprache erörterte der Parteiausschuß die Lage der Sozialdemokratie in der Ostzone und im französisch besetzten Gebiet Deutschlands. Er protestierte in einer Entschließung, die in Abwesenheit der Mitglieder des Parteiausschusses aus der französischen Zone gefaßt wurde, gegen die Maßnahmen der Besatzungsmacht, die es den Sozialdemokraten aus der Zone unmöglich machten, an Veranstaltungen der SPD teilzunehmen.

Die Beteiligung an separatistischen Bestrebungen und die Mitgliedschaft in separatistischen Organisationen wurde in einer weiteren Entschließung, die zur Saarfrage gefaßt wurde, als unvereinbar mit der Zugehörigkeit zur SPD bezeichnet.

Der Parteiausschuß befaßte sich im Verlauf der Aussprache besonders mit den Möglichkeiten der deutschen Länderparlamente, die Verantwortlichkeit für die Entscheidung über die wirtschaftlichen und vor allem auch Ernährungsverhältnisse deutschen Stellen zu übergeben. Er kritisierte die Übergabe und Annahme von Scheinverantwortungen und verlangte klare Trennung der Zuständigkeiten zwischen Besatzungs- und deutschen Behörden.

Der Parteiausschuß trat dem Beschluß des Parteivorstandes bei, die Karl-Marx-Feier in Trier abzusagen, da die ungehinderte Durchführung der Feier und die Ansprache durch den Vorsitzenden der SPD nicht gesichert ist.

Die VVN wurde in eingehender Aussprache als Hilfsorganisation der Kommunisten bezeichnet, in der sozialdemokratische Funktionäre nicht mitwirken sollten.

Das Zehn-Punkte-Programm zur Überwindung der Ernährungskrise, das der Vorstand der SPD bereits zu Beginn der Ernährungskrise veröffentlicht hatte und das u.a. vermehrte Fetteinfuhr, Erhöhung des Ablieferungssolls, wirksamen Ausgleich der Erzeugnisse der deutschen Länder und mehr Rechte für die bizonale Lenkung verlangte, wurde vom Parteiausschuß bestätigt.

Die nächste Sitzung des Parteiausschusses soll in Verbindung mit dem Parteitag am 28. Juni in Nürnberg stattfinden.

Dokument 9, 22. bis 24. April 1947

Anlage 2
Ausführungen Böglers und Diskussion zur Lage in Rheinland-Pfalz in der Sitzung des PV
Maschinenschriftl. Text (Durchschlag, 4 S.) in den Beiakten zum Protokoll

Der Parteivorstand beschäftigte sich im Verlaufe seiner Vormittagssitzung vom 23. April mit der besonderen politischen Situation, in der sich die Sozialdemokratie im Augenblick im Lande Rheinland-Pfalz befindet. Dazu erteilte Gen. Ollenhauer zu Beginn **Franz Bögler** das Wort. Dieser führte etwa aus:

Wir sind in der französischen Zone an einem Punkt der Entwicklung angelangt, wo wir glauben, nicht mehr allein die Verantwortung übernehmen zu können. Ich habe den Auftrag vom sogen. Landesausschuß der Partei in Rheinland-Pfalz, eine Entschließung des Gesamtparteivorstandes über das Problem herbeizuführen. Ich habe in verschiedenen Sitzungen des Parteivorstandes über die Situation bei uns berichtet. Wir sind zu einem Parlament gekommen, das sich Beratende Landesversammlung nennt. Dieses Parlament hat das Recht, Gutachten über zu beschließende Gesetze abzugeben und einen Verfassungsentwurf der Volksabstimmung vorzulegen. Dieses Parlament führt seine Arbeit in einer Weise durch, wie das wohl kaum sonst in einem der neuen Länder in Deutschland bisher der Fall war.

Als Beispiel: Ich bin Vizepräsident, habe aber noch niemals mit dem Präsidium zusammen darüber Beschluß fassen können, wann eine Tagung stattfindet und welche Tagesordnung festgelegt werden soll. Die Militärregierung bestimmt, wann Fraktionssitzungen stattinden. Wir haben Widerspruch geleistet, wo und wie wir nur konnten, können aber wenig erreichen, weil die CDU bereit ist, sich diesen Anordnungen zu fügen. – Ein anderes Beispiel: Der Landtag hat ein Gutachten zur Entnazifizierung vorgelegt. Die Militärregierung hat diesen Entwurf zurückgewiesen und hat einen eigenen Entwurf vorgelegt mit bedeutenden Verschlechterungen, so Verwerfung der Jugendamnestie. Die Militärregierung hat das Parlament zu zwingen versucht, diesen Entwurf anzunehmen und ihn als Entwurf des Parlamentes vorzulegen.

Nun sind wir in den Verfassungsberatungen über die erste Lesung im Ausschuß hinweggekommen. Der Termin für die Abstimmung und die damit verbundene Landtagswahl sind für den 18. Mai festgesetzt. Die franz. Militärregierung hält unbedingt an diesem Termin fest. Das Parlament wird die erste, zweite und dritte Lesung durchpeitschen müssen und das Volk soll über etwas abstimmen, was es nicht kennt. – Den Verfassungsberatungen lag ein Verfassungsentwurf zugrunde, der von der CDU bzw. einer von der Militärregierung eingesetzten Gemischten Kommission vorgelegt war. Wir haben gegen diese Verfassung angekämpft und haben uns im politischen Teil der Verfassung weitgehendst durchgesetzt. Im Zusammenhang mit der Entwicklung der allgemeinen politischen Lage stehen wir aber vor der Frage: Stimmen wir einer Verfassung, die wir eingehend beeinflussen konnten, zu oder lehnen wir sie ab. Die Erklärungen *Bidaults*[54] in Moskau

---
54 Georges *Bidault* (1899-1983), 1944 Mitbegr. d. „Mouvement Republicaine Populaire" (MRP), 1944-48 Frz. Außenminister, 1946 u. 1949/50 Ministerpräsident.

waren eindeutig genug: Schaffung eines selbständigen Staates Rheinland mit dem Ruhrgebiet mit ständiger alliierter Besetzung, wobei die Franzosen natürlich auf die Dauer an eine französische Besetzung denken.

Wir haben bei der Bildung des Landes Rheinland-Pfalz schon den Standpunkt vertreten, daß dieses Gebilde nichts definitives sein kann. Was die Franzosen nun dazu brauchen, daß dieser Plan eines Landes mit eigener Verwaltung so geschaffen wird, wie sie es sich vorstellen, ist, daß sie den Amerikanern und Engländern gegenüber sagen können, nicht sie allein wünschten den selbständigen Rheinstaat; das sei der Wille der Bevölkerung und Frankreich vollziehe nur diesen Willen.

Wenn die Informationen richtig sind, die wir dieser Tage durch einen bayrischen Minister bekommen haben, dann hat General *Clay* den Ministern der amerikanischen Zone erklärt, daß die Bildung eines bizonalen Weststaates geplant sei. Und man erwarte, daß Frankreich sich diesem bizonalen Weststaat anschließe. Machen wir aber die französische Politik bei uns mit, dann stärken wir den französischen Standpunkt der Schaffung eines eigenen Staates und ihre Rheinpläne.

Wir haben an den Ausschußberatungen über die Verfassung weitgehendst mitgearbeitet und haben die Verfassung im politischen Teil wesentlich verändert. So ist zum Beispiel der Staatspräsident gefallen, [und] die zweite Kammer. Wir können sie nicht ablehnen, weil wir uns mit der Verfassung nicht einverstanden erklären, sondern als eine Stellungnahme gegen die französische Politik. Wir sind uns dabei bewußt, daß dies der Gesamtpartei schweren Schaden zufügen kann. Man wird es als eine Aktion gegen Frankreich ansehen und wird uns in der Zone und im Reich offenen Kampf ansagen. Denn man argumentiert heute schon, wir störten eine demokratische Entwicklung. Man gäbe uns die Chance eines neuen demokratischen Aufbaues, aber wir würden am Anfang alles zerschlagen, was zu einem guten Ziel führen könnte. (Mme. *[Brossolette]*[55]).

Zu allen diesen Schwierigkeiten kommt nun noch die politische Abschnürung der Zone hinzu. Es wurde dem Genossen *Schumacher* verboten, zum pfälzischen Parteitag zu kommen, dann dem Gen. *Eichler*. In den letzten Tagen erfolgte das Verbot für alle Referenten, die zum beginnenden Wahlkampf aus anderen Zonen kommen sollten. Auch die Reise nach Bielefeld wurde den Genossen aus der franz. Zone ausdrücklich verboten. Wir glauben, daß wir uns das nicht länger gefallen lassen können. Die Entschließung, die wir heute hier fassen sollten, kann in der Weltöffentlichkeit zu einer Aktion gegen die Partei insgesamt führen, aber wir müssen zu einer Entscheidung kommen. Der Parteivorstand muß eine politische Erklärung verfassen und vertreten. Wir können und wollen in der franz. Zone darüber nicht allein entscheiden."

Gen. **Ollenhauer** wies anschließend auf die Ablehnung der Verfassung in Südwürttemberg und Südbaden hin.

---

55 In der Vorlage „Brodelte". Gilberte *Brossolette*, geb. 1905 als G. Bruel, verh. mit Pierre *Brossolette* (1903-44), einem der Hauptorganisatoren der Resistance in Frankreich; nach der Befreiung aktive Politikerin der SFIO; 1946-58 Mitgl. d. Senats.

Gen. **Markscheffel** erklärte aber daraufhin, daß die Situation dort nicht vergleichbar sei mit der in der französischen Nordzone. Hier wolle man mit unserer Zustimmung alte Richelieu-Politik treiben. Wenn wir uns dagegen auflehnen, dann müssen wir uns darauf gefaßt machen, daß die Gesamtpartei sowohl außen- wie auch innenpolitisch in eine ganz besonders schwierige Situation komme. Er wies auf Einwände des Fraktionsvorsitzenden Dr. *Hoffmann* und des Innenministers *Steffan* hin, die ausdrücklich auf diese Schwierigkeiten abgestellt sind. Wir müßten eine Lösung finden, die eine klar formulierte Spitze gegen die französische Politik sei. Es gehe nicht an, daß wir bei einer solchen Entscheidung alle Faktoren, die sich aus der internationalen Politik ergeben, außer Acht ließen.

Gen. **Ollenhauer** betonte gleichfalls in der sich anschließenden Diskussion, daß es sich hier um eine schwere politische Entscheidung handele. Es gehe nicht nur um die Situation im Lande Rheinland-Pfalz, wo die Franzosen sicher weitgehende Pläne haben, sondern wenn wir hier einen Beschluß fassen, dann müßten wir uns darüber klar sein, daß er unser Verhältnis zu Frankreich beeinflusse. Die Lage in Frankreich sei sehr kritisch. Wir glauben, daß wir sehr nahe der Gefahr sind, daß dort sich eine ausgesprochene Rechtsentwicklung durchsetzt. *De Gaulle* betreibe keine private Marotte. – Wenn das europäische Verhältnis überhaupt einigermaßen gesunden soll, müssen wir versuchen, mit den Franzosen zu einem erträglichen Verhältnis zu kommen. Wir als Sozialdemokraten müssen überlegen, wie wir es machen sollen, damit wir nicht alle Ansätze einer vernünftigen Atmosphäre in Gefahr bringen. Der Beschluß muß so formuliert sein, daß er sich nicht gegen Frankreich richtet, daß nicht die französische Rechte daraus neue Beweise für ihre Behauptung ziehen kann, daß wir eine nationalistische Politik gegen Frankreich machen. Wir sollten den Beschluß begründen als einen Beschluß gegen die französische Militärregierung im Nordteil der französischen Zone, und zwar motiviert durch Feststellung von anscheinend demokratischen Formen, die wir nicht akzeptieren können. Auch können wir die Zustimmung zu einer so forcierten Abstimmung nicht geben. Eine andere Möglichkeit dürfte es im Augenblick nicht für uns geben angesichts der gegenwärtigen europäischen und internationalen Situation.

Gen. **Metzger** erklärte anschließend, man könne nicht einfach die Verfassung ablehnen, aber die Partei könnte in Vorschlag bringen, daß in die Verfassung genügende Sicherungen eingebaut werden.

Nach verschiedenen Diskussionsreden, die sich alle damit beschäftigten, daß man eine akzeptable Verfassung nicht einfach ablehnen könne, ergriff Gen. **Bögler** noch einmal das Wort und erklärte, daß es nicht darum gehe, gegen eine Verfassung, die in vielen Teilen unter unserer Mitarbeit entstanden ist, zu protestieren. Entgegen dem einmütigen Willen aller Parteien verlangt die Militärregierung die Festlegung politischer Sonderrechte für die Pfalz. Ursprünglich wurde dieses Verlangen als Wunsch bzw. Anregung übermittelt. In den Schlußberatungen ließ die Militärregierung erklären, daß die bereits im Entwurf gestrichenen Sonderrechtsbestimmungen in die Verfassung aufzunehmen seien und daß sie als Befehl des Oberkommandierenden Generals *Koenig* gälten. Durch diese Sonderrechte wird das Land quasi als Bundesstaat organisiert. Der Regierungsbezirk Pfalz soll die Bezeichnung Provinz führen. Diese Provinz soll eine eigene Regierung unter der Führung eines Staatssekretärs und drei Provinzialdirektoren erhalten. Außerdem soll ein Provinziallandtag geschaffen werden mit dem Rechte, zu Gesetzen des Gesamtlandtages eigene Stellungnahmen festlegen zu können. Sollten sich die französischen Rheinstaat-Pläne verwirklichen, dann bildet das jetzige Land Rheinland-Pfalz das Kernstück eines solchen Staates. Die in der Verfassung festgelegten Sonderrechte für die Pfalz würden es den Franzosen ermöglichen, diese Provinz dann aus dem Staate loszulösen und an das Saargebiet bzw. Frankreich anzugliedern. Wir haben also nicht eine Entscheidung über die Annahme oder Ablehnung einer Verfassung zu treffen, sondern wir haben heute festzulegen, daß wir die in der Zukunft möglichen französischen Absichten jetzt nicht unterstützen, ja unmöglich machen.

Gen. **Ollenhauer** faßt zusammen und stellt als die Meinung des Parteivorstandes folgendes fest: er empfiehlt, keine Entschließung schriftlich zu formulieren, sondern den Genossen der französischen Zone eine Empfehlung des PV zu geben. Er führt u.a. aus: Wir dürfen nichts verlautbaren, was nach dem Scheitern der Moskauer Konferenz von uns aus als ein Vorschlag zur Bildung eines Westblockes angesehen werden könnte. Wir dürfen damit aus eigenem Entschluß nicht die russische Zone und unsere Genossen, die Menschen, die dort leben, aufgeben. – Bei der Schwere des Falles in der französischen Zone sollten wir nicht aus taktischen Überlegungen vorgehen. Wir sollten die Formulierung der Entscheidung unseren Genossen dort überlassen und nicht den Franzosen die Möglichkeit geben zu erklären, daß sich die Genossen gegen Anordnungen der Militärregierung vergangen haben. Wir empfehlen unseren Parteigenossen in diesem Gebiet, eine Verfassung abzulehnen, die nicht ein eindeutiges Bekenntnis zu einem späteren gesamtdeutschen Staat enthält, in der auch nicht eindeutig der Übergang bestimmter Kompetenzen auf einen gesamtdeutschen Staat klargestellt ist. Die Erfahrungen mit der bayrischen Verfassung zeigten, wohin eine andere Haltung führt. Die hessische und württembergische Verfassung zeigten im Gegenteil dazu, daß unter Beachtung demokratischer Spielregeln auch unter einer Besatzungsmacht für uns annehmbare Verfassungen entstehen können. Der Verfassung kann auch nicht zugestimmt werden, weil die Art und Weise, wie die Verfassungsberatungen im Ausschuß unter Druck durchgeführt wurden, unmöglich ist. Wir sollten die Verfassung außerdem ablehnen, weil wir nicht zustimmen können, daß die Verfassung im Zeitraum zwischen Beschlußfassung im Parlament und Volksabstimmung durchgepeitscht werden kann. Die aus dieser Haltung sich ergebenden Konsequenzen muß die Gesamtpartei tragen. Wir können in dieser Situation nicht anders handeln.

Gen. **Bögler** antwortete, daß er die Meinung des PV in Form einer Empfehlung akzeptiere. Die Fixierung unserer Stellungnahme wird durch uns in der nordfranzösischen Zone erfolgen und der Pfälz. Bezirksparteitag vom 26./27.4. hat demnach einen entsprechenden Beschluß zu fassen.

Anlage 3
Erklärung der gemeinsamen Sitzung von PV und PA: „Französische Zone und SPD"
Sopade Informationsdienst Nr.158 vom 26.4.1947[56]

Die französische Militärregierung führt jetzt die politische Abschnürung der französisch besetzten Zone vom übrigen Deutschland durch.

Für die Sozialdemokratie hat diese Politik zur Folge, daß die Teilnahme von Sozialdemokraten aus anderen Zonen an Veranstaltungen der Partei in der französischen Zone und die Teilnahme der Mitglieder des Parteivorstandes und des Parteiausschusses der SPD aus der französischen Zone an Tagungen dieser Körperschaften verboten sind. Die Militärregierung hat die Übertretung dieser Verbote unter Strafe gestellt.

Vorstand und Parteiausschuß der SPD protestieren in Abwesenheit ihrer Mitglieder aus der französischen Zone mit aller Entschiedenheit gegen diese Maßnahmen. Sie sehen in der Aufrechterhaltung der organisatorischen und politischen Einheit der SPD eine unerläßliche Voraussetzung für den demokratischen Aufbau Deutschlands.

Anlage 4
Erklärung der gemeinsamen Sitzung von PV und PA: „Sozialdemokratie und Saarfrage"
Sopade Informationsdienst Nr.158 v.26.4.1947[57]

Die Entwicklung der politischen Verhältnisse im Saargebiet veranlaßt den Vorstand der Sozialdemokratischen Partei Deutschlands, an seinen Beschluß vom 13. März 1947 zur Friedenspolitik der Partei zu erinnern.

Dieser Beschluß bildet auch die Grundlage der Politik der Sozialdemokratie in der Saarfrage.

Der Vorstand der SPD mißbilligt die Beteiligung von Sozialdemokraten an separatistischen Bestrebungen und die Mitgliedschaft in separatistischen Organisationen, insbesondere im MRS (Mouvement pour le Rattachement de la Sarre à la France). Sie sind unvereinbar mit der Mitgliedschaft in der Sozialdemokratischen Partei.

Anlage 5
Erklärung des „Büros" von Anfang April 1947 zur Ernährungskrise
Sopade Informationsdienst Nr.143 vom 9.4.1947

Der Zusammenbruch der Ernährungswirtschaft hat eine Welle von Kundgebungen und Streiks hervorgerufen. Sie sind der Ausdruck von Hoffnungslosigkeit und Verzweiflung.

---

56 Abgedr.: Jb. SPD 1947, S. 87.
57 Abgedr.: Jb. SPD 1947, S. 86.

Dokument 9, 22. bis 24. April 1947

Die Sozialdemokratie hat seit langem vergeblich gewarnt. Die gegenwärtige Krise ist das Ergebnis der Politik halber und falscher Mittel in- und ausländischer Kräfte.

Diese Politik uneingelöster Versprechungen und ungeklärter Verantwortlichkeiten darf nicht fortgesetzt werden. Durchgreifende sofortige Maßnahmen sind unerläßlich:

1. Ausreichende und rechtzeitige Einfuhr von Brotgetreide.
2. Besondere Maßnahmen zur Erfassung aller tierischen und pflanzlichen Fette, Freigabe von Devisen, vor allem für die Fetteinfuhr.
3. Freistellung von Schiffen für Lebensmitteltransporte und Walfang.
4. Aufhebung der Lebensmittelrequisitionen und -exporte in der russischen und französischen Zone.
5. Rücksichtslose Anwendung aller Strafbestimmungen gegen Schwarzhändler und Schieber.
6. Ernährung und gewerbliche Wirtschaft müssen zentral gelenkt werden.
7. Die bizonalen Ämter müssen sofort mit den notwendigen Exekutivbefugnissen ausgestattet werden, damit die Länder zur Erfüllung ihrer Verpflichtungen gegenüber der Gesamtheit angehalten werden können.
8. Anweisungen der Militär-Regierungen an die Länder, ihren rückständigen Ablieferungsverpflichtungen sofort nachzukommen.
9. Endgültige sachliche und personelle Beseitigung des Reichsnährstandes[58] und seine Ersetzung durch eine demokratische Organisation von Erzeugern, Landarbeitern und Verbrauchern.
10. Neuordnung des Erfasssungssystems in der Landwirtschaft mit dem Ziel einer Erhöhung des Ablieferungssolls. Belieferung der landwirtschaftlichem Betriebe mit gewerblichen Bedarfsgütern.

Die Sozialdemokratische Partei Deutschlands ist davon überzeugt, daß die endgültige Überwindung der gegenwärtigen Notlage nur durch die sozial-ökonomische Neuordnung erfolgen kann. Sie sieht als Mittel dazu die von ihr vorgeschlagene Agrarreform und die Sozialisierung der Produktionsmittel des Großbesitzes an.

Anlage 6
Ollenhauers Referat in der gemeinsamen Sitzung von PV und PA zur politischen Lage nach einem ausführlichen Zeitungsbericht
Sopade Informationsdienst Nr.161 v.30.4.1947 (Abdruck eines Berichts der Hannoverschen Presse vom 25. April)

Ollenhauer erörterte die Voraussetzungen der politischen Arbeit in allen Zonen Deutschlands und verwies dabei nachdrücklich auf die Schwierigkeiten der SPD in der Ostzone. Die Erwägungen, die sich aus einer solchen Betrachtung für die praktische Wirksamkeit

---

58 Durch das Gesetz vom 13. 9 1933 wurde im Zuge der Gleichschaltung aller gesellschaftlichen Gruppen der „Reichsnährstand" als öffentlich rechtliche Gesamtkörperschaft für alle auf dem Gebiete der Ernährungswirtschaft tätigen Personen und Betriebe geschaffen. Den „Reichsnährstandes" leitete der „Reichsbauernführer", bis 1942 Walther Darré, danach Herbert Backe.

der Partei ergeben, seien nicht zu trennen von den außenpolitischen Ereignissen der letzten Zeit, so auch von der Entwicklung der Bewegung des Generals de Gaulle in Frankreich, von der Haltung der USA gegenüber der expansiven Politik der Sowjetunion, von den Erklärungen aus dem Westen und Osten über ein künftiges einheitliches Deutschland oder seine Zerschlagung und vor allem auch von den Maßnahmen der Besatzungsmächte in Deutschland auf wirtschafts- und währungspolitischem Gebiet.

Keine Verantwortung ohne Vollmacht
Die Forderung der SPD zielt unzweideutig auf eine ungeteilte deutsche Republik ab. Die neu gewählten und die bereits bestehenden oder noch zu bildenden Parlamente der deutschen Länder müßten eine echte Selbstverantwortung der nun durch Wahlen berufenen deutschen Vertreter durchsetzen. Es sei unerträglich, wenn die Mitglieder der Parlamente und der aus ihnen hervorgehenden Institutionen auch in Zukunft nichts anderes sein sollten als Figuren eines nicht ausschließlich nach deutschen Interessen orientierten Willens. Dabei müsse die besondere Aufmerksamkeit dem Zusammenhalt und einer engeren, unlöslichen Verbindung zwischen den östlichen und westlichen Teilen Deutschlands zugewandt werden. Auch die bizonalen Ämter in Westdeutschland müßten in ihren Aufgaben und Befugnissen gestärkt werden. Die Verantwortung und Entscheidung müsse deutschen Stellen übertragen werden.

Die Sozialdemokratie könne und wolle keinesfalls Verantwortung für Maßnahmen übernehmen, die sie nicht zu bestimmen vermag, weil letzte Entscheidungen von den Besatzungsmächten in Anspruch genommen würden. Es müsse aufhören, daß Scheinverantwortungen übertragen und übernommen würden.

Gegen Saar-Separatismus
Mit besonderem Ernst wandte sich Ollenhauer der Entwicklung in der französisch besetzten Zone zu, wo die Sozialdemokratie in ihrer Bewegungsfreiheit wesentlich eingeschränkt sei. Die Lage im Saargebiet fordere ein klares Bekenntnis zum Verbleiben des Saarlandes bei Deutschland.

Regierungsteilnahme
Die Sozialdemokratie müsse überall die Initiative in der Hand haben. Sie erstrebe keine Regierungsteilnahme, wenn sie nicht die Gewähr habe, daß durch die Mitarbeit die lebenswichtigen Interessen des ganzen deutschen Volkes gewahrt werden könnten. Es gebe unabdingbare Bestandteile für jedes Programm einer Regierungskoalition, an der sich die SPD beteiligen könne. Solche Forderungen der Partei richteten sich ebenso an die Besatzungsmächte wie an die anderen politischen Parteien in Deutschland.
[...][59]

---

59 Weggelassen wird hier der letzte Absatz des Zeitungsberichts, in dem kurz über die Aussprache zum Referat Ollenhauers berichtet wird.

Dokument 10, 31. Mai bis 2. Juni 1947

Nr. 10
Sitzungen des Parteivorstandes und führender sozialdemokratischer Landespolitiker vom 31. Mai bis 2. Juni 1947 in Frankfurt am Main.

[A] Konferenz des Parteivorstandes mit den sozialdemokratischen Ministerpräsidenten und Landesministern sowie Vertretern der Landtagsfraktionen und der Bezirksvorstände am 31. Mai und 1. Juni 1947
Kommuniqué, Sopade Informationsdienst Nr. 188 vom 4.6.1947[1]

Unter der Leitung des Vorstandes der Sozialdemokratischen Partei Deutschlands traten am 31. Mai und 1. Juni in Frankfurt a.M. die in den Ländern des Reiches auf führenden politischen Posten tätigen Mitglieder der SPD zu einer Konferenz zusammen.

Anwesend:[2]
PV[3]: *Schumacher, Ollenhauer, Heine, Kriedemann, Nau, Baur, Beyer, Bögler, Eichler, Gayk, Gnoß. Görlinger, Grimme, Gross, Helmstädter, Henßler, Kaisen, Knothe, Loßmann, Meitmann, Menzel, Metzger, Selbert, Veit*
Landes - und Bezirksorganisationen der SPD:
Bayern: W. v. *Knoeringen*
Berlin: F. *Neumann*, O. *Suhr*
Braunschweig: *Bennemann, Kubel*
Bremen: *Kaisen* (auch PV)
Hannover: *Borowski, Franke*
Hessen: *Knothe* (auch PV), B[enno] *Halberstadt*
Hessen-Frankfurt: *F. Fuchs, [Fritz] Schäfer u. Stierle*[4]
Hessen-Kassel: *Selbert* (auch PV)
Oberbayern: *Allmer, Sebald*[5]

---

1 Über die Sitzung ist in der Sammlung der Protokolle nur das hier abgedruckte Kommuniqué erhalten geblieben. Ebenfalls erhalten geblieben sind die hektographierten Einladungen an die Bezirke und an die sozialdemokratischen Landtagsfraktionen vom 12. Mai 1947 (Rundschreiben Nr. 17/47 u. 18/47 des Referats Organisation/Kasse, unterschrieben „gez. Kriedemann"), sowie die Anwesenheitslisten. Einer der Teilnehmer, der bayerische Justizminister und stellv. Ministerpräsident Wilhelm Hoegner, machte sich stenographische Notizen, die in seinem Nachlaß erhalten sind (IfZ: ED 120, Bd. 216). Zu dieser Konferenz vgl. a. Einleitung, Kap. II 3 a.
2 Die folgenden Angaben wurden den Anwesenheitslisten der gemeinsamen Sitzung in den Beilagen zum Protokoll entnommen; für die Teilnehmer an allen gemeinsamen Sitzungen 1946/47 in alphabetischer Reihenfolge vgl. Anhang 3.
3 Von den Mitgliedern des PV waren alle außer *Agartz* anwesend. Zum Ausscheiden von Nölting aus dem Parteivorstand Anfang 1947 vgl. Einl. Kap. I 1 a.
4 Franz *Fuchs* (1894-1981), Kaufm. Lehre, nach dem I. WK SPD und Gewerkschaftsfunktionär, 1928-33 in Worms, 1946 Beamter u. Stadtverordn. in Wiesbaden, 1954-66 MdL, 1962-66 LTPräs.; Georg *Stierle* (1897-1979), vor 1918 SAJ u. SPD, 1947-56 Vors. d. UBez. Frankfurt d. SPD, 1949-61 MdB.
5 Josef *Sebald* (1905-1960), vor 1933 SPD, nach 1945 OB von Rosenheim,1950-58 MdL (Bayern).

Oberpfalz: *Höhne, Rothammer*[6]
Östl. Westfalen: *Gross* (auch PV)
Pfalz: *Bögler* (auch PV)
Rheinhessen: *Hitter*
Schleswig-Holstein: *Kuklinski*
Schwaben: *Frenzel*
Unterfranken: *Maag, J. Stock*
Westl. Westfalen: *Henßler* (auch PV)
Württemberg-Baden: M. *Denker*, E. *Schoettle*
Verbindungsmann zur Frz. Zone: *Markscheffel*
Sozialdemokratische Ministerpräsidenten und Landespolitiker:
Bayern: *Hoegner* (Stellv.MinPräs.), *Pittroff* (StSekr.)[7], *Roßhaupter* (Min.), *Seifried* (Min.), J. *Stock* (Fraktionsvors.), *Zorn* (Min.)
Berlin: E. *Reuter* (Stadtrat); *Swolinzky* (Fraktionsvors.)
Bremen: *Hagedorn* (LT Präs.), *Kaisen* (Senatspräs., auch PV); *Stockhinger* (Fraktionsvors.)[8], *Wolters* (Senator)
Hamburg: *Brauer, Klabunde* (MdBü), *Schönfelder* (Fraktionsvorsitzender, auch KK)
Hessen: *Apel* (Staatsrat)[9], *Binder* (Min.), *Brill* (StSekr), *Klapproth* (Polizeipräs., Frankf.)[10], *Koch* (Min.), *Oppler* (Justizministerium)[11], P. *Schmidt* (Staatskanzlei)[12], A. *Wagner* (Fraktionsvors.)[13], Graf von *Wedel* (Hess. Bevollm. b. Länderrat)[14] *Witte* (LT Präs.)[15], *Zinn (Min.)*

---

6 Josef *Rothammer* (1908-1976), Bezirksvorstand Niederbayern - Oberpfalz, 1962-66 MdL (Bayern).

7 Claus *Pittroff* (1896-1958), vor 1933 Volksschullehrer, SPD; 1933/34 KZ; 1945/46 und wieder ab 1948 Landrat in Bayreuth, 1946-58 MdL, 1946/47 Staatssekr. im Kultusministerium.

8 Carl *Stockhinger* (1894-1951), Schriftsetzer in Bremen, 1914 SPD, 1920-22 USPD, 1922 SPD, 1930 SAP, 1945 Arbeitsamt Bremen, 1946-51 MdBü (Bremen), Fraktionsvors. d. SPD.

9 Wilhelm *Apel* (1906-1969), vor 1933 Verwaltungsbeamter, SPD; 1933 Emigration ins Saargebiet, 1935 weiter nach Frankreich; 1945 Rückkehr nach D., Parteisekr. d. SPD in Frankfurt am Main, 1946-50 MdL (Hessen), 1948/49 Hess. Bevollm. bei d. Verw. d. Vereinigten Wirtschaftsgebietes, 1949-63 Hess. Bevollmächtigter bei der Bundesregierung.

10 Willy K*lapproth*, geb. 1892, Höherer Polizeidienst, vor 1933 SPD, 1933 entlassen, selbständiger Kaufmann, nach 1945 wieder Beamter, 1946-1951 Polizeipräsident von Frankfurt, 1951 wegen Meineids zu einem Jahr Gefängnis verurteilt.

11 Kurt *Oppler* (1902-81), geb. in Breslau, Studium der Rechtswissenschaften, 1930 Promotion, 1926 SPD, 1931 SAPD, 1938 Emigration (Niederl., Belgien), 1946 Rückkehr (ABZ), SPD, Leiter d. Abt. für öffentl. Arbeitsrecht im hessischen Justizministerium, 1947 Leiter des Personalamtes des Vereinigten Wirtschaftsgebietes in Frankfurt am Main, 1952 Auswärtiger Dienst, 1963-1967 Botschafter in Kanada.

12 Paul *Schmidt* (1892-1973), Volksschullehrer, SPD, 1919-27 Stadtverordn. in Höchst, nach 1933 illegale Tätigkeit, 1937 Gefängnisstrafe, danach Flucht nach Frankreich, 1945 Rückkehr nach Frankfurt, nach 1946 Hess. Staatskanzlei in Wiesbaden.

13 Albert *Wagner* (1885-1974), Volksschullehrer/Schulrat, 1918 SPD, 1930-33 Regierungsvizepräsident in Breslau, 1945 Landrat des Oberlahnkreises (Hessen), 1946-66 MdL, 1948/49 Regierungspräsident in Darmstadt, 1946-48 Vors. d. LT-Fraktion, 1949-51 Hess. Minister für Arbeit, Wirtschaft u. Landwirtschaft.

14 Emil Graf von *Wedel*, geb.1886 in Weimar, Diplom-Ingenieur, vor 33 SPD und Pazifist, 1920-29 Landrat im Kreis Hannover, 1929-32 im Kreis Hersfeld, 1946 Hess. Landesbevollmächtigter beim Länderrat in Stuttgart.

15 Otto *Witte* (1884-1963), Gärtner, vor 1918 SPD, Gewerkschaftssekretär, nach 1920 Provinzialverwaltung Wiesbaden, 1925-33 MdR, 1946-54 MdL u. Landtagspräsident (Hessen).

Dokument 10, 31. Mai bis 2. Juni 1947

Niedersachsen: *Kopf; Grimme* (Min., auch PV); *Hoffmeister* (Fraktionsvors.)[16], *Kubel* (Min.), *Olfers* (LT-Präs.)[17]
Nordrh.-Westf.: *Halbfell* (Min.), *Menzel* (Min., auch PV) und Erik *Nölting*, (Min.)
Rheinland-Pfalz: *H. Hoffmann* (Fraktionsvors., ab Juli 1947 Finanzminister)
Schleswig-Holstein: *Lüdemann* (MinPräs.), *Ratz* (LT Präs.)[18], *Gayk* (Fraktionsvors., auch PV)
Württemberg-Baden: *Eberhard* (StSekr.), R. *Gehring* (Fraktionsvors.)[19], *Ulrich, Veit* (auch PV)
Württemberg-Hohenzollern: *Roser* (MdL u. Landesverwaltung)

Zonale und bizonale Ämter und Organisationen:
H. *Berenz*[20], H. *Podeyn*[21], E. *Roßmann*, W. *Steinkopf*[22], G. *Weisser*
Referenten des PV: *Diederichs*
Vertreter nahestehender Organisationen: A. *Brünting* (Vors. d. hess. AWO)

Tagesordnung: **Die politische Lage**[23]
Dr. Kurt **Schumacher** erörterte in einem ausführlichen Referat die politische Lage, wie sie sich nach der Besetzung Deutschlands, nach der Potsdamer und insbesondere nach der Moskauer Konferenz aus der Tatsache ergeben hat, daß in einem Teil Deutschlands, in der Ostzone, echte demokratische Prinzipien praktisch nicht anerkannt werden. Ein Rück-

---

16 Robert *Hoffmeister* (1899-1966), Buchdrucker, vor 1933 SPD, 1933 KZ Esterwegen, 1945-65 Bezirksvorstand Hannover d. SPD, 1947-66 MdL/ Fraktionvors. (Niedersachsen).
17 Karl *Olfers* (1888-1968), geb. in Dorum, Kreis Wesermünde, Zimmererlehre, 1907 Gew., 1912 SPD, 1919-33 Stadtverordn. von Cuxhafen, 1946-52, 1956-66 OB von Cuxhafen, 1946-63 MdL (Niedersachsen), 1946-55, 1959-63 Präs. d. LT.
18 Karl *Ratz (1897-1961)*, Schriftsetzer, vor 1918 SPD, 1920-28 BezVors. d. SAJ in Schlesw.-Holst., 1922 Kontorist beim Verlag d. Schlesw.-Holst. Volkszeitung, 1939-41 KZ, 1946 Lizenzträger, Herausgeber u. Verlagsleiter d. Schlesw.-Holst. Volkszeitung, 1946-58 Mitgl. d. Aufsichtsrates d. Konzentration GmbH; 1946 MdL, 1947-54 Landtagspräs. (Schlesw.-Holst.).
19 Rudolf *Gehring* (1888-1980), geb. in Stuttgart, Höherer Beamter, SPD, 1946-64 MdL (Württ.-Bad., Bad.-Württ.), 1946-50 Fraktionsvors., 1952-64 Vizepräsident.
20 Horst *Berenz*, geb. 1901 in Danzig, Kaufmann, 1927-34 Angest. Konsumverein Leipzig-Plagwitz, 1934-43 Prokurist e. Reederei In Danzig, 1943-45 Kriegsdienst, 1945 Leiter d. Landwirtschaftsamtes Oldenburg, April 1947 Leiter der Hauptabteilung Grundsatzfragen des Verwaltungsamtes für Wirtschaft des Vereinigten Wirtschaftsgebietes (VAW) in Minden, 1948/49 Hauptabteilungsleiter des VAW in Frankfurt.
21 Hans *Podeyn* (1894-1965), Lehrer, vor 1933 SPD, 1924-33 MdBü (HH), nach 1945 Höherer Beamter in Hamburg, 1947-49 Abteilungsleiter im Verwaltungsamt für Ernährung und Landwirtschaft der Bizone in Stuttgart, 1954-59 Dt. Botschafter in Pakistan.
22 Willy *Steinkopf* (1885-1953), geb. in Ostpreußen, Postbeamter, SPD, 1919-30 MdNatVers./MdR, 1945 Vizepräs. d. Zentralverw. f. Post- u. Fernmeldewesen d. SBZ in Berlin, 1946/47 Vizepräs. d. Zentralverw. f. Post u. Fernmeldewesen d. Bizone in Frankfurt a. M.
23 Aus der folgenden kurzen Zusammenfassung der Rede Schumachers geht der Hauptzweck der Zusammenkunft und der Rede Schumachers nicht klar hervor. Dieser bestand in einer Verpflichtung der sozialdemokratischen Ministerpräsidenten, sich bei der bevorstehenden gesamtdeutschen Ministerpräsidentenkonferenz, die vom 5. bis 7. Juni in München stattfinden sollte, auf Fragen der Behebung der wirtschaftlichen Not zu beschränken und der Forderung der Ministerpräsidenten der Sowjetischen Besatzungszone nach einer Behandlung der staatsrechtlichen Neuordnung Deutschlands auf keinen Fall nachzugeben. Diese Forderung behandelte Schumacher ausführlich in einer Rundfunkansprache am gleichen Tage, die hier als Anlage 2 abgedruckt wird.

blick auf die staatsrechtliche Entwicklung in Deutschland lenkte die Aufmerksamkeit auf die Lösung der Aufgabe, aus der Zerrissenheit in Zonen und Länder ein Ganzes, die Deutsche Republik, entstehen zu lassen, die demokratisch und sozialistisch sein müsse.

Zum ersten Male sei in dem Plan des neuen Wirtschaftsrates das Prinzip erkennbar, daß künftig Reichsrecht Landesrecht brechen werde. Das Reich müsse aus dem Willen des Volkes und aus seiner politischen Entscheidung entstehen und dürfe nicht ein Lehen der Länder sein. In diesem Sinne wirke die SPD als Reichspartei und strebe sie auch nach einer Nationalen Repräsentation als Ausdruck einer freien Entscheidung des ganzen Volkes in allen Zonen, in denen alle Parteien gleiche Chancen haben müßten. Die Not, unter der das Volk leide und bis an den Rand des Chaos gelangt sei, zwinge zum vollen Einsatz der SPD, die ihre Pflicht als Partei des Volkes erfüllen werde. Sie werde mit besonderem Nachdruck darauf dringen, daß die wichtigsten Aufgaben der Stunde erfüllt werden: die Sicherung einer ausreichenden Ernährung und der Schutz des Volkes vor der Not des nächsten Winters.

In einer ausgedehnten Aussprache bezeugten alle Redner den Willen, trotz aller Unterschiede in den Aufgaben der Länder im einzelnen die Einheitlichkeit des politischen Zieles der Partei für das neuzubildende demokratische und sozialistische Reich zu verwirklichen. Die Frankfurter Tagung wurde als ein Anfang zu einer konzentrierten Arbeit bezeichnet. Die Konferenz richtete zur Koordination der parlamentarischen Arbeit der deutschen Länder einen ständigen Ausschuß ein, in dem je zwei Mitglieder der SPD-Fraktion jedes Parlaments und die sozialdemokratischen Ministerpräsidenten bzw. Minister mitarbeiten werden.

[B] **Sitzung des Parteivorstandes am 1. und 2. Juni 1947**
AdsD: SPD-Parteivorstand, 2/ PVAS 0000658, Sitzungen d. PV, 31.5. - 2.6. 1947 (Maschinenschriftl. Prot. d. Sitz. d. PV, 4 S.)[24]

Leitung der Sitzung: Erich **Ollenhauer**
Anwesend: siehe Liste

[**Teilnehmer/Teilnehmerinnen, nach Funktionen geordnet**:[25]
PV[26]: *Schumacher, Ollenhauer, Heine, Kriedemann, Nau, Baur, Beyer, Bögler, Eichler, Gayk, Gnoß. Görlinger, Grimme, Gross, Helmstädter, Henßler, Kaisen, Knothe, Loßmann, Meitmann, Menzel, Metzger, Selbert, Veit*
Landesverband Berlin: *Neumann, Swolinzky* und *I. Wolff*

---

24 Die Einladung mit Bekanntgabe der vorläufigen Tagesordnung erfolgte durch das Rundschreiben 19/47 des Referats „Organisation/Kasse", unterschrieben von E. Ollenhauer, vom 20. 5. 1947. Das Kommuniqué (Sopade Informationsdienst Nr. 188 v. 4. 6. 1947) wird hier als Anlage 1 zu den Protokollen abgedruckt.
25 Für die folgenden Angaben vgl. d. Anwesenheitsliste der Sitzung des PV in den Beiakten zum Protokoll; für die Teilnehmer/Teilnehmerinnen an allen Vorstandssitzungen 1946/47 vgl. Anhang 1.
26 Von den Mitgliedern des PV waren alle außer *Agartz* anwesend. Zum Ausscheiden von Nölting aus dem PV Anfang 1947 vgl. Einl. Kap. I 1 a.

Dokument 10, 31. Mai bis 2. Juni 1947

KK: *Schönfelder*
Referenten und Mitarbeiter des PV: *Brost, Gotthelf, Markscheffel* (für den TOP „Saar"), *Sänger*

Tagesordnung:[27]
1) Vorbereitungen für den Parteitag in Nürnberg
2) Fragen der überzonalen Zusammenarbeit
3) Internationales
4) Die Lage im Saargebiet
5) Organisationsfragen
6) Vorschläge für die Zusammensetzung des Reichsausschusses für sozialistischen Kulturarbeit
7) Die Stellung der Partei zu den überparteilichen Frauenorganisationen
8) Verschiedenes

Zu **Punkt 4** (Die Lage im Saargebiet)
Markscheffel führt aus, daß der Beschluß des PV, daß die Mitgliedschaft in separatistischen Organisationen unvereinbar sei mit der Mitgliedschaft in der SPD, eine Erklärung der saarländischen Organisation im Gefolge hatte. Diese Erklärung bringt u.a. die Hoffnung zum Ausdruck, daß die Mitteilung über den obengenannten Beschluß des PV auf einem Irrtum beruhe. *Roth* sei der Auffassung, daß der Beschluß von Meinberg das Konzept verdorben habe und er jetzt keine Möglichkeit mehr sehe, sich auf dem saarl. Parteitag durchzusetzen. Vielmehr müsse er jetzt mit seiner Ausweisung rechnen, da die Kommunisten ihn bereits als einen englischen Agenten denunziert hätten.
Ollenhauer berichtet, daß eine Unterhaltung mit *Kirn* in Trier sehr unbefriedigend verlaufen sei und man damit rechnen müsse, daß der Parteitag der Saar die Selbständigkeit betonen wird. *Grumbach* habe jedoch in Trier erklärt, daß die SFIO und auch die jetzige Regierung niemals den politischen Anschluß gefordert hätten.
Schumacher hält die von *Markscheffel* aufgezeigte Gefahr für sehr akut. Wir können die guten saarl. Genossen nur schützen, wenn wir die Amerikaner dafür interessieren.

Zu **Punkt 3** (Internationales)
führt **Ollenhauer** aus, daß in bezug auf die Züricher Konferenz eine befriedigende Antwort eingelaufen sei. Die Neuaufnahme von Mitgliedern solle mit 2/3 Mehrheit beschlossen werden. Die geplante Hollandreise sei bisher nicht durchgeführt worden, weil die Holländer unseren Vorschlag bezüglich Termin und Zusammensetzung der Delegation nicht akzeptiert hätten. Die Frage würde in Zürich besprochen werden. Zur Durchführung der Karl-Marx-Feier in Trier, die auf der Sitzung in Bad Meinberg abgesagt worden war, erklärte O., daß die franz. Genossen (durch *Grumbach*) die Feier gewünscht hätten und wir diesen Wunsch natürlich respektieren mußten.

---

27 Wortlaut nach der vorläufigen Tagesordnung vom 20. Mai.

Zu **Punkt 5** (Organisationsfragen)
Nau gibt bekannt, daß die Organisationskommission beschlossen habe, in Nordwestdeutschland die Bezirksgrenzen wie folgt festzulegen: Bezirk Weser/Ems (Osnabrück, Aurich, Oldenburg) mit dem Sekretariat in Oldenburg. Bezirk Nordwest (Hamburg, Stade, Bremen) mit dem Sekretariat in Hamburg. Die Tatsache, daß der Bezirk Nordwest sich in seiner neuen Gestalt über drei Länder und zwei Zonen erstrecken werde, ist von der Kommission nicht als Hinderungsgrund angesehen worden.

Die neuen Bezirksgrenzen sollen ab 1.7.47 wirksam werden.

Ferner wurde beschlossen, Koblenz-Trier zum selbständigen Bezirk zu erheben.

Nach einer längeren Diskussion, in der **Görlinger** gegen den selbständigen Koblenz-Trier Bezirk sprach, während **Bögler** sich dafür aussprach, wurde vom PV einstimmig die Bezirksabgrenzung für Nordwest gutgeheißen, während die Bildung des Bezirks Koblenz-Trier gegen die Stimmen von *Eichler* und *Görlinger* beschlossen wurde. Beides wirksam ab 1.7.1947.

Sitzung am 2. Juni
Zu **Punkt 7** (Überparteil. Frauenorganisationen)
Eingeladen war die Genossin *Bähnisch*[28], um ihre Auffassung über die überparteilichen Frauenorganisationen darzulegen.

Ollenhauer verwies einleitend auf den Beschluß vom 21.8.46 in Frankfurt (PV und PA).[29] Nach den Ausführungen der Genossin **Bähnisch**, die ganz besonders den antikommunistischen Charakter ihrer Arbeit in der überparteilichen Frauenorganisation betonte, entspann sich eine lebhafte Diskussion, in der alle Teilnehmer, mit Ausnahme des Gen. **Grimme**, ihre ablehnende Haltung gegenüber dieser Organisation zum Ausdruck brachten. Nach den Ausführungen des Gen. **Schumacher** (Auszug s. Anlage [3][30]) faßte **Ollenhauer** das Ergebnis der Diskussion dahingehend zusammen, daß der PV in seiner überwiegenden Mehrheit an dem Beschluß von Frankfurt festhalte. Man könne in diesem Zeitpunkt aber auch nicht verbieten, daß sich unsere Genossinnen in der überparteilichen Organisation betätigen. Sie müßten sich aber immer dessen bewußt sein, daß sie in erster Linie Sozialdemokratinnen sind. Auf keinen Fall hätten sie das Recht, in unserer Organisation Mitglieder für die überparteiliche Organisation zu werben oder zu versuchen, unsere Funktionärinnen von ihrer Parteiarbeit hinweg zu ziehen. – Es würde ein entsprechendes Rundschreiben vom Büro an die Bezirke gesandt werden.

---

28 Theanolte *Bähnisch* (1899-1973), Jurastudium, SPD, erste Verwaltungsreferendarin und Verwaltungsassessorin in Preußen, 1946-59 Regierungspräsidentin in Hannover, 1947 Vorsitzende des überparteilichen Frauenringes der Britischen Zone, 1949 Vorsitzende des Deutschen Frauenringes, 1959-64 Bevollmächtigte des Landes Niedersachsen in Bonn.
29 Vgl. Dok. 4, Anlage 3, S. 79 f.
30 In der Vorlage „1". In den Beiakten zum Protokoll befindet sich als „Anlage 1" ein einseitiger maschinenschriftlicher Auszug aus der Rede Schumachers während dieser Debatte, der hier als Anlage 3 publiziert wird.

Dokument 10, 31. Mai bis 2. Juni 1947

Zu **Punkt 1** (Vorbereitungen für den Parteitag)
Ollenhauer erläutert den Arbeitsplan (Anl. [4])[31], die Sondertagungen zum Parteitag (Anl. [5])[32] und die Vorschläge zum kulturpolitischen Ausschuß (Anl. [6])[33]. Die Vorschläge des Büros wurden gutgeheißen.

Ein weiterer Vorschlag des Büros geht dahin, die Zahl der Mitglieder des PV (jetzt 26, davon 5 besoldete) auf 30 zu erhöhen, darin inbegriffen 8 besoldete. Als weitere besoldete Mitglieder werden vorgeschlagen: Hertha *Gotthelf* (als Leiterin des Frauenbüros), Egon *Franke* (Bez. Hannover) für die Organisationsarbeit – die bisher von *Ollenhauer* und *Nau* geleistet wurde – und den künftigen Leiter der Gewerkschafts- und Betriebsarbeit (evtl. unter Einbeziehung eines Teiles der sozialpolit. Arbeit).

In der sich anschließenden lebhaften *Diskussion* wurde u.a. der Standpunkt vertreten, daß der PV mit 30 Mitgliedern zu groß sei und daß die Zusammensetzung nach landsmannschaftlichen Gesichtspunkten vermieden werden müsse. Die Erklärung **Schumachers**, daß die Verhältniszahl zwischen besoldeten und unbesoldeten Mitgliedern 1 : 2 sein dürfe, fand Zustimmung. Die Aufnahme Herta *Gotthelfs* [in den][34] PV wurde gebilligt, dagegen löste der Vorschlag auf Einbeziehung Egon *Frankes* und des *zukünftigen Betriebsarbeitsleiters* eine längere Diskussion aus. Ein Teil der Kritik richtete sich dagegen, daß Referatsleiter PV-Mitglieder werden, weil sie die Auffüllung des PV mit Sachgebietsbearbeitern für ungesund hielten. Kritisiert wurde auch, daß Genossen, die nur wenig bekannt oder – wie im Falle des Leiters der Betriebsarbeit – noch nicht gefunden sind, als Mitglieder des PV empfohlen werden.

In der Debatte wurde auch die Frage der Gehälter der PV-Mitglieder und der Sekretäre angeschnitten, wobei die Auffassung vorherrschend war, daß die Gehälter zu niedrig seien. Die Angabe **Meitmanns**, daß in Hamburg alle Sekretäre RM 500,– erhielten, erfuhr durch Zwischenruf insofern eine Berichtigung, als daß bekannt wurde, daß die Hamburger Parteizeitung monatlich noch RM 200,– dazuzahle. **Nau** forderte in der Frage der Gehälter eine Ermächtigung der Kontrollkommission, eine Neuregelung treffen zu dürfen.

Ollenhauer faßte das Ergebnis der Diskussion wie folgt zusammen: Der PV billigt die Erhöhung der Mitgliederzahl auf 30, die Erhöhung der Zahl der besoldeten Mitglieder auf 8, die Aufnahme Herta *Gotthelfs*; der PV wünscht, daß Egon *Franke* zunächst einmal vorgestellt wird, daß die Frage der Aufnahme des Betriebsarbeitsleiters erst nach Finden der Person diskutiert wird.

Weiter war in der Diskussion bemängelt worden, daß die Personalpolitik des PV zu wenig bekannt sei. Die Diskussion führte zu einem Beschluß, die *Angestelltenverhältnisse im Büro* durch eine *Kommission* prüfen zu lassen. Als Mitglieder dieser Kommission wurden gewählt: *Schönfelder, Gnoß, Meitmann, Görlinger, Knothe.*

---

31 In der Vorlage „2".
32 In der Vorlage „3".
33 In der Vorlage „4".
34 In der Vorlage „im".

Dokument 10, 31. Mai bis 2. Juni 1947

Ollenhauer stellte dazu abschließend nochmals fest, daß es grundsätzlich dem Büro vorbehalten bleibe, Anstellungen vorzunehmen, und die Kommission lediglich die Aufgabe habe, den gegenwärtigen Personalstand zu überprüfen.

Zu **Punkt 6** (Vorschläge für die Zusammensetzung des Reichsausschusses für soz. Kulturarbeit)
Das Büro wird ermächtigt, die in der Anl. [6] genannten Genossen zu laden.

Zu **Punkt 2** (Fragen der überzonalen Zusammenarbeit)
Der Punkt wird durch die vorangegangene Ministerbesprechung (am 31.5. und 1.6.) als erledigt angesehen.[35]

Anlage 1
Das Kommuniqué der Sitzung des Parteivorstandes
Sopade Informationsdienst Nr. 188 v. 4.6.1947

Der für Ende Juni nach Nürnberg einberufene Parteitag der SPD, an dem in größerer Zahl auch Gäste aus dem Ausland teilnehmen werden, wurde in einer Sitzung des Vorstandes der Partei vorbereitet, die am 1. und 2. Juni in Frankfurt am Main stattfand.

Eine Reihe von organisatorischen Fragen wurde in vielstündigen Beratungen mit dem Ziel erörtert und entschieden, die Partei zu stärken und auszubauen. Dabei wurde u.a. die Stellungnahme der SPD zu den überparteilichen Frauenorganisationen geklärt und festgelegt. Es wurde die Praxis des überzonalen Zusammenwirkens für die Partei und für die politische, wirtschaftliche und kulturelle Arbeit überprüft.

Die SPD wird einen Reichsausschuß für sozialistische Kulturarbeit errichten, dessen Zusammensetzung vorgeschlagen wurde. An der in Zürich bevorstehenden internationalen Tagung der sozialistischen Parteien Europas werden offizielle Vertreter der SPD teilnehmen. Die Lage im Saargebiet war Gegenstand einer Aussprache, die erkennen ließ, daß die SPD in voller Einmütigkeit und mit ihrer ungeteilten Autorität die Bestrebungen zu bekämpfen gewillt ist, die eine, wenn auch nur teilweise Abtrennung des Saargebietes fördern.

---

35 Im Kommuniqué findet sich allerdings ein Satz, der auf eine Besprechung dieser Frage während der Erörterung der „Organisationsfragen" in der PV-Sitzung hinweist: „Es wurde die Praxis des überzonalen Zusammenwirkens für die Partei und für die politische, wirtschaftliche und kulturelle Arbeit überprüft."

Dokument 10, 31. Mai bis 2. Juni 1947

Anlage 2
Stellungnahme Schumachers zur bevorstehenden gesamtdeutschen Ministerpräsidentenkonferenz in einer Rundfunkrede am 31. Mai 1947
Abdruck der Rede über Radio Frankfurt, Sozialdemokratischer Pressedienst Nr. 44 v. 3.6.1947, S.1 a-d[36]

Die Sozialdemokratische Partei Deutschlands ist dieselbe Partei in allen Zonen. Ihre aus der Geistesgeschichte des demokratischen Sozialismus in Deutschland und aus einer Analyse der neuen Situation erwachsene Überzeugung trifft nun mit vier verschiedenen politischen, staatsrechtlichen, ökonomischen und kulturellen Konzeptionen der großen Siegermächte zusammen.

Die Zonengrenzen scheiden heute nach Form und Inhalt mehr, als es früher die Staatsgrenzen auf der europäischen Landkarte taten. Die Deutschen sind nun vor die Frage gestellt, zusammen zu arbeiten und aus den Erfahrungen und Vorbildern der Welt etwas Positives zu lernen oder einfach widerspruchslos in jeder Zone die Meinungen der betreffenden Siegermacht einfach zu imitieren.

Den tollsten Exzeß der sklavischen Nachahmung sehen wir bei der russisch kontrollierten kommunistischen SEP[37]. Daß dabei eine völlige Selbstaufgabe des deutschen Volkes und der deutschen Notwendigkeiten, ja, sogar der Ideen der internationalen Zusammenarbeit die Folge sein muß, wird durch ein Übermaß von nationalistischen Phrasen aus der Welt zu schaffen versucht.

Die Kommunisten sind heute in allen europäischen Ländern die unversöhnlichen und raffsüchtigen Nationalisten. Sie tragen damit auf Befehl die Elemente der Unruhe, der Desorganisation und der Lähmung in eine Periode des europäischen Aufbaus. Sie demonstrieren gegen den Hunger und schaffen alle Voraussetzungen für seine Dauer. Sie sabotieren Deutschland und proklamieren es.

Der Versuch, die politische Phraseologie, die sich im Schutze der Besatzungsmacht in der Ostzone monopolistisch geltend macht, auf ganz Deutschland zu übertragen, ist in Wahrheit der Versuch, Deutschland einseitig für eine Siegermacht gegen alle anderen Siegermächte zu engagieren.

Wir Sozialdemokraten wollen den Ausgleich mit Rußland. Aber wir können ihn nicht um den Preis der Verfeindung mit der ganzen Welt betreiben. Das deutsche Volk ist nicht das politische Kanonenfutter für den imperialen Expansionsdrang irgendwelcher Mammutreiche.

Die Intoleranz der Totalitären begeifert uns in solch einem Fall als „Antibolschewisten". Das ist falsch. Die Sozialdemokratie ist nicht antirussisch, aber sie ist prodeutsch. Und sie ist nicht für irgendeinen Nationalismus, sie ist für Frieden und Freiheit in der ganzen Welt.

---

36 Für einen vollständigen Abdruck der Rede vgl. auch K. Schumacher, Reden – Schriften – Korrespondenzen, S. 522-528.

37 Schumacher benutzte hier – wie auch sonst öfter führende Politiker der SPD – bewußt die Abkürzung „SEP", um der SED die Eigenschaft „deutsch" abzusprechen.

Die Sozialdemokratie wird nicht aufhören, für die Einheit Deutschlands zu kämpfen. Sie bejaht grundsätzlich den Gedanken einer nationalen Repräsentation durch die politischen Parteien. Aber diese politischen Parteien sind im Reichsrahmen noch nicht vorhanden. Wir meinen das nicht in dem engen formaljuristischen Sinne einer Lizenzierung durch die Sieger. Aber wir erklären die Unverzichtbarkeit der Forderung, in allen vier Zonen unter den gleichen Bedingungen der politischen Meinungs- und Aktionsfreiheit, der Rechtssicherheit und der staatsbürgerlichen Gleichberechtigung sich mit jedem politischen Gegner messen zu können.

Würden wir diese Forderung aufgeben oder auch nur schwächlich und blaß handhaben, dann würden wir in Wahrheit die nationale Einheit verraten. Es gibt keine Einheit, bei der der eine Teil des deutschen Volkes die relative Freiheit einer bestehenden Demokratie hat und der andere Teil Deutschlands unter dem Terror der Staatspartei einer Besatzungsmacht seufzt.

Das Verbot der Sozialdemokratie in der Ostzone ist keine Parteifrage. Es ist die Frage nach den Möglichkeiten der Demokratie auf deutschem Boden und damit die nationale Frage der Politik, und daß sie eine der wichtigsten Angelegenheiten der Welt ist, sei hier nur nebenbei bemerkt.

Wir müssen mit Bedauern feststellen, daß die Sozialdemokratie in diesem Kampf um das nationale Prinzip der Deutschen von den anderen Parteien weitgehend im Stich gelassen wurde. Daß die Kommunisten trotz ihrer Überproduktion an demokratischen Phrasen sich nicht für die Demokratie erklären würden, ist bei ihren Abhängigkeiten selbstverständlich. Daß aber auch die bürgerlichen Parteien die 17 Millionen Deutsche im Osten einfach ignorieren, ist peinlich und spricht nicht dafür, daß man Wesen und Notwendigkeiten der Demokratie in diesem Lande begriffen hat. Schließlich ist ja die kommunistische SEP nicht die einzige Nutznießerin der Unterdrückung der Sozialdemokratie in der Ostzone.[38]

Das Bemühen, eine Gesamtvertretung des deutschen Volkes durch die Länder zu schaffen, ist von vornherein zum Scheitern verurteilt. Der deutsche Gesamtwille kann nur direkt durch das ganze deutsche Volk aus seiner eigenen politischen Willensbildung und mit der Tendenz zu der eigenen entsprechenden Staatspersönlichkeit geformt werden. Ein Deutschland, das sich und seine Zuständigkeiten von irgendwelchen anderen Stellen ableitet, verleugnet sich selbst und ist lebens- und funktionsunfähig. Es kann nach dem furchtbaren Anschauungsunterricht des letzten Winters, der gezeigt hat, wie wenig die Länder imstande sind, die Probleme der Ernährung und Wirtschaftsbelebung zu meistern, nicht mit denselben Fehlern der Struktur und Organisation in den nächsten Winter gehen.

Die partikularistische Romantik ist die Erbin der dynastischen Aufspaltung Deutschlands. Ihre Lebenskraft ist nur so stark, als sie das konservative Prinzip der Besitzenden ist,

---

38 Schumacher spielt hier offensichtlich auf das relativ gute Ergebnis der CDUD und der LDPD bei den ersten Kommunal- und Landtagswahlen in der Ostzone an, bei denen diese noch mit eigenen Listen kandidieren durften und bei denen es der SED nicht überall gelang, die absolute Mehrheit zu gewinnen.

die von ihrem Besitz zu Gunsten der Allgemeinheit nichts abgeben, den Finanz- und Lastenausgleich verweigern und die armen Leute das Dritte Reich bezahlen lassen wollen.

Das lebendigste und stärkste Stück Verfassung in Deutschland ist der Wille zur nationalen, staatlichen, ökonomischen, sozialen und kulturellen Einheit. Neben ihm verblassen alle schon geschaffenen oder noch zu schaffenden Länderverfassungen, die zwangsläufig einen stark provisorischen Charakter tragen. Sie werden getrieben von den gleichbleibenden Tatsachen der Existenz des deutschen Landes, des deutschen Volkes und seinem Staatswillen. Sie ruhen nicht nur auf den ökonomischen, sozialen und ernährungsmäßigen Zwangsläufigkeiten. Sie ziehen ihr Leben auch aus dem Geschichtlichen und Politisch-Psychologischen. In einer Welt, in der sich Deutschland und selbst Europa als zu kleinräumig zur Bewältigung der lebensnotwendigen Aufgaben erweisen, kann man nicht doktrinär die Ländersouveränität praktizieren. Schließlich hat niemand das Recht, eines staatlichen Doktrinarismus wegen seine Mitbürger hungern zu lassen.

Die *Einladung zur Münchener Konferenz der deutschen Ministerpräsidenten* war eine Überraschung.[39] Wir sehen die Taktik der Husarenstreiche im Interesse des deutschen Volkes nicht gern. Es erinnert immer an die Praxis der kommunistischen SEP, wenn man ohne vorherige Fühlungnahme mit anderen Kräften als Exponent einer politischen Partei und eines Landes derartig eruptiv an die Öffentlichkeit tritt.

Wir Sozialdemokraten wollen die mangelnde politische und rechtliche Aktivlegitimation des Einladenden nicht zum entscheidenden Faktor unserer Beurteilung werden lassen. Schließlich sind ja allen Deutschen gewisse vitale Interessen gemeinsam, und man soll keinen Weg unversucht lassen, dem eigenen Volke und der Welt diese Gemeinsamkeit und Notwendigkeit mit möglichstem Nachdruck vor Augen führen.

Es steht noch nicht fest, ob die Ministerpräsidenten der Ostzone erscheinen. Ihre Gegenbedingungen, die die absolute Herrschaft der Maximen der kommunistischen Politik bedeuten würde, sind zwar gestellt.[40] Es liegt aber im Wesen einer totalitären Technokratie auch in der Politik, daß ihre Programme nichts und die Gefolgschaft der Massen für die Programme alles bedeuten. Für sie ist alles Propaganda und die Propaganda heißt Auswechselbarkeit des Standpunktes. Das Nein von heute ist das Ja von morgen.

---

39 Für einen Abdruck der Einladung des bayerischen Ministerpräsidenten Hans Ehard vom 7.5.1947 an die Ministerpräsidenten der Länder der vier Besatzungszonen zu einer Konferenz am 6. und 7. Juni in München, die der Beratung von Maßnahmen zur Verbesserung der Versorgungslage, aber auch der Ebnung des Weges für eine „Zusammenarbeit aller Länder Deutschlands im Sinne wirtschaftlicher Einheit und künftiger politischer Zusammenfassung" dienen sollte, vgl. Wilhard Grünewald, Die Münchener Ministerpräsidentenkonferenz 1947, Meisenheim a. Glan 1971, S. 499.

40 Am 28. 5. 1947 schickten die 5 Ministerpräsidenten der Länder der Ostzone ein Telegramm an Ministerpräsidenten Ehard, in dem sie ihre Bereitschaft zur Teilnahme an der Münchener Konferenz erklärten, gleichzeitig aber baten, noch einmal ihre schon vorher gemachten Vorschläge zu überprüfen, ob nicht zu dieser Konferenz Vertreter der Parteien und Gewerkschaften hinzugezogen werden sollten, ob nicht der Tagungsort nach Berlin verlegt werden sollte, und ob nicht in den Mittelpunkt der Tagesordnung die Schaffung der wirtschaftlichen und politischen Einheit Deutschlands gestellt werden sollte, vgl. d. Abdruck d. Telegramms, dessen Inhalt sofort veröffentlicht wurde, bei W. Grünewald, S. 506 f.

Dokument 10, 31. Mai bis 2. Juni 1947

Wir würden es begrüßen, wenn die Ministerpräsidenten der Ostzone in München erscheinen würden. Wir halten es [für] selbstverständlich, daß sich die anderen Ministerpräsidenten nicht vom totalitären Lärm der schwarz-weiß-roten Kommunisten erpressen lassen. Für ebenso selbstverständlich erachten wir aber auch, daß sie nicht mit einer staatsrechtlichen Konzeption für Deutschland antworten, die föderalistisch ist. Die Münchener Konferenz soll praktische Erfolge bringen. Voraussetzung dazu ist die kluge Selbstbeschränkung auf die Erörterung der Nöte des Tages und ihre Überwindung mit konkreten und möglichen Mitteln. Das deutsche Volk ächzt unter untragbaren Bürden. Es will, daß die Regierungen der Länder ihm helfen, den vorhandenen Notstand zu überwinden.

Jeder denkbare Erfolg wäre aber vereitelt, wenn Themen diskutiert würden, die mit den aktuellen Sorgen des Lebens nichts zu tun haben. Niemand ist in München dazu legitimiert, die Möglichkeiten einer zukünftigen Reichsverfassung auch nur in der Tendenz vorwegzunehmen.

Niemand kann auch das Verhältnis der Länder zum Reich oder gar ein internationales Recht der Länder dort fixieren. Niemand unter den hohen Funktionären der öffentlichen Versammlung kann auch die Politik der Sozialdemokratischen Partei gegenüber anderen Parteien festlegen.

Wir sind jetzt in einen entscheidenden Abschnitt der Nachkriegsentwicklung eingetreten. Entscheidend für das deutsche Volk, entscheidend aber auch für die Siegermächte. In Deutschland ist man bei aller Anerkennung der Schuld des Dritten Reiches und der Leistungen gerade Amerikas und Großbritanniens für das deutsche Volk doch der durchaus berechtigten Meinung, daß viel [vermeidbares][41] Unheil eingetreten ist. Jetzt kommt es auf die Schnelligkeit, die Stärke und Eindeutigkeit des Entschlusses der Sieger an, eine progressive ökonomische Politik gegenüber den Deutschen einzuleiten. Das Tempo und der Nachdruck der Aktion sind seelisch, politisch und materiell gewiß keine Fehlleitungen der heute für die Gestaltung Europas entscheidenden Kraftzentren.

Die Sieger werden jetzt Proben auf das Exempel ablegen können. Es geht vor allem um die Sicherung der Ernährungslage. Der Hunger hat bei einem großen Teil des deutschen Volkes alles vorstellbare Maß überstiegen und droht, die politische Erkenntnis und den guten politischen Willen zu lähmen. Man sollte auch nicht den Fehler begehen, die Hausbrandversorgung zu stoppen. Im anderen Falle wird von den frierenden Massen im nächsten Winter das Mehrfache an Kohlen geraubt werden, von denen dann 60 % und mehr wieder auf dem Schwarzen Markt erscheinen. Die nachdrückliche und sofortige Belebung des Exports ist die entscheidende Frage. Der erklärliche und zum Teil zwangsläufige Wunsch, selbst auf den internationalen Absatzmärkten möglichst stark zu erscheinen, muß sich mit den deutschen Notwendigkeiten der Ausfuhr auf einen einheitlichen Nenner bringen lassen.

In den vergangenen beiden Jahren sind die Deutschen oft genug die Feinde der Deutschen gewesen. Von den Möglichkeiten, die ihnen jetzt durch die Stärkung und Belebung der Bizone geboten werden, müssen sie den richtigen Gebrauch machen. Eine kraftvolle

---

41 In der Druckvorlage: „unvermeidbares".

deutsche Wirtschaft im Westen ist die erste Voraussetzung der deutschen Einheit. Nach der furchtbaren Entleerung der Ostzone von industriellen Produktionsmitteln wird der deutsche Westen einmal seine Aufgabe darin sehen müssen, das ökonomische Vakuum des Ostens auszufüllen. Wie entsetzlich die Leere ist, werden wir hoffentlich aus dem Mund der Ministerpräsidenten der Ostländer erfahren, die uns einmal in absoluten Zahlen erklären werden, was demontiert worden ist, welche Produktionsmittel noch zur Verfügung stehen und welche praktischen Beihilfen in Sachen der Ernährung die Ostzone gegen industrielle Güter des Westens auszutauschen gewillt ist.

Als maßgebender Faktor der westdeutschen Wirtschaft erscheint jetzt der Wirtschaftsrat. Seine Kompetenzen werden die Zuständigkeiten aller bizonalen Ämter umfassen. Über kurz oder lang wird er sämtliche Gebiete der deutschen Wirtschaftspolitik umklammern. Es kommt auf seine Kraft und seine Initiative an.

Wenn neben dem Wirtschaftsrat ein Exekutivkomitee von den Vertretern der acht Länder steht, das die Direktoren der Exekutive überwacht, so bedeutet dies genau wie der andere Umstand, daß der Wirtschaftsrat von den Landtagen gewählt wird, eine starke ländermäßige Fundierung. Grundsätzlich anders könnte es nur sein, wenn wir ein zentrales aus direkten Wahlen hervorgegangenes Westparlament hätten. Das können wir nicht wollen und wollen wir nicht, weil wir den Weg zur deutschen Einheit offenhalten wollen.

Daß aber die Überwindung der alten Länderpolitik gewollt ist, zeigt die Tatsache, daß der Wirtschaftsrat den Ländern und ihren Parlamenten nicht verantwortlich ist, und daß seine Abgeordneten nicht zur gleichen Zeit Landtagsabgeordnete sein oder bleiben können. Es setzt sich hier die Praxis des Grundsatzes durch: „Reichsrecht bricht Landesrecht".

Es läßt sich nur schwer verstehen, daß gegenüber den Notwendigkeiten eines hungernden Volkes und einer zerbröckelnden Wirtschaft der Ministerpräsident eines Landes keine andere Sorge hat als die, die Tätigkeit des Wirtschaftsrates und der wirtschaftlichen Vereinigung auf die Periode nach dem eventuellen Scheitern der Londoner Novemberkonferenz zu verschieben.[42]

Es hat noch keine Situation seit dem Zusammenbruch des Dritten Reiches gegeben, die soviel schicksalsschwere Klarheit des Blicks und Mut zur Verantwortung verlangt hat.

Wir können in der Bizone nicht vierzig Millionen hungern lassen. Wir müssen alles tun, um einen zweiten Winter wie den vorhergegangenen zu vermeiden. Menschlichkeit, wirtschaftliche und politische Einheit schreiben hier die Linie vor. Wir tun es aber nicht, um des Westens, wir tun es um des ganzen Deutschland Willen. Es gibt für deutsche Sozialdemokraten keinen politischen Gedanken, der sich nicht immer wieder mit der stummen Armee in der östlichen Besatzungszone befaßt. Es gibt keine Politik, in der nicht die Hoffnung und der unbeugsame Wille zu ihrer Rückgewinnung, ihrer ökonomischen und politischen Freiheit die maßgebenden Momente sind.

---

42 Gemeint ist wahrscheinlich der bayerische Ministerpräsident Ehard, der – als einziger Regierungschef eines Landes der US-Zone – nach der Bekanntgabe der Errichtung des Wirtschaftsrates Anfang Juni Bedenken gegen diese Institution geäußert hatte, die sich allerdings primär gegen eine Beschränkung der Länderhoheit richteten, vgl. Akten z. Vorgeschichte, Bd. 2, Januar - Juni 1947, bearbeitet von Wolfram Werner, München-Wien 1979, S. 472, Anm. 8.

Anlage 3
Auszug aus der Stellungnahme Schumachers in der PV-Sitzung zur Frauenfrage
Hektogr. Text in den Beiakten zum Protokoll der Sitzung (1 S., Überschrift: „Auszug aus einer Rede Dr. Schumachers in der P.V. Sitzung in Frankfurt am Main am 2.Juni 1947.")

Die Zugehörigkeit zu einer selbständigen Frauenpartei oder zu einer eindeutig von der Politik einer gegnerischen Partei bestimmten Organisation läßt sich mit der Mitgliedschaft in der Sozialdemokratischen Partei nicht vereinbaren. Die Tätigkeit in anderen Sonderorganisationen der Frauen hängt von dem freien persönlichen Entschluß der dort arbeitenden weiblichen Parteimitglieder ab. Man soll sich allerdings nicht vorstellen, daß eine Sonderorganisation etwa der Art, wie sie von der Genossin [Theanolte *Bähnisch*][43] beeinflußt wird, von vornherein das darstellt, was der alte Theodor *Bömelburg*[44] in bezug auf die Gewerkschaften von 1914 „eine Rekrutenschule der Sozialdemokratie" genannt hat. Ein großer Teil der Madames, die dort hinkommen, sind politisch nicht so ohne weiteres formbar, sondern kommen mit sehr selbstsicheren Allüren der gesellschaftlichen Distinktion und des eigenen politischen Werbewillens. In einem großen Teil von ihnen steckt noch der Geist der früheren Vaterländischen Frauenvereine, in einem anderen der kommunistische Eroberungswille. Das Agitationsfeld für die Sozialdemokratinnen ist also recht beschränkt, und in den meisten Fällen werden wir nicht über eine sogenannte Kontaktpolitik hinauskommen. Die Streitfrage ist nun, inwieweit die Kräfte unserer Funktionärinnen dafür in Anspruch genommen werden können. In erster Linie stehen sie der Arbeit innerhalb und für die Sozialdemokratische Partei zur Verfügung. Eine Beeinträchtigung dieser Arbeit darf in keinem Fall eintreten. Es ist nicht richtig und muß zurückgewiesen werden, wenn einzelne Genossinnen unter dem Anschein, im Auftrage der Parteileitung zu handeln, ihre interne Kenntnis des Parteiapparates und der Adressen ausnützen, um die Arbeit in den Sonderorganisationen der Frauen als besonders wichtig, ja als wichtigste Aufgabe überhaupt, hinzustellen. In welchem Umfang und durch welche Persönlichkeiten die Kontaktpolitik mit dem Versuch agitatorischer Ausstrahlung in den Sonderorganisationen unternommen wird, muß in jedem Fall Gegenstand wohlausgewogener Vereinbarungen auf lokaler, bezirklicher oder höherer Ebene sein. Dabei wird sich herausstellen, daß sich die Tätigkeit in dem einen oder in dem anderen Rahmen aus der Differenzierung der menschlichen Typen ergibt. Es gibt Genossinnen, die ihrer Anlage nach für die eine oder andere Aufgabe besonders prädestiniert sind. Man soll an jeder in Frage kommenden Stelle darüber unpolemisch reden. Man darf aber in keinem Fall vergessen, daß auch die sozialdemokratische Frau in erster Linie Sozialdemokratin ist und daß die Aufgaben der Partei niemals beeinträchtigt werden dürfen.

---

43 In der Vorlage „Thea Nolte Bähnisch".
44 Theodor *Bömelburg* (1862-1912), Maurer, 1886 Mitbegründer des Maurer-Fachvereins in Bochum, 1894-1912 Vors. d. dt. Maurer-/Bauarbeiterverbandes, 1903-12 MdR, 1904-07 MdL (HH).

Dokument 10, 31. Mai bis 2. Juni 1947

Anlage 4
„Vorschlag für den Arbeitsplan des Parteitags"
Beilage („2") zum Protokoll der PV-Sitzung (Maschinenschriftl. Text mit handschriftl. Ergänzungen, 1 S.)

Sonnabend, 28.6.: 10,00 Uhr Sitzung des PV[45] 15,00 Uhr Sitzung des PA, 20,00 Uhr Kundgebung auf dem Hauptmarkt und Versammlungen außerhalb
Sonntag, 29.6.
10,00 Uhr Eröffnung[46] des Parteitages, 15,00 - 18,30 Uhr Referat Schumacher und Diskussion, 20,00 Uhr Besprechung der Landsmannschaften
Montag, 30. Juni
9,00 - 13,00 Uhr Fortsetzung der Diskussion, 15,00 - 18,30 Uhr Berichte und Diskussion, 19,30 Uhr Empfang durch die Stadt – Aufführung der Neunten Symphonie
Dienstag, 1.7.
9,00 - 13,00 Uhr Referat Menzel und Diskussion, 15,00 - 18,30 Uhr Anträge, Wahlen
Mittwoch, 2.7.
9,00 - 14,00 Anträge, Abschluß

Anlage 5
„Sondertagungen zum Parteitag"
Beilage („3") zum Protokoll der PV-Sitzung (Maschinenschriftl. Text, 1 S.)

1.) Konferenz der **Flüchtlingsreferenten** der SPD am 8. Juni in Unna, Tagesordnung: 1. Flüchtlingsarbeit der SPD und die Aufgaben der Flüchtlingsreferenten (Referent: Ernst *Zimmer*); 2. Die Bodenreform und ihre Auswirkungen auf das Flüchtlingsproblem (Referent: Herbert *Kriedemann*

2.) Tagung des **Kommunalpolitischen Ausschusses** der SPD am 11. und 12. Juni in Bad Vilbel, Tagesordnung: 1. Die Bedeutung der Bestimmungen über die Gemeindewirtschaft in der Gemeindeordnung, 2. Probleme grundlegender Bedeutung für die Gestaltung des Selbstverwaltungsrechts, 3. Probleme der Staatsaufsicht/ Mittelinstanzen, 4. Das Polizei-Problem (Bezirk, Kreis, Stadt), 5. Beamtenfragen im Kommunalwesen, 6. Gemeinde-, Kreis-, Städteordnung, 7. Koordinierung der Fachausschüsse der Landtagsfraktionen

3.) **Wirtschaftspolitische Tagung** der SPD am 19. u. 20. Juni in Bad Wildungen, Tagesordnung: 1. Bindung und Freiheit in der sozialistischen Wirtschaft (Referent: Prof. Dr. Erik *Nölting*), 2. Sozialistischen Wirtschaftsplanung und Wirtschaftsverwaltung (Referent: Dr. Victor *Agartz*),

4.) **Agrarpolitische Tagung** der SPD am 24. und 25. Juni in Offenbach a.M., Tagesordnung: 1. Sozialdemokratische Agrarpolitik in der Gegenwart (Referent: Herbert *Kriede-*

---
45 Zu dieser und der folgenden Zeitangabe handschriftliche Ergänzung: „Rathaus".
46 Handschriftliche Ergänzung: „u. Konstituierung".

mann), 2. Tagespolitische Aufgaben der landwirtschaftlichen Planung und Verwaltung (Referent: Hans *Podeyn*)

5.) Kulturpolitische Tagung der SPD am 26. und 27. Juni in Erlangen, Tagesordnung: 1. Totalitarismus (Referent: Dr. Carlo *Schmid*), 2. Erziehungsreform (Referent: Dr. Adolf *Grimme*)

6.) Reichsfrauenkonferenz der SPD am 26. und 27. Juni in Fürth, Tagesordnung: 1. Die Stellung der Frau in der Gegenwart (Referent: Louise *Schroeder*), 2. SPD und Frau (Referent: Erich *Ollenhauer*), 3. Organisationsfragen (Referent: Herta *Gotthelf*)

Anlage 6
Vorschläge der Sozialistischen Kulturzentrale für den zentralen kulturpolitischen Ausschuß
Beilage („4") zum Protokoll der PV-Sitzung (Maschinenschriftl. Text mit handschriftl. Ergänzungen)[47]

*1)	August Albrecht	Hannover
2)	Dr. [Paul - F.] Berger	Wesel
3)	Prof. Dr. [Eduard] Brenner[48]	Erlangen
*4)	Willi Eichler	Köln
5)	Prof. Franz Feldens	Essen
8)	Oberbürgermeister Gayk	Kiel[49]
*7)	Dr. Adolf Grimme	Hannover
8)	Manfred Hausmann	Worpswede[50]
*9)	Arno Hennig	Hannover
*10)	Waldemar von Knoeringen	München
*11)	Walter May[51]	Berlin
*12)	Ludwig Metzger	Darmstadt
13)	Stud. jur. [Karl-Heinz] Müller	Frankfurt[52]
*14)	Dr. Siegfried Nestriepke	Berlin
15)	Dr. Erik Nölting	Düsseldorf
16)	Prof. Dr. [Erich] Obst[53]	Hannover

---

47 Von der im folgenden abgedruckten Vorschlagsliste traten 15 Personen endgültig in den Kulturpolitischen Ausschuß ein (vgl. Jb. SPD 1947, S.35). Sie werden im folgenden mit einem Sternchen versehen. Dazu kamen noch vier Personen, die in der Vorschlagsliste nicht aufgeführt werden. Sie werden am Schluß der Liste genannt.

48 Handschriftlich durchgestrichen. Eduard *Brenner* (1888-1970), Anglist, 1926-33 Prof. an der Hochschule für Wirtschaft und Sozialwissenschaften in Nürnberg, 1945 Univ. Professor in Erlangen, 1950 StSekr. im bayer. Kultusministerium (SPD).

49 Handschriftlich durchgestrichen.

50 Der Schriftsteller Manfred *Hausmann* (1898-1986) lebte seit Ende der 20er Jahre in Worpswede bei Bremen.

51 Walter *May*, geb.1900, Lehrer, nach 1945 Schulleiter und Schulrat in Berlin, 1946-50 Stadtverordneter (SPD).

52 Karl-Heinz *Müller* (geb. 1921) war Mitbegründer und Vorsitzender der Frankfurter Gruppe des SDS.

Dokument 10, 31. Mai bis 2. Juni 1947

*17) Dr. Guntram Prüfer	Hamburg
18) Dr. [Dieter] Roser	Tübingen
*19) [Dr.] Carlo Schmid	Tübingen
*20) Dr. Klaus-Peter Schulz[54]	Berlin
*21) Prof. [Dr.] Anna Siemsen[55]	Hamburg
22) Prof. [Dr.] [Reinhard] Strecker[56]	Gießen
23) Hildegard Wegscheider[57]	Berlin
*24) Hans Wehn	Hamburg
[25) Prof. Dr. R. Strecker	Giessen][58]
26) Fritz Sänger	Hannover
27) Ernst Tillich[59]	Berlin
28) Paul Rhode[60]	Recklinghausen
*29) Jupp Kappius[61]	Bochum
30) Friedr. Wilhelmsen	Garching
31) Prof. Katharina Petersen[62]	Hannover
32) [Erhard] Schneckenburger[63]	Stuttgart

53 Erich *Obst* (1886-1981), Geograph, Univ. Prof., 1921-38 u. 1945-51 TH Hannover, 1938-45 Univ. Breslau, vor 1933 DDP (RT-Kandidat), 1946 SPD.

54 Klaus-Peter *Schulz*, geb. 1915 in Berlin als Sohn des sozialdemokratischen Spitzenpolitikers Heinrich Sch. (1872-1932), Medizinstudium, Dr. med., 1931 SPD, nach 1945 Redakteur und Publizist, 1965-80 MdB, 1971 aus der SPD aus- und in die CDU eingetreten.

55 Anna *Siemsen* (1882-1951), Lehrerinnenausbildung, Studium, Dr. phil., 1919 USPD, 1921-23 Oberschulrätin in Berlin, 1923-32 Honorarprofessorin für Pädagogik an der Univ. Jena, 1932 entlassen, 1933 Emigration in die Schweiz, 1945 Rückkehr nach Deutschland, 1946 Leiterin des Hamburger Instituts für Lehrerbildung, zugleich Dozentin f. Lit. u. Pädag. an der Univ. Hamburg, aktiv in der sozialist. Europabewegung.

56 Im Text versehentlich „Reinhold". Reinhard *Strecker* (1876-1951), Studium d. Geschichte, Germanistik u. Geographie, 1901 Dr. phil., vor 1918 Fortschrittliche Volkspartei, 1917 Habilitation, Dozent f. Philos. an d. Univ. Gießen, 1918 DDP, 1919-21 MdL u. Kultusminister (Hessen), 1922 SPD, 1924-25 MdL (Hessen), 1946-51 Honorarprofessor an der Univ. Gießen, Febr. 1951 Ausschluß aus der SPD wg. Zugehörigkeit zum „Nauheimer Kreis".

57 handschriftlich durchgestrichen. Hildegard *Wegscheider* (1871-1953) Lehrerin – Schulrätin in Berlin, vor 1914 SPD, 1919-33 MdL (Preußen), 1945/46 Wiederaufbau d. SPD in Berlin – gegen Vereinigung mit d. KPD, 1946-50 Mitgl. d. Bezirksvertretung B.- Wilmersdorf.

58 Mit Nr. „25" beginnen die handschriftlichen Ergänzungen der Liste, wobei es sich bei dieser Nummer offensichtlich um eine Doppelnennung handelt (vgl. Nr. 22).

59 Ernst *Tillich* (1910-1985), Studium der Theologie, Pfarrer, nach 1945 SPD, Publizist, 1949-52 Dozent an der DHfP in Berlin, 1950-58 „Politischer Leiter" der „Kampfgruppe gegen Unmenschlichkeit" (KgU), 1952 aus der SPD ausgeschlossen.

60 Paul *Rhode* (1877-1965), Lehrer, vor 1933 SPD, 1945-48 Vors. d. UBez. Recklinghausen, 1946-50 MdL (NRW).

61 Josef (Jupp) *Kappius* (1907-67), geb. in Bochum, Technischer Zeichner, SAJ, ISK, 1937 Emigration, 1944 Illegale Rückkehr nach Deutschland, 1945 Bochum, SPD, 1946 Bildungssekretär d. Bez. Westl. Westfalen, 1954-66 MdL (NRW).

62 Katharina *Petersen*, geb. 1889 in Rendsburg, 1946-54 Leiterin der Abteilung für Allgemeinbildende Schulen im niedersächsischen Kultusministerium.

63 In der Vorschlagsliste nur „Schneckenburger Württemberg-Baden". Erhard *Schneckenburger* (1894-1959), Lehrer, SPD, 1930-33 MdL (Württ.), 1945 Leiter der Abteilung Volks-, Mittel. und Sonderschulen im württ.-bad. Kultusministerium, 1946-50 MdL.

33) August Steppert   Laatzen
*34) Toni Jensen[64]   Kiel
35) Prof. Dr. [Hans, ?] Peters   Tübingen[65]

Vier Mitglieder des späteren Kulturpolitischen Ausschusses (Borinski, Schult, Winkler und W. Wolff) wurden noch nicht in der Vorschlagsliste genannt.[66]

---

64 Toni (Thomasine) *Jensen* (1891-1970), Volksschullehrerin in Kiel, 1919-33 Stadtverordn. (SPD), 1921-33 MdL (Preußen); 1947-56 Stadtschulrätin in Kiel, 1959-70 Ratsherrin in Kiel.
65 Es folgte dann noch als Gesamtzahl der Vorschläge handschriftlich nicht ganz korrekt „30".
66 Vgl. die Liste der Mitglieder, Jb.SPD 1947, S. 35. Vgl. auch Dok. 16, S. 303.

Dokument 11, 28. Juni 1947

Nr. 11
Sitzungen der obersten Parteigremien am 28. Juni 1947 in Nürnberg

[A] Sitzung des Parteivorstandes und der Kontrollkommission
AdsD: SPD-*Parteivorstand, 2/ PVAS 0000659, Sitzungen d. PV u. d. PA, 28.6.1947 (Maschinenschriftl. Prot. d. Sitz. d. PV, 5 S., Überschrift: "Sitzung des Parteivorstandes am 28. Juni 1947 in Nürnberg")*[1]

Leitung der Sitzung: Erich Ollenhauer
Anwesend: siehe Liste

[**Teilnehmer/Teilnehmerinnen, nach Funktionen geordnet:**[2]
PV[3]: *Schumacher, Ollenhauer, Heine, Kriedemann, Nau, Baur, Beyer, Bögler, Eichler, Gayk, Gnoß, Görlinger, Grimme, Gross, Helmstädter, Henßler, Kaisen, Knothe, Loßmann, Meitmann, Menzel, Metzger, Selbert, Veit*
KK: *Schönfelder, Bratke, Damm*[4], *Höcker, Richter, Seeser, Steffan, Ulrich, Wittrock*
Vertreter des Landesverbandes Berlin: *Neumann, Schroeder*
Referenten des PV und Kandidaten für das "Büro": *Brost, Franke, Gotthelf*]

Tagesordnung[5]:
1) Vorbereitung des Parteitages
2) Internationale Konferenz in Zürich

Zu Punkt 1 (Vorbereitung des Parteitages)
Ollenhauer begründet zunächst die Einladung der großen Zahl von Gastdelegierten. Früher sei das nicht üblich gewesen. Der PV hielte es jedoch für wichtig, daß alle an verantwortlichen Stellen tätigen Genossen die Möglichkeit der Kontaktnahme mit den Delegierten erhalten.

Weiter gibt Ollenhauer davon Kenntnis, daß die *Partei der Saar* beschlossen habe, sich als selbständige Partei zu konstituieren. Der Meinberger Beschluß sei also nicht akzeptiert

---

1 Die Einladung zu dieser Sitzung mit Bekanntgabe der vorläufigen Tagesordnung erfolgte durch das Rundschreiben 20/47 des Referats „Organisation/Kasse", unterschrieben von E. Ollenhauer, vom 5. 6. 1947, das in den Beiakten zum Protokoll erhalten geblieben ist.
2 Für die folgenden Angaben vgl. die Anwesenheitsliste in den Beiakten zum Protokoll und Angaben im Protokoll der Sitzung und im Protokoll des Parteitages.
3 Von den Mitgliedern des PV fehlte *Agartz*. Zum Ausscheiden von *Nölting* aus dem Parteivorstand Anfang 1947 vgl. Einleitung, Kap. I 1 a. *Kriedemann* trug sich nur in die Anwesenheitsliste der gemeinsamen Sitzung von PV, PA und KK ein. *Eichler* wird nur in der gedruckten Anwesenheitsliste des Parteitages als anwesendes Mitglied des PV genannt, beteiligte sich aber an dieser Sitzung.
4 Nur in der gedruckten Anwesenheitsliste des Parteitages als anwesendes Mitglied der KK genannt, Prot. SPD-PT 1947, S. 236.
5 Wortlaut nach der vorläufigen Tagesordnung vom 5. 6. 1947.

worden.⁶ Die Genossen von der Saar würden daher als Gastdelegierte auftreten. Ollenhauer schlägt vor, den Beschluß der Saargenossen zur Kenntnis zu nehmen und keine Protestaktionen zu veranlassen.

Gayk ist der Auffassung, daß man an der Tatsache nicht einfach vorbeigehen könne. Er zieht einen Vergleich mit der Flensburger Situation.⁷

Henßler schlägt vor, den Saarländern auch das Recht der Gastdelegation zu nehmen.

Görlinger schließt sich dem an.

Anna Beyer hält eine Parteitagsdiskussion für unsinnig.

Eichler regt an, daß die Mitglieder des separatistischen Mouvement⁸ nicht als Gastdelegierte zugelassen werden.

Heine hält jeden Versuch, die Saargenossen zu beeinflussen, für hoffnungslos. Er ist der Meinung, daß die Zulassung der Saargenossen einer Verwerfung der Meinberger Beschlüsse gleichkäme.

Ollenhauer erklärt, daß wir das Problem nicht mit organisationstechnischen Maßnahmen lösen können. Wir können die Frage auch nicht auf dem Parteitag diskutieren, doch sollten wir den Saargenossen keinen Zweifel über unsere Auffassung lassen. Unter Vorbehalt weiterer Schritte sollten wir heute auf jeden Fall die Saarländer als Gäste akzeptieren.

Gayk betont nochmals, daß sich der Parteitag mit der Frage zu befassen hätte.

Schumacher erklärt, daß das Saarland keine autonome Gebietskörperschaft sei. Ein Mitglied der MRS⁹ sei als Gastdelegierter auf dem Parteitag nicht akzeptabel. Wir sollten den vier Delegierten die Frage nach der Mitgliedschaft vorlegen und entsprechend handeln.

Ollenhauer schlägt ebenfalls vor, daß man diese Frage stelle. Die Mandatsprüfungskommission solle dann in ihrem Bericht die Situation klar kennzeichnen.

Der PV erklärt sich einverstanden.¹⁰

Ollenhauer schlägt eine *Erweiterung der Tagesordnung* vor – mit einem Bericht des agrarpolitischen Ausschusses und einem Bericht des sozialpolitischen Ausschusses. Als Berichterstatter werden vorgeschlagen:

    1. Wirtschaftspolitik   Dr. Erik *Nölting*
    2. Kulturpolitik   Arno *Hennig*
    3. Agrarpolitik   Herbert *Kriedemann*
    4. Sozialpolitik   Dr. Paul *Nevermann*.

Der PV ist einverstanden.

---

6 Zum Beschluß der gemeinsamen Sitzung des PV und des PA vom 23. und 24. 4. 1947 in Bad Meinberg zur Saarfrage vgl. Dok. 9 B, S. 209 u. Dok. 9, Anlage 4, S. 215. Zur Haltung der SPD-Führung zur Saarfrage und zur dortigen sozialdemokratischen Partei vgl. Einleitung Kap. II 1 c.
7 Zum Ausschluß der Flensburger Sozialdemokraten aus der SPD im Juli 1946 vgl. Einl. Kap. II 1 c.
8 Gemeint ist das „Mouvement pour le Rattachement de la Sarre à la France".
9 Abkürzung für „Mouvement pour le Rattachement de la Sarre à la France".
10 Im gedruckten Protokoll des Parteitages ist keine entsprechende Stellungnahme der Mandatsprüfungskommission zu finden. In der gedruckten Anwesenheitsliste am Schluß des Parteitagsprotokolls werden keine „Gäste" aus dem Saarland erwähnt, Prot. SPD-PT 1947, S.236-240.

Dokument 11, 28. Juni 1947

Ollenhauer fragt, ob bei der Konstituierung des Parteitages alle Zonen vertreten sein sollen oder ob, wie früher, der Parteitag geleitet werden soll von einem Mitglied des geschäftsführenden Vorstandes, einem Mitglied des gastgebenden Bezirkes und den Schriftführern aus der Mitte des Parteitages.

Ollenhauer stellt fest, daß dies so beschlossen ist.

Ollenhauer schlägt weiter vor, daß die Mandatsprüfungskommission aus neun Mitgliedern besteht, nämlich je zwei aus den Zonen und Alfred *Nau* vom geschäftsführenden Vorstand. Diese Kommission solle dann gleichzeitig Wahlkommission sein.

Der PV erklärt sich einverstanden.

Ollenhauer schlägt vor, daß folgende Begrüßungsansprachen gehalten werden:
Für die Stadt Nürnberg: Oberbürgermeister *Ziegler*[11]
Für den Parteibezirk: Josef *Simon*[12]
Für die Auslandsorganisationen der SPD: Friedrich *Stampfer* und ein weiterer Redner[13]
Für die ausländischen Parteien der jeweilige Delegierte.
Es wird vorgeschlagen, daß die Ostzone mit 10 Genossen als Gastdelegierte vertreten sein solle. Wie auch ein schriftlicher Gruß der Ostzone zur Verlesung kommen würde[14].

Nach der Begrüßungsansprache solle als erster Beschluß die Aufnahme der Berliner Organisation getätigt werden[15].

Der PV erklärt sich mit diesen Vorschlägen einverstanden.

Ollenhauer bringt in bezug auf die Wahl des PV den Beschluß in Erinnerung, daß die Zahl der Mitglieder auf 30 erhöht werden solle, davon 8 besoldete. Neu vorgeschlagen seien: Herta *Gotthelf* für das Frauenbüro, Egon *Franke* für die Organisationsarbeit und der Leiter des Betriebs- und gewerkschaftlichen Referates. Er bringt noch zur Kenntnis, daß die Kommission zur Prüfung der Personalpolitik beim PV getagt habe und daß auch der Vorschlag Egon Franke diskutiert wurde. Die Kommission hätte sich mit dem Vorschlag einverstanden erklärt. Für die gewerkschaftspolitische Arbeit sei Fritz *Henßler* vorgeschla-

---

11 Hans *Ziegler* (1877-1957), Metalldreher, Gewerkschaftssekretär, 1922-24 MdL (Württ.), 1930-32 MdR. 1945-48 OB von Nürnberg, 1949 wegen enger Kontakte zu ostzonalen und sowjetischen Institutionen aus der SPD ausgeschlossen.

12 Josef *Simon* (1865-1949), Schuhmacherlehre, SPD, 1900-33 Vors. des Zentralverbandes der Schuhmacher, 1907-18 MdL (Bayern), 1912-33 MdR, 1933-35 KZ Dachau. Nach 1945 Beteiligung am Wiederaufbau der SPD in Nürnberg und Franken. Vgl. Josef Simon: Schuhmacher, Gewerkschafter, Sozialist mit Ecken und Kanten, Köln 1985.

13 Als Vertreter der Auslandsgruppen der europäischen Länder hielt Wilhelm *Sander*, der Leiter der Londoner Auslandsgruppe, eine Begrüßungsansprache, Prot. SPD-PT 1947, S. 61 f.

14 Diese Erklärung verlas Franz Neumann (Berlin), Prot. SPD-PT 1947, S. 64 f. Zur Vertretung der „Genossen" aus der Ostzone und zur Verlesung der Grußadresse vgl. a. Einl. Kap. II 3 a.

15 Zu Punkt 3 der Tagesordnung stellte der „Bezirk Groß-Berlin" den Antrag, daß sich „in Erwartung einer baldigen Verwirklichung der politischen und geistigen Einheit Deutschlands" der Landesverband Groß-Berlin der SPD als „Bezirksorganisation der Sozialdemokratischen Partei Deutschlands" anschließe, Antrag 8, gedr. „Vorlage Nr. 4" für die Parteitagsdelegierten = Anlage 3 zu den Protokollen vom 28.6.1947, S. 3. Nach einer kurzen Begründung des Antrags durch Franz *Neumann* wurde der „Landesverband Groß-Berlin" formell als Bezirksorganisation in die SPD aufgenommen, Prot. SPD-PT 1947, S. 65 f.

gen. Die Schwierigkeiten, Fritz Henßler aus der Bezirksarbeit zu lösen, seien allerdings sehr groß.

Henßler bittet, den Gedanken, ihn für diese Arbeit einzusetzen, aufzugeben.

Neumann schlägt für diese Arbeit die Genossen *Dünnebacke*[16] und *Matthies*[17] aus Berlin oder *Gottfurcht* aus London vor.

Gnoß empfiehlt, die Kandidatur Egon *Frankes* zu akzeptieren. Für die gewerkschaftspolitische Arbeit hält er Fritz *Henßler* für den rechten Mann, glaubt jedoch nicht, daß Westfalen jetzt auf seine Arbeit verzichten könne.

Schumacher dankt den Berlinern für die Vorschläge. Die Gefahren, die uns aus der Gewerkschaftsbewegung erwachsen können, sind unabsehbar. Er hält Fritz *Henßler* alleine für die geeignete Persönlichkeit.

Henßler glaubt, daß seine derzeitige Arbeit im Ruhrgebiet auch wichtig sei, denn die Stellung der SPD sei dort durchaus nicht gut. Er bittet auch aus gesundheitlichen Gründen, nicht mit der zentralen Arbeit betraut zu werden. Er hält *Dünnebacke* und *Gottfurcht* für geeignete Persönlichkeiten.

Ollenhauer sagt, daß man die Entscheidung *Henßlers* akzeptieren müsse. *Gottfurcht* scheidet aus, weil er jetzt eine Verbindungsfunktion zur TUC angenommen habe. Die Bedenken gegen den Einsatz rein fachlicher Kräfte halte er für schwerwiegend. Er schlägt vor, daß einer der genannten Genossen als Fachreferent zugezogen wird und die Zahl der besoldeten PV-Mitglieder zunächst nur auf sieben erhöht wird.

Schumacher und **Schönfelder** wünschen weiterhin, daß der PV acht besoldete Mitglieder hat, und schlagen vor, daß das 8. Mitglied dann später hereingenommen wird.

Ollenhauer erklärt zur Frage der Wahl der 22 unbesoldeten PV-Mitglieder, daß davon zwei von Berlin kommen müßten, wie auch die französische Zone stärker berücksichtigt werden müßte. Es sollten mindestens vier Frauen dem PV angehören. Weiter hält er es für richtig, daß *Agartz*, *Menzel* und *Grimme* wieder dem PV angehören. Der Vorschlag des Büros geht also dahin, daß der PA folgende personellen Vorschläge für den PV macht: drei Frauen, zwei Berliner, Berücksichtigung der französischen Zone sowie *Agartz*, *Menzel* und *Grimme*.

Eichler glaubt, daß der PA bereits Vorschläge der Bezirke mitbringt.

Neumann: Berlin schlägt für den PV Louise *Schroeder* und Franz *Neumann* vor. Er bittet, auch *Vertreter* für die beiden benennen zu dürfen und zwar: Ida *Wolff* und Dr. *Suhr*.

Ollenhauer stellt fest, daß der Wunsch der Berliner in Bezug auf die Vertreterbenennung wegen der besonderen Situation akzeptiert sei, wie auch das gesamte Wahlvorschlagsverfahren.

Ollenhauer hält die Vorsitzendenwahl nach Zonengesichtspunkten nicht für ratsam. Vorsitzender und stellvertretendeer Vorsitzender sollten in einem Wahlgang gewählt werden.

Görlinger schließt sich dem an.

---

16 Adolf *Dünnebacke* (1891-1978), Funktionär der Berliner SPD, später Bezirksbürgermeister von Berlin-Reinickendorf.
17 Werner *Matthies* (geb. 1910), 1946 Gewerkschaftsfunktionär in Berlin, später MdAbgH.

Ollenhauer stellt Einverständnis fest. Er bringt weiter die Hoffnung zum Ausdruck, daß die Mitglieder der Kontrollkommission bereit sein werden, das Amt wieder anzunehmen.[18]

Entschließungen und Anträge
Herta Gotthelf hält den Vorschlag auf Statutenänderung in bezug auf die Frauenvertreterin im PA [...][19] für ungünstig und schlägt vor:
[„Bezirke, die die Zahl von 5000 weiblichen Mitgliedern nicht erreichen, können ebenfalls ein weibliches Mitglied in den Parteiausschuß wählen, wenn der Anteil der weiblichen Mitglieder den Reichsdurchschnitt erreicht oder überschreitet. Für die Feststellung dieses Anspruches werden jeweils die Mitgliederzahlen am Schluß des letzten Geschäftsjahres zugrunde gelegt"][20]
Gnoß hält überhaupt die Vertretung im PA nach Stärke der Bezirke für richtiger. Er hält den Vorschlag Herta *Gotthelfs*, das Kräfteverhältnis zugunsten der kleinen Bezirke noch weiter zu verändern, nicht für gut.
Schönfelder erklärt dazu, daß der PA kein kleiner Parteitag werden dürfe.
Louise Schroeder stimmt dem zu.
Ollenhauer kann sich der Auffassung [von] Gnoß nicht anschließen. Der PA ist eine beratende Körperschaft, leitend ist der PV.
Gnoß verweist daraufhin auf die Kölner Entschließung, die in ihrer politischen Tragweite auch dem PA verantwortlich zugemutet wurde.
Ollenhauer erwidert darauf, daß der Vorschlag Gnoß eine prinzipielle Frage berührt. Die Beteiligung der Frauen des PA sei jedoch keine prinzipielle Frage. Er schlägt vor, daß die Organisationskommission die Frage der Vertreter des PA behandelt. Ollenhauer stellt fest, daß der Vorschlag Gotthelf angenommen ist.
Ollenhauer bringt weiter in Vorschlag, daß die *Richtlinien für den Aufbau der deutschen Republik* vom Parteitag angenommen werden.[21] Zum Schumacher-Referat sollte die Entschließung, (siehe [Anlage][22]), angenommen werden. Weiter sollen Entschließungen für die agrar- und sozialpolitischen Forderungen unter Berücksichtigung der vorliegenden Anträge ausgearbeitet werden. Wie auch eine Entschließung des Flüchtlingsausschusses.

---

18 Per Akklamation wurden die bisherigen neun Mitglieder der Kontrollkommission wiedergewählt. Auf ihrer konstituierenden Sitzung während des Parteitages wählten die Mitglieder der Kontrollkommission erneut Adolf *Schönfelder* zum Vorsitzenden, Prot. SPD-PT 1947, S. 158 u. 198.
19 Weggelassen wird hier der Hinweis auf eine nicht abgedruckte „Anlage 1" in den Beilagen zum Protokoll, in der mehrere Anträge für eine eventuelle Änderung der Zusammensetzung der Parteileitung zusammengefaßt werden.
20 In der Vorlage fünf Leerzeilen, es fehlt jeglicher Hinweis auf den Inhalt des Änderungsantrags. Wortlaut des Antrags nach dem Protokoll des Parteitags, nach dem der Antrag „gegen einige Stimmen" angenommen wurde, Prot. SPD-PT 1947, S. 120.
21 Die Richtlinien für den Aufbau der deutschen Republik waren vom Parteivorstand bereits in der Sitzung vom 13./14. März verabschiedet worden, vgl. Dok. 8 (Prot. d. Sitz. v. 13./14. 3. 1947), Punkt 5, S. 176 und Anlage 4 (Abdruck der Richtlinien), S. 182-186. Auf dem Parteitag wurden sie nach einem Referat von Walter *Menzel* (Prot. SPD-PT 1947, S. 121-138) und nach einer kurzen Diskussion einstimmig verabschiedet (a.a.O., S. 153). Sie wichen in ihrer dann publizierten Fassung in einem Punkt von der vom Parteivorstand verabschiedeten Fassung ab: Prot. SPD-PT 1947, S. 225-227 = Jb. SPD 1947, S. 71-74.
22 In der Vorlage „Anlage 2". Der Resolutionsentwurf wird hier als Anlage zum Protokoll abgedruckt.

Schumacher kündigt Stellungnahme zum Judenproblem in seinem Referat an.[23]

Ollenhauer stellt nach kurzer Diskussion fest, daß die Entschließung zu Punkt 2 mit einigen Änderungen angenommen ist.

Der Hamburg-Antrag zu Punkt 2 wird zur Annahme vorgeschlagen[24]. Die Anträge 2, 3, 4, 5 sind bereits in der allgemeinen Entschließung enthalten[25]. Die Anträge 6 und 7 erledigen sich durch den Verweis auf den Beschluß, daß zunächst eine neue Gemeindeordnung geschaffen werden müsse[26]. Dem Antrag 8 (Aufnahme Berlins) wird stattgegeben. Die Anträge 9, 10, 11 und 12 sollen dem PV zur Bearbeitung überwiesen werden[27]. Der Antrag 13 soll von den Genossen des Bezirks Schleswig-Holstein vervollständigt und dann zur Annahme vorgeschlagen werden[28]. Dem Antrag 14 sollen eingeklammert die Worte „außer Eintrittsmarke" hinzugefügt werden[29]. Den Antrag 15 empfiehlt der PV, abzulehnen.[30] Antrag 16 wird der Überweisung an den verfassungspolitischen Ausschuß empfohlen.[31]

---

23 Schumacher widmete einen längeren Abschnitt seines Grundsatzreferats dem Judenproblem, d.h. dem Versuch des Dritten Reiches, die europäische Judenheit auszurotten und der Verpflichtung des deutschen Volkes zur Wiedergutmachung, Prot. SPD-PT 1947, S.50 f. = K.Schumacher, Reden – Schriften – Korrespondenzen, S.508 f.

24 Der Antrag der Landesorganisation Hamburg forderte die Schaffung einer „Vertretung aller Deutschen" durch freie Wahlen in allen Zonen unter gleichen Voraussetzungen. Vorbedingung dazu sei die Wiederzulassung der SPD in der Sowjetischen Besatzungszone unter den „gleichen Bedingungen und Freiheiten", wie sie in der „amerikanischen und britischen Zone für alle zugelassenen Parteien bestehen", Vorlage 4, S. 1 f. Mit einer Änderung – gestrichen wurde der Hinweis auf nicht tolerierbare Beschränkungen für das Wirken der SPD in der französischen Zone – wurde der Antrag auf dem Parteitag einstimmig angenommen, Prot. SPD-PT 1947, S. 91 u. 231 f. (Abdruck des Antrags).

25 Die Anträge 2 bis 5 forderten eine stärkere Beachtung der Kölner Beschlüsse vom September 1946, d.h. vor allem einen baldigen Austritt aus allen Landesregierungen, falls die in Köln festgelegten Grundforderungen nicht erfüllt würden, Vorlage Nr.4, S.2 f. Die Empfehlung des Parteivorstandes, die Anträge als erledigt zu betrachten, wurde vom Parteitag widerspruchslos akzeptiert, Prot. SPD-PT 1947, S. 91.

26 Im Antrag 6 und 7 wurden Neuwahlen auf Gemeinde- und Kreisebene in der Britischen Zone gefordert, Vorlage 4, S. 3. Diese Empfehlung wurde akzeptiert, Prot. SPD-PT 1947, S. 119. Vorher hatte Ollenhauer seinen Hinweis in der Vorstandssitzung dahingehend präzisiert, daß die sozialdemokratischen Fraktionen in den Landtagen der britischen Zone sogleich nach Aufnahme ihrer Tätigkeit die Verabschiedung einer neuen Gemeindeordnung sowie eines neuen Gemeindewahlrechts und nach der Verabschiedung dieser Gesetze Neuwahlen der Kreis- und Kommunalparlamente fordern würden, Prot. SPD-PT 1947, S. 116.

27 Die Anträge 9 bis 12 forderten den Ausbau des Funktionärskörpers der Partei auf breitester Grundlage, d.h. die Vermeidung der Vereinigung zu vieler Funktionen in einer Hand, die Schaffung von zwei Parteischulen in Nord- und in Süddeutschland, die Gründung einer „Reichszeitung" sowie die Lizenzierung einer eigenen Parteipresse in der amerikanischen Zone, Vorlage Nr. 4, S. 4.

28 Im Antrag 13 forderte der Bezirk Schleswig-Holstein eine Ergänzung der Ausschlußordnung, Vorlage Nr. 4, S. 3 f. Der Antrag wurde – zusammen mit einem ergänzenden Antrag – einstimmig angenommen, Prot. SPD-PT 1947, S. 217.

29 Mit dem Antrag 14 forderte der Unterbezirk Krefeld, daß den Ortsvereinen, wie früher üblich, das Eintrittsgeld voll überlassen bleibe, Vorlage Nr. 4, S. 5. Mit der Ergänzung des Parteivorstandes wurde der Antrag vom Parteitag einstimmig gebilligt, Prot. SPD-PT 1947, S. 120.

30 Im Antrag 15 forderte der Bezirk Nordwest die Wahl der Parteitagsdelegierten durch Urwahlen auf der Ebene der Unterbezirke, Vorlage Nr. 4, S. 5. Auf dem Parteitag wurde diese Forderung auf Antrag Ollenhauers ohne Debatte mehrheitlich abgelehnt, Prot. SPD-PT 1947, S. 120.

31 Im Antrag 16 forderte der Bezirk Schleswig-Holstein die Einführung des Mehrheitswahlrechts für alle politischen Wahlen, Vorlage Nr. 4, S. 5. Da die Antragsteller mit dieser Behandlung ihres Antrags einver-

Dokument 11, 28. Juni 1947

Die Anträge 17-21 werden zur Verarbeitung in die Entschließung des wirtschaftspolitischen Ausschusses empfohlen[32], während die Anträge 22-26 in die kulturpolitische Entschließung eingefügt bzw. an einen Ausschuß überwiesen werden sollen[33]. Der Antrag 27 wird zur Annahme empfohlen, während der Antrag 28 durch Antrag 27 als erledigt betrachtet werden kann[34]. Desgleichen sind die Anträge 29 und 30 damit als erledigt zu betrachten[35]. Die Anträge 31-34 werden zur Aufnahme in den Bericht des sozialpolitischen Ausschusses empfohlen[36]. Zu den Anträgen 35-37 (VVN) wird das Festhalten an den Beschlüssen des PV und PA empfohlen[37]. Heine solle mit den Vertrauensleuten der Bezirke eine entsprechende Entschließung ausarbeiten.

Zum Antrag 38 wird beschlossen, daß die Genossin Selbert die ablehnende Antwort des PV im Sinne der Richtlinien für die Entnazifizierung erteilen soll.[38] Die Anträge 39-41

---

standen waren, erfolgte die Überweisung des Antrags an den Ausschuß auf dem Parteitag einstimmig, Prot. SPD-PT 1947, S. 153.

32 Die Anträge 17 bis 21 forderten eine Volksabstimmung zur Frage der Sozialisierung in ganz Deutschland, eine Bodenreform und Neuordnung der Agrarwirtschaft, eine Neuordnung des Erfassungssystems und eine schärfere Kontrolle des Verteilungssystems zur Verbesserung der Ernährungslage, gemeinsame Aktionen mit den Gewerkschaften gegen weitere Demontagen sowie eine härtere Bestrafung der Großschieber, Anlage 4, S. 6.

33 In den Anträgen 22 bis 26 wurde die Gründung einer „Hochschule für Politik, Verwaltung und Wirtschaft", die Errichtung von regionalen Verwaltungsschulen nach der Art der Ingenieursschulen, die Einrichtung von Elternbeiräten, die Schaffung von Jugendschutzgesetzen sowie im allgemeinen eine bessere Beachtung der Jugendfrage durch alle Parteiinstanzen gefordert, Anlage 4, S. 7.

34 Im Antrag 27 forderte die Landesorganisation Hamburg eine Demokratisierung der Verwaltung. Diese Forderung beinhaltete u.a. eine Bevorzugung von Nazigegnern gegenüber Angehörigen von Naziorganisationen bei gleicher Qualifikation sowie eine Ablehnung jeglichen Rechtsanspruchs der Letztgenannten auf Wiedereinstellung in die Verwaltung. Im Antrag 28 forderte der Unterbezirk Göttingen, daß alle leitenden Stellen der Verwaltung mit Personen besetzt werden sollten, die eine gute fachliche Eignung mit einer guten und echten sozialen Gesinnung verbinden würden, Vorlage 4, S. 8.

35 In den Anträgen 29 und 30 forderte der Unterbezirk Göttingen eine Demokratisierung der Polizei und Justiz, Vorlage 4, S. 9.

36 In den Anträgen 31 bis 34 wurde eine Reform, d.h. vor allem eine Vereinfachung des Sozialversicherungssystems, eine bessere Versorgung für alle Opfer des Faschismus, ein baldiges Lastenausgleichsgesetz sowie eine baldige „Regulierung der Kriegsschäden" gefordert, Vorlage 4, S. 10 f.

37 Nur der Antrag 37 des Unterbezirks Wuppertal befaßte sich direkt mit der Vereinigung der Verfolgten des Naziregimes (VVN) und forderte eine Revision des Beschlusses des PV und PA vom 25 April, der eine Nichtbeteiligung der Sozialdemokraten an den Arbeiten der VVN gefordert hatte, Vorlage 4, S. 10. Zu diesem Antrag gab Ollenhauer als Sitzungspräsident auf dem Parteitag die Erklärung ab, daß nach mehreren Besprechungen „alle Beteiligten, einschließlich der Antragsteller" dem Parteitag vorschlügen, von einer öffentlichen Diskussion auf dem Parteitag abzusehen und den Antrag dem Parteivorstand zu überweisen mit der „Abmachung", daß in allernächster Zeit eine Sonderkonferenz des Parteivorstandes mit allen interessierten Genossinnen und Genossen über die mit der Konstituierung und den Aktivitäten der VVN entstandenen Probleme stattfinden solle. Der Parteitag billigte die Überweisung des Antrags mit der abgegebenen Erklärung einstimmig, Prot. SPD-PT 1947, S. 212. Dagegen wurden die Anträge 35 und 36 (Vorlage 4, S.10), die besondere Hilfsmaßnahmen für die Opfer des Nazismus forderten, auf dem Parteitag einstimmig angenommen, Prot. SPD-PT 1947, S. 208.

38 Im Antrag 38 forderte der Unterbezirk Hildesheim, die SPD solle ihre Vertreter aus den Entnazifizierungsausschüssen zurückziehen, da die „Form und Handhabung der Entnazifizierung nicht die Billigung der SPD" finden könne. Zur Begründung wurden auf einige Beispiel aus Hildesheim verwiesen, Vorlage 4, S. 11. Nach einer kurzen, aber sehr lebhaften Debatte (Prot. SPD-PT 1947, S. 212-216) konnte der Parteivorstand nur mit knapper Mehrheit seinen Antrag, die Forderung der Hildesheimer zur weiteren Überprüfung

werden in der Art zur Annahme empfohlen, daß der Antrag 40 beschlossen wird.[39] Der Antrag 42 wird zur Überweisung an den PV empfohlen[40].

Punkt 2 (Internationale Konferenz in Zürich)
Der Bericht über die internationale Konferenz in Zürich wird in der gemeinsamen Sitzung des PV und PA gegeben werden.[41]

[B] Sitzung des Parteivorstandes, des Parteiausschusses und der Kontrollkommission am 28. 6. 1947
AdsD: SPD-Parteivorstand, 2/ PVAS 0000659, Sitzungen d. PV u. d. PA, 28.6. 1947 (Maschinenschriftl.Prot., 2 S., Überschrift: „Sitzung des Parteiausschusses am 28.6.1947 in Nürnberg")[42]

Leitung der Sitzung: Erich **Ollenhauer**
Anwesend: siehe Anwesenheitsliste

[Teilnehmer/Teilnehmerinnen, nach Funktionen geordnet:[43]
PV:[44] *Schumacher, Ollenhauer, Heine, Kriedemann, Nau, Baur, Beyer, Bögler, Eichler**, Gayk, Gnoß, Görlinger, Grimme, Gross, Helmstädter, Henßler, Kaisen, Knothe, Loßmann, Meitmann, Menzel, Metzger, Selbert, Veit*
PA:
BRAUNSCHWEIG: *Bennemann*
BREMEN-NORDWEST: H. *Osterloh*[45], *Stiegler*

---

an den Entnazifizierungsausschuß des Parteivorstandes zu überweisen, durchsetzen, Prot. SPD-PT 1947, S. 216 f.
39 In den Anträgen 39 bis 41 wurde die Freilassung aller Kriegsgefangenen gefordert, Vorlage 4, S. 11.
40 Im Antrag 42 bat der Ortsverein Düsseldorf, den nächsten Parteitag in Düsseldorf abzuhalten, Vorlage 4, S. 11.
41 Nach dem sehr kurzen Protokoll der gemeinsamen Konferenz, das im folgenden abgedruckt wird, erfolgte ein solcher Bericht nicht.
42 Die Einladung zu dieser Sitzung mit Bekanntgabe der vorläufigen Tagesordnung erfolgte durch das Rundschreiben 21/47 des Referats „Organisation/Kasse", unterschrieben von E. Ollenhauer, vom 5. 6. 1947, das in den Beiakten zum Protokoll erhalten geblieben ist.
43 Die folgenden Angaben nach den Eintragungen in die in den Beiakten erhalten gebliebene, nicht vollständige Anwesenheitsliste. Entweder ging eine weitere Anwesenheitsliste verloren, oder es trugen sich nicht alle Teilnehmerinnen und Teilnehmer der vorangegangenen Sitzung des PV und der KK erneut in die Anwesenheitsliste ein. Die im folgenden mit einem Sternchen versehenen Personen (*) trugen sich nur in die Anwesenheitsliste der Sitzung des PV und der KK ein, Personen mit zwei Sternchen (**) werden nur in der gedruckten Anwesenheitsliste des Parteitages als anwesende Mitglieder des PA bzw. der KK genannt (Prot. SPD-PT 1948, S. 236). Für ein alphabetisches Verzeichnis der Teilnehmer und Teilnehmerinnen aller gemeinsamen Sitzungen 1946/47 vgl. Anhang 3.
44 Von den Vorstandsmitgliedern fehlte nur *Agartz*. Eichler wird nur in der gedruckten Teilnehmerliste des Parteitages als anwesendes Mitglied des PV genannt. Zum Ausscheiden von Nölting aus dem Parteivorstand Anfang 1947 vgl. Einleitung, Kap. I 1 a.
45 Hermann *Osterloh* (1886-1961), geb. in Arsten bei Bremen, Maschinenarbeiter, SPD - KPD - SPD, nach 1933 illegale Arbeit f. d. SPD, 1935-43 Zuchthaus/KZ, 1946-54 Oberamtsleiter in Bremen - Hemelingen, 1946 Vors. d. Bez. Nordwest d. SPD.

Dokument 11, 28. Juni 1947

HAMBURG: *Karpinski, A. Keilhack, Schmedemann*
HANNOVER: *Borowski, Helfers*
HESSEN-Frankfurt: *Buch*
HESSEN-Kassel: *Freidhof*
NIEDERRHEIN (Düsseldorf): *Runge, T. Wolff*
OBERBAYERN (München): *Wimmer***[46]
OBER- und MITTELFRANKEN (Nürnberg): *A. Meier, Strobel*
OBERPFALZ-NIEDERBAYERN (Regensburg): *Höhne*
OBERRHEIN (Köln): *Schirrmacher*
ÖSTL. WESTFALEN (Bielefeld): *Michel*[47]
PFALZ (Neustadt/Haardt): *Kuraner*
RHEINHESSEN (Mainz): *Markscheffel*
RHEINLAND-KOBLENZ-TRIER (Koblenz): *Bettgenhäuser*
SCHLESWIG-HOLSTEIN (Kiel): *Fischer, Krahnstöver*
SCHWABEN (Augsburg): *Frenzel*
SÜD-BADEN (Freiburg i. Br.): *Jäckle*
SÜD-WÜRTTEMBERG (Tübingen): *C. Schmid*
UNTERFRANKEN (Würzburg): *W. Langebeck***[48], *Sengebeck*
WESTL. WESTFALEN (Dortmund): *Schaub, Wenke*
WÜRTTEMBERG-BADEN (Stuttgart): *Denker, Schoettle*
Verbindungsmann zur Fr. Zone: *Markscheffel* (auch Vertreter des Bez. Rheinhessen)
KK: *Schönfelder*, Bratke, Damm**, Höcker, G. Richter*, Seeser*, Steffan*, Ulrich*, Wittrock*
Vertreter des Landesverbandes Berlin: *F. Neumann*, Schroeder, Suhr*, I. Wolff**
Vertreterin des Landesverbandes Bayern: *L. Albrecht*
Referenten des PV: *Brost, Gotthelf, Hennig, Hermsdorf, Sänger*[49]]

Tagesordnung: Vorbereitung des Parteitages[50]

Ollenhauer gibt zunächst einen Bericht über den technischen Teil des Verlaufs des Parteitages. Er bringt den Beschluß des PV bezüglich der Haltung gegenüber den Saardelegierten (siehe Bericht der PV-Sitzung) zur Kenntnis. Weiter unterbreitet er die Vorschläge zur Erweiterung der Tagesordnung mit zwei Punkten.

---

46 Thomas *Wimmer* (1887-1963), Schreiner, SPD, 1925-33 Stadtrat in München (SPD), 1948-60 OB von München.
47 Willy *Michel* (1885-1951), 1907-18 Selbst. Friseurmeister in Minden, 1907 SPD, 1910 Vors. d. Ortsvereins Minden, 1919-33 Parteisekr. UBez. Minden - Lübbecke, 1919-32 MdL (Preußen), 1945-48 Besold. Vors. d. SPD im Kreis Minden, 1946/47 MdL (NRW), 1948 Landrat des Kreises Minden.
48 Walter *Langebeck*, geb. 1910, Maschinenschlosser, vor 1933 SPD, 1946 Sekretär d. Bezirks Unterfranken d. SPD, 1952 Geschäftsf. Vors. d. Kreisausschusses Schweinfurt d. DGB, Mai - Nov. 1954 MdL (Bayern), 1961-72 MdB.
49 Eingetragen in die Anwesenheitsliste des Parteitages als Vertreter der Parteiinstitution „Sozialdemokratischer Pressedienst", Prot. SPD-PT 1947, S. 240.
50 Wortlaut nach der provisorischen Tagesordnung vom 5. Juni.

Der PA billigt alle diese Vorschläge. Ferner wird die vom PV vorgeschlagene Form der Konstituierung des Präsidiums des Parteitags vom PA gebilligt. Der Genosse *Schmedemann*, Hamburg, wird gewählt, den Vorschlag des PA dem Parteitag vorzutragen. Der Vorschlag, die Mandatsprüfungskommission mit acht Mitgliedern der Bezirke und Alfred Nau vom geschäftsführenden Vorstand zu konstituieren, wird gebilligt. Der Vorschlag des PA an den Parteitag wird von der Genossin Ella *Kay*, Berlin[51], gestellt werden.

Die Folge der Eröffnungsansprachen (siehe PV-Bericht) wird vom PA gebilligt, wie auch der Antrag, eine schriftliche Erklärung der Genossen der Ostzone zur Verlesung zu bringen. Gebilligt wird ferner, daß der Antrag, die Berliner Organisation aufzunehmen, gleich anschließend behandelt wird.

Der PA stimmt dem Vorschlag des PV auf **Erweiterung der Zahl der Vorstandsmitglieder** auf 30 – davon 8 besoldete – zu. Der PA billigt die personellen Vorschläge für den geschäftsführenden Vorstand, wie auch den Antrag an den Parteitag, daß PV und PA ermächtigt werden sollen, das 8. besoldete Vorstandsmitglied später zu wählen.

Schmid (Tübingen) regt an, daß das 8. PV-Mitglied ein Kulturpolitiker sein solle.
Ollenhauer erklärt dazu, daß z.Zt. die Gewerkschaftspolitik primär sei.
Der Vorschlag des PV wird angenommen.

Der PA billigt den Vorschlag des PV, daß dem unbesoldeten PV *Agartz*, *Grimme* und *Menzel* angehören sollen, wie auch die französische Zone und die Berliner Organisation mit je zwei Mitgliedern.

Der PA wird ersucht, dafür Sorge zu tragen, daß die durch die Landsmannschaftsbesprechungen erarbeitete Vorschlagsliste bis Montagnachmittag 4 Uhr dem PV vorliegt.

Gebilligt wird die Formulierung des Antrags des PV, der die Änderung des § 17 Absatz 1 des Organisationsstatuts betrifft.[52]

Nach einer kurzen Diskussion über die Form des Vorschlages für die Wahl der besoldeten PV-Mitglieder stellt **Ollenhauer** fest, daß der Vorschlag *Görlingers* angenommen ist.

Görlinger schlägt vor:
Wahlgang 1: Vorsitzender *Schumacher*, Stellvertreter *Ollenhauer*;
Wahlgang 2: 5 besoldete Mitglieder, nämlich: *Heine*, *Nau*, *Kriedemann*, *Gotthelf* und *Franke*;
Wahlgang 3: der unbesoldete PV.

Die Wiederwahl der bisherigen Mitglieder der Kontrollkommission wird gebilligt.

Gebilligt wird auch der Antrag, daß die Bezirke ein weiteres weibliches Mitglied in den PA delegieren dürfen, wenn die Zahl der weiblichen Mitglieder den prozentuellen Reichsdurchschnitt erreicht.

---

51 Ella *Kay* (1895-1988), Kaufm. Lehre, 1919 SPD, 1923-27 Angestellte der AWO, 1927-33 Fürsorgerin im Berliner Jugendamt, 1929-33 Stadtverordn., 1933-45 Kaufm. Tätigkeit, 1945/46 Leiterin des Jugendamtes Berlin-Prenzlauer Berg, 1955-62 Senatorin für Jugend und Sport, 1958-68 MdAbgH, 1956-62 PV.
52 Dieser Abänderungsantrag betraf die neue Zusammensetzung des Parteivorstandes (Vorsitzender, Stellv. Vorsitzender + eine jeweils vom Parteitag festzulegende Zahl von besoldeten Mitgliedern und „unbesoldeten Beisitzern", vgl. gedr. Vorlage mit den Anträgen des PV in den Beiakten zu den Protokollen. Zur Zusammensetzung des PV vgl. auch Einl. Kap. I 1.

Dokument 11, 28. Juni 1947

Der Organisationskommission soll die Frage zur Beratung überwiesen werden, ob sich die Entsendung in den PA in Zukunft nicht doch nach der Stärke der Bezirke richten solle.

Die Behandlung der Anträge an den Parteitag wird, wie vom PV vorgeschlagen, angenommen [...][53] wie auch der Bericht [über die Vorstandssitzung].

Die Entschließung zu Punkt 2 der Tagesordnung des Parteitages wird vom PA angenommen[54].

Mit einer Begrüßung des inzwischen eingetroffenen englischen Delegierten *Reeves*[55] wird die PA-Sitzung beendet.

Anlage:
Vorschlag für eine Entschließung zu Punkt 2 der Tagesordnung des Parteitages
Anlage „2" zum Protokoll der gemeinsamen Sitzung (Hektogr. maschinenschriftl. Text, 1 S., mit handschriftl. Ergänzungen und Streichungen).[56]

Die Sozialdemokratische Partei Deutschlands bekennt sich zum demokratischen, die Freiheit der Persönlichkeit bejahenden Sozialismus als der Gesellschaftsform des neuen Europa.

Das Dritte Reich hat Europa überfallen und geplündert und schließlich Deutschland in den Abgrund gestoßen. Die Verelendung Deutschlands läßt jetzt Europa verarmen und ist ein Hindernis für die wirtschaftliche Gesundung der Welt.

Die ständig wachsenden Mangel- und Hungerkrisen einer zerbröckelnden Wirtschaft führen in Deutschland zur Zerstörung und Auslöschung der menschlichen Arbeitskraft. Wenn die Arbeit nicht mehr imstande ist, das Leben zu erhalten, verliert sie ihren Sinn. Produktionsmittel dürfen nicht zerstört, sondern müssen [erhalten und][57] neu geschaffen werden.

Der Erfolg der großangelegten Hilfsaktion der USA für [das zerrissene][58] Europa ist in der Auswirkung von dem Tempo und der Intensität der Hilfe abhängig. Noch vor dem nächsten Winter muß auch das deutsche Volk den Glauben an eine Politik der Hilfeleistung und der Vernunft gewinnen können.

Eine erstarkende und vom Vertrauen der (arbeitenden Massen)[59] getragene Wirtschaft wird die Anziehung ausüben, die über Zonengrenzen hinweg die ökonomische und politische Einheit Deutschlands zu bilden geeignet ist. Enttäuschungen dagegen erzeugen Glaubenslosigkeit

---

53 Weggelassen wird hier ein Hinweis auf die nicht abgedruckte „Anlage 3" in den Beilagen zur Vorstandssitzung.
54 Diese Entschließung wird hier als Anlage zum Protokoll abgedruckt.
55 Joseph (Joe) *Reeves* (1888-1969), Labour Party, 1945-59 Unterhausabgeordneter, 1946-53 Vorstand d. LP.
56 Die Entschließung wurde mit einer im folgenden angezeigten Änderung vom Parteitag einstimmig angenommen (Prot. SPD-PT 1947, S.91) und mit dem Titel „Deutschland und Europa", u.a. im Parteitagsprotokoll (S.224), veröffentlicht.
57 Handschriftliche Ergänzung zum Entwurf, auch im veröffentlichten Text.
58 Handschriftliche Ergänzung zum Entwurf, auch im veröffentlichten Text.
59 Die hier eingeklammerten Worte „arbeitenden Massen" wurden auf dem Parteitag auf Vorschlag des Essener Delegierten Wilhelm Nießwandt im Einverständnis mit dem Parteivorstand als Antragsteller in „breitesten Schichten" verändert, Prot. SPD-PT 1947, S. 91.

und damit die politische Reservearmee, die aus Verzweiflung, Aussichtslosigkeit und Unwissen[60] sich für Abenteuer mißbrauchen läßt.

Die SPD sieht ihre Aufgabe darin, [diese Gefahren zu bekämpfen und][61] den Weg freizumachen

für die Konzentrierung der Kräfte auf die Belebung und Stärkung einer geplanten Produktion, für Überwindung der unerträglichen Unterschiede in der Lebenshaltung durch die Angleichung der Lebensbedingungen, für eine Politik der sozialen Hilfeleistung an die Benachteiligten und Bedürftigen, für den gerechten Lastenausgleich, der die Bürden nach der Kraft der Schultern verteilt, für den Sozialismus als Träger der Demokratie und des Friedens und die Entmachtung der großkapitalistischen Cliquen.

Die soziale Gerechtigkeit muß das tragende Prinzip des Aufbaus eines neuen Deutschland in einem neuen Europa sein.

---

60 Im veröffentlichten Text „Unwissenheit".
61 Handschriftlich im Entwurf gestrichen, nicht im veröffentlichten Text.

Dokument 12, 7. und 8. August 1947

Nr. 12

Sitzung des Parteivorstandes am 7. und 8. August 1947 in Hannover

AdsD: SPD-Parteivorstand, 2/ PVAS 0000660, Sitz. d. PV, 7./8.8.1947 (Maschinenschriftl. Prot. mit handschriftl. Ergänzungen, 4 S.)[1]

Leitung: Fritz **Henßler**[2]
Anwesend: siehe Liste

[**Teilnehmer/Teilnehmerinnen, nach Funktionen geordnet:**[3]
PV[4]: *Schumacher, Franke, Gotthelf, Heine, Kriedemann, Nau; Albrecht, Baur, Bögler, Eichler, Gayk, Gnoß, Grimme, Gross, Helmstädter, Henßler, Kaisen, Knothe, Loßmann, Meitmann, Menzel, Neumann, Schmid, Selbert, Veit*
PV- Stellvertreterin: *I. Wolff*
KK: *Schönfelder*
Referenten/Vertreter des PV: *Brost, Hennig*
Vorsitzender der SPD-Fraktion des Wirtschaftsrates: *Schoettle*
Vorsitzender des Exekutivrates: *Metzger*

Tagesordnung:[5]
1) Der Marshallplan und seine Auswirkungen auf Deutschland
2) Der Wirtschaftsrat in Frankfurt
3) Bericht über die Besprechung mit Vertretern der Gewerkschaften
4) Bericht über die Besprechung mit Vertretern der [Bekennenden Kirche][6]

Schumacher begrüßt zunächst die neu hinzugekommenen PV-Mitglieder nach dem 2. Parteitag, wie auch den Genossen *Schoettle* als den Vorsitzenden der sozialdemokratischen Fraktion des Wirtschaftsrates und den Genossen *Metzger* als den Vorsitzenden des Exekutivrates.

---

1 Die Einladung zu dieser Sitzung mit der Bekanntgabe der vorläufigen Tagesordnung erfolgte durch das hektographierte Rundschreiben Nr. 26/47 des Referats Organisation/Kasse, unterschrieben von Erich Ollenhauer, vom 23.7.1947, das in den Beilagen zum Protokoll erhalten geblieben ist. Das Kommuniqué (Sozialdemokratischer Pressedienst, Sondernummer nach Nr.II/63 v. 8.8.1947) wird hier als Anlage abgedruckt.
2 Fritz *Henßler* als Leiter der Sitzung sowie die Gäste *Schoettle* und *Metzger* werden auch im Kommuniqué genannt.
3 Die folgenden Angaben wurden der Anwesenheitsliste in den Beilagen und Informationen im Protokoll entnommen; für die Teilnehmer an allen Vorstandssitzungen 1947/48 vgl. Anhang 2.
4 Von den Vorstandsmitgliedern fehlten *Ollenhauer, Agartz, Görlinger* und *Schroeder*.
5 Der Wortlaut der Tagesordnungspunkte, soweit sie behandelt wurden, nach der vorläufigen Tagesordnung vom 23. Juli.
6 Der im allgemeinen übliche Name „Bekennende Kirche" nach dem Kommuniqué, in der vorläufigen Tagesordnung wie auch im Protokoll „Bekenntniskirche". Der weiter noch vorgesehene Punkt 5 („Ostsekretariat") wurde verschoben, vgl. Dok. 13 (Sitzung v. 16.9.1947), TOP 9.

In bezug auf die Allparteien-Delegation nach London führte er aus, daß infolge der kurzen Frist der PV nicht konsultiert werden konnte. Es war damit [zu rechnen]⁷, daß *Adenauer* und *Kaiser* reisen würden. Dementsprechend sei die Delegation der SPD zusammengesetzt worden. Es sei nicht bekannt gewesen, welche Probleme in London zur Debatte stünden, wie denn auch der Umstand, daß die anderen Parteien nur ihre 2. Garnitur delegierten, überrascht hat. Er hält trotzdem die Delegation von *Ollenhauer, Brauer, Reuter*⁸ und *Nölting*⁹ für zweckmäßig.

Der PV billigt die Entscheidung des Büros.

Punkt 2 (Der Wirtschaftsrat in Frankfurt)¹⁰
Schumacher: Die Länder können keine Kardinalfrage, die eigentlich Reichsaufgabe ist, entscheiden. Er unterstreicht daher die Notwendigkeit, daß der PV die politische Linie der Gesamtpartei festlegt. Der PV wird aufgefordert, die bisherigen Richtlinien erneut zu überprüfen. Der Wirtschaftsrat arbeitet heute nach dem Prinzip, daß Reichsrecht Landesrecht bricht. Im Exekutivrat haben wir eine sichere Mehrheit von 5 zu 3 bzw. jetzt sogar 6 zu 2, dagegen verfügt der Wirtschaftsrat über eine knappe Rechtsmehrheit. Die auszuarbeitenden Statuten müssen von unseren Genossen im verfassungspolitischen Ausschuß diskutiert werden. Die Direktoren werden vom Wirtschaftsrat gewählt, während der Exekutivrat aufsichtführendes Organ ist. Wir sollten uns trotz unserer Mehrheit im Exekutivrat nicht dazu verleiten lassen, diesen mit besonderen Rechten auszustatten. Der Exekutivrat ist keine Regierung. Die Übernahme der Direktorenposten bedeutet auch die Übernahme der Verantwortung.

Kaisen fordert dann in Konsequenz die Zurückziehung aus dem Exekutivrat.

Schumacher betont nochmals, daß der Exekutivrat nicht die Kompetenzen habe, die zur Verantwortlichkeit gehören. Er fordert die Genossen im Exekutivrat auf, klar zu handeln und keine verschleierte Verantwortung zu übernehmen. Unser Anspruch auf das Wirtschaftsdirektorenamt muß im Interesse der Sozialisierung bestehen bleiben.

Kaisen ist der Meinung, daß das Wirtschaftsamt überbewertet werde. Die Amerikaner verfolgen einen klaren Antisozialisierungskurs, weshalb z.Zt. das Amt für uns nicht so erstrebenswert zu sein braucht. Die von *Schumacher* geforderte Opposition gegen jeden antisozialistischen Kurs müsse konsequenterweise so aussehen, daß wir im Exekutivrat und auch in den Ländern zurücktreten.

Metzger vertritt die Auffassung, daß der Exekutivrat erhebliche Aufgaben habe, er müsse daher entweder handeln oder abtreten.

Eichler sagt dazu, daß ihm vollkommen unklar sei, was der Exekutivrat eigentlich neben den Direktoren solle. Die von *Metzger* gestellte Frage müsse geklärt werden. Er spricht sich gegen die von *Kaisen* vertretene Auffassung aus.

---

7 In der Vorlage „gerechnet" (S. I).
8 Gemeint wahrscheinlich Georg *Reuter* (München) – zu dieser Zeit einer der wichtigsten Verbindungsleute zwischen den Gewerkschaften und der SPD, vgl. Dok. 8, S. 178.
9 Gemeint Erik *Nölting*, der eine immer größere Rolle an der Parteispitze spielte.
10 Zum Wirtschaftsrat vgl. Einl. Kap. II 3 e.

Dokument 12, 7. und 8. August 1947

Gayk fragt, ob denn überhaupt die weltpolitischen Voraussetzungen für die von *Schumacher* skizzierte Politik gegeben seien. Er bedauert, daß nicht Punkt 1 der Tagesordnung zuerst diskutiert wurde.

Schoettle begründet nochmals die Entscheidung der Fraktion in Frankfurt. Die Genossen im Exekutivrat würden auch die Aufgabe haben, das Wirtschaftsamt zu uns genehmen Maßnahmen zu drängen.

Schumacher verliest den Vorschlag zu einer Entschließung, die die Haltung der sozialdemokratischen Fraktion in Frankfurt billigt.

Schmid ist der Auffassung, daß der Frankfurter Organismus keine lange Lebensdauer haben werde. Die Amerikaner wollten hier nur ein amerikanisches Verfassungsprinzip zur Anwendung bringen, das dem Staate es erschwert, einschneidende Maßnahmen zu treffen. In Deutschland wird dieses System nicht funktionieren können, und wir sollten daher helfen, daß dieser Apparat schneller stürzt. Den Franzosen gefalle das Frankfurter System sehr gut, da es stark in Richtung „Staatenbund" segelt.

Henßler stimmt *Kaisen* zu, daß *Schumacher* die Bedeutung des Wirtschaftsdirektors überschätzt. Er stimmt jedoch der von Schumacher verlesenen Entschließung[11] zu. Er glaubt, daß unsere Genossen im Exekutivrat auch im Hinblick auf die geplante Überführung des Bergbaues in den Allgemeinbesitz eine bedeutende Aufgabe haben. Nordrhein-Westfalen will den Genossen *Eichler* als Vertreter in den Exekutivrat senden.

Heine erklärt, daß wir z.Zt. die Begrenzung der Kompetenzen des Exekutivrates aus prinzipiellen Gründen wünschen, während die CDU aus taktischen Gründen denselben Wunsch hat. Das sei eine Chance, diese Frage jetzt zu lösen. Er kritisierte dann weiter, daß die sozialdemokratischen Ratsmitglieder selbst die CDU-Leute für die Direktorenposten vorgeschlagen hätten. Man hätte an diesem Exempel den Amerikanern zeigen sollen, daß die ganze Konstruktion schief sei.

Kriedemann verteidigt die Haltung der Ratsmitglieder, die aus verfassungsrechtlichen Gründen nicht anders handeln konnten.

Veit verteidigt ebenfalls die Haltung und bezweifelt, daß wir überhaupt in die Opposition gegangen seien. Er sieht für den Exekutivrat noch große Arbeitsmöglichkeiten.

Schumacher erklärt, daß er es für richtig halten würde, wenn im Anschluß an die Sitzung des außenpolitischen Ausschusses am 26.8.1947 der verfassungspolitische Ausschuß tagen würde, um die Statuten des Wirtschaftsrates zu diskutieren. Er führt weiter aus, daß das Kontrollrecht des Exekutivrates doch auch beim Wirtschaftsrat läge, der die Direktoren bestellt. Der Exekutivrat kann sich lahm legen, aber der Wirtschaftsrat in seiner jetzigen Zusammensetzung bleibe doch bestehen. Er habe nicht sagen wollen, daß der Wirtschaftsdirektor die Sozialisierung machen könne, wohl aber, daß er die Möglichkeit der Sabotage habe.

---

11 Zu dieser Entschließung vgl. das Kommuniqué der Sitzung, Anlage 1, S. 253 f.

Henßler verliest nochmals die Entschließung, die gegen die Stimme *Kaisens* angenommen wird.[12]

Punkt 1 (Marshallplan)[13]
Schumacher beleuchtet zunächst die amerikanischen Eigeninteressen, die in der Lancierung des Marshallplanes liegen. Er weist den Widerspruch nach, der darin liegt, daß man gleichzeitig noch weiter demontieren will. Er analysiert noch eingehend den Molotow-Plan[14], dem, wie in allen totalitären Systemen, der Autarkiegedanke innewohnt.

Kaisen wünscht zu wissen, wie die britischen und französischen Besatzungsbehörden auf den Marshallplan reagieren. Er glaubt, beobachtet zu haben, daß die amerikanischen Behörden in letzter Zeit viele den Außenhandel fördernde Maßnahmen bewilligt hätten.

Meitmann spricht sich gegen weitere Duldsamkeit in der Frage der Demontage aus. Er fragt weiter, für welches Wahlsystem wir uns nun entscheiden wollen.

Henßler erwidert darauf, daß die Demontage-Frage mit den Gewerkschaften besprochen werden müsse.

Eichler sagt, daß die Demontagen meist Maßnahmen zur Unterbindung der Konkurrenz seien, worauf wir in der Öffentlichkeit mehr hinweisen müßten.

Gayk erklärt, daß der ökonomische Sadismus – auch Demontage genannt – jetzt erst im Anlaufen zu sein scheine, dagegen müßten wir uns zur Wehr setzen. Soll demontiert werden, sollen die Engländer es mit Waffengewalt tun. Zum Marshallplan erklärt er, daß der die Ost/West-Trennung stabilisiere, was eine große Gefahr sei.

Schmid beantwortet die Frage *Kaisens* dahingehend, daß sich die Haltung der Franzosen seit Bekanntgabe des Marshallplanes nicht geändert hätte. Er betont weiter, daß die Demontage in der französischen Zone nächst der Ostzone am stärksten sei. Die Gewerkschaften weigern sich, dagegen aufzutreten. Diese Aufgabe müsse von den Parteifunktionären übernommen werden.

Schumacher beleuchtet ebenfalls die Situation in der französischen Zone, insbesondere auch im Saargebiet, und gibt daran anschließend zum Kapitel Demontage in der Ostzone bekannt, daß der Nutzprozentsatz der demontierten Maschinen nach Wiederaufstellung 15 bis 20% betrage. Er unterstreicht weiter die Untragbarkeit des Exports produktionsfähiger Menschen. Die Verschleppung der Demontagen sei ein wichtiges Kapitel. Er ist der Auffassung, daß die amerikanische Wirtschaftskrise durchaus nicht so gefährlich sei, wie von den Russen angenommen wird.

---

12 Im Kommuniqué wird erwähnt, daß nach eingehender Diskussion der Beschluß der sozialdemokratischen Fraktion im Wirtschaftsrat gebilligt wurde, „sich an der Übernahme von Direktorenämtern nur unter der Voraussetzung zu beteiligen, daß die Position des Direktors für Wirtschaft mit einem Sozialdemokraten besetzt wird", vgl. Anlage 1.
13 Zum Marshallplan vgl. Einl. Kap. II 3 d.
14 Beim „Molotow-Plan" handelt es sich um den vom sowjetischen Außenminister Wjatscheslaw *Molotow* (1890-1986) auf der Pariser Konferenz der drei Außenminister Frankreichs, Großbritanniens und der Sowjetunion am 1. Juli 1947 entwickelten Plan, der ein Hilfskomitee der drei europäischen Großmächte, dem sich auch andere europäische Staaten, nicht aber die USA anschließen sollten, zur Wiederbelebung der europäischen Wirtschaft vorsah, vgl. AdG 1946/47, S. 1130-1132.

Dokument 12, 7. und 8. August 1947

Punkt 4 (Bericht über Besprechung mit den Vertretern der [Bekennenden Kirche])[15]
Hennig berichtet über die Besprechung, an der von sozialdemokratischer Seite *Schumacher, Grimme, Schmid*[16], *Hennig, Prof. [Schafft]*[17], *Metzger, Pastor Albertz* und vom Rat der evangelischen Kirche *Landesbischof Wurm, Landesbischof Lilje, Pastor Niemöller, Prof. Hammelsbeck*[18], *Prof. Iwand, Oberkichenrat Held, Dr. [Krueger]*[19] teilnahmen, daß die Vertreter der Kirche ganz offensichtlich besorgt seien, noch eine dritte geschichtliche Möglichkeit zu versäumen. Die Vertreter der Kirche erklärten, daß sie gewillt seien, dafür einzutreten, daß die Sozialisierung, die Bodenreform, der Lastenausgleich auf Sachwertbasis, die positive Flüchtlingshilfe und das Prinzip der Gemeinschaftsschule durchgeführt würden. Die Sozialdemokratie wird in toleranter Weise für die Freiheit der Verkündigung eintreten, wie der Rat der evangelischen Kirche aus christlicher Überzeugung die sozialen Forderungen der Sozialdemokratie unterstützen wird.

Grimme stellt zusammenfassend fest, daß wir in einer Front gegen den Kollektivismus und in einer Front für die Freiheit der Person ständen.

Hennig macht in seinem Schlußwort darauf aufmerksam, daß die Genossen draußen die Dinge nicht so sehen und erleben wie wir in diesem Kreise. Wir müßten versuchen, eine geistige Großmacht zu werden. Er weist dann noch auf die Gefahr hin, die darin liegt, daß heute schon wieder die konfessionellen Jugendorganisationen mit 250000 Mitgliedern den 40 000 Falken gegenüberstehen.

Punkt 3 (Besprechung mit Vertretern der Gewerkschaften)[20]
An der Besprechung in Bielefeld nahmen teil:
Von der SPD *Schumacher, Ollenhauer, Kriedemann, Franke, Henßler, Gross.*
Von den Gewerkschaften *Böckler, Tarnow, Hagen, Schleicher, Richter, Karl* und *[H.] Meier*[21].

---

15 Der übliche Name „Bekennende Kirche" nach dem Kommuniqué, im Protokoll wie auch in der vorläufigen Tagesordnung „Bekenntniskirche". Zu diesem Treffen vgl. auch Einleitung Kap. II 5 b, S. CXIX.
16 Nach der Darstellung von Martin *Möller*, der die in verschiedenen kirchlichen Archiven vorhandenen Akten über das Treffen benutzt hat, nahm nicht Carlo *Schmid*, sondern Erich *Ollenhauer* an dieser Besprechung teil, vgl. M. Möller, Evangelische Kirche und Sozialdemokratische Partei in den Jahren 1945 - 1950, Göttingen 1984, S. 146.
17 In der Vorlage „Schaft". Die Namen „Prof. Schaft, Metzger, Pastor Albertz" wurden handschriftlich zum maschinenschriftlichen Text hinzugefügt. Hermann *Schafft* (1883-1955), Studium der Theologie, nach 1918 Pfarrer in Kassel, 1930-32 Professor an der Pädagogischen Akademie Kassel, 1932/33 Professor in Dortmund und Halle, 1933 beurlaubt, wieder als Pfarrer tätig, aktiv im Kirchenkampf; 1942-51 Pfarrer in Kirchbanna bei Kassel, nach 1945 als Regierungsdirektor Leiter der Abteilung f. Erziehung u. Unterricht bei der Regierung in Kassel.
18 Die Namen „Prof. Hammelsbeck, Prof. Iwand, Oberkirchenrat Held, Dr. Krüger" wurden handschriftlich zum maschinenschriftlichen Text hinzugefügt. Oskar *Hammelsbeck* (geb. 1899 in Elberfeld), protestantischer Theologe, Professor an der Pädagogischen Akademie Wuppertal.
19 In der Vorlage „Krüger". Zu Hugo *Krueger* vgl. Einl., S. CXIX.
20 Von dieser Besprechung am 30.7.1947 ist in den PV-Akten ein sechsseitiges maschinenschriftl. Protokoll erhalten geblieben (AdsD: PVBX 000014, frühere Signatur: PV/ Alter Bestand 2052), das hier als Anlage 2 abgedruckt wird. Auszugsweise wurde es bereits in den „Quellen zur Geschichte der deutschen Gewerkschaftsbewegung" (Bd. 7, S. 438-444) veröffentlicht.
21 Nach dem Protokoll der Besprechung nahmen außer den Genannten von Gewerkschaftsseite noch Hans *vom Hoff* und Ludwig *Rosenberg* teil, vgl. Anlage 2.

Franke berichtet, daß die Gewerkschaften absolut nach eigenen Gesetzen arbeiten. Sie betonen die Überparteilichkeit, und man gewinnt den Eindruck der Weltfremdheit. Die Kommunisten sind besonders stark bei den Bergarbeitern eingedrungen. Im Westen glaubt er, Vorarbeiten für die Bildung christlicher Gewerkschaften sehen zu können. Die Betriebsarbeit der SPD wird abgelehnt.[22] Nur der Genosse *Böckler* zeigte Verständnis.[23] Es wurde zugegeben, daß die KP Betriebsarbeit leistet, doch sei diese so geschickt getarnt, daß man nicht zufassen könne.

Loßmann zeigt am Beispiel der Betriebsarbeit in Nürnberg, daß die Eroberung der Betriebe durchaus möglich sei.

Gotthelf ist der Meinung, daß man den Vorschlag *Frankes*, eine Gewerkschaftskommission beim PV arbeiten zu lassen, bis der Betriebssekretär gefunden ist, aufgreifen sollte. Weiter solle man jene Gewerkschaftsführer, die Genossen sind, schärfer anfassen.

Franke faßt in seinem Schlußwort nochmals zusammen, daß wir die Einheitsgewerkschaft bejahen. Er wiederholt, daß nicht wir die Fraktionsarbeit begannen, jedoch jetzt gezwungen seien, sofort und energisch die Betriebsarbeit durchzuführen.

Nächste Sitzung des PV voraussichtlich am 9. und 10. September 1947 in Berlin.[24]

Anlage 1
Kommuniqué der Sitzung
Sozialdemokratischer Pressedienst, Sondernummer nach Nr. II/63 v. 8.8.1947

Die erste Sitzung des Vorstandes der SPD nach der Neuwahl in Nürnberg fand am 7. und 8. August in Hannover unter der Leitung von Oberbürgermeister Fritz Henßler, Dortmund statt. Als Gäste nahmen der Vorsitzende der sozialdemokratischen Fraktion des Wirtschaftsrates, Erwin Schoettle, und der Vorsitzende des Exekutivrats, Ludwig Metzger, an den Besprechungen teil.

Nach der Einführung der neuen Mitglieder des Parteivorstandes referierte der Parteivorsitzende *Dr. Schumacher* über die sich aus der Schaffung und Tätigkeit des Wirtschaftsrates der Doppelzone ergebenden Probleme. Er wendet sich gegen die vom Unternehmerflügel der CDU in Frankfurt betriebene kapitalistische Blockpolitik. Die SPD bejaht, ungeachtet der zahlreichen Schönheitsfehler, die ihm anhaften, den Wirtschaftsrat und betreibt im Interesse des Volkes trotz des CDU-Herrschaftsanspruches eine Politik der Opposition und nicht der Obstruktion. Der Ablauf der Dinge zeige die leichtsinnige CDU-Führungslosigkeit, die Nichtannahme von zwei Verwaltungsämtern durch die CDU schaffe keine neue politische Situation.

---

22 Die Stellungnahmen der Gewerkschaftsvertreter richteten sich vor allem gegen die Bildung sozialdemokratischer Betriebsgruppen und die Errichtung eines Gewerkschaftssekretariats beim Parteivorstand, vgl. vor allem die Ausführungen von Schleicher und Karl, Anlage 2, S. 256 f.

23 Nach dem Protokoll sprach sich außer *Böckler* noch Willi *Richter* für die Schaffung von sozialdemokratischen Betriebsgruppen, „soweit das Bedürfnis vorhanden ist", aus, Anlage 2, S. 257.

24 Die nächste Sitzung des PV fand am 16./17. September in Berlin statt, vgl. das folgende Dokument.

Dokument 12, 7. und 8. August 1947

Nach eingehender Diskussion wurde der Beschluß der sozialdemokratischen Fraktion im Wirtschaftsrat gebilligt, „sich an der Übernahme von Direktorenposten nur unter der Voraussetzung zu beteiligen, daß die Position des Direktors für Wirtschaft mit einem Sozialdemokraten besetzt wird".

Der Marshallplan und seine Auswirkungen auf Deutschland bildeten den zweiten Hauptpunkt der Beratungen des sozialdemokratischen Parteivorstandes. Ausgehend von einer Darstellung der USA-Politik nahm *Dr. Schumacher* als Referent Stellung zum Marshall- und Molotow-Plan. Im Mittelpunkt des Referates und der anschließenden Debatte standen die erneut auch in den Westzonen anlaufenden Demontagen, die von der Sozialdemokratie auf das entschiedenste abgelehnt werden. Es wurden zahlreiche Beispiele für unrechtmäßig und aus reinen Konkurrenzkampfgründen erfolgte Demontagemaßnahmen vor allem in der französischen Zone angeführt, die freilich von der ungeheuerlichen Totaldemontage in der Ostzone bei weitem übertroffen werden.

Referate und Diskussion über das Verhältnis der Sozialdemokratie zu Kirchen und Gewerkschaften schlossen die Tagung. Dabei wurde in einem Referat des Leiters der Sozialistischen Kulturzentrale, Arno Hennig, besonders ausführlich über die Besprechungen mit Vertretern der Bekennenden Kirche berichtet. In diesen Gesprächen mit Kirchenvertretern ergab sich Übereinstimmung nicht nur über die Notwendigkeit von Sozialisierung, Landreform und Lastenausgleich, sondern auch darüber, daß die Kirche nicht zum verlängerten Arm einer Partei werden dürfe.

In der Aussprache über Gewerkschaftsprobleme, die mit einem Bericht von *Egon Franke* eingeleitet wurde, wandten sich die Parteivorstandsmitglieder einmütig gegen Spaltungsversuche aus CDU-Kreisen und gegen die Unterhöhlung der Gewerkschaften durch KP/SEP. Gemeinsam war die Auffassung, daß die Arbeit der sozialdemokratischen Betriebsgruppen als Gegenwirkung gegen diese Zersetzungstendenzen zu intensivieren sei.

Anlage 2
Protokoll der Besprechung mit sozialdemokratischen Gewerkschaftsvertretern in Bielefeld am 30. Juli 1947
Maschinenschriftl. Prot., 6 S., AdsD: PVBX 000014 (frühere Signatur: PV- Alter Bestand 02052)[25]

Anwesend:
von der **SPD**: *Schumacher, Ollenhauer, Kriedemann, Franke, Henßler, Groß*
von den **Gewerkschaften**: *Böckler, Tarnow, Hagen, Schleicher, Richter, Albin Karl, vom Hoff, Rosenberg, Heinrich Meier*

Genosse **Böckler** eröffnet die Sitzung und teilt mit, daß sie auf Anregung des PV zustande gekommen ist, um einige Fragen zu besprechen, die die Partei und die führenden sozialdemokratischen Gewerkschaftsfunktionäre gemeinsam interessieren.

---

25 Teilw. bereits veröffentlicht.: Quellen z. Geschichte d. dt. Gewerkschaftsbewegung, Bd. 7, S. 438-444.

Dokument 12, 7. und 8. August 1947

Die Besprechung wird eingeleitet durch den Genossen **Schumacher**. Er verweist auf die neue Situation, die nach 1945 auf gewerkschaftlichem Gebiet durch die Schaffung der Einheitsgewerkschaft entstanden ist. Die Beziehungen zwischen Partei und Gewerkschaften müssen dieser neuen Situation angepaßt werden. Der Umstand, daß die Gewerkschaften heute ihre eigentlichen gewerkschaftlichen Funktionen noch nicht in vollem Umfang ausfüllen können, führt dazu, daß bei den Gewerkschaften die Neigung verstärkt wird, sich staatspolitischen Aufgaben, die in das Aufgabengebiet der Partei gehören, zuzuwenden. Die Notwendigkeit einer engen Zusammenarbeit zwischen sozialdemokratischen Gewerkschaftern und der Partei ergibt sich aus der aggressiven Politik, die die Kommunisten in den Gewerkschaften entfalten. Sie haben dabei vor allem in Westdeutschland gewisse Erfolge zu verzeichnen. Das bemerkenswerteste Beispiel dafür ist die Entwicklung im Bergarbeiterverband. Auch in der französischen Zone haben die Kommunisten einen Einbruch in die Gewerkschaftsarbeit erzielt. Es handelt sich aber nicht nur um eine deutsche Erscheinung. Wir müssen diese Aktivität der Kommunisten sehen im Zusammenhang mit der Entwicklung in Frankreich und in Italien und mit der Politik des Weltgewerkschaftsbundes. Die Aktivität der Kommunisten in Deutschland macht sich vor allem in den Betrieben bemerkbar. Sie treten dort in der Regel nicht offen als Kommunisten auf, sondern tarnen sich als Betriebspatrioten, denen nur das Interesse der Belegschaft am Herzen liegt. Auf der anderen Seite haben wir auch eine zunehmende Aktivität der CDU-Gewerkschafter. Es gibt eine ganze Reihe von Anzeichen für eine organisierte Tätigkeit dieser Gewerkschafter, die sich dabei sowohl auf die Organisation der CDU wie auf die katholische Kirche stützen.

Die sozialdemokratischen Gewerkschafter können gegenüber der Entwicklung auf den beiden Polen nicht passiv zuschauen. Wir brauchen eine aktive Betriebs- und Gewerkschaftsarbeit der Sozialdemokraten. Diese Aktivierung liegt auch im Interesse einer fortschrittlichen Gewerkschaftspolitik, die heute wie früher nur möglich ist mit der Sozialdemokratie.

In der Aussprache behandelt **Tarnow** zunächst die geschichtliche Entwicklung der Beziehungen zwischen Partei und Gewerkschaften. Die Einheit von Partei und Gewerkschaften, die Bömelburg auf dem Parteitag 1907 deklarierte, ist schon nach dem ersten Weltkrieg durch die Spaltung der Arbeiterbewegung verlorengegangen. Die Gewerkschaften müssen sich gegenüber den verschiedenen Arbeiterparteien offiziell neutral verhalten und den Standpunkt vertreten, daß ihr Verhältnis zu den Parteien bestimmt wird durch die Taten der Partei. In der Praxis blieb die enge Beziehung zwischen Gewerkschaften und SPD bestehen.

Die Situation ist heute schwieriger, aber grundsätzlich nicht verschieden. Die heutigen Gewerkschaften sind keiner Partei verpflichtet. Ihr Verhältnis zu den Parteien wird bestimmt durch die Handlungen der Partei. Mit dieser prinzipiellen Stellungnahme kann die Sozialdemokratie zufrieden sein. Eine klare Trennung zwischen Gewerkschaftspolitik und Staatspolitik ist nicht zu ziehen. Die Aufgabe der Gewerkschaften, auf die Wirtschaftsgestaltung und Wirtschaftsverwaltung Einfluß zu nehmen, erlegt ihr auch staatspolitische Aufgaben auf.

Eine verstärkte Aktivität der Sozialdemokraten in den Gewerkschaften ist notwendig, aber es darf keine Fraktionsarbeit der Partei in den Gewerkschaften geben. In dieser Beziehung sind einzelne Bemerkungen auf dem Parteitag unglücklich in der Presse wiedergegeben worden. Sie haben bereits dazu geführt, daß die Kommunisten davon sprechen, die Sozialdemokratie wolle die Spaltung der Gewerkschaften, sie gefährde die Gewerkschaftseinheit. Eine verstärkte Aktivität ist notwendig, aber die Partei darf uns nicht in die Verlegenheit bringen, sie abschütteln zu müssen.

Henßler: Tarnows Ausführungen erscheinen mir im Hinblick auf die Bedingungen im Ruhrgebiet ziemlich weltfremd. Die Kommunisten tarnen ihre Arbeit in den Gewerkschaften kaum. Wir müssen Schlußfolgerungen daraus ziehen. Bei den Wahlen zu den Betriebsräten und bei Delegiertenwahlen zu Verbandstagen müssen wir mit SPD-Listen in Erscheinung treten. Wir müssen genau so geschlossen auftreten wie die Kommunisten. In den Fällen, in denen wir das bereits in den letzten Monaten im Ruhrgebiet getan haben, haben wir sofort den kommunistischen Einfluß zurückgedrängt. Eine solche Aktivität liegt auch im gewerkschaftlichen Interesse.

Böckler: Wir sind nicht blind gegenüber der Aktivität der Kommunisten und der Christen, aber wir halten nach wie vor die Idee der Einheitsgewerkschaft für gut. Sie ist auch heute noch bei den meisten der Arbeitnehmer populär. Wir wissen, daß auf beiden Flügeln Fraktionsarbeit geleistet wird, aber die Hauptursache für das Wachsen des kommunistischen Einflusses ist die Inaktivität und in manchen Fällen auch die Feigheit unserer eigenen Parteigenossen. Sie scheuen jede Auseinandersetzung und sie glauben, sie könnten der kommunistischen Aktivität durch Anständigkeit und Zurückhaltung begegnen. Die Ursache für die gegenwärtigen Schwierigkeiten ist nicht die Existenz der Einheitsgewerkschaft, sondern die mangelnde Aktivität unserer Genossen. Diese Passivität ist unhaltbar. Wir können sie aber nicht überwinden in der Form, die *Henßler* vorgeschlagen hat. Wir können nicht offiziell die Bildung von Fraktionen bei Wahlen zu den Betriebsräten oder bei Delegiertenwahlen zu Verbandstagen anerkennen. Wenn wir unsere Genossen aktivieren, ist noch alles zu gewinnen, auch im Bergbau. Aber wir müssen vorsichtig sein in der Methode. Der Antrag der Berliner auf dem Parteitag war aus der Berliner Situation zu erklären, aber die dortigen Verhältnisse lassen sich nicht übertragen auf die Westzonen. Jedenfalls dürfen sozialdemokratische Gewerkschafter nichts tun, was nachträglich die Aktivität der Kommunisten und der Christen rechtfertigen kann.

Hagen: Der Gedanke der Einheitsgewerkschaften ist gut. Die Gewerkschaftseinheit muß erhalten bleiben. An der gegenwärtigen unbefriedigenden Situation, soweit der wachsende Einfluß der Kommunisten in Frage kommt, tragen die Parteifunktionäre in den Betrieben die Schuld. Wenn sie aktiver werden, ist der Einfluß der Kommunisten zurückzudrängen. In Nürnberg ist es auf diese Weise kürzlich gelungen, alle Kommunisten aus den Funktionen des Metallarbeiterverbandes herauszuwählen. Es darf aber keine besondere Gewerkschaftsarbeit der Partei geben.

Schleicher: Die Einheitsgewerkschaft ist ein Fortschritt und die Zusammenarbeit mit den früheren christlichen Gewerkschaften ist gut. Sie hat auch dazu geführt, die fortschrittlichen Kräfte in der CDU zu stärken. Der evangelische Landesbischof von Württemberg, *Wurm,* hat erklärt, daß er den Gewerkschaften die Fürsorge für das wirtschaftliche und soziale Wohlergehen der christlichen Gewerkschaftsmitglieder anvertraue, wenn die Gewerkschaften die religiösen Empfindungen ihrer Mitglieder respektieren. Wenn wir vor die Wahl gestellt werden, zwischen Christen und Kommunisten in den Gewerkschaften zu entscheiden, werden wir den Versuch machen, christliche Arbeitnehmer bei uns zu halten. Was uns fehlt, ist die Aktivität der Sozialdemokraten in den Betrieben. Man muß auch in Rechnung stellen, daß die Sozialdemokratie nicht mehr in dem Ausmaß wie früher eine reine Arbeiterpartei ist. Es sind heute Gruppen in der Partei vertreten, deren wirtschaftspolitische Auffassungen und Interessen nicht immer mit den Interessen der Gewerkschaften übereinstimmen. Die Schaffung eines Gewerkschaftssekretariats beim Parteivorstand kann von den Gewerkschaften nicht akzeptiert werden. Die Arbeit der Partei muß sich auf die sozialdemokratische Betriebsarbeit als die der Partei weiter entwickeln, ohne Eingriffe in die gewerkschaftlichen Aufgaben. Die Diskussion auf dem Nürnberger Parteitag über diesen Punkt hat mehr geschadet als genützt, und zwar vor allem uns als sozialdemokratischen Gewerkschaftern.

Karl: Wir sind uns einig im Wollen, aber wir haben Meinungsverschiedenheiten in der Methode. Sowohl die Partei wie die Gewerkschaften sind heute anders als 1918. Die Partei kann nicht nur eine Arbeiterpartei sein. Die Passivität unserer Genossen in den Betrieben ist erklärlich aus der gegenwärtigen schwierigen wirtschaftlichen und ernährungspolitischen Situation. Der Vorteil der Kommunisten ist, daß sie eine systematische Betriebsarbeit haben, ohne daß sie dabei auf eine sozialdemokratische Gegenwirkung stoßen. Die Sozialdemokraten in den Betrieben müssen aktiver werden, aber ich habe Bedenken gegen sozialdemokratische Betriebsgruppen. Wir müssen eine Form finden, die die Gefahr vermeidet, daß die Partei gewerkschaftliche Funktionen übernimmt.

Wir wünschen auch eine engere Zusammenarbeit mit der Partei in den Fragen, die uns gemeinsam angehen. Wir müssen uns vorher abstimmen, damit wir uns nicht auseinanderleben. Karl verweist in diesem Zusammenhang auf die Kontroverse über den Aufbau der Arbeitslosenversicherung. Während die Gewerkschaften auf dem Boden der Selbstverwaltung stehen, hat die Partei die Angliederung dieser Einrichtung an die staatliche Verwaltung gefordert. Wir dürfen als Sozialdemokraten auch nicht übersehen, daß die Zusammenarbeit mit den Christen in den Gewerkschaften auch politischen Nutzen für uns hat. Er verweist auf die Tatsache, daß im Zonenbeirat der britischen Zone die christlichen Gewerkschafter in der Frage der Landreform gegen den reaktionären Kurs der CDU gestimmt haben.

Richter ist für die Schaffung von sozialdemokratischen Betriebsgruppen, soweit das Bedürfnis vorhanden ist. Die Partei muß in den Betrieben aktiver werden. Wir dürfen die kommunistische Gefahr in den Gewerkschaften nicht unterschätzen. Man denke nur an die Zustände in der Ostzone und in der französischen Zone. In der Abwehr der kommunistischen Einflüsse würde auch eine Zusammenarbeit mit vernünftigen christlichen Gewerkschaften nützlich sein. Als Gegengewicht gegen die Gewerkschaften in der russischen Zone muß auch ein Zusammenschluß der Gewerkschaften in den Westzonen herbeigeführt werden. Auch Richter wünscht eine engere Zusammenarbeit zwischen Partei und Gewerkschaften, vor allem in sozialpolitischen Fragen.

Henßler hält die Schaffung einer besonderen Betriebsorganisation der Partei für notwendig, weil nur so eine systematische Arbeit geleistet wird. Diese Betriebsgruppen sollen keine gewerkschaftspolitischen Arbeiten und keine Gewerkschaftsparolen herausgeben, aber sie sollen die sozialdemokratischen Gewerkschafter aktivieren. Wir sind für die Einheitsgewerkschaft, aber sie ist nur so lange möglich, so lange sie nicht unter kommunistischer Führung steht. Wir sollen auch die Aktivität der katholischen Kirche nicht unterschätzen. Es gibt einflußreiche Kreise des katholischen Klerus, die heute noch gegen die Einheitsgewerkschaft sind. Wir müssen mit dieser sozialdemokratischen Betriebsarbeit bald beginnen. Es wird dann auch im Ruhrgebiet und bei den Bergarbeitern möglich sein, unseren Einfluß wieder durchzusetzen. Über die Frage der Selbstverwaltung der Arbeitsvermittlung gibt es auch Meinungsverschiedenheiten bei den Gewerkschaften. Was 1927 richtig war, muß heute nicht mehr unbedingt gelten, denn die Verhältnisse haben sich seitdem entscheidend geändert.

Tarnow: Es gibt zwischen uns keine grundsätzlichen Meinungsverschiedenheiten. Die Frage ist nur, wie weit die Partei in den Betrieben arbeiten kann mit Zustimmung der Gewerkschaften. Das Recht der Partei auf Betriebsarbeit kann nicht bestritten werden, aber die Gewerkschaftsarbeit muß Angelegenheit der Gewerkschaften bleiben. Die Fraktionsbildung und die Aufstellung von Parteilisten bei Wahlen bedeutet die Gefahr der Gewerkschaftsspaltung. Wenn sich die Entwicklung durch das Verhalten der Kommunisten und der Christen weiter zuspitzt, wird man aus dieser Lage Konsequenzen ziehen müssen. Evtl. müssen wir dann eine Gewerkschaftsfraktion gegen die Parteifraktion bilden. Eine generelle Linie läßt sich nicht festlegen. Wir müssen von Fall zu Fall entscheiden.

Schumacher: Der Angriff der SEP auf die SPD ist gescheitert, aber auf gewerkschaftlichem Gebiet ist der Kampf noch nicht zu Ende. Die Entscheidung der Gewerkschaften für den Eintritt in den Weltgewerkschaftsbund war eine einseitige Entscheidung für eine der alliierten Großmächte. Wir müssen der heutigen Aussprache weitere folgen lassen. Wir würden es auch begrüßen, wenn der ständige Kontakt zwischen uns hergestellt werden könnte durch einen besonderen Ausschuß, denn es ist notwendig, daß wir systematisch zusammenarbeiten. Der Parteivorstand bemüht sich seit langem, einen Vertrauensmann für alle Fragen der Gewerkschafts- und Betriebsarbeit zu finden, um diese Zusammenarbeit zu fördern. In der Diskussion ging es mehr um das Wie als um das Was. Es ist richtig, daß unseren Genossen vielfach der Mut fehlt. Wir müssen sie als SPD aktivieren. Wir kommen um das Schlachtfeld des Betriebes nicht herum. Es ist auch gar nicht unsere freie Wahl, denn der Gegner bestimmt das Schlachtfeld. Wir müssen die geeignete Methode finden, denn wir wollen auf alle Fälle verhindern, daß wir uns auseinanderleben.

Böckler begrüßt die Erklärung der Parteivertreter, da sie für die Einheitsgewerkschaften sind. Es besteht eine absolute Notwendigkeit für die Verstärkung der sozialdemokratischen Betriebsarbeit. Wir müssen dabei nur mit der nötigen Behutsamkeit vorgehen, damit die Einheit nicht gefährdet wird. Die Gewerkschafter würden es begrüßen, wenn sie vor der letzten Entscheidung der Partei über Art und Umfang ihrer Arbeit gehört werden können. Die Anregung von Schumacher, von Zeit zu Zeit wieder zusammenzukommen, wird angenommen. Wir sollten uns auch dann aussprechen, wenn nicht so dringende Fragen vorliegen, wie es heute der Fall ist.

Nach einem kurzen Bericht von **Böckler** über den Verlauf des Prager Kongresses des Weltgewerkschaftsbundes[26], [an] dem die deutschen Delegierten nur als Beobachter teilgenommen haben, wird die Frage der **Mitarbeit der Gewerkschaften in den entflechteten Eisen- und Stahlbetrieben** zur Diskussion gestellt. **Böckler** berichtet über die Vorgeschichte dieser Mitarbeit. Bei der ganzen Entflechtungsaktion handelt es sich um einen englischen Plan, für den die Gewerkschaften keine Verantwortung haben. Ihre Mitarbeit beschränkt sich lediglich auf die Verwaltung der entflechteten Betriebe. In diesem Punkt haben die Gewerkschaften die volle Gleichberechtigung der Gewerkschaften in dem Verwaltungsorgan durchgesetzt. Damit war eine Möglichkeit der Mitwirkung an der Verwaltung dieser Betriebe gegeben, die die Gewerkschaften nicht ausschlagen konnten. Über die begrenzte Bedeutung dieser Möglichkeit sind sich die Gewerkschaften klar. Sie sehen in der Mitverwaltung der entflechteten Betriebe keinen Beginn einer Sozialisierung, und sie werden nur mitarbeiten, so lange diese Mitarbeit vom Standpunkt der Gewerkschaften vertretbar und so lange keine bessere Lösung möglich ist. Wenn zum Beispiel der Landtag Nordrhein-Westfalen die Sozialisierung der Stahl- und Eisenindustrie beschließen sollte, dann würde diese Entscheidung für die Gewerkschaften selbstverständlich eine neue Situation darstellen.

Heinrich Meier, der in der Treuhandgesellschaft auf Wunsch der Gewerkschaften die Leitung der Personalabteilung übernommen hat, bedauert, daß in der Presse durch die SPD Angriffe gegen die Gewerkschaftsfunktionäre, die bei der Entflechtung der Betriebe und in den entflechteten Betrieben mitarbeiten, erhoben worden sind, ohne daß vorher Informationen eingeholt wurden, oder eine Aussprache erfolgt wäre. Dadurch wird die Lage der sozialdemokratischen Gewerkschafter, die in diesen Institutionen mitarbeiten, schwierig. Er verweist in diesem Zusammenhang auf die Tatsache, daß in dem besonders gebildeten Kontrollausschuß für die entflechteten Betriebe von drei Mitgliedern zwei Sozialdemokraten sind, Dr. *Deist*[27] und Dr. *Bender*[28].

Schumacher verweist auf die Tatsache, daß bei diesem Problem nicht in erster Linie die Frage der paritätischen Verwaltung der entflechteten Betriebe zur Diskussion steht, sondern die ganze Politik, die von den deutschen Interessenten in diesem Zusammenhang

---

26 Zum „Weltgewerkschaftsbund" (WGB) vgl. Einl. Kap. II 5 a.
27 Heinrich *Deist* (1902-64), Jurastudium, Dr. jur., Preuß. Staatsdienst, vor 1933 SPD, 1931/32 Persönl. Referent d. preuß Innenministers Severing; nach 1933 Wirtschaftsprüfer, Studium d. Volkswirtsch.; 1947 Vors. d. Kontrollausschusses bei der Treuhandverwaltung im Auftrag d. North German Iron and Steel Control, 1949-53 Geschäftsf. Mitgl. d. Stahltreuhändervereinigung, 1953-64 MdB, 1957/58 Stellv. Fraktionsvors.; 1958-63 PV, 1958-61 PP.
28 Karl *Bender,* geb. 2/1907 in Düsseldorf, Jurastudium, Dr. jur., Manager in der Industrie; nach 1945 Stahltreuhändervereinigung, SPD u. DGB, 1957 Aufbau u. Leitung e. eigenen Eisengießerei in Hamburg, 1962 Kandidat d. DGB für einen d. dt. Vertreter bei der Hohen Behörde d. Montan-Union in Luxemburg, doch von der Bundesregierung entgegen der bisherigen Praxis nicht ernannt.

getrieben wird. Es sei klar, daß eine einflußreiche Gruppe der früher führenden Männer der Eisen- und Stahlindustrie den Versuch macht, durch die Finanzierung der entflechteten Betriebe schon jetzt den privaten Eigentumsanspruch auf diese Betriebe zu sichern und gegen diesen Versuch muß die Sozialdemokratie öffentlich und scharf Stellung nehmen. Sie müssen auch diese Freiheit behalten, selbst wenn die Gewerkschaften die Möglichkeit einer Mitverwaltung der entflechteten Betriebe ausnutzen.

Böckler erklärte zum Abschluß noch einmal, daß die Gewerkschaften für den Gesamtplan in keiner Weise verantwortlich sind und daß selbstverständlich sie auch der Partei keine Bindung auferlegen können und wollen. Sie sind frei, jeden Augenblick ihre Mitarbeit aufzugeben, falls zwingende Gründe das notwendig machen.

Als dritter Punkt der Tagesordnung wird der in Frankfurt gebildete **Gemeinschaftsausschuß Wirtschaft und Arbeit** besprochen.

In seinen einleitenden Ausführungen berichtet **Tarnow** über die Vorgeschichte dieser Gründung, die auf eine Anregung von Mr. [Keenan][29] zurückzuführen sei. Es kann keine Rede davon sein, daß dieser Gemeinschaftsausschuß eine Gegengründung gegen den Wirtschaftsrat darstelle. Er habe lediglich die Aufgabe, ein Forum für gemeinsame Unterhaltungen von Arbeitern und Unternehmern zu schaffen. Die paritätische Zusammensetzung des gewählten Ausschusses garantiert, daß der Ausschuß keine Institution einer reaktionären Unternehmerpolitik wird. Die amerikanische Militärregierung hat auf die Bildung eines solchen Ausschusses Wert gelegt, damit eine Stelle geschaffen wird, die gemeinsame Vorschläge der Arbeitnehmer und der Arbeitgeber an die Militärregierung weiterleiten kann. Die Vertreter der Gewerkschaften in der britischen Zone haben gegen diesen Ausschuß Bedenken geltend gemacht, da ihre Mitarbeit in einem solchen Ausschuß die Bestrebungen der Gewerkschaften in der britischen Zone für die Schaffung von paritätisch besetzten Wirtschaftskammern erschwert.

Schumacher verweist darauf, daß die Bildung des Gemeinschaftsausschusses als „unpolitischer Wirtschaftsrat" eine bewußte politische Aktion der reaktionären Unternehmer gegen den Wirtschaftsrat sei. Die Gründung ist ein Schlag gegen die Einheit Deutschlands, denn durch die Gründung stempelt man den Wirtschaftsrat zu einem westdeutschen Parlament und spielt damit der SEP - Politik die Verantwortung für die Aufteilung Deutschlands in die Hände. Die vorgesehene Struktur des Gemeinschaftsausschusses beweist, daß es sich hier um einen Versuch handelt, unter Ausschluß der Öffentlichkeit ein Hilfsorgan für die Politik der Rechtskreise im Wirtschaftsrat zu schaffen. Die Partei könne die Gewerkschaften nur auf das Eindringlichste vor einer solchen Entwicklung warnen. In der weiteren Aussprache begründen die Gewerkschaftsvertreter der britischen Zone ihren ablehnenden Standpunkt, während **Richter**, **Tarnow** und **Schleicher** auseinandersetzen, daß [sie] die vom Genossen Schumacher gehegten Befürchtungen über die politische Auswirkung der Gründung bestreiten und die Gründung als eine Notwendig-

---

29 In der Vorlage „Keanen". Joseph D. *Keenan*, geb. 1896, Elektrolehre, amerikan. Gewerkschafter, 1945-47 Labor Adviser von General Clay, nach 1954 Stellv. Vors. d. AFL.

keit sowohl vom Standpunkt des Meinungsaustausches zwischen Arbeitgebern und Arbeitnehmern als auch für eine fruchtbare Zusammenarbeit mit der amerikanischen Militärregierung befürworten.

Die Gewerkschaften der amerikanischen Zone werden ihre Entscheidung über die Mitarbeit der Gewerkschaften in diesem Gemeinschaftsausschuß am nächsten Sonnabend fällen. Die Frage der Mitarbeit der Gewerkschaften der britischen Zone bleibt den Entscheidungen der verantwortlichen Körperschaften der Gewerkschaften der britischen Zone überlassen.

Die Sitzung wird mit der Vereinbarung geschlossen, ihr zu gegebener Zeit eine neue Besprechung über gemeinsame Angelegenheiten folgen zu lassen.

Dokument 13, 16. und 17. September 1947

Nr. 13

Sitzung des Parteivorstandes am 16. und 17. September 1947 in Berlin

AdsD: SPD-Parteivorstand, 2/ PVAS 0000661, Sitz. d. PV, 16./17.9.1947 (Maschinenschriftl. Prot., 7 S.)[1]

Leitung der Sitzung: Erich **Ollenhauer**
Anwesend: siehe Liste

[**Teilnehmer/Teilnehmerinnen, nach Funktionen geordnet:**[2]
PV[3]: *Schumacher, Ollenhauer, Gotthelf, Heine, Nau; Agartz, Albrecht, Eichler, Görlinger, Grimme, Gross, Loßmann, Meitmann, Menzel, Neumann, Schmid, Schroeder, Selbert, Veit*
PV-Stellvertreter: *Kuraner*[4]
KK: *Schönfelder*
Gast: F. *Stampfer*]

Tagesordnung[5]
1) Stellungnahme zu den Beschlüssen des Parteitags in Nürnberg
2) Stellungnahme zu den dem PV überwiesenen Anträgen
3) Vorbereitung eines Besatzungsstatuts
4) Bizonales Büro für Friedensfragen
5) Wahl von weiteren Arbeitsausschüssen: a) Ausschuß für Gewerkschafts- und Betriebsarbeit, b) Ausschuß für Organisationsfragen, c) Frauenarbeitsausschuß, d) Ergänzungswahl für den verfassungspolitischen Ausschuß, e) Ergänzungswahl für den [Wahlrechtsausschuß][6]

---

1 Die Einladung zu dieser Sitzung mit Bekanntgabe der vorläufigen Tagesordnung erfolgte durch das Rundschreiben Nr. 32/47 des Referats Organisation/Kasse, unterschrieben von E. Ollenhauer, vom 4. 9. 1947. Den nicht anwesenden Vorstandsmitgliedern wurde eine zweiseitige Zusammenstellung der Beschlüsse der Sitzung zugesandt. Diesen wurde eine Einsicht in das „Protokoll" bei der nächsten PV-Sitzung in Aussicht gestellt, da die Anfertigung und Versendung von Protokollabschriften „zur Zeit nicht ratsam" erscheine. Im folgenden wird diese Zusammenstellung als „Ergebnisprotokoll" bezeichnet. Das Kommuniqué (Telegraf Nr. 210 v. 18. 9. 1947) wird hier als Anlage 1 abgedruckt.
2 Die folgenden Angaben wurden der Anwesenheitsliste in den Beilagen zum Protokoll entnommen; für die Teilnehmer an allen Vorstandssitzungen 1947/48 vgl. Anhang 2.
3 Von den Mitgliedern des PV fehlten: *Franke, Kriedemann; Baur, Bögler, Gayk, Gnoß, Helmstädter, Henßler, Kaisen* und *Knothe*.
4 *Kuraner* war von *Bögler* mit seiner Vertretung beauftragt worden. Da sich außer den Berliner keine Vorstandsmitglieder vertreten lassen durften, wurde *Kuraner* diese Vertretung nur „ausnahmsweise" gestattet, vgl. die Ausführungen Ollenhauers zu Beginn der Sitzung.
5 Der Wortlaut der einzelnen Tagesordnungspunkte, soweit sie zur Verhandlung kamen, nach der vorläufigen Tagesordnung vom 4. September.
6 Berichtigung nach dem Protokoll, in der vorläufigen Tagesordnung „Außenpolitischer Ausschuß".

6) Internationales: a) Einladung der holländischen Partei[7]
7) Wahl eines kommunalpolitischen Sekretärs
8) Wahl eines Sekretärs für außenpolitische Fragen
9) Die Situation in der Ostzone
10) Bestätigung des Sekretärs für die Jungsozialistenarbeit
11) Bestätigung des Vorsitzenden des Zentralarbeitsausschusses der „Falken"
12) Termin und Ort der nächsten PV-Sitzung
13) Termin und Ort der nächsten Parteiausschußsitzung

Ollenhauer stellt einleitend fest, daß 8 Vorstandsmitglieder[8] nicht erschienen waren und die angewandten[sic!] Entschuldigungen ihm nicht in jedem Falle hinreichend begründet zu sein scheinen. Weiter sei in Vertretung des Genossen *Bögler* der Genosse *Kuraner* erschienen. Seine Anwesenheit würde nur ausnahmsweise gestattet werden, denn es sei an dem Prinzip festzuhalten, daß PV-Mitglieder sich nicht vertreten lassen können.

Heine berichtet über die Verhandlungen, die der Einladung *Schumachers* nach Amerika vorausgingen, und unterstreicht die Bedeutung, die darin liege, daß die [AFL][9] als erste ausländische Organisation einen deutschen Parteiführer einlädt.

Eichler betont, daß mit Vorsicht aufgetreten werden müsse, da gerade die A.F. of L. betont antibolschewistisch auftrete. Er hält es für gut, wenn *Schumacher* auch vor der CIO[10] sprechen könnte.

Ollenhauer stellt abschließend fest, daß der PV die Einladung begrüßt.[11]

Ollenhauer gibt Informationen über die im Zusammenhang mit dem *Austritt der Sozialdemokraten aus der Regierung* betriebene *bayerische Politik*.[12]

Schumacher erklärt dazu, daß der Föderalismus in Bayern am stärksten war und auch die S.P. gefärbt hatte. Die Gebiete, die vom Krieg am wenigsten zerstört wurden, hätten den größten Hang zum Föderalismus, um dem Lastenausgleich zu entgehen. Die CSU hatte mit 104 von 180 Sitzen den ganz klaren Auftrag des bayerischen Volkes zu regieren. Wäre die S.P. damals nicht in die Regierung gegangen, hätte die CSU die Regierungsbildung nicht übernommen und die Regierung *Hoegner* wäre von der Militär-Regierung beauftragt worden, die Geschäfte weiterzuführen. Eine solche Minderheitsregierung im Auftrage einer ausländischen Macht wäre der S.P. sicher noch schlechter bekommen, wenn natürlich andererseits die Voraussetzungen für eine fruchtbare Koalition auch nicht

---

7 Die weiteren noch vorgesehenen Unterpunkte „Bericht über die Sitzung der Internationalen Kommission in Nürnberg; Bericht über die Englandreise; Bericht über den Besuch in Dänemark" wurden, soweit das Protokoll Auskunft gewährt, nicht behandelt.
8 Nur die Zahl der fehlenden „Beisitzer", die beiden fehlenden Mitglieder des „Büros" (Franke und Kriedemann) sind hier nicht mitgezählt.
9 In der Vorlage „A.F. of L.", eine damals gebräuchliche Abkürzung für die „American Federation of Labour".
10 Abkürzung für den „Congress of Industrial Organizations", den zweiten Dachverband der Gewerkschaften in den USA.
11 Im Ergebnisprotokoll wird dazu ausgeführt: „Der PV begrüßt die Einladung der A.F. of L. und billigt die Teilnahme der Genossen *Schumacher* und *Heine* am Kongreß in San Francisco."
12 Zu diesem Regierungsaustritt vgl. Einl. Kap. II 3 b.

gegeben waren. Wir sollten uns nun jedoch hüten, dem bayerischen Beispiel folgend in allen Ländern eine Koalitionsdebatte zu beginnen. In einem Kommuniqué solle jedoch der PV nun ausdrücklich die Haltung der Bayerischen S.P. billigen.[13]

Loßmann erklärt dazu, daß der regierungswillige Teil in Bayern damals nicht die Mehrheit erhalten hätte, wenn nicht *Knoeringen* den entsprechenden Wunsch Hannovers zum Ausdruck gebracht hätte. *Hoegner* habe jetzt nach Auflösung der Koalition erklärt, daß dies ein nationales Unglück für Bayern sei. In einem Interview habe er als Grund des Austrittes angegeben: „Befehl von Hannover".

Ollenhauer erwidert darauf, daß der PV im Dezember 1946 in der Frage der Regierungsbildung in Bayern keinen Druck ausgeübt habe, vielmehr hätte die Entscheidung bei der Landespartei gelegen. Den bayerischen Genossen sei jedoch nochmals die Kölner Entschließung[14] in Erinnerung gebracht worden.

Schmid hält es für wichtig, daß mindestens immer in einem Lande der französischen Zone die SPD an der Regierung beteiligt ist, da sonst der Wachhund fehle.

Zu **Punkt 1** (Stellungnahme zu den Beschlüssen des Parteitags)
Ollenhauer erklärt zum Punkt „Aufbau der Republik", daß der Beschluß des kommunalpolitischen Ausschusses, der sich für die Verhältniswahl aussprach, für die [Partei][15] nicht bindend sei. Der verfassungspolitische Ausschuß wird das Wahlrecht diskutieren.

Loßmann tritt für die Beibehaltung des Verhältniswahlrechtes in der Kommune ein. Er verurteilt den Beschluß des kommunalpolitischen Beirates, daß Kommunalbeamte nicht gewählt werden dürfen.

Menzel bemängelt, daß die Länderverfassungen nicht bereits vor einem Jahre koordiniert wurden.

Ollenhauer gibt bekannt, daß für das Bodenreformgesetz ein Entwurf des Agrarpolitischen Ausschusses am 20.9. behandelt werden wird.[16]

Ollenhauer über die *Flüchtlingspolitik*: Der Flüchtlingsrat für die britische Zone hat zunächst das Sekretariat des Zonenbeirates mit der Führung der Geschäfte beauftragt. Pastor *Albertz* wird provisorisch im Sekretariat *Weisser* arbeiten. Richtlinien für Flüchtlingsfragen und eine Gesetzgebung sollen ausgearbeitet werden. Die Forderungen auf ein Koalitionsrecht der Flüchtlinge hat die Partei entschieden abgelehnt, wenn auch der Druck von seiten der Flüchtlinge sehr stark ist. Im Zonenbeirat hat unsere Fraktion einen Antrag angenommen, der die Militär-Regierung bittet, die Bildung von Flüchtlingsorganisationen zur Vertretung der sozialen Interessen zuzulassen.

Die Klarlegung unserer Stellung zu den Gewerkschaften soll von dem neu gewählten Ausschuß für Gewerkschafts- und Betriebsarbeit behandelt werden.[17]

---

13 Im Kommuniqué wurde dieser Beschluß sehr hervorgehoben, im Telegraf wurde er mit der Überschrift „SPD-Parteivorstand billigt den Bruch in Bayern" publiziert, vgl. Anlage 1.
14 Für einen Abdruck der Kölner Entschließung vom September 1946 vgl. Dok. 5, Anlage 2.
15 In der Vorlage „Parteien".
16 Auch im Ergebnisprotokoll erwähnt.
17 Zur Wahl des Ausschusses vgl. TOP 5 a, S. 266.

Zu **Punkt 2** (Anträge)[18]
Nau gibt in der Frage der Beschaffung einer Parteischule bekannt, daß z.Zt. über zwei Projekte verhandelt wird.[19]

Heine erklärt zur Frage der Schaffung eines Zentralorgans der Partei, daß selbstverständlich daran gedacht sei.[20] Bisher läge jedoch eine Lizenz noch nicht vor, wie denn auch die Standortfrage sehr schwierig sei, solange der PV noch seinen provisorischen Sitz in Hannover hat. Noch weit schwieriger sei es aber, eine Redaktion zusammenzustellen. Denn schon bei den bisherigen Zeitungen fehlen uns die Chefredakteure von Format. Er hält es daher im Moment für unmöglich, ein Zentralorgan zu schaffen.

Der Dietz-Verlag ist neu gegründet.[21] Eine Lizenz für eine theoretische Zentralzeitschrift sei noch nicht erteilt.

Franke berichtet über die Konferenz in Springe, die die **VVN-Frage** behandelte.[22] Er stellt fest, daß die Befürworter der VVN sich durchaus nicht darüber einig waren, warum die VVN fortbestehen müsse. Die Konferenz habe die Lösung folgender Aufgaben herausgestellt:

1) Eine karteimäßige Erfassung aller ODF [Opfer des Faschismus] innerhalb der SPD.
2) Einflußnahme auf die AW [Arbeiter-Wohlfahrt]- Fachausschüsse zur verstärkten sozialpolitischen Betreuung der ODF.
3) Einflußnahme auf sozialdemokratische Parlamentarier und Regierungsvertreter zur verstärkten Hilfe der ODF.

Im übrigen siehe Rundschreiben 33/47 (siehe Anlage [2 A][23]).

In der anschließenden Diskussion warnten **Meitmann, Kaisen, Neumann, Görlinger** und Louise **Schroeder** davor, einen Entschluß zu fassen, der von unseren Genossen verlangt, aus der VVN herauszugehen.

Ollenhauer erklärt dazu, daß ein derartiges Verlangen auch nicht gestellt würde.[24]

---

18 Eine hektographierte Zusammenstellung dieser Anträge für die PV-Sitzung (1 Seite) ist in den Beilagen zum Protokoll erhalten geblieben.
19 Von der Sozialdemokratischen Partei Badens war die Errichtung von zwei Parteischulen – einer in Nord- und einer in Süddeutschland – „zur Förderung junger begabter Arbeiter und Bauern zwecks Heranbildung von Funktionärsnachwuchs bis zur Hochschulreife" gefordert worden. Hektogr. Zusammenstellung, a.a.O.
20 Auch der Antrag zur Gründung einer „Reichszeitung der SPD" stammte von der Sozialdemokratischen Partei Badens. Hektogr. Zusammenstellung, a.a.O.
21 Zur „Nachkriegsgeschichte des Verlages J. H. W. Dietz Nachf." vgl. das Nachwort von Horst *Heidermann* zur Biographie von Angela Graf, J. H. W. Dietz 1843 - 1922, Bonn 1998, S. 299-317.
22 Unter den Anträgen, die der Parteitag dem Parteivorstand zur Erledigung überwiesen hatte, war ein Antrag des Unterbezirks Wuppertal, „den Beschluß des PA und PV vom 25. April wegen der Nichtbeteiligung an den Arbeiten in der Vereinigung der Verfolgten des Naziregimes (VVN) einer Revision zu unterziehen". Das „Büro" konnte die Antragsteller überreden, den Antrag dem PV zur Erledigung zu überweisen, um eine öffentliche Diskussion der Frage zu verhindern, Prot.. SPD-PT 1947, S. 212. Zur Konferenz in Springe sowie zum Verhältnis der SPD zur VVN vgl. die Anlagen 2 A und 2 B. Zum Verhältnis der SPD-Führung zur VVN vgl. auch Einleitung Kap. II 4 a.
23 In der Vorlage „1". Das Rundschreiben 33/47 vom 8. 9. 1947 wird hier als Anlage 2 A zum Protokoll abgedruckt.
24 Im Ergebnisprotokoll wird zum Thema VVN lediglich auf das Rundschreiben 33/47 verwiesen. Im Kommuniqué wird das Thema nicht erwähnt.

Dokument 13, 16. und 17. September 1947

Zu Punkt 3 (Besatzungsstatut)
Ollenhauer erklärt, daß der Unterausschuß des Zonenbeirates einen ersten Entwurf ausgearbeitet habe, der durch *Jacobi,* Iserlohn, jetzt vorliegt. Carlo *Schmid* hat den Auftrag angenommen, das Problem auszuarbeiten.[25]

Zu Punkt 4 (Bizonales Büro für Friedensfragen)[26]
Ollenhauer führt aus, daß von seiten der Besatzungsmächte keine Einwände mehr gegen die bizonale Bearbeitung der Friedensfragen gemacht werden. Es solle jetzt eine Sammelstelle für das Material eingerichtet werden, an der 12 Parteienvertreter und 8 Ländervertreter mitwirken. *Brauer* wird mit den Ministerpräsidenten darüber verhandeln.
Schmid befürchtet, daß sich bei *Eberhard* in Stuttgart wieder das Auswärtige Amt konstituiert und wünscht, daß der PV diese Seite der Angelegenheit stärker beachtet.
Ollenhauer stellt fest, daß der PV den Vorschlag des Büros, die Bildung eines von Parteien- und Ländervertretern kontrollierten Friedensbüros anzustreben, billigt.[27]

Zu Punkt 5 (Wahl von weiteren Arbeitsauschüssen)[28]
a) **Ausschuß für Gewerkschafts- und Betriebsarbeit:**[29]
Fritz *Henßler*, Dortmund (Vors.)
Valentin *Baur*, Augsburg, [Karl] *Bergmann*, Essen, Robert [*Daum*][30], Wuppertal, Irmgard *Enderle*, [Köln][31], [Erwin] *Essl*, Schweinfurt, Egon *Franke*, Hannover, [Erich *Galle*, Berlin][32], Herta *Gotthelf*, Hannover, [Erich *Heinemann*, Berlin][33], Liesel *Kipp-Kaule*, Bielefeld, Ernst [*Lorenz*][34], Ludwigshafen, Adolf *Ludwig*, [Neustadt a. d. Haardt][35], Ludw. *Rosenberg*, Düsseldorf.
b) **Ausschuß für Organisationsfragen:**[36]
Egon *Franke*, Hannover (Vors.)

---

25 Auch im Ergebnisprotokoll erwähnt.
26 Zur Einrichtung und Funktion des zonalen „Deutschen Büros für Friedensfragen" in Stuttgart sowie zu den Bemühungen der Sozialdemokraten, dieses in eine bizonale Institution umzuwandeln, vgl. Einl. Kap. II 3 c.
27 Auch im Ergebnisprotokoll erwähnt.
28 Die folgenden Angaben und Namenslisten wurden wörtlich ins Ergebnisprotokoll aufgenommen. Im abgedruckten Kommuniqué werden nur die stattgefundenen Wahlen erwähnt.
29 Die im folgenden abgedruckte Liste der Mitglieder des Ausschusses für „Gewerkschafts- und Betriebsarbeit" ist teilweise nach der im Jahrbuch für 1947 (S.35) publizierten Liste ergänzt und berichtigt worden – Angaben in eckigen Klammern.
30 Im Protokoll und im Jahrbuch „Rob. Daun". Robert *Daum* (1889-1962), vor 1918 SPD und Gewerkschaftssekretär, 1924-33 Stadtverordn. in Elberfeld/Wuppertal, 1932 MdR, 1945-62 Stadtverordn., 1946/47 MdL, 1946-51 OB von Wuppertal, 1948/49 MdWR, 1953-57 MdB.
31 In der Vorlage „Berlin".
32 In der Vorlage nicht genannt.
33 In der Vorlage nicht genannt.
34 In der Vorlage „Lorenzen".
35 In der Vorlage „Berlin".
36 Auch die folgende Namensliste wird durch Angaben im Jahrbuch ergänzt und berichtigt, Jb. SPD 1947, S. 34.

Ernst *Gnoß*, Düsseldorf, Herta *Gotthelf*, Hannover, [Walter *Harich*, Dortmund][37], Adolf *Keilhack*, Hamburg, Lotte *Lemke*, Hannover, Fritz *List*, Frankfurt[38], Alfred *Nau*, Hannover, Theo *Thiele*, Berlin[39], [Josef *Weis*, Kassel][40]
Die französische Zone und Bayern werden noch je einen Vertreter benennen:
[Willibald Gänger, Neustadt][41], [Heinz Göhler, München][42]

c) [**Frauenausschuß**][43]
Hertha *Gotthelf*, Hannover (Vors.)
Lisa *Albrecht*, München, Marta *Damkowski*, Hamburg, Fritz *Heine*, Hannover, Luise *Herklotz*, Speyer[44], Hans *Hermsdorf*, Hannover, Elisabeth *Kaeser*, München[45], Ella *Kay*, Berlin, [Martha *Schanzenbach*][46], Käthe *Schaub*, Dortmund[47], Dr. Gerda *Schlayer*[48], Franziska *Schmidt*, Heilbronn[49], Louise *Schroeder*, Berlin, Elisabeth *Selbert*, Kassel, Ida *Wolff*, Berlin, Willi *Wolff*, Düsseldorf, Referent für Betriebsarbeit wird kooptiert werden.[50]

---

37 Name aus der Liste im Jahrbuch entnommen. Walter *Harich*, geboren 1903, vor 1933 Funktionär der SPD und des Reichsbanners, 1947 Organisationssekretär des Bezirks Westliches Westfalen in Dortmund.
38 Fritz *List* (1904-60), vor 1933 SPD, Sekr. der SAJ, 1934 acht Monate Gefängnis wegen Vorbereitung zum Hochverrat, 1945 Wiederaufbau der SPD in Frankfurt u. Hessen, Sekretär des Bezirks Hessen-Süd.
39 Theo *Thiele* (1906-74), Landesgeschäftsführer der Berliner SPD.
40 In der Vorlage „Sepp Weiss".
41 Name der Liste im Jahrbuch entnommen. Willibald *Gänger*, geb. 1903 in Wörth (Pfalz), Schlosserlehre, 1926-31 Aufenthalt in Rußland und Vorderasien, 1933 Leiter einer illegalen Gruppe von Sozialdemokraten und Reichsbannermitgliedern in Karlsruhe, 1946 SPD-Bezirkssekretär in Neustadt (Pfalz), 1946-67 MdL (Rheinl.-Pfalz).
42 Name der Liste im Jahrbuch entnommen. Heinz *Göhler* (1914-1968), geb. in Leipzig, vor 1933 SPD; nach 1933 Widerstandstätigkeit, KZ Sachsenhausen; nach 1945 München, 1947-68 Landessekretär der SPD in Bayern.
43 Name des Ausschusses nach der Angabe im Jahrbuch, Jb. SPD 1947, S. 34. In der Vorlage „Frauenarbeitsausschuß". Ergänzungen und Berichtigungen nach der Liste im Jahrbuch in eckigen Klammern.
44 Im Protokoll als eine der Vertreterinnen der Frz. Zone genannt.
45 Namentlich nur im Jahrbuch genannt, im Protokoll lediglich Hinweis auf eine – neben Franziska Schmidt – weitere Vertreterin der amerikanischen Zone. Elisabeth *Kaeser* (1882-1953), Studienrätin in München, vor 1933 SPD, 1920-24 u. 1928-32 MdL (Bayern), 1947-49 Mitglied des Frauenausschusses beim PV der SPD.
46 Nur im Jahrbuch genannt. Martha *Schanzenbach*, geb. 1907 in Gengenbach (Baden), Fürsorgerin, vor 1933 SPD, 1949-72 MdB, 1958-65 PV und PP.
47 Käthe *Schaub* (1892-1973), geb. in Saarlouis, Textilarbeiterin, Hausangestellte, Staatsexamen als Jugend- u. Gesundheitsfürsorgerin, 1912 SPD; 1920-33 Fürsorgerin der Stadt Dortmund; 1920-28 Mitgl. des Kreistages, 1928-33 Stadtverordn. (Dortmund), 1945 wieder Fürsorgerin der Stadt Dortmund, 1946-62 MdL (1947-58 Fraktionsvorstand).
48 G. *Schlayer* wird im Protokoll als eine der Vertreterinnen der Frz. Zone genannt. In der Liste im Jahrbuch fehlt ihr Name. Gerda *Schlayer*-(von Puttkamer) (1901-1953), Tochter des wegen seiner antisozialistischen Repressionsmaßnahmen berüchtigten Berliner Polizeipräsidenten Robert v. P., Studium d. Geschichte, Kunstgeschichte, Philosophie, Dr. phil., später Medizin, 1946 Kinderärztin in Freiburg, SPD, 1946-52 MdL (Baden).
49 Franziska *Schmidt* (1899-1979), nach 1945 Redakteurin in Heilbronn, 1946-52 MdL (Württ.-Bad.).
50 Willi *Wolff* (1902-65), später Vorsitzender des Bezirks Mittelrhein der Arbeiterwohlfahrt in Solingen. Im Jahrbuch der SPD für 1948/49 wird der Referent für Betriebsarbeit Siggi *Neumann* als Mitglied des „Ausschusses für Frauenfragen" genannt, Jb. SPD 1948/49, S. 57.

Dokument 13, 16. und 17. September 1947

d) **Ergänzungswahl für den verfassungspolitischen Ausschuß**:
Fr. W. *Lucht*, Berlin[51], Karl *Meitmann*, Hamburg[52], Otto *Suhr*, Berlin

e) Außerdem werden zum **Wahlrechtsausschuß**[53] hinzugezogen:
Brill, Erich *Brost*, Rob. *Görlinger*, *Lüdemann*, Fritz *Ulrich*,
Weiter wurde beschlossen, daß die Genossen Wenzel *Jaksch* (früher Vorsitzender der DSAP in der C.S.R.) und Ernst *Paul* (früher Generalsekretär der DSAP in der C.S.R.), die demnächst nach Deutschland kommen, in den verfassungs- bzw. außenpolit. Ausschuß aufgenommen werden.

Zu **Punkt 6** (Internationales)
Ollenhauer gibt bekannt, daß von der Holländischen Partei erneut eine Einladung für die Zeit vom 23.-27.10.1947 eingelaufen sei. Mit Rücksicht auf *Schumachers* Amerikareise wird vorgeschlagen, Ende November zu fahren und folgende Genossen zu delegieren: *Schumacher, Ollenhauer, Grimme, Gross*.
Schumacher ist der Auffassung, daß es möglich sein müsse, eine respektable Delegation der SPD ins Ausland zu entsenden, auch wenn er nicht dabei sei.
Ollenhauer stellt nach Abschluß einer kurzen Diskussion fest, daß der PV die Annahme der Einladung der Holländer wünscht *ohne Teilnahme* des Genossen *Schumacher*.
Ollenhauer gibt bekannt, daß *de Brouckère* im November in Antwerpen den Bericht der internationalen Kommission vorlegen wird. Den Sinn der Englandreise der deutschen Parteienvertreter erklärt er mit den Worten: Elementarunterricht in Demokratie. Von seinem Dänemarkbesuch berichtet er von den Befürchtungen der dänischen Sozialdemokratie, daß wir genauso wie die dänischen Konservativen eine Volksabstimmung in der Süd-Schleswig-Frage propagieren würden. Der außenpolitische Ausschuß habe dagegen eindeutig Stellung genommen.

Punkt 7 (Wahl eines kommunalpolitischen Sekretärs)
Ollenhauer führt dazu aus, daß zwei Kandidaten vorgesehen waren: 1.) Willi *Wolff*, der aber inzwischen endgültig abgelehnt habe. 2.) Gerhard *Bothur*[54], z.Zt. Oberkreisdirektor in Minden.
Gegen die Kandidatur *Bothur* spräche einmal der Umstand, daß der Oberkreisdirektorposten in Minden dann an die CDU fallen würde und [zum anderen] seien ernste Bedenken der Berliner wegen seiner Haltung in der Nazizeit noch nicht beseitigt. *Bothur* würde

---

51 Friedrich Wilhelm *Lucht*, geb. 1905, Rechtsanwalt und Notar im Berlin, Dr. jur., vor 1933 SPD, 1946-1954 Stadtverordn./ MdAbgH (Berlin).
52 Nach dem Verzeichnis der Ausschußmitglieder im Jahrbuch der SPD für 1947 gehörte Meitmann dem Verfassungspolitischen Ausschuß nicht an (S. 34), nach dem Verzeichnis im Jahrbuch 1948/49 gehörte er dem Ausschuß an (S. 55).
53 Die Mitglieder des Wahlrechtsausschusses werden im Jahrbuch für 1947 nicht aufgelistet – wahrscheinlich, weil er nicht als ständiger Ausschuß vorgesehen war.
54 Gerhard *Bothur* (1905-71), SPD, 1947-57 Oberkreisdirektor in Minden, 1954-57 MdL, 1957-58 StSekr. (NRW-Finanzministerium), 1960-67 Oberstadtdirektor von Duisburg.

nach Berlin kommen, um sich zunächst einmal mit den Berliner Genossen über diesen Punkt auszusprechen.

Görlinger benennt *Hilperath*, der allerdings Pg. gewesen sei.

Agartz glaubt, daß *Bothur* kein systematischer Arbeiter sei.

Gross: 1.) Der Bezirk kann es sich nicht leisten, den sozialdemokratischen Oberkreisdirektor zu verlieren. 2.) Er scheint ihm fachlich nicht geeignet zu sein.

Menzel ist ebenfalls für Absetzung der Kandidatur *Bothur*. Er will sich darum bemühen, daß aus Nordrh.-Westf. ein Kandidat benannt wird.

Agartz schlägt vor: Dr. Fritz *Paffrath*, Wilhelmshaven. *Görlinger* solle die Möglichkeit untersuchen.

Ollenhauer stellt abschließend fest, daß die Frage vertagt werden müsse.[55]

Punkt 8 (Wahl eines Sekretärs für außenpolitische Fragen)
Bürovorschlag: Dr. Gerhard *Lütkens*, z.Zt. London.
Einstimmig beschlossen.[56]

Punkt 9 (Die Situation in der Ostzone)
Heine beleuchtet die sich immer mehr entwickelnde Loslösung der Ostzone vom Reich. Der Raubbau und die Demontage hätten die SEP in eine Krise gebracht. Die Opposition in der FDJ sei erstaunlich groß. Austrittsbestrebungen und Lethargie seien zu verzeichnen. Auch die anderen Parteien der Ostzone litten unter ähnlichen Krisenerscheinungen.

Das *Ostzonenbüro* würde z.Zt. reorganisiert. Der neue Leiter sei Siggi Neumann. Neumann war bis 1933 Mitglied der KPD. Trat dann in der Emigration aus der KP. Seit Mitte 1946 ist er freier Mitarbeiter des PV. Den alliierten Behörden konnte dieser Tage eine Denkschrift über die Verfolgungen in der Ostzone übergeben werden. Das Büro bittet um Bestätigung der Wahl des Leiters des Ostbüros.

Schumacher äußert, daß jetzt das Bedürfnis, die Öffentlichkeit über die Lage in der Ostzone aufzuklären, vorläge. Bisher sei lediglich aus Gründen der Vorsicht nicht berichtet worden. Er betont nochmals die Notwendigkeit der Diskretion.

Neumann beklagt sich darüber, daß der Westen immer wieder Kräfte von Berlin abzieht. Besonders kräftig betätige sich in dieser Beziehung Kiel.

Agartz bemängelt, daß in den Publikationen des PV, besonders im Sopade-Dienst, die Beleuchtung des westlichen Kapitalismus zu kurz komme. Die Hannoversche Messe sei lediglich als Konkurrenzmaßnahme gegenüber Leipzig anbefohlen worden und nicht mit Rücksicht auf deutsche Wirtschaftsbelange.

Schumacher macht *Agartz* den Vorwurf, daß der dramatische Befehl zur Messeaktion erst heute zur Sprache komme. Wenn der Sopade-Dienst nicht genügend den westlichen

---

55 Im Ergebnisprotokoll wird erwähnt, daß die Wahl des kommunalpolitischen Sekretärs wegen starker Bedenken gegen die vorgeschlagenen Kandidaten abgesetzt worden sei und daß Görlinger der nächsten PV-Sitzung Vorschläge des kommunalpolitischen Ausschusses übermitteln werde.
56 Im Ergebnisprotokoll wird diese Wahl auch erwähnt.

Dokument 13, 16. und 17. September 1947

Kapitalismus geißele, so liege wohl ein Versagen in der Übermittlung entsprechender Angaben von seiten unserer mit der Materie betrauten Genossen vor. Alle Länder, die in den Ostblock hineingezogen wurden, haben dies mit einer erheblichen Senkung des Lebensstandards bezahlen müssen. Wollen wir die Marshall-Initiative zurückweisen? Der Nürnberger Parteitag hat sich einstimmig dafür ausgesprochen.

Schmid berichtet, daß der Besuch der amerikanischen Kongreßkommission sehr deprimierend gewirkt habe. Sozialisierungsmaßnahmen und evtl. Sieg der Kommunisten bei den Wahlen in Frankreich würden zur Folge haben, daß die USA die Hoffnung aufgeben, daß diesem Europa noch zu helfen sei.

Stampfer betont, daß man die Sozialistenfeindlichkeit der USA nicht übertreiben dürfe. Die Politik würde von Cliquen des State Departments gemacht, und die Äußerungen der erwähnten Kongreßmitglieder seien nicht so tragisch zu nehmen.

Schumacher wirft ein, daß es eine Kreuzzugsstimmung für den Dollar und jetzt auch gegen den Dollar gäbe. In bezug auf die soeben bekanntgewordene Einladung Jakob *Kaisers* nach Amerika bittet er, das Büro zu ermächtigen, selbst entscheiden zu dürfen, ob der Einladung seiner Person nach Amerika noch weiter Folge geleistet werden solle.

Neumann wird als Leiter des Ostbüros bestätigt.[57]

Punkt 10 (Jungsozialistensekretär)
Ollenhauer erklärt, daß die Meinungen im Büro darüber auseinandergingen, ob sich die Arbeit der Jungsozialisten so entwickelt, daß sie zur Partei hinführt, oder ob sich ein Eigenleben anbahne. Der Vorschlag des Büros geht dahin, daß das Organisationskomitee prüft und bei seinen Beratungen Vertreter der Jungsozialisten hinzuzieht. Weiter sei zu prüfen, ob die Alterseinteilung 18 bis 35 Jahre beibehalten werden soll. Dann sei Hans *Hermsdorf* als Sekretär für die Jungsozialistenarbeit zu bestätigen.

Eichler schlägt vor, daß die Jungsozialisten in den PV kommen und die Methode, daß der PV in die Arbeitsausschüsse ginge, abgelegt wird.

Heine befürchtet, daß sich in der Organisation eine Organisation bildet. *Hermsdorf* wird ein Mitteilungsblatt herausbringen, und damit dürften auch die vielen kleinen Mitteilungsblätter eine Linie erhalten.

Görlinger unterstreicht die Eignung *Hermsdorfs*.

Meitmann ist der Auffassung, daß es sich hier doch eigentlich um ein Bildungs- und Schulungsproblem handele und man eine organisatorische Herausstellung nicht brauche.

Schmid schließt sich dieser Auffassung an. Die Jugend überschätze sich sehr. Organisatorisch kann die Jugend nicht gewonnen werden.

Gross regt die Einbeziehung der Studentenarbeit an.

---

57 Im Ergebnisprotokoll wird zu diesem Tagesordnungspunkt die Bestätigung Siggi *Neumanns* als Leiter des Ostbüros erwähnt. Im Kommuniqué wird nur sehr kurz auf einen Bericht über die Lage in der Ostzone und die Krise der SED hingewiesen.

Ollenhauer weist darauf hin, daß ein sozialistischer Studentenverband vom PV gefördert und unterhalten wird. Er habe keinerlei Befürchtungen, daß die Jungsozialisten eigene Wege gehen würden, da sie durchaus fest mit der Partei verbunden seien.

Schumacher hat Sorge, daß gegen den guten Willen der Führung der Jungsozialisten eine Organisationsform erstarrt. Er verweist auf die Tatsache, daß die Jungsozialisten bereits als politische Verhandlungspartner betrachtet werden (siehe Delegation der CDU in der Frage der Schaffung eines gesamtdeutschen Konsultativrates).

Ollenhauer stellt fest, daß der Vorschlag des Büros angenommen und *Hermsdorf* bestätigt ist.[58]

Punkt 11 (Bestätigung des Vorsitzenden der Falken)[59]
Ollenhauer weist darauf hin, daß die Falken eine selbständige Organisation sind. Die Falken haben selbst festgelegt, daß die Helfer Mitglieder der SPD sein müssen. Ebenso hat die Partei das Bestätigungsrecht für den Leiter der Organisation. Die Beschuldigungen *Gayks* gegen *Weinberger* seien nicht völlig geklärt. Das Problem sei insofern gelöst, als *Lindstaedt* inzwischen zum geschäftsführenden Vorsitzenden gewählt wurde und *Weinberger* wahrscheinlich demnächst ausscheiden wird.

Nach kurzer Diskussion stellt **Ollenhauer** fest, daß *Lindstaedt* einstimmig als Vorsitzender der Falken bestätigt ist.[60]

Punkt 12: Nächste Sitzung des PV [Anfang][61] November in Bremen.

Punkt 13: Nächste Sitzung des PA und der KK gemeinsam mit dem PV in Bremen.

Anlage 1
Kommuniqué der Sitzung
Telegraf Nr. 210 v. 18.9.1947, S. 3 (Überschrift: „SPD-Parteivorstand billigt den Bruch in Bayern")

Am 16. und 17. September trat der Vorstand der Sozialdemokratischen Partei Deutschlands zu einer Sitzung in Berlin zusammen. Vor Eintritt in die Tagesordnung berichtete Dr. Kurt Schumacher über die Entwicklung in Bayern, die zu dem Austritt der bayerischen Sozialdemokraten aus der Regierung geführt hat. Der Parteivorstand billigte einstimmig die Entscheidung der bayerischen SPD.

---

58 Im Ergebnisprotokoll wird nur diese Bestätigung erwähnt.
59 Zu den Diskussionen über eine eventuelle Bestätigung Weinbergers als Vorsitzenden der Falken vgl. auch Dok. 5 C (Sitzung des PV am 26. 9. 1946), S. 90 und Einl. Kap. II 1 h, S. XLIX.
60 Im Ergebnisprotokoll wird diese Bestätigung erwähnt.
61 Die genauere Zeitangabe nach dem Ergebnisprotokoll, In der Vorlage „im". Bereits zum 28. Oktober wurde aus Anlaß der Veröffentlichung des neuen Demontageplans eine außerordentliche Sitzung des PV nach Frankfurt einberufen, vgl. das nächste Dokument.

Dokument 13, 16. und 17. September 1947

Die Parteivorstandssitzung diente vor allem der Bearbeitung organisatorischer Fragen, beginnend mit der Stellungnahme zu den Beschlüssen des Parteitages in Nürnberg und zu den vom Parteitag dem Parteivorstand überwiesenen Anträgen.

Zur Vorbereitung eines Besatzungsstatuts sind Vorschläge ausgearbeitet worden, die dem verfassungspolitischen Ausschuß des Parteivorstandes zur Beratung überwiesen wurden.

Zur Fortführung der Arbeit der Parteizentrale wurden weitere Arbeitsausschüsse für Gewerkschafts- und Betriebsarbeit, für Organisationsfragen und für Frauenfragen gebildet. Ergänzungswahlen für den [Wahlrechtsausschuß][62] und den verfassungspolitischen Ausschuß wurden vorgenommen und die Wahl eines Sekretärs für außenpolitische Fragen beschlossen.

Weiter nahm der Parteivorstand Berichte über die Sitzung der internationalen Kontaktkommission mit Vertretern des Parteivorstandes, über die Englandreise deutscher Politiker und über einen Besuch in Dänemark entgegen. Die vorliegenden Einladungen zu dem amerikanischen Kongreß des Gewerkschaftsbundes und zu einem Besuch der „Partei der Arbeit" in Holland wurden akzeptiert.

Gegenstand eingehender Aussprache war die Situation in der Ostzone, eingeleitet durch einen Bericht, in dem Einzelheiten über die Ostzone und die geistige und die personelle Krise der SED mitgeteilt wurden.

Anlage 2 A
Rundschreiben des geschäftsführenden Parteivorstandes vom 8. September 1947 zum Thema VVN
Hektogr. Rundschreiben Nr. 33/47 des Referats „Organisation/Kasse" an die Bezirksvorstände, unterschrieben von E. Franke, in den Beiakten zum Protokoll.

Werte Genossen!

Der Parteivorstand hatte zum 3.9.47 die Bezirke zu einer Arbeitstagung eingeladen, um zur Frage der VVN Stellung zu nehmen. Diese Zusammenkunft wurde auf dem Parteitag in Nürnberg durch den Gen. *Ollenhauer* bereits in Aussicht gestellt.

Einige Bezirke haben an der Tagung nicht teilgenommen, obwohl es um eine bedeutungsvolle Frage unserer Partei ging. Wir wollen uns eine Aufzählung der säumigen Bezirke ersparen, erwarten aber, daß zu den vom Parteivorstand einberufenen Tagungen in Zukunft jeder Bezirk eine Vertretung entsendet. Nur so ist eine gute gemeinsame Arbeit im Interesse der Gesamtpartei zu gewährleisten.

Durch den Gen. *Heine* wurde das als Anlage beigefügte Material in einer Pressenotiz der Öffentlichkeit zur Kenntnis gegeben.[63] Weiteres Material zur Frage VVN wird zu-

---
62 Im abgedruckten Kommuniqué versehentlich „außenpolitischen".
63 Bei dem hier erwähnten „Material" handelt es sich u.a. um einen ungezeichneten zweiseitigen Bericht über die Tagung vom 3. September, der als Anlage zum Rundbrief in den Beilagen zum Protokoll erhalten geblieben ist und hier als Anlage 2 B zum Vorstandsprotokoll abgedruckt wird.

sammengestellt und dann durch die Abt. Presse u. Propaganda an die Bezirke zum Versand gebracht. Damit wird den Bezirken das erforderliche Material zur Hand gegeben, das zu einer richtigen Beurteilung der VVN beitragen soll.

Bis weitere Hinweise erfolgen, sollen von jedem Parteibezirk, soweit noch nicht geschehen, folgende Aufgaben gelöst werden:
1.) Eine karteimäßige Erfassung aller OdF (Opfer des Faschismus) innerhalb der SPD.
2.) Einflußnahme auf die AW-Fachausschüsse (gebildet lt. Beschluß der AW am 5.5.47 in Kassel) zur verstärkten sozialpolitischen Betreuung der OdF.
3.) Einflußnahme auf sozialdemokratische Parlamentarier und Regierungsvertreter zur verstärkten Hilfe der OdF.

Besondere Ausschüsse bei den Bezirksvorständen sollen diese Aufgaben durchführen. Zweckmäßig wird es sein, wenn in diesen Ausschüssen anerkannte OdF wirken.

Der Bezirk Hamburg-Nordwest hat sich der beigefügten Karteiblätter bedient, die wir als weitere Anlage diesem Schreiben als Muster beifügen.

Mit Parteigruß!
Egon Franke

Anlage 2 B
Bericht Fritz *Heines* über die Tagung der SPD vom 3. September 1947 „Sozialdemokraten und VVN"
Hektogr. ungez. Ausarbeitung, 2 S., in den Beiakten zum Protokoll[64]

Sozialdemokratische Bezirksvertrauensmänner aus den drei Westzonen, die aktiv in der VVN-Organisation tätig sind, tagten auf Einladung des sozialdemokratischen Parteivorstandes am 3.9.47 in Springe/Deister unter Leitung des stellvertretenden Vorsitzenden der SPD, Erich *Ollenhauer*.

Es gibt keine andere Organisation in Deutschland, so erklärte Fr. *Heine* vom SPD-Vorstand in einem einleitenden Referat, die eine gleich große Zahl von Bekämpfern und Opfern des Faschismus in ihren Reihen zählt wie die Sozialdemokratische Partei, daß sie sich auch aus diesem Grunde für eine gerechte Hilfe zugunsten der OdF besonders einsetzt, sei selbstverständlich. Sie appelliere an alle sozialdemokratischen OdF, in diesem Sinne aktiv im Rahmen der Partei mitzuarbeiten.

Die Beobachtung der von den Kommunisten in allen Ländern inaugurierten VVN hat ergeben, daß die KP/SEP den Versuch macht, dieser Organisation politische Aufgaben zuzuweisen, um die mißglückte Spaltung der SPD auf diesem Wege erneut zu betreiben und gleichzeitig dem demokratischen Parlamentarismus den Garaus zu machen.

Referent und Diskussionsredner führten an einer Reihe von Beispielen den Nachweis der Zurücksetzung der OdF seitens der Behörden wie auch andererseits der einseitigen Bevorzugung der KP-Leute durch die kommunistischen Zellen in der VVN.

---
64 Die Verfasserschaft Heines geht aus dem Rundbrief des PV vom 8. September hervor, vgl. Anlage 2 A.

Dokument 13, 16. und 17. September 1947

Es war die einhellige Meinung der Tagungsteilnehmer, daß der Versuch abzulehnen ist, der VVN politische Aufgaben zu übertragen. Ebenso herrschte Übereinstimmung, daß die VVN nur dann als eine Organisation zum Schutze der Opfer von Rechtlosigkeit und Diktatur angesehen werden kann, wenn sie auch vorbehaltlos den politischen Verfolgten und Flüchtlingen, die das Opfer der kommunistischen Diktatur in der Ostzone oder in anderen von Kommunisten beherrschten Ländern sind, uneingeschränkt die gleiche materielle Hilfe gewährt, die sie den Opfern der Nazidiktatur verspricht.

In seiner *zusammenfassenden Schlußansprache* stellte Erich *Ollenhauer* fest:
Die Fürsorge für die Opfer des Faschismus ist eine öffentliche Aufgabe. Die Sozialdemokratische Partei muß durch ihre Fraktionen in den Parlamenten der Gemeinden, Kreise und Landtage eine starke Initiative entwickeln, damit die Hilfe für die Opfer des Faschismus und die Wiedergutmachung auf eine gesetzliche Grundlage gestellt werden. Die Durchführung dieser Maßnahmen soll unter ständiger Mitwirkung von Vertretern der Opfer des Faschismus in Form von Beiräten oder beratenden Ausschüssen bei den mit dieser Aufgabe betrauten Ämtern erfolgen. Die Aktivierung der Arbeit der Partei auf diesem Gebiet ist zu fördern durch die Bestellung eines besonderen Referenten bei den einzelnen Bezirksvorständen.

Die Sozialdemokratische Partei sieht in der Übertragung dieser Aufgaben auf öffentliche Stellen den besten und wirksamsten Weg für die Hilfe und für die Wiedergutmachung. Die Notwendigkeit der Schaffung besonderer Organisationen zur Durchführung dieser Aufgaben wie z.B. der VVN ist nach ihrer Auffassung nicht gegeben. Auf dieser Erkenntnis begründet sich der Beschluß des Parteivorstandes und des Parteiausschusses, die Mitglieder der Partei aufzufordern, in der VVN nicht mitzuarbeiten. Es ist richtig, daß in einzelnen Orten und Bezirken Sozialdemokraten einen maßgebenden Einfluß auf die Organisation und die Tätigkeit der VVN haben, aber diese Tatsache widerlegt nicht die Bedenken gegen die von den Kommunisten verfolgte Absicht, die VVN zu einem Hilfsorgan ihrer Politik zu machen. Mit Entschiedenheit muß der Versuch abgelehnt werden, der VVN politische Aufgaben zu übertragen, die Aufgaben der politischen Parteien sind. Ebenso muß die Bindung der VVN in den Westzonen zu dem rein kommunistisch geführten Interzonensekretariat der VVN gelöst werden, da diese Verbindung den Kommunisten die Möglichkeit gibt, bei der nicht informierten Öffentlichkeit in In- und Ausland den Eindruck zu erwecken, daß es sich hier tatsächlich um eine Organisation handelt, die unter maßgebender Beteiligung von Sozialdemokraten Ansichten und Ziele verfolgt, die der kommunistischen Politik entsprechen. Auch der Versuch, der VVN dadurch eine Massenbasis zu schaffen, daß man auch Kriegsopfer, Ausgebombte und Ausgewiesene als Opfer des Faschismus in die VVN aufnimmt oder den korporativen Anschluß von Gruppen und Vereinigungen erstrebt, muß zurückgewiesen werden.

Nr. 14

Außerordentliche Sitzung des Parteivorstandes am 28. 10. 1947 in Frankfurt am Main

AdsD: SPD-Parteivorstand, 2/ PVAS 0000662, Sitz. d. PV, 28. 10. 1047 (Maschinenschriftl. Prot., 2 S., Überschrift: „Protokoll der Sitzung des Parteivorstandes am 28.10.1947 in Frankfurt am Main")[1]

Tagungsort: Bockenheimer Anlagen 3, *Beginn*: 10.00 Uhr

Vorsitz: Gen. **Ollenhauer**
Teilnehmer: siehe Anwesenheitsliste

[Teilnehmer/Teilnehmerinnen, nach Funktionen geordnet:[2]
PV[3]: *Ollenhauer, Franke, Kriedemann, Nau; Agartz, Albrecht, Bögler, Eichler, Gayk, Gnoß, Grimme, Henßler, Kaisen, Knothe, Loßmann, Meitmann, Menzel, Neumann, Schmid, Veit*
KK: *Schönfelder*
SPD-Fraktion im WR: *Schoettle*
Berliner Vertreter des PV: *Brost*]

Tagesordnung: Demontage

Genosse **Ollenhauer** eröffnet und berichtet über Verhandlungen, die im Zusammenhang mit der Demontage bis zum heutigen Tage geführt wurden. Die erste bedeutungsvolle Aussprache fand in Berlin statt. Ziel der Besprechung war, im englischen Kabinett eine erneute Behandlung der Demontagefrage zu erreichen und dabei eine Verringerung der im Demontageplan vorgesehenen Betriebe herbeizuführen.

Zwischen sozialdemokratischen Gewerkschaftsspitzenfunktionären und Mitgliedern des Parteivorstandes fand in Frankfurt eine informatorische Besprechung statt. Gegenstand der Besprechung war eine Stellungnahme zu dem in Aussicht gestellten Demontageplan. In der Frage der zu ergreifenden Maßnahmen ergab die Diskussion vollste Einmütigkeit der Teilnehmer.

Jede nur mögliche Unterstützung soll den durch die Demontage betroffenen Arbeitern gewährt werden.

Es soll keine Aufforderung an die Arbeiterschaft ergehen, sich an der Demontage von Betrieben, die der Friedensproduktion dienen, zu beteiligen.

---

[1] Nach der kurzen Notiz zu Beginn der veröffentlichten Resolution handelte es sich um eine „außerordentliche" Vorstandssitzung, Sopade Informationsdienst Nr.321 v. 7.11.1947. Diese kurze Notiz, die hier wörtlich mit abgedruckt wird, hat den Charakter eines Kommuniqués, vgl. Anlage.
[2] Die folgenden Angaben wurden der Anwesenheitsliste in den Beilagen zum Protokoll und Angaben im Protokoll entnommen; für die Teilnehmer an allen Vorstandssitzungen 1947/48 vgl. Anhang 2.
[3] Von den Mitgliedern des PV fehlten *Schumacher* und *Heine* (USA-Reise), *Baur, Gotthelf, Görlinger, Gross, Helmstädter, Schroeder* und *Selbert*.

Dokument 14, 28. Oktober 1947

Keine Demonstrationen sollen durchgeführt und keine Sympathiestreiks gutgeheißen werden. Eine entschlossene Haltung soll jedoch zum Ausdruck gebracht werden bei der Demontage der Nichtrüstungsbetriebe.

Zu ergreifende Maßnahmen sollen von Fall zu Fall und nach den lokalen Gegebenheiten geprüft und entschieden werden.

Keine zentralen Anweisungen sollen erfolgen.

Die Auffassung der verantwortlichen Vertretungen von Partei und Gewerkschaft sind durch Kundgebungen und Presse hinreichend bekannt.

Am Tage der Veröffentlichung der Demontageliste wurde keine besondere Stellungnahme des Parteivorstandes bekanntgegeben; eine ernsthafte Prüfung der Gesamtliste sollte erst erfolgen.

Bei der Überreichung der Demontageliste an die verantwortlichen deutschen Ländervertretungen wurde von der Mil.Reg. bekanntgegeben, daß innerhalb 14 Tagen Änderungsvorschläge einzureichen seien, die aber die Gesamthöhe der zu demontierenden Werke nicht beeinträchtigen können. Erklärungen sollten nur ländermäßig erfolgen.

Auf einer Zusammenkunft sozialdemokratischer Wirtschaftsminister in Wiesbaden wurde die Auffassung vertreten, eine Erklärung zur Demontage im Namen der SPD abzugeben. Gen. Ollenhauer, der an der Zusammenkunft teilnahm, wies darauf hin, daß für eine Erklärung im Namen der SPD nur der Parteivorstand zuständig sei. Diese Auffassung war Veranlassung, die heutige Parteivorstandssitzung einzuberufen.

In der nun folgenden Aussprache berichtet zunächst Gen. **Veit** über die bisherige Beurteilung der Gesamtdemontage und gab dabei zu verstehen, daß bis auf das Land Nordrhein-Westfalen das Ausmaß der Demontage erträglich sei, jedoch insgesamt gesehen sind bei der Festsetzung der Demontagehöhe bedeutungsvolle Fehler unterlaufen. So haben viele deutsche Unternehmer in den zurückliegenden Jahren bei der Ermittlung der Höhe der industriellen Kapazität zu hohe Ziffern angegeben, die den Tatsachen nicht entsprachen. Gen. *V*eit gab dann der Meinung Ausdruck, daß eine Fristverlängerung zur Überprüfung der Demontage erreicht werden müsse, da innerhalb 14 Tagen die einfachsten Erhebungen nicht durchführbar sind. Es sei aber unbedingt notwendig, daß die Partei eine Erklärung zur Demontage abgebe, da Stillschweigen einer Zustimmung gleichgestellt würde. Der Versuch der Länderchefs, eine einheitliche Stellungnahme zu erzielen, scheiterte an der schlechten Vorbereitung. Die partikularistischen Interessen kamen zu sehr zum Ausdruck. Die nicht so hart betroffenen Gebiete zeigten sehr wenig Interesse an einem Ausgleich.

In der anschließenden **Aussprache** zu dem Bericht wurde betont, daß man die bedingungslose Kapitulation Deutschlands am 8.5.45 nicht so auslegen dürfe, daß wir zu allen Zeiten willenlos seien. Bei der Festlegung der Demontagelisten haben keine deutschen Stellen mitgewirkt, die das Was und Wo hätten mitberaten können, daher darf man von uns nicht erwarten, daß wir das Wie der Demontage lösen. Die erwartete Empörung des Volkes, insbesondere der Arbeiterschaft, ist ausgeblieben. In den Bergwerken spricht kein Mensch über Demontage, sondern nur darüber, wann wohl das zweite Carepaket kommt.

Dokument 14, 28. Oktober 1947

Nach einer längeren Diskussion, in der das Für und Wider zum Ausdruck kam, wurde die im Wortlaut beigefügte Entschließung der SPD zur Demontage beschlossen und veröffentlicht.[4]

Anlage
Kommuniqué und Beschluß „SPD und Demontage".
Sopade Informationsdienst Nr. 321 v. 7.11.1947, S. 1[5]

Der Vorstand der Sozialdemokratischen Partei Deutschlands beschäftigte sich unter dem Vorsitz des stellvertretenden Vorsitzenden der Partei, Erich *Ollenhauer*, in einer außerordentlichen Sitzung am 28. Oktober 1947 in Frankfurt am Main mit dem neuen Demontageplan. Nach einem einleitenden Bericht von Dr. Hermann *Veit* und nach einer eingehenden Aussprache wurde die nachfolgende Entschließung einstimmig angenommen.

„Mit dem Demontageplan wird dem deutschen Volk die Rechnung für die verbrecherische Politik der Nationalsozialisten und die schwere Schuld derer präsentiert, die sie in den Sattel gesetzt haben.

Die SPD betrachtet das Problem der Demontage im Gesamtzusammenhang der politischen Verantwortung, die sie gegenüber dem deutschen Volk und der Welt für die Verwirklichung einer in Frieden und sozialer Gerechtigkeit geordneten demokratischen Gesellschaft übernommen hat.

Die SPD hat aus eigenem freien Entschluß sich zu der Verpflichtung des deutschen Volkes bekannt, nach besten Kräften an der Wiedergutmachung des Schadens mitzuwirken, der durch die Verbrechen des Hitlerregimes anderen Völkern zugefügt worden ist. Sie tut dies nicht nur um der Gerechtigkeit willen, sondern auch aus der Überzeugung, daß der Aufbau einer gesunden und dauernden Friedensordnung in der Welt auch diesen Beitrag des deutschen Volkes erfordert.

Die Entschädigung aus der Substanz der Produktivkräfte eines Volkes hat aber dort ihre Grenze, wo die Existenz in Frage gestellt ist. Der neue Industrieplan will diesem Gedanken Rechnung tragen und unterscheidet sich dadurch von seinem Vorgänger. Er ist jedoch zum Teil auf falschen Voraussetzungen aufgebaut, deren Konsequenzen seiner Absicht, die Existenz des deutschen Volkes zu erhalten, zuwiderlaufen. Das ist um so verhängnisvoller, als diesmal nicht die Möglichkeit besteht, die Fehler des Plans in seinen praktischen Auswirkungen zu erkennen und zu verbessern. Der sofortige Vollzug im Wege der Demontage läßt lebensbedrohende Fehler zu unabänderlichen Tatsachen werden. Hinzu kommt, daß auch bei der Aufstellung des Demontageplans schwere Fehler in der Kapazitätsberechnung unterlaufen sind, deren Auswirkungen die uns nach dem Industrieplan zugestandene lebensnotwendige Produktionskapazität zu einem unverzichtbaren Teil der Demontage ausliefern.

---

4 Nach dem Kommuniqué erfolgte die Annahme einstimmig, vgl. Anlage.
5 Abgedr.: Jb. SPD 1947, S. 87 f.

Dokument 14, 28. Oktober 1947

Werden diese Fehler nicht berichtigt, so wird am Anfang der Ausführung des Marshallplans[6] nicht der Aufbau einer gesamteuropäischen Wirtschaft, sondern deren Abbau in einem der wichtigsten Teilgebiete stehen. Deutschland wird dadurch zum dauernden Kostgänger der Welt erniedrigt, weil ihm nicht die Kraft bleibt, sich selbst zu erhalten. Die bisher schon durchgeführten Maschinenentnahmen und die alles andere in den Schatten stellenden Betriebsdemontagen in der Ostzone haben die deutsche Gesamtkapazität schon übermäßig verringert.

Darüber hinaus scheint bei der Festsetzung des Volumens der deutschen Reparationsleistungen nicht berücksichtigt worden zu sein, daß ein erheblicher Teil der Gesamtfläche Deutschlands mit ihrer Wirtschaftskraft der Verfügungsgewalt des deutschen Volkes entzogen und frei von allen Lasten von den Besatzungsmächten in Verwaltung und Nutzung genommen worden ist.

Die SPD erhebt darum warnend ihre Stimme und fordert, daß mit der Ausführung eines Planes eingehalten werde, der den Erklärungen des amerikanischen Außenministers zuwiderläuft, den Aufbau Europas gefährdet und das deutsche Volk der Gefahr dauernder Verelendung aussetzt. Die SPD fordert die Revision des Industrie- und des Demontageplans unter Mitwirkung deutscher Vertreter, vor allem des arbeitenden Volkes. Die SPD sieht sich außerstande, an denjenigen der geplanten Maßnahmen mitzuwirken, deren Auswirkungen einen demokratischen Aufbau Deutschlands, die wirtschaftliche Gesundung Europas und einen dauernden Frieden unmöglich macht.

Der Friede kann nur gesichert und die Kriegsschäden können nur beseitigt werden, wenn alle produktiven Kräfte Europas unter einer internationalen Gesamtplanung zusammenwirken. Nur in solchem Rahmen ist eine sinnvolle und aufbauende Befriedigung der Bedürfnisse aller Völker möglich."

---

6 Zum Marshallplan vgl. Einl. Kap. II 3 d.

Nr. 15

Sitzungen der obersten Parteigremien vom 14. bis 16. November 1947 in Bremen

[A] **Sitzung des Parteivorstandes am 14. November 1947**
AdsD: SPD-Parteivorstand, 2/ PVAS 0000663, Sitzungen d. PV u. d. PA, 14./15.11. 47 (Maschinenschriftl. Prot. d. Sitz. d. PV, 5 S.)[1]

Leitung der Sitzung: **Erich Ollenhauer**
Anwesend: siehe Liste

[**Teilnehmer/Teilnehmerinnen, nach Funktionen geordnet:**[2]
PV:[3] *Schumacher, Ollenhauer, Franke, Gotthelf, Heine, Kriedemann, Nau; Albrecht, Bögler, Eichler, Gayk, Gnoß, Görlinger, Grimme, Gross, Helmstädter, Henßler, Kaisen, Knothe, Loßmann, Meitmann, Menzel, Neumann, Schmid, Selbert, Veit*
PV-Stellvertreterin: *I. Wolff*
KK: *Schönfelder*
Berliner Vertreter des PV: *Brost*
Gäste: *Löbe, Markscheffel, Roth*]

Tagesordnung[4]:
Der Fall Paul Löbe[5]
1) Vorbereitung einer Entschließung des Parteivorstandes und des Parteiausschusses
2) Berichte über Auslandsreisen
3) Internationales
4) Lage im Saargebiet
5) Die Lage in der französischen Zone

Der Fall Paul Löbe[6]
Schumacher stellt in scharfen Worten die verheerende Wirkung dar, die die Beteiligung Paul *Löbes* am *Friedensburg*kreis auslöste. Er verweist auf die Reaktion der ausländischen Presse, die von einer Spaltung der SPD spricht, und sieht das Ergebnis der Amerika-Reise

---

1 Die Einladung zu dieser Sitzung mit Bekanntgabe der vorläufigen Tagesordnung erfolgte durch das Rundschreiben 43/47 des Referats Organisation/Kasse, unterschrieben von E. Ollenhauer, vom 3. 11. 1947. Über die Sitzung wurde ein Kommuniqué im Sopade Informationsdienst veröffentlicht (Sopade/Querschnitt v. Nov. 1947, S. 41), das hier als Anlage 1 A abgedruckt wird.
2 Die folgenden Angaben wurden der Anwesenheitsliste in den Beilagen zum Protokoll und Angaben im Protokoll entnommen; für die Teilnehmer an allen Vorstandssitzungen 1947/48 vgl. Anhang 2.
3 Von den Mitgliedern des PV fehlten *Agartz, Baur* und *Schroeder*.
4 Wortlaut nach der vorläufigen Tagesordnung, soweit die vorgesehenen Punkte zur Beratung kamen.
5 Dieser Punkt war noch nicht in der vorläufigen Tagesordnung enthalten.
6 Zum „Fall Löbe" und zum „Friedensburgkreis", dessen Hauptinitiator der Berliner Bürgermeister Ferdinand *Friedensburg* (CDU) war, vgl. Einl. Kap. II 3 a, S. XXXVII.

gefährdet. Löbe habe entgegen den vom PV beschlossenen Richtlinien gehandelt und einer eindringlichen vorherigen Darstellung der Zusammenhänge des Friedensburgvorhabens kein Gehör geschenkt. Er beantrage daher, daß der PV Paul Löbe die Mißbilligung ausspricht und den Ausschluß aus dem außenpolitischen Ausschuß erklärt.

Löbe befürchtet, daß die Last eines Tages zu schwer wird, die daraus entsteht, daß die SPD als einzig nationale Partei auftritt. Er hält die Zusammenarbeit im Interesse des deutschen Volkes für notwendig und glaubt auch, sich den dringenden Appellen der Genossen im Osten nicht verschließen zu können. Er wußte, daß seine Beteiligung nicht von *Schumacher* bzw. dem PV gewünscht wurde. Sollte der PV die angekündigten Konsequenzen ziehen, hofft er immerhin, das Recht zu besitzen, vor den Genossen und dem deutschen Volk seine Haltung zu vertreten.

Kaisen fragt, ob es denn ratsam sei, weiter zu schweigen. Wir kämen alle immer wieder in die Situation, Stellung nehmen zu müssen. Er hält die Erteilung eines Tadels für zu weitgehend.

Schmid gibt bekannt, daß auch er gebeten wurde, bei der Entschließung des Friedensburgkreises mitzuwirken. Er habe abgelehnt.

Eichler ist der Auffassung, daß hier zwei Dinge durcheinander gebracht werden; nämlich die Meinungsbildung in der Partei und die Äußerungen führender Genossen, die im Gegensatz zur erklärten Politik der Partei stehen. Er hält es für notwendig, daß sowohl die Mißbilligung wie auch der Ausschluß aus dem außenpolitischen Ausschuß ausgesprochen werden.

Meitmann erklärt, daß die Frage gar nicht so liege, ob wir etwa noch länger schweigen sollten, denn wir hätten gar nicht geschwiegen. Er hält es für unmöglich, daß Genossen unten in der Bewegung wegen des Paktierens mit den Kommunisten ausgeschlossen werden, wenn oben an der Spitze so ein schlechtes Beispiel gegeben wird.

Görlinger spricht sich ebenfalls für Mißbilligung aus.

Henßler führt aus, daß man über den Inhalt des vorliegenden Aufrufes schnell mit *Löbe* einig werden könnte. Dagegen spräche doch vieles gegen die Ehrlichkeit der Mitbeteiligten. Er bezweifle allerdings, daß die vom PV in Hannover gemachte Begleitmusik gut war. Er würde es begrüßen, wenn dem Antrage *Schumachers* nicht stattgegeben [zu] werden brauche. Löbe möge sich äußern, ob er den beschrittenen Weg weiter gehen wolle.

Gayk erklärt, daß Löbe in einem Punkt Recht habe. Er stehe nämlich mit seinem Verhalten nicht allein. Wir hätten leider zuviel Außenseiter der Politik in der Partei. Er teilt aber auch die Auffassung *Henßlers*, daß man vom PV vielleicht etwas dezenter hätte verfahren können. Er würde es tief beklagen, wenn Löbe seine Absicht wahr machte, noch anschließend seine Auffassung vor dem deutschen Volke und den Genossen zu rechtfertigen.

Löbe äußert, daß es wohl nutzlos wäre, noch weiter zu versuchen, die prinzipielle Einstellung umzustimmen. Er bittet aber im Interesse der Partei, das Veto so zu fällen, daß in der Öffentlichkeit nicht der Eindruck entsteht, daß ein Ketzergericht die Meinungsbildung unterdrücke.

Schumacher ist erstaunt über die unpolitische Motivierung in einem Teil der Diskussion. Er bedauert, daß der Genosse Löbe Anlaß zu dieser Aussprache gegeben hat, und hält den Antrag auf Mißbilligung und Ausschluß aus dem Ausschuß aufrecht.

Henßler fordert getrennte Abstimmung über Mißbilligung und Ausschluß.

Ollenhauer stellt fest, daß die Mißbilligung einstimmig und der Ausschluß aus dem außenpolitischen Ausschuß gegen *Henßler* und *Gross* beschlossen wurden (*Kaisen* war während der Abstimmung nicht anwesend)

Zu Punkt 1 (Vorbereitung einer Entschließung)
Schumacher begründet die vorliegende Entschließung, die nach eingehender Diskussion mit einigen Änderungen angenommen wird (siehe Anlage [2])[7].

Zu Punkt 2 (Berichte über Auslandsreisen)
[a] **Heine** berichtet über die **Amerikareise**.

Es wurden keine vertraulichen Absprachen getroffen. Der wichtigste Besuch war beim Verteidigungsminister *Forrestal*, Admiral *English*, General *Chamberlain*, Handelsminister [*Harriman*][8] Armeeminister *Royall*, Arbeitsminister *Schwellenbach*.

Die Amerikaner erwarten, daß die Russen Zwischenfälle inszenieren werden, um die Westmächte zur Aufgabe Berlins zu bringen. Die Frage der Räumung Berlins ist seit einigen Monaten entschieden. Die Amerikaner werden bleiben. In der Ostzone seien Vorbereitungen zur Proklamierung eines Oststaates getroffen worden. Die Fragestellung laute heute: ein Frieden oder kein Frieden! Man glaubt vorläufig nur an einen verlängerten Waffenstillstand. In der Bevölkerung gibt es keine Kriegspsychose. Die Amerikaner sind für die Einsetzung einer deutschen Regierung. Ein starkes Interesse bestände für die *Paulus*armee. Es ist unwahrscheinlich, daß die USA-Truppen Deutschland verlassen werden. Die *Wyschinski*-Rede[9] habe sehr viel Aufsehen erregt. *Forestal* hält die Sozialisierung für Deutschland für unpraktisch. *Clays* Position sei insofern fest, als daß die Deutschlandpolitik weiter beim Militär verbleibt. General *Clerk* dürfte trotzdem als Nachfolger alle Chancen haben. Das Verhältnis zum Weltgewerkschaftsbund[10] dürfte sich demnächst ändern. Die am Marshallplan beteiligten Staaten haben zumeist in dieser Frage eine Stütze in ihren Gewerkschaften, und es ist geplant, daß diese Gewerkschaften eine Konferenz abhalten sollen. Während der Reise in Amerika waren Quertreibereien deutscher Gewerkschafter spürbar. Es liefen Briefe bei der A.F. of L. ein, die erklärten, daß *Schumacher* nicht in ihrem Namen sprechen könne.

---

7 In der Vorlage „1". Die Resolution zur politischen Lage wird hier als Anlage 2 abgedruckt.
8 In der Vorlage „...." Handelsminister der USA war zu dieser Zeit W. A. *Harriman*.
9 Wahrscheinlich gemeint die Rede des sowjetischen Spitzenpolitikers Andrei Wyschinski am 20. 9. 1947 in der Vollversammlung der Vereinten Nationen, in der er den Marshall-Plan und die Truman-Doktrin als flagrante Verletzungen der Grundsätze der Vereinten Nationen verurteilte, vgl. AdG 1947/48, S. 1200. Andrei *Wyschinski* (1883-1954), sowjetischer Politiker, 1935-39 Hauptankläger in den Moskauer Schauprozessen, 1939 Mitglied des ZK der KPdSU, 1949-53 Außenminister der UdSSR.
10 Zum „Weltgewerkschaftsbund", der immer mehr von den kommunistischen Gewerkschaften Osteuropas dominiert wurde, vgl. Einl. Kap. II 5 a.

Dokument 15, 14. bis 16. November 1947

Kriedemann: Unter Bezugnahme auf die gestrige Maßnahme gegen Löbe fordert er, daß die sozialdemokratischen Gewerkschaftler, die bei der A.F. of L. quergeschossen haben, wegen parteischädigenden Verhaltens zur Rechenschaft gezogen werden.

[b] **Ollenhauer** berichtet über den **Hollandbesuch**, an dem außer ihm noch *Grimme* und Lotte *Lemke* teilnahmen. Die Delegation hatte Aussprachen mit den protestantischen und katholischen Arbeitsgemeinschaften, der Partei der Arbeit sowie mit dem Parteivorstand und dem außenpolitischen Ausschuß. Die Holländer brachten ihr Bedauern über den Züricher Beschluß zum Ausdruck.[11] Die Frage der Revision der deutsch-holländischen Grenze wurde nicht angeschnitten.

Grimme erklärt ergänzend, daß die Forderung nach deutschem Gebiet nicht vom Mann auf der Straße, sondern von der katholischen Volkspartei gestellt werde. Diese hofft, mit den 100.000 Menschen die absolute Mehrheit zu erhalten.

[c] **Gotthelf** berichtet über die **Österreichreise**[12]

Delegationsmitglieder waren: *Gotthelf*, Louise *Schroeder* und *von Knoeringen*. Der deutschen Delegation sei zunächst ein Redeverbot erteilt worden, da die Ostdelegierten es so wünschten. Als jedoch die österreichischen Delegierten von dieser Anordnung erfuhren, wurde unter dem Druck des Kongresses die Forderung durchgesetzt, daß die deutsche Delegation reden solle. Die Rede Louise *Schroeders* gestaltete sich zu einer erhebenden internationalen Kundgebung.

Zu Punkt 3 (Internationales)
Ollenhauer führt aus, daß die Entscheidung über die Aufnahme der SPD in die Internationale jetzt bei der Arbeitsgemeinschaft in Antwerpen liegt.[13] Eine Einladung an die SPD ist nicht ergangen. Das Büro schlägt vor, daß die Partei jetzt nichts mehr unternimmt, sondern die Entscheidung abwartet.
Einstimmig beschlossen.

Ollenhauer gibt bekannt, daß die seit langem geplante *Schwedenreise* auf Wunsch der Schweden noch vor dem Kongreß in Antwerpen stattfinden solle.[14] Aus diesem Grunde war es nicht möglich, die Delegation durch den Gesamtparteivorstand wählen zu lassen. Das Büro hat die Genossen *Schumacher*, *Ollenhauer* und *Neumann* delegiert. Die Reise wird vom 17. bis zum 24.11.1947 dauern. Das Büro bittet um Zustimmung.
Einstimmig beschlossen.

---

11 Gemeint ist der Beschluß der Züricher Konferenz der sozialistischen Parteien, die SPD nicht sofort in die internationale Gemeinschaft der sozialistischen Parteien aufzunehmen, vgl. Einl. Kap. II 2 a.
12 Zu dieser Österreichreise und zu dem erwähnten Grußwort von *Schroeder* vgl. Einl. Kap. II 2 b.
13 Die Aufnahme der SPD erfolgte auf einem internationalen Kongreß Ende November 1947 in Antwerpen, vgl. Einl. II 2 a.
14 Zu dieser Reise der genannten Delegation nach Schweden und Norwegen, die vom 17.-24. 11. 1947 stattfand, vgl. Einl. Kap. II 2 b.

Zu Punkt 4 (Lage im Saargebiet)[15]

Ollenhauer gibt bekannt, daß die Genossen *Roth* und *Markscheffel* als Referenten anwesend seien. Die SPS[16] habe sich faktisch von der SPD gelöst. Der PV habe seinerzeit beschlossen, keine organisatorischen Konsequenzen zu ziehen, da eine von uns neuformierte SPD von den Franzosen verboten werden würde. Nachdem jetzt die Abstimmung über die Verfassung stattgefunden habe, müßten nunmehr die organisatorischen Maßnahmen erörtert werden.

Roth (Saarbrücken) betont zunächst, daß er illegal in Bremen sei, sowohl gegenüber der französischen Militär-Regierung als auch den eigenen Genossen. Er schildert ausführlich die wirtschaftlichen Bindungen des Saargebietes mit Lothringen. Die Minderheit in der Parteiführung des Saargebietes wolle allenfalls eine begrenzte wirtschaftliche Zusammenarbeit mit Frankreich als Reparationsleistung gutheißen. Innerhalb der Partei habe bisher eine grundsätzliche und endgültige Klarlegung der Haltung nicht stattgefunden. Der Wahlkampf im Saargebiet wurde geführt, ohne daß das Volk eigentlich wußte, worum es ging. Die 150.000 Stimmen der SPS (33 %) bedeuten Flucht vor der Verantwortung in die beiden großen Parteien, die schon das Richtige tun werden. 5 von 17 sozialdemokratischen Landtagsmitgliedern setzten immerhin durch, daß gegen die Präambel der Verfassung[17] gestimmt werden solle. Die Opposition in der Christlichen Volkspartei beschloß, dasselbe zu tun. Der Gouverneur, der davon erfuhr, ließ kurz vor der Sitzung die Abgeordneten zu sich kommen. Er legte dar, daß Frankreich bisher große Opfer gebracht und viel Verständnis für die Belange der Saarbevölkerung gezeigt hätte. Würde jetzt gegen die Verfassung gestimmt werden, würden sich die Verhältnisse im Saargebiet radikal ändern. Es würde ein neuer Gouverneur ernannt werden, Frankreich würde als Sieger auftreten und es würde demontiert werden. Die Folge war: Fraktionszwang und Annahme der Präambel. Roth empfiehlt, daß der PV eine Entscheidung fällt, die es den Genossen nicht unmöglich macht, weiter politisch zu wirken.

Eichler fragt, ob die Möglichkeit besteht, daß die Partei gehalten werden könne, wenn die jetzigen Vorstandsmitglieder der SPS namentlich ausgeschlossen würden.

---

15 Zu diesem und zum folgenden Tagesordnungspunkt wird im Kommuniqué lediglich erwähnt, daß die Lage im Saargebiet und die separatistischen Bestrebungen in der Pfalz den Parteivorstand zu einer eingehenden Aussprache veranlaßten.

16 Hier wird die offizielle Abkürzung für die „Sozialistische Partei an der Saar" übernommen. In der Edition wird sonst, um Verwechslungen mit der „Sozialistischen Partei der Schweiz" zu vermeiden, die Abkürzung „SPSaar" gebraucht.

17 Die Präambel der neuen Saarverfassung war besonders umstritten, weil darin eine Separation von Deutschland gesehen wurde. Der Beginn der Präambel lautete: „Das Volk an der Saar, berufen, nach dem Zusammenbruch des Deutschen Reiches sein Gemeinschaftsleben kulturell, politisch, wirtschaftlich und sozial neu zu gestalten, durchdrungen von der Erkenntnis, daß sein Bestand und seine Entwicklung durch die Einordnung des Saarlandes in den Wirtschaftsbereich der französischen Republik gesichert werden können, vertrauend auf ein internationales Statut, das die Grundlage für sein Eigenleben und seinen Wiederaufstieg festlegen wird, gründet seine Zukunft auf den wirtschaftlichen Anschluß des Saarlandes an die französische Republik und die Währungs- und Zolleinheit mit ihr ..." Die verabschiedete Fassung vom 15. Dezember 1947 entsprach wörtlich dem Entwurf vom 25. September 1947. Vgl. dazu die Dokumentation „Die saarländische Verfassung vom 15. Dezember 1947 und ihre Entstehung, eingel. u. zusammengestellt von Robert Stöber, Köln 1952, S. 14 f.

Dokument 15, 14. bis 16. November 1947

Roth antwortet, daß er nicht glaube, daß ein solcher Beschluß jetzt von jemand im Saargebiet verstanden werden würde.

Schumacher wirft ein, daß man sich im Saargebiet den Effekt eines Plebiszits zusammengeschwindelt habe, ohne ein Plebiszit zu veranstalten.

Schmid fragt, ob es nicht ein Gebot der Selbstachtung der Partei sei, zu erklären, daß ein derartiges Verhalten mit der Ehre der Partei nicht vereinbar ist.

Ollenhauer führt aus, daß wir aus politischen Gründen verpflichtet seien, dazu eine Erklärung abzugeben. Wir müßten Stellung nehmen gegen den Wahlterror, die Präambel und die Haltung der Mehrheit des Vorstandes der SPS. Den Entwurf dieser Entschließung sollten *Schmid, Roth, Markscheffel* und *Görlinger* ausarbeiten.

Zu **Punkt 5** (Die Lage in der französischen Zone)[18]
Schmid führt aus, daß der Unterschied zwischen den angelsächsisch besetzten Zonen und der französischen Zone darin bestehe, daß die ersteren keine eigenen persönlichen Absichten verfolgen. Die Anordnungen der französischen Gouverneure brechen in jedem Falle Verfassungsrecht. Die Demontage würde in der französischen Zone rücksichtslos durchgeführt. So seien allein in Südwürttemberg 24.000 Maschinen mit einem späteren Baujahr als 1928 bereits demontiert. Eine Gegenüberstellung der in Deutschland verbleibenden Industrien ergibt folgende Vergleichszahlen:

	Französische Zone	Bizone
Werkzeugmaschinenbau	0 %	86 %
Werkzeugbau	30 %	83 %
Pumpen	10 %	80 %
Chemische Industrie	26 %	98 %

Bögler spricht über die Lage in der Pfalz. Die Pfalz soll gemäß französischen Wünschen Sonderrechte erhalten. Der pfälzische Heimatbund und die sozialistische Rheinunion sind von den Franzosen geförderte Separatistenbewegungen, die mit der Losung hausieren gehen, daß sie demnächst die Macht übernehmen würden. Führer der Separatisten sei *Koch*, der sich als kommender Regierungschef ankündigt. General *Koenig* habe dem Landesbischof erklärt, daß die kommende Währungsreform die französische Zone weitaus besser stellen würde. In einer Erklärung des Landtages wurde schärfstens gegen den Separatismus Stellung genommen. Nach neuesten Informationen wird die Pfalz jetzt vor die Wahl gestellt, zu demontieren oder politische Konzessionen zu machen.

Ollenhauer stellt fest, daß die inzwischen ausgearbeitete Entschließung zur Saarfrage nochmals umgearbeitet werden müsse. *Schmid* wird sie der PA-Sitzung vortragen.

Nächste Sitzung des PV am 19. und 20.12.1947 in Hannover.

---

18 Zur Lage in der französischen Zone und zum Kampf gegen die dort vorhandenen separatistischen Strömungen vgl. Einl. Kap. II 1 c.

[B] Sitzung des Parteivorstandes, des Parteiausschusses, der Kontrollkommission und sozialdemokratischer Landespolitiker am 15. und 16. November 1947
AdsD: SPD-Parteivorstand, 2/ PVAS 0000663, Sitzungen d. PV u. d. PA, 14./15.11. 47 (Maschinenschriftl. Prot. d. Sitz. d. gem. Sitzung, 2 S.)[19]

Leitung der Sitzung: **Erich Ollenhauer**
Anwesend: siehe Liste

[Teilnehmer/Teilnehmerinnen, nach Funktionen geordnet:[20]
PV[21]: *Schumacher, Ollenhauer, Franke, Gotthelf, Heine, Kriedemann, Nau; Albrecht, Bögler, Eichler, Gayk, Gnoß, Görlinger, Grimme, Gross, Helmstädter, Henßler, Kaisen, Knothe, Loßmann, Meitmann, Menzel, Neumann, Schmid, Selbert, Veit*
PV- Stellvertreterin: *I. Wolff*
PA
BERLIN: *Suhr, I.Wolff*
BRAUNSCHWEIG: *Bennemann*
HAMBURG-NORDWEST: *A. Keilhack, Schmedemann*
HANNOVER: *Borowski, Helfers*
HESSEN-FRANKFURT: *G. Buch*
HESSEN-KASSEL: *Freidhof*
NIEDERRHEIN (Düsseldorf): *T. Wolff, W. Wolff*
OBERBAYERN (München): *Allmer*
OBER- und MITTELFRANKEN (Nürnberg): *K. Strobel*
OBERPFALZ-NIEDERBAYERN (Regensburg): *Höhne*
OBERRHEIN (Köln): *Görlinger* (auch PV)
ÖSTL. WESTFALEN (Bielefeld): *W. Michel*
PFALZ (Neustadt/Haardt): *Herklotz, Kuraner*
RHEINHESSEN (Mainz): *Steffan*
RHEINLAND-KOBLENZ-TRIER (Koblenz): *Bettgenhäuser*
SCHLESWIG-HOLSTEIN (Kiel): *H. Fischer, A. Krahnstöver*
SCHWABEN (Augsburg): *Frenzel*
SÜD-BADEN (Freiburg i. Br.): *Jäckle*
SÜD-WÜRTTEMBERG (Tübingen): *Roser*
UNTERFRANKEN (Würzburg):
WESER-EMS (Oldenburg): *Kraft*[22]

---

19 Die Einladung mit Bekanntgabe der vorläufigen Tagesordnung erfolgte durch das Rundschreiben Nr. 44/47 des Referats Organisation/Kasse, unterschrieben von E. Ollenhauer, vom 3. 11. 1947. Über die gemeinsame Sitzung des PV, des PA und der KK wurde ein Kommuniqué im Sopade Informationsdienst (Sopade Querschnitt v. Nov. 1947, S. 41 f.) veröffentlicht, das hier als Anlage 1 B abgedruckt wird.
20 Die folgenden Angaben nach den Anwesenheitslisten in den Beilagen zum Protokoll; für die Teilnehmer an allen Sitzungen der obersten Parteigremien 1947/48 in alphabetischer Reihenfolge vgl. Anhang 4.
21 Von den Mitgliedern des PV fehlten *Agartz, Baur* und *Schroeder*.

Dokument 15, 14. bis 16. November 1947

WESTL. WESTFALEN (Dortmund): *Schaub, Wenke*
WÜRTTEMBERG-BADEN (Stuttgart): *Denker*
Verbindungsmann zur Frz. Zone: *Markscheffel*
KK: *Bratke, Höcker, Schönfelder*[23], *Steffan, Ulrich, Wittrock*
Referenten und Mitarbeiter des PV: A. *Albrecht, Brost, Hennig, Hermsdorf, Lemke, S. Neumann, Raunau, Sänger, Storbeck*
Ministerpräsidenten/Minister:
Bremen: *Kaisen* (auch PV), *Wolters*
Niedersachsen: *Kopf, Borowski*
Hessen: *Zinnkann*
Nordrhein-Westfalen: *Menzel* (auch PV)
Rheinland-Pfalz: *Steffan*
Schleswig-Holstein: *Lüdemann*
Württemberg-Baden: *Ulrich*
Württemberg-Hohenzollern: *C. Schmid* (auch PV)
Gewerkschaftsbund der britischen Zone: *Böckler, vom Hoff*
Gewerkschaften der französischen Zone: *A. Ludwig*]

Tagesordnung[24]:
1) Bericht über die Amerikareise der Genossen Dr. Kurt Schumacher und Fritz Heine. Berichterstatter Fritz Heine
2) Die politische Lage vor der Londoner Konferenz, Referent Erich Ollenhauer
3) Berichte

Zu **Punkt 1** (Amerikareise)
Heine erstattet Bericht (siehe PV-Protokoll).[25]

Zu **Punkt 2** (Die politische Lage vor der Londoner Konferenz)
Referent **Erich Ollenhauer** (siehe Anlage [4][26])
Lüdemann teilt die Auffassung über die politische Lage, wie *Ollenhauer* sie darstellte, und stimmt dem zu, daß eine Ministerpräsidentenkonferenz nicht kompetent sei für außenpolitische Belange. Er bedauert jedoch, daß die politische Stellungnahme nicht schon viel früher ermöglicht wurde.
Suhr bemängelt ebenfalls, daß die Aussprache über diese wichtigen politischen Dinge nicht schon früher stattgefunden hat. Er bedauert weiter, daß der PV im Falle *Löbe* keine

---
22 Emil *Kraft* (1898-1982), Schiffbauer, 1918 SPD, vor 1933 Stadtverordneter in Wilhelmshaven, nach 1946 Redakteur in W., 1946-54 MdL (Oldenburg/Niedersachsen).
23 Schönfelder trug sich nur in die Anwesenheitsliste der Vorstandssitzung ein, vgl. Dok. 15 A.
24 Wortlaut nach der vorläufigen Tagesordnung vom 3. November.
25 Vgl. Protokoll der Vorstandssitzung, TOP 3, S. 281.
26 In der Vorlage „II" Die vierseitige maschinenschriftl. Zusammenstellung von Stichworten zum Referat Ollenhauers wird hier als Anlage 4 zu den Protokollen abgedruckt.

elegantere Lösung gefunden habe. So wie wir gegen die Wirtschaftsdemontage protestierten, obgleich wir doch auch dabei nichts zu bestimmen hatten, müssen wir gegen die Demontage der Einheit protestieren. Er kritisiert dann verschiedene Punkte der vorliegenden Entschließung.

Schumacher unterstreicht, daß der Weststaat eine Reaktion auf eine Aktion des Ostens sei.[27] Er begrüßt die Einwände *Suhrs* gegen den diesbezüglichen Passus in der vorliegenden Entschließung. Er weist aber auch entschieden die Legende zurück, daß die Partei sich bisher noch nicht mit den akuten Problemen beschäftigt habe.

Ollenhauer stellt fest, daß die nun nochmals geänderte Entschließung nunmehr einstimmig angenommen sei.[28]

Ollenhauer schlägt vor, daß dem Genossen *Schumacher* im Kommuniqué über die Sitzung in Bremen der Dank für seine Arbeit in Amerika zum Ausdruck gebracht wird.

Einstimmig beschlossen.[29]

Lüdemann fordert eine Parteikonferenz für die Behandlung der Flüchtlingsfragen.

Ollenhauer schlägt vor, daß der Koordinierungsausschuß dieses Problem schnellstens behandelt.

Zu **Punkt 3** (Berichte)

Schmid gibt den Bericht über die Saarfrage und die französische Zone (siehe PV-Protokoll)[30].

Die Entschließung zum Saarproblem wird verlesen und beschlossen, unter ausdrücklichem Hinweis darauf, daß [sie] vor Mittwoch, den 19.11.1947, nicht veröffentlicht werden dürfe.[31]

Ollenhauer berichtet über den Kontakt mit der internationalen Kommission in Nürnberg und verweist darauf, daß nunmehr am 28.11.1947 in Antwerpen entschieden würde, ob die SPD an der Internationalen Arbeitsgemeinschaft teilnehmen dürfe.[32]

Bekanntgabe der Einladung einer SPD-Delegation durch die schwedische Sozialdemokratie.

Franke bringt zur Kenntnis, daß vom 9. bis 11.12.1947 in Springe eine Konferenz der politischen und der Organisationssekretäre stattfindet.

Schluß der Sitzung 16.11.1947 12.00 Uhr[33].

---

27 Im Kommuniqué werden die Ausführungen Schumachers als Schlußwort bezeichnet und ausführlich referiert.
28 Die „Resolution" zur politischen Lage wird hier als Anlage 2 abgedruckt.
29 Im Kommuniqué wird der Dank des PV und des PA an Schumacher erwähnt.
30 Vgl. Protokoll der Vorstandssitzung, TOP 4 und 5.
31 Vgl. Anlage 3.
32 Zur Aufnahme der SPD auf dem internationalen Kongreß in Antwerpen, vgl. Einl. II 2 a.
33 Im Kommuniqué wird noch ein Punkt erwähnt, der im vorhandenen Protokoll keine Erwähnung gefunden hat, die neu erhobenen Gebietsforderungen an Deutschland. Deutschland anerkenne zwar seine Pflicht zur Wiedergutmachung, doch Annexionen seien kein geeignetes Mittel, „um Frieden und Sicherheit in Europa wiederherzustellen". Vgl. Anlage 1 B, letzter Absatz.

Dokument 15, 14. bis 16. November 1947

Anlage 1 A
Kommuniqué über die Parteivorstandssitzung
Sopade/Querschnitt v. November 1947, S. 41

Der Vorstand der Sozialdemokratischen Partei Deutschlands trat am 14., 15. und 16. November 1947 in Bremen zu einer Sitzung zusammen.

In einer Aussprache über die politische Lage nahm der Vorstand auch Stellung zu der Teilnahme des früheren Reichstagspräsidenten Paul *Löbe* an der von der SPD abgelehnten sogenannten Friedensburg-Aktion. Nach eingehender Aussprache, an der auch Paul Löbe wiederholt teilnahm, sprach ihm der Parteivorstand einstimmig seine Mißbilligung aus und zog ihn – gegen zwei Stimmen – aus dem außenpolitischen Ausschuß der Partei zurück.

Eine Entschließung, die Parteivorstand und Parteiausschuß zur Beschlußfassung vorgelegt wurde, beschäftigte sich mit der Stellungnahme der Sozialdemokratischen Partei zur Lage am Vorabend der Londoner Konferenz.

Über drei Auslandsreisen von Vorstandsmitgliedern nach [den] USA, nach Holland und nach Österreich wurde Bericht erstattet und Kenntnis gegeben von einer weiteren Reise nach Schweden.

Ausführliche Informationen wurden über die Verhältnisse in der französischen Zone, besonders im Saargebiet und in der Pfalz, gegeben. Der Druck und die Wahlbeeinflussung im Saargebiet, die separatistischen Bestrebungen unqualifizierter Elemente in der Pfalz und Einzelheiten über bereits in großem Maße früher durchgeführte Maschinenentnahmen veranlaßten den Parteivorstand zu einer eingehenden Aussprache.

Anlage 1 B
Kommuniqué über die gemeinsame Sitzung von PV, PA und KK
Sopade/Querschnitt v. November 1947, S. 47

Auf der gemeinsamen Tagung von Parteivorstand, Parteiausschuß und Kontrollkommission der SPD vom 15. bis 16. November in Bremen erstattete am 15. November vor dem Ausschuß Fritz *Heine* einen ausführlichen Bericht über die Amerikareise. Alle wesentlichen Deutschland interessierenden Fragen seien dabei vor dem großen Forum der AFL in San Francisco, in Washington und in zahlreichen privaten Besprechungen behandelt worden. Ohne Zweifel sei es der deutschen Argumentation gelungen, in den meisten der angeschnittenen Fragen sichtbaren Eindruck zu hinterlassen. Im Mittelpunkt der Bremer Tagung stand ein großes Referat von Erich *Ollenhauer* über die weltpolitische Situation zehn Tage vor dem Beginn der Londoner Konferenz und über die Frage der Stellung Deutschlands zu den damit zusammenhängenden Problemen. Die veröffentlichte einstimmig gefaßte Entschließung der Parteiinstanzen ist der Niederschlag dieser umfassenden Darstellung. Der Annahme der Entschließung ging eine lebhafte Diskussion voraus. Die Frage des Besatzungsstatutes wurde während der Sitzung nicht behandelt, weil die SPD auf dem Standpunkt steht, daß am Vorabend der Londoner Konferenz die Forderung nach einem Frieden für Deutschland im Vordergrund aller Überlegungen zu stehen habe und daß die Frage eines detaillierten Besatzungsstatutes erst nach einem eventuellen Scheitern der Londoner Konferenz erhöhte aktuelle Bedeutung bekommt.

Dr. Schumacher wies in einem Schlußwort auf den großen Vorzug hin, den die SPD gegenüber allen anderen Parteien dadurch besitze, daß sie in allen Zonen eine gleiche Politik betreibe. Diesen Vorzug müsse sie sich unter allen Umständen bewahren. „Wir wollen nichts anderes, als daß den gewählten demokratischen Instanzen auch überall demokratische Rechte gewährt werden. Wir wollen nicht nur die stärkste, sondern auch die manövrierfähigste Partei bleiben. Das kann nur dadurch erreicht werden, daß man in seinen Aktionen bei den beschlossenen Grundsätzen der Partei beharrt und sie durchführt", erklärte *Dr. Schumacher*. Die Aufgabe der Ministerpräsidenten der Länder sei vor allem, eine gute administrative Arbeit im Landesrahmen zu gewährleisten. Sie sollten aber ihre Ambitionen nicht auf außenpolitisches Gebiet verlegen.

Der Parteivorstand und Parteiausschuß sprachen anschließend *Schumacher* für seine auf seiner Amerikareise geleistete politische Arbeit den Dank aus.

Der Parteiausschuß wies gegenüber den neu erhobenen holländischen Gebietsforderungen an Deutschland auf den generellen sozialdemokratischen Standpunkt hin, daß Deutschland selbstverständlich eine Verpflichtung zur Wiedergutmachung anerkenne, Annexionen aber kein geeignetes Mittel seien, um Frieden und Sicherheit in Europa wiederherzustellen.

Anlage 2
Resolution des Parteivorstandes und des Parteiausschusses zur Lage
Sozialdemokratischer Pressedienst II/94 v. 17.11., S. 6[34]

Vor entscheidenden Beschlüssen in London, die ihre Folgen nicht allein für Deutschland haben werden, ist das deutsche Volk ohne legitimierte Vertretung. Die Machtpolitik des Dritten Reiches hat zur völligen Ohnmacht, sein überlautes Geschrei hat zu gänzlichem Verstummen geführt.

Aber stärker als je zuvor lebt der Wille zur politischen und wirtschaftlichen Einheit in den Deutschen. Auch die Welt sollte anerkennen, daß nur eine national befriedigende Lösung das deutsche Volk zu einem Pfeiler internationaler Zusammenarbeit macht und das Aufflammen nationalistischer Strömungen verhindert.

Die Verwirklichung der deutschen Einheit setzt die Einigung der Sieger über Deutschland und die Grundsätze seines politischen Aufbaus voraus. Die gegenwärtige Verschiedenartigkeit der politischen Methoden und Zielsetzungen im deutschen Volke ist die zwangsläufige Folge der zonalen Aufspaltung und Besatzung. Die Gefahren dieser Entwicklung sind vor allem durch die Politik in der sowjetischen Besatzungszone bedrohlich geworden.

---
34 Abgedr.: Jb. SPD 1947, S. 88 f.

Dokument 15, 14. bis 16. November 1947

Die Sozialdemokratische Partei will die Vertretung des deutschen Volkes nicht zum Gegenstand taktischer Manöver werden lassen. Deutschlands Stellung würde dadurch geschwächt und die nationale und internationale Verwirrung vergrößert werden.

Erst wenn durch eine Einigung der Sieger dem deutschen Volk die Möglichkeit gegeben ist, in völliger Freiheit unter den gleichen demokratischen Bedingungen und der gleichen Rechtssicherheit in allen Zonen Wahlen durchzuführen, kann eine zentrale Regierung gebildet und der Wille des deutschen Volkes verantwortlich und verbindlich kundgetan werden.

Dreißig Monate nach der bedingungslosen Kapitulation hat das deutsche Volk Anspruch auf wirklichen Frieden. Der Friede aber soll nicht dem seit langem vorbereiteten Oststaat und nicht dadurch hervorgerufenen Zonenstaaten, sondern dem geeinten Deutschland gewährt werden. Nur die deutsche Republik kann völkerrechtliche Persönlichkeit sein.

Das deutsche Volk will seinen Beitrag zur Gesundung Europas und zur Wiedergutmachung leisten. Dazu ist nötig, daß man ihm in seinen Produktionsmitteln und seinen Menschen die Möglichkeit erfolgreicher Arbeit gibt. Die beschleunigte Rückkehr der Kriegsgefangenen und der Verschleppten ist der Wunsch des ganzen deutschen Volkes.

Die Sozialdemokratie weiß, daß die Gesundung Europas und Deutschlands nur durch gemeinsame Anstrengungen erreicht werden kann. Sie begrüßt die amerikanische Initiative für eine wirtschaftliche Hilfe. Das deutsche Volk muß aber das Recht haben, über seine zukünftigen Wirtschaftsformen selbst zu entscheiden.

Die Sozialdemokratische Partei tritt ein für ein demokratisches Deutschland des Friedens und der Freiheit in einem Vereinigten Europa. Sie bekennt sich zum demokratischen Sozialismus!

Anlage 3
Entschließung des Parteivorstandes der SPD zur Saarfrage
Sozialdemokratischer Pressedienst II/95 v. 18.11.1947, S. 5[35]

Das Saargebiet ist ein Teil Deutschlands. Die SPD anerkennt das besondere Problem, das darin besteht, daß die Saarkohle und das lothringische Erz aufeinander angewiesen sind, und daß eine politische Grenze ihnen gegenseitig den Weg zueinander erschwert. Sie anerkennt weiter, daß die Erzeugnisse des Saargebietes im besonderen Maße geeignet sind, einen Beitrag zur Erfüllung der ganz Deutschland Frankreich gegenüber obliegenden Reparationsverpflichtung und damit zu einer echten Verständigung beider Länder zu leisten. Sie glaubt aber, daß jeder Versuch einer Lösung dieser Probleme durch Verschiebung der politischen Grenze sich für die Wohlfahrt und den Frieden Europas verhängnisvoll auswirken muß und die tragischen Schwierigkeiten, die dem Grenzlanddasein eigen sind, nur noch vermehren könnte.

---

35 Abgedr.: Jb. SPD 1947, S. 89.

Die Probleme des Saargebietes können nur europäisch gelöst werden. Dieser sozialistischem Denken allein entsprechende Weg, der eine wichtige Etappe für die politische Einigung Europas hätte werden können, wird durch die Abtrennung des Saargebiets von Deutschland verbaut.

Darum bedauert die SPD die Haltung der nicht zur Sozialdemokratischen Partei Deutschlands gehörigen sozialdemokratischen Organisation des Saargebiets in der Verfassungsfrage. Wir bedauern insbesondere, daß die SPD des Saargebiets sich nicht gegen den Versuch der Besatzungsmacht gewendet hat, die Landtagswahl auszunutzen, um den Effekt eines Volksentscheides zu erwecken, ohne daß ein solcher Volksentscheid wirklich stattgefunden hat.

Die SPD weiß, daß die sozialdemokratische Organisation des Saargebietes bei der Vorbereitung ihrer Stellungnahme nicht frei gewesen ist, und daß es ihr wie den anderen Parteien unmöglich gemacht wurde, die Tragweite ihrer Entscheidung voll zu erkennen und ihrer Erkenntnis entsprechend zu handeln. Sie weiß aber auch, daß die Mehrheit der Sozialdemokraten an der Saar die Haltung der Mehrheit des Vorstandes und der Fraktion, die eine offene Diskussion der Fragen verhindert haben, nicht billigt, und daß sie sich durch die Abgabe ihrer Stimme nicht für die Abtrennung des Saargebietes, sondern für den demokratischen Sozialismus entscheiden wollte. Die SPD spricht den Funktionären, die trotz aller Irreführung durch die Mehrheit des Saarparteivorstandes der sozialdemokratischen Idee treu geblieben sind, ihre Bewunderung aus. Sie weiß, daß ihre Stellungnahme bei den Abstimmungen unter schwerem Druck erfolgt ist.

Die Saarverfassung, die unter Umständen beschlossen werden mußte, die eine freie Volksabstimmung vortäuschen sollten und die in den wichtigsten Fragen den Kommissar einer fremden Macht zum souveränen Herrn über die Geschicke des Landes einsetzt, ist ein Hohn auf alle Demokratie, zu deren unverzichtbaren Grundsätzen gehört, daß die Staatsgewalt ausschließlich vom Volke ausgeübt wird. Die Verfassungsmacher an der Saar haben damit das Land in den Stand eines unfreien Protektorates versetzt. Sie haben so in Europa einen Zustand neu ins Leben gerufen, der überall in der Welt aufgehoben worden ist oder aber unter dem Druck der freiheitlichen Weltmeinung vor der Aufhebung steht.

Die Sozialdemokratie des Saargebiets hat sich auf ihrem diesjährigen Parteitag organisatorisch von der Sozialdemokratischen Partei Deutschlands getrennt. Die innere Verbundenheit der SPD mit den demokratischen Sozialisten des Saargebiets hat dieser Schritt nicht zu lösen vermocht.

Anlage 4
„Politische Lage vor London-Konferenz"
(Stichworte zum Referat Ollenhauers in der gemeinsamen Sitzung von PV, PA und KK.)
Hektogr. Zusammenstellung, 4 S., in den Beiakten (Anl. „II") zur gemeinsamen Sitzung.

Im Nachfolgenden geben wir die Stichworte wieder, die Erich *Ollenhauer* für sein Referat in der Sitzung des Parteiausschusses vom 14. und 15. November 1947 verwendet hat.

Dokument 15, 14. bis 16. November 1947

London-Konferenz: Folge des Scheiterns der Moskauer Konferenz.
Moskau war Versuch, Potsdamer Abkommen über wirtschaftliche und politische Einheit in Kraft zu setzen. Versuch scheiterte an zwei Punkten: wirtschaftliche Einheit, aber Reparationen aus laufender Produktion, politische Einheit, aber Vetorecht der Zonenkommandanten gegenüber jeden deutschen Anordnungen; in beiden Fällen russische Forderungen.

Seit Moskau weitere Verschärfung der Gegensätze: Verschärfung des totalitären Kurses der Russen in Ost- und Südosteuropa und in der Ostzone, Infiltrierungsversuche in Westdeutschland (SEP); Bildung der Kominform, Frontstellung gegen die Sozialdemokraten.

Auf der anderen Seite: zunächst keine Konsequenzen, Loyalität zu Potsdam (Demontageliste), Werbung um Frankreich, Britische Wirtschaftskrise. Folge: anhaltende Lähmung, weiterer wirtschaftlicher Verfall, politische Auflösung.

Entscheidung lag bei Amerika: Europa aufgeben oder retten; Aufgabe unmöglich, Gefährdung Sicherheit der USA, USA braucht Absatzgebiet Europa.

Europa heißt auch Deutschland, die Sicherheitsgrenze liegt nicht am Rhein oder am Kanal, sondern an der Elbe oder noch weiter östlich.

Hilfsaktion für Europa: Marshallplan nur langsame Schwenkung in der Deutschland-Politik.

Clays Äußerungen: weiter Weg von der *Experimenten-Rede* bis zu *Harriman* oder *Marshall* wichtiger als die Antipolitik Erkenntnis der Bedeutung der Sozialdemokratie

besondere Aufgabe unserer Parteipresse:

Seit März Verschiebung der Lage insofern, als es jetzt nicht nur eine russische Konzeption, sondern auch eine westliche gibt:

Folge für Deutschland: gemeinsame alliierte Verwaltung hat aufgehört, Lahmlegung des Kontrollrats

Was kann London unter diesen Umständen bringen?
Es wird dramatische Szenen geben, aber die Konferenz kann nur mit einem neuen Provisorium enden. Eine echte Verständigung über ein einheitliches Deutschland ist nicht möglich. Einen offenen Konflikt kann keiner der Beteiligten gebrauchen. Die gemeinsame Kontrollinstanz wird bleiben, Berlin wird alliiert besetzt bleiben. Man wird einen Schritt tun zur Vorbereitung des Friedensvertrages, aber man wird am Tage nach London in seinen Zonen handeln und Tatsachen schaffen. Der kalte Krieg wird verschärft fortgesetzt werden. Von dem Tage an ist die deutsche Einheit in ernster Gefahr, alles, was wir dann hier tun, muß sich dieser Gefahr bewußt sein, jeder Schritt muß dann mit dem Blick auf Berlin und die Ostzone getan werden. Was immer wir dann zu tun gezwungen sein werden, unser Bekenntnis zur Einheit darf nie in Zweifel gezogen werden können.

Was können die Deutschen angesichts dieser Lage tun?
Die Reaktion der meisten Deutschen ist erstaunlich unpolitisch, man tut, als ob die Tatsache, daß wir Länderregierungen und Parteien haben, etwas an unserem völkerrechtlichen Status geändert hätte. Die Grundlage unseres völkerrechtlichen Daseins ist immer noch

Potsdam. Das Organ, das Deutschland vertritt, ist der Alliierte Kontrollrat oder die Militärregierung der einzelnen Zonen. In London wird nicht mit uns, sondern über uns verhandelt.

Erste Frage: sollen wir darauf drängen, in London gehört zu werden? Die Annahme einer solchen Forderung würde die tatsächliche Situation nur vor den Deutschen verschleiern und wir würden uns zu einer Mitverantwortung drängen, die wir in Deutschland gar nicht tragen können.

Aber die Deutschen sollen ihre Meinung zu Gehör bringen, vor allem in der Frage der Einheit. Der deutsche Einheitswille ist da. Wenn es nach den Deutschen ginge, hätten wir heute die wirtschaftliche und politische Einheit. Daß sie nicht da ist, ist Schuld der Uneinigkeit der Alliierten. Die Frage der Einigung der Alliierten über Deutschland hängt von der Bekundung des deutschen Einheitswillens überhaupt nicht ab. Noch mehr: Nachdem die Frage der deutschen Einheit ein Problem der internationalen Politik geworden ist, kann der Versuch einer innerdeutschen Einheitsaktion die Idee der Einheit nur kompromittieren oder gefährden.

Zwei Beispiele:

[a] *neue Ministerpräsidentenkonferenz* viel Mut nach der ersten Pleite, Auszug der Ostzonenminister; Abfuhr beim Kontrollrat, Konferenz kann nur als Vierzonenkonferenz stattfinden. Ostzonenminister verstehen unter Einheit Übertragung des dortigen Systems auf ganz Deutschland; dieser Versuch sprengt die Einheit; drei Zonen-M.P. [Ministerpräsidentenkonferenz]: Bekenntnis zum Weststaat, ganz abgesehen von dem Mandat der M.P.

[b] *nationale Repräsentation,* mit SEP unmöglich: Anerkennung der Diktatur in der Ostzone keine Parteifrage, nationale Repräsentation gemeinsam mit Partei einer ausländischen Macht von vornherein wertlos, sie nimmt den Deutschen die Freiheit des Handelns sie führt nicht zur Einheit, sondern zur Abhängigkeit; [der größte][36] Dienst, den wir der deutschen Einheit jetzt erweisen können, ist, daß wir uns die Freiheit des Handelns erhalten.

Angriff auf Schumacher: Schumacher sei für den Weststaat.
Scharfe und eindeutige Abwehr. Als Mitglied einer nationalen Repräsentation nicht mehr die Freiheit. Dann wäre die Abwehr eine Option für die andere Besatzungsmacht. Es hängt von uns ab, ob wir als Deutsche diese Handlungsfreiheit behalten, denn ohne uns sind die CDU und SEP gelähmt.

Adenauers Erklärung – Wutausbrüche der *SEP*
Es gibt Leute, die nicht bereit sind, Tatsachen zur Kenntnis zu nehmen, z.B. unsere Weigerung zur Teilnahme an einer nationalen Repräsentation; sie versuchen es noch einmal hintenherum: Friedensburgkreis; jeder hat das Recht, sich so gut als möglich zu blamieren, solange wir nicht an den Kosten beteiligt werden. Diesmal leider der Fall: Unterschrift Paul *Löbe* im guten Glauben, aber Friedensburg-Aktion ist zugunsten einer fremden Macht.

---

36 In der Vorlage „den größten".

Dokument 15, 14. bis 16. November 1947

Frage der Parteidisziplin:
niemand von uns hat die Freiheit des Handelns in einer solchen wichtigen Frage. Man kann für seine Meinung kämpfen, aber wenn die Entscheidung gefallen ist, dann ist sie Gesetz; wahrlich nicht aus formalen Gründen wegen der politischen Konsequenzen. Aktion für die Einheit Deutschlands ist heute ausgemündet in eine Flut von Meldungen über Krise in der SPD; nichts gewonnen für die Einheit – Schaden für die Partei. Wir haben die Situation nicht gewollt, aber wir müssen jetzt klar und deutlich sprechen und Partei für die Partei nehmen.

Beschluß des PV.

Noch ein Wort in diesem Zusammenhang: gegnerische Presse konstruiert einen Gegensatz Schumacher-Löbe. Schumacher der Autokrat und der Diktator, eigensinnig und stur.

Hinter dieser Argumentation steckt ein System: zuerst die russischen Offiziere, dann die Bestechungsgelder von Köln, dann die Geheimabmachungen von Washington und nun die Vergewaltigung der eigenen Partei.

Eigentlich sollte man es hier nicht zu sagen brauchen: Man sagt Schumacher und meint die Partei – Schumacher im Auftrage der Partei; PV, PA, Frankfurter Konferenz, Parteitag in Nürnberg: Diese Linie diskutiert und einstimmig beschlossen. Es gibt auch in der Partei Anfällige für diese Propaganda.

Wir sind keine Führerpartei, aber wir sind eine Partei, die sich geschlossen vor ihren gewählten Vertrauensmann stellt, wenn der Gegner ihn angreift.

Die Geschichte geht auch nach der Londoner Konferenz weiter. Die Lage der Partei wird sehr schwer sein. Wir werden vor schwerwiegenden Entscheidungen und vor harten Kämpfen stehen, vielleicht werden uns im nächsten Frühjahr und Sommer hier im Westen allgemeine Wahlen aufgezwungen: Es wird von entscheidender Bedeutung sein, daß die SPD die stärkste Partei wird; nur dann wird die Idee, das ganze Deutschland soll es sein, eine Realität bleiben; das Ziel kann nur unter größten Anstrengungen erreicht werden.

Wir haben in *Bremen, Niedersachsen und Schleswig-Holstein schlechte Wahlen* gehabt. Wir haben die Kosten der schlechten Wahlbeteiligung getragen und noch darüber hinaus verloren. Diese Wahlen müssen uns eine Warnung sein. Die Ursachen feststellen und sie abzustellen suchen. Wir schwimmen gegen den Strom; Frankreich und England wirken auch nach hier zurück. Nicht verlieren in leerer Betriebsamkeit, nicht das Spiel der Gegner spielen, sondern klar und eindeutig sozialdemokratische Politik treiben.

Nr. 16

Sitzung des Parteivorstandes am 19. und 20. Dezember 1947 in Hannover

AdsD: SPD-Parteivorstand, 2/ PVAS 0000664, Sitz. d. PV, 19./20. 12. 1947 (Maschinenschriftl. Prot., 5 S., mit handschriftl. Ergänzungen)[1]

Leitung der Sitzung: **Erich Ollenhauer**
Anwesend: siehe Liste

[**Teilnehmer/Teilnehmerinnen, nach Funktionen geordnet:**[2]
PV:[3] *Schumacher, Ollenhauer, Franke, Heine, Kriedemann, Nau; Albrecht, Baur, Bögler, Eichler, Gayk, Gnoß, Görlinger, Grimme, Gross, Helmstädter, Henßler, Kaisen, Knothe, Loßmann, Meitmann, Menzel, Neumann, Schmid, Selbert*
PV- Stellvertreterin: *I. Wolff*
KK: *Schönfelder*
SPD-Fraktion im WR: *Schoettle*]

Tagesordnung[4]:
1) Aktuelle politische Fragen
2) Richtlinien für ein Besatzungsstatut
3) Vorschläge des verfassungspolitischen Ausschusses für die Wahlrechtsdiskussion
4) Wahl eines Kulturpolitischen Ausschusses
5) Interzonales Friedensbüro
6) Internationales, a) Internationale Konferenz in Antwerpen, b) Besuch in Schweden - Norwegen
7) Stellungnahme zu anderen Organisationen, a) Europa-Union, b) Heidelberger Aktionsgruppe, c) Deutsche Wählergesellschaft, d) Bund deutscher Föderalisten, e) Konferenz für die Bildung der Vereinigten Sozialistischen Staaten von Europa[5]
8) Bericht der Kontrollkommission in der Angelegenheit Kriedemann
9) Berichte (Sonderberatung über den § 218, Flüchtlingskonferenz)

---

1 Die Einladung zu dieser Sitzung mit Bekanntgabe der vorläufigen Tagesordnung erfolgte durch das Rundschreiben 53/47 des Referats Organisation/Kasse, unterschrieben von E. Ollenhauer, vom 11. 12. 1947, das in den Beiakten zum Protokoll erhalten geblieben ist. Über diese Sitzung wurden ein Kommuniqué und „ergänzende Informationen" im Sopade Informationsdienst (Nr. 359 v. 23. 12. 1947) veröffentlicht, die hier als Anlage 1 (A und B) abgedruckt werden.
2 Die folgenden Angaben wurden der Anwesenheitsliste in den Beilagen zum Protokoll entnommen; für die Teilnehmer an allen Vorstandssitzungen 1947/48 vgl. Anhang 2.
3 Von den Mitgliedern des PV fehlten *Agartz, Gotthelf, Schroeder* und *Veit*.
4 Wortlaut nach der vorläufigen Tagesordnung vom 11. Dezember mit handschriftlichen Zusätzen auf dem Exemplar der Einladung in den Beiakten.
5 Dieser Unterpunkt („e") wurde noch nicht in der vorläufigen Tagesordnung vom 11. Dezember aufgeführt.

10) Neubesetzung der Vertretung des PV in Berlin
11) Einstellung eines Sekretärs für das sozialpolitische Referat
12) Antrag der Stadt Frankfurt auf Gewährung eines Zuschusses für die Paulskirche
13) Antrag des Bezirks Frankfurt, den Parteitag 1948 in Frankfurt a.M. abzuhalten
14) Ort und Termin der nächsten Sitzung des PV.
Beschluß Volkskongreß[6]

Zu **Punkt 4** (Wahl eines Kulturpolitischen Ausschusses)
Gemäß Anlage 1 einstimmig beschlossen.[7]

Zu **Punkt 6** (Internationales)
a) Internationale Konferenz in Antwerpen[8]
Ollenhauer teilt mit, daß das Protokoll noch nicht vorläge, jedoch seien ein telegrafischer Bescheid über die Aufnahme, wie auch ein Glückwunschtelegramm, eingelaufen.[9] Die Einladung zur 1. Sitzung am 10. und 11. Januar in London liegt ebenfalls vor. Das Büro schlägt vor, Kurt *Schumacher* zu delegieren.
Bürovorschlag wird einstimmig angenommen.
b) Besuch in Schweden- Norwegen (siehe Anlage 2)[10].

Zu **Punkt 7** (Stellungnahme zu anderen Organisationen)
a) **Europa-Union**
Ollenhauer teilt mit, daß angefragt worden sei, ob der Beschluß des PV in Bezug auf die Pan-Europa-Union nunmehr auf die neue Vereinigte Europa-Union übertragen werden würde. Er ist der Auffassung, daß, wenn Statuten und die teilnehmenden Persönlichkeiten bekanntgegeben würden, keine Bedenken gegen eine individuelle Mitarbeit mehr bestehen müßten. Er schlägt vor, auf der nächsten Sitzung endgültig Stellung zu nehmen.

b) **Heidelberger Aktionsgruppe**
Schmid führt aus, daß diese Gruppe erhebliche Beachtung im Ausland gefunden hat. Ohne Zweifel betrachten [Karl] *Geiler* und [Alfred] *Weber*[11] diese Gruppe aus persönlichen

---

6 Handschriftlich den Punkten der vorläufigen Tagesordnung hinzugefügt.
7 Als „Anl. 1" befinden sich in den Beiakten hektogr. „Vorschläge für den kulturpolitischen Ausschuß mit 24 Namen, von denen 5 handschriftlich gestrichen sind. Das Verzeichnis der Mitglieder des Kulturpolitischen Ausschusses wird hier nach den „zusätzlichen Informationen" in der Anlage 1 B als Nr. 1 abgedruckt.
8 Zur Aufnahme der SPD in die internationale Gemeinschaft der sozialdemokratischen Parteien auf der Sozialistenkonferenz in Antwerpen Ende November/Anfang Dezember 1947 vgl. Einleitung Kap. II 2 a.
9 Das in der Sitzung verlesene Glückwunschschreiben des Generalsekretärs der Labour Party, Morgan Phillips, wurde in den „ergänzenden Informationen" veröffentlicht und wird hier als Anlage 1 B, Nr.2 abgedruckt.
10 Dazu noch die handschriftliche Ergänzung: „Soz. Pressedienst". In den Beilagen zum Protokoll befindet sich ein Artikel von E. O. [Erich Ollenhauer] über diesen Besuch aus dem „Sozialdemokratischen Pressedienst", der hier als Anlage 2 zum Protokoll abgedruckt wird. Zum Besuch von Schumacher, Ollenhauer und Franz Neumann im November 1947 vgl. auch Einl. Kap. II 2 b.
11 Alfred *Weber* (1868-1958), jüngerer Bruder von Max W. (1864-1920), Nationalökonom u. Soziologe, 1904 Ord. Prof. Univ. Prag, 1907-33 u. 1945-48 Univ. Heidelberg, 1918/19 Mitbegr. d. DDP.

Gründen als ein willkommenes Forum. Er schlägt vor, daß unsere Genossen teilnehmen, um richtunggebend Einfluß nehmen zu können.

Schumacher ist ebenfalls der Auffassung, daß es nützlich sein könnte, diesen Kreis zu beeinflussen.

Heine schließt sich dem an und gibt bekannt, daß Dr. *Prüfer* in Heidelberg eine Rundfunkstelle einrichten wird und damit die Gelegenheit seiner Teilnahme am Heidelberger-Kreis gegeben ist.

Knothe billigt die Teilnahme wegen der Zersplitterung der Arbeit unserer Genossen nicht und verweist auf das Beispiel *Löbe*.

Ollenhauer stellt nach Abschluß der Diskussion fest, daß der PV die Teilnahme billigt.

c) **Deutsche Wählergesellschaft**

Ollenhauer gibt bekannt, daß bisher Hermann *Lüdemann* das einzige bekannte SPD-Mitglied sei. Das Büro empfiehlt gegenüber dieser Organisation reserviert zu bleiben. Der Bürovorschlag wird gebilligt.

d) **Bund deutscher Föderalisten**

Ollenhauer erklärt dazu, daß *Hoegner* nunmehr mitgeteilt habe, daß er diesen Bund wieder verlassen wird. Damit dürfte z.Zt. kein Sozialdemokrat Mitglied sein, womit sich weitere Maßnahmen erübrigen.[12]

e) **Konferenz** für die Bildung der **Vereinigten Sozialistischen Staaten von Europa** in Paris[13].

Ollenhauer gibt bekannt, daß die SPD der Beitrittsaufforderung nicht nachgekommen sei, da nach einer Mitteilung *Grumbachs* auch die SFIO sich distanziert hat. Es solle u.a. Grund zur Annahme vorliegen, daß ein starker trotzkistischer Einfluß in dieser Organisation wirksam sei. Eine erneute Aufforderung zum Beitritt erging jetzt durch den Gen. [Peter] *Leopold*, Paris. *Schumacher* wird auf der Konferenz in London die Lage sondieren. Bis dahin sei es ratsam, keinerlei Bindungen anzunehmen.

Schumacher hält den individuellen Beitritt für tragbar.

Ollenhauer teilt diese Auffassung nicht, da doch immer die Partei dabei gebunden würde.

Schumacher erklärt dazu, daß sowohl die *Nenni*- wie auch die *Saragat*-Leute vertreten seien.[14] Er hält die Verzettelung auf eine Unmasse von Verboten für schädlich.

---

12 Nach den „Ergänzenden Informationen" wurde eine Tätigkeit für den Bund deutscher Föderalisten" als „unvereinbar mit den Zielen der Sozialdemokratischen Partei" angesehen.

13 Vgl. dazu auch Einl. Kap. II 2 b.

14 Über die Streitfrage des Verhältnisses zu den Kommunisten spaltete sich 1947 die Sozialistische Partei Italiens in eine „Sozialistische Partei" (PSI) unter dem Parteiführer *Nenni* und eine „Sozialistische Arbeiterpartei" (PSLI) unter *Saragat*. Während die PSI für ein enges Bündnis mit der KPI eintrat, lehnten die Anhänger Saragats ein solches ab. Pietro *Nenni* (1891-1980), 1945/46 stellv. Ministerpräsident, 1946/47 Außenminister, später Sekretär der PSI. Guiseppe *Saragat* (1898-1988), Generalsekretär der PSLI, mehrere Male Minister, 1965-71 Staatspräsident.

Ollenhauer schlägt vor, schon mit Rücksicht auf die SFIO vorerst von jeder Bindung abzuraten.
Diesem Vorschlag wird zugestimmt.

Zu **Punkt 8** (Bericht der KK in der Angelegenheit Kriedemann)[15]
Schönfelder berichtet, daß die Kommission seinerzeit von einer Veröffentlichung Abstand genommen hat, da der Prozeß gegen [Kurt] *Müller* noch bevorstand. Inzwischen sind durch Dr. [Fritz] *Löwenthal* (der beim Justizministerium in der Ostzone tätig war) die Akten *Kriedemann* dem PV übermittelt worden. Eine neue Sitzung brachte das Resultat, daß es der Partei nicht erwünscht sein könne, z.Zt. diesen Prozeß zu führen.[16] Auch zur Führung eines Sühnetermins bedarf es der Aufhebung der Immunität des *Müllers*, wozu das Parlament sicher nicht die Zustimmung geben würde. Er bittet daher um eine weitere Vertagung der Angelegenheit.
Gayk bringt sein Unbehagen zum Ausdruck und hält den derzeitigen Zustand für untragbar.
Görlinger bietet sich an, mit *Müller* zu verhandeln, da er diesen sehr gut aus dem KZ kenne.
Selbert betont, daß die Klärung der Frage, ob *Kriedemann* eine saubere Vergangenheit habe oder nicht, lediglich Sache der Partei sei und daher der Weg in die Öffentlichkeit unter allen Umständen vermieden werden müsse.
Schmid spricht gegen den Versuch, das offizielle Verfahren rückgängig zu machen, da dies immer gegen *Kriedemann* spräche.
Ollenhauer stellt abschließend fest, daß der PV wünscht, die KK möge nochmals [beraten] und schnellstens Bericht erstatten.[17]

Punkt 9a (§ 218) wegen Abwesenheit der Gen. *Gotthelf* abgesetzt
Punkt 9b: (Flüchtlingskonferenz in Herringen [...])[18]

Punkt 10: (Neubesetzung der Vertretung des PV in Berlin)
Ollenhauer sagt dazu, daß Erich *Brost* freigegeben sei für seine neue Stellung als Herausgeber einer überparteilichen Zeitung in Bochum. Als Nachfolger sei Willy *Brandt*

---

15 Vgl. dazu auch Einl. Kap. I 2 b.
16 Am 7. 11. 1947 fand in Hannover eine Sitzung der Kontrollkommission als „Ermittlungskommission in Sachen Herbert Kriedemann" und des „geschäftsführenden PV" statt. Über diese Sitzung ist im AdsD (2/PV EJ 000001) ein maschinenschriftl. Protokoll (11 S.) erhalten geblieben. An dieser nahmen die Mitglieder der Kontrollkommission Schönfelder, Bratke, Damm, Höcker und Steffan, die Mitglieder des Parteivorstandes Schumacher, Ollenhauer, Eichler, Gross und Kriedemann sowie Fritz Loewenthal teil.
17 Die erneute Berichterstattung der Kontrollkommission fand in der PV-Sitzung am 17. 2. 1948 statt, vgl. Dok. 18 A, S. 333.
18 Weggelassen wird hier ein Hinweis auf eine in den Beiakten nicht mehr vorhandene „Anlage 3". Unter der Leitung des stellv. Parteivorsitzenden Ollenhauer fand am 5. 11. 1947 in Herringen bei Hamm eine gemeinsame Sitzung des Flüchtlingsbeirates und der Bezirksflüchtlingsreferenten der SPD statt, vgl. den Bericht über die Konferenz und den Abdruck der dort gefaßten Resolution, Sopade/Querschnitt v. Nov. 1947, Bl. 44.

vorgesehen. Das Büro schlägt vor, die Bestätigung *Brandts* bis zur Klärung gewisser Bedenken, die aus Stockholm kamen, zu vertagen.[19]
So beschlossen.[20]

Punkt 11 (Einstellung eines Sekretärs für das sozialpolitische Referat)
Die Anstellung des Genossen *Gerstung* einstimmig beschlossen.[21]

Kommunalpolitische Beiratssitzung [...][22]
Görlinger betont nochmals die Dringlichkeit der Besetzung des Kommunalpolitischen Referates und der Herausgabe einer kommunalpolitischen Zentralzeitung. Er schlägt die provisorische Besetzung der Stelle mit *Dr. Berling*, Aachen[23], vor.
Gayk fordert eine Persönlichkeit, die mit dem deutschen Städtetag als repräsentativer Vertreter der Partei verhandeln kann. Er lehnt die Besetzung durch *Berling* ab.
Ollenhauer hält die provisorische Lösung für besser als gar keine. Es sollten jedoch auch Verhandlungen mit dem Genossen *Böhme*[24] aufgenommen werden.
Dies wird beschlossen.[25]
Ollenhauer schlägt weiter vor, daß der PV den vorliegenden Beschlüssen des Kommunalpolitischen Beirates [...][26] nicht beitritt.
Henßler lehnt es ebenfalls ab, diese Beschlüsse jetzt zu akzeptieren.
So beschlossen.

Zu **Punkt 12** (Antrag der Stadt Frankfurt auf Gewährung eines Zuschusses für die Paulskirche)
Ollenhauer übermittelt den Bürovorschlag, 10.000,– RM zu bewilligen.
Bürovorschlag gegen die Stimmen von *Heine, Kaisen* und *Baur* angenommen.

---

19 Zu den Verdächtigungen gegen Brandt, die aus Stockholmer Emigrantenkreisen an den PV in Hannover wegen angeblicher Beziehungen von Brandt zur KP bzw. SED gerichtet wurden, vgl. das längere Schreiben von Brandt an Schumacher vom 23. 12. 1947, AdsD: Willy-Brandt-Archiv/Korrespondenz von Brandt mit dem PV 1947-1950.
20 In den „ergänzenden Informationen" nur Dank an den scheidenden Erich Brost für seine „erfolgreiche Arbeit", vgl. Anlage 1 B, Nr. 4.
21 In den „Ergänzenden Informationen" wird die Anstellung von Dr. Rudolf Gerstung erwähnt, vgl. Anlage 1 B, Nr. 4.
22 Weggelassen werden hier der handschriftliche Hinweis auf zwei in den Beilagen nicht mehr vorhandene „Anl.3a + 4". In der vorläufigen Tagesordnung vom 11. 12. befindet sich noch kein Beratungspunkt „Kommunalpolitische Beiratssitzung".
23 Christian Wilhelm *Berling*, geb.1997 in Köln, Dr.phil., SPD, 1920-1933 Beamter der Stadt Köln, 1946/47 Oberkreisdirektor des Kreises Aachen, Anfang 1947 vom gewählten Kreistag gegen die Stimmen der Vertreter von SPD und KPD zum Rücktritt veranlaßt.
24 Ernst *Böhme* (1892-1968), Rechtsanwalt, 1923-29 Magistratsrat in Magdeburg, 1929-33 u. 1945-48 OB von Braunschweig, 1930-33, 1946-51 MdL (Braunschweig/Niedersachsen).
25 In den „Ergänzenden Informationen" wird die „provisorische" Beauftragung von Dr. *Berling* erwähnt, vgl. Anlage 1 B, Nr. 4.
26 Weggelassen wird hier der Hinweis auf eine in den Beiakten nicht mehr vorhandene „Anlage 4".

Zu **Punkt 13** (Antrag für Parteitag in Frankfurt)
Knothe schlägt nach Rücksprache mit dem Büro die Zurückstellung des Antrages vor.
Henßler schlägt das Ruhrgebiet vor.
Görlinger spricht für Köln.
Meitmann will, wenn irgend möglich, den Parteitag in Berlin stattfinden lassen.
Ollenhauer stellt fest, daß die Absetzung dieses Punktes beschlossen ist.

Zu **Punkt 1** (Politische Fragen)[27]
Schumacher erklärt in bezug auf die Londoner Konferenz, daß wir zwar Forderungen aufstellen konnten, daß die Konferenz aber tatsächlich gar nicht das Problem Deutschland behandelte. Es ging in London nur um die Abwägung der Kräfte der Alliierten untereinander. Der Wille zur Einheit Deutschlands war in Deutschland immer vorhanden. Der Versuch, ihn zur Diskussion zu stellen, konnte nur eine Ablenkung sein. Er bemängelt, daß keine sozialdemokratische Zeitung aus eigener Initiative gegen die Unterstellung – Schumacher fördere die Bildung eines westdeutschen Staates – zu Felde gezogen sei. Unsere These bleibt: Potsdam ganz oder gar nicht. Wir dürfen nun nach dem Scheitern der Londoner Konferenz den Alliierten die Verantwortung für die weitere Entwicklung nicht abnehmen. Wir begrüßen es, daß die Tür nicht zuschlug, wir wünschen aber auch die wirtschaftliche Gesundung des Westens.
Schmid gibt bekannt, daß General *Koenig* in Tübingen erklärt habe: Wenn ihr den Wunsch habt, in Deutschland unterzugehen, werden wir demontieren. Sollte dagegen Württemberg Eigenstaat bleiben wollen, wird von einer Demontage abgesehen werden. Er ist der Auffassung, daß, je früher der Anschluß der französischen Zone an die Bi-Zone gefordert wird, er um so teurer bezahlt werden muß. Er empfiehlt, daß die Bi-Zone sich zunächst stabilisiere.
Ollenhauer erklärt, daß eine Besprechung mit den Ministerpräsidenten und den Genossen im Wirtschaftsrat angesetzt werden wird, wenn der Termin der angekündigten Besprechung mit den britischen und amerikanischen Oberbefehlshabern bekannt ist.
Damit ergibt sich in Erledigung von **Punkt 14** der Tagesordnung die Möglichkeit, daß der PV Anfang Januar sehr kurzfristig einberufen werden muß.[28]

Zu **Punkt 2** (Besatzungsstatut)[29]
Nach eingehender Diskussion werden die Richtlinien für ein Besatzungsstatut (siehe Anlage [3][30]) angenommen.

---

27 Im Kommuniqué wird dieser Tagesordnungspunkt besonders herausgestellt, vgl. Anlage 1 A.
28 Der Tagesordnungspunkt 14 betraf „Ort und Termin der nächsten Sitzung des PV", vorl. Tagesordnung a.a.O.
29 Die folgenden Abschnitte wieder aus dem Protokoll. Dieser Tagesordnungspunkt wird auch im Kommuniqué erwähnt, vgl. Anlage 1 A.
30 In der Vorlage handschriftlich „5", hier abgedruckt als Anlage 3 zum Protokoll.

Zu **Punkt 3** (Vorschläge des verfassungspolitischen Ausschusses für die Wahlrechtsdiskussion) (Siehe Anlage 6)[31]

Gayk tritt für das Mehrheitswahlrecht ein.

Henßler fordert die Verhältniswahl.

Loßmann empfiehlt, von einer Entscheidung in der Wahlrechtsfrage abzusehen, solange die Besatzungsmächte noch mitzubestimmen haben.

Görlinger spricht für das Verhältniswahlsystem [in][32] den Gemeinden.

Ollenhauer erklärt, daß beabsichtigt war, heute lediglich die ersten Resultate der Beratungen des verfassungspolitischen Ausschusses zur Diskussion zu stellen. Er schlägt vor, daß der verfassungspolitische Ausschuß beauftragt wird, seine Arbeit fortzusetzen, unter Berücksichtigung der inzwischen vorgebrachten bzw. noch vorzubringenden Gesichtspunkte.

Der Vorschlag wird angenommen.[33] Wie auch der Antrag, den Genossen *Katz* in den verfassungspolitischen Ausschuß aufzunehmen, akzeptiert wird.

Zu **Punkt 5**: Interzonales Friedensbüro

Heine erinnert an den Beschluß, ein bizonales Büro anzustreben, das mit 20 Mitgliedern unter der Leitung von *Eberhard* arbeiten solle. Der beauftragte Genosse *Brauer* ist wochenlang passiv gewesen, die Situation ist z.Zt. völlig verfahren, die Länderinteressen haben vor den Reichsinteressen gesiegt.

Eichler fordert, daß wir uns an dem derzeitigen Büro in Stuttgart völlig desinteressiert zeigen sollten, oder, was noch besser wäre, wir sollten selber die Initiative ergreifen.

Ollenhauer schlägt vor, daß wir noch einmal mit den Ministerpräsidenten verhandeln, bevor wir zu etwas Neuem greifen. Beschlossen.[34]

Beschluß Volkskongreß[35]

Ollenhauer führt an, daß am 17. und 18.1. in *Bremen von der KPD ein Volkskongreß* veranstaltet wird. *Vorschlag des „Büros":* Unvereinbar mit der Mitgliedschaft in der SPD ist die Teilnahme an diesem Volkskongreß wie auch die Unterstützung.

Einstimmig beschlossen.

---

31 Als „Anl. 6" sind in den Beiakten mehrere hektographierte Papiere des Verfassungspolitischen Ausschusses vorhanden, die hier nicht abgedruckt werden.

32 In der Vorlage „mit".

33 In den „ergänzenden Mitteilungen" wurde zu diesem Tagesordnungspunkt ausgeführt: „Der Verfassungspolitische Ausschuß beim Parteivorstand hat sich in seinen Beratungen mit den Fragen des künftigen Wahlsystems beschäftigt. Eine Einigung ist in diesem frühen Stadium noch nicht in allen Punkten erzielt. Der Parteivorstand hat die bisher vorliegenden Ergebnisse zur Kenntnis genommen. Sie sollen in einem größeren Kreis weiter beraten werden."

34 In den „ergänzenden Informationen" wird dieser Beschluß erwähnt, vgl. Anlage 1 B, Nr. 5.

35 In der vorläufigen Tagesordnung wird dieser Beratungspunkt nicht erwähnt, auf dem Exemplar in den Beiakten zum Protokoll wurde er handschriftlich hinzugesetzt. Im Kommuniqué wird der Beschluß zu diesem Tagesordnungspunkt sehr herausgestellt und mit der vorher diskutierten Frage der Ländersouveränität verbunden, vgl. Anlage 1 A. Zur von der SED bzw. KPD initiierten „Volkskongreßbewegung" vgl. Einl. Kap. II 4 a, S. CV.

Dokument 16, 19. und 20. Dezember 1947

Anlage 1 A
Kommuniqué der PV-Sitzung
Sopade Informationsdienst Nr. 359 v. 23.12.1947, S. 1 f.

Am 19. und 20. Dezember 1947 fand eine Sitzung des Vorstandes der SPD in Hannover statt.

Im Mittelpunkt der Verhandlungen stand die Aussprache über die durch die Vertagung der Londoner Außenministerkonferenz entstandene Lage. Nach dem Referat des Parteivorsitzenden, *Dr. Kurt Schumacher*, stellte die Aussprache völlige Übereinstimmung in allen entscheidenden Punkten fest. Allgemein war das tiefe Bedauern darüber, daß der Herrschaftsanspruch der Sowjetrussen und ihr Versuch, die deutsche Wirtschaft zum Ausbeutungsobjekt zu machen, die Vertagung der Londoner Konferenz herbeigeführt hat.

Die Sozialdemokratie hofft, daß damit nicht alle Möglichkeiten zu einem Ausgleich der Sieger untereinander zerstört sind. Die Alliierten haben bisher die Möglichkeit einer von der Sozialdemokratie gewollten Politik der demokratisch fundierten Mitwirkung der Deutschen nicht gewährt und tragen darum die Verantwortung. Keine machtpolitische Gruppierung der Alliierten auf deutschem Boden wird die Sozialdemokratie daran hindern, für die deutsche Einheit zu kämpfen.

Die Entwürdigung des nationalen Gedankens durch den Einheitsrummel der Kommunisten und ihrer bürgerlichen Zwangssatelliten aus der Ostzone fand allgemeine Ablehnung. Es wurde der einstimmige Beschluß gefaßt, daß die Teilnahme an sogenannten Volkskongressen und deren Unterstützung mit der Mitgliedschaft in der Sozialdemokratischen Partei unvereinbar ist.

Mit der gleichen Entschiedenheit wandte sich der PV gegen den Versuch von Länderregierungen und Einzelpersonen, die Länder in die Rolle souveräner und international vertragsfähiger Staaten zu bringen. Übereinstimmend wurde festgestellt, daß diese Gewissenlosigkeit von Deutschen gegenüber Deutschland nur dazu führen soll, sich dem gerechten Lastenausgleich zu entziehen.

Darüber hinaus würde der Partikularismus dazu führen, Deutschland wirtschaftlich und politisch funktionsunfähig zu machen, die Belebung der Wirtschaft und den Erfolg des Marshall-Planes zu gefährden.

Für ein von der Sozialdemokratischen Partei Deutschlands als erste bereits vor längerer Zeit gefordertes Besatzungsstatut wurden dem Parteivorstand Richtlinien vorgelegt, die vom Verfassungspolitischen Ausschuß ausgearbeitet worden sind.

Der Parteivorstand akzeptierte einstimmig diese Richtlinien in der Überzeugung, daß die Schaffung eines Besatzungsstatuts angesichts der jetzigen Lage die einzig mögliche organisatorische Maßnahme darstellt. Entsprechende Schritte zur Realisierung dieser Notwendigkeit werden vom Vorstand der SPD in den nächsten Tagen eingeleitet werden.

Über die Frage eines künftigen Wahlsystems lagen dem Parteivorstand Vorschläge des Fachausschusses vor, die nach kurzer Diskussion zur weiteren Beratung zurückverwiesen wurden.

Mit einer Reihe von organisatorischen Beschlüssen über die Bildung eines kulturpolitischen Ausschusses, über die Stellungnahme zu verschiedenen Sonderorganisationen, über die Teilnahme an der nächsten Tagung des Internationalen Arbeitsausschusses, über die Stellungnahme zum Friedensbüro und die Berufung eines sozialpolitischen und kommunalpolitischen Sekretärs in die Zentrale der Partei wurden die Beratungen abgeschlossen.

Anlage 1 B
Ergänzende Informationen über die PV-Sitzung
Sopade Informationsdienst Nr. 359 v. 23.12.1947, S. 1 f.

1. Kulturpolitischer Ausschuß[36]:

Der Parteivorstand beschloß in seiner Sitzung vom 19. Dezember 1947 die Errichtung eines kulturpolitischen Ausschusses beim Parteivorstand, der damit die Reihe der übrigen Beratungsorgane des Parteivorstandes ergänzt. Der kulturpolitische Ausschuß setzt sich aus folgenden Mitgliedern zusammen:

Albrecht, August, Hannover; Borinski, Dr. Fritz, Göhrde b. Celle[37]; Eichler, Willi, Köln; Grimme, Adolf, Hannover; Hennig, Arno, Hannover; Jensen, Toni, Kiel; Kappius, Jupp, Bochum; v. Knoeringen, Waldemar, München; May, Walter, Berlin; Metzger, Ludwig, Darmstadt; Nestriepke, Dr. Siegfried, Berlin; Prüfer, Dr. Guntram, Hamburg; Schmid, Prof. Carlo, Tübingen; Schult, Johannes, Hamburg[38]; Schulz, Dr. Claus - Peter, Berlin; Siemsen, Prof. Anna, Hamburg; Wehn, Hans, Hamburg; Winkler, Erich, Berlin[39]; Wolff, Willi, Düsseldorf[40].

2. Internationale Arbeitsgemeinschaft

Der nachfolgende Brief des Generalsekretärs der Labour Party wurde in der Sitzung des Parteivorstandes verlesen:

„Mein lieber Schumacher! Ich bin sehr erfreut, Ihnen wärmstens gratulieren zu können anläßlich der Aufnahme der deutschen Sozialdemokratischen Partei in die Gemeinschaft

---

36 Abgedr.: Jb. SPD 1947, S. 35. Zur Zusammensetzung des Kulturpolitischen Ausschusses vgl. auch das Protokoll der PV-Sitzung vom 1.6.1947, Dok.10 [B], Punkt 6 und Einl. Kap. II 5 c.
37 Fritz *Borinski* (1903-88), Jurastudium, Dr.jur., hauptamtl. Tätigkeit in der Erwachsenenbildung, 1931-33 Assistent am Seminar für Freie Volksbildung d. Univ. Leipzig, 1934 Emigration nach GB, 1947 Rückkehr nach Deutschland, Leitung der Heimvolkshochschule Göhrde (Nieders.), 1954 Leiter der Bremer Volkshochschule, 1956-70 Lehrstuhl für Pädagogik mit besonderem Schwerpunkt Erwachsenenbildung an der Freien Universität Berlin.
38 Johannes *Schult* (1884-1965), Lehrer in Hamburg, Leiter einer Berufsschule, Oberschulrat, 1919-33 MdBü.
39 In der Vorlage „Winker". Erich *Winkler* (1910-66), Kaufmannslehre, Studium der Volkswirtschaft an der Univ. Leipzig, vor 1933 SPD, 1928-33 Leiter der Heimvolkshochschule Tinz, nach 1945 Wiederaufbau der SPD in Thüringen, Gegner der Zwangsvereinigung, Referent für das Volksbildungswesen in der Westberliner Senatsverwaltung.
40 In der hektographierten Vorlage waren noch die Namen Prof. Dr. Erich Obst (Hannover), Paul Rhode (Recklinghausen), Dr. Lambert Schneider (Heidelberg), Richard Schröter (Berlin), Prof. Dr. R. Strecker (Gießen) enthalten, die handschriftlich gestrichen sind.

des internationalen Sozialismus. Dies ist für mich ein besonderes Vergnügen, da ich das Privileg hatte, im Auftrag der Britischen Labour Party die Initiative auf der Bournemouth Konferenz vor 12 Monaten zu übernehmen, um ihre Aufnahme zu sichern.

Sie werden interessiert sein zu erfahren, daß keine der sozialistischen Parteien Europas glaubte, daß die deutsche sozialistische Einheitspartei irgendein Recht hatte, als die demokratische sozialistische Partei anerkannt zu werden. Sie werden daher verstehen, daß gegenteilige Ansichten, die von einzelnen Personen irgendeines Landes geäußert werden, völlig unrepräsentativ im Hauptstrom des sozialistischen Gedankens ist, der fest davon überzeugt bleibt, daß die Zukunft des demokratischen Sozialismus in Deutschland von dem wachsenden Einfluß der SPD abhängt.

Mit brüderlichen Grüßen! gez. Morgan Phillips.

P.S. Seit ich das Obige geschrieben habe, erfahre ich, daß eine kleine Anzahl von Labour Abgeordneten Grüße an die Konferenz, die von der SEP organisiert war, geschickt haben. Ich möchte daher nochmals betonen, daß dies in keiner Weise die Meinung der Britischen Labour widerspiegelt."

Zu der Sitzung des Internationalen Komitees am 10. und 11. Januar in London wurde der Vorsitzende der Partei, Dr. Schumacher, delegiert.

3. Stellungnahme zu verschiedenen Organisationen

Erich Ollenhauer berichtete über die Vereinigungsbestrebungen der verschiedenen Europabund-Organisationen. Eine endgültige Stellungnahme kann erst bezogen werden, wenn die Verhältnisse in diesen Organisationen geklärt sind.

Gegenüber der Deutschen Wählergesellschaft empfiehlt der Vorstand der Partei, größte Zurückhaltung zu üben. Als unvereinbar mit den Zielen der Partei wird die Tätigkeit für den „Bund deutscher Föderalisten" bezeichnet.

Über das Komitee für die Vereinigten sozialistischen Staaten Europas sollen noch Erkundigungen bei den befreundeten sozialistischen Parteien eingezogen werden, bevor endgültig Stellung genommen wird.

4. Sekretariate:

Erich Brost, der bisher als Sekretär des Parteivorstandes in Berlin tätig gewesen ist, übernimmt Anfang nächsten Jahres eine neue Aufgabe und scheidet damit aus der bisherigen Funktion aus. In der Sitzung des Parteivorstandes wurde ihm der Dank für seine erfolgreiche Arbeit zum Ausdruck gebracht.

Zum Leiter des Sozialpolitischen Referates beim Parteivorstand wurde Dr. Rudolf Gerstung, bisher Stade, bestellt, der seine Tätigkeit in Hannover bereits aufgenommen hat.

Mit der kommissarischen Leitung des Kommunalpolitischen Sekretariats beim Parteivorstand wurde Dr. [Christian Wilhelm][41] *Berling*, bisher Oberkreisdirektor in Aachen, beauftragt.

---

41 In der Vorlage „Otto".

5. Deutsches Friedensbüro

Der Beschluß des Parteivorstandes vom 17. September 1947, die Bildung eines von Parteien- und Ländervertretern kontrollierten „Friedensbüros" anzustreben, wurde nach einem Bericht über die gegenwärtige Situation bestätigt. Es sollen Schritte unternommen werden, um diesem Beschluß Wirksamkeit zu verleihen. Der gegenwärtige Zustand wird als völlig unbefriedigend angesehen.

6. Über das künftige Wahlsystem:

Der Verfassungspolitische Ausschuß beim Parteivorstand hat sich in seinen Beratungen mit den Fragen des künftigen Wahlsystems beschäftigt. Eine Einigung ist in diesem frühen Stadium noch nicht in allen Punkten erzielt. Der Parteivorstand hat die bisher vorliegenden Ergebnisse zur Kenntnis genommen. Sie sollen in einem größeren Kreis weiter beraten werden. In einer Reihe von Punkten ist über die damit im Zusammenhang stehenden Fragen Einigung erzielt. Der Parteivorstand hat davon Kenntnis genommen.

Anlage 2
Erich Ollenhauer über den Besuch in Schweden und Norwegen „Freundschaftsbesuch in Skandinavien"
Sozialdemokratischer Pressedienst v. 26.11.1947, S. 1 f.

Die Delegation der Sozialdemokratischen Partei Deutschlands ist von ihrem Besuch nach Schweden und Norwegen zurückgekehrt. Die Sozialdemokratische Partei Schwedens hatte die deutsche Partei zu diesem Besuch eingeladen und die Delegation wurde sowohl in Stockholm als auch in Oslo sehr herzlich aufgenommen. Das Interesse in der Öffentlichkeit an diesem Besuch war sehr groß. Schon während eines kurzen Zwischenaufenthalts auf dem Flugplatz in Kopenhagen wurde die Delegation, die aus dem Vorsitzenden der Sozialdemokratischen Partei Deutschlands, Dr. Kurt *Schumacher*, aus dem stellvertretenden Vorsitzenden, Erich *Ollenhauer*, und aus dem Vorsitzenden des Berliner Bezirksverbandes der SPD, Franz *Neumann*, bestand, von einer größeren Anzahl dänischer Journalisten erwartet, denen Dr. Schumacher ein Interview gab. Am ersten Tag des Stockholmer Aufenthaltes fand eine mehr als zweistündige Pressekonferenz statt, die die größte Pressekonferenz war, die seit langer Zeit in Stockholm durchgeführt wurde. Das Programm des fünftägigen Aufenthalts in Stockholm war sehr umfangreich. Die Delegation hatte Gelegenheit zu ausführlichen Unterhaltungen mit maßgebenden Mitgliedern der schwedischen Regierung und den Leitungen der schwedischen Sozialdemokratie und der Gewerkschaften. Kurt *Schumacher* sprach in einer Versammlung, die die wissenschaftliche Zeitschrift der schwedischen Partei „Tiden" einberufen hatte, über die Stellung der deutschen Sozialdemokratie zur gegenwärtigen Situation in Deutschland und Europa. Außerdem fand eine sehr stark besuchte Versammlung der Vereinigung deutscher Sozialdemokraten in Schweden statt. Dazu kamen viele Einzelbesprechungen und weitere Vorträge von *Dr. Schumacher* vor anderen Gremien, wie z.B. im Nationalökonomischen Club und vor der Staatswissenschaftlichen Fakultät der Universität Stockholm. Während des Aufenthaltes in Stockholm nahm der Kopenhagener Rundfunk eine Rundfunkansprache *Dr. Schumachers* auf, die am gleichen Tage auszugsweise auch durch den schwedischen Rundfunk verbreitet wurde.

Während des Aufenthalts in Oslo war wiederum Gelegenheit zu einer engen und freundschaftlichen Fühlungnahme mit Mitgliedern der norwegischen Regierung und mit den leitenden Vertretern der norwegischen Arbeiterbewegung gegeben. Dr. Kurt *Schumacher* sprach in einer öffentlichen Versammlung, die von der Parteiorganisation in Oslo einberufen war. Im Osloer Rundfunk kam *Dr. Schumacher* durch ein Interview vor dem Mikrophon zu Wort. Den Abschluß der Reise bildete eine Versammlung in Göteborg.

Der Besuch hatte die Aufgabe, die alten freundschaftlichen Beziehungen zwischen der sozialdemokratischen Bewegung in Skandinavien und der deutschen Sozialdemokratie zu festigen und eine persönliche gegenseitige Information über die aktuellen politischen Fragen zu ermöglichen. Dieser Zweck wurde in vollem Umfang erreicht. Alle Unterhaltungen verliefen im freundschaftlichsten Geist. Außerdem hat das wiederholte öffentliche Auftreten *Dr. Schumachers* sicher dazu beigetragen, das Verständnis für die gegenwärtige schwierige Situation des deutschen Volkes zu stärken und die Kenntnisse über die Ziele und die politische Aktivität der deutschen Sozialdemokraten für den Aufbau eines neuen Deutschlands im Rahmen eines friedlichen und demokratischen Europas zu erweitern.

So hatte auch dieser Besuch, der als ein Freundschaftsbesuch zwischen den sozialdemokratischen Parteien gedacht war, dazu beigetragen, die Empfindungen gegenüber dem deutschen Volk im Ausland, die durch die Verbrechen der Hitler-Diktatur auf das schwerste betroffen wurden, freundlicher zu gestalten.

In Deutschland scheint es leider heute Menschen zu geben, die diese Aktivität deutscher Sozialdemokraten im Ausland, die dem ganzen deutschen Volk zugute kommt, nur unter ihrem engen parteipolitischen oder reaktionären und nationalistischen Standpunkt zu sehen vermögen und die sich nicht scheuen, ihre Möglichkeiten der Beeinflussung der öffentlichen Meinung in diesem Sinne zu benutzen. Das gilt zum Beispiel für die Art, in der der Nordwestdeutsche Rundfunk über die Versammlung *Dr. Schumachers* in Oslo berichtet hat. Als Dr. Schumacher in seinem Osloer Vortrag die Kommunisten die Quislinge Europas nannte, gab es bei einigen Zuhörern Unruhe und Pfiffe. Niemand unter den Teilnehmern der Versammlung hatte das Gefühl, als läge hier eine peinliche Demonstration gegen den Vorsitzenden der deutschen Sozialdemokratie oder gegen die Deutschen vor. Der Bericht des Nordwestdeutschen Rundfunks mußte dagegen einen solchen Eindruck erwecken. Es genügt, die Tatsachen gegenüberzustellen.

Anlage 3
Richtlinien für ein Besatzungsstatut.
Gedr. Fassung, Flugblatt, 4 S. in den Beiakten zum Protokoll der Sitzung[42]

[A] Schreiben des geschäftsführenden Parteivorstandes an den Alliierten Kontrollrat in Berlin[43]

Die gegenwärtige Form der Ausübung der Besatzungshoheit hält Deutschland in einem Zustande rechtlicher, administrativer und organisatorischer Unsicherheit, der es den deutschen Länderregierungen, zonalen und überzonalen Organen unmöglich macht, die ihnen durch die Verhältnisse gestellten Aufgaben zu lösen und die Verwaltung aus dem Stadium der Improvisationen herauszuführen. Die Lebensbedürfnisse der deutschen Bevölkerung und die möglichst rationelle Ausnützung der Deutschland verbliebenen Wirtschaftskraft können aber nur durch eine auf sicherer rechtlicher Grundlage stehende und vor unvorhergesehenen Eingriffen gesicherte deutsche Gesetzgebung, Rechtsprechung und Verwaltung gesichert werden.

Desgleichen wird es so lange unmöglich bleiben, eine geordnete Finanzwirtschaft und eine geordnete Bewirtschaftung landwirtschaftlicher und industrieller Erzeugnisse durchzuführen, als die Deutschland zur Durchführung der Besatzungszwecke auferlegten Leistungen nicht in ein erträgliches Verhältnis zu seiner Leistungsfähigkeit gebracht worden sind.

Das deutsche Volk hat sich eine Lösung dieser Probleme von der Londoner Konferenz der Außenminister erhofft. Durch die Vertagung dieser Konferenz ist aber die Herstellung geregelter Verhältnisse für Deutschland auf unbestimmte Zeit verschoben worden.

Es besteht also die Gefahr, daß der bisherige, nur sehr fragmentar[isch] geregelte Zustand der Ausübung der Besatzungshoheit für längere Zeit aufrechterhalten bleiben könnte; dies würde aber die für die wirtschaftliche Erholung Deutschlands und Europas sowie für die Demokratisierung des deutschen Volkes so notwendige Normalisierung des öffentlichen Lebens in unserem Lande unmöglich machen.

Abhilfe kann nur dadurch geschaffen werden, daß bis zur endgültigen Friedensregelung die für die Ausübung der Besatzungshoheit[sic!] maßgeblichen Grundsätze klar definiert und für beide Seiten verbindlich gemacht werden.

Der Vorstand der SPD wendet sich an den Alliierten Kontrollrat als die zur Zeit für die gesamtdeutschen Angelegenheiten zuständige Stelle mit der Bitte, die Frage eines die Ausübung der Besatzungshoheit in Deutschland regelnden Statuts zu prüfen und bittet ihn

---

42 In der verabschiedeten Fassung wurden die „SPD-Richtlinien für ein Besatzungsstatut in Deutschland" mit einem Beischreiben dem Kontrollrat übermittelt und dann veröffentlicht. Abgedruckt wurden die Richtlinien (+ Beischreiben) auch im Jahrbuch der SPD für 1947 (S. 90-95). In den Beilagen zum Protokoll befindet sich auch der hektographierte Entwurf (5 S., noch ohne Beischreiben) mit der Überschrift „Zu Punkt 7 der Tagesordnung: Richtlinien für ein Besatzungsstatut". Wichtige Abweichungen der gedruckten Fassung vom Entwurf werden im folgenden angemerkt.
43 Das Beischreiben verfaßte Carlo Schmid, vgl. P. Weber, Carlo Schmid, S. 299.

Dokument 16, 19. und 20. Dezember 1947

weiter, sich die in der Sitzung des Parteivorstandes vom 20. Dezember 1947 beschlossenen Richtlinien zu eigen machen zu wollen.

[B] Richtlinien für ein Beatzungsstatut für Deutschland

A
I

1. Die Ausübung der Gebietshoheit durch Besatzungsmächte bedeutet[44], daß sich zwei Rechtsordnungen und zwei Staatsgewalten ineinanderschieben. Soll bei der Abgrenzung der Konkurrenz beider Ordnungen nicht das bloße Recht des Stärkeren maßgebend sein, müssen beide Ordnungen zueinander in ein rechtliches, nicht nur ein faktisches Verhältnis gestellt werden. Nur wenn das der Fall ist, sind die deutschen Länder in der Lage, sich zu Rechtsstaaten im vollen Sinne des Wortes zu entwickeln. Denn wenn der Staat selber nicht in das Recht – das Völkerrecht – eingebettet ist, vermag[45] er auch seinerseits nicht, das Leben seiner Bürger ganz auf das Recht zu stellen.
2. Außerdem erfordert es das praktisch-technische Bedürfnis, daß genaue Abgrenzungen der Kompetenzen der Organe der Besatzungsmacht gegenüber denen der landeseigenen Stellen erfolgen, weil diese nur dann in der Lage sind, planmäßig und verantwortlich zu verwalten.
3. Schließlich müssen die durch das Dasein der Besatzungstruppen und Besatzungsorgane und die Durchführung des Besatzungszweckes notwendig werdenden Leistungen des besetzten Gebietes so genau bestimmt sein, daß eine zuverlässige Haushaltsführung, Planung und Lenkung der Wirtschaft sowie eine ausreichende Versorgung der Bevölkerung möglich werden.

II

Die Besatzungsmächte[46] haben sich in Erklärungen ihrer führenden Staatsmänner dazu bekannt, daß auch für die Handhabung der Besetzung das Recht maßgebend sein müsse, und sie haben für ihren internen Gebrauch Zusammenstellungen von Rechtsregeln geschaffen, nach denen sie ihr Handeln einrichten. Die Besatzungsmächte haben auch Grundsätze für eine Abgrenzung zwischen ihren Befugnissen und denen der deutschen Behörden aufgestellt.

Alle diese Regelungen genügen jedoch[47] nicht, um eine wirklich rechtliche Ordnung herzustellen und eine administrative Verwirrung zu vermeiden. Sie sind zu allgemein gehalten und geben der Bevölkerung[48] der besetzten Gebiete nicht die Möglichkeit, sich auf sie zu berufen. Es müssen darum von den Besatzungsmächten ins einzelne gehende Bestimmungen geschaffen werden, die so gefaßt sind, daß sowohl deutsche Behörden als

---

44 Im Entwurf noch die Worte „rechtlich gesehen", hektogr. Ex., S. 1.
45 Im Entwurf lautet der folgende Nebensatz: „ist auch seinerseits nicht in der Lage", ebd.
46 Statt „Die Besatzungsmächte" im Entwurf: „Die Geltung dieser Grundsätze wird von den Besatzungsmächten nicht bestritten werden. Sie", ebd.
47 Im Entwurf folgt hier ein „noch".
48 Statt „Bevölkerung der besetzten Gebiete" im Entwurf „dem besetzten Gebiete", ebd.

auch einzelne Deutsche sich auf sie berufen können, um von jeder Stelle, die von ihnen etwas fordert, im einzelnen den Nachweis eines Rechtstitels verlangen zu können.

III

Solange dieser Zustand nicht erreicht ist, erfolgt die Durchführung des Besatzungsregimes nur via facti und mit einer Vermutung zugunsten der Unbegrenztheit des Eingriffsrechts der Besatzungsorgane – was kein gesunder Zustand ist – während im Falle der Schaffung einer detaillierten Rechtsregelung[49] die Vermutung in anderer Richtung wirken müßte, was eine größere Berechenbarkeit aller Möglichkeiten und Zustände zur Folge haben würde, also gerade das, was einen Rechtsstaat überhaupt erst ermöglicht und was bestehen muß, wenn ordnungsgemäß verwaltet werden soll.

IV

In diesen Richtlinien sollen lediglich einige grundsätzliche Gesichtspunkte angedeutet werden. Von vornherein ist aus dieser Betrachtung alles ausgeschaltet worden, was von Natur aus zu den Materien gehört, die der Friedensregelung vorbehalten bleiben müssen, wie z.B. das Reparationswesen, die Feststellung des Wirtschaftspotentials usw. Es wird nur einbezogen, was sich aus der Tatsache der Besetzung und der Ausübung von Besatzungsgewalt überhaupt ergibt.

B
I

Die Besetzung Deutschlands ist nicht nur eine rein militärische, lediglich Sicherungszwecken dienende Besetzung, sondern stellt darüber hinaus eine politische Interventionsbesetzung dar. Sie muß sowohl als militärische Besetzung wie als Interventionsbesetzung notwendigerweise zu Beschränkungen der den landeseigenen Organen normalerweise zustehenden Befugnisse führen.[50]

1. Diese Beschränkungen ergeben sich zunächst aus dem Besatzungszweck, dessen Durchführung sich die Besatzungsmächte nicht aus der Hand nehmen lassen können. Der mit der Besetzung Deutschlands verfolgte Zweck ist in mehreren Erklärungen der Alliierten niedergelegt, abschließend in dem Potsdamer Abkommen vom 2. August 1945. Er ist trotz der bedingungslosen Kapitulation der deutschen Wehrmacht durch die Treuhänderstellung begrenzt, die die Besatzungsmächte bei der Durchführung des Besatzungsregimes einnehmen. Im einzelnen setzt sich der Besatzungszweck aus folgenden Elementen zusammen:
   a) Militärische, wirtschaftliche und moralische Demilitarisierung;
   b) einstweilige Sicherung der Reparationsleistungen;

---

49 Im Entwurf folgt hier noch ein Einschub „– sei sie einseitig oder zweiseitig –", ebd.
50 Die einleitenden Bemerkungen zu diesem Abschnitt lauten im Entwurf: „Da die Besetzung Deutschlands nicht nur eine rein militärische, lediglich Sicherungszwecken dienende Besetzung, sondern darüber hinaus eine politische Interventionsbesetzung darstellt, mußte sie notwendigerweise zu Beschränkungen der den landeseigenen Organen normalerweise zustehenden Befugnisse führen.", Hektogr. Ex., S. 2.

c) Denazifizierung;
d) Demokratisierung.
2. Die Beschränkungen ergeben sich ferner aus der Tatsache des Aufenthalts von Truppen und Behörden der Besatzungsmächte auf dem Gebiet des besetzten Landes, so daß ihr Unterhalt, ihre Sicherheit und die Befriedigung ihrer Bedürfnisse gewährleistet werden müssen.

II

Die Besatzungsmächte müssen alle Zuständigkeiten haben, die erforderlich sind, um den Besetzungszweck sicherzustellen, sowie den Unterhalt und die Sicherheit von Truppen und Behörden zu gewährleisten. Der Sinn einer Einzelregelung des Besatzungsverhältnisses ist hiernach:
1. Die Schaffung eines sinnvollen Ausgleichs und einer klaren Abgrenzung zwischen den Rechten, die der Besatzungsmacht im Rahmen der oben beschriebenen sachlichen Grenzen zustehen müssen und den Befugnissen der Organe des besetzten Landes, die nicht nur nach den allgemeinen völkerrechtlichen Grundsätzen, sondern schon vom praktischen Bedürfnis her über das erforderliche Maß nicht eingeschränkt werden dürfen;
2. die Herstellung einer gerechten Relation der Besatzungslasten, einschließlich aller Sach- und Dienstleistungen zu den finanziellen, wirtschaftlichen und sozialen Möglichkeiten des besetzten Gebietes.

C

I. [Rechtssetzung][51]

Auf dem Gebiet der [Rechtssetzung] sollten die Besatzungsmächte sich darauf beschränken, eigene gesetzgeberische Tätigkeit nur dort zu entfalten,
1. wo bei Vorliegen eines alle vier Zonen betreffenden deutschen Bedürfnisses der Mangel einer zentralen deutschen Legislative die treuhänderische Gesetzgebung des Kontrollrates erforderlich macht;
2. wo dies für die Sicherheit und den Unterhalt der Besatzungstruppen erforderlich ist;
3. wo die Verwirklichung des Besatzungszweckes deutschen Gesetzgebern nicht anvertraut oder zugemutet werden kann.

Im übrigen sollte die gesetzgebende Gewalt der deutschen Länder und ihnen übergeordneter legislativer Organe grundsätzlich anerkannt werden.[52] Über die Gesetzgebung der deutschen Länder und dieser ihnen übergeordneten Organe sollten die Besatzungsmächte eine Kontrolle nur unter dem Gesichtspunkt ausüben, ob durch die erlassenen Gesetze und Verordnungen der Besatzungszweck oder die Sicherheit und der Unterhalt der Besat-

---

51 In der Vorlage „Rechtsetzung", berichtigt nach dem Entwurf.
52 Im Entwurf lautete dieser Satz: „Im übrigen sollten sich die Besatzungsmächte auf dem Gebiet der Rechtssetzung darauf beschränken, ihre Treuhänderfunktion innerhalb der engen Grenzen des eigentlichen Besatzungszwecks durch interne Anweisungen an die zuständigen deutschen Stellen auszuüben." Hektogr. Text, S. 3.

zungsmächte gefährdet werden[53]. Auf ein Veto wegen Meinungsverschiedenheiten nur technischer Art sollten die Besatzungsmächte verzichten.

II. Rechtsprechung

1. Die Justizhoheit der deutschen Länder sollte durch die Besatzungsmächte grundsätzlich anerkannt und die Unabhängigkeit der Richter auch ihnen gegenüber zugesichert werden.[54]
2. Die Justizhoheit der deutschen Länder sollte sich auf alle in ihrem Gebiete begangenen strafbaren Handlungen erstrecken, gleichgültig, ob der Täter deutscher Staatsangehöriger oder Ausländer ist.
3. Die Militärgerichtsbarkeit der Besatzungsmächte sollte sich nur erstrecken auf:
    a) Straftaten von Angehörigen der Besatzungstruppen und ihres Gefolges;
    b) deutsche Staatsangehörige und in Deutschland sich aufhaltende Ausländer, die sich eines Verbrechens oder Vergehens gegen Personen oder Eigentum im Bereich der Besatzungsmächte oder gegen Rechtsvorschriften der Besatzungsbehörden schuldig gemacht haben;
    c) Kriegsverbrecher im eigentlichen Sinne des Wortes.
4. Verhaftungen deutscher Staatsangehöriger sollten nur auf Grund eines Haftbefehls der Militärgerichte wegen des dringenden Verdachtes einer strafbaren Handlung im Sinne von Ziffer 3 zulässig sein. Der Verhaftete sollte auf Grund der allgemeinen Menschenrechte das Recht auf Verteidigung durch einen Anwalt seines Vertrauens, das Recht auf Besuch durch nahe Angehörige und das Recht auf Aburteilung innerhalb bestimmter Fristen haben.[55]
5. Sicherheitsverwahrungen von deutschen Staatsangehörigen durch Organe der Besatzungsmächte sollten unverzüglich den deutschen Regierungsstellen unter Bekanntgabe der Gründe mitgeteilt werden.

III. Verwaltung

1. Grundsätzlich sollten auch Eingriffe in die deutsche Verwaltung und unmittelbare Ausübung eigener Verwaltung der Besatzungsbehörden durch den strikten Besatzungszweck begrenzt sein. Interessen der Besatzungsmächte sollten im Grundsatz nur durch Vorstellung bei den obersten deutschen Behörden wahrgenommen werden.
2. a) Die militärische Demilitarisierung kann naturgemäß dem direkten Eingriff der Besatzungsmächte nicht entzogen werden.
    b) Dagegen sollte bei der wirtschaftlichen Demilitarisierung, weil diese unmittelbar die Kapazität der deutschen Friedenserzeugung bestimmt, im Interesse des für Deutschland lebensnotwendigen Exportes und der allgemein erforderlichen Planung

---
53 Im Entwurf lautete dieser Satz: „Gesetze und Verordnungen sollten nur insoweit beanstandet werden, als durch sie der Besatzungszweck oder die Sicherheit und der Unterhalt der Besatzungstruppen gefährdet werden." Ebd.
54 Punkt 1 noch nicht im Entwurf, dementsprechend die folgenden Nummern 2 und 3 im Entwurf 1 und 2.
55 Punkt 4 noch nicht im Entwurf, dem entsprechend der Punkt 5 im Entwurf „3".

der deutschen Produktion an die Stelle des einseitigen Eingriffes[56] der Besatzungsmächte ein ausgleichendes Verfahren mit Einschaltung deutscher Organe gesetzt werden.

c) Maßnahmen, die sich auf die Deutschland aufzuerlegenden Reparationsleistungen beziehen, sollten sich nur auf einstweilige Sicherstellung der Reparationsansprüche beschränken. Jedes andere Verfahren müßte notwendig die Friedensregelung präjudizieren und[57] wäre kaum in Einklang mit dem geltenden Völkerrecht zu bringen, das die einseitige Regelung von Ansprüchen nicht gestattet.

d) Bei der Denazifizierung sollten die Entscheidungen der deutschen Stellen, die auf Grund der von den Besatzungsmächten genehmigten Gesetzgebung zuständig sind, unter allen Umständen respektiert werden. Die Besatzungsmächte sollten sich auf die Kontrolle der Rechtmäßigkeit der von den deutschen Stellen entfalteten Tätigkeit beschränken.

e) Auf dem Gebiet der Demokratisierung des deutschen öffentlichen Lebens sollten die Besatzungsmächte[58] nur den obersten deutschen Regierungsstellen Anweisungen erteilen. Im[59] übrigen sollten sie sich darauf beschränken, die Durchführung der Grundsätze der Besatzungspolitik zu kontrollieren.

3. Es ist selbstverständlich, daß die Besatzungsmächte sich eine Generalklausel vorbehalten können[60], Akte der deutschen Verwaltung daraufhin zu kontrollieren, ob sie die Sicherheit und den Unterhalt der Besatzungstruppen oder die Durchführung des Besatzungszwecks gefährden. Auch hier sollte man jedoch zu klaren Begriffsbestimmungen kommen.

IV. Inanspruchnahme von Natural- und Dienstleistungen[61]

Selbstverständlich können zum Unterhalt der Besatzungstruppen und zur Verwirklichung des Besatzungszweckes Natural- und Dienstleistungen in Anspruch genommen werden. Die in der Haager Landkriegsordnung enthaltene Generalklausel, daß die Natural-[62] und Dienstleistungen im Verhältnis zu den Hilfsmitteln des Landes stehen müssen, und der sich aus der Treuhänderstellung der Besatzungsmächte ergebende Grundsatz eines Verbots der Substanzvernichtung[63] sollten jedoch mit konkretem Inhalt gefüllt werden.

1. *Besatzungskosten.* Die Besatzungskosten im engeren Sinne sollten für längere Zeiträume in Pauschalbeträgen festgesetzt werden. Jede Entnahme für die Truppen oder die Verwaltung sollte zu Lasten dieses Pauschales gehen. Jede Sach- und Dienstleistung, für die rechtlich keine Ausnahme begründet worden ist, müßte auf dieses Pauschale ange-

---

56 Im Entwurf „Eingreifens", ebd.
57 Der Schluß dieses Unterabschnitts „c" im Entwurf kürzer: „ und ist daher völkerrechtswidrig." Ebd.
58 Im Entwurf statt „Besatzungsmächte" „die alliierten Organe", hektogr. Text, S. 4.
59 Der Schlußsatz lautete im Entwurf: „Im übrigen sollten sich unmittelbare Eingriffe auf die Beanstandung leitender Persönlichkeiten beschränken." Ebd.
60 Im Entwurf „müssen", ebd.
61 Im Entwurf „Leistungen und Diensten", ebd.
62 Im Entwurf „Sach-", ebd.
63 Im Entwurf „Substanzverletzung", ebd.

rechnet werden. Dieses Besatzungspauschale sollte in ein bestimmtes und gesundes Verhältnis zur Finanzkraft der Länder gebracht werden.

2. *Entnahme von Lebensmitteln.* Hier sollte der Grundsatz aufgestellt werden, daß für die Versorgung der Besatzungsmacht nur so viel Lebensmittel aus dem besetzten Land entnommen werden dürfen, daß ein bestimmter Mindest-Kaloriensatz – etwa in Höhe des europäischen Durchschnittsstandards[64] – für die Versorgung der deutschen Zivilbevölkerung gewährleistet bleibt. Gegebenenfalls wären gleichwertige Mengen anderer Lebensmittel zurückzuliefern. Eine Privilegierung in der Versorgung der deutschen Angestellten der Besatzungsmächte durch Entnahme aus der Lebensmittelerzeugung des besetzten Landes sollte unterbleiben.

3. *Sachleistungen.* Sachleistungen sollten entsprechend dem in Artikel 52 der Haager Landkriegsordnung enthaltenen Grundsatz nur für Bedürfnisse von Truppen und Behörden der Besatzungsmacht gefordert werden. Auf die Beschränktheit der Hilfsquellen des Landes müßte im Sinne einer absoluten Schranke Rücksicht genommen werden.

4. *Quartierleistungen.* Der Umfang der Quartierleistungen müßte in fest umrissener Weise in ein bestimmtes Verhältnis zu der Größe der deutschen Bevölkerung einerseits und zu der Kopfstärke der Besatzung andererseits gebracht werden. Gewisse Mindestbedürfnisse der deutschen Zivilbevölkerung müßten unter allen Umständen gesichert bleiben.

5. *Lieferung von Möbeln und Hausrat.* Möbel und Hausrat sollten im Regelfalle ausschließlich und in einem im voraus für bestimmte Zeiträume festzusetzenden Umfange nur aus der laufenden deutschen Produktion, jedoch nicht mehr aus dem Privatbesitz der Zivilbevölkerung, entnommen werden.

6. *Dienstleistungen.* Hinsichtlich der Inanspruchnahme von Arbeitskräften sollte eine Höchstgrenze festgesetzt werden, die in vernünftiger Abwägung der Interessen der Besatzungsmächte und des besetzten Landes gefunden werden müßte.

D

Es wäre wünschenswert, wenn ein Verfahren entwickelt werden könnte, durch das Streitfragen über die Anwendung des Besatzungsstatutes[65] geschlichtet werden könnten. Für Streitfragen rechtlicher Natur käme ein[66] Schiedsverfahren und für Streitfragen politischer oder technischer Natur eine Erledigung durch Vergleichskommissionen in Betracht.[67]

---

64 Der Einschub „– etwa ... Durchschnittsstandards –" nicht im Entwurf.
65 Im Entwurf statt „Besatzungstatuts" „Rechtsregeln für die Besatzung", hektogr. Text, S. 5.
66 Im Entwurf statt „ein" „eine Art von", ebd.
67 Im Entwurf folgte noch ein abschließender Punkt „E": „Die Frage, ob das Statut einseitig von den Besatzungsmächten erlassen oder auf Vereinbarung gegründet werden soll, ist zweitrangig. Aus politischen Gründen (die Länder würden sonst Völkerrechtssubjekte!) wäre ersteres zu bevorzugen." Ebd.

Dokument 17, 25. und 26. Januar 1948

Nr. 17

Sitzungen des Parteivorstandes und der sozialdemokratischen
Fraktion des Wirtschaftsrates am 25. und 26. Januar 1948
in Hannover

[A] Sitzung des Parteivorstandes, der sozialdemokratischen Wirtschaftsratsfraktion, der sozialdemokratischen Mitglieder des Exekutivrates und der sozialdemokratischen Ministerpräsidenten am 25. Januar 1948
AdsD: SPD-Parteivorstand, 2/ PVAS 0000666, Sitz. d. PV v. 25./26. 1.1948 (Maschinenschriftl. Prot. d. gemeinsamen Sitzung, 3 S., Überschrift: „Sitzung des Parteivorstandes, der Wirtschaftsfraktion und der Ministerpräsidenten in Hannover am 25.1.1948")[1]

[Beginn: 14 Uhr][2]
Leitung: Erich Ollenhauer
Anwesend: siehe Liste

[**Teilnehmer/Teilnehmerinnen, nach Funktionen geordnet:**][3]
PV:[4] *Schumacher, Ollenhauer, Franke, Gotthelf, Heine, Kriedemann, Nau; Agartz, Albrecht, Baur, Bögler, Eichler, Gayk, Gnoß, Görlinger, Gross, Henßler, Kaisen, Knothe, Loßmann, Meitmann, Menzel, Neumann, Schmid, Selbert, Veit*
PV- Stellvertreterin: *I. Wolff*
KK: *Schönfelder*
Ministerpräsidenten/Bürgermeister bzw. ihre Vertreter
    Berlin: Ernst *Reuter* (Stadtrat u. gewählter OB)
    Bremen: *Kaisen* (auch PV)
    Hamburg: *Brauer*
    Hessen: Hermann *Brill* (StSekr. beim hessischen MinPräs.)
    Niedersachsen: *Kopf*
    Nordrhein-Westfalen: *Menzel* (Stellv. Regierungschef, auch PV)
    Schleswig-Holstein: *Lüdemann*
    Württemberg-Hohenzollern: *Schmid* (Stellv. Regierungschef, auch PV)

---

1 Das Protokoll ist auch vollständig abgedruckt in der Edition: Die SPD-Fraktion im Frankfurter Wirtschaftsrat 1947-1949, hrsg. von Christoph Stamm, Bonn 1993 (S. 80-84). Das Kommuniqué über diese Sitzung (Sopade Informationsdienst Nr. 385 v. 28.1.1948, S. 1) wird hier als Anlage 1 A abgedruckt. Zu den Beziehungen zwischen dem PV, vor allem dem „Büro" in Hannover und der sozialdemokratischen Fraktion des Wirtschaftsrates in Frankfurt vgl. auch Einl. Kap. II 3 e.
2 Berechnet nach der Angabe des Schlusses der Sitzung und dem Kommentar von Raunau, vgl. Anlage 1 C.
3 Die folgenden Angaben wurden der Anwesenheitsliste in den Beilagen zum Protokoll und Informationen im Protokoll entnommen; für die Teilnehmer an allen gemeinsamen Sitzungen 1947/48 vgl. Anhang 4.
4 Es fehlten von den Mitgliedern des PV *Grimme, Helmstädter* und *Schroeder*.

Mitglieder der sozialdemokratischen Fraktion des Wirtschaftsrates
V. *Agartz* (auch PV), V. *Baur* (auch PV), Gustav *Dahrendorf* (Hamburg), W. *Eichler* (auch PV), Franz *Hewusch* (Meppen)[5], H. *Kriedemann* (auch PV), Willi *Lücker* (Hannover)[6], Heinz *Meyer* (Bremen)[7], Erwin *Schoettle* (Stuttgart), Otto *Voss* (Kiel)[8]
Sozialdemokratische Mitglieder des Länderrats: Ludwig *Metzger* (Darmstadt/Hessen)

Referenten/Vertreter des PV
Erich *Brost* (bisheriger Berliner Vertreter des PV), Willy *Brandt* (künftiger Berliner Vertreter des PV), Gerhard *Lütkens* (Außenpolitischer Referent des PV in Hannover), Peter *Raunau* (Redakteur d. Sozialdem. Pressedienstes)[9].]

Tagesordnung: Stellungnahme zur Reorganisation des Wirtschaftsrates[10]

Schumacher beschäftigt sich einleitend sehr kritisch mit dem Verhalten unserer Genossen im Wirtschaftsrat.[11] Er bemängelt, daß in Frankfurt das Besatzungsstatut nicht in den Vordergrund der Verhandlungen geschoben wurde. Weiter sei die Forderung nach der deutschen Einheit unterblieben, wie auch die Forderung der Einbeziehung Berlins nicht nachdrücklich vertreten wurde. Die Frage, ob eine einfache oder absolute Mehrheit den Einspruch des Länderrates aufheben könne, war am 6.1. auf der Sitzung in Hannover zu Gunsten der einfachen Mehrheit entschieden worden.[12] In Frankfurt sei jetzt im Namen der Ministerpräsidenten, d.h. auch der sozialdemokratischen, von *Ehard* gefordert worden, daß die Landtage das Rückberufungsrecht ihrer Wirtschaftsratsmitglieder haben sollten. In bezug auf den Exekutivrat waren wir damals übereingekommen, daß wir keine rechtsetzende Initiative ergreifen sollten, dagegen haben nunmehr die Exekutivratsmitglieder ohne Auftrag und ohne Benachrichtigung der Besatzungsmacht einen Entwurf überreicht.[13]

---

5 Franz *Hewusch*, geb. 1912, Techniker, 1945 SPD, 1946-66 Mitgl. d. Stadtrats u. Kreistages von Meppen, 1947-49 MdWR

6 Willi *Lücker* (1892-1965), vor 1933: Banklehre, Bankangestellter, SPD, ADGB; nach 1945 Leiter d. Personalabteilung d. Niedersächs Landesbank, 1947-49 MdWR.

7 Heinz *Meyer* (1897-1959), Kaufm. Lehre, bis 1922 DDP, ab 1924 SPD, nach 1945 Geschäftsf. d. Bremer Bau- u. Siedlungsgesellschaft, 1947 MdBü (Bremen), 1947-49 MdWR, 1949-53 MdB.

8 Otto *Voss* (1902-77), Maschinenschlosser, vor 1933 SPD, nach Fachausbildung zum Statistiker zeitweilig im Dienste d. Gew., 1946 Wirtschaftsreferent im Zentralamt d. Stadt Kiel, 1947-49 MdWR f. Schlesw.-Holst., 1950-55 u. 60-66 Hauptamtl. Stadtrat f. Wirtschaftsförderung in Kiel

9 Raunau trug sich nicht in die Anwesenheitsliste der Sitzung ein, berichtete aber über diese Sitzung als offenkundiger Teilnehmer, vgl. seinen Kommentar zu dieser Sitzung im Sozialdemokratischen Pressedienst, abgedruckt als Anlage 1 C.

10 Wortlaut der Tagesordnung nach der Einladung zur PV-Sitzung.

11 Zu den Ausführungen Schumachers vgl. auch d. Kommuniqué (Anlage 1 A, S. 322 f.).

12 Zur Konferenz der Mitglieder des Büros des PV mit Vertretern des Wirtschaftsrates und der Landesregierungen am 6.1.1948 vgl. das veröffentlichte Kommuniqué im Sozialdemokratischen Pressedienst (Nr. III/3 v. 7. 1. 1948), das hier als Anlage 2 zu den Protokollen abgedruckt wird.

13 Nach dem Tagebuch des sozialdemokratischen Exekutivratsmitglieds *Troeger* erfuhr dieser von *Veit*, daß Schumacher ihn persönlich, „wenn auch nicht ohne Worte der Anerkennung", als „Parteischädling" hingestellt habe, H. Troeger, Interregnum, S. 62 (Eintragung vom 28. 1. 1948).

Es sei nun nochmals unterstrichen, daß die Bestätigung der Direktoren durch den Länderrat nicht akzeptabel sei. Mit dem Oberdirektor, der die Direktoren selbst ernennt, schaffe man den Bismarck'schen Reichskanzlertyp. Ebenso bedenklich sei, daß die Präsidenten der Länderbanken die Aufsichtsratsmitglieder der Unionsbank werden sollen, das bedeutet, daß die Kreditnehmer gleichzeitig die eigenen Kreditgeber sind.

Brauer erklärt, daß Genosse *Schumacher* soeben mit reichlich viel Unrichtigkeiten operiert habe. Es könne weder den Ministerpräsidenten noch den Exekutivratsmitgliedern ein Vorwurf gemacht werden. Die Berlin-Frage sei von *Dahrendorf* mit Nachdruck vertreten worden. Die Order von Hannover lautete: auf keinen Fall mit eigenen Vorschlägen zu kommen, da die Initiative bei den Besatzungsmächten bleiben solle. Er bringt den Wunsch zum Ausdruck, daß sich der PV künftig in Frankfurt weitgehendst engagiert. Auch der Vorwurf der schlechten Vertretung des Besatzungsstatuts müsse zurückgewiesen werden. Er bedauert, daß der Vorschlag auf Verdoppelung der Abgeordneten akzeptiert wurde. Er hätte lieber eine Neuerrechnung nach dem bisherigen Schlüssel gesehen, auch, wenn dann statt der sechs 10 Kommunisten in den Rat gekommen wären.

Ollenhauer ist erstaunt, daß *Brauer* mit der Auffassung von Hannover weggefahren ist, daß mit Stimmenmehrheit ein Einspruch zurückgewiesen werden könne. Tatsache sei, daß abgesprochen wurde, daß dieselbe Mehrheit, die einen Beschluß gefaßt hat, ausreicht, um einen Einspruch des Länderrates zurückzuweisen.

Lüdemann stimmt *Brauer* darin zu, daß die erhobenen Vorwürfe nicht berechtigt seien.

Henßler versteht ebenfalls die harte Kritik nicht. Eine Fernlenkung der Politik sei nicht möglich, die Hannoveraner müßten eben anwesend sein.

Menzel führt aus, daß *Zinn* sich in Frankfurt mit einer Fülle von Argumenten für die absolute Mehrheit zur Abweisung von Länderratseinflüssen eingesetzt habe.

Metzger erklärt, daß auf der Sitzung am 6.1., die keine PV-Sitzung war, keinerlei bindende Beschlüsse gefaßt wurden. Vielmehr lag eine Vielheit von Auffassungen vor.

Dahrendorf führt aus, daß er von der Militär-Regierung gefragt wurde, ob es stimme, daß Differenzen mit dem PV in Hannover dazu führen würden, daß er zurücktreten müsse. Diese Auffassung habe die Militär-Regierung ohne Zweifel aus einem Telefongespräch zwischen ihm und Fritz *Heine* gewonnen. Er fordert, daß der PV sich im Wirtschaftsrat stärker vertreten lassen solle. Die Charta sei heute nicht mehr abzuändern, denn auf englischer und amerikanischer Seite verhandeln nur noch Beamte mit starren Instruktionen.

Brill fordert, daß eine gemeinsame Fraktion, bestehend aus unseren Mitgliedern im Wirtschaftsrat und denen des Länderrates, gebildet werde.

Schmid erklärt, daß die englisch-amerikanischen Vereinbarungen in Frankfurt kein Völkerrecht seien, sondern ein organisatorisches Teilungsabkommen der zwei Mächte. Wir können nur im Rahmen einer administrativen Ausführung tätig werden, und haben damit weder das Recht noch die Pflicht, dieser Ordnung unsere Zustimmung zu geben. Der Oberdirektor sei faktisch ein Diktator auf Zeit, auf den die Militär-Regierung sehr viel leichter ihren Einfluß ausüben kann als auf ein Parlament.

Schoettle bedauert, daß die Ausführungen Carlo *Schmids* vier Wochen zu spät kommen. Seine staatspolitischen Erklärungen führen uns zu der Konsequenz, daß wir die

Einladung nach Frankfurt hätten dankend ablehnen müssen. Wir können jetzt nur noch ein Rückzugsgefecht führen, nicht aber den Inhalt der Proklamation ändern. Das Bestätigungsrecht des Länderrates kann uns nur in fatale Situationen führen.

Reuter[14] bedauert, daß nicht ein Teil des Wirtschaftsrates nach Berlin verlegt wird.

Baur meint, daß die Debatte Mängel in der Koordinierung aufgezeigt habe. Er hält allmonatliche Arbeitssitzungen für notwendig.

Kopf führt aus, daß es sich bei den Verhandlungen gezeigt habe, daß es den Anglo-Amerikanern sehr auf die Zustimmung der Deutschen ankommt. Falls von deutscher Seite „nein" gesagt wird, glaubt er nicht, daß einfach befohlen werden würde. Er meint daher, daß Gegenvorschläge Aussicht auf Berücksichtigung hätten.

Veit gibt zu bedenken, daß die Ablehnung eines evtl. Angebotes auf Übernahme des Wirtschaftsdirektors die Zurückziehung der Wirtschaftsminister im Gefolge haben müßte.

Schumacher gibt zu, daß wir zwar am 6.1. keine Instanz waren, die formal-juristisch bindende Beschlüsse fassen durfte. Er stellt die Frage, wo eigentlich die Exekutivmittel des Wirtschaftsrates lägen. Die Politik der Amerikaner sei darauf abgestellt, die Sozialdemokratie in der derzeitigen Position aufzureiben. Die Klassenkämpfe werden harte Formen annehmen, wie sie noch keine Zeit in der Geschichte der Arbeiterbewegung aufweisen konnte. Wir werden in der Opposition wahrscheinlich produktiver sein können als bei der Beteiligung. Ein Problem sei z.Zt. noch der Mangel an Publizität. Er fragt, ob es nicht möglich sei, eine Demonstrationstagung des Wirtschaftsrates in Berlin abzuhalten. Wir sollten auf keinen Fall jetzt mit einem Gegenvorschlag kommen. Wir kämen dann ungewollt in die Rolle des „Gewollthabens". Unsere Forderungen in Frankfurt sind:

1. Die Sozialdemokratie stellt fest, daß die von den beiden Militärgouverneuren verkündete Charta kein deutsches Recht, sondern Recht für Deutschland schafft, das eine einseitige Entscheidung der Alliierten ohne Verantwortung der Deutschen darstellt.
2. Die Sozialdemokratie lehnt die Wahl eines Oberdirektors ab. Sie verlangt, daß alle Direktoren vom Wirtschaftsrat gewählt und entlassen werden und dem Wirtschaftsrat verantwortlich sind.
3. Die Sozialdemokratie lehnt das Bestätigungsrecht des Länderrates bei der Direktorenwahl ab.
4. Die Sozialdemokratie wünscht, daß die Gesetzesvorlagen der Direktoren gleichzeitig dem Wirtschafts- und Länderrat vorgelegt werden.
5. Die Sozialdemokratie ist der Auffassung, daß die Kompetenzen des Wirtschaftsrates und anderer Institutionen nicht von den Ländern abgeleitet, sondern originär bestehen.
6. Die Sozialdemokratie unterstreicht, daß es Aufgaben gibt, die von höherer Ebene als Länderbasis durchgeführt werden müssen und daß es nicht Aufgabe der SPD ist, föderalistische Tendenzen zu fördern.[15]

---

[14] Gemeint Ernst *Reuter*, der als gewählter Berliner OB und Berliner Stadtrat an der Sitzung teilnahm, vgl. Anwesenheitsliste.

[15] Die sechs Punkte wurden als „Richtlinie der sozialdemokratischen Politik im Wirtschafts- und Länderrat" verabschiedet und im Kommuniqué der Sitzung vom 25. Januar veröffentlicht, vgl. Anlage 1 A. Sie wurden wegen ihrer Bedeutung noch einmal in der gemeinsamen Sitzung des PV und PA am 18. u. 19. 2., zu der

Dokument 17, 25. und 26. Januar 1948

Schumacher führt weiter aus, daß die Kompetenzen und Rechte des Wirtschaftsrates nicht von der Länderseite abgeleitet werden. Gemäß den Richtlinien der neuen Verfassung sollen qualifizierte Mehrheiten nicht zulässig sein.

Ollenhauer erklärt dazu, daß *Troeger*[16] einen brauchbaren Vorschlag gemacht habe, nämlich: „Einsprüche des Länderrates sollen im Wirtschaftsrat eingehend verhandelt werden."

Brill sagt dazu, daß viele Reichsratseinsprüche früher ungültig wurden, weil sie nicht begründet waren.

Brauer ist der Auffassung, daß der Länderrat sinnlos sei, wenn nicht lange Fristen oder qualifizierte Mehrheiten vorgeschrieben würden.

Ollenhauer wiederholt, daß am 6.1. gemäß den verfassungspolitischen Richtlinien beschlossen wurde, daß Einsprüche des Länderrates mit einfacher Mehrheit abgewiesen werden könnten.

Durch Abstimmung wird gegen drei Stimmen unter Zubilligung der von *Brill* vorgeschlagenen Fristen (drei Wochen) beschlossen, daß Einsprüche mit einfacher Mehrheit abgewiesen werden können.

Ollenhauer stellt weiter fest, daß die überwiegende Meinung der Konferenz dahingeht, daß in der Frage, ob Länderratsvertreter mit gebundenem Mandat erscheinen sollen, keine Stellung genommen werden soll.

Brill schlägt Abbruch der Beratungen vor und fordert, daß ein Mitglied des PV am Dienstag in Frankfurt anwesend sein soll.

Ollenhauer stellt fest, daß die Konferenz mit überwiegender Mehrheit beschlossen hat, daß in Frankfurt im Sinne der von *Schumacher* formulierten 6 Punkte gehandelt werden soll.[17]

Die einfache Verdoppelung der Abgeordnetenzahl im Wirtschaftsrat wird ebenfalls gebilligt.

Schluß der Sitzung 21 Uhr.

[B] **Sitzung des Parteivorstandes am 26. Januar 1948**
AdsD: SPD-Parteivorstand, 2/ PVAS 0000666, Sitz. d. PV v. 25./26. 1.1948 (*Maschinenschriftl. Prot. d. Sitz. v. 26.1., 3 S.*)[18]

---

  auch die Mitglieder der Wirtschaftsratsfraktion eingeladen wurde, eingehend diskutiert und dann endgültig verabschiedet, vgl. Dok.18 B, S. 336-339.

16 Heinrich *Troeger* (1901-75), Dr. jur., Referendarzeit, SPD, 1926-33 Bürgermeister von Neusalz an der Oder, 1945/46 OB von Jena, Flucht nach Hessen, 1947-49 Mitgl. u. GenSekr. des Exekutiv-/Länderrats des Vereinigten Wirtschaftsgebiets, 1951-56 Hessischer Finanzminister, 1958-69 Vizepräsident der Dt. Bundesbank.

17 Im Kommuniqué wird dazu ausgeführt, daß die sechs Punkte nach ausführlicher Diskussion einhellig akzeptiert wurden, vgl. Anlage 1 A.

18 Die Einladung zu dieser Sitzung mit Bekanntgabe der vorläufigen Tagesordnung erfolgte durch das hektographierte Rundschreiben 2/48 des Referats Organisation, unterschrieben von Erich Ollenhauer, vom 16. 1. 1948, das in den Beiakten zum Protokoll erhalten geblieben ist. Die hektographierte Einladung war auf den „28. und 29. Januar" datiert, die Daten sind handschriftlich durchgestrichen und auf den „25.-26.

Dokument 17, 25. und 26. Januar 1948

Leitung: Erich Ollenhauer
Anwesend: siehe Liste
[Teilnehmer/Teilnehmerinnen nach Funktionen geordnet:[19]
PV:[20] *Schumacher, Ollenhauer, Franke, Gotthelf, Heine, Nau; Agartz, Albrecht, Baur, Bögler, Eichler, Gayk, Gnoß, Görlinger, Gross, (Henßler), (Kaisen), Knothe, Loßmann, Meitmann, Menzel, Neumann, (Schmid), Selbert, Veit*
PV- Stellvertreterin: *I. Wolff*
KK: *Schönfelder*]

Tagesordnung:[21]

2) Beratung der vom kommunalpolitischen Beirat vorgelegten Grundsätze zur Gemeindeverfassung

3) Wahlen : a) Berliner Vertreter des PV, b) Kommunalpolitischer Beirat[22], e) Sozialpolitischer Ausschuß[23]

4) Abänderungsvorschläge zum § 218

5) Berichte: Sitzung der Internationale in London[24]
Demokratischer Frauenbund[25]

6) Ort und Datum der nächsten Sitzung des PV und PA

Punkt 2 (Beratung der vom kommunalpolitischen Beirat vorgelegten Grundsätze zur Gemeindeverfassung)[26]
Ollenhauer gibt bekannt, daß *Fritz Henßler* und *Walter Menzel* wesentliche Bedenken gegen diesen Entwurf haben.

Jan." korrigiert. Das Kommuniqué (Sopade Informationsdienst Nr. 385 vom 28.1.1948, S. 1 f.) wird hier als Anlage 1 B abgedruckt.

19 Die folgenden Angaben wurden der Anwesenheitsliste in den Beilagen zum Protokoll und Angaben im Protokoll entnommen; für die Teilnehmer an allen Vorstandssitzungen 1947/48 vgl. Anhang 2.

20 Von den Vorstandsmitgliedern waren *Grimme, Helmstädter, Kriedemann* und *Schroeder* nicht anwesend, *Henßler, Kaisen* und *Schmid* trugen sich nur in die Anwesenheitsliste der gemeinsamen Sitzung am 25. Januar ein, vgl. Dok. 17 A.

21 Wortlaut nach der vorläufigen Tagesordnung vom 16.1.1948 – soweit die Punkte zur Beratung kamen. Punkt 1 der Tagesordnung „Stellungnahme zur Reorganisation des Wirtschaftsrates" bezog sich wohl auf die vorangegangene gemeinsame Sitzung des PV mit der Wirtschaftsratsfraktion. Eine besondere Einladung der Mitglieder des PV zur gemeinsamen Sitzung konnte nicht gefunden werden.

22 Die vorgesehenen Unterpunkte c) und d), d.h. die Wahlen zum Wirtschafts- und zum Agrarpolitischen Ausschuß, wurden wegen der Abwesenheit Kriedemanns vertagt.

23 Angabe des Unterpunktes nur im Protokoll.

24 Der vorgesehene Unterpunkt „5 b) (Besprechung mit den Gewerkschaften)" entfiel, da diese Besprechung nicht stattgefunden hatte.

25 Dieser Punkt war noch nicht in der Vorläufigen Tagesordnung vom 16. Januar enthalten.

26 Als „Anl. 4" befindet sich in den Beiakten zum Protokoll ein zweiseitiges hektographiertes maschinenschriftliches Papier mit der Überschrift: „Der Kommunalplitische Beirat und Ausschuß in der Sitzung vom 24./25. 8. 47 in Köln und Kommunalpolitische Beirat in der Sitzung vom 18. 12. 47 unterbreiten dem PV folgende Anträge".

Dokument 17, 25. und 26. Januar 1948

Gayk schlägt vor, die Richtlinien unter Hinzuziehung von *Henßler* und *Menzel* erneut durchzuarbeiten.

Einstimmig beschlossen.

Zu **Punkt 3** (Wahlen)
a) **Berliner Vertreter des PV**.
Das Büro empfiehlt *Willy Brandt*. Nach kurzer Diskussion einstimmig beschlossen.

b) **Kommunalpolitischer Beirat. Ab jetzt: Kommunalpolitischer Ausschuß**[27]:
Lisa Albrecht, München; Valentin Bauer, Oberbürgermeister, Ludwigshafen[28]; Dr. Chr. Willi Berling, Oberkreisdirektor i.R., Aachen[29]; Ernst Böhme, Oberbürgermeister, Braunschweig; Emil Feldmann, Landrat, Lemgo[30]; Andreas Gayk, Oberbürgermeister, Kiel; Robert Görlinger, Bürgermeister, Köln; Georg Häring, Kassel[31]; Josef Hirn, Bürgermeister, Stuttgart[32]; Fritz Hoch, Regierungspräsident, Kassel[33]; Werner Jacobi, Oberbürgermeister, Iserlohn; Gustav Klimpel, Oberstadtdirektor, Duisburg[34]; August Rautenberg, Amtsdirektor, Bochum-Stiepel[35]; Ernst Reuter, Stadtrat, Berlin; Hans Rollwagen, Stadtverordneter, Nürnberg[36]; Fritz Steinhoff, Oberbürgermeister, Hagen[37]; Dr. Gerhard Weisser, Generalsekretär, Hamburg.

Zwischenpunkt.

Frage: Soll in den Kommunen unsere unveränderte Stellung als Oppositionspartei vertreten werden?

Frage wird einstimmig verneint.

c) und d)
Die Wahlen zu den Wirtschafts- und Agrarpolitischen Ausschüssen wegen der Abwesenheit *Kriedemanns* vertagt.

---

27 Die folgende Mitgliederliste wurde auch im Jahrbuch der SPD für 1947 (S.33 f.) veröffentlicht, zwei Abweichungen werden angemerkt.
28 Die Berufsbezeichnungen wurden der im Kommuniqué abgedruckten Liste entnommen. Valentin *Bauer* (1885-1974), Zimmermann, 1920-33 Stadtrat in Ludwigshafen (SPD), 1945-55 OB von Ludwigshafen.
29 Berling wurde später wieder „gestrichen", vgl. Sitz. v. 6. 5. 1948, TOP 7.
30 Emil *Feldmann* (1895-1968), 1947-66 MdL (NRW).
31 Häring nahm die Wahl nicht an, vgl. Sitz. v. 6. 5. 1948, TOP 7 (= Dok. Nr. 20, S. 367).
32 Josef *Hirn*, geb.1898, Reichsfinanzbeamter in Stuttgart, 1925-33 Stadtrat in Stuttgart (SPD), 1946 Bürgermeister u. stellv. Oberbürgermeister in Stuttgart.
33 Fritz *Hoch* (1896-1984), Dr.jur., SPD, 1945-61 Regierungspräsident in Kassel, 1948/49 MdParlR.
34 Gustav *Klimpel* (1891-1956), SPD, 1928-33 OB von Freital in Sachsen; 1945/46 Stadtrat in Berlin, 1946-1964 Oberstadtdirektor von Duisburg.
35 August *Rautenberg* (1886-1957), 1920-33 Hauptamtl. Beigeordneter d. Amtes Blankenstein, 1946-54 Amtsdirektor des Amtes Blankenstein, 1947-49 Kommunalpolitischer Ausschuß der SPD.
36 Hans *Rollwagen*, geb. 1892, zu dieser Zeit Stadtverordneter in Nürnberg, später OB von Bayreuth.
37 Fritz *Steinhoff* (1897-1969), Bergarbeiter, vor 1933 SPD, 1946-57 OB der Stadt Hagen, 1946-62 MdL, 1950 - 1960 PV, 1956-1958 MinPräs NRW, 1961-1969 MdB.

e) **Sozialpolitischer Ausschuß**:[38]
Dr. Walter Auerbach, Lemgo; Maria Detzel, Koblenz[39]; Fritz Geisthardt, Berlin; Rudolf Gerstung, Hannover; August Halbfell[40], Düsseldorf; Albin Karl, Hannover, Dr. Hermann Karl, Flensburg[41]; Fritz Kissel, Frankfurt am Main[42]; Lisa Korspeter, Hannover[43]; Anni Krahnstöver, Kiel, Lotte Lemke, Hannover, Gerhard Neuenkirch, Hamburg[44]; Paul Nevermann, Hamburg, Prof. Dr. Ludw. Preller, Stuttgart; Dr. Albert Roßhaupter, München, Ludwig Selpien, Hamburg, Hans [Wingender], Düsseldorf[45]; Dr. Rudolf Wissell, Berlin[46]

Zu Punkt 5

a) *Sitzung der Internationale in London.*
Schumacher berichtet kurz über die internationale Komiteesitzung am 10. und 11. Januar in London. Kardinalpunkt der Verhandlungen war: „Die deutsche Beteiligung an der Sozialisten-Konferenz der am Marshall-Plan beteiligten Länder."
Ollenhauer gibt bekannt, daß die Italienische Sozialistische Partei (Nenni-Richtung) zu ihrem Parteitag eingeladen hat. Aus politischen Gründen wurde dieser Einladung nicht Folge geleistet. Als Motivierung wurde offiziell die technische Unmöglichkeit angegeben. Den Saragat-Parteitag glaubte das Büro ebenfalls nicht beschicken zu dürfen, da diese Partei nicht der Internationale angehört.

Auslandsgruppen der SPD:
In der Schweiz stehen wir vor einem Grenzfall, der Union Deutscher Sozialisten. Die Genossen in der Schweiz weisen darauf hin, daß die Bestimmungen für die politische Betätigung sehr streng seien und die Umwandlung in eine Landesgruppe der SPD sicherlich nicht gestattet würde.
Es wird beschlossen, den Genossen in der Schweiz mitzuteilen, daß die formelle Anerkennung nicht möglich sei, da ein Parteitagsbeschluß dies verbiete.

Zu Punkt 5 b): Entfällt, da Besprechung mit den Gewerkschaften nicht stattfand.

Zu Punkt 4 (Abänderungsvorschläge zum § 218)

---

38 Die Mitgliederliste wurde veröffentlicht, Kommuniqué a.a.O. u. Jb. SPD 1947, S. 34.
39 Maria *Detzel* (1892-1965), Oberregierungsrätin im Sozialministerium von Rheinland-Pfalz, SPD, 1946/47 MdL.
40 Halbfell wurde formell erst in einer Ergänzungswahl am 6.5.1948 zum Mitglied des Ausschusses bestimmt (vgl. Prot. d. Sitzung v. 6. 5., TOP 7), aber im Protokoll und im Kommuniqué der Sitzung vom 26. Januar schon genannt.
41 Hermann *Karl*, geb. 1918 in Heidelberg, Dr. med., Arzt u. sozialdem. Lokalpolitiker in Flensburg.
42 Fritz *Kissel* (1888-1951), Präsident der Landesversicherungsanstalt in Frankfurt am Main.
43 Lisa *Korspeter* (1900-1992), vor 1933 SPD, 1945 Wiederaufbau der SPD in Magdeburg, 1946 Flucht nach Hannover, 1948/49 MdWR, 1949-69 MdB.
44 Gerhard *Neuenkirch*, geb. 1906, Angestellter, Hamburger SPD, 1946-55 MdBü, 1950-53 Arbeits- und Sozialsenator.
45 In der Vorlage „Wingerer", berichtigt nach der Liste im Jahrbuch für 1947.
46 Rudolf *Wissell* (1869-1962), 1919-33 MdR, 1919 Reichswirtschaftsminister, 1928-30 Reichsarbeitsminister.

Die Diskussion ergibt, daß in dem Absatz der Richtlinien, der die soziale Indikation behandelt, die Bestellung einer Kommission gestrichen werden muß. Weiterhin solle der Beschluß nicht an die Presse gehen, sondern lediglich als Richtlinie an die Landtagsfraktion.

Gayk protestiert dagegen, daß in dieser Frage ein Parteibeschluß herauskommt.

Veit hat schwere Bedenken gegen die vorliegenden Richtlinien.

Ollenhauer schlägt Abbruch der Diskussion vor. *Gotthelf, Selbert* und *Veit* sollten beauftragt werden, die Richtlinien nochmals durchzuarbeiten.

So beschlossen.

Ollenhauer gibt bekannt, daß im Büro die Frage angeschnitten worden sei, ob eine bessere Verbindung der Hauptreferenten mit den PV-Mitgliedern in der Form geschaffen werden kann, daß die Hauptreferenten zu den PV-Sitzungen herangezogen werden, wenn für ihr Sachgebiet wichtige Fragen auf der Tagesordnung stehen.

Ergebnis der Diskussion: Der PV lehnt die Teilnahme der Referenten ab.

Ausnahme: Der Leiter des Sozialdemokratischen Pressedienstes, *Raunau*, soll teilnehmen.

Demokratischer Frauenbund[47]

Gotthelf weist darauf hin, daß der Demokratische Frauenbund eine kommunistische Tarnorganisation ist.

Bürovorschlag: Die Mitgliedschaft im Deutschen Demokratischen Frauenbund sowie die Anwesenheit auf Kongressen, die vom Deutschen Demokratischen Frauenbund einberufen sind, ist unvereinbar mit der Mitgliedschaft in der SPD.

Einstimmig beschlossen.[48]

Punkt 6: Nächste Sitzung in Kassel 17.2.48, 14 Uhr: PV; 18. und 19.2.48, 15 Uhr: PA und Wirtschaftsratsfraktion.

Anlage 1 A
Kommuniqué der Sitzung vom 25.1.1948
Sopade Informationsdienst Nr. 385 v. 28.1.1948, S. 1 („Kommuniqué Nr.1")

Am 25. Januar 1948 trat der Vorstand der Sozialdemokratischen Partei Deutschlands mit den sozialdemokratischen Ministerpräsidenten und sozialdemokratischen Mitgliedern des Wirtschafts- und Exekutivrats unter der Leitung von *E. Ollenhauer* zu einer Tagung in Hannover zusammen.

In einem einleitenden Referat stellte der Vorsitzende der SPD, *Dr. Kurt Schumacher,* fest, daß die rechtliche Lage der Deutschen nach der Frankfurter Konferenz sich nicht

---

47 Zur Gründung des Demokratischen Frauenbundes Deutschlands im März 1947 und seine frühe Entwicklung vgl. I. Nödinger, Frauen gegen Wiederaufrüstung. Der Demokratische Frauenbund Deutschlands im antimilitaristischen Widerstand, Frankfurt am Main 1983, S.38-44. Vgl. auch Einleitung Kap. II 4 a.

48 Der Unvereinbarkeitsbeschluß wurde sogleich publiziert und wird hier als Anlage 3 abgedruckt.

vom bisherigen Zustand unterscheidet. Nach wie vor geht alle Macht von den Besatzungsmächten aus. Daran ändert sich auch nichts durch die bereits vorliegende und in den nächsten Tagen zu erlassende Charta der beiden Militärregierungen. Die Heranziehung deutscher Vertreter zu Beratungen bedeutet keinesfalls eine Rückdelegierung von Souveränität an Deutsche, die Okkupationsmächte haben keine Souveränitätsrechte aus der Hand gegeben. Dr. Schumacher skizzierte die Aufgaben der Sozialdemokraten gegenüber der neuen deutschen Wirtschaftsverwaltung und setzte sich für einheitliches Vorgehen der Sozialdemokraten [im][49] Wirtschafts- und Länderrat ein. Gegen wesentliche Teile der Charta[50] der beiden Generäle meldet die SPD ihre ablehnende Stellungnahme an; insbesondere gegen die Schaffung eines Oberdirektors, der nach sozialdemokratischer Auffassung die Vollmachten eines ‚Diktators auf Zeit', gestützt auf die Besatzungsmächte, hat.

Nach ausführlicher Diskussion wurden die Ausführungen Dr. Schumachers einhellig akzeptiert. Die nachfolgenden Punkte wurden als Ergebnis der Aussprache und als Richtlinie der sozialdemokratischen Politik im Wirtschafts- und Länderrat vereinbart:
[...][51]

Der Vorstand der SPD nahm ferner Stellung zu der Frage, ob Einsprüche des Länderrats mit einfacher oder mit qualifizierter Mehrheit durch den Wirtschaftsrat abzuweisen seien. Er entschied sich mit allen gegen drei Stimmen für einfache Mehrheitsbeschlüsse, denen Ausschußberatungen über den Inhalt der Einsprüche vorausgehen sollen."

Anlage 1 B
Kommuniqué der Sitzung des Parteivorstandes
Sopade Informationsdienst Nr. 385 v. 28.1.1948, S. 1 f. (Kommuniqué Nr.2)

Der Vorstand der SPD trat nach Abschluß der gemeinsamen Beratung mit Ministerpräsidenten und Mitgliedern des Wirtschafts- und Exekutivrats über die Reorganisation des Wirtschaftsrats am 26. Januar zu einer Sitzung zusammen, die sich vor allem mit organisatorischen Fragen befaßte.

Als neuer Berliner Vertreter des Vorstandes der SPD wurde Willy Brandt gewählt.

Dr. Schumacher berichtete eingehend über die Sitzung des Arbeitsausschusses der Internationale, die im Januar in London stattfand.

Als beratende Instanzen wählte der Parteivorstand einen Kommunalpolitischen Ausschuß, der 17 Mitglieder umfaßt, und einen 18gliedrigen Sozialpolitischen Ausschuß.
[...][52]

---

49 In der Vorlage „in".
50 Die sog. „Frankfurt-Charta", die die Erweiterungen der Funktionen der bizonalen Institutionen umfaßte, wurde am 5. 2. 1948 von den beiden Militärgouverneuren Clay und Robertson unterzeichnet und am folgenden Tag den deutschen Behörden überreicht. Sie wurde im gleichen Wortlaut als amerikanische „Proklamation Nr. 7" bzw. als britische „Verordnung Nr. 126" publiziert und trat am 9. 2. 1928 in Kraft, vgl. W. Benz, Von der Besatzungsherrschaft zur Bundesrepublik, Frankfurt am Main 1984, S. 93.
51 Der im folgenden veröffentlichte Wortlaut der „Sechs Punkte" ist identisch mit dem im Protokoll wiedergegebenen Text, vgl. oben Prot. [A], S. 317.

Dokument 17, 25. und 26. Januar 1948

Anlage 1 C
Kommentar Peter Raunaus im Sozialdemokratischen Pressedienst „Hannover und Frankfurt"
Nr. III/11 v. 26.1.1948, S. 1 f.

Die Frankfurter Notlösung, eine Konstruktion der Besatzungsmächte, bringt für keine deutsche Partei in den Westzonen eine annähernd gleich starke Belastung wie für die Sozialdemokratie. Die bürgerlichen Parteien finden in ihr viele Elemente, die ihnen nach Tradition und Neigung vertraut sein müssen. Die KP empfängt ihre Befehle von anderer Seite und ist dann auch für das, was sie zu Frankfurt zu sagen hat, außer obligo. Die eigentlichen Zumutungen werden der Sozialdemokratie gestellt. Die sehr bestimmten Einwände, die jetzt gegen den vorliegenden Entwurf der Charta erhoben wurden, zeigen das besonders deutlich.

Die Sitzung in Hannover mit dem Thema Frankfurt hat ununterbrochen sieben Stunden gedauert. Sie hat eine Fülle von Gedanken und Anregungen, Argumenten und Gegenargumenten, Vorschlägen und Gegenvorschlägen gebracht, sie hat auch manche Bedenken und Zweifel laut werden lassen. Aber in Rede und Widerrede wurde eine Klärung erzielt und angesichts des Gewichtes dieser Diskussion kann man nicht einmal sagen, daß die aufgewandte Zeit das Maß des Notwendigen überschritt.

Über das Materielle der schließlich festgelegten Stellungnahme sagt die parteiamtliche Verlautbarung alles Wesentliche aus. Was uns hier einer näheren Betrachtung wert zu sein scheint, ist die Art, in der die gemeinsame Ansicht gefunden, man kann auch sagen, erstritten wurde, soweit sie nicht schon vorhanden war. Es ist kein Geheimnis, daß die innen- und außenpolitischen Gegner der SPD immer wieder mit dem Wort von dem „persönlichen Regiment Kurt Schumachers" oder einer „Diktatur Hannovers" operieren. Im Grunde ist diese Behauptung nur die Reaktion auf die für diese Kreise unangenehme Tatsache, daß es in der SPD auch in so diffizilen Fragen immer wieder zur Einigung kommt, an denen die Einigkeit anderer Parteien längst zerbrochen wäre oder zerbrochen ist, wie gerade in diesen letzten Wochen bei der CDU und NLP. Besonders unangenehm wird dabei empfunden, daß die Homogenität in der sozialdemokratischen Parteileitung (und nicht nur im Parteivorstand) echt und nicht erzwungen ist. Sie ist das Ergebnis einer weitgehenden geistigen Übereinstimmung, einer gleichen Art, die Dinge zu sehen, aber nicht die Folge eines Befehls. Um über einige Punkte der Frankfurter Charta die Anweisungen Kurt Schumachers entgegenzunehmen, brauchte man keine sieben Stunden. Es hat also, für jeden sichtbar, eine ganze Reihe von Auffassungsunterschieden gegeben, die sich auf Einzelheiten in dieser oder jener Frage bezogen und die sich zum Teil auch aus der unbequemen Tatsache der räumlichen Entfernung zwischen Hannover und Frankfurt ergaben. Diese Auffassungsunterschiede wurden ohne Schonung irgend einer persönlichen Autorität ausgetragen und bildeten dann die Grundlage einer schließlichen echten Harmonie.

---
52 Es folgen noch die auch im Protokoll wiedergegebenen Mitgliederlisten des Sozialpolitischen und des Kommunalpolitischen Ausschusses, vgl. Prot. [B], TOP 3 b u. e, sowie ein Abdruck des Unvereinbarkeitsbeschlusses einer Mitgliedschaft im Deutschen Demokratischen Frauenbund und einer Mitgliedschaft in der SPD, vgl. TOP „Demokratischer Frauenbund" u. Anlage 3.

Diese Übereinstimmung besteht auch in der Frage der Mitarbeit der SPD in den Direktorien. Die Situation ist in dieser Hinsicht, wie in letzter Zeit übrigens mehrfach gesagt, unverändert. Das Verhalten der CDU in der Zeit ihrer alleinigen Verantwortung für die westdeutsche Wirtschaftsführung – soweit sie deutsche Stellen überhaupt tragen – ist nach Auffassung der SPD nicht derart gewesen, daß eine Zusammenarbeit mit ihr Aussicht auf Erfolg verspricht. Die wirtschaftlichen und gesellschaftlichen Kräfte, die den Kurs der CDU in Wahrheit bestimmen, sind in der Atmosphäre der kaum behinderten eigenen Bewegungsfreiheit, wie sie seit der Übernahme aller Direktorenposten durch CDU-Vertreter entstand, immer deutlicher in Erscheinung getreten. Daß die SPD trotz ihrer grundsätzlichen Oppositionsstellung von Fall zu Fall zu praktischer Mitarbeit bereit ist und sich nicht einfach im Neinsagen erschöpft, haben eine Reihe von Entscheidungen des Wirtschaftsrates gezeigt.

Mit der Tagung vom 25. Januar 1948 hat die SPD einen neuen Beweis dafür erbracht, daß sie unter den politischen Kräften, über die Deutschland heute verfügt, diejenige ist, die auf der Basis einer vollkommen unbehinderten internen Meinungsbildung zu der weitaus größten inneren Geschlossenheit gelangt ist. Wenn aber unter diktatorischem Parteiregime klares Handeln nach gemeinsamen Grundauffassungen und nach einem vorangegangenen vollkommen offenen Meinungsaustausch über Einzelheiten verstanden wird, dann wird sich die SPD diesen Vorwurf auch künftig gern gefallen lassen.

Anlage 2
Kommuniqué des „Vorstandes der SPD" über die Besprechung der Mitglieder des „Büros" mit führenden sozialdemokratischen Landespolitikern am 6. 1. 1948
Sozialdemokratischer Pressedienst III/3 v. 7.1.1948, S. 5 f.

Am 6. Januar 1948 fand in Hannover eine Besprechung führender Sozialdemokraten aus Berlin und den drei Westzonen statt. An der Besprechung waren neben den Mitgliedern des *Büros des Parteivorstandes* [Schumacher, Ollenhauer, Franke, Gotthelf, Heine, Kriedemann, Nau][53]

die sozialdemokratischen *Ministerpräsidenten* [Kopf (Nieders.), Stock (Hessen)], die *Leiter der Stadtstaaten* [Brauer (Hamburg), Kaisen (Bremen), Schroeder (Berlin)], *Minister* [Brill (StSekr., Hessen) Menzel(NRW, auch PV), Schmid (Württ.-Hoh., auch PV)] und Mitglieder des *Wirtschaftsrates* [Dahrendorf, Schoettle] des *Exekutivrates* [Hansen[54], Metzger] und des *Zonenbeirates* der britischen Zone [Henßler (auch PV)] beteiligt[55].

---

53 Die Namen der Teilnehmer werden hier nach der erhalten gebliebenen Teilnehmerliste hinzugefügt: AdsD, SPD-Parteivorstand, 2/ PVAS 0000665.
54 Bernhard *Hansen* (1895-1988), Rechtsanwalt in Hamburg, SPD, 1946-49 MdBü, 1947-49 Vertreter Hamburgs im Exekutivrat u. anschließend im Länderrat d. Vereinigten Wirtschaftsgebietes.
55 Außerdem waren nach der Teilnehmerliste noch anwesend: Franz *Bögler* (Vorsitzender des SPD-Bezirks Pfalz und Mitglied des PV), Waldemar von *Knoeringen* (Vorsitzender des Landesverbandes Bayern) und Hugo *Dornheim* (geb. 1886, persönlicher Referent des hessischen Ministerpräsidenten Stock).

Dokument 17, 25. und 26. Januar 1948

Die Konferenz wurde von E. *Ollenhauer* eröffnet und mit einem kurzen Referat von Dr. *Schumacher* eingeleitet.

In der Besprechung herrschte Einmütigkeit, daß bei den Frankfurter Konferenzen am 7. und 8. Januar erneut nur der provisorische Charakter der gegenwärtigen Regelung bestätigt werden könne, und daß die Sozialdemokraten sich entschieden gegen einen Weststaat und eine Weststaatregierung wenden.

Für die bessere Organisierung des Wirtschaftsrates wurde von den Sozialdemokraten eine Reihe von Vorschlägen gemacht, die unter anderem vorsehen:
1. Die Einbeziehung Berlins in den Wirtschafts- und umzubildenden Länderrat mit Ziel einer Einbeziehung ganz Deutschlands.
2. Eine Verdoppelung der Mitglieder des Wirtschaftsrates.
3. Umbildung des Exekutivrates in einen Länderrat, der ein begründetes Einspruchsrecht erhalten soll.
4. Schaffung eines Schiedsgerichts zur Regelung von Streitigkeiten.

Wesentliche Punkte der sozialdemokratischen Vorschläge bildeten die Forderung nach einer gesamtdeutschen Währungsreform und vor allem [die] nach der Schaffung eines Besatzungsrechts, das für die Besatzungsmächte und die Deutschen bindend ist.

Anlage 3
Beschluß des Parteivorstandes vom 26.1.1948 zur Unvereinbarkeit einer Mitgliedschaft im Demokratischen Frauenbund Deutschlands (DFD) mit einer Mitgliedschaft in der SPD
Sopade Informationsdienst Nr. 385 v. 28.2.1948, S. 2.

Die Mitgliedschaft im Deutschen Demokratischen Frauenbund sowie die Anwesenheit auf Kongressen, die vom Deutschen Demokratischen Frauenbund einberufen sind, ist unvereinbar mit der Mitgliedschaft in der Sozialdemokratischen Partei Deutschlands."

Begründung:
1. Der Deutsche Demokratische Frauenbund ist dem Internationalen Demokratischen Frauenbund angeschlossen, der von den folgenden Frauen geleitet wird: *Eugenie Cotton* (Frankreich)[56] eine bekannte französische Kommunistin, *Dolores Ibarruri* (Spanien)[57], bekannte Kominternagentin, *Popova* (UdSSR)[58] und *Gene Weltfisch* (USA), bekannt als begeisterte Mitläuferin.

---

56 Eugenie *Cotton*, geb. Feytis (1881-1967), Physikerin. Dr. rer. nat., Dez. 1945: Mitbegründerin des „Internationalen Demokratischen Frauenbundes".
57 Dolores *Ibárruri* (1895-1989), 1942-60 Generalsekr. d. Spanischen Kommunistischen Partei, 1977 Rückkehr nach Spanien, Ehrenvorsitzende der KP Spaniens.
58 Nina Vasilevna *Popova* (geb. 1908), Funktionärin der sowjetischen Partei-, Gewerkschafts- und Frauenbewegung.

2. Der Deutsche Demokratische Frauenbund wurde von der SEP und den Russen zuerst in der Ostzone und dann in Berlin ins Leben gerufen, nachdem der Berliner Magistrat die Auflösung der kommunistisch inspirierten Frauenausschüsse beschlossen hatte. Dem Vorstand gehören führende SEP-Frauen an, wie z.B. *Emmi Damerius*[59], *Käte Kern*[60], *Toni Wohlgemuth*[61], *Friedel Malter*[62], *Anna Seghers*[63] und *Maria Rentmeister*[64]. Als Aushängeschilder dienen einige Frauen der alten bürgerlichen Frauenbewegung, wie z.B. *Dr. Else Lüders*[65] und *Frau Durand-Wever*[66]. Auf der Gründungsversammlung waren leitende Frauen Sowjetrußlands anwesend.

3. Vor dem Berliner Volkskongreß im Dezember 1947 tagte ein Kongreß des Deutschen Demokratischen Frauenbundes, auf dem Frauen gewählt wurden, die mit in der vom Volkskongreß gewählten Delegation für London vertreten sein sollten. Über den Kongreß wurde in der SEP-Zeitung „Für Dich" und in allen Berliner und Ostzonen-SEP-Zeitungen groß berichtet.

4. Der Deutsche Demokratische Frauenbund wird in Zukunft auch in den Westzonen aktiv werden. Bereits jetzt sind, trotz unserer ausdrücklichen Warnung, einige SPD-Frauen, die bisher immer in der „überparteilichen" Frauenarbeit gestanden haben, auf die Propaganda des Deutschen Demokratischen Frauenbundes hereingefallen, und es ist unbedingt notwendig, unseren Bezirken ganz klare Richtlinien an die Hand zu geben, sonst besteht die Gefahr, daß über diese Frauenorganisationen SEP-Propaganda in unsere eigenen Gruppen getragen wird.

---

59 Emmy *Damerius-Koenen* (1903-87), seit 1924 KPD, 1934-45 Emigration, 1946 Rückkehr nach Deutschland (SBZ, SED), 1947 Mitbegr. des DFD (Demokratischen Frauenbundes Deutschlands).

60 Käte *Kern* (1900-85) seit 1920 SPD, bis 1933 Gewerkschaftsfunktionärin, 1945/46 ZA der SPD, danach SED. 1947-85 Vorstand des DFD, 1949-70 Leiterin der Hauptabteilung Sozialwesen im Ministerium für Gesundheitswesen der DDR, 1949-85 Mitglied der Volkskammer.

61 Toni *Wohlgemuth* (1892-1984), vor 1918 SPD u. Gew., 1945/46 ZA der SPD, 1946 SED.

62 Friedel *Malter*, geb.1902 in Schlesien als F. Franz, Tochter eines Arbeiters, seit 1926 KPD, 1933-38 u. 1944/45 Zuchthaus bzw. KZ; 1945 KPD, 1946 SED, 1947-55 Bundesvorstand des FDGB; 1950-55 StSekr. im Arbeitsministerium der DDR, 1949-54 Md VK, 1959-80 Vors. d. DDR-Komitees f. Menschenrechte.

63 Anna *Seghers* (1900-83), dt.. Schriftstellerin, vor 1933 KPD, 1933 Emigration (F, Mexiko), 1947 Rückkehr (SBZ), 1952-78 Präsidentin des Schriftstellerverbandes der DDR.

64 Maria *Rentmeister* (1905-1993), vor 1933 KPD, 1936 Emigration (Niederl.), 1940 verhaftet und nach Deutschland gebracht, bis Kriegsende im Zuchthaus, nach 1945 KPD in Berlin, 1945-47 Vors d. Berliner Frauenausschusses, 1946-50 PV der SED, 1949-1958 Stellv. Vors. d. Staatl. Kommission d. DDR f. Kunstangelegenheiten, 1958-60 Bereichsleiterin im VEB Progress - Film - Vertrieb.

65 Marie Elisabeth (Else) *Lüders* (1878-1966), Bürgerliche Frauenbewegung, 1919-21 u. 1924-30 MdR (DDP), 1953-61 MdB (FDP).

66 Anne Marie *Durand-Wever* (1889-1970), Dr. med., vor 1933 Ärztin und Frauenbewegung in Berlin, März 1947 Mitbegründerin und Vorsitzende der DFD, Einsatz vor allem für eine Reform des § 218.

Dokument 18, 17. und 18. Februar 1948

Nr. 18

Sitzungen der obersten Parteigremien und der sozialdemokratischen Fraktion des Wirtschaftsrates am 17. und 18. Februar 1948 in Kassel

[A] Sitzung des Parteivorstandes am 17. Februar 1948

AdsD: SPD-Parteivorstand, 2/ PVAS 0000668 (Maschinenschriftl. Prot. d. Sitz. d. PV v. 17.2. 1948, 7 S.)[1]

Leitung der Sitzung: Erich **Ollenhauer**
Anwesend: siehe Liste, *Görlinger* wegen Krankheit entschuldigt

[**Teilnehmer/Teilnehmerinnen, nach Funktionen geordnet:**[2]
PV:[3] *Schumacher, Ollenhauer, Franke, Gotthelf, Heine, Kriedemann, Nau; Albrecht, (Bögler), Eichler, Gayk, Gnoß, Grimme, Gross, Henßler, Kaisen, Knothe, Loßmann, Meitmann, Menzel, Neumann, Schmid, (Selbert), Veit*
PV-Stellvertreter: *Suhr, I. Wolff*
KK: *Schönfelder*
SPD-Fraktion im WR: *Schoettle*
Berliner Sekretariat des PV: *Brandt*]

Tagesordnung[4]
1) Wirtschaftsrat Frankfurt
2) Parteitag 1948
3) Vertretung in der Internationale
4) Berichte
5) Wahlen: a) Wirtschaftspolitischer Ausschuß, b) Agrarpolitischer Ausschuß
6) Vorbereitung der PA-Sitzung
7) Termin und Ort der nächsten Vorstandssitzung
8) Bericht der Kontrollkommission in der Angelegenheit Kriedemann[5]
9) Besetzung des Wirtschaftspolitischen Referats beim PV
10) Zonenbeirat für die britische Zone

---

1 Die Einladung mit Bekanntgabe der vorläufigen Tagesordnung erfolgte durch das Rundschreiben Nr. 6/48 des Referats Organisation, unterschrieben von E. Ollenhauer, vom 5. 2. 1948, das in den Beilagen zum Protokoll erhalten geblieben ist. Das Kommuniqué (Sopade Informationsdienst Nr. 405 v. 21. 2. 1948) wird hier als Anlage 1 A zu den Protokollen abgedruckt.
2 Die folgenden Angaben wurden der Anwesenheitsliste in den Beilagen zum Protokoll entnommen; für die Teilnehmer an allen Vorstandssitzungen 1947/48 vgl. Anhang 2.
3 Von den Mitgliedern des PV fehlten *Agartz, Baur, Görlinger, Helmstädter* und *Schroeder. Bögler* und *Selbert* trugen sich nur in die Anwesenheitsliste der gemeinsamen Sitzung am 18. Februar ein, vgl. Dok. 18 B u. Anh. 4.
4 Wortlaut der Tagesordnung nach der Einladung vom 5. 2. und einer Ergänzung der Tagesordnung durch das Rundschreiben Nr. 8/48 des Referats Organisation v. 16. 2. 1948, das ebenfalls in den Beiakten zum Protokoll erhalten geblieben ist.
5 Die Punkte 8 - 10 noch nicht in der vorläufigen Tagesordnung vom 5. 2. 1948.

Zu **Punkt 2** (Parteitag 1948)[6]
Ollenhauer: Das Büro schlägt als voraussichtlichen Termin September 1948 vor und als Tagungsort Düsseldorf.

Einstimmig beschlossen.

Zu **Punkt 3** (Vertretung in der Internationale)
Ollenhauer: Die nächste Sitzung der internationalen Organisationskommission findet am 19. und 20.3. in England statt. Die internationale Konferenz wird im Juni wieder tagen. Die Sozialisten aus den sogenannten Marshall-Ländern tagen am 21. und 22.3., ebenfalls in England. Vertreter müssen benannt werden für:
1. Sitzung der Organisationskommission. Bürovorschlag: *Ollenhauer* (als Vertreter *Heine*).[7]
2. Marshall-Konferenz. Bürovorschlag: *Schumacher*, *Ollenhauer* und als Wirtschaftsexperte *Seume*.[8]

Einstimmig beschlossen.

Eine Einladung zum außerordentlichen Parteitag der Sozialdemokratie in der Schweiz liegt für den 17. und 18.4. vor. Vorschlag: *Ollenhauer* und *Carlo Schmid* sollen delegiert werden.

Einstimmig beschlossen.[9]

Zu **Punkt 4** (Berichte):
Henßler berichtet über die **Besprechung mit den Gewerkschaftsvertretern am 13.2. in Bad Meinberg**.[10] Die Dresdner Tagung der Gewerkschafter führte lediglich zur Bildung eines Zentralrates. Der von den Ostzonen-Vertretern angestrebte Gewerkschaftskongreß wurde nicht [gebilligt][11]. Die Westzonen-Gewerkschafter erklärten sich nicht bereit, bei den Berliner Gewerkschaftswahlen eine Hilfsstellung zu leisten. Auch zum Marshall-Plan erfolgte keine klare Stellungnahme. Es müßten jetzt die sozialdemokratischen Gewerkschafter gegen ein Zusammenspiel mit den Ostzonen-Gewerkschaftern mobil gemacht werden. In der Ernährungsfrage deckt sich die Auffassung der Gewerkschafter mit der Partei.

Ollenhauer ergänzt die Ausführungen und erklärt u.a., daß der TUC eine Gewerkschaftskonferenz der Marshall-Länder einberufen wird. Es sei verabredet worden, daß

---

6 Termin und Ort des nächsten Parteitages wurden im Kommuniqué erwähnt.
7 Nach dem Kommuniqué wurde Ollenhauer zum ständigen Vertreter der SPD in der „Organisationskommission der internationalen Arbeitsgemeinschaft der sozialistischen Parteien" und Heine zu seinem Vertreter gewählt.
8 Im Kommuniqué werden als Delegationsmitglieder namentlich Schumacher und Ollenhauer sowie ein wirtschaftspolitischer Sachverständiger genannt. Franz *Seume* (1902-82), Berlin, Dr. rer. pol., 1948/49 Mitbegr. d. Berliner Industrie-Bank AG, 1950-55 u. 1964-72 Mitglied d. Landesausschusses Berlin der SPD, 1957-72 MdB, März 1972: Austritt aus der SPD wegen der Ostverträge.
9 Die Delegation von Ollenhauer und Schmid wird auch im Kommuniqué erwähnt.
10 Das in den Beilagen erhalten gebliebene Protokoll der Besprechung wird hier als Anlage 2 abgedruckt.
11 In der Vorlage „gebildet". Vgl. dazu den Bericht von Richter über den Verlauf der Interzonen-Konferenz in der Besprechung am 13. Februar, Anlage 2.

Partei und Gewerkschaft sich jeweils vorher verständigen. In Dresden forderten die Westzonen-Gewerkschafter eine Diskussion über die demokratische Gewerkschaftsarbeit, wobei die Richtlinien von *Tarnow* als Diskussionsgrundlage dienen sollten. Die Ostzonenvertreter lehnten dies ab. Sie forderten einen Zentralrat, der zusammengesetzt sein solle im Verhältnis zur Mitgliederzahl in den Zonen. Dies lehnte der Westen ab.

Nach langer Diskussion einigte man sich wie folgt: russische, britische und amerikanische Zone entsenden je 15, französische Zone und Berlin je 5 Vertreter in den Zentralrat. Es ist offensichtlich der Wunsch der Kommunisten, die deutsche Gewerkschaft bereits im August auf dem Kongreß des WGB als Mitglied zu sehen. Die Westgewerkschafter glauben, bis dahin durch die Konferenz der Marshall-Länder-Gewerkschaften keinen einheitlichen WGB mehr vorzufinden.

Die Gewerkschafter baten, daß die Partei bei Verhandlungen die Betriebsräte nicht herausstellt, sondern die Zuständigkeit der Gewerkschaftsfunktionäre achtet.

Tagungsbericht siehe Anlage 2

Heine gibt bekannt, daß z.Zt. in Hamburg Verhandlungen ehemaliger DHV[12]- und [GdA][13]- Vertreter stattfinden, um eine bürgerliche Angestelltengewerkschaft zu gründen.

Brandt bedauert, daß die Westgewerkschafter nicht der Berliner Gewerkschaftsopposition Unterstützung zuteil werden lassen.[14] Es sei wünschenswert, daß Genossen aus dem Westen in den Wahlkampf, der ein Vorspiel des politischen Wahlkampfes ist, eingreifen.

Meitmann erwähnt, daß in der DAG und den Industriegewerkschaften die Sozialdemokraten einander bekämpfen und sich gegenseitig des Streikbruches bezichtigen. Er fordert, daß der PV diese Frage sehr ernsthaft mit den Gewerkschaftern diskutiert.

Franke gibt bekannt, daß die Betriebs-Sekretäre unter der Leitung *Fritz Henßlers* in Witten a. d. Ruhr getagt hätten[15]. Man war auf der Konferenz über die mangelnde Betriebsarbeit sehr aufgebracht, jedoch blieb jeder Versuch, einen der anwesenden Genossen für die Arbeit beim PV zu verpflichten, ohne Erfolg.

Ollenhauer antwortet *Meitmann*, daß der Konflikt DAG und DGB nicht von uns beeinflußt werden könnte.

Henßler glaubt nicht, daß der zentrale Betriebs-Sekretär so wichtig sei wie der Betriebs-Sekretär in den Bezirken.

Ollenhauer widerspricht dieser Auffassung und fordert *Loßmann* auf, ernstlich die Freistellung des Genossen *Balderers*[16] zu bedenken.

---

12 Abkürzung für den zu den konservativen Parteien tendierenden „Deutschnationalen Handlungsgehilfenverband", der von 1893 bis 1934 bestand.
13 In der Vorlage „GDA". GdA war die offizielle Abkürzung für den liberalen, zu den Hirsch-Dunckerschen Gewerkvereinen tendierenden „Gewerkschaftsbund der Angestellten", .
14 In Berlin bildete sich bereits 1946, als der FDGB immer mehr von der KPD bzw. SED beherrscht wurde, eine „Unabhängige Gewerkschaftsopposition", die sich 1947 als „Unabhängige Gewerkschaftsorganisation" (UGO) organisierte. Vgl. dazu Einl. Kap. II 5 a.
15 Zu dieser Sitzung, die am 23.1.1948 stattfand, vgl. a. die kurze Notiz: Jb. SPD 1948/49, S.163.
16 Willy *Balderer*, geb. 1906, Werkzeugdreher, 1925 SPD, 1931 Vors. d. Kinderfreunde in Nürnberg, 1933 Stadtrat in Nürnberg, 1946 Parteisekr. d. SPD in Nürnberg, Anfang 1948 Bez.Sekr. der SPD von Ober- und Mittelfranken.

Dokument 18, 17. und 18. Februar 1948

Schmid berichtet über eine **Besprechung, die Schumacher und er am 14.2. in Tübingen mit Herrn Laloy**[17] hatten. Die Besprechung trug einen offiziellen Charakter. Die französische Vorstellung drehte sich um die Punkte Föderalismus und Ruhr-Kontrolle. Die *Franzosen* sprachen sich für ein Gesamtdeutschland, also gegen die Ost-Westspaltung aus. Sie forderten jedoch den föderalistischen Bundesstaat, in dem die Kompetenz-Kompetenz bei den Ländern liegt. Der Wirtschaftsrat in Frankfurt sei nicht genügend föderalistisch aufgebaut.

Schumacher brachte dagegen zum Ausdruck, daß die Begriffe Föderalismus/Zentralismus in Deutschland ihre ursprüngliche Bedeutung verloren hätten. Schon der Marshallplan schließe die Föderalisierung aus, da er dann schon auf der europäischen Stufe nicht sinnvoll zur Durchführung kommen könnte. Auch würde sich der Appetit auf Föderalismus in Deutschland schon in absehbarer Zeit verlagern. Die Industriegebiete würden bald die derzeitigen ernährungsmäßig besser gestellten Gebiete überholt haben.

Die Franzosen erwiderten darauf, daß die eigentliche Befürchtung Frankreichs darin läge, daß durch die Kommunisten Deutschlands die russische Einflußsphäre an den Rhein verlagert wird. Frankreich, England und Deutschland könnten alleine als Pfeiler Europas dafür Sorge tragen, daß Rußland nicht übermächtig wird. Frankreich wünscht die Internationalisierung des Ruhrgebietes, die dann Garantie genug sei. Damit könnten dann das Industrieabkommen und die Forderung nach einer weitergehenden Föderalisierung hinfällig werden. Es gebe nun zwei Möglichkeiten: 1. Ausklammerung des Ruhrgebietes. Dies dürfte als indiskutabel angesehen werden. 2. Eigentum an den Produktionsmitteln der Industrien Kohle, Eisen und Stahl. Das bedeute eine internationale Geschäftsführung unter starker deutscher Beteiligung.

Schumacher antwortet darauf, daß auch die SPD das politische Europa erstrebt. Er glaube jedoch, daß die französischen Vorschläge dieses Europa gefährdeten. Es sei notwendig, daß die deutsche Arbeiterschaft ein wachsendes Selbstgefühl davontragen müßte. Die französischen Vorschläge würden den Eindruck der Niederlage verstärken und man laufe Gefahr, daß die Arbeiterschaft den nationalen Parolen aus dem Osten erliegen wird. Die Ruhrindustrie müsse Eigentum des deutschen Volkes werden.

Das Resultat der Besprechung kann dahingehend zusammengefaßt werden, daß die Eigentumsfrage von den Franzosen unentschieden gelassen wird, bis klar zu sehen ist, daß Rußland seine Hand nicht danach streckt. Auf keinen Fall Rückgabe an die alten Besitzer, sondern Treuhänderschaft unter Kontrolle der Gewerkschaften und Kommunen.

Weiter wurde von den Franzosen der Wunsch geäußert, das Gespräch bald fortzusetzen.

Eichler fragt, ob nicht über den Anschluß der französischen Zone gesprochen wurde.
Schmid verneint.
Schumacher fügt noch ergänzend hinzu, daß die Franzosen bewußt den Kontakt mit der SPD gesucht haben, um einmal England und Amerika durch die Tatsache an sich zu

---

[17] Zu dieser Besprechung vgl. auch P. Weber, Carlo Schmid, S. 325 f. u. 842. Jean *Laloy* (geb. 1912). Diplomat, höherer Beamter im frz. Außenministerium, 1947 in der Abteilung f. dt. u. österr. Belange.

Dokument 18, 17. und 18. Februar 1948

überraschen, zum anderen aber auch, um durch eine zu den Anglo-Sachsen gegensätzliche Haltung der SPD für den französischen Standpunkt einen Gewinn herauszuschlagen. Der Franzose bedauerte daher auch zum Schluß das negative Resultat der Unterhaltung.

Ollenhauer gibt bekannt, daß der Außenpolitische Ausschuß sich mit der Schaffung des bizonalen Friedensbüros beschäftige und morgen nochmals mit den Ministerpräsidenten das praktische Handeln erörtern wird.

Zu **Punkt 5** (Wahlen)
a) Wirtschaftspolitischer Ausschuß, b) Agrarpolitischer Ausschuß
Gemäß Anlage einstimmig gewählt[18]

[**Wirtschaftspolitischer Ausschuß**:
 Dr. Victor *Agartz*, Köln; Otto *Bach*, Berlin[19]; Bruno *Diekmann*, Kiel; August *Halbfell*, Düsseldorf; Gustav *Klingelhöfer*, Berlin:; Dr. Harald *Koch*, Wiesbaden; Dr. Gerhard *Kreyssig*, München; Heinrich *Meins*, Hamburg[20]; Johannes *Petrick*, Düsseldorf[21]; Erich *Potthoff*, Köln; Heinz *Potthoff*, Düsseldorf; Dr. Hermann *Veit*, Stuttgart; A. *Wabnegg*, Nürnberg[22]; Dr. Gerhard *Weisser*, Hamburg; Dr. Viktor *Wrede*, Hamburg]

[**Agrarpolitischer Ausschuß**:
 Hubert *Biernat*, Unna/Westf.[23]; Dr. Hugo *Buhl*, Hannover; Professor Dr. Wilhelm *Gülich*, Kiel[24]; Karl *Langebeck*, Kiel[25]; Hans *Podeyn*, Frankfurt; Georg *Raloff*, Hamburg[26]; Dr. Karl *Rehfeld*, Göttingen; Dr. Martin *Schmidt*, Parensen; Max *Walter*, Lauf an der Pegnitz]

Zu **Punkt 6** (Vorbereitung der PA-Sitzung):
Tagesordnungsvorschlag des Büros wird akzeptiert.

---

18 Nach dem Kommuniqué „bestätigte und ergänzte" der Parteivorstand Vorschläge des geschäftsführenden Vorstandes zur Bildung der Ausschüsse. Die Namen der Ausschußmitglieder werden im Protokoll nicht genannt, sie werden hier nach dem Kommuniqué und den Mitgliederlisten im Jahrbuch der SPD für 1947 (S. 34 u. 35) abgedruckt.
19 Otto *Bach* (1899-1981), Kaufm. Lehre, vor 1933 SPD, 1920-33 Mitarbeiter d. Zweigamtes Berlin d. Intern. Arbeitsamtes, 1933-40 Mitarbeiter d. Zentrale d. Intern. Arbeitsamtes in Genf, 1946 Dir. d. Elektrowerke AG in Berlin, 1946-54 u. 1958-67 Stadtverordn./ MdAbgH, 1961-67 Präsident des Abgeordnetenhauses.
20 Heinrich *Meins*, geb. 1907 als Sohn e. Arbeiters; Banklehre, Angestellter, Abitur, Jurastudium; 1945/46 Wiederaufbau der Konsumgenossenschaften, 1948 Geschäftsf. d. GEG in Hamburg, 1954 Vorsitz in der Geschäftsleitung.
21 Johannes *Petrick*, 1948 Referent im Wirtschaftsministerium von Nordrhein-Westfalen.
22 *Wabnegg* wird im Jahrbuch 1948/49 – als einziger der hier genannten Ausschußmitglieder – nicht mehr als Mitglied des Ausschusses erwähnt, Jb. SPD 1948/49, S. 55.
23 Hubert *Biernat* (1907-67), Kaufm. Lehre, Kaufm. Angestellter, 1926 SPD, 1930-33 Journalist bei der SPD-Zeitung „Der Hammer" (Hamm), 1946-50 u. 1958-1967 MdL (NRW), 1946-50 Landrat d. Kreises Unna, 1950-56 RegPräs in Arnsberg, 1956-58 Innenminister (NRW).
24 Wilhelm *Gülich* (1895-1960), Dr.rer.pol., 1924 Dir. d. Bibl. d. Inst. f. Weltwirtsch. d. Univ. Kiel, 1946 SPD, 1947-50 MdL (Schlesw.-Holst.), 1949/50 Finanzminister (Schlesw.-Holst.), 1949-1960 MdB.
25 Karl *Langebeck* (geb. 1884), Gewerkschaftssekretär in Kiel, 1921-25 M d. Provinziallandtags von Schlesw.-Holst.
26 Georg *Raloff* (1902-65), Getreide- u. Saatenkaufmann in Hamburg, vor 1933 SPD, nach 1933 aktiver Widerstand, 1946-65 MdBü, Beamter im Bundeslandwirtschaftsministerium.

Zu **Punkt 7**: Nächste Sitzung des PV am 9.4.1948, 9 Uhr in Hannover.

Zu **Punkt 8** (Kontrollkommission in der Angelegenheit Kriedemann)
Schönfelder trägt die wesentlichen Punkte aus dem Protokoll [...][27] vor und übergibt die Entscheidung dem Parteivorstand.

Schumacher erklärt, daß sich das „Büro" hinter *Kriedemann* gestellt hat. Es seien die Beweise für die kommunistische Anklage nicht erbracht worden und es gelte, gegen das kommunistische System, sozialdemokratische Spitzen auszubrechen, Front zu machen. Doch müßten sich die Genossen im PV darüber klar sein, daß eine heutige Stellungnahme für *Kriedemann* bedeutet, daß man ihn auch in Zukunft, d.h. auch beim nächsten Parteitag, verteidigt.

Schmid führt aus: Auch wenn das Parteiinteresse vielleicht fordern könnte, *Kriedemann* fallen zu lassen, glaubt er, daß bei vorliegendem Vertrauen das rein Menschliche ausschlaggebend sein müsse. Er würde aus der Partei austreten, wenn andere Grundsätze herrschten.

Gnoß ist der Auffassung, daß man eine evtl. Nichtwiederwahl *Kriedemanns* in den PV nicht unbedingt mit dieser Angelegenheit verkuppeln dürfe.

Gayk betont dagegen, daß gerade nun sachliche Bedenken gegen *Kriedemann* zurückgestellt werden müßten.

Ollenhauer erklärt ausdrücklich, daß das von *Schumacher* ausgesprochene Vertrauen für *Kriedemann* von allen Büromitgliedern geteilt wird.

Gnoß, Gross und **Veit** bringen ihre ernsten Bedenken zum Ausdruck wegen der großen Geldsumme, die *Kr.* in Holland angenommen hat.

Ollenhauer faßt das Ergebnis der Besprechung wie folgt zusammen: Nach dem Bericht des Vorsitzenden der KK, *Adolf Schönfelder,* spricht der PV dem Genossen *Kriedemann* sein Vertrauen aus.

Einstimmig beschlossen.

Veröffentlichung im Kommuniqué. Ebenfalls beschlossen.[28]

Zu **Punkt 9** (Wirtschaftspolitisches Referat beim PV)[29]
Ollenhauer führt aus, daß *Seume*, Berlin, bereit sei, für den PV zu arbeiten, vorausgesetzt, daß er weiter beim Deutschen Institut in Berlin verbleiben kann. Er wird Spezialaufgaben bearbeiten wie „Auswirkungen des Marshall-Planes auf Deutschland", Demontage- und Reparationsfragen.

Weiter habe der PV die Mitgliedschaft beim deutschen Institut in Berlin erworben.

---

[27] Weggelassen wird hier der Hinweis auf eine in den Beilagen nicht mehr vorhandene „Anlage 3" – wahrscheinlich das Protokoll der Sitzung der Kontrollkommission.
[28] Im Kommuniqué wird erwähnt, daß der PV nach dem Bericht von Schönfelder Kriedemann einstimmig sein Vertrauen ausgesprochen habe.
[29] Im Kommuniqué wird nur der Beschluß erwähnt, ein wirtschaftspolitisches Referat beim PV einzurichten.

Dokument 18, 17. und 18. Februar 1948

Nach kurzer Diskussion folgende Beschlüsse:
1. Der PV billigt das mit dem Genossen *Seume* getroffene Abkommen..
2. Der PV billigt den Erwerb der Mitgliedschaft beim deutschen Institut.

Ollenhauer übermittelt den Vorschlag des Büros, daß das wirtschaftspolitische Referat beim PV mit dem Genossen *Petrick* (z.Zt. Wirtschaftsministerium Düsseldorf) besetzt wird.

Henßler und **Gross** sind der Auffassung, daß Nordrhein-Westfalen z.Zt. *Petrick* nicht entbehren kann.

Menzel ist dagegen der Auffassung, daß die besten Kräfte in die Zentrale kommen müßten. Er habe jedoch Bedenken, da *Petrick* wegen seiner Jugend noch zu sehr intellektuell betont sei. Er bedürfe noch einer besseren Fundierung durch die Praxis und schlage daher vor: *Petrick* nimmt im Ministerium 3 Monate Urlaub und arbeitet während dieser Zeit zur Probe beim PV.

Der Vorschlag *Menzels* wird akzeptiert.

Zu **Punkt 10** (Zonenbeirat)[30]
Henßler gibt bekannt, daß die Militär-Regierung die Arbeit des Zonenbeirats als beendet ansieht und an eine Auflösung denkt. Dagegen habe er Bedenken geäußert, die er in einem Schreiben an General *Bishop* niedergelegt habe. [...][31]

Ollenhauer fügt hinzu, daß *Brauer* von General *Robertson* nach der letzten Sitzung in Frankfurt den Bescheid erhalten habe, daß die Ministerpräsidenten-Konferenz der britischen Zone nunmehr überflüssig sei. Unser Standpunkt solle sein, daß der Zonenbeirat seine Arbeit auf das Notwendigste beschränke, aber doch vorerst beibehalten bleibt.

Nachdem **Kaisen** eingeworfen hatte, daß den Ländern die Finanzhoheit verbleiben müsse, erklärt **Schumacher**: Das Prinzip der *Erzbergerschen* Steuerreform war auch das traditionelle Prinzip der Sozialdemokratie. Die Finanzhoheit der Länder sei nicht akzeptabel.

Gayk klagt darüber, daß Ländergesetze in Schleswig-Holstein von der Militär-Regierung zurückgewiesen werden, da das Land nicht kompetent sei. Anderseits liegen aber Richtlinien der Besatzungsmacht nicht vor.

Ollenhauer schließt die Diskussion über den Zonenbeirat ab und stellt fest, daß der PV die von *Henßler* in seinem Brief an General *Bishop* zum Ausdruck gebrachten Bedenken gegen die Auflösung des Zonenbeirates billigt.

Zu **Punkt 1** (Wirtschaftsrat Frankfurt)
Ollenhauer rekapituliert das Ergebnis der Besprechungen mit der Wirtschaftsratsfraktion und den Ministerpräsidenten am 25.1. in Hannover. Er legt dann in einem längeren Referat (siehe [Anlage 3][32]) die Richtlinien der sozialdemokratischen Politik in Frankfurt dar.

---

30 Zu diesem TOP wurde im Kommuniqué erwähnt, daß sich der PV gegen eine Auflösung des Zonenbeirats ausgesprochen habe. Zum Zonenbeirat vgl. auch Einleitung Kap. II 3 c.
31 Weggelassen wird hier der Hinweis auf ein in den Anlagen nicht mehr vorhandenes Schreiben von Henßler an Bishop. Henry Alexander *Bishop*, General d. brit. Armee, war seit 1946 Stellv. Chef d. Stabes d. Militärgouverneurs in Deutschland.
32 In der Vorlage „Beilage V".

Kaisen spricht sich für eine verantwortliche Mitarbeit in Frankfurt aus.

Henßler wirft ein, daß *Ollenhauer* vergessen habe, in seiner Rede die Politik der Länder zu behandeln. Im PV sei man seinerzeit sehr daran interessiert gewesen, daß die SPD in Nordrhein/Westfalen in die Regierung ging. Gemäß *Ollenhauers* Ausführungen müßten nunmehr die Sozialdemokraten aus der Regierung austreten.

Neumann glaubt, daß Amerika eine Verständigung mit Rußland sucht. Er fragt, warum nicht wir selber die Idee der deutschen Einheit herausstellen.

Schmid erklärt, daß wir das Problem des Anschlusses der französischen Zone nicht nur aus wirtschaftlichen, sondern auch aus politischen Gesichtspunkten betrachten müssen. Die Dreimächtebesprechung in London wird vornehmlich das Ruhrproblem behandeln. Wir sollten erklären, daß wir noch warten können und durchaus nicht bereit sind, jeden Preis für den Anschluß zu zahlen. In der französischen Zone würde ein Austritt der Sozialdemokraten aus der Regierung bedeuten, daß der letzte Hemmschuh für die Durchziehung der französischen Besatzungspolitik beseitigt wäre.

Heine antwortet *Neumann*, der sich gegen die telegraphische Ordererteilung ausgesprochen hatte, daß das Büro befürchtete, es könne von den sozialdemokratischen Fraktionen zum *Adenauer*-Antrag verschieden abgestimmt werden. Es galt, die vom Gegner erstrebte Aufspaltung zu verhindern. Im Speisekammergesetz sei es die Hereinnahme des Normalverbrauchers gewesen, die den Anlaß zur Kritik gab, und nicht das Gesetz an sich. Es müsse wie ein Hohn wirken, daß in der Periode, da kein Gramm Fett aufgerufen wurde, vorausgesetzt wird, daß der Normalverbraucher noch Bestände in der Speisekammer hat. Unsere Fraktion im Wirtschaftsrat treibt eine Politik der konstruktiven Mitarbeit und nicht der konstruktiven Opposition.

Eichler ist der Meinung, daß ein Bedürfnis vorläge, die Frage der Konsequenz unseres Handelns eingehend zu diskutieren. Das gilt für die Beteiligung an der Regierung wie auch für unseren Protest gegen die Demontage bei gleichzeitiger Hilfsstellung bei den Alliierten zur Erleichterung der Demontage.

Veit erklärt, daß die Wirtschaftsminister besonders nach der Währungsreform in eine schwierige Position kommen würden. Unsere Politik bleibt auf halbem Wege stehen, wenn wir die Direktorenposten im Wirtschaftsrat ablehnen, zugleich aber die Länderminister behalten.

Gayk billigt die Grundgedanken des Referates von *Ollenhauer*. Massenpsychologisch sei jetzt von unserer Fraktion in Frankfurt die größte Dummheit gemacht worden, weil sie nicht darauf bestand, daß aus dem Speisekammergesetz der Normalverbraucherpassus herausblieb.

Kriedemann erwidert darauf, daß *Clay* ausdrücklich erklärt habe, daß sein Versuch, in Washington Kredite für die Westzonen zu erhalten, nur dann erfolgreich sein könnte, wenn von deutscher Seite jeder sichtbare und überzeugende Versuch zur Selbsthilfe gemacht würde. Die Fraktion befand sich daher in einer Zwangslage.

Ollenhauer erklärt abschließend, daß man Wirtschaftsratspolitik und Länderratspolitik nicht gleichstellen könnte. Der PV habe in keinem Fall auf die Länderpolitik einen

Dokument 18, 17. und 18. Februar 1948

Einfluß ausgeübt. Die Entscheidung über Regierungsbeteiligungen lag immer bei den Landesparteikörperschaften und solle auch dort weiter verbleiben.

[B] **Sitzung des Parteivorstands, des Parteiausschusses, der Kontrollkommission, der sozialdemokratischen Wirtschaftsratsfraktion und sozialdemokratischer Landesminister am 18. Februar 1948**
AdsD: SPD-Parteivorstand, 2/ PVAS 0000668, Sitz. d. PV u. PA, 18.2.1948 (Maschinenschriftl. Prot., 3 S., Überschrift: „Parteivorstands- und Pateiausschuß-Sitzung am 18.2.1948 in Kassel")[33]

Leitung der Sitzung: **Erich Ollenhauer**

Anwesend: Kontrollkommission, Wirtschaftsratsfraktion, sozialdemokratische Minister, Parteivorstand Parteiausschuß (siehe Liste)
[Teilnehmer/Teilnehmerinnen, nach Funktionen geordnet:[34]
PV *Schumacher, Ollenhauer, Franke, Gotthelf, Heine, Kriedemann, Nau; Albrecht, Bögler, Eichler, Gayk, Gnoß, Grimme, Gross, Henßler, Kaisen, Knothe, Loßmann, Meitmann, Menzel, Neumann, Schmid, Selbert, Veit*
PA[35]
BERLIN: *Suhr, I. Wolff*
BRAUNSCHWEIG: *Bennemann*
HAMBURG-NORDWEST: *Karpinski, Keilhack*
HANNOVER: *Borowski, Helfers*
HESSEN-Frankfurt: *Knothe* (auch PV)
HESSEN-Kassel: *Auth*[36], *Freidhof*

---

33 Die Einladung mit Bekanntgabe der vorläufigen Tagesordnung erfolgte durch das Rundschreiben Nr. 7/48 des Referats Organisation, unterschrieben von E. Ollenhauer, vom 5. 2. 1948. Über die gemeinsame Sitzung des Parteivorstandes, des Parteiausschusses, der Kontrollkommission, der sozialdemokratischen Wirtschaftsratsfraktion und sozialdemokratischer Landesminister sind auch Aufzeichnungen des Abgeordneten Gerhard Kreyssig erhalten geblieben, die Christoph Stamm in seiner Edition der Protokolle der Wirtschaftsratsfraktion publiziert hat (AdsD: NL G. Kreyssig 62, abgedr.: C. Stamm, S. 93-97). Sie werden hier als Anlage 4 A abgedruckt. Weiter machte sich Heinrich Troeger Notizen, die in seinem Tagebuch der Jahre 1947 bis 1949 publiziert wurden. Sie werden hier als Anlage 4 B abgedruckt. Das Kommuniqué (Sopade Informationsdienst Nr. 405 v. 21. 2. 1948, S. 2), wird hier als Anlage 1 B abgedruckt.
34 Die folgenden Angaben wurden der Anwesenheitsliste in den Beilagen zum Protokoll, Angaben im Protokoll und einer Aktennotiz vom 20. 2. 1948 über das genaue Abstimmungsverhalten der Mitglieder des PV und des PA über die Richtlinien für das Verhalten der sozialdemokratischen Fraktion des Wirtschaftsrates entnommen, die in den Beilagen zum Protokoll erhalten geblieben ist. Nach dieser Aktennotiz fehlten bei der Abstimmung von den Mitgliedern des PV *Agartz, Baur, Görlinger, Grimme* und *Helmstädter*. Zu der Aktennotiz vgl. auch Anm. 51.
35 Nach der gleichen Aktennotiz waren die Parteibezirke Ober- und Mittelfranken, Oberrhein, Östliches Westfalen, Schwaben und Süd-Württemberg in der Sitzung nicht vertreten.
36 Ferdinand *Auth* (geb. 1914 in Niederkalbach bei Fulda), Maurermeister und Hochbauingenieur, vor 1933 SPD, 1939-45 Kriegsdienst, 1946 technischer Angestellter bei der Hessischen Staatsbauverwaltung, 1952 ehrenamtlicher Bürgermeister von N., 1958-69 Vorsitz des UBez. Fulda, 1969 Bezirksvorstand Hessen-Nord.

NIEDERRHEIN (Düsseldorf): *Runge, T. Wolff*
OBERBAYERN (München): *Allmer, Kinzl*[37]
OBER- und MITTELFRANKEN (Nürnberg):-
OBERPFALZ-NIEDERBAYERN (Regensburg): *Höhne*
OBERRHEIN (Köln): -
ÖSTL. WESTFALEN (Bielefeld):-
PFALZ (Neustadt/Haardt): *Kuraner*
RHEINHESSEN (Mainz): *J. Steffan*
RHEINLAND-KOBLENZ-TRIER (Koblenz): E. *Bettgenhäuser*
SCHLESWIG-HOLSTEIN (Kiel): *H. Fischer, Krahnstöver* (auch WR)
SCHWABEN (Augsburg):-
SÜD-BADEN (Freiburg i. Br.):-
SÜD-WÜRTTEMBERG (Tübingen):-
UNTERFRANKEN (Würzburg): *E. Schumacher*[38]
WESER-EMS (Oldenburg): *Sührig*[39]
WESTL. WESTFALEN (Dortmund): *Schaub, Wenke*
WÜRTTEMBERG-BADEN (Stuttgart): *Denker*
KK: *Damm, Höcker, G. Richter, Schönfelder, Steffan, Wittrock*

Wirtschaftsratsfraktion: *Berger, Dahrendorf, Eichler* (auch PV), *Enderle, Heinen*[40], *Herberts*[41], *von Heukelum, Hewusch, Korspeter, Krahnstöver* (auch PA), *Kreyssig, Kriedemann* (auch PV), *Leddin, H. Meyer, Mommer*[42], *Remmele, E. Reuter, W. Richter, Schöne*[43], *Schoettle, K. Schulze, Strahringer*[44], *Wohlers*[45]

Mitglieder des Exekutiv-/Länderrats der Bizone: *Metzger, Mittendorf, Suchan, Troeger*

---

37 Luise *Kinz(e)l*, Trostberg (Oberbayern), 1947-52 PA.
38 Ernst *Schumacher* (1896-1957), Schriftsetzer, 1932/33 Sekr. SPD-Bez. Niederrhein, 1933 Emigration (Niederl., 1939 Bolivien), 1947 Rückkehr nach D, Sekr. d. Bez. UFr; 1948-53 Verlagsgeschäftsführer Neuer Vorwärts.
39 Herbert *Sührig* (1900-59), geb. in Osterode, Schlosser, 1917 DMV, 1919 SPD, 1928-33 Gewerkschaftssekr., nach 1945 BezSekr. d. SPD in Osterode, Bremen u. Oldenburg, 1946 MdL (Hannover); 1949 GewSekr. d. IGM: 1951 BezSekr., 1954 Bezirksleiter in HH.
40 Franz *Heinen* (1887-1963), Studium d. Volkswirtsch., Selbst. Kaufmann in Bonn, 1919-29 Stadtverordn. (SPD), 1946-51 Stadtverordn.,1946/47 u. 1950-54 MdL, 1948/49 MdWR.
41 Hermann *Herberts* (1900-1995), geb. in Elberfeld, vor 1918 SPD, nach 1919 Parteisekretär, Zeitungsherausgeber, nach 1945 Zeitungsredakteur, 1947-49 MdWR, 1952-79 Stadtverordneter in Wuppertal, 1956-61 u. 1964-69 OB von Wuppertal,1964-69 MdB.
42 Karl *Mommer* (1910-90), vor 1933 KPD, 1935 Emigration nach Belgien, 1940 Frankreich; 1946 Rückkehr; 1948/49 MdWR, 1949-69 MdB, 1957-66 Parl. Geschäftsf. d. SPD-Fraktion, 1966-69 Vizepräs. d. Dt. Bundestages.
43 Joachim *Schöne* (1906-67), Banklehre, Studium d. Wirtschaftswiss., Dr. rer. pol., vor 1933 SPD, 1939 Wehrmacht, 1942-46 Britische Kriegsgefangenschaft, nach 1946 Aufbau d. Gewerkschaften in Hannover, 1947-49 MdWR, 1949-57 MdB.
44 Karl *Schulze* (1900-75), Selbst. Glasermeister, vor 1933 SPD, 1946-55 Lübecker Bürgerschaft, 1948/49 MdWR, 1948-54 Leiter d. Sozialverwaltung d. Stadt Lübeck.
45 Robert *Wohlers* (1889-1973), Dr. jur., Beamter in Mecklenb.-Schwerin, vor 1933 SPD, 1924-33 MdL (Mecklenb.-Schwerin), nach 1945 Beamter in Schleswig-Holstein, 1947-49 MdWR.

Dokument 18, 17. und 18. Februar 1948

Vertreter der Exekutive der Bizone: *Oppler* (Personalamt)
Sozialdemokratische Ministerpräsidenten u. Minister: *Brauer, Katz, Kopf, Stock*
Berliner Sekretariat des PV: *Brandt*
Referenten des PV: *A. Albrecht, R. Gerstung, A. Hennig, H. Hermsdorf, Lütkens, S. Neumann, Prüfer, Storbeck, Zimmer*
Gäste: [Anton] *Aich* (Stadtverordn., Kassel), *W. Goethe* (Stadtverordn., Kassel)[46], *F. Hoch* (RegPräs., Kassel), *J. Nitsche* (Stadtverordn., Kassel u. MdL, Hessen)[47], [Paul] *Pfetzing* (Stadtverordn., Kassel), *Schulze* [?] (Hannover), [Heinrich] *Stein* (Stadtverordn., Kassel).
Tagesordnung:[48]
1.) Die Politik der Partei
2.) Aussprache
3.) Parteitag 1948
4.) Berichte

[Zu **Punkt 1**]
Schumacher legt in einem ausführlichen Referat die Stellung der SPD zur westdeutschen Wirtschaftsverwaltung in Frankfurt dar.[49] Der Klassenkampf habe Formen angenommen, wie es nicht vorauszusehen war. Wir können uns nicht bereit erklären, die Hungernden den Satten zu opfern. In Frankfurt/Main habe es nicht an unserer Gegnerschaft gefehlt, sondern an der Publizierung dieser Gegnerschaft. Es handele sich nicht um eine Opposition unter allen Umständen, sondern um eine Opposition unter den gegebenen Verhältnissen.

[Zu **Punkt 2**]
Dr. Berger meint, daß die akute Not uns lehren solle, praktische Hilfe zu leisten, wo immer wir die Möglichkeit finden. Unsere Abstinenz habe die CDU in die Lage versetzt, den gesamten Frankfurter Apparat zu durchsetzen. Es sei für die Genossen durchaus nicht ersichtlich gewesen, daß die SPD sich im Gegensatz zur CDU-Politik in Frankfurt befand.
Katz glaubt, daß man sich mit der CDU dahingehend einigen könnte, daß man den Oberdirektor einfach nicht wähle.
Henßler erklärt, daß die Konsequenz der *Schumacher*-Rede die sei, daß man unter keinen Umständen mitarbeiten solle. Er hält das für falsch. Da jetzt gesetzgeberische Entscheidungen geprägt werden, die für den Bestand der demokratischen Republik von aus-

---

46 Willi *Goethe* (1895-1969), Schlosserlehre, 1912 DMV, 1915-18 Kriegsdienst, 1920 SPD, 1928-33 Kasseler Stadtverordnetenversammlung, 1946-50 wieder Stadtverordneter in Kassel, 1950 Dezernent für das Feuerlöschwesen.
47 Johannes *Nitsche* (1893-1962), Schlosserlehre, vor 1914 SPD, im I. Weltkrieg schwer verwundet, nach 1918 GF des Reichsbundes der Kriegsbeschädigten, 1928-33 Vors. d. SPD in Kassel, 1946-54 MdL, 1946-60 Stadtrat und Sozialdezernent in Kassel.
48 Wortlaut nach der vorläufigen Tagesordnung.
49 Längere Ausführungen zum Referat Schumachers in den Aufzeichnungen Kreyssigs und den Tagebuchnotizen Troegers, vgl. Anlage 4 a und 4 b.

schlaggebender Bedeutung seien. Er könne die von *Schumacher* angekündigte neue Parteilinie nicht billigen.

Enderle spricht ebenfalls von einer schwach begründeten Opposition.

Kreyssig schließt sich dem Standpunkt *Schumachers* an und verweist besonders auf die Situation nach dem Anschluß der französischen Zone.

Schoettle widerspricht ebenfalls der Auffassung des Gen. *Berger*. Das Gerede von dem sogenannten linken Flügel der CDU – wie auch dem Gewerkschaftsflügel – habe sich als reine Spekulation erwiesen. Es könne einem Sozialdemokraten nicht zugemutet werden, ein Amt zu bekleiden, in dem er nach den Direktiven einer gegnerischen Mehrheit zu arbeiten habe.

Gayk wundert sich darüber, daß *Henßler* zu der Auffassung kommen konnte, *Schumacher* habe eine neue Linie eingeschlagen. Es sei niemals die Opposition um jeden Preis gefordert worden. Dagegen bedeute die Forderung *Bergers* das Dabeisein um jeden Preis.

Suhr macht darauf aufmerksam, daß die Berliner SPD für die kommenden Wahlkämpfe die Hilfe der CDU braucht. Es ergebe sich die Frage, ob der Kampf im Westen den Spielraum für eine solche Zusammenarbeit offen läßt.

Kriedemann erläutert eingehend die in Frankfurt beschlossenen Gesetze und bedauert, daß auch Sozialdemokraten an dem Spiel, diese Gesetze lächerlich zu machen, teilgenommen haben.

Neumann drückt ebenfalls seine Verwunderung darüber aus, daß *Kaisen* und *Henßler* aus der *Schumacher*-Erklärung einen neuen Kurs herausgehört haben.

Henßler erklärt, daß er nicht die Auffassung vertreten habe, daß man unbedingt dabei sein müsse. Er habe lediglich gesagt, daß es falsch sei, von vornherein zu erklären: CDU übernehme Du!

Schumacher erwidert auf einen Zwischenruf, daß es falsch sei, anzunehmen, daß die Wirtschaftsratsfraktion endgültig zu beschließen habe. Die Entscheidung liegt bei den Körperschaften der Partei. Wir können nicht in die nächsten Wahlen gehen als Gefolgsleute eines Systems, das wir bekämpfen.

Ollenhauer schließt die Diskussion ab und bringt die von *Kurt Schumacher* aufgezeigten Richtlinien zur Abstimmung.[50]

Resultat: 37 Ja-Stimmen, 3 Nein-Stimmen, 7 Enthaltungen
(Siehe Aktennotiz, Anlage)[51]

---

50 Die „Richtlinien", die bereits in den Sitzungen am 25./26. 1. 1948 beraten wurden, wurden nach den Sitzungen veröffentlicht, vgl. Dok. 17, S. 317 u. 323.
51 Nach der bereits erwähnten Aktennotiz vom 20. 2. 1948 über das genaue Abstimmungsverhalten der Mitglieder des PV und des PA (vgl. Anm. 34 u. 35) stimmte von den PV-Mitgliedern *Kaisen* mit nein, während die Vorstandsmitglieder *Gnoß, Henßler* und *Menzel* sich der Stimme enthielten. Die Parteiausschußmitglieder der Bezirke Hessen-Frankfurt und Hessen-Kassel stimmten mit nein, während die Parteiausschußmitglieder der Bezirke Berlin, Niederrhein und Westl. Westfalen sich der Stimme enthielten. Im Kommuniqué wurde lediglich erwähnt, daß der Parteiausschuß die von Schumacher vorgelegten Richtlinien nach einer „sehr lebhaften und gründlichen Diskussion" mit „einer sehr starken Mehrheit" billigte.

Dokument 18, 17. und 18. Februar 1948

Zu Punkt 3 (Parteitag)
Der Vorschlag des PV, den Parteitag 1948 ungefähr im September in Düsseldorf abzuhalten, wird vom PA gebilligt.

Zu Punkt 4 (Berichte)
Henßler gibt den Bericht über die *Besprechungen mit den Gewerkschaftern* in Bad Meinberg am 13. Februar 1948.[52]
 Ollenhauer berichtet über die *Internationale* und die Nominierung der Delegierten für die kommenden Sitzungen. (Siehe PV-Protokoll).
 Ollenhauer bringt zur Kenntnis, daß die *Konferenz für die Vereinigten Sozialistischen Staaten Europas* von uns an sich zu begrüßen sei. Jedoch habe sich die SFIO von dieser Bewegung distanziert. Die Partei wird sich daher nicht beteiligen. Der PV ist aber nicht der Ansicht, daß gegen die Einzelmitgliedschaft bei dieser Organisation Einwendungen erhoben werden können.
 Schmid gibt einen Bericht über die *Lage in der französischen Zone*. Das Parlament würde weiter stark kontrolliert. Der angekündigte Abbau der französischen Verwaltung sei unglaubhaft. Die Einstellung der Besatzungsmacht gegenüber der CDU hat sich gewandelt. Man ist gegenüber der SPD etwas entgegenkommender.
 Bögler bestätigt die Ausführungen *Schmids* und bringt die Auffassung der Genossen in seinem Bezirk auch dahingehend zum Ausdruck, daß ein Anschluß an die Bizone nicht um jeden Preis gefordert werden dürfe.
 Nächste PA-Sitzung in etwa 3 Monaten.

Anlage 1 A
Kommuniqué der PV-Sitzung
Sopade Informationsdienst Nr. 405 v. 21.2.1947, S. 1f.

Am 17./18. Februar 1948 tagte in Kassel der Parteivorstand der SPD. Zur Beratung stand ein umfangreiches Programm grundsätzlich-politischer und praktisch-organisatorischer Fragen. Die wichtigste war die Festlegung von Richtlinien für die Haltung der erweiterten SPD-Fraktion im Wirtschaftsrat, zu der der stellvertretende Vorsitzende *Erich Ollenhauer* einen umfassenden Situationsbericht gab. Die SPD bejaht die Stärkung der Position des Wirtschaftsrates gegenüber den Ländern und seiner Exekutivvollmachten, sie ist einverstanden mit der Erweiterung seines Aufgabenbereiches, insbesondere auf dem Gebiet der Finanzarbeit.
 Die SPD befindet sich seit der Gründung des Wirtschaftsrates in Opposition, da in allen entscheidenden Fragen eine bürgerliche Mehrheit gegen die fortschrittlichen Forderungen der SPD wirksam ist. Alle Gründe für die bisherige Haltung der SPD bestehen nach wie vor fort, es gibt keine Basis für eine gemeinsame Politik mit der CDU.

---

52 Vgl. Protokoll [A], TOP 4 und Anlage 2 zu den Protokollen.

Der Parteivorstand bestätigte und ergänzte Vorschläge des geschäftsführenden Vorstandes auf Bildung eines wirtschaftspolitischen und eines agrarpolitischen Ausschusses. [...]⁵³

Außerdem beschloß der PV die Einrichtung eines wirtschaftspolitischen Referates beim PV.

In der Frage des Weiterbestandes des Zonenbeirates für die britische Zone kam die Auffassung zum Ausdruck, daß die Aufgaben des Zonenbeirates durch die Frankfurter Beschlüsse zur Neufassung der Wirtschaftsverwaltung zwar beschränkt, aber doch nicht gänzlich hinfällig geworden seien, zumal eine ganze Reihe von Aufgaben nach wie vor nur im Zonenrahmen erledigt werden können.

Der PV befaßte sich weiter mit den Angriffen, die von kommunistischer Seite gegen das Mitglied des geschäftsführenden Parteivorstandes, *Herbert Kriedemann*, gerichtet worden sind. Nach einem ausführlichen Bericht *Adolf Schönfelders* über die Untersuchung der Angelegenheit durch die Kontrollkommission der Partei stellte der PV sein einstimmiges Vertrauen für *Herbert Kriedemann* fest, mit dem ausdrücklichen Bemerken, daß sich die gegen *Kriedemann* erhobenen Angriffe als unbegründet erwiesen hätten.

Zu der am 21. und 22. März in London stattfindenden Konferenz sozialistischer Parteien der sog. Marshallplan-Länder, zu der die englische Labour Party eingeladen hat, wird die SPD drei Delegierte entsenden, und zwar den 1. Vorsitzenden Dr. Kurt Schumacher, den stellvertretenden Vorsitzenden Erich Ollenhauer und einen wirtschaftspolitischen Sachverständigen. Als ständiger Vertreter der SPD in der Organisationskommission der internationalen Arbeitsgemeinschaft der sozialistischen Parteien wurde E. Ollenhauer, zu seinem Stellvertreter Fritz Heine gewählt.

Auch für dem für den 17. und 18. April festgesetzten außerordentlichen Parteitag der Schweizer Sozialdemokratie liegt eine Einladung an die SPD vor, die nach Beschluß des Parteivorstandes einstimmig angenommen wurde. Zu Delegierten der SPD wurden Erich Ollenhauer und Prof. Dr. C. Schmid bestimmt.

Schließlich wurde durch Parteivorstandsbeschluß vorgeschlagen, den nächsten Parteitag der SPD im September dieses Jahres in Düsseldorf stattfinden zu lassen.

Anlage 1 B
Kommuniqué der gemeinsamen Sitzung
Sopade Informationsdienst Nr. 405 v. 21.2.1947, S. 2 (Überschrift: „II. Kommuniqué der PA-Sitzung")

Nach einem ausführlichen Referat des 1. Vorsitzenden der SPD, *Dr. Kurt Schumacher*, über die politische Situation und insbesondere darüber, wie sich in ihr die SPD am besten bewähren könne sowie nach einer anschließenden, sehr lebhaften und gründlichen Diskussion billigte am Mittwochnachmittag der Parteiausschuß die von *Dr. Schumacher* ent-

---

53 Es folgten die Listen der Mitglieder des wirtschaftspolitischen und des agrarpolitischen Ausschusses, die hier im Protokoll abgedruckt werden, vgl. S. 332.

Dokument 18, 17. und 18. Februar 1948

wickelten Richtlinien mit einer sehr starken Mehrheit. Es wurde klargestellt, daß es sich bei der Festlegung dieser grundsätzlichen Haltung nicht um die Forderung nach einer Opposition unter allen Umständen, sondern unter den gegebenen Verhältnissen handele. Der Parteivorstand legte dem Parteiausschuß die am Vortage gefaßten praktisch-organisatorischen Beschlüsse vor und erbat und erhielt die Zustimmung dazu. In einem Schlußwort faßte *Dr. Kurt Schumacher* noch einmal die wesentlichen politischen Ergebnisse der Kasseler Tagung zusammen, wobei er als maßgebend für die Haltung der Partei die Forderung aufstellte: „Wir können auf jede in- und ausländische Belobigung verzichten, wir können aber nicht auf die Zustimmung der arbeitenden Masse verzichten, die wir uns jetzt erst ganz erobern müssen."

Anlage 2
Protokoll der Besprechung mit den Gewerkschaftern am 13. Februar 1948 in Bad Meinberg
Maschinenschriftl. Prot., 4 S., in den Beilagen („I") zum Protokoll der PV-Sitzung, AdsD: SPD-Parteivorstand, 2/ PVAS 0000668.

Anwesend:
Für die Partei: *Schumacher, Ollenhauer, Henßler, Gross.*
Für die Gewerkschaften: *Böckler, Heinz Potthoff, Agartz, Richter, Hagen, Rosenberg, vom Hoff.*

Schumacher leitet die Aussprache ein mit dem Wunsch, in einen engeren Kontakt mit den sozialdemokratischen führenden Gewerkschaftern zu kommen, da bei der zu erwartenden Zuspitzung der politischen Entwicklung eine regelmäßige gegenseitige Information dringend erforderlich ist.

In der heutigen Aussprache besteht auf unserer Seite der Wunsch nach einer Diskussion über die Streiks in den letzten Wochen. Wir sind der Auffassung, daß die Streiks unter den gegebenen Umständen keine Erfolge erzielen konnten, daß wir aber damit rechnen müssen, daß sie sich wiederholen. Die Arbeiterbewegung hat in der Vergangenheit große Anstrengungen gemacht, um den Arbeitswillen und die Arbeitsmoral zu erhalten, aber auf der anderen Seite fehlt jede ernsthafte Anstrengung, diejenigen zu ihren Leistungen gegenüber der Gemeinschaft zu veranlassen, die über die Lebensmittel und Sachwerte verfügen. Das ist das große Versagen der CDU und auch der Kirche.

Wir hätten außerdem gern nähere Informationen über den Verlauf der Interzonen-Tagung in Dresden.

Schließlich sind wir interessiert, die Auffassungen unserer Gewerkschaftsgenossen zu den Plänen für die Reorganisation der deutschen Wirtschaft, insbesondere auf dem Gebiet des Bergbaues und der Eisen- und Stahlindustrie kennenzulernen.

Böckler. Die Streiks beurteilen wir ebenso wie ihr. Wir werden uns in der nächsten Zukunft damit beschäftigen müssen, die Betriebsräte wieder auf ihr eigenstes Arbeitsgebiet zu beschränken, damit sie nicht, wie in der jüngsten Vergangenheit, gewerkschaftspolitische Aufgaben sich aneignen, die ihnen nicht zukommen.

Auf dem Gebiet der Ernährung wünschen wir eine größere Aktivität der Parlamente und der Parteien. Wir haben manchmal den Eindruck, als wenn die Partei in ihrem Bestreben, auch die Bauern und Mittelständler zu gewinnen, nicht eindeutig genug gegen diese Kreise Stellung nimmt, obwohl sie sich in ihrem Verhalten vom reinen Egoismus leiten lassen. Wir sollten auch einmal eine Diskussion über die Bodenreform haben. Die Frage ist, ob die schematische Aufteilung des Großgrundbesitzes der richtige Weg ist oder ob man nicht im Interesse einer möglichst hohen Erzeugung Großbetriebe unter neuen Formen gemeinwirtschaftlicher Verwaltung beibehält.

Bei der Neuorganisation des Bergbaues liegen zweifellos Versäumnisse bei den zunächst Verantwortlichen vor. Wir müssen die weitere Entwicklung aufmerksam beobachten und das ganze Problem nicht nur als eine Angelegenheit der Bergarbeiter ansehen.

Henßler unterstützt die Auffassung *Böcklers,* daß die Betriebsräte auf ihre eigentlichen Aufgaben beschränkt werden müssen. Das gilt vor allem auch für das Ruhrgebiet. Die Frage der Bodenreform bedarf einer gründlichen Prüfung. Wenn man Großgüter aufrechterhalten will, wie sollen dann die Besitz- und Verwaltungsverhältnisse geregelt werden. In Westfalen sind viele Großbesitzer Verpächter ihres Besitzes. Wie sollen dann die Pächter behandelt werden?

Auf dem Gebiet der Ernährung muß Klarheit geschaffen werden über die Kompensationsgeschäfte der Betriebsräte. Man sollte eine Regelung finden, die eine ordentliche Fabrikverpflegung sicherstellt.

Im Verband Bergbau sind die Delegiertenwahlen besser ausgefallen als beim letzten Mal. Es entsteht aber jetzt die Frage, wer die Führung des Verbandes übernehmen soll. Eine Wiederwahl von August *Schmidt*[54] ist keine befriedigende Regelung. Das Versagen des Bergarbeiterverbandes bei der Neuregelung der Kohlenwirtschaft wirkt auf das ganze Wirtschaftsleben zurück.

Hagen unterstreicht die Notwendigkeit einer besseren Zusammenarbeit. Wir müssen auf die Stellenbesetzung in den Gewerkschaften mehr Einfluß nehmen. Bei der Zusammenfassung der sozialdemokratischen Vertrauensleute in den Betrieben sollte die Partei nicht von sozialdemokratischen Betriebsräten, sondern von sozialdemokratischen Vertrauensleuten sprechen.

Auf dem Gebiet der Ernährung müssen Partei und Gewerkschaften zu gemeinsamem Vorgehen kommen. In Bayern stehen die christlichen Gewerkschafter auf dem Standpunkt der Einheitsgewerkschaft.

Agartz berichtet, daß der Bundesvorstand der Gewerkschaften Vorschläge für die zukünftige Verwaltung von Eisen und Stahl ausgearbeitet und an die englischen Stellen weitergeleitet hat. Diese Vorschläge sollen uns zur Kenntnis gebracht werden.

---

54 August *Schmidt* (1878-1965), Bergmann, vor 1914 Gewerkschaftssekretär, 1928-33: 2. Vors. d. „Bergbauindustrie - Arbeiterverbandes" (BAV), 1946-53: 1. Vors. d. Industrieverbandes bzw. d. Industriegewerkschaft Bergbau f. d. Bizone bzw. d. Bundesrepublik Deutschland.

Dokument 18, 17. und 18. Februar 1948

Potthoff berichtet über den Stand der Entflechtung in der Eisen- und Stahlindustrie. Sie wird im wesentlichen Ende März abgeschlossen sein. Die Gewerkschaften haben für die zukünftige Verwaltung der entflechteten Werke bestimmte Vorschläge gemacht, die den Einfluß der Belegschaften und der Gewerkschaften nicht nur im Einzelbetrieb, sondern auch in der Gesamtindustrie sichern sollen.

Henßler verweist darauf, daß in der Verwaltung der entflechteten Werke eine ganze Reihe von sehr wichtigen Problemen auftauchen. Die erste Frage ist die nach der Rentabilität der Werke, dann die Frage der Eigentumsverhältnisse, die völlig ungeklärt ist.

Potthoff bestätigt, daß bis jetzt keine endgültige Regelung in Bezug auf die Eigentumsverhältnisse geschaffen wurde, daß man aber trotzdem auf die Führung dieser Werke Einfluß nehmen sollte, um dadurch wichtige Tatsachen für die Zukunft zu schaffen. Eine große Schwierigkeit ist, die geeigneten Kräfte für die Besetzung der Direktorenposten zu schaffen. Wir sollten nicht nur die Ämter der Sozialdirektoren besetzen, sondern auch die technischen und kaufmännischen Direktorate.

Richter berichtet über den Verlauf der Interzonen-Konferenz der Gewerkschaften in Dresden. Die Beratungen haben ergeben, daß in der Frage der ideologischen Grundlage der Gewerkschaftsarbeit keine Übereinstimmung mit den Vertretern aus der Ostzone besteht. Die von *Tarnow* ausgearbeiteten Prinzipien wurden von ihnen als inakzeptabel abgelehnt. Der Vorschlag der Vertreter der Ostzone, einen allgemeinen Gewerkschaftskongreß einzuberufen, wurde von den Vertretern der beiden Westzonen abgelehnt. Man einigte sich schließlich auf die Bildung eines Zentralrats, bestehend aus Vertretern der Bünde. Die Vertreter der Ostzone wünschen, daß dieser Zentralrat schnell zustande kommt, aber wir haben daran kein Interesse. Das Ziel der Vertreter der Ostzone war, den Zentralrat noch vor dem nächsten Kongreß des Weltgewerkschaftsbundes im August dieses Jahres zu konstituieren, damit die deutschen Gewerkschaften bereits auf diesem Kongreß vertreten sein können.

Angesichts der Spannungen innerhalb des Weltgewerkschaftsbundes liegt es nicht in unserem Interesse, jetzt schnelle Entscheidungen zu treffen. Die Vertreter der Gewerkschaften in den Westzonen sind jedenfalls entschlossen, eine Entwicklung zu verhindern, die den Plänen der Ostzonengewerkschaften und der kommunistischen Führung des Weltgewerkschaftsbundes Vorschub leisten.

Es wird verabredet, die nächste Besprechung dieser Art möglichst bald abzuhalten und es wird in Aussicht genommen, unter Umständen noch eine Besprechung über unsere Stellung zum Marshall-Plan unter den Delegierten zur Gewerkschaftskonferenz und zur Konferenz der sozialistischen Parteien, die im März in London stattfinden soll, abzuhalten.

Anlage 3:
Ollenhauer in der Sitzung des Parteivorstandes am 18.2.1948: Die Sozialdemokratie und der neue Wirtschaftsrat.
Sopade-Informationsdienst, Sonderdienst Nr. 147 v. 16.3.1948 (Hektogr. Ex., 5 S. DIN A 4, in NL G. Kreyssig 62)[55]

[...][56]

In zwei entscheidenden Punkten besteht Übereinstimmung innerhalb der Parteien und zwischen den Parteien und zwischen Deutschen und Alliierten:
1. Der Umbau des Wirtschaftsrats erfolgte durch einen Akt der beiden Militärregierungen. Durch den Umbau ist keine prinzipielle Änderung der staatsrechtlichen Situation der Deutschen eingetreten.
2. Von allen Seiten wird der provisorische Charakter der Neuordnung unterstrichen und angekündigt, daß ein weiteres Provisorium dieser Neuordnung folgt.
Die SPD zieht daraus die folgenden Schlußfolgerungen:
1. In dem Verhältnis zwischen den Deutschen und den Besatzungsmächten tritt keine Veränderung durch den Umbau des Wirtschaftsrates ein.
2. Die SPD ist bereit, an den von den Besatzungsmächten geschaffenen Institutionen wie bisher mitzuarbeiten.
3. Die Sozialdemokratie wird – wie bisher – versuchen, Einfluß auf Form und Kompetenzen des neuen Wirtschaftsrates zu nehmen.
Wir haben unsere Stellungnahme zu dem neuen Statut in den wesentlichsten Punkten bereits bekanntgegeben. Die für uns wichtigsten und positiven Merkmale der Charta sind:
1. Die Stärkung der Position des Wirtschaftsrates gegenüber den Ländern.
2. Die Erweiterung des Aufgabenbereiches des Wirtschaftsrates (insbesondere auf dem Gebiet der Finanzhoheit). Die Festsetzung von Exekutivvollmachten für den Wirtschaftsrat, bei denen für uns besonders wichtig der darin enthaltene Grundsatz ist, daß Reichsrecht Landesrecht bricht, daß Sicherungen für die Durchführung der Gesetze des Wirtschaftsrates geschaffen werden und daß der Wirtschaftsrat Vollmachten zur Schaffung eigener Verwaltungseinrichtungen erhält.
Während wir in diesen Punkten dem neuen Statut positiv gegenüberstehen, haben wir Bedenken vor allem auf zwei anderen Gebieten:

---

55 Der publizierten und im folgenden abgedruckten Rede liegt ein in den Beilagen zum Protokoll („V") erhalten gebliebener maschinenschriftlicher Text (9 S.. Din A 5) mit stichwortartigen Notizen Ollenhauers für sein Referat mit dem Titel „Unsere Stellung zum neuen WR, in PV-Sitzung am 26.1. besprochen" zu Grunde. Sie wurden mit dem publizierten Text verglichen. In Zweifelsfällen wurden die Stichworte als Anmerkungen dem Text hinzugefügt.
56 Die publizierte Fassung der Rede Ollenhauers begann mit folgender nicht ganz korrekter Einleitung: „Die nachfolgenden Gesichtspunkte bilden in stichwortartiger Form die Leitgedanken, die dem Referat des stellvertretenden Vorsitzenden der SPD, Erich Ollenhauer, in seiner Reden vor dem Vorstand der SPD am [18. Februar] in Kassel zu Grunde lagen. Wir geben sie wieder, da sich verschiedentlich Unkenntnis über die Motive der SPD bezüglich ihrer Politik im Wirtschaftsrat gezeigt hat." Im Text falsches Datum: „26. Januar".

1. Wir lehnen die in der Charta angedeutete Präsidialverfassung, insbesondere den Oberdirektor ab.

2. Wir wünschen eine Beschränkung der Kompetenzen des Länderrates, insbesondere bezüglich des Vetorechts.

Die sozialdemokratische Stellungnahme in Frankfurt hat sich im wesentlichen auf dieser Linie bewegt. Die Vertreter des Wirtschaftsrats haben sich der sozialdemokratischen Auffassung angeschlossen, wodurch eine einheitliche Auffassung des Wirtschaftsrats zustandekam. Dagegen hat es geteilte Meinungen bei den Ministerpräsidenten gegeben, die zur Entwicklung eines selbständigen Standpunktes der sozialdemokratischen Ministerpräsidenten gegenüber den durch *Ehard* vorgebrachten CDU/CSU-Auffassungen [führte][57].

Es ist sozialdemokratische Auffassung, daß das praktische Funktionieren des Wirtschaftsrates ermöglicht werden muß. Die Schaffung der wirtschaftlichen Einheit der Westzonen ist eine Lebensfrage, nicht nur für dieses Gebiet. Diese wirtschaftliche Einheit ist auch die Voraussetzung für das Funktionieren des Marshallplanes in Deutschland und die einzige Chance für die Erhaltung bzw. Schaffung der Einheit Deutschlands.

Unsere Politik im Wirtschaftsrat.

Die Sozialdemokratische Partei steht seit Bildung des Wirtschaftsrats in der Opposition. In verschiedenen Kreisen, in der Presse, in der Verwaltung und in den Länderinstanzen sind Zweifel geäußert worden, ob diese Politik der Opposition durchgesetzt werden soll.

Die Gründe, die für eine Aufgabe der Opposition und ein Zusammenwirken mit anderen Fraktionen im Wirtschaftsrat genannt werden, sind im wesentlichen die folgenden:

1. Durch die Oppositionsstellung erfolgt die Ausschaltung der SPD beim Aufbau der Frankfurter Verwaltung. Eine reine CDU-Verwaltung werde geschaffen.

2. Durch die ausschließliche CDU-Besetzung in den Frankfurter Verwaltungen würden die sozialdemokratischen Wirtschaftsminister in den Ländern gezwungen, die Frankfurter Politik, das heißt die CDU-Politik, auszuführen. Sie würden mit dieser Politik belastet.

3. Bei den Entscheidungen im Frankfurter Wirtschaftsrat handle es sich im wesentlichen um eine Notgesetzgebung, bei der die dringendsten Bedürfnisse der Bevölkerung zur Debatte ständen, und deren Notwendigkeiten wir uns, wie die Praxis zeigt, doch nicht entziehen können. Es sei bisher und werde auch in Zukunft bei dieser Notgesetzgebung keine klare Scheidung zwischen Mehrheit und Opposition sichtbar werden.

Dagegen ist zu sagen, daß in allen entscheidenden Fragen eine bürgerliche Mehrheit gegen die SPD vorhanden ist. Eine Tatsache, die sich nicht hinwegdiskutieren läßt und die auch bei der Notstandsgesetzgebung in fast jedem Einzelfall sichtbar wird, wie die harten Auseinandersetzungen in den Ausschüssen und im Plenum zeigen.

Es kann nicht geleugnet werden, daß für die Wirtschaftsminister in den Ländern durch die zentralen Anweisungen der CDU-Verwaltung Schwierigkeiten entstanden sind und auch in Zukunft entstehen werden. Derartige Schwierigkeiten hat es auch früher unter

---

[57] In der Vorlage „gab". In der publizierten Fassung wurden hier einige zusätzliche polemische Bemerkungen gegen Ehard, aber auch gegen *Hoegner*, der ganz hinter Ehard stehe, weggelassen, vgl. Stichwortsammlung, S. 2.

anderen Verhältnissen gegeben. Es wird sie immer geben, so lange ein Dualismus Reich und Länder besteht.

Die wirklichen Schwierigkeiten liegen jedoch woanders. Sie sind in der gegenwärtigen verfassungsrechtlichen Stellung der Länderregierungen zu suchen. Diese Zwitterstellung wird auch nicht durch eine Änderung der SPD-Haltung in Frankfurt aufgehoben. Der wesentliche Punkt, an dem keine ernsthafte Diskussion vorbeikommt, ist, daß es die Besatzungsmächte sind, die die Initiative und die Arbeitsmöglichkeiten der Länderregierungen in letzter Instanz beschränken, und nicht eine Opposition oder Regierungspolitik der SPD in Frankfurt.

Was die Frage des Einflusses auf die Verwaltung betrifft, so muß festgestellt werden, daß das Problem der Koalition oder Opposition stets unter allgemein politischen Gesichtspunkten entschieden werden muß.

Opposition im Wirtschaftsrat heißt außerdem nicht die Anerkennung einer sozialistenfreien Verwaltung. Auch und gerade in der Opposition müssen wir darum kämpfen, daß die Verwaltung von der CDU nicht nach Parteigesichtspunkten zusammengesetzt wird und daß sozialdemokratische Beamte in entsprechendem Umfang beteiligt und herangezogen werden müssen.

Alle Gründe für die Beibehaltung der Opposition in Frankfurt, die bei Schaffung des Wirtschaftsrats vorlagen, bestehen nach wie vor. Die wichtigsten sind:

1. Frankfurt ist nur ein Behelfsmittel der wirtschaftlichen Vereinigung der Doppelzone. Der Wirtschaftsrat soll auch nach unserem Willen nur ein Behelfsmittel und kein Ersatzreichstag sein. Die Funktionen, die wir im Wirtschaftsrat zu erfüllen haben, sind damit nur Teilfunktionen der Partei, wenn auch sehr wichtige Teilfunktionen, für die wir nicht eine auf das gesamte Deutschland gerichtete Politik opfern können, wenn wir nicht Deutschland und die Sozialdemokratische Partei Deutschlands schädigen wollen.

2. Daraus folgert die Frage: Hätten wir bisher bei den nun einmal gegebenen Mehrheitsverhältnissen eine erfolgreiche sozialistische Politik durchsetzen können? Die Antwort lautet: Nein! Die bürgerliche Mehrheit hat noch „besser" (gegen das Volk) funktioniert, als wir befürchten mußten. Das ist nicht die Folge unserer Opposition, sondern die Folge der allgemeinen Verschärfung der Situation.

Diese Verschärfung, die von uns nicht gewollt ist, sondern uns von der Entwicklung und den Gegnern aufgezwungen wurde, ist auf allen Gebieten sichtbar.

Wirtschaftlich äußert sie sich in einer Verschärfung der sozialen Gegensätze in der hartnäckigen Behauptung der Besitzpositionen, für die der Kampf der bürgerlichen Parteien gegen eine gerechte Bodenreform und eine gerechte Flüchtlingsgesetzgebung nur zwei der wichtigsten Beispiele für viele sind:

Staatspolitisch sehen wir die Verschärfung in der Herausstellung eines egoistischen Föderalismus, für den die bayerischen Föderalisten das stärkste und unerfreulichste Beispiel bieten.

National zeigt sich die Verschärfung der Gegensätze im Kampf um die Demokratie. Die Demokratie wird nicht nur von kommunistischer Seite unterhöhlt, auch die Rechtsparteien schädigen durch Propagierung der [Ständestaatsideen][58] und ähnliches die demokratische Entwicklung. Adenauers Vorschlag für die Wahl einer Gesamtvertretung läuft praktisch auf eine Preisgabe der Demokratie hinaus, denn er akzeptiert damit im Prinzip die Zustände in der Ostzone. Dieser und ähnliche Vorschläge zeigen, daß die demokratische Einstellung dieser Kreise nicht prinzipiell begründet, sondern nur ein taktisches Mittel ist. Diese Kreise versuchen, die nationalistische Propaganda der KP mit unwirksamen taktischen Manövern abzuwehren. Sie sehen nicht, daß sie damit im Prinzip vor den Kommunisten kapitulieren und statt des stärksten Angriffes den Kommunisten nur eine Hilfestellung leihen.

International macht sich die Verschärfung in der dramatischen Zuspitzung der Situation besonders bemerkbar und kann in den Geschehnissen der letzten Wochen ebenso wie sicher auch in den Vorgängen in naher Zukunft abgelesen werden.

Die CDU setzt sich in allen diesen Fragen eindeutig für die reaktionären Lösungen ein. Das wird besonders deutlich bei der Forderung nach einem föderalistischen Deutschland und nach den Besatzungs-Sicherungsplänen an der Ruhr.

Welche Gesichtspunkte immer man für sich oder im Zusammenhang betrachtet: Keiner gibt eine Basis für eine gemeinsame nationale Politik mit der CDU ab.

Der Einwand, daß die CDU ja keine einheitliche reaktionäre Masse sei, kann die vorgebrachten Argumente nicht entkräften. Es steht fest, daß bisher der rechte Flügel der CDU die Politik der CDU gemacht hat.

Wir kennen die Spannungen, die in der CDU vorhanden sind. Wir wissen, daß sie größer sind als je zuvor und daß sie sowohl den sozialen wie den konfessionellen Sektor erfaßt haben. Diese Spannungen sind eine echte Chance für eine sozialistische, für eine fortschrittliche Lösung.

Aber diese Spannungen können nur unter der einen Voraussetzung zur Entladung, die im Interesse des deutschen Volkes liegt, kommen: Unter der Voraussetzung nämlich, daß wir unsere unabhängige Position beibehalten und unsere sozialistische Politik vertreten.

Niemand weiß, ob es in Deutschland gelingen wird, die Chance zu benutzen, die in dem Streben nach Sozialismus bei den christlichen Arbeitern und vielen Intellektuellen liegt. Die Entscheidung, ob diese Chance ausgenutzt werden kann, liegt nicht nur bei den Deutschen. Wir als Deutsche sind heute abhängig von mächtigeren Faktoren.

Aber eines ist sicher. Wir dürfen diese Chance der Schaffung einer sozialistischen freiheitlichen Mehrheit im deutschen Volke nicht selbst aufgeben. Wenn wir heute, unter den heutigen Bedingungen in Frankfurt in eine Koalition mit der CDU gehen würden, würden wir diese Chance für Deutschland und die Partei im Prinzip aufgeben. Und zwar aufgeben in einem Augenblick der kritischen Zuspitzung der Gesamtsituation.

Unserer Politik wird noch ein anderer Einwand entgegengebracht, besonders von ausländischen Kräften: Daß wir angeblich immer nur „nein" sagen. Darauf antworten wir der CDU, daß wir nicht dazu da sind, ihre für Deutschland und besonders die besitzlosen Deutschen schädliche Politik zu decken. Und daß wir nicht dazu bereit sind, durch unser „ja" ihre inneren Schwierigkeiten, die an Auflösung grenzen, auf uns übertragen zu lassen.

---

58 In der Vorlage „Standesstaatsideen", berichtigt nach der Stichwortsammlung (S. 7).

Gegenüber Einwänden aus dem sozialistischen Lager dieser Art antworten wir: Die materielle und die nationale Not schafft große Belastung für den Einzelnen und die Mehrheit der proletarisierten Massen. Aber diese Not ist nicht mit taktischen Mitteln zu lösen. Sie muß grundsätzlich und strategisch angegriffen werden. Es gibt nur die eine demokratische und sozialistische Lösung. An ihr müssen wir bis zum Endsieg festhalten.

Wir haben uns bis jetzt die Freiheit des Handelns bewahrt. Wir müssen Sorge tragen, jetzt nicht in einen Stellungskrieg in Frankfurt hineinmanövriert zu werden. Wir müssen in der Lage sein, den Zeitpunkt und den Ort unseres sozialistischen Vorstoßes selbst zu bestimmen.

Vielleicht haben wir noch in diesem Jahr allgemeine Wahlen im Westen Deutschlands. Wir müssen in diesen Wahlkampf mit unseren sozialistischen Forderungen und Formulierungen gehen, weil sie für Deutschland zugleich die einzigen echten nationalen Forderungen und Formulierungen sind.

Noch wissen wir nicht, ob uns der Durchbruch zur stärksten und führenden Partei gelingt. Unsere Chancen sind groß, wenn wir eine klare, zielbewußte sozialistische Politik betreiben, werden wir siegen.

Wir ziehen aus all dem die Schlußfolgerung, daß wir an unserer Oppositionshaltung in Frankfurt unter den heute gegebenen Umständen festhalten sollen. Das heißt nicht, daß wir abseits stehen. Es heißt, daß wir aktiv Opposition betreiben müssen. In der Praxis bedeutet das, daß wir nicht bereit sind, gemeinsam mit der bürgerlichen Reaktion ein verantwortliches Amt in der Verwaltung zu übernehmen, daß wir aber im Interesse des Volkes bereit und verpflichtet sind, im Wirtschaftsrat eine aktive sozialistische Politik zu treiben. Eine Oppositionspolitik, die in ihren Formen und in ihrem Inhalt immer nur die Vorbereitung auf die sozialistische Verwaltung und Regierung von morgen ist.

Anlage 4 A

Aktennotiz Gerhard Kreyssigs über die gemeinsame Sitzung der WR-Fraktion mit dem PV und dem PA am 18. Februar 1948
Maschinenschriftl. Ausarbeitung, AdsD: NL G. Kreyssig 062 (2 S., Durchschlag, Überschrift: PV, P-Ausschuß und Wirtschaftsrats-Fraktion in Kassel, 18. Februar 1948, 15 Uhr")[59]

Referat Schumacher
Charakteristikum für Deutschland: Schaffung bzw. künstliche Erhaltung zweier völlig unterschiedlicher gesellschaftlicher Systeme durch fremde Besatzungsmächte: Im Osten autoritäre (diktatorische) Neuschaffung eines der Sowjetkonzeption völlig angepaßten Gesellschafts- und Wirtschaftssystems, im Westen eine gewalttätige, bürokratische, künstliche Konservierung der veralteten Kräfte des Kapitalismus durch die Amerikaner. Den Kommunismus zu akzeptieren heißt, zur Besatzungspartei Sowjetrußlands zu werden, und den Kapitalismus als Basis zu akzeptieren ist gleichbedeutend damit, die Besatzungspartei der US[A] zu werden.

---
59 Abgedruckt ist die Aktennotiz bei C. Stamm, S. 93-97.

Gesichtspunkt für Wirtschaftsrat Frankfurt: Westdeutschland ist das 17. Marshallplan-Land. Alle 16 europäischen Marshallplan-Länder sind sehr zentral gelenkt. Wir können uns deshalb keinen übertriebenen Föderalismus leisten, sondern müssen die Organisation auf die Erfordernisse des Marshallplans abstellen, da jeder weiß, daß Westdeutschland allein lebensunfähig ist. Der Marshallplan ist eine Frage der Ökonomie, aber nicht der einer mittelalterlich geschichtlichen Prätention. Entscheidende Frage: ob die westeuropäischen Länder in Deutschland kooperieren (was uns nicht genügt) oder ob die 16 Marshallplan-Länder mit Ländern Europas kooperieren.

Sämtliche Länder stehen vor der Währungsreform und in Währungskrisen. Beides wird zwingend zur Währungsunion hinführen.

Im Westen die Gefahr einer konservativen, katholischen Föderation kapitalistischer Staaten, aber die Weltgeschichte läßt sich nicht überlisten. Bei der „Bank der Länder" wird beobachtet werden müssen, ob diese Bank nicht mehr ökonomische Macht in Westdeutschland entwickeln wird als die gesamte Bi- oder Trizone.

Wirtschaftsrat

Zwar ist ein Gleichstand der Kräfte SPD - CDU da, aber dessen ungeachtet eine einwandfrei klassenpolitische Mehrheit gegen SPD und die Werktätigen. Frankfurt muß unter dem Gesichtspunkt des Anschlusses der französischen Zone betrachtet werden. Eine Koalition würde die SPD zum Komplizen der durch die kapitalistischen Kreise der CDU (Adenauer) vertretenen kooperierenden Dollargangster machen.

Notwendigkeit für die SPD ist, die „polare Gegensätzlichkeit" herauszustellen. Die Gegnerschaft der SPD ist bisher im Wirtschaftsrat nicht, zum mindesten nicht ausreichend sichtbar geworden. Das Selbstbewußtsein der arbeitenden Massen in ganz Europa, vor allem aber in Deutschland, ist schwer angeschlagen. Die Politik der SPD in Frankfurt muß gegen die Klasseninteressen der Besitzenden auf die primitive, aber klare Form hinauslaufen „Wir sind für die Hungernden".

In der *Diskussion* erklärte Dr. **Berger**, in Frankfurt sei eine Korrektur notwendig. Von der sog. konstruktiven Opposition müsse zu einer konstruktiven Politik übergegangen werden, worunter er Koalition verstehe, und möglichst starke Einflußnahme in die Ämter erfolgen.

Kreyssig spricht für die Beibehaltung der Opposition, zugleich aber für die wirkliche Aktivierung der Opposition, vor allem durch Vorlage eigener Gesetze, wobei in erster Lesung im Plenum der CDU-Gegner gezwungen werden muß, Stellung zu nehmen und Farbe zu bekennen, und gleichzeitig die Haltung der SPD der Öffentlichkeit gegenüber klar in Erscheinung treten muß.

Suhr-Berlin bringt den Gesichtspunkt in die Diskussion, daß man die Frage „Wie lange Opposition" beachten müsse und dabei evtl. bei dem Tempo der Ereignisse kürzere Fristen ins Auge fassen müsse. Berlin stehe in einer neuen Phase beim Kampf um die demokratischen Freiheiten und die demokratische Selbstbestimmung und verspräche sich von der Arbeit des Wirtschaftsrates, der die Berliner ganz besonderes Interesse entgegenbringen, dabei aktive Unterstützung.

Für die Koalition sprachen **Henßler** (Nordrhein-Westfalen) und **Kaisen** (Bremen), der Standpunkt von Kreyssig wird durch **Schoettle** und **Kriedemann** unterstützt.

Dokument 18, 17. und 18. Februar 1948

Schumacher erklärt im *Schlußwort*, niemals dürfe übersehen werden, daß die SPD als Koalitionspartner und auch als Opposition an sich zum Funktionieren des Frankfurter Apparats nicht notwendig ist, weil der Rechtsblock unkritisch und unbesehen und auch unter allen Umständen zur Kooperation mit dem amerikanischen Kapitalismus bereit ist. Entscheidend sei das Verbleiben in der Opposition, damit durch die Aktion der SPD „die Position der deutschen Linken" gefunden werden könne.

Ollenhauer verlangt vom PV und Parteiausschuß als interimistisches höchstes Organ, da der Parteitag als solcher nicht Stellung nehmen kann, eine klare Entscheidung und deshalb ausnahmsweise eine Abstimmung. Die (von Schumacher nicht immer zutreffend kritisierte) Opposition im Wirtschaftsrat wird bei der Abstimmung gegen die drei Stimmen von Henßler, Kaisen und Brauer bei vier oder fünf Stimmenthaltungen gutgeheißen.[60]

21. Februar 1948.

Anlage 4 B
Heinrich Troeger in seinem Tagebuch über die Sitzung am 18.2.1948
H. Troeger, Interregnum. Tagebuch des Generalsekretärs der Bizone 1947-49. Hrsg. v. Wolfgang Benz u. Constantin Goschler, München 1985, S. 66-68

22. Februar 1948
Das Ereignis dieser Woche war die **Konferenz des Parteivorstandes und Parteiausschusses** für die **SPD-Fraktion des Wirtschaftsrats**. Nachdem es am Vormittag eine heftige Auseinandersetzung im P.Vorstand gegeben hatte, hielt Dr. **Schumacher** nachmittags vor dem größeren Gremium ein *politisches Referat* zur Begründung seiner Empfehlung, daß die SPD in der Bizone auch weiterhin außerhalb der Verantwortung bleiben soll. Er führte etwa Folgendes aus: Meine Ausführungen gelten nur für die Bizone, in der Ebene der Kommunalverwaltung und der Länder gelten andere Gesichtspunkte, weil es sich dort nur um Fragen der Verwaltung handelt: darüber spreche ich nicht.

Die Zukunft der Bizone steht im Zeichen des Dollars nach dem Marshallplan, den wir brauchen und begrüßen. Doch kommt der Dollar als „Geschäft" und zugleich als politische Waffe gegen den Kommunismus. Wer sich heute nicht selbständig behauptet, läuft Gefahr, als russischer oder amerikanischer, kommunistischer oder kapitalistischer Quisling zu erscheinen. Wir wollen dagegen eine eigene, deutsche, sozialdemokratische Politik.

Der Marshallplan betrifft außer Deutschland 16 europäische Staaten, die sämtlich zentralistisch regiert und verwaltet sind: die Oststaaten und Ostdeutschland sind sogar zentral kommandiert. Wir können uns unter diesen Umständen den Luxus der föderalistischen Buntheit nicht erlauben.

Der Wirtschaftsrat, der nicht zuständig ist für Kultur- und Polizei-, Wohlfahrts- und Justizfragen, gibt als politisches Kampffeld in Fragen der Wirtschaft ein ganz klares Bild. Die

---

60 Nach einer in den Anlagen zum Protokoll erhalten gebliebenen Aktennotiz stimmte als einziges PV-Mitglied *Kaisen* gegen die Resolution, während sich *Henßler* enthielt, vgl. Anm. 51.

SPD ist für die Verwertung der menschlichen Person, die CDU will die Hochwertung des letzten Vermögens in der Wirtschaftspolitik, die Kirche hat sich dem Streben der CDU, dem Kapitalismus angeschlossen. Niemöller hätte nicht gegen die Nazis, sondern gegen die Sachwertbesitzer auftreten sollen.

Wir streben nach einer einheitlichen deutschen Vertretung. Voraussetzung dafür ist die gleiche demokratische Grundlage, d.h. überall das Recht der freien Entscheidung. Das ist auch die Frage der legalen LDP und CDU in der Ostzone.

Der Vorschlag Adenauers wegen Einsetzung eines Kooperativ-Ausschusses für ein einheitliches Deutschland ist zur Zeit nicht annehmbar. Er läuft, wie alle Angebote der Ostzone, auf eine Restituierung der Diktatur mit einem demokratischen Mantel hinaus, indem er der Diktatur die Chance gibt, ihre brutalen Machtmittel unter demokratischem Gewande anzuwenden. Jede solche Organisation bedeutet heute praktisch die Kapitulation vor der Diktatur.

Die Lage der SPD ist deswegen nicht günstig, weil der Westen überwiegend katholisch ist und daher der kapitalistischen CDU zuneigt. Uns fehlt der protestantische Osten und die dortige Arbeiterschaft.

Die neue Bizone ist nur ein Provisorium, das von einem Provisorium abgelöst werden wird.

Im Frankfurter Wirtschaftsrat sind alle nicht ökonomischen Dinge ausgeschaltet. Wir haben den Fall des absoluten und totalen Klassenkampfes. Dabei muß die SPD den Kampf um die Gleichheit der Lebensbedingungen führen, während die CDU für die Erhaltung der Sachwerte eintritt. Wir brauchen den Plan als organisatorisches [...]⁶¹.

Die CDU hat ihre linken Kräfte in den Ländern gelassen und sitzt mit den kapitalistischen Leuten im Wirtschaftsrat. Wenn wir mit diesen Männern eine Koalition eingehen, laufen wir die Gefahr, Komplizen des Kapitalismus zu werden. Wir würden die Verantwortung dafür übernehmen, daß die anderen verdienen. Es gäbe doch nur soviel sozialistische Politik, als die Sachwertbesitzer der CDU es zulassen würden. Die Frage heißt daher CDU oder SPD.

Auf diese Periode folgt eine andere Zeit, die Zeit der direkten demokratischen Legitimierung, der gewollten Expansion der SPD. Diese muß eine nationale kameradschaftliche Kampforganisation sein. Die CDU hat die Kirche hinter sich, die KPD die russische Diktatur. Wir müssen mit anderen Gruppen, die sich von der CDU trennen werden, die Dritte Kraft werden.

In der *Diskussion* sprach zunächst Dr. **Berger** für die Koalition, weil die SPD allen Einfluß in der Verwaltung verliert und einen Zustand herbeiführt, der später nicht mehr zu ändern ist und uns große Schwierigkeiten machen wird. Dr. **Kreyssig** trat dagegen für die oppositionelle Haltung ein, die allerdings durch bessere Propaganda unterstützt werden müßte. **Schoettle** begründete die Haltung der Fraktion des Wirtschaftsrates und kritisierte die mangelhafte Arbeit des Parteivorstandes und insbesondere von *Agartz*. **Henßler** (Düsseldorf) gab mit scharfen Worten seinem Unwillen über die vergebliche und wirkungslose

---

61 Es folgt noch ein Wort im Tagebuch, das in der Publikation als „[unleserlich]" bezeichnet wird.

Opposition Ausdruck. Einen leidenschaftlichen Appell für die Änderung der Taktik richtete **Kaisen** an die Versammlung; er fürchte um die Zukunft der Partei, der Sinn der Politik der SPD könne nur der Kampf um die Staatsmacht sein. Die Politik würde von den Wählern nicht verstanden werden, wenn sie sich in einer wirkungslosen Opposition erschöpfe. Es stünde die Zukunft auf dem Spiele. Dr. **Suhr** und Franz **Neumann** warben um die Unterstützung ihrer Politik in Berlin.

Im *Schlußwort* führte Dr. **Schumacher** aus: die SPD hätte die Position der deutschen Linken. Sie müßte für die Durchsetzung des [...]⁶² Lebensgefühls des Wählers eintreten. Da die Sozialdemokraten zum Funktionieren des Frankfurter Apparates nicht nötig sind, könnten sie in der Opposition verharren. Sie müßten sich von dem Mythos der Verwaltung frei machen, sollen dabei um alle Stellen kämpfen, außer um die beiden ersten Stellen.

Die Wendung der Intellektuellen zum Sozialismus ist nach 1945 nicht eingetreten. So käme es darauf an, den Kampfeswillen in die Massen zu projizieren. Wir dürften nicht in die Verantwortung eintreten als die mitgenommenen Zweiten. Erst nach der Durchführung allgemeiner Wahlen werden wir in die Rolle der stärksten Partei kommen. Jetzt würden wir nur Gefolgsleute eines Systems sein, das wir bekämpfen, eines Systems der Nutznießer des Dritten Reiches und der Gegenwart. Wir müssen abwarten, bis wir ein Podium für die Änderung der sozialpolitischen Struktur hätten.

Die Entpolitisierung der Wirtschaftsverwaltung in Frankfurt bedeute zugleich Entdemokratisierung; wir würden in diesem Falle der einzige Lastträger sein. Wir wollen die Partei in eine Rolle bringen, in der sie kämpfen muß.

Ollenhauer ließ am Ende darüber abstimmen, ob der Parteivorstand und Parteiausschuß mit den von Dr. Schumacher gegebenen Richtlinien der Politik einverstanden sei. 3 Mann stimmten dagegen (darunter Kaisen und Berger). 7 Mann enthielten sich der Stimme (darunter Dr. Menzel und Henßler). Ollenhauer stellte fest, daß zum ersten Male eine Opposition gegen die Politik Dr. Schumachers da wäre.

Ich meine, daß eine kurzfristige Opposition – etwa 1 - 1 1/4 Jahre – eine Spekulation ist, die sich verantworten läßt, wenn inzwischen eine kraftvolle Politik gemacht wird. Sonst bringt sie nichts ein und schadet nur.

[...]⁶³

---

62 Es folgt im Tagebuch noch ein Wort, das in der Publikation als „[unleserlich]" bezeichnet wird.
63 Der Schluß der Tagebuchnotiz betraf Tendenzen im hessischen Kabinett, ihn *(Troeger)* als Vertreter Hessens im Länderrat des Vereinigten Wirtschaftsgebietes abzulösen, a.a.O., S. 68 f.

Dokument 19, 9. April 1948

Nr. 19
Sitzung des Parteivorstandes am 9. April 1948 in Hannover

AdsD: SPD-Parteivorstand, 2/ PVAS 0000669, Sitz. v. 9.4.1948 (Maschinenschriftl. Prot. mit handschriftl. Zusätzen, 4 S.)[1]

Leitung *der Sitzung:* Erich Ollenhauer
Anwesend: siehe Liste
[**Teilnehmer/Teilnehmerinnen, nach Funktionen geordnet:**[2]
PV:[3] *Ollenhauer, Franke, Gotthelf, Heine, Kriedemann, Nau; Agartz, Albrecht, Baur, Bögler, Eichler, Gayk, Gnoß, Görlinger, Gross, Henßler, Kaisen, Knothe, Meitmann, Menzel, Neumann, Schmid, Schroeder, Selbert, Veit*
KK: *Schönfelder*
SPD-Fraktion im WR: *Schoettle*
Berliner Vertreter des PV: *Brandt*]

Tagesordnung:[4]
1) Bericht über die politische Lage
2) Bericht über den Wirtschaftsrat
3) Bericht über die Londoner internationalen Konferenzen[5]
6) Stellungnahme zur Europa-Union und ähnlichen Vereinigungen[6]
8) Ort und Termin der nächsten Sitzung des PV

Zu **Punkt 1** (Bericht über die politische Lage)[7]
Ollenhauer zeichnet zunächst die Linie der kommunistischen Aggression auf. Er schildert die Vorgänge in der Tschechoslowakei.[8]

---

1 Die Einladung zu dieser Sitzung mit Bekanntgabe der vorläufigen Tagesordnung erfolgte durch das hektogr. Rundschreiben 13/48 des Organisationsreferats vom 12.3.1948, unterschrieben von E. Ollenhauer, das in den Beiakten zum Protokoll erhalten geblieben ist. Das Kommuniqué (Sopade Informationsdienst Nr. 445 v. 13. 4. 1948, S. 1) wird hier als Anlage 1 abgedruckt.
2 Die folgenden Angaben wurden der Anwesenheitsliste in den Beilagen zum Protokoll entnommen; für die Teilnehmer an allen Vorstandssitzungen 1947/48 vgl. Anhang 2.
3 Von den Mitgliedern des PV fehlten *Schumacher* (längere Krankheit), *Grimme, Helmstädter* und *Loßmann*.
4 Wortlaut nach der vorläufigen Tagesordnung, soweit die Punkte zur Beratung kamen.
5 Im Protokoll wird dieser Punkt „Internationales" genannt. Als Punkt 4 und 5 waren Einzelberichte verschiedener Ausschüsse und Ergänzungswahlen zu verschiedenen Ausschüssen des PV vorgesehen.
6 Als „7." War noch ein Tagesordnungspunkt „Vertretung der Parteibezirke in der Ostzone in den Parteikörperschaften" vorgesehen.
7 Im Kommuniqué wird erwähnt, daß an Stelle des erkrankten Dr. *Schumacher* Erich *Ollenhauer* das „politische Hauptreferat" hielt.
8 Für einen chronologischen Überblick des Umsturzes in der Tschechoslowakei im Februar und März 1948 vgl. AdG 1948/49, S. 1395-97 u. 1415-1417. Zur Bedeutung dieser Ereignisse für die weitere Entwicklung vgl. auch Julius Braunthal, Geschichte der Internationale, Bd. 3, Hannover 1971, S. 204-219.

Die Kernpunkte seines Referates waren: Kontrollrat in Berlin hat praktisch aufgehört zu existieren.

In der amerikanischen Zone sind allgemeine Lohnerhöhungen von der Militär-Regierung gestattet, in der britischen Zone ist eine ähnliche Verfügung angekündigt.

Vorbereitung des Ost - Staates. Trennung Deutschlands scheint nunmehr unvermeidlich. Anschluß der französischen Zone ist sicher, wie auch die Währungsreform auf bi- oder trizonaler Basis im Laufe des II. Quartals durchgeführt werden wird. – Neuabgrenzung der Länder geplant.

Allgemeine Wahlen evtl. im August. Besatzungsstatut wird von der Militär-Regierung vorbereitet. Geplant ist die Übertragung der Kompetenzen an deutsche Organe, die von den Besatzungsmächten kontrolliert werden.

Die Franzosen fordern weiter die internationale Verwaltung des Ruhrgebietes, während die Engländer dies strikt ablehnen.[9]

Die Besatzungsmächte appellieren an die Parteien und fordern Zusammenarbeit. – Eine evtl. westdeutsche Regierung kann unter keinen Umständen unter Verhältnissen arbeiten, wie heute die völlig von den Besatzungsmächten abhängigen Länderregierungen. – Vor den Wahlen für ein westdeutsches Parlament sollten wir uns von den Besatzungsmächten keine provisorische Regierung anhängen lassen. – Der Wahlkampf wird nach der Währungsreform geführt werden, d.h. die soziale Misere wird den Menschen erst dann völlig zum Bewußtsein gekommen sein. – Verbot der KP nicht zweckmäßig.

Heine schließt sich den Ausführungen *Ollenhauers* an, betont jedoch seine abweichende Auffassung in der Frage des Verbots der KP. Er trete energisch für ein Verbot ein. Es gebe viele Beispiele des unsicheren oft schädigenden Verhaltens sozialdemokratischer Funktionäre, wie auch der sich ausbreitenden Furcht vor dem nicht aufzuhaltenden Vormarsch des Bolschewismus.

Schmid: Die breiten Massen interessieren sich für die Währungsreform und sind beherrscht von der Angst vor den Russen. Der italienische Wahltag wird das wichtigste Ereignis seit Kriegsende sein.[10] Ein kommunistischer Wahlsieg würde voraussichtlich alliierte Interventionen zur Folge haben. Wir sollten uns auf alle Eventualitäten vorbereiten und eine Art operativen Generalstab bilden. Er erklärt sich sehr beeindruckt von den Ausführungen *Heines*, glaubt jedoch z.Zt. nicht, für ein Verbot der KP eintreten zu können.

Louise Schroeder: Oberst *Howley*[11] hat erklärt, daß die Kommandantur in Berlin weiterarbeiten wird, jedoch sei die Weiterarbeit des Kontrollrates unwahrscheinlich. Stellt abschließend den Mut der Berliner Genossen der Angstpsychose im Westen gegenüber.

Bögler: Die französische Militär-Regierung hat Anweisung, daß das Verhältnis zur deutschen Bevölkerung gebessert werden solle. Man ist sehr daran interessiert, daß *Schu-*

---

9 Etwas ausführlicher wird im Kommuniqué zur Frage der künftigen Verwaltung des Ruhrgebiets Stellung genommen, vgl. Anlage 1, Absatz 4.
10 Bei den italienischen Wahlen am 19.4.1948 siegten die Christlichen Demokraten mit 48,7 % der abgegebenen Stimmen, während die „Demokratische Volksfront" nur 30, 7 % erhielt, vgl. AdG 1948/49, S. 1469.
11 Frank L. *Howley*, geb. 1905, Offizier der US-Armee, 1945-49 Kommandant des amerikanischen Sektors in Berlin, 1949 Brigadegeneral, 1950 Werbefachmann in den USA.

Dokument 19, 9. April 1948

macher in der französischen Zone spricht. – Er teilt die Auffassung *Heines* in der Frage des Verbots der KP nicht. In der Pfalz würde heute die KP aus der Regierung ausgeschlossen werden.

Henßler: In einer Besprechung mit *Robertson* habe er die Befürchtung zum Ausdruck gebracht, daß man das Ruhrgebiet lediglich zum Rohstofflieferanten West-Europas machen wolle, ohne den Zusammenhang mit der übrigen deutschen Wirtschaft zu respektieren. Er glaube, daß die Diskussion des Ruhrproblems auf der nächsten Sitzung der Internationale sehr schwierig sein werde. Er halte die Diskussion für verfrüht. – Die Ausführungen *Heines* seien sehr logisch, jedoch glaubt er nicht, daß wir so schwarz sehen sollten und lehnt ein KP-Verbot ab. – Er stellt weiter die Frage, ob die Kasseler Beschlüsse[12] wie auch unser Verhalten in Frankfurt jetzt richtig seien.

Neumann: Warum hat der PV nicht schon vor langer Zeit Parolen gegen die Bildung eines Lubliner Komitees[13] in der Ostzone gegeben. Ebenso seien Parolen zum Volkskongreß am 18.3. ausgeblieben. Er hätte damals allgemeine freie Wahlen in allen 4 Zonen gefordert, der PV lehnte jedoch ab.

Er lehnt den Vorschlag *Heines* auf KP-Verbot entschieden ab. – Verbindung mit Berlin per Fernschreiber muß sofort eingerichtet werden. – 8. und 9. Mai Parteitag in Berlin, muß stark mit westdeutschen Delegationen beschickt werden.

Eichler spricht gegen KP-Verbot und fordert Abwehrorganisation.

Meitmann gegen KP-Verbot.

Gayk: Kommunistische Zersetzungsarbeit in der Partei sei auch in Schlesw.-Holstein zu verzeichnen. Wir sollten schon heute die Abwehr gegen den drohenden Terror organisieren.

Gnoß spricht auch von der Notwendigkeit des verschärften Kampfes gegen den Kommunismus, glaubt jedoch, daß eine illegale KP gefährlicher sei.

Ollenhauer stellt fest, daß in allen wesentlichen Punkten Übereinstimmung festzustellen sei, mit der Ausnahme, daß *Eichler* der Auffassung ist, ein evtl. westdeutsches Parlament solle als gesamtdeutsches Parlament auftreten. – Bezirke sollen in Funktionärs-Konferenzen den hier aufgezeichneten politischen Überblick weitergeben.

[Die Resolution des PV wird in der geänderten Form gegen 2 Stimmen angenommen.][14]

---

12 Zu den „Kasseler Beschlüssen", d. h. die Zustimmung der gemeinsamen Sitzung der obersten Parteigremien auf der gemeinsamen Sitzung mit der Fraktion des Wirtschaftsrates in Kassel am 18.2. 1948 zu dem von Fraktionsführung und den „Büro" des PV festgelegten Oppositionskurs der Wirtschaftsratsfraktion vgl. Dok. 18 B, S. 339.

13 Gemeint ist die sowjetfreundliche polnische Gegenregierung, die im Juli 1944 auf Initiative Stalins im von sowjetischen Truppen befreiten Lublin als „Polnisches Komitee der nationalen Befreiung" gegen die polnische Exilregierung in London gebildet wurde, vgl. dazu J. Braunthal, Geschichte der Internationale, Bd. 3, S. 123-125.

14 Maschinenschriftliche Bemerkung handschriftlich gestrichen, wahrscheinlich weil die Schlußabstimmung über die geänderte Resolution erst gegen Ende der Sitzung stattfand.

Dokument 19, 9. April 1948

Zu **Punkt 2** (Bericht über den Wirtschaftsrat)[15]

Kriedemann berichtet über die Fraktionsverstärkung in Frankfurt und den Ausbau des Fraktionsbüros. Ein Pressereferat solle eingerichtet werden. Er schildert dann ausführlich den *Reimann*-Zwischenfall[16]. Die Abstimmung nach Verlesung des Antrages des Ältestenrates zeigte folgendes Ergebnis: Fraktionsvorstand stimmte für Ausschluß *Reimanns,* 2/3 der Fraktion enthielten sich der Stimme und 1/3 der Fraktion stimmte dagegen.

Er schlägt vor, daß die Fraktionsmitglieder sich nunmehr namentlich für den Ausschluß *Reimanns* erklären.

Henßler protestiert dagegen, daß der PV in Kassel in Anwesenheit der Wirtschaftsratsfraktion darüber abstimmte, welche Politik die Fraktion zu betreiben habe, er betonte nochmals seine kritische Einstellung zu den Kasseler Beschlüssen, die uns zwangen, von vornherein der Wirtschaftsratsverwaltung fernzubleiben.

Zum *Reimann* Zwischenfall bestreitet er die Unterstellung *Kriedemanns,* daß die Fraktionsmitglieder in Frankfurt etwa aus Angst nicht für den Ausschluß gestimmt hätten. Er bemängelt, daß der Fraktionsvorstand nicht genügend mit den Mitgliedern zusammenarbeitet.

Gnoß bestreitet, daß das Wirtschaftsratspräsidium überhaupt berechtigt war, den Fall *Reimann* zu behandeln. Er lehnt es entschieden ab, über die Genossen im Wirtschaftsrat Gericht zu halten. Weiterhin schließt er sich den Ausführungen *Henßlers* in Bezug auf die Kasseler Beschlüsse an.

Baur: Die Fraktion fühlte sich in der *Reimann*-Affäre völlig überrumpelt.

Heine: Es bestand Fraktionszwang. Somit liegt ein Disziplinbruch vor zum Schaden der Partei.

Pünder wurde im Länderrat mit 13 gegen 3 Stimmen gewählt.[17] Wieso die Sozialdemokraten aus Hessen und Bremen den Wünschen der CDU entsprachen, sei unverständlich.

Schoettle: Die Kasseler Beschlüsse waren klar und wurden von der Fraktion befolgt. Von den Genossen im Länderrat war die gleiche Haltung erwartet worden.

Selbert ist der Auffassung, daß den Fraktionsvorstand ein Verschulden trifft. Lehnt es ab, daß der PV sich mit der Angelegenheit beschäftigt.

Menzel meint, daß gegen die Fraktion nur vorgegangen werden könne, wenn ein vorsätzlicher Bruch des Fraktionszwanges nachgewiesen werden kann. *Reimann* hat sich im Parlament nicht so benommen, daß der gestellte Antrag gerechtfertigt war. *Reimanns* Weigerung, zu der vorgelegten Frage Stellung zu nehmen, könne nicht beanstandet werden. Er schlägt vor, daß der PV dem Fraktionsvorstand zur Pflicht macht, in Zukunft enger mit seiner Fraktion zusammenzuarbeiten.

---

15 Im Kommuniqué zu diesem Tagesordnungspunkt nur erwähnt, daß die in Kassel festgelegte Oppositionslinie nicht verlassen werden solle.

16 Im Kommuniqué wird der „Reimann - Zwischenfall" nicht erwähnt. Zum „Reimann-Zwischenfall" vgl. Einl. Kap. II 3 e, S. XC f.

17 Zur Wahl von Pünder durch den WR und zur Bestätigung der Wahl durch den Länderrat mit sozialdemokratischen Stimmen vgl. C. Stamm, S. 107, Anm. 23.

Dokument 19, 9. April 1948

Ollenhauer rekapituliert abschließend nochmals die Kasseler Situation. Zu dem Verhalten der Wirtschaftsratsfraktion unterstreicht er die Notwendigkeit, daß die Panne in irgend einer Form von der Fraktion repariert wird. Es müsse klar zum Ausdruck kommen, daß die Fraktion in ihrer antikommunistischen Haltung mit dem PV übereinstimmt.

Er betont weiterhin nachdrücklichst, daß die Haltung der sozialdemokratischen Länderratsvertreter in der Frage der *Pünder* - Wahl nicht vertretbar sei. Der PV müsse darüber sein Befremden zum Ausdruck bringen.

Schlußabstimmung über die geänderte Entschließung[18] (siehe Anlage). Gegen 2 Stimmen angenommen (*Heine* und *Gotthelf*)[19].

[Zu **Punkt 3** (Internationales)][20]
Wahl der Delegation zur Pariser Konferenz am 25.4.1948: *Ollenhauer, Carlo Schmid, Fritz Henßler, Willi Eichler*.

Wahl der Delegation zum Schwedischen Parteitag (9. bis 14.5.1948): *Ollenhauer* und *Andreas Gayk*.

[Zu **Punkt 6** (Europa-Union)]
Ollenhauer über die Europa-Union[21]: Nichtbeteiligung an der Haager Konferenz wird dringend empfohlen. Verweist im übrigen auf die Pariser Konferenz der Sozialisten, die diese Frage behandeln wird.

Schmid betont mit Nachdruck die Notwendigkeit, daß wir uns die Idee der Vereinigten Staaten von Europa zu eigen machen.[22]

Eichler stimmt dem zu.

[Zu **Punkt 8**]: Nächste Sitzung des PV am 6.5.1948 in Hannover.

---

18 Dazu folgende maschinenschriftliche Anmerkung: „Die Entschließung enthielt ursprünglich noch folgenden Satz: Eine Diktaturpartei, die in ihren Machtbereichen die demokratischen Freiheiten unterdrückt, hat kein Recht auf freie Bestätigungsmöglichkeit in der Demokratie." In der verabschiedeten Resolution wurde dieser Satz etwas abgemildert: „Diktaturparteien, die in ihren Machtbereichen die demokratischen Freiheiten unterdrücken, verwirken das Recht, sich auf die Demokratie zu berufen." Die verabschiedete Resolution wird hier als Anlage 2 abgedruckt.

19 Bei der Klammerbemerkung handelt es sich um einen handschriftlichen Zusatz. Im Kommuniqué wird lediglich die Billigung der vorgelegten Entschließung erwähnt.

20 Der TOP 3 beschränkte sich nach dem Protokoll und dem Kommuniqué, in dem die Namen der Delegierten auch genannt werden, anscheinend auf die satzungsmäßig notwendigen Wahlen, der ursprünglich vorgesehene „Bericht über die Londoner internationalen Konferenzen" (s. vorl. Tagesordnung v. 12. März) entfiel.

21 Die Empfehlung Ollenhauers wie auch die Stellungnahmen von Carlo Schmid und Willi Eichler werden im veröffentlichten Kommuniqué nicht erwähnt, a.a.O.

22 Zu den Auseinandersetzungen zwischen Carlo Schmid und Erich Ollenhauer über eine Beteiligung an der Haager Konferenz vgl. a. P. Weber, Carlo Schmid, S. 323.

Dokument 19, 9. April 1948

Anlage 1
Kommuniqué der Sitzung
Sopade Informationsdienst Nr.445 v.13.4.1948, S.1

Zu einem Zeitpunkt erhöhter internationaler Spannungen trat am 9. April der Vorstand der SPD zusammen. An Stelle des erkrankten Dr. Schumacher hielt Erich Ollenhauer, der stellvertretende Vorsitzende der Partei, das politische Hauptreferat.
 Der Parteivorstand billigte nach ausführlicher Diskussion eine Entschließung der Partei zur gegenwärtigen Situation.

Erich Ollenhauer wies in seiner Rede zu den in der Presse angekündigten alliierten Maßnahmen im Hinblick auf eine Neuregelung der staatsrechtlichen Verhältnisse in Westdeutschland auf die notwendige Schaffung eines Besatzungsstatutes hin, mit dem die Übertragung einer echten Selbstverwaltung an die Deutschen verbunden sein müsse. Ein abermaliges Provisorium durch die Bildung einer Regierung vor eventuellen westdeutschen Wahlen hält der PV für überflüssig, zumal nach seiner Auffassung auch eine auf Grund von solchen Wahlen zustande kommende Regierung nur eine Zwischenlösung sein kann.
 In der Frage des *Ruhrgebietes* könne die deutsche Sozialdemokratie keiner Regelung zustimmen, die dieses Gebiet dem deutschen Verfügungsrecht entzieht. Eine internationale Kontrolle von Produktion und Verteilung müßte an zwei Voraussetzungen geknüpft sein: an eine deutsche Mitbeteiligung und daran, daß ein entsprechendes Verfahren für andere schwerindustrielle Wirtschaftsgebiete Deutschlands und Europas angewendet wird.

Ein weiterer Beratungspunkt war die Frage der Stellung der SPD im Wirtschaftsrat. Es wurde Übereinstimmung darüber hergestellt, daß kein Anlaß besteht, die kürzlich in Kassel festgelegte politische Linie zu verlassen, d.h. die bisherige Ablehnung einer Zusammenarbeit mit der CDU unter den augenblicklichen Umständen aufzugeben.

Zu der am 25. April 1948 in Paris stattfindenden Sitzung der europäischen sozialdemokratischen Parteien werden als Delegierte bestätigt: Erich *Ollenhauer*, Professor Carlo *Schmid*, Fritz *Henßler* und Willi *Eichler*.
 An dem Parteitag der schwedischen Sozialdemokratie, dem ersten nach dem Ende des Krieges, werden auf Einladung dieser Partei Erich *Ollenhauer* und Andreas *Gayk* teilnehmen.

Dokument 19, 9. April 1948

Anlage 2
Resolution der PV-Sitzung: „An alle Freunde der Freiheit"
Sozialdemokratischer Pressedienst III/43 v.12.4.1948[23]

[...][24]

Der Kampf um Freiheit und Demokratie in Europa hat durch den kommunistischen Staatsstreich in Prag eine dramatische Zuspitzung erfahren. Mit der gewaltsamen Gleichschaltung der Tschechoslowakei sind alle Völker im Osten und Südosten Europas unter die totale Diktatur der Kommunisten gezwungen worden.

Eines der nächsten Angriffsziele des Kominform[25] ist Deutschland. In der Ostzone wird durch die Besatzungsmacht die völlige Loslösung dieses Teils Deutschlands seit 1945 systematisch vorbereitet. Der vom kommunistischen Volkskongreß eingesetzte Volksrat soll unter der betrügerischen Behauptung, der Einheit des Reiches zu dienen, nach der Art des Lublin-Komitees die ostdeutsche „Volksdemokratie" vorbereiten. Man sagt Volksbegehren und meint Diktatur.

Die Maßnahmen in Berlin sollen die Widerstandskraft der freiheitlich gesinnten Berliner zermürben und die Preisgabe Berlins durch die Westalliierten erzwingen.

In den Westzonen versucht die kommunistische Propaganda, Kriegsfurcht und Defätismus zu verbreiten, um eine wirtschaftliche Erholung und eine Stärkung der demokratischen Kräfte und Institutionen zu verhindern.

Die Sozialdemokratische Partei Deutschlands wird jeden Versuch, das deutsche Volk unter die Diktatur einer kommunistischen „Volksdemokratie" zu zwingen, auf das schärfste bekämpfen. Sie ist nicht bereit, dem Mißbrauch demokratischer Einrichtungen zum Sturz der Demokratie zuzusehen.

Anspruch auf die demokratischen Freiheiten hat nur, wer die Grundlagen demokratischen Zusammenlebens anerkennt. Diktaturparteien, die in ihren Machtbereichen die demokratischen Freiheiten unterdrücken, verwirken das Recht, sich auf die Demokratie zu berufen.

Die Sozialdemokratische Partei Deutschlands ist sich bewußt, daß starke reaktionäre Kräfte bemüht sind, im Zeichen des notwendigen Kampfes gegen den Kommunismus ihre eigenen, nicht weniger volksfeindlichen Ziele durchzusetzen und dadurch ihre politischen

---

23 Abgedr.: Jb. SPD 1948/49, S. 128 f.
24 Die Veröffentlichung und der Abdruck der Resolution begannen mit folgendem Vorspann: „Der Vorstand der Sozialdemokratischen Partei Deutschlands beschloß in seiner Sitzung vom 9. April 1948 die folgende Resolution:".
25 Auf einer Konferenz von kommunistischen Parteiführern verschiedener Staaten Ende September 1947 in Szklaraska (Riesengebirge, Polen) wurde das „Kominform", das „Kommunistische Informationsbüro" gegründet. Außer der KPdSU waren die Kommunistische Parteien Polens, der Tschechoslowakei, Bulgariens, Jugoslawiens, Rumäniens und Ungarns sowie Frankreichs und Italiens dort vertreten. Dem Kominform wurde die Aufgabe „der Organisation des Austausches von Informationen, und wenn notwendig, die Koordinierung der Tätigkeit der kommunistischen Parteien auf der Grundlage gemeinschaftlicher Zustimmung" übertragen. Die Konferenz einigte sich auf Prag als Sitz des Kominform, doch nach einer telefonischen Intervention Stalins wurde Belgrad gewählt. Zu dieser Gründung vgl. J. Braunthal, Geschichte der Internationale, Bd. 3, S. 179-181 u. 184-186.

chen. Er schlägt daher vor, daß der PV sich gegen die Kartoffelpreiserhöhung ausspricht, bei Wahrung des Gesichtes der Wirtschaftsratsfraktion.

Kaisen: Verantwortlich für die Wirtschaftratspolitik ist allein die Fraktion und nicht Fritz *Heine*.

Ollenhauer stellt dazu fest, daß der PV für die Politik der Fraktion eine Verantwortung trägt.

Schoettle: Die Streichung der Punkte in der Fraktionserklärung (über ungenügende Hilfe aus dem Marshall-Plan) erfolgte in Übereinstimmung mit der positiven Haltung der Partei zum Marshall-Plan. Er hält den Standpunkt *Heines*, der offensichtlich von *Baade*[12] inspiriert wurde, für unrichtig.

Menzel: Der Fall *Reimann* zeigte, daß die Zusammenarbeit zwischen PV und Fraktion nicht gut sei. Die heute zitierten 2 weiteren Pannen sind ebenfalls bedenklich. Die Zustimmung zur Kartoffelpreiserhöhung war unverantwortlich. Die Zusammenarbeit PV - Fraktion muß besser organisiert werden und es sei die Frage zu untersuchen, ob der PV nicht nach Frankfurt ziehen solle.

Eichler hält die Änderung der Fraktionserklärung zum Pünderplan nicht für bedenklich. Anders liegt es bei der Kartoffelpreiserhöhung. *Podeyn* habe zu stark den Standpunkt seiner Verwaltung herausgekehrt.

Ollenhauer: In der Kartoffelpreisfrage kann man durchaus verschiedener Auffassung sein. Ein Mangel liegt darin, daß der PV nicht genügend schnell von den Gründen unterrichtet wurde, die die Fraktion zu ihrer Haltung bewegten. – Alfred *Metz* aus Hamburg wird am 1.7. als Fraktionssekretär nach Frankfurt gehen. Die Frage, ob der Sitz des PV noch nach einer Stabilisierung der westdeutschen Verhältnisse von Frankfurt getrennt arbeiten kann, wird ernsthaft geprüft werden müssen. – Der abweichende Beschluß der Ministerpräsidenten im Länderrat in der Frage der Finanzhoheit ist unvertretbar, zumal die Minister kurz vor der Sitzung nochmals an die Parteirichtlinien erinnert wurden.

Zu **Punkt 2** (Sozialistenkonferenz und Ruhrproblem)[13] (Siehe auch Mappe: Internationale)[14]

Schmid: Léon *Blum* sprach in Paris ausführlich über die Notwendigkeit der Zusammenfassung der 16 Marshallplan-Länder einschließlich Deutschland zum vereinigten Europa. Man solle mit politischen Bindungen beginnen, da es sich gezeigt habe, daß Diskussionen über Zoll-Unionen nicht zum Ziele führen. Es wurde eine Ruhrkommission gebildet, der nur Vertreter der beteiligten Staaten angehörten. Lediglich Koos *Vorrink* vertrat einen internationalen sozialistischen Standpunkt, während die Vertreter Frank-

---

12 Fritz *Baade* (1893-1974), Dr. rer. pol., bereits vor 1918 SPD, 1925-29 Leiter der Forschungsstelle für Wirtschaftspolitik der SPD und des ADGB in Berlin, 1930-33 MdR, 1935 Emigration (Türkei, USA), 1948 Rückkehr nach Deutschland, bis 1961 Ord. Prof. f. Wirtschafts- u. Staatswiss. sowie Direktor d. Instituts für Weltwirtschaft in Kiel, 1949-65 MdB.
13 Im Kommuniqué wird dieser Tagesordnungspunkt ausführlich behandelt, vgl. Anlage 1, Abs. 3 u. 4.
14 Eine „Mappe: Internationale" ist in den Beilagen zum Protokoll nicht erhalten geblieben. Über die COMISCO-Konferenz in Paris am 24./25. 4. 1948 vgl. Einl. Kap. II 2 c.

Dokument 20, 6. Mai 1948

reichs, Belgiens, Luxemburgs und Englands nur forderten und nicht gewillt waren zu geben. Nach Protest der Deutschen wurde die Beschlußfassung über eine Internationalisierung vorerst abgesetzt. Um die Sicherheit gegen neue deutsche Aggressionen zu garantieren, wurde gefordert: 1. Enteignung der Industriemagnaten, 2. Sozialisierung zum Nutzen einer internationalen Genossenschaft, 3. Errichtung einer internationalen Kontrolle. Die Abstimmung in der Kommission ergab 4 zu 2 für die Forderung *Grumbachs*. In der Plenarsitzung beantragte jedoch Koos *Vorrink* die Vertagung der Ruhrfrage, was auch mit Mehrheit beschlossen wurde. Auf der nächsten Konferenz am 4. Juni in Wien wird das Ruhrproblem erneut behandelt werden.

Ollenhauer: Wir sollten Vorschläge ausarbeiten, die den Parteien der Internationale vor der nächsten Sitzung zugestellt werden müssen. Diese Vorschläge müssen enthalten: Eigentumsrecht des deutschen Volkes, Einbeziehung des Ruhrgebietes in die internationale europäische Wirtschaft, internationale Kontrolle zur Verhinderung einer deutschen Aufrüstung.

Agartz hält als einzig akzeptabel, daß Vertreter der internationalen Gewerkschafter in die Kontrolle der Ruhrindustrie entsandt werden.

Eichler unterstützt den Vorschlag, daß in das sozialistische Ruhrgebiet internationale Gewerkschafter zur Kontrolle entsandt werden.

Agartz: In 40 Jahren ist die französische Kohle ausgelaufen, und damit beginnt dann die Katastrophe der französischen Stahlindustrie, wenn nicht vorher die Koks-Basis gesichert wird.

Henßler glaubt, daß die Labour Party für unseren Standpunkt gewonnen werden kann. Er bezweifelt, daß *[Dalton]*[15] die Auffassung der Labour Party vertritt, da die britische Regierung bisher ganz anders zu dem Problem Stellung genommen hat.

Ollenhauer: Wir sollten versuchen, vor der Sitzung mit den Franzosen zu einer Einigung zu kommen. Unsere Ruhrdelegation sollte schnellstens die Vorschläge ausarbeiten.

Delegationsvorschlag: *Ollenhauer, Henßler, Schmid, Gotthelf,* [Ernst] *Reuter*[16] und als Gastdelegierter *Agartz*.

Einstimmig beschlossen.

Zu **Punkt 5** (Kommunalpolitisches Referat):[17]

Görlinger berichtet von der Ausschuß-Sitzung, daß *Böhme*, Braunschweig, zum Vorsitzenden und *Reuter*, Berlin, zum stellvertretenden Vorsitzenden gewählt wurden. Für das kommunalpolitische Sekretariat beim PV wird der Genosse *Jacobi*, Iserlohn, vorgeschlagen. *Jacobi* kann seine Tätigkeit beim PV am 1.10.1948 aufnehmen.

Henßler wünscht, daß *Jacobi* sein Landtagsmandat behält.

Ollenhauer stellt abschließend fest, daß *Jacobi* als kommunalpolitischer Sekretär beim PV damit bestätigt ist.

---

15 Im Text versehentlich „Darton".
16 Gemeint ist Ernst *Reuter*, vgl. d. Kommuniqué, S. 368.
17 Die Ernennung Jacobis zum kommunalpolitischen Referenten wird auch im Kommuniqué erwähnt.

Zu **Punkt 7** (Ergänzungswahlen zu verschiedenen Ausschüssen)[18]
Wirtschaftspolitischer Ausschuß: Gerhard *Neuenkirch*, Hamburg.
Organisationsausschuß: Walter *Harich*, Dortmund.
Außenpolitischer Ausschuß: Willy *Brandt*, Berlin.
Sozialpolitischer Ausschuß: August *Halbfell*, Düsseldorf.
Kommunalpolitischer Ausschuß: Viktor *Renner*, Tübingen. (*Häring* hat abgelehnt, Dr. *Berling* ist gestrichen).

Zu **Punkt 9** (VVN)[19]
Franke berichtet über die Vertrauensleutebesprechung in Springe, die dem PV empfiehlt, die Mitgliedschaft in der VVN als unvereinbar mit der Mitgliedschaft in der SPD zu erklären.[20] Weiter wurde die Schaffung einer Zentralstelle für politisch verfolgte Sozialdemokraten beim PV gefordert.
Der PV beschließt einstimmig die Vorschläge der Vertrauensleutekonferenz in Springe. (Siehe Anlage [3][21]).

Zu **Punkt 1**.
Ollenhauer stellt die inzwischen ausgearbeitete Entschließung (siehe Anlage 2) zur Diskussion. Die Entschließung wird einstimmig angenommen.
Ollenhauer gibt bekannt, daß der PV einen Feststellungsausschuß einsetzen müsse, um den Konflikt in Hessen zwischen dem Wirtschaftsminister [Harald] *Koch* und dem Fraktionsvorsitzenden [Albert] *Wagner* beizulegen.[22] Als Ausschußvorsitzender wird vorgeschlagen: Adolf *Schönfelder*.
Einstimmig beschlossen.

Zu **Punkt 13**: Nächste Sitzung des PV am 28. und 29.5.1948 in Springe.

---

18 Die Namen der neu gewählten Ausschußmitglieder wurden in einem gesonderten Verzeichnis veröffentlicht, dem die Vornamen der im folgenden genannten neuen Ausschußmitglieder entnommen sind: Sopade Informationsdienst Nr. 466 v. 10. 5. 1948, S. 2.
19 Im Kommuniqué wurde lediglich erwähnt, daß Egon *Franke* über eine Tagung aller Bezirke der Partei über das Thema VVN berichtete. Der Beschluß wurde gesondert veröffentlicht: Sopade/ Querschnitt v. Mai 1947, Bl. 86. Zu diesem Unvereinbarkeitsbeschluß vgl. a. Einl. Kap. II 4 a.
20 Die Tagung in Springe fand am 4. Mai statt, vgl. d. Kurzbericht, Sopade 7 Querschnitt v. Mai 1948, Bl. 86.
21 In der Vorlage „1". Der Beschluß zur VVN wird hier als Anlage 3 abgedruckt.
22 Die Streitigkeiten zwischen den beiden hessischen Spitzenpolitikern erwuchsen daraus, daß der Fraktionsvorsitzenden Albert *Wagner* (1885-1974) als Regierungspräsident in Darmstadt (seit 1948) „Untergebener" des hessischen Innenministers Harald *Koch* war, vgl. Dok. 22 A, S. 397.

Dokument 20, 6. Mai 1948

Anlage 1
Kommuniqué der Sitzung
Sopade Informationsdienst Nr. 466 v.10.5.1948, S. 1 (Überschrift: „Themen der Vorstandssitzung")

Im Mittelpunkt der Sitzung des Vorstandes der Sozialdemokratischen Partei Deutschlands am 6. Mai in Springe/Deister, ‚Viktor-Adler-Heim', stand die Fixierung der sozialdemokratischen Einstellung zur Frage des von den Besatzungsmächten beabsichtigten neuen staatsrechtlichen Provisoriums für Westdeutschland.

Eine nach eingehender Diskussion einstimmig angenommene Entschließung bestätigt und ergänzt in einigen Punkten die bisherige Linie der Partei in dieser Frage, wie sie zuletzt am 9. April in Hannover durch Vorstandsbeschluß festgelegt wurde.

Über die kürzliche Pariser Konferenz der sozialistischen Parteien der sog. Marshallplan-Länder berichtete das Mitglied der deutschen Delegation, Prof. Carlo *Schmid*, Tübingen. Das Kernstück seiner Darlegungen bezog sich auf die Ruhrfrage, in der in Paris keine volle Einigung erzielt werden konnte.

Die wesentliche, noch ungeklärte Frage ist hierbei die, welchen Umfang die vor allem von französischer Seite verlangte Kontrolle im Ruhrgebiet haben soll, d.h. in welchem Maße das deutsche Verfügungsrecht künftig eingeschränkt werden soll. Man will versuchen, diese Frage auf der internationalen Sozialistenkonferenz, die vom 4. bis 7. Juni in Wien stattfindet, zu klären. Der Parteivorstand beschloß, zu dieser Konferenz die Vorstandsmitglieder Erich *Ollenhauer*, Hertha *Gotthelf*, Prof. Carlo *Schmid*, Fritz *Henßler* und Ernst *Reuter* als Delegierte, und Victor *Agartz* als Gast nach Wien zu entsenden.

Der Staatskommissar zur Bekämpfung der Korruption in Nordrhein-Westfalen, Oberbürgermeister Werner *Jacobi*, Iserlohn, wird am 1. Oktober d. Js. die Leitung des Kommunalpolitischen Zentralbüros beim Parteivorstand der SPD in Hannover übernehmen.

Egon *Franke* vom Büro des Parteivorstandes berichtete über eine Tagung von Vertretern aller Bezirke der Partei [zum Thema Sozialdemokraten][23] innerhalb der VVN.

Anlage 2
Entschließung zur politischen Lage
Sopade Informationsdienst Nr. 466 v. 10.5.1948, S. 1 f.[24]

Der Vorstand der SPD nimmt Stellung zu den Diskussionen um Westdeutschland, die in diesen Tagen anläßlich der Londoner Verhandlungen in der ausländischen und deutschen Presse gepflogen werden.

---

23 Ergänzung nach der Entschließung zum Thema VVN, vgl. Anlage 3.
24 Der Abdruck wurde mit folgendem Satz eingeleitet: „Die auf der Sitzung des Parteivorstandes der SPD in Springe am 6. Mai angenommene Entschließung hat folgenden Wortlaut:" Ohne diesen Vorspann abgedruckt: Jb. SPD 1948/49, S. 129 f.

Dokument 20, 6. Mai 1948

Die Sozialdemokratische Partei hält den baldigen Erlaß eines Besatzungsstatuts durch die Besatzungsmächte als die wichtigste Voraussetzung für eine zweckdienliche Lösung der unmittelbar anstehenden strukturellen und organisatorischen Probleme.

Es bleibt eine entscheidende Forderung und Aufgabe der SPD, die durch die russische Besatzungsmacht und die kommunistische SEP zerstörte Einheit Deutschlands wieder herzustellen. Als einen Schritt auf diesem Wege sieht sie die wirtschaftliche Gesundung der Westzonen und die Einbeziehung Berlins in die wirtschaftliche und politische Neuordnung an. Sie setzt sich für [eine] organisatorische Neuregelung ein, für die als unerläßliche Voraussetzungen betrachtet werden:

a) daß die künftige provisorische westdeutsche Organisation von einem parlamentarischen Gremium geschaffen wird, das in unmittelbaren Wahlen zu bilden ist. Den in der Presse veröffentlichten Vorschlag, in indirekten Wahlen durch die Länder eine verfassunggebende deutsche Nationalversammlung zu schaffen, hält der Vorstand der SPD für unannehmbar.

b) daß das aus diesen Wahlen hervorgehende Parlament nicht für sich in Anspruch nimmt, eine deutsche Nationalversammlung zu sein, oder eine gesamtdeutsche Regierung zu wählen. Ein solches Parlament und eine solche Regierung haben sich in Namengebung und Aufgabenstellung auf das zu beschränken, was sie unter den heute gegebenen Umständen nur sein können: ein provisorisches Parlament und eine provisorische Regierung für die westlichen Besatzungszonen.

Der Vorstand der SPD erwartet, daß die deutschen Parteien vor den endgültigen Entscheidungen der Alliierten über die Neuregelung gehört werden.

Anlage 3
Beschluß zur Errichtung einer Zentralstelle für politisch verfolgte Sozialdemokraten und über die Unvereinbarkeit einer Mitgliedschaft in der SPD und der Zugehörigkeit zum VVN
Gedruckte Beilage zum Vorstandsprotokoll, 1 S.[25]

In seiner Sitzung vom 6. Mai 1948 beschloß der Parteivorstand der SPD, entsprechend dem Vorschlag einer Konferenz von Vertretern ehemals politisch verfolgter Sozialdemokraten – die aus allen Bezirken der SPD beschickt war – eine Zentralstelle für politisch verfolgte Sozialdemokraten zu errichten.
Aufgaben der Zentralstelle sollen sein:
1. Erfassung aller politisch verfolgten Sozialdemokraten in Zusammenarbeit mit den Bezirksorganisationen der Partei.
2. Förderung aller Betreuungsmaßnahmen für ehemals politisch Verfolgte.
3. Koordinierung aller gesetzlichen Maßnahmen in der Frage der Wiedergutmachung und Betreuung ehemals politisch Verfolgter.

---
25 Abgedruckt: Sopade/Querschnitt v. August 1948, Bl. 86; Jb. SPD 1948/49, S. 130.

Dokument 20, 6. Mai 1948

4. Ausarbeitung und Formulierungen von Gesetzestexten für sozialdemokratische Fraktionen zu den Problemen der Wiedergutmachung und Betreuung.

Der Parteivorstand stellt fest, daß die VVN (Vereinigung der Verfolgten des Naziregimes) von den Kommunisten als eine ihrer politischen Hilfsorganisationen mißbraucht wird.

Die VVN hat besonders in den letzten Monaten durch ihre politische Stellungnahme zu vielen Fragen die kommunistische Politik eindeutig unterstützt.

Der Parteivorstand beschloß, entsprechend dem Vorschlag der Bezirksvertrauensleute politisch verfolgter Sozialdemokraten:

Die Mitgliedschaft in der VVN ist unvereinbar mit der Mitgliedschaft in der SPD.

Nr. 21

Sitzung des Parteivorstandes am 28. und 29. Mai 1948 in Springe

AdsD: SPD-Parteivorstand, 2/ PVAS 0000671, Sitz. d. PV v. 28./29.5.1948 (*Maschinenschriftl. Prot. mit handschriftl. Berichtigungen, 7 S.*)[1]

Leitung der Sitzung: **Erich Ollenhauer**
Anwesend: siehe Liste

[**Teilnehmer/Teilnehmerinnen, nach Funktionen geordnet:**[2]
PV: *Ollenhauer, Franke, Gotthelf, Heine, Nau; Albrecht, Baur, Bögler, Eichler, Gayk, Gnoß, Görlinger, Grimme, Gross, Henßler, Menzel, Neumann, Schmid, Selbert*
KK: *Schönfelder*
Vorstand der sozialdemokratischen Fraktion des Wirtschaftsrates: *Schoettle*[3]*, (Dahrendorf), Eichler, (Kreyssig)*
Mitarbeiter des PV: *Brandt, Hennig*]

Tagesordnung:[4]
1) Die Wahlrechtsfrage (Bericht über die Beratungen im Verfassungspolitischen Ausschuß)
2) Politischer Bericht
3) Internationales: a) Internationale Konferenz in Wien, b) Parteitag der Sozialdemokratischen Partei der Schweiz, c) Parteitag der schwedischen Sozialdemokratie, d) Beschlüsse der COMISCO-Sitzung in London
4) Die Lage in Berlin
5) Die nächste Parteiausschußsitzung
6) Berichte über Ausschußarbeiten: a) Kulturpolitischer Ausschuß, b) Außenpolitischer Ausschuß, d) Frauenausschuß[5], e) Kommunalpolitischer Ausschuß[6]

---

1 Eine Einladung zu dieser Sitzung ist in den Beilagen zum Protokoll nicht erhalten geblieben. Das Kommuniqué über diese Sitzung (Sopade Informationsdienst Nr. 485 vom 2. Juni 1948) wird hier als Anlage 1 abgedruckt.
2 Die folgenden Angaben wurden der Anwesenheitsliste in den Beilagen zum Protokoll, sowie Angaben im Protokoll und im Kommuniqué entnommen. Von den Mitgliedern des PV fehlten *Schumacher, Kriedemann, Agartz, Helmstädter, Kaisen, Knothe, Loßmann, Meitmann, Schroeder* und *Veit*.
3 Außer dem PV-Mitglied *Eichler* trug sich nur *Schoettle* in die Anwesenheitsliste ein, nach dem Kommuniqué nahmen aber auch die anderen Vorstandsmitglieder, d. h. *Dahrendorf* und *Kreyssig* an der PV-Sitzung teil, vgl. Anlage 1, S. 380.
4 Wortlaut nach der hektographierten Tagesordnung in den Beilagen zum Protokoll, soweit die einzelnen Punkte behandelt wurden.
5 Der als Unterpunkt „c" vorgesehene Bericht des Flüchtlingsausschusses wurde vertagt.
6 Die vorgesehenen Tagesordnungspunkte 7-10 („Vertretung der Parteibezirke in der Ostzone in den Parteikörperschaften; Stellungnahme zur Frage der Kriegsdienstverweigerung; Stellungnahme zur Weltstaatliga; Durchführung der Beschlüsse des PV gegen die VVN") mußten verschoben werden.

Dokument 21, 28. und 29. Mai 1948

Ollenhauer berichtet einleitend über den unveränderten Gesundheitszustand *Dr. Schumachers.*[7]

Zu Punkt 1 (Die Wahlrechtsfrage)[8]

Menzel erstattet den Bericht des Verfassungspolitischen Ausschusses. Er läßt die Frage offen, ob dieses Problem nicht dem Parteitag 1948 zur Entscheidung vorgelegt werden muß.

Die Mehrheitswahlrechtler betonen den Vorteil, der in der Schaffung regierungsfähiger Parlamente liegt, wie auch [daß] die Auswahl der Person[en] qualifizierter ist. Die Verhältniswahlrechtler betonen, daß es einer langjährigen politischen Erziehung des deutschen Volkes bedürfe, bevor man das Mehrheitswahlrecht wie in England einführen könne. Außerdem könne man z.Zt. keine möglichen Machtpositionen preisgeben, wie etwa in Nordrhein-Westfalen. In Schleswig-Holstein kamen 60 % der Abgeordneten aus den Kreisen und 40 % wurden durch die Listen gewählt. In Nordrhein-Westfalen sind tatsächlich 70 % im Mehrheitswahlrecht gewählt worden.

Der Verfassungspolitische Ausschuß beschloß:
1. Die Form des Wahlrechts ist keine Frage des Parteiprogramms.
2. Nicht wählen darf, wer die Grundlagen der Demokratie nicht anerkennt.
3. Das Wahlrecht soll nicht in der Verfassung verankert werden.
4. Kein Wahlzwang.
5. Gemeindewahlrecht soll von den Ländern geformt werden.

Die Frage sei nun, ob man unterscheiden solle zwischen den nun fälligen Wahlen zur verfassunggebenden Versammlung und den sogenannten ordentlichen Reichstagswahlen. Der Verfassungspolitische Ausschuß meint, daß man Einmannwahlkreise bilden solle. Zur Vermeidung von Splitterparteien solle ein Prozentsatz vorgeschrieben werden. Parteien, die nicht mindestens einen Wahlkreis erobern, werden auch insgesamt kein Mandat erhalten. Einigkeit bestand darüber, daß das Kommunalwahlrecht von den Ländern bestimmt wird, während für das Länderwahlrecht der Partei weitgehende Handlungsfreiheit gelassen wird. Keine Einigkeit bestand über die kommende Bi - oder Trizonenwahl.

Henßler hat Bedenken, daß Parteien, die kein Einzelmandat eroberten, auch nicht aus der Liste bedacht werden. Das könne auch einmal die SPD treffen.

Gayk: Wir dürfen [das] Wahlrecht nicht aus lokalen Gesichtspunkten sehen. Die Begünstigung der großen Parteien und arbeitsfähigen Parlamente sind das Entscheidende. Das Koalitionssystem korrumpiere alle Parteien. Bei der Wahl des Westparlamentes nach Mehrheitswahlrecht mit Listenausgleich besteht für die SPD keine Gefahr. Die Splitterparteien werden verlieren und dieser Verlust kommt auch uns zugute.

Eichler: Wir hätten in Nordrhein-Westfalen bei Anwendung des Verhältniswahlrechtes 17 CDU-Abgeordnete weniger. Im Westparlament können wir es nicht gutheißen, daß die CDU auch nur ein Mandat mehr hat als ihr zusteht.

---

[7] Nach dem Kommuniqué überbrachte Ollenhauer den Vorstandsmitgliedern einen herzlichen Gruß Schumachers, „in dessen körperlichem Befinden sich leider noch keine entscheidende Besserung ergeben hat, obwohl er geistig außerordentlich frisch und interessiert ist".

[8] Im Kommuniqué wird unter der Zwischenüberschrift „Wahlrechtsfragen" ausführlich über diesen Tagesordnungspunkt berichtet, vgl. Anlage 1.

Menzel: Auch die Verhältniswahlrechtler wollen nicht die Splitterpartei.

Heine glaubt nicht, daß die heutige PV-Versammlung repräsentativ genug ist, um den wichtigen Beschluß des Wahlrechtes fassen zu können. PV und PA sollten gemeinsam, nach Ausarbeitung einer schriftlichen Vorlage, entscheiden.

Ollenhauer verspricht sich von einer Vertagung in eine größere Versammlung nichts. Es müsse die Frage untersucht werden, bei welchem System die SPD in den allernächsten Wahlen am besten fährt. Das Mehrheitswahlrecht würde voraussichtlich der CDU die absolute Mehrheit bringen.

Gayk: Wir werden nie über die 50%-Grenze kommen, und ewig mit 45% gezwungen sein, schlechte Koalitionspolitik zu betreiben.

Henßler: Wenn wir in Deutschland deutsche Politik treiben könnten, hätten *Gayks* Ausführungen mehr Sinn.

Gnoß: Die Ausführungen *Gayks* sind berechtigt, wenn wir an den Kasseler Beschlüssen festhalten, denn das Mehrheitswahlrecht wird uns das Verharren im Kasseler Geist leichter machen.

Heine erwidert darauf, daß diese Schlußfolgerung doch offensichtlich eine falsche Interpretation der Kasseler Beschlüsse sei.

Görlinger spricht sich gegen das ausgeprägte Mehrheitswahlrecht aus.

Ollenhauer: Es ist das Ziel der Partei, die politische Macht zu erringen. Das modifizierte Verhältniswahlrecht sei natürlich immer noch ein Verhältniswahlrecht. Er hält es nicht für möglich, daß wir im Herbst-Wahlkampf mit dem Mehrheitswahlrecht gewinnen können; das würde bedeuten, daß die CDU Maßnahmen durchführen kann, die wir später schwerlich wieder aufheben können. Das Verhältniswahlrecht muß uns auch nicht unbedingt in die Koalition bringen.

Heine: Unsere Formulierung solle sein: Einmannwahlkreise mit Listenverbindung.

Menzel faßt abschließend zusammen, daß über folgendes Einigkeit bestehe:
1. Einmannwahlkreise.
2. Ausschaltung der kleinen Parteien durch Vorschrift eines [Mindestanteils][9] von 5% der abgegebenen Stimmen. (4 PV-Mitglieder stimmten für 10 %).
3. Eine Partei, die mindestens 1 Kreismandat gewonnen hat und insgesamt mindestens 5 % der Stimmen erhält, kann aus den Listen nur soviel Mandate erhalten wie aus der direkten Wahl.
4. Verteilung der Reststimmen durch reinen Proporz.

Ollenhauer: Die nächste PV- und PA-Sitzung wird unter Zugrundelegung des heute Erarbeiteten die Entscheidung in der Wahlrechtsfrage fällen.[10]

---

9 In der Vorlage „Mindestanschlusses".
10 In der nächsten gemeinsamen Sitzung des PV und des PA Ende Juni wurde die Wahlrechtsfrage zwar erörtert, aber auch noch kein endgültiger Beschluß gefaßt, Dok. 22 B, S. 438. In der vorangehenden Sitzung des PV wurde bereits beschlossen, die Wahlrechtsfrage wegen der notwendigen „Terminbegrenzung" nicht – wie ursprünglich geplant – auf die Tagesordnung des kommenden Parteitages zu setzen, vgl. Dok. 22 A, S. 395.

Dokument 21, 28. und 29. Mai 1948

Punkt 2 (Politischer Bericht)
Ollenhauer: Die Sechs-Mächtebesprechungen in London scheinen festgefahren zu sein[11]. Die Franzosen sind sehr besorgt über die Möglichkeit einer Fühlungnahme der USA mit der SU. Frankreich wünscht militärische Garantien der USA für Westeuropa. Es ist nicht sicher, daß in London schon das Trizonenabkommen beschlossen wird. Lediglich über die trizonale Währungsreform[12] hat man sich geeinigt. Die CDU hat die Möglichkeit angedeutet, daß sie sich weigern wird, an Maßnahmen im Zusammenhang mit der Währungsreform mitzuarbeiten. Die allgemeinen Wahlen im Herbst werden durch diese Umstände stärkstens beeinflußt werden. Die Partei muß schon jetzt ein Wahlprogramm, das die Lösung der sozialen Probleme behandelt, ausarbeiten. – Der französische Einfluß auf die inne[n]politische[13] Entwicklung in Deutschland ist noch immer gleich stark. Man möchte Rheinland-Pfalz in einen Status bringen wie das Saargebiet. – Die Partei wird bei der Ausarbeitung eines Wahlprogrammes engstens mit den Gewerkschaften zusammenarbeiten.

Brandt teilt mit, daß die alliierten Kreise in Berlin unseren Standpunkt in Bezug auf die direkten Wahlen zur westdeutschen Vertretung begrüßen. Dagegen ist man der Auffassung, daß die Entscheidung darüber, ob Provisorium oder nicht, bei den Deutschen allein liegt. Man ist geneigt, anzunehmen, daß unser Pochen auf das Provisorium mit Scheu vor der Verantwortung gleichzusetzen sei. – Die französischen Forderungen auf militärische Garantien sind Hauptgrund der Stockungen. Man ist der Auffassung, daß Westeuropa vor Ablauf der nächsten 2 Jahre nicht so gerüstet sei, um im Ernstfall standhalten zu können. – Die Neigung der angelsächsischen Meinung geht dahin, daß das Besatzungsstatut nicht zu dekretieren, sondern durch zweiseitige Verhandlungen zu erarbeiten sei. – In Berlin gibt es Anzeichen, daß die russische Politik im Moment keine weitere Zuspitzung wünscht. Auch bei den Amerikanern sind im Moment Tendenzen der Zurückhaltung in der antirussischen Politik zu verzeichnen.

Bögler: Am 5.5. fand eine Ministerbesprechung mit der französischen Militär-Regierung statt. Es wurde die Schaffung eines Landes Saar mit Rheinland-Pfalz erörtert. Die Genossen in Rheinland-Pfalz wünschen eine Besprechung mit den Genossen der angrenzenden Länder, um den künftigen Status des Landes Rheinland-Pfalz auszuarbeiten. – In der Pfalz sind große Waldgebiete abgesperrt worden, und Amerikaner sind eingerückt. Es werden dort riesige Benzinvorräte angefahren. – Die Regierung Rheinland-Pfalz hat von der Militär-Regierung neue Lebensmittelauflagen erhalten. Die Regierung befaßt sich mit der Frage des Rücktritts.

Schmid berichtet über seine Besprechungen mit Vertretern der Alliierten in Berlin. Man hat begriffen, daß die Frage des Besatzungsstatutes eine politische Forderung ist. Man wünscht aber auch, daß wir uns auf das Besatzungsstatut verpflichten. – Zur Organi-

---

11 Zu den „Sechs-Mächte-Besprechungen" (die drei Westalliierten + die drei Beneluxstaaten), die mit Unterbrechungen vom Februar bis Juni 1948 dauerten, vgl. Einl. Kap. II 3 f.
12 Gemeint die am 18. Juni 1948 in den drei westlichen Besatzungszonen durchgeführte Währungsreform, vgl. dazu Einl. Kap. II 3 g.
13 In der Vorlage „innerpolitische".

sation der 3 Westzonen scheint man es den Deutschen überlassen zu wollen, die Verfassung zu schaffen. In der Ruhrfrage habe er aufgezeigt, daß es sich für uns hauptsächlich um die politische Entmachtung der Ruhrindustriellen drehe, und erst in zweiter Linie um die wirtschaftlichen und sozialen Seiten des Problems.

Ollenhauer: Wir haben alle Aussicht, daß die wünschenswerten Entscheidungen wieder endlos verschleppt werden. Auch wenn die Trizone nicht geschaffen wird, sollten wir für die größtmögliche Einheit, also die Bizone, eintreten.

Besprechung der Parteibezirke, die an Rheinland-Pfalz grenzen, ist als nützlich anzusehen. Es sollten daher die Bezirke in Württemberg-Baden, Nordrhein-Westfalen, Hessen und Bayern eingeladen werden.

Der PV stimmt diesem Vorschlag zu.

Ein Arbeitsausschuß zur Erarbeitung des Wahlprogramms solle gebildet werden.

Der PV stimmt dem zu.

Selbert: In Hessen wurde am letzten Mittwoch das Betriebsrätegesetz verabschiedet.[14] Darin wird das wirtschaftliche Mitbestimmungsrecht der Arbeiter festgelegt.

Zu **Punkt 3** (Internationales)

Ollenhauer: Zur Wiener Sozialistenkonferenz liegt das Visum für *Reuter* bisher nicht vor.[15] Außerdem werden die Fahrkarten nur für 4 Delegierte gestellt werden. Daher folgender Delegationsvorschlag: *Ollenhauer, Gotthelf, Henßler, Schmid.*

Der PV stimmt dem zu.

Zur *Ruhrfrage* hat das Büro den der Internationale angeschlossenen Parteien inzwischen eine Denkschrift zugestellt. (siehe Anlage [4][16])

Schmid berichtet über den Schweizer Parteitag. [...][17]

Gayk berichtet über den Parteitag der Schwedischen Sozialdemokratie. Er schildert als wesentlich den bei dieser Gelegenheit gewonnenen Kontakt mit den Dänen. Der Staatsminister und der Außenminister haben gemeinsam mit der deutschen Delegation das Süd-Schleswig-Problem in aller Offenheit diskutiert.[18]

Gotthelf berichtet über Teilnahme am Schwedischen Frauenkongreß.

Ollenhauer berichtet über COMISCO-Sitzung in London. (siehe Protokoll Internationale)[19]

---

14 Zum hessischen Betriebsrätegesetz, das am 26.5.1948 mit den Stimmen der SPD, CDU und KPD gegen die der LDP verabschiedet wurde, vgl. Walter Mühlhausen, Hessen 1945 - 1950, Frankfurt am Main 1985, S. 343-407.
15 Zu dieser Wiener Sozialistenkonferenz, die Anfang Juni 1948 stattfand und vor allem der Erörterung der „Ruhrfrage" galt, vgl. Einleitung Kap. II 2 c.
16 In der Vorlage „1". Die Denkschrift wird hier als Anlage 4 abgedruckt. Zu dieser Denkschrift, die Schumacher trotz seiner schweren Erkrankung verfaßt hatte, vgl. auch Einl. Kap. II 2 c.
17 Weggelassen wird hier der Hinweis auf eine in den Beiakten nicht mehr vorhandene „Anlage 2".
18 Zum „Süd-Schleswig-Problem" vgl. auch Einl. Kap. II 1 c.
19 In den Beiakten zum Protokoll ist keine Aufzeichnung über die Comisco-Sitzung vorhanden. Zu dieser Konferenz, die am 19. und 20. März in London stattfand und auf der die osteuropäischen sozialdemokrati-

Dokument 21, 28. und 29. Mai 1948

Der PV hat die Betreuung tschechischer sozialdemokratischer Flüchtlinge, die in Bayern interniert sind, eingeleitet.

Eine Internationale Sozialistische Frauenkonferenz wird am 3.6.1948 in Wien stattfinden. Hertha *Gotthelf* wird teilnehmen.

Zu **Punkt 4** (Die Lage in Berlin)[20]:
Neumann: Die Gewerkschafter im Westen haben bisher nicht begriffen, worum es bei den Auseinandersetzungen in Berlin geht. Die UGO [Unabhängige Gewerkschaftsorganisation] hätte rechtlich fast die Hälfte aller Mandate erhalten müssen.[21] Der FDGB schließt jedoch die UGO- Anhänger von der Ausübung ihrer Mandate aus.

Berlin müßte notfalls eine eigene Währung erhalten, wenn eine bessere Lösung nicht möglich sei. Frankfurt[22] muß sich als Preis bei den Alliierten ausbitten, daß Berlin gehalten und nicht der Ostwirtschaft ausgeliefert wird. – Die Franzosen haben in ihrem Sektor erklärt, daß die UGO die Mehrheit bei den Wahlen erhalten habe. Dagegen haben sich die Amerikaner und Engländer bisher nicht gegen die Vergewaltigung durch den FDGB ausgesprochen. Die Westgewerkschafter erkennen nach wie vor den FDGB an und die UGO- Delegation in Heidelberg mußte vor verschlossenen Türen wieder umkehren.

Schmid: Der PV muß erklären, daß eine Regelung in den Westzonen nicht akzeptiert wird, wenn nicht Berlin einbezogen wird. Wir sollten beschließen, daß die geplante Währungsreform zumindest die drei Westsektoren Berlins einbeziehen muß.

Schoettle: Wir wünschen eine gesamtdeutsche Währungsreform und können daher nicht, wie *Schmid* gefordert hat, heute etwas anderes beschließen. Wir können nur handeln, wenn wir vor die Tatsache gestellt werden.

Heine: Wir sollten uns doch auf einen Beschluß einigen und *Brandt* beauftragen, in Berlin bei den Alliierten im Sinne der von *Schmid* formulierten Forderungen aufzutreten. Dasselbe solle *Schoettle* in Frankfurt tun. – Weiter sollten wir den Westgewerkschaften deutlich machen, daß ihr Verhalten unverantwortlich sei.

Gayk: Der Tag der Währungsreform kann wieder für uns ein 20. Juli 1932[23] sein. Berlin dürfen wir nicht preisgeben, ganz gleich, welcher Auffassung die Westalliierten sind.

Henßler: Wenn Berlin bei der Währungsreform nicht in die Bi - oder Trizone aufgenommen werden kann, müsse dort eine eigene Währung geschaffen werden.

Schoettle fragt, ob hier jemand angesichts der gelähmten Wirtschaft den Mut habe, die Währungsreform für den Westen abzulehnen, denn das sei die Konsequenz des von *Schmid* geforderten Beschlusses.

---

schen Parteien endgültig aus der COMISCO ausgeschlossen wurden, vgl. R. Steininger, Deutschland und die SI, S. 93.
20 Über diesen Tagesordnungspunkt wird auch ausführlich im Kommuniqué berichtet.
21 Zu besonderen Entwicklung der Berliner Gewerkschaften in den ersten Nachkriegsjahren vgl. Einl. Kap. II 5 a, S. CXIV-CXVI.
22 „Frankfurt" = Sitz des bizonalen Wirtschaftsrates und mehrerer bizonaler Vewaltungsbehörden.
23 „20. Juli 1932" = Tag des „Preußenschlages" der Reichsregierung von Papen, vgl. dazu Heinrich August Winker, Der Weg in die Katastrophe. Arbeiter und Arbeiterbewegung in der Weimarer Republik 1930-1933, Bonn 1987, S. 646-680.

Kriedemann: Die Alliierten haben erklärt, daß Berlin z.Zt. nicht in eine trizonale Währungsreform einbezogen werden kann. Ebensowenig käme aber auch die Einbeziehung der 3 Westsektoren in die Ostwährung in Frage.

Schmid erklärt, daß er den Mut habe zu erklären, daß im Westen keine Währungsreform stattfinden solle. Die Inflation als ein Mittel der Währungspolitik sei vertretbar.

Ollenhauer: Ob eine Währungsreform kommt oder nicht, liegt nicht bei den Deutschen. Die Amerikaner wünschen die Währungsreform im Zuge ihrer Marshall-Politik. Die Einbeziehung Berlins sei bereits in der letzten PV-Entschließung gefordert worden. Im Kommuniqué solle noch einmal darauf Bezug genommen werden.

Punkt 5 (Nächste PV- und PA-Sitzung):
PV-Sitzung 28.6. 15.00 Uhr, PA-Sitzung 29.6. 15.00 Uhr bis 30.6. in Hamburg. Dazu werden noch eingeladen die Kontrollkommission, die Minister und der Vorstand der Wirtschaftsratsfraktion.

Punkt 6 (Berichte über Ausschußarbeiten)

Hertha **Gotthelf** erstattet den Bericht für den *Frauenausschuß*.

Hennig berichtet über den *Kulturpolitischen Ausschuß* und stellt verschiedene Anträge zur Diskussion. (siehe Anlage [5][24]).

Der PV stimmt den Anträgen auf Bildung einer zentralen Parteischule und einer Sozialistischen Akademie zu. Gebilligt wird weiter die Abhaltung einer kulturpolitischen Konferenz der Partei Anfang Juli in Lübeck.

Ollenhauer bringt die Bitte des Genossen *Weisser*, Hamburg, zur Kenntnis, der das Einverständnis des PV für die Errichtung einer politischen Akademie wünscht.

Der PV erklärt sein Einverständnis.

Ollenhauer: Der *Außenpolitische Ausschuß* soll Vertreter delegieren, die am 4.6. in Stuttgart an einer Besprechung der Ministerpräsidenten beider Zonen mit den Parteivertretern teilnehmen.

Beschluß: *Menzel* und *Heine* (evtl. *Schoettle*) sollen teilnehmen.

Bericht des *Flüchtlingsausschusses* vertagt.

Gayk berichtet über die *Sitzung des Kommunalpolitischen Ausschusses*. Er erläutert die vom Ausschuß beschlossenen Grundsätze der SPD zur Gemeindeverfassung (siehe Anlage [3][25]).

Menzel fragt, ob nicht auch das kommunalpolitische Leben einer gewissen Lenkung bedürfe. Er empfiehlt daher ein beschränktes Aufsichtsrecht des Innenministers.

Henßler stimmt dem zu.

Schmid spricht sich ebenfalls für ein klar definiertes Aufsichtsrecht aus, das vom Verwaltungsgericht entschieden werden kann.

---

24 In der Vorlage „3". Der Bericht über die erste Tagung des Kulturpolitischen Ausschusses wird hier als Anlage 5 abgedruckt.
25 In der Vorlage „4".

Gayk: Das Prinzip muß sein, daß die Vermutung immer für die Zuständigkeit der Gemeinde spricht.

Ollenhauer: Wir können schwerlich einen vom Kommunalpolitischen Ausschuß gefaßten Beschluß entscheidend ändern.

Beschluß des PV: In den Grundsätzen zur Gemeindeverfassung wird im Abschnitt V der Satz gestrichen, daß Beschlüsse und Wahlen keiner Bestätigung bedürfen.[26]

Gayk: Die kommunalpolitische Zentralstelle beim PV soll mit *Jacobi*, Iserlohn, besetzt werden. Da der PV doch in absehbarer Zeit seinen Sitz verlegen muß, sei es akzeptabel, daß *Jacobi* bis zum Umzug in Iserlohn verbleibt.

Ollenhauer äußert dagegen Bedenken. Der PV solle nochmals mit *Jacobi* Rücksprache nehmen.

Henßler: Die Landtagsfraktion Nordrhein-Westfalen hat die *Abberufung des Dr. Reusch*[27] verlangt. Die Gewerkschaften werden für diese Forderung in den Streik treten. Er sei der Auffassung, daß die Wirtschaftsratsfraktion in der Frage der Abberufung *Reusch* versagt habe.

Kriedemann: Der Wirtschaftsrat wird nunmehr zu dieser Angelegenheit Stellung nehmen müssen. *Köhler*[28] wünscht die Auseinandersetzung nicht, da damit die CDU auseinanderfallen würde. Die Militär-Regierung wünscht ebenfalls [nicht][29] die Behandlung des Falles im Wirtschaftsrat.

Heine: Der Fraktionsvorstand solle ein Telegramm an *Köhler* senden und die sofortige Einberufung des Hauptausschusses zur Behandlung der Frage verlangen.

Ollenhauer stellt fest, daß der Vorschlag *Heines* akzeptiert ist.[30]

Kriedemann erklärt, daß der Lastenausgleich nach der Währungsreform von deutscher Seite auszuarbeiten ist. Die Vermögensabgabe (etwa bis 80 %) soll durch hypothekarische Belastungen eingetrieben werden. Hierauf werden Zertifikate ausgestellt, die an die Geschädigten ausgegeben werden. 10.000,- RM für Ehemann und Ehefrau wie 5.000,- RM je Kind seien abgabenfrei. Der Abgabeertrag soll in erster Linie die Sozialrenten finanzieren.

Ollenhauer: Die Diskussion dieser Frage wird die nächste PV-Sitzung beschäftigen.[31]

---

26 In der veröffentlichten Fassung ist dieser Satz nicht enthalten, vgl. Anlage 2, Abschnitt „V". Staatsaufsicht". Im Kommuniqué wird nur die Annahme erwähnt und der Inhalt der Grundsätze sehr kurz zusammengefaßt, vgl. Anlage 1.

27 Hermann *Reusch* (1896-1971), der Vorstandsvorsitzende der Gutehoffnungshütte AG, war auf Vorschlag der CDU/CSU vom Hauptausschuß des Wirtschaftsrates als einer der beiden deutschen „Sachverständigen" für die Kommission „Stahl und Eisen" nominiert worden – der andere, Paul *Bleiß*, (1904-1997, Dr. rer. pol., SPD, 1948/49 MdWR, 1949-65 MdB, 1963-70 Arbeitsdirektor bei der Salzgitter AG) war von den Sozialdemokraten vorgeschlagen worden. Vgl. dazu C. Stamm, S. 127.

28 Erich *Köhler* (1892-1958), Dr. rer. pol., vor 1933 DVP, 1945 Mitbegründer der CDU in Hessen, 1947-49 Präs. d Wirtschaftsrates, 1949-57 MdB, 1949/50 Bundestagspräsident.

29 Ergänzung aus dem Zusammenhang.

30 Die Debatte wird auch im Kommuniqué unter der Zwischenüberschrift „Reusch und das Ruhrgebiet" erwähnt: Dazu vgl. C. Stamm, S. 137.

31 Im Kommuniqué wurde unter „Verschiedenes" noch erwähnt, daß der Parteivorstand die Aufhebung der Ausnahmeverordnung gegen verheiratete weibliche Beamte durch den Innenminister von Nordrhein-Westfalen begrüßt habe, vgl. Anlage 1, letzter Absatz.

Dokument 21, 28. und 29. Mai 1948

Anlage 1
Kommuniqué der Sitzung
Sopade Informationsdienst Nr. 485 vom 2. 6. 1948, S.1 (Überschrift: „Sitzung des Parteivorstandes")

Tagesordnung
Die Sitzung des Vorstandes der Sozialdemokratischen Partei Deutschlands am 28. und 29. Mai in Springe am Deister wurde von dem stellvertretenden Vorsitzenden Erich Ollenhauer mit einem herzlichen Gruß von Dr. Kurt Schumacher eröffnet, in dessen körperlichen Befinden sich leider noch keine entscheidende Besserung ergeben hat, obwohl er geistig außerordentlich frisch und interessiert ist.

Im Mittelpunkt der umfangreichen Tagesordnung standen die Wahlrechtsfrage, die Lage in Berlin, die kulturpolitische Arbeit in der Partei und die Grundsätze der SPD zur Gemeindeverfassung. Es wurde außerdem beschlossen, den diesjährigen Parteitag, wenn irgend möglich, in der Zeit vom 10. bis 15. September in Düsseldorf stattfinden zu lassen. Ihm wird eine Frauenkonferenz der SPD vom 7. bis 9. September in Wuppertal unmittelbar vorausgehen.

Wahlrechtsfragen
Walter *Menzel* berichtete über die Beratungen des Verfassungspolitischen Ausschusses zur Wahlrechtsfrage, die weitgehende Übereinstimmung über wesentliche Grundfragen dieses Problems erbracht haben. Nach eingehender Diskussion empfahl der Parteivorstand dem Parteiausschuß die Annahme einer Verbindung [von][32] Personen- und Listenwahlrecht. Auf der Länderebene soll die Fixierung des Wahlrechtes den Landtagen vorbehalten bleiben, in den Gemeinden den Gemeindevertretungen. Die Entscheidung in der Frage des künftigen allgemeinen Wahlrechtes soll auf einer gemeinsamen Sitzung von Parteivorstand und Parteiausschuß gefunden werden, die unter Hinzuziehung der Kontrollkommission der Partei, der sozialdemokratischen Minister der Länder und des Fraktionsvorstandes im Wirtschaftsrat für Ende Juni in Hamburg angesetzt wurde.

Die Situation in Berlin
Über die Situation in Berlin, insbesondere im Zusammenhang mit der seit einiger Zeit erhöhten Spannung zwischen den Besatzungsmächten, den Auswirkungen der Gewerkschaftswahlen und der bevorstehenden Währungsreform berichteten Franz *Neumann* und Willy *Brandt*, der ständige Vertreter des Parteivorstandes in Berlin.

Der Parteivorstand, dem Beschlüsse der gegenwärtig in London tagenden Konferenz über Westdeutschland noch nicht vorlagen, bestätigte nochmals ausdrücklich den Beschluß seiner letzten Sitzung, daß in jede, auch provisorische Regelung des politischen Status in Westdeutschland Berlin mit einzubeziehen sei. Als beherrschendes Moment trat die dringende Sorge über die große Gefahr hervor, die mit einer nur auf westdeutsches Gebiet beschränkten Währungsreform gerade für Berlin verbunden sein müßte. Es wurde

---
32 In der Vorlage „vom".

angeregt, weiterhin bei den maßgebenden Stellen mit größtem Nachdruck Einfluß dahin zu nehmen, daß eine solche Entwicklung vermieden werde.

Kulturpolitische Aufgaben
Der Parteivorstand stimmte auf Antrag des Kulturpolitischen Ausschusses der Bildung einer zentralen Parteischule und einer Sozialistischen Akademie zu. Anfang Juli wird eine kulturpolitische Konferenz des Parteivorstandes in Lübeck stattfinden, und zwar im Rahmen einer „Kulturpolitischen Woche" mit dem Thema: „Sozialisten und zeitgenössische Wissenschaft", auf der namhafte Gelehrte sprechen werden.

Grundsätze der SPD zur Gemeindeverfassung
Angenommen wurden die Grundsätze der SPD zur Gemeindeverfassung, wie sie in der Sitzung des Kommunalpolitischen Ausschusses vom 26. Mai 1948 in Kiel beschlossen worden sind. Darin bekennt sich die Sozialdemokratie zu dem Prinzip der Selbstverwaltung in Städten, Kreisen und Gemeinden. Es wird empfohlen, für Städte und Landgemeinden eine einheitliche Gemeindeordnung aufzustellen, deren Leitgedanken auch für Gemeindeverbände (Kreise, Ämter u.ä.) gelten sollen.

Reusch und das Ruhrgebiet
Der Parteivorstand beschäftigte sich ferner mit der Zuspitzung der Lage im Ruhrgebiet, die durch die Berufung von *Reusch* in die Stahlkommission entstanden ist. Er stellte sich hinter die von den Gewerkschaften und der sozialdemokratischen Landtagsfraktion in Nordrhein-Westfalen gefaßten Beschlüsse. Der Fraktionsvorstand der SPD im Frankfurter Wirtschaftsrat, der an der Vorstandssitzung teilnahm, sandte an den Präsidenten des Wirtschaftsrates, *Dr. Erich Köhler*, ein Telegramm, das die sofortige Einberufung der Vollversammlung des Wirtschaftsrates zur Beratung des Falles *Reusch* beantragte. Dieses Verlangen fand die einmütige Zustimmung des Parteivorstandes.

Verschiedenes
Schließlich begrüßte der Vorstand die Aufhebung der Ausnahmeverordnung gegen verheiratete weibliche Beamte durch den sozialdemokratischen Innenminister in Nordrhein-Westfalen und verlangte, daß auch in den anderen Ländern der § 63 des Beamtengesetzes aufgehoben wird.

An den Abendberatungen des Parteivorstandes, in denen Berichte über internationale Veranstaltungen und Kongresse der Bruderparteien entgegengenommen wurden, nahm Nationalrat W. *Bringolf*[33] vom Vorstand der schweizerischen Partei als Gast teil. Er teilte mit, daß sich das schweizerische Arbeiterhilfswerk entschlossen habe, eine Sonderhilfsaktion für die nach Deutschland geflüchteten tschechischen Sozialdemokraten durchzuführen.

---

33 Walther *Bringolf*, geb. 1895 in Schaffhausen, 1925-71 Nationalrat, 1945 Vors. d. Fraktion d. SPS, 1953-62 Präs. d. SPS, 1933-69 Stadtpräsident von Schaffhausen.

Es wurde beschlossen, die nächste Sitzung des Parteivorstandes am 28. und 29. Juni, die nächste Parteiausschußsitzung am 29. und 30. Juni, beide in Hamburg, durchzuführen.[34]

Anlage 2
Beschluß zur Frage des Wahlrechts
Hektogr. Papier, 2 S., in den Beiakten zum Protokoll (Anl. "V")[35]

1. Das Wahlrecht hat die Aufgabe, die Entfaltung einer lebendigen Demokratie zu fördern. Es soll die Bildung arbeitsfähiger Regierungen begünstigen. Es muß allgemein, gleich, unmittelbar und geheim sein.
2. An den Wahlen kann sich nicht beteiligen, wer die Grundsätze der parlamentarischen Demokratie nicht anerkennt oder nicht beachtet, insbesondere an totalitären Bestrebungen teilnimmt.
3. Eine gesetzliche Wahlpflicht wird abgelehnt.
4. Das Wahlsystem soll nicht in die jeweiligen Verfassungen aufgenommen werden.
5. Das Wahlsystem ist keine Frage des Parteiprogrammes. Der Parteivorstand hält jedoch vor der endgültigen Entscheidung, welches Wahlsystem am geeignetsten erscheint, um den durch den Wahlausgang ersichtlich gewordenen politischen Willen des Volkes richtig zu ermitteln, auszuwerten und anzuwenden, eine Fortsetzung der Aussprache innerhalb der Partei und die Sammlung weiterer Erfahrungen für erforderlich. Bis zu dieser endgültigen Klärung sollen für die Wahlrechtsgesetze folgende Grundsätze gelten:
    a) Das Wahlsystem für die Gemeinden, für die Länder und die Gesamtrepublik (hilfsweise Bi- oder Trizone) braucht nicht einheitlich zu sein.
    Daher ist den Ländern die Entscheidung über das Wahlsystem für die Wahlen zu den kommunalen Selbstverwaltungskörperschaften selbst zu überlassen.
    Das gleiche hat für das Wahlsystem bei den Landtagswahlen zu gelten. Damit soll vor allem auch die Sammlung von Erfahrungen über die verschiedenartigsten Wahlsysteme ermöglicht und gleichzeitig nach den jeweiligen politischen Machtverhältnissen in den Ländern ein der Sozialdemokratischen Partei günstiges Wahlrecht durchgesetzt werden.
    Jedoch soll sich das Wahlsystem bei allen politischen Ebenen auf Einmann-Wahlkreise mit möglichst gleichen Wählerzahlen aufbauen. In diesen Wahlkreisen ist gewählt, wer die relative Mehrheit erhält. Stichwahlen finden nicht statt.
    Zu diesen in den Einmann-Wahlkreisen unmittelbar gewählten Abgeordneten treten weitere auf Grund einer Reserveliste zu bestimmende Abgeordnete. Diese Reserveliste hat das gesamte Wahlgebiet zu umfassen.

---
34 Es folgt noch die Quellenangabe „(Eigenberichte)".
35 Abgedruckt: Jb. SPD 1948/49, S. 130 f.

Dokument 21, 28. und 29. Mai 1948

b) Die politische Entwicklung in den westlichen Zonen wird wahrscheinlich noch im Laufe des Jahres 1948 zu unmittelbaren Wahlen führen, die Gebiete mehrerer Länder umfassen werden. Für diese etwaigen Wahlen sollen nach den bisherigen Wahlergebnissen in Westdeutschland die aus der Reserveliste (vorst. Ziff. a) letzter Absatz) zu verteilenden Mandate nach den Grundsätzen des Verhältniswahlrechts bestimmt werden. Zu diesem Zweck werden die für das gesamte Wahlgebiet abgegebenen gültigen Stimmen zusammengezählt und die Gesamtzahl der Abgeordnetensitze unter die Parteien nach dem System der Verhältniswahl aufgeteilt.

Hierbei sind die Bestimmungen über die sogenannten Splitterparteien zu beachten. Fallen einer Partei hiernach mehr Mandate zu, als sie in den Einmann-Wahlkreisen erhalten hat, dann werden ihr die fehlenden Mandate aus der Reserveliste zugeteilt. Hat jedoch eine Partei in der direkten Wahl mehr Mandate erhalten, als ihr nach der Verhältniswahlberechnung zustehen würden, dann behält sie diese Sitze. Die von ihr erzielte Mandatsziffer wird dann gleichgesetzt dem Hundertsatz ihrer Stimmenquote und der Berechtigung der den übrigen Parteien von der Reserveliste zuzuweisenden Vertretersitze.

Diese Grundsätze gelten nur für die ersten Wahlen zu einem über die Ländergrenzen hinausgehenden Parlament und bedeuten keine Entscheidung über das künftige endgültige Wahlsystem.

6. Splitterparteien

a) Parteien, die im Gesamtgebiet weniger als 5 Prozent der Stimmenzahl aller politischen Parteien erhalten haben, werden bei dem Listenausgleich nicht berücksichtigt.

b) Keine Partei kann aus der Ausgleichsliste mehr Mandate erhalten, als sie Einmann-Wahlkreise erobert hat.

gez. Dr. Walter Menzel[36]

Anlage 3
Grundsätze der SPD zur Gemeindeverfassung
Sozialdemokratischer Pressedienst III/63 v. 29.5.1948, S.3-5[37]

I. Bekenntnis zur Selbstverwaltung

Die Sozialdemokratie bekennt sich zu dem Grundsatz der Selbstverwaltung in den Städten, Kreisen und Gemeinden. Die Selbstverwaltung umfaßt das Recht der örtlichen Gemeinschaft, alle ihre Bedürfnisse in freier, selbstbestimmender und selbstverantwortlicher Entscheidung zu regeln unter ständiger Überwachung der Verwaltung durch die Bevölkerung.

---

36 Die Verfasserangabe wurde nicht in die Veröffentlichung übernommen.
37 Abgedr. mit der Überschrift „SPD und Gemeindeverfassung": Jb. SPD 1948/49, S. 131-133. Der Abdruck begann mit folgender einleitender Bemerkung: „In seiner Sitzung am 28. und 29. Mai in Springe beschloß der Vorstand der Sozialdemokratischen Partei, nachstehende Grundsätze anzuerkennen, die vom Kommunalpolitischen Ausschuß der SPD am 26. Mai 1948 in Kiel formuliert wurden."

Dokument 21, 28. und 29. Mai 1948

Ohne Selbstverwaltung ist lebendige Demokratie nicht möglich, denn Selbstverwaltung ist eine wesentliche Grundlage demokratischen Denkens und Handelns. Aus ihr erwächst die Fähigkeit zu demokratischer Arbeit in größerem Raum.

Das deutsche Gemeindeverfassungsrecht ist in der Nachkriegszeit auf Grund der Uneinheitlichkeit der Politik der Besatzungsmächte stark zersplittert worden. Nachdem die Gesetzgebung für diese Materie nunmehr auf die deutschen Länder übergegangen ist, liegt es im Interesse des deutschen Volkes, weitgehend einheitlich gefaßte Gemeindeverfassungsgesetze zu erlassen, wenigstens aber die Grundzüge des Gemeindeverfassungsrechts in allen deutschen Ländern einheitlich zu regeln. Der Parteivorstand der SPD hat deshalb gemäß dem Vorschlag seines Kommunalpolitischen Ausschusses nach gründlicher Prüfung aller früheren und jetzigen Gemeindeverfassungssysteme und aller zur Zeit bekannten neuen Vorschläge und Entwürfe beschlossen, folgende Grundsätze für die Regelung des Gemeinderechts aufzustellen:

II. Einheitliche Ordnung für Stadt- und Landgemeinden

Es empfiehlt sich, für Städte und Landgemeinden eine einheitliche Gemeindeordnung aufzustellen, deren Prinzipien auch für die Gemeindeverbände (Kreise, Ämter u.ä.) gelten sollen. Den Besonderheiten, die sich durch den Größenunterschied ergeben, ist Rechnung zu tragen.

III. Aufgaben der Gemeinden

Die Gemeinden haben das Recht, alle öffentlichen Aufgaben wahrzunehmen, für die sich ein Bedürfnis aus der örtlichen Gemeinschaft der Bewohner ihres Gebietes ergibt, soweit sie nicht durch Gesetz anderen Körperschaften vorbehalten sind (Universalitätsprinzip).

Sonderbehörden in der Ortsstufe sind nur in Ausnahmefällen und nur auf Grund gesetzlicher Vorschriften zulässig.

Die bisherigen Auftragsangelegenheiten sind weitgehend in Selbstverwaltungsangelegenheiten umzuwandeln, wobei dem Staat erforderlichenfalls eine gegenüber der allgemeinen Aufsicht verstärkte Aufsicht vorbehalten werden kann.

IV. Gemeindeverfassung

1 Gemeindevertretung. In der Gemeinde werden die Entscheidungen über alle örtlichen Verwaltungsangelegenheiten sowie die Überwachung ihrer Durchführung von der Gemeindevertretung in alleiniger Zuständigkeit ohne die Zustimmung eines weiteren Organs getroffen (Einkammersystem).

2. Verwaltungsführung. Die Vorbereitung und Durchführung der Beschlüsse der Gemeindevertretung sowie die Bearbeitung der laufenden Verwaltungsangelegenheiten sind einem kollegialen Verwaltungsorgan zu übertragen, das aus einem Bürgermeister als Vorsitzendem und einer Anzahl von Mitgliedern (Stadträte, Senatoren, Beigeordnete u.a.) besteht (Kollegialverfassung).

Die Zahl der beruflichen Mitglieder muß kleiner als die Zahl der ehrenamtlichen sein.

Das Verwaltungsorgan unterliegt der Überwachung durch die Gemeindevertretung.

Es bleibt der örtlichen Regelung überlassen, ob ehrenamtliche Mitglieder in der Gemeindevertretung bleiben können.

3. Beanstandungsrecht. Beschlüsse der Gemeindevertretung, die gegen das Gesetz verstoßen, sind von den Verwaltungsorganen zu beanstanden. Die Beanstandung kann auch durch den Vorsitzenden der Gemeindevertretung erfolgen.

Hält die Gemeindevertretung an ihrem Beschluß fest, so steht ihr die Klage vor dem Verwaltungsgericht offen.

Gegen Beschlüsse, die das Wohl der Gemeinde gefährden, steht dem Verwaltungsorgan ein Widerspruchsrecht zu, das eine nochmalige Beschlußfassung durch die Gemeindevertretung notwendig macht. Der zweite Beschluß ist endgültig.

Der Vorsitzende des Verwaltungsorgans (Bürgermeister) hat die Pflicht, Beschlüsse des Verwaltungskollegiums, die gegen das Gesetz verstoßen, zu beanstanden.

4. Bürgermeister und Wahlbeamte. In Gemeinden mit mehr als tausend Einwohnern kann der Vorsitzende des Verwaltungsorgans (Bürgermeister), in Gemeinden mit mehr als fünftausend Einwohnern muß er hauptamtlich tätig sein. Die Wahlzeit hauptamtlicher Bürgermeister und der übrigen Wahlbeamten muß über die Wahlperiode der Gemeindevertretung hinausgehen und mindestens sechs Jahre betragen, doch ist eine Wahl auf höchstens 12 Jahre sowie eine Wiederwahl zulässig. Wahlbeamte haben das Recht der politischen Betätigung.

5. Süddeutsche Stadtratsverfassung. Als gleichwertig mit der Kollegialverfassung wird die Süddeutsche Stadtratsverfassung angesehen (Gemeindevertretung zuzüglich der Beigeordneten als einheitliches Vertretungs- und Durchführungsorgan), sofern die Beigeordneten innerhalb der Gemeindevertretung beratende Stimme haben.

V. Staatsaufsicht

Die Staatsaufsicht über die Gemeinden beschränkt sich auf die Überwachung der Gesetzmäßigkeit der Verwaltung. Ihre Maßnahmen sind durch Klage beim Verwaltungsgericht anfechtbar.

VI. Rechnungsprüfung

Auf die Kontrolle der Rechnungsprüfung und der Durchführung der Beschlüsse ist verstärktes Gewicht zu legen. Bei der Kollegialverfassung haben die Stadtvertretung und ihr Vorsitzender neben dem Gemeindevorstand und dem Bürgermeister das Recht, Prüfungsanweisungen zu geben und sich Prüfungsberichte vorlegen zu lassen. In der Süddeutschen Stadtratsverfassung soll hierfür ein besonderer Kontrollausschuß gebildet werden.

Der Parteivorstand erwartet, daß die sozialdemokratischen Abgeordneten der Länderparlamente ihren Einfluß im Sinne dieser Richtlinien ausüben, damit die kommenden Gemeindeordnungen möglichst übereinstimmen und damit das Gefühl der Zusammengehörigkeit verstärkt wird, das durch die rechtliche Auseinanderentwicklung verlorenzugehen droht.

Dokument 21, 28. und 29. Mai 1948

Anlage 4
Denkschrift des „Büros" für die der „Internationale" angeschlossenen Parteien vom 15. Mai 1948: **„Die Sozialdemokratische Partei Deutschlands und die Ruhr".**
Hektographiertes Papier, 6 S., in den Beiakten zum Protokoll („Anl.1")[38]

I.

1. Die Ruhrfrage, d.h. die Fragen nach Eigentum, Verwaltung, Verteilung der Produkte und Kontrolle der Produktion und ihrer Ergebnisse sind wichtige Bestandteile einer Friedensordnung zwischen den Alliierten und Deutschland. Der Aufbau der europäischen Wirtschaft ist ohne befriedigende Lösung dieser Probleme praktisch unmöglich.

2. Die Arbeitsgemeinschaft der Sozialistischen Parteien hat diesem Problem ihre Aufmerksamkeit zuzuwenden. Sie ist aber nicht Trägerin der Rechtsordnung und Gestaltung gegenüber Deutschland. Umgekehrt ist die Sozialdemokratische Partei Deutschlands nicht legitimiert, als Partei eine kommende deutsche Regierung bindend zu verpflichten. Die Festlegung der rechtlichen [und] organisatorischen Prinzipien findet auf der staatsrechtlichen und völkerrechtlichen Ebene statt. Zurückhaltung auf diesem Gebiete ist gerade darum notwendig, als innerhalb der Alliierten Meinungsverschiedenheiten über die zukünftige Rolle und Form des Ruhrgebietes ausgetragen werden.

3. Der Begriff der internationalen Sozialisierung schließt die Gleichzeitigkeit und den gleichen Rechtsboden für alle in den internationalisierten Komplex eingebrachten Produktionsmittel in sich. Das riesige zusammenhängende Wirtschaftszentrum Europa ist durch deutsche, niederländische, luxemburgische, belgische und französische Staatsgrenzen zerschnitten. Aufgabe des internationalen Sozialismus ist es, die Kraft dieser enormen Wirtschaftsmacht für Europa zu beleben und die nationalstaatlichen und nationalwirtschaftlichen Grenzen nach Möglichkeit abzubauen.

4. Die Internationalisierung hat also das Ziel der Konzentrierung. Wenn jedoch der Boden der gleichen Berechtigungen und Verpflichtungen verlassen wird und einzelne Teile des europäischen Wirtschaftszentrums internationalisiert werden, ohne daß die übrigen zur gleichen Zeit und unter denselben Bedingungen in diesen Prozeß geführt werden, würde die Internationalisierung eines einzelnen Teiles die zersplitternden und schwächenden Faktoren vermehren.

5. Die Internationalisierung der Ruhr aber würde die Internationalisierung der übrigen Teile des westeuropäischen Industriezentrums unmöglich machen. Bedeutung, Umfang und Qualität des Ruhrfaktors sind zu groß, um an ihm Experimente vornehmen zu können.

6. Die zeitlich vorweggenommene Internationalisierung der Ruhr würde in Deutschland den internationalen Gedanken tödlich treffen. Mit der Ruhr wäre nach dem Verlust Oberschlesiens, des Waldenburger Reviers, des großen mitteldeutschen Industriegebiets und der Saar der letzte Teil des Nationalvermögens in den Grundindustrien entnationalisiert. Damit hätten sowohl die nationalistische Agitation wie die Wühlereien der früheren

---
38 Die Denkschrift hatte Schumacher verfaßt, vgl. Einleitung Kap. II 2 c, S. LIX.

Eigentümer und die nationalkommunistische Propaganda eine agitatorische und zum Teil auch rechtlich einleuchtende Argumentation. Man kann nicht erfolgreich gegen die Sowjetisierung der mitteldeutschen Industrie kämpfen und zur gleichen Zeit die einseitige Internationalisierung des Ruhrgebiets akzeptieren. – Auf der anderen Seite wäre in allen Ländern, die Nutznießer dieser Internationalisierung sind, die Tendenz zu einer allgemeinen Internationalisierung unter Einbeziehung eigener Leistungen entkräftet. Man hätte es nicht mehr nötig, selbst Vermögen und Leistungen in ein zu schaffendes internationales Organ einzubringen, da man den Effekt der Internationalisierung vom nationalwirtschaftlichen Standpunkt der Länder aus betrachtet, mit dem Ruhrgebiet als Objekt voll erreicht hätte.

7. Dementsprechend ist der Resolutionsvorschlag auf der Pariser Sozialistenkonferenz im Widerspruch mit den tragenden Gesichtspunkten jeder sozialistischen Politik. Das Prinzip, daß jeder, der eine Leistung zugunsten einer übergeordneten Gemeinschaft verlangt, auch bereit sein muß, seinerseits eine entsprechende Leistung zu vollziehen, ist verlassen. Anstelle der grundsätzlichen Gleichheit tritt der Wunsch nach einer differenziellen Behandlung aufgrund der zurzeit vorhandenen machtpolitischen Situation. Die Sozialdemokratische Partei Deutschlands muß einer Entwicklung, die das Eigentum an den Schwerindustrien des Rhein- und Ruhrgebiets einseitig an andere Staaten oder einer Ersatzorganisation übertragen will, entgegentreten. Ein solcher Vorgang wäre keine internationale Sozialisierung, sondern Stärkung von Nationalwirtschaften, deren sozialistische Zukunft nicht als sicherer Faktor anzusehen ist.

II.

1. Die Sozialdemokratische Partei Deutschlands anerkennt die Verpflichtung des deutschen Volkes zur Wiedergutmachung der Schäden, die anderen Völkern durch den nationalsozialistischen Angriffskrieg zugefügt worden sind. Sie will alle Kräfte ansetzen, um diese Verpflichtung in Einklang zu bringen mit den Lebensnotwendigkeiten des eigenen Volkes und einer planvollen sozialistischen Ordnung der europäischen Wirtschaft.

2. Bei Erörterung auch des Ruhrproblems darf nicht übersehen werden, daß die deutsche Volkswirtschaft als Ganzes auch nach Beendigung der kriegerischen Handlungen schwer gelitten hat. Das industrielle Potential beträgt in der Ostzone 45 %, in Berlin 30 %, im Westen 83 %. Die industrielle Produktion der Bizone 1947 steht jedoch nur auf 39 % vom Stande des Jahres 1936, und bei Eisen und Stahl sogar nur bei 25 %. Die außerordentlich großen Verluste in der landwirtschaftlichen Erzeugung und die Übervölkerung durch die aus den östlichen Ländern Vertriebenen zwingt zu einer Politik der größtmöglichen Reindustrialisierung.

Es ist die Aufgabe der deutschen Sozialdemokratie nicht nur gegenüber ihrem eigenen Volk, sondern auch als internationale Sozialisten darauf hinzuweisen, daß der heutige Lebensstandard auf die Dauer weder die Produktionskraft noch den politischen Widerstandswillen gegen den Kommunismus aufrechterhalten kann.

3. Wenn real nicht der Wille und die Möglichkeit zu einer internationalen Sozialisierung, d.h. zu einem grundsätzlichen gleichen Engagement aller Beteiligten vorhanden

sind, hat die Idee der Sozialisierung dem Wunsche nach Internationalisierung vorzugehen. Die Reparationsverpflichtungen sind an die Tatsache der Internationalisierung nicht gebunden.

4. Bei der Vieldeutigkeit des Begriffs der Internationalisierung ist vorweg die Frage nach dem Eigentum zu klären. Wenn die reale Möglichkeit nach der gleichzeitigen Durchsetzbarkeit der Internationalisierung der westeuropäischen Schwerindustrie unter gleichen Bedingungen nicht gegeben ist, steht für die Sozialdemokratische Partei Deutschlands die Sozialisierung auf der Tagesordnung. Die Forderung nach Sozialisierung ist ein wesentlicher Bestandteil des sozialdemokratischen Programms und der sozialdemokratischen Politik und der Vorstellung der Massen über die Sozialdemokratie. Diese Meinung ist als erstrebenswert vom britischen Außenminister *Bevin* in seiner Rede vom 22.10.1946 begrüßt worden.[39] Er hat dort über die Kohlewirtschaft, die Stahlindustrie, die chemische Industrie und die Erzeugung der schweren Maschinen öffentliches Eigentum und öffentliche Kontrolle verlangt. „Sie sollen Eigentum des deutschen Volkes und von ihm kontrolliert werden, aber der internationalen Kontrolle unterstehen, damit sie nie wieder zu einer Bedrohung ihrer Nachbarn werde".

Die Regierung der USA hat diese Form der Eigentumsgestaltung als möglich anerkannt, wenn sie verschiedene Male betont hat, daß die Form der deutschen Wirtschaft selbst bestimmt werden solle.

5. Die Sozialdemokratische Partei würde in dem Stadium der Sozialisierung nicht das erstrebenswerte Endziel sehen. Sie würde über die Erreichung nationalwirtschaftlicher Ziele hinaus die Internationalisierung anstreben. Aber Sozialisierung und Internationalisierung in dem jetzt diskutierten Sinne sind Widersprüche, solange Europa noch in verschiedene Staaten zerfällt und diese Staaten ihre entsprechende wirtschaftliche Souveränität nicht einem föderativen überstaatlichen Organismus übertragen haben. Für die Bewegung des demokratischen Sozialismus in Deutschland wäre der Entzug ihrer vornehmsten Objekte, nämlich der schweren Industrien des Rhein-Ruhrgebietes, der Todesstoß. Eine solide demokratische Entwicklung in Deutschland wäre unter diesen Umständen nicht denkbar.

6. Die Lenkung und Planung der Gesamtproduktion und die Verteilung der Produkte des Rhein-Ruhrgebietes sollen nach sozialistischen Gesichtspunkten durch deutsche Stellen erfolgen. Eine Verhinderung des Mißbrauchs der Produktion für kriegerische Zwecke sollte durch Heranziehung alliierter Kontrollinstanzen erreicht werden. Für diese Zwecke wäre der alliierten Kontrolle ein Einspruchsrecht zu gewähren. In letzter Instanz wäre eine aktionsfähige internationale Schiedsgerichtsbarkeit zur endgültigen Entscheidung von Meinungsverschiedenheiten einzusetzen. – Die betonte Übertragung von leitenden Funktionen an alliierte Stellen ist auch deswegen zu vermeiden, weil der Gegensatz

---

39 Am 22.10.1946 gab Außenminister *Bevin* vor dem Unterhaus eine Erklärung ab, in der er sich u.a. für eine „öffentliche Kontrolle" der deutschen Schwerindustrie, für einen wirtschaftlichen und admisnistrativen „Einverleibung" des Saargebiets an Frankreich, doch gegen eine Annexion des Saargebietes durch Frankreich aussprach. Ebenfalls lehnte er den Wunsch Frankreichs nach einer Loslösung des Rheinlandes von Deutschland ab, vgl. AdG 1946/47, S. 905.

von Arbeitgeber und Arbeitnehmer nicht noch national untermauert werden sollte und für die tägliche Praxis sowohl wie für die Propaganda nicht die Schwierigkeiten entstehen sollten, die aus Zuständen erwachsen müßten, die einem kolonialen Status ähnlich wären.

7. Schließlich sollte nicht übersehen werden, daß viele Pläne und Meinungen, die man im Jahre 1947 gehabt hat, und die auch bei Beginn der Diskussion über den Marshall-Plan noch üblich waren, heute nicht mehr haltbar sind.

Das gilt vor allem für eine Reihe von Produktionsbeschränkungen. Man sollte auch nicht übersehen, daß der Anteil der Ruhrkohle am deutschen Kohleaufkommen, der vor dem Krieg 64 % betrug, heute 90 % ausmacht. Die außerordentlichen Leistungen, die von den deutschen Bergarbeitern verlangt werden, sind auf die Dauer durch soziale Sonderhilfsaktionen nicht aufrechtzuerhalten. Die Produktivität läßt sich nicht entwickeln, wenn nicht bei den Bergarbeitern das Gefühl entsteht, daß ihrer Hände Arbeit auch die übrige deutsche Industrie, vor allem die im Rhein-Ruhrgebiet liegenden schwerindustriellen Werke, vollbeschäftigt sind. Nur auf dieser Grundlage ist die Möglichkeit des freiwilligen gesteigerten Kohleexports auf die Dauer möglich.

Die Organisation der europäischen Wirtschaft ist in den Jahren des Marshall-Plans von größter Wichtigkeit. Mit Ablauf des Marshall-Plans wird die europäische Industrie nur dann die nötige Krisenfestigkeit haben, wenn sie unter dem Gesichtspunkt der Ausnutzung der vorhandenen Kräfte im gesamteuropäischen Sinne, aber nicht unter den Gesichtspunkten der Verschiebung der Industriepotentiale einzelner Länder unter den Machtverhältnissen der augenblicklichen Situation vorgenommen wird. Die internationale Sozialisierung ist ein großes europäisches Ziel. Die Internationalisierung im Sinne des bloßen Macht- und Gewinndenkens wäre seine schwerste Gefährdung und die stärkste Bedrohung des Sozialismus.

Hannover, 15. Mai 1948

Anlage 5
Bericht über die erste Sitzung des Kulturpolitischen Ausschusses am 5. und 6. April 1948 in Köln und über die Tagung der Sozialistischen Schriftsteller am 4. und 5. Mai 1948 in Heidelberg.
Hektogr. maschinenschriftl. Bericht mit handschriftl. Zusätzen, 3 S., in den Beiakten zum Protokoll („Anl.3")

I. Beschlüsse, die der Kulturpolitische Ausschuß am 6. April 1948 in Köln gefaßt und dem Parteivorstand unterbreitet hat:
A. Lübecker Tagung
1. Die kulturpolitische Konferenz der Partei, als Vorläufer des Parteitages, soll in Lübeck abgehalten werden, und zwar im Zusammenhang mit der kulturpolitischen Woche der SPD Lübeck.

2. Anläßlich dieser Kulturkonferenz soll eine Woche stattfinden mit dem Thema: „Sozialisten und zeitgenössische Wissenschaft". Namhafte Gelehrte sollen zu Referaten ge-

beten werden über den Stand der Forschung in Physik, Chemie, Biologie, Psychologie, Erziehungswissenschaften und Philosophie.

B. Antrag über Bildung einer zentralen Parteischule
Der Kulturpolitische Ausschuß betrachtet die Vertiefung der politischen Schulung und Erziehung als eines der dringlichsten Anliegen innerhalb der Partei. Angesichts des Mangels an Lehrkräften, Heimen und wissenschaftlichen Hilfsmitteln kann nach Ansicht des Kulturpolitischen Ausschusses in nächster Zeit Ersprießliches auf diesem Gebiete nur geleistet werden, wenn der Tendenz zur Zersplitterung und Verausgabung der Kräfte entgegengewirkt wird. Die Entfaltung eines regen und fruchtbaren geistigen Lebens der Gesamtpartei führt nur über den Weg eines Keimzentrums, der Anregungen und Impulse nach allen Seiten herauszustrahlen vermag. Der Kulturpolitische Ausschuß bittet daher den Parteivorstand, mit großem Nachdruck die Errichtung einer zentralen Parteischule zu betreiben. Der Sitz dieser Parteischule müßte tunlichst so gewählt werden, daß er von allen Gegenden gut erreichbar ist. Die Leitung sollte einem erfahrenen und bewährten Genossen anvertraut werden, dem mindestens 2 bis 3 hauptamtliche Lehrkräfte zur Seite stehen, die ebenfalls im Hause der Parteischule wohnen. Außerdem wäre auf eine Reihe von Gastdozenten zurückzugreifen, die sich bereit erklären, mindestens einen Tag der Woche der Parteischule zur Verfügung zu stehen. An- und Abtransport der Gastdozenten müßte unbedingt gewährleistet sein. Die von der Parteischule veranstalteten Kurse sollten mindestens von vierteljährlicher Dauer sein. Den aus den Berufen Herausgenommenen muß man Lohn- oder Gehaltsausfall in dieser Zeit vergüten. Als Kostenträger kommen neben dem Parteivorstand die Bezirke, die Teilnehmer entsenden, sowie die neugegründete Friedrich-Ebert-Stiftung in Frage. Nur langfristige Kurse bieten die Gewähr für gediegenen Unterricht, der genügt, die mannigfachen Probleme zu erarbeiten und gleichzeitig erzieherisch und moralisch auf die Schüler einzuwirken, die nach Abschluß der Kurse die Möglichkeit haben, die Summe des auf der Parteischule Erarbeiteten in ihren Bezirken und Ortsvereinen fruchtbar zu machen. In der Zwischenzeit zwischen den einzelnen Kursen bietet die zentrale Parteischule die geeignete Stätte zu Arbeitstagungen und zwanglosen Zusammenkünften der Lehrkräfte der Gesamtpartei und der an Heimvolkshochschulen tätigen Genossen, die für ihre Tätigkeit aus den Erfahrungen ihrer Genossen und durch gegenseitige Anregungen neue Erkenntnisse gewinnen können.

C. Bildung einer sozialistischen Akademie
Der Kulturpolitische Ausschuß ist der Ansicht, daß in Anbetracht der gegenwärtigen Umbildungen in den Wissenschaften, ihrem Einfluß aufeinander und auf die geistigen Grundlagen des Sozialismus die Bildung einer Sozialistischen Akademie an der Zeit ist. Die Sozialistische Akademie soll die Aufgabe haben, die zu ihren Mitgliedern berufenen Wissenschaftler in Zeitabständen zu umfangreichen Tagungen zusammentreten zu lassen, auf welchen durch Berichte über die Entwicklung der hauptsächlichsten Wissenschaften die Beziehungen zwischen diesen und namentlich zu den sozialistischen Wissenschaften (Soziologie, Sozialpädagogik, Sozialpolitik) geknüpft und untersucht werden. Außerdem

soll angestrebt werden, der Sozialistischen Akademie ein eigenes Heim einzurichten, z.B. eines der durch die Bodenreform frei werdenden Schlösser, wo ein ständiges Büro unterhalten und den Mitgliedern oder tätigen Wissenschaftlern durch Stipendien die Möglichkeit gewährt werden soll, in freier Forschung eine aus der Entwicklung sich anbahnende Synthese eines sozialistischen Weltbildes zu erarbeiten. Dabei diene die Akademie zugleich einer befruchtenden Diskussion. Eine Bibliothek kann mit Hilfe von Stiftungen und ausländischen Freunden aufgebaut werden. Da zu erwarten ist, daß sich aus den Forschungsarbeiten der Akademie zahlreiche Publikationen in Form von Büchern, Aufsätzen und kleinen Berichten ergeben, so wird angeregt, die sozialistischen Buch-, Zeitschriften- und vor allem Zeitungsverleger an der Finanzierung der Akademie zu beteiligen. Der Kulturpolitische Ausschuß empfiehlt dem Parteivorstand darum die alsbaldige Bildung der Sozialistischen Akademie.

D. Der Kulturpolitische Ausschuß empfiehlt dem Parteivorstand, folgende Erklärung abzugeben:
„Gewisse Vorgänge im Bereiche des Kunstlebens in verschiedenen Staaten, an ähnliche Zustände im Naziregime erinnernd, veranlassen den Parteivorstand der Sozialdemokratischen Partei Deutschlands zu erklären, daß der Sozialismus die Künstler aller Art zu nichts anderem verpflichtet als zur Wahrheit sich selbst gegenüber und zur Verantwortung vor dem Gesetz ihres Werkes. Die Sozialdemokratische Partei Deutschlands bekennt sich zur unbedingten Freiheit des Künstlers in seinem Schaffen wie der des Wissenschaftlers zu seinem Forschen. Sie lehnt es ab, daß der Staat oder sonst eine Institution ihnen Vorschriften über Inhalte und Form ihrer Werke macht oder auch ihnen gewisse Inhalte und Formen verbietet. Es sei denn, daß diese zum Verbrechen gegen die Menschlichkeit auffordern. Gegenüber der Vereinseitigung durch Totalitarismus einerseits und gegenüber der Korrumpierung und Militarisierung durch den Kapitalismus gibt der demokratische Sozialismus der Kunst wie der Wissenschaft die einzige Möglichkeit zu ihrer freien Entfaltung."

E. Der Kulturpolitische Ausschuß hält für nötig, einmal jährlich eine gemeinsame Konferenz abzuhalten mit den tatsächlichen Beratern der Kulturpolitik jedes Bezirkes.

F.[40] Der Parteivorstand wolle dem nächsten Parteitag vorschlagen, eine ähnliche Institution wieder ins Leben zu rufen wie das frühere **Kulturkartell**, in dem alle in Frage kommenden Organisationen vertreten sind, weiterhin eine Zeitschrift für Kulturpolitik im umfassendsten Sinne des Wortes.

G. Der nächste Parteitag soll ein Hauptreferat über die Aufgaben der sozialistischen Kulturpolitik enthalten.

---

40 Zum Punkt „F" handschriftlicher Zusatz: „PV bindet sich nicht".

H. Die nächste Tagung des Kulturpolitischen Ausschusses soll in ca. einem Vierteljahr in Darmstadt stattfinden und soll als Tagesordnungspunkte: 1. Hochschulen, 2. Schulprogramme, 3. Jugendfrage enthalten.

I. Der Kulturpolitische Ausschuß empfiehlt dem Parteivorstand, dem Genossen *Dr. Berger* seine Mißbilligung über sein Verhalten bei der Eschweger Studententagung auszusprechen.[41]

J. Die Abänderungsvorschläge der Unterbezirke Düsseldorf und Essen zur Ziegenhainer Entschließung[42] sollen zuständigkeitshalber dem Bezirk Niederrhein in Düsseldorf übergeben werden. Die Vorsichtung solcher Anträge wird in Zukunft durch die Genossen *Dr. [Klaus-Peter] Schulz, Dr. [Guntram] Prüfer* und *Dr. [Fritz] Borinski* geschehen.

II. Die dritte **Tagung der sozialistischen Schriftsteller** fand am 4. und 5. Mai 1948 in Heidelberg statt mit ungefähr 100 Teilnehmern aus allen Teilen der drei Zonen und Berlins. Es referierten: Professor Dr. Alfred *Weber* über „Sozialismus und Freiheitsbegriff", Rudolf *Hagelstange*[43], Hemer, und *Dr. Guntram Prüfer*, Hamburg, über die Freiheit des Schriftstellers. *Dr. Gleissberg*, Hannover, über die Publizistik in England und *Professor Dr. von Eckardt*[44], Heidelberg, über abendländische Geistesfreiheit.

Die Referenten [wie][45] die Debatte bewegten sich auf einem vornehmen und sachlichen Niveau. Der gastgebende Verlag der Tagung, das Zeitschriftenhaus *Julius Richard Hampel*, will das Protokoll der Referate und der Diskussionen drucken lassen und der Öffentlichkeit zugänglich machen, insbesondere auch für parteiinterne Diskussionen zur Verfügung stellen. Die ganze Tagung stand sozusagen unter dem Zeichen des Freiheitsbegriffes.

Es wurde eine Entschließung angenommen und veröffentlicht, die sich inhaltlich mit einer den gleichen Gegenstand betreffenden des Kulturpolitischen Ausschusses vom 6. April 1948 deckt.

---

41 Dazu handschriftliche Bemerkung: „wird das Büro bearbeiten". Zu den Aufsehen erregenden Angriffen, die Paul *Berger* als Referent über den „wissenschaftlichen Sozialismus" gegen den religiösen Sozialismus und dessen Hauptvertreter in Westdeutschland, Adolf *Grimme*, richtete, vgl. Einleitung, S. L.
42 Zur Ende August 1947 in Ziegenhain stattgefundenen Konferenz und zur dort verabschiedeten Ziegenhainer Entschließung vgl. Einl. Kap. II 6 c, S. CXX f.
43 Rudolf *Hagelstange* (1912-1984), dt. Schriftsteller.
44 Hans von *Eckardt* (1890-1957) Nationalökonom und Soziologe, Prof. Dr., 1927-33 u. nach 1946 Leiter des Instituts für Zeitungswesen in Heidelberg.
45 In der Vorlage „sowohl".

Dokument 22, 28. bis 30. Juni 1948

Nr. 22

Sitzungen der Obersten Parteigremien vom 28. bis 30. Juni 1948 in Hamburg

[A] **Sitzung des Parteivorstandes am 28. und 29. Juni 1948**
AdsD: SPD-Parteivorstand, 2/ PVAS 0000672, Sitz d. PV v. 28. 6. 1948 (Maschinenschriftl. Prot., 5 S.)[1]

Leitung der Sitzung: **Erich Ollenhauer**
Anwesend: siehe Liste

[**Teilnehmer/Teilnehmerinnen, nach Funktionen geordnet:**[2]
PV:[3] *Ollenhauer, Franke, Gotthelf, Heine, Kriedemann, Nau; Albrecht, Baur, Bögler, Eichler, Gayk, Görlinger, Grimme, Gross, Helmstädter, Henßler, Kaisen, Knothe, Meitmann, Menzel, Neumann, Schmid, Selbert, Veit*
PV- Vertreterin: *I. Wolff*
SPD-Fraktion im WR: *Schoettle*
Berliner Sekretariat des PV: *Brandt*
Gast: *Gerhart H. Seger* (New York)[4]]

Tagesordnung:[5]
Berlin[6]
1) Die Londoner Vereinbarungen und ihre Konsequenzen
2) Parteitag 1948 in Düsseldorf
5) Durchführung des Beschlusses des PV gegen die VVN[7]
11) Termin und Ort der nächsten PV-Sitzung[8]

---

1 Die Einladung zu dieser Sitzung mit Bekanntgabe der vorläufigen Tagesordnung erfolgte durch das Rundschreiben 47/48 des Organisationsreferats, unterschrieben von E. Ollenhauer vom 17. 6. 1948, das in den Beiakten zum Protokoll erhalten geblieben ist. Das gemeinsame Kommuniqué über die Parteivorstandssitzung am 28./29.6. und die anschließende Sitzung des PV, PA und der KK am 29./30. 6. 1948 (Sopade Informationsdienst Nr. 512 vom 3. 7. 1947) wird hier als Anlage 1 abgedruckt.
2 Die folgenden Angaben wurden der Anwesenheitsliste in den Beilagen zum Protokoll und Angaben im Protokoll entnommen; für die Teilnehmer an allen Vorstandssitzungen 1947/48 vgl. Anhang 2.
3 Von den Mitgliedern des PV fehlten *Schumacher* (längere Erkrankung) *Agartz, Gnoß, Loßmann* und *Schroeder*. *Meitmann* trug sich nicht in die Anwesenheitsliste ein, beteiligte sich aber an den Diskussionen.
4 Gerhart *Seger* (1896-1967), gelernter Steindrucker, 1928-33 Chefredakteur des sozialdemokratischen „Volksblattes für Anhalt" in Dessau, 1930-33 MdR. Ende 1933 Flucht aus dem KZ nach Prag, 1934 Emigration in die USA, 1936 Chefredakteur der „Neuen Volkszeitung" in New York.
5 Wortlaut nach der vorläufigen Tagesordnung vom 17. 6., soweit die vorgesehenen Tagesordnungspunkte behandelt wurden.
6 Handschriftlicher Zusatz auf dem in den Beilagen erhalten gebliebenen Exemplar der hektographierten Einladung.
7 Die vorgesehenen Tagesordnungspunkte 3 („Die Stellung der Partei zur Entnazifizierung")und 4 („Vorschlag einer Amnestie für kleine Steuer- und Wirtschaftsvergehen") wurden verschoben, s. Sitz. v. 2./3. 8., TOP 12 und 13.

Ollenhauer setzt zunächst als dringlichsten Punkt das **Berlin-Problem** *auf die Tagesordnung* und gibt eine Darstellung über den bisherigen Verlauf der kritischen Situation, die infolge der von den Russen durchgeführten Blockade entstanden war.[9] Der PV und der PA müßten durch einen klaren Beschluß ihren Standpunkt zu diesem Problem zum Ausdruck bringen. Weiterhin müßten am Wochenende in allen Bezirken Kundgebungen für Berlin stattfinden. Ein Appell an die UNO solle durch Vermittlung sozialistischer Bruderparteien gerichtet werden, da eine Bedrohung des Friedens vorliegt.

Kaisen berichtet, daß in Bremen bereits eine Protestdemonstration durchgeführt wurde.

Neumann ergänzt den Bericht *Ollenhauers* und betont besonders, daß die Gas- und Stromversorgung nur noch kurze Zeit aufrecht zu erhalten sei. Er regt an, daß die westdeutschen Landtage eine Tageslebensmittelration für Berlin zur Verfügung stellen.

Schmid: Wir sollten uns in Berlin direkt engagieren und sollten dafür eintreten, daß die Kommunisten hier im Westen angeprangert und aus dem öffentlichen Leben ausgeschlossen würden.

Gayk: Propaganda genügt doch nicht, um Berlin zu retten. Es muß den Alliierten klargemacht werden, daß die Aufgabe Berlins ernste Folgen im Westen mit sich bringen würde.

Heine schlägt vor, daß der [Erste Bürgermeister][10] in Hamburg beim Zivilgouverneur[11] vorstellig werden solle, um zu erreichen, daß *Ollenhauer* noch in dieser Woche ein Kabinettsmitglied in London aufsuchen könne. Wir sollten weiterhin die Zusammenarbeit mit den Kommunisten in den Parlamenten einstellen.

Henßler: Der PV muß bei *Robertson* vorstellig werden, da im Ruhrgebiet jetzt im größten Tempo demontiert wird. Die Engländer sind offenbar der Auffassung, daß die Gewerkschaften z.Zt. nicht in Proteststreiks treten können. Wir haben also nicht nur einen Kampf gegen die östliche Besatzungsmacht zu führen.

Ollenhauer: Es ist zweckmäßig, daß die vorliegende Entschließung zur Berliner Situation von *Brandt* und *Eichler* ergänzt wird. Auch müsse die Verschärfung des Kampfes gegen die KP herausgestellt werden. Der PV solle morgen auch deswegen bei General *Robertson* vorstellig werden. Verhandlungen mit der britischen Regierung in London sollten noch in dieser Woche von Fritz *Heine* und *Eichler* geführt werden. Die Berliner sollten an Frau *Roosevelt*[12] herantreten wie auch die UNO eingeschaltet werden müsse.

---

8 Die vorgesehenen Tagesordnungspunkte 6 („Maßnahmen zur Wiedererlangung des geraubten Parteivermögens"), 7 („Stellungnahme zur Frage der Kriegsdienstverweigerung"), 8 („Stellungnahme zur Weltstaatsliga"), 9 („Vertretung der Partei in der Ostzone in den Parteikörperschaften") und 10 („Kommunalpolitische Zentralstelle") wurden vertagt, vgl. Sitz. v. 2./3. 8., TOP 10, 11, 14 u. 15.
9 Zur Berlin-Blockade und ihre Auswirkungen vgl. Einl. Kap. II 3 g.
10 In der Vorlage „Oberbürgermeister".
11 Britischer Zivilgouverneur in Hamburg war seit 1946 Henry Vaughan *Berry*, der an der gemeinsamen Tagung der Führungsgremien am folgenden Tage selbst zeitweilig als Gast teilnahm und den *Ollenhauer* als „politischen Freund" begrüßte, vgl. Dok. 22 B, S. 399.
12 Anna Eleanor *Roosevelt* (1884-1962), Witwe des amerikanischen Präsidenten Franklin D. *Roosevelt* (1882-1945), 1947-51 Vors. d. UN-Menschenrechtskommission.

Dokument 22, 28. bis 30. Juni 1948

Veit: Der PV muß dann auch an General *Clay* herantreten.

Ollenhauer stimmt dem zu und schlägt vor, daß *Veit*, *Kaisen* und *Schmid* am Mittwoch mit den Generalen *Clay* und *Koenig* in derselben Weise reden.

Punkt 1 (Londoner Vereinbarungen)[13]

Ollenhauer: Das Londoner Abkommen ist in der Öffentlichkeit diskutiert worden, als handele es sich um einen Friedensvertrag. Er schildert zunächst die Atmosphäre und die Hintergründe, die zu diesem Kompromißabkommen führten und daß die CDU in dieser Situation versuchte, eine nationale Front mit der SPD gegen das Abkommen zu bilden.[14] Die CDU beabsichtige weiter, ihre Minister aus den Länderregierungen zurückzuziehen. Eine von *Adenauer* gewünschte Unterhaltung mit dem PV fand statt. Daran nahmen von unserer Seite *Ollenhauer*, *Heine* und *Henßler* teil. Das Ansinnen *Adenauers*, die SPD in seine nationale Protestbewegung einzubeziehen, wurde entschieden abgelehnt. Unsere Stellungnahme bleibt:
1. Jede westdeutsche Regelung ist ein Provisorium.
2. In Westdeutschland kann sich keine gesamtdeutsche Regierung etablieren.
3. Ein Besatzungsstatut muß erlassen werden.

Ein Parlament solle für alle drei Zonen gewählt werden. Ein Verwaltungsstatut solle vorher von einer vorbereitenden Kommission ausgearbeitet werden. Diese Kommission kann durch eine indirekte Wahl zustande kommen. Bei dieser Prozedur könne dann noch in diesem Jahr das Westparlament gewählt werden. Es ergibt sich die Frage der Einbeziehung Berlins. Die Möglichkeit, eine Ministerpräsidenten-Konferenz provisorisch mit der Vertretung der Trizonen-Belange zu betrauen, muß entschieden abgewiesen werden. Die Neuabgrenzung der Länder solle so aussehen, daß nach Schaffung der Trizone die Länderteile Württembergs und Badens wieder zusammengelegt werden. Bezüglich Rheinland-Pfalz muß erreicht werden, daß der Rhein keine Ländergrenze bildet.

Henßler: Wir sollten erklären, daß eine endgültige Stellungnahme zum Londoner Abkommen nicht möglich sei, solange uns nicht alle Einzelheiten bekannt sind. Der einseitigen Kontrolle der Schwerindustrie der Ruhr können wir nicht zustimmen.

Gayk lehnt es ab, zum Londoner Abkommen positiv Stellung zu nehmen und fragt, ob es klug sei, daß sich SPD und CDU öffentlich gegenseitig in dieser Frage Belehrungen erteilen.[15]

Kaisen lehnt eine negative Stellungnahme ab.

Bögler: Die französische Zone entwickelt sich entgegengesetzt zur Bizone. Es soll dort ein eigenes Steuergesetz erlassen werden. Industrieentnahmen und Lebensmittelauflagen werden im größeren Umfange als je bisher betrieben. Aus diesen Gründen war auch die gemeinsame Erklärung der SPD- und CDU-Fraktionen zustande gekommen.

---

13 Zu den „Londoner Vereinbarungen" vgl. Einl. Kap. II 3 f.
14 Zu diesem Versuch der CDU-Führung nahm Ollenhauer auch ausführlich in der gemeinsamen Sitzung von PV und PA Stellung, vgl. Dok. 22 B, S. 412-416.
15 Zu dieser Kritik nahm Ollenhauer in seiner Rede in der gemeinsamen Sitzung Stellung, a.a.O.

Ollenhauer: Unter gewissen Vorbehalten müssen wir die Londoner Empfehlungen positiv beurteilen. Eine En-bloc-Gutheißung kommt natürlich nicht infrage. Die vorliegende Entschließung wird von einem Redaktionskomitee, dem *Carlo Schmid, Gayk, Eichler, Henßler* und *Brandt* angehören, neu überarbeitet werden müssen.

29. Juni 1948

Die *Berlin-Resolution* wird in geänderter Form zur Vorlage an den PA einstimmig *angenommen*. (siehe Anlage [4][16])

Ollenhauer wiederholt kurz die in der Sitzung am Vortage gemachten *Vorschläge zum Aufbau der westdeutschen Verwaltung*.

Kaisen fragt, wie die französische Zone dabei gestellt wird.

Ollenhauer: Am Donnerstag werden voraussichtlich auch General *Koenig* und die Ministerpräsidenten der französischen Zone an der Besprechung teilnehmen.

Schmid: 78 % des Staatshaushaltes der Länder der französischen Zone sind Besatzungskosten. Allein dieser Umstand wird die Franzosen zum Anschluß an die Bizone bewegen.

Ollenhauer stellt abschließend fest, daß die in seinem gestrigen Referat festgelegten Punkte vom PV [zur][17] Grundlage des Vorschlages an den PA und die Ministerpräsidenten gemacht werden.

Punkt 2 (Parteitag 1948):

Ollenhauer erklärt zunächst, daß aus finanziellen Gründen der Parteitag auf 3 Arbeitstage beschränkt werden müsse und daher einige sonst vorgesehene Hauptreferate nicht auf die Tagesordnung gesetzt werden können. (siehe Anlage [4])[18]

Grimme wünscht, daß die Kulturpolitik auf dem Parteitag behandelt wird.

Ollenhauer: Wir können über die kulturpolitische Tagung in Lübeck einen Kurzbericht auf dem Parteitag geben lassen. Aber wir müssen davon Abstand nehmen, die Kulturpolitik in einem Hauptreferat zu behandeln. Wegen der Terminbegrenzung wird ebenfalls die Wahlrechtsfrage von der Tagesordnung abgesetzt werden. Der Lastenausgleich wird im Referat des Genossen *Dr. Zorn* behandelt werden.

Veit wünscht, daß dem Parteitag vom Wirtschaftspolitischen Ausschuß eine Entschließung zur Wirtschaftspolitik vorgelegt wird.

Ollenhauer stellt fest, daß die Tagesordnung zum Parteitag gemäß Vorschlag akzeptiert ist.

Die umgearbeitete Entschließung zu den Londoner Empfehlungen wird vom PV gebilligt.[19]

Kriedemann (zum Lastenausgleich; siehe Anlage [6][20]).

---

16 In der Vorlage „1".
17 In der Vorlage „als".
18 In der Vorlage „II".
19 Vgl. Anlage 2.
20 In der Vorlage „3".

Dokument 22, 28. bis 30. Juni 1948

Er zeigt zwei Möglichkeiten auf: nämlich das Konkursverfahren, das mit einer Feststellung der Schadensquote verbunden ist, und der Lastenausgleich, der ohne Schadensfeststellung den Personenkreis der Geschädigten angibt (Ausgebombte, Vertriebene, Währungsgeschädigte). Allen Arbeitsunfähigen sollen Renten garantiert werden, wie auch die Beschaffung verlorengegangenen Hausrates ermöglicht werden soll. Durch die Vermeidung der Verzettelung des Aufkommens aus der Vermögensabgabe soll eine Vermögensmasse zusammengehalten werden, aus der Wohnungsbau und andere wirtschaftslenkende Maßnahmen finanziert werden können. Er hält dies für allein akzeptabel.

Meitmann schließt sich diesem Standpunkt an.

Gotthelf fordert, daß die Besitzer der gehorteten Waren besonders herangezogen werden.

Kriedemann erklärt auf eine Frage *Heines*, daß der von ihm vertretene Standpunkt von den meisten Sozialpolitikern und den Gewerkschaftern im Prinzip geteilt wird.

Heine: Dieser Weg ist ohne Zweifel sehr unpopulär. Wir müssen damit rechnen, daß die CDU vorgeben wird, den populären Weg gehen zu wollen. Es sei jedoch festzustellen, daß die Mehrheit des PV den Vorschlag *Kriedemanns* billigt. Der Wirtschaftspolitische Ausschuß solle dem PV einen detaillierten Vorschlag ausarbeiten

Die *Entschließung gegen die Demontage der Friedensindustrie* wird einstimmig vom PV angenommen. (siehe Anlage [3][21])

Punkt 5 (VVN):

Franke: Sowohl die Beschlüsse der Hamburger Delegierten wie auch der Appell *Auerbachs*[22] haben zu einiger Verwirrung geführt. U.a. wird dem PV bestritten, in dieser Frage beschließen zu dürfen. Es ist geplant, daß die Bezirke bis zum 15.7.1948 Arbeitsausschüsse der sozialdemokratischen OdF bilden. Die Landtagsfraktionen sollen von den Arbeitsausschüssen zu Initiativanträgen veranlaßt werden.

Knothe: Mitglieder des Bezirksvorstandes Hessen-Süd bestreiten dem PV das Recht, einen Beschluß gegen die VVN zu fassen. Die SPD-Vertreter sind erneut dem Landesvorstand der VVN beigetreten.

Lisa Albrecht betont die schwierige Situation der Genossen in Bayern, nachdem *Auerbach* sich erneut für die VVN ausgesprochen hat.

---

21 In der Vorlage „4".
22 Philipp *Auerbach* (1906-52), geboren in Hamburg als Sohn e. jüd. Kaufmanns, kaufmännische Lehre, Studium, Dr. phil., vor 1933 DDP u. Reichsbanner, 1933 Emigration (Belgien, Frankreich), 1940 verhaftet u. nach Deutschland gebracht, bis zur Befreiung KZ Sachsenhausen, Auschwitz u. Buchenwald, 1945/46 Flüchtlingsreferent d. Reg. Düsseldorf, 1946 „Staatskommissar für rassisch, politisch und religiös Verfolgte" in München, 1949 „Generalanwalt für Wiedergutmachung"/ Präs. d. Landesentschädigungsamtes in München, 1951/52 Amtsenthebung u. Prozeß wg. angeblicher Korruption, 14.8.1952 Freitod nach der Verurteilung zu 2 1/2 Jahren Gefängnis. Zu Philipp Auerbach vgl. Constantin Goschler: Der Fall Philipp Auerbach. Wiedergutmachung in Bayern, in: L. Herbst u. C. Goschler (Hrsg.), Wiedergutmachung in der Bundesrepublik Deutschland, München 1989, S. 77-98.

Eichler schlägt vor, den VVN-Beschluß durch Festsetzung eines Termins zu ergänzen (etwa 1. Oktober). Dieser Termin könne dann ausdrücklich vom Parteitag bestätigt werden.

Franke abschließend: VVN und Betreuungsstellen sind noch vielfach identisch. Die Landtagsfraktionen werden schnellstens für eine Änderung dieses Zustandes eintreten müssen. Er stimmt dem Terminvorschlag zu, wünscht jedoch eine kürzere Frist.

Heine stellt die Auffassung des PV fest, daß der Beschluß ohne Terminstellung gilt. Man solle jedoch die Bezirke auffordern, die Angelegenheit bis zum 1.8.1948 abzuschließen. Der Antrag des Bezirkes Niederrhein auf Ehrung der sozialdemokratischen OdF wird der Zentralstelle überwiesen.

Schönfelder (Feststellungskommission in Sachen *Wagner-Koch*)[23].

Die Kommission kam zu dem Ergebnis, daß es ein unhaltbarer Zustand sei, wenn der Fraktionsführer Untergebener eines Ministers ist (siehe Beschluß und Brief an den PV). Die Kommission hat sich bisher mit dieser Feststellung begnügt, doch ist damit der Streit nicht aus der Welt geschafft. Die Fraktion ist der Auffassung, daß sie diese Angelegenheit selbst zu bereinigen habe. Er habe jedoch wenig Hoffnung, daß dies gelingen wird.

Selbert schildert die schädlichen Auswirkungen des Streites auf die Fraktionsarbeit und bittet, daß der PV schnellstens vermittelt.

Heine stellt fest, daß der PV den Beschluß der Feststellungskommission akzeptiert. *Schönfelder* soll mit den Genossen *Knothe, [Freidhof]*[24]*, Wittrock* und *Selbert* klären, ob die Fraktion den Streit selber beilegen kann.

Ollenhauer berichtet über die inzwischen mit General *Robertson* geführte Unterhaltung. Er habe zusammen mit Franz *Neumann* dem General den Ernst der Situation dargestellt. *Robertson* hat eindeutig die feste Haltung der britischen Regierung unterstrichen. Ob Krieg oder nicht, läge bei den Russen. Die Reise einer PV-Delegation, der neben *Heine* und *Eichler* auch *Franz Neumann* angehören soll, wird voraussichtlich geregelt werden.

[**Punkt 11**]: Nächste PV-Sitzung am 14. und 15.7.1948 in Hannover[25]

[B] Sitzung des Parteivorstandes, des Parteiausschusses der Kontrollkommission und Vertretern des Wirtschaftsratsfraktion sowie sozialdemokratischen Landespolitiker am 29. und 30.6.48 in Hamburg

AdsD: SPD-Parteivorstand, 2/ PVAS 0000672, Prot. d. gemeinsamen Sitzung am 29. u. 30. 6. 1948 (a: Maschinenschriftl. Kurzprot., 2 S., Überschrift: „Parteivorstands- und Parteiausschußsitzung am 29. u. 30.6.48 in Hamburg" [zit.: Prot.];

---

23 Zu diesen Streitigkeiten vgl. auch Dok. 20 (Sitz. v. 6. 5: 1948), S. 367.
24 In der Vorlage „Freithoff".
25 Die nächste ordentliche Sitzung des PV fand am 2./3. August in Springe statt, für den 7. Juli wurde eine gemeinsame Konferenz des PV mit den sozialdemokratischen Ministerpräsidenten aus Anlaß der bevorstehenden Koblenzer Konferenz der Ministerpräsidenten der drei Westzonen nach Rüdesheim einberufen, vgl. die folgenden zwei Dokumente.

Dokument 22, 28. bis 30. Juni 1948

b) *zwei maschinenschriftl. Langprotokolle – teilweise übertragene stenogr. Protokolle, Überschriften „Gemeinsame Sitzung von Parteivorstand und Parteiausschuß in Hamburg am 29.und 30. Juni 1948", 34 S., [zit. „Prot. A", Durchschlag nur noch vorhanden: AdsD, PV/ 2/ EOAA 000072, alte Signatur: AdsD, Bestand Erich Ollenhauer 72] und : „Fortsetzung der Tagung des Parteivorstandes und des Parteiausschusses in Hamburg am 30. Juni 1948"), 26 S., [zit.: „Prot. B", Durchschlag, AdsD, SPD-Parteivorstand, 2/ PVAS 0000672]*[26]

Leitung der Sitzung: **Erich Ollenhauer**
Anwesend: siehe Liste

[Teilnehmer/Teilnehmerinnen, nach Funktionen geordnet:[27]

PV: *Ollenhauer, Franke, Gotthelf, Heine, Kriedemann, Nau; Albrecht, Baur, Bögler, Eichler, Gayk, Görlinger, Grimme, Gross, Helmstädter, Henßler, Kaisen, Knothe, Meitmann, Menzel, Neumann, Schmid, Selbert, Veit*

PA
BERLIN: *F. Neumann* (auch PV), *I. Wolff*
BRAUNSCHWEIG: *Bennemann*
HAMBURG-NORDWEST: *Damkowski, Schmedemann*
HANNOVER: *Borowski, Helfers*
HESSEN-Frankfurt: *Buch*
HESSEN-Kassel: *Freidhof*
NIEDERRHEIN (Düsseldorf): *Runge, T. Wolff*
OBERBAYERN (München): *Allmer*
OBER- und MITTELFRANKEN (Nürnberg):
OBERPFALZ-NIEDERBAYERN (Regensburg): *Höhne*
OBERRHEIN (Köln): *Schirrmacher*
ÖSTL. WESTFALEN (Bielefeld): *Michel*
PFALZ (Neustadt/Haardt): *Gänger*
RHEINHESSEN (Mainz): *Markscheffel*
RHEINLAND-KOBLENZ-TRIER (Koblenz). *Bettgenhäuser*
SCHLESWIG-HOLSTEIN (Kiel): *Krahnstöver, Kukielczynski*[28]

---

26 Mit der stenographischen Langfassung wurde der Hamburger Stenograph Rudolf *Krogmann* beauftragt, vgl. das Deckblatt zur Langfassung, a.a.O. Die Einladung zu dieser Sitzung mit Bekanntgabe der vorläufigen Tagesordnung erfolgte durch das Rundschreiben 46/48 des Organisationsreferats, unterschrieben von E.Ollenhauer, vom 16. 6. 1948. Das gemeinsames Kommuniqué (Sopade Informationsdienst Nr. 512 vom 3. 7. 1947) wird hier als Anlage 1 abgedruckt.

27 Die folgenden Angaben wurden den Anwesenheitslisten in den Beilagen zum Protokoll und Angaben im Protokoll entnommen. Von den Mitgliedern des PV fehlten *Schumacher* (längere Krankheit), *Agartz, Gnoß, Loßmann* und *Schroeder*; für die Teilnehmer an allen gemeinsamen Sitzungen 1947/48 in alphabetischer Reihenfolge vgl. Anhang 4.

28 Max *Kukielczynski* (ab 1950 *Kukil*) (1904-1959), Versicherungsangestellter, vor 1933 SPD, 1931-33 Parteisekr. in Breslau, 1947 Parteisekr. in Kiel, 1950-55 MdL (Schlesw.-Holst.), 1952-58 Besold. Mitgl. d. PV, 1958/59 PV

SCHWABEN (Augsburg): *Baur* (auch PV)
SÜD-BADEN (Freiburg i. Br.): *Schieler*
SÜD-WÜRTTEMBERG (Tübingen): *Roser*
UNTERFRANKEN (Würzburg): *E. Schumacher, Vey*
WESER-EMS (Oldenburg): *Kraft*
WESTL. WESTFALEN (Dortmund): *Wenke*
WÜRTTEMBERG-BADEN (Stuttgart): *Denker*
KK: *Bratke, Damm, Höcker, G. Richter, Schönfelder, Steffan, Ulrich, Wittrock*

Sozialdemokratische Ministerpräsidenten/Bürgermeister/Regierungsvertreter:
Bremen: *Kaisen* (Senatspräsident, auch PV)
Hamburg: *Brauer* (Erster Bürgermeister)
Hessen: C. *Stock* (Ministerpräsident), P. *Schmidt* (Hess. Staatskanzlei),
Niedersachsen: *Kopf* (Ministerpräsident)
Nordrhein-Westfalen: Walter *Menzel* (Stellv. MinPräs., auch PV)
Rheinland-Pfalz: *Bettgenhäuser* (auch PA), *Steffan* (auch KK)
Schleswig-Holstein: H. *Lüdemann* (Ministerpräsident), R. *Katz*
Württemberg-Baden: F. *Ulrich* (Innenminister, auch KK)
Württemberg-Hohenzollern: C. *Schmid* (Stellv. MinPräs., auch PV), Viktor *Renner*

Vorstand der sozialdemokratischen Fraktion des Wirtschaftsrates: *Schoettle, Eichler,* (auch PV), *Kreyssig, Kriedemann* (auch PV)
Länderrat des Vereinigten Wirtschaftsgebietes: *Brauer, Kaisen, Kopf, Lüdemann, Stock*
Zonenbeirat der Britischen Zone: *Weisser*
Referenten/Mitarbeiter des PV: *A. Albrecht, Brandt, Marksheffel, S. Neumann*
Vertreter der Gewerkschaften: *A. Ludwig,* (Frz. Zone), *Tarnow* (Bizone)
Gäste: *H. V. Berry*[29], *A. Flanders, G. Seger*

Tagesordnung[30]
1) Die Londoner Abmachungen und ihre Konsequenzen
Die Lage in Berlin
2) Die Internationale Sozialistenkonferenz in Wien
3) Der Parteitag 1948 in Düsseldorf
4) Die Frage des zukünftigen Wahlrechts
Finanzielle Stellung der Partei nach der Währungsreform

[Begrüßungen][31]

---

29 Henry Vaughan *Berry* (1881-1979), Bank- und Verwaltungsfachmann, nach dem I. Weltkrieg Mitglied der alliierten Rheinlandkommission, danach Manager einer Privatbank, im II. Weltkrieg wieder Staatsdienst, 1946-49 Zivilgouverneur der Stadt Hamburg, 1949/50 Brit. Mitglied in der Internationalen Ruhrbehörde.
30 Wortlaut nach der Einladung vom 16.Juni mit zwei Ergänzungen aus aktuellem Anlaß, vgl. die Ausführungen Ollenhauers zu Beginn seines Referats zu TOP 1.
31 Die folgenden Begrüßungsworte *Ollenhauers, Brauers* und *Meitmanns* nach dem stenographischen Protokoll A, S. 27-34.

Dokument 22, 28. bis 30. Juni 1948

Gen. **Ollenhauer**: Genossinnen und Genossen, im Namen des Parteivorstandes heiße ich Euch alle hier zu dieser gemeinsamen Sitzung herzlichst willkommen. Wir haben diese Sitzung einberufen, um gemeinsam mit den verantwortlichen Funktionären unserer leitenden Körperschaften der Partei eine Reihe von wichtigen politischen Problemen zu besprechen. Außer den Mitgliedern des Parteivorstandes und des Parteiausschusses haben wir eingeladen die Mitglieder der Kontrollkommission, die Mitglieder des Vorstandes unserer Fraktion im Wirtschaftsrat, die sozialdemokratischen Ministerpräsidenten der Länder in den drei Westzonen und die sozialdemokratischen Mitglieder des Länderrates in Frankfurt am Main.[32]

Ich freue mich, daß die Genossen so zahlreich unserer Einladung gefolgt sind. Ich möchte Sie alle noch einmal begrüßen. Ich möchte vor allen Dingen in unserer Mitte einige Gäste begrüßen, in erster Linie unsern Gen. Allan *Flanders* von der britischen Arbeiterpartei, der sich zur Zeit auf einer Vortragsreise in Westdeutschland befindet und den wir eingeladen haben, auch hier als Gast an unserer Tagung teilzunehmen. Außerdem hoffe ich auch noch im Laufe unserer Tagung den Gen. Gerhart *Seger*[33] begrüßen zu können, der aus Amerika nach Deutschland gekommen ist und der vielen unserer Genossen bekannt ist aus seiner Reichstagsarbeit vor 1933. Er ist jetzt Chefredakteur der „Neuen Volkszeitung" in New York. Er befindet sich auch auf einer Vortragsreise in Deutschland, und wir haben auch ihn eingeladen, unser Gast zu sein.

Ehe wir in die sachliche Arbeit auf Grund unserer Tagesordnung eintreten, möchte ich zunächst unsern Freund Max *Brauer* als Bürgermeister der Stadt Hamburg bitten, einige Worte zu uns zu sprechen.

Gen. **Max Brauer**: Genossinnen und Genossen, als vor einigen Wochen die Anfrage an mich gerichtet wurde, ob es möglich sei, in Hamburg diese Tagung von Parteivorstand und Parteiausschuß abzuhalten, da habe ich freudig zugestimmt, und ich freue mich, daß diese Tagung hier nun zustande gekommen ist und daß der Kreis der Beteiligten so groß ist. Genossen, ich brauche Euch über die Bedeutung Hamburgs als Vorort der Partei nicht viel zu sagen. Hier liegt älteste Tradition. Hamburg gehört zu den stärksten Organisationen innerhalb der Partei jetzt nach dieser großen Katastrophe, wie es vordem auch zu den größten Organisationen zählte, die für die Partei ganz Deutschlands Vorbild sein konnten. Der Einfluß der Arbeiterbewegung auf diese Stadt geht weit zurück, und von den positiven Kräften der Arbeiterbewegung ist viel Gestaltungswille ausgegangen, der das Gesicht dieser Stadt mitgeprägt hat und der das Schicksal dieser Bevölkerung beeinflußt, und zwar entscheidend beeinflußt hat.

Wir kommen zusammen in diesem Augenblick, nachdem in Deutschland große Entscheidungen gefallen sind oder uns demnächst noch erwarten. Ich habe das Gefühl, daß die drei Jahre seit der Kapitulation, diese Jahre des unconditional surrender, geschichtlich betrachtet später einmal als die koloniale Zeit des Nachkriegsdeutschlands bezeichnet

---

32 Zu den anwesenden Mitgliedern der genannten politischen Körperschaften vgl. S. 398 f.
33 Seger nahm auch schon an der PV-Sitzung teil, vgl. Anm. 4.

werden. In dieser Zeit ist es uns trotzdem gelungen, die sozialdemokratische Bewegung wieder groß und stark zu machen, und in diesem Zusammenhang darf man nicht vergessen des Mannes, der daran den allerstärksten Anteil hat. Ich meine Kurt *Schumacher*, von dem wir alle bedauern, daß er nicht heute unter uns ist.

Das Zuendegehen dieser – ich möchte sagen – kolonialen Zeit heißt nicht, daß die Aufgaben, die sich uns stellen, leichter werden; aber mit der neuen Plattform, die wir gewonnen haben, haben wir die Aussicht, daß das Gestalten der Verhältnisse stärker in unsere Hand gelegt ist. Immer noch gilt der Satz, wir haben nicht mehr die Welt zu interpretieren, sondern wir müssen sie verändern trotz all dem Schicksal, das über dieses Volk niedergegangen ist. Es hat einen großen Freund und eine starke Kraft, die allein die Hoffnung auf die Zukunft offen läßt, und das ist die deutsche Sozialdemokratie, die diesem Volke dient, die wie keine andere Bewegung den Anspruch erheben kann auf die Führung nach den furchtbaren Schicksalen der vergangenen 15 Jahre.

Genossen, manchmal kommt es so hart, daß man sagen kann, glücklich, wer noch hoffen kann, aus diesem Meer des Irrtums aufzutauchen. Dann können wir uns immer wieder besinnen auf die großen Prinzipien unserer Bewegung, dann können wir uns immer wieder besinnen und zurückfinden auf das, was Leitstern der deutschen Arbeiterbewegung gewesen ist durch die Jahrzehnte, und wir werden immer wieder den Stand finden, von dem aus wir wieder an die Arbeit gehen. Unsere Aufgabe ist ein zäher Kampf, ein Kampf, der das ganze Leben erfüllt. Unsere Aufgabe ist so groß und so gewaltig, daß sie in den engen Rahmen dessen, was sonst die Aufgabe einer Partei ausmacht, gar nicht hineinzuzwängen ist. Wir wollen eine neue Welt gestalten, und lang und weit ist der Weg, der vor uns liegt; aber wir sind ihm verhaftet mit all unserm Denken und Fühlen; denn darin liegt das, was wir brauchen: Menschwerdung. Darin liegt das, daß wir unsere Freiheit und unsere Würde wiedergewinnen. Wenn wir diesen großen Leitgedanken haben, dann werden wir auch Achtung vor der Überzeugung des Nächsten haben, der mit anderen Mitteln dieselben Ziele erreichen will. Dann werden wir an die Dinge herangehen ohne Rücksicht auf die Person und unser eigenes Interesse, sondern werden getragen von den Sternen, denen wir folgen wollen, den großen Sternen unserer Bewegung.

Ich weiß, daß nicht nur in den Jahren bis zum Umbruch, aber auch in den drei Jahren, die jetzt hinter uns liegen, manch einen der Kleinmut beschlichen haben mag. Ich kenne die großen Schwierigkeiten, die vor uns liegen. Aber ich glaube, wir brauchen nicht kleinmütig zu sein, ich glaube, wir können feststellen, daß das, was schon in diesen drei Jahren von der deutschen Sozialdemokratie getan ist, ein unerhörtes Stück Arbeit für das gesamte deutsche Volk, ja für Europa bedeutet. Noch stärker muß sich das ausprägen in unserer künftigen Arbeit nach der Währungsreform, die wir nicht entscheiden konnten, nach der Steuerreform, die nicht ganz nach unserem Geschmack ist, nach der Gestaltung der staatlichen Struktur, die letzten Endes die Freiheit ganz Deutschlands mit innerer und äußerer Freiheit bringen soll.

Auf diesem langen, schweren Weg bleibt immer die Hebung der sozialen und kulturellen Lage der breiten Massen für uns das, was uns zu Sozialdemokraten macht, diese große und gewaltige tägliche Aufgabe. Ich habe das Gefühl, daß unsere Partei, die sich diesen Schwierigkeiten stellt, auch in der Lage sein wird, die Verhältnisse zu meistern und zu gestalten. Immer und ewig verjüngt quillt die deutsche Arbeiterbewegung, weil sie ein inneres Muß ist, weil es einen anderen Weg nicht gibt. Möge von Hamburg aus unsere Bewegung einen neuen Antrieb kriegen. Mögen die Genossen in Berlin, die jetzt vielleicht die schwersten Momente durchleben, wissen, daß man ihrer nicht vergißt und daß sie zu uns gehören und niemand von uns willens ist, etwa Mitteldeutschland oder Ostdeutschland oder Berlin preiszugeben, sondern daß wir uns mit ihnen verbunden fühlen mit ganzem Herzen und mit ganzer Seele dieser großen Aufgabe, die vor uns liegt, die Dinge zu meistern, daß wir herauskommen aus dem Chaos, daß wir herauskommen aus der ungeheuren materiellen Not, mit der wir uns herumschlagen in den Jahren, daß wir unsere Städte, die in Trümmern liegen, wieder aufbauen und neu gestalten und auf den Ruinen diese Naz-Hitlerreiches ein neues Deutschland erstehen sehen.

Das ist eine solche gewaltige Aufgabe, und wir brauchen nicht kleinmütig zu sein, wir müssen uns dieser Aufgabe stellen. Ich glaube so stark an die unerhörte Kraft, die in diesem deutschen Volk trotz allem steckt, daß ich nur hoffe, daß ihm der Weg freigemacht wird, damit es die Möglichkeiten hat, seiner ganzen großen inneren Kraft freien Lauf zu geben, und dann kann es um die Zukunft Europas nicht schlecht bestellt sein. Wir waren die besten Europäer, lange bevor diejenigen, die heute von Europa-Union usw. sprechen, überhaupt daran dachten. Wir waren diejenigen, die internationale Zusammenarbeit gepredigt und an deren Notwendigkeit geglaubt haben, als man uns draußen in der Welt und in Deutschland dieserhalb verlacht hat. Unser großes Glück ist, daß sich trotz aller Not und aller Rückschläge das, woran wir geglaubt haben, als die echte Wahrheit erwiesen hat, daß diese großen Ziele, die sie aufgestellt hat, heute immer neue Scharen umfassen, selbst wenn sie nicht zu uns gehören. Deshalb ist diese Bewegung so groß und so stark, und deshalb gehören wir dieser Bewegung an, weil sie uns hinaushebt über das enge eigene Ich und uns die große sittliche Aufgabe stellt, über uns selbst hinauszuwachsen und der Zeit unseren Stempel aufzudrücken.

Genossen, ich bitte Euch, hier in Hamburg die Tage so zu verleben, daß sie eine gute Erinnerung bleiben, und von hier wegzugehen mit dem starken und frohen Gefühl: unser ist die Zukunft trotz allem! („Bravo!" Beifall)

Gen. Karl Meitmann: Genossinnen und Genossen, wohl kaum hat in diesen drei Jahren der Parteiausschuß so wichtige Aufgaben vor sich gesehen wie in der Tagung, die uns heute hier in unseren Mauern und in diesem Parlamentssaal zusammenführt. Darum sind alle Betrachtungen, so interessant sie auch für Euch sein mögen, die Geschichte unserer Hamburger Organisation betreffen, aus zeitlichen Gründen überflüssig und nicht notwendig. Wir stehen vor Kämpfen um die Demokratie, in der der eigentliche Block der Demokratie unsere Partei ist und bleiben wird, und es ist vielleicht erlaubt, soweit Hamburg in Frage kommt, einmal kurz den Ausgangspunkt dieser Kämpfe von der Partei her anzuleuchten.

In unserm Bezirksverband Hamburg-Nordwest und der Landesorganisation Hamburg sind 75 450 Mitglieder vereinigt in 300 Ortsvereinen, wovon in Hamburg selbst 60 000

Mitglieder und etwas sind. Das sind nun unterteilte Ortsvereine, 400 Bezirke, die zum Teil größer sind als die Ortsvereine im ländlichen Gebiet. Hier in diesem Saal wirken für unsere Politik und für unsere Aufgaben 83 sozialdemokratische Abgeordnete von einem Parlament, das 110 Abgeordnete enthält. („Bravo!" – Beifall) Das ist die 3/4-Majorität. Wir haben in Hamburg in dem letzten Wahlkampf zu dieser gewählten Bürgerschaft, der eine ernannte, durch die Militärregierung ernannte, vorausging, – und wir haben diese ernannte offen einen politischen Kindergarten genannt – mehr als die 3/4-Majorität der Abgeordneten erobert, aber dadurch, daß wir sie haben, haben wir auch in der Bevölkerung einen besonders schweren Stand.

Nach zwölf Jahren völliger politischer Kirchhofsruhe und der Unmöglichkeit, die jetzt anrückende Generation traditionsgemäß nacheinander und durchdringend mit dem, was Demokratie ist und Demokratie in dieser Zeit erneut sein muß, zu erfüllen, haben wir einen ungeheuren Mangel nicht nur an geistig und politisch ausgebildeten Kräften, sondern wir haben auch einen Mangel an echter politischer Regungsmöglichkeit. So gibt es in unseren Reihen und in den Reihen unserer Gegner und derer, die noch nicht wissen, wohin sie gehören, die Vorstellung, daß, wenn in einem Landesparlament mit so eingeengten politischen Rechten, wie wir Deutschen es heute noch haben, eine 3/4-Majorität sitzt, daß dann durch diese zahlenmäßige Überlegenheit der Abgeordneten im Handumdrehen aus dem Scherbenhaufen, den Hitler uns hinterlassen hat, ein Paradies gemacht werden könnte. In dieser besonderen Schwierigkeit, die wir hier haben, werden wir aber nicht beängstigt von den Aufgaben, die wir uns jetzt setzen und die wir uns in diesem gezogenen Rahmen vorgenommen haben, durchzuführen.

Ich will mein Wort ernst nehmen und keine überflüssige Minute an einer Begrüßungsrede verschwenden. Wir haben in Hamburg – und das darf ich sagen, ohne daß wir dafür gelobt sein wollen, sondern ich erwähne es als ein Beispiel und daß wir es nicht mehr als unsere innere Pflicht aufgefaßt haben – die innere Parteidisziplin als Lehre aus der Vergangenheit und der notwendigen Neugestaltung unserer Bewegung still und einfach praktiziert. Im Bezirksverband Hamburg-Nordwest sind drei deutsche Länder vereinigt, Hamburg, Bremen und der Regierungsbezirk Lüneburg vom Land Niedersachsen, und in der Partei sind diese uns auferlegten Ländergrenzen noch niemals ernstlich Gegenstand einer Differenz gewesen. Aber wir haben darüber hinaus, wenn ich von einer neuen lebendigen Parteidemokratie spreche, nicht wie das so oft, wenn auch außerhalb der Partei und uns gegenüber durch unsere Gegner betont, aber auch in der Partei in die Erscheinung getreten ist, darauf gepocht, daß Demokratie Zahl ist. Obwohl wir in Hamburg 60000 Mitglieder haben und infolge der großen Aufgaben einer Zwei-Millionen-Stadt selbst auch einen Mangel an Mitteln und Kräften haben, haben wir unsere Beiträge und unsere ganze uns zur Verfügung stehende politische Potenz nicht unter der Bedingung in den Bezirksverband eingegliedert, daß wir nun rechnerisch die Majorität darin hätten, sondern auf unsern eigenen Vorschlag hin uns mit Minoritätsrecht in die beschlußfassenden Instanzen unseres Bezirks eingegliedert.

Ich betone, daß ich dieses Beispiel nur deshalb erwähne, weil es notwendig ist, im Sinne unserer kommenden Aufgaben nach diesen Grundsätzen zu verfahren, und weil ich hoffe, daß es von den übrigen Genossen innerhalb der Länder und der Länder untereinander als ein nachahmenswertes Beispiel – das darf ich hier sagen, darauf sind wir stolz – angenommen wird für die Zusammenarbeit. Für uns Sozialdemokraten hat es in der Vergangenheit nicht gegeben und gibt es heute nicht und kann es in der Zukunft erst recht nicht Lösungen geben, die ihre höchste Vollendung an irgendeiner Grenze finden, nicht an den inneren Landesgrenzen dieses zerschlagenen Deutschlands, nicht an den Ländergrenzen der Völker, sondern nur im Erreichen des großen Ziels, die ganze leidende Menschheit unter unserer Fahne und unserer Idee zu verbinden.

So wollen wir auch, wie wir hoffen, bei dieser großen Tagung, die für Hamburg eine große Ehre bedeutet und deren Ergebnisse für die Sozialdemokratische Partei ein entscheidendes Fundament für die kommende Arbeit und unseren Aufstieg sein werden, in diesem Geist in Einmütigkeit hier zusammenwirken. Das ist mein Wunsch, und mehr möchte ich dazu nicht sagen. Wir blicken nicht auf die Grenzen unseres eigenen Landes, sie dienen nur dem Fortschritt und der Entwicklung, wir blicken auf die Welt, und wir sagen unseren Gegnern: ihr hemmt uns, doch ihr zwingt uns nicht! Unser die Welt trotz alledem! (Beifall)

Punkt 1 (Die Londoner Abmachungen)[34]
Gen. **Ollenhauer:** Ich danke *Max Brauer* und *Karl Meitmann* für ihre herzlichen Begrüßungsworte, und ich möchte jetzt schon weiter sowohl der Stadt Hamburg wie der Parteiorganisation für die Aufnahme danken, die wir hier in Hamburg gefunden haben. Wir sind zusammengekommen in einem Augenblick, in dem wir sehr große Schwierigkeiten haben, die technischen Probleme einer solchen Tagung zu lösen. Aber ich glaube, wir haben schon am Beginn dieser Tagung den Eindruck, daß es den Hamburgern gelungen ist, und wir sind ihnen von Herzen dafür dankbar. Dann möchte ich noch den in unserer Mitte erschienenen Gen. Fritz *Tarnow* begrüßen, der als Vertreter der Gewerkschaften in der britischen und amerikanischen Zone hier an unseren Beratungen teilnimmt.

Außerdem habe ich der Konferenz die herzlichsten Grüße von Kurt *Schumacher* zu überbringen. („Bravo"-Rufe) Er bedauert selbst am allermeisten, daß er nicht schon wieder unter uns sein kann, vor allen Dingen auch bei dieser Tagung. Aber ich möchte hier sagen, daß sein Gesundheitszustand oder die Entwicklung zur Gesundheit so ist, daß wir ihn in absehbarer Zeit hier wieder aktiv in unserer Mitte sehen. („Bravo!" – Beifall) Er befindet sich auf dem Wege der Besserung. Es ist ein langwieriger Prozeß, und niemand vermag genau zu sagen, wie lange es noch dauern wird; aber wir sind absolut sicher, daß er wiederhergestellt und bald wieder unter uns mit uns gemeinsam arbeiten kann. Ich würde vorschlagen, daß wir ihm von dieser Konferenz herzliche Grüße und unsere herzlichen Wünsche für seine baldige völlige Wiederherstellung zuschicken. (Bravo!" Beifall)

Dann, Genossen, kommen wir zu einigen *technischen Fragen.* Die Tagesordnung ist allen Teilnehmern der Sitzung zugegangen. Wir haben vier Punkte auf der Tagesordnung, aber

---

34 Im folgenden die Wiedergabe des Referats nach dem stenographischen Protokoll A, S. 1-26. Im Kurzprotokoll lediglich: „Ollenhauer hält das Referat (siehe PV-Sitzung und Manuskript)" (S. 1).

wir müssen sie um einen erweitern. Wir schlagen nach den Beratungen im Parteivorstand vor, daß wir nach Punkt 1 „Die Londoner Abmachungen und ihre Konsequenzen" sprechen über die *Lage in Berlin*. Der Parteivorstand wird zu diesem Punkt der Tagesordnung eine Entschließung vorlegen, und wir haben die große Freude, heute in unserer Mitte als Vertreter unseres Berliner Bezirks den Gen. Franz *Neumann* und die Genossin Ida *Wolff* zu sehen. Franz *Neumann* kann bei diesem Punkt der Tagesordnung einen Bericht über die Situation in Berlin geben. Wir glauben, daß die Bedeutung dieser Frage so groß ist, daß wir es rechtfertigen können und daß es notwendig ist, daß wir die Frage als besonderen Tagesordnungspunkt behandeln.

Außerdem wollen wir am Schluß morgen gegen Mittag uns noch einige Minuten beschäftigen mit den speziellen Finanzproblemen, die sich für die Partei aus der Währungsreform ergeben.[35] Dazu wird Alfred *Nau* einige Bemerkungen zu machen haben. Über den Punkt 2 „Die internationale Sozialistenkonferenz in Wien" wird Fritz *Henßler* berichten. Wir haben keine Vorschläge von den Bezirken zur Tagesordnung bekommen, und ich darf deshalb wohl annehmen, daß die Genossinnen und Genossen mit dieser Tagesordnung einverstanden sind.

Wir haben heute Zeit mit unserer Arbeit bis sieben Uhr. Heute abend sind wir eingeladen von der Stadt Hamburg, eine Dampferfahrt zu machen. Es ist dafür gesorgt, daß wir während dieser Fahrt auf dem Dampfer verpflegt werden. Wir können also bis sieben Uhr tagen und direkt von hier aus auf den Dampfer gehen. Alle technischen Einzelheiten werden die Genossen der Hamburger Organisation den Delegierten mitteilen. Wir beginnen morgen früh Punkt neun Uhr, weil wir versuchen müssen, morgen Mittag ein Uhr die gesamte Tagesordnung abgewickelt zu haben, d.h. wir müssen den Versuch machen, sehr konzentriert zu arbeiten. Aber ich hoffe, daß uns das auch gelingt.

Werden sonst noch irgendwelche Bemerkungen zu dem technischen Teil unserer Verhandlungen geübt, oder sind irgendwelche Anregungen und Wünsche noch anzubringen? Dann wollen wir das vorweg erledigen. Wenn das nicht der Fall ist, darf ich annehmen, daß die Genossen mit der Tagesordnung einverstanden sind. – Wir können dann in den Ablauf der Tagesordnung eintreten.

Ich möchte zu dem **Punkt 1** einen *einleitenden Bericht* geben, gewissermaßen als Kommentar und Begründung für die Entschließung, die wir heute morgen im Parteivorstand ausgearbeitet haben und die [auch zur gemeinsamen Beschlußfassung][36] vorliegt. – Genossinnen und Genossen, ich kann hier bei diesen einleitenden Beratungen den Inhalt der Londoner Abmachungen bei den Genossinnen und Genossen als bekannt voraussetzen, soweit wir bisher aus den Veröffentlichungen die Abmachungen der Sechs-Mächte-Konferenz in London kennen. Ich möchte aber doch, ehe wir uns mit Einzelheiten dieser Abmachungen beschäftigen, die unsere zukünftige wirtschaftliche und politische Ent-

---

35 Zu den Folgen der Währungsreform vgl. auch Einleitung Kap. II 3 g.
36 In der Vorlage „zur Beschlußfassung auch gemeinsam" (S. 3). Die Entschließung wird hier als Anlage 2 zu den Protokollen abgedruckt.

wicklung in Westdeutschland bestimmen werden, einige allgemeine [Bemerkungen][37] über die politischen Motive, die dieser Abmachung zu Grunde liegen, und über die Umstände, unter denen sie zustandegekommen sind, machen, weil ich der Auffassung bin, daß [...][38] eine Beurteilung dieses Abkommens, dieser Umstände und dieser Gesichtspunkte auch von uns in Deutschland in Betracht gezogen werden [muß][39].

Wir haben in den früheren Sitzungen darüber gesprochen, daß nach dem Scheitern aller Versuche, auf Vier-Mächte-Basis eine einheitliche politische und wirtschaftliche Verwaltung ganz Deutschlands herbeizuführen, ein Ausweg gesucht werden muß, um wenigstens für einen möglichst großen Teil Deutschlands eine einheitliche politische und wirtschaftliche Ordnung zustande zu bringen. Die Westmächte unter Führung von Amerika haben nach dem Scheitern der Verhandlungen mit den Russen die Initiative ergriffen. Sie haben durch die Vorbereitung und Inkraftsetzung des Marshall-Plans den Versuch unternommen, eine aktive Politik in Westeuropa einschließlich Westdeutschlands zu führen.

Wir haben bereits früher über den *Marshall-Plan* gesprochen. Es ist nicht notwendig, hier noch einmal in diesem Kreise unseren Standpunkt darzulegen. Aber die Tatsache, daß sich Amerika zur Inkraftsetzung dieses Planes entschlossen hat, die Tatsache, daß dieser Plan jetzt auch in Westdeutschland zum Anlaufen gekommen ist oder kommen muß, hat noch eine andere Entscheidung der Westmächte in bezug auf die Verwaltung in Westdeutschland geradezu erzwungen. Wenn man die westdeutsche Wirtschaft in den europäischen Wiederherstellungsplan einfügen will, wenn man die westdeutsche Wirtschaft in einen Zustand bringen will, der einen wesentlichen Beitrag zu der ökonomischen Leistung Europas [zu erbringen][40] in der Lage ist dann mußte man auch die Verwaltung dieser westdeutschen Gebiete auf eine andere Grundlage stellen, als sie bisher durch die Aufteilung in Zonen durch die drei westlichen Besatzungsmächte bestand. Man mußte auch die Frage untersuchen, in welcher Weise kann der aktive Anteil der Deutschen an einer solchen gemeinsamen Planung und Durchführung der wirtschaftlichen Belebung in Westeuropa gesteigert werden, welche Form kann man finden, um diesen Teil Europas, die drei Westzonen Deutschlands, tatsächlich zu einem aktiven Partner einer solchen Konzeption zu machen.

Aus dieser Überlegung, aus der Notwendigkeit heraus, hier in diesem Teil eine planmäßige, eine vernünftige Ordnung auch der politischen Verwaltung zu schaffen und möglichst eine einheitliche Verwaltung für alle drei Zonen zu schaffen, ist schließlich die Londoner Konferenz zustande gekommen. Dabei standen die Einberufer dieser Konferenz, vor allen Dingen Amerika und England, sofort vor einer neuen, sehr schwierigen Frage, nämlich ob sie sich damit abfinden sollten, daß man nicht nur auf absehbare Zeit auf eine Einbeziehung der Ostzone Deutschlands in eine deutsche[41] Verwaltung verzichten mußte,

---

37 In der Vorlage „Beratungen" (S. 3).
38 Weggelassen wurde hier das Wort: „wir" (S. 3).
39 In der Vorlage „müssen" (S. 3).
40 Ergänzung aus dem Zusammenhang.
41 Im maschinenschriftlichen Protokoll zuerst „westdeutsche", „west" dann handschriftlich durchgestrichen, Prot. S. 4.

sondern ob sie sich auch damit abfinden sollten, daß dieses Deutschland nicht in zwei, sondern vielleicht in drei Teile aufgeteilt wird, nämlich dadurch, daß neben der Bizone, der britischen und amerikanischen Besatzungszone, die französische Zone weiterhin als eine selbständige Einheit bestehen bleibt, eine selbständige Einheit, die natürlich im Zeitpunkt des Inkrafttretens des Marshall-Planes für ganz Westdeutschland keine Berechtigung mehr hatte und sich als eine Erschwerung der Entwicklung in Deutschland auswirken mußte. Die Konferenz mußte also von Anfang an ihre Arbeit mit dem Ziel beginnen zu erreichen, daß alles deutsche Gebiet außerhalb der russischen Zone unter eine einheitliche politische Verwaltung gebracht wird, also einschließlich der französischen Zone. Dabei hat nicht nur das Interesse an einer Vereinfachung der Verwaltung in Westdeutschland eine Rolle gespielt, sondern auch die Überlegung, daß ohne eine aktive Eingliederung Frankreichs in diese westeuropäische Zusammenarbeit das Gelingen des Planes immer wieder von neuem gefährdet sein mußte. Es lagen also auch hier höhere als nur rein deutsche Gesichtspunkte bei der Behandlung dieser Frage vor.

Die *Verhandlungen in London* haben sich außerordentlich lange hinausgezögert. Es hat auf dieser Konferenz eine Reihe von Krisen gegeben, und es hat sehr großer Anstrengungen bedurft, um überhaupt zu dem zu kommen, was dann als Empfehlung der Londoner Konferenz den sechs beteiligten Regierungen Europas und Amerika zur Ratifizierung vorgelegt wurde. Neben allen Fragen, die dabei zu Meinungsverschiedenheiten geführt haben mögen, war natürlich die Frage des Ausgleichs zwischen den französischen Forderungen auf der einen und den deutschen Möglichkeiten auf der anderen Seite die Hauptfrage. Die französische Politik hat während der Londoner Verhandlungen unentwegt den Versuch gemacht, eine Regelung zustande zu bringen, die sehr wichtige Gesichtspunkte der französischen Politik bindend klärt.

Der *erste Gesichtspunkt* war, daß im Westen Deutschlands nicht eine zentrale Regelung zustande kommt, die der französischen Angst vor einer neuen Bedrohung Frankreichs durch irgendwie aggressive Politik aus dem Osten neue Nahrung geben könnte. Wir hier in Deutschland sind sehr oft geneigt, die Bedeutung dieses Empfindens und dieser Überlegungen in der französischen Politik zu unterschätzen, vor allem angesichts der Situation, in der sich Deutschland seit 1945 befindet, und man kann durchaus mit guten Gründen die Meinung vertreten, daß auf absehbare Zeit, vielleicht für immer Frankreich nicht wieder in eine solche Bedrohung durch Deutschland gerät, wie es 1914 oder 1940 der Fall war. Auf der anderen Seite ist es gut, daß wir uns klar darüber sind, daß dieses Verlangen nach Sicherheit einfach ein Faktor in der französischen Politik ist, mit dem jede französische Regierung und jede französische Partei zu rechnen hat.

Der *zweite* Gesichtspunkt war, daß die Franzosen natürlich eine Regelung wünschten, die garantierte, daß der Anteil der Franzosen an den Möglichkeiten, die den Franzosen durch den Industrieplan von London gegeben sind, nicht etwa geschmälert wurde. Das war vor allen Dingen eine Sicherung der Ausfuhr der Kohle nach Frankreich, die damals in einer Höhe festgelegt wurde, die es den Franzosen gestatten sollte, die französische Stahlproduktion weit über den höchsten Stand, den sie jemals vor dem Kriege erreicht hatte, hinaus zu [führen]⁴². Es war verständlich, daß Frankreich versuchte, diese Position zu halten. Aber es ging noch weiter. Es gab sehr ernste Anstrengungen in der französischen Politik während der Verhandlungen in London selbst, die darauf hinausliefen, die Ruhr als das wichtigste deutsche Industriezentrum und als eines der wichtigsten europäischen Industriezentren überhaupt aus der Verfügungsgewalt der Deutschen herauszunehmen. Man hat zwar nicht mehr von der Abtrennung des Ruhrgebiets aus dem deutschen Staatsverband gesprochen, man hat aber den Gedanken einer Internationalisierung der Ruhr, einer internationalen Verwaltung der Ruhr propagiert und vertreten, der, wenn er durchgeführt worden wäre, praktisch den Deutschen die Verfügungsgewalt über die Ruhr, über die Produktion an der Ruhr genommen hätte.

Ein weiterer wichtiger Punkt ist, daß für die Franzosen die Frage stand, daß wenn man eine einheitliche politische Verwaltung in Westdeutschland aufbaut, wenn man dort beginnt, eine Art von staatlicher Verwaltung zu schaffen, daß dann diese Verwaltungsmöglichkeit weitgehend bestimmt sein soll von den föderalistischen Vorstellungen, die in der französischen Politik gegenüber Deutschland vor allem nach dem Kriege eine hervorragende Rolle gespielt haben.

Genossinnen und Genossen, jedes dieser Probleme ist so schwierig, daß es völlig erklärlich ist, warum die Verhandlungen in London einen so langwierigen Verlauf nahmen und erst so schwer zu einem positiven Resultat kommen konnten. Ich möchte hier ein Wort hinzufügen, nämlich daß wir in den letzten Wochen und Monaten der Londoner Verhandlungen sozusagen in der eigenen Familie, nämlich in den Diskussionen unserer internationalen Arbeitsgemeinschaft eine sehr getreue Widerspiegelung dieser Gegensätze erlebt haben. Wir haben die erste Auseinandersetzung über diese Frage gehabt, als wir als Vertreter der deutschen Partei an der Internationalen Konferenz in Paris Ende April teilnahmen, die Konferenz, die sich mit der Aufgabe zu beschäftigen hatte, konkrete Vorstellungen der Sozialisten Europas über die Europäische Union zu entwickeln.⁴³ Die Konferenz hatte auf Wunsch der Franzosen auch den Punkt der zukünftigen Verwaltung der Ruhr auf die Tagesordnung gesetzt, und wir erlebten sowohl in dem Plenum der Konferenz wie vor allen Dingen in den Kommissionssitzungen eine sehr scharfe Diskrepanz zwischen den Auffassungen der französischen Sozialisten und unseren eigenen. Die französischen Sozialisten vertraten mit der damaligen Delegation der britischen Arbeiterpartei die Auffassung, daß es eine Forderung des internationalen Sozialismus sein müsse, die Internationalisierung der Ruhr durchzuführen, eine Internationalisierung der Ruhr, die praktisch den Deutschen, vor allen Dingen der deutschen Sozialdemokratie die Möglichkeit genommen hätte, auf diesem entscheidenden Lebensgebiet Deutschlands etwa unsere eigenen sozialistischen Vorstellungen über die Sozialisierung durchzuführen und die außerdem und sogar in erster Linie praktisch Westdeutschland des einzigen großen Indu-

---

42 In der Vorlage „erzielen" (S. 6).
43 Zur COMISCO - Konferenz in Paris (24./25. 4. 1948) vgl. R. Steininger, Deutschland und die Sozialistische Internationale, S.100 - 106. Vgl. auch Einl. Kap. II 2 c.

striegebiets beraubt hätte, das wir nach dem Verlust der Industriegebiete in Oberschlesien, in Mitteldeutschland und an der Saar noch besitzen.

Selbstverständlich haben die französischen Sozialisten in all diesen Diskussionen unsere Argumentation angehört, aber sie haben in dieser Zeit auf all die Schwierigkeiten hingewiesen, denen sie sich selbst in Frankreich gegenübersahen, und die Schwierigkeiten bestanden darin, daß es in Frankreich gegen eine vernünftige Regelung dieser Frage eine breite Einheitsfront der Nationalisten gab; von den Kommunisten bis zu *de Gaulle* gab es nur eine Front, die gegen die Regierung *Bidault* und vor allem auch gegen die französischen Sozialisten stand.

Nun wir haben später, Anfang Juni, nach der Vertagung dieser Frage in Paris, weil dort ein Ergebnis mit unseren Stimmen nicht zu erzielen war, diese Frage erneut diskutiert, und diese *Wiener Konferenz* ist insofern ein wichtiger praktischer Erfolg internationaler sozialistischer Zusammenarbeit, weil wir dort eine gemeinsame Plattform gefunden haben, die sowohl die französischen Sozialisten wie die deutschen Sozialdemokraten akzeptieren konnten, eine Plattform, die die Notwendigkeit einer internationalen Kontrolle gegen eine deutsche Aufrüstung anerkennt, aber die auf der anderen Seite feststellt, daß jedes andere Kontrollsystem an der Ruhr nur dann akzeptabel ist, wenn es in den allgemeinen Rahmen europäischer Wirtschaftspolitik eingebaut ist, und wenn dieses Kontrollsystem dazu dient, eine engere europäische wirtschaftliche Zusammenarbeit effektiver zu gestalten, als sie heute ist.[44] Die Konferenz hat außerdem beschlossen, daß die Frage der internationalen Kontrolle aller schwerindustriellen Zentren in Europa untersucht werden soll, und daß eine spätere Konferenz dann in dieser Frage konkrete Vorschläge auf europäischer Basis zu machen haben wird. Die Frage der Internationalisierung, der internationalen Verwaltung der Ruhr stand schließlich nicht mehr zur Diskussion.

Nun, fast gleichzeitig, als wir Sozialisten in Wien tagten, wurden die *Londoner Empfehlungen an die sechs Mächte* veröffentlicht, und wir wissen auch bis heute nicht mehr über den Inhalt dieser Empfehlungen, als sie in dem Protokoll damals der Öffentlichkeit übergeben wurden. Wir [haben][45] vor allen Dingen noch keine näheren Informationen darüber, welche internen Vorstellungen bestehen für den Aufbau der Verwaltung in Westdeutschland auf Grund dieser Veröffentlichungen von London. Selbstverständlich gibt es eine ganze Reihe von wichtigen Punkten, zu denen wir als Deutsche und insbesondere als deutsche Sozialdemokraten irgendwie Stellung nehmen müssen und Stellung nehmen sollen. Wir [müssen][46] auch versuchen, gegenüber bestimmten Vorschlägen, die in diesem Protokoll enthalten sind, eigene Vorschläge zu entwickeln und zu vertreten, um zu einer Lösung zu kommen, die nach unserer Auffassung tragbar, vernünftig und effektiv ist. Aber es ist an den Londoner Empfehlungen vom ersten Tage ab in Deutschland sehr lebhafte, sehr

---

44 Zur Internationalen Sozialistischen Konferenz in Wien (4.-7. 6. 1948) vgl. Einleitung Kap. II 2 c. Vgl. auch R Steininger a.a.O, S.109 - 113.
45 In der Vorlage „hatten" (S. 8).
46 In der Vorlage „sollen" (S. 9).

heftige Kritik geübt worden, und ich glaube, es ist notwendig, daß wir uns nicht durch allgemeine negative Veröffentlichungen zu falschen Schlüssen hinreißen lassen.

Zunächst einmal sollte für uns bei jeder Diskussion über das Londoner Abkommen völlig klar sein, daß es sich bei den Londoner Abmachungen nicht darum handelt, für Deutschland einen Friedensvertrag zu schaffen. Man hat sich in London über bestimmte Maßnahmen, über bestimmte Organisationsformen verständigt, die man sozusagen in Deutschland auf einer höheren Ebene in Kraft setzen will. Man hat nach einer neuen Zwischenlösung gesucht; aber der prinzipielle Zustand, in dem sich Deutschland seit 1945 befindet, ist durch die Londoner Abmachungen nicht geändert, er ist überhaupt nicht davon berührt worden. Denn dieses Deutschland bleibt auch, wenn alle Empfehlungen von London in Kraft treten, ein besetztes Land. Dieses Deutschland bleibt ein Land, in dem die letzte entscheidende Autorität nicht bei den deutschen Stellen liegt, sondern bei den Besatzungsmächten. Wenn wir in vielleicht naher Zukunft die Mitteilungen über die [internen][47] Vorstellungen über die westdeutsche Verwaltung bekommen, dann werden wir feststellen, daß an diesem Prinzip nichts geändert wurde, daß lediglich auf Grund dieser neuen Basis eine neue Verwaltungsform gesucht wurde. Diese Haupttatsache aus den Augen zu verlieren, heißt jede Kritik und jede Auseinandersetzung mit dem Londoner Abkommen auf eine falsche Ebene führen.

Es kommt ein anderer Punkt hinzu, den wir ebenfalls mit aller Offenheit und Klarheit feststellen: die *Londoner Verhandlungen* sind durchgeführt worden *ohne deutsche Mitwirkung* und auch *ohne eine Anhörung von Deutschen*. In keinem Stadium haben irgendwelche Fühlungnahmen mit Deutschen über die Londoner Abmachungen stattgefunden. Sie sind schließlich festgelegt worden durch einen Beschluß der beteiligten sechs Mächte, d.h. die völlige und eindeutige Verantwortung für den Inhalt dieses Londoner Abkommens liegt ausschließlich bei den sechs Mächten, die an den Londoner Verhandlungen beteiligt gewesen sind.

Genossinnen und Genossen, wenn wir im einzelnen nun auf den Inhalt dieses Abkommens eingehen, so glaube ich, die erste Voraussetzung muß sein, daß wir uns bemühen, den Inhalt sachlich zu untersuchen, und daß wir die Resultate von 1948 im Lichte der Entwicklung in Deutschland seit dem Jahr 1945 sehen. Das gilt vor allem für das, was in diesem Abkommen über die internationale Kontrolle in bezug auf die Verteilung der Ruhrproduktion festgelegt ist. Es kann nicht unsere Aufgabe als Sozialdemokraten heute sein zu erklären, die deutsche Sozialdemokratie steht zu diesem internationalen Kontrollsystem positiv oder negativ; denn es ist so, daß zunächst die Auswirkungen gewisser Bestimmungen über die Funktionen und die Rechte dieser Kommission noch nicht abzusehen sind, so daß man einfach darauf angewiesen ist, die Praxis abzuwarten.

Ein weiterer Punkt ist, daß im Augenblick unter den gegebenen Umständen eine aktive Mitwirkung an dieser Kommission als Vertretung der Deutschen noch nicht möglich ist. Die Frage ist, und das ist ein sehr wichtiger Punkt, ob die Rechte dieser Kommission nicht dazu führen, daß zwar nicht durch eine direkte Bestimmung, aber durch die Praxis

---

47 In der Vorlage „interneren" (S. 9).

die freie Entscheidungsgewalt der Deutschen über eine Neuordnung der Besitzverhältnisse an Rhein und Ruhr aufgehoben oder beschränkt wird. Wenn sich eine solche Gefahr, eine solche Auswirkung in der Praxis ergeben sollte, kann es für die deutsche Sozialdemokratie überhaupt nichts anderes geben als eine negative Beurteilung.

Es gibt noch einen zweiten Punkt, dessen Tragweite und Auswirkung heute noch nicht übersehen werden kann, das ist, daß die Kommission auch darüber zu wachen hat, daß nicht durch deutsche Maßnahmen der internationale Handel gestört wird. Das kann unter Umständen eine sehr vernünftige Maßnahme sein, es kann aber auch eine Maßnahme sein, die dazu führt, daß auf Kosten bestimmter Handelsinteressen einzelner Länder der Lebensstandard der Deutschen so gesenkt wird, daß sie nicht mehr mit der Feststellung im Kommuniqué vereinbar ist, daß auch den Deutschen eine angemessene Lebenshaltung gesichert werden muß. Wie gesagt, wenn in diesen beiden Fällen die Praxis erweist, daß es sich nicht nur um eine Kontrolle der Verteilung der Produkte handelt, sondern daß im Effekt diese Kontrolle sowohl die freie Entscheidung der Deutschen über die Besitzverhältnisse an der Ruhr beschränkt und auf der anderen Seite den Deutschen nicht die Möglichkeit gibt, hier eine sinnvollere Lebenshaltung der Deutschen zu ermöglichen, dann wird die Haltung des deutschen Volkes und der deutschen Sozialdemokratie gegenüber dieser Regelung nicht positiv sein können.

Das ist der eine Punkt. Der andere Punkt ist der folgende. Wir haben als deutsche Sozialdemokratie immer wieder erklärt, daß wir bereit sind, eine internationale Kontrolle an der Ruhr zu akzeptieren, soweit sie das Ziel verfolgt, eine deutsche Wiederaufrüstung an der Ruhr zu verhindern. Diesen Standpunkt halten wir aufrecht. Wenn aber eine Kontrolle über dieses Sicherheitsziel hinausgeht und auf die Produktion selbst einwirkt, dann, Genossinnen und Genossen, müssen wir dieser Tatsache die Bemerkung und die Feststellung gegenübersetzen, daß auf die Dauer eine einseitige Kontrolle der deutschen Produktion an der Ruhr für das deutsche Volk nur dann tragbar ist, wenn diese Kontrolle an der Ruhr eingebaut wird in eine internationale Kontrolle aller europäischen schwerindustriellen Zentren, und wir glauben, daß das auch eine Politik und eine Forderung ist, die durchaus in der Richtung der Bestrebungen liegt, in Westeuropa eine einheitliche engere wirtschaftliche Zusammenarbeit herbeizuführen. In jedem Falle müssen wir auf diese Bedenken und Vorbehalte hinweisen. Wir müssen klarmachen, daß es nicht möglich ist, in diesem Stadium ein uneingeschränktes Ja zu sagen. Auf der anderen Seite sollen wir uns nicht darüber hinwegtäuschen, daß dieses Resultat der Londoner Verhandlungen den ganzen schwierigen Weg vorwärts, den wir in dieser Frage seit 1945 erlebt haben, deutlich aufzeigt. Es ist tatsächlich ein Fortschritt. Ich glaube, man kann heute feststellen, daß die Frage der Herauslösung der Ruhr aus dem deutschen Staatsverband eine Frage ist, die nicht mehr zur Diskussion steht. Genossen, es ist immer sehr schön, hinterher zu sagen, was es bedeutet hätte, wenn man dieses und jenes verhindert hat, aber stellen wir uns einen Augenblick die Situation vor, in welcher sich Westdeutschland heute [befinden][48] würde, wenn in dieser Frage nicht eine Einigung zugunsten Deutschlands erzielt worden wäre.

---

48 In der Vorlage „befunden haben" (S. 12).

Dokument 22, 28. bis 30. Juni 1948

Einen zweiten Punkt in diesem Zusammenhang will ich hier erwähnen, weil die Frage der Ruhr auch in bezug auf die Haltung von Frankreich eine entscheidende Rolle gespielt hat. Genossen, es hat sehr viele unfreundliche Bemerkungen über die französische Haltung in London und nach London gegeben, und manche Menschen in Deutschland haben es gar nicht verstanden, warum die Franzosen so zögernd waren in der Ratifizierung des Londoner Abkommens. Genossen, ich habe die Gründe bereits gesagt, sie entsprangen der innerpolitischen Situation Frankreichs, und sie entsprangen dem Bewußtsein der Franzosen, das auch jetzt noch nicht eine [...]⁴⁹ wirkliche Sicherheit und das Frankreichs Frieden von neuem gefährdet sieht. Aber ich glaube, wenn jetzt doch schließlich das französische Parlament unter erheblichem Druck mit einer knappen Mehrheit dieses Abkommen ratifiziert hat, wenn damit das Abkommen von allen sechs beteiligten Mächten angenommen ist, Genossen, dann hat es eine sehr große positive Bedeutung auch für die Deutschen. Denn wenn das französische Parlament mit acht Stimmen unter der Mehrheit die Ratifizierung verweigert hätte, dann befänden wir uns alle hier in Europa heute in einer sehr, sehr kritischen Situation. Es [wäre]⁵⁰ gar nicht so einfach, eine solche komplizierte Organisation wie den Marshall-Plan überhaupt in Gang zu setzen, wenn man vor der Tatsache [stände]⁵¹, daß ein so wichtiges Gebiet, ein so wichtiges Land wie Frankreich einfach nicht in diesen Organismus hineingebaut werden könnte.

Insofern sollten wir auch noch stärker als im ersten Augenblick erkennen, daß die Tatsache, daß es in London überhaupt zu einer Vereinbarung gekommen ist, ein Fortschritt ist, der letzten Endes auch unseren eigenen Interessen dient, wenn auch nicht alle Einzelheiten dieses Abkommens, und [zwar] in sehr wichtigen Punkten, unseren Wünschen und Vorstellungen [...]⁵² entsprechen.

Genossinnen und Genossen, vielleicht fragt sich der eine oder andere, warum ich überhaupt in dieser Ausführlichkeit diese Argumentation hier vorgebracht habe, denn schließlich ist es ja gar nicht unsere Aufgabe, im einzelnen etwa das Londoner Abkommen zu verteidigen oder alles, was darin steht, als gut und glücklich hinzustellen. Warum sage ich das? Weil wir erlebt haben, daß die deutsche Diskussion über das Londoner Abkommen in einer sehr wenig erfreulichen Weise gelaufen ist. Wir haben gesehen, daß sehr ernsthafte Politiker in Deutschland den Versuch gemacht haben, mit der Kritik an dem Londoner Abkommen eine Art von neuer nationalistischer Argumentation und Stimmung zu entwickeln. Das gilt vor allem für die zweitstärkste Partei neben uns, nämlich die CDU hier in der britischen Zone unter Führung von *Adenauer*. Adenauer hat wenige Tage nach der Veröffentlichung des Londoner Protokolls einen Artikel in der „Welt" veröffentlicht, in dem er alle Register schwarz-weiß-rot-nationaler Empfindungen zog und zu dem Schluß kam, man müßte sich überlegen, ob ein solches Abkommen überhaupt mit der Ehre Deutschlands vereinbar sei, ob nicht die Zeit gekommen wäre, daß die Deutschen

---

49 Weggelassen das im Protokoll maschinenschriftlich durchgestrichenes Wort „wesentliche" (S. 12).
50 In der Vorlage „ist" (S. 13).
51 In der Vorlage „steht" (S. 13).
52 Weggelassen wurde hier das Wort „nicht" (S. 13).

sich aus allen Positionen der deutschen Verwaltung aus Protest gegen diese Auflagen, gegen dieses Diktat zurückziehen sollten[53]. Dieser Artikel erschien, ehe das Abkommen in Paris ratifiziert war, und, Genossinnen und Genossen, es kann kein Zweifel darüber bestehen, daß diese Stellungnahme von *Adenauer* [...][54] Europa und der deutschen Sache damit einen sehr schlechten Dienst erwiesen hat. In der Diskussion, die wir gestern über diese Frage hatten, ist auch von einem unserer Genossen die Bemerkung gemacht worden, es sei wohl nicht ganz glücklich gewesen, daß im Anschluß an diese Diskussion die deutschen Parteien sich gegenseitig Zensuren erteilt hätten z.B. dadurch, daß ich nach der Veröffentlichung des *Adenauer*-Artikels in der „Welt" unsern Standpunkt oder meinen Standpunkt in der „Welt" ebenfalls vertreten habe.[55] Genossen, ich möchte hier ganz offen sagen, ich bin auch heute noch davon überzeugt, daß es notwendig war, neben der Stimme von *Adenauer* eine andere Auffassung in der Öffentlichkeit so schnell wie nur möglich zur Geltung kommen zu lassen, denn Genossen, wie wollen wir uns denn gegen den Vorwurf im Ausland schützen, daß die Deutschen mehr oder weniger doch alle [...][56] in die nationalistische Struktur zurückfallen? Wie wollen wir sonst beweisen, daß in Deutschland dennoch einige aktive demokratische Kräfte vorhanden sind, wenn wir in einer so ernsten internationalen Frage eine solche nationalistische Auslassung wie die von *Dr. Adenauer* unwidersprochen lassen sollen. Genossinnen und Genossen, dieser Artikel von *Adenauer* war nicht geschrieben aus einer zufälligen spontanen Erregung heraus, sondern es hat sich herausgestellt, daß [wenige][57] Tage später die Landesvorsitzenden der CDU und der CSU in den Westzonen und Südzonen sich in der Praxis zwar in etwas milderer Form, aber in der Sache auf einen ebenso scharfen Standpunkt gestellt haben wie *Dr. Adenauer*. Wir haben in einem Nachspiel erlebt, daß hier der Versuch gemacht werden sollte, eine Art von nationaler Einheitsfront herzustellen in Deutschland.

Wir bekamen in Hannover eine telegraphische Anfrage von *Dr. Adenauer*, ob wir bereit wären, eine gemeinsame Protesterklärung der CDU und SPD gegen das Londoner Abkommen zu unterzeichnen. *Dr. Adenauer* erklärte, falls wir unsere Zustimmung gäben, wäre er zu einer persönlichen Unterhaltung in Hannover bereit. Wir haben daraufhin *Adenauer* wissen lassen, daß die deutsche Sozialdemokratie keine gemeinsame Protesterklärung in dieser Frage mit der CDU abgeben wolle. Wir nahmen an, daß die Sache mit dieser Antwort erledigt wäre. Aber es stellte sich heraus, daß *Adenauer* auch danach noch großen Wert darauf legte, mit uns ins Gespräch zu kommen, obwohl wir unsere Ablehnung gegen seine weiteren Absichten, eine derartige Erklärung gegen das Londoner Abkommen abzu-

---

53 Der Artikel Adenauers erschien in der „Welt" vom Nr. 67 v. 10.6.1948 (S. 2), der Artikel von Ollenhauer in der nächsten Nummer an gleicher Stelle. Zu den Auseinandersetzungen zwischen Adenauer und Ollenhauer vgl. auch Einl. Kap. II 4 b.
54 Weggelassen wird hier: „der" (Prot., S. 13).
55 Zur Kritik von Gayk an dem Artikel von Ollenhauer, der in der „Welt" vom 12. Juni (Nr. 68, S. 2) erschien, vgl. Dok. 22 A, S. 394.
56 Weggelassen wird hier das Wort „doch" (Prot., S. 14).
57 In der Vorlage „14". Die Konferenz fand bereits am 10. Juni 1948 statt, vgl. das Kommuniqué der Konferenz der Landesvorsitzenden der CDU/CSU am 10. Juni 1948 in Königstein, abgedr. in: B. Kaff (Hrsg.), Die Unionsparteien 1946 bis 1950, S. 212-214.

geben, auf unserem Parteitag unserer süddeutschen Genossen in Fürth ganz offen der Öffentlichkeit mitteilten, ehe er selbst seine geplanten Schritte unternommen hat. Es gibt nämlich einen Zeitpunkt, in dem *Adenauer* entschlossen war, eine Erklärung der CDU zu veröffentlichen, daß die CDU aus Protest gegen die Londoner Abmachungen alle ihre Minister aus den Länderregierungen und aus den Positionen des Wirtschaftsrats zurückzuziehen beabsichtige. Herr *Adenauer* hat vor einigen Tagen diese Bemerkung dementiert, unsere Information stammt aber aus einer so zuverlässigen Quelle, daß kein Zweifel darüber besteht, daß *Adenauer* mindestens eine Zeitlang diesen nationalen Proteststreik vorgehabt hat.

Obwohl wir auf die Gefährlichkeit dieser Politik hingewiesen haben, obwohl wir in der Öffentlichkeit erklärt haben, daß dieser Versuch, eine nationalistische Einheitsfront zu bilden, nichts anderes bedeute, als die Deutschen in eine Situation zu bringen, wie wir sie schon während des Jahres 1923 einmal im Ruhrkampf erlebt haben, und daß wir nicht als deutsche Sozialdemokratie bereit wären, uns in eine solche Position zu begeben, und daß sich darüber nur eine Partei in Deutschland freuen würde, nämlich die Kommunisten, die ja auch eine nationalistische Politik betreiben in der Westzone, hielt *Adenauer* trotz dieser scharfen Angriffe den Wunsch nach einer gemeinsamen Unterhaltung aufrecht. Wir haben im Einvernehmen mit Kurt *Schumacher* Adenauer wissen lassen, daß wir zu einer Unterhaltung mit dem Vertreter der zweitgrößten Partei Deutschlands selbstverständlich bereit sind, daß sich aber in der Ablehnung seines Vorschlages nichts geändert habe. Trotzdem bestand *Adenauer* auf dieser Zusammenkunft, und sie fand statt. Seitens der CDU nahm der Minister *Dr. Süsterhenn*[58] neben *Dr. Adenauer* teil, während von uns Fritz *Henßler, Heine* und ich beteiligt waren.[59] Diese Unterhaltung dauerte eine halbe Stunde, und *Adenauer* begann damit, als sei nichts geschehen, daß er sehr stark die Auffassung vertrat, wir sollten seinen Vorschlag als eine gemeinsame Erklärung annehmen. Ich muß sagen, er hat mit außerordentlicher Zähigkeit für seinen Vorschlag gekämpft. Er hat alle Register gezogen, die überhaupt zu ziehen waren. Man müßte in solchen nationalen Fragen den gemeinsamen Willen der Deutschen erkennen lassen. Man dürfe nicht zulassen, daß das Ruhrgebiet den amerikanischen Kapitalisten ausgeliefert werde, denn das zerstöre jede Aussicht auf Sozialisierung im Ruhrgebiet. Man müßte die Möglichkeit schaffen, daß, wenn Deutsche ins Ausland gehen, sie nicht nur für eine Partei sprechen, sondern für das gesamte deutsche Volk. Er z.B. habe eine politische Unterhaltung vorbereitet mit politischen Freunden aus den Benelux-Ländern, und wenn er in der nächsten Woche diese Freunde sehe, wäre es eine sehr wichtige Sache, wenn er bei der Darstellung des Londoner Abkommens sich darauf berufen könne, die deutsche Sozialdemokratie denke ebenso wie die CDU in dieser Sache. Außerdem müßte man sich doch darüber klar sein, wir werden in eine sehr schwierige Situation kommen in den Westzonen durch die Auswirkungen des Londoner

---

58 Adolf *Süsterhenn* (1905-74), Rechtsanwalt, Dr. jur., vor 1933 Zentrum, Stadtverordn. in Köln, 1945 Mitbegr. d. CDU in Koblenz, 1946-51 MdL , Justiz- u. Kultusminister (Rheinl.-Pfalz), 1948/49 MdParlR, 1951-61 Präs. d. Verfassungsgerichtshofes (Rheinl.-Pfalz), 1961-69 MdB.

59 Zu diesem Treffen vgl. auch K. Adenauer, Erinnerungen, Bd. 1, S. 142 f.; K. Adenauer, Briefe 1947-1949, S. 577 f.

Abkommens, wir stünden vor der Gefahr eines neuen Nationalismus, und diesem Nationalismus müßte man durch eine Einheitsfront der großen Parteien begegnen.

Genossen, wir haben in unserer Haltung gegenüber den Argumenten von *Adenauer* den Standpunkt vertreten, daß wir die latente Gefahr eines Nationalismus unter den Deutschen [als] ebenso groß ansehen, daß wir aber seinen Vorschlag, diesem Nationalismus zu begegnen durch eine Einheitsfront, für den schlechtesten Weg hielten. Es sei unsere Auffassung, daß man einem neuen deutschen Nationalismus nur dann begegne, wenn man einen ganz festen Stand gegen diesen Nationalismus einnimmt und nicht den Versuch macht, sich diesem Nationalismus durch halbe oder Viertelkonzessionen an seine Forderungen entgegenzustellen. Nur eine solche klare Abgrenzung ermögliche es, diesen Kampf mit Erfolg zu bestehen.

Nun, es ist in dieser politischen Besprechung natürlich nichts über die wirklichen Versuche und Absichten selber gesagt worden. Aber, Genossinnen und Genossen, ich glaube, es gibt niemanden unter uns, der nicht die echte politische Linie hinter diesem Versuch sieht. Es ging ihnen nicht nur darum, eine einheitliche Stellungnahme der Deutschen gegen das Londoner Abkommen zustande zu bringen, sondern die CDU weiß genau, daß die Dinge in den Westzonen nach der Währungsreform jetzt so laufen werden, daß in diesen Westzonen die entscheidenden wirtschaftlichen und politischen Fragen in den Vordergrund gerückt werden und daß dann auch die CDU gezwungen wird, auf diese Fragen ihre Antworten zu geben, und selbstverständlich muß die CDU-Führung bei dem ganzen Gefüge, bei der ganzen Zusammensetzung der CDU eine solche Auseinandersetzung fürchten. Denn das wird die Einheit dieser Partei, soweit man überhaupt noch davon reden kann, in einem außerordentlichen Maße belasten. Es gab für die CDU nur eine Möglichkeit, dieser Auseinandersetzung auszuweichen, nämlich die Sozialdemokratie in irgendeiner Form zu binden, ihr die Handlungsfreiheit auf diesem Gebiet zu nehmen durch Verpflichtungen auf anderem Gebiet, und ich bin fest überzeugt, daß der wirkliche Grund dieses Angebots von *Adenauer* war, man wollte uns in einem Augenblick, in dem wir am Vorabend dieser Auseinandersetzung stehen, sozusagen in eine Gemeinschaft der nationalen Not, der nationalen Abwehr gegen äußere Gefahren hineinbringen, weil das ja auch Rückwirkungen gehabt hätte auf die sozialen innerpolitischen Auseinandersetzungen, denen man nun entgegengeht.

Genossen, es schien mir wichtig, dieses Zwischenspiel zu erwähnen, weil selbstverständlich die Tatsache, daß wir eine solche Unterhaltung gehabt haben, ein gewisses Aufsehen erregt hat, wobei es natürlich auch nicht an Leuten fehlt, die aus solchen Unterhaltungen sehr weitgehende, ja alle möglichen Schlüsse ziehen. Ich möchte in diesem Zusammenhang nur sagen, das Kommuniqué darüber umfaßt drei Sätze, und in den drei Sätzen steht wirklich alles, was tatsächlich geschehen ist.[60] Wir haben auf eine Bemerkung

---

60 Im Bericht der Zeitung „Die Welt" über das „SPD-CDU-Gespräch" wurde die „mit Zustimmung aller Gesprächsteilnehmer" publizierte „Verlautbarung" abgedruckt: „Auf Wunsch Dr. Adenauers als Beauftragtem der Landesvorsitzenden der CDU in den west- und süddeutschen Ländern fand am 17. Juni in Hannover eine Besprechung von Vertretern der CDU und der SPD statt. An der Besprechung nahmen von seiten der CDU die Herren Dr. Adenauer und Dr. Süsterhenn, von seiten der SPD die Herren Ollenhauer,

von *Adenauer,* es sei außerordentlich bedauerlich, daß man sich nicht öfter in so wichtigen Fragen aussprechen könne, erklärt, es gäbe von uns aus keinen prinzipiellen Einwand gegen eine solche Unterhaltung, die ja eigentlich eine Selbstverständlichkeit in einer Demokratie sein sollte; aber wir sollten nicht die Tatsache einer ersten Unterhaltung belasten, wie er es wünschte, mit irgendwelchen Feststellungen einer Einigkeit in irgendwelchen Punkten, die tatsächlich nicht vorhanden wäre und die draußen in der Welt und in der deutschen Öffentlichkeit einen völlig falschen Eindruck vermitteln würde.

Es mag sein, daß wir in den nächsten Wochen in Deutschland vor die Notwendigkeit gestellt werden, mit den Ministerpräsidenten und den Parteivertretern eine ganze Reihe technischer Fragen zu besprechen, denn irgendwie muß die Regelung in Westdeutschland in Gang gesetzt werden; aber die Frage, auf welcher Basis die zukünftige Führung in Westdeutschland in einem einheitlichen Gebilde geregelt werden soll, wird erst in der Diskussion stehen, wenn wir im deutschen Volk selbst eine Entscheidung herbeigeführt haben, wo es seine politischen Interessen vertreten wissen will. Vorher werden wir uns auf solche Unterhaltungen nicht einlassen.

Wir haben auf der anderen Seite – und das möchte ich mit einem Wort erwähnen – nicht die Möglichkeit dieses Ausweichen der CDU gegenüber den Realitäten in der Außenpolitik und in der deutschen Politik, sondern wir müssen damit rechnen bei aller Schwäche der Kommunisten in den Westzonen, daß wir die Kommunisten als eine politische Agitationsgruppe in Rechnung zu stellen haben, und wir werden sehen, daß die Kommunisten in den nächsten Wochen mit den Beschlüssen der *Warschauer Konferenz*[61] in Westdeutschland eine große Propaganda zu machen versuchen werden, erstens mit der Forderung, einen Friedensvertrag mit Deutschland abzuschließen und zweitens, innerhalb eines Jahres nach dem Abschluß eines Friedensvertrages Deutschland von den Besatzungstruppen zu räumen.

Nun, wir wissen, aus welchen Überlegungen diese Beschlüsse zustandegekommen sind, und ich glaube, angesichts der Entwicklung in Berlin kann es in unserer Stellung gegenüber den Kommunisten und allen ihren Propagandaversuchen nicht den geringsten Zweifel geben. Es gibt nur eine eindeutige scharfe Abgrenzung, eine Abgrenzung, die in der Partei längst überall durchgeführt sein sollte, aber die nun auch tatsächlich bis in die letzte Einheit Wirklichkeit werden muß. Wenn die Kommunisten auf dieser nationalen Linie kommen, daß die Russen es sind, die für Deutschland einen sofortigen Friedensvertrag verlangen, dann soll man nur einen einzigen Satz hinzufügen, daß diese selbe Warschauer Konferenz ebenso eindeutig erklärt hat, daß dieser Friedensvertrag für das Deutschland gilt, dessen endgültige Grenze im Osten die Oder und Neiße ist. Ich glaube, daß mit diesem Argument dieser Versuch schon wesentlich an Wirkung verloren haben wird.

Henßler und Heine teil. Die Aussprache beschäftigte sich mit den wichtigsten durch die Londoner Empfehlungen aufgeworfenen Fragen." Die Welt Nr. 71 v. 19. 6. 1948, S. 2.

61 Zur Warschauer Konferenz der Außenminister der Sowjetunion und ihrer Verbündeten am 24. Juni 1948 vgl. den Abdruck des Schlußkommuniqués, AdG 1948/49, S. 1542 f.

Genossen, außerdem ist die Frage der Besetzung heute nicht unter dem Gesichtspunkt zu sehen, wie es in normalen Zeiten und unter anderen Umständen der Fall war. Heute ist die Frage der Besetzung, wenn es sich darum handelt, auf einem bestimmten Gebiet in Europa militärische Einheiten zu halten, nur zu sehen unter dem Gesichtspunkt der internationalen Politik und nicht unter dem Gesichtspunkt der nationalen Empfindlichkeit. Die Frage der Besetzung ist für uns eine Frage, die wir ganz ohne Vorurteile und Voreingenommenheit diskutieren sollten, vor allem in dem Augenblick, wenn mit der Neuregelung im Westen der Zustand erreicht wird, daß die Besatzungsmacht in Deutschland nicht mehr selbst regiert, sondern nur kontrolliert, daß die Deutschen in ihren eigenen Angelegenheiten frei sind, soweit es sich um ihre inneren Angelegenheiten handelt. Genossen, man soll nur jedem, der mit einem solchen Argument kommt und erklärt, daß eine solche Idee nach Beseitigung der Besetzung eine nationale Forderung sei oder ein erstrebenswertes Ziel, die Frage vorlegen, was in Europa passieren würde, wenn tatsächlich alle Besatzungsmächte ihre Truppen zurückzögen? Das würde mit dem Effekt geschehen, daß in einer solchen Zeit der internationalen Spannung die Russen nur noch 50 Kilometer vor Berlin stehen und die englische und amerikanische Armee jenseits des Kanals und jenseits des Ozeans. Dann ist die Frage der Sicherheit der deutschen Demokratie und des deutschen Volkes ein ganz anderes Problem, als wenn man nur mit dem rein gefühlsmäßigen Argument agitiert: wir müssen die Besetzung los werden.

Nun möchte ich noch einige Bemerkungen machen, um nicht zu lang zu werden, über die Vorstellungen, die nach unserer Auffassung jetzt in Gang gesetzt werden sollten, um auch einen Teil des Potsdamer Abkommens in die Wirklichkeit zu überführen, der das Ziel verfolgt, in Westdeutschland eine einheitliche politische Regelung zu finden. Da möchte ich zunächst noch einmal zwei Bemerkungen voranstellen, damit da unter uns nicht der geringste Zweifel besteht. Genossen, wenn wir zu einer solchen westdeutschen Regelung kommen, und wenn wir, sei es in Frankfurt oder sonstwo, eine zentrale Exekutive, wie wir sie nennen, bilden, so wünschen wir nicht, daß diese zentrale Exekutive für die Westzone der Form noch dem Inhalt nach den Anschein einer deutschen Regierung hat. Es gibt eine Reihe von Politikern der CDU, die noch mit diesem Gedanken spielen, und zwar ihn nicht nur in der Form vertreten, aus der Ostzone Abgeordnete in dieses Parlament zu berufen, sondern auch Delegierte aus den Vertriebenen der Gebiete östlich der Oder und Neiße in diese [Konstituante][62] zu berufen. Genossen, diese Konzeption lehnen wir Sozialdemokraten uneingeschränkt und bedingungslos ab. Was wir akzeptieren ist, daß jetzt für das Gebiet Westdeutschlands für die Zeit, bis eine gesamtdeutsche Regelung möglich ist, eine zentrale Verwaltung und Regierung geschaffen werde, wobei wir hinzufügen – und das ist der zweite Punkt, daß wir dieses westdeutsche Gebiet nicht organisiert zu sehen wünschen in der Form eines Weststaates mit all den Einrichtungen eines westdeutschen Staates, soweit überhaupt unter dem Besatzungsregime eine Selbständigkeit möglich ist. Was wir hier aufbauen wollen, soll ein Provisorium sein in der Zeit des Notstandes, solange die Notwendigkeit einer einheitlichen Verwaltung für ganz Deutschland

---

62 In der Vorlage „Konstitution" (S. 20).

nicht erreicht werden kann. Aus diesem Grunde ist es nicht unsere Absicht, daß man für dieses westdeutsche Gebiet sozusagen eine Verfassung entwickelt. Wir sind der Auffassung, daß zur Durchführung der Verbindung zwischen Exekutive und dem Länderparlament[63], für Exekutive und Länderregierung[64] genügt, wenn man eine Art Verwaltungsstatut schafft, das alle die notwendigen geschäftsordnungsmäßigen Bestimmungen enthält.

Das sind sozusagen einige prinzipielle Bemerkungen über den Begriff und über die Bedeutung dieser westlichen Verwaltungsorganisation überhaupt. Im Rahmen und auf der Grundlage dieser Vorstellungen wünschen wir, daß wir jetzt in den Verhandlungen mit den Militärregierungen gemeinsam mit ihnen zu einer praktisch-effektiven Lösung kommen, und da ist zunächst etwas zu sagen: was wir wünschen, ist, daß als erster Akt in der Richtung auf die Entwicklung einer westdeutschen Verwaltung für alle drei Westzonen ein *Besatzungsstatut* erlassen wird. Dieses Besatzungsstatut muß zwei Aufgaben erfüllen, zunächst einmal die Abgrenzung der Positionen zwischen der Militär-Regierung und den Deutschen, damit wir wissen, wo wir in Deutschland stehen. Unter der Anerkennung der Tatsache der Besetzung, unter Anerkennung der letzten Hoheit, die bei den Besatzungsmächten liegt, wünschen wir aber, daß eine klare, rechtliche Basis zwischen den Beziehungen der Besatzungsmächte und den Deutschen geschaffen wird. Wir möchten, daß in diesem Besatzungsstatut außerdem ein zweiter Punkt eindeutig geklärt wird, nämlich daß in diesem Besatzungsstatut durch eindeutige Bestimmungen klargemacht wird, die Besatzungsmächte und ihre Einrichtungen haben nicht die Aufgabe, die Deutschen zu regieren oder zu verwalten, sondern das soll die Aufgabe der Deutschen selbst sein. Die Funktion der Besatzungsmacht soll sich beschränken auf die Kontrolle, wie diese Verwaltung von den Deutschen durchgeführt wird. Wenn alles das, was in dem Londoner Abkommen und in den Kommentaren über die Bedeutung des Abkommens gesagt ist, auf diesem Gebiet für die Deutschen überhaupt einen Sinn haben soll, dann muß am Anfang einer derartigen Entwicklung eine solche Klarstellung erfolgen.

Wenn wir das Besatzungsstatut als sozusagen heute einzige mögliche Grundlage unserer Verwaltung ansehen, dann ist zu überlegen, daß wir auf diesem Punkt eine *möglichst effektive Verwaltung der drei Zonen* einheitlich für das ganze Gebiet, so effektiv wie möglich erreichen, denn dann gibt es ein ganz klares gemeinsames Interesse der Alliierten und der Deutschen. Wir müssen aus dem gegenwärtigen Zwischenzustand heraus, sobald es nur irgend geht, damit wir hier zu klaren Verhältnissen kommen. Wir sollten versuchen, diese Verwaltung vom ersten Augenblick an auf der Basis der Drei-Zonen-Verwaltung durchzuführen. Aber diese Verwaltung muß verantwortlich sein wie in einem demokratischen Staatswesen einem Parlament, das durch direkte-allgemeine Wahl in dem ganzen Zonengebiet gebildet wird, und unsere Forderung ist, daß diese erste allgemeine direkte Wahl zu einer parlamentarischen Gesamtvertretung für alle drei Zonen sobald wie möglich stattfindet, damit wir auch da eine feste Grundlage haben.

---

63 Gemeint die zu schaffende überzonale Verwaltung und das zu schaffende überzonale Parlament.
64 Gemeint die zu schaffende überzonale Regierung.

Nun, Genossinnen und Genossen, wenn wir diesen Weg gehen wollen – Besatzungsstatut, Aufbau einer zentral-effektiven Verwaltung, Schaffung eines Parlaments –, dann müssen gewisse Vorbereitungen entweder allein von den Deutschen oder gemeinsam von den Deutschen und Alliierten geschaffen werden. Unsere Vorstellung ist, daß wir in den jetzt beginnenden Unterhaltungen zwischen den Deutschen und Alliierten über die Durchführung des Abkommens in der Richtung unsere Vorschläge bringen, daß wir sagen, daß wir Deutschen bereit sind, praktisch-konkret alle Vorarbeiten zu leisten, um diese Ordnung, von der ich gesprochen habe, in Gang zu bringen. Das heißt, wir sind dafür, daß man nicht eine verfassunggebende Versammlung einberuft, bei der auch jetzt nach den bekannten Bestimmungen aus dem Londoner Abkommen niemand weiß, wie sie gewählt werden soll und welchen Umfang sie haben soll, in welcher Art sich überhaupt ihre Arbeit entwickeln soll. Außerdem, wir wollen nicht eine Versammlung, die dadurch, daß sie sich verfassunggebende Versammlung nennt, doch den staatsrechtlichen Charakter dieser westdeutschen Regelung viel zu stark betont, als es uns zweckmäßig und vernünftig erscheint. Aber wir wünschen einen vorbereitenden Ausschuß, eine Art erweiterter Kommission, die möglichst in allen Ländern der drei Zonen nach einheitlichen Gesichtspunkten beschickt wird. Unter Umständen ist das der Weg, auf dem sich eine einheitliche Regelung erzielen läßt, daß wir uns verständigen über die Wahl der Delegierten in diesem vorbereitenden Ausschuß durch die Landtage in den Zonen, wobei man über die Zahl der Mitglieder noch reden kann. Dieser vorbereitende Ausschuß soll zwei klar umgrenzte Aufgaben haben: erstens die Ausarbeitung eines Wahlrechts, das zur Grundlage genommen werden kann für die Wahl der parlamentarischen Gesamtvertretung, und zweitens die Ausarbeitung eines Verwaltungsstatuts, das die Grundlage bildet für die Exekutive des Parlaments, zu den Verfügungen der Zentralinstanzen, zu den Ländern usw.

Wenn wir diesen Weg gehen und wenn die Alliierten bereit sind, auf der Basis dieses Vorschlages die Regelung in Westdeutschland durchzuführen, erreichen wir zwei Ziele: erstens einmal können wir den Aufbau, die Vorbereitung in Westdeutschland in viel kürzerer Zeit durchführen, als es nach den jetzigen Vorstellungen im Londoner Abkommen der Fall ist, und zum anderen können wir in Deutschland viel schneller zu klareren Verhältnissen demokratischer Art kommen, als wenn wir die umständliche Prozedur machen, an die zunächst gedacht ist. Wenn dieses Parlament gewählt ist, würde es die Aufgabe haben, die jedes demokratische Parlament hat, die Exekutive zu wählen, der Exekutive Gesetze, andere Anweisungen und Anordnungen zu geben und die Exekutive zu kontrollieren. Außerdem würde diesem Parlament die Entscheidung für den Entwurf für das Verwaltungsstatut unterliegen, die in der vorbereitenden Kommission ausgearbeitet wurde, so daß auch in dieser Weise sozusagen eine demokratische Bestätigung dieses Verwaltungsstatuts ermöglicht würde.

Genossen, es liegt uns daran, daß wir als Sozialdemokraten in dieser Richtung unsere praktische Mitarbeit mit konkreten Vorschlägen den Militär-Regierungen anbieten. Wir wissen nicht, wie weit diese Vorschläge durchsetzbar sind, wie weit sie auch bei gutem Willen realisierbar sind, weil manche Widerstände – bei einzelnen Alliierten jedenfalls unüberwindbar sind; aber eines möchte ich darüber sagen: wir werden zu anderen Möglichkeiten Stellung zu nehmen haben, und die Partei wird es tun mit dem Willen zur positiven Lösung. Was wir aber nicht wünschen, ist, daß man jetzt in der Zeit von heute bis zu dem Inkrafttreten dieser neuen Regelung hier in Westdeutschland irgendwelche Interimslösungen schafft, z.B. etwa mit der Vorstellung, man könnte die Funktion, die der Wirtschaftsrat heute für die Bizone hat, einem Gremium anderer Art auch auf politischem Gebiet übertragen, bis ein Parlament und eine Exekutive da sind, vielleicht in der Institution einer Ministerpräsidentenkonferenz als politische Gesamtvertretung für die Westzone neben dem Wirtschaftsrat – eine solche Regelung ist für die Sozialdemokratie nicht akzeptabel. Denn wenn wir jetzt unmittelbar vor dem Beginn einer neuen staatsrechtlichen Ordnung in Deutschland noch eine solche Einrichtung schaffen, dann verlegen wir das Schwergewicht der zukünftigen verfassungsmäßigen Entwicklung sehr eindeutig in die Richtung eines föderalistischen Staates weit über das Maß hinaus, was uns als Sozialdemokraten recht ist.

Genossinnen und Genossen, das, was ich hier vorgetragen habe, sind die Gedankengänge, die sich ergaben, als wir im Parteivorstand über diese Dinge diskutierten und die Resolutionen vorbereiteten, die Euch jetzt vorliegen. Es ist im Augenblick noch nicht abzusehen, wie sich die Dinge in der nächsten Zukunft entwickeln werden. Es werden Verhandlungen stattfinden, und es wird unsere Aufgabe sein, die Aufgabe unseres Parteivorstandes, gemeinsam mit den Genossen, die an diesen Verhandlungen beteiligt sind, die Situation zu prüfen, die sich jeweils aus den Verhandlungen ergibt. Uns kam es darauf an, als allgemeine Partei unsere Auffassung zu dem Londoner Abkommen festzulegen und auch in der großen Richtung unsere Vorschläge zu präzisieren, die wir bei dem Aufbau Westdeutschlands festlegen sollten.

Genossinnen und Genossen, es ist verständlich, daß bei vielen von uns der Wunsch besteht, mit dieser Angelegenheit des Aufbaus der Organisation rasch voranzukommen, aber bei allem Eifer, der dabei an den Tag gelegt wird, sollten wir nie vergessen, daß das, was hier gebaut wird, nur ein Notbau ist, nur eine Lösung für eine vorübergehende Zeit sein kann, auch wenn diese Zeit relativ lang ist. Es ist nicht der endgültige Status, den das deutsche Volk nach dieser Katastrophe zu suchen und zu finden hat, sondern es ist eine provisorische und Übergangsmöglichkeit, und in unserem Bewußtsein muß diese Tatsache völlig klar sein. Wir müssen außerdem sagen, daß alles, was sich an Verhandlungen auf diesem Gebiet jetzt in Frankfurt ergibt, nur ein Teilproblem der Fragen ist, vor denen wir in den nächsten Monaten stehen werden. Vergessen wir nicht, daß wir in einer außerordentlich gespannten internationalen Situation leben.[65] Wir wissen gar nicht, welche Komplikationen und welche Aufgaben und welche neuen Momente sich auch für uns alle allein aus dieser Tatsache ergeben.

Das zweite ist, wir gehen auch in Deutschland außerordentlich schweren Auseinandersetzungen entgegen. Das, was wir jetzt in der Währungsreform[66] erlebt haben, haben viele Menschen mit allen Schmerzen über den Verlust des Bargeldes und des größten

---

65 Zur gespannten internationalen Situation vgl. Einl. Kap. II 3 f.
66 Zur Währungsreform vgl. Einl. Kap. II 3 g.

Teils ihrer Sparkonten als notwendige Lösung angesehen, und sie haben sie akzeptiert. Der psychologische Effekt war außerordentlich positiv; aber Genossinnen und Genossen, das ist nicht das letzte, das dicke Ende kommt noch. Diese Währungsreform wird die sozialen Spannungen in einem Maße in Deutschland aufzeigen, von dem sich die meisten Menschen heute noch keine Vorstellungen machen, und, Genossen, ich glaube, man muß jetzt schon hinzufügen, daß die Situation unter Umständen in verhängnisvoller Weise verschärft wird durch die Art und Weise, wie heute das Amt für Wirtschaft in Frankfurt seine erste Aufgabe darin sieht, nun die freie Wirtschaft vom Stapel zu lassen. Es ist sehr schön, jetzt Waren im Schaufenster zu sehen. Im halben Jahr sehen die Menschen in Deutschland die Waren im Schaufenster mit ganz anderem Empfinden. Dann sind wir in einer Situation, wenn wir diesen Kurs weitergehen: 10 Prozent der Menschen in Deutschland werden alles kaufen können, was sie wünschen, aber die andern 90 Prozent werden vor den vollen Schaufenstern stehen und nicht wissen, wie sie das Lebenswichtige kaufen sollen, weil sie nicht wissen, wie das Geld ausreicht. Dann kommt für uns eine zentrale politische Frage, nämlich wie wir in die westdeutsche Verwaltung einen Inhalt hineinbringen, der in der Richtung einer sozialistischen Wirtschaft geht. Und die Frage, ob das gelingt, wird davon abhängen, ob wir in den kommenden politischen Auseinandersetzungen erreichen, daß wir uns als Partei eine so starke Position erobern, daß wir auch in dieser provisorischen westdeutschen Exekutive, in diesem provisorischen Parlament dadurch einen großen Beitrag, einen Beitrag für die Einheit Deutschlands leisten, daß wir in diesem provisorischen Parlament eine konstruktive sozialistische Politik treiben, die durch ihre Erfolge eine unwiderstehliche Anziehungskraft auf den Osten Deutschlands ausübt und damit den Prozeß der Wiederherstellung der deutschen Einheit fördert und beschleunigt. („Bravo"-Rufe, Beifall) 16.55 Uhr[67]

Gen. **Ollenhauer** (nach der Pause 17.15 Uhr)[68]
Genossinnen und Genossen, wir nehmen unsere Verhandlungen wieder auf. Bevor wir zur Diskussion kommen, möchte ich in unserer Mitte den Gouverneur der Stadt Hamburg, *Mr. Berry* herzlich willkommen heißen. Ich begrüße ihn hier vor allem als unsern politischen Freund. Ich weiß aus den Berichten unserer Hamburger Freunde, in welcher vorbildlichen und aufopfernden Weise *Mr. Berry* hier sein schwieriges Amt ausgeführt hat und welch ausgezeichneter menschlicher und sachlicher Kontakt zwischen ihm und unseren Hamburger Freunden besteht. Ich freue mich, daß wir ihn als Gast in unserer Mitte haben, und ich hoffe, daß er aus unseren Beratungen den Eindruck bekommt, daß die Partei sehr

---

[67] Es folgt hier noch eine kurze Bemerkung über die längere Diskussion und die Verabschiedung der Entschließungen: „Nach Wiederbeginn um 17.15 Uhr fand eine längere Diskussion über die Resolution zum Londoner Abkommen statt, die schließlich nach Vornahme einiger Änderungen einstimmig angenommen wurde. Des weiteren wurde eine Resolution gegen die Demontage unter Einfügung des Gedankens, warum dieser Beschluß gerade jetzt gefaßt wurde, einstimmig angenommen. Um 18.35 Uhr wurde die Sitzung auf Mittwochvormittag 9 Uhr vertagt." (Prot. A, S. 26).
[68] Die folgenden Einleitungsworte Ollenhauers zur Diskussion seines Referats wurden im stenographischen Protokoll des ersten Tages den Begrüßungsworten angefügt, Prot.. A, S. 34.

ernst über die Frage diskutiert, die uns alle bewegt. – Wir kommen jetzt zur Aussprache, und ich bitte um Wortmeldungen.

Henßler[69] wünscht die Streichung des Absatzes in der vorliegenden Entschließung, der besagt, daß die SPD einer internationalen Kontrolle an der Ruhr zustimmt.

Kopf hält Stellungnahme zu den Londoner Empfehlungen für verfrüht.

Die vorliegende Entschließung (siehe Anlage [2][70]) wird vom PV und PA einstimmig angenommen.[71]

Die Entschließung gegen die Demontage der Friedensindustrie wird vom PV und PA einstimmig angenommen.[72]

[Fortsetzung der gemeinsamen Tagung am 30. Juni 1948][73]

Gen. **Ollenhauer**: Genossinnen und Genossen, wir nehmen unsere Verhandlungen wieder auf. Ehe wir zu dem Bericht von *Franz Neumann* über die **Lage in Berlin** kommen, möchte ich noch unsern Freund *Adolf Ludwig* in unserer Mitte begrüßen, der hier für die Gewerkschaften in der französischen Zone anwesend ist. Ich freue mich, daß wir ihn wieder einmal unter uns sehen. Wir kommen dann zu dem Bericht über die Lage in Berlin. Das Wort hat *Franz Neumann*.

Gen. **Franz Neumann**:[74] Genossinnen und Genossen, als gestern bei der Begrüßung *Jackie Meitmann* davon sprach, daß erst im November 1945 die Partei hier ihre Arbeit aufnehmen konnte, sah man den Unterschied zwischen der politischen Tätigkeit der Alliierten in den Westzonen und in Berlin sowie der Ostzone. Die sprichwörtliche Bescheidenheit der Berliner hindert mich daran zu sagen, ja, bei uns in Berlin!.. bei uns in Berlin ging es eben schon am 10. Juni 1945 los. Am 10. Juni wurde der Befehl 2 des Marschall *Tschuikows*[75] erlassen, der besagte, daß die Bildung antifaschistisch-demokratischer Parteien zugelassen wäre. Da zeigt es sich, bei uns in der Ostzone kam die russische Besatzungsmacht sofort mit einer klaren Konzeption. Sie glaubte, gleich nachdem sie in den ersten Wochen in der Ostzone auch die politische Macht an sich gerissen hatte – die Verwaltung war nur von Kommunisten besetzt – durch Bildung der Kommunistischen Partei die Alleinherrscherin für die Ostzone und Berlin werden zu können. Sie haben sich getäuscht. Es gelang uns in Berlin und in der Ostzone sehr schnell, die sozialdemokratischen Reihen zu füllen, und es ist bekannt, daß nachher im Herbst 1945 der Kurs auf einmal um

---

69 Die Stellungnahmen von *Henßler* und *Kopf* sowie die folgenden Bemerkungen über die Abstimmungen nach dem maschinenschriftlichen Kurzprotokoll, S. 1.
70 In der Vorlage „1", hier abgedruckt als Anlage 2.
71 Nach dem stenographischen Protokoll des zweiten Tages wurden einige Änderungen an der Vorlage vorgenommen, Prot. B, S. 26.
72 Diese Entschließung wird hier als Anlage 3 zu den Protokollen abgedruckt.
73 Es folgt der Abdruck des stenographischen Protokolls der „Fortsetzung der Tagung des Parteivorstandes und des Parteiausschusses in Hamburg am 30. Juni 1948", Prot. B, S. 1-26.
74 Im maschinenschriftlichen Kurzprotokoll lediglich Hinweis: „Neumann erstattet Bericht über die Situation in Berlin", Prot. ,S. 1.
75 Wassilij I. *Tschuikow* (1900-1982), Sowjetischer Marschall, 1949-53 MilGouv. bzw. Chef d. Kontrollkommiss. in Deutschland, 1960-64 Stellv. Verteidigungsminister d. UdSSR, 1961 ZK d. KPdSU.

180 Grad herumgerissen wurde und daß dann der Versuch der zwangsweisen Vereinigung in der Ostzone und in Berlin unternommen wurde, und nur in Berlin gelang es uns, Widerstand zu leisten. In Berlin gelang es uns, weil wir durch das Abkommen vom Sommer 1945 eine Vier-Mächte-Verwaltung hatten. Diese Vier-Mächte-Verwaltung hat den anderen demokratischen Parteien die Möglichkeit gegeben, in Berlin weiterarbeiten zu können. Wir haben dann im April die entscheidenden Auseinandersetzungen gehabt, und nach knapp fünf Monaten gelang es uns dann bei den Wahlen am 20. Oktober, obwohl wir auch stark behindert waren, fast 50 Prozent aller Stimmen für unsere Liste zu gewinnen.

Das war die Einleitung, die ich geben mußte, um überhaupt die ganze Lage Berlins zu kennzeichnen. Seitdem man am Anfang in der ersten Überrumpelung es nicht geschafft hat, die Kommunistische Partei zur alleinigen Herrscherin zu machen, versucht man nun laufend, dies durch verschiedene Mittel nachzuholen, und letzten Endes ist der ganze Ernst der augenblicklichen Lage in Berlin nur durch diese Maßnahme entstanden. Otto *Buchwitz*[76] hat wenige Monate nach dem 1. Mai in einem Gespräch mit zuverlässigen Leuten erklärt, daß man jetzt sowohl den Glauben an Otto *Grotewohl* wie die anderen führenden Leute verlieren müsse, da Otto Grotewohl erklärt habe, „am 1. Mai wird der Laden in Berlin dicht gemacht".

Seit mehr als einem halben Jahr versucht man in Berlin durch die verschiedensten Methoden die Schwierigkeiten zu erzeugen, die zu den heutigen Ereignissen geführt haben. Ich kann nicht die Ereignisse im einzelnen behandeln, ich möchte nur ganz nüchtern die Aufzählung der Dinge vornehmen, die dann zu den heutigen Verhältnissen geführt haben. Nach dem 20. Oktober setzten die russischen Schwierigkeiten ein. Während bis dahin in den Kommandanturen einstimmige Maßnahmen durchgeführt wurden, begannen unmittelbar nach dem Wahlerfolg, der eine vernichtende Niederlage für die KPD war, die Schwierigkeiten, die bekannt sind. Alles wurde verschärft, keine Maßnahme konnte grundlegend überhaupt durchgeführt werden. Die Stadtverordnetenversammlung hat eine Fülle von bestimmt guten Gesetzen beschlossen, aber diese Gesetze werden nie Wirklichkeit, da in der Kommandantur Gesetze zum Teil schon über 15, 16 Monate der Bestätigung harren. Dann haben die Russen durch direkte Eingriffe in die Verwaltung den Versuch gemacht, eine Änderung des Kurses herbeizuführen. Bekannt oder am bekanntesten ist draußen der Fall *Ella Kreiß* geworden durch die Holzaktion. Alle Verwaltungsmaßnahmen, die von den Russen befohlen werden und undurchführbar sind und auch von den kommunistischen Verwaltungskräften nicht erfüllt werden können, dienen bei den sozialdemokratischen Verwaltungskräften zum Vorwand sie abzubauen. Man will eben mit allen Maßnahmen Berlin sturmreif machen. Der *Volksrat*[77] hat ja seinen Sitz in Berlin, und es ist bekannt, daß wir am 18. März und am 1. Mai den andern in gewaltigen Kundgebungen

---

76 Otto *Buchwitz* (1879-1964), geboren in Breslau als Sohn e. Schlossers, Metalldrückerlehre, 1898 SPD, 1907-14 Angestellter d. Textilarbeiterverb., 1919-33 Sekr. d. Bez. Niederschlesien d. SPD in Görlitz, 1921-24 MdL (Preußen), 1924-33 MdR, 1933 Emigration nach Dänemark, 1940 Festnahme, zwangsweise Rückführung nach Deutschland u. Verurteilung zu 8 Jahren Zuchthaus, 1945/46 SPD-Landesvors. in Sachsen, 1946-48 Landesvors. d. SED, 1946-52 MdL u. Landtagspräs., 1953 Ehrenpräs. d. DRK d. DDR.
77 Gemeint der von der SED und ihren Verbündeten in der SBZ initiierte „Volksrat".

gezeigt haben, daß wir da sind. Nun glaubt man, mit den *Methoden Prags*[78] vorgehen zu können, und ich möchte hier wenige Minuten die Verhältnisse schildern, die heute vor einer Woche am Mittwoch [23. Juni] in Berlin herrschten.

Wir hatten eine Stadtverordnetenversammlung angesetzt, und es war uns am frühen Morgen bekannt geworden, daß die Kommunisten eine Reihe von Betriebsdelegationen in diese Stadtverordnetenversammlung schicken wollten, ein Vorgang, der schon häufig war und der ja durchaus normal ist. Wenn da auch 40 bis 50 Delegationen erscheinen, so konnten sie ihre Wünsche vortragen, draußen beim Vorsteher abgeben, und der Fall war erledigt. Von eins bis drei Uhr ging die Sache auch ganz normal an am vorigen Mittwoch. Die Besucher im Stadthaus waren allerdings zahlreicher, und das Haus hatte sich bis zur dritten Etage ziemlich gefüllt. Um drei Uhr kamen dann vorwiegend auf russischen Lastkraftwagen die Demonstranten vor das Haus gefahren. Die Betriebe der sowjetischen Aktiengesellschaften waren dorthin befohlen. Sie besetzten das Haus. Zwei Bürodiener und die Polizei regelten sonst am Eingang den Verkehr. Die Polizei trat außer Aktion. Die Demonstranten konnten das Haus füllen. Im Höchstfalle waren aber vor und im Hause wohl tausend Menschen. Ich will damit nur sagen, tausend Menschen genügen, den ganzen Betrieb einer großen Verwaltung lahmzulegen, wenn eben nichts mehr funktioniert.

Man besetzte den Saal, die Tribünen, und wir konnten einen normalen Ablauf der Stadtverordnetenversammlung nicht durchführen. *Suhr* forderte die Demonstranten auf, den Saal zu verlassen. Das wurde abgelehnt. Er erklärte, solange der Saal nicht frei ist, solange nicht normale Verhältnisse herrschen, findet keine Stadtverordnetenversammlung statt. Dann kamen Lautsprecherwagen. Diese Lautsprecherwagen wurden eingesetzt. Man stellte ein Mikrofon auf, und der Kommunist *Fritz Reuter*[79], Mitglied des Berliner SED-Vorstandes, kündigte *Grotewohl* und *Ulbricht*[80] als Redner an, die den Massen über den Ernst der Lage Aufklärung bringen würden. Kurz darauf brachte ein früherer Sozialdemokrat, der Kreisleiter von Wedding *Hansen, Max Fechner*[81] angeschleppt. Ich war vom Mikrofon nicht weiter entfernt als bis zur Wand und konnte die Dinge genau beobachten und nachher die Dinge stenographieren. *Fechner* sprach die „Kollegen aus den Betrieben" an und sagte, es wäre eine Schande, daß in Berlin zwei verschiedene Währungsreformen durchgeführt würden und wollte die Volksseele zum Kochen bringen. Ich muß vorweg sagen, daß die Sowjets in der vorigen Woche einen ganz klaren Befehl an die Männer und Frauen Berlins herausgegeben hatten, in Berlin gelte nur das Geld der sowjetischen Zone. Wir

---

78 Mit den „Methoden Prags" ist der kommunistische Umsturz in der Tschechoslowakei gemeint, vgl. Einl. Kap. II 4 a.

79 Fritz *Reuter*, geb. 1911 in Berlin, gelernter Maurer, 1927 KJV, 1930 KPD u. ZK d.KJV, 1934 bzw. 1940 Verurteilung zu 2 1/2 bzw. 3 1/3 Jahren Zuchthaus, 1945 KPD, 1946 SED, 1946-48 Stadtverordn. (Berlin), 1957-60 Erster Sekr. d. Bezirksleitung Dresden d. SED, 1968-63 ZK d.SED, 1972 Stellv. Leitender Sekr. d. Komitees d. Antifa-Widerstandskämpfer in der DDR.

80 Walter *Ulbricht* (1893-1973), 1912 SPD, 1919 KPD; 1923 ZK d. KPD, 1926-29 MdL (Sachsen), 1928-33 MdR; Okt.1933 Emigration (Prag, Paris, Moskau), 1934 Sekr. d. Politbüros d. Exil - KPD; April 1945 Rückkehr nach Berlin; 1946 Stellv.Vors d.SED, 1950-1971 Generalsekr./Erster Sekretär d. ZK d.SED, 1971-73 Vors. d. SED, 1960-1973 Vors.d. Staatsrates d. DDR.

81 Zu Max *Fechner* vgl. Einl., S. XIV.

haben schon vorher in der Presse darauf hingewiesen, daß *Sokolowskij*[82] keine einseitigen Befehle erlassen kann, sondern nach dem Statut für Berlin nur die Vier-Mächte-Verwaltung derartige Beschlüsse durchführen kann. *Fechner* hat also erklärt, diese doppelte Währung kommt nicht in Frage. Er forderte alle auf, vor und in dem Hause zu bleiben, die Selbsthilfe müßte sich unbedingt mit ihren Forderungen durchsetzen.

Vorher war noch der Eingang der Stadtverordnetenversammlung durch Bahnpolizei, durch SED-Polizei besetzt worden, die überhaupt kein Recht hat, in Berlin aufzutreten, und [diese] ließ einfach keinen Stadtverordneten hinein. Z.B. wurde einem unserer Genossen erklärt, ihr habt hier nichts mehr zu suchen, die Zeit ist vorbei. Ich selbst kam auch nicht in den Saal, sondern ich habe mich einfach, als ein russischer Oberleutnant den Eingang für die alliierten Offiziere benutzte, mit dem Ellenbogen nachgedrückt und war so durch den Alliierten-Eingang in den Saal gekommen. Wir beschlossen im Ältestenrat, unter keinen Umständen zu weichen, sondern wir bleiben im Hause!

Gestern abend hat uns eine Reihe von Genossen die Frage vorgelegt, warum macht ihr die Dummheiten, ihr bringt euch doch immer in Gefahr dabei. Genossinnen und Genossen, in dem Augenblick, wo wir aus dem Stadthaus gehen würden, würden die andern mit der kommissarischen Verwaltung beauftragt, und damit wäre die Einheit Berlins gesprengt. Die anderen warteten vielleicht auf diese Dummheit, die wir machen sollten, und die anderen glaubten, daß wir in der Woche vor acht Tagen ausziehen würden, und damit hätte *Grotewohl* die billige Gelegenheit gehabt, einfach – was weiß ich – die „Volksdemokratie Berlin" zu erklären. Der Bürgermeister *Maron*[83] war schon bestimmt worden für die Führung der Geschäfte. Wir erklärten, daß wir nicht gehen würden. Ein Antrag auf Einsetzung der Polizei wurde auch nicht befolgt. Wir wußten, daß die Polizei im Osten einfach nicht brauchbar ist, daß sie aber so schlecht sei, wie es sich nachher gezeigt hat, ahnten wir auch nicht.

Die Kommunisten, [d. h.] der Vorsitzende des FDGB [Roman *Chwaleck*][84] hat dann die Parole ausgegeben und erklärt, die Mehrheit des Hauses wolle nach Schöneberg gehen, das müssen wir verhindern, geht hinunter und wartet! Wir haben dann eine Stadtverordnetensitzung durchgeführt, und der Gen. Otto *Bach* hat die Währungsfrage von der wirtschaftlichen Seite hervorragend behandelt. Dann sprachen die Kommunisten, darauf behandelte ich die politische Seite und habe polemisch geredet und habe die Tribüne benutzt, alle im Hause aufzufordern, am nächsten Tage nach dem Hertha-Platz zu kommen.[85]

---

82 Wassilij *Sokolowskij* (1897-1968), Sowjetischer Marschall, 1946-49 Sowjet.MilGouv. in Deutschland, 1952-60 GenStabschef d. UdSSR.
83 Karl *Maron* (1903-75), Gelernter Maschinenschlosser, 1926 KPD, 1934 Emigration, 1935-45 SU, April 1945 Rückkehr nach Deutschland (Gruppe Ulbricht), 1945/46 1. Stellv. OB von Berlin, 1946-48 Stadtverordn., 1950-55 Generalinspekteur der Volkspolizei, 1954-75 ZK der SED, 1955-63 Innenminister der DDR.
84 Vorsitzender des Landesverbandes Groß-Berlin des FDGB war zu dieser Zeit Roman *Chwaleck*, vgl. den Bericht des Berliner „Sozialdemokrat" vom 26.6.1948 über die Ereignisse im Berliner Stadthaus.
85 Gemeint die Kundgebung am 24. Juni 1948 auf dem ehemaligen Hertha-Sportplatz mit Ernst Reuter als Hauptredner. An dieser Kundgebung nahmen ungefähr 70.000 Personen teil, vgl. den Bericht im Sozialdemokrat Nr. 146 v. 25.6.1948, S. 1 u.3. Abdruck der Rede Reuters: E. Reuter, Schriften – Reden, Bd. 3, Berlin 1974, S. 400-412.

Dokument 22, 28. bis 30. Juni 1948

Dann war die Sitzung beendet. Es ist üblich nach diesen Sitzungen, daß nicht alle gleich nach Hause gehen. Einige gingen ins Fraktionszimmer, andere arbeiteten noch. Ich gehöre zu denen, die immer erst eine oder zwei Stunden später aus dem Hause gehen. Nach einer Viertelstunde kam die Meldung, daß verschiedene Abgeordnete draußen überfallen worden wären. Wir stürzten ans Fenster. Ich sah gerade, wie Jeannette *Wolff*[86] vorgenommen wurde. *Jeannette Wolff* ist – und das muß bekannt werden – als Oberbürgermeister *Louise Schroeder* verprügelt worden. Man glaubte, es [wäre][87] *Louise* und hat sie verprügelt. Wie die parteimäßige Zusammensetzung dieser Terroristen bestellt ist, wird dadurch gekennzeichnet, daß sie als „fette Judensau" bezeichnet wurde: „Schlagt die fette Judensau!" – Die sowjetische Polizei stand dabei und schaute zu. Die Offiziere standen am Fenster und amüsierten sich. Der Mob war damit in Aktion getreten, und eine Gruppe von Kommunisten unter Führung eines 27jährigen Funktionärs bezeichnete die Stadtverordneten, das ist der und der, und dann stürzte sich der Mob auf sie. Ich habe das Überfallkommando sofort angerufen und erhielt am Telefon die Frage: „Stadthaus? Wo ist denn das Stadthaus?"

Von dem Moment an wußte ich ja, was wir von dieser Polizei zu erwarten hatten. *Suhr*, *Louise* und ich waren diejenigen, die man an sich gerne haben wollte. Was mit uns passiert wäre, könnt ihr euch bei diesem Mob vorstellen. Es waren ca. 200 Personen, die diese normalen Ausgänge besetzt hielten und die eben die Volksseele kochen lassen wollten, gewöhnlichster Mob! Als wir den Stadtrat Waldemar *Schmidt*[88] – bis zur „Einigung" 1946 war er der Vorsitzende der KPD Berlins – aufmerksam machten, versuchte er auch unten, einmal diesen Mob wegzuschicken. Es gelang ihm jedoch nicht, sondern er wurde beinahe selbst verprügelt. Der Bürgermeister *Friedensburg*, der Polizei-Sachbearbeiter im Magistrat, konnte nicht aus dem Haus kommen, er kam noch einmal zurück und forderte die Polizei selbst auf, einzugreifen. Die Polizei hat nichts getan. Mit Mühe und Not konnten ihn zwei Polizisten vor dem Mob schützen. So waren die Verhältnisse.

Es gelang uns, *Louise Schroeder* hinauszubringen mit *Paul Löbe* zusammen. Dann wurde dieser Seiteneingang auch von der Menge besetzt und wir waren eingeschlossen. Wir haben dann den politischen Offizier für Einsatzfragen im Kommando in Berlin ins Haus dirigieren können. Wir haben mit ihm gesprochen, das ist ein Genosse, und zwar der Oberst *Daber*. Er hat gegen zehn Uhr ein Sonderkommando von 30 Mann zum Stadthaus dirigieren können, und diese 30 Mann haben eine Kette gebildet, und wir konnten abends,

---

[86] Jeanette *Wolff* (1888-1976), Tochter eines jüdischen Textilfabrikanten in Bocholt, Sozialfürsorgerin, vor 1918 SPD, nach 1918 Stadtverordn. in Bocholt u. Vorstand d. Bez. Westl. Westfalen, 1942 „Transport" ins Ghetto Riga, bis Ende 1944 in mehreren Konzentrationslagern, Ende 1945 Rückkehr nach Deutschland, aktiv in der Berliner SPD und in der dortigen jüd. Gemeinde, 1946 Stadtverordn./MdAbgH, 2/1952-1961 MdB. Zu J. Wolff vgl. W. Albrecht, Jeanette Wolff, Jakob Altmaier, Peter Blachstein, S. 275-284.
[87] In der Vorlage „war" (S. 6).
[88] Waldemar *Schmidt* (1909-1975), seit 1924 KPD, 1935-45 Zuchthaus, 1945/46 Vors. d. Berliner KPD, 1946-48 „Stadtrat für Arbeit" in Berlin, später in Ostberlin Stellvertreter des OB u. Leiter der Volkspolizei.

der Gen. *Suhr, Frau Suhr*[89], *Ida Wolff* und ich das Haus verlassen. Dann ging der Gen. *Daber* in die gegenüberliegende Polizeiwache und wollte Krach machen. Da war der Polizei-Sektorchef *Seidel*. Man kann die Dinge ja leider in der Öffentlichkeit nicht so sagen wie hier – der die Erklärung abgab: „Herr *Daber*, im russischen Sektor haben Sie ab heute nichts mehr zu befehlen." Der Einsatzchef für Groß-Berlin erhielt also vom Polizei-Sektorchef den Befehl: Hier haben Sie nichts mehr zu sagen. Er hat dann am nächsten Tag Bürgermeister *Friedensburg* erklärt: „Hier im Sektor hat keiner etwas zu sagen außer mir", und er hat offen zugegeben, daß er die Polizei angewiesen hätte, nichts zu tun.

Das ist eine Charakterisierung, die ich geben wollte und die wieder aufzeigt, wie wichtig es ist, daß wir die Polizeikräfte in den Ländern in der Hand haben. Das ist die wichtigste Erkenntnis, die alle Genossen daraus ziehen müssen: eine Polizei in den Händen der KPD ist einfach ein Verbrechen gegen die freiheitlich gesinnten Kräfte.

Ich habe diesen Teil so stark hervorgehoben, um Euch Material für die Propaganda in die Hand zu geben. Das muß in der Propaganda in der Partei, in der Öffentlichkeit herausgearbeitet werden, diese Dinge müssen schärfstens gebrandmarkt werden. Die russischen Anordnungen zeigen, daß man gewillt ist, Berlin zu erledigen. Ihr wißt alle, daß der Eisenbahnverkehr eingestellt ist, daß keine Verbindungen bestehen, daß man Berlin aushungern will. Die Abtrennung der Stadt ist nahrungsmäßig erfolgt. Man darf keinerlei Lebensmittel, die aus der sowjetischen Zone kommen, in die Westsektoren bringen. Die andern haben daraufhin den Befehl erlassen, aus den Westsektoren darf nichts in den Ostsektor kommen. Jetzt muß draußen in der Propaganda unbedingt darauf hingewiesen werden, wie grausam sich diese Maßnahmen auswirken, indem die Säuglinge, die Kleinkinder von jeder Frischmilchzufuhr abgeschnitten sind. Ich habe gestern eine DPD-Meldung gesehen, und da ist es interessant, wie nun von der anderen Seite gekurbelt wird: auf Antrag des Landesvorstandes der SED an General *Kotikow*[90] ist gebeten worden, die Frischmilchzufuhr für die Kleinkinder und Säuglinge und für die Kranken wieder zu gestatten.

Berlin hat keinen Strom, und, Genossen, das ist auch ernst, daß ihr das einmal diskutiert, wenn ihr in der gleichen Lage wärt. Man hat zwar Notstrom in den Aggregaten und in den Senderäumen, aber die Empfänger können nichts mehr hören. Die Möglichkeit der Propaganda, die Möglichkeit der Nachrichtenübermittlung ist nicht gegeben. Das zeigt unsern schwachen Punkt. Nachdem die Russen die Stromzufuhr unterbunden haben, haben wir in den Westsektoren noch die Möglichkeit, mit alten E-Werken auf Hochtouren laufend 60.000 Kilowatt täglich zu erzeugen. Diese 60.000 Kilowatt geben uns die Möglichkeit, einen beschränkten Verkehr durchzuhalten, dann jedem Haushalt während 24 Stunden, aber nachts eine Stunde Strom zu geben, und dann ist es aus. Unsere Krankenhäuser sind auch ohne Strom. Ihr könnt das in der Propaganda alles weit mehr ausmalen,

---

89 Susanne *Suhr*, (1898-1989), geb. in Lissa bei Posen als S. Pawel, Studium der Geschichte und Germanistik, Bibliothekarinnenexamen, Journalistin, 1921 Heirat mit Otto S., 1948-54 Bezirksvorstand d. SPD in B.-Wilmersdorf, 1958-66 MdAbgH.

90 Alexander G. *Kotikow* (1902-1981), Sowjetischer General, 1945/46 Stellv. Leiter der SMA Sachsen-Anhalt für Zivilangelegenheiten, 1946-49 Stadtkommandant von Berlin.

als ich das jetzt im Augenblick kann; keine Durchleuchtung, keine Operation, keine Behandlung, was weiß ich alles, was gerade besonders wichtig ist. Das könnt ihr Euch alle selbst ausmalen, in welche Lage wir dadurch gekommen sind.

Hier muß jetzt unsere Arbeit einsetzen, und wir haben auch jetzt gerade die Vorlage über Berlin beraten, in der ja alles Politische steht. Das Entscheidendste ist folgendes: wir wollen durch einen Hilfsappell hier im Westen die Kräfte wecken, die für die Partei auch nutzbar werden. Wir wollen in der Solidaritätskundgebung für Berlin von den Gemeindeparlamenten angefangen bis zu den Landtagen den Antrag stellen – vielleicht kann man das auch in durchzuführenden Massenkundgebungen organisieren – daß von der Bevölkerung im Westen für je einen Tag eine Lebensmittelspende geopfert wird. Wir glauben, wenn die Sozialdemokraten in den Parlamenten diesen Antrag stellen, daß sie die Führung der Hauptaktion in der Hand behalten und dadurch auch gleichzeitig hier im Westen eine große Aktion für die Sozialdemokratie durchführen können.

Es ist gesagt worden, daß wir die Sachen nicht nach Berlin bekommen. Genossen, gestern haben wir auch darüber mit den zuständigen Stellen gesprochen, und ich darf erklären, daß einer der hohen maßgebenden Offiziere zusagte, wenn Sie beispielsweise große Kisten mit Liebesgaben „Spenden an die Hungernden in Berlin" in Köln auf den Weg bringen, dann kommen diese Sachen auch nach Berlin, dafür garantieren wir. Es ist möglich, daß wir die Sache zweifach machen, nämlich einmal mit der Adressierung an die Arbeiterwohlfahrt, Berlin – *Ida Wolff* – die Anschrift genügt –, und daß man vielleicht die andere Aktion daneben startet. Ob diese andere Aktion zur Durchführung kommen wird, ist eine zweite Frage, denn wir werden ja in den nächsten Wochen, in den nächsten 14 Tagen irgendwie zu einer Entscheidung kommen. Aber daß wir diese Aktion im Westen zur Propaganda brauchen und gebrauchen müssen, das wißt ihr alle selbst aus der Notwendigkeit der Aktivierung der ganzen Parteiarbeit.

Genossen, das ist das Notwendigste, was ich Euch zu sagen habe. Ich brauche auch nicht zu sagen, warum Berlin gehalten werden muß; welche Notwendigkeiten dafür bestehen, das wißt ihr alle genau so wie ich. Aber das einzige, was man in der Öffentlichkeit nicht gebrauchen kann und was das Gegenteil von dem erzeugen würde, was beabsichtigt ist[, ist Furcht][91]; denn wenn hier in den Westzonen bezüglich Berlin Furcht erzeugt wird, dann wird auch in Berlin Furcht erzeugt.

Diese Dinge zu schildern war meine Aufgabe. Wir haben gestern in Berlin eine Stadtverordnetensitzung unter ziemlich normalen Verhältnissen durchgeführt. Ich möchte Euch sagen: trotz all der Schwierigkeiten, die ungeheuer sind und die ich nicht weiter ausführen will, unsere Funktionärschaft und unsere Parteimitgliedschaft steht hervorragend. Am Sonntag haben wir in Pankow im sowjetischen Sektor eine Versammlung durchgeführt, in der der niedergeschlagene *Otto* Bach gesprochen hat – hervorragend. Die Versammlung [wurde][92] nicht verboten, sie ist aber erst am Freitag um acht Uhr abends erlaubt worden, so daß eine praktische Propaganda unter den heutigen Verhältnissen nicht

---

91 Ergänzung aus dem Zusammenhang.
92 In der Vorlage „war" (S. 10).

möglich war. Trotzdem haben unsere Genossen es geschafft, daß diese Versammlung gut besucht war. Die Versammlungsleitung hat scharfe Angriffe gegen diese Zustände in die Masse hineingeworfen, der Referent hat es getan, und dies trotz des Beiseins des Stabes der russischen Offiziere, die glaubten, durch ihre Anwesenheit die Massen gegen uns beeinflussen zu können. Die Kundgebung am vorigen Donnerstag war förmlich aus dem Boden gestampft, diese Riesenkundgebung, die von einem prächtigen Geist getragen war.

Es muß nun von uns aus gelingen, denen in Berlin zu zeigen, daß der Westen draußen in Bewegung kommt und daß der Westen alles tun wird, denen in Berlin zu helfen. Es ist wichtig, daß – neben der Verbreitung der Nachrichten, daß beispielsweise der Parteiausschuß sich heute morgen damit beschäftigt und diese Resolution veröffentlichen läßt – den Berlinern auch materiell geholfen wird. Wenn wir diesen Beweis antreten, so wird dadurch unsere Position verstärkt. Wir haben zur Deckung dieser dringendsten Bedürfnisse in den nächsten Wochen die Durchführung der Falkenlager – die Arbeiterwohlfahrt hätte die Dinge dort materiell ermöglicht – und alles andere abgesagt, um über die Krise hinwegzukommen; aber wir müssen in die Lage versetzt werden durch Eure Hilfe, auch in Berlin das alles in großzügiger Weise nachzuholen, was wir jetzt im Interesse des Kampfes abgesagt haben. Infolgedessen bitte ich Euch herzlichst, versucht als Partei etwas zu organisieren, das wirklich schnellstens nach Berlin zur Unterstützung kommt und versucht in den Landesregierungen, in den Gemeindeparlamenten durch Stellung von Anträgen erst einmal in der Unterstützung des Kampfes in Berlin die Führung an Euch zu reißen, weil das agitatorisch auch für den Westen gut ist und weil ich weiß, daß, wenn die Nachrichten darüber nach Berlin kommen, auch die Berliner Bevölkerung wieder Mut und Vertrauen haben wird.

Die Kommunisten haben den Versuch gemacht und wollen ihn noch durchführen, den Generalstreik in Berlin auszurufen. Ein Generalstreik in Berlin kann nur im Ostsektor durchgeführt werden, aber in den drei Westsektoren nicht, weil er gegen den offenen Widerstand der Bevölkerung versucht werden müßte. Im Ostsektor ist die Stimmung genau so wie bei uns ganz einwandfrei auf unserer Seite, aber dort ist der Terror und der Zwang. In den Westsektoren ist das nicht möglich, und das Gesetz des Handelns liegt absolut bei uns, wohlgemerkt jetzt. Man kann nicht sagen, welche Möglichkeit den gegnerischen Propagandaleuten gegeben ist, wenn Berlin in anderthalb Wochen die Rationen herabsetzen müßte, wenn die Arbeiter nicht mehr in die Fabrik gehen können, wenn kein Holz, keine Kohle und kein Strom mehr da ist. Das ist alles nicht abzusehen, aber politisch kann man uns nicht erledigen, sondern nur materiell, und infolgedessen versucht, uns auf diesem Wege Unterstützung zu geben. Das wäre in der knappesten Form das, was ich über Berlin sagen wollte. (Beifall)

Gen. **Ollenhauer:** Genossinnen und Genossen, die zu diesem Punkt der Tagesordnung vorgelegte Entschließung ist das Resultat einer eingehenden Beratung im Parteivorstand über die Lage in Berlin.[93] Über das, was sich in Berlin abgespielt hat, hat *Franz Neumann* hier berichtet. Ich möchte hinzufügen, daß es sich hier nicht nur um die Frage handelt, ob

---
93 Vgl. Prot. [A], TOP „Berlin", S. 393-395.

es uns gelingt zu verhindern, daß die Sowjets mit den Mitteln der Aushungerung ein politisches Ziel in der brutalsten Weise durchzusetzen versuchen. Es handelt sich auch um die sehr ernste politische Frage für ganz Deutschland und für ganz Europa, ob dieses Berlin als ein demokratisches Zentrum erhalten werden kann oder nicht. Wenn es nur abhängt von der Stimmung der Bevölkerung in Berlin, dann ist der Kampf bereits sicher zu Gunsten der Demokratie entschieden. Er hängt nicht nur davon ab, sondern von den Machtverhältnissen, die auch zu der Zuspitzung dieser Krise geführt haben, und unsere Eingriffsmöglichkeiten als Partei, als Deutsche sind relativ gering. Aber wir haben solche Möglichkeiten wie die, auf die internationale und die deutsche Öffentlichkeit einzuwirken, und der Parteivorstand ist der Meinung, daß es eine Pflicht der Gesamtpartei ist, diesen Kampf um Berlin zu einer der dringlichsten aktuellen Aufgaben der Gesamtpartei zu machen.

Wir haben in dieser Entschließung davon gesprochen, daß die Parteiorganisation Solidaritätskundgebungen in allen Teilen des Landes durchführen soll. Genossen, d.h. nicht, daß wir nun etwa noch 14 Tage überlegen, wann und wo und wie wir diese Kundgebung machen. Die Frage dieses Kampfes wird vielleicht in einer sehr kurzen Zeitspanne von acht bis 10 Tagen positiv oder negativ behandelt werden, und wenn wir hier unsere Solidarität und unsere Einstellung zum Ausdruck bringen wollen durch solche Kundgebungen, dann müssen sie am kommenden Sonnabend und Sonntag in allen größeren Städten aller unserer Bezirke durchgeführt werden. Es ist jetzt Mittwochfrüh. Die Parteiorganisation muß beweisen, daß sie in einer solchen Frist von drei oder vier Tagen in allen Teilen unserer Organisation wenigstens in allen größeren Städten solche Solidaritätskundgebungen zustande bringt, damit deutlich wird nicht nur für uns, sondern für die breiteste Öffentlichkeit, daß die Deutschen den Kampf um die Freiheit in Berlin als ihre eigene Sache ansehen. Ich möchte darum diesen Beschluß des Parteivorstandes, die Parteiorganisation zu solchen Kundgebungen aufzufordern, mit allem Nachdruck unterstreichen und alle die Genossen, die jetzt in die Bezirksarbeit zurückgehen, verpflichten, daß sie einen ernsthaften Versuch machen, daß am kommenden Wochenende solche Kundgebungen für Berlin stattfinden.

Franz *Neumann* hat weiter darauf hingewiesen, daß es von großer praktischer Bedeutung werden kann, daß die Bevölkerung der Westzone durch Opfer aus ihrer eigenen Versorgung den Berlinern hilft, die Folgen dieser Aushungerung zu überwinden. Das ist nicht nur eine Parteiangelegenheit, sondern eine Angelegenheit der öffentlichen Verwaltung in den Gemeinden, Kreisen und Ländern. Aber entscheidend ist, daß die sozialdemokratischen Fraktionen, die sozialdemokratischen Mitglieder der Stadtverwaltung und der Regierungen in dieser Richtung sofort die Initiative übernehmen und so schnell wie möglich die notwendigen Beschlüsse herbeizuführen suchen.

Genossen, es ist eine außergewöhnliche Situation, eine der ernstesten Situationen, in der wir seit 1945 stehen, und wir müssen mit außergewöhnlichen Mitteln und mit außergewöhnlicher Schnelligkeit handeln. Ich möchte [nicht][94], daß wenn dieser Kampf oder

---

94 Ergänzung aus dem Zusammenhang.

diese Phase abgeschlossen ist, die Berliner und die öffentliche Meinung sagt, daß der Anteil, den die Sozialdemokratie außerhalb Berlins genommen hat, ein sehr geringer war, denn ich weiß, daß unsere Mitgliedschaft von der politischen Bedeutung dieses Kampfes überzeugt ist. Es kommt aber darauf an, daß wir diese Überzeugung auch aktivieren und daß wir sie benutzen und da einsetzen, wo wir zu praktischen Handlungen kommen können.

Wir haben über diese eigenen Maßnahmen unserer Partei hinaus im Parteivorstand eine ganze Reihe von weiteren Überlegungen angestellt, wie wir über Deutschland hinaus auch in Verbindung mit den sozialistischen Parteien des Auslandes einwirken können auf die Entscheidungen, die über Berlin zu treffen sind. Ich will hier im einzelnen nicht noch einmal darauf zurückkommen. Ich möchte nur sagen, daß wir jetzt dabei sind, in Verbindung mit den verantwortlichen Stellen der britischen Militär-Regierung festzustellen, ob nicht eine Delegation des Parteivorstandes unter Beteiligung des Gen. Franz *Neumann* noch in dieser Woche nach London geht, um dort mit den Vertretern unserer Bruderpartei, der Labour Party, die Situation in Berlin zu besprechen und außerdem auch dort die Verbindung aufzunehmen mit unserem Büro der sozialistischen Internationale, um die sozialistischen Parteien aller Länder auf die Situation in Berlin aufmerksam zu machen und so die Grundlagen für einen guten Ausgang des Kampfes, soweit es in unserer Macht steht, herbeizuführen.

Genossen, ich möchte dem Bericht von Franz *Neumann* nicht noch eine längere Rede anfügen, aber ich möchte noch einmal sagen, es soll sich niemand darüber täuschen, daß die Lage in Berlin sehr ernst ist und daß wir eine sehr ernste und heilige Verpflichtung als Partei haben, unsere Berliner Partei und unsere Berliner Bevölkerung durch unsere öffentliche und aktive Bekundung unserer Solidarität zu unterstützen. Eine Sache, die eine Frage von Stunden ist, und ich bitte alle die Genossinnen und Genossen, die jetzt für diese Entschließung stimmen, daß sie, sobald sie in ihre Heimatbezirke zurückkommen, alle notwendigen Schritte sofort einleiten, um schnellstens diese Solidarität der Bevölkerung Westdeutschlands mit den Berlinern zum Ausdruck zu bringen.

Gen. **Lüdemann:** Es steht in der Entschließung nichts, womit man nicht einverstanden sein könnte; aber ich bitte doch zu erwägen, ob es zweckmäßig ist, eine Aufforderung an unsere Bezirksorganisationen in eine politische Entschließung hineinzunehmen, die ja für die Öffentlichkeit bestimmt ist und nicht für unsere Parteiorganisationen. Dann beginnt der zweite Absatz mit dem Satz: „Der Parteivorstand hält es für seine Pflicht, den Ernst der gegenwärtigen Lage vor aller Welt klar herauszustellen." Ja, natürlich, daß er das tut, aber das sagt man doch nicht besonders. Wofür sollen wir es denn erst sagen, was wir für unsere Pflicht halten, stellen wir es doch heraus. Ich glaube, die Herausnahme jedes überflüssigen Satzes verstärkt die Wirkung, weil es leichter zu lesen ist. Dann bitte ich, den ersten Absatz zu streichen, ich glaube, er stört etwas die Lektüre für das etwas ferner stehende Publikum. Ich glaube, dieser Appell an unsere Organisation könnte in irgendeiner anderen Form zum Ausdruck gebracht werden. Darin gebe ich Erich *Ollenhauer* recht, daß unsere Stellungnahme sehr nachdrücklich zum Ausdruck gebracht werden muß. Aber hier gehört der Satz schon deswegen nicht hinein, weil kein Mensch mehr daran glauben wird, um einmal das schöne Wort zu gebrauchen, daß es sich um spontane Kundgebungen der Westkreise handelt, sondern solche Vorgänge muß man intern abmachen, damit die Kundgebungen selbst etwas spontaner wirken.

Im übrigen sollte man die Gelegenheit benutzen, das ruhig auszusprechen, daß es erschreckend ist – laßt uns das ruhig einmal sagen – wie gering die Aufmerksamkeit hier im Westen ist für die Vorgänge in Berlin. Bitte nicht zu widersprechen, es handelt sich nicht um die jetzigen Vorgänge. Das ist natürlich interessant für viele, daß unsere Jeanette *Wolff* niedergeschlagen wurde, darin ist es ihnen eine große Sache; aber das ist doch eine Bagatelle im Grunde gegenüber dem Kampf, den die Berliner seit Jahren führen. Das ist ja gar nicht zu schildern, was sich dort täglich abspielt. Was unsere Freunde im Ostsektor leisten, sind ganz große Taten, und ich weiß nicht, ob alle unsere Leute im Westen so fest stehen würden, wie unsere Berliner stehen. Das spreche ich aus, weil ich der Meinung bin, das, was sich an der Spree jetzt abspielt, das ist nicht der Kampf um Berlin, sondern nur ein Teil der großen Kämpfe um Europa. Glaubt ihr, die Russen würden in Berlin Halt machen? Bis zur Elbe sind sie ja bereits. Laßt die Demokratie sich weiter so schlecht entwickeln wie hier, dann kommen sie und dringen sie weiter vor. Das Ziel des Imperialismus der Russen ist klar, das ist nur ein Vorspiel, was sich an der Spree abspielt. Ich bestätige nicht die Auffassung unseres Genossen Erich *Ollenhauer* in einem Punkt, denn ich habe Anlaß so zu sprechen. Ich habe neulichst im Länderrat in Frankfurt in der Währungsreform eine Entschließung durchzubringen versucht, daß die Russen wieder einmal schuld sind für diese Zerreißung. Wir Sozialdemokraten haben die Mehrheit im Länderrat, aber es war nicht möglich, diese Entschließung durchzubringen. („Hört! Hört!") Ja, es passieren mehr Dinge, wo man Hört! Hört! rufen muß.

Ich unterstreiche durchaus jedes Wort, das Franz Neumann und Erich Ollenhauer gesagt haben, und ich bitte Euch, tragt es hinaus. Tut es nicht nur, um den Berlinern zu helfen, das ist selbstverständlich, sondern um die europäische Demokratie zu schützen. Wir haben ja alle irgendwelche Veranstaltungen im März gehabt, um einmal zurückzublicken auf die Märztage von 1848.[95] Ich weiß nicht, ob alle Sozialdemokraten sich darüber klar geworden sind, was das Ergebnis dieser 100 Jahre war und jetzt noch ist? Das ist das Zurückweichen der Demokratie im ganzen gesehen, mindestens von Warschau bis zur Elbe. Während wir uns einmal eingebildet haben, die Demokratie würde einmal die Welt erobern, müssen wir feststellen, daß in diesen hundert Jahren die demokratische Front zurückgewichen ist vor der Front des Absolutismus und der Diktatur in Rußland. Darauf kommt es an, die Dinge in Berlin aufzuzeigen als Warnungszeichen für die Gefahr, in der wir jetzt stehen. Denkt daran, es geht bei diesen Kundgebungen nicht nur um die Berliner, sondern um alle!

Gen. **Görlinger:** Gerade aus den Gründen, die Hermann *Lüdemann* herausgestellt hat, bin ich der Meinung, daß im Westen jetzt die Dinge mit stärkstem Nachdruck gemacht

---

95 Zu den traditionellen „Märzfeiern" der Sozialdemokratie vgl. Beatrix Bouvier, Die Märzfeiern der sozialdemokratischen Arbeiter: Gedenktage des Proletariats – Gedenktage der Revolution, in: Öffentliche Festkultur, Reinbek 1988, S. 334-351.

werden müssen, um das Gefühl sicherzustellen, was zum Teil bis jetzt nicht da war durch die Währungsreform und alle möglichen aktuellen Fragen, die wir psychologisch verstehen können. In dieser Hinsicht müssen wir auch in den Westzonen die Konsequenzen ziehen. Darauf würde ich ganz besonderen Wert legen, sowohl in den Stadt- wie in den Länderparlamenten die Kommunisten vor die Frage zu stellen, wie weit sie sich an dieser Hilfsaktion für Berlin beteiligen. Sie werden diese Maßnahmen zum Teil mit beschließen, davon bin ich überzeugt, weil sie sich nicht [dem][96] allgemeinen Eindruck entziehen können. Da bringen wir sie in die politische Zwickmühle hinein. Das sollte rückhaltlos ausgenutzt werden.

Ich habe mich vor allem zum Wort gemeldet, weil ich als Vorsitzender der Arbeiterwohlfahrt sofort veranlassen werde, daß die Arbeiterwohlfahrt sofort alles, was sie in den drei Westzonen hat, zusammenpackt und als Sofortmaßnahme diese Sachen nach Berlin schickt. Ich bitte, uns draußen zu unterstützen, wenn vielleicht der Egoismus auch da eine Rolle spielt und diesen Maßnahmen entgegenwirkt. Es ist das eine politische und eine Hilfsmaßnahme, die umso schneller wirkt, je schneller sie durchgeführt wird. Es handelt sich dabei nicht um die Mengen, sondern um die Tatsache der Kundgebungen und die ideellen Bindungen, die dabei vor allem herausgestellt werden können. Sonst bin ich nicht der Meinung des Gen. *Lüdemann*, daß die Entschließung geändert werden sollte. Daß wir als Parteivorstand alle Bezirksorganisationen zu diesen Kundgebungen auffordern, ist eine Selbstverständlichkeit. Wo wir jetzt hier zusammen sind, müssen wir diese Appelle herausgeben, und ich finde nichts dabei, daß das in aller Öffentlichkeit geschieht. Dafür ist die Sozialdemokratische Partei auch ein Stück öffentlichen Lebens. Sie enthält ein Stück in ihrem politischen Leben, nicht parteipolitischen Leben, der ungeschriebenen Verfassung.

Wir sind über die Partei hinaus im Raume etwas, was öffentliches Gewissen darstellt, und wir sollten das einmal in einem größeren soziologischen, über den parteipolitischen Raum hinaus sehen. Daraus ergibt sich dann die Pflicht, in solchen Fragen in der Öffentlichkeit [zu sagen], was wirksam werden soll über den Rahmen der Partei hinaus. Ich weiß, daß wir als Sozialdemokraten die ersten Aktiven sind und nicht die CDU. Daß wir örtlich versuchen müssen, die CDU mit einzubeziehen, ist selbstverständlich, und ich würde empfehlen, auch örtlich in den Stadtparlamenten Fühlung mit ihnen aufzunehmen vorher und zu sagen, wir wünschen, daß ihr mitmacht. Ich glaube, das wäre Ort für Ort notwendig, um möglichst breit die Öffentlichkeit aufzurütteln im Interesse Berlins.

Gen. **Carlo Schmid:** Ich möchte anknüpfen an das, was Hermann *Lüdemann* und *Görlinger* jetzt gesagt haben. Das Problem, das was jetzt in Berlin geschieht, sollte ein Anlaß sein, daß wir uns im Westen einmal genau darauf besinnen, wie wir uns demgegenüber zu verhalten haben, und zwar den Leuten gegenüber, deren einziges Ziel es ist, Zustände zu schaffen, die es ihnen ermöglichen, ihre Meinungsverschiedenheiten im Wege des Genickschusses zu lösen. Ich drücke es absichtlich so aus, denn das ist das Problem. Es handelt sich nicht darum, daß auf dieser Seite jene Auffassungen von den Dingen der Wirtschaft und der Politik stehen und auf der anderen Seite jene, die man ausgleicht mit den

---

96 In der Vorlage „des ... Eindrucks" (Prot. B, S. 17).

Mitteln der Demokratie, sei es in weniger oder mehr feiner Form, sondern es handelt sich schlicht darum, daß hier eine Gruppe von Leuten ist, die sich Kommunisten nennen, die alle Mittel gebrauchen, die ihnen tauglich erscheinen, diese Macht zu erobern, und sie wollen diese Macht erobern ausschließlich zu dem Zweck, sie zu gebrauchen, und zwar wird der erste Gebrauch, den sie davon machen werden, sein, daß sie uns liquidieren; denn wir sind ihre eigentlichen Gegner. Gerade deswegen, weil wir ihrem Vokabular am nächsten zu stehen scheinen, sind wir ihre eigentlichen Gegner. Bei der CDU brauchen sie nicht viel Widerstand zu brechen, die liquidiert sich dann von selbst wie Herr *Nuschke*[97] und die anderen Herrschaften, aber uns müssen sie etwas tun, wenn sie uns auf ihrem Wege nicht finden werden, und sie werden uns etwas tun. Ich halte es nicht nur für ein Gebot der politischen Klugheit, sondern ein Gebot der Selbstachtung, daß man diesen Leuten entgegentritt, und zwar nicht nur entgegentritt, um ihre Stöße aufzufangen, um, wenn sie die rechte Backe geschlagen haben, ihnen zwar nicht die linke hinzuhalten, [aber][98] sich damit begnügt, ihre Hand festzuhalten. Ich glaube, es gehört zur Selbstachtung, daß man sich diesen Leuten entgegenstellt und ihnen den ersten Backenstreich gibt, da man weiß, daß sie uns ihn geben wollen, und ich meine, wir müßten unser Verhalten zu den Kommunisten grundsätzlich ändern. („Sehr richtig!")

Hier oben ist die Sache völlig klar, aber, Genossinnen und Genossen, unten in den Ortsvereinen ist ein Sumpf in dieser Hinsicht („Sehr richtig!"), vielleicht nicht überall. Ich behaupte aber, in den meisten dieser Ortsvereine ist die Auffassung noch nicht durchgedrungen, daß es sich hier um einen Kampf handelt, um einen Kampf auf Leben und Tod in des Wortes wörtlichster Bedeutung. Dort spielt die Hauptrolle das wärmende Gefühl der Vereinsmeierei. Man ist mit den Leuten in der VVN zusammen, und dort ist es so gemütlich, und man versteht sich so gut, und der Hans Meier ist ein so anständiger Kerl, und der Paul Becker ist doch so vernünftig. Von dieser Stubenwärme aus wird das politische Verhältnis SPD und KPD dort unten gesehen und realisiert, und wir können hier die schönsten Beschlüsse fassen, wir können uns hier lauterste Klarheit verschaffen über das, was geschehen ist, das dringt nicht in das Verhalten unserer Genossen in den Ortsvereinen ein. Unsere Genossen aus Südbaden werden mir das bestätigen können aus der Tätigkeit unserer Genossen dort unten.

Ich glaube, wir müssen unsere Leute „zwingen" – ich meine nicht zwingen im üblichen Sinne, sondern wir müssen sie vor die Entscheidung klar stellen: entweder ihr geht den Kurs der Partei mit, rücksichtslos, und zwar ohne Bedenken auf persönliche und örtliche Bedingungen, oder ihr geht aus der SPD hinaus („Sehr richtig!"), das eine oder das andere. Man kann nicht sagen, ich streite für die SPD und überall, wo dieser Kampf ausgetragen werden muß. Und er muß vor allem auf der Plattform bzw. an der Vorfront der Ortsvereine ausgetragen werden. Dort aber geht man Arm in Arm und fraternisiert, das geht nicht. Ich bin überzeugt, wir werden dadurch Mitglieder verlieren. Ich habe gestern im Partei-

---

97 Otto *Nuschke* (1883-1957), vor 1933 DDP/Staatspartei, 1921-33 MdL (Preußen), 1945 Mitbegr. d. CDU, 1947-57 Vors. d. CDU in d. SBZ/DDR, 1949-57 MdVK u. Stellv. Vors. d. Ministerrats der DDR.
98 In der Vorlage „oder" (Prot. B, S. 19).

vorstand gesagt, ich finde das ausgezeichnet, die SPD wird in Zukunft nicht so sehr kämpfen müssen von den Tribünen herunter und in den Fraktionen der Gemeinderäte und den Fraktionen der Landtage. Genossinnen und Genossen, es wird ein Kampf Mann gegen Mann werden müssen, es wird eine Aktion im einzelnen dort werden müssen im wahrsten Sinne des Wortes; und die entscheidende Tugend, über die der SPD-Mann in Zukunft wird verfügen müssen, wird nicht in erster Linie die Intelligenz sein, sondern der Mut. („Sehr gut!") Keine Angst haben wird wichtiger sein als diese oder jene andere Eigenschaft, die zwar auch sehr gut und sehr nützlich ist. Wenn wir unsere Partei nicht um dieses Pathos des Mutes gruppieren und dieses Ethos des Kämpfenwollens und des Gegners Annehmenwollens, auf ihn zugehen und nicht nur warten, tut er mir etwas oder tut er mir nichts, dann ist der große Kampf der Berliner umsonst. Auch wenn sie dort siegen werden, wird dieser Kampf umsonst sein. Denn das wird wiederkommen. Irgendwo anders wird der Berliner Coup wiederholt werden, dafür gibt es tausend Möglichkeiten. Wir sollten in dieser Beziehung vom Dritten Reich gelernt haben, was dort war. Wenn man nicht beim erstenmal mindestens einen Kanonenschuß vor den Bug des anderen Schiffes abgibt, dann wird man geentert. Die Taktik der Kommunistischen Partei haben wir erkannt, es ist die gleiche Taktik, die jener *Adolf Hitler* angewandt hat. Man rennt gegen das Bollwerk nicht frontal an, denn damit würde man die kämpferischen Widerstände dort mobilisieren, sondern mit einem Wort *Hitlers*, man reißt den Gegner stückweise ein, wie man einen Lattenzaun einreißt. Wegen der ersten Latte, die weggerissen wird, lohnt es doch nicht, die Partei zu mobilisieren, das weiß jeder vernünftige Mann, daß das nicht lohnt. Dann reißt man an der anderen Ecke eine Latte ein, das ist auch nur ein kleines Loch. Deswegen regt man sich auch noch nicht weiter auf. Aber so geht es reihum, und wenn man dann gemerkt hat, daß inzwischen so viel Löcher im Zaun sind, dann ist es zu spät und man stellt fest, daß man es nicht mehr heilen kann. Wenn man nicht gleich beim erstenmal, wenn einer an der ersten Latte rumfingert, diesem kräftig auf die Finger haut, daß er es bleiben läßt, dann hat es keinen Sinn mehr, überhaupt noch zu kämpfen. („Bravo!"- Beifall) Das würde einer Kapitulation gleichkommen, aber ich würde mich schämen, wenn in der SPD auch nur einer wäre, der an Kapitulation überhaupt nur denkt. (Beifall)

Gen. **Willy Brandt**: Es ist sehr richtig, Genossinnen und Genossen, daß Anregungen und Vorschläge an die Bezirksorganisationen nicht vor aller Öffentlichkeit in einer Resolution erwähnt werden sollen, aber hier handelt es sich doch um eine ganz außergewöhnliche Lage, in der man nicht auf die sog. deutsche Spontaneität, bei der sowieso meistens nicht viel herauskommt, warten kann, sondern wo die führende Körperschaft der Sozialdemokratie den Ernst der Lage sieht und sich ganz ernstlich überlegt, was kann die Partei überhaupt machen. Das muß anfangen mit den Kundgebungen der Partei, und das kann ruhig in aller Öffentlichkeit gesagt werden, das wünscht der Parteivorstand und der Parteiausschuß, und damit verbunden wünscht er mit diesen Maßnahmen der Länder außerdem die Solidaritätsmaßnahmen der sozialistischen Bewegung im Inland und im Ausland.

Genossen, ich möchte Euch ein Beispiel erzählen, das etwas aussagt über den Geist der Berliner Partei. Vor ein paar Wochen haben unsere Genossen von Friedrichshain im sowjetischen Sektor, die schon lange einem Versammlungsverbot unterlagen, auch noch das Betätigungsverbot bekommen. Das hat den Landesverband nicht gehindert, sie zusammenzurufen an der Grenze des sowjetischen und amerikanischen Sektors – wieviel Mitglieder gibt es in Friedrichshain, *Franz*[99]? – 1.200. In diesem Sektor waren mindestens 800, wenn nicht 900 Genossen in diese Versammlung gekommen, und das bedeutet schon etwas. Da muß jeder aus seiner Wohnung im russischen Sektor und zurück in diese Wohnung im sowjetischen Sektor allein. Ich habe kaum jemals eine Versammlung erlebt, die von einem so prächtigen Kampfgeist erfüllt war und wo die Genossen einander gesagt haben: vielleicht können wir auch in dieser Form bald nicht mehr zusammenkommen; aber niemand wird uns dazu bringen, unsere Enttäuschung preiszugeben, und niemand wird uns auch davon abbringen können, unsere Überlegenheit zu fühlen auch gegenüber den SED-Leuten, nicht zuletzt den ehemaligen Sozialdemokraten in der SED, die vieles voraus haben, den polizeilichen Schutz und die Freßpakete und was sonst noch, denen aber das gute Gewissen fehlt, das unseren Genossen die Kraft gibt, auch in der Auseinandersetzung mit der sowjetischen Besatzungsmacht.

Diese Berliner Partei – das kann ich leichter sagen, weil ich zu ihr von außen her gekommen bin und das, was ich über sie zu sagen habe, also nicht ein Selbstlob ist – hat einen ganz besonderen Typ von Menschen in der deutschen Sozialdemokratie entwickelt, nicht deswegen, weil die Menschen, die dort leben, alle zusammen soviel besser wären als in anderen Teilen Deutschlands, aber weil sie durch die Umstände und durch die Entwicklung seit 1945 in diese Konflikte hineingedrängt wurden und in der Auseinandersetzung mit diesen Konflikten gewachsen sind und schneller gewachsen als unsere Menschen in den Organisationen der anderen Zonen. Ich zweifle also nicht daran, daß wenn sie vor ähnliche Aufgaben gestellt würden, sie ihnen auch ähnlich begegnen würden. Aber eins möchte ich den Genossen sagen, es hat gar keinen Sinn, wie sich das auch dieser Tage natürlich im persönlichen Gespräch ergeben hat, wenn man sich im Anschluß daran jetzt in den Parteikörperschaften der westlichen Zonen, in den Bezirken oder in den Ortsvereinen, darüber den Kopf zerbrechen würde, was wird mit unseren Berliner Genossen? Denn indem man diese Frage stellt und sich über Gebühr mit ihr beschäftigt, schwächt man den Kampf, der jetzt, diese Woche und die nächste Woche, von entscheidender Bedeutung noch sein kann um das Schicksal Berlins, um ihn nach der Seite hinzuwenden, wohin er gewendet werden muß. Wir können nicht zu gleicher Zeit einen Entscheidungskampf führen wollen, obgleich wir uns über die Begrenzung unseres Einflusses völlig im klaren sind, und uns […][100] nicht zu gleicher Zeit überlegen, ob nicht dieser zugespitzte Kampf oder diese Phase für den einen oder anderen unserer Leute sehr nachträgliche Folgen hat. Über diese Kompetenzen sind sich unsere Berliner Genossen nicht nur in der Führung und beim Unteroffizierskorps der Partei, sondern auch innerhalb der Mitgliedschaft völlig im klaren.

Die Aufgabe, die jetzt vorliegt – und ich finde, das sollte bei der Kommentierung der Entschließung in der Parteipresse und in den Organisationen ganz klar gemacht werden, ist natürlich einerseits, daß sie anknüpft an die Not in Berlin, also man könnte sagen, eine

---

99 Gemeint Franz *Neumann*.
100 Weggelassen wurde hier die zusätzliche Bemerkung „nicht zugleich überlegen, und uns nicht" (Prot. B, S. 23).

humanitäre Aktion, aber eine humanitäre Aktion, die dazu dienen soll, unser Volk überall im Westen, wo es sich frei äußern kann, politisch aufzurütteln. Nicht deswegen, weil man den Berlinern etwas zugute kommen lassen soll, sondern – und ich fürchte, das ist in weiten Teilen, auch in demokratischen Teilen der Bevölkerung des Westens noch nicht da – weil es wirklich so ist, daß die Rettung Berlins auch die Rettung, die Sicherung eines demokratischen Aufbaus im Westen bedeutet und daß ein Scheitern dieses Kampfes in Berlin zu den allerernstesten Folgen auch im übrigen Deutschland führen müßte. Dieser Kampf aber für Berlin und damit für Deutschland kann bei der ganzen Lage der Dinge in Deutschland nur von den deutschen Sozialdemokraten mit Erfolg geführt werden, so wie der Kampf in Berlin selbst bis auf den heutigen Tag von der Sozialdemokratie geführt worden ist. Ohne diesen Kampf wäre Berlin schon längst versackt in den Sumpf des Totalit[ar]ismus und der Sowjet-Kolonisation. Wir haben hier als Partei eine ganz entscheidende Führerrolle in der entscheidenden Phase dieses Kampfes zu leisten. (Beifall)

Gen. **Ollenhauer**: Es liegen weitere Wortmeldungen nicht vor. Ich glaube, daß diese Aussprache eine wertvolle Ergänzung war zu dem Bericht von Franz *Neumann*, weil sie die allgemeinen politischen Aspekte dieses Problems noch sehr klar herausgestellt hat. Ich schlage vor, daß wir diese Aussprache über die Annahme dieser Entschließung ohne eine längere Diskussion über die einzelnen Formulierungen in der Entschließung beenden. Man kann darüber streiten, das eine oder andere anders zu sagen, aber es kommt auf den Inhalt und den Geist an, und ich glaube, daß in ihrer allgemeinen Tendenz diese Entschließung das ausdrückt, was die Sozialdemokratie denkt und auch die Vorschläge enthält, die wir machen können, die Aktion der Partei zur Unterstützung der Berliner zu ermöglichen. Ich würde nur eine einzige Änderung vorschlagen, nämlich die Entschließung nicht einzuleiten mit den Worten „Der Vorstand der SPD", sondern „die Sozialdemokratische Partei Deutschlands grüßt die Berliner in der entscheidenden Phase". Alle anderen Formulierungen würde ich so lassen, und ich würde vorschlagen, daß wir diese Entschließung so annehmen. –

Wer für die Entschließung ist, den bitte ich, die Hand zu erheben. Das ist einstimmig beschlossen.[101] Ich hoffe, daß wir bei der nächsten Gelegenheit unsere Berliner Genossen hier sehen in einer Situation, in der sie wieder unter besseren Umständen, in größerer Freiheit und Sicherheit für unsere gemeinsame Sache in Berlin arbeiten können.

Punkt 2 (Wiener Sozialisten-Konferenz)[102]
Anschließend gab Gen. **Henßler** den Bericht über die internationale Sozialistenkonferenz in Wien, zu dem keine Beschlüsse vorlagen und eine Diskussion nicht stattfand.[103]

---

101 Die Berlin-Entschließung wird hier als Anlage 4 abgedruckt. Im maschinenschriftlichen Kurzprotokoll nur Hinweis auf einstimmige Annahme der vorliegenden Entschließung.
102 Überschrift nach dem Kurzprotokoll (S. 1).
103 Nach dem stenographischen Bericht, im maschinenschriftlichen Protokoll nur Hinweis auf den Bericht von Henßler und eine nicht mehr vorhandene „Anlage 4" sowie das Protokoll der Konferenz. Zu dieser Wiener Internationalen Sozialistenkonferenz vgl. Einleitung II 2 c.

Dokument 22, 28. bis 30. Juni 1948

Punkt 3 (Parteitag)[104]
Ollenhauer stellt nach kurzer Diskussion fest, daß die Terminverlegung vom 4. auf den 11. September akzeptiert werden muß, da der Bezirk Düsseldorf es für unmöglich hält, die Bauarbeiten zu dem früheren Zeitpunkt abzuschließen.
PV und PA beschließen einstimmig die Annahme der vorgelegten Tagesordnung. (siehe Anlage [4][105])

Punkt 4 (Wahlrecht)[106]
Menzel erläutert nach ausführlicher Schilderung der Vor- und Nachteile der beiden Wahlsysteme den vorliegenden PV-Beschluß. Dieser Beschluß sei jedoch nicht als endgültig für kommende Reichstagswahlen anzusehen.
    Schmid Das Kommunalwahlrecht muß proportional sein, dagegen sollten Reichstagswahlen nach dem Mehrheitswahlrecht durchgeführt werden.
    Roser stellt fest, daß nach dem vorliegenden PV-Beschluß die Zahl der Abgeordneten vorher nicht feststeht. Er spricht sich für das Verhältniswahlrecht aus.
    Lüdemann zeigt die Schwächen des Verhältniswahlrechts auf, das er als Hauptursache für den Zusammenbruch der Weimarer Demokratie bezeichnet.
    Eichler tritt entschieden für den vorliegenden Beschluß des PV ein.
    Görlinger erklärt, daß unsere Genossen in den Gemeinden kein Verständnis dafür haben, daß wir mögliche Machtpositionen durch Anerkennung des Mehrheitswahlrechts preisgeben.
    Ollenhauer Das Wahlrecht kann heute von uns noch nicht entschieden werden. Das Problem muß in der Partei noch ausdiskutiert werden. Die vorliegenden Richtlinien sind nur als Diskussionsgrundlage für die nächste Wahl gedacht.[107] Es kann daher in diesem Stadium auf eine Abstimmung verzichtet werden.

Nau gibt Aufklärung über die **finanzielle Stellung der Partei nach der Währungsreform**.[108] Die Steuerfreiheit der Parteien ab 1945 ist festgelegt. Überbrückungskredite sind zugesichert mit 20 Pfennig pro Wählerstimme.
    Nächste gemeinsame Sitzung des PV und PA voraussichtlich am 10.9.1948 in Düsseldorf.

Gen. Ollenhauer:[109]

---

104 Die kurzen Bemerkungen zum Tagesordnungspunkt 3 nach dem Kurzprotokoll (S. 1).
105 In der Vorlage „2".
106 Der TOP 4 wird hier nach dem maschinenschriftlichen Kurzprotokoll wiedergegeben (S. 1 f.) Im stenographischen Protokoll nur Hinweis auf die Diskutanten und auf den Verzicht von Ollenhauer auf eine formelle Abstimmung. Das letztere wird auch im Kommuniqué erwähnt.
107 Zu diesem „Entwurf" des Parteivorstandes vgl. Dok. 21 (PV-Sitzung vom 28./29. 5. 1948), inbes. Anlage 2 (= S. 381 f.).
108 Hinweis auf die Ausführungen von Nau und auf den Termin der nächsten Sitzung nach dem maschinenschriftlichen Kurzprotokoll (S. 2), im stenographischen Protokoll nur Hinweis auf eine „Erklärung zur finanziellen Lage der Partei" durch Nau (Prot. B, S. .25).

[Damit][110] ist unsere Tagesordnung erledigt. Wir haben in der Zeit, die wir uns vorgenommen hatten, gestern und heute, glaube ich, eine gute Arbeit geleistet. Ich danke allen Genossinnen und Genossen für die Mitarbeit, und ich möchte diese Sitzung nicht schließen, ohne unseren Gastgebern besonders herzlich zu danken (Beifall), dazu besonders *Max Brauer* und *Adolf Schönfelder* als [den][111] Repräsentanten der Hansestadt Hamburg für die gastliche Aufnahme, die wir in diesem Hause gefunden haben, und vor allem auch für die weitgehende Unterstützung durch die Beamten, die uns zu betreuen hatten. Wir haben uns hier vom ersten Augenblick an wohlgefühlt. Das zweite Wort des Dankes gilt unserer Parteiorganisation, der Arbeiterwohlfahrt, den Genossenschaften, die alle dazu beigetragen haben, daß wir uns auch um unser leibliches Wohl nicht zu sorgen brauchten. Ich glaube, wir gehen hier von der Stadt weg mit dem Gefühl, daß wir uns in der Stadt Hamburg in unserer Parteiorganisation wie zu Hause gefühlt haben, und das ist wohl das beste, was man sagen kann, wenn man als Gast aus einer Stadt wieder nach Hause geht, wo man sich wie zu Hause gefühlt hat. Herzlichen Dank! Euch allen wünsche ich gute Heimreise. Wenn nicht besondere Umstände eine frühere Sitzung des Parteiausschusses notwendig machen, treffen wir uns unmittelbar vor dem Parteitag in Düsseldorf wieder. Bis dahin alles Gute und gute Heimfahrt!

Anlage 1
Kommuniqué der Sitzungen und einige zusätzliche Informationen
Sopade Informationsdienst Nr. 512 vom 3. Juli 1948.

Parteivorstand und Parteiausschuß der Sozialdemokratischen Partei Deutschlands tagten vom 28. bis 30. Juni in Hamburg. Anwesend waren außerdem die sozialdemokratischen Ministerpräsidenten der Länder und Mitglieder der sozialdemokratischen Fraktion im Frankfurter Wirtschaftsrat. Vorübergehend wohnte den Verhandlungen der Gouverneur von Hamburg, *Mr. Berry*, bei. Als Gäste waren erschienen der englische Labour-Politiker *Allan Flanders* und der ehemalige Reichstagsabgeordnete *Gerhart Seger*, Chefredakteur der „Neuen Volkszeitung" in New York. Vor dem Beginn der Beratungen hatten sich der Verfassungspolitische und der Außenpolitische Ausschuß zu einer Sitzung zusammengefunden. Am Montagnachmittag und am Dienstagvormittag hielt der Parteivorstand eine Sitzung ab, am Dienstag und Mittwoch folgten gemeinsame Beratungen von Vorstand und Ausschuß.

Vier Themen standen im Vordergrund der Überlegungen und Diskussionen: die gefährliche Zuspitzung der Lage in Berlin, die Einstellung der SPD zu den Londoner Empfehlungen über den Aufbau einer provisorischen Neuordnung in Westdeutschland, die Frage des Wahlrechts und der kommende Parteitag in Düsseldorf. Das politische Hauptreferat hielt der stellvertretende Vorsitzende *Erich Ollenhauer*.

---
109 Schlußwort Ollenhauers nach dem stenographischen Protokoll (Prot. B, S. 25 f.).
110 In der Vorlage: „Dann" (S. 25).
111 In der Vorlage: „die" (S. 26).

Dokument 22, 28. bis 30. Juni 1948

Aus Berlin waren *Franz Neumann*, *Ida Wolff* und *Willy Brandt* erschienen. *Franz Neumann* berichtete unter großer Erregung der Versammlung über die brutalen Terrormaßnahmen der SEP-Funktionäre in Berlin und über die Maßnahmen der russischen Besatzungsmacht, die auf eine Aushungerung von zwei Millionen Berlinern hinauslaufen. Die Stellung der leitenden Parteikörperschaften zu diesem Tatbestand wurde in einer Entschließung festgelegt, die einstimmig angenommen wurde. Es wurde weiter beschlossen, *Willi Eichler*, *Fritz Heine* und *Franz Neumann* möglichst bald nach London zu entsenden zu Verhandlungen mit Vertretern der Labour Party über die Notwendigkeit einer umfassenden und schnellen Hilfe für Berlin.

Auch die Haltung des Parteivorstandes zu den Londoner Abmachungen wurde nach eingehender Diskussion vom Parteiausschuß einstimmig gebilligt, ebenso eine Entschließung über die Notwendigkeit der Einstellung der Demontage. Zur Frage des künftigen Wahlrechts referierte *Dr. Walter Menzel*. Der Gegenstand führte zu einer Auseinandersetzung über die zweckmäßigste Form eines künftigen Wahlsystems. Ein endgültiger Beschluß war nicht beabsichtigt und wurde nicht gefaßt. Als Grundlage für das Verhalten der Partei bei der nächsten Wahl liegt ein Vorstandsbeschluß vor, der in seinem provisorischen Charakter vom Parteiausschuß angenommen wurde.

Nach den Beschlüssen dieser gemeinsamen Sitzung von Parteivorstand und Parteiausschuß wird der Parteitag in Düsseldorf in der Zeit vom 11. bis 14. September stattfinden. Es sind zwei Hauptreferate vorgesehen: *Dr. Kurt Schumacher* wird über „Die Sozialdemokratie im Kampf um Freiheit und Sozialismus", der ehemalige Wirtschaftsminister von Bayern, *Dr. Rudolf Zorn*, über „Soziale Neuordnung als sozialistische Gegenwartsaufgabe" sprechen. Dem Parteitag wird eine Frauenkonferenz vorangehen, die vom 7. bis 9. September in Wuppertal stattfindet.

Über das brennende Problem des Lastenausgleichs berichtete *Herbert Kriedemann* in der Vorstandssitzung am Dienstag. Die grundsätzlichen politischen Vorstellungen in dieser Frage sind weitgehend in dem Sinne geklärt, daß der Lastenausgleich als der Beginn einer gründlichen und vollkommenen sozialen Neuordnung zu betrachten und zu behandeln ist. Gegenwärtig arbeitet man an der Durchberatung der technischen Einzelheiten. Scharfe Kritik wurde an der Tatsache geübt, daß mit der Währungsreform größte Mengen gehorteter Waren zum Vorschein kamen, und an der nach sozialdemokratischer Auffassung viel zu weit gehenden Freigabepraxis des Wirtschaftsdirektors *Erhard*.

Die SPD und Berlin[112]

Es ist nicht Ausdruck einer besonderen Überheblichkeit, sondern einfache Tatsache, daß im Kampf um die Erhaltung eines wahrhaft demokratischen Berlins die Sozialdemokratie führend gewesen ist und noch führt. Die Hamburger Tagung hat gezeigt, daß auch die solidarische Unterstützung Berlins durch den Westen von der Sozialdemokratie getragen

---

112 Die folgenden zusätzlichen Informationen sind ein im Wortlaut unwesentlich veränderter Abdruck des Berichts von Peter Raunau über die Sitzungen im Sozialdemokratischen Pressedienst (spd/ III/77 v. 30. 6. 1948, S. 1 f.) mit der Überschrift „Die Stärke der Partei". Die hier gewählten Überschriften entstammen mit Ausnahme der letzten dem Abdruck.

werden soll, als der Partei mit der lebendigsten und geschlossensten Verbindung nach Berlin. Buchstäblich alles muß getan werden, um die Berliner in ihrem politischen Kampf zu unterstützen. Es sind *Franz Neumann* von maßgebender westalliierter Seite Zusicherungen gegeben worden, daß unter allen Umständen ein Weg gefunden wird, um die in den Westzonen für Berlin gesammelten Lebensmittel auch an den Bestimmungsort zu bringen. Es ist gleichzeitig mit der Ankündigung einer großen Kundgebungswelle in ganz Westdeutschland direkte Fühlung mit den maßgebendsten Stellen der Westalliierten, mit den sozialistischen Bruderparteien, den Gewerkschaften, der UNO und anderen Einrichtungen aufgenommen worden.

Diese Tage in Hamburg waren erfüllt von der äußersten Entschlossenheit der SPD, in der kritischen Stunde nichts zu versäumen, um dem drohenden Anprall der neuen totalitären Sturzwelle ein festes Bollwerk entgegenzusetzen. Die Dinge, die hier geschehen müssen, haben nichts mit künstlicher nationalistischer Empörung zu tun. Sie sind eine absolut unerläßliche Notwendigkeit der Selbstachtung und Selbsterhaltung – für ganz Deutschland und für ganz Europa. Man kann der Ansicht sein, daß die außergewöhnlichen Gefahren, die entstanden sind, auch eine entsprechend große Chance umschließen: die Möglichkeit nämlich, in dieser erhöhten Bedrängnis neue Impulse für die politische Arbeit zu gewinnen. Die Berliner Krise muß der Ausgangspunkt für eine bessere und klarere politische Vorstellungswelt in ganz Deutschland sein. Die SPD wird diese Entwicklung führend tragen.

Die Frage des Lastenausgleichs

Sie wird es auch in anderer Beziehung sein müssen, und zwar vor allem in der Frage des Lastenausgleichs. Diese Frage hat in Hamburg zunächst nur intern, in diesem Rahmen aber eine sehr bedeutsame Rolle gespielt. Man ist sich an maßgebender Stelle der Partei darüber klar und einig, daß dieser Lastenausgleich kein wirtschaftliches und soziales Stückwerk bleiben darf. Jetzt muß Farbe bekannt werden – das ist die Grundstimmung, die in dieser Frage herrscht. Auf diesen Lastenausgleich warten die Vertriebenen, Ausgebombten und [die] neuen Hunderttausende von durch die Währungsreform Geschädigten. Der Lastenausgleich ist die Notwendigkeit zu einer völligen sozialen Neuordnung in Deutschland. Erfassung der Sachwerte durch Vermögensabgabe, Zahlung von Renten an Arbeitsunfähige und von Pauschalbeträgen zur Wiederbeschaffung von Hausrat, Finanzierung von Siedlungen und gewerblichen Unternehmungen, Kredite und Zuschüsse an die öffentliche Hand für Zwecke des Wiederaufbaus; das alles werden besonders wichtige Gesichtspunkte sein, mit denen man sich auseinandersetzen muß.

Die Stärke der Partei

Die vorgelegten Entschließungen in Hamburg wurden einstimmig gebilligt. Die Hamburger Tage haben gezeigt, daß die SPD eine wahrhaft einheitliche politische Willenspotenz ist, deren Kraft umso größer ist, als ihre Einheitlichkeit nicht formal und künstlich ist, sondern sich als erarbeitetes Gesamtergebnis mancher divergierender Auffassung in Einzelfragen darstellt.

Dokument 22, 28. bis 30. Juni 1948

Die ziffernmäßige Größe einer überragenden Partei und gleichzeitige maximale Geschlossenheit besitzt unter den deutschen Parteien, die diesen Namen verdienen, nur die SPD. Die Stärke der SPD ist auch das wertvollste Kapital der gesamten deutschen Innenpolitik.

Schumacher wird in Düsseldorf sprechen[113]
Für das politische Hauptreferat auf dem Parteitag der SPD vom 11. bis 14. September in Düseldorf ist nach der offiziell bekanntgegebenen vorläufigen Tagesordnung *Dr. Kurt Schumacher* vorgesehen. Der zweite Vorsitzende der SPD, *Erich Ollenhauer*, erklärte in Hamburg: „Es hat uns noch nicht eine einzige Minute Zeit gekostet, die Frage einer Nachfolgeschaft *Dr. Schumachers* überhaupt zu behandeln. Warum? Weil wir der festen Ansicht sind, daß er in absehbarer Zeit wieder aktiv am politischen Leben teilnehmen wird."

Anlage 2
Beschluß „Die SPD und die Londoner Abmachungen"
Sopade Informationsdienst Nr. 511, S. 1 f.[114]

Alle bisherigen Versuche, Deutschland auf dem Wege der Verständigung aller vier Besatzungsmächte wieder zu einer wirtschaftlichen und politischen Einheit zusammenzufügen, sind wesentlich am Verhalten der Sowjetregierung gescheitert. Aus dieser Lage ergaben sich die Londoner Abmachungen über die einheitliche wirtschaftliche und politische Verwaltung der drei Westzonen.

Die Sozialdemokratische Partei Deutschlands bedauert, daß die Londoner Konferenz ihre Beschlüsse ohne Anhörung und Mitwirkung deutscher Vertreter gefaßt hat. Die Verantwortung für die Londoner Abmachungen liegt ausschließlich bei den beteiligten Mächten. Eine endgültige deutsche Stellungnahme wird erst möglich sein, nachdem das Abkommen in seiner Gesamtheit bekanntgeworden ist.

Für die deutsche Sozialdemokratie ist und bleibt die Wiederherstellung der Einheit Deutschlands das Ziel ihrer Politik. Die durch die Londoner Abmachungen angestrebten Einrichtungen haben den Zweck, die Form der Besatzungsherrschaft den veränderten Verhältnissen anzupassen. Sie stellen die Souveränität des deutschen Volkes nicht wieder her und sind darum nur ein weiteres Provisorium.

Eine Überwindung des Provisoriums wird nur durch einen Friedensvertrag mit Gesamtdeutschland erreicht werden können. Eine befriedigende Lösung wird er nur darstellen können, wenn er den Geist der Atlantik-Charta respektiert und die gleichberechtigte Mitarbeit eines demokratischen Deutschlands in den europäischen und internationalen Körperschaften ermöglicht. Mit dieser Gleichberechtigung sind Beschränkungen der deutschen Verfassungshoheit unvereinbar.

---

113 Überschrift dem „Sozialdemokratischen Pressedienst" entnommen.
114 Abgedruckt: Jb. SPD 1948/49, S. 133 f.

Die Sozialdemokratische Partei wehrt sich gegen den Versuch, Deutschland verfassungsrechtliche Konstruktionen aufzuzwingen.

Die Erweiterung und Zusammenfassung der deutschen Befugnisse auf der jeweils höchsten erreichbaren territorialen Stufe ist eine Notwendigkeit. Aus diesem Grunde bejaht die Sozialdemokratie die Schaffung einer einheitlichen und effektiven Verwaltung in den drei Westzonen. Darum tritt sie auch dafür ein, daß die Besatzungsmächte baldige allgemeine und direkte Wahlen zu einem provisorischen Parlament ermöglichen. Dieses sollte sowohl ein Verwaltungsstatut für die westlichen Besatzungszonen schaffen als auch die normalen Funktionen einer demokratischen Volksvertretung übernehmen.

Voraussetzung hierfür ist der vorherige Erlaß eines Besatzungsstatuts. Dieses muß für die Zeit bis zur Herstellung des Friedenszustandes für alle drei Zonen eine eindeutige rechtliche Grundlage für die selbständige administrative Organisation Deutschlands, die Ausübung der Besatzungsherrschaft und die Beziehungen zwischen den Besatzungsmächten und den Deutschen schaffen. Es sollte außerdem den Deutschen die volle Selbstverwaltung in allen ihren eigenen Angelegenheiten geben und die Befugnisse der Besatzungsmächte auf Kontrolle beschränken.

Das Gelingen der Neuregelung im Westen wird in hohem Maße davon abhängen, daß Berlin als Vorposten der Demokratie und der deutschen Einheit erhalten bleibt. Die neue Verwaltung für die Westzonen muß darum so geregelt werden, daß Berlin in geeigneter Form einbezogen werden kann.

Die Sozialdemokratische Partei tritt für eine internationale Lenkung der europäischen Grundstoffindustrien ein. Sie erkennt internationale Kontrollmaßnahmen an, die tatsächlich der Verhinderung einer deutschen Kriegsproduktion dienen.

Sie bedauert, daß in der für die Verteilung der Ruhrproduktion vorgesehenen internationalen Kontrollkommission die Deutschen, von deren Leistung und Arbeitsfreudigkeit die Entwicklung der Ruhrproduktion entscheidend abhängt, nur mit einer Minderheit beteiligt werden. Die deutsche Mitarbeit an dieser Kontrollkommission wird nur möglich sein, wenn sich erweist, daß die Kommission die Entscheidungsfreiheit der Deutschen über die zukünftigen Besitzverhältnisse an Rohstoffen und Produktionsstätten nicht beeinträchtigt, und daß sie dem deutschen Volk eine seinen Lebensinteressen gerecht werdende Wirtschaftspolitik ermöglicht.

Anlage 3
Beschluß „Gegen Demontage der Friedensindustrie"
Sopade Informationsdienst Nr.511, S.2.[115]

„Der europäische Wiederaufbauplan und die Londoner Abmachungen erstreben die Wiedereingliederung Deutschlands in das europäische Wirtschaftsleben. Dieses Bestreben ist unvereinbar mit der Fortsetzung der Demontage von Produktionsmitteln, die der Friedenswirtschaft dienen oder für den Aufbau einer leistungsfähigen Friedenswirtschaft

---

115 Abgedruckt: Jb. SPD 1948/49, S. 134.

unerläßlich sind. Die Sozialdemokratische Partei fordert erneut die sofortige Einstellung dieser Demontagen."

Anlage 4
Resolution **„Rettet Berlin!"**
So*pade Informationsdienst Nr. 511 v. 2.7.1948, S. 2*[116]

Die Sozialdemokratische Partei Deutschlands grüßt die Berliner in der entscheidenden Phase ihrer demokratischen Selbstbehauptung. Alle deutschen Sozialdemokraten verfolgen mit Sympathie und Bewunderung den tapferen Abwehrkampf, der seit mehr als drei Jahren auf Berliner Boden geführt wird.

Der Parteivorstand hält es für seine Pflicht, den Ernst der gegenwärtigen Lage vor aller Welt klar herauszustellen. Die russische Besatzungsmacht hat Berlin isoliert und seine Versorgung mit Lebensmitteln, Kohle und Elektrizität abgeschnitten. Selbst den Kleinkindern, stillenden Müttern und Kranken hat man Milch und Medikamente gesperrt. Mit diesen skrupellosen Mitteln soll Berlin für eine kommunistische „Machtergreifung" nach Prager Muster reif gemacht werden. Die Aushungerung muß verhindert werden.

Der Parteivorstand fordert alle Bezirksorganisationen auf, Solidaritäts-Kundgebungen für Berlin durchzuführen. Die Gemeindeparlamente, Landtage und Landesregierungen werden aufgefordert, die Verbundenheit aller deutschen Landesteile mit der abgeschnittenen und bedrängten Hauptstadt eindeutig zum Ausdruck zu bringen. Die Bevölkerung der Westzonen wird trotz eigener Schwierigkeiten bereit sein, auf eine Tagesration ihrer Lebensmittel zu verzichten und sie mit deutschen Transportmitteln nach Berlin zu bringen, sobald die Verkehrssperre aufgehoben wird.

Aus der aktiven Mithilfe der Kommunisten an den Berliner Terrormaßnahmen müssen auch in den Westzonen die politischen Konsequenzen gezogen werden. Wir sagen jenen den schärfsten Kampf an, die Berliner Kinder mit dem Hungertod bedrohen und sozialdemokratische Abgeordnete nach Nazi-Manier überfallen.

Im Kampf um Berlin fällt die Entscheidung über die deutsche und europäische Demokratie. Die Westmächte haben wiederholt feierlich erklärt, daß sie Berlin nicht verlassen. Der Parteivorstand appelliert an die sozialistischen Parteien, die Gewerkschaften und die demokratischen Kräfte in aller Welt, dafür zu sorgen, daß dem freiheitlichen Berlin unverzüglich Hilfe gebracht wird. Ein Rückfall in die Politik von München darf nicht gelingen.

Die Berliner Krise kann zu einer ernsten Gefährdung des Friedens führen. Die UNO kann sich einer Stellungnahme zu der vorhandenen Bedrohung des Friedens und der Humanität nicht entziehen, ohne ihrer Aufgabe untreu zu werden. Aber die Verantwortlichkeit und die Rechte der alliierten Besatzungsmächte bleiben bestehen.

Befreit die Berliner aus Furcht und Not!
Rettet das freiheitliche Berlin!

---
[116] Abgedruckt: Jb. SPD 1948/49, S. 134.

Dokument 22, 28. bis 30. Juni 1948

Anlage 5
Einladung zum Parteitag mit Bekanntgabe der vorläufigen Tagesordnung vom 29. Juni 1948

Hektogr. Rundschreiben des Vorstandes, Beilage „II" zum Protokoll der PV-Sitzung[117]

Parteitag der Sozialdemokratischen Partei Deutschlands Düsseldorf 1948
Auf Grund der Bestimmungen des Parteistatuts berufen wir den Parteitag 1948 für die Tage vom 11. September bis einschließlich 14. September 1948 nach Düsseldorf ein.

Vorläufige Tagesordnung:
1) Eröffnung und Begrüßungen,
2) Die Sozialdemokratie im Kampf für Freiheit und Sozialismus, Referent Dr. Kurt Schumacher
3) Arbeitsbericht des Parteivorstandes: a) Organisation, Referent Egon Franke, b) Kasse, Referent Alfred Nau, c) Presse und Propaganda, Referent Fritz Heine, d) Frauensekretariat, Referent Herta Gotthelf, e) Kontrollkommission, Referent Adolf Schönfelder
4) Bericht der Fraktion des Wirtschaftsrats, Referent Herbert Kriedemann
5) Soziale Neuordnung als sozialistische Gegenwartsaufgabe, Referent Dr. Rudolf Zorn
6) Sonstige Anträge
7) Wahlen: a) des Parteivorstandes, b) der Kontrollkommission

Anträge, die auf dem Parteitag zur Verhandlung kommen sollen, müssen von den Parteiorganisationen *bis spätestens 7. August* beim Parteivorstand, Hannover, Odeonstr. 15/16, eingereicht sein.

Als *stimmberechtigte Teilnehmer* werden zu dem Parteitag eingeladen: Die Delegierten der Bezirke, die Mitglieder des Parteivorstandes, des Parteiausschusses und der Kontrollkommission. Die Zahl der auf die einzelnen Bezirke entfallenden Delegierten wird den Bezirksvorständen unter Zugrundelegung der Bestimmungen des Parteistatuts mitgeteilt.

Die Bezirksvorstände müssen *Namen und Adressen ihrer Delegierten bis spätestens 21. August* dem Büro des Parteivorstandes mitteilen.

Wohnungsanmeldungen für die Teilnehmer des Parteitages sind an das Bezirkssekretariat der SPD Düsseldorf, Kasernenstr. 67a, mit genauer Angabe der Ankunftszeit und der Zahl der benötigten Quartiere bis *spätestens 28. August* einzuschicken.

Hamburg, den 29. Juni 1948
Der Vorstand der Sozialdemokratischen Partei Deutschlands

---

117 Diese Einladung wurde mit der Absenderangabe „Sozialdemokratische Partei Deutschlands. Der Parteivorstand" verschickt. Veröffentlicht wurde sie – ohne Absender- und Datumsangabe – im Sozialdemokratischen Pressedienst III/79 v. 5.7.1948.

Dokument 22, 28. bis 30. Juni 1948

Anlage 6
Vorlage „Zwei Arten des Lastenausgleiches"
Hektogr. maschinenschriftl. Vorlage, 2 S., von Kriedemann für die Mitglieder des PV, Beilage „III" zum Protokoll

Der Lastenausgleich kann grundsätzlich auf zwei Wegen angestrebt werden: entweder, indem nach Art des Kursverfahrens durch die Vermögensabgabe eine Vermögensmasse gebildet wird, die zur Ausschüttung an die Beschädigten nach Maßgabe der Größe ihres Schadens bestimmt ist oder indem durch die Vermögensabgabe eine Vermögensmasse gebildet wird, die dazu dient, die erlittenen Schäden einschließlich der Folgen der Währungsreform unter sozialen Gesichtspunkten auszugleichen, ohne daß dabei die Größe des erlittenen Vermögensschadens maßgebend ist (Personenschäden sind in allen Fällen ausgeschlossen).

Der Unterschied zwischen beiden Möglichkeiten läßt sich durch gewisse Abwandlungen verringern, bleibt aber prinzipiell bestehen. Zwischen ihnen ist deshalb die politische Entscheidung zu treffen.

Wesentliche Merkmale:
Konkursverfahren:
Feststellung der Schäden,– Erfassung der Sachwerte durch Vermögensabgabe, – Errichtung einer Kasse oder Bank zur Verwaltung der Ansprüche und Erträge aus der Vermögensabgabe, – Feststellung der Schadensquote, – Ausschüttung der Quote nach Maßgabe der vorhandenen Barmittel oder Sachwerte oder durch Zertifikation.
Lastenausgleich:
Keine Schadensfeststellung im einzelnen, sondern Feststellung der Personenkreise, – Erfassung der Sachwerte durch Vermögensabgabe, – Errichtung einer Kasse, – Zahlung von Renten an Arbeitsunfähige, vermögenslose Entschädigungsberechtigte, – Zahlung von Pauschalbeträgen zur Wiederbeschaffung von Hausrat, – Finanzierung von Siedlungen und gewerblichen Unternehmungen, soweit Anspruchsberechtigte entsprechende Möglichkeiten haben, – Kredite und Zuschüsse an öffentliche Hand für Zwecke des Wiederaufbaus, Möglichkeiten der Einflußnahme auf Wirtschaftslenkung, Arbeitsbeschaffung usw.
Für und Gegen das Konkursverfahren:
Dieses Verfahren entspricht dem allgemeinen privatwirtschaftlichen Denken und wird daher noch als Selbstverständlichkeit angesehen. Es kommt auch den Vorstellungen derer entgegen, die nach der bisherigen Behandlung der Frage erwarten, daß sie in einem möglichst großen Umfange wieder in ihren alten Stand eingesetzt werden sollen.

Gegen das Verfahren sprechen die Schwierigkeiten, die mit der Schadensfeststellung verbunden sind (Verwaltungsaufwand, keine Möglichkeit zur Nachprüfung der Angaben, in vielen Fällen Unmöglichkeit, genaue Angaben zu machen, Bewertungsfragen). Ferner spricht gegen dieses Verfahren, daß die Quoten naturgemäß sehr gering sein müssen und daß [die][118] Erwartung, man würde den betreffenden Teil (Quote) des erlittenen Schadens in bar oder in natura sofort ausgehändigt erhalten, nicht erfüllt werden kann. Dagegen spricht weiter, daß durch dieses Verfahren auch solche Personen Ansprüche erhalten, die nur einen Teil ihres Besitzes verloren haben. Auch eine soziale Staffelung der Quoten überwindet die Bedenken nicht.

Für und Gegen [das Verfahren] des Lastenausgleichs:
[Dieses Verfahren][119] vermeidet Schadensfeststellung. Er beschränkt sich darauf, nur den Personenkreis festzustellen (Ausgebombte, Vertriebene, Währungsgeschädigte usw.). Er sichert Renten in gleicher Höhe allen Arbeitsunfähigen zu. Er will denen, die ihren Hausrat verloren haben, dessen Beschaffung ermöglichen ohne Rücksicht auf die Höhe des Verlustes. Er will den relativ wenigen, die in der Lage sein werden, eine selbständige Existenz neu zu begründen, die dafür nötigen Mittel zur Verfügung stellen. Durch die Vermeidung der Verzettelung des Aufkommens aus der Vermögensabgabe soll eine Vermögensmasse zusammengehalten werden, aus der Wohnungsbau und andere wirtschaftslenkende Maßnahmen finanziert werden können.

Gegen dieses Verfahren spricht, daß es die Erwartungen derer enttäuschen wird, die ohne Rücksicht auf die ihnen verbliebenen wirtschaftlichen Möglichkeiten auf die Wiedergutmachung ihres Schadens wenigstens zu einem Teil rechnen.

---

118 In der Vorlage „der".
119 In der Vorlage „Dieser Ring".

Dokument 23, 7. Juli 1948

Nr. 23

Sitzung des Parteivorstandes und der sozialdemokratischen Ministerpräsidenten am 7. Juli 1948 in Assmannshausen bei Rüdesheim

AdsD: *SPD-Parteivorstand, 2/ PVAS 0000673, Sitz d. PV mit den sozialdemokratischen Ministerpräsidenten am. 7.7.1948 (Maschinenschriftl. Prot., mit handschriftl. Berichtigungen, 5 S.)*[1]

Leitung: Erich Ollenhauer
Anwesend: siehe Liste

[Teilnehmer/Teilnehmerinnen, nach Funktionen geordnet:[2]
PV: *Ollenhauer, Franke, Gotthelf, Kriedemann, Nau; Albrecht, Baur, Bögler, Gayk, Gnoß, Gross, Henßler, Kaisen, Knothe, Meitmann, Menzel, Neumann, Schmid, Schroeder, Selbert, Veit*
Ministerpräsidenten und Landespolitiker:
Berlin: L. *Schroeder* (Amtierende OB, auch PV)
Bremen: W. *Kaisen* (Senatspräsident, auch PV)
Hamburg: M. *Brauer* (Erster Bürgermeister), W. *Drexelius* (Leiter des Rechtsamts)
Hessen: C. *Stock* (Ministerpräsident), W. *Apel* (Bevollmächtigter Hessens beim WR), H. *Bergner* (Hess. Staatskanzlei)[3], H. L. *Brill* (StSekr. beim MinPräs.), H. *Koch* (Wirtschaftsminister), Walter *Kolb* (OB von Frankfurt), P. *Schmidt* (Hess. Staatskanzlei), A. *Wagner* (Vors. d. LT-Fraktion), G. A. *Zinn* (Justizminister), H. *Zinnkann* (Innenminister)
Niedersachsen: H. W. *Kopf* (Ministerpräsident)
Nordrhein-Westfalen: W. *Menzel* (Stellv. Ministerpräsident u. Innenminister, auch PV)
Rheinland-Pfalz: E. *Bettgenhäuser* (MdL), W. *Bökenkrüger* (Arbeitsminister), O. *Schmidt*[4] (MdL, Staatssekr. im Innen- u. Wirtschaftsmin.)
Schleswig-Holstein: H. *Lüdemann* (Ministerpräsident), R. *Katz* (Justizminister)
Süd-Baden: F. *Maier*[5] (Fraktionsvors.)
Württemberg-Baden: F. *Ulrich* (Innenminister)
Württemberg-Hohenzollern: C. *Schmid* (Stellv. MinPräs., auch PV), V. *Renner* (Innenminister)

---

1 Das Kommuniqué und einige zusätzliche veröffentlichte Notizen (Sopade Informationsdienst Nr. 525 v. 9.7.1948) werden hier als Anlage 1 A und B abgedruckt.
2 Die folgenden Angaben wurden der Anwesenheitsliste in den Beilagen zum Protokoll und Bemerkungen im Protokoll entnommen. Von den Mitgliedern des PV fehlten *Schumacher* (längere Krankheit), *Heine* (Besuch in London); *Agartz, Eichler, Görlinger, Grimme, Helmstädter* und *Loßmann;* für die Teilnehmer an allen gemeinsamen Sitzungen 1947/48 in alphabetischer Reihenfolge vgl. Anhang 4.
3 Heinrich *Bergner*, Hess. Staatskanzlei/Büro der Ministerpräsidenten der drei Westzonen.
4 Otto *Schmidt* (1899-1969), Bergmann, vor 1933 SPD, 1947-69 MdL (Rheinl.-Pfalz), 1947/48 StSekr im Min. F. Wiederaufbau, 1948/49 StSekr im Min. f. Inneres u. Wirtschaft, 1947-63 BezVors Rheinhessen, 1958-69 KK.
5 Friedrich (Fritz) *Maier* (1894-1960), Volksschullehrer, vor 1933 SPD, 1946-51 MdL Baden, 1948/49 MdParlR, 1949-60 MdB.

Dokument 23, 7. Juli 1948

SPD-Fraktion im WR: E. *Schoettle*
Länderrat der Bizone: O. *Mittendorf*⁶, F. *Suchan*⁷, H. *Troeger*
Zonenbeirat der Britischen Zone: G. *Weisser*
Referenten des PV: W. *Brandt*, G. *Lütkens*]

Tagesordnung: Die Frankfurter Dokumente

Schmid erläutert zunächst die von den Alliierten überreichten 3 Dokumente (siehe Anlage [2]⁸).
Zu *Dokument 3 (Besatzungsstatut)* führt er aus, daß die Alliierten von uns Gegenvorschläge erwarten. Im vorliegenden Statut spricht die Vermutung für die Zuständigkeit der Besatzungsmacht. Nicht abzusehen ist, wieweit die Kontrolle des deutschen Außenhandels geht. Sehr weitgehend ist der Passus, der besagt, daß die Militär-Regierungen im Falle eines Notstandes die volle Gewalt wieder übernehmen können.
Im *Dokument Nr. 1* wird die Einberufung der Verfassunggebenden Versammlung behandelt, die bis zum 1.9.1948 zusammentreten soll.
Dokument Nr. 2 behandelt die Änderung der Ländergrenzen. Hierzu sollen die Ministerpräsidenten Vorschläge machen.
Ollenhauer berichtet von der Unterredung, die er am Vortage mit General *Robertson* in Berlin hatte. Er habe den General davon unterrichtet, daß die Richtlinien für das Besatzungsstatut keinen Anklang gefunden hätten. *Robertson* erwiderte darauf, daß die Verfassunggebende Versammlung sich zum Besatzungsstatut äußern solle, bevor es erlassen wird. Auf seinen Einwand, daß die Worte „Verfassung" und „Regierung" einen Zustand vortäuschen, der nicht besteht, erwiderte *Robertson*, daß es auf die Begriffe und Formen nicht ankomme. Eine verkürzte Prozedur zur Schaffung der westdeutschen Verwaltung dürfte auf keinerlei Widerstand der Alliierten stoßen. Die Schaffung einer Kommission in indirekter Wahl, die das Verwaltungsstatut erarbeitet, sei akzeptabel. Direkte Wahlen müßten jedoch baldigst zu einer parlamentarischen Gesamtvertretung stattfinden. Er habe weiter angeregt, daß das Verwaltungsstatut vom neuen Parlament bestätigt werden solle.
Kaisen: Der entscheidende Punkt ist das Besatzungsstatut, das für die französische Zone absolut ein Fortschritt bedeutet. Trotz der für die Bizone nicht verlockenden Bestimmungen müssen wir positiv Stellung nehmen, um endlich die französische Zone von der Willkür der französischen Militär-Regierung zu befreien.
Lüdemann: London scheint zu befürchten, daß die deutschen Ministerpräsidenten die deutschen Vorschläge ablehnen könnten. Wir sollten mit weitgehenden Gegenvorschlägen aufwarten.

---

6 Oswald *Mittendorf*, geb. 1899, gelernter Kaufmann, SPD, 1947-49 Vertreter Bremens im Exekutivrat/ Länderrat des Vereinigten Wirtschaftsgebietes.
7 Franz *Suchan* (1911-1971), Dipl. Volkswirt, Dr. rer.pol., SPD; nach 1945 Landrat in Husum, 1947 Vertreter Schleswig-Holsteins im Exekutivrat, später bei d. Verwaltung d. Vereinigten Wirtschaftsgebietes in Frankfurt, 1949/50 bei der BReg. in Bonn; 1950 Mitgl. d. Kuratoriums, 1954 Vizepräs., 1959 Präs. d. Berliner Zentralbank.
8 In der Vorlage „1". Die Frankfurter Dokumente werden hier als Anlage 2 abgedruckt.

Dokument 23, 7. Juli 1948

Schmid: Wir wollen keinen West-Staat, sondern einen Zonenzusammenschluß, in dem die Deutschen die Fülle der administrativen Aufgaben haben. Dazu gehören Besatzungsstatut und Organisationsstatut.

Stock: Wir können nicht die Sprache der Nationalisten sprechen und müssen akzeptieren, was uns zu einer größeren Verwaltungseinheit führen kann. Die Frage der Ländergestaltung solle vom Verfassungsausschuß behandelt werden.

Menzel: In Nordrhein-Westfalen sind Regierung und Landtagsfraktionen zu Beschlüssen gekommen, wie sie von uns in Hamburg gefaßt wurden. Ministerpräsident *Arnold* wird morgen in Koblenz entsprechend formulieren. *Arnold* hat jedoch die Idee der Bildung eines Konventes, der wie folgt aussehen soll:

CDU 25 Sitze   NLP 2 Sitze
SPD 22 Sitze   Zentr. 2 Sitze
KP   5 Sitze   WAV 1 Sitz
FDP 4 Sitze

Bis zur Bildung einer Regierung möchte *Arnold* ein aus den Ministerpräsidenten zusammengesetztes Exekutivorgan vorschlagen. Zu diesem Vorschlag ist er jedoch von keiner Partei (mit Ausnahme des Zentrums) ermächtigt worden.

Kopf: Das niedersächsische Kabinett beschloß: Besatzungsstatut und Verwaltungsstatut sind zu fordern, die Ländergrenzfrage sei zurückzustellen.

Brauer: Französische Vertreter waren in Hamburg, um zum Ausdruck zu bringen, daß die Deutschen sich doch nur Zeit lassen sollten. Der Gouverneur *Berry* brachte seine Beunruhigung darüber zum Ausdruck, daß die sozialdemokratischen Minister evtl. die Frankfurter Vorschläge ablehnen könnten. – Er hält es für völlig gleichgültig, ob man von Verwaltungsstatut oder Verfassung, Regierung oder Direktorium spricht. Wir dürften nicht mit zu weitgehenden Gegenvorschlägen den Rahmen der Londoner Abmachungen brechen, denn es sei nicht sicher, ob ein derartiges Abkommen ein zweites Mal die französische Kammer erfolgreich passieren könnte. – Die Verfassung könne nicht von einer Versammlung erarbeitet werden, die durch mittelbare Wahlen zustande gekommen sei. – Die Ministerpräsidenten können keine provisorische Regierung sein. – Die Ländergrenzenfrage sei nicht aktuell, ausgenommen die Zusammenführung des Landes Württemberg-Baden. – Die statutgebende Versammlung muß mindestens 150 Abgeordnete haben.

Renner: Im Kabinett Württemberg-Hohenzollern ist man der Auffassung, daß die Frage der Ländergrenzen behandelt werden solle. Die Verkettung der links- und rechtsrheinischen Gebiete sei notwendig.

Kriedemann berichtet, daß er soeben telefonisch von *Heine* einen ersten Bericht über die Besprechungen mit *Bevin* erhalten habe. *Bevin* hat zum Ausdruck gebracht, daß die Deutschen sich der gegebenen Möglichkeiten bedienen sollten. Den von *Heine* vorgetragenen Vorschlag der SPD habe *Bevin* dahingehend beantwortet, daß die Ministerpräsidenten einen derartigen Vorschlag machen könnten.

Maier (Süd-Baden) empfiehlt den Präsidenten *Wohleb* der besonderen Beobachtung bei der morgigen Ministerpräsidenten-Konferenz.

Dokument 23, 7. Juli 1948

Ollenhauer schlägt vor, daß nunmehr folgende 4 Punkte behandelt werden sollen: 1. Besatzungsstatut, 2. Westdeutsche Verwaltung, 3. Ländergrenzen, 4. Ministerpräsidenten-Konferenz.

[Zu *Punkt 1*]
Das **Besatzungsstatut** solle durch die Alliierten verkündet werden und müsse erster Schritt einer Neuregelung sein.
    Schmid formuliert die Gegenvorschläge zum[9] Besatzungsstatut:
1. Abgrenzung der Befugnisse der Besatzungsmächte.
2. Gewährung der allgemeinen Menschenrechte und der politischen Freiheitsrechte.
3. Begrenzung der Leistungen an die Besatzungsmächte.
4. Schiedsgericht und Vergleichsverfahren.

    Brauer stimmt diesen Vorschlägen zu, wünscht jedoch noch Klarstellung der Außenhandelskompetenzen und fordert Einrichtung des Konsulardienstes.
    Kaisen unterstützt die Forderungen *Brauers*.
    Brandt bringt die Erklärung *Robertsons* in Erinnerung, daß die Alliierten sich mit der Verfassunggebenden Versammlung zunächst noch über das Besatzungsstatut unterhalten wollen.
    Ollenhauer stellt abschließend fest, daß zum Punkt 1 (Besatzungsstatut) Übereinstimmung vorliegt. Eine Kommission bestehend aus: *Schmid, Zinn, Drexelius, Lütkens, Brill* und *Kaisen* solle die Vorschläge formulieren.

Zu Punkt 2 (**Westdeutsche Verwaltung**):
Ollenhauer: Wir sollten unser Interesse zum Ausdruck bringen, daß die westdeutsche Verwaltung schnell zustande kommt. Bei der CDU schwebt immer noch die Frage der Beteiligung der Ostzone an der Verwaltung. Wir lehnen dies ab. Jedoch müsse die Einbeziehung Berlins vorgesehen werden.

Louise Schroeder (*außerhalb der Tagesordnung*) gibt einen *Situationsbericht aus Berlin* und schildert die schwierige Finanzlage dort. Sie wirft die Frage auf, ob Westdeutschland mit einer Anleihe von etwa 100.000.000,– DM aushelfen könne.
    Kaisen glaubt, daß dem Gesuch entsprochen werden könne.
    Brauer befürchtet, daß die 100 Millionen denselben Weg gehen würden wie das Kopfgeld. Sie würden gehortet werden.
    Ollenhauer Das Zahlungsmittelproblem wird für Berlin in den nächsten 14 Tagen eine der wichtigsten Fragen in der Verteidigung der Stadt sein. Es gilt, diese kritische Zeit zu überwinden und zu vermeiden, daß die Betriebe wegen des Mangels an Zahlungsmitteln stillgelegt werden. Die Ministerpräsidenten sollten den Berliner Antrag morgen vortragen.
    Brauer schließt sich den Ausführungen *Ollenhauers* an und spricht sich für die Bewilligung aus, auch auf die Gefahr hin, daß das Geld verloren geht.

---
9 Handschriftl. Berichtigung des maschinenschriftl. „des".

Dokument 23, 7. Juli 1948

Ollenhauer: Die AWO wird einen Plan ausarbeiten, der alle Maßnahmen für Berlin zentralisiert.

Fortsetzung zu Punkt 2:
Ollenhauer: Wir wollen eine Kommission, die den *Entwurf eines Verwaltungsstatutes* ausarbeitet. Die Art der Bildung der Kommission ist prinzipiell nicht wichtig. Das schnelle Verfahren spricht für indirekte Wahlen. Das gewählte Parlament habe dann die Entscheidung über das Verwaltungsstatut.
Brauer stimmt mit *Ollenhauer* weitgehend überein. Er befürchtet jedoch, daß das vorbereitende Gremium für lange Zeit geltende Grundgesetze auszuarbeiten hat. Daher sein Wunsch, daß die statutgebende Versammlung in direkter Wahl gewählt wird.
Ollenhauer: Soeben kommt eine DANA-Meldung durch, die besagt, daß die CDU zu den Problemen in Koblenz nicht Stellung nehmen wird. (Ausgenommen die Frage der Ländergrenzen).
Der Verfassungspolitische Ausschuß beim PV wird voraussichtlich in der nächsten Woche Vorschläge für das Verwaltungsstatut ausarbeiten.

Zu Punkt 3 (**Ländergrenzen**):
Ollenhauer Wir sollten in diesem Stadium davon Abstand nehmen, das Ländergrenzenproblem in seiner Gesamtheit aufzurollen. So lange die Ost-West-Teilung besteht, ist keine endgültige Regelung möglich. Es gibt jedoch ein praktisches Problem bei der Einbeziehung der französischen Zone. Die selbständigen Länder Süd-Württemberg und Süd-Baden sind dann nicht mehr notwendig. Offen ist auch noch die Frage, wo Rheinhessen und die Pfalz abbleiben. Wichtig ist, daß der Rhein nicht die Ländergrenze bildet.
Stock betont die besonders ernste Situation des Landes Rheinpfalz. Er schlägt vor, daß der geplante Ausschuß diese Frage bearbeitet.
Schmidt (Rheinhessen): Die Partei der Pfalz wünscht den Anschluß des Landes an Hessen.
Ollenhauer Die Ministerpräsidenten sollten sich morgen darauf beschränken zu fordern, daß Württemberg-Baden zusammengelegt werde und daß der Rhein keine Ländergrenze bilden dürfe. Die Genossen der beteiligten Länder sollen in allernächster Zeit zu einer Aussprache zusammentreten.
Einstimmig beschlossen.

Zu Punkt 4 (**Ministerpräsidenten-Konferenz**):
Ollenhauer: Die Position der Ministerpräsidenten nach den Londoner Abmachungen ist lediglich ein Notstand. Eine Ministerpräsidenten-Konferenz als polit. Exekutive ist für uns nicht akzeptabel.
Brauer stimmt dem zu, glaubt jedoch, daß die Ministerpräsidenten für die Erledigung der Arbeit, die sich aus den Londoner Abmachungen ergibt, ein Sekretariat brauchen.
Kopf bestreitet, daß noch Aufgaben vorliegen, die die Einrichtung eines Sekretariats notwendig machen.

Dokument 23, 7. Juli 1948

Ollenhauer: Wenn die Ministerpräsidenten sich gegenseitig im Vorsitz der Konferenz ablösen und Hessen provisorisch in der Staatskanzlei einen Beamten abteilt, der die lfd. Angelegenheiten erledigt, ist nichts einzuwenden.

Brauer bringt in Erinnerung, daß Ausschüsse nicht direkt mit den Militär-Regierungen verhandeln können. Diese Aufgabe ist den 11 Ministerpräsidenten erteilt.

Ollenhauer: Die Ausschüsse dürfen lediglich während ihrer Arbeit in Zweifelsfragen die Militär-Regierungen konsultieren. Damit ist klargestellt, daß die Aufgaben der Ministerpräsidenten zeitlich begrenzt sind.

Anlage 1 A
Kommuniqué der Sitzung
Sopade-Informationsdienst Nr. 525 vom 19. Juli 1948, S.2 (Überschrift: „III. Das offizielle0 Kommuniqué")

Der Vorstand der SPD gibt aus Rüdesheim bekannt:
Der Vorstand der Sozialdemokratischen Partei Deutschlands und die sozialdemokratischen Ministerpräsidenten berieten auf einer Konferenz in Assmannshausen die drei den Ministerpräsidenten in Frankfurt von den Militärgouverneuren überreichten Dokumente auf der Grundlage der Hamburger Beschlüsse. An den Beratungen nahm die Oberbürgermeisterin von Berlin, *Louise Schroeder*, teil, die bei ihrem Erscheinen von allen Anwesenden herzlich begrüßt wurde. Die sozialdemokratischen Ministerpräsidenten werden auf der Konferenz aller Ministerpräsidenten der Länder der drei Westzonen den bekannten Standpunkt der Sozialdemokratischen Partei vertreten.

Anlage 1 B
Zusätzliche Informationen über die Sitzung
Sopade-Informationsdienst Nr. 525 vom 19. Juli 1948, S.1 f., (Überschrift: „I. Die Teilnehmer")[10]

Die sozialdemokratischen Länderchefs trafen sich am Mittwochnachmittag zusammen mit den führenden Vertretern der SPD auf dem Jagdschloß Niederwald bei Rüdesheim zu Vorbesprechungen für die Drei-Zonen-Konferenz am Donnerstag und Freitag.

An der Sitzung nahmen unter anderem teil: Der Ministerpräsident von Hessen, *Christian Stock*, der Ministerpräsident von Niedersachsen, *Hinrich Kopf*, der Ministerpräsident von Schleswig-Holstein, *Hermann Lüdemann*, der erste Bürgermeister von Hamburg, *Max Brauer*, der Senatspräsident von Bremen, *Wilhelm Kaisen*, der stellvertretende Ministerprä-

---

10 Zu beiden zusätzlichen Informationen die Quellenangabe „DPD, Rüdesheim 7. Juli 1948". Der längere redaktionelle Vorspann lautete: „Nach der Übergabe der Frankfurter Dokumente durch die Militärgouverneure an die Ministerpräsidenten der Westzonen trat die Diskussion um die politische Neugestaltung Westdeutschlands in ein neues Stadium. Vor dem Zusammentritt der Ministerpräsidenten zu ihrer Koblenzer Konferenz, in der die Antwort auf die Frankfurter Dokumente beschlossen wurde, fand am 7. Juli in der Nähe von Rüdesheim eine Beratung der sozialdemokratischen Ministerpräsidenten mit dem Vorstand der SPD statt, über deren Verlauf und Stellungnahme die folgenden Berichte Aufschluß geben. Berichte über die Koblenzer Konferenz und ihre Beschlüsse folgen in der nächsten Nummer der Sopade."

Dokument 23, 7. Juli 1948

sident von Württemberg-Hohenzollern, *Carlo Schmid*, der stellvertretende Vorsitzende der SPD, *Erich Ollenhauer*, und der Vorsitzende der SPD-Fraktion im Wirtschaftsrat, *Erwin Schoettle*.

Louise Schroeder herzlich begrüßt
Als die Konferenz begonnen hatte, erschien auch die amtierende Oberbürgermeisterin von Berlin, Frau *Louise Schroeder*, in Begleitung des Frankfurter Oberbürgermeisters *Dr. h.c. Walter Kolb*. Frau *Schroeder*, die nachmittags auf dem Rhein-Main-Flughafen eingetroffen war, wurde von den Tagungsteilnehmern besonders herzlich begrüßt.

Anlage 2
Dokumente zur künftigen politischen Entwicklung Deutschlands („Frankfurter Dokumente") vom 1. Juli 1948
Abgedr.: Der Parlamentarische Rat 1948-49, Bd.1, S.30-36[11]

Dokument Nr. I: [Verfassungsrechtliche Bestimmungen]
In Übereinstimmung mit den Beschlüssen ihrer Regierungen autorisieren die Militärgouverneure der amerikanischen, britischen und französischen Besatzungszone in Deutschland die Ministerpräsidenten der Länder ihrer Zonen, eine Verfassunggebende Versammlung einzuberufen, die spätestens am 1. September 1948 zusammentreten sollte. Die Abgeordneten zu dieser Versammlung werden in jedem der bestehenden Länder nach den Verfahren und Richtlinien ausgewählt, die durch die gesetzgebende Körperschaft in jedem dieser Länder angenommen werden. Die Gesamtzahl der Abgeordneten zur Verfassunggebenden Versammlung wird bestimmt, indem die Gesamtzahl der Bevölkerung nach der letzten Volkszählung durch 750 000 oder eine ähnliche von den Ministerpräsidenten vorgeschlagene und von den Militärgouverneuren gebilligte Zahl geteilt wird. Die Anzahl der Abgeordneten von jedem Land wird im selben Verhältnis zur Gesamtzahl der Mitglieder der Verfassunggebenden Versammlung stehen, wie seine Bevölkerung zur Gesamtbevölkerung der beteiligten Länder.

Die Verfassunggebende Versammlung wird eine demokratische Verfassung ausarbeiten, die für die beteiligten Länder eine Regierungsform des föderalistischen Typs schafft, die am besten geeignet ist, die gegenwärtig zerrissene deutsche Einheit schließlich wieder herzustellen, und die Rechte der beteiligten Länder schützt, eine angemessene Zentralinstanz schafft und die Garantien der individuellen Rechte und Freiheiten enthält.

Wenn die Verfassung in der von der Verfassunggebenden Versammlung ausgearbeiteten Form mit diesen allgemeinen Grundsätzen nicht in Widerspruch steht, werden die Militärgouverneure ihre Vorlage zur Ratifizierung genehmigen. Die Verfassunggebende Versammlung wird daraufhin aufgelöst. Die Ratifizierung in jedem beteiligten Land er-

---
11 Die in der Dokumentation zur Vorgeschichte des Parlamentarischen Rates publizierten zahlreichen erläuternden und kommentierenden Anmerkungen werden hier nicht übernommen.

folgt durch ein Referendum, das eine einfache Mehrheit der Abstimmenden in jedem Land erfordert, nach von jedem Land jeweils anzunehmenden Regeln und Verfahren. Sobald die Verfassung von zwei Dritteln der Länder ratifiziert ist, tritt sie in Kraft und ist für alle Länder bindend. Jede Abänderung der Verfassung muß künftig von einer gleichen Mehrheit der Länder ratifiziert werden. Innerhalb von 30 Tagen nach dem Inkrafttreten der Verfassung sollen die darin vorgesehenen Einrichtungen geschaffen sein.

Dokument Nr. II: [Länderneugliederung]
Die Ministerpräsidenten sind ersucht, die Grenzen der einzelnen Länder zu überprüfen, um zu bestimmen, welche Änderungen sie etwa vorzuschlagen wünschen. Solche Änderungen sollten den überlieferten Formen Rechnung tragen und möglichst die Schaffung von Ländern vermeiden, die im Vergleich mit den anderen Ländern zu groß oder zu klein sind.

Wenn diese Empfehlungen von den Militärgouverneuren nicht mißbilligt werden, sollten sie zur Annahme durch die Bevölkerung der betroffenen Gebiete spätestens zur Zeit der Auswahl der Mitglieder der Verfassunggebenden Versammlung vorgelegt werden.

Bevor die Verfassunggebende Versammlung ihre Arbeiten beendet, werden die Ministerpräsidenten die notwendigen Schritte für die Wahl der Landtage derjenigen Länder unternehmen, deren Grenzen geändert worden sind, so daß diese Landtage sowie die Landtage der Länder, deren Grenzen nicht geändert worden sind, in der Lage sind, die Wahlverfahren und Bestimmungen für die Ratifizierung der Verfassung festzusetzen.

Dokument Nr. III: [Grundzüge eines Besatzungsstatuts]
Die Schaffung einer verfassungsmäßigen deutschen Regierung macht eine sorgfältige Definition der Beziehungen zwischen dieser Regierung und den Alliierten Behörden notwendig.

Nach Ansicht der Militärgouverneure sollten diese Beziehungen auf den folgenden Grundsätzen beruhen:

A. Die Militärgouverneure werden den deutschen Regierungen Befugnisse der Gesetzgebung, der Verwaltung und der Rechtsprechung gewähren und sich solche Zuständigkeiten vorbehalten, die nötig sind, um die Erfüllung des grundsätzlichen Zwecks der Besatzung sicherzustellen. Solche Zuständigkeiten sind diejenigen, welche nötig sind, um die Militärgouverneure in die Lage zu setzen:

a) Deutschlands auswärtige Beziehungen vorläufig wahrzunehmen und zu leiten.

b) Das Mindestmaß der notwendigen Kontrollen über den deutschen Außenhandel und über innenpolitische Richtlinien und Maßnahmen, die den Außenhandel nachteilig beeinflussen könnten, auszuüben, um zu gewährleisten, daß die Verpflichtungen, welche die Besatzungsmächte in Bezug auf Deutschland eingegangen sind, geachtet werden und daß die für Deutschland verfügbar gemachten Mittel zweckmäßig verwendet werden.

c) Vereinbarte oder noch zu vereinbarende Kontrollen, wie zum Beispiel in Bezug auf die Internationale Ruhrbehörde, Reparationen, Stand der Industrie, Dekartellisierung,

Dokument 23, 7. Juli 1948

Abrüstung und Entmilitarisierung und gewisse Formen wissenschaftlicher Forschung auszuüben.

d) Das Ansehen der Besatzungsstreitkräfte zu schützen und sowohl ihre Sicherheit als auch die Befriedigung ihrer Bedürfnisse innerhalb bestimmter zwischen den Militärgouverneuren vereinbarten Grenzen zu gewährleisten.

e) Die Beachtung der von ihnen gebilligten Verfassungen zu sichern.

B. Die Militärgouverneure werden die Ausübung ihrer vollen Machtbefugnisse wieder aufnehmen, falls ein Notstand die Sicherheit bedroht, und um nötigenfalls die Beachtung der Verfassungen und des Besatzungsstatuts zu sichern.

C. Die Militärgouverneure werden die oben erwähnten Kontrollen nach folgendem Verfahren ausüben:

a) Jede Verfassungsänderung ist den Militärgouverneuren zur Genehmigung vorzulegen.

b) Auf den in den Absätzen a) und e) zu Paragraph A oben erwähnten Gebieten werden die deutschen Behörden den Beschlüssen oder Anweisungen der Militärgouverneure Folge leisten.

c) Sofern nicht anders bestimmt, insbesondere bezüglich der Anwendung des vorhergehenden Paragraphen b), treten alle Gesetze und Bestimmungen der föderativen Regierung ohne weiteres innerhalb von 21 Tagen in Kraft, wenn sie nicht von den Militärgouverneuren verworfen werden.

Die Beobachtung, Beratung und Unterstützung der föderativen Regierung und der Länderregierungen bezüglich der Demokratisierung des politischen Lebens, der sozialen Beziehungen und der Erziehung werden eine besondere Verantwortlichkeit der Militärgouverneure sein. Dies soll jedoch keine Beschränkungen der diesen Regierungen zugestandenen Vollmachten auf den Gebieten der Gesetzgebung, Verwaltung und Rechtsprechung bedeuten.

Die Militärgouverneure ersuchen die Ministerpräsidenten, sich zu den vorstehenden Grundsätzen zu äußern. Die Militärgouverneure werden daraufhin diese allgemeinen Grundsätze mit von ihnen etwa genehmigten Abänderungen der Verfassung übermitteln und werden die von ihr etwa dazu vorgebrachten Äußerungen entgegennehmen. Wenn die Militärgouverneure ihre Zustimmung zur Unterbreitung der Verfassung an die Länder ankündigen, werden sie gleichzeitig ein diese Grundsätze in ihrer endgültig abgeänderten Form enthaltendes Besatzungsstatut veröffentlichen, damit sich die Bevölkerung der Länder darüber im klaren ist, daß sie die Verfassung im Rahmen dieses Besatzungsstatuts annimmt.

Beilage zu Dokument Nr. III

Beauftragte der Militärgouverneure werden bereit sein, die Ministerpräsidenten und die Verfassunggebende Versammlung in allen Angelegenheiten, die diese vorzubringen wünschen, zu beraten und zu unterstützen.

Dokument 24, 2. und 3. August 1948

Nr. 24

Sitzung des Parteivorstandes am 2. und 3. August 1948 in Springe

AdsD: SPD-Parteivorstand, 2/ PVAS 0000674, Sitz. d. PV v. 2./3. 8. 1948 (Maschinenschriftl. Prot., 9 S., mit handschriftl. Berichtigungen und Ergänzungen)[1]

Leitung der Sitzung: **Erich Ollenhauer**
Anwesend: siehe Liste

[**Teilnehmer/Teilnehmerinnen, nach Funktionen geordnet:**[2]
PV: Ollenhauer, Franke, Gotthelf, Heine, Kriedemann, Nau; Albrecht, Bögler, Gayk, Gnoß, Grimme, Gross, Helmstädter, Henßler, Kaisen, Knothe, Meitmann, Menzel, Neumann, Schmid
PV- Stellvertreterin: *I. Wolff*
KK: *Schönfelder*
Berliner Sekretariat des PV: *Brandt*
Ministerpräsidenten und Landespolitiker: *Brauer, Kaisen* (auch PV), *Katz, Lüdemann, Menzel* (auch PV), *Schmid* (auch PV), *P. Schmidt* (Hess. Staatskanzlei), *Stock*]

Tagesordnung[3]
1) Die Verhandlungen über die Durchführung der Londoner Abmachungen
2) Vorbereitung für die Bildung des Parlamentarischen Rate
3) Ausarbeitung eines Entwurfs für das Grundgesetz
4) Neugestaltung der Ländergrenzen
5) Die Wirtschafts- und Preispolitik des Amtes für Wirtschaft
6) Die Lage in Berlin
7) Die finanzielle Situation der Partei nach der Währungsreform
8) Gründung eines zentralen Parteiverlages
9) Herausgabe eines Zentralorgans der Partei
10) Europa-Union, Europäische Akademie, Weltstaat-Liga, Weltkongreß für moralische Aufrüstung

---

1 Die Einladung zu dieser Sitzung mit Bekanntgabe der „vorläufigen Tagesordnung" erfolgte durch das hektographierte Rundschreiben 56/48 des Referats Organisation, unterschrieben von E. Ollenhauer, vom 27. 7. 1948, das in den Beilagen zum Protokoll erhalten geblieben ist. Ein hektographierte Zusammenstellung der Beschlüsse, 2 S., ist ebenfalls in den Beilagen erhalten geblieben. Das Kommuniqué und ein Kurzbericht über die Berlin - Beratungen (Sopade Informationsdienst Nr. 540 v. 6. 8. 1948) werden hier als Anlage 1 A und B abgedruckt.
2 Die folgenden Angaben wurden der Anwesenheitsliste in den Beilagen zum Protokoll und Bemerkungen im Protokoll entnommen. Von den Mitgliedern des PV fehlten *Schumacher* (längere Krankheit), *Agartz, Baur, Eichler, Görlinger, Loßmann, Schroeder, Selbert* und *Veit*. Für die Teilnehmer an allen Vorstandssitzungen 1947/48 vgl. Anhang 2.
3 Für die tabellarische Liste der Tagesordnungspunkte wurden die Angaben der „vorläufigen Tagesordnung" übernommen. Bei den jeweiligen Angaben im Protokoll wurden die dortigen verkürzten Überschriften übernommen.

Dokument 24, 2. und 3. August 1948

11) Gewerkschaftsfragen
12) SPD und Entnazifizierung
13) Vorschlag einer Amnestie für kleine Steuer- und Wirtschaftsvergehen
14) Maßnahmen zur Wiedererlangung des geraubten Parteivermögens
15) Stellungnahme zur Kriegsdienstverweigerung
16) Verwaltungsabbau und Beamtenrecht
17) Ort und Termin der nächsten PV-Sitzung

Zu Punkt 6 der Tagesordnung (Die Lage in Berlin)[4]:
Franz Neumann berichtet über den Berliner Parteitag und die Zuspitzung der Lage durch die Zweiteilung der Verwaltung. Polizei- und Wirtschaftsverwaltung sind jetzt praktisch im Ostsektor selbständig. Durch Sperrung der Konten der Betriebe der Westsektoren ist nunmehr die Wirtschaft dort lahmgelegt. Es sei zu fordern, daß in Berlin Wechselstuben eingerichtet werden, damit die Schwierigkeiten, die sich aus der Doppelwährung ergeben, eingedämmt werden können. Große Sorge bereite das Kohleproblem. Die Partei befindet sich ebenfalls in erheblichen finanziellen Schwierigkeiten und bittet um Unterstützung.
Brandt: Von den Amerikanern wurde erklärt, daß, falls die SMA die Konten nicht freigibt, von den Alliierten der gesperrte Betrag in DM zur Verfügung gestellt wird. Das wäre dann ein weiterer Schritt auf dem Wege der Zweiteilung Berlins. Die West-DM müßte B gestempelt werden und dürfte in Westdeutschland nicht zirkulationsberechtigt sein.
Kriedemann sieht keinerlei Schwierigkeiten, mittels Clearingverfahren mit der Berliner DM effektiv zu arbeiten. Schwieriger sei die Frage der Kreditgebung. Es wurde angeregt, vom Restkopfgeld im Westen 2 DM für Berlin einzubehalten, oder aber durch Nichtverzinsung der einbehaltenen 5 % Guthaben einen Betrag freizumachen.
Heine hält es für bedenklich, 2 DM von der Kopfquote einzubehalten, wie er auch dem 2. Vorschlag *Kriedemanns* skeptisch gegenübersteht. Er fordert daher eine direkte Kreditgebung.
Stock: Die Finanzminister im Westen haben in der vorigen Woche beschlossen, 75 Millionen DM als Kredit zu geben.
Ollenhauer: Wenn kein anderer Weg gangbar ist, müssen wir evtl. auch für die Einbehaltung der 2 DM von der Kopfquote stimmen. Es muß schnell gehandelt werden, denn ab heute kann kein Betrieb in Berlin noch Löhne zahlen.
Brauer schließt sich dem an, glaubt jedoch, daß auch noch ein anderer Weg zu finden sein müßte.
Gotthelf schlägt vor, den Berliner Kredit durch Steuern einzutreiben.
Menzel schließt sich dem an und meint, daß schon eine Erhöhung der Einkommensteuer um 1 % ausreichen würde.

---
4 Neben dem Kommuniqué wurde im Sopade Informationsdienst (Nr. 540 v. 6. 8. 1948) ein besonderer Kurzbericht über die Berlin-Beratungen des PV veröffentlicht, vgl. Anlage 1 B.

Ollenhauer: Es gibt eine deutsche und eine alliierte Verantwortung für Berlin. Wir sind uns alle darüber einig, daß diese Frage nur positiv beantwortet werden kann.

Menzel: Wir sollten von der geplanten Senkung der Vermögenssteuer Abstand nehmen, damit hätten wir sofort Mittel zur Verfügung.

Zu Punkt 1 der Tagesordnung (Londoner Abmachungen):
Ollenhauer rekapituliert kurz die Rüdesheimer Beschlüsse und kommentiert die Reaktion der Alliierten und besonders *Clays* zu den Koblenzer Beschlüssen der Ministerpräsidenten. Im Gegensatz zu den Amerikanern wurden von den Engländern und Franzosen keine erheblichen Einwände gegen die deutschen Gegenvorschläge erhoben.

Die Lage ist heute: Die Alliierten werden ein Besatzungsstatut ausarbeiten, das in der Linie der Koblenzer Beschlüsse liegt. Sie wünschen jedoch, daß der Parlamentarische Rat das Statut vor Erlaß einsehen soll. Die Benennung „Grundgesetz" statt Verfassung wurde akzeptiert. Bestehen bleibt de facto, daß der Parlamentarische Rat einheitlich in indirekter Wahl von den Landtagen bestellt wird. Unnachgiebig waren die Amerikaner in der Frage der Annahme des Grundgesetzes durch Volksentscheid. Die deutschen Argumente gegen den Volksentscheid werden jedoch den alliierten Regierungen zur Kenntnis gebracht werden. Der Parlamentarische Rat hat nicht das Recht, das Wahlgesetz zu erlassen. Diese Aufgabe liegt bei den Ministerpräsidenten.

Der PV billigte nach kurzer Diskussion die Handlungsweise der sozialdemokratischen Ministerpräsidenten in der Frage der Durchführung der Londoner Abmachungen.

In der Diskussion zu Punkt 1 erklärten:
Brauer bedauert, daß *Carlo Schmid* in der letzten Rüdesheimer Sitzung immer wieder von den Beschlüssen des PV abwich und durch Nichteinhaltung der notwendigen Reserve nicht nur in die Ministerpräsidentenversammlung, sondern auch in die Presse Verwirrung brachte. *Ollenhauer* solle sofort mit den anderen Parteiführern ein Übereinkommen über die Aufschlüsselung der Sitze im Parlamentarischen Rat zu treffen suchen.

Katz beklagt ebenfalls das Abweichen *Carlo Schmids* von den PV- Beschlüssen. Wir sollten versuchen, daß die gesetzten Termine zur Einberufung des Parlamentarischen Rates eingehalten werden. Eine Verständigung mit den anderen Parteien über die Sitzverteilung sollte schnellstens angestrebt werden.

Brandt macht darauf aufmerksam, daß die Genossen der Ostzone sich nach der fortschreitenden Organisierung Westdeutschlands isoliert fühlen. Daher ist die Beteiligung Berlins an der Westorganisation auch in dieser Hinsicht von großer Bedeutung.

Henßler spricht sich entschieden gegen den Volksentscheid aus, da uns noch jede Souveränität fehlt und eine Abstimmung evtl. mit der Annahme der Londoner Abmachungen gleichgestellt wird.

Zu Punkt 2 der Tagesordnung (Parlamentarischer Rat):
Ollenhauer: Die Landtage sind beauftragt, die Mitglieder des Parlamentarischen Rates zu wählen. Auf je 750.000 Einwohner ein Abgeordneter, jedes Land jedoch mindestens 1

Dokument 24, 2. und 3. August 1948

Abgeordneten. Nichtlandtagsabgeordnete und Minister – wie auch hohe Beamte – sind ebenfalls wählbar. Wir sollten telegraphisch den Koordinierungsausschuß für den 14.8.1948 nach Hannover einberufen. Vom Verfassungspolitischen Ausschuß des PV sollten von uns auf jeden Fall *Menzel, Katz, Zinn* und *Schmid* in den Rat gewählt werden. Aus Bayern sollte z.B. *von Knoeringen* hinzugezogen werden, wie auch [Fritz] *Löwenthal, Elisabeth Selbert* und *Willi Eichler* dem Rat angehören sollten.

Gnoß hält es für möglich, daß KP-Vertreter von den Landtagen in den Parlamentarischen Rat entsandt werden.[5]

Katz hält Einberufung des Koordinierungsausschusses für nicht erforderlich.

Ollenhauer erklärt dazu, daß auch sofort schon versucht werden kann, Vorschläge durchzudiskutieren.

Die folgenden Vorschläge wurden akzeptiert:[6]

Für Schleswig-Holstein: **Katz, Prof. Jülich,* **Gayk, Baade (Katz* u. *Gayk* nahmen jedoch noch nicht an).

Hamburg: **Schönfelder.*

Bremen: **Ehlers.*

Niedersachsen: *Böhme,* **Diederichs,* **Selbert.*

Nordrhein-Westfalen: **Menzel,* [Fritz] **Löwenthal,* *Wolff[7]*, Eichler, Biernat*

Hessen: **Bergsträsser,* **Hoch,* **Zinn.*

Württemberg-Baden: wird evtl. *Carlo Schmid übernehmen.

Bayern: Dr. *Franke* (Erlangen)[8]*, von Knoeringen.*

Rheinland-Pfalz und Südbaden: (offen).

Berlin: **Suhr.*

Der PV solle Bayern mitteilen, daß man von einer Wahl *Hoegners* Abstand nehmen möchte.

Gotthelf wünscht, daß zu den zentralen Körperschaften in erster Linie der PV die Delegierten vorschlägt.

Kaisen widerspricht dieser Auffassung.

Gnoß hält es für unklug, den Bezirken vorzuschreiben, wen sie nicht wählen dürfen.

Ollenhauer: Wenn sich noch weitere Vorschläge ergeben, muß der PV das Recht haben, diese vorzubringen. In dem besonderen Fall *Hoegner* sollten wir der Fraktion unsere Meinung übermitteln.

---

5 Aus der weiteren Debatte geht hervor, daß Gnoß in diesem Zusammenhang den Vorschlag machte, der PV solle darauf dringen, keine KP-Vertreter in den Parlamentarischen Rat aufzunehmen. Die Frage einer eventuellen Verhinderung der Entsendung kommunistischer Vertreter in den Parlamentarischen Rat wurde weder in der Zusammenstellung der Beschlüsse noch im Kommuniqué erwähnt.

6 Die im folgenden mit einem Sternchen versehenen Personen wurden in den Parlamentarischen Rat delegiert, vgl. das alphabetische Verzeichnis der Mitglieder: Der Parlamentarische Rat. Akten und Protokolle, Bd. 1, Boppard 1975, S. 429-435.

7 Dr. Friedrich *Wolff* (1912-76), Zoologe und Kommunalpolitiker in Essen, SPD, 1945-57 Stadtdirektor, 1957-63 Oberstadtdirektor, 1948/49 MdParlR.

8 Heinrich *Franke* (1887-1966), Röntgenphysiker in Erlangen, 1946-54 MdL (SPD).

Menzel schlägt zur Sitzverteilung vor, daß 750.000 Wählerstimmen pro Sitz zugrundegelegt werden.

Lüdemann wünscht Verteilung gemäß Landtagssitzen.

Heine empfiehlt Annahme des *Gnoß* - Vorschlages auf Ausschluß der Kommunisten.

Ollenhauer: Wir werden versuchen, mit *Adenauer* und *Müller* eine Vereinbarung zu treffen, der zufolge für die Wahl zum Parlamentarischen Rat in allen Ländern die Wählerstimmen zugrundegelegt werden.

Henßler spricht sich gegen den Ausschluß der Kommunisten aus. In der nächsten Woche wird in Nordrhein-Westfalen die Sozialisierung behandelt werden, wozu die kommunistischen Stimmen benötigt werden.

Ollenhauer erklärt, daß wir einen Beschluß auf Ausschluß der Kommunisten nicht gegen die Stimme Nordrhein-Westfalens fassen können.

Gayk bemängelt, daß Nordrhein-Westfalen niemals Rücksichten auf die Gesamtinteressen der Partei nimmt. Es wäre ein Unsinn, die KP ins Westparlament hineinzunehmen.

Menzel spricht sich gegen KP-Ausschluß aus.

Gnoß: Man unterschätzt bei uns die Demagogie der KP. Er könne nicht ständig aus taktischen Gründen seine Grundsätze verleugnen und hält an seinem Ausschlußvorschlag fest.

Schmid: Man kann einer Partei, die uns nach eroberter Macht den Genickschuß beibringen will, nicht die Betätigung gestatten.

Ollenhauer betont nochmals, daß er es nicht für richtig halte, gegen die Stimme Fritz *Henßlers* einen solchen Beschluß fassen zu lassen. *Henßler* wird seiner Landtagsfraktion die Auffassung der Mehrheit des PV zur Kenntnis bringen und zur Entscheidung stellen.

Zu **Punkt 3** der Tagesordnung (Entwurf des Grundgesetzes):
Menzel erläutert seinen Entwurf für eine westdeutsche Satzung. [...]⁹.

Schmid erklärt, daß der Entwurf *Menzels* zu spät kommt, da in den von den Ministerpräsidenten akzeptierten Frankfurter Vorschlägen die Verfahrensregeln bereits weitgehendst festgelegt seien.

Katz ist ebenfalls der Meinung, daß tatsächlich viele der Vorschläge *Menzels* durch die Ereignisse überholt seien. Es ist uns von den Alliierten eine bundesstaatliche Verfassung vorgeschrieben, in die wir den vorliegenden Entwurf nicht hineinarbeiten können.

Ollenhauer hält die Formulierungen *Carlo Schmids* für überspitzt. Von den Rüdesheimer bzw. Koblenzer Beschlüssen sei nicht wesentlich abgewichen worden. Die 4 sozialdemokratischen Vertreter (*Brill, Baade, Drexelius* und *Schmid*) an den Verfassungsberatungen am Chiemsee werden unter Hinzuziehung *Menzels* am 9.8.48 in Stuttgart zusammentreten. Der verfassungspolitische Ausschuß wird kurz nach dem 16.8.48 tagen.

---

9 Weggelassen wird hier ein Hinweis auf eine in den Beilagen zum Protokoll nicht mehr vorhandene „Anlage 1" – wahrscheinlich der Entwurf von Menzel. Menzels Entwurf einer „Westdeutschen Satzung" ist abgedruckt: Sopade, Querschnitt durch Politik und Wirtschaft, Sept. 19048, Bl. 56 u. 61.

Dokument 24, 2. und 3. August 1948

Zu **Punkt 4** der Tagesordnung: (Ländergrenzen):
Ollenhauer: Die Konferenz der Parteibezirke in Stuttgart, die zur Klärung der Ländergrenzenfrage in Süddeutschland tagte, beschloß, daß die Länder Süd-Baden und Süd-Württemberg an das vereinigte Württemberg-Baden angeschlossen werden sollen. Die Genossen der Pfalz wünschen Anschluß an Württemberg-Baden, wogegen die Angliederung von Rhein-Hessen und Koblenz-Trier auf Schwierigkeiten stößt. Es müsse vermieden werden, daß die Grenze Nordrhein-Westfalens durch Angliederung verändert werde. Evtl. könne doch noch erreicht werden, daß die Pfalz im derzeitigen Verband bleibt und damit eine Angliederung des Gesamtgebietes an Hessen oder Württemberg-Baden möglich ist.

Bedauerlich sei, daß *Hermann Lüdemann* trotz des klaren PV- Beschlusses das Grenzenproblem in seiner Gesamtheit aufgerollt habe.[10]

Lüdemann erklärt, daß er mit keiner Silbe die Notwendigkeit der Überprüfung der Ländergrenzen gefordert habe. Die Militärgouverneure forderten jedoch eine klare Beantwortung der Frage, ob die Grenzen neu geordnet werden sollten. Dies wurde von allen Ministerpräsidenten bejaht, und damit war das Grenzenproblem in seiner Gesamtheit aufgerollt. Schleswig-Holstein wird in Deutschland das ärmste und kleinste Land sein, und es gehört viel Mut dazu zu verbieten, daß darüber gesprochen wird.

Brauer zeichnet die Begrenzung der Aufgaben auf, die *Lüdemann* als Vorsitzender der Ländergrenzenkommission hat, jedoch in der Praxis weitgehend überschritten.

Meitmann kritisiert scharf *Lüdemanns* Abweichungen vom PV-Beschluß und beantragt, daß der PV ihm seine Mißbilligung ausspricht.

Henßler erklärt, daß die Ländergrenzenfrage erst gelöst werden kann, wenn wir über die eigene Souveränität verfügen. Er lehnt es ab, *Lüdemann* die Mißbilligung auszusprechen.

Gayk: Es gibt keine Länderreform durch die Länder oder etwa durch Volksabstimmungen. Nur ein zentrales Parlament kann eine derartige Frage lösen.

Lüdemann legt Wert darauf, daß über den Antrag *Meitmanns* abgestimmt wird.

Ollenhauer: Man kann jetzt die Frage der Notlage Schleswig-Holsteins nicht mit einer Gesamtordnung der deutschen Ländergrenzen verbinden. Auf keinen Fall können heute in aller Öffentlichkeit die gegensätzlichen Auffassungen von Sozialdemokraten ausgetragen werden. Der PV wünscht nicht, im Zusammenhang mit den Londoner Abmachungen eine Gesamtlösung zu diskutieren. Der Antrag *Meitmanns* kann nicht zur Abstimmung gebracht werden, da niemand damit gedient ist.

Meitmann zieht seinen Antrag zurück.

Gayk: Der PV müsse in kürze zum Problem Schleswig-Holstein Stellung nehmen.

Ollenhauer stellt das Einverständnis des PV zu diesem Vorschlage *Gayks* fest.

Bögler: In Süddeutschland müssen die Grenzveränderungen schnellstens vorgenommen werden. Montabaur und Rheinhessen wollen zurück zu Hessen, während Koblenz-

---
10 Vgl. Dok. 23, S. 452. Zum Plan des schleswig-holsteinischen Ministerpräsidenten, der Ende Juli für die drei westlichen Besatzungszonen die Schaffung von sieben großräumigen Ländern (Unterelbe, Niedersachsen, Westfalen, Rheinland, Hessen - Pfalz, Württemberg-Baden und Bayern) statt der bisherigen elf Länder vorgeschlagen hatte, vgl. Sopade, Querschnitt durch Politik und Wirtschaft, Aug. 1948, Bl. 81.

Trier zur Rheinprovinz zurück will. Die Pfalz wünscht Anschluß an Württemberg-Baden. Die pfälzische CDU tritt neuerdings jedoch für einen Status quo ein.

Schmid gibt bekannt, daß in Süd-Württemberg die Demontage in großem Umfange wieder aufgenommen wird. Rücktritt der Regierung und Generalstreik sind geplant.

Ollenhauer: Wir werden im Augenblick in der süddeutschen Ländergrenzenfrage keinen bindenden Beschluß fassen können. Bevor wir Nordrhein-Westfalen in eine Grenzenrevision einbeziehen lassen, sollten wir dahingehend taktieren, daß Gesamt-Rheinland-Pfalz an Hessen angeschlossen wird.

Zu **Punkt 11** der Tagesordnung (Gewerkschaftsfragen)[11]:
Ollenhauer: Am 3.9. wird eine Besprechung mit den Gewerkschaften stattfinden, um alle angelaufenen Fragen einer Klärung zuzuführen.

Der Konflikt der DAG mit dem DGB endete ähnlich wie seinerzeit der Konflikt der Eisenbahner mit dem DGB, d.h. mit dem Ausschluß der DAG aus dem Bund. Der DGB versucht jetzt, die Sozialdemokraten dazu zu bewegen, die DAG zu verlassen.
Der PV beschließt, daß die Partei weder in der einen noch in der anderen Richtung Stellung nehmen wird.
Den Bezirken wird durch Rundschreiben dieser Beschluß bekanntgegeben werden. (Siehe Anlage [3][12]).

Zu **Punkt 13** der Tagesordnung (Amnestie):
Menzel begründet die Zweckmäßigkeit einer Amnestie für kleine Steuer- und Wirtschaftsvergehen, die mit weniger als 6 Monaten Gefängnis bestraft wurden.
Ollenhauer Der PV beschließt, daß *Carlo Schmid* und *Walter Menzel* einen entsprechenden Vorschlag ausarbeiten sollen.

Zu **Punkt 7** der Tagesordnung (Finanzen der Partei):
Nau: Das angemeldete Parteivermögen der 23 Bezirke betrug am Tage X 4 Millionen RM, d.h., daß heute zunächst 200.000 DM zur Verfügung stehen. Es müsse nun versucht werden, daß im größeren Umfange höhere Wertmarken abgesetzt werden. Für die Bezirke der Westzonen wurden bisher für 300.000 DM Kredite aufgenommen. Bzgl. der Kreditwünsche der Berliner Organisation sollen die Bezirke aufgefordert werden zu erklären, welche Mittel sie sofort zur Verfügung stellen können.
Brandt: Die Berliner Organisation hat zu einem Freiheitsopfer aufgerufen. Es wäre zu prüfen, ob nicht eine ähnliche Aktion durch den PV im Westen gestartet werden könnte.
Die illegale Arbeit im Osten erfordert nach der Währungsreform besondere Mittel. Es sei zu prüfen, ob nicht ausländische Organisationen für die Unterstützung gewonnen werden können.

---

11 Zum Verhältnis der SPD-Führung zum DGB und zur DAG vgl. Einl. Kap. II 5 a.
12 In der Vorlage „2". Das als Anlage „II" in den Beilagen zum Protokoll vorhandenen Rundschreiben 60/48 der Abteilung Organisation vom 6. August, unterschrieben von E. Ollenhauer, wir hier als Anlage 3 zum Protokoll abgedruckt.

Dokument 24, 2. und 3. August 1948

Heine: Die Berliner Organisation ist mit ca ¾ Millionen RM in die Währungsreform gegangen, die jetzt eingefroren sind. Es müsse nun zunächst einmal die Freigabe dieses Geldes gefordert werden. Weiterhin müssen die Bezirkskassierer aufgefordert werden, Mittel freizumachen.

Die Parteizentrale wird frühestens in 4 Wochen die erste DM aus den Mitgliederbeiträgen erhalten. Es sei zu bedenken, daß wir kurz vor einem Wahlkampf stehen.
Ollenhauer: *Alfred Nau* wird morgen der Kassiererkonferenz konkrete Vorschläge zur Geldbeschaffung für Berlin machen.

Zu **Punkt 5** der Tagesordnung (Wirtschaftspolitik):
Kriedemann stellt ausführlich die Folgen der sogenannten „freien Wirtschaftspolitik" der Wirtschaftsverwaltung in Frankfurt dar. Er macht weiter Angaben über den Umfang der Hortungen und die Tendenz der fortgesetzten Preissteigerungen. Er regt an, daß wir das hierüber vorliegende Material weitgehend für den Wahlkampf ausnutzen.
Kaisen: Die Fraktion im Wirtschaftsrat muß fordern, daß Preisstoppverordnungen erlassen werden.
Menzel: Wir sollten gegen das Direktorium ein Mißtrauensvotum einreichen und es nicht bei der Forderung nach der Preisstoppverordnung bewenden lassen.
Kriedemann hält es nicht für ratsam, in diesem Zeitpunkt ein Mißtrauensvotum zu beschließen.
Ollenhauer erklärt sich für die Richtung der vorliegenden Entschließung, die jedoch etwas umformuliert werden müsse. *Kriedemann*, *Gayk* und *Kaisen* sollten neu formulieren.[13]

Der Mißtrauensantrag gegen den Wirtschaftsdirektor solle vom PV beschlossen, jedoch erst im geeigneten Zeitpunkt von der Fraktion gestellt werden.

Eine Notkonferenz des PV, der Wirtschaftsratsfraktion, der Minister und Gewerkschafter solle abgehalten werden.
Der PV beschließt entsprechend.

Zu **Punkt 8** der Tagesordnung (Zentraler Parteiverlag):
Nau: Ab 15.8.1948 wird das Papier für das Zentralorgan der Partei bewilligt. Es wird versucht, die erste Nummer zum Parteitag herauszubringen. Zum Leiter des neuen Parteiverlages wurde *Willi Grabbert* (stellvertretender Leiter des Auerdruck, Hamburg) bestellt.[14] Der Verlag wurde als offene Handelsgesellschaft gegründet, da so die meisten Steuerbegünstigungen herauszuholen sind.

Zu **Punkt 9** der Tagesordnung (Zentralorgan der Partei):
Heine: Das Zentralorgan (Neuer Vorwärts) wird zunächst wöchentlich erscheinen, da das Fehlen einer lokalen Basis ein tägliches Erscheinen nicht zuläßt. Der „Neue Vorwärts"

---

13 Vgl. die als Anlage 2 abgedruckte überarbeitete Entschließung.
14 Im Kommuniqué wird nur die bevorstehende Gründung eines Parteiverlages erwähnt, der Name des Verlagsleiters wird nicht genannt. Wilhelm (Willi) *Grabbert* (1886-1950), gelernter Maurer, 1908 SPD und Baugewerksbund, 1926-33 Angestellter d. Baugewerksbundes, 1945/46 Aufbau der Auerdruck GmbH (Hamburg), 1946 MdBü, 1948 Aufbau d. Neuen Vorwärts Verlages, Dez. 1948 Leiter d. Auerdruck GmbH u. Herausgeber d. „Hamburger Echos", Oktober 1950 plötzlicher Herztod.

wird auch als Wochenzeitung zunächst noch finanzieller Zuschüsse bedürfen. Der PV wird um Zustimmung gebeten für:

1. Herausgabe überhaupt
2. wöchentliches Erscheinen
3. den Namen „Neuer Vorwärts"
4. die Einsetzung *Dr. Gleissbergs* als stellvertretenden Chefredakteur.

Nau: Es wird z.Z. in Frankfurt untersucht, ob der Druck bei der Frankfurter Rundschau im Großformat vorgenommen werden kann.

Menzel regt ein zentrales Kampforgan an, das in die breiten Massen eindringen kann.

Schmid hält diesen Vorschlag für illusionär.

Gross hält es für unzweckmäßig, für eine politisch - geistige Zentralzeitung das Großformat zu wählen. Hinzu kommt die damit verbundene Schwierigkeit der Trennung von Redaktion und Druckort.

Er schlägt vor, statt des täglich erscheinenden Sopade-Dienstes ein Monatsorgan wie die frühere sozialdemokratische Parteikorrespondenz herauszugeben. Auch müsse der Sozialdemokratische Pressedienst weiter ausgebaut werden.

Meitmann: Der Sopade-Dienst ist viel zu umfangreich und sollte auf ein wöchentliches Informationsorgan reduziert werden.

Heine: Es lagen genügend Klagen vor, daß die parteinahen Zeitungen unsere Genossen nicht hinreichend politisch informierten. Er halte dafür z.Z. einen Abbau des Sopade-Dienstes für unzweckmäßig. Der Sozialdemokratische Pressedienst kämpft mit großen Schwierigkeiten, u.a. auch der völlig unzureichenden Mitarbeit der PV-Mitglieder. Eine gewisse Verbesserung dürfte damit eintreten, daß beim Pressedienst in der nächsten Woche ein Fernschreiber mit Frankfurt installiert wird.

Ollenhauer stellt abschließend fest, daß der PV den von *Fritz Heine* vorgetragenen Anträgen zustimmt.

Kriedemann teilt mit, daß nunmehr bei der Fraktion in Frankfurt der Genosse *Wesemann*[15] als Pressereferent tätig ist.

Zu **Punkt 10** der Tagesordnung:
Europaunion
Ollenhauer In der Europaunion streiten sich z.Z. zwei Gruppen um die Führung. Der Versuch *Hermes*'[16], sich eine Machtstellung zu schaffen, kann von uns nicht unterstützt werden. Bis zur Bereinigung der Streitigkeiten innerhalb der Union sollten wir uns zurückhalten. *Carlo Schmid* solle die weitere Entwicklung beobachten.

Europäische Akademie
Grimme erhielt von dieser Akademie durch *Prof. [Karl] Geiler* eine Einladung. *Grimme* bittet um Mitteilung, ob Teilnahme ratsam.

Carlo Schmid, der ebenfalls eingeladen ist, bejaht.

---
15 Fried *Wesemann*, geb. 1915, Journalist, SPD, 1956-58 Chefredakteur d. Hannoverschen „Neuen Presse".
16 Andreas *Hermes* (1878-1964), vor 1933 Zentrum. Landwirtschaftsexperte, MdR, Reichswirtschaftsminister; 1945 Mitbegr. u. Vors. d. CDU in Berlin. 1947-54 Vors. d. Dt. Bauernbundes.

Dokument 24, 2. und 3. August 1948

Weltstaatliga
Beteiligung stößt auf keinerlei Bedenken.

Weltkongreß für moralische Aufrüstung
Heine hält eine Beteiligung an den Veranstaltungen dieser Organisation für bedenklich. [...][17]

Schmid hält eine Diskriminierung einer solchen von starken ethischen Motiven getragenen Bewegung für nicht ratsam.

Gotthelf hält diese Bewegung für eine gelbe[18] Organisation. Der Begründer, *Buchmann*[19], sei für die Hitlerbewegung eingetreten.

Ollenhauer stellt abschließend als Ansicht des PV fest, daß gegenüber dieser Organisation äußerste Zurückhaltung zu empfehlen sei.

Zu **Punkt 12** der Tagesordnung (Entnazifizierung):
Ollenhauer Infolge der Zurückziehung der Sozialdemokraten aus den Entnazifizierungsausschüssen in Nordrhein-Westfalen wird vom PV eine Stellungnahme zum Entnazifizierungsverfahren verlangt.

Er schlägt vor, daß diese Angelegenheit in der nächsten PV-Sitzung eingehend behandelt wird, damit wir nicht mit dieser Frage endlose Diskussionen auf dem Parteitag erleben müssen.

Zu **Punkt 14** der Tagesordnung (Wiedererlangung des Parteivermögens):
Nau: Die Bestimmungen zur Rückgabe des geraubten Vermögens der Partei sind sehr unterschiedlich. Für die französische und amerikanische Zone sind Verordnungen erlassen worden, während in der britischen Zone nur die Rückgabe des Gewerkschafts- und Genossenschaftsvermögens bisher behandelt wird. Wir haben über *Willy Brandt* bei den Engländern einen eigenen Entwurf zur Rückgabe des Vermögens an die politischen Parteien eingereicht und außerdem einen entsprechenden Brief an *John B. Hynd* gerichtet.

Gnoß fragt, ob die Rechtsnachfolgeschaft des PV überhaupt klargestellt ist.

Carlo Schmid: Die Lokalorganisationen sollten dem PV Generalvollmacht für die Wiedererlangung des Parteivermögens geben.

Ollenhauer stellt fest: Der PV bestätigt dem Büro die Vollmacht, für die Wiedererlangung des Gesamtparteivermögens die notwendigen Maßnahmen treffen zu dürfen.[20]

---

17 Weggelassen wird der Hinweis auf eine „Anlage", d.h. die in den Beilagen zum Protokoll vorhandenen hektographierten Kurzinformationen über die „moralische Aufrüstung" (5 Bl.), die hier nicht abgedruckt werden.

18 Als „gelbe" Organisationen wurden von den Arbeitgebern gegründete Interessenvertretungen der Arbeitnehmer bezeichnet.

19 Frank *Buchmann* (1878-1961), amerikanischer lutherischer Theologe, begründete 1938 in den USA die „Moralische Aufrüstung".

20 Im Kommuniqué wurde erwähnt, daß dem geschäftsführenden Parteivorstand diese Vollmacht erteilt wurde. Durch das Rundschreiben Nr. 15/48 der Abteilung Finanzen und Verwaltung (unter schrieben von

Zu **Punkt 15** der Tagesordnung (Kriegsdienstverweigerung):
Ollenhauer Zu den Anhängern dieser Bewegung gehören nicht nur die von ethischen Motiven bewegten Menschen, sondern auch aus politischen Gründen die Kommunisten. Es fragt sich, ob es ratsam sei, daß der PV in dieser Frage einen Beschluß faßt.

Lisa Albrecht berichtet von dem großen Eindruck, den die Annahme des Antrages auf das Recht zur Kriegsdienstverweigerung in Bayern auf die Bevölkerung gemacht habe.

Ollenhauer: Wir sollen einige Genossen beauftragen, zu dieser Frage eine Stellungnahme vorzubereiten.

Zu **Punkt 16** der Tagesordnung (Verwaltungsabbau und Beamtenrecht) [...][21]:
Schönfelder Die Fraktion in Hamburg hat beschlossen, den PV um Ausarbeitung einer Stellungnahme zu bitten. Es besteht z.Z. die Möglichkeit, unter Ausnutzung des § 27 auch Beamte entlassen zu können. Damit könnten evtl. nach 1945 eingestellte tüchtige Angestellte gehalten werden. Die Frage sei nun, ob nicht überhaupt alle erworbenen Rechte der Beamten liquidiert werden sollten und diese, wie alle Geschädigten, wieder von vorne anzufangen hätten. Auf jeden Fall sollten die hohen Pensionen drastisch gekürzt werden.

Meitmann: Wir können in dieser Frage nicht in Hamburg allein handeln. Der § 27 muß in allen Ländern zur Anwendung kommen.

Kriedemann: Es gibt keine Möglichkeit, die Länderhaushalte in Ordnung zu bringen, wenn nicht die Beamtenrechte abgebaut werden.

Schmid warnt dringend davor, in dieser Frage einen Beschluß zu fassen. Man kann auch nicht nur Beamte und Angestellte abbauen, sondern muß auch Funktionen liquidieren. Der Beamtenstand muß mit Sicherheit verbunden sein, wenn man keine Niveauverschlechterung in Kauf nehmen will, oder [aber man müsse][22] statt der Beamten höher bezahlte Angestellte beschäftigen.

Ollenhauer: Unsere Vertrauensleute in der Verwaltung sollten von dem Ausnahmerecht zur Einsparung Gebrauch machen. Beim Lastenausgleich müssen auch die Beamten und insbesondere die hohen Pensionen einbezogen werden. (Siehe Anlage [4][23].

Ollenhauer verliest die Entschließung zur Wirtschafts- und Preispolitik, die einstimmig angenommen wird. (Siehe Anlage [2][24]

Zu **Punkt 17 der Tagesordnung**: Nächste PV-Sitzung am 27. und 28.8.1948 in Springe

---

Fritz Heine) vom 9.8.1948 wurden die Bezirksvorstände von diesem Beschluß unterrichtet, Exemplar des hektogr. Rundschreibens in den Anlagen („V") zum Protokoll.

21 Weggelassen wird hier ein handschriftlicher Hinweis auf eine in den Beiakten nicht mehr vorhandene „Anl. IV".

22 In der Vorlage „aber auch müsse man".

23 In der Vorlage „3". Das Rundschreiben 61/48 vom 7. August 1948, das als Beilage „III" zum Protokoll erhalten geblieben ist, wird hier als Anlage 4 abgedruckt. Im Kommuniqué wurde darauf hingewiesen, daß der PV die Frage einer Neuregelung des Beamtenrechts überprüfen werde.

24 In der Vorlage „4". Im Kommuniqué (vgl. Anlage 1 A) wird erwähnt, daß sich der PV mit aller Schärfe gegen die von Erhard geführte Wirtschaftspolitik in der Doppelzone wandte vgl. Anlage 1 A.

Dokument 24, 2. und 3. August 1948

Anlage 1 A
Kommuniqué der Sitzung des Parteivorstandes
Sopade Informationsdienst Nr. 540 v. 6.8.1948, S. 1 f. (Überschrift: „Die Beratungen des Parteivorstandes")

Die Organisierung einer möglichst schnellen finanziellen Hilfe für Berlin – zu der eine besondere Entschließung bereits veröffentlicht wurde –, die Bestätigung der Politik, die zur Einigung in der Frage der westdeutschen Neuordnung geführt hat, und eine scharfe kritische Stellungnahme zur Wirtschafts- und Preispolitik des Amtes für Wirtschaft in Frankfurt am Main waren die Kernpunkte einer umfangreichen Tagesordnung, mit der sich eine Sitzung des Vorstandes der SPD am 2. und 3. August in Springe am Deister befaßte.

Der zweite Vorsitzende, *Erich Ollenhauer*, berichtete über die einzelnen Phasen der Bemühungen um eine Einigung mit den Besatzungsmächten über eine provisorische Neuordnung Westdeutschlands. Der Parteivorstand stellte sich auf den Standpunkt, daß in der schließlichen Vereinbarung in allen wesentlichen Punkten ein auf dem Wege offenen Verhandelns zustande gekommener Kompromiß erreicht worden sei. Er billigte die Haltung der sozialdemokratischen Ministerpräsidenten. Der Grundvorstellung der SPD in dieser Frage, der Neuregelung einen provisorischen Charakter und nicht das Gewicht einer regulären Verfassung zu geben sowie sie möglichst schnell durchzuführen, ist nach Auffassung des Parteivorstandes Rechnung getragen. Bei dieser Gelegenheit kam noch einmal zum Ausdruck, daß die Bildung eines besonderen Büros der Ministerpräsidenten oder eine ähnliche selbständige Einrichtung für überflüssig gehalten wird. Auch die Vertagung einer allgemeinen Revision der deutschen Ländergrenzen auf einen späteren Zeitpunkt wurde gebilligt. Lediglich in Südwestdeutschland verlangen auch nach Auffassung des Parteivorstandes die gegenwärtigen Verhältnisse eine schnelle Änderung.

Die nächsten Arbeiten gelten der Vorbereitung für die Bildung des *Parlamentarischen Rates* und einem Entwurf für das Grundgesetz. Der Kreis der von der SPD zu benennenden Mitglieder des Parlamentarischen Rates wird sehr bald in enger Fühlung mit den Landtagsfraktionen ausgewählt werden. Für die sozialdemokratischen Vorstellungen zum Grundgesetz sind die verfassungspolitischen Richtlinien der Partei maßgebend; für den vorliegenden Fall wird man insbesondere an einen Entwurf des Innenministers von Nordrhein-Westfalen, *Dr. Menzel*, anknüpfen. Um die endgültige Klärung wird maßgebend der Verfassungspolitische Ausschuß der Partei bemüht sein, damit dem Parlamentarischen Rat bei seinem Zusammentreten eine fest umrissene sozialdemokratische Stellungnahme vorliegt.

Mit aller Schärfe wandte sich der Parteivorstand in einer besonderen Entschließung gegen die von *Professor Erhard* geführte Wirtschaftspolitik in der Doppelzone.

Alfred Nau berichtete über die Kassenlage in der Partei nach der Währungsreform.

Gebilligt wurde die Gründung des Zentralen Parteiverlages und eines wöchentlich erscheinenden Zentralorgans der Partei, das noch vor dem diesjährigen Parteitag herauskommen soll.

Dokument 24, 2. und 3. August 1948

Einladungen zum Eintritt in die Europa-Akademie haben *Adolf Grimme* und *Carlo Schmid* angenommen. Gegenüber dem Weltkongreß für moralische Aufrüstung empfahl der Parteivorstand Zurückhaltung.

Die Parteivorstandsmitglieder *Carlo Schmid* und *Walter Menzel* wurden beauftragt, einen Vorschlag zu einer Amnestie für kleine Steuer- und Wirtschaftsvergehen auszuarbeiten.

Dem Parteivorstand wurde erneut die ihm gegebene Vollmacht bestätigt, alle Schritte zur Wiedererlangung des seinerzeit geraubten Parteivermögens zu unternehmen.

In der Frage *Verwaltungsabbau und Beamtenrecht* war der Parteivorstand der Ansicht, daß beim Lastenausgleich den Beamten keine Ausnahmestellung zugebilligt werden könne und daß auch ihnen gegenüber vom Ausnahmerecht zum Zwecke von Einsparungen (Artikel 27 der Steuerverordnung) unter Umständen Gebrauch zu machen sei. Der Parteivorstand nahm schließlich in Aussicht, die Frage der Neuregelung des Beamtenrechtes generell zu prüfen.

Anlage 1 B
Kurzbericht über die Berlin – Beratungen des PV
Sopade Informationsdienst Nr. 540 v. 6.8.1948, S. 2 (Überschrift: „SPD für erweiterte Berlin- Hilfe")

Schnelle finanzielle Hilfe für Berlin war der erste Punkt der Beratungen des Vorstandes der SPD am 2. August in Springe am Deister. Der Vorstand regte eine möglichst sofortige Initiative der alliierten und der deutschen Instanzen an, einen schnellen und wirksamen finanziellen Beitrag zusätzlich zu dem von den Finanzministern gegebenen 100-Millionen-Kredit für Berlin zur Verfügung zu stellen. Diese Soforthilfe ist angesichts der bewußt destruktiven Politik der SEP und ihrer Auftraggeber notwendig. Wenn es sich als unmöglich erweisen sollte, Kredite dieser Art durch die zentralen Instanzen zu gewähren, dann sollten nach Meinung des Parteivorstandes Mittel durch Hinausschiebung der Vermögens- oder Einkommensteuerermäßigung gewonnen werden. Um schleunige Hilfe sicherzustellen, müßte eine Bevorschussung durch die Zentralbank erfolgen.

Anlage 2
Resolution zur Wirtschafts- und Preispolitik
Sopade Informationsdienst Nr. 540 v. 6.8.1948, S. 2 (Überschrift: „Die Resolution")[25]

In seiner Sitzung am 3. August faßte der Vorstand der Sozialdemokratischen Partei Deutschlands folgenden Beschluß:

Der Vorstand der SPD stellt fest, daß die Währungsreform vom Verwaltungsamt für Wirtschaft dazu benutzt wurde, die Bewirtschaftung von Mangelwaren weitgehend aufzuheben und die meisten Preisbindungen und -kontrollen zu beseitigen.

---
25 Abgedr.: Jb. SPD 1948/49, S. 135.

Dokument 24, 2. und 3. August 1948

Mit der großen Mehrheit des deutschen Volkes ist der Vorstand der Sozialdemokratischen Partei Deutschlands der Überzeugung, daß eine Neuordnung der deutschen Währung unvermeidlich war und daß die Zwangsbewirtschaftung der Verwaltungsämter überall dort abgebaut werden sollte, wo es ohne Nachteil für eine gerechte Versorgung der Werktätigen und Minderbemittelten möglich ist. Die falsche Beurteilung der Wirtschaftsmöglichkeiten durch die Direktoren des Verwaltungsamtes für Wirtschaft aber hat zu einem überstürzten Abbau zahlloser Preisbindungen und Preiskontrollen geführt. Sie hat die große Mehrheit der Bevölkerung einem unerhörten Preiswucher ausgeliefert und ihr gleichzeitig den gesetzlichen Schutz gegen diesen Preiswucher versagt. Diese von der CDU-FDP-Mehrheit getragene Politik droht täglich mehr zu einer Gefahr für die Lebenshaltung der breiten Massen zu werden und das Volk in schwerste soziale und politische Krisen zu stürzen.

Der konsequente Widerstand der sozialdemokratischen Fraktion des Wirtschaftsrates gegen diese überstürzte und verantwortungslose Politik ist durch die Ereignisse der letzten Wochen gerechtfertigt. Der Vorstand der SPD fordert die Fraktion des Wirtschaftsrates auf, diesen Kampf gegen eine unverantwortliche Ausplünderung der ärmsten Schichten des deutschen Volkes und für eine Revision dieser Politik energisch fortzusetzen. Er bittet alle Parteiinstanzen, den Preiswucher mit allen Mitteln zu bekämpfen und fordert die Bevölkerung auf, diesen Kampf gegen Preiswucher und Währungssabotage und für eine scharfe Preiskontrolle aller lebenswichtigen Güter durch kraftvolle Protestaktionen zu unterstützen.

Anlage 3
Rundschreiben des Parteivorstandes an die Bezirksvorstände vom 6. August 1948: DGB und DAG als Gewerkschaften für Sozialdemokraten akzeptabel
Rundschreiben 60/48 der Abteilung Organisation, unterschrieben von E. Ollenhauer, vom 6.8 1948, Exemplar in den Beilagen („II") zum Protokoll

„Werte Genossen! Der Vorstand des Deutschen Gewerkschaftsbundes für die britische Zone hat am 20. Juli 1948 beschlossen, die Deutsche Angestelltengewerkschaft aus dem Gewerkschaftsbund auszuschließen. Dieser Konflikt hat an verschiedenen Stellen auch zu Diskussionen unter den sozialdemokratischen Gewerkschaftsmitgliedern geführt. Dabei haben sozialdemokratische Gewerkschaftsfunktionäre verschiedentlich versucht, die Partei zu einer Stellungnahme für die eine oder die andere Seite in diesem Konflikt zu veranlassen. Die Deutsche Angestelltengewerkschaft hat an den Parteivorstand die Anfrage gerichtet, ob es richtig sei, daß die Sozialdemokratische Partei ihren Mitgliedern in der britischen Zone es zur Pflicht gemacht habe, aus der DAG auszutreten und sich einer Organisation des DGB anzuschließen. Nach einer Beratung im Parteivorstand in seiner Sitzung vom 3. August stellen wir fest, daß es nicht die Aufgabe unserer Partei ist, zu diesem gewerkschaftspolitischen Konflikt Stellung zu nehmen oder in ihm Partei zu ergreifen. Die von der DAG uns mitgeteilte Behauptung über die Haltung der Partei entspricht selbstverständlich nicht den Tatsachen.

Wir bringen diesen Sachverhalt unseren Bezirksvorständen zur Kenntnis und wir fügen hinzu, daß es der Entscheidung jedes einzelnen sozialdemokratischen Gewerkschaftsmitgliedes überlassen bleiben muß, wie es sich in diesem Konflikt verhält.
Mit Parteigruß!"

Anlage 4
**Rundschreiben des Parteivorstandes an die Bezirksvorstände vom 7. August 1948:
Als Folge der Währungsreform auch Entlassungen von Beamten möglich:**
Rundschreiben Nr.61/48 des Referats Organisation, unterschrieben von F. Heine, in den Beilagen („III") zum Protokoll

„Werte Genossen! Der Parteivorstand hat sich in seiner Sitzung vom 2. und 3. August unter anderem auch mit der Frage beschäftigt, inwieweit die sozialdemokratischen Landtagsfraktionen und die Sozialdemokraten in der Verwaltung der Länder und Kommunen von der Bestimmung des § 27 der Dritten Verordnung zur Währungsreform Gebrauch machen sollen, die die öffentlichen Verwaltungen ermächtigt, bis zum 31. März 1949 im Zuge eines notwendig werdenden Verwaltungsabbaues auch Entlassungen unter den Beamten durchzuführen.

Die Aussprache im Parteivorstand endete mit folgenden Feststellungen:

1. Überall da, wo die durch die Währungskrise entstandene Finanznot der öffentlichen Verwaltung zu Personalabbau zwingt, soll von der im § 27 gegebenen Vollmacht Gebrauch gemacht werden, damit von dem Abbau nicht nur die Angestellten und Arbeiter betroffen werden. Es erscheint zweckmäßig, wenn sich die Landtagsfraktionen untereinander über das dabei einzuschlagende Verfahren verständigen.

2. Eine allgemeine Regelung der zukünftigen Pensionszahlungen an Beamte oder andere Personen, die Staatspensionen erhalten, muß im Zusammenhang mit dem bevorstehenden Lastenausgleich durchgeführt werden.

3. Es ist nicht möglich, durch Anwendung des § 27 eine allgemeine Neuregelung der Stellung der Beamten anzustreben oder durchzuführen. Die Frage des zukünftigen Beamtenrechts muß vielmehr im Zuge einer gesetzlichen Neuregelung dieser Frage für das ganze Gebiet der drei Westzonen geklärt werden. Der Parteivorstand wird eine Kommission einsetzen, die die Aufgabe haben soll, den Standpunkt der SPD in dieser Frage zu konkretisieren.

Wir haben dieses Rundschreiben auch zur Kenntnis der sozialdemokratischen Landtagsfraktionen in den drei Westzonen gebracht.
Mit Parteigruß!"

Dokument 25, 27. und 28. August 1948

Nr. 25
Sitzung des Parteivorstandes am 27. und 28. August 1948 in Springe

AdsD: SPD-Parteivorstand, 2/ PVAS 0000675, Sitz. d. PV v. 27./28. 8. 1948 (Maschinenschriftl. Prot., 6 S.)[1]

Leitung: Erich Ollenhauer
Anwesend (siehe Liste)

[Teilnehmer/Teilnehmerinnen, nach Funktionen geordnet:[2]
PV[3]: *Ollenhauer, Franke, Gotthelf, Heine, Kriedemann, Nau; Albrecht, Baur, Bögler, Eichler, Gayk, Gnoß, Görlinger, Gross, Kaisen, Knothe, Meitmann, Menzel, Schmid, Schroeder*
Berliner Sekretariat: *Brandt*
KK: *Schönfelder*
Gäste: *Katz, Lucht* und *Zorn*[4]]

Tagesordnung[5]:
1) Vorbereitung des Parteitags in Düsseldorf: a) Parteitagsreferat des Genossen Dr. Zorn, b) Stellungnahme zum Vorschlag über den Lastenausgleich, c) Vorbesprechung der eingegangenen Anträge, d) Wahl des Parteivorstandes, e) Sitz des Parteivorstandes, f) Veranstaltungsplan für Düsseldorf
2) Stellungnahme zum Entwurf eines Grundgesetzes
3) Einberufung der Fraktion des Parlamentarischen Rates
4) Europäische parlamentarische Konferenz in Interlaken
5) Stellungnahme zur Liga für Menschenrechte
6) Anstellung eines Referenten für Wirtschaftspolitik
7) Fragen der Flüchtlingsorganisationen
8) Berlin[6]

---

1 Die Einladung zu dieser Sitzung mit der Bekanntgabe der vorläufigen Tagesordnung erfolgte durch das hektographierte Rundschreiben Nr. 63/48 des Referats Organisation, unterschrieben von E. Ollenhauer, vom 20.8.1948, das – mit handschriftlichen Ergänzungen zur Tagesordnung – in den Beiakten zum Protokoll erhalten geblieben ist. Das Kommuniqué über die Sitzung (Sopade Informationsdienst Nr. 565 v. 4. 9. 1948) wird hier als Anlage 1 abgedruckt."
2 Die folgenden Angaben wurden der Anwesenheitsliste in den Beilagen zum Protokoll entnommen; für die Teilnehmer an allen Vorstandssitzungen 1947/48 vgl. Anhang 2.
3 Von den Mitgliedern des PV fehlten: *Schumacher* (längere Erkrankung), *Grimme, Helmstädter, Henßler, Loßmann, Neumann, Schroeder, Selbert* und *Veit. Agartz* hatte am 22. 8. 1948 sein Mandat als Mitglied des PV niedergelegt, vgl. Einl. Kap. I 1 b.
4 Im Protokoll wird dazu erwähnt: „Als Zuhörer nahmen teil: Dr. *Lucht*, Berlin; Dr. *Katz*, Kiel, und Dr. Rudolf *Zorn*, München, als Referent zu Punkt 1 a der Tagesordnung". In die Anwesenheitsliste trugen sich die Genannten – wie die anderen Anwesenden – nur mit der Angabe des Wohnorts ein.
5 Die Tagesordnungspunkte 1-7 werden hier nach dem Wortlaut in der „vorläufigen" Tagesordnung vom 20. 8. 1948 wiedergegeben.
6 Der TOP „8) Berlin" wurde handschriftlich zur vorläufigen Tagesordnung, die 7 Punkte umfaßte, hinzugefügt.

Dokument 25, 27. und 28. August 1948

9) Notlage Schleswig-Holsteins[7]
10) Rheinland-Pfalz[8]

Zu **Punkt 1 a** der Tagesordnung (Parteitagsreferat von Rudolf Zorn):
Zorn berichtet über die Grundgedanken seines Referates.

In der Diskussion wurde allgemein kritisiert, daß *Zorn* vom Sozialismus als dem 3. Weg sprach.

Ollenhauer stellt abschließend Übereinstimmung über die Richtlinien des Referates fest. Der Sozialpolitische Ausschuß soll gemeinsam mit dem Gen. *Zorn* in Düsseldorf dem PV und PA eine Entschließung zu den sozialen Problemen ausarbeiten, die dann dem Parteitag vorgelegt wird.[9]

Zu **Punkt 1 b** der Tagesordnung (Lastenausgleich)[10]:
Kriedemann erläutert den sozialdemokratischen Vorschlag zum *Lastenausgleich* (siehe Anlage [2][11]), der jedoch noch von der sozialdemokratischen Sachverständigenkonferenz am 4. und 5.9.48 in Bad Vilbel in allen Einzelheiten durchgearbeitet und beschlossen werden soll.

Ollenhauer: Über die Grundlagen dieses Vorschlages hat der PV bereits Beschluß gefaßt. Die Richtlinien zum Lastenausgleich sollten dem Parteitag vorgelegt werden, jedoch soll bei gegensätzlicher Auffassung keine Mehrheitsentscheidung, sondern Überweisung an den Ausschuß beim PV beantragt werden.

Menzel ist der Auffassung, daß wir uns in dieser Frage unsere weitere Arbeit nicht durch einen Parteitagsbeschluß blockieren lassen dürften.

Eichler wirft ein, daß wir sicherlich bei den Beamten kein Verständnis dafür gewinnen würden, daß die Pensionen auf etwa 1.000,– DM pro Jahr herabgesetzt werden.

Schmid bezweifelt, daß das Kapitel Lastenausgleich für den Wahlkampf mit Erfolg zu gebrauchen ist.

Ollenhauer schlägt vor, daß wir den Ausschuß ermächtigen, nach den aufgezeichneten Richtlinien weiterzuarbeiten.

---

7 Wortlaut nach dem Protokoll. Der TOP „9) Schleswig/Holstein" wurde ebenfalls handschriftlich den sieben Punkten der vorläufigen Tagesordnung vom 20. August hinzugefügt.

8 Ebenfalls handschriftlicher Zusatz. Weiter wurden der „vorläufigen Tagesordnung" noch zwei weitere Punkte hinzugefügt „11) Sozialisierung" und „Nordrhein/Westf.", die jedoch wieder gestrichen wurden. Dafür wurden noch gesondert die Auswirkungen der Währungsreform auf das Beamtenrecht besprochen.

9 Am Schluß der Debatte wurde auf Antrag Paul *Nevermanns* der vom Sozialpolitischen Ausschuß ausgearbeitete „Entwurf eines Sozialprogramms der Sozialdemokratischen Partei" als „sozialpolitische Richtlinie der SPD" einstimmig angenommen und nach dem Parteitag veröffentlicht, Prot. SPD-PT 1948, S. 185 u. 215-221.

10 Zu den Bemühungen der SPD um einen Lastenausgleich vgl. Einleitung Kap. II 3 d.

11 In der Vorlage „1". Die Ausarbeitung zum Thema „Sozialdemokratischer Vorschlag zum Lastenausgleich. Gegenwärtiger Stand der Arbeiten" wird hier als Anlage 2 abgedruckt.

Gnoß betont nachdrücklichst, daß der von *Kriedemann* vertretene Standpunkt in der Frage des Wohnungsbaues nicht akzeptabel ist. Das Wohnungsproblem sei das Kernproblem im Lastenausgleich überhaupt.

Ollenhauer: Wir müssen auf dem Parteitag zu einem Resultat kommen. Es müsse jedoch verhindert werden, daß der Lastenausgleich noch durch den Wirtschaftsrat verabschiedet wird. Unsere Chancen auf ein günstiges Resultat dürften im neuen Parlament größer sein.

Zu **Punkt 1 c** der Tagesordnung (Anträge):
Ollenhauer gibt vorweg bekannt, daß der Genosse *Schumacher* das Referat in Düsseldorf nicht halten kann. Er regt an, das vervielfältigte Referat allen Delegierten auszuhändigen, während er selbst zu diesem Punkt 2 Ergänzungen geben würde.

Eichler schlägt vor, das *Schumacher*-Referat verlesen zu lassen.

Heine, Gayk und **Gnoß** sprechen sich ebenfalls für Verlesung aus.

Schönfelder hält Verlesung nicht für richtig und empfiehlt, ein Referat übers Referat halten zu lassen.

Ollenhauer hält die Verlesung für möglich, wenn ein vollständiges Referat vorliegt. Andernfalls müßte unter Benutzung der Leitsätze ein gesondertes Referat gehalten werden. Weiter wäre zu diesem Punkt der Tagesordnung eine politische Entscheidung einzubringen.

Der PV beschließt entsprechend.

Vorlage Nr. 4.: Anträge Nr. 1 bis 58.
Zu *Antrag 1* (Wahlrechtsfrage)
Ollenhauer erklärt, daß es unmöglich sei, auf dem Parteitag die Wahlrechtsfrage zu entscheiden. Es solle die Überweisung an den PV empfohlen werden, damit dem nächsten Parteitag ein Vorschlag vorgelegt werden kann.

Gayk ist der Auffassung, daß wir unbedingt vor Schaffung des Westparlaments eine Entscheidung gefällt haben müssen.

Ollenhauer antwortet auf einen Zwischenruf, daß es noch völlig unklar sei, ob die Ministerpräsidenten oder der Parlamentarische Rat das Wahlgesetz ausarbeiten sollen. Diese Frage müsse in einer gemeinsamen Sitzung der sozialdemokratischen Fraktion und der Ministerpräsidenten geklärt werden.

Gayk und **Meitmann** halten es dann für richtiger, daß die Delegation Schleswig-Holsteins den Antrag zurückzieht.

Der PV stimmt dem zu.

Anträge 2 bis 58: (siehe Anlage II)[12].

---

12 Als Anlage „II" befindet sich die gedruckte Parteitagsdrucksache „Vorlage Nr.4 Anträge 1-58" (19 S.) in den Beiakten. Zu den einzelnen Anträgen wurden handschriftlich die Stellungnahmen des PV hinzugefügt. Zur *Annahme* wurden u.a. die Anträge, die die Bildung von Kommissionen zur Ausarbeitung eines neuen Parteiprogrammes und eines Aktionsprogrammes forderten, empfohlen, auf *Ablehnung* stieß u.a. der Antrag, der

Dokument 25, 27. und 28. August 1948

Zu **Punkt 1 d** der Tagesordnung (Wahl des Parteivorstandes):
Ollenhauer: Das Büro schlägt vor, den PV ohne wesentliche Veränderung wieder zur Wahl zu stellen, d.h. 30 Mitglieder, davon 7 besoldete und insgesamt 4 Frauen. Ausscheiden werden auf eigenen Antrag: Viktor *Agartz*[13], Julius *Loßmann* und Fritz *Helmstädter*. Von Württemberg-Baden wird vorgeschlagen, Erwin *Schoettle* aufzunehmen. Das Büro schließt sich diesem Vorschlag an. Von Franken wird vorgeschlagen, den neuen Bezirkssekretär Willy *Balderer* aufzunehmen. Das Büro empfiehlt jedoch, den Bezirksvorsitzenden [Willy] *Fischer*[14] zu wählen. Das Büro schlägt weiter vor, die Genossen *v. Knoeringen* und *Borowski* in den Parteivorstand aufzunehmen.[15]

Gayk erklärt, daß der PV kein Bund Deutscher Länder sei. Er hält es für bedenklich, daß PV-Mitglieder nach geographischen Gesichtspunkten ausgewählt werden.

Ollenhauer: In die Kontrollkommission sollte Julius *Loßmann* gewählt werden statt bisher *Seeser*[16].

Der PV schließt sich diesen Vorschlägen an.

Zu **Punkt 1 e** der Tagesordnung (Sitz des Parteivorstandes):
Ollenhauer erklärt, daß es taktisch nicht klug wäre, die Verlegung des Sitzes des PV nach Frankfurt durch den Parteitag jetzt beschließen zu lassen. Das Büro schlägt vor, daß, wenn sich im nächsten Jahr die Notwendigkeit des Umzuges ergeben sollte, die Zustimmung des Parteitages nachträglich eingeholt wird.

Zu **Punkt 1 f** der Tagesordnung (Veranstaltungsplan für Düsseldorf):
Freitag, 10.9.48, 14.00 Uhr, PV-Sitzung im Regierungspräsidium.
Samstag, 11.9.48, 9.00 Uhr, PA-Sitzung im Regierungspräsidium.

Für Freitagabend werden die PV- und PA-Mitglieder von der Stadtverwaltung eingeladen. Sonnabendabend tagen die Landsmannschaften. Sonntagabend Veranstaltung für die internationalen Gäste. Montagabend Dampferfahrt.
Im übrigen siehe Arbeitsplan (Vorlage Nr. 3)[17]

Zu **Punkt 8** der Tagesordnung (Berlin):
Brandt berichtet über die Situation in Berlin und besonders die Vorgänge vor und im Stadthaus am 26.8.48.[18] Er hält es für möglich, daß die neuesten SED-Gewaltmaßnahmen

---

eine Rücknahme des Unvereinbarkeitsbeschlusses einer Mitgliedschaft in der VVN mit einer solchen in der SPD forderte.
13 Diese Angabe war nicht ganz korrekt. Viktor *Agartz* hatte bereits am 22. 8. 1948 sein Mandat als Mitglied des PV niedergelegt, vgl. Einleitung Kap. I 1 b, S. XXIII.
14 Fischer gelangte 1948 in den PV. Zu Willy *Fischer* (1904-51), seit 1946 Vors. d. SPD in Fürth u. MdL, 1948-51 PV, 1949-51 MdB, vgl. PV-Protokolle 1948-50, Kurzbiographien der Vorstandsmitglieder.
15 Knoeringen gelangte 1948 in den PV, Borowski kandidierte zwar, fiel jedoch durch, vgl. Prot. SPD PT 1948, S. 129 f.
16 *Seeser* wurde auf dem Parteitag 1948 wiedergewählt, schied jedoch 1949 auf eigenen Wunsch wegen Arbeitsüberlastung aus, Jb. SPD 1948/49, S. 53.
17 Mit der Bezeichnung „Vorlage 3" befindet sich in den Beiakten der gedruckte einseitige „Arbeitsplan des Parteitages". Dieser wird hier als Anlage 3 zum Protokoll abgedruckt.

nicht auf Weisung Moskaus erfolgt sind, sondern den Versuch darstellen, vor Abschluß der Moskauer Verhandlungen vollendete Tatsachen zu schaffen.

In der Ostzone werden jetzt Säuberungsaktionen durchgeführt, von denen besonders die in die SED gepreßten Sozialdemokraten betroffen werden.[19] Es werden alle möglichen Vorwände, besonders kriminelle, konstruiert, um Verhaftungen zu motivieren. Wir sollten öffentlich aufzeigen und brandmarken, worum es hier geht

Ollenhauer: Die Berliner Stadtverordnetenversammlung hat heute in einem Schreiben an General *Kotikow* um eine Stellungnahme zu den Ereignissen und Sicherheitsmaßnahmen vor neuen Ausschreitungen gebeten.

Heine Es soll voraussichtlich Mitte nächster Woche eine Pressekonferenz in Berlin angesetzt werden, um die Öffentlichkeit über die Vorgänge in der Ostzone aufzuklären.

Wir haben in Heidelberg einen eigenen Abhördienst für Sendungen der Ostzone eingerichtet. Das Material wird u.a. auch an die westdeutschen Sender gegeben.

Ollenhauer Wir sollten aus Anlaß des Parteitages in Düsseldorf sowohl zu den Vorgängen in der Ostzone als auch Berlin Stellung nehmen. Aber auch in unserem heutigen Kommuniqué sollte unsere Stellungnahme zu den Berliner Problemen bekanntgegeben werden.

Brandt wirft ein, daß man in eine Stellungnahme jetzt nicht die Währungsfrage einbeziehen dürfe.

Ollenhauer Im Kommuniqué werden wir unsere Befürchtungen um Berlin zum Ausdruck bringen. Weiterhin sollten wir an die Labour Party und die AF of L in dem Sinne telegrafieren.

Der PV beschließt entsprechend.

Zu **Punkt 4** der Tagesordnung (Europäische parlamentarische Konferenz in Interlaken):
Ollenhauer Die Labour Party hat allen internationalen Parteien empfohlen, an dieser Konferenz teilzunehmen. Die sozialdemokratischen Landtagsfraktionen wurden vom „Büro" entsprechend benachrichtigt und haben delegiert.

Der PV billigt die positive Einstellung zu dieser Konferenz.[20]

Zu **Punkt 5** der Tagesordnung (Liga für Menschenrechte):
Ollenhauer: Es liegt eine Anfrage der Berliner vor, ob die Mitarbeit in der Liga für Menschenrechte auf Bedenken stößt.

Der PV sieht keinerlei Bedenken.

Punkt 6 der Tagesordnung (Wirtschaftspolitischer Referent):

---

18 Brandt gab den Bericht an Stelle von Neumann, der wegen der Ereignisse in Berlin unabkömmlich war, vgl. das Kommuniqué (Anlage 1), Abschnitt „Berlin".
19 Zu den Massenverhaftungen in der SBZ im Sommer 1948 vgl. B. Bouvier, Ausgeschaltet, S. 103 f.; W. Buschfort, Das Ostbüro der SPD, S. 47.
20 Im Kommuniqué wird dies erwähnt.

Dokument 25, 27. und 28. August 1948

Kriedemann gibt die Personalien des Genossen Rudolf *Pass*, z.Z. Stockholm[21], bekannt, der als Sekretär für das wirtschaftspolitische Referat beim PV vom Büro in Vorschlag gebracht wird.

Der PV beschließt die Anstellung.[22]

Punkt 9 der Tagesordnung (Notlage in Schleswig-Holstein)[23]:
Gayk berichtet über die wirtschaftliche Notlage Schlesw.Holst. (...)[24].
Das Süd-Schleswig-Problem entwickelt sich immer ungünstiger für uns und es wurde von vielen Genossen abgelehnt, die für Oktober angesetzten Gemeindewahlen zu verschieben, da zu befürchten sei, daß die SSV[25] große Erfolge erringen wird.[26]

Die Notlage des Landes sei jedenfalls mit einem Finanzausgleich nicht zu beheben.

Ollenhauer: Die Dänen wünschen, daß Schleswig im Rahmen Schleswig-Holsteins als selbständige Verwaltungseinheit organisiert wird. Das ist für uns nicht akzeptabel. Es bestehe jedoch keine Gefahr, daß die dänische Regierung zu einer aggressiven Politik übergehen wird. Wir sollten vorsichtig sein, bei den Wahlen eine nationale Front gegen die Dänen zu bilden.

Lüdemanns Art, durch seine Pressestelle in Nachrichtenblättern Max *Brauer* anzugreifen, ist bedauerlich. Die Veränderung der Ländergrenzen kann nur zu einem späteren Zeitpunkt übergebietlich geregelt werden. Bis dahin muß versucht werden, die Finanzen Schleswig-Holsteins zu entlasten, evtl. durch Abwälzung gewisser Ausgaben aus dem Bizonen-Haushalt.

Gayk schlägt vor, daß die Parteiorganisationen Hamburgs und Schleswig-Holsteins zu Beratungen zusammentreten.

Der PV schließt sich dem an.

Ollenhauer regt weiter an, daß der Bezirksvorstand von Schleswig-Holstein mit dem Fraktionsvorstand in Frankfurt über die finanziellen Sorgen verhandelt.

---

21 Rudolf *Pass*, geb. 7/1905 in Arnstadt (Thüringen), Kaufm. Lehre, Angestellter, 1925 SPD, 1932/33 AdA Frankfurt, 1934 Emigration (Niederl., F, Schwed.), 1948 Rückkehr nach Deutschland, 1948-70 Wirtschaftspolit. Referent d. PV in Hannover/Bonn.
22 Die Anstellung von Pass wurde auch im Kommuniqué erwähnt, vgl. Anlage 1, letzter Satz.
23 Im Kommuniqué wird der Bericht Gayks erwähnt.
24 Weggelassen wird der Hinweis auf eine „Denkschrift" zur Lage in Schleswig-Holstein, die sich nicht in den Beiakten befindet.
25 Gemeint der „Südschleswigsche Verein", gelegentlich auch „Vereinigung" genannt. Der Südschleswigsche Verein (SSV) wurde 1946 als kulturelle Dachorganisation für die dänische Minderheit im Landesteil Schleswig des Landes Schleswig-Holstein gegründet, 1948 entstand der „Südschleswigsche Wählerverband" (SSW) als politische Vertretung für die dänische und für die friesische Bevölkerung im Landesteil Schleswig, vgl. Richard Stöss, Einleitung zu R.Stöss (Hrsg.), Parteienhandbuch I (1984), S. 283 u. 288.
26 Bei den Gemeindewahlen im Oktober 1948 gewann die SPD 39,7 % der Stimmen gegenüber 41, 0 % im Oktober 1946, die CDU 38 gegenüber 37, 3 %, der SSW 6,4 gegenüber 7,3 %, die FDP 5,7 gegenüber 6,1 %, die KPD 3,3 % gegenüber 5,1 %. 2,5 % der Stimmen fielen dieses Mal auf die DP, 2 % der Stimmen auf unabhängige Kandidaten, Jb. SPD 1948/1949, S. 237.

Beamtenrecht[27]

Kriedemann berichtet über die Ausnutzung der im § 27 gegebenen Möglichkeiten zum Abbau von Gehältern und Pensionen.

Schönfelder betont die Notwendigkeit der zentralen Lösung dieses Problems.

Ollenhauer verweist auf das auf Grund des letzten PV-Beschlusses versandte Rundschreiben an die Landtagsfraktionen in dieser Frage.[28] Außerdem wurde damals beschlossen, eine Kommission mit der Prüfung der Frage des Beamtenrechts zu beauftragen.

Zu **Punkt 2** der Tagesordnung (Grundgesetz):

Carlo Schmid stellt zunächst fest, daß die in Herrenchiemsee von den Beauftragten der Ministerpräsidenten ausgearbeiteten Vorschläge vom Parlamentarischen Rat nicht anders gewertet [zu] werden brauchen als alle von anderer Seite noch einlaufenden. Er erläutert die einzelnen Punkte des Herrenchiemsee-Vorschlages. (siehe Anlage [4][29]).

Heine erklärt, daß man allgemein recht bestürzt war über den Propagandaaufwand, der um und von Herrenchiemsee ausging. Er stellt weiter fest, daß wir von den Koblenzer Beschlüssen nunmehr völlig abgekommen seien, wie auch der PV-Beschluß vom 6.5.48 mit dem Herrenchiemsee-Entwurf gegenstandslos wurde[30]. Er ist der Auffassung, daß wir zu unseren alten Vorschlägen für ein Verwaltungsstatut zurückkehren sollten.[31]

Katz hält es für unmöglich, in diesem Stadium noch nach den Vorschlägen von *Heine* zu arbeiten.

Menzel unterstreicht die Ausführungen *Heines* und wünscht zunächst einmal zu klären, ob wir noch beim PV-Beschluß vom 6.5.48 verbleiben.

Eichler erklärt, daß wir von den Ministerpräsidenten hinters Licht geführt worden seien und uns dagegen verwahren sollten, daß PV-Beschlüsse unaufhörlich gebrochen werden. Wir sollten am Beschluß vom 6.5.48 festhalten.

Baur kritisiert scharf, daß *Brill* in Herrenchiemsee so eklatant gegen PV-Beschlüsse verstieß und verlangt ein Einschreiten des PV.

Ollenhauer erklärt, daß die hier geübte Kritik an der Politik der Ministerpräsidenten zu weit ginge. Er sei bereit, einen Teil der Verantwortung dafür auf sich zu nehmen. In Koblenz war den Ministerpräsidenten Verhandlungsraum offengelassen worden, und es sei erreicht worden, daß keine Verfassunggebende Versammlung, sondern ein Parlamentarischer Rat gebildet wird und daß in der Frage des Volksentscheids ebenfalls die Aussicht bestünde, daß wir mit unserer Ansicht durchdringen. Eine ganz andere Sache sei die Konferenz von Herrenchiemsee. Alle Beteiligten hätten dort eingangs erklärt, daß sie kein

---

27 Dieser Punkt noch nicht in der „vorläufigen" Tagesordnung vom 20. August.
28 Vgl. Dok. 24, Anlage 4, S. 471.
29 In der Vorlage „III". Die Stellungnahme Carlo Schmids „Der Vorschlag aus Herrenchiemsee" (spd/III/102 v. 25. 8. 1948, S. 1-2) wird hier als Anlage 4 zum Protokoll abgedruckt.
30 Zu den Koblenzer bzw. Rüdesheimer Beschlüssen der Gemeinsamen Sitzung des PV und der sozialdemokratischen Ministerpräsidenten am 7. 7. 1948 vgl. Dok. 23, zum Beschluß des PV vom 6. 5. 1948, vgl. Dok. 20, Anlage 2.
31 Zu den ursprünglichen Vorschlägen der SPD, sich für den geplanten Zusammenschluß der drei Westzonen nur ein „Verwaltungsstatut" auszuarbeiten, vgl. Einl. Kap. II 3 h.

Dokument 25, 27. und 28. August 1948

Mandat hätten. Das Material sei kein Entwurf der Ministerpräsidenten, sondern eine Unterlage, in der Argumente sehr sorgfältig zusammengetragen sind. Die von *Menzel* entworfene westdeutsche Satzung behandele durchaus dieselben Gebiete. Wir hätten keinen Anlaß, darüber zu diskutieren, ob der PV-Beschluß vom 6.5.48 verraten wurde oder nicht.

Schmid: Wir sollten die Frage der Beteiligung Berlins zum Prüfstein für die Bereitwilligkeit der alliierten Politik machen.

Schönfelder sagt, daß der stärkste Faktor in der deutschen Politik die Ministerpräsidentenkonferenz sei. Davon müßten wir schnellstens abkommen. Im Parlamentarischen Rat hätten wir darauf zu drängen, daß die Alliierten mit dem Besatzungsstatut herauskommen, bevor an das Verfassungswerk herangetreten wird.

Ollenhauer ist der Auffassung, daß sich die Ministerpräsidentenkonferenz nicht anders organisiert habe als wir beschlossen hätten. Die Konferenz habe keine institutionellen Funktionen, diese lägen ab 1.9.48 beim Parlamentarischen Rat. Unsere Fraktion solle sich in keiner Beziehung an die Beschlüsse von Herrenchiemsee gebunden fühlen. Walter *Menzel* wird den Rohentwurf für das Grundgesetz ausarbeiten.

Die erste Handlung des Parlamentarischen Rates müsse sein, Berlin als vollberechtigtes Mitglied aufzunehmen.

Zu **Punkt 3** der Tagesordnung (Fraktion des Parlamentarischen Rates)
Ollenhauer: Die Fraktionssitzung wird am Mittwoch, den 1.9.48, vormittags in Bonn stattfinden. Als Präsident des Rates sollte der Genosse *Schönfelder* nominiert werden. Für den Fraktionsvorstand werden die folgenden Genossen in Vorschlag gebracht: *Carlo Schmid* (Vorsitzender), *Walter Menzel, Andreas Gayk, August Zinn,* evtl. als Fraktionsgeschäftsführer *Gustav Zimmermann*[32].

Zu **Punkt 7** (Flüchtlingsorganisationen):
Ollenhauer führt aus, daß wir uns bisher gegen alle Versuche, besondere Flüchtlingsorganisationen zu schaffen, gewehrt hätten. Im Flüchtlingsbeirat im Zonenbeirat wurde die Bildung von Flüchtlingsorganisationen zur Wahrnehmung der kulturellen und wirtschaftlichen Belange der Flüchtlinge empfohlen (auf Kreis- und Ortsebene) und inzwischen von der Militär-Regierung genehmigt. Die Godesberger Konferenz, unter Leitung von *Lukaschek*[33], *Schulz-Wittuhn*[34] und *Goebel*[35], beschloß die Gründung einer Dachorganisation, lehnte

---

32 Zu den Vorschlägen des PV und den Wahlen in der konstituierenden Fraktionssitzung vgl. Einl. Kap. II 3 h. Schönfelder wurde, da ja Adenauer zum Präsidenten des Parlamentarischen Rates gewählt wurde, 1. Stellvertreter des Präsidenten, Hb. Politischer Institutionen, S. 239 u. 241. Gustav *Zimmermann* (1888-1949), 1919-33 Stellv. Vors. d. SPD Badens, 1946-49 MdL u. Vizepräs. d. LT (Württ.-Baden), 1948/49 MdParlR (Vorstand d. SPD-Fraktion).
33 Hans *Lukaschek* (1885-1980), Dr. jur., vor 1933 Zentrum, 1929-33 Oberpräsident der preuß. Provinz Schlesien; 1945 Mitbegr. d. CDU in Berlin, 1948/49 Richter in Köln, 1949-53 Vertriebenenminister.
34 Gerhard *Schulz-Wittuhn* geb. 1902, Dr.phil., vor 1945 leitende Funktionen in Breslau, 1946 Bizonenverwaltung in Frankfurt am Main.
35 Georg *Goebel*, geb. 1900, bis 1945 Pfarrer in Schlesien, 1947/48 Mitgl. d. CDU, 1947 Gründer des Hauptausschusses für Ostvertriebene, 1949/50 Vors. d. Landesverbandes der Ostvertriebenen in NRW.

jedoch auch gleichzeitig die Bildung einer Flüchtlingspartei ab. Minister Pastor *Albertz* in Niedersachsen hat inzwischen die Flüchtlingsorganisationen in seinem Ministerium zusammengebracht. Unser Flüchtlingsbeirat empfahl auf seiner letzten Sitzung dem PV, die ablehnende Haltung gegenüber den Flüchtlingsgemeinschaften aufzugeben.

Meitmann spricht sich entschieden dagegen aus.

Gayk schließt sich dem an und fordert, daß auf dem Parteitag zu diesem Problem etwas gesagt wird.

Ollenhauer stellt nach längerer Diskussion fest, daß heute kein Beschluß gefaßt werden könne und schlägt vor, daß die nächste PV-Sitzung (nach dem Parteitag) sich unter Hinzuziehung von *Ernst Zimmer* und Pastor *Albertz* erneut mit dem Problem befaßt.[36]

Gayk solle beauftragt werden, auf dem Parteitag zur Frage der Flüchtlingsorganisation zu sprechen.[37]

Franke gibt bekannt, daß der Bezirk Oberrhein in Zukunft Mittelrhein heißen wird und daß die Bezirke Ober-, Mittel- und Unterfranken zu einem Bezirk Franken zusammengelegt werden.

Zu **Punkt 10** der Tagesordnung (Rheinland-Pfalz):

Bögler gibt bekannt, daß der Vertreter des Landes Rheinland-Pfalz in der Ländergrenzenkommission (*Hermans*[38]) erklärt habe, daß die Regierung für einen Status quo eintritt. Die CDU will einer Grenzveränderung zustimmen, wenn diese mit einer Grenzveränderung Nordrhein-Westfalens verbunden ist. Unsere Partei trete nunmehr dafür ein, Rheinland-Pfalz insgesamt an Hessen anzuschließen, wenn die alten Vorschläge nicht durchzubringen sind.

Nächste Sitzung des Parteivorstandes am 10.9.1948, 14.00 Uhr, in Düsseldorf.

---

36 Dieser Vorschlag wird im Kommuniqué als „Beschluß" erwähnt. In der ersten Sitzung nach dem Parteitag, die am 24. und 25. September 1948 stattfand, wurden „Flüchtlingsfragen" eingehend behandelt. Heinrich *Albertz* wurde dazu als Referent geladen, vgl. PV-Protokolle 1948-1950, Dok. 1, TOP 2.

37 Im Kommuniqué wird dieser Auftrag an Gayk nicht erwähnt und auf dem Parteitag erfolgte keine Stellungnahme Gayks zu diesem Thema, vgl. die genaue Inhaltsübersicht über die Verhandlungen des Parteitages, Prot. SPD-PT 1948, S. 237-240.

38 Hubert *Hermans* (1909-89), Jurist, Richter, 1946-51 MdL (CDU), 1949 MdParlR, 1948-52 Leiter der Rechts- u. Gesetzgebungsabteilung der Staatskanzlei von Rheinland-Pfalz, 1952-1971 Bevollmächtigter des Landes Rheinland-Pfalz beim Bund.

Dokument 25, 27. und 28. August 1948

Anlage 1
Kommuniqué der Sitzung des Parteivorstandes
Sozialdemokratischer Pressedienst vom 30.8.1948[39]

Fragen der Vorbereitung des Düsseldorfer Parteitages standen im Mittelpunkt der Vorstandssitzung der SPD am 27. und 28. August in Springe am Deister. Außerdem befaßte sich der PV nach einem ausführlichen Bericht von Prof. *Carlo Schmid* über die Tagung und die Beschlüsse von Herrenchiemsee mit der sozialdemokratischen Stellungnahme zum Entwurf eines Grundgesetzes und mit der Einberufung der sozialdemokratischen Fraktion des Parlamentarischen Rates.

Die Beschlüsse von Herrenchiemsee[40]
Es kam noch einmal die einmütige Auffassung zum Ausdruck, daß die Beschlüsse von Herrenchiemsee in keiner Weise die Entschlußfreiheit des Parlamentarischen Rates begrenzen. Es wurde weiter festgestellt, daß es auch keine ständige Ländervertretung beim Parlamentarischen Rat geben kann.

Wesentliche Grundlagen für die sozialdemokratische Einstellung zum kommenden Grundgesetz sind die bekannte Arbeit des Innenministers von Nordrhein-Westfalen, *Walter Menzel,* sowie die Richtlinien des Verfassungspolitischen Ausschusses der Partei. Die Arbeit von Chiemsee wurde als wertvolle Materialsammlung auch mit erheblichem praktischen Wert für die kommende Arbeit des Parlamentarischen Rates gewürdigt.

Berlin darf nicht Bestandteil der russischen Zone werden
Über die Lage in Berlin berichtete in Abwesenheit des durch die letzten Ereignisse in Berlin verhinderten *Franz Neumann* der Vertreter des Parteivorstandes in Berlin, *Willy Brandt.* In der gegenwärtigen Situation hielt es der Parteivorstand für notwendig, noch einmal eindringlich vor den ernsten Folgen zu warnen, die sich nicht nur für Deutschland ergeben müßten, falls das freiheitliche Berlin im Stich gelassen würde. Es dürfe nicht dazu kommen, daß Berlin zu einem Bestandteil der russischen Zone wird.

Interparlamentarische Konferenz
Der Parteivorstand brachte seine grundsätzlich positive Einstellung zu der interparlamentarischen Konferenz in Interlaken und zu ihren politischen Bestrebungen zum Ausdruck. An dieser Konferenz nehmen eine Reihe sozialdemokratischer Abgeordneter aus den deutschen Landtagen teil.

Flüchtlingsfragen
Ein weiteres Thema waren Flüchtlingsfragen, vor allem, soweit sie in Zusammenhang mit den Bemühungen der Flüchtlinge um neue, eigene Organisationsformen stehen. Es wurde

---
39 Abgedruckt mit der Überschrift: „Sitzungen des PV, vom 27. bis 28. August 1948": Sopade Informationsdienst Nr. 565 v. 4. 9. 1948.
40 Die Zwischenüberschriften entstammen dem Abdruck im „Sopade-Informationsdienst".

beschlossen, in der nächsten Sitzung diesen Gegenstand erneut aufzugreifen und dann den Minister für Flüchtlingsangelegenheiten in Niedersachsen, *Albertz*, und den Flüchtlingssekretär beim Parteivorstand, *Ernst Zimmer*, hinzuzuziehen.

Die Notlage Schleswig-Holsteins
Andreas *Gayk*, Oberbürgermeister von Kiel, schilderte nachdrücklich die besondere Notlage des Landes Schleswig-Holstein, hervorgerufen durch die unverhältnismäßig hohe Zahl der dort zugewanderten Flüchtlinge sowie durch die verkehrsmäßig-räumliche Abschnürung dieses Landes vom übrigen Deutschland.

Anlage 2
„Sozialdemokratischer Vorschlag zum Lastenausgleich"
Hektogr. Vorlage Kriedemanns für die Mitglieder des PV vom 25.8.1948, 8 S., Anl. („I") in den Beilagen zum Protokoll.

Entsprechend dem Beschluß des Parteivorstandes am 29.6.1948 ist die Arbeit an einem sozialdemokratischen Vorschlag zum Lastenausgleich in der damals skizzierten Richtung intensiv betrieben worden. In laufenden Beratungen wurden zu den einzelnen Punkten Diskussionsunterlagen erarbeitet, die auf einer Tagung in Bad Vilbel am 16. und 17.6. von einem größeren Kreis behandelt worden sind. Daran haben sich beteiligt Vertreter der Landtagsfraktionen, der Bezirksorganisationen der Partei, Sachverständige aus den einschlägigen Ministerien, zuständige wirtschaftspolitische Mitarbeiter, der Sachbearbeiter des Gewerkschaftsbundes, Vertreter des sozialdemokratischen Flüchtlingsbeirates und Vertreter des sozialpolitischen Ausschusses.

Die Tagung ergab in den grundsätzlichen Fragen Übereinstimmung und konnte bereits einige Einzelheiten klären. Andere Probleme wurden zur eingehenderen Behandlung an Arbeitsgruppen verwiesen, in denen inzwischen weiter gearbeitet wurde resp. wird.

Die nächste größere Konferenz ist auf den 4. und 5. September – wieder in Bad Vilbel – für zwei volle Tage einberufen. Nach dem bisherigen Stand der Einzelberatungen darf erwartet werden, daß der Gesamtplan ausführlich und abschließend diskutiert werden kann, wobei auch diesmal wieder dafür gesorgt ist, daß an der Beratung alle zuständigen Genossen resp. Organisationsteile teilnehmen können, um die Gefahr zu vermeiden, daß ein mehr oder weniger privater Standpunkt oder das Übergewicht einer Interessengruppe das Zustandekommen einer Meinungsbildung aus der ganzen Partei blockiert oder erschwert.

Es darf festgestellt werden, daß der Verlauf der bisherigen Diskussionen sowohl im großen Kreise wie auch bei den kleineren Arbeitstagungen sehr rege und ergebnisreich war und insbesondere, daß einzelne Genossen, die aus ihrer speziellen Sachkenntnis heraus besonders beansprucht werden müssen, sich rückhaltlos zur Verfügung gestellt haben. Gerade durch diese intensive Art der Arbeit ist deutlich geworden, wie kompliziert und vielseitig die Probleme sind und wie tatsächlich ein konsequenter Lastenausgleich in

Dokument 25, 27. und 28. August 1948

alle Gebiete der Sozial- und Wirtschaftspolitik entscheidend eingreifen muß, wenn er Resultate erzielen will.

Bereits abgeschlossene Feststellungen (die allerdings z.T. noch von der zweiten Konferenz in Bad Vilbel bestätigt werden müssen).

I. Die Ansprüche aus dem Lastenausgleich ergeben sich nicht aus der Höhe des individuell erlittenen Schadens.

Keine Feststellung des Schadens nach der Höhe.

(Die Klärung dieser Frage hat sehr viel Zeit gekostet. Nicht nur von den Flüchtlingen, sondern auch aus anderen Kreisen wurde der Standpunkt vertreten, daß aus dieser Einstellung viele psychologische Widerstände mit politischen Folgen zu erwarten seien.)

Durchschlagende *Gegenargumente*, die sich schließlich auch durchgesetzt haben, waren:
1. Unerträgliche Verwaltungskosten eines Feststellungsverfahrens, das bei Einbeziehung der Geschädigten aus der Währungsreform in den Lastenausgleich die Herstellung, Ausfüllung und Überprüfung von mindestens 20 Millionen Fragebogen notwendig machen würde.
2. Die Unmöglichkeit einer einigermaßen zuverlässigen Kontrolle der Schadensmeldungen.
3. Die sozialdemokratische Uninteressiertheit an der Wiederherstellung der früheren Besitzrelationen wegen der dabei unvermeidlichen Gefahr, daß die der Menge nach am geringsten Geschädigten sehr viel schlechter wegkommen würden als die großen Verlustträger.
4. Die angeblich größere Gerechtigkeit eines Verfahrens, das nach Art des Konkursverfahrens Ansprüche und Maße gegenüberstellt, um so Quoten zu errechnen, kann angesichts der Größe des Schadens und der ihr gegenüber außerordentlich geringen Masse nicht anerkannt werden. Quoten müssen notwendigerweise so lächerlich niedrig ausfallen, daß von der Gerechtigkeit nichts übrig bleibt.
5. Das Konkursverfahren – und nur dieses rechtfertigt die Schadensfeststellung im einzelnen – führt notwendigerweise zu den sogenannten Zertifikaten, d.h. zu verbrieften Ansprüchen, die nicht realisierbar sind und deren Zinsdienst zwar nicht ausreichen würde, auch nur eine der Aufgaben aus dem Lastenausgleich zu erfüllen, der aber doch alle Mittel so verzetteln würde, daß z.B. für die Rente nichts übrig bliebe.

Inzwischen haben sich auch in anderen Kreisen, z.B. in der Verwaltung für Finanzen und in der „Katholischen Aktion" unsere Auffassungen durchgesetzt, die eigentlich nur noch von den ausgesprochenen Flüchtlingsverbänden bestritten werden. Tatsächlich würde jeder Versuch einer Schadensfeststellung mit ihren Konsequenzen den Lastenausgleich unmöglich machen.

Abschließende Einzelberatung an Hand von Zahlen, die z.T. beschafft, z.T. erarbeitet worden sind, die aber alle noch kontrolliert werden müssen [am] 28. und 29. [8.] in Offenbach.

II. Ansprüche und Verpflichtungen ergeben sich ausschließlich aus dem gegenwärtigen Stand.

Keine Möglichkeit, erlittenen Schaden von dem geretteten Vermögen abzusetzen und dadurch an der Verpflichtung zur Vermögensabgabe vorbeizukommen. Wer verlorenen Hausrat wiederbeschafft hat, hat ebenfalls keinen Anspruch. Wer unterhalb einer Altersgrenze und noch arbeitsfähig ist, hat auch dann keinen Anspruch, wenn er bereits früher z.B. eine Pension bezogen hat (Wartegeld).

III. Grundsätzlich fallen alle Lasten aus der Vergangenheit unter den Lastenausgleich, soweit die dazu benötigten Mittel nicht erhalten geblieben sind. Das gilt insbesondere auch für öffentliche Pensionen.

Nur bei strikter Durchsetzung dieses Grundsatzes wird es möglich sein, die öffentlichen Haushalte in Ordnung zu bringen. Andernfalls wird ein wesentlicher Teil des Steueraufkommens zur Erfüllung der Ansprüche aus der Vergangenheit aufgewendet werden müssen. Es wird entsprechend wenig übrig bleiben für die Erfüllung der gegenwärtigen Aufgaben. Jede Durchbrechung dieses Grundsatzes bedeutet Lastenausgleich auf Kosten des Arbeitsvertrages und Verzicht auf Vorbereitung der sozialen Sicherung der jetzt arbeitenden Menschen.

IV. Der Lastenausgleich muß grundsätzlich aus der Inanspruchnahme der erhaltenen Vermögen gedeckt werden (Vermögensabgabe). Eine Inanspruchnahme von Haushaltsmitteln muß insbesondere im Interesse der arbeitenden Bevölkerung vermieden werden.

V. Die Abwicklung aller mit dem Lastenausgleich und der Vermögensabgabe zusammenhängenden Ein- und Auszahlungen usw. [erfolgt][41] über eine Ausgleichskasse – getrennt von den öffentlichen Haushalten. Die Ausgleichskasse ist eine Körperschaft öffentlichen Rechts. Sie betreibt keinerlei Unternehmungen für eigene Rechnung. Sie ist zu dezentralisieren.

VI. Aufgaben des Lastenausgleichs.
a) Eine durch Rechtsanspruch gesicherte Rente für jede arbeitsunfähige Person, der eigene Unterhaltsmittel nicht zur Verfügung stehen und die keine Renten, Pensionen oder andere Unterhaltsmittel bezieht. Die Höhe der Rente ist einheitlich, ohne Rücksicht auf frühere Ansprüche, erlittenen Verlust, gesellschaftliche oder berufliche Stellung usw. Von hier aus wird bewußt die Hebung der niedrigsten Alters-, Invaliden- und Sozialrenten auf ein menschenwürdiges Niveau erstrebt.

b) Mittel zu einer Mindestausstattung mit Hausrat für alle, die ihren Hausrat verloren haben und ihn sich bisher nicht wiederbeschaffen konnten – abgestellt auf den tatsächlichen Mangel und nicht auf die Höhe des Verlustes, der gegenwärtigen und früheren Lebensumstände usw.

---

41 In der Vorlage „erfolgen".

c) Finanzielle Beihilfen zur Errichtung selbständiger Existenzen unter Berücksichtigung volkswirtschaftlicher Notwendigkeiten. Auch diese Leistung ist nicht abhängig von der Höhe des Verlustes oder davon, ob der Betreffende überhaupt eine selbständige Existenz verloren hat.

d) Einsatz der verfügbaren Mittel der Lastenausgleichskasse – soweit Mittel verfügbar bleiben – zu wirtschaftspolitischen und sozialpolitischen Zwecken (Wohnungsbau, Schaffung neuer Arbeitsplätze usw.). Damit soll durch Schaffung von Voraussetzungen dazu beigetragen werden, daß jeder Arbeitsfähige unter erträglichen Bedingungen Arbeitsmöglichkeiten vorfindet. Durch planmäßige Förderung des Wohnungsbaues nach gemeinnützigen Grundsätzen – wobei auch private Kreditnehmer unter die gleichen Bedingungen gestellt werden sollen – werden die Arbeitsmöglichkeiten durch entsprechende Sozialleistungen ergänzt.

VII. Beschaffung der für den Lastenausgleich erforderlichen Mittel durch Vermögensabgabe.

Angesichts der Größe der Last ist eine einschneidende Vermögensabgabe unvermeidlich. Weder ein Lastenausgleich im ganzen noch die Vermögensabgabe für sich sind ein Ersatz für die Sozialisierung und ebensowenig eine „Sozialisierung auf kaltem Wege".

(Notwendige Sozialisierung wird durch den Lastenausgleich keineswegs überflüssig.)

Grundüberlegung bei der Vermögensabgabe.

Die Grenze der Inanspruchnahme ist durch die Währungsreform bereits festgestellt – 80 % –. Da die Realteilung von Vermögen nur in sehr beschränktem Maße möglich ist und die volkswirtschaftlichen Funktionen der Vermögen nicht gefährdet werden dürfen, läuft die Vermögensabgabe im Prinzip auf eine möglichst weitgehende Erfassung der Kapitalrente hinaus, aus der der nicht in natura oder in bar zu leistende Teil der Vermögensabgabe verzinst und amortisiert werden muß. Berechnungsgrundlagen, Art der Sicherung der Ansprüche, Erfassung der Erträge, Höhe der Verzinsung usw. sind entsprechend den unterschiedlichen Bedingungen für die verschiedenen Wirtschaftsgebiete voneinander abweichend.

Bemerkung:

Durch die Vermögensabgabe wird auf jeden Fall das Aufkommen der Einkommens- und Vermögenssteuer beeinträchtigt werden. Die Schmälerung der Haushaltseinkünfte wird durch Übernahme von Verpflichtungen aus den Haushalten auf die Lastenausgleichskasse kompensiert (Pensionen, Wohlfahrtsunterstützungen, Sozialrenten).

Vermögensabgabe in der Wohnungswirtschaft nach dem Mietertrag (Rohmiete). 30 - 40 %ige Beanspruchung der Rohmiete für die Vermögensabgabe liegen den Berechnungen zugrunde. –

Berechnung aller Verwaltungs- und Betriebskosten in der Wohnungswirtschaft nach den Sätzen resp. Buchführungsergebnissen der Gemeinnützigen Wohnungsbaugenossenschaften, evtl. Ausnahmebehandlung von Objekten im Besitz gemeinnütziger Einrichtungen.

Diese Einschränkung ist aber auf jeden Fall unerwünscht und wird von uns aus nicht vertreten.-

Vermögensabgabe in der Landwirtschaft.
Entsprechende Belastung nach den neuen Einheitswerten. Entsprechend den besonderen Verhältnissen in der Landwirtschaft wird nur mit 3 % Zinsen und Amortisation gerechnet. Soweit die Neubewertung noch nicht durchgeführt worden ist, wird ein geschätzter Einheitswert (ca. 150 %) vorgeschlagen oder eine höhere Verzinsung auf der Basis des alten Einheitswertes – das eine oder andere bis zur Durchführung der Neubewertung –.

Erststellige dringliche Sicherung.

Erwogen wird noch, ob in bestimmten Einheitswertklassen – oder in bestimmten Besitzgrößen – und Betriebsgrößenklassen – die Vermögensabgabe ganz oder in bestimmten Prozentsätzen durch Landabgabe zu leisten ist.

Unterhalb einer Freigrenze keine Vermögensabgabe. Die Freigrenze ist noch nicht festgelegt. Sie liegt aber in jedem Fall unter der Freigrenze für die Vermögenssteuer, je 10.000 DM für den Steuerpflichtigen, 5.000 DM für die Ehefrau, 5.000 DM für jedes Kind.

Die Belastung und Annuitäten werden so dem Leistungspflichtigen ermöglichen, sich auszurechnen, in welchem Zeitraum er die Schuld aus der Vermögensabgabe abtreten kann. Prämien durch schnellere Tilgung sind vorgesehen, da der Bedarf der Ausgleichskasse an Barmitteln in den ersten Jahren am größten ist und dann rasch abnehmen wird (Altersaufbau und Sterblichkeitsziffer der Anspruchsberechtigten und neue Fundierung der Sozialversicherung usw.).

Besonders [große][42] Vorauszahlungen auf die Vermögensabgabe werden von uns schnell vorgeschlagen werden müssen. Der möglichst schnelle Erlaß des Gesetzes über die Vermögensabgabe ist für die Entwicklung der Wirtschaft nach der Währungsreform unbedingt notwendig.

Vermögensabgabe vom Betriebsvermögen.
Die bisherige intensive Beratung hat noch kein Ergebnis gebracht (nächste Konferenz 1. und 2. September).

Zur Debatte stehen:
1. Inanspruchnahme der bilanzmäßigen Abschreibungen.
2. Gewinnbeteiligung.
3. Obligationen oder andere festverzinsliche Ansprüche.

Besondere Schwierigkeiten:
zu 1. Betriebswirtschaftliche und volkswirtschaftliche Notwendigkeit zu weitgehender Erneuerung der Anlagen-Rationalisierung.

---

42 In der Vorlage „grobe".

Dokument 25, 27. und 28. August 1948

zu 2. Gewinnverschleierung zugunsten der Bildung von stillen Reserven und gesteigerter Eigenfinanzierung.

zu 3. Abwälzung der Verpflichtungen aus dem Lastenausgleich durch Preiserhöhungen.

Häufigster Einwand gegen die Vermögensabgabe – insbesondere in Bezug auf das Betriebsvermögen: der Unternehmer würde die Lust verlieren, wenn es sich für ihn nicht mehr lohnt. Ein Lastenausgleich, der vor diesem Einwand kapituliert, wird ohne Ergebnis bleiben. Es ist geradezu eine besonders wichtige Aufgabe des Lastenausgleichs und liegt durchaus im Rahmen sozialer Wirtschaftspolitik, diejenigen Unternehmer auszuschalten, die ihre wirtschaftspolitischen Pflichten nicht erfüllen. Übergang von Produktionseinrichtungen an solche Unternehmer, die unter den schwierigen Bedingungen einer zum Lastenausgleich gezwungenen Wirtschaft zur Übernahme des Risikos bereit sind, wird die Leistungsfähigkeit der Wirtschaft zweifellos nur fördern. Geeignete Personen sind in den Reihen der Flüchtlinge usw. zweifellos ausreichend vorhanden.

Vermögensabgabe aus dem Hausrat
Endgültige Formulierungen liegen ebenfalls noch nicht vor (neue Behandlung am 1. und 2. September).
Debattiert wird:
1. Zuschlag zu Lohn-, Einkommens- und Vermögenssteuer für alle, die über einem gewissen Einkommen liegen und deren Hausrat erhalten geblieben ist, oder Belastung auf Grund des ausgestandenen[sic!] Wohnraumüberbestandes. Die Diskussion hat ergeben, daß trotz der Schwierigkeiten einer einträglichen und sozial-erträglichen Lösung auf einen Ausgleich auch hier nicht verzichtet werden kann.

Vermögensabgabe aus sonstigem Vermögen.
(Noch nicht formuliert, Beratung am 1. und 2. September).
Alle Belastungen zur Erfüllung der Vermögensabgabe sind im Prinzip so zu stellen, daß 80 % des Vermögens am Stichtag neu erarbeitet werden müssen.

Klarheit besteht darüber, daß
a) der Unterschied nicht völlig ausgeglichen werden kann, der darin besteht, daß der eine ein Vermögen hat, das im Augenblick zwar hoch belastet, aber nach einer Reihe von Jahren wieder zur Verfügung stehen wird, während der andere das verlorengegangene Vermögen völlig neu erarbeiten muß,
b) das beste Lastenausgleichsgesetz ein Stück Papier bleiben wird, wenn seine Erfüllung nicht durch politische und wirtschaftspolitische Maßnahmen erzwungen wird.

VIII. Lastenausgleichskasse erst in den Grundsätzen mit Spezialisten besprochen.
Probleme:
Notwendigkeit der Dezentralisierung zur Vermeidung des Einwandes, daß die Lastenausgleichskasse ein unerträglich großes Gebilde wirtschaftlicher Macht darstellt. Trotzdem

Sicherung des Ausgleiches für den ganzen Bereich des Lastenausgleiches. Vermeidung einer kostspieligen eigenen Verwaltung, Inanspruchnahme der Finanzämter.

Interessanter Gesichtspunkt:
Die Lastenausgleichskasse und ihre Untergliederungen als Inhaber der dinglich oder sonstwie gesicherten Ansprüche aus der Vermögensabgabe können Einfluß auf die Kreditlenkung nehmen (zeitweilige und teilweise Einräumung der von ihnen besetzten ersten Stelle, Kreditlenkung, Investitionskontrolle). Sie wird von dieser Möglichkeit auch in Erfüllung ihrer Aufgaben nach VI d) Gebrauch machen müssen. An der Klärung grundsätzlicher und technischer Fragen wird laufend weitergearbeitet. Die Formulierung unseres Vorschlages in Form von Gesetzentwürfen wird unmittelbar nach Abschluß der Diskussion in den Arbeitskreisen und auf dem Parteitag beginnen.

Frankfurt/Main, den 25. August 1948.

Anlage 3
„Arbeitsplan des Parteitages"
Gedr. „Vorlage Nr. 3" (1 S.) für den Sozialdemokratischen Parteitag Düsseldorf 11. bis 14. September 1948 in den Beilagen zum Protokoll

Sonnabend, den 11. September:
17 Uhr Internationale Kundgebung
Sonntag, den 12. September
9.30 Uhr: Eröffnung, Konstituierung und Begrüßungen, 15 Uhr: Referat des Genossen Schumacher und Aussprache, 19 Uhr Vertagung
Montag, den 13. September:
9 Uhr: Parteivorstandsberichte [a) Organisation, Referent: Genosse Egon *Franke*; b) Kasse, Referent Genosse Alfred *Nau*; c) Presse und Propaganda, Referent Genosse Fritz *Heine*; d) Frauensekretariat, Referent Genossin Herta *Gotthelf*; d) Kontrollkommission, Referent Genosse Adolf *Schönfelder*][43], 15 Uhr Bericht der Wirtschaftsratsfraktion [Referent: Genosse Herbert *Kriedemann*], 19 Uhr Vertagung
Dienstag den 14. September:
9 Uhr: Referat des Genossen Zorn [Soziale Neuordnung als sozialistischen Gegenwartsaufgabe] und Aussprache, 15 Uhr: Sonstige Anträge; 18 Uhr Abschluß

---

43 Ergänzungen in eckigen Klammern nach dem in den Beilagen ebenfalls vorhandenen gedr. „Vorschlag für die Tagesordnung" („Vorlage Nr. 1" für den Parteitag).

Dokument 25, 27. und 28. August 1948

Anlage 4
Carlo Schmid: „Der Vorschlag aus Herrenchiemsee"
Sozialdemokratischer Pressedienst III/102 v. 25.8.1948, S. 1-2

Der von den Ministerpräsidenten eingesetzte Verfassungsausschuß hat seine Arbeiten beendet. Er hatte nicht die Aufgabe, politische Streitfragen nach parlamentarischer Art zu entscheiden. Seine Mitglieder hatten nur den Auftrag, ihre Sachkenntnis in den Dienst der Schaffung einer Arbeitsgrundlage für den Parlamentarischen Rat zu stellen. Ihm allein obliegt die Aufgabe, das Grundgesetz für den durch die drei Westzonen dargestellten Teil Deutschlands zu beraten und zu beschließen, das danach auf Grund der Anweisung der Militärgouverneure durch Beschluß der Landtage oder durch Volksabstimmung sanktioniert werden soll.

Die Mitglieder des Ausschusses waren also zunächst Techniker des Verfassungsrechts. Sie hatten aber auch eine wichtige politische Funktion zu erfüllen. Diese bestand in der Aufgabe, deutlich zu machen, durch welche Grundvorstellungen die politische Auseinandersetzung in Deutschland heute bestimmt wird. Neben Parteistandpunkten, die im wesentlichen in einer verschiedenartigen Beurteilung des spezifischen Gewichtes des Faktors „Land" und des Faktors „Zentralgewalt" zum Ausdruck kamen, machten sich auch, zum Teil über die Parteizugehörigkeit der Länderdelegierten hinweg, sehr verschiedene Standpunkte der einzelnen Länder geltend, die in dem Verlangen nach mehr oder weniger Föderalismus zum Ausdruck kamen.

Je mehr man sich in die Probleme vertiefte, desto mehr setzte sich die Erkenntnis durch, daß eine vernünftige Lösung nur gefunden werden könne, wenn man statt von formalen Begriffen von der Logik der Tatsachen ausging. Es sind eine Reihe von Berichten zustandegekommen, denen ein paragraphierter Entwurf für das Grundgesetz beigegeben ist.[44] Die Beschlüsse werden für den Parlamentarischen Rat keine bindende Wirkung besitzen. Die Parteien können selbstverständlich ihrerseits eigene Entwürfe einreichen.

Es bestand Einmütigkeit darüber, daß kein Weststaat geschaffen werden soll. Ebenso war man sich darüber einig, daß angesichts der durch die heutigen Umstände beschränkten deutschen Volkssouveränität ein echtes staatliches Gebilde nicht geschaffen werden kann. So ist man übereingekommen, in dem Grundgesetz nicht die „Verfassung" eines Staates, sondern die Grundnorm für ein Staatsfragment zu sehen, dessen Organe so ausgestaltet sind, daß sie zwar die völlige Ausübung deutscher Gebietshoheit nach innen gewährleisten, daß aber doch deutlich zum Ausdruck kommt: es handelt sich bei dem Grundgesetz lediglich um den Plan für einen Notbau, der sofort bei jeder Erweiterung der deutschen Freiheitssphäre entsprechend ergänzt oder vervollständigt werden kann.

Der Gedanke, daß es sich um die Schaffung eines Provisoriums handelt, hat die ganzen Beratungen regiert. So hat man beschlossen, daß das Grundgesetz automatisch außer Kraft

---

44 Für einen Abdruck der „Berichte" und des bereits in Paragraphen gegliederten Entwurfs eines Grundgesetzes vgl. Der Parlamentarische Rat. Akten und Protokolle, Bd.2: Der Verfassungskonvent auf Herrenchiemsee, bearbeitet von Peter Bucher, Boppard am Rhein 1981, S. 504-615.

treten soll, sobald eine vom deutschen Volk in freier Selbstbestimmung geschaffene Verfassung Wirklichkeit wird. Weiter wurde vorgesehen, daß jeder Teil deutschen Staatsgebietes ohne Schwierigkeiten in den „Bund deutscher Länder" aufgenommen werden kann. Der besonderen Stellung Berlins wurde durch die Bestimmung Rechnung getragen, daß die Bevölkerung Berlins vollberechtigte Vertreter in die gesetzgebende Körperschaft entsenden soll, wenngleich [...][45] die von ihr beschlossenen Gesetze ihre Geltung heute noch nicht auf das Gebiet Berlin erstrecken können. Durch nichts kann deutlicher zum Ausdruck kommen, in welchem Maße das Grundgesetz als Mittel zur Vorbereitung der Einheit Gesamtdeutschlands gedacht ist.

Die obersten Organe sollen eine allgemein und direkt gewählte Vertretung des Volkes und eine Vertretung der Länder sein. Während im ersten Falle volle Einmütigkeit bestand, war die Meinung des Ausschusses in der Frage der Ländervertretung geteilt. Die einen wollten diese in der Art des früheren Bundesrates als Vertretung der Länderregierungen, die anderen gaben einer Vertretung in der Art des amerikanischen Senats den Vorzug: die Senatoren sollen durch die Landtage gewählt werden, aber nicht an Instruktionen der Länderregierungen gebunden sein. In der Frage des Zusammenwirkens beider Organe konnte eine Einigung nicht erzielt werden. Ein Teil der Ausschußmitglieder wollte beide Häuser gleichstellen, während der andere der Volksvertretung den Vorrang gegenüber der Ländervertretung einräumen wollte.

Eine ganz entscheidende Rolle spielte die Frage, ob die Quellen der Hoheitsgewalt originär beim deutschen Volke oder bei den Ländern liegen. Erfreulicherweise haben sich alle Delegierten – mit Ausnahme der Bayern – auf den Standpunkt gestellt, daß Deutschland als Staatsgebilde durch die Ereignisse des Jahres 1945 nicht untergegangen sei. Es habe lediglich seine Geschäftsfähigkeit verloren und sei darüber hinaus durch die Vernichtung des Staatsapparates der Diktatur desorganisiert worden. Es handele sich deshalb heute nicht darum, Deutschland neu zu „konstituieren", sondern lediglich darum, es neu zu „organisieren". Dies könne aber lediglich die Aufgabe des zwar in Länder gegliederten, aber doch einheitlich gebliebenen deutschen Volkskörpers sein.

Obwohl das deutsche Volk heute nur im Westen in wenigstens einigermaßen freier Bestimmung seine Hoheitsbefugnisse unter Wahrung der Freiheitsrechte der Individuen neu organisieren kann, sind es doch „deutsche" und nicht „westdeutsche" Hoheitsbefugnisse, die dort ausgeübt werden. Darum hat die Mehrheit des Verfassungsausschusses für das Grundgesetz einen Artikel vorgeschlagen, der lautet: „Der Bund führt die schwarz-rotgoldene Fahne der deutschen Republik".

---

45 In der Vorlage folgt noch ein „sich".

Nr. 26

Sitzungen der obersten Parteigremien am 10. und 11. September 1948 in Düsseldorf

[A] Sitzung des Parteivorstandes am 10. September 1948

AdsD: SPD-Parteivorstand, 2/ PVAS 0000676, Prot. d. Sitz. d. PV am 10.9.1948 Maschinenschriftl. Prot., 2 S.)[1]

Leitung: Erich **Ollenhauer**
Anwesend: siehe Liste

[**Teilnehmer/Teilnehmerinnen, nach Funktionen geordnet**[2]
PV[3]: *Ollenhauer, Franke, Gotthelf, Heine, Kriedemann, Nau; Albrecht, Baur, Bögler, Eichler, Gayk, Gnoß, Görlinger, Helmstädter, Henßler, Kaisen, Knothe, Meitmann, Menzel, Neumann, Schmid, Selbert, Veit*
PV-Stellvertreterin: *I. Wolff*
KK: *Schönfelder*
SPD-Fraktion im WR: *Schoettle*
Berliner Sekretariat des PV: *Brandt*]

Tagesordnung: Vorbereitung des Parteitags.

Ollenhauer: Die Zurückziehung des Antrages von Schleswig-Holstein zu Punkt 1 der Tagesordnung liegt bisher noch nicht vor.[4] Die Überweisung an den Verfassungspolitischen Ausschuß wird vorgeschlagen werden.
   Zu den Entschließungen der Wirtschaftsratsfraktion wird *Veit* sprechen.[5]

---

1 Die Einladung zur Sitzung des Parteivorstandes mit der Tagesordnung „Vorbereitung des Parteitages" erfolgte durch das Rundschreiben Nr. 66/48 des Referats Organisation vom 30.8.1948, unterschrieben von *E. Ollenhauer*, das in den Beiakten zum Protokoll erhalten geblieben ist. Über die Sitzung des PV und die gemeinsame Sitzung von PV und PA wurde ein kurzes Kommuniqué im Sozialdemokratischen Pressedienst (Nr.III/110 v. 11.9., S. 2 f.) veröffentlicht, das hier als Anlage zu den Protokollen abgedruckt wird.
2 Die folgenden Angaben wurden der Anwesenheitsliste in den Beilagen zum Protokoll und Angaben im Protokoll entnommen; für die Teilnehmer an allen Vorstandssitzungen 1947/48 vgl. Anhang 2.
3 Von den Mitgliedern des PV fehlten *Schumacher, Grimme, Gross, Loßmann* und *Schroeder. Agartz* hatte am 22. 8. 1948 sein Mandat als Mitglied des PV niedergelegt, vgl. Einl. Kap. I 1 b.
4 Der vom PV abgelehnte Antrag forderte, die Wahlrechtsfrage auf die Tagesordnung des Parteitages zu setzen, vgl. Dok. 25 (Sitzung vom 27. August, TOP 1 c, Antrag 1), S. 474. Bis zum Beginn des Parteitages zog der Bezirk Schleswig-Holstein offensichtlich den Antrag doch noch zurück, da die vom Parteivorstand vorgelegte Tagesordnung ohne Widerspruch angenommen wurde, Prot. SPD-PT 1948, S. 8.
5 Veit sprach zu Beginn des dritten Verhandlungstages als Referent zum Thema „Grundsätze sozialdemokratischer Wirtschaftspolitik", erst nach ihm hielt Zorn sein lang geplantes Referat „Soziale Neuordnung als sozialistische Gegenwartsaufgabe": Prot. SPD-PT 1948, S. 133-138 (Veit) und 138-159 (Zorn). Über diese beiden Referate wie auch über den „Bericht der Fraktion des Wirtschaftsrates", den Herbert *Kriedemann* bereits am Schluß des zweiten Verhandlungstages erstattet hatte (S. 116-128), fand eine gemeinsame Aussprache statt (S. 160-185).

Der Entwurf des Sozialpolitischen Ausschusses wird von einem Ausschußmitglied erläutert werden.[6]

Hennig wird im Zusammenhang mit der Behandlung der sonstigen Anträge einen Kurzbericht des Kulturpolitischen Ausschusses geben.[7]

Für die Konstituierung des Parteitages wird vorgeschlagen:
2 Vorsitzende, nämlich *Gnoß* und Paul *Löbe*, sowie 4 Schriftführer.[8]

Für die Mandatsprüfungskommission werden wieder 9 Mitglieder vorgeschlagen plus Alfred *Nau* vom Büro.[9]

Es wird als Grußadresse für Kurt *Schumacher* ein Parteitagsbuch zur Eintragung der Delegierten ausliegen.

Das Referat Kurt *Schumachers*, das auch gedruckt vorliegen wird, wird von Andreas *Gayk* verlesen werden[10].

Die vorliegende Entschließung zum Referat Kurt *Schumachers* wird nach kurzer Diskussion mit einigen Änderungen vom PV angenommen.[11]

Zum Punkt Organisationsberichte wird Fritz *Heine* eine Resolution, die sich mit der Nichtzulassung von Parteizeitungen in der amerikanischen Zone befaßt, vorlegen.[12]

Henßler kündigt an, daß der Bezirk Westl. Westf. den Antrag stellen wird, die Stärke der Bezirke in der Zusammensetzung des Parteiausschusses zu berücksichtigen.

Ollenhauer erwidert darauf, daß sämtliche Organisationsanträge von der Organisationskommission bis zum nächsten Parteitag bearbeitet werden sollen.

Kriedemann erläutert den Entwurf für eine Entschließung zur Billigung der Politik der Wirtschaftsratsfraktion.[13]

Henßler bezweifelt ernstlich, daß es Sinn hat, eine solche Resolution dem Parteitag vorzulegen.

---

6 Paul *Nevermann* erläuterte den Entwurf als erster Debattenredner in der Schlußdiskussion (S. 160 f.), in der Inhaltsübersicht am Schluß des Protokollbandes wird er als „Referent" aufgeführt (S. 239).
7 Vgl. Prot. SPD-PT 1948, S. 187-190.
8 Gnoß und Löbe wurden einstimmig zu Vorsitzenden des Parteitages gewählt. Schriftführer wurden Grete *Heise* (Berlin), Paula *Karpinski* (HH), Käthe *Strobel* (Nürnberg) und Walter *Fanger* (Bez. Süd-Baden), Prot. SPD-PT 1948, S. 7.
9 In die Mandatsprüfungskommission wurden gewählt: Grete *Rudolph* (Bez. Niederrh.), Fritz *Michalski* (Bez. Hannover), Ernst *Schumacher* (Bez. Unterfranken), Hans *Schröder* (Bez. Hessen-Süd), Oskar *Kalbfell* (Bez. Süd-Württ.), Georg *Bauer* (Bez. Koblenz-Trier), Annedore *Leber* (Berlin), Kurt *Neubauer* (Berlin), Alfred *Nau* (PV), Prot. SPD-PT 1948, S. 7.
10 Zur Verlesung von Auszügen aus dem politischen Referat Schumachers durch *Gayk* vgl. Prot. SPD-PT 1948, S. 25. Dieses wurde dann vollständig im Parteitagsprotokoll abgedruckt: a.a.O., S. 25-50, für einen Wiederabdruck vgl. K. Schumacher, Reden – Schriften – Korrespondenzen, S. 588-619.
11 Gemeint die einstimmig vom Parteitag angenommene Resolution, die dann unter der Überschrift „Deutschland und Europa" veröffentlicht wurde, vgl. Prot. SPD PT 1948, S. 85 (Annahme der Resolution) und 206-208 (Abdruck der Resolution).
12 Für einen Abdruck der Resolution „Parteizeitungen in der US-Zone" vgl. Prot. SPD-PT 1948, S. 208.
13 Der Parteitag nahm gegen 13 Stimmen einen Antrag des Parteivorstandes an, in dem die Haltung der sozialdemokratischen Fraktion des Wirtschaftsrates gebilligt wurde, Prot. SPD-PT 1948, S. 185.

Ollenhauer macht darauf aufmerksam, daß Anträge vorliegen, die praktisch der Wirtschaftsratsfraktion das Mißtrauen aussprechen.[14]

Henßler schlägt vor, daß nach Kenntnisnahme des Berichtes der Wirtschaftsratsfraktion zur Tagesordnung übergegangen wird.

Ollenhauer schlägt vor, daß die Resolution von einer Kommission, bestehend aus *Kriedemann, Veit, Henßler, Eichler, Nölting* und *Schoettle*, neu bearbeitet wird.

Kriedemann empfiehlt, daß die Richtlinien zum Lastenausgleich, wenn keine einmütige Annahme möglich ist, dem Sozialpolitischen Ausschuß überwiesen werden.[15]

Ollenhauer: Zum Punkt sonstige Anträge werden dem Parteitag vom PV vorgelegt werden:

Eine Resolution zur Kriegsgefangenenfrage und eine Entschließung zur Lage in der Ostzone.[16]

Zum Punkte Wahlen wird der PV den auf der letzten Sitzung in Springe beschlossenen Vorschlag morgen dem PA vorlegen.[17]

Neumann Die Berliner regen an, im Zusammenhang mit einer möglichen Sitzverlegung des PV nach Frankfurt die Stellung des Berliner Vertreters des PV dadurch zu stärken, daß er Mitglied des PV wird und daß ihm ein größeres Büro eingerichtet wird.

Ollenhauer erwidert darauf, daß diese Frage bei einer Sitzverlegung akut würde. In Springe wurde jedoch beschlossen, z.Z. noch von einer Beschlußfassung abzusehen.

Gnoß wünscht die Behandlung des *Wohnbauproblemes* auf dem Parteitag und stützt sich dabei auf die Mitwirkung von *Nevermann* und *Klabunde*. Wir müßten neben der Forderung nach dem großzügigen Wohnungsbau auch die Mittel aufzeigen, die dafür erforderlich sind.

Ollenhauer sieht eine sachliche Schwierigkeit darin, daß der Vorschlag erst heute auf den Tisch kommt und somit keine Stellungnahme der maßgeblichen Instanzen mehr eingeholt werden kann. Er schlägt vor, daß *Gnoß* auch mit den bayerischen Genossen, die den Wohnbauplan A haben, unter Hinzuziehung von *Nevermann* und *Klabunde* das Problem durchspricht und bei Übereinstimmung den Entwurf als Initiativantrag einbringt.

Der PV stimmt dem zu.[18]

---

14 Nach der Annahme des kurzen Antrags des PV zur Billigung der ihrer Tätigkeit wurden alle anderen – meist längeren und sehr kritischen Anträge zur Wirtschaftsfraktion als „erledigt" bezeichnet, a.a.O., S.186. Für einen Abdruck dieser Anträge vgl. d. gedruckte „Vorlage Nr. 4" zum Parteitag in den Beilagen zum Protokoll der Vorstandssitzung vom 27./28. August 1948, S. 7 f.

15 Die „Sozialdemokratischen Grundsätze zum Lastenausgleich" wurden auf dem Parteitag dem PV zur weiteren Diskussion überwiesen und im Parteitagsprotokoll am Schluß der dem „Parteivorstand überwiesenen Anträge" abgedruckt, Prot. SPD-PT 1948, S. 186 u. 229 f. Vgl. dazu auch Einl. Kap. II 1 f.

16 Für einen Abdruck der Resolution „Forderung nach endlicher Rückführung der Kriegsgefangenen" und der „Entschließung des Parteitages zur Lage in der Sowjetzone" vgl. Prot. SPD-PT 1948, S. 208 f. u. 214.

17 Vgl. PV-Sitzung vom 27. August, Punkt 1 d = Dok. 25, S. 474.

18 Der Antrag zum Wohnungsbau wurde einstimmig angenommen und als „Aufruf zum Wohnungsbau" im Parteitagsprotokoll veröffentlicht: Prot. SPD-PT 1948, S. 186 u. 211 f. In der Debatte über die Referate von Veit und Zorn begründete ihn Paul *Nevermann*. a.a.O., S. 161.

Dokument 26, 10. und 11. September 1948

Neumann teilt mit, daß verschiedene Berliner Delegierte wegen der technischen Schwierigkeiten nicht kommen könnten. Er fragt an, ob diese Delegierten durch andere in Düsseldorf anwesende Berliner Genossen vertreten werden können.
Ollenhauer erklärt dazu, daß die Wahlprüfungskommission eine solche Regelung anerkennen kann, wenn festgestellt wird, daß die Ersatzdelegierten einmütig von der Berlin-Delegation gewählt werden.

[B] Sitzung des Parteivorstandes, des Parteiausschusses und der Kontrollkommission am 11. September 1948
AdsD: SPD-Parteivorstand, 2/ PVAS 0000676, Prot. d. Sitz. d. PV am 10.9.1948 (Maschinenschriftl. Notiz nach dem Protokoll der PV-Sitzung)[19]

[Leitung: **Erich Ollenhauer**]

[**Teilnehmer/Teilnehmerinnen, nach Funktionen geordnet:**[20]
PV:[21] *Ollenhauer, Franke, Gotthelf, Heine, Kriedemann, Nau; Albrecht, Baur, Bögler, Eichler, Gayk, Gnoß, Görlinger, Helmstädter, Henßler, Kaisen, Knothe, Meitmann, Menzel, Neumann, Schmid, Selbert, Veit*
PA:
BERLIN: *Löbe, I. Wolff*
BRAUNSCHWEIG: *Bennemann*
HAMBURG-NORDWEST: *Damkowski, Karpinski, Keilhack*
HANNOVER: *Borowski, Helfers*
HESSEN-Frankfurt: *L. Beyer*[22]*, Buch*
HESSEN-Kassel: *Selbert* (auch PV)
NIEDERRHEIN (Düsseldorf): *Runge*
OBERBAYERN (München): *Allmer, Kinzl*
OBER- und MITTELFRANKEN (Nürnberg): *W. Fischer, Strobel*
OBERPFALZ-NIEDERBAYERN (Regensburg): *Höhne*
OBERRHEIN (Köln): *Schirrmacher*

---

19 Über die gemeinsame Sitzung des Parteivorstandes und Parteiausschusses am 11. September ist nur ein sehr kurzes Ergebnisprotokoll am Schluß des Verlaufsprotokolls der Vorstandssitzung vom 10. September vorhanden. Über die Sitzung wurde auch im gemeinsamen Kommuniqué über beide Sitzungen im Sozialdemokratischen Pressedienst (III/110 v. 11. 9. 1948, S. 2 f.) berichtet, vgl. Anlage.
20 Die folgenden Angaben wurden den Anwesenheitslisten in den Beilagen zum Protokoll und Angaben im Parteitagsprotokoll entnommen; für die Teilnehmer an allen gemeinsamen Sitzungen 1947/48 in alphabetischer Reihenfolge vgl. Anhang 4.
21 Von den Mitgliedern des PV fehlten *Schumacher, Grimme, Gross, Loßmann* und *Schroeder. Agartz* hatte am 22. 8. 1948 sein Mandat als Mitglied des PV niedergelegt, vgl. Einl. Kap. I 1 b.
22 Lucie *Beyer*, geb. 6/1914 in Herdorf/Sieg, Handelsschule, Kaufm. Lehre, 1928 SAJ, 1932 SPD, 1930-33 Angestellte des Verb. d. Bergarbeiter Deutschlands, 1945 Fürsorgerin im Landratsamt von Wetzlar; 1946-50 Stadtverordn. in Wetzlar; 1950 Frauensekretärin beim Landesbezirk Hessen des DGB, 1953-1969 MdB, 1962-1973 PV.

ÖSTL. WESTFALEN (Bielefeld): *Michel*
PFALZ (Neustadt/Haardt): *Gänger*
RHEINHESSEN (Mainz): *Markscheffel*
RHEINLAND-KOBLENZ-TRIER (Koblenz): *Bettgenhäuser*
SCHLESWIG-HOLSTEIN (Kiel): *Krahnstöver, Kukielczynski*
SCHWABEN (Augsburg): *Frenzel*
SÜD-BADEN (Freiburg i. Br.): *Jäckle*
SÜD-WÜRTTEMBERG (Tübingen): *Renner*
UNTERFRANKEN (Würzburg): *E. Schumacher, Vey*
WESER-EMS (Oldenburg): *Kraft*
WESTL.WESTFALEN (Dortmund): *Schaub, Wenke*
WÜRTTEMBERG-BADEN (Stuttgart): *Denker, Giesemann*[23]
KK: *Bratke, Damm, Höcker, Schönfelder, Seeser, G. Richter. Steffan, Ulrich, Wittrock*
SPD-Fraktion im WR: *Schoettle*
Mitarbeiter/ Referenten des PV: *A. Albrecht, Brandt, Gerstung, Gleissberg, Lütkens, Storbeck*]

[Tagesordnung: Vorbereitung des Parteitages]
Der PA billigt die in den Sitzungen des PV am 27.8.1948 in Springe und 10.9.1948 in Düsseldorf gefaßten Beschlüsse bezüglich Vorbereitung des Parteitages und die Tagesordnung.[24]

Anlage
Kommuniqué über beide Sitzungen
Sozialdemokratischer Pressedienst Nr.III/110 v. 11.9., S. 2 f. (Überschrift: „Beschlüsse des Parteivorstandes und des Parteiausschusses am 10. und 11. September 1948")

Der unmittelbaren Vorbereitung des Düsseldorfer Parteitages galten eine Sitzung des Parteivorstandes am Freitag nachmittag und eine gemeinsame Sitzung von Parteivorstand und Parteiausschuß am Sonnabend vormittag.

Der vorgelegte Arbeitsplan wurde in seinen Grundzügen genehmigt. Die zur Verfügung stehende Zeit ist, gemessen an der Tagesordnung, sehr knapp. so daß der Parteitag im Zeichen äußerst konzentrierter Arbeit stehen wird.

Nach der internationalen Kundgebung am Sonnabendnachmittag, der feierlichen Eröffnung und der Konstituierung des Parteitages am Sonntagvormittag, wird am Sonntagnachmittag 15.00 Uhr das Vorstandsmitglied Andreas *Gayk*, Oberbürgermeister von Kiel, das große politische Referat von Dr. Kurt *Schumacher*, dem 1. Vorsitzenden der SPD, verlesen. Dem wird sich die allgemeine Aussprache anschließen.

---

23 Marta *Giesemann* (1897-1974), Stuttgarter SPD, 1950-56 MdL (Württ.-Bad./Bad.-Württ.).
24 Daß sich die gemeinsame Sitzung nicht auf eine summarische Bestätigung der Beschlüsse des PV beschränkte, wie es nach dem Protokoll den Anschein hat, ergibt sich aus dem letzten Absatz des Kommuniqués, vgl. Anlage.

Dokument 26, 10. und 11. September 1948

Die Beratungen am Montag werden mit den Berichten der für die verschiedenen Arbeitsgebiete zuständigen Mitglieder des geschäftsführenden Vorstandes beginnen, an die sich die Diskussion dieser Berichte anschließen wird. Für den Nachmittag ist die Entgegennahme des Berichtes der SPD-Fraktion im Frankfurter Wirtschaftsrat vorgesehen. Danach werden die Wahlen zum Vorstand folgen. Der letzte Tag beginnt mit dem grundsätzlichen wirtschafts- und sozialpolitischen Referat des ehemaligen bayerischen Wirtschaftsministers Dr. Rudolf *Zorn*. Nach der Diskussion dieses Referats werden die vorliegenden Anträge der verschiedenen Parteiorganisationen behandelt werden. Man rechnet frühestens für Dienstag nachmittag 18.00 Uhr mit dem Ende des Parteitages.

Parteivorstand und Parteiausschuß befaßten sich dann im einzelnen mit den insgesamt 58 aus zahlreichen Bezirken, Unterbezirken und Ortsvereinen eingebrachten Anträgen und einigten sich auf eine einheitliche Stellungnahme zu ihnen. Weiterhin werden dem Parteitag Entschließungen u.a. zu folgenden Fragen vorliegen: zum Lastenausgleich, zur Lage in der Sowjetzone, zur Wirtschaftspolitik, zur Entlassung der Kriegsgefangenen, zur Einstellung der Partei zur VVN und zur Frage der Zulassung von Parteizeitungen in der US-Zone.

Anhang

1 Teilnehmer/Teilnehmerinnen an den Sitzungen des Parteivorstandes, Mai 1946 - Juni 1947[1]

	1946						1947				
	11.5.	4.6.	12.7.	21.8.	26.9.	19.11.	10.1.	13.3.	22.4.	1.6.	28.6.
	1	2	3	4 A	5 C	6	7 A	8	9 A	10 B	11 A

A) Mitglieder des PV
„Büro"

Schumacher	x	x	x	x	x	x	x	x	–(e)[2]	x[3]	x
Ollenhauer	x	x	x	x	x	x	x	x	x	x	x
Heine	x	x	x	x	x	x	x	x	x	x	x
Kriedemann	x	x	x	x	x	x	x	x	x	x	x
Nau	x	x	x	x	x	x	x	x	x	x	x

„Beisitzer"

Agartz	x	x	–(e)	–(e)	x	x	x	x	–	–	
Baur	x	x	x	x	x	x	x	x	–	x	x
Beyer	–	x	x	x	x	x	x	x	x	x	x
Bögler	x	x	x	x	x	x	x	x	x	x	x
Eichler	x	x	x	–	x	x	x	x	x	x	x
Gayk	x	x	x	x	x	x	x	x	x	x	x
Gnoß	x	x	x	x	x	x	x	x	x	x	x
Görlinger	x	x	x	x	x	x	(x)[4]	x	x	x	x
Grimme	–	–(e)	x	–(e)	–	–	x	x	–	x	x
Gross	x	x	x	x	x	x	x	x	x	x	x
Helmstädter	x	x	–	x	(x)[5]	x	x	x	x	x	x
Henßler	x	x	x	x	x	x	x	x	x	x	x
Kaisen	x	x	x	x	x	x	x	x	x	x	x
Knothe	x	x	x	x	x	x	x	x	x	x	x
Loßmann	x	x	x	–	x	x	x	x	x	x	x
Meitmann	–	–[6]	x	x	x	x	x	x	x	x	x
Menzel	–	x	–(e)	–(e)	x	x	x	x	x	x	x
Metzger	x	x	x	–	x	x	x	x	x	x	x
Nölting	x	x	x	–(e)	x	x	–[7]				
Selbert	x	x	x	x	x	x	x	x	x	x	x
Veit	x	x	–	x	(x)[8]	x	x	–	x	x	x

---

1 Für die folgenden Angaben wurden die handschriftlichen Anwesenheitslisten und Informationen in den Protokollen herangezogen.

2 „(e)" = als „entschuldigt" im Protokoll genannt.

3 Eingetragen nur in die Anwesenheitsliste der gemeinsamen Sitzung von PV/PA am 31. Mai/1. Juni, aber aktive Beteiligung auch an der Vorstandssitzung, vgl. Dok. 10 A.

4 Eingetragen nur in die Anwesenheitsliste der gemeinsamen Sitzung von PV/PA am 11. Januar, vgl. Tabelle 3.

5 Eingetragen nur in die Anwesenheitsliste der gemeinsamen Sitzung von PV/PA vom 25. September, vgl. Tabelle 3.

6 *Meitmann* wurde in der Sitzung vom 4. 6. 1946 auf Wunsch *Schumachers* in den PV kooptiert, vgl. Dok. 2, TOP 3.

7 *Nölting* gehörte ab Februar 1947 nicht mehr dem PV an, vgl. Einleitung I 1 a.

8 Eingetragen nur in die Anwesenheitsliste der gemeinsamen Sitzung von PV/PA vom 25. September, vgl. Tabelle 3.

	1946						1947				
	11.5.	4.6.	12.7.	21.8.	26.9.	19.11.	10.1.	13.3.	22.4.	1.6.	28.6.
	1	2	3	4 A	5 C	6	7 A[9]	8	9 A	10 B	11 A
B) Berliner Vertreter											
Neumann	–	–	–	x	x	x	(x)	x	–	x	x
Schroeder	–	–	–	x	–	–	–	–	x	–	x
Swolinzky	–	–	–	–	–	–	–	–	x	x	–
Wolff, I.	–	–	–	–	–	–	–	–	–	x	–
C) Mitglieder/Vertreter der KK											
Schönfelder	–	x	–	x	x	x	x	–	x	x	x
Bratke	–	–	–	–	–	–	–	–	–	–	x
Höcker	–	–	–	–	–	–	–	–	–	–	x
Richter	–	–	–	–	–	–	–	–	–	–	x
Seeser	–	–	–	–	–	–	–	–	–	–	x
Steffan	–	–	–	–	–	–	–	–	–	–	x
Ulrich	–	–	–	–	–	–	–	–	–	–	x
Wittrock	–	–	–	–	–	–	–	–	–	–	x
D) Landespolitiker											
Albrecht, L.	–	–	–	–	–	–	x	–	–	–	–
Behrisch	–	–	–	–	–	–	x	–	–	–	–
E) Mitarbeiter des PV											
Brost	–	–	–	–	–	–	(x)	x	x	x	x
Gotthelf	–	–	–	x	x	x	x	x	x	x	x
Markscheffel	–	–	–	–	–	–	–	–	x[10]	–	–
Sänger	–	–	–	–	–	–	–	–	(x)[11]	x	(x)[12]
F) Sonstige Gäste											
Franke	–	–	–	–	–	–	–	–	–	–	x
Schmedemann	–	–	–	–	–	x	–	–	–	–	–
Wenke	–	–	–	–	–	–	–	x	–	–	–

---

9 *Neumann* und *Brost* trugen sich nur in die Anwesenheitsliste der gemeinsamen Sitzung von PV und PA am 11. 1. 1947 ein, vgl. Dok. 7 B und Anh. 4.

10 Zusatzbemerkung in der Anwesenheitsliste: „bei Punkt ›Saar‹".

11 In seiner Sitzung vom 22.4.1947 beschloß der PV auf Vorschlag Ollenhauers, *Sänger* als Redakteur des „Sozialdemokratischen Pressedienstes" zu allen Vorstandssitzungen hinzuzuziehen, damit dieser die Beschlüsse der Vorstandssitzungen möglichst schnell kommentieren könne, Dok. 9 A, S. 198.

12 Eingetragen in die Anwesenheitsliste des Parteitages als Vertreter der Parteiinstitution „Sozialdemokratischer Pressedienst", Prot. SPD-PT 1947, S. 240.

2 Teilnehmer/Teilnehmerinnen an den Sitzungen des PV August 1947 - September 1948[13]

	1947					1948								
	7.8.	16.9.	28.10.	14.11.	19.12.	26.1.	17.2.	9.4.	6.5.	28.5.	28.6.	2.8.	27.8.	10.9.
	12	13	14	15 A	16	17 B[14]	18 A[15]	19	20	21	22 A	24	25	26

A) Mitglieder des PV
„Büro"

Schumacher	x	x	–	x	x	x	x	–(e)	–	–	–	–	–	–
Ollenhauer	–	x	x	x	x	x	x	x	x	x	x	x	x	x
Franke	x	–	x	x	x	x	x	x	x	x	x	x	x	x
Gotthelf	x	x	–	x	–	x	x	x	x	x	x	x	x	x
Heine	x	x	–	x	x	x	x	x	x	x	x	x	x	x
Kriedemann	x	–	x	x	x	–	x	x	x	–	x	x	x	x
Nau	x	x	x	x	x	x	x	x	x	x	x	x	x	x

„Beisitzer"

Agartz	–	x	x	–	–	x	–	x	x	–	–	[16]		
Albrecht	x	x	x	x	x	x	x	x	x	x	x	x	x	x
Baur	x	–	–	x	x	–	x	–	x	x	–	x	x	
Bögler	x	–	x	x	x	x	(x)[17]	x	x	x	x	x	x	x
Eichler	x	x	x	x	x	x	x	x	x	x	x	–	x	x
Gayk	x	–	x	x	x	x	x	x	x	x	x	x	x	x
Gnoß	x	–	x	x	x	x	x	x	x	x	x	–	x	x
Görlinger	–	x	–	x	x	–	x	x	x	x	x	–	x	x
Grimme	x	x	x	x	x	–	x	–	x	x	x	x	–	–
Gross	x	x	x	x	x	x	x	x	–	x	x	x	x	–
Helmstädter	x	–	–	x	x	–	–	x	–	x	–	x	x	x
Henßler	x	–	x	x	x	(x)	x	x	x	x	x	x	x	x
Kaisen	x	–	x	x	x	(x)	x	x	x	x	–	x	x	x
Knothe	x	–	x	x	x	x	x	x	x	x	x	x	x	x
Loßmann	x	x	x	x	x	x	x	x	–	–	–	–	–	–
Meitmann	x	x	x	x	x	x	x	x	–	x	x	x	x	x
Menzel	x	x	x	x	x	x	x	x	x	x	x	x	x	x
Neumann	x	x	x	x	x	x	x	x	x	x	x	x	–	x
Schmid	x	x	x	x	x	(x)	x	x	x	x	x	x	x	x
Schroeder	–	x	–	–	–	–	x	–	–	–	–	–	–	–
Selbert	x	x	–	x	x	x	(x)	x	x	x	x	–	–	x
Veit	x	x	x	x	–	x	x	x	–	–	x	–	–	x

---

13 Für die folgenden Angaben wurden die handschriftlichen Anwesenheitslisten und zusätzliche Informationen in den Protokollen herangezogen.

14 *Kriedemann, Henßler, Kaisen* und *Schmid* trugen sich in die Anwesenheitsliste der gemeinsamen Sitzung am 25. 1. 1948 ein, vgl. Dok. 17 A und Anh. 4. Die Abwesenheit *Kriedemanns* wird in der Vorstandssitzung erwähnt, Prot., S. 320. Die Anwesenheit der drei anderen Vorstandsmitglieder wird in Klammern gesetzt: „(x)"

15 Für die Teilnehmer der Sitzung des Parteivorstandes mit den sozialdemokratischen Ministerpräsidenten und Landespolitikern am 7.7.1948 vgl. Dok. 23 und Anhang 4.

16 Am 22. 8. 1948 legte *Agartz* sein Mandat als Mitglied des Parteivorstandes nieder, vgl. Einleitung I 1 b.

17 *Bögler* und *Selbert* trugen sich nur in die Anwesenheitsliste der gemeinsamen Sitzung am 18. Februar ein, vgl. Dok. 18 B und Anh. 4.

	1947					1948								
	7.8.	16.9.	28.10.	14.11.	19.12.	26.1.	17.2.	9.4.	6.5.	28.5.	28.6.	2.8.	27.8.	10.9.
	12	13	14	15 A	16	17 B	18 A	19	20	21	22 A	24	25	26
B) Vertreter für Vorstandsmitglieder														
Suhr[18]	—	—	—	—	—	x	—	—	—	—	—	—	—	—
Wolff, I.	x	—	—	x	x	x	x	—	—	—	—	x	x	—
Kuraner	—	x[19]	—	—	—	—	—	—	—	—	—	—	—	—
C) Vertreter der KK														
Schönfelder	x	x	x	x	x	x	x	x	—	x	—	x	x	x
D) Landespolitiker sowie Vertreter des WR und des Exekutivrates der Bizone														
Brauer	—	—	—	—	—	—	—	—	—	—	—	x	—	—
Katz	—	—	—	—	—	—	—	—	—	—	—	x	X(„Gast")	—
Lüdemann	—	—	—	—	—	—	—	—	—	—	—	x	—	—
Metzger	x	—	—	—	—	—	—	—	—	—	—	—	—	—
Schmidt, P.	—	—	—	—	—	—	—	—	—	—	—	x	—	—
Schoettle	x	—	x	—	x	—	x	x	x	x	—	—	—	x
Stock	—	—	—	—	—	—	—	—	—	—	—	x	—	—
E) Mitarbeiter des PV														
Brost	x	—	x	x	—	—	—	—	—	—	—	—	—	—
Brandt[20]	—	—	—	—	—	—	x	x	x	x	x	—	x	x
Markscheffel	—	—	—	x	—	—	—	—	—	—	—	—	—	—
Raunau[21]	—	—	—	—	—	(x)	(x)	(x)	(x)	(x)	(x)	(x)	(x)	(x)
Sänger[22]	(x)	(x)	(x)	(x)	(x)	—	—	—	—	—	—	—	—	—
F) Sonstige Gäste														
Löbe	—	—	—	x	—	—	—	—	—	—	—	—	—	—
Lucht	—	—	—	—	—	—	—	—	—	—	—	—	x	—
Roth	—	—	—	x	—	—	—	—	—	—	—	—	—	—
Seger	—	—	—	—	—	—	—	—	—	—	x	—	—	—
Stampfer	—	x	—	—	—	—	—	—	—	—	—	—	—	—
Zorn	—	—	—	—	—	—	—	—	—	—	—	—	x	—

---

18 Suhr und Wolff wurden als offizielle Vertreter für die beiden Berliner Mitglieder des PV eingesetzt, vgl. Einl. Kap. A 1 b.

19 Vertreter für Bögler, nur ausnahmsweise zugelassen, vgl. Dok. 13.

20 Nachfolger Brosts als Berliner Vertreter des PV.

21 Raunau trug sich zwar nie in die Anwesenheitsliste ein und beteiligte sich, nach den Protokollen, nicht an den Diskussionen, nahm aber sicher in seiner Eigenschaft als Redakteur des „Sozialdemokratischen Pressedienstes" ab Januar 1948 meistens an den Sitzungen teil, vgl. Dok. 17 B, S. 322.

22 Sänger trug sich zwar nie in die Anwesenheitsliste ein und beteiligte sich, nach den Protokollen, nicht an den Diskussionen, nahm aber sicher in seiner Eigenschaft als Redakteur des „Sozialdemokratischen Pressedienstes" bis Ende 1947 meistens an den Sitzungen teil.

3 Teilnehmer/Teilnehmerinnen an den gemeinsamen Sitzungen des Parteivorstandes mit dem Parteiausschuß und der Kontrollkommission, sowie mit sozialdemokratischen Landespolitikern, August 1946 bis Juni 1947[23]

	1946		1947			
	22.8. (4 B)	25.9. (5 B)[24]	11.1. (7 B)	23.4. (9 B)	31.5. (10 A)	28.6. (11 B)[25]
Agartz, Viktor (PV, Minden)	–(e)	x*	x	(x)[26]	–	–
Albert, Martin (Bayer. LVerb., München)	–	–	x	–	–	–
Albrecht, Aug. (Dietz -Verl., Hann.)	–	–	x	x	–	–
Albrecht, Lisa (Bayer. LV, München)	–	–	x	x	–	x
Allmer, Max (PA, Oberbayern, München)	–	–	–	–	x	–
Apel, Wilhelm (Staatsrat, Hessen, Wiesb)	–	–	–	–	x	–
Arnholz, Otto (PA, Min., Braunschw.)	x	x*	–	–	–	–
Baur, Valentin (PV, Augsburg)	x	x*	x	–	x	x
Behrisch, Arno (Bayer. LV, Hof)	–	–	x	x	–	–
Bennemann, Otto (PA, MdL, Braunschw.)	–	–	x	x	x	x
Berenz, Horst (Verwaltungsamt f. Wirtschaft d. Bizone, Minden)	–	–	–	–	x	–
Bettgenhäuser, Emil (PA, Koblenz)	x	x	x	–	–	x
Beyer, Anna (PV, Frankf.)	x	x	x	x	x	x
Binder, Gottlob (Min., Hessen)	–	–	–	–	x	–
Bögler, Franz (PV, Speyer)	x	x	x	x	x	(x)
Borowski, Richard (PA, Min., Hann.)	–	x	x	–	x	–
Bratke, Gustav (KK, Hann.)	–	–	–	–	–	x
Brauer, Max (Erster Bürgerm., HH)	–	–	–	–	x	–
Brill, Hermann J. (StSekr., Hessen)	–	–	–	–	x	–
Brost, Erich (Berliner Vertreter des PV)	–	–	x	x	–	x
Brünting, A. (Vors. d. AWO in Hessen)	–	–	–	–	x	–
Buch, Georg (PA, Hess.-Frankf., Wiesb.)	x	x	–	–	–	[x]
Damkowski, Marta (PA, HH)	–	–	x	–	–	–
Damm, Walter (KK, Kiel)	–	–	–	–	–	[x]
Denker, Max (PA, Württ., Stuttg.)	x	–	x	–	x	[x]
Diederichs, Georg (Referent d. PV, Hann.)	–	x („Gast")	–	–	x	–

---

23 Für die folgenden Angaben wurden die handschriftlichen Anwesenheitslisten und Informationen in den Protokollen oder Kommuniqués herangezogen. Bei der Gemeinsamen Sitzung unmittelbar vor dem Parteitag von 1947 konnte die gedruckte Delegiertenliste des PT zu Hilfe genommen werden, in der es eigene Rubriken für die anwesenden Mitglieder des PV, des PA und der KK gibt: Prot. SPD-PT 1947, S. 236. Das Zeichen für die Anwesenheit von Mitgliedern, die nur dort genannt werden, wird in eckige Klammern „[X]" gesetzt.

24 Anwesende, die bereits an der Vorbesprechung am 24. September (vgl. Dok. 5 A) teilnahmen, werden mit einem Sternchen (*) versehen.

25 Die Anwesenheit von Mitgliedern des PV, des PA und der KK, die sich nur in die Anwesenheitslisten der Vorstandssitzung eintrugen, wird in runde Klammern „(X)" gesetzt, die Anwesenheit von Teilnehmern, die nur in der gedruckten Anwesenheitsliste des Parteitages als anwesende Mitglieder erwähnt werden (vgl. Anm. 23), wird in eckige Klammern „[X]" gesetzt..

26 Agartz trug sich nur in die Anwesenheitsliste der Sitzung des PV am 22. April ein.

	1946		1947			
	22.8. (4 B)	25.9. (5 B)	11.1. (7 B)	23.4. (9 B)	31.5. (10 A)	28.6. (11 B)
Dux, Rudolf (Referent d. PV, Hann.)	–	–	x	x	–	–
Eberhard, Fritz (StSekr., Württ.-Bad., Stuttg.)	–	–	–	–	x	–
Eder, Martha (PA, Schwaben, Augsburg)	x	x	x	–	–	–
Eichler, Willi (PV, Köln)	–	x*	x	x	x	x
Fischer, Heinrich (PA, Schlesw.-Holst., Kiel)	–	–	x	–	–	x
Fleischer (PA, München)	–	–	–	x	–	–
Franke, Egon (PA, Hann.)	x	–	–	–	x	–
Freidhof, Rudolf (PA, Hess.-Kassel)	x	x	–	–	–	x
Frenzel, Alfred (PA, Schwaben)	–	–	–	x	x	x
Fuchs, Franz (PA, Hessen-Frankf., Wiesb.)	–	–	–	–	x	–
Fuchs, Martha (PA, Min., Braunschw.)	–	x*	–	–	–	–
Füllenbach, Josef (PA, Koblenz)	–	x	–	–	–	–
Gayk, Andreas (PV, Kiel)	x	x*	x	x	x	x
Geiler, Franz (PA, Süd-Baden, Freib.)	x	–	–	–	–	–
Gnoß, Ernst (PV, Düsseld.)	x	x*	x	x	x	x
Görlinger, Robert (PV, Köln)	x	x	x	x	x	x
Gotthelf, Herta (Referentin d. PV, Hann.)	x	x	x	x	x	x
Gottstein, Eugen (PA, Süd-Baden, Freib.)	x	x	x	–	–	–
Grässler, Fritz (PA, Franken, Fürth)	–	–	–	x	–	–
Grimme, Adolf (PV, Min., Hann.)	–(e)	–	x	–	x	x
Gross, Emil (PV, Bielefeld)	x	x	x	–	x	x
Härdle, Mine (PA, Oberrhein, Köln)	–	x	–	–	–	–
Hagedorn, August (LTPräs., Bremen)	–	–	–	–	x	–
Halberstadt, Benno (LV Hessen, Frankf.)	–	–	–	–	x	–
Halbfell, August (Min., NRW, Düsseld.)	–	x	–	–	x	–
Hansen, Werner (Gew., Brit. Zone)	–	x	–	–	–	–
Heine, Fritz (PV, Hann.)	x	x*	x	x	x	x
Heinig, Kurt (SPD, Stockholm)	–	–	–	–	x	–
Helfers, Rosa (PA, Hann.)	–	x	x	x	x	x
Helmstädter, Fritz (PV, Stuttg.)	x	x	x	x	x	x
Hennig, Arno (Referent d. PV, Hann.)	–	–	–	x	–	x
Henßler, Fritz (PV, Dortm.)	x[27]	(x)[28]	x	x	x	x
Herklotz, Luise (PA, Pfalz, Speyer)	–	–	–	x	–	–
Hermsdorf, Hans (Ref. d. PV, Hann.)	–	–	–	x	–	x
Hitter, Willi (PA, Rheinhessen, Mainz)	–	–	x	–	x	–
Höcker, Heinrich (KK, Herford)	–	–	–	–	–	x
Hoegner, Wilhelm (LVors. u. Min., München)	–	–	x	–	x	–
Höhne, Franz (PA, Oberpf., Regensb.)	x	x	x	–	x	x
Hoffmann, Hans (SPD-MdL, Rheinl.-Pf.)	–	–	–	–	x	–
Hoffmeister, Robert (Frakt.Vors., Hann.)	–	–	–	–	x	–

---

27 Henßler trug sich nur in die Anwesenheitsliste der PV-Sitzung am 21. 8. 1946 ein, beteiligte sich jedoch an der allgemeinen Aussprache der gemeinsamen Sitzung, vgl. Dok. 4 B.

28 Henßler trug sich nur in die Anwesenheitsliste der PV-Sitzung am 26. 9. 1946 ein, vgl. Dok. 5 C.

	1946		1947			
	22.8. (4 B)	25.9. (5 B)	11.1. (7 B)	23.4. (9 B)	31.5. (10 A)	28.6. (11 B)
Jacobi, Werner (OB, Iserlohn)	–	x „(Gast)"	–	–	–	–
Jäckle, Richard (PA, Süd-Baden, Singen)	–	–	x	–	–	x
Kaisen, Wilhelm (PV, Senatspräs., Brem.)	x	x*	(x)[29]	x	x	x
Karpinski, Paula (PA, Senatorin, HH)	x	x	x	x	–	x
Keilhack, Adolf (PA, HH)	–	–	–	x	–	x
Klabunde, Erich (MdBü, HH)	–	–	–	–	x	–
Klapproth, Willy (Pol. Präs., Frankf.)	–	–	–	–	x	–
Knoeringen, Waldemar v. (LVors., München)	–	–	–	–	x	–
Knothe, Wilhelm (PV, LVors., Frankf.)	x	x	x	x	x	x
Koch, Harald (Min., Oldenb.-Hessen)	–	x*	–	–	x	–
Kopf, Hinrich W. (MinPräs., Nieders.)	–	–	x	–	x	–
Krahn, August (PA, Mainz)	x	–	–	x	–	–
Krahnstöver, Anni (PA, Kiel)	–	x	x	x	–	x
Kriedemann, Herbert (PV, Hann.)	x	x*	x	x	x	x
Kubel, Alfred (PA, MinPräs., Braunschw.; Min., Nieders.)	–	x*	–	x	x	–
Kühn, Heinz (PA, Oberrh., Köln)	–	–	x	–	–	–
Kuklinski, Wilh. (PA, Min., Schlesw.-Holst., Kiel)	x	x*	–	x	x	–
Kuraner, Max (PA, Pfalz, Neustadt)	–	x	x	–	–	x
Kurz, L. Ph. (PA, Oberrh., Aachen)	–	–	–	x	–	–
Langebeck, Walter (PA, UFr., Schweinfurt)	–	–	–	–	–	(x)
Lemke, Lotte (Referentin d. PV, Hann.)	–	x	x	x	–	–
Löbe, Paul (Berlin)	–	–	–	x	–	–
Loßmann, Julius (PV, Nürnb.)	–(e)	x	x	x	x	x
Lüdemann, Herm. (MinPräs., Schlesw.-Holst.)	–	–	x	–	x	–
Maag, Johann (PA, UFr., Würzb.)	–	x	x	–	x	–
Markscheffel, Günter (Verbindungsmann z. Frz. Zone, Mainz)	x	x	x	x	x	x
Meier, August (PA, Franken, Nürnb.)	–	x	x	–	–	(x)
Meitmann, Karl (PV, HH)	x	x*	x	x	x	x
Menzel, Walter (PV, Min., NRW, Düsseld.)	–(e)	x*	x	x	x	x
Metzger, Ludwig (PV, Darmstadt)	x	–	x	x	x	x
Michel, Willy (PA, Östl. Westf., Herford)	–	–	–	–	–	(x)
Nau, Alfred (PV, Hann.)	x	x*	x	x	x	x
Neumann, Franz (Berlin)	x	x	x	x	x	x
Nölting, Erik (Min., NRW, Düsseld.)	–	x*	–	–	x	–
Nölting, Ernst (PV, Min., Hann.)	–(e)	x	x	–[30]	–	–
Olfers, Karl (LT-Präs., Nieders., Hann.)	–	–	–	–	x	–
Ollenhauer, Erich (PV, Hann.)	x	x*	x	x	x	x

---

29 Kaisen trug sich nur in die Anwesenheitsliste der Sitzung des Parteivorstandes am 10. 1. 1947 ein.
30 Nölting gehörte ab Februar 1947 nicht mehr dem PV an, vgl. Einleitung I 1 a.

	1946		1947			
	22.8. (4 B)	25.9. (5 B)	11.1. (7 B)	23.4. (9 B)	31.5. (10 A)	28.6. (11 B)
Oppler, Kurt (Hess. Justizministerium, Wiesb.)	–	–	–	–	x	–
Osterloh, Hermann (PA, Bremen)	–	–	–	–	–	(x)
Paul, Ernst (SPD, Stockholm)	–	x („Gast")	–	–	–	–
Pfefferkorn, Hannes (Bayer. LVerb., München)	–	–	x	–	–	–
Pittroff, Claus (StSekr., Bayern)	–	–	–	–	x	–
Podeyn, Hans (Bizonenverw., Stuttgart)	–	–	–	–	x	–
Poller, Walter (Red., Dortm.)	–	x („Gast")	–	–	–	–
Potthoff, Erich (Gew., Brit. Zone)	–	x	–	–	–	–
Ratz, Karl (PA, LT-Präs., Schlesw.-Holst., Kiel)	–	–	–	–	x	–
Reuter, Ernst (Stadtrat - Gewählter OB, Berlin)	–	–	–	–	x	–
Richter, Georg (KK, Düsseldorf)	–	–	–	–	–	(x)
Rosenberg, Ludwig (Gew., Brit. Zone)	–	–	x	–	–	–
Roser, Dieter (PA, Min., Württ.-Hoh., Tüb.)	x	x*	x	–	x	–
Roßhaupter, Albert (Min., Bayern)	–	–	–	–	x	–
Roßmann, Erich (GenSekr., Länderrat, Stuttg.)	–	x*	x	–	x	–
Roßmann, Lothar (Min., Württ.-Hoh., Tüb.)	–	x*	–	–	–	–
Rothammer, Josef (PA, Opf, Regensb.)	–	–	–	–	x	–
Rother-Romberg, Walter (PA, Bremen)	x	x	x	x	–	–
Runge, Herm. (PA, Niederrh., Düsseld.)	x	x	x	x	–	x
Sänger, Fritz (Sozialdem. Pressedienst, Hann.)	–	–	–	–	–	[x]
Schäfer, Fritz (PA, Hessen-Frankfurt)	–	–	–	–	x	–
Schaub, Käthe (PA, Westl. Westf., Dortm.)	–	x	–	x	–	x
Schieler, Fritz (PA, Süd-Bad.)	–	x	–	–	–	x
Schirrmacher, Willi (PA, Oberrh., Köln)	x	x	–	–	–	x
Schmedemann, Walter (PA, HH)	–	x	x	x	–	x
Schmid, Carlo (Min., PA/Württ.-Hoh., Tüb.)	–	–	x	–	–	x
Schmidt, Kurt (Berlin)	x	–	–	–	–	–
Schmidt, Paul (Hess. Staatskanzlei)	–	–	–	–	x	–
Schönfelder, Adolf (KK, Vors., HH)	x	x*	x	x	x	x
Schöpflin, Georg (Berlin)	–	x	–	–	–	–
Schoettle, Erich (PA, LVors., Stuttg.)	x	–	x	x	x	–
Schroeder, Louise (Bürgerm., Berlin)	x („a.G.")	–	–	x	–	x
Schumacher, Hugo (PA, Süd-Baden, Freib.)	–	–	x	–	–	–
Schumacher, Kurt (PV, Hann.)	x	x*	x	–	x	x
Sebald, Josef (PA, Oberbayern, Rosenheim)	–	–	–	–	x	–
Seeser, Karl (KK, Bayreuth)	–	–	–	–	–	x
Seifried, Josef (Min., Bayern)	–	–	–	–	–	–
Selbert, Elisabeth (PV, Kassel)	x	x	x	x	x	x
Sengebeck, Walter (PA, Ufr., Würzb.)	x	–	–	x	–	–
Severing, Carl (PA, Östl. Westf., Bielefeld)	–	x („Gast")	x	x	–	–
Steffan, Jakob (KK, Min., Rheinl.-Pf., Mainz)	–	x*	x	–	–	[x]
Stiegler, Anna (PA, Bremen)	–	–	–	x	–	[x]
Stierle, Georg (PA, Hessen-Frankf.)	–	–	–	–	x	–

	1946		**1947**			
	22.8. (4 B)	25.9. (5 B)	11.1. (7 B)	23.4. (9 B)	31.5. (10 A)	28.6. (11 B)
Stock, Christian (MinPräs., Hessen, Wiesb.)	–	–	x	–	–	–
Stock, Jean (PA, Ufr., Würzb.; FraktVors., Bayern)	–	x	x	–	x	–
Stockhinger, Carl (FraktVors., Bremen)	–	–	–	–	x	–
Storbeck, Carl (Referent d.PV, Hann.)	x	x	x	x	–	–
Strobel, Käthe (PA, Franken, Nürnb.)	–	x	x	x	–	[x]
Suhr, Otto (Berlin)	–	–	–	–	x	[x]
Swolinzky, Curt (Berlin)	–	–	–	x	x	–
Tarnow, Fritz (Gew., US-Zone)	–	–	–	x	–	–
Ulrich, Fritz (KK, Min., Württ.-Bad., Stuttg.)	–	–	x	–	x	(x)
Veit, Hermann (PV, Karlsruhe - Stuttg.)	x	x	x	x	x	(x)
Vollmerhaus, Karl (Gew., Brit. Zone)	–	x[31]	–	–	–	–
Wagner, Albert (Fraktionsvors., Hessen)	–	–	–	–	x	–
Weber, Hans-Günter (Mitarb. d. PV, Hann.)	–	–	–	x	–	–
Wedel, Emil Graf von (Hess. Bevollm. b. Länderrat)	–	–	–	–	x	–
Wehn, Hans (PA, HH)	x	–	–	–	–	–
Weisser, Gerhard (GenSekr. d. Zonenbeirats, HH)	–	x*	–	–	x	–
Wenke, Heinrich (PA, Westl. Westf., Dortm.)	–	–	x	x	–	x
Wimmer, Thomas. (PA, Oberb., München)	–	–	–	–	–	[x]
Witte, Otto (LT-Präs., Hess., Wiesb.)	–	–	–	–	x	–
Wittrock, Christian (KK, Kassel)	–	–	–	–	–	x
Wolff, Ida (Berlin)	–	x	–	x	–	[x]
Wolff, Trude (PA, Niederrh., Solingen)	–	x	x	x	x	x
Wolters, Hermann (Min., Bremen)	–	–	–	–	x	–
Zienau, Oswald (SPD, Zürich)	–	x	–	–	–	–
Zinn, Georg August (Min., Hessen, Wiesb.)	–	x	–	–	x	–
Zinnkann, Heinr. (PA u. Min., Hess., Wiesb.)	x	x	x	–	–	–
Zorn, Rudolf (Min., Bayern, München)	–	–	–	–	x	–

---

31 Vollmerhaus trug sich nicht in die Anwesenheitsliste der Sitzung ein, wird aber zu Beginn des Protokolls – zusammen mit Hansen – als Vertreter der Gewerkschaften genannt.

4   Teilnehmer/Teilnehmerinnen an den gemeinsamen Sitzungen des Parteivorstandes mit dem Parteiausschuß und der Kontrollkommission sowie mit sozialdemokratischen Landespolitikern und Mitgliedern der sozialdemokratischen Fraktion des Wirtschaftsrates,
    November 1947 bis September 1948[32]

	1947	1948				
	15./16.11. (15 B)	25.1. (17 A)	18.2. (18 B)	29.6. (22 B)	7.7. (23)	11.9. (26 B)
Agartz, V. (PV, WR)	–	x	–	–	–[33]	
Aich, Anton (Parteisekr., Kassel)	–	–	x	–	–	–
Albrecht, A. (Dietz-Verl.)	x	–	x	x	–	x
Albrecht, L. (PV)	x	x	x	x	x	x
Allmer, M. (PA)	x	–	x	x	–	x
Apel, W. (Staatsrat, Hess.)	–	–	–	–	x	–
Auth, Ferdinand (PA, Bez. Hess.-Kassel)	–	–	x	–	–	–
Baur, V. (PV, WR)	–	x	–	x	x	x
Bennemann, O. (PA, MdL)	x	–	x	x	–	x
Berger, Georg (WR/ NRW)	–	–	x	–	–	–
Bergner, W. Heinr. (Hess. Reg., Wiesb.)	–	–	–	–	x	–
Bettgenhäuser, E. (PA, Min.)	x	–	x	x	x	x
Beyer, Lucie (PA, Hess.-Frankf., Wetzlar)	–	–	–	–	–	x
Böckler, Hans (Gew., Brit. Zone)	x	–	–	–	–	–
Bögler, F. (PV)	x	x	x	x	x	x
Bökenkrüger, Wilh. (Min., Rheinl.-Pf.)	–	–	–	–	x	–
Borowski, R. (PA, Min.)	x	–	x	x	–	[x]
Brandt, W. (Berliner PV-Vertreter)	–	x	x	x	x	x
Bratke, G. (KK)	x	–	–	x	–	x
Brauer, M. (1. Bürgerm.)	–	x	x	x	x	–
Brill, H.J. (StSekr., Hessen)	–	x	–	–	x	–
Brost, E. (Berliner PV-Vertreter)	x	x	–	–	–	–
Buch, G. (PA, Hess.-Frankf.)	x	–	–	x	–	x
Dahrendorf, Gustav (WR, HH)	–	x	x	–	–	–
Damkowski, M. (PA)	–	–	–	x	–	x
Damm, W. (KK)	–	–	–	x	x	x
Daum, Robert (WR, Wuppertal)	–	–	x	–	–	–
Denker, M. (PA)	x	–	x	x	–	x
Drexelius, Wilh. (Leit. Beamter, HH)	–	–	–	–	x	–
Eichler, W. (PV, WR, NRW)	x	x	x	x	–	x
Enderle, Irmgard (WR, NRW)	–	–	x	–	–	–

---

32 Für die folgenden Angaben vgl. die handschriftlichen Anwesenheitslisten und Informationen in den Protokollen. Zur Gemeinsamen Sitzung unmittelbar vor dem Parteitag von 1948 vgl. a. Prot. SPD-PT 1948, S. 231; vgl. a. Anm. 23 u. 25.
33 Am 22. August 1948 legte Agartz sein Mandat als Mitglied des PV nieder, vgl. Einl. I 1 b.

507

	1947	1948				
	15./16.11. (15 B)	25.1. (17 A)	18.2. (18 B)	29.6. (22 B)	7.7. (23)	11.9. (26 B)
Fischer, H. (PA)	x	–	x	–	–	–
Fischer, Willy (PA, Fürth)	–	–	–	–	–	x
Flanders, Allan (LP, GB)	–	–	–	x	–	–
Franke, E. (PV)	x	x	x	x	x	x
Freidhof, R. (PA, Hess.-Kassel)	x	–	x	x	–	–
Frenzel, A. (PA, Schwaben)	x	–	–	–	–	x
Gänger, Willibald (PA, Neustadt/Pf.)	–	–	–	x	–	x
Gayk, A. (PV)	x	x	x	x	x	x
Gerstung, Rudolf (PV-Ref.)	–	–	x	–	–	x
Giesemann, Marta (PA, Stuttg.)	–	–	–	–	–	x
Gleissberg, Gerhard (PV-Ref.)	–	–	–	–	–	x
Gnoß, E. (PV, Min.)	x	x	x	x	x	x
Görlinger, R. (PV)	x	x	–(e)	x	–	x
Goethe, W. (PA, Hess.-Kassel)	–	–	x	–	–	–
Gotthelf, H. (PV)	x	x	x	x	x	x
Grimme, A. (PV, Min.)	x	–	x	x	–	–
Gross, E. (PV)	x	x	x	x	x	–
Heine, F. (PV)	x	x	x	x	x	x
Heinen, Franz (WR, NRW)	–	–	–	x	–	–
Helfers, R. (PA, Hann.)	x	–	x	x	–	x
Helmstädter, F. (PV)	x	–	–	x	–	x
Hennig, A. (PV-Ref.)	x	–	x	–	–	–
Henßler, F. (PV)	x	x	x	x	x	x
Herberts, Hermann (WR, NRW)	–	–	x	–	–	–
Herklotz, L. (PA/ Pfalz)	x	–	–	–	–	–
Hermsdorf, Hans (PV-Ref.)	x	–	x	–	–	–
Heukelum Gerd von (WR, Bremen)	–	–	x	–	–	–
Hewusch, Franz (WR, Meppen, Nieders.)	–	x	x	–	–	–
Hoch, Fritz (RegPräs., Kassel)	–	–	x	–	–	–
Höcker, H. (KK)	x	–	x	x	–	[x]
Höhne, F. (PA)	x	–	x	x	–	x
Hoff, Hans vom (Gew., Brit. Zone)	x	–	–	–	–	–
Jäckle, R. (PA, Süd-Baden)	x	–	–	–	–	x
Kaisen, W. (PV, Senatspräs., Brem.)	x	x	x	x	x	x
Karpinski, P. (PA, Senatorin)	–	–	x	–	–	x
Katz, Rudolf (Min., Schlesw.-Holst.)	–	–	x	x	x	–
Keilhack, A. (PA)	x	–	x	–	–	x
Kinz(e)l, Luise (PA, Oberbayern)	–	–	x	x	–	x
Knothe, W. (PV)	x	x	x	x	x	x
Koch, H. (Min., Hessen)	–	–	–	–	x	–
Kolb, Walter (OB, Frankf.)	–	–	–	–	x	–
Kopf, H.W. (MinPräs., Nieders.)	x	x	x	x	x	–
Korspeter, Lisa (WR, Hann.)	–	–	x	–	–	–
Kraft, Emil (PA, Bez. Weser-Ems)	x	–	–	x	–	x

	1947	1948				
	15./16.11. (15 B)	25.1. (17 A)	18.2. (18 B)	29.6. (22 B)	7.7. (23)	11.9. (26 B)
Krahnstöver, A. (PA, WR)	x	–	x	x	–	x
Kreyssig, Gerhard (WR, M)	–	–	x	x	–	–
Kriedemann, H. (PV, WR)	x	x	x	x	x	x
Kukielczynski, Max (PA, Kiel)	–	–	–	x	–	x
Kuraner, Max (PA, Pfalz)	x	–	x	–	–	–
Leddin, Bruno (WR, Hann.)	–	–	x	–	–	–
Lemke, L. (PV- Ref.)	x	–	–	–	–	–
Löbe, Paul (PA, Berlin)	–	–	–	–	–	x
Loßmann, J. (PV)	x	x	x	–	–	–
Ludwig, Adolf (Gew., Rheinl.-Pf.-Frz. Zone, Mainz)	x	–	–	x	–	–
Lücker, Willi (WR, Hann.)	–	x	–	–	–	–
Lüdemann, H. (MinPräs., Schlesw.-Holst.)	x	x	–	x	x	–
Lütkens, G. (PV-Ref.)	–	x	x	–	x	x
Maier, Fritz (Fraktionsvors., Baden)	–	–	–	–	x	–
Markscheffel, G. (Mainz)	x	–	–	x	–	x
Meitmann, K. (PV)	x	x	x	–	x	x
Menzel, W. (PV, Min., NRW)	x	x	x	x	x	x
Metzger, L. (Länderrat d. Bizone)	–	x	x	x	–	–
Meyer, Heinz (WR, Bremen)	–	x	x	–	–	–
Michel, W. (PA, Östl. Westf.)	x	–	–	x	–	x
Mittendorf, Oswald (Länderrat d. Bizone)	–	–	x	–	x	–
Mommer, Karl (WR, Heidelberg)	–	–	x	–	–	–
Nau, A. (PV)	x	x	x	x	x	x
Neumann, F. (PV)	x	x	x	x	x	x
Neumann, Siggi (PV-Ref., Hann.)	x	–	x	x	–	–
Nitsche, Johannes (PA, Hess.-Kassel)	–	–	x	–	–	–
Ollenhauer, E. (PV)	x	x	x	x	x	x
Oppler, K. (Verw. d. Bizone, Frankf.)	–	–	x	–	–	–
Pfetzing, Paul (SPD, Kassel)	–	–	x	–	–	–
Raunau, Peter (PV-Ref., Hann.)	x	(x)[34]	–	–	–	–
Remmele, Adam (WR, HH)	–	–	x	–	–	–
Renner, Victor (PA/ Min.-Württ.-Hoh.)	–	–	–	–	x	x
Reuter, E. (Stadtrat-Gewählter OB, Berlin)	–	x	–	–	–	–
Reuter, Georg (Gew., WR)	–	–	x	–	–	–
Richter, G. (KK)	–	–	x	x	–	x
Richter, Willi (WR, Frankf.)	–	–	x	–	–	–
Roser, D. (PA, Min., Württ.-Hoh.)	x	–	–	x	–	–
Runge, H. (PA, Niederrh.)	–	–	x	x	–	x

---

34 Raunau trug sich nicht in die Anwesenheitsliste der Sitzung ein, berichtete aber über diese Sitzung als offenkundiger Teilnehmer, vgl. Dok. 17, Anl. 1 C, S. 324 f.

	1947	1948				
	15./16.11. (15 B)	25.1. (17 A)	18.2. (18 B)	29.6. (22 B)	7.7. (23)	11.9. (26 B)
Sänger, Fritz (dpd/ Hamb.)	x	–	–	–	–	–
Schaub, K. (PA, Westl. Westf.)	x	–	x	–	–	x
Schieler, Fritz (PA, Süd-Bad.)	–	–	–	x	–	–
Schirrmacher, W. (PA, Oberrh.)	–	–	–	x	–	x
Schmedemann, W. (PA, HH)	x	–	–	x	–	–
Schmid, C. (PV, Min., Württ.-Hoh.)	x	x	x	x	x	x
Schmidt, Otto (StSekr., Hessen)	–	–	–	–	x	–
Schmidt, P. (Hess. Staatskanzlei)	–	–	–	x	x	–
Schöne, Joachim (WR, Hannover)	–	–	x	–	–	–
Schönfelder. A. (KK)	x	x	–	x	–	x
Schoettle, E. (PA, WR, Württ.-Bad.)	–	x	x	x	x	x
Schroeder, L. (PV, Amtierende OB, Berlin)	–	–	–	–	x	–
Schulze, Karl (WR, Lübeck)	–	–	x	–	–	–
Schumacher, Ernst (PA, Würzb.)	–	–	x	x	–	x
Schumacher, K. (PV)	x	x	x	–	–	–
Seeser, K. (KK)	–	–	–	–	–	x
Seger, Gerhart (New York)	–	–	–	x	–	–
Selbert, E. (PV)	x	x	x	x	x	x
Steffan, J. (KK)	x	–	x	x	–	x
Stock, C. (MinPräs., Hess.)	–	–	x	x	x	–
Storbeck, C. (PV-Ref.)	x	–	x	–	–	x
Strahringer, Wilhelm (WR, Darmstadt)	–	–	x	–	–	–
Strobel, K. (PA, Nürnberg)	x	–	–	–	–	x
Suchan, Franz (Länderrat d. Bizone, Frankf.)	–	–	x	–	x	–
Suhr, O. (Stellv. PV-Mitgl., Berlin)	x	–	x	–	–	–
Sührig, Herbert (PA, Oldenburg)	–	–	x	–	–	–
Tarnow, F. (Gew., US-Zone)	–	–	–	x	–	–
Troeger, Heinrich (Länderrat d. Bizone, Frankf.)	–	–	x	–	x	–
Ulrich, F. (KK, Min., Württ.-Bad.)	x	–	–	x	x	x
Veit, H. (PV)	x	x	x	x	x	x
Vey, Gerda (PA, Würzb.)	–	–	x	x	–	x
Voss, Otto (WR, Schlesw.-Holst.)	–	x	–	–	–	–
Wagner, A. (Fraktionsvors., Hessen)	–	–	–	–	x	–
Weisser, G. (Zonenbeirat d. Brit. Zone)	–	–	–	x	x	–
Wenke, H. (PA, Westl. Westf.)	x	–	x	x	–	x
Wittrock, C. (KK)	x	–	x	x	–	x
Wohlers, Robert (WR, Schlesw.-Holst.)	–	–	x	–	–	–
Wolff, I. (Stellv. PV-Mitgl., Berlin)	x	x	x	–	–	[x]
Wolff, T. (PA, Niederrh.)	x	–	x	x	–	[x]
Wolff, Willi (PA, Niederrh., Düssel.)	x	–	–	–	–	–
Wolters, H. (Min., Bremen)	x	–	–	–	–	–
Zinn, G. A. (Min., Hessen)	–	–	–	–	x	–
Zinnkann, H. (PA, Min., Hessen)	x	–	–	–	x	–

5 Kurzbiographien der Mitglieder des Parteivorstandes 1946-1948[35]

Agartz, Viktor (1897-1964), geb. 11/1897 in Remscheid als Sohn eines Metallarbeiters, Studium der Wirtschaftswissenschaften, Dr rer.pol., vor 1933 SPD; 2/46-10/46 GenSekr. d. Zentralamts f. Wirtsch. d. brit. Zone, Ende Januar – Juli 1947 Leiter d. bizonalen Verwaltungsamtes f. Wirtschaft in Minden, **1946 - Aug. 1948 PV**, 12/46-4/47 MdL (NRW); 6/47-2/48 MdWR; 1948-55: GF d. Wirtschaftswissenschaftl. Instituts (WWI) der Gewerkschaften, 1956: Gründung der „Gesellschaft für wirtschaftswissenschaftliche Forschung" und Herausgabe der „WISO-Korrespondenz für Wirtschafts- und Sozialwissenschaften"; Dez.1957: Freispruch im Prozeß wegen Verfassungsverrat, d.h. wegen seiner Beziehungen zur SED und zum FDGB, durch den Bundesgerichtshof; Ausschluß aus der SPD, 1960 Mitbegründer der VUS und der DFU, gest. 12/1964 in Bensberg. Zu Agartz vgl. Viktor Agartz: Partei, Gewerkschaft und Genossenschaft. Wirtschaftspolitische und andere Schriften. Hrsg. v. Hans Willi Weinzen, Frankfurt 1985; Hans-Georg Hermann, Verraten und verkauft [Biographie Agartz'], Fulda 1958.

Albrecht, Lisa (1896-1958), geb.5/1896 in Hamburg, Sportlehrerin, 1914 SPD, 1926-33 Frauensekretärin (SPD-Bez. Brandenburg), 1947 Stellv.Landesvors. d. bayer. SPD, **1947-58 PV**, 1949-1958 MdB, gest.5/1958 in Mittenwald.

Baur, Valentin (1891-1971), geb.12/1891 in Augsburg als Sohn eines Arbeiters, Maschinenschlosser, vor 1914 DMV und SPD, 1924-33 Stadtverordn. in Augsburg, 1933 Emigration (Saargebiet, Schweiz), 1945 Rückkehr nach Augsburg, 1946-52 Vors. d. Bez. Schwaben d.SPD, **1946-50 PV**, 1947-49 MdWR, 1949-61 MdB, gest. 6/1971 in Augsburg.

Beyer, Anna (1909-1991), geb. 2/1909 in Frankfurt a.M., Kaufm.Angestellte, ISK, 1937 Emigration (Belgien, F, GB), 1945 Rückkehr nach Frankfurt a.M., Stadträtin der SPD, Ende 1946 Ministerialbeamtin in Hessen, **1946-47 PV** (bei der Neuwahl des PV auf dem PT von 1947 durchgefallen), gest. 5/1991 in Frankfurt a. M. Zu Beyer vgl. Anna Beyer, Politik ist mein Leben. Hrsg. v. Ursula Lücking, Frankfurt am Main 1991.

Bögler, Franz (1902-1976), geb.12/1902 in Speyer als Sohn eines Schreinermeisters, Städt. Angestellter, vor 1933 SPD, 1926-32 Stadtverordn. in Speyer, 1929-33 Bez.Sekr.Pfalz, 1933 MdL(Bayern), 1933 Emigration (Saargebiet, CSR, F), 1946 Rückkehr in die Pfalz, 1946-61 Bez.Vors. Pfalz, 1946-63 MdL (Rheinl.-Pf.), **1946-1958 PV**, 1962 Parteiausschluß wegen angeblicher Pläne zur Gründung einer unabhängigen pfälzischen SP, gest. 7/1976 in Speyer.

---

35 Hier werden nur die Personen aufgeführt, die dem Parteivorstand in der Zeit von 1946 bis 1948 als Mitglieder oder stellvertretende Mitglieder angehörten. Spätere Mitglieder des PV werden in der Einleitung oder im Dokumententeil an der ersten Stelle, an der sie vorkommen, in einer Anmerkung kurz vorgestellt.

Eichler, Willi (1896-1971), geb.1/1896 in Berlin, Kaufmann, 1924-27 Sekr. bei Leonhard Nelson, nach dem Tode Nelsons Vorsitzender des ISK, 1933 Emigration (F, GB), 1946 - 52 Chefredakteur der „Rheinischen Zeitung" in Köln, **1946-68 PV (1952-58 Besold. Mitglied)**, 1947-48 MdL (NRW), 1948-49 MdWR, 1949-53 MdB, gest. 10/1971 in Bonn. Zu Eichler vgl. Sabine *Lemke-Müller*, Ethischer Sozialismus und soziale Demokratie. Der politische Weg Willi Eichlers vom ISK zur SPD, Bonn 1988; K. *Lompe* u. F. *Neumann* (Hrsg.): Willi Eichlers Beiträge zum demokratischen Sozialismus. Eine Auswahl aus dem Werk, Berlin-Bonn 1979.

Franke, Egon (1913-95), geb. 4/1913 in Hannover als Sohn eines Musiklehrers, Tischlerlehre, Kunstgewerbeschule, Kunsttischler, 1929 SPD, 1931-33 Angestellter d. SPD-OV Hannover, nach 1933 illegale Parteiarbeit, 1935 Verurteilung zu 2 ½ Jahren Zuchthaus wegen „Vorbereitung zum Hochverrat", 1943-45 Strafbataillon „999", 1945-47 Sekretär des Bez. Hannover der SPD, **1947-1952 Besold.Mitgl. d.PV, 1958-1973 PV, 1964-1973 PP**, 1951-87 MdB, 1969-82 Bundesminister, gest. 4/1995 in Hannover.

Gayk, Andreas (1893-1954), geb. 10/1893 in Kiel, Kaufm. Angestellter, vor 1933 SPD u. Redakteur an sozialdem. Zeitungen, 1924-33 Stadtverordn.(Kiel), 1946-54 OB von Kiel, 1946-54 Landesvors. d.SPD, **1946-1954 PV**, 1948/49 MdParlR, gest. 10/1954 in Kiel. Zu Gayk vgl. Andreas Gayk und seine Zeit 1893 - 1954. Erinnerungen an den Kieler Oberbürgermeister. Hrsg. von Jürgen Jensen u. Karl Rickers, Neumünster 1974; Andreas Gayk 1893 - 1954. Hrsg. von der SPD-Fraktion im Schleswig-Holsteinischen Landtag. Redaktion: Jürgen Weber u. Uwe Danker, Kiel 1993.

Gnoß, Ernst (1900-49), geb. 7/1900 in Mülheim/Ruhr, Schriftsetzer, 1924-32 Jugendsekr. d. SPD/Bez. Niederrhein, Jan.-März 1933 Parteisekr. in Essen, nach 1933 Widerstandstätigkeit, 1935-39 Zuchthaus, 1945 Parteisekr. Bez. Niederrhein, 1946-49 MdL (zeitweilig Präs./ Vizepräs. des LT), **1946-49 PV**, April 1948 bis zu seinem Tode Wiederaufbauminister von NRW, gest. 3/1949 während eines Kuraufenthalts in Davos. Zu Gnoß vgl. Wolfram Köhler, Ernst Gnoss (1900-1949). Der erste Landtagspräsident von Nordrhein-Westfalen, in: Geschichte im Westen 13 (1998), H. 2, S.208-232.

Görlinger, Robert (1888-1954), geb. 7/1988 in Ensheim/Saarland, Fabrikarbeiter (Elektriker), Hauptamtl. Funktionär d. DMV, vor 1914 SPD, 1919-33 Stadtverordn.(Köln), 1933 Emigration (Saargebiet, F), 1941 Festnahme, Rückführung nach Deutschland, Gefängnis und KZ, 1945/46 Wiederaufbau der SPD in Köln, 1946 Vors. d. Bez. Oberrhein, 1946-50 MdL (NRW), **1946-50 PV**, 1948/49 u. 1950/51 OB von Köln, 1949-54 MdB, gest. 2/1954 in Köln.

Gotthelf, Herta (1902-63), geb. 6/1902 in Breslau, jüd. Herkunft, Gymnasium, Banklehre, Bankangestellte, 1920 SPD, 1925-33 Redakteurin an sozialdem. Frauenzeitschriften u. enge Mitarbeiterin von Marie Juchacz; 1934 Emigration (GB), Frühjahr 1946 Rückkehr nach Deutschland (Hannover), Juli 1946 Leiterin des Frauensekretariats der SPD; **1947-58 Besold. Mitgl. d. PV**, gest.5/1963 in Alf an der Mosel

Grimme, Adolf (1889-1963), geb. 12/1889 in Goslar, Studium der Philologie, Preuß. Schuldienst, SPD, 1930-32 Preuß. Kultusminister, 1943-45 Zuchthaus, 1946-1948 Kultusminister Hannover/Niedersachsen, **1946-1949 PV**, 1948-1956 Generaldirektor (Intendant) des NWDR, gest.8/1963 in Degerndorf am Inn. Zu Grimme vgl. Julius *Seiters*, Adolf Grimme - ein niedersächsischer Bildungspolitiker, hrsg. v. d. niedersächsischen Landeszentrale für politische Bildung, Hannover 1990.

Gross, Emil (1904-1967), geb. 8/1904 in Bielefeld als Sohn eines Eisendrehers, Kaufm. Angestellter, hauptamtl. SPD-Funktionär, 1930-33 Studium der Staatswissenschaften in Berlin, 1931 Vors. d. Sozialistischen Studentenschaft der Berliner Hochschulen, 1933 Emigration (NL), 1941 Verhaftung u. Verurteilung zu 2 Jahren Zuchthaus, 1945 Herausgeber der „Freien Presse" in Bielefeld, 1945-60 Bez.Sekr./BezVors. Ostwestfalen-Lippe, 1946-67 MdL (NRW), **1946-60 PV**, gest. 2/1967 in Bielefeld.

Heine, Fritz, geb.12/1904 in Hannover als Sohn eines Orgelbauers, Handelsschule, Kaufm. Lehre, 1925 Mitarbeiter des PV der SPD in Berlin, 1933 Emigration: (CSR, F, GB [Sopade]); Jan. 1946 Rückkehr nach Deutschland, Büro der Westzonen in Hannover; **1946-58 Besold. Mitgl. d. PV**; 1958-74 Geschäftsf. der „Konzentration GmbH".

Helmstädter, Fritz (1904-1971), geb. 12/1904 in Edingen, Kreis Mannheim, Verwaltungsangestellter, vor 1933 SPD, 1928-33 Gewerkschaftssekretär in Stuttgart; 1945 Steuerberater, **1946-48 PV**, 1947-68 MdL (Württ.-Bad./Bad.-Württ.), gest. 3/1971 in Stuttgart.

Henßler, Fritz (1886-1953), geb.4/1886 in Altensteig/ Schwarzwald, Buchdrucker, vor 1914 SPD, 1911-33 Red./Chefred. der Dortmunder „Arbeiterzeitung", 1920-33 BezVors. Westl. Westfalen, 1930-33 MdR; 1936-45 Gefängnis/KZ; 1945 BezVors. Westl. Westfalen, **1946-53 PV**, 1946-53 OB von Dortmund, 1947-53 MdL (Fraktionsvors.), 1949-53 MdB, gest. 12/53 in Witten an der Ruhr. Zu Henßler vgl. Wolf Bierbach, Fritz Henßler, in: Aus dreißig Jahren, Köln 1979, S.138- 151; Günther Högl/Karl Lauschke, Fritz Henßler, Ein Leben für Freiheit und Demokratie 1886 - 1953, Dortmund 1886.

Kaisen, Wilhelm (1887-1979), geb. 5/1987 in Hamburg, Fabrikarbeiter, Bauarbeiter, Stukkateur; vor 1914 SPD, 1919 Redakteur, 1921-33 MdBü (Bremen), 1927-33 Senator für Wohlfahrtswesen; 1933-45 Landwirt; 1945-65 Senatspräsident und Bürgermeister in Bremen, **1946-50 PV** (bei der Neuwahl d. PV auf d. PT von 1950 durchgefallen), gest. 12/1979 in Bremen. Zu Kaisen vgl. Wilhelm *Kaisen:* Meine Arbeit, mein Leben, München 1967; H. *Müller* (Hrsg.): Begegnungen mit Wilhelm Kaisen, Bremen 1980; R. *Meyer - Braun*, Wilhelm Kaisen, in: Treuhänder des deutschen Volkes (1991), S. 163-180.

Knothe, Wilhelm (Willy) (1888-1952), geb.5/1988 in Kassel, Handwerkslehre (Portefeuiller) u. Kaufm. Lehre, vor 1914 SPD, 1920-33 Parteisekretär in Wetzlar, 1921-33 Stadtverordn., nach 1933 mehrere Jahre Zuchthaus, 1945 Wiederaufbau der SPD in Frankfurt und Hessen, 1946 Hessischer Landesvorsitzender der SPD, **1946-50 PV**, 1946/47 2.stellv. Vors. d.SPD (Funktion abgeschafft), 1946-49 MdL, 1949-52 MdB, gest. 2/1952 in Bonn.

Kriedemann, Herbert (1903-77), geb. 3/1903 in Berlin als Sohn eines Kaufmanns, Studium der Agrar- u. Volkswirtschaft, 1925 SPD, 1928 hauptamtl. Funktionär der SPD, 1934 Emigration (CSR, Niederl.), 1941 Verhaftung, 1945 „Büro Dr.Schumacher", **1946-50 Besold. Mitgl. d. PV**, 1947-49 MdWR, 1949-72 MdB, gest. 1/1977 in Bad Nauheim.

Loßmann, Julius (1882-1957), geb.4/1882 in Münchweiler/Pfalz, Schuhmacherlehre, vor 1914 SPD, 1919 Parteisekr. in Nürnberg, 1933/34 u.1944/45 KZ Dachau, 1946-57 Stadtverordn. in Nürnberg, **1946-48 PV**, 1949-57 Zweiter Bürgermeister von Nürnberg, gest. 3/1957 in Nürnberg.

Meitmann, Karl (1891-1971), geb. 3/1891 in Kiel als Sohn eines Werftarbeiters, Kaufm. Angest., vor 1914 SPD, 1928-33 Vors. d. Hamburger SPD u. MdBü, 1946-51 Vors. d. Hamb. SPD, 1946-49 MdBü, **Juni 1946-54 PV** (im Juni 1946 vom PV kooptiert), 1949-61 MdB, gest. 2/1971 in Kiel.

Menzel, Walter (1901-63), geb.9/1901 in Berlin als Sohn e. Volksschullehrers, Studium d. Rechts- u. Staatswiss, Dr. jur., Beamtenlaufbahn, vor 1933 SPD, 1931-33 Landrat in Weilburg a. d. Lahn, 1934 Rechtsanwalt in Berlin, 1946-54 MdL (NRW), 1946-50 Innenminister NRW, **1946-63 PV**, 1948/49 MdParlR, 1949-63 MdB, gest.9/1963 in Bad Harzburg. Zu Menzel vgl. Wolf Bierbach, Walter Menzel, in: Aus 30 Jahren, Köln 1979, S. 186-199.

Metzger, Ludwig (1902-93), geb. 3/1902 in Darmstadt, Mittelschule, Verwaltungslehre, Abitur, Jurastudium, vor 1933 SPD, Vors. d. Bundes der religiösen Sozialisten, Justizdienst, 1933 entlassen, 1945-50 OB von Darmstadt, **1946/47 PV**, 1951-53 Hessischer Kultusminister, 1953-69 MdB, gest. 1/1993 in Darmstadt. Zu Metzger vgl. Ludwig Metzger: In guten und in schlechten Tagen. Berichte, Gedanken und Erkenntnisse aus der politischen Arbeit eines aktiven Christen und Sozialisten, Darmstadt 1980.

Nau, Alfred (1906-83), geb. 11/1906 in Barmen (Wuppertal-B.) als Sohn eines Angestellten der Konsumgenossenschaft, Lehre als Versicherungskaufmann; 1920 SAJ, 1923 SPD, 1928-33 Angestellter des PV in Berlin; 1933-42 Versicherungskaufmann, wegen illegaler Tätigkeit für die SPD 14 Monate inhaftiert, 1942-45 Kriegsdienst; Ende 1945 „Büro Dr.Schumacher" in Hannover, **1946-58 Besold. Mitgl. d. PV (Schatzmeister), 1958-75 PV u. PP**, Nov.1975 Ehrenmitglied d. PV, bis zu seinem Tode Vorsitzender bzw. Vorstandsvorsitzender der Friedrich-Ebert-Stiftung, gest.18.5.1983 in Bonn. Zu Nau vgl.

„Solidarität. Alfred Nau zum 65. Geburtstag." Mit Beiträgen von Willy Brandt, Otto Brenner, Georg Eckert u. a., Bonn 1971.

Neumann, Franz (1904-74), geb. 8/1904 in Berlin, Schlosserlehre, 1926-33 Magistratsbeamter in Berlin, 1920 SPD; nach 1933 illegale Parteiarbeit, KZ, Gefängnis; 1945/46 Kampf für eine selbständige SPD in Berlin, 1946-58 Landesvors. d. SPD in Berlin, **1947-58 PV**[36], 1949-69 MdB, gest. 10/1974 in Berlin. Zu Franz Neumann vgl. sein letztes Interview vom Sommer 1974, abgedr.: FNA (Berichte des Franz-Neumann-Archivs, Berlin) 1 (1974-1978), S. 1-55.

Nölting, Ernst (1901-67), Bankausbildung, Studium, 1919 SPD, Dir. d. Fachschule f. Wirtsch. u. Verw. in Berlin, 1946 Minister f. Wirtsch. u. Verkehr in Hannover, **1946 - Febr. 47 PV**, Ende 1946 Rücktritt als Minister auf Grund von Vorwürfen wegen seiner Tätigkeit als Wirtschaftsoffizier in Italien, Febr. 1947 Austritt aus dem PV, Tätigkeit in der Privatindustrie.

Ollenhauer, Erich (1901-63), geb. 3/1901 in Magdeburg, Kaufm.Lehre, 1916 SAJ, 1918 SPD, 1920 2. Sekr. d. SAJ u. Red. d. Zschr. „Der Führer", 1923 1. Sekr. d. SJI, 4/1933 PV d.SPD, 5/1933 Emigration (Saargebiet, CSR, F, GB), 1/1946 Rückkehr nach Deutschland, Büro d. Westzonen in Hannover, **1946-58 Besold. Mitgl. d. PV, 1958-63 PV u. PP, 1946-52 Stellv. PVors., 1952-63 PVors.**, Mai-Aug. 1949 MdParlR, 1949-63 MdB, gest. 12/1963 in Bonn. Zu Ollenhauer vgl. E. Ollenhauer: Reden und Aufsätze. Hrsg. u. eingel. v. Fritz Sänger, 2. Aufl., Berlin/Bonn-Bad Godesberg 1977; Brigitte Seebacher-Brandt, Ollenhauer. Biedermann und Patriot, Berlin 1984.

Schmid, Carlo (1896-1979), geb. 12/1896 in Perpignan als Sohn e. dt. Professors u. seiner frz. Frau, Studium d. Rechts- u. Staatswiss., Württ. Justizdienst, 1929 Habilitation (Völkerrecht) in Tübingen, 1940-45 Wehrmachtsbeamter (Kriegsverwaltungsrat) bei der Oberfeldkommandantur in Lille; 1945 SPD, 1945/46 Vors. des Staatssekretariats in Württemberg - Hohenzollern (Frz. Zone), 1946-48 Landesdirektor f. Justiz, 1946-53 Ord. Prof. f. öffentl. Recht u. Völkerrecht an der Univ. Tübingen, **1947-73 PV, 1958-70 PV u. PP**, 1948/49 MdParlR (Fraktionsvors.), 1949-72 MdB, 1953-66 Ord.Prof. f. Wissenschaft von der Politik in Frankfurt am Main, gest. 12/1979 in Bonn. Zu Schmid vgl. C. Schmid, Erinnerungen, Bern-München-Wien 1979; Petra Weber, Carlo Schmid 1896-1979. Eine Biographie, München 1996.

Schroeder, Louise (1887-1957), geb.4/1887 in Altona als Tochter eines Bauarbeiters, Angestellte, 1910 SPD, 1919-33 Stadtverordn. in Altona, 1919-1933 MdNatVers/MdR, 1946 Stellv. Vors. d. Berliner SPD, **1947-1956 PV**[37], 1947/48 Amtierende Oberbürgermeisterin von Berlin, 1949-50 Magistrat von Berlin, 1949-1957 MdB, 1951-54 Fraktionsvorstand, gest. 6/1957 in Berlin. Zu Schroeder vgl. Marthina Koerfer, Louise Schroeder,

---

36 Bereits ab August 1946 nahm Neumann regelmäßig an den Sitzungen des PV teil, vgl. Anhang 1.
37 Schroeder nahm bereits im August 1946 sowie im April und Juni 1947 an Sitzungen des PV teil, vgl. Anhang 1.

in: Stadtoberhäupter. Biographien Berliner Bürgermeister im 19. und 20. Jahrhundert, Berlin 1992, S. 373-390.

Schumacher, Kurt (1895-1952), geb. 10/1895 in Kulm (Westpreußen) als Sohn eines Kaufmanns, 1914 Kriegsfreiwilliger, schwere Verwundung, 1915-19 Studium der Rechts- u. Staatswissenschaften, Dr. rer.pol., 1918 SPD, 1920-30 Redakteur der Schwäbischen Tagwacht in Stuttgart, 1924-30 MdL (Württ.), 1930-33 MdR; 1933-43 u. 1944 KZ (u.a. Dachau, Neuengamme); 1945/46 Wiederaufbau d. überregionalen SPD d. drei Westzonen von Hannover aus („Büro Dr. Schumacher", „Büro der Westzonen"), **1946-52 PV/ PVors.**, 1949-52 MdB (Fraktionsvorsitzender), gest. 8/1952 in Bonn. Zu Schumacher vgl. Kurt Schumacher: Reden – Schriften – Korrespondenzen 1945-1952. Hrsg. von Willy Albrecht, Berlin-Bonn 1985; Peter Merseburger, Der schwierige Deutsche. Kurt Schumacher. Eine Biographie, Stuttgart 1995.

Selbert, Elisabeth (1896-1986), geb.9/1986 in Kassel, Jurastudium, Dr.jur., Rechtsanwältin in Kassel, 1918 SPD, 1919-27 Mitglied d Rates d. Gemeinde Niederzwehren bei Kassel, 1946-52 Stadtverordn. von Kassel, 1946-58 MdL (Hessen), 1948/49 MdParlR, **1946-56 PV**, gest. 6/1986 in Kassel. Zu Selbert vgl. Heike Drummer u. Jutta Zwilling, Elisabeth Selbert. Eine Biographie, in: „Ein Glücksfall für die Demokratie". Elisabeth Selbert (1896-1986). Die große Anwältin für die Demokratie, hrsg. von der Hessischen Landesregierung, Frankfurt am Main 1999, S. 9-160.

Suhr Otto (1894-1957), geb. 8/1894 in Oldenburg, Studium der Volkswirtschaft und Geschichte, Dr. phil., SPD, Gewerkschaftsfunktionär, 1925-33 Leiter der wirtschaftspolitischen Abteilung des AfA-Bundes und Dozent an der Hochschule für Politik in Berlin, 1946 GenSekr. der Berliner SPD, 1947-49 PA, **1947/48 Stellv. Mitglied des PV**[38], 1948/49 MdParlR, 1949-53 MdB, 1950-55 Präs. d. Abgeordnetenhauses, 1955-57 Reg. Bürgermeister, gest. 8/1957 in Berlin. Zu Suhr vgl. Henrike Hülsbergen, Otto Suhr, in: Stadtoberhäupter. Biographien Berliner Bürgermeister im 19. und 20. Jahrhundert, Berlin 1992, S. 465-483.

Veit, Hermann (1897-1973), geb. 4/1897 in Karlsruhe, Jurastudium, Dr. jur., Rechtsanwalt in Karlsruhe, 1945/46 OB von Karlsruhe, 1946-49 u. 1956-73 MdL (Württ.-Bad./Bad.-Württ.), 1946-60 Wirtschaftsminister, **1946-48, 1950-60 PV** (bei der Vorstandswahl auf dem PT 1948 durchgefallen), 1949-53 MdB, gest. 3/73 in Karlsruhe.

Wolff, Ida (1893-1966), geb.10/1893 in Brieg bei Breslau, vor 1933 Büroangestellte und Parteifunktionärin der SPD in Mittelschlesien, 1933 Umzug nach Berlin, Tätigkeit in einem Versicherungsunternehmen, nach 1945 Spitzenfunktionärin der SPD in Berlin, Geschäftsführende Vorsitzende der Berliner AWO, 1947-58 Mitglied d. PA, **1947-48 Stellv. Mitglied des PV**, gest. 11/1966 in Berlin.

---

38 Über die Wahl von Otto Suhr und Ida Wolff zu Stellvertretern der Berliner Mitglieder des PV, die wegen der Situation Berlins ausnahmsweise zugelassen wurde, vgl. Dok. 11 A, S. 239 u. Einl. Kap. A 1 b.

6 Abkürzungen

AA	Auswärtiges Amt
Abg.	Abgeordneter
ABZ	Amerikanische Besatzungszone
AdA	Akademie der Arbeit (Frankfurt/M.)
AdG	(Keesings) Archiv der Gegenwart
ADGB	Allgemeiner Deutscher Gewerkschaftsbund
AdsD	Archiv der sozialen Demokratie der Friedrich-Ebert-Stiftung (Bonn)
AfA	Allgemeiner freier Angestelltenbund
AFL (AF of L)	American Federation of Labour (Gewerkschaftsdachverband der USA)
AfS	Archiv für Sozialgeschichte
AG	Aktiengesellschaft
Anl.	Anlage
AOK	Allgemeine Ortskrankenkasse
ArbMin	Arbeitsministerium
AvS	Arbeitsgemeinschaft verfolgter Sozialdemokraten
AWO (AW)	Arbeiterwohlfahrt
BA	Bundesarchiv
BBC	British Broadcasting Corporation
BdV	Bund der Vertriebenen
BezSekr.	Bezirkssekretär
BezVors.	Bezirksvorsitzender
BHE	Bund der Heimatvertriebenen und Entrechteten
BVerfGer	Bundesverfassungsgericht
BVors.	Bundesvorsitzender
BVP	Bayerische Volkspartei
CDU	Christlich-Demokratische Union
CIO	Congress of Industrial Organizations (Gewerkschaftsdachverband der USA)
COMISCO	Committee of the International Socialist Conference
CSR	Tschechoslowakische Republik
CSSR	Tschechoslowakische Sozialistische Republik
CSU	Christlich-Soziale Union
CVP	Christliche Volkspartei [des Saargebiets]
DAG	Deutsche Angestellten Gewerkschaft
DANA	Deutsche Allgemeine Nachrichtenagentur (Vorläuferin der dpa in der US-Zone)
DDP	Deutsche Demokratische Partei
DDR	Deutsche Demokratische Republik
DFD	Demokratischer Frauenbund Deutschlands
DFU	Deutsche Friedensunion

DGB	Deutscher Gewerkschaftsbund
DHV	Deutschnationaler Handlungsgehilfenverband
DMV	Deutscher Metallarbeiter-Verband
DNVP	Deutschnationale Volkspartei
Dok.	Dokument
DP	Deutsche Partei
dpa	Deutsche Presseagentur
dpd (DPD)	Deutscher Pressedienst [Vorläufer der dpa in der brit. Zone]
DPS	Demokratische Partei Saar
DRK	Deutsches Rotes Kreuz
DSAP	Deutsche Sozialdemokratische Arbeiterpartei [in der CSR]
DStP	Deutsche Staatspartei
DVP	Deutsche Volkspartei
DZP	Deutsche Zentrumspartei (nach 1945)
EKD	Evangelische Kirche in Deutschland
F	Frankreich
FDGB	Freier Deutscher Gewerkschaftsbund
FDJ	Freie Deutsche Jugend
FDP	Freie Demokratische Partei
FES	Friedrich-Ebert-Stiftung
FraktVors.	Fraktionsvorsitzender
GB	Großbritannien
GB/BHE	Gesamtdeutscher Block/ Block der Heimatvertriebenen und Entrechteten
GdA	Gewerkschaftsbund der Angestellten [liberal]
GEG	Großeinkaufsgesellschaft Deutscher Konsumgesellschaften
Gen.	Genosse
GenSekr.	Generalsekretär
Gestapo	Geheime Staatspolizei
GF	Geschäftsführer
GG	Grundgesetz
HH	Hamburg
HJ	Hitlerjugend
HStA	Hauptstaatsarchiv
HZ	Historische Zeitschrift
IBFG	Internationaler Bund Freier Gewerkschaften
IfZ	Institut für Zeitgeschichte
IG	Industriegewerkschaft
IGM	Industriegewerkschaft Metall
IISG	Internationales Institut für Sozialgeschichte (Amsterdam)
IJB	Internationaler Jugendbund
ILP	Independent Labour Party

ISK	Internationaler Sozialistischer Kampfbund
Jb.	Jahrbuch
KgU	Kampfgruppe gegen Unmenschlichkeit
KJVD	Kommunistischer Jugendverband Deutschlands
KK	Kontrollkommission (der SPD)
Kominform	Informationsbüro der kommunistischen und Arbeiterparteien
Komintern	Kommunistische Internationale
Kostufra	Kommunistische Studentenfraktion
KP	Kommunistische Partei
KPD	Kommunistische Partei Deutschlands
KPdSU	Kommunistische Partei der Sowjetunion
KPO	Kommunistische Partei-Opposition
KZ	Konzentrationslager
LDP(D)	Liberaldemokratische Partei (Deutschlands)
LMin	Landesminister
LO	Landesorganisation
LP	Labour Party
LSekr.	Landessekretär
LT	Landtag
LTPräs.	Landtagspräsident
LV	Landesvorstand
LVors.	Landesvorsitzender
M	München
MdAbgH	Mitglied des Abgeordnetenhauses
MdB	Mitglied des Bundestages
MdBü	Mitglied der Bürgerschaft
MdEP	Mitglied des Europäischen Parlaments
MdL	Mitglied des Landtags
MdParlR	Mitglied des Parlamentarischen Rates
MdVK	Mitglied der Volkskammer
MdWR	Mitglied des Wirtschaftsrates
MFr	Mittelfranken
MinPräs.	Ministerpräsident
MP	Member of Parliament (Mitglied d. Brit. Unterhauses)
MR	Militärregierung
MRS	Mouvement pour le Rattachement de la Sarre à la France
MSEUE	Mouvement socialiste pour les Etats Unis d'Europe
NATO	North Atlantic Treaty Organization
NB	Neu Beginnen
NL	Nachlaß
NLP	Niedersächsische Landespartei

NRW	Nordrhein-Westfalen
NRZ	Neue Ruhr Zeitung
NSDAP	Nationalsozialistische Deutsche Arbeiterpartei
NVorw	Neuer Vorwärts
NWDR	Nordwestdeutscher Rundfunk
OB	Oberbürgermeister(in)
Oberpräs.	Oberpräsident
OdF (ODF)	Opfer des Faschismus
OEEC	Organization for European Economic Cooperation
OFr	Oberfranken
ÖTV	Gewerkschaft Öffentliche Dienste, Transport und Verkehr
PA	Parteiausschuß (der SPD) [bis 1958]
ParlR	Parlamentarischer Rat
PG (Pg.)	„Parteigenosse" der NSDAP
PP	Parteipräsidium (der SPD) [ab 1958]
PR	Parteirat (der SPD) [ab 1958]
Präs.	Präsident
PSekr.	Parteisekretär
PV	Parteivorstand (der SPD)
PVors.	Parteivorsitzender
Red.	Redakteur
RegPräs.	Regierungspräsident
RFB	Roter Frontkämpferbund
RGO	Revolutionäre Gewerkschaftsopposition
RIAS	Rundfunk im amerikanischen Sektor von Berlin
RM (Rmk)	Reichsmark
RT	Reichstag
SAJ	Sozialistische Arbeiterjugend
SAP(D)	Sozialistische Arbeiterpartei (Deutschlands)
SAPMO BArch	Stiftung Archiv der Parteien und Massenorganisationen der DDR im Bundesarchiv
SBZ	Sowjetische Besatzungszone
SD	Sicherheitsdienst der SS
SDS	Sozialistischer Deutscher Studentenbund
SED (SEP)	Sozialistische Einheitspartei Deutschlands
SFIO	Section Francaise de l'Internationale Ouvrière - Parti Socaliste
SI	Sozialistische Internationale
SILO	Socialist Information and Liaison Office
SJD	Sozialistische Jugend Deutschlands
SJI	Sozialistische Jugendinternationale
SMA (D)	Sowjetische Militäradministration (in Deutschland))
Sopade	Sozialdemokratische Partei Deutschlands (im Exil)

SPÖ	Sozialistische Partei Österreichs
SPS	Sozialistische Partei der Schweiz
SPSaar	Sozialistische Partei Saar
SSV	Südschleswigscher Verein
SSW	Südschleswigscher Wählerverband
StBKAH	Stiftung Bundeskanzler-Adenauer-Haus (Rhöndorf)
sten.	stenographisch
StSekr	Staatssekretär
SU	Sowjetunion
SZ	Süddeutsche Zeitung
TOP	Tagesordnungspunkt8
TUC	Trade Union Congress [Brit. Gewerkschaftsdachverband]
UFr	Unterfranken
UGO	Unabhängige Gewerkschaftsorganisation (Berlin)
UNESCO	United Nations Educational, Scientific and Cultural Organization
UNO	United Nations Organization
US/USA	United States/ United States of America
USPD	Unabhängige Sozialdemokratische Partei Deutschland
VEB	Volkseigener Betrieb
VfZ	Vierteljahrshefte für Zeitgeschichte
VHS	Volkshochschule
VUS	Vereinigung Unabhängiger Sozialisten
VVN	Vereinigung der Verfolgten des Naziregimes
WAV	Wirtschaftliche Aufbauvereinigung
WK	Weltkrieg
WP	Wahlperiode
WR	Wirtschaftsrat des Vereinigten Wirtschaftsgebietes in Frankfurt am Main
WWI	Wirtschaftswissenschaftliches Institut der Gewerkschaften
Z	Zentrum/Zentrumspartei
ZA	Zentralausschuß der SPD
ZdA	Zentralverband der Angestellten
ZK	Zentralkomitee
ZPA	Zentrales Parteiarchiv

7 Gedruckte Quellen und Literatur

Abelshauser, Werner: Der Ruhrkohlenbergbau seit 1945. Wiederaufbau, Krise, Anpassung, München 1984.

Abelshauser, Werner: Wirtschaft in Westdeutschland 1945-1948. Rekonstruktion und Wachstumsbedingungen in der amerikanischen und britischen Zone, Stuttgart 1975.

Abendroth, Wolfgang: Aufstieg und Krise der deutschen Sozialdemokratie. Frankfurt a.M. 1964.

Abgeordnete in Niedersachsen 1946 - 1994. Biographisches Handbuch. Hrsg. v. Präsidenten des Niedersächsischen Landtags. Bearbeitet von Barbara Simon, Hannover 1996.

Abgeordnete in Rheinland-Pfalz 1946-1987. Biographisches Handbuch. Hrsg. v. Landtag Rheinland-Pfalz. Bearbeitet von Heidi Mehl-Lippert u. Doris Maria Peckhaus, Mainz 1991.

Adenauer: „Es mußte alles neu gemacht werden." Die Protokolle des CDU-Bundesvorstandes 1950-1953. Bearb. von Günter Buchstab, Stuttgart 1986.

Adenauer, [Konrad]: Briefe. Hrsg.von Rudolf Morsey und Hans Peter Schwarz , bearbeitet von Hans Peter Mensing: 1945-1947, Berlin 1983; 1947-1949, Berlin 1984; 1949-1951, Berlin 1985.

Adenauer, Konrad: Erinnerungen, Bd. 1-4, Stuttgart 1965.

Agartz, Viktor: Partei, Gewerkschaft und Genossenschaft. Wirtschaftspolitische und andere Schriften. Hrsg. v. Hans Willi Weinzen, Frankfurt 1985.

Akten zur Vorgeschichte der Bundesrepublik Deutschland 1945-1949 (zit.: Akten z. Vorgesch. d. BRD). Bd.1: Sept.1945-Dez.1946, bearb. v. Walter Vogel u. Christoph Weisz, München-Wien 1976; Bd.2: Januar - Juni 1947, bearb. v. Wolfram Werner, München-Wien 1979; Bd. 3: Juni - Dezember 1947, bearb. v. Günter Plum, München-Wien 1982; Bd.4: Januar - Dezember 1948, bearb. v. Christoph Weisz, Hans-Dieter Kreikamp u. Bernd Steger, München-Wien 1983; Bd.5: Januar - September 1949, bearb. v. Hans-Dieter Kreikamp, München-Wien 1981.

Albrecht, Willy: Jeanette Wolff - Jakob Altmaier - Peter Blachstein. Die drei Abgeordneten jüdischer Herkunft des Deutschen Bundestages in den 50er und zu Beginn der 6oer Jahre, in: Menora 6 (1995), S. 267-299.

Albrecht, Willy: Der Sozialistische Deutsche Studentenbund (SDS). Vom parteikonformen Studentenverband zum Repräsentanten der Neuen Linken, Bonn 1994.

Ambrosius, Gerold: Die Durchsetzung der Sozialen Marktwirtschaft in Westdeutschland 1945-1949, Stuttgart 1977.

Andrzejewski, Marek/Rinklake, Hubert: „Man muß doch informiert sein, um leben zu können". Erich Brost. Danziger Redakteur, Mann des Widerstandes, Verleger und Chefredakteur der „Westdeutschen Allgemeinen Zeitung", Bonn 1997.

Anfänge westdeutscher Sicherheitspolitik 1945-1956. Hrsg. vom Militärgeschichtlichen Forschungsamt, Bd.1: Von der Kapitulation bis zum Pleven-Plan, München/Wien 1982.

Arbeiterinitiative 1945. Antifaschistische Ausschüsse und Reorganisation der Arbeiterbewegung in Deutschland. Hrsg. v. L.Niethammer, U.Borsdorf u. P.Brandt, Wuppertal 1976.

Beier, Gerhard: Arbeiterbewegung in Hessen. Zur Geschichte der hessischen Arbeiterbewegung durch einhundertfünfzig Jahre (1834-1984), Frankfurt a.M. 1984.

Benz, Wolfgang: Parteigründungen und erste Wahlen. Der Wiederbeginn des politischen Lebens, in: Benz, Wolfgang (Hrsg.): Neuanfang in Bayern 1945-1949, München 1988, S. 9-35, 205-207.

Benz, Wolfgang: Von der Besatzungsherrschaft zur Bundesrepublik. Stationen einer Staatsgründung, Frankfurt/Main 1985.

Berger, Helge und Ritschl, Albrecht: Die Rekonstruktion der Arbeitsteilung in Europa. Eine neue Sicht des Marshallplans in Deutschland 1947 - 1951, in: VfZ 45 (1995), S. 473-519.

Berghahn, Volker: Unternehmer und Politik in der Bundesrepublik, Frankfurt a.M. 1985.

Bergsträsser, Ludwig: Befreiung, Besatzung, Neubeginn. Tagebuch des Darmstädter Regierungspräsidenten 1945-1948. Hrsg. v. Walter Mühlhausen, München 1987.

Berliner Gewerkschaftsgeschichte von 1945 bis 1950. FDGB - UGO - DGB, Berlin 1971.

Biographisches Handbuch der deutschsprachigen Emigration. Bd.I: Politik, Wirtschaft, Öffentliches Leben, München-New York-London-Paris 1980.

Biographisches Handbuch der SBZ/ DDR 1945-1990. Hrsg. v. Gabriele Baumgartner und Dieter Hebig, 2 Bde, München 1996-1997.

Blank, Bettina: Die westdeutschen Länder und die Entstehung der Bundesrepublik. Zur Auseinandersetzung um die Frankfurter Dokumente vom Juli 1948, München 1995.

Bouvier, Beatrix: Ausgeschaltet! Sozialdemokraten in der Sowjetischen Besatzungszone und in der DDR, Bonn 1996.

Brandt, Willy: Links und frei. Mein Weg 1930 -1950, Hamburg 1982.

Breunig, Werner/Kringe, Wolfgang/Pfetsch, Frank R.: Datenhandbuch Länderparlamentarier 1945 - 1953, Frankfurt am Main - Bern - New York 1985.

Brunner, Detlev: 50 Jahre Konzentration GmbH. Die Geschichte eines sozialdemokratischen Unternehmens 1946 - 1996, Berlin 1996.

Buch, Günther: Namen und Daten wichtiger Personen der DDR, 4. überarb. u. erw. Aufl., Berlin-Bonn 1987.

Buchheim, Christoph: Die Wiedereingliederung Westdeutschlands in die Weltwirtschaft 1945-1958, München 1990.

Buchholz, Marlies/ Rother, Bernd s. Der Parteivorstand der SPD im Exil

Buchstab, Günter s. Adenauer: „Es mußte alles neu gemacht werden"

Bührer, Werner: Ruhrstahl und Europa. Die Wirtschaftsvereinigung der Eisen- und Stahlindustrie und die Anfänge der europäischen Integration 1945-1952, München 1986.

Buschfort, Wolfgang: Das Ostbüro der SPD. Von der Gründung bis zur Berlin-Krise, München 1991.

Die CDU/CSU im Frankfurter Wirtschaftsrat. Protokolle der Unionsfraktion 1947 - 1949. Bearbeitet von Rainer Salzmann, Düsseldorf 1988.

Die CDU/CSU im Parlamentarischen Rat. Sitzungsprotokolle der Unionsfraktion. Eingeleitet und bearbeitet von Rainer Salzmann, Stuttgart 1981.

Die CSU 1945 - 1948. Protokolle und Materialien zur Frühgeschichte der Christlich Sozialen Union. Hrsg. im Auftrage des Instituts für Zeitgeschichte von Barbara Fait und Alf Mintzel unter Mitarbeit von Thomas Schlemmer, 3 Bde, München 1993

Datenhandbuch zur Geschichte der SPD-Landtagsfraktion NRW (1946-1992). Hrsg. von der SPD-Landtagsfraktion Nordrhein-Westfalen. Bearb. von Michael Regenbrecht und Christoph Meyer, Düsseldorf 1993.

Datenhandbuch zur Geschichte des Deutschen Bundestages 1949 bis 1982. Verfaßt und bearbeitet von Peter Schwindler, Baden-Baden 1983; Datenhandbuch zur Geschichte des Deutschen Bundestages 1980 bis 1984. Fortschreibungs- und Ergänzungsband, Baden-Baden 1986; Datenhandbuch zur Geschichte des Deutschen Bundestages 1980 bis 1987, Baden-Baden 1988.

DDR- Wer war Wer. Ein biographisches Lexikon, Berlin 1992.

Deuerlein, Ernst (Hrsg.), Potsdam 1945. Quellen zur Konferenz der „Großen Drei", München 1963

Dokumente zur deutschen Verfassungsgeschichte, hrsg. v. Ernst Rudolf Huber, Bd. 3, Dokumente der Novemberrevolution und der Weimarer Republik 1918-1933, Stuttgart-Berlin-Köln-Mainz 1966.

Dowe, Dieter (Hrsg.), Partei und soziale Bewegung. Kritische Beiträge zur Entwicklung der SPD seit 1945, Bonn 1993. *(s.a. Programmatische Dokumente)*

Düding, Dieter: Zwischen Tradition und Innovation. Die sozialdemokratische Landtagsfraktion in Nordrhein-Westfalen 1946 - 1966, Bonn 1995.

Ehni, Hans-Peter: Sozialistische Neubauforderungen und Proklamation des ‚Dritten Weges'. Richtungen sozialdemokratischer Wirtschaftspolitik 1945-1947, in: AfS 13 (1973), S. 131-190.
Eiber, Ludwig s. Die Sozialdemokratie in der Emigration
Eichler, Willi,: Weltanschauung und Politik. Hrsg. u. eingel. von Gerhard Weisser, Frankfurt am Main 1967.

FDP-Bundesvorstand. Die Liberalen unter dem Vorsitz von Theodor Heuss und Franz Blücher. Sitzungsprotokolle 1949-1954. Bearbeitet von Udo Wengst, 2 Halbbände, Düsseldorf 1990.
Foelz-Schroeter, Marie Elise: Föderalistische Politik und nationale Repräsentation 1945-1947. Westdeutsche Länderregierungen, zonale Bürokratien und politische Parteien im Widerstreit, Stuttgart 1974.
Foerster, Roland G.: Innenpolitische Aspekte der Sicherheit Westdeutschlands 1947-1950, in: Anfänge westdeutscher Sicherheitspoltik, Bd. 1, S. 403-577.
Friedensburg, Ferdinand: Es ging um Deutschland. Rückschau eines Berliners auf die Jahre nach 1945, Berlin 1971.

Graf, Angela: J. H. W. Dietz 1843 - 1922 Verleger der Sozialdemokratie. Mit einem Nachwort von Horst Heidermann „Zur Nachkriegsgeschichte des Verlags J.H.W. Dietz Nachf.", Bonn 1998.
Grebing, Helga (Hrsg.): Entscheidung für die SPD. Briefe und Aufzeichnungen linker Sozialisten 1944-1948, München 1984.
Grebing, Helga (Hrsg.): Lehrstücke in Solidarität. Briefe und Biographien deutscher Sozialisten 1945-1949, Stuttgart 1983.
Gröschel, Roland: Zwischen Tradition und Neubeginn. Sozialistische Jugend im Nachkriegsdeutschland. Entstehung, Aufbau und historische Wurzeln der Sozialistischen Jugend Deutschlands - Die Falken, Hamburg 1986.
Groh, Dieter/Brandt, Peter: Vaterlandslose Gesellen. Sozialdemokratie und Nation 1860 - 1990, München 1992.
Grünewald, Wilhard: Die Münchner Ministerpräsidentenkonferenz 1947. Anlaß und Scheitern eines gesamtdeutschen Unternehmens, Meisenheim 1971.
Günther, Klaus: Die andere Meinung in der SPD 1949, 1955/56, 1958/61. Ein Beitrag zum Problem innerparteilicher Diskussionsfreiheit, AfS XIII(1973), S. 23-52.
Günther, Klaus: Sozialdemokratie und Demokratie 1946-1966. Die SPD und das Problem der Verschränkung innerparteilicher und bundesrepublikanischer Demokratie, Bonn 1979.

Handbuch politischer Institutionen und Organisationen 1945-1949. Bearbeitet von Heinrich Potthoff in Zusammenarbeit mit Rüdiger Wenzel. Düsseldorf 1983.
Heimann, Siegfried: Die Sozialdemokratische Partei Deutschlands, in: R. Stöss (Hrsg.), Parteien-Handbuch II (1984), S. 2085-2216.
Herbst, Ludolf s. Westdeutschland 1945 - 1955
Herkunft und Mandat. Beiträge zur Führungsproblematik in der Arbeiterbewegung, Frankfurt/Köln 1976.
Hockerts, Hans Günter: Sozialpolitische Entscheidungen im Nachkriegsdeutschland. Alliierte und deutsche Sozialversicherungspolitik 1945 bis 1957, Stuttgart 1980.
Hoegner, Wilhelm: Der schwierige Außenseiter. Erinnerungen eines Abgeordneten, Emigranten und Ministerpräsidenten, München 1959.
Hölscher, Wolfgang s. Nordrhein-Westfalen; Die SPD-Fraktion im Deutschen Bundestag
Hüttenberger, Peter: Nordrhein-Westfalen und die Entwicklung seiner parlamentarischen Demokratie, Siegburg 1973.

Die Kabinettsprotokolle der Bundesregierung. Bd.1: 1949, bearbeitet von Ulrich Enders und Konrad Reiser, Boppard am Rhein 1982.

Kaden, Albrecht: Einheit oder Freiheit. Die Wiedergründung der SPD 1945/46, Hannover 1964 (2. Aufl.: Berlin-Bonn 1980).

Kaff, Brigitte s. Die Unionsparteien 1946-1950.

Kleßmann, Christoph: Die doppelte Staatsgründung. Deutsche Geschichte 1945-1955, Göttingen 1982.

Klotzbach, Kurt: Der Weg zur Staatspartei. Programmatik, praktische Politik und Organisation der deutschen Sozialdemokratie 1945 bis 1965, Berlin/Bonn 1982. (Unveränderter Nachdruck, erweitert um ein Nachwort von Klaus Schönhoven u. ein aktualisiertes Literaturverzeichnis, Bonn 1996) *(s.a. Programmatische Dokumente)*

Köhler, Wolfram: Ernst Gnoss (1900-1949). Der erste Landtagspräsident von Nordrhein-Westfalen, in Geschichte im Westen 13 (1998), H. 2, S. 208-232.

Koolen, Bernhard: Die wirtschafts- und gesellschaftspolitische Konzeption von Viktor Agartz zur Neuordnung der westdeutschen Nachkriegsgesellschaft, Köln 1979.

Koop, Walter: Kein Kampf um Berlin? Deutsche Politik zur Zeit der Berlin-Blockade 1948/49, Bonn 1998.

Kritzer, Peter: Wilhelm Hoegner. Politische Biographie eines bayerischen Sozialdemokraten, München 1979.

Kühn, Heinz: Aufbau und Bewährung. Die Jahre 1945 - 1980, Hamburg 1981.

Kurt Schumacher als deutscher und europäischer Sozialist. Dokumentation einer internationalen Fachtagung im Kurt-Schumacher-Bildungszentrum der Friedrich-Ebert-Stiftung in Bad Münstereifel vom 6.-8. März 1987. Hrsg. v. d. Abteilung Politische Bildung der Friedrich-Ebert-Stiftung, bearb. u. eingel. von Willy Albrecht, Bonn 1988.

Kusch, Katrin: Die Wiedergründung der SPD in Rheinland-Pfalz nach dem Zweiten Weltkrieg (1945-1951), Mainz 1989.

Lemke-Müller, Sabine: Ethischer Sozialismus und soziale Demokratie. Der politische Weg Willi Eichlers vom ISK zur SPD, Bonn 1988

Die Linke im Rechtsstaat. Bd.1: Bedingungen sozialistischer Politik 1945 - 1965, Berlin 1976; Bd. 2: Bedingungen sozialistischer Politik 1965 bis heute, Berlin 1979.

Lösche, Peter/Walter, Franz: Die SPD: Klassenpartei – Volkspartei – Quotenpartei. Zur Entwicklung der Sozialdemokratie von Weimar bis zur deutschen Vereinigung, Darmstadt 1992.

Löwke, Udo: Für den Fall, daß ... SPD und Wehrfrage 1949-1955, Hannover 1969.

Loth, Wilfried: Die Deutschen und die deutsche Frage: Überlegungen zur Dekomposition der deutschen Nation, in: Loth, Wilfried (Hrsg.): Die deutsche Frage in der Nachkriegszeit, Berlin 1994, S. 214-228.

Mai, Gunther: Der Alliierte Kontrollrat 1945 - 1948. Alliierte Einheit – deutsche Teilung? München 1995.

Malycha, Andreas (Hrsg.): Auf dem Wege zur SED. Die Sozialdemokratie und die Bildung einer Einheitspartei in den Ländern der SBZ. Eine Quellenedition, Bonn 1994.

M.d.L. Das Ende der Parlamente 1933 und die Abgeordneten der Landtage und Bürgerschaften der Weimarer Republik in der Zeit des Nationalsozialismus. Politische Verfolgung, Emigration und Ausbürgerung 1933-1945. Ein biographischer Index. Hrsg. v. Martin *Schumacher,* Düsseldorf 1995.

M.d.R. Die Reichstagsabgeordneten der Weimarer Republik in der Zeit des Nationalsozialismus. Politische Verfolgung, Emigration und Ausbürgerung 1933 - 1945. Eine biographische Dokumentation. Mit einem Forschungsbericht zur Verfolgung deutscher und ausländischer Parlamentarier im nationalsozialistischen Herrschaftsbereich. Hrsg. v. Martin *Schumacher*, 3. erhebl. erw. u. überarb. Aufl., Düsseldorf 1994.

Mehringer, Hartmut: Waldemar von Knoeringen. Eine politische Biographie. Der Weg vom revolutionären Sozialismus zur sozialen Demokratie, München 1989.

Meyer-Braun, Renate: Wilhelm Kaisen, in: Treuhänder des deutschen Volkes (1991), S. 163-180.
Miller, Susanne: Sozialdemokratie als Lebenssinn. Aufsätze zur Geschichte und Gegenwart der SPD. Zum 80. Geburtstag hrsg. v. Bernd Faulenbach, Bonn 1995.
Miller, Susanne/Potthoff, Heinrich: Kleine Geschichte der SPD, 7. bearb. u. erw. Aufl., Bonn 1991.
Möller, Martin: Evangelische Kirche und Sozialdemokratische Partei in den Jahren 1947-1950. Grundlagen der Verständigung und Beginn des Dialogs, Göttingen 1984.
Moraw, Frank: Die Parole der Einheit und die Sozialdemokratie. Zur parteiorganisatorischen und gesellschaftspolitischen Orientierung der SPD in der Periode der Illegalität und in der ersten Phase der Nachkriegszeit 1933-1948, Bonn-Bad Godesberg 1973.
Mühlhausen, Walter: Hessen 1945 - 1950. Zur politischen Geschichte eines Landes in der Besatzungszeit, Frankfurt am Main 1985.
Mühlhausen, Walter/Regin, Cornelia: Treuhänder des deutschen Volkes. Die Ministerpräsidenten der westlichen Besatzungszonen nach den ersten freien Landtagswahlen. Politische Porträts, Melsungen 1991.
Müller, Ingo: Furchtbare Juristen. Die unbewältigte Vergangenheit unserer Justiz; München 1987.
Müller-List, Gabriele (Bearb.): Neubeginn bei Eisen und Stahl im Ruhrgebiet. Die Beziehungen zwischen Arbeitgebern und Arbeitnehmern in der nordrhein-westfälischen Eisen- und Stahlindustrie 1945-1948, Düsseldorf 1990.

Nordrhein-Westfalen - deutsche Quellen zur Entstehungsgeschichte des Landes 1945/46. Eingeleitet und bearbeitet von Wolfgang Hölscher, Düsseldorf 1998.

OMGUS - Handbuch. Die amerikanische Militärregierung in Deutschland 1945 - 1949, hrsg. von Christoph Weisz, München 1994.
Overesch, Manfred: Hermann Brill. Ein Kämpfer gegen Hitler und Ulbricht, Bonn 1992.

Der Parlamentarische Rat 1948-1949. Akten und Protokolle. Bd.1: Vorgeschichte, bearbeitet von Johannes Volker Wagner, Boppard am Rhein 1975; Bd.2: Der Verfassungskonvent auf Herrenchiemsee, bearbeitet von Peter Bucher, Boppard am Rhein 1981.
Der Parteivorstand der SPD im Exil. Protokolle der Sopade 1933-1940. Hrsg. u. bearb. v. Marlis Buchholz u. Bernd Rother (Projektleitung: Herbert Obenhaus/Hans-Dieter Schmid), Bonn 1995.
Petzina, Dietmar/Euchner, Walter (Hrsg.): Wirtschaftspolitik im britischen Besatzungsgebiet 1945-1949, Düsseldorf 1984.
Piontkowitz, Heribert: Anfänge westdeutscher Außenpolitik 1946 - 1949. Das Deutsche Büro für Friedensfragen, Stuttgart 1978.
Pirker, Theo: Die SPD nach Hitler. Die Geschichte der Sozialdemokratischen Partei Deutschlands 1945-1964, München 1965.
Potthoff, Heinrich s. Handbuch politischer Institutionen und Organisationen 1945-1949; Miller, S./Potthoff, H., Kleine Geschichte der SPD; Die SPD-Fraktion im Deutschen Bundestag.
Programmatische Dokumente der deutschen Sozialdemokratie. Hrsg. u. eingel. v. Dieter Dowe u. Kurt Klotzbach, 3.überarb. u. aktualisierte Aufl., hrsg. v. Dieter Dowe, Bonn 1990.

Quellen zur Geschichte der deutschen Gewerkschaftsbewegung im 20. Jahrhundert, Bd.6: Organisatorischer Aufbau der Gewerkschaften 1945 - 1949. Bearb. von Siegfried Mielke unter Mitarbeit von Peter Rütters, Michael Becker und Michael Fichter, Köln 1987; Bd.7: Gewerkschaften in Politik, Wirtschaft und Gesellschaft 1945-1949. Bearb. von Siegfried Mielke und Peter Rütters unter Mitarbeit von Michael Becker, Köln 1991; Bd.8: Die Gewerkschaften und die Angestelltenfrage 1945-1949. Bearb. von Siegfried Mielke, Köln 1996.

Schmid, Carlo: Erinnerungen, Bern, München, Wien 1979.

Schmidt, Eberhard: Die verhinderte Neuordnung 1945-1952. Zur Auseinandersetzung um die Demokratisierung der Wirtschaft in den drei westlichen Besatzungszonen und in der Bundesrepublik Deutschland, 7.Aufl., Frankfurt/Main 1977.

Schneider, Michael: Kleine Geschichte der Gewerkschaften. Ihre Entwicklung in Deutschland von den Anfängen bis heute, Bonn 1989.

Schonauer, Karlheinz: Die ungeliebten Kinder der Mutter SPD. Die Geschichte der Jusos von der braven Parteijugend zur innerparteilichen Opposition, Bonn 1982.

Schröder, Wilhelm Heinz: Sozialdemokratische Parlamentarier in den Deutschen Reichstagen und Landtagen 1867-1933. Biographien-Chronik-Wahldokumentation. Ein Handbuch, Düsseldorf 1995.

Schumacher, Kurt: Reden – Schriften – Korrespondenzen 1945-1952. Hrsg. v. Willy Albrecht, Berlin-Bonn 1985.

Schwarz, Hans-Peter: Vom Reich zur Bundesrepublik. Deutschland im Widerstreit der außenpolitischen Konzeptionen in den Jahren der Besatzungsherrschaft 1945-1949, 2. Aufl., Stuttgart 1980.

Seebacher-Brandt, Brigitte: Ollenhauer. Biedermann und Patriot. Vorw. v. Ernst Nolte, Berlin 1984.

Shafir, Shlomo: Die SPD und die Wiedergutmachung gegenüber Israel, in: Wiedergutmachung in der Bundesrepublik Deutschland, München 1989, S. 191-203.

Sörgel, Werner: Konsens und Interessen. Eine Studie zur Entstehung des Grundgesetzes für die Bundesrepublik Deutschland, Stuttgart 1969.

Die Sozialdemokratie in der Emigration. Die „Union deutscher sozialistischer Organisationen in Großbritannien" 1941 - 1946. Protokolle, Erklärungen, Materialien. Hrsg. u. bearb. v. Ludwig Eiber (Projektleitung: Herbert Obenhaus/Hans-Dieter Schmid), Bonn 1998.

Die SPD-Fraktion im Deutschen Bundestag. Sitzungsprotokolle 1949-1957. Bearbeitet von Petra Weber, 2 Halbbände, Düsseldorf 1993; Sitzungsprotokolle 1957-1961. Bearbeitet von Wolfgang Hölscher, Düsseldorf 1993; Sitzungsprotokolle 1961-1966. Bearbeitet von Heinrich Potthoff, 2 Halbbände, Düsseldorf 1993.

Die SPD-Fraktion im Frankfurter Wirtschaftsrat. Protokolle, Aufzeichnungen, Rundschreiben. Eingeleitet und bearbeitet von Christoph Stamm, Bonn 1993.

Steininger, Rolf: Deutschland und die Sozialistische Internationale nach dem Zweiten Weltkrieg. Die deutsche Frage, die Internationale und das Problem der Wiederaufnahme der SPD auf den internationalen Konferenzen bis 1951, unter besonderer Berücksichtigung der Labour Party. Darstellung und Dokumentation, Bonn 1979.

Stöss, Richard (Hrsg.): Parteien-Handbuch. Die Parteien der Bundesrepublik Deutschland 1945 - 1980, 2 Bde, Opladen 1983/84.

Tormin, Walter: Die Geschichte der SPD in Hamburg 1945 bis 1950, Hamburg 1994.
Treuhänder des deutschen Volkes s. Mühlhausen, Walter/Regin, Cornelia.
Trittel, Günter J.: Die Bodenreform in der Britischen Zone 1945-1949, Stuttgart 1975.
Trittel, Günter J.: Hunger und Politik. Die Ernährungskrise in der Bizone (1945-1949), Frankfurt/Main u.a. 1990.
Troeger, Heinrich: Interregnum. Tagebuch des Generalsekretärs des Länderrats der Bizone 1947-49. Hrsg. v. Wolfgang Benz u. Constantin Goschler, München 1985.

Die Unionsparteien 1946-1950. Protokolle der Arbeitsgemeinschaft der CDU/CSU Deutschlands und der Konferenzen der Landesvorsitzenden. Bearbeitet von Brigitte Kaff, Düsseldorf 1991.

Vom Marshall-Plan zu EWG. Die Eingliederung der Bundesrepublik Deutschland in die westliche Welt. Hrsg. v. Ludolf Herbst, Werner Bührer und Hanno Sawade, München 1990.
Von Stalingrad zur Währungsreform. Zur Sozialgeschichte des Umbruchs in Deutschland. Hrsg. v. Martin Broszat, Klaus-Dietmar Henke, Hans Woller, München 1988.

Weber, Petra: Carlo Schmid 1896-1979. Eine Biographie, München 1996. *(s.a. Die SPD-Fraktion im Deutschen Bundestag*
Wedemeyer, Klaus (Hrsg.): Gewollt und durchgesetzt. Die SPD- Bürgerschaftsfraktion des Landes Bremen von der Jahrhundertwende bis zur Gegenwart, Opladen 1983.
Weisz, Christoph s. Akten zur Vorgeschichte; OMGUS-Handbuch
Wengst, Udo: Beamtentum zwischen Reform und Tradition. Beamtengesetzgebung in der Gründungsphase der Bundesrepublik Deutschland 1948-1953, Düsseldorf 1988.
Wengst, Udo: Staatsaufbau und Regierungspraxis 1948-1953. Zur Geschichte der Verfassungsorgane der Bundesrepublik Deutschland, Düsseldorf 1984.
Westdeutschland 1945 - 1955. Unterwerfung, Kontrolle, Integration. Hrsg.v. Ludolf Herbst, München 1986.
Westdeutschlands Weg zur Bundesrepublik 1945-1949. Beiträge von Mitarbeitern des Instituts für Zeitgeschichte, München 1976.
Wiedergutmachung in der Bundesrepublik Deutschland. Hrsg. v. Ludolf Herbst und Constantin Goschler, München 1989.
Winkler, Heinrich August (Hrsg.): Politische Weichenstellungen im Nachkriegsdeutschland 1945-1953, Göttingen 1979.
Winkler, Heinrich August: Der Schein der Normalität. Arbeiter und Arbeiterbewegung in der Weimarer Republik 1924-1930, Bonn 1985.
Winkler, Heinrich August: Der Weg in die Katastrophe. Arbeiter und Arbeiterbewegung in der Weimarer Republik 1930-1933, Bonn 1987.
Winkler, Heinrich August: Von der Revolution zur Stabilisierung. Arbeiter und Arbeiterbewegung in der Weimarer Republik 1918-1924, Bonn 1984.
Wolfrum, Edgar: Französische Besatzungspolitik und deutsche Sozialdemokratie. Politische Neuansätze in der „vergessenen Zone" bis zur Bildung des Südweststaats 1945-1952, Düsseldorf 1991.

Zonenbeirat. Zonal Advisory Council 1946 - 1948. Protokolle und Anlagen 1.-11. Sitzung 1946/47. Bearbeitet von Gabriele Stüber, 2 Halbbände [1. Halbband 1.-6. Sitz., 2. Halbband: 7.-11.Sitz.], Düsseldorf 1993.

Personenregister*

Acker, Heinrich LXXIX*
Adenauer, Konrad VII, XCV*, CI, CV II f., CXXIV, 18 f., 134, 157, 171, 249, 293, 335, 348, 350, 352, 412-416, 461, 479
Agartz, Viktor XVIII f., XXIII f., LVII, LXIV, CXV, 18, 82, 83, 88, 117, 133, 134, 135 f., 137, 139, 140, 160 f., 170-172, 174, 193-195, 200, 232, 239, 245, 269 f., 314, 315, 332, 342, 344, 352, 366, 475, 498, 500, 502, 507, 511*
Albert, Martin XXXII*, XXXVIII, 133, 141, 502
Albertz, Heinrich LXX*, CXIX, 252, 264, 480, 482
Albrecht, August XXXV*, 141, 201, 233, 286, 303, 338, 399, 495, 502, 507
Albrecht, Erich 25
Albrecht, Lisa XXII, XXXIX, 130, 141, 200, 245, 285, 314, 320, 336, 396, 398, 448, 467, 494, 499, 500, 502, 511*
Albu, Austen 21*, 29-38, 43 f., 52, 55
Allmer, Max 218, 285, 337, 398, 494, 502, 507
Altmeier, Peter LXXVIII*
Amelunxen, Rudolf LXVIII*, 135, 194
Annan, Noel Gilroy 29*, 43
Apel, Paul XXX, 88*
Apel, Wilhelm 219*, 448, 502, 507
Arnholz, Otto LXIX*, LXXXI, 67, 76, 82, 83 f., 502
Arnold, Karl LXIX*, 450
Arp, Erich LXX f.*, 65
Attlee, Clement LVI*
Auerbach, Philipp 396*
Auerbach, Walter CXV*, 321
Auth, Ferdinand 336 f.*, 507

Baade, Fritz 365*, 460
Bach, Otto 332*, 425, 428
Backe, Herbert 100*, 216
Bähnisch, Theanolte 222*, 231
Balderer, Willy 330*, 475
Bauer, Georg 492
Bauer, Valentin 320*

Baur, Valentin XVIII, XXVI, XXXIV, XXXVIII, XCII f., 18 f., 39, 41, 67, 82, 83, 133, 140, 174, 218, 243, 266, 299, 314 f., 317, 357, 398, 448, 478, 494, 498, 500, 502, 507, 511*
Behrisch, Arno XXXIX*, XLIX, 130, 141, 200, 204, 499, 502
Bender, Karl 259*
Bennemann, Otto 140*, 200, 204, 218, 244, 285, 336, 398, 494, 502, 507
Berenz, Horst 220*, 502
Berger, Georg XCI*, 337-339, 350, 352, 353, 507
Berger, Paul-Friedrich LI*, 233, 391
Bergmann, Karl CXIV*, 266
Bergner, Wilhelm Heinrich 448, 507
Bergsträsser, Ludwig XXXII*, XCIX, 176, 460
Berling, Christian Wilhelm (Willy) 299*, 304, 320, 367
Berry, Sir Vaughan 393, 399*, 421, 439, 450
Bettgenhäuser, Emil 68*, 84, 141, 244, 285, 337, 398 f., 448, 502, 507
Bevin, Ernest LVI*, 51, 387, 450
Beyer, Anna XVIII f., XXII-XXIV, XXVI, 67, 83, 140, 200, 218, 237, 243, 498, 502, 511*
Beyer, Lucie 494*, 507
Bidault, Georges 211*, 409
Biernat, Hubert 332*
Binder, Gottlob LXXIV*, 118, 219, 510
Bishop, Henry Alexander 334
Bleiß, Paul 378*
Blit, Lucian 56*
Blum, Léon 120*, 136 f., 139, 158, 198, 365
Bock, Lorenz LXXVIII*
Boden, Wilhelm LXXVIII*
Böckler, Hans CXI*-CXIV, 90, 114 f., 252 f., 254-261, 286, 342 f., 507
Bögler, Franz XVIII, XXVI, XXX, LVII, LXXXII, CVI, 22-24, 26, 42, 67 f., 83, 87, 117, 131 f., 137 f., 140, 165-168, 178, 179 f., 196-198, 200, 211-214, 218, 243, 263, 284, 285, 314, 325, 336, 340,

---

* Bei den Mitgliedern des PV und dem Vorsitzenden der KK (Schönfelder) werden nicht die Seiten, auf denen zu Beginn jeder Vorstandssitzung ihre Teilnahme oder Nichtteilnahme erwähnt wird, genannt. Vgl. dazu die Teilnehmerlisten aller Sitzungen, Anhang 1-2, S. 498-501. Bei den führenden Mitgliedern des PV Schumacher und Ollenhauer werden nur die Seitenzahlen aufgeführt, auf denen sich wichtige Anmerkungen zu ihnen oder wichtige Stellungnahmen von ihnen befinden. Seitenangaben im Kursivdruck zeigen eine relevante Stellungnahme der genannten Person im Wortlaut an, Seitenangaben mit Sternchen weisen auf kurze biographische Daten hin.

355 f., 374, 394, 398, 448, 462, 480, 494, 498, 500, 502, 507, 511*
Böhme, Ernst 299*, 320, 366, 460
Bökenkrüger, Wilhelm LXXIX*, 448, 507
Bömelburg, Theodor 231*, 255
Bonatz, Karl LXXIX*
Borgner, Otto LXXII*
Borin, V. L. 62
Borinski, Fritz 235, 303*, 391
Borowski, Richard XXXII*, LXIX, 83, 140, 218, 244, 285, 336, 398, 475, 494, 502, 507
Bothur, Gerhard 268*-269
Brandt, Willy XXIV*, XCV, XCVI, 15, 298 f., 315, 320, 323, 328, 330, 338, 354, 362, 363, 367, 371, 374, 376, 379, 392, 393, 395, 399, 435-437, 439, 449, 451, 458, 459, 463, 466, 472, 475 f., 481, 491, 495, 501, 507
Bratke, Gustav XXIX*, 236, 244, 286, 399, 495, 499, 502, 507
Brauer, Max XXXI*, XXXIII, LXXI, LXXXII f., XCI, XCVII, 41, 137, 162, 219, 249, 266, 301, 314, 316, 318, 325, 334, 338, 351, 393, 399, 400, 404, 438, 448, 450-454, 457-459, 462, 477, 501, 502, 507
Braun, Otto XLIII f.*
Breitscheid, Rudolf 65*
Brenner, Eduard 233*
Brill, Hermann LXXXII f.*, 219, 268, 314, 316, 318, 325, 448, 451, 461, 478, 502, 507
Bringolf, Walther 380*
Brockway. Fenner LVI*, 63
Brossolette, Gilberte 212*
Brost, Erich XXIV*, XXXV, 15, 130, 137, 138, 141, 162, 169, 192, 201, 221, 236, 248, 268, 275, 279, 286, 298 f., 304, 315, 499, 501, 502, 507
Brouckère, Louis de 178*, 268
Brünting, A. 220, 502
Buch, Georg 67*, 83, 244, 285, 398, 502, 507
Buchmann, Frank 466*
Buchwitz, Otto 423*
Buhl, Hugo 333

Cahn-Garnier, Fritz LXXV*
Chamberlain (US-General) 281
Chwalek, Roman CXVI*, 425
Clay, Lucius D. LXXIV*, LXXXIX, 26, 136, 170, 177, 196, 212, 260, 281, 286, 292, 323, 335, 394, 459
Clerk (General d. US-Armee) 281
Cohen-Reuss, Max XLIV*, 40

Cotton, Eugenie 326*

Daber (Polizeioberst in Berlin) 426
Dahrendorf, Gustav XIV*, XCI, 315 f., 325 f., 337, 364, 371, 507
Dalton, Hugh 53*, 366
Damerius-Koenen, Emmy 327*
Damkowski, Marta 140*, 267, 398, 494, 502, 507
Damm, Walter XXIX*, LXX, 236, 244, 298, 337, 399, 495, 502, 507
Darré, Walther 100*, 216
Daum, Robert 266*
Deist, Heinrich 259*
Denker, Max 68*, 141, 219, 244, 286, 337, 399, 495, 502, 507
Detzel, Maria 321*
Diederichs, Georg XXXI*, XXXV, 84, 88, 119, 206, 220, 460, 502
Diekmann, Bruno LXX f.*, 332
Dornheim, Hugo 325*
Drexelius, Wilhelm LXXXIII*, 448, 451, 461, 507
Drott, Karl 175*
Dudek, Walter LXXI*
Dünnebacke, Adolf 239*
Durand-Wever, Anne-Marie 327*
Dux, Rudolf XXXIV f.*, XLV f., 13, 141, 201, 502

Eberhard, Fritz LXXXIV f.*, C, 177, 220, 266, 301, 503
Eckardt, Hans von 391*
Eder, Martha 68, 84, 141, 503
Ehard, Hans XL*, LXIII, LXXIII, 228, 230, 315, 346
Ehlers, Adolf LXXV f.*, XCIX f., CIII, 25, 460
Eichler, Willi XVIII f., XXIV, XXVI, XXX, XLVIII, LII, XC, XCII, XCV f., XCIX, CVI, CXX, 14, 18 f., 62, 82, 83, 88, 131 f., 134, 137, 140, 159, 162, 165-168, 171 f., 176, 178 f., 191, 194, 196, 198 f., 200, 206, 212, 218, 223, 233, 237, 243, 249-251, 263, 270, 280, 283, 285, 298, 301, 303, 314, 315, 331, 335, 337, 356, 358, 365 f., 393, 397, 398 f., 438, 439, 460, 473 f., 478, 493, 494, 498, 500, 503, 507, 512*
Eisenbarth, Heinrich LXXI*
Ellinghaus, Wilhelm LXIX*, 118
Enderle, Irmgard XCI*, 266, 337 f., 507
English (Admiral der US-Armee) 281
Erhard, Ludwig LXXIII*, 440, 468
Essl, Erwin CXIV*, 266
Ewert, Willy LXXVI*

Fanger, Walter 492
Fechner, Max XIV*, 424 f.
Feldens, Franz 233
Feldmann, Emil 320*
Fendt, Franz LXXII f.*
Fischer, Heinrich XXXII*, 141, 244, 285, 337, 503, 508
Fischer, Willy 475*, 494, 508
Flanders, Allan 55*, 201, 205, 399 f., 439, 508
Fleischer (München) 200, 503
Fliess, Walter 60*
Foigt (Redakteur d. „Manchester Guardian") 55
Forell (Korrespondent d. „News Chronicle") 55
Forrestal, James LXXXVII*, 281
Frank, Friedrich LXXI*
Franke, Egon XX-XXII, XXVI, CIII, 54, 67, 200, 208, 218, 224, 236, 238, 246, 252 f., 265 f., 272 f., 285, 287, 314, 325, 330, 336, 367 f., 396 f., 398, 448, 457, 480, 494, 499, 500, 503, 508, 512*
Franke, Heinrich 460*
Freidhof, Rudolf 67*, 83, 244, 285, 397, 398, 503, 508
Frenzel, Alfred 200*, 219, 244, 285, 503, 508
Freund, Michael 178*
Friedensburg, Ferdinand XXXVII*, LXXIX, 279 f., 288, 293 f., 426 f.
Frings, Josef 158*
Fuchs, Franz 218*, 503
Fuchs, Martha XX, XXII*, LXIX, 82, 83 f., 503
Füllenbach, Josef 84*, 503
Fuellsack, Paul LXXIX*

Gänger, Willibald 267*, 398, 495, 508
Galle, Erich 266
Gaulle, Charles de LVIII*, 55, 213, 216, 409
Gayk, Andreas XVII f., XXVII f., XLVII f., LXXXVII, XCVI, XCVIII, C, CI, CXXIV, 13, 18-20, 23, 65, 67, 76, 82, 83, 90, 93 f., 120, 135, 137, 138, 140, 160, 171 f., 173, 174 f., 176 f., 180, 189, 191, 192, 196, 197, 200, 206, 218, 220, 233, 243, 250 f., 314, 356, 358, 363, 373 f., 376, 377 f., 393 f., 398, 413, 448, 461 f., 474, 477, 479, 492, 494, 495, 498, 500, 503, 508, 512*
Gehring, Rudolf 220*
Geiler, Franz 68*, 71 f., 503
Geiler, Karl LXXIII f.*, 26, 135, 296, 465
Geisthardt, Fritz 321
Gerstung, Rudolf XXXVI, 229, 299, 304, 321, 338, 508
Giesemann, Marta 495*, 508

Gleissberg, Gerhard LIII*, 391, 465, 495, 508
Gnoß, Ernst XVIII, XXVI f., XXX, XXXII, XL, LIII, LXVIII, LXXXI, XCII f., XCIX, CVI, 12, 13, 14, 17 f., 67, 76, 82, 83, 131 f., 135, 138, 140, 173, 192, 194, 200, 218, 224, 239 f., 243, 267, 285, 333, 336, 356, 357, 373, 448, 460 f., 466, 474, 492 f., 494, 498, 500, 503, 508, 512*
Goebel, Georg 479 f.*
Göhler, Heinz 267*
Görlinger, Robert XVIII, XXVI f., XLII, CV, CXXIII, 12 f., 17 f., 22, 24 f., 67, 76, 83, 131, 134, 136, 140, 158 f., 171, 176, 179, 180, 191, 195-199, 200, 205, 208, 218, 223 f., 237, 246, 265, 268-270, 280, 284, 285, 298-301, 314, 320, 356, 357, 366, 373, 448, 460 f., 474, 492 f., 494, 498, 500, 503, 508, 512*
Goethe, Johann Wolfgang von 143
Goethe, Willi 337*, 508
Gottfurcht, Hans 60*, 239 f.
Gotthelf, Herta XX, XXII, XXVI, XXXII, XXXIV f., LIX, LXXXI, CVI, CXXIII, 14, 64, 68, 75, 84, 87, 116, 130, 133, 141, 169, 190 f., 192, 201, 221, 224, 233, 236, 238, 240, 245, 246, 253, 266 f., 282, 285, 298, 314, 322, 325, 336, 358, 363, 366, 368, 375 f., 377, 396, 398, 448, 458, 460, 466, 488, 494, 499, 500, 503, 508, 512*
Gottstein, Eugen 68*, 84, 141, 503
Grabbert, Wilhelm 464*
Grässler, Fritz 200*, 503
Grimme, Adolf XVIII, XXVI, XLVIII, LI, LIX, LXVIII f., LXXX, CXVIII -CXX, 133, 140, 191, 192, 218, 219, 223, 233, 234, 239, 243, 245, 252, 268, 282, 285, 303, 336, 395, 398, 465, 469, 498, 500, 503, 508, 513*
Gross, Emil XVIII f., XXVI, XXX, XXXVIII, L, LIII, CXIII, CXV, 17, 67, 83, 84, 88, 133, 140, 165-168, 218, 243, 252, 268, 270, 281, 298, 314, 333, 334, 335, 342, 398, 448, 491, 494, 498, 500, 503, 508, 513*
Grotewohl, Otto XIV*, LVIII, 175, 423, 424, 425
Grumbach, Salomon LVIII*, 55, 137, 178, 222, 297, 366
Gülich, Wilhelm 332*

Häcker (Stuttgart) 17
Härdle, Mine 83*, 503
Häring, Georg LXXIV*, 320, 367
Hagedorn, August XXXII*, 219, 503
Hagelstange, Rudolf 391*
Hagen, Lorenz CXIII*, CXV, 252, 254, 256, 342 f.

531

Halberstadt, Benno 218, 503
Halbfell, August LXVIII*, 84, 220, 321, 332, 367, 503
Hammelsbeck, Oskar 252*
Hampel, Julius Richard 391
Hansen (SED, Berlin) 424
Hansen, Bernhard 325*
Hansen, Richard XXXII*
Hansen, Werner CXI*, 63, 84 f., 90, 114 f., 503
Harich, Walter 267*, 367
Harriman, William Averell LXXXVIII*, 281, 292
Hartwig, Dr. Otto 199
Hausmann, Manfred 233*
Healey. Denis W. LVI*, 53, 191
Heine, Fritz XIV, XXV, XXXII, XLIII, XLVIII, LII f., LVII, LXIII, LXXXVIII, XCIV f., XCIX, CIV, CVI, CXVIII, 14-18, 40, 67, 76, 82, 83, 90, 98, 117, 119, 131 f., 134, 137, 139, 140, 162, 171, 176, 178 f., 191, 192, 194, 198, 200, 218, 237, 242-244, 250 f., 263, 265, 267, 272, 273 f., 281 f., 285 f., 288, 297, 299, 301, 314, 316, 325, 329 f., 335 f., 341, 355, 357 f., 366, 372 f., 375, 377, 393 f., 398, 414 f., 421, 437, 448, 450, 461 f., 466, 488, 492 f., 494, 498, 500, 503, 508, 513*
Heinemann, Erich 266
Heinen, Franz 337*
Heinig, Kurt XLIV*, 41, 58
Heise, Grete 492
Heißwolf, Leonhard XXXII*
Held, Heinrich Karl CXIX*, 252
Helfers, Rosa 83*, 140, 200, 244, 285, 336, 398, 494, 503, 508
Helmstädter, Fritz XVIII f., XXIII, 67, 76, 83 f., 140, 175, 200, 243, 285, 398, 475, 494, 498, 500, 503, 508, 513*
Hennig, Arno XXXIV*, CXIX-CXXI, 118, 201, 233, 237, 245, 252, 286, 303, 338, 377, 388-391, 492, 503, 508
Henßler, Fritz XVIII, XX, XXVI, XXXVIII, LX, LXXXV, XCI-XCIII, XCIX, C, CVI, CIX, CXIII-CXV, CXXVII, 18 f., 27, 67, 71 f., 83, 133, 136, 139, 140, 160, 172, 191-193, 195-197, 204 f., 218, 237-239, 244, 248, 250, 252, 254, 256, 258, 266, 280 f., 285, 299-301, 314, 316, 319, 326, 329 f., 334 f., 336, 338 f., 340, 342-344, 350, 352, 356-359, 366, 372 f., 375, 377, 393-395, 398, 405, 414 f., 421, 437, 448, 459, 461 f., 492 f., 494, 498, 500, 503, 508, 513*
Herberts, Hermann 337*
Herklotz, Luise 200*, 267, 285, 503, 508

Hermans, Hubert 480*
Hermes, Andreas 465*
Hermsdorf, Hans XXXV*, L, 201, 208, 245, 267, 270 f., 286, 338, 503, 508
Hermsen, Ernst CIX f.*, 26, 29
Heukelum, Gerhard von LXXV*, 337, 508
Hewusch, Franz 315*, 337, 508
Heydorn, Heinz Joachim XVII*
Hilperath (Kandidat f. d. Posten d. kommunalpolitischen Sekretärs) 268
Hirn, Josef 320*
Hitler, Adolf 85, 96, 110, 150, 403, 435, 466
Hitter, Willy 140*, 218, 503
Hoch, Fritz 320*, 338, 460, 508
Hocke, Willibald (Willi) 58*
Höcker, Heinrich XXIX*, 236, 244, 286, 298, 337, 499, 503, 508
Hoegner, Wilhelm XVI f.*, XXXI, XXXIII, XXXVIII f., XL, LXXII f., LXXXII, XCIX, 19, 72, 74, 81, 88, 121, 137, 141, 161-163, 176, 218 f., 263 f., 297, 346, 460, 503
Höhne, Franz 68*, 71 f., 83, 140, 218, 244, 285, 337, 398, 494, 503, 508
Höltermann, Arthur Ernst 118*
Höltermann, Karl 118
Hoff, Hans vom CXIII*-CXV, 252, 254, 286, 342, 508
Hoffmann, Hans LXXIX*, 137, 162, 213, 220, 503
Hoffmeister, Robert 219*, 503
Hollands, Heinrich 17*
Holzapfel, Friedrich LXIII
Howley, Frank L. 355*
Hynd, John B. LVII*, LXXXIII, 39 f., 43-51, 55, 59, 62, 205, 466

Ibárruri, Dolores 326 f.*
Iwand, Hans-Joachim CXIX*, 252

Jacobi, Werner XXXVI*, 84, 266, 320, 366, 368, 378, 503
Jäckle, Richard 141*, 244, 285, 495, 503, 508
Jaksch, Wenzel 55*-57, 268
Jensen, Thomasine (Toni) 235*, 303
Juchacz, Marie 513
Jülich (Professor) 460

Kaeser, Elisabeth 267*
Kaestner, Fritz LXIX
Kaisen, Wilhelm XVII f., XXXI, XXXIII, XXXVIII, XL, LXXV f., LXXX-LXXXI, XC,

XCII, XCIX, CV, 17, 25, 65, 67, 82, 83, 84, 120, 137, 138, 140, 141, 178, 194 f., 196, 200, 218, 243, 249-251, 265, 280 f., 299, 314, 325, 334, 336, 339, 350-352, 353, 363, 365, 393, 394 f., 398, 448, 451, 454, 457, 460, 464, 478, 494, 498, 500, 504, 508, 513*
Kaiser, Jacob LXIII, CXVII*, 192, 249
Kalbfell, Oskar 492
Kamm, Gottlob LXXV*
Kappius, Josef (Jupp) 234*, 303
Karl, Albin CXIII f.*, 252, 254, 257, 321
Karl, Hermann 321*
Karpinski, Paula XVII*, LXXII, LXXXII, 67, 76, 83, 141, 200, 208, 244, 336, 492, 494, 504, 508
Katz, Rudolf LXX*, LXXXIII, XCIX, 41, 301, 338, 399, 448, 457, 459-461, 472, 478, 508
Kay, Ella 245*, 267
Keenan, Joseph D. 260*
Keilhack, Adolf 133*, 200, 244, 267, 285, 336, 494, 504, 508
Kern, Käte 327*
Keynes, Lord John Maynard 144*
Kinz(e)l, Luise 337, 494, 508
Kipp-Kaule, Liesel CXII*
Kirn, Richard 197*, 222
Kissel, Fritz 321*
Klabunde, Erich XXXII*, 219, 493
Klapproth, Willy 219*, 504
Klimpel, Gustav 320*
Klingelhöfer, Gustav LXXIX*, 332
Knoeringen, Waldemar von XXIV f.*, XXXII, XXXIX, LIX, XCIX, 140, 218, 233, 264, 282, 303, 325, 460, 475, 504
Knothe, Wilhelm (Willy) XVI, XVIII, XXVII, XXXII, LVII, 3, 25, 67, 83, 86, 117, 131 f., 133-135, 140, 175, 200, 218, 224, 243, 285, 297, 300, 314, 336, 396 f., 398, 421, 494, 498, 500, 504, 508, 514*
Koch, Carl-Felix 23, 284
Koch, Harald LXIX*, LXXIV, LXXXII, 82, 84, 88, 219, 332, 367, 397, 448, 504, 508
Köhler, Erich 378*, 380
Koenig, Pierre Marie 24, 137*, 213, 284, 300, 394 f.
Kolb, Walter 77 f.*, 175 f., 448, 454, 508
Kopf, Hinrich Wilhelm XIX*, XXXI f., LXVI, LXVIII f., LXXXII, 141, 193, 219, 296, 314, 317, 325, 338, 399, 422 , 504, 508
Korspeter, Lisa 321*, 337, 508
Korspeter, Wilhelm 15*
Kotikow, Alexander 427*, 476

Kraft, Emil 285 f.*, 399, 495, 508
Krahn, August 68*, 200, 504
Krahnstöver, Anni 84*, 125, 141, 200, 244, 285, 321, 337, 398, 495, 504, 508
Kreiß, Ella 423
Kreyssig, Gerhard LXXXIX, XCII*, 62, 332, 336, 337, 338, 339, *349-352*, 399, 509
Kriedemann, Herbert XXV f., XXX-XXXII, XXXVI, XC, XCII, CXIII, 18, 42, 65, 67, 82, 83, 88, 93-99, 99-110, 111-114, 133, 138, 140, 160, 165-168, 170-173, 194, 200, 206, 218, 232, 237, 243, 250, 252, 282, 298, 314, 315, 333, 335, 337, 341, 350, 357, 364, 377, 395 f., 398, 399, 448, 458, 464, 467, 473, 477 f., 491-494, 498, 500, 504, 509, 514*
Krogmann, Rudolf CXXVIII
Krueger, Hugo CXIX*, 252
Kubel, Alfred LXVIII*, LXXX f., 82-84, 200, 208, 218, 219, 504
Kühn, Heinz 16, 140*, 504
Kukielczynski (ab 1950: Kukil), Max 398*, 495, 509
Kuklinski, Wilhelm LXX*, LXXXII, 68, 76, 82, 84, 219 f., 504
Kuraner, Maxim 83*, 118, 140, 244, 262 f., 285, 337, 504, 509
Kurz, L. Ph. (Aachen) 200, 504

Lahmer, Fritz 125
Laloy, Jean 331*
Landahl, Heinrich LXXI*
Langebeck, Karl 332*
Langebeck, Walter 244*, 504
Larock, Viktor 21*
Laun, Rudolf 88*, 178
Layton, Lord Walther Thomas 54*
Leber, Annedore 492
Leddin, Bruno 126*, 337, 509
Leibbrandt, Friedrich LXXVII*, 23
Lemke, Lotte XXXIV f.*, L, 12, 84, 115, 201, 267, 282, 286, 321, 504, 509
Lemmer, Ernst LXII, LXIII, CXVI*, 192
Leonhardt, Rudolf Walter 61*
Leonhard, Wolfgang 61*
Leopold, Peter 297
Leuteritz, Max LXXI*
Lévy, Louis 56*
Lilje, Hanns CXIX*, 252
Lindstaedt, Erich XXXV*, L, 271
List, Fritz 267*

Löbe, Paul XXXVII*-XXXVIII, CI, 137, 162, 176, 200, 279-281, 286, 288, 293 f., 297, 426, 492, 494, 501, 504, 509
Löwenthal, Fritz XCIX*, 298, 460
Löwenthal, Richard 59*
Lorenz, Ernst CXII*, 266
Loritz, Alfred LXXIII*
Loßmann, Julius XVII f., XXII f., XXXVIII f., XLVI, 19, 83, 140, 162, 200, 218, 243, 253, 264, 285, 301, 314, 330, 336, 475, 498, 500, 504, 509, 514*
Lucht, Friedrich Wilhelm 268*, 472, 501
Ludwig, Adolf CXIV*, 266, 286, 399, 422, 509
Lücker, Willi 315*, 509
Lüdemann, Hermann XXXI*, LXX, LXXXII f., XCI, 141, 159 f., 220, 268, 286 f., 297, 314, 316, 399, 431-434, 438, 448 f., 453 f., 457, 460-462, 477, 501, 504, 509
Lüders, Marie Elisabeth (Else) 327*
Lütkens, Gerhard XXXIV *, XXXVI, 61, 269, 315, 338, 449, 451, 495, 509
Lukaschek, Hans 479*

Maag, Johann 84*, 141, 219, 504
Maier, Fritz 448*, 450, 509
Maier, Reinhold LXXIV f.*
Malter, Friedel 327*
Maraun, Erna LXXIX*
Markscheffel, Günter XVI f.*, XXXV, XLII, 19, 41, 68, 71, 76, 84, 136, 141, 190, 196 f., 198, 200, 213, 219, 221 f., 244, 279, 286, 499, 501, 504, 509
Maron, Karl 425*
Marshall. Georges LXXXVII*, 292
Martzloff, Philipp LXXVII*
Matthies, Werner 239*
Marum, Ludwig CXXII*
Marx, Karl CXVIII
May, Walter 233 f.*, 303
Meier, August 83*, 140, 244, 504
Meier, Heinrich CXIII*, 252, 254, 258 f.
Meins, Heinrich 332*
Meir, Golda CXXIV*
Meitmann, Karl XVII f., XXVII, XXXIII, XLVI, LXXXIII, CV f., 19, 67, 82, 83, 131, 133 136 f., 138, 140, 171, 174, 176, 179, 191, 193, 195, 200, 205, 208, 218, 224, 243, 251, 265, 268-270, 280, 285, 300, 314, 330, 336, 356, 396, 398, 400, *402-404*, 448, 462, 465, 467, 474, 480, 494, 498, 500, 504, 509, 514*

Menzel, Walter XVIII, XXXI, L, LXVIII, LXXX, LXXXII, XCII f., XCIX-CI, 82, 83, 84, 88, 117, 135, 140 f., 170 f., 174 f., 177 f., 209, 218-220, 232, 239, 241, 244 f., 248 f., 252, 285 f., 314, 316, 319, 325, 334, 336, 339, 353, 357, 363, 365, 372 f., 379, *381-382,* 398 f., 438, 440, 448, 450, 458-461, 463, 464 f., 468 f, 473, 478 f., 481, 494, 498, 500, 504, 509, 514*
Mester, Hermann LXXVI*
Metz, Alfred 126*, 365
Metzger, Ludwig XVIII f., XXII, XC, CXVIII f., 67, 135, 140, 196 , 213, 218, 233, 244, 248 f., 252 f., 303, 315 f., 326, 338, 498, 501, 504, 509, 514*
Meyer, Heinz 315*, 337, 509
Michalski, Fritz 492
Michel, Willy 244*, 285, 398, 495, 504, 509
Mittendorf, Oswald 338, 449*, 509
Molotow, Wjatscheslaw 251
Mommer, Karl 337*, 509
Moritz, Willy 126*
Müller, Josef LXXII, LXXIII, 192*
Müller, Karl-Heinz 233*
Müller, Kurt XXX*, 94-96, 97, 133, 298
Mueller, Rudolf 87*, 170
Müller, Wilhelm 15*
Münzenberg, Willi 84

Nadig, Friederike C*
Nau, Alfred XIX, XXVI, XXXII, XXXVI, LI, 18, 40, 67, 76, 80 f., 82, 83, 120, 130-133, 140, 166, 179, 198 f., 200, *201-203,* 208, 218, 222, 224, 236, 238, 243, 245, 265, 267, 285, 314, 325, 336, 398, 438, 494, 498, 500, 504, 509, 514*
Naumann (Verleger in Nürnberg) 59
Nelson, Leonhard XLVIII*
Nenni, Pietro 297*
Nestriepke, Siegfried LXXIX*, 233, 303
Neubauer, Kurt 492
Neuenkirch, Gerhard 321*, 367
Neumann, Franz XXI f., LVII f., LXXX, XCIV, CV f., CXVIII, CXXVII, 64, 68, 71, 84, 87, 116 f., 141, 169, 172, 176, 178, 218, 221, 236, 239, 244, 249, 265, 269, 285, 305 f., 314, 325, 335, 336, 338, 352, 356, 376, 379, 397, 398, 422-429, 438, 440, 448, 458, 493, 494, 499, 500, 504, 509, 515*
Neumann, Siggi XXI*, XLV, XCIV, 267, 269 f., 286, 399, 509
Nevermann, Paul XVII*, LXXI, 237, 321, 492 f.
Niemöller, Martin CXIX*, 151, 252, 351

Nitsche, Johannes 336 f.*, 509
Noel-Baker, Philip 39, 51*
Nölting, Erik XXIII*, LXVIII, LXXXI f., 82, 84, 220, 232 f., 237, 249, 493, 504
Nölting, Ernst XVIII-XX, LXXXI f., 18, 19, 83, 84, 89, 133, 134, 140, 498, 504, 515*
Nolte-Bähnisch, Thea s. Bähnisch, Theanolte
Nordmann, Marcel LXXVII*
Nuschke, Otto 434*

Obst, Erich 233 f.*, 303
Olfers, Karl 219 f.*, 504
Ollenhauer, Erich VII, XIV, XVI, XXVI, LVII, LVIII, LXIII, LXVII, LXXXI, LXXXVIII, XCIII-XCV, CI, CIV, CVII f., CXV, CXXI, CXXVII, 20, 67, 73-76, 80 f., 83, 85, 88, 90, 114 f., 137, 159 f., 140, 172, 175 f., 178-180, 191, 195, 197, 200, 206 f., 213, 216 f., 218, 222 f., 233, 243, 249, 252, 263 f., 268-270, 274-277, 281 f., 291-294, 298, 305 f., 314, 342, 345-349, 354-359, 362-368, 373, 374 f., 377 f., 393 f., 397, 398, 400, 404-421, 429-431, 438 f., 448, 459, 463, 465-467, 473-475, 476, 494, 498, 500, 504, 509, 515*
Opitz (Pfälz. Separatist) 24
Oppler, Kurt 219*, 338, 504, 509
Oprecht, Hans 192*
Ortloff, Siegfried XXXV*
Osterloh, Hermann 244*, 505
Ostrowski, Otto LXXIX*, 176

Paffrath, Fritz 268
Pass, Rudolf A. 477*
Passarge, Otto XXXII*
Paul, Ernst 41*, 56-58, 84 f., 505
Paul, Hugo XCIX
Paul, Rudolf 26*
Paulmann, Christian LXXV*
Peters, Hans (?), Prof. Dr. 235
Petersen, Katharina 234*
Petersen, Rudolf H. LXXI*, 45
Petrick, Johannes 332, 334
Pfefferkorn, Hannes 140*, 505
Phillips, Morgan LVI f.*, 39, 52, 54, 296, 304
Pieck, Wilhelm 176*
Pittroff, Claus 219*, 505
Podeyn, Hans 220*, 233, 332, 365, 505
Pohle, Kurt LXX*
Poller, Walter 84 f.*, 505
Popova, Nina Vasilevna 326*
Potthoff, Erich CXI*, CXIV f., 84, 332, 505

Potthoff, Heinz CXIV f.*, 332, 342, 344
Preller, Ludwig LXXI*, 321
Prüfer, Guntram XXXV*, CXX, 234, 297.303
Pünder, Hermann 136*, 357 f., 364
Putzrath, Heinz CXXIII*

Quisling, Vidkun 51*

Raloff, Georg 332*
Ratz, Karl 220*, 505
Raunau, Peter XXXVI*, 286, 315, 322, *324-325*, 501, 509
Rauschenplatt, Hellmut von s. Eberhard, Fritz
Rautenberg, August 320*
Reeves, Joseph (Joe) 246*
Rehfeld, Karl 332
Reifferscheidt, Hans 16*-18, 90
Reimann, Max XCII f.*, C, CVI, 65, 69, 357 f., 365
Reitzner, Richard XXXII*, 55-57
Remmele, Adam 118*, 337, 509
Renger, Annemarie 138*
Renner, Heinz C
Renner, Viktor LXXVIII*, 367, 399, 448, 450, 495, 509
Rentmeister, Maria 327*
Reusch, Hermann 378*, 380
Reuter, Ernst XXXI*, XXXIII, LXXX, C, 219, 314, 317, 320, 368, 505, 509
Reuter, Fritz 424
Reuter, Georg 178*, 249, 337, 509
Rheinbaben, Wilhelm Freiherr von 136
Rhode, Paul 234*, 303
Richter, Georg XXIX*, 236, 244, 337, 499, 505, 509
Richter, Willi CXIII*-CXV, 252, 254, 257 f., 260, 329, 337, 342, 344, 509
Riddle (Major d. brit. Armee) 16
Rikowski (Kriminalinspektor in Berlin) 97, 167
Robertson, Brian LXXXIX*, 45, 86, 167, 323, 334, 356, 393, 397, 449, 451
Röhle, Paul LXXVIII*
Rolland, Romain 150
Rollwagen, Hans 320*
Rosenberg, Ludwig CXII*-CXV, 63, 141, 158, 252, 254, 266, 342, 505
Roser, Dieter LXXXII*, 68, 71, 73, 82, 84, 141, 220, 234, 285, 505, 509
Roßhaupter, Albert XL, LXXII f.*, 219, 321, 505
Roßmann, Erich LXXXII*, LXXXIV, 82, 84, 141, 220, 505
Roßmann, Lothar LXXVII*, LXXX f., 82, 84, 505

535

Roth, Ernst XLI, XLII*, 198, 222, 279, 283 f., 501
Rothammer, Josef 218*, 505
Rother-Romberg, Walter 67*, 71 f., 76, 83, 140, 159, 200, 205, 208, 505
Royall, Kenneth Clairborn LXXXVII*, 281
Runge, Hermann 68*, 83, 140, 200, 244, 331, 505, 509

Sänger, Fritz XXXV f.*, LII, 16, 21, 31, 198, 221, 234, 245, 286, 499, 501, 505, 509
Salomon, Fritz 61*
Sander, Wilhelm XLIV*, 62 f., 238
Saragat, Guiseppe 297*
Schäffer, Fritz LXXII*
Schafft, Hermann 252*
Schanzenbach, Martha 267*
Schaub, Käthe 84, 200, 244, 267*, 286, 337, 495, 505, 510
Schenck, Richard XL*
Schieler, Fritz 84, 399, 505, 510
Schiff, Victor 60*
Schirrmacher, Willi 68*, 83, 244, 398, 494, 505, 510
Schlange-Schöningen, Hans 31*
Schlayer von Puttkamer, Gerda 267*
Schlebusch, Hubert LXVIII f.*
Schleicher, Markus CXIII*, 252, 254, 256 f., 260
Schleiter, Franz 54*
Schlimme, Hermann Ernst CXVI*
Schmedemann, Walter LXXII*, 83, 116, 140, 200, 208, 244 f., 285, 398, 499, 505, 510
Schmid, Carlo XXI f., XXXIII, XLII, LIX, LXXVII f., LXXXI, XCV f., XCIX-CI, CVI, CXIX-CXXI, 82, 88, 137, 141, 191, 220, 233 f., 244 f., 250-252, 264, 266, 270, 280, 284, 285 f., 287, 297 f., 300, 303, 307 f., 314, 316, 325, 329, 331 f., 333, 335 f., 340 f., 355, 358 f., 363-366, 374-378, 393-395, 398 f., 448, 449-451, 459-462, 465-467, 469, 475, 478-481, *491 f*, 495, 500, 505, 519, 515*
Schmidt, August 343*
Schmidt, Franziska 267*
Schmidt, Dr. Fritz 14
Schmidt, Helmut LI*
Schmidt, Kurt 67 f.*, 505
Schmidt, Martin 332
Schmidt, Otto 448*, 452
Schmidt, Paul 219*, 399, 448, 457, 505, 510
Schmidt, Waldemar 426*
Schneckenburger, Erhard 234*
Schneider, Lambert 303
Schöne, Joachim 338*

Schönfelder, Adolf XXVII, XXIX f.*, LXXI, LXXXII, XCIX-CI, 12, 68, 76, 82, 84, 88, 116, 134, 141, 165-168, 190, 199, 219, 224, 236, 239, 240, 244, 265, 282, 286, 298, 314, 325, 333, 341, 367, 397, 399, 438 f., 460, 467, 474, 478 f., 495, 499, 501, 505, 510
Schoettle, Erwin XIV*, XXIV f., XC- XCIII, XCV, 62, 68, 76, 137, 141, 162, 200, 205 f., 219, 244, 248, 250, 253, 275, 295, 315, 317, 325, 328, 337, 339, 350, 352, 354, 357, 362, 364 f., 376 f., 392, 399, 448, 454, 475, 491 f., 495, 501, 505, 510
Schröder, Hans 492
Schroeder, Louise XXI f., XXXIII, LIX, LXXIV-LXXXI, CV, CXXVII, 64, 67 f., 76, 190, 197, 200, 233, 236, 239, 240, 244, 265, 267, 282, 325 f., 355, 499, 500, 505, 510, 515*
Schult, Johannes 235, 303*
Schulz, Hans 25*
Schulz, Klaus-Peter 234*, 303, 391
Schulz-Wittuhn, Gerhard 479*
Schulze, Karl XXXII*, 337, 510
Schumacher, Ernst 337*, 399, 492, 494
Schumacher, Ernst Friedrich 60*
Schumacher, Hugo 141, 505
Schumacher, Kurt VII, XIII f., XVI f., XXV f., XXXVII f., XXXVIII f., XL, XLVIII-L, LIV f., LIX f., LXII-LXIV, LXXXII f., LXXXV-LXXXIX, XC-XCII, CII, CXII f., CXXI-CXXIV, 3, 19, 40, 67, *69-73*, 82, 83, 85 f., 117, 134 f., *142-158*, 161, 171 f., 191, 218, 220 f., *225-230, 231*, 243, 255, 258-261, 263 f., 268, 270 f., 279-281, 285, 289, 293 f., 298, 300, 314-318, 331, *349-353*, 362, 371, 379, 401, 404, 414, 440, 442, 474, 488, 492, 495, 498, 500, 505, 510, 516*
Schwabe, Reinhold 94*, 165 f.
Schwarz, Hans 125*
Schwellenbach, Lewis Baxter LXXXVIII*, 281

Sebald, Josef 218*, 505
Seeser, Karl XXIX*, 236, 245, 475, 495, 499, 505, 510
Seger, Gerhart 392*, 399 f., 439, 501, 510
Seghers, Anna 327*
Seidel (Polizeioffizier, SED, Berlin) 426 f.
Seifried, Josef XL, LXXII f.*, 219, 505
Selbert, Elisabeth XVIII f., XXII, XCIII, XCIX f., 67, 76, 83, 118, 139, 140, 174 f. 194, 196, 200, 243, 267, 285, 298, 314, 322, 336, 357, 375, 398, 494, 498, 500, 505, 510, 516*
Selpien, Ludwig CXV*, 321

Sender, Toni XLIII*, CXXII
Sengebeck, Walter 68, 76, 200, 244, 505
Seume, Franz 329*, 333 f.
Severing, Carl 84 f.*, 140, 175, 200, 505
Siegmund, Kurt XLV*
Siemsen, Anna 234*, 303
Simon, Josef 238*
Smith, Adam 145*
Sokolowskij, Wassilij 424*
Sorg, Heinrich 118 f.*
Spengemann, Walter 15*
Spiecker, Karl 137*, 178 f.
Sporn, Fritz 126*
Stalin, Josef W. 96, 194, 360, 356
Stampfer, Friedrich XLIV*, 41, 238, 262, 270, 501
Steffan, Jakob XXIX*, LXXIX, LXXXII, 82, 84, 140, 213, 236, 244, 285, 298, 337, 339, 495, 499, 506, 510
Steinhoff, Fritz 320*
Steinkopf, Willy 220*
Steinmayer, Otto LXXV*
Steltzer, Theodor LXX*
Stephan, Hans XXXVI*
Steppert, August 235
Sternfeld, Wilhelm 61*
Stiegler, Anna 200*, 244, 506
Stierle, Georg 218*, 506
Stock, Christian XXXIII*, LXVII, LXXIV, LXXXII f., 141, 325, 338, 399, 448, 450, 453 f., 457 f., 501, 506, 510
Stock, Jean 84, 88*, 141, 219, 506
Stockhinger, Carl 219*, 506
Storbeck, Carl XXXIV*-XXXV, LII, 12, 68, 84, 141, 201, 286, 338, 495, 506, 510
Strahringer, Wilhelm 338*, 510
Strecker, Reinhard 234*, 303
Strobel, Käte 83*, 140, 200, 244, 285, 492, 494, 506, 510
Suchan, Franz 338, 449*, 510
Sührig, Herbert 337 f.*, 510
Süsterhenn, Adolf 426*
Suhr, Otto XXI, XXXVIII, XCII, XCIX f, CXXVII, 218, 239, 244, 268, 286 f., 328, 336, 339, 350, 352, 424, 426, 460, 501, 506, 510, 516*
Suhr, Susanne 426*
Swolinzky, Curt 190*, 191, 194, 200 f., 204, 219, 221, 499, 506

Tantzen, Theodor LXIX*

Tarnow, Fritz CXII f.*, 201, 204, 252, 254-260, 330, 344, 399, 404, 506, 510
Thälmann, Ernst 65*
Theil, Emil LXXV*
Theuner, Otto LXXX*
Thiele, Theo 267*
Thomas, Stephan G. XLV *
Thwaites (Labour Party) 55
Tillich, Ernst 234*
Treichel, Herbert XXXVI
Troeger, Heinrich 315, 318*, 336, 338, *351-353*, 449, 510
Tschuikow, Wassilij I. 422*
Turegg, Egon von 118*

Ulbricht, Walter 424*
Ulrich, Fritz XXIX*, LXXIV, LXXXIII, 141, 220, 236, 244, 268, 286, 399, 448, 495, 499, 506, 510

Vagts, Erich LXXV
Veit, Hermann XVIII, XXX, LXI, LXXV, LXXX, 19, 67, 71, 73, 83, 88, 140, 192, 194, 218, 220, 243, 250, 276 f., 285, 314, 316, 317, 322, 332, 333, 335, 336 f., 394, 395, 398, 491, 493, 494, 498, 500, 506, 510, 516*
Venedey, Hans LXXIV*, CIII, 25 f.
Vey, Gerda 337, 399, 495, 510
Vidal, Raymond 77 f.*
Vollmerhaus, Karl CIX*, 84, 506
Vorrink, Koos 135*, 365 f.
Voss, Otto 315*, 510

Wabnegg, A. (Nürnberg) 332
Wagner, Albert 219*, 367, 397, 448, 506, 510
Walter, Max 332
Ward, Barbara 54
Weaver, Denis 54
Weber, Alfred 296*, 391
Weber, Hans-Günther 201*, 205, 506
Weber, Helene CI*
Wedel, Emil Graf von 219*, 506
Wegscheider, Hildegard 234*
Wehn, Hans 67*, 234, 303, 506
Wehner, Herbert CIII*
Weinberger, Hans L*, 90, 271
Weis, Josef 267
Weisser, Gerhard LXXXII*, LXXXIV, CXX, 82, 84, 88, 220, 264, 320, 332, 377, 399, 449, 506, 510
Weltfisch, Gene 326

Wenke, Heinrich 133*, 141, 169, 200, 244, 286, 337, 399, 495, 499, 506, 510
Werner, Arthur LXXX*
Werner, Emil 126*
Wesemann, Fred 465*
Wessel, Helene CI*
Wildung, Fritz 119*
Wilhelmsen, Friedrich 234
Wimmer, Thomas 244*, 506
Wingender, Hans 321
Winkler, Erich 235, 303*
Wissell, Rudolf 321*
Witte, Otto 219*, 506
Wittrock, Christian XXIX*, 236, 244, 286, 337, 499, 506, 510
Wohlgemuth, Toni 327*
Wohleb, Leo LXXVII *, 450
Wohlers, Robert 338*, 510
Wolff, Friedrich 460*
Wolff, Ida XXI, CXXVII, 84, 200, 221, 239, 244, 248, 267, 279, 285, 295, 314, 319, 328, 336, 392, 405, 426-428, 439, 457, 499, 501, 506, 510, 516*

Wolff, Jeanette 426*, 432
Wolff, Trude 83, 140, 200, 244, 285, 337, 506, 510
Wolff, Willi 235, 267*, 285, 303, 510
Wolters, Hermann LXXVI*, CIII, 25, 219, 286, 506, 510
Wrede, Viktor 332
Wurm, Theophil CXIX*, 252, 256 f.
Wyschinskij, Andrej 281

Ziegler, Hans 238*
Zienau, Oswald 84*, 506
Zimmer, Ernst XXXV*, 126, 134, 162, 232, 480, 482
Zimmermann, Gustav XCIX, 479*
Zinn, Georg August XXXII f.*, LXXIV, LXXXII, XCIX-CI, 82, 84, 88, 219, 316, 448, 451, 459 f., 506, 510
Zinnkann, Heinrich LXXIV*, LXXXII, 67, 71 f., 83, 84, 140, 286, 448, 506, 510
Zorn, Rudolf XXIII f.*, XL, XLVII, LXXII, XCIII, 170, 219, 395, 440, 445, 472 f., 488, 491, 496, 501, 506

Sach- und Ortsregister*

Aachen LII, 200, 299, 304
„Aachener Zeitung" 17
Abtreibung s. § 218
AFL (American Federation of Labor) s. USA/ AFL
Agrarpolitik LXXXV, 6, 50, 90, 92, 99-110, 111-115, 237
(s.a. Bodenreform, Großgrundbesitzer)
Akademie der Arbeit (Frankfurt a. Main) XXIII, XLIV
Allg. jüdischer Arbeiterbund („Bund") CXXIV, 56
Alliierte Kommandantur Berlin XXXI, LXXX, 355, 423
Alliierter Kontrollrat LXI, 49, 115 f., 118, 121, 122, 160, 170, 186, 194, 292 f., 307 f., 355
Altona *(s.a. Hamburg)* XVII, XXXI
Amerikanische Besatzungszone XVII f., XXV, LII, LXII f., LXV, LXXII-LXXVI, LXXXIV, CXII, 15 f., 36, 45, 57 f., 62, 66, 70, 92, 170, 177, 187, 194, 201, 212, 355, 364, 407, 466, 492, 496
(s.a. Länderrat d. Amerikan. Besatzungszone)
Amerikanische Militärregierung LXV, LXXII f., 13, 25 f., 131 f., 134, 160, 172, 260 f., 323, 345, 418
Amnestie 36, 51, 186, 211, 392, 457, 463, 469
Amsterdam 94 f., 166
„Die andere Zeitung" LIII
Antikommunismus LIV, XCIII, CVI f., 223, 358
„Anti-Nazi" 29, 45 -47, 51
Antisemitismus s. Juden
Arbeiterwohlfahrt s. AWO
„Arbeiterzeitung" (Dortmund) 513
Arbeitslose/ Arbeitslosenversicherung 21, 153, 257
Archiv der sozialen Demokratie (AdsD) CXIII, CXXVI
Atlantik-Charta CIII, 164, 173, 181, 446
Augsburg XVIII, LXXIII, 68, 82, 84, 141, 200, 244, 266, 285, 320, 337, 339, 495
Auslandsvertretungen d. SPD s. SPD/ A.
Außenministerkonferenzen s. Internationale Konferenzen
Außenpolitik LXXXIV f., CII, 22, 85, 91, 121, 135, 142, 144, 154, 158, 162, 177 f., 181, 193, 216, 286, 289 f., 324, 363, 416
Ausschüsse des PV s. SPD
AWO (Arbeiterwohlfahrt) XXXIV, L, C, CXXIII, 12-14, 33, 37, 75, 115, 176, 245, 267, 428 f., 433, 439, 452, 516

Bad Meinberg XXVIII, LXII, CXIII, CXV, 162, 190, 199, 209 f., 222, 237, 329, 340, 342
Bad Vilbel 232, 473, 482 f.
Bad Wildungen 232
Baden (vor 1945) LXV, CXXII, 67, 118, 479
Baden (nach 1945) LXV, LXVII, LXXVII, 68, 71, 141, 394, 450, 452, 461
(s.a. SPD/ Regionale Gliederungen/ Süd-Baden)
Baden-Württemberg XXIX, LXVII, LXXIV, LXXVIII, CXIV, 141, 495
Bank deutscher Länder 350
BASF (Badische Anilin- und Sodafabrik) CI
Bayreuth XXIX, 219, 320
Bayerische Volkspartei (BVP) XL, LXXII, 192
Bayern (vor 1945) XVI, LXXII f., 88, 267
Bayern (nach 1945) LXIV, LXX-LXXII, 32, 39, 86, 132, 141, 148, 152, 170, 263, 267, 326, 375, 396, 460, 462, 490
– Landtag (MdL) XVI, XXIV, XXXI f., LXXI, CXI, 84, 126, 200, 218, 238, 244
(s.a. SPD/ Regionale Gliederungen/ Bayern)
BBC (British Broadcasting Corporation) 54, 59
Beamte/Beamtenrecht LXIX, LXXVIII, LXXXII, 6, 8, 20, 34, 44, 88, 134, 171, 174, 188, 194, 201, 219 f., 232, 299, 316, 331 f., 338, 347, 379 f., 439, 453, 459, 467, 469, 471, 473, 478
Bekennende Kirche s. Kirchen
Belgien (vor 1945, Emigrationsland) XLIII, XCII, 58, 140, 219, 337, 396, 511
Belgien (nach 1945) 366
– Sozialistische Partei 21, 178, 366
Bergbau s. Kohleabbau
Berlin (Allg., Magistrat) XIII f., XXXI, XXXIII,

---

* Von den Orten, die in der Einleitung und im Dokumententeil sehr oft genannt werden – Berlin, Frankfurt am Main, Hamburg und Hannover – werden nur die Seitenzahlen genannt, die von besonderer Bedeutung sind, vor allem diejenigen, die sie als Konferenzorte ausweisen. Seitenangaben im Kursivdruck weisen auf einen Abdruck des genannten Dokuments hin.

XXXVII f., LXIV, LXXVII-LXXX, XCI-XCVI, XCVIII-CI, CXVI-CXVIII, CXXVII, 38, 218 f., 262, 275, 281, 292, 314, 317, 325, 336, 360, 363, 374, 376 f., 379 f., 393 f., 422-429, 430-437, 441, 444 f., 448, 451 f., 458-460, 469, 475 f., 479, 481, 490

– Stadtverordnetenvers., Abgeordnetenhaus XXIV, XXXI f., XXXVII, LXX, LXXIX, 190, 233, 268, 320, 332, 424 f.

Berliner Blockade 1948/49 XCVI, XCVII f., CVII, 393 f.

Berliner Sekretariat des PV s. SPD/B.

Besatzungsstatut XXXIII, XCI, XCV f., 266, 272, 288 f., 300, 302, 306, *307-313,* 316, 355, 359, 363 f., 368, 374, 394, 418 f., 443, 449-451, 455 f., 459, 479

Besatzungszonen (Allg.) LII, LXI f., CXV, 9, 28, 70 f., 86, 128, 182, 185, 192, 195, 208, 225, 228, 289 f., 310, 356

(s. a. Amerikanische, Britische, Französische, Sowjetische Besatzungszone; Westzonen)

Betriebsräte s. Gew. (Allg.), SPD/Betriebsarbeit

Bielefeld XIX, LXXXIX, CXII-CXV, 20, 22, 60, 63, 84 f., 90, 140, 162, 165, 175, 180, 195, 212, 252 f., 254, 266

Bizone s. Vereinigtes Wirtschaftsgebiet

Bochum XXIV, LXXI, 231, 234, 298, 303, 320

(s. a. Westdeutsche Allgemeine Zeitung)

Bodenreform XXXII, LXXXV f., CXIX, 6, 30-32, 102, 108, 111-114, 124, 160, 171, 206, 232, 242, 252, 257, 264, 343, 347, 390

Bonn XXXV f., XLV, LI, CI, CXIX, 60, 77, 223, 337, 449, 477, 479

Braunschweig (Land, vor 1945) XIV, 299

Braunschweig (Land, 1945/46) XXII, LXV f., LXVIII f., 76, 82, 84, 218, 299

Braunschweig (Stadt, vor 1945) XIV, XXII, 35, 68, 126, 140

Braunschweig (Stadt, nach 1945) XXII, 16, 35, 126, 140, 201, 299, 320

„Braunschweiger Zeitung" XXXV, XXXVI

Bremen (vor 1945) XXXII, LXXV, LXXVI

Bremen (nach 1945) XVIII, XXVIII, XXXI, XXXIII, XLII, LXV, LXXV f., LXXX, LXXXII, XCIX, C, CIII, CV, 82, 84, 141, 279, 285

– Bürgerschaft XXXII, LXXV, XCII, 294

Bremer Demokratische Volkspartei (BDV) LXXV

Bremerhaven LXXVI

Breslau XXXV, XXXVI, XXXVII, 67, 126, 162, 190, 212, 219, 234, 398, 423, 479

„Breslauer Volkswacht" XXXV, XXXVII

Britische Besatzungszone XVIII f., LI f., LVII, LXII f., LXV f., LXVII-LXXII, LXXXI-LXXXVI, CXI-CXIII, 15, 17, 20, 27, 31, 36, 40, 43-54, 70, 87, 92, 121, 158, 174, 177 f., 194 f., 210, 212, 264, 355, 364, 407, 454

(s.a. Zonenbeirat)

Britische Militärregierung LXVI-LXIX, LXXXV, CX, 16, 18-20, 23, 31, 33, 44-47, 50, 69, 73, 136 f., 139, 160 f., 172, 323, 345, 403, 418

Büro Dr. Schumacher/Büro der Westzonen s. SPD/B.

Büro für Friedensfragen s. Deutsches Büro für Friedensfragen

Bund s. Allgemeiner jüdischer Arbeiterbund

„Der Bund" (Köln) XCII

Bund deutscher Föderalisten 297

Bundesbank 318

Bundesstaat LXIV, LXXXI, 8, 126, 157, 174, 182 f., 192, 214, 331

Bund-Verlag (Köln) XXXV

Bundeskanzler XXIV, LI, LXXIII, XCVI

Bundestagsabgeordnete XIV, XXIII f., XLII, XXIX-XXXIX, LI, LXVIII-LXXV, LXXIX, LXXXIII, XCII, C, CIII, CXI, CXIV, CXVII, 31, 41, 55, 67 f., 83 f., 126, 136, 138, 140, 200, 218 f., 234, 244, 259, 266 f., 315, 321, 327, 329, 332, 337 f., 357, 365, 378, 414, 426, 448, 475, 494, 512-516

Bundesverfassungsgericht (BVerfG) LXIX, LXX

Chemnitz XLIV, 13

China (vor 1945, Emigrationsland) LXIX

China (nach 1945) LXXXV

Christliche Gewerkschaften s. Gewerkschaften vor 1945

Christlicher Sozialismus LI, CVIII f., 391

CDU (Christlich Demokratische Union) VII, XIX, XXXVII, XLIX, LXVIII-LXXI, LXXIV-LXXIX, XCII, XCVI, CI, CIV, CVII-CIX, CXII, CXVI f., CXX, 31 f., 36, 52, 70, 73, 75, 78 f., 87, 135 f., 138, 145 f., 150-153, 157-163, 171 f., 188, 192 f., 195, 207, 211, 234, 250, 253-257, 268, 271, 293, 324 f., 338-342, 346-352, 357-359, 363, 372-375, 378, 394, 396, 412-417, 433 f., 450-452, 462, 465, 470, 477 f., 479, 480

CDU in der Sowjetische Besatzungszone (CDUD) CXVI f., 155, 227, 352, 434, 465

CDU/CSU LXIII, LXXXIX, C, CVII f., CXII, 346, 363, 378, 413

CIO (Congress of Industrial Organizations) s. USA/AFL

COMISCO (Committee of the International Socialist Conference) LV, LIX, 365, 371, 376, 408
CSR s. Tschechoslowakei
CSU (Christlich Soziale Union) XXXIX f., LXXII f., 192, 263, 413
(s.a. CDU, CDU/CSU)

Dänemark (vor 1945, Emigrationsland) XXXII, XLIV, CXII, 423
Dänemark (nach 1945) XL, 86
– Sozialdem. Partei LXIX, 33, 85, 178, 192, 268, 272, 375
DAG s. Gewerkschaften nach 1945
Danzig XXIV, 15, 119, 126, 220
Darmstadt XVIII, XXXII, CXIV, CXIX, 175, 219, 233, 367, 391
DDP (Deutsche Demokratische Partei) XXXII, XXXVII, LXIX, LXXI, LXXIV, CXVI, 26, 233 f., 296, 315, 327, 396, 434
DDR (spätere Spitzenfunktionäre) XIV, CXVI, 176, 424, 434
Demokratische Vereinigung XXIII
Demokratischer Frauenbund Deutschlands (DFD) CV f., 322, 326 f.
Demokratischer Sozialismus LI, LIV, XCIV, CII, 5, 59, 89, 93, 225 f., 246, 291, 304, 387
Demontagen LXXVI, 22, 28, 45, 69, 92, 134, 136, 148, 160 f., 206, 242, 251, 254, 269, 271, 275-278, 284, 287, 292, 300, 333, 335, 396, 421 f., 440, 444, 462
Deserteure der Wehrmacht XVII
Deutsche Allgemeine Nachrichtenagentur/DANA (US-Zone) s. Pressedienste
Deutsche Friedensunion (DFU) XXXIX, LIII
Deutsche Kommunistische Partei s. DKP
Deutsche Partei (DP) LXIX, LXXVI, XC, CIX, 477
(s. a. Niedersächsische Landespartei)
Deutsche Staatspartei (DStP) LXXI, LXXIV, CXVII, 434
Deutsche Volkspartei (DVP) (vor 1933) 378
Deutsche Volkspartei (DVP) (nach 1945 in Württ.-Bad./ Württ.-Hoh.) LXXIV f., LXXVIII
Deutsche Volkshilfe 12
Deutsche Wählergesellschaft 297
Deutsche Zentrumspartei s. Zentrum
Deutscher Pressedienst s. Pressedienste
Deutsches Büro für Friedensfragen LXXXIV f., 177 f., 266, 301, 305, 322

Deutsches Institut (Berlin) 333 f.
Deutsches Reich LXI, 73, 127, 490
Deutsches Rotes Kreuz (DRK) L, 33, 423
Deutschland s. Deutsches Reich, Ostgrenze, Oststaat, Westzonen, Weststaat
Deutschlandfunk (Köln) XLV
Deutschnationale Volkspartei (DNVP) 31
DGB s. Gewerkschaften nach 1945
Dietz-Verlag s. J.H.W. Dietz-Verlag Nachfolger
DKP (Deutsche Kommunistische Partei) XCII
Dortmund XVIII, XX, CVII, 71, 73, 84 f.,133, 252 f., 267
Dresden XLIV, LXXXIV, CIII, CXV, 330, 342, 344, 424
„Drittes Reich" 4, 79, 93-98, 101, 123, 142, 150, 181, 227, 229 f., 246
Düsseldorf XVIII f., XXVIII f., LXVIII, XCIX, CXI, CXIV, 18, 68, 76 f., 82, 259, 266, 303, 321, 332, 334, 379, 438, 446, 475, 488, 491, 494

Einzelgewerkschaften s. Gewerkschaften
Eiserner Vorhang 70
Elmshorn XXIX
Ellwanger Kreis der CDU 363
Emigration (Allg.) XIII, XXV f., XLIII f., LVII, CXXIII f., 37, 48, 61-63
Emigration (Einzelne Emigranten) XIII f., XVI f., XXI, XXIV-XXVI, XXXI f., XXXIV f., XXXIX, XLII-XLIV, LIII, LVI-LVIII, LXX-LXXIV, LXXVII, LXXXIV, XCII, XCIX, CXI-CXV, CXXIII f., 20, 25, 37, 41, 43, 48, 50 f., 54 f., 58-61, 65, 67, 84 f., 94, 119, 137, 140, 166-168, 197, 200, 219, 234, 239, 269, 299, 303, 327, 337, 365, 392, 396, 423-425, 477, 511-515
England s. Großbritannien
Englandreise Schumachers (Nov./Dez. 1946) LVI, 117, 134 f., 150 f.
Entnazifizierung XXXII, XXXVII, 117 f., 121 f., 125, 174-176, 186 f., 211, 243, 310, 312, 392, 466
Erlangen CXX, 233, 460
Ernährungslage/Ernährungspolitik 6, 33, 43, 49-52, 71, 78, 92, 103-106, 120-123, 150, 160, 164 f., 194, 204-207, 210, 215 f., 226-229, 257, 329-331, 343 f.
ERP (European Recovery Program) s. Marshallplan
Erzbergersche Finanzreform/Steuerreform LXXXI, 314
Essen XXIV, XXVII, CXIV, CXIX, 15, 32 f., 233, 247, 266, 460

(s.a. „Neue Ruhr-Zeitung", „Westdeutsche Allgemeine Zeitung")
Esslingen LXXXII
„Esslinger Volkszeitung" XIV
Europa LX, LXXXVI f., CII, CXXIII, 10, 28, 55, 73, 78, 91, 122, 143, 151, 152, 158, 164, 181, 228 f., 246 f., 270, 278, 289, 290-292, 307, 331, 350, 359, 360, 385, 401, 409, 412 f., 417, 430, 441
(s.a. Vereinigte Staaten von Europa)
Europäische Akademie 465 f., 469
Europarat 54
Europa-Union 296, 358, 402, 465
(s. a. Pan-Europa-Union, Vereinigte Europa-Union)
Evangelische Kirche s. Kirchen
Exekutivrat des Vereinigten Wirtschaftsgebietes (s.a. Länderrat) LXXXIX, XC f., CXV, 230, 253, 314-316, 323, 326
Exil s. Emigranten, Emigration

Die Falken s. Sozialistische Jugend Deutschlands „Die Falken"
Faschismus 10, 104, 110, 143
(s. a. Nationalsozialismus, NSDAP, Opfer des Faschismus)
FDJ (Freie Deutsche Jugend) 269
FDP (Freie Demokratische Partei) LXVII-LXIX, LXXIV, LXXXIX, CI, CIII f., 79, 146, 193, 327, 364, 450, 470, 477
Finanzhoheit LXXXI, 128, 184, 334, 345, 364 f., 477
Finanzpolitik LXI, LXIX, LXXIV f., LXXVIII f. LXXXI, LXXXII, 6, 70, 108 f., 146, 184, 220, 227, 260, 307, 312, 340, 390, 441 f., 447, 451, 469, 471, 483, 484, 488
Flüchtlinge (Allg., Flüchtlingsfrage) XXXII, 6, 92, 264, 287, 347, 479 f., 481 f.
Flüchtlinge (Einzelne) XXII, XXV f., XXIX, XXXII f., XXXV, XLV, LXX, 13, 34, 48, 51, 57, 65, 119, 144, 159, 166, 175, 179, 203, 232
Flensburg s. SPD/Regionale Gliederungen/Flensburg
Föderalismus LXXXIX, 263, 331, 347, 350, 419, 489
(s. a. Bundesstaat, Staatenbund)
Fortschritt CIII, 5, 30, 158, 161, 165, 256, 404, 411, 412, 449
Frankenthal (Pfalz) XLII
Frankfurt am Main (vor 1945) XXIII, XXXII, XXXV, XLIV, XCII, CXIV, 88, 119, 219, 477
Frankfurt am Main (nach 1945) XVI, XVIII f., XXIV f., XXVIII, XXXI-XXXIII, XLIV, LXVII, LXXXIX, XC, XCIII, XCVII, CXII, CXIV, 64, 67, 77, 116, 165, 176, 208, 218, 225, 275, 299, 453 f.
(s. a. Hauptstadtfrage, Vereinigtes Wirtschaftsgebiet)
Frankfurter Charta (Febr. 1948) 323-325
Frankfurter Dokumente (Juli 1948) XXXIII, LXVII, LXXXIII, 449-453, *454-456*
„Frankfurter Rundschau" 17, 465
„Frankfurter Zeitung" XXXV
Frankreich (vor 1945, Emigrationsland) XVII, XXI, XLIV, LXXIV, LXXVII, CXI, CXIV, 25, 60, 65, 67, 83, 84, 85, 120, 176, 197, 212, 219, 337, 396, 511
Frankreich (nach 1945) XVII, XLIII, LVII, LXI, 23, 31, 55 f., 85, 136, 164, 178, 198, 212, 255, 270, 283, 290, 292, 331, 360, 365 f., 374, 387, 407 f., 409, 412
– SFIO (Sozialist. Partei) XVII, LVII f., 25, 41, 56, 72, 77, 86, 178, 212, 222, 297 f., 340
Französische Besatzungszone XVII, XXI f., LXV, LXXVII-LXXIX, XCV, CXIV, 15, 17, 22-24, 27, 31, 42, 71, 73, 137, 178, 180, 197, 200, 209-215, 216 f., 239, 251, 255, 257, 284, 286, 300, 331, 335, 340, 350, 355 f., 394 f., 407, 422, 449, 452, 466
Französische Militärregierung LXV, LXXVII f., 67, 211-215
Frauen (Allg., Frauenfrage) 66, 71 f., 75, 77, 79 f.
Frauenorganisationen (überparteiliche) 80, 223, 225, 231
Frauenrepräsentanz XX, XXII, XXXIV, XCVIII f., 202, 239 f., 475
Freiburg i. Br. LXV, LXXVII, 23, 24, 68, 121, 267
„Freie Presse" (Bielefeld) XIX, 85, 513
Freiheit LXIII, XCIII, CII, CXIX, CXXII, 5, 7 f., 10, 44, 109 f., 128, 144 f., 151, 156 f., 182, 184, 226 f., 230, 232, 241, 252, 260, 290, 293 f., 349, 358, 360 f., 390 f., 401, 430, 437, 440, 445, 451, 489, 490
„Die Freiheit" (Mainz) XVI
Freiheitlicher Sozialismus s. Demokratischer Sozialismus
Freital (Sachsen) XXXV
Friedensindustrie 28, 92, 276, 311, 396, 422, 444
Friedenspolitik XLII, XCIX, CI f., 5, 7, 9 f., 28, 78, 93, 99, 112, 114, 118, 147 f., 151, 158, 164, 181 f., 186, 215, 226, 247, 277 f., 281, 288-290, 360, 393, 445
Friedensverhandlungen/Friedensvertrag LXXXIV, CIII, 107, 118, 121, 135, 137, 149, 292, 307, 309, 312, 385, 394, 410, 416, 443
(s. a. Deutsches Büro für Friedensfragen)

Friedrich-Ebert-Stiftung (FES) XVI, XXX, XLV, LI, CXXIII, CXXVI, 133, 162, 164, 292, 307, 309, 312, 389, 394, 410, 412, 416, 443
Fürth 191, 200, 233, 424, 475
„Der Funke" (Organ des ISK) LXXXIV

GdA s. Gewerkschaften vor 1933
Gelsenkirchen LXVIII, 177
Gemeinden (Allg.) 6, 80, 107, 232, 274, 428-430, 435, 444
Gemeindeordnung 129, 186, 196, 209, 232, 241, 319, 377, 379 f., 382-385
Gemeindewahlen 20, 40, 195 f., 209, 241, 301, 372, 381, 438, 477
Gemeinschaftsausschuß Wirtschaft und Arbeit (Frankfurt a. M.) 260 f.
Gemeinschaftsschule s. Schulpolitik
Genossenschaft(en) (Allg.) 6, 102 f., 107 f., 113, 366, 439, 466
Geschäftsführender Parteivorstand s. SPD/„Büro" des Parteivorstandes
Gesellschaft für wirtschaftswissenschaftliche Forschung 511
Gestapo XXVI, XXX, 94-99, 166 f.
Gewerkschaften (Allg.) 366, 441, 445
(s.a. Internationaler Bund Freier Gewerkschaften, Internationaler Gewerkschaftsbund, Weltgewerkschaftsbund)
Gew. (Dt., vor 1933) XXIX, XXXIII, XLIV, LXXI, LXXIV-LXXVI, LXXVIII, CXIV f., 126, 179, 190, 192, 219, 231, 238, 327, 332, 343
– ADGB (Allgemeiner Deutscher Gewerkschaftsbund) CXI, CXIII f., CXVI, 315, 365
– AfA-Bund (Allgemeiner Freier Angestelltenbund) LXXVI, XCII
– Christliche Gewerkschaften CXIV
– DMV (Deutscher Metallarbeiterverband) XVII, XLIV, LXXIV, LXXVI, CXI, CXIV
– GdA (Gewerkschaftsbund der Angestellten) CXII, 330
– Hirsch-Dunckersche Gewerkvereine CXII
– ZdA (Zentralverband der Angestellten) CXI, CXIV, 60, 239
Gew. (Dt., nach 1945) XCVI, CI, CXI, CXII, 90, 114 f., 153 f., 158, 160, 178
– DAG (Deutsche Angestelltengewerkschaft) LXXVI, CXV f., 330, 463, 470 f.
– DGB (Deutscher Gewerkschaftsbund) CXI-CXVII, 84, 179, 244, 259, 315, 327, 330, 463, 470 f., 494

– Fach- und Industriegewerkschaften XVIII, XXI, XC-XCII, CXIV, 140, 266
– FDGB (Freier Deutscher Gewerkschaftsbund) CXVI-CXVIII, 327, 330, 376, 425
– UGO (Unabhängige Gewerkschaftsorganisation) CXVII f., 330, 376
Göttingen XXXII, XLVIII, CXIX, 332
Grenzfragen (s.a. Ostgrenze) VIII, LXI, 55, 65, 69, 78, 120, 135, 148-150, 282, 287, 290, 416
Großbritannien (vor 1945, Emigrationsland) XIV, XXIV, XXVI, XXXII, XXXIV, XLIV, LXXXIV, CXI, CXII, CXXIII, 54-61, 140, 200, 303, 513, 515
Großbritannien (nach 1945) XLIV f., LVI f., 20, 24, 30 f., 33 f., 46, 48, 134, 205, 229, 294, 329, 331, 372, 391, 406
– Labour Party LV-LVII, LIX, 21 f., 39 f., 51-56, 60, 117, 150, 154, 191 f., 200, 246, 296, 303 f., 341, 366, 431, 439, 440, 476
– TUC 60, 239
Großeinkaufsgesellschaft deutscher Konsumgenossenschaften (GEG) XIV, 332
Großgrundbesitzer (*s.a. Bodenreform*) 6, 102, 106, 111-114, 148
Groß- Hessen s. Hessen
Grundgesetz XCV, XCVII, CI, 459, 468, 478, 481, 489 f.
(s.a. Verwaltungsstatut)
Grundrechte 127, 184
Gruppe Neu - Beginnen (NB) s. Neu - Beginnen

Hagen LXXXII, 320
Hamburg XIV, XVII-XIX, XXVIII-XXX, XXXI, XXXIII, XXXVI, LXV f., LXXI, LXXX, 12, 19, 31, 34, 45, 52, 74, 82-84, 126, 131, 141, 174, 179, 199, 208, 219, 234, 314, 325, 330, 392, 397, 399-402, 421, 439-441, 448, 460
– Bürgerschaft XIV, XVII, XXXI, LXX-LXXIII, CIII, 133, 140, 220, 303, 321, 326, 332, 464, 514
„Hamburger Echo" XIV, 27, 39, 91
Hamburger Krawalle (Ende Juni 1946) CVIII, 40, 43, 48 f., 76
Hamm CIX f., 29, 85, 332
Hanau 176
„Handelsblatt" (Düsseldorf) 18
Hannover (Provinz/Land) XV, XIX, XXXI f., LXV-LXVIII, 32, 84
– Landtag/Regierung XIX, XXXI f., LXIX, 84, 513, 515

543

Hannover (Stadt) XIII f., XVIII, XXIX f., LV, LXIII, XCIX, CX, CXXVI, 3 f., 11, 15 f., 25, 35 f., 39, 47, 52, 95, 99, 125, 169, 189, 248, 295, 314, 325, 354, 413, 416, 459
  (s.a. SPD/„Büro" des PV)
„Hannoversche Presse" XXXVI, 204
Hauptstadtfrage 157, 444
Heidelberg XXXIII, XLVIII, LXXII f., 297, 388, 391, 476
Heidelberger Aktionsgruppe 296
Herford XXIX, C, 47
Hessen XVII f., XXII, LXV, LXXII, LXXIV, 82, 84, 174, 175, 196, 375, 452, 460, 480
- MdL XXIX, XXXII f., XXXV, LXIX, LXXIV, 67 f., 82, 84, 88, 141, 175, 219, 234, 286, 314, 357, 367, 399, 448, 453, 454
Holland s. Niederlande

„Internationale" (Kampflied der intern. Arbeiterbewegung) LIX
Internationale Konferenzen und Abkommen
- Konferenz von Jalta (Febr. 1945) LXI
- Konferenz und Abkommen von Potsdam (Juli/Aug. 1945) LXI f., 28, 46-50, 136, 220, 292 f., 300, 309, 417
- New Yorker Außenministerkonferenz (Nov.-Dez. 1946) 145
- Moskauer Außenministerkonferenz (März- Mai 1947) LXII, XCIV, 135, 148, 172, 195, 197, 204, 210, 212, 214, 220, 292
- Londoner Außenministerkonferenz (Nov.-Dez. 1947) XCIV, 286, 292 f., 300, 302
- Londoner Sechs-Mächte-Konferenz (Febr. - Juni 1948) u. Londoner Empfehlungen bzw. Vereinbarungen XCVI, 394 f., 404-422, 442 f.
  (s. a. Frankfurter Dokumente)

Internationale Sozialistenkonferenzen
  (s. a. COMISCO, SILO)
- Clacton (Mai 1946) LIII, 21 f., 53
- Bournemouth (Nov. 1946) LIII, 53, 119, 192
- Zürich (Juni 1947) LIII f., 119, 178, 191 f., 222, 243, 282
- Antwerpen (Ende Nov. 1947) LIV, 268, 282, 287, 296, 303 f.
- London (Jan. 1948) LIV, 296, 321
- London (März 1948, Organisationskomitee u. Sozialist. Parteien d. Marshallplan-Länder) LIV, 321, 329, 341
- Paris, April 1948 (Ruhrfrage) LIX, 365 f.

- Wien, Juni 1948 (Ruhrfrage) LIX f., 366, 375, 385-388, 437
Internationaler Bund Freier Gewerkschaften (IBFG) 60
Internationaler Demokratischer Frauenbund CV f., 326 f.
Internationaler Gewerkschaftsbund (IGB) XCII
Internationaler Jugendbund (IJB) XLVIII, LXXXIV, 60
Internationaler Sozialistischer Kampfbund (ISK) XIII, XXIV, XLVIII, LXXXIII, CXI, 55, 60, 140, 234, 511, 512
Iserlohn XXXVI, 84, 266, 320, 366, 368, 378
Israel *(s.a. Palästina)* CXXIV f.
Italien XIX, 25, 60, 255, 297, 321, 360

J.H.W. Dietz-Verlag Nachfolger XXXV, 265
  (s.a. SPD/Parteiverlag)
Juden (Allg.) CXXII-CXXV, 12, 143, 241
Juden (Jüdische Herkunft) XLIV, LXX, CXV, CXXII f., 56, 59 f., 396, 426, 512
Judenverfolgungen CXXII f., 12, 61, 143, 241, 426
  (s.a. Wiedergutmachung)
Jugend XVII, L, LXXI f., LXXIX, 8, 28, 44 f., 123, 143 , 242, 245, 270
Jugendamnestie s. Amnestie
Jugendorganisationen L, 36, 44 f., 252
  (s. a. *Kirchliche Jugendorganisationen, Sozialistische Jugend Deutschlands - „Die Falken")*
Jungsozialisten XXXV, L, 14, 22, 74, 177, 270

Karlsruhe XVIII f., XXXIV, LXIX, LXXVII, LXXXVII, CXXII, 71
Karl-Marx-Haus (Trier) 25, 120, 179, 198 f., 208, 210, 222
Kassel XVIII f., XXVIII f., XXXI, LXXIV, XCI, 67, 118, 252, 320, 337, 345, 356, 358 f., 473
Kiel XVIII, XXXII, LXXV, LXXIX, 65, 84, 126, 178, 233, 235, 315, 332, 365, 380, 382, 398, 472, 482, 512
Kirche(n) XLIX, CXVIII, 8, 28, 33, 69, 87, 208, 252, 342, 351 f.
- Bekennende Kirche CXVIII f., 252
- Evangelische Kirche LXX, CXVIII, 252
- Katholische Kirche CXIX f., 52, 158, 255, 258, 352
Klasse(n), Klassenkampf CXXI, 4, 10, 69, 85, 144, 146, 159, 317, 338, 350, 352
Koalitionen s. Regierungsbeteiligung
Koblenz LXVI, LXXVIII, CX, CXI, 24, 414

Koblenzer Beschlüsse d. Ministerpräsidenten (Juli 1948) 448-454, 459
Köln XVIII f., XXV, XXVIII, XLVIII, LI f., LXXXII, CXI f., CXIV, CXVI, 12, 16 f., 31, 46, 53, 68, 82, 83, 87, 115, 131, 136, 140, 158, 294, 300, 388, 428, 479
Kölner Resolution (Sept. 1946) LXXXVI f., CVII, 87, *91-93*, 123, 142, 144, 158-164, 171, 173, 194, 240, 264
Kohleabbau/-versorgung XLIII, LX, 27, 46, 50, 86, 92, 145, 158, 160 f., 164, 205 f., 229, 331, 343, 366, 387 f., 408, 429, 444, 458
Kominform (Informationsbüro der kommunistischen und Arbeiterparteien) 292, 360
Komintern (Kommunistische Internationale) 326
Konferenz für die Bildung der Vereinigten Sozialist. Staaten von Europa s. MSEUE
Konsumgenossenschaften s. Genossenschaften
Kontrollkommission der Brit. Besatzungsmacht s. Brit. Militärregierung
Kontrollkommission der SPD s. SPD/K.
Kontrollrat s. Alliierter Kontrollrat
Konzentration AG (vor 1933) XXXIII, LX, 12 75
Konzentration GmbH (nach 1946) XXXIII, LI, 64, 66, 220
Konzentrationslager (1933-1945) XXX-XXXII, XL, LXXI f., LXXV, XCII, CXI, CXVI, CXXII, 20, 67, 109, 118, 125, 219 f., 244, 327, 392
- Auschwitz 396
- Buchenwald LXXXIII, CXIII, 65, 85
- Dachau CXII, CXIX, 68, 83, 125, 238, 514, 516
- Esterwegen 219
- Kislau CXX
- Neuengamme 125, 518
- Oranienburg XXIX
- Ravensbrück XXII
- Sachsenhausen CXIX, 267, 396
Konzentrationslager (nach 1945 in der SBZ) 204 f.
KPD (Kommunistische Partei Deutschlands) XIII f., XIX, XXX f., XLIII, XLVIII, L f., LXVI-LXXVII, CIII-CIX, CXIV, CXVI f., CXX, 24, 25, 37, 54, 59, 61, 65, 69, 79, 84, 86, 89, 93, 96 f., 158, 175 f., 193-196, 234, 244, 254, 273, 281, 297, 299, 301, 327, 330, 337, 348, 358 f., 375, 393, 423-427, 434, 450, 460 f., 477
KPdSU (Kommunistische Partei der Sowjetunion) XIII, 281, 360, 422
Kriege CVII, 70, 79, 80, 150, 184, 397
- I. Weltkrieg IX, LVI, LXXX, CXIX, 255, 337, 399
- II. Weltkrieg LXI, CXXII, 4, 101, 150, 200, 399
Kriegsdienstverweigerung CVII, 467
Kriegsgefangene XXVI, XLV, 24 f., 27, 46, 59, 74, 149, 154, 179, 181, 290, 493
Kriegsgerichtsverfahren XIX
Kriegsopfer CXXII, 92, 274
Kriegsverbrecher CXXIII, 5, 9, 113, 311

Labour Party s. Großbritannien/ L P
Länder (dt.) XXXI, LXI-LXIII, LXXXI, 8, 12, 30, 70, 126-129, 138, 152, 155, 164, 185, 221, 227-229, 312 f., 334, 490
Länder (westdeutsche) XXXI, LXII f., LXV-LXXVIII, XCV, C, CIX, 31, 33, 37, 44, 50, 66, 147, 159-163, 170, 172, 188, 193, 195, 205, 210 f., 216, 218 f., 230, 249, 264, 266, 276, 289, 293, 301 f., 307 f., 310, 346 f., 355, 364, 369, 372, 395, 411, 414, 419, 436, 453, 461, 471, 481, 489
Länder (SBZ) LXIV, 205, 228
Ländergrenzen/Länderreform LXIV-LXVI, 66, 77, 85, 128, 185, 355, 394, 449-452, 455, 461-463, 468, 477, 480
Länderrat d. Brit. Zone (Evtl. Gründung) LXXXI, 194 f.
Länderrat der US-Zone LXXXI-LXXXIV, 70, 82, 84, 141, 170, 194 f., 219
Länderrat des Vereinigten Wirtschaftsgebietes XXVII, XCI, 315-318, 326, 336, 346, 353, 357 f., 365, 381, 394, 400, 432, 449
(s.a. Exekutivrat)
Länderverfassungen LXXI-LXXIV, 88 f., 122, 126, 159, 183, 214, 227, 264
Landarbeiter 46, 102 f., 106 f., 113, 200, 216
Landtage/Landtagswahlen s. die betreffenden Länder
Landwirtschaft XLIV, LXVIII-LXXVII, LXXXIX, 6, 31, 32, 99-110, 114, 167, 216, 486
(s.a. *Agrarpolitik, Bodenreform, Großgrundbesitzer, Landarbeiter*)
Lastenausgleich XLVII, LXXXVI, XCIV, XCVII, CXIX, 6, 77, 85, 92, 106, 109, 111, 128, 184, 227, 242, 247, 252, 254, 263, 302, 378, 396 f., 440 f., 446 f., 467, 469, 471- 475, 482-488, 493, 496
Leipzig XLIV, LXXV, CXIX, 119, 138, 201, 205, 220, 267, 269, 303
Liberaldemokratische Partei (LDP) s. FDP
Liberaldemokratische Partei Deutschlands in der SBZ (LDPD) LXXIX, 155, 227, 352
Lippe (Land, Region in NRW) LXV f., CX, CXIV

545

London XIII f., XLIV, LV-LVIII, LXXXIII, 22, 27, 39-41, 43-62, 117, 150 f., 238, 249, 296, 304, 321, 341, 393, 431, 440
  (s. a. Intern. Konferenzen u. Abkommen, Intern. Sozialistenkonferenzen)
Londoner Exilvorstand der SPD s. SPD
Lübbecke 18, 21, 47, 55
Lübeck XXIV, XXXII, XLVIII, 244, 377, 380, 388 f., 395
Luxemburg CXIV, CXV, 259, 366

Magdeburg XXXI, XXXIV, XLV, LXXXII, CXIX, 13, 97, 299, 321
Magnetwirkung (der Bizone) 145
Maifeiern 179, 181
Mainz XVII, XXIX, LXVI, 25, 68, 140
„Manchester Guardian" 55
Mannheim LXXV, 118
Marshallplan LV, LXXXV-LXXXIX, 251, 254, 270, 278, 281, 292, 302, 321, 329-331, 333, 341, 344, 346, 350 f., 361, 364 f., 377, 388, 406 f., 412
Marxismus LII, CXX, 16, 143
Mecklenburg XXXI, 200, 338
Militärregierungen CVIII, 23, 57, 293
  (s. a. Alliierter Kontrollrat; Amerikan., Brit., Frz., Sowjet. M.)
Minden XVIII, LXXXIX, 18, 60, 136, 138, 170, 220, 244, 268
  (s. a. Verwaltung d. Bizone/Zentralamt f. Wirtschaft u. Verkehr)
Ministerpräsidenten der Länder XVII, XXVIII, XXXI, XXXIII, LXVII, LXXXII-LXXXIV, XCI, XCVII, CI, 70, 141, 155, 170, 218-220, 286, 289, 300, 314-316, 324 f., 335, 338, 346, 365, 377, 395, 399 f., 416, 448-451, 454-456, 457, 459, 461 f., 474, 478 f., 489
Ministerpräsidentenkonferenzen XXXI, XXXIII, LXIII f., XCVI, 220, 225-230, 286, 293, 334, 394, 420, 451-453, 479
- Münchener Ministerpräsidentenkonferenz 1947 LXIV, 220, 228 f.
Mitbestimmung 8, 153, 375
Mönchengladbach LXIX
Moskau LXXXVIII, CXXIV, 281
  (s.a. Sowjetunion)
Moskauer Außenministerkonferenz s. Intern. Konferenzen
MRP (Mouvement Républicaine Populaire) 85, 212
MRS (Mouvement pour le Rattachement de la Sarre à la France) XLII, 215, 237

MSEUE (Mouvement socialiste pour les Etats Unis d'Europe) 297 f., 340
München XVI, XXII, XXIV f., XXVIII f., XXXIX, L, LXXII f., LXXXI, LXXXVI, XCII, CII, CXIV, CXXVIII, 56, 80, 118, 121, 130, 139, 162 f., 233, 244, 249, 267, 303, 320 f., 332, 396, 472
Münchener Ministerpräsidentenkonferenz 1947 s. Ministerpräsidentenkonferenzen/M.
Münster XVIII, XXIII, LXVII f., 136

„Nationale Repräsentation" d. dt. Parteien XXXVII f., 192 f., 207, 209, 221, 226, 279 f., 287 f., 293 f.
Nationalismus CII f., 9 f., 33, 42 f., 48 f., 69, 78, 92, 123, 150 f., 158, 172, 226, 289, 415
Nationalsozialismus, Nationalsozialisten XIII, XXV, XLIII f., LXXXV, CIX f., CXVIII, CXXII-CXXIV, 9, 29, 43, 80, 91 f., 97, 99, 101, 113, 114, 123, 143, 151, 186 f., 277, 386
  (s. a. Faschismus, NSDAP)
Nationalversammlung/MdNatVers XXXIII, XXXVII, LXIX, C, 127, 183, 369
Neu - Beginnen (Gruppe Neu - Beginnen, NB) XIII, XXIV, CXXIII, 59
Neue Heimat XXIX
„Neue Ruhr-Zeitung" (Essen) XXIV, XXVI, 15
"Neuer Vorwärts" LII, 464 f.
  (s. a. SPD/Parteiorgan)
New York XLIII, LXXXVIII, 56, 62, 392, 400, 439
„News Chronicle" 54 f.
Niederlande vor 1945 (Emigrationsland) XXV, XCII, CXII, CXV, CXXIII, 60, 94 f., 166, 219, 333
Niederlande nach 1945 XXI, 86, 166, 289
- Partij van de Arbeid (Sozialdem. Partei) LIX, 119, 135, 192, 222, 242, 282, 288, 365 f.
Niedersachsen (Allg., Regierung) XXXI f., XLVIII, LXVI-LXX, LXXX, LXXXII, CIX, CXIV, 140 f., 152, 174, 193-195, 205, 207, 219f., 303, 314 f., 325, 399, 403, 448, 454, 460, 462, 480, 482
Niedersachsen (Landtag) XIX, XXII, XXX f., LXVIII f., 15, 83, 140, 219 f., 286, 294, 299
Niedersächsische Landespartei (NLP) XIX, LXVIII, CVII
  (s. a. Deutsche Partei)
Nordrhein-Westfalen (Allg., Regierung) XVIII, XXIII, XXXI, LXVI f., LXXX, LXXXII, LXXXVI, C, CI, CVIII, CXV, 60, 66, 70, 72, 75, 79, 82, 84, 141, 158, 172, 174, 177, 188, 192, 220,

232, 250, 269, 276, 286, 314, 334 f., 351, 368, 375, 379 f., 399, 448, 450, 460, 462 f., 466, 480
Nordrhein-Westfalen (Landtag) LX, LXVIII, LXXXI, XCIX, CIV, CVII, CIX, 139, 145, 159, 193 f., 259, 372, 378, 380, 461
Norwegen vor 1945 (Emigrationsland) XXIV, 51
Norwegen nach 1945 15, 306
– Sozialistische Partei LVIII, 192, 282, 296, 305 f.
NSDAP (Nationalsozialistische Deutsche Arbeiterpartei) CX, 94, 100, 174
Nürnberg XVII f., XX, XXVIII f., XXXII, 22, 74, 83, 118, 233, 236, 238, 243, 253, 256, 320, 330, 332, 492
NWDR (Nordwestdeutscher Rundfunk) 15, 36, 131, 175, 306

Oberdirektor s. Verwaltung des Vereinigten Wirtschaftsgebietes/O.
„Oberfränkische Volkszeitung" (Hof) XXXIX
Oder-Neiße-Linie s. Ostgrenze
OdF (Opfer des Faschismus) XXXII, 33, 120, 179, 181, 242 f., 265, 273 f., 396
Österreich vor 1945 (Emigrationsland) XVI, XXIV, 28
Österreich nach 1945 LVII, 151 f.
– SPÖ (Sozialistische Partei Österreichs) LIX, 282, 288
Offenbach 176, 232
Oldenburg (Land) LXV f., LXIX, LXXIV, LXXXII, 82, 84, 88, 220, 223, 286
Opposition VII, XX, LXXVII, LXXXI, XC, CVII f., 44, 79, 86, 144, 159, 249 f., 253, 269, 283, 317, 320, 325, 335, 338 f., 341 f., 345-353, 357
Ostbüro/Ostsekretariat s. SPD/Ostbüro
Ostgrenze LXI, 65, 78, 135, 150, 159, 416 f.
  (s. a. Grenzfrage)
Ostpreußen XLIV, XCII, 119, 126
„Oststaat" XCIV, XCVIII, 281, 287, 290, 351
Ostzone s. Sowjetische Besatzungszone (SBZ)

Palästina CXXIV
Pan-Europa-Union 199, 208, 296
§ 218 295, 298, 319, 322, 327
Paris XLIV, LVIII, LIX, XCII, 25, 40, 48, 62, 138, 179, 251, 297, 358 f., 365, 386, 408 f.
Parlamentarischer Rat (ParlR) VII f., LXII, XCVII, XCIX-CI, CIX, 459 f., 474, 478 f., 481, 489
– Sozialdemokratische Fraktion XXIII, XXIX, XXXI f., XXXVII, XL, LXX, LXXVI, LXXXIV,

XCII, XCIX-CI, 68, 320, 414, 448, 460, 468, 479 f., 514-516
Parteien – deutsche s. unter ihrem Namen, andere s. unter dem jeweiligen Staat
Partikularismus 126, 151 f., 173, 175 f., 183, 227, 276, 302
Patrioten, Patriotismus 86, 143, 157 f., 255
Pfalz (Region) XVIII, LXV, LXXXIX, 137 f., 164, 198, 284, 288, 452, 462
  (s.a. Rheinland-Pfalz)
PG/Pg („Parteigenosse" d. NSDAP) 161, 174 f. 180, 269
Planung, Planwirtschaft 6, 86, 123 f., 145, 194, 233, 278, 308, 311, 352, 387, 406
Polen (vor 1945, Emigrationsland) XXIV, CXXIV, 56, 151
Polen nach 1945 55, 360
– Sozialistische Partei 21, 53, 56
Pommern (frühere preußische Provinz) 119, 126
Potsdam s. Intern. Konferenzen, Juli/Aug. 1945
Presse 8, 48, 76, 131, 163, 169, 496
  (s.a. SPD/Presse)
Pressedienste (DANA, dpa, DPD) XXXVI, 15, 36
Preußen (Allg., Regierung) XIX, LXVI, LXIX, LXXVIII, CI, 77, 102, 137, 164, 182, 223, 259, 376
– Landtag XIV, XXIII, XXIX, XXXI, XLIV, 83, 85, 175, 234, 235, 244, 423, 434, 513
Protestantische Kirche s. Kirchen – Evangelische Kirche

Rechtsradikalismus CIX f., 26, 29, 42 f.
Regierungsbeteiligung LXXXVII, 146 f., 194 f., 205-207, 217, 263 f., 336
Reichsbanner LXXXII, 88, 118, 137, 267, 396
Reichsbund der Kriegsbeschädigten LXXXII, 337
Reichseinheit 70, 126, 129, 183
Reichsgrenzen s. Grenzfrage
Reichstag vor 1945/MdR XIV-XVI, XXIX, XXXII, XXXVII, XLIII, LXVII-LXIX, LXXIII, LXXVIII, LXXXII, XCIX f., CX f., CXVI, CXXII, 31, 65, 85, 118, 175, 219, 231, 238, 266, 321, 327, 365, 392, 400, 423 f., 439, 465
Religiöser Sozialismus s. Christlicher Sozialismus
Reparationen XLIII, 33, 69, 144, 148 f., 154, 181, 278, 283, 290, 292, 309, 312, 334, 387, 456
Rheinhessen (Region) LXVII, 84, 121, 452, 462
„Rheinische Zeitung" (Köln) XVIII, LI, 16-18, 90, 512
Rheinland-Pfalz XLII, LXV-LXVII, LXXVII f., LXXXII, CXIV, 23, 68, 82, 84 f., 87, 120 f., 196

f., 211-214, 220, 284, 356, 374, 394, 399, 448, 460-463, 480
- MdL u. Minister XVII, XXIX, LXXVIII f., 68, 140, 200, 267, 321, 414, 448, 480

Rheinprovinz LXVI, CXIV, 462

Rüdesheimer Beschlüsse d. gemeinsamen Konferenz d. PV u. d. sozialdemokr. Ministerpräsidenten (7.7.1948) XXXIII, 448-453, 459, 461

Ruhrfrage LVIII-LX, 31 f., 73, 212, 331, 335, 348, 355 f., 359, 362, 365 f., 368, 375, 385-388, 394, 406-414, 443, 456

Rußland s. Sowjetunion

Saarbrücken XLI, XLII, 24, 197

Saargebiet (Saarland) vor 1935 (Emigrationsland) XVI, XLII, XC, 219, 511, 515

Saargebiet (Saarland) nach 1945 XLI f., 135, 137, 139, 158, 197 f., 215, 222, 225, 283 f., 290 f., 374, 386

- Sozialistische Partei Saar (SPSaar, SPS) XLI, 222, 236 f., 245, 283 f., 287, 291
  (s.a. SPD/Regionale Gliederungen)

Sachsen XXXV, XLIV, CIII, 320, 423

SBZ s. Sowjetische Besatzungszone

Schaumburg-Lippe (Land, Region in Nieders.) LXVI f.

Schlesien XXXI, CXIX, 84, 119, 125, 137, 327, 398, 423, 424, 479, 480

Schleswig-Holstein XVIII, XXXI, XL f., LXVI, LXX, LXXXII, 82, 84, 141, 188, 193 f., 220, 286, 314, 334, 338, 356, 372, 375, 399, 448, 454, 460, 477, 482

- Landtag XXIX, XXXI f., LXX f., LXXIX, 136, 193, 206, 220, 315, 332, 398, 449

„Schleswig-Holsteinische Volkszeitung" (Kiel) 220

Schulpolitik LXIX, LXXI, LXXV, CXX, 8, 191, 234

„Schwäbische Tagwacht" (Stuttgart) 516

Schwarzer Markt 31, 153, 160, 206, 216, 229

Schweden vor 1945 (Emigrationsland) XXIV, XXXII, XXXV, XXXIX, XLIV, XCII, CXII, 41, 477

Schweden nach 1945 XLIV, LVIII, 33, 296, 305 f.

- Sozialdem Partei LVIII, 119, 192, 282, 287 f., 305 f., 358 f., 375

Schweiz vor 1945 (Emigrationsland) XIV, XVI, XLIV, LVIII, LXXII, LXXIV, LXXVII, 65, 85, 140, 234

Schweiz nach 1945 XIX, 33, 321 f.

- Sozialist. Partei LV, 119, 178, 192, 329, 341, 375, 380

SDS (Sozialistischer Deutscher Studentenbund) XVII, L, LI, 74, 270 f.

SED/SEP s. Sozialistische Einheitspartei Deutschlands

Separatismus/Separatistische Bestrebungen XL-XLIII, 22-24, 28, 91, 126, 132, 137, 151 f., 164, 183, 198, 210, 215, 222, 237, 284, 288

SFIO s. Frankreich/SFIO

SILO (Socialist Information and Liaison Office) XLI, LIV f., 37

Skandinavien LVIII f., XLIV, 21, 41, 58, 178,192, 305 f.
(s.a. Dänemark, Norwegen, Schweden)

Sowjetische Besatzungszone (SBZ) XIII, XLIV f., LX, LXIII, XCIV, XCVIII, CXVI, 13, 24, 75, 91, 132, 149, 163, 192, 204, 216, 220, 227 f., 241, 251, 257, 264, 270, 327, 329 f., 344, 348, 352, 354, 356, 360 f., 386, 393, 407, 417, 422 f., 425, 427, 434, 451, 459, 476, 481, 493

Sowjetische Militäradministration (SMA, SMAD) XIV, XXXI, LXXX, 422, 427, 458

Sowjetunion (UdSSR) vor 1945 (Emigrationsland) XCII, CIII, 61, 175, 424, 425

Sowjetunion (UdSSR) nach 1945 XIII, XCVI, CXX, 22, 33, 49, 86, 153 f., 156, 159, 170, 205, 217, 226, 267, 302, 327, 331, 335, 349 f., 386, 416, 422, 425, 430, 437, 433, 442

„Sozialdemokrat" (Berlin) LII, 15, 91, 116, 121, 425 f.

Sozialisierung XLVII, LX, LXXXV-LXXXVIII, C, CVII, CIX, CXIX, 5, 30, 32, 73, 86, 89, 92, 124, 134 f., 144-148, 153, 159-161, 171 f., 177, 193 f., 206, 216, 242, 249 f., 252, 254, 259, 270, 281, 366, 385-388, 409, 414, 461, 473, 485

Sozialismus XCIV, CII, 5-10, 30, 37, 70, 109 f., 124, 145 f., 155, 164, 297, 304, 348, 353, 360, 385, 388, 390 f., 408, 440, 473
(s.a. Christlicher S., Demokratischer S., Marxismus)

Sozialistische Arbeiter-Internationale (SAI) 178
(s.a. Zweite Internationale)

Sozialistische Arbeiterjugend (SAJ) XVII, XXIX, XXXII, XXXV f., XXXIX, LXX, C, 67, 140, 141, 218, 220, 234, 267, 494

Sozialistische Arbeiterpartei (SAP) XIII f., XXIV, XXXIX, XCII, 219

Sozialistische Einheitspartei Deutschlands (SED, „SEP") VII, XIII f., LXII f., LXX, LXXIX f., CIII, CV, CXVI f., 13, 25, 33, 37, 71, 78, 155 f.,

163, 171 f., 175, 181, 192 f., 198, 204, 226 f., 270, 272, 299, 301, 327, 330, 423-425, 427, 436, 476
(s. a. SBZ, SPD/Zwangsvereinigung)
Sozialistische Förderergesellschaft XVII
Sozialistische Front (Widerstandsgruppe) CVIII, 95
Sozialistische Internationale (SI) XXIV, LVI, 56
(s. a. COMISCO, Internationale Sozialistenkonferenzen, SILO)
Sozialistische Jugend Deutschlands „Die Falken" XXXVI, L, 90, 252, 271
Sozialistische Partei Saar s. Saargebiet - Sozialistische Partei
Sozialistische Studentenschaft (SSt) LXX, 140, 513
Sozialpolitik 48, 78, 224, 241, 257 f., 390, 485, 496
SPD (Allg.) LXXXVIII, 7
− Agrarpolitische Richtlinien der SPD 89 f., *99-110*
− Agrarpolitische Tagungen XLVII, 232 f.
− Agrarpolitischer Ausschuß XXXVI, 67, 75, 89, 90, 264, 319, 321, 332, 367
− Auslandsvertretungen der SPD XLIV, 40 f., 57
− Außenpolitischer Ausschuß XXXVII f., 65, 118, 121, 136 f., 198, 210, 250, 268, 280 f., 332, 367, 377, 440
− Außenpolitisches Referat XXXIV, XXXVI, 269, 272, 315, 338, 449, 495
− Berliner Sekretariat/Vertretung d. PV XXIV, XXVII, XXXV, 130, 138, 141, 162, 169, 192, 201, 203, 221, 236, 245, 248, 275, 279, 285, 298 f., 304, 315, 320, 323, 328, 338, 354, 362, 367, 371, 376, 392, 395, 399, 435, 440, 449, 451, 458, 472, 476, 481, 491, 495
− Besprechungen mit der sozialdemokratischen Fraktion des WR XC-XCII, 314-318, 325 f., 336-342
− Besprechungen mit sozialdemokratischen Landespolitikern XXX-XXXIII, 218-221, 448-453
− Betriebsarbeit (Allg., Betriebsgruppen) CXIV, 160, 193 f., 203 f., 207, 253-258, 330, 343
− Betriebsarbeit (Ausschuß f. B. u. Gewerkschaftsarbeit) XXXVII, CXIV, 224, 264, 266, 272
− Betriebsarbeit (Sekretär f. B.) XXXIV, 41, 75, 239 f., 258, 267
− „Büro" des Parteivorstandes XV f., XX f., XXV-XXIX, XXXI-XXXVIII, XL, XLIII, XLVI f., LI f., LVII-LIX, LXIII f., LXVII, LXXXI, LXXXV, XC-XCIX, CII, CV-CX, CXVI, CXXI, CXXIII, CXXVII, 3, 12 f., 20 f., 24 f., 29, 38, 46, 118, 132, 137, 162, 170, 177 f., 180, 188, 191 f., 195, 197, 207, 209, 215 f., 223-225, 236, 239, 249, 265 f., 269-271, 282, 296 f., 299-301, 314 f., 320-322, 325, 329, 332-335, 356, 364, 368, 375, 385, 391, 424, 431, 446, 467 f., 475-477, 492
− „Büro Dr. Schumacher"/„Büro der Westzonen" XIII, XVI f., XXVI, XXXIV, XLIII, XLVI, LVI, 4
− Entnazifizierung (Ausschuß) XXXVII, 117 f., 174
− Finanzlage 27, 59, 76, 130 f., 202, 405, 463
− Flüchtlingsausschuß/ -beirat XXXV f., 65, 119, 125 f., 134, 162, 241, 298, 371
− Flüchtlingskonferenzen XLVII, 76, 191, 233, 287, 295, 298
− Flüchtlingsreferat XXXV, 119, 134, 480, 482
− Französische Zone (Sekretariat, Mainz) XVII, XXXV, XLII, LVII, XCVIII, 68, 71, 76, 84, 131, 141, 190, 200, 215, 219, 221, 244, 286, 399, 495
− Frauenausschuß XXXVII, 267, 272, 375, 377
− Frauenkonferenzen/-kongresse XLVII, 76, 177, 181, 191, 233, 375 f., 440
− Frauensekretariat/-referentin XX, XXXIV, 14, 75, 133, 224, 238, 445, 488
− *Gewerkschafts- u. Betriebsarbeit (Ausschuß für) s. Betriebsarbeit*
− Jugendkonferenzen 11, 14, 22, 74
− Jugendsekretariat (Jungsozialistensekretariat) XXXV, L, 14
− Jugendorganisationen (Allg.) L, 36, 44 f., 74, 252 *(Einzelne Organisationen unter ihrem Namen)*
− Kommunalpolitischer Beirat/Ausschuß XXXVII, XLVII, 232, 299, 320, 324, 367, 377, 380, 382 f.
− Kommunalpolitisches Referat/Sekretariat XXXV, 74, 119, 299, 304, 366-368
− Kontrollkommission der SPD XV, XXVII-XXX, LXXVIII, CXXVI, 12, 67, 76, 224, 236, 243, 244, 246, 285, 288, 295, 298, 333, 336, 341, 377, 379, 397, 399, 445 f., 448, 475, 488, 494, 495
− Koordinierungsausschuß f. d. parlamentarische Arbeit der Länder XXXI f., 206, 221, 287, 459 f.
− Kriegsgefangenenreferat XXXVI f., 74, 179
− Kulturpolitische Tagungen XXXVI, XLVII, CXVIII f., 177, 181, 191, 196, 209, 233
− Kulturpolitischer Ausschuß XXXVIII, XLVIII, CXXI, 196, 225, 233-235, 242, 296, 303, 388-391

- Kulturzentrale (Sozialistische = Kulturpolitisches Referat) XXXIV f., XXXVII, CXX f., 39, 41, 74, 118 f., 254, 377, 492
- Landtagsfraktionen (Allg.) 195, 207
- Londoner Exilvorstand der SPD XIII f., XLII
- Neu-/Wiedergründung 1946 XIII-XV, 3 f.
  (s.a. *Parteitag 1946, Zwangsvereinigung*)
- Organisationsentwicklung XXVII, XXXIII-XXXVII, XXXVIII, LI, CII, CIX, 12, 35, 41, 73-75, 90, 118 f., 130-133, 178-180, 188 f., 198 f., 201-204, 222 f., 225
- Organisationsfragen (Ausschuß für) XXXVII, 266 f., 272
- Ostbüro (Ostsekretariat) XXI, XXXIV, XLIV f., LX, XCIV, 13 f., 248, 269 f.
- Parteiausschlüsse XVII, LIII, LXXIV, XCIX, 25 f., 179, 198, 234, 238, 241, 511
- Parteiausschuß der SPD (PA) XX, XXVII-XXXI, XXXVIII f., XLI f., XLVI, LII, LVIII, LX, LXVI, LXXXI-LXXXIII, LXXXVI, LXXXIX, XCI f., CII, CIV f., CVII, CXI f., CXXVI f., 27, 42, 67-77, 83-87, 139-162, 193 f., 199-209, 243-246, 285-288, 336-340, 397-439, 492, 494 f.
- Parteiaustritte XL, LXX, 17, 178, 190, 201, 329
- Parteieigentum/-vermögen XV, LII, 37, 66, 75, 393, 458, 463, 466, 469
- Parteiorgan LI-LIII, 16, 131 f., 241, 265
  (s.a. *Neuer Vorwärts*)
- Parteiprogramm der SPD XLVII-XLIX, L, 65 f., 89, 372, 381, 474
- Parteischule(n) XLVI, 133, 241, 265, 377, 380, 389
- Parteitage der SPD XV, 255, 351
  - Parteitag 1946 XIV f., XXIII, XXVII, XXIX, XXXIX, XLVI, XLIX, LIV-LVI, LVIII, LXXXVIII f., XCVII, CII, 3, 4-10, 18, 30, 49, 51. 54, 56, 73, 80, 206
  - Parteitag 1947 VII, XX f. XXIII, XXX, XXXV, XXXIX, XLII, XLVI f., LIII, LXXXVII, XCIV, CII, CV, CXIII, CXVIII, CXX-CXXIII, 80, 132 f., 139, 162, 177, 181, 191, 204, 209, 236-243, 245-247, 256 f., 264-266, 272, 294
  - Parteitag 1948 VIII, XX f., XXIII, XXXVI, XLVII f., C, CV, CXXI, CXXIV, 296, 300, 329, 333, 340 f., 372, 379, 390 f., 395 -397, 414, 437 f. 440, 442, 445, 464, 466, 469, 472-475, 488, 491-494, 494-495
  - Parteitag 1950 LXXXI, CXXI

- Parteiverlag (s. a. *J.H.W. Dietz-Verlag Nachfolger*) 36, 464, 469
- Parteivorstand der SPD (s. a. *„Büro" des Parteivorstandes*)
  - Kompetenzen XIV f.
  - Sitz XCI, 157, 365, 475, 493
  - Zusammensetzung XV-XXVI, 3, 224, 475
- Personalfragen (Kommission des PV zur Überprüfung der Angestelltenverhältnisse im „Büro") XXVII, 222
- Personalfragen (Zentralstelle für) 134
- Presse XLIV f., LI f., 15 f., 27, 35 f., 40, 48, 76, 131 f., 133, 163, 176, 205, 241, 265, 445, 465, 488, 492
  (*Einzelne Zeitungen unter ihrem Namen*)
- Pressedienst („Sozialdemokratischer P.") XXXV f., LI, 16, 36, 465
- Propaganda (Sekretariat für) XXXVI
- Regionale Gliederungen der SPD
  - Bayern (Landesverband) XVI, XXII, XXXVIII f., 41 f., 73 f., 80, 120, 130, 141, 200, 218, 244, 267, 375
  - Berlin (Bezirk/Landesverband) XXI f., LVI, 13 f., 42, 64, 67 f., 71, 76, 84, 87, 116 f., 120, 131 f., 141, 169, 176, 190, 201, 204, 218, 221, 236, 238-240, 245, 285, 355 f., 361, 398, 422, 463 f., 494
  - Bezirksorganisationen (Allg.) XVIII, XXI, XXVIII, XCVIII, CXVI, 132, 179 f., 222 f.
  - Braunschweig (Bez.) 67, 83, 140, 200, 218, 244, 285, 336, 398, 494
  - Bremen - Nordwest (Bez.) XVIII, 67, 83, 131, 140, 200, 218, 222 f., 244
    (s.a. *Weser-Ems*)
  - Flensburg (Ortsverein) XL, 137, 237
- *Groß-Berlin s. Berlin*
- *Franken s. Ober- u. Mittelfranken*
- *Französische Zone s. SPD/Franz. Zone (Sekretariat, Mainz)*
  - Hamburg (Bez./LVerb.) XVII f., 42, 67, 83, 140, 200, 222 f., 241, 244, 273, 285, 336, 398, 494
  - Hannover (Bez.) XVIII, XXII, 67, 83, 140, 200, 218, 285, 337, 398, 494
  - Hessen (LVerb.) XVIII, 218
  - Hessen - Frankfurt (Bez.) XVIII, 67, 83, 140, 200, 218, 244, 285, 336, 398, 494
  - Hessen - Kassel (Bez.) XVIII, 67, 83, 140, 200, 218, 244, 285, 336, 398, 494

- Landesorganisationen (allg.) XVIII, 80, 131-133
- Niederrhein (Bez., Düsseldorf) XVIII, XXXIX, 67, 83, 140, 200, 201, 218 f., 244, 285, 336, 398, 494
- Nürnberg (Ortsverein, Unterbezirk) XVIII, 238
- Oberbayern (Bez., München) XVI, XXII, 68, 83, 140, 200, 218, 244, 286, 337, 398, 494
- Oberpfalz - Niederbayern (Bez., Regensburg) XVI, 68, 83, 140, 201, 218, 244, 286, 337, 398, 494
- Oberrhein (Bezirk, Köln) XVIII, 68, 83, 140, 179, 200, 244, 285, 337, 398, 494
- Ober- und Mittelfranken (Bez., Nürnberg) XVI, XVIII, 68, 83, 140, 200, 218, 238, 244, 285, 337, 398, 494
- Östliches Westfalen (Bez., Bielefeld) XVIII, 68, 83, 140, 200, 218, 285, 337, 398, 495
- Ostzone XCIV, 13 f., 210, 217, 238, 245, 459 *(s. a. Wiederzulassung der SPD, Zwangsvereinigung)*
- Pfalz (Bez., Speyer) XVIII, 23, 42, 68, 83,120 f.,140, 200, 218, 244, 285, 337, 398, 495
- Rheinhessen (Bez., Mainz) XVII, 42, 68, 84, 120 f., 140, 200, 218, 244, 285, 337, 398, 495
- Rheinland - Koblenz-Trier (Bez., Koblenz) 68, 84, 140, 179 f., 244, 285, 337, 398, 495
- Saar (Bez., Saarbrücken) XLI-XLIII, XLVI, 67, 135-138, 197 f., 200, 202, 210, 215, 222, 236 f., 245
  (s.a. Saargebiet/ Sozialistische Partei Saar)
- Schleswig-Holstein (Bez./LVerb., Kiel) XVIII, 68, 84, 140, 200, 219, 241, 244, 269, 285, 337, 398, 495
- Schwaben (Bez., Augsburg) XIV, 68, 84, 141, 200, 219, 244, 285, 337, 398, 495
- Süd-Baden (Bez., Freiburg i. Br.) LII, 23, 42, 68, 84, 141, 244, 285, 337, 399, 495
- Süd-Württemberg (Bez., Tübingen) XXI, 68, 84, 141, 244, 285, 337, 399, 495
- Unterfranken (Bez., Würzburg) XVI, 68, 84, 141, 200, 219, 244, 285, 337, 399, 495
- Weser-Ems (Bez., Oldenburg) 222 f., 286, 337, 399, 495
  (s.a. Bremen-Nordwest)
- Westliches Westfalen (Bez., Dortmund) XVIII, 68, 84, 133, 141, 200, 219, 244, 286, 337, 399, 495
- Württemberg (vor 1933, Stuttgart) LXXX
- Württemberg-Baden (Bez., Stuttgart) XVIII, 68, 84, 141, 200, 219, 244, 286, 337, 399, 495
- Wuppertal (Unterbezirk) XLV, 242, 265
- Rundfunkbüro XXXV
- Sekretariat beim Parteivorstand XXXV
- Sozialpolitischer Ausschuß XXXVII, CXV, 138, 237, 242, 304, 321, 324, 367, 473, 482, 492, 493
- Sozialpolitisches Referat XXXVI, 299, 304
- Sportreferat 74, 118 f.
- Verfassungspolitischer Ausschuß XXXVII, XLIX, 42, 88, 117, 122, 126-129, 173, 181, 242, 249 f., 262, 264, 268, 272, 301 f., 305, 318, 371 f., 440, 452, 460, 468, 481, 491
- Verlagsanstalten der SPD (Arbeitsgemeinschaft der) XXXIV, LII, 12 *(s.a. Konzentration)*
- Wahlrechtsausschuß 208, 262, 268, 272
- Wennigsen (Parteikonferenz, Okt. 1945) XIV, LVIII, 17
- Wiederzulassung der SPD in der SBZ LXIII, 132, 156, 241
- Wirtschaftspolitische Tagungen XLVII, 191, 209, 232
- Wirtschaftspolitischer Ausschuß XXXVI f., XLIX, CXIV, 42, 65, 75, 173, 242, 332, 367, 395 f.
- Wirtschaftspolitisches Referat XX, XXXVI, 14, 332, 476 f.
- Zwangsvereinigung von KPD und SPD VII, XIII, 303, 422 *(s. a. SED)*

Speyer XVIII, LXII, 200, 267
Sport 41, 74, 77, 119
Springe XLVI, XCVII, CV, 35, 265, 273 f., 287, 362, 367, 371, 457, 472
Staatenbund (Dt.) LXIV, CII, 88, 115, 127, 151 f., 170, 183, 250
Staatenbund (Europ.) 126, 182
Stockholm XLIV, 84, 299, 305 f., 477
Strafbataillon „999" XXXVI
Studenten LXXXVII, 24, 41, 133
  (s. a. SDS, Sozialistische Studentenschaft)
Stuttgart XIV, XVIII f., XXIV f., XXIX, LXV, LXXX, LXXXII, LXXXIV f., LXXXIX, 15, 17, 62, 68, 76, 82, 170, 177, 219 f., 234, 266, 301, 315, 320 f., 332, 377, 461, 495
Sudetendeutsche Flüchtlinge 41, 55, 175
Sudetendeutsche Sozialdemokraten 56-58, 119, 125 f., 200
Süd-Baden (Land) s. Baden
„Süddeutsche Zeitung" (SZ, München) XCII, 62
„Süddeutscher Rundfunk" (Stuttgart) LXXXIV
Südschleswigscher Verein (SSV) 477

Südschleswigscher Wählerverein (SSW) LXX, 477
Südweststaat s. Baden-Württemberg

„Telegraf" (Berlin) XXXVII, 15, 36, 132, 264
Thüringen LXXXIII, 26, 65, 72, 303, 477
Totalitarismus CIII, CXX, CXXIV, 143, 152, 158, 191, 233, 390
Trier *(s.a. Karl-Marx-Haus)* 222
Trizone XCVI, 135, 350, 372, 374 f., 381, 394
   (s. a. Weststaat, Westzonen)
Tschechoslowakei vor 1945 (Emigrationsland) XXIV, XXXV, XXXIX, XLIII, CXIII, 61, 118, 219
– Deutsche Sozialdemokratische Arbeiterpartei (DSAP) 41, 55-58
Tschechoslowakei nach 1945 CVI, 57, 61 f., 200, 354, 360, 424
– Sozialistische Partei 21, 53, 56, 192
Tübingen XXII, LXV, LXXVII, LXXXII, CXIX, 71 f., 82, 88, 137, 220, 235, 245, 300, 331, 367
Türkei (vor 1945, Emigrationsland) XXX, 365
TUC (Trade Union Congress) s. Großbritannien -TUC

UGO (Unabhängige Gewerkschaftsorganisation) s. Gew. nach 1945
Union deutscher sozialistischer Organisationen in Großbritannien XIII
Unna 232, 332
UNO (United Nations Organization) XLIII, XCIX, 6, 137, 393, 441, 445
USA (United States of America) vor 1945 (Emigrationsland) XXXI, XXXII, XLIII, XLIV, LXX, LXXXVII f., CXXIV, 365, 392
USA (United States of America) nach 1945 LXXXVII f., 30, 151, 217, 247, 254, 263, 270, 281, 292, 327, 355, 364, 374, 387, 466
– AFL (American Federation of Labor) LXXXVI f., 260, 263, 476
USA-Reise Schumachers (Herbst 1947) LXXXVI f., CXXI, 22, 270, 281 f., 286-289
US-Zone s. Amerikanische Besatzungszone
USPD (Unabhängige Sozialdemokratische Partei Deutschlands) XXXII, XLIII, XLIV, LXXV, LXXXII, XCII, CXVI, 65, 219, 234

Vereinigte Europa-Union 296
Vereinigte Staaten von Amerika s. USA
Vereinigte Staaten von Europa CII, 10, 358, 361, 365

Vereinigtes Wirtschaftsgebiet der Amerikan. und Brit. Besatzungszone LXI, LXXI, LXXXIX, XCV, 134, 159, 164 f., 170-173, 229 f., 284, 340, 351 f., 375, 386, 394 f., 407, 420, 449, 471, 479
   (s. a. Länderrat, Verwaltung des Vereinigten Wirtschaftsgebietes, Wirtschaftsrat)
Vereinigung der Verfolgten des Naziregimes (VVN) XLVII, CIII-CV, 120, 124 f., 179, 181, 208, 210, 242 f., 265, 272-274, 367-371, 396 f., 434, 474 f., 496
Vereinigung Unabhängiger Sozialisten (VUS) LIII, 511
Vereinte Nationen s. UNO
Verfassung (künftige Reichsverfassung) LXIII, CII, 66, 81, 86, 117, 126-129, 155, 173 f., 176, 182-186, 227, 229, 363
   (s.a. Grundgesetz, Länderverfassungen)
Vertriebene s. Flüchtlinge
Verwaltung/Zentralämter des Vereinigten Wirtschaftsgebietes LXXXIX, XCII, 170, 364
– Oberdirektor (Frankfurt) XCI, 136, 316 f., 323, 338, 345
– Zentralamt für Wirtschaft (Minden/Frankfurt) LXXIII, LXXXIX, 87, 136, 160, 170 f., 220, 249
„Verwaltungsstatut" (für den Zusammenschluß der drei Westzonen) XCVI, 364, 418, 419, 443, 449, 450, 452, 478
   (s.a. Grundgesetz)
Völkerrecht 126, 183, 308, 312 f., 316
Volksdemokratie XCIII, CVI, 360, 425
Volksgerichtshof 96-99
Volkskongreßbewegung CIII, 301 f.,
Volkskonservative Vereinigung 31
VVN s. Vereinigung der Verfolgten des Naziregimes

Währungsreform LXII, XCIII f., XCVII f., 6, 77, 86, 160, 194, 284, 326, 335, 350, 355, 364, 374, 376, 380, 399-401, 405, 415, 420 f., 424, 432 f., 438, 440 f., 446, 463, 469-472, 483, 485 f.
Wahlen für ein westdeutsches Parlament XC, XCIV-XCVII, CVI, 294, 349, 353, 355, 359, 362-364, 369, 372, 374, 418 f., 443, 449, 452
   (s. a. Parlamentarischer Rat; Gemeindewahlen s. entsprechende Besatzungszone; Landtagswahlen s. entsprechendes Land)
Wahlrecht XLIX f., 20, 121, 127, 159 f., 182 f., 264, 301 f., 305, 371-373, 379-382, 395, 418, 438, 440, 474, 459, 491
Washington XLIV, LXXXVIII, 41, 288, 294, 335
Wehrmacht XVII, LXI, 15, 281, 309, 337

Weimarer Republik XIII, XLVIII, LXXXV, 70, 73, 438
  (s.a. Nationalversammlung, Reichstag)
Weimarer Verfassung 117, 158
„Welt der Arbeit" XCI
Weltgewerkschaftsbund CXII, CXV, 153, 255, 259, 281, 344
„Weserkurier" (Bremen) XCI, 65
Wesermünde s. Bremerhaven
„Westdeutsche Allgemeine Zeitung" (Bochum/Essen) XXIV
„Westfälische Allgemeine Volkszeitung" (Dortmund) 133
„Westfälische Rundschau" (Dortmund) 84
Westfalen (Provinz, Region) XVIII, LXV-LXVII, C, CXIX, 47
Westparlament XC, XCVI, 86, 230, 372, 394, 417-421, 461, 474
„Weststaat" VIII, XCIV, 32, 204, 212, 287, 293, 326, 417, 489
Westzonen VIII, XIII f., XVI, XXXVI, LI f., LX-LXII, LXV, LXXXVI, XCVII, CIII, CV f., CVIII, 3, 16, 36, 38, 189, 194, 293, 369, 382, 394, 406, 418 f., 443, 453 f., 462
Wetzlar 201, 494
Wiedergutmachung XLIII, CXXII-CXXIV, 9, 75, 104, 114, 142, 149, 173, 181, 186, 241, 274, 277, 288-290, 369, 386, 396, 447
Wiederzulassung der SPD in der SBZ s. SPD
Wiesbaden LXV, 67, 82, 88, 118, 219, 276, 332
Wilhelmshaven 32, 97 f., 296
Wirtschaftliche Aufbau-Vereinigung (WAV) LXXIII, LXXXIX, CIX, 450
Wirtschaftspolitik XLVII, 138, 173 f., 181, 191, 195, 229, 352, 409, 443, 464, 467, 469, 483, 487, 491, 496
Wirtschaftsrat des Vereinigten Wirtschaftsgebietes (WR) LXXXV, LXXXVIII-XCIII, C, CVI, CIX, 221, 229 f., 249 f., 253 f., 345-349, 357 f., 364 f., 414, 420, 474
– Sozialdemokratische Fraktion des Wirtschaftsrates VII, XXV, LXXIII f., LXXXI, LXXXV, XCI, CXXVI, 118, 126, 138, 179, 248, 260, 266, 314-322, 325 f., 331, 335 f., 336-340, 349-353, 357 f., 365, 371, 377 f., 380, 397, 400, 439, 445, 454, 464, 470, 488, 491-493, 496
Wirtschaftswissenschaftliches Institut der Gewerkschaften (WWI) CXI, 511
WISO-Korrespondenz für Wirtschafts- und Sozialwissenschaften 511
Wohnungsnot/-politik LXXVI, LXXIX, 6, 43, 45, 102, 396, 447, 474, 485 f., 493
Worms 24
Württemberg XIV, XXIX, LXV, LXXIV f., LXXXII, CXIX, 175, 238, 256 f., 391, 450
Württemberg-Baden XVIII, LXV, LXVII, LXXIV, CXIV, 141, 148, 170, 220, 286, 399, 448, 452, 460-462
– Landtag LXXIV, LXXX, LXXXII, LXXXIV, C, 68, 141, 234, 267, 479, 495
Württemberg-Hohenzollern XXXIII, LXV, LXVII, LXXVII, LXXXI, 82, 84, 141, 220, 286, 300, 325, 399, 448, 450, 452, 454, 461
– Landtag LXXVII f., LXXXII, C, CI
  (s.a. SPD/Reg. Gliederungen/Süd-Württ.)
Wuppertal 266, 337, 379, 440

Zentralämter s. Verwaltung des Vereinigten Wirtschaftsgebietes
Zentralverband Deutscher Konsumgenossenschaften (Hamburg) CXI, 118
Zentrum (vor 1933) LXVII, LXIX, LXXVIII, XCV, C, CX, 136, 137 f., 414, 465, 479
Zentrum (nach 1945) (Deutsche Zentrumspartei) LXVIII f., LXXXIX, CI, CIV, CIX, 79, 193, 196, 450
Ziegenhainer Erklärung (August 1947) CXX, 391
Zonenbeirat der Britischen Besatzungszone LXVI f., LXXXII-LXXXV, 19, 40, 47, 50, 70, 82, 84, 115, 138 f., 220, 257, 264, 266, 326, 334, 341, 399, 449, 479
Züricher Sozialistenkonferenz s. Internationale Sozialistenkonferenzen
Zwangsvereinigung von KPD und SPD zur SED (1946) s. SPD/Zwangsvereinigung
Zweizonenabkommen s. Vereinigtes Wirtschaftsgebiet

Der Autor

Willy Albrecht, geboren 1938, Dr. phil., ist wissenschaftlicher Mitarbeiter des Historischen Forschungszentrums der Friedrich-Ebert-Stiftung, Bonn.